总主编 曾宪义 王利明

21世纪法学系列教材

法学研究生用书

刑事诉讼法学研究

主 编 陈卫东

撰稿人（以撰写章节先后为序）
张建伟 张泽涛 刘 文
吴宏耀 陈卫东 樊学勇
郝银钟 杨正万

中国人民大学出版社
· 北京 ·

编审委员会

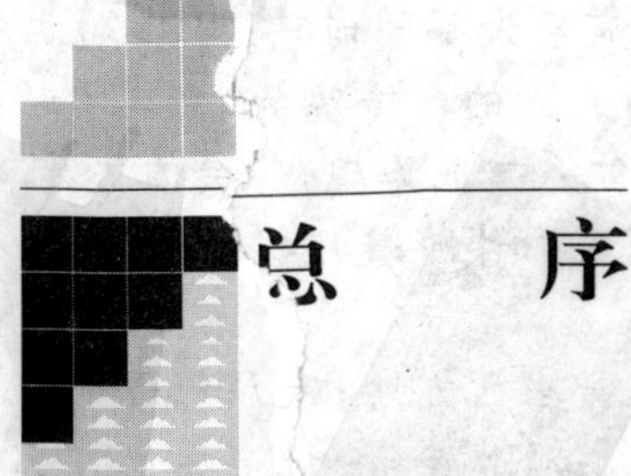

总　序

曾宪义

在人类文明与文化的发展中，中华民族曾作出过伟大的贡献，不仅最早开启了世界东方文明的大门，而且对人类法治、法学及法学教育的生成与发展进行了积极的探索与光辉的实践。

在我们祖先生存繁衍的土地上，自从摆脱动物生活、开始用双手去进行创造性的劳动、用人类特有的灵性去思考以后，我们人类在不断改造客观世界、创造辉煌的物质文明的同时，也在不断地探索人类的主观世界，逐渐形成了哲学思想、伦理道德、宗教信仰、风俗习惯等一系列维系道德人心、维持一定社会秩序的精神规范，更创造了博大精深、义理精微的法律制度。应该说，在人类所创造的诸种精神文化成果中，法律制度是一种极为奇特的社会现象。因为作为一项人类的精神成果，法律制度往往集中而突出地反映了人类在认识自身、调节社会、谋求发展的各个重要进程中的思想和行动。法律是现实社会的调节器，是人民权利的保障书，是通过国家的强制力来确认人的不同社会地位的有力杠杆，它来源于现实生活，而且真实地反映现实的要求。因而透过一个国家、一个民族、一个时代的法律制度，我们可以清楚地观察到当时人们关于人、社会、人与人的关系、社会组织以及哲学、宗教等诸多方面的思想与观点。同时，法律是一种具有国家强制力、约束力的社会规范，它以一种最明确的方式，对当时社会成员的言论或行动作出规范与要求，因而也清楚地反映了人类在各个历史发展阶段中对于不同的人所作出的种种具体要求和限制。因此，从法律制度的发展变迁中，同样可以看到人类自身不断发展、不断完善的历史轨迹。人类社会几千年的国家文明发展历史已经无可争辩地证明，法律制度乃是维系社会、调整各种社会关系、保持社会稳定的重要的工具。同时，法律制度的不断完善，也是人类社会文明进步的显著体现。

由于发展路径的不同、文化背景的差异，东方社会与西方世界对于法律的意义、底蕴的理解、阐释存有很大的差异，但是，在各自的发展过程中，都曾比较注重法律的制定与完善。中国古代虽然被看成是“礼治”的社会、“人治”的世界，被认为是“只有刑，没有法”的时代，但从《法经》到《唐律疏议》、

《大清律例》等数十部优秀成文法典的存在，充分说明了成文制定法在中国古代社会中的突出地位，唯这些成文法制所体现出的精神旨趣与现代法律文明有较大不同而已。时至20世纪初叶，随着西风东渐、东西文化交流加快，中国社会开始由古代的、传统的社会体制向近现代文明过渡，建立健全的、符合现代理性精神的法律文明体系方成为现代社会的共识。正因为如此，近代以来的数百年间，在西方、东方各主要国家里，伴随着社会变革的潮起潮落，法律改革运动也一直呈方兴未艾之势。

从历史上看，法律的文明、进步，取决于诸多的社会因素。东西方法律发展的历史均充分证明，推动法律文明进步的动力，是现实的社会生活，是政治、经济和社会文化的变迁；同时，法律内容、法律技术的发展，往往依赖于一大批法律专家以及更多的受过法律教育的社会成员的研究和推动。从这个角度看，法学教育、法学研究的发展，对于法律文明的发展进步，也有着异常重要的意义。正因为如此，法学教育和法学研究在现代国家的国民教育体系和科学研究体系中，开始占有越来越重要的位置。

中国近代意义上的法学教育和法学研究，肇始于19世纪末的晚清时代。清光绪二十一年（公元1895年）开办的天津中西学堂，首次开设法科并招收学生，虽然规模较小，但仍可以视为中国最早的近代法学教育机构（天津中西学堂后改名为北洋大学，又发展为天津大学）。三年后，中国近代著名的思想家、有“维新骄子”之称的梁启超先生即在湖南《湘报》上发表题为《论中国宜讲求法律之学》的文章，用他惯有的富有感染力的激情文字，呼唤国人重视法学，发明法学，讲求法学。梁先生是清代末年一位开风气之先的思想巨子，在他的辉煌的学术生涯中，法学并非其专攻，但他仍以敏锐的眼光，预见到了新世纪中国法学研究和法学教育的发展。数年以后，清廷在内外压力之下，被迫宣布实施“新政”，推动变法修律。以修订法律大臣沈家本为代表的一批有识之士，在近十年的变法修律过程中，在大量翻译西方法学著作，引进西方法律观念，有限度地改造中国传统的法律体制的同时，也开始推动中国早期的法学教育和法学研究。20世纪初，中国最早设立的三所大学——北洋大学、京师大学堂、山西大学堂均设有法科或法律学科目，以期“端正方向，培养通才”。1906年，应修订法律大臣沈家本、伍廷芳等人的奏请，清政府在京师正式设立中国第一所专门的法政教育机构——京师法律学堂。次年，另一所法政学堂——直属清政府学部的京师法政学堂也正式招生。这些大学法科及法律、法政学堂的设立，应该是中国历史上近代意义上的正规专门法学教育的滥觞。

自清末以来，中国的法学教育作为法律事业的一个重要组成部分，随着中国社会的曲折发展，经历了极不平坦的发展历程。在20世纪的大部分时间里，中国社会一直充斥着各种矛盾和斗争。在外敌入侵、民族危亡的沉重压力之下，中国人民为寻找适合中国国情的发展道路而花费了无穷的心力，付出过沉重的代价。从客观上看，长期的社会骚动和频繁的政治变迁曾给中国的法治与法学带来过极大的消极影响。直至70年代末期，以“文化大革命”宣告结束为标志，中国社会从政治阵痛中清醒过来，开始用理性的目光重新审视中国的过去，规划国家和社会的未来，中国由此进入长期稳定、和平发展的大好时期，以这种大的社会环境为背景，中国的法学教育也获得了前所未有的发展机遇。

从宏观上看，实行改革开放以来，经过二十多年的努力，中国的法学教育事业所取得的成就是辉煌的。首先，经过“解放思想，实事求是”思想解放运动的洗礼，在中国法学界迅速清除了极左思潮及苏联法学模式的一些消极影响，根据本国国情建设社会主义法治国家已经成为国家民族的共识，这为中国法学教育和法学研究的发展奠定了稳固的思想基础。其次，随着法学禁区的不断被打破、法学研究的逐步深入，一个较为完善的法学学科体系已经建立起来。理论法学、部门法学各学科基本形成了比较系统和成熟的理论体系和学术框架，一些随着法学研究逐渐深入而出现的法学子学科、法学边缘学科也渐次成型。1997 年，国家教育主管部门和教育部高校法学学科教学指导委员会对原有专业目录进行了又一次大幅度调整，决定自 1999 年起法学类本科只设一个单一的法学专业，按照一个专业招生，从而使法学学科的布局更加科学和合理。同时，在充分论证的基础上，确定了法学专业本科教学的 14 门核心课程，加上其他必修、选修课程的配合，由此形成了一个传统与更新并重、能够适应国家和社会发展需要的教学体系。法学硕士和博士研究生及法律硕士专业学位研究生的专业设置、课程教学和培养体系也日臻完善。再次，法学教育的规模迅速扩大，层次日趋齐全，结构日臻合理。目前中国有六百余所普通高等院校设置了法律院系或法律本科专业，在校本科学生和研究生已达二十余万人。除本科生外，在一些全国知名的法律院校，法学硕士研究生、法律硕士专业学位研究生、法学博士研究生已经逐步成为培养的重点。

众所周知，法律的进步、法治的完善，是一项综合性的社会工程。一方面，现实社会关系的发展，国家政治、经济和社会生活的变化，为法律的进步、变迁提供动力，提供社会的土壤。另一方面，法学教育、法学研究的发展，直接推动法律进步的进程。同时，全民法律意识、法律素质的提高，则是实现法治国理想的关键的、决定性的因素。在社会发展、法学教育、法学研究等几个攸关法律进步的重要环节中，法学教育无疑处于核心的、基础的地位。中国法学教育过去二十多年所走过的历程令人激动，所取得的成就也足资我们自豪。随着国家的发展、社会的进步，在 21 世纪，我们面临着更严峻的挑战和更灿烂的前景。“建设世界一流法学教育”，任重道远。

首先，法律是建立在经济基础之上的上层建筑，以法治为研究对象的法学也就成为一门实践性很强的学科。社会生活的发展变化，势必要对法学教育、法学研究不断提出新的要求。经过二十多年的奋斗，中国改革开放的前期目标已顺利实现。但随着改革开放的逐步深入，国家和社会的一些深层次问题，比如说社会主义市场经济秩序的真正建立、国有企业制度的改革、政治体制的完善、全民道德价值的重建、环境保护和自然资源的合理利用等等，也已经开始浮现出来。这些复杂问题的解决，无疑最终都会归结到法律制度的完善上来。建立一套完善、合理的法律制度，构建理想的和谐社会，乃一项持久而庞大的社会工程，需要全民族的智慧和努力。其中的基础性工作，如理论的论证、框架的设计、具体规范的拟订、法律实施中的纠偏等等，则有赖于法学研究的不断深入，以及高素质人才特别是法律人才的养成，而培养法律人才的任务，则是法学教育的直接责任。

其次，21 世纪是一个多元化的世纪。20 世纪中叶发生的信息技术革命，正在极大地改变着我们的世界。现代科学技术，特别是计算机网络信息技术的发展，使传统的生活方式、思想观念发生了根本的改变，并由此引发许多人类从未面对过的问题。就法学教育而言，在21世纪所要面临的，不仅是教学内容、研究对象的多元化问题，而且还有培养对象、培养目标的多元化、教学方式的多元化等一系列问题，这些问题都需要法学界去思考、去探索。

中国人民大学法学院建立于1950年，是新中国诞生后创办的第一所正规高等法学教育机构。在半个多世纪的岁月中，中国人民大学法学院以其雄厚的学术力量、严谨求实的学风、高水平的教学质量以及丰硕的学术研究成果，在全国法学教育领域处于领先地位，并开始跻身于世界著名法学院之林。据初步统计，中国人民大学法学院已经为国家培养法学专业本科生、硕士生、博士生一万余人，培养各类成人法科学生三十余万人。经过多年的努力，中国人民大学法学院形成了较为明显的学术优势，在现职教师中，既有一批资深望重、在国内外享有盛誉的法学前辈，更有一大批在改革开放后成长起来的优秀中青年法学家。这些老中青法学专家多年来在勤奋研究法学理论的同时，也积极投身于国家的立法、司法实践，对国家法制建设贡献良多。

有鉴于此，中国人民大学法学院与中国人民大学出版社经过研究协商，决定结合中国人民大学法学院的学术优势和中国人民大学出版社的出版力量，出版一套"21世纪法学系列教材"。自1998年开始编写出版本科教材，包括按照国家教育部所确定的法学专业核心课程和其所颁布印发的《全国高等学校法学专业核心课程基本要求》而编写的14门核心课程教材，也包括法学各领域、各新兴学科教材及教学参考书和案例分析在内，到2000年12月3日在人民大会堂大礼堂召开举世瞩目的"21世纪世界百所著名大学法学院院长论坛暨中国人民大学法学院成立五十周年庆祝大会"之时，业已出版了50本作为50周年院庆献礼，到现在总共出版了80本。为了进一步适应高等法学教育发展的形势和教学改革的需要，最近中国人民大学法学院与中国人民大学出版社决定将这套教材扩大为四个系列，即："本科生用书"、"法学研究生用书"、"法律硕士研究生用书"以及"司法考试用书"，总数将达二百多本。我们设想，本套教材的编写，将更加注意"高水准"与"适用性"的合理结合。首先，本套教材将由中国人民大学法学院具有全国影响的各学科的学术带头人领衔，约请全国高校优秀学者参加，形成学术实力强大的编写阵容。同时，在编写教材时，将注意吸收中国法学研究的最新的学术成果，注意国际学术发展的最新动向，力求使教材内容能够站在21世纪的学术前沿，反映各学科成熟的理论，体现中国法学的水平。其次，本套教材在编写时，将针对新时期学生特点，将思想性、学术性、新颖性、可读性有机结合起来，注意运用典型生动的案例、简明流畅的语言去阐释法律理论与法律制度。

我们期望并且相信，经过组织者、编写者、出版者的共同努力，这套法学教材将以其质量效应、规模效应，力求成为奉献给新世纪的精品教材，我们诚挚地祈望得到方家和广大读者的教正。

2006年7月1日

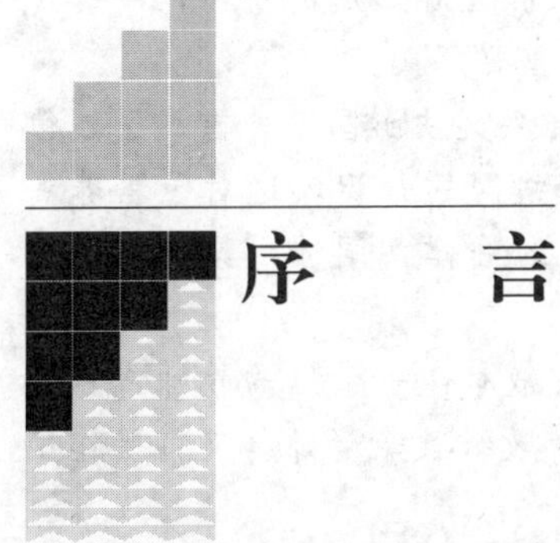

序　言

王利明

法学教育是高等教育的重要组成部分，是建设社会主义法治国家、构建社会主义和谐社会的重要基础，并居于先导性的战略地位。在我国社会转型的新世纪、新阶段，法学教育不仅要为建设高素质的法律职业共同体服务，而且要面向全社会培养大批治理国家、管理社会、发展经济的高层次法律人才。近年来，法学教育取得了长足的进步，法科数量增长很快，教育质量稳步提高，培养层次日渐完善，目前已经形成了涵盖本科生、第二学士学位生、法学硕士研究生、法律硕士研究生、法学博士研究生的完整的法学人才培养体系，接受法科教育已经成为莘莘学子的优先选择之一。随着中国法治事业的迅速发展，我们有理由相信，中国法学教育的事业大有可为，中国法学教育的前途充满光明。

教育的基本功能在于育人，在于塑造德才兼备的高素质人才。法学教育的宗旨并非培养只会机械适用法律的“工匠”，而承载着培养追求正义、知法懂法、忠于法律、廉洁自律的法律人的任务。要完成法学教育的使命，首先必须认真抓好教材建设。我始终认为，教材是实现教育功能的重要工具和媒介，法学教材不仅仅是法学知识传承的载体，而且是规范教学内容、提高教学质量的关键，对法学教育的发展有着不可估量的作用。

第一，法学教材是传授法学基本知识的工具。初学法律，既要有好的老师，又要有好的教材。正如冯友兰先生所言：“学哲学的目的，是使人作为人能够成为人，而不是成为某种人。其他的学习（不是学哲学）是使人能够成为某种人，即有一定职业的人。”一套好的教材，能够高屋建瓴地展示法律的体系，能够准确简明地阐释法律的逻辑，能够深入浅出地叙述法律的精要，能够生动贴切地表达深奥的法理。所以，法学教材是学生学习法律的向导，是学生步入法律殿堂的阶梯。如果在入门之初教材就有偏颇之处，就可能误人子弟，学生日后还要花费大量时间与精力来修正已经形成的错误观念。

第二，法学教材是传播法律价值理念的载体。好的法学教材不仅要传授法学知识，更要传播法律的精神和法治的理念，例如对公平、正义的追求，尊重权利的观念。本科、研究生阶段的青年学子，正处在人生观、价值观形成的阶段，一套优秀的法学教材，对于他们价值观的塑造和健全人格的培养具有重要意义。

第三，法学教材是形成职业共同体的主要条件。建设社会主义法治国家，有赖于法律职业共同体的生成。一套好的法学教材，向法律研习者传授共同的知识，这对于培养一个接受共同的价值理念、共同的法律思维、共同的话语体系的法律共同体，具有重要的作用。

第四，法学教材是所有法律研习者的良师益友。没有好的教材，一个好的教师或可弥补教材的欠缺和不足，但对那些没有老师指导的自学者而言，教材就是老师，其重要作用是显而易见的。

长期以来，在我们的评价体系中，教材并没有获得应有的注重，对学术成果的形式优先考虑的往往是专著而非教材。在不少人的观念中，教材与创新、与学术精品甚至与学术无缘。其实，要真正写出一部好的教材，其难度之大、工作之艰辛、影响之深远，绝不低于一部优秀的专著，它甚至可以成为在几百年甚至更长的时间内发挥作用的传世之作。以查士丁尼的《法学阶梯》为例，所谓法学阶梯，即法学入门之义，就是一部教材。但它概括了罗马法的精髓，千百年来，一直是人们研习罗马法最基本的著述。日本著名学者我妻荣说过，大学教授有两大任务：一是写出自己熟悉的专业及学术领域的讲义乃至教科书；二是选择自己最有兴趣、最看重的题目，集中精力进行终生的研究。实际上，这两者是相辅相成的。写出一部好教材，必须要对相关领域形成一个完整的知识体系，还要能以深入浅出的语言将问题讲清楚、讲明白。没有编写教材的基本功，实际上也很难写出优秀的专著。当然，也只有对每一个专题都有一定研究，才能形成对这个学术领域的完整把握。

虽然近几年我国法学教育发展迅速，成绩显著，但是法学教育也面临许多挑战。各个学校的师资队伍和教学质量参差不齐，这就更需要推出更多的结构严谨、内容全面、角度各有侧重、能够适应不同需求的法学教材，为提高法学教学和人才培养质量、保障法学教育健康发展提供前提条件。

长期以来，中国人民大学法学院始终高度重视教材建设。作为新中国成立后建立的第一所正规的法学教育机构，中国人民大学法律系最早开设了社会主义法学教学课堂，编写了第一套社会主义法学讲义，培养了新中国第一批法学本科生和各学科的硕士生、博士生，产生了新中国最早的一批法学家和法律工作者。中国人民大学法律系因此被誉为"新中国法学教育的工作母机"。半个多世纪以来，中国人民大学法学院为社会主义法制建设培养了大批优秀的法律人才，并为法学事业的振兴和繁荣作出了卓越贡献，也因此成为引领中国法学教育的重镇、凝聚国内法律人才的平台和沟通中外法学交流的窗口，并在世界知名法学院行列中崭露头角。为了对中国法学教育事业作出更大的贡献，我们有义务也有责任出版一套体现我们最新研究成果的法学教材。

承蒙中国人民大学出版社的大力支持，我们组织编写了本套教材，其中包括本科生用书、法律硕士研究生用书、法学研究生用书和司法考试用书四大系列，分别面向不同层次法科教育需求。编写人员以中国人民大学法学院教师为主，反映了中国人民大学法学院整体的研究实力和学术视野。相信本套教材的出版，一定能够为新时期法学教育的繁荣发展发挥应有的作用。

是为序。

2006年7月10日

编写说明

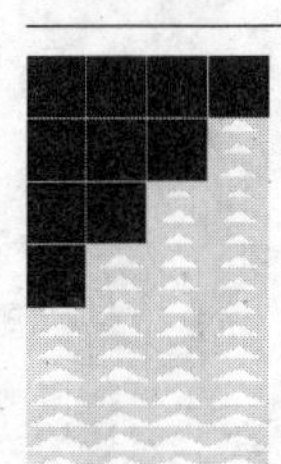

本书是为刑事诉讼法学专业硕士研究生编写的一部专业课教材。一直以来，中国人民大学诉讼法学硕士点没有为硕士研究生编写一部刑事诉讼法专业课教材，这不能不说是一个缺憾，由此也给同学们的学习带来了诸多不便。为了适应研究生教学的需要，中国人民大学出版社法律出版分社向我提出了出版方案。由于近年来刑事诉讼法学学术研究快速发展而形成广泛且深厚的积累，已经具备了编写这样一部教材的基础和条件。为此，我邀请我国多所著名法学院校从事刑事诉讼法学教学和研究的几位青年学者，历时三年编写完成了这本书。相信本书的出版将为刑事诉讼法学方向的研究生的学习提供有益的帮助。为此，也期望读者多提宝贵意见和建议，以使本书在今后得以不断完善。

本书写作分工如下（以撰写章节先后为序）：

张建伟（清华大学法学院教授）：第一章；

张泽涛（厦门大学法学院教授）：第二章；

刘文（苏州大学法学院教授）：第三章、第四章、第九章、第十五章、第十六章；

吴宏耀（中国政法大学诉讼法学研究院副教授）：第五章、第七章、第八章；

陈卫东（中国人民大学法学院教授）：第六章；

樊学勇（中国人民公安大学法律系教授）：第十章、第十一章；

郝银钟（中国青年政治学院教授）：第十二章、第十三章、第十四章；

杨正万（北京师范大学刑事法律科学研究院教授）：第十七章、第十八章、第十九章。

最后，还要感谢中国人民大学法学院副教授刘计划博士为本书编辑出版所付出的辛勤劳动。

主编　陈卫东

2008 年 8 月

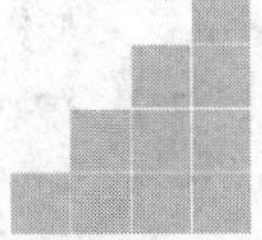

目 录

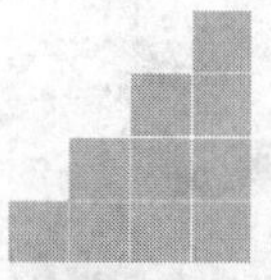

第一章 刑事诉讼理论的基本范畴

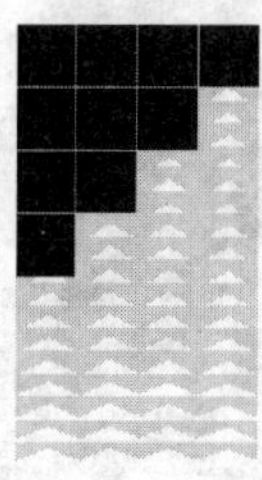

第一节　刑事诉讼目的

一、诉讼目的的含义和作用

诉讼目的是刑事诉讼的基本理论范畴，对于刑事诉讼立法和刑事司法实践都有着举足轻重的作用。林钰雄认为：“刑事诉讼的目的，可以说是刑事诉讼法的根本，自始至终支配侦查、起诉、审判及至执行等诉讼流程。”①

人类活动、人类行为往往有明确的目的。所谓“目的”，意思是“意之所趋向，其预定欲得之结果，犹射者之视的，故云目的”②。换句话说，目的就是“意所欲达之境”③，就像射箭的人所注视而想要射中的目标。

国家制定任何一项法律，都为了达到一定的预期目标，取得某种预期的结果，这种目标或结果被称为制定该项法律的目的或宗旨。有的国家在刑事诉讼法中明确宣示了制定该法的目的，如日本刑事诉讼法第1条规定：“为就刑事案件维护公共福利和基本人权，同时明确案件的事实真相，准确而迅速地适用刑罚法令，特制定本法。”我国《刑事诉讼法》也在第1条开宗明义，昭示了刑事诉讼法的立法目的，即，“为了保证刑法的正确实施，惩罚犯罪，保护人民，保障国家安全和社会公共安全，维护社会主义社会秩序”。这一由法律表明的目的，可以从以下三个方面进行理解：其一，保证刑法的正确实施；其二，惩罚犯罪，保护人民；其三，保障国家安全和社会公共安全，维护社会主义社会秩序。这三个方面互相联系，形成了统一的刑事诉讼法的制定宗旨。有的国家虽然没有在法律中明确表达立法目的，但实际上都有着明确的立法目的，没有目的的立法是难以想象的，立法的目的可以从立法内容上清楚地体现出来。

我国的刑事诉讼目的观曾经受到苏联法学的影响。切里佐夫从阶级理论出发得出这样的结论：“我们既然把法理解为被奉为法律的统治阶级的意志，因而也就可以确定一切法律制度的有目的的内容。意志不可能是空洞的。意志是在于要达到一定的目的。”④ 撇开这里的阶级观点不谈，就立法皆有其目的性而言，不能不说切里佐夫的观点是正确的。

在我国，刑事诉讼法既规定了刑事诉讼法的目的，也规定了刑事诉讼法的任务，刑事诉讼法的任务是刑事诉讼法的目的引申出来并为目的的实现而服务的。履行刑事诉讼法任务，主要是达到刑事诉讼法的预定目标。从我国立法者在立法中宣告刑事诉讼法所要承担的实际职责，即所要达到的刑事具体要求：“中华人民共和国刑事诉讼法的任务，是保证准确、及时地查明犯罪事实，正确应用法律，惩罚犯罪分子，保障无罪的人不受刑事追究，教育公民自觉遵守法律，积极同犯罪行为作斗争，以维护社会主义法制，保护公民的人身权利、财产权利、民主权利和其他权利，保障社会主义建设事业的顺利进行。”这段文字表述与刑事诉讼法目的只是繁简不同，内容略有差异而已（教育公民自觉遵守法律，积极同犯罪行为作斗争，被认为是我国当代刑事诉讼法的重要任务）。刑事诉讼任务是由刑事诉讼目的决定的，前者以后者为设定自身内容的依据，两者在根本上具有一致性。值得注意的是，我国刑事诉讼法所罗列的自身任务，与苏联法学家罗列的刑事诉讼法目的是一致的，切里佐夫曾指出：“在我们所下的刑事诉讼的定义中已经指出它的最近的目的——证实犯罪

---

① 林钰雄：《刑事诉讼法》（上册　总论编），6页，北京，中国人民大学出版社，2005。

② 舒新城等主编：《辞海》，午集，132页，上海，中华书局，1937。

③ 陆尔奎等编：《辞源》，午集，125页，上海，商务印书馆，1915。

④ ［苏］切里佐夫：《苏维埃刑事诉讼》，32页，北京，法律出版社，1956。

人并处以合法而公平的处罚。但是，除此之外，也指出了它的广泛的目的——保护苏维埃制度的基础和苏维埃法律秩序以及教育公民。"① 目的和任务具有一致性，如此可见一斑。

刑事诉讼目的为刑事诉讼立法和司法实践提供了总体思路、发展方向，并设定了界限和范围。林钰雄认为："无论刑事诉讼哪个阶段的设计理念，几乎都与刑事诉讼法的目的息息相关，并且，许多刑事诉讼的争议问题，往往必须回溯其根本目的及相互冲突时的解决途径。"② 例如，刑事诉讼目的之一是发现实体真实，由这一目的出发，国家需要承担追诉犯罪的义务（国家诉追原则），检察官对于有足够证据证明嫌疑人构成犯罪则有义务进行起诉（起诉法定原则），对于嫌疑人或者被告人有利和不利的证据应一律加以注意（客观义务），法院应依其职权主动调查证据（职权调查原则），这些制度安排和义务设定都与发现实体真实这一诉讼目的有关。又如刑事诉讼以保障人权为目的，乃有非法证据之排除、人身保护令制度以及自白任意性规则等，这些制度安排都服从于保障个人自由权利的目的。刑事诉讼目的也成为理解这些制度设计的钥匙。

二、一元目的观、二元目的观与多元目的观

刑事诉讼的目的，最初被认为只是发现案件真相，使有罪之人受到惩罚。刑事诉讼乃为确定在具体案件国家刑罚权的有无和大小而进行，刑事诉讼法和刑事程序为规范刑事诉讼活动而制定、设定，具有保障刑法目的的实现的功能。刑法规定的是犯罪和刑罚的问题，刑事诉讼法规定的是如何追究和惩罚犯罪的问题。如果只制定刑法而不制定刑事诉讼法，则刑法如何实施就没有规范可以遵循，这会造成在实施刑法方面无章可循、各行其是的局面，刑法的正确实施就难以得到保障，甚至使刑法变成一纸空文。刑事诉讼法保证刑法正确地实施，使刑法能够在社会中发生的具体犯罪行为上得到应用，为发挥刑法调整社会关系的功能和确立刑法的权威起到保障作用；进而，不但使刑法成为必行之法，发挥惩罚犯罪、遏制犯罪的作用，而且使该法得以正确无误地应用于解决具体刑事案件，使刑法的民主、法制原则——罪刑法定原则、罪刑相适应原则得以贯彻实施，使各项刑法理念在法律的实施中得以实现，使惩治犯罪与保障人权得到有机的结合。刑事诉讼法对刑法正确实施的保障作用主要表现在以下几个方面：第一，确定了实施刑法的专门机关及其分工，从而为刑法的有效实施提供了组织保障；第二，规定了一系列基本原则、制度和规则，保障专门机关权力行使与权力制约的统一，以保证司法公正的实现；第三，规定了运用证据的一系列科学规则，保障查明案件事实，为应用法律、正确处理案件提供了前提条件；第四，规定了刑事诉讼由一系列前后衔接的阶段和具体程序构成，使案件的错误、缺陷能够及时纠正、弥补；第五，规定了一定的制度、程序，如期限制度、简易程序、调解制度以保障实体法的高效率实施。由此看来，刑事诉讼法乃以发现案件真相、落实刑法规定为目的，除此之外更无其他目的，故为诉讼的一元目的论观点。

---

① ［苏］切里佐夫：《苏维埃刑事诉讼》，32页，北京，法律出版社，1956。
② 林钰雄：《刑事诉讼法》，6页，北京，中国人民大学出版社，2005。

这种刑事诉讼的一元目的论观点长期占据我国刑事诉讼法学的通说地位，只有在近十年来由于人们对于诉讼程序具有的保障人权的功能的发现，才发生动摇。这种观点没有注意到一部刑事诉讼法不仅是赋予国家机关一定权力的法律，也是限制国家权力以防止公民个人权利受到政府侵害的法律。现代法治社会要求，社会生活的各个方面都应当纳入法制的轨道，由法律予以规范。在国家权力与个人权益的关系上，要求国家对个人权益的任何剥夺均需具备正当的法律根据和法律程序，这就是“法律的正当程序”的理念。体现在刑事诉讼中，就要求通过程序设置赋予被追诉者与国家追诉机构相抗衡的能力和机会，使其有效抵御国家权力的非法侵犯。刑事诉讼法承担着在法律上对此加以保障的职责。由于刑事诉讼法在保障个人权利方面具有重要作用，它摆脱了仅服务于刑事实体法的从属地位，而对人及其生存的尊严予以尊重、保障和增进方面发挥着重要作用。因此，这种诉讼目的一元论的观点显然不足为训。

有学者强调刑事程序所具有的保障个人自由、权利的独特功能，认为刑事诉讼的目的只有一个，那就是保障人权。一个国家刑事诉讼法典是否完备以及司法官员是否能够共同信守、切实遵行，在现代社会已经成为衡量一个国家人权保障水平的重要指标，刑事诉讼活动的过程和结果涉及个人的身体、生命、自由和幸福，除宪法外，刑事诉讼法与人权保障的关系最为密切。有学者完全否定刑事诉讼法具有保障刑法正确实施的“助法”作用，认为没有刑事诉讼法则国家权力可以得到无障碍行使，刑事程序设定本身就意味着对国家权力加以限制，即使赋予国家机关权力，也意味着对国家权力行使的范围和方式作出了限定，若是不作限定，除非是不设定刑事程序，由此看来，刑事诉讼法不仅不具有依赖于刑事实体法目的实现的独立作用，而且其制定的唯一目的就是对涉讼的个人的基本权利提供有效的保障。这种观点也是刑事诉讼一元目的论观点。此种观点尚未被普遍接受，原因是它完全忽视刑事诉讼法具有的“助法”作用，没有看到刑事诉讼法保障落实国家刑罚权的授权和督促功能，缺乏充分的说服力。

有学者认为，刑事诉讼目的是二元的，即有惩罚犯罪和保障人权的双重目的。陈光中教授是这种观点的代表，他认为：“惩治犯罪和保障人权是刑事诉讼目的不可分割的两个方面，片面地注重一面而忽略另一面，必然违背刑事诉讼法的根本宗旨。”①

1. 惩罚犯罪。因为社会上存在着犯罪现象，才需要有惩罚犯罪的实体法律规范——刑法，也才需要有保证正确实施刑法的程序法律规范——刑事诉讼法。只有通过刑法、刑事诉讼法的实施，有效地追究犯罪、惩罚犯罪，才能维护国家安全和社会安定，保护公民的合法权益不受犯罪侵犯，保证社会主义现代化建设的顺利进行。如果发生了犯罪而不立案侦查，或者侦而不破，破而不起诉、审判、执行，则必然导致放纵犯罪，祸国害民。

2. 惩罚犯罪不是刑事诉讼的唯一目的，除惩罚犯罪外，刑事诉讼还应以保障人权为目的。刑事诉讼中的人权保障内涵丰富，大体包括以下几个方面：（1）保护一般公民的合法

---

① 陈光中：《坚持惩治犯罪与保障人权相结合立足国情与借鉴外国相结合》，载http：//www.jcrb.com/zyw/n5/ca10875.htm。

权益，这是指通过打击犯罪来防止广大人民群众的利益受到犯罪的侵犯。(2) 保障无罪的人不受刑事追究，即在打击犯罪的同时不能冤枉好人。(3) 保障所有诉讼参与人，特别是被告人和被害人的诉讼权利得到充分行使。(4) 使有罪的人受到公正的惩罚，即做到程序合法、事实可靠、量刑适当。“就第一点而言，惩罚犯罪归根结底是为了保护人民的利益，因而国家行使刑罚权与保障人权是完全一致的，没有矛盾的。但就第二、三、四点而言，追究犯罪与保障人权则往往发生具体的直接的冲突，需要加以协调，正确处理两者的矛盾，使其统一于国家和人民的根本利益。”①

3. 对于惩罚犯罪与保障人权两者的关系，陈光中教授认为：“两者应当并重，不能片面注重一面，忽视另一面。如果只注重追究犯罪，忽视人权保障，势必导致蔑视法制、行政专横、滥捕滥判，这是一个民主、法治国家所不能容许的。而且，这样做不可能达到国家长治久安的目的，将会损害国家和人民的根本利益……但是，如果只讲人权保障，不讲打击犯罪，特别是对严重的犯罪、有组织的犯罪，如果不进行有力追究和严厉打击，势必导致犯罪猖獗，人民无法安居，社会不得安宁，国家建设、经济发展随之化为泡影，这显然违背了刑事诉讼法的根本宗旨。可见刑事诉讼法一方面应是追究、惩罚犯罪的有力工具，另一方面应是保障人权的重要法宝。当然，打击与保护作为一对矛盾的两个侧面，在一定时期一定问题上②可以有所侧重。”③

也有学者主张刑事诉讼目的不是一元、二元而是多元的。林钰雄认为，刑事诉讼有三大目的，即实体真实、法治程序和法和平性。

1. 实体真实。即“发现实体真实”，这“经常被视为刑事诉讼想当然尔的目的，甚而被误认为是唯一的目的。既然发动刑事诉讼程序，用意在于‘获致一个依照实体刑法的正确裁判’，那么，‘发现实体真实’便是其必要的前提，也就是查明到底实际上发生的事件是什么”。发现实体真实有正反两方面含义：一是“对于无辜的被告，只当裁判结果确认并开释无辜时，才是发现了实体真实，也才是实体正确”；二是“对于真正的犯人，只当裁判确认其犯罪事实并依照刑法施加惩罚时，才是实体真实与正确”。所以，对于实体真实的完整理解，是它包含无枉无纵两个方面，不能单纯理解为“有罪必罚”④。

2. 法治程序。发现实体真实虽为刑事诉讼重要目的，“这绝不表示刑事诉讼容许以不择手段、不问是非及不计代价的方法来发现真实，因为现代国家的刑事诉讼同时追求其他的目的，尤其是符合法治国基准的诉讼程序”。由于国家独揽刑罚权，对于犯罪的侦查、起诉和审判均由国家专门机关行使权力，“国家大权时时刻刻威胁着无辜的涉嫌者，乃至于政

---

①③ 陈光中：《论刑事诉讼法修改的指导思想》，载http：//www. law－lib. com/lw/lw _ view. asp？ no＝355。

② 这里“一定时期一定问题”是指，例如第二次世界大战以后，世界各国人民饱受法西斯之害，痛定思痛，强烈要求加强人权保障；我国粉碎“四人帮”之后，也强调发扬民主，强调保护公民的合法权利，包括诉讼权利。而在犯罪率增高、有组织犯罪猖獗时期，则须注重于打击。美国克林顿政府制定《反犯罪法案》；德国通过法律，对贩毒犯罪和有组织犯罪的侦查允许采取秘密录音、摄影等新的调查方法；我国从1983年起，对严重危害社会治安案件，采取迅速审判程序，这些都是加强打击的反映。

④ 林钰雄：《刑事诉讼法》（上册 总论编），6～8页，北京，中国人民大学出版社，2005。

治上不讨好的人物。除非崇尚专制擅权的绝对主义，否则，在赋予国家追诉与刑罚权的同时，设定界限以防范任何滥用与擅断的危险”，这就是法治程序的基本功能。法治程序要求“必须至少在程序上合乎诉讼规则，也称为程序之司法形塑性”。在诉讼过程中，对于无辜者来说，“诉讼规则可以保护其免于受到任何的不正或过度的侵犯；纵使是最后被判定为有罪的被告，诉讼规则也保障其实现其应有的主体地位及保护权利”[①]。

3. 法和平性。“刑事诉讼之另一目的，在于得出能够维持‘法和平性’的裁判。”刑事诉讼因犯罪行为而引起，社会的和平和稳定因犯罪而受到破坏、发生紊乱，“刑事诉讼经由法定程序之践行来处罚罪犯释放无辜，并借此回复原来因为犯罪而受损的法和平性”。诉讼活动不可无休止地进行，“刑事诉讼必须尽其可能透过程序经过及裁判结果，向被告、被害人及社会大众宣告系争的刑事案件在法律上已经终局落幕，以便恢复社会的和平生活”。一旦作出生效判决，必须防止就同一案件再起争端，为此“诉讼的终局结果，也就是确定的裁判，在法律上必须具有禁止再行争执的效力，这就是实体确定力（又称为既判力）”[②]。

值得注意的是，看刑事诉讼目的，不能仅看法律条文表面上有几层含义，还要看这些内容是否同一，即是否构成独立的互不隶属的几个方面。我国《刑事诉讼法》第1条中规定的刑事诉讼法的目的，一般认为可以从以下三个方面进行理解：一是保证刑法的正确实施；二是惩罚犯罪，保护人民；三是保障国家安全和社会公共安全，维护社会主义社会秩序。从法条看来似乎是多元目的，其实，这三项内容是同一目的的递进表述而不是三项不同目的。刑法的正确实施所必然具有的功能就是惩罚了犯罪并保护了人民[③]，惩罚犯罪是国家维护内部秩序这一职能的具体表现，它是保护人民的人身权利、财产权利和其他合法权利，使之不受犯罪侵害并且在受到侵害后获得相应救济的有效方法。犯罪是对国家和社会危害最大的违法行为，它侵犯公民的人身权利、财产权利和其他权利，危害国家安全，破坏社会秩序，严重损害国家、人民的眼前利益和根本利益。为了有效地追究犯罪、惩罚犯罪，国家不仅要制定刑事实体法，对罪与罚作出明确规定；还要制定刑事程序法，以保证准确、有效地惩治和遏制犯罪。正确实施刑法，惩罚犯罪，保护人民，最终是为了保障国家安全和社会公共安全，维护社会主义社会秩序。各种犯罪行为都对不同的社会关系构成严重的危害。有的直接危害国家安全，如背叛国家、分裂国家、颠覆国家政权、从事间谍活动、窃取情报等；有的直接危害公共安全，如放火、爆炸、投毒、劫持航空器、实施恐怖活动等；有的则直接侵犯公民人身权利、民主权利和财产权利，如杀人、强奸、绑架、破坏选举、抢劫、盗窃等；还有的破坏社会主义社会秩序，如生产伪劣商品、走私、伪造货币、金融诈骗等直接破坏了社会主义市场经济秩序，招摇撞骗、聚众斗殴、组织黑社会

---

① 林钰雄：《刑事诉讼法》（上册 总论编），8～9页，北京，中国人民大学出版社，2005。

② 林钰雄：《刑事诉讼法》（上册 总论编），9～10页，北京，中国人民大学出版社，2005。

③ 保护人民中“人民”一词，本属政治概念，即“人民民主专政”中的“人民”，与敌人相对称，其含义是：“在社会主义现代化建设的新时期，全体社会主义劳动者，拥护祖国统一的爱国者，都属于人民的范围。”近年来有学者提出“惩罚犯罪，保护人民”中的“人民”，应当作广义理解：刑事诉讼法保护的对象不仅包括一切中国人，而且有时还涉及外国人，后者同样是可能受到犯罪侵犯并且涉讼案件受到中国法律管辖的人。

性质组织等直接妨害了社会管理秩序；等等。因此，刑事诉讼法保障刑法的正确实施，可以有效地惩罚犯罪和遏制犯罪，从而保障国家安全和社会公共安全，保护公民合法权益不受侵犯，维护社会主义社会秩序，保持社会稳定，并为国家的经济建设提供良好的外部环境。所以我国《刑事诉讼法》第 1 条关于刑事诉讼目的的表述，表明上看包含不同内容，实际是目的一元化，这恰恰是需要重新加以审视的。

三、实体真实说和正当程序说

在现代一些法制较为健全的国家，有关刑事诉讼的讨论往往围绕两个问题展开，一是实体真实，二是正当程序。宋英辉教授指出："现代西方国家和日本关于刑事诉讼目的的争论，主要有实体真实说和正当程序说。实体真实说又分为积极实体真实发现主义和消极真实发现主义。"①

这里所谓"实体真实"，我国学者通常用"查明案件事实"或者"查明案件事实真相"表达同样的意思。它是指要查明：犯罪事实是否发生，谁实施了业已发生的犯罪行为，以及实施犯罪的过程和其他有关情况。

查明案件事实之所以重要，是因为秩序的维护颇为重要，在合法的基础上应当尽可能发现案件的实质真实。在秩序与自由、实质真实与正当程序之间，有时存在着此消彼长的关系，这一关系需要进行妥善处理，如果处理不当，社会所要付出的，可能是无辜者生命、自由和财产的丧失。我国刑事诉讼法本着辩证唯物主义认识论的原理，要求公安司法人员尽可能发现案件事实的真相，其对犯罪事实的认定应当准确无误，做到对于案件的主观认识与实际发生的案件相一致。为此，公安司法人员必须积极主动，全面地收集证据，科学地审查判断证据，从而准确地认定案情。查明犯罪事实，还需要贯彻及时原则。及时查明犯罪事实，是及时落实国家刑罚权的前提。及时查明案件事实，能够使无罪的犯罪嫌疑人尽快解脱，从而切实维护公民的人身自由权和其他合法权益。另外，及时查明犯罪事实，对于有效遏制犯罪具有重要的意义。贝卡里亚说过：刑罚跟随着犯罪来得越快，它们之间的间隔越小，刑罚就越公正，越有益处。② 因为，及时落实国家的刑罚权可以使犯罪人心目中有罪必罚的观念得到强化，进而起到遏制犯罪冲动的作用；反之，罪与罚间隔的时间越长，有罪必罚的观念就越淡化，遏制犯罪冲动的机制就会受到削弱。

在查明案件真相的基础上还要正确应用法律。这就要求公安司法机关在将法律应用到已经查明的具体案件事实时，要恰如其分地适用相应的法律条文。刑事诉讼中所应用的"法律"首先是刑事实体法，即现行有效的刑法，也包括刑事程序法，此外还包括办理案件中需要适用的其他法律，如附带民事诉讼中的民法、民事诉讼法等。在刑法适用上，重在分清罪与非罪、此罪与彼罪的界限，做到定罪准确、量刑适当。

传统的实体真实说仅指积极实体真实发现主义，"认为刑事诉讼的目的在于发现实体真

---

① 陈光中主编：《刑事诉讼法学五十年》，380 页，北京，警官教育出版社，1999。

② 参见［意］贝卡里亚：《论犯罪与刑罚》，黄风译，56～57 页，北京，中国大百科全书出版社，1993。

实，主张‘刑事程序是为寻找实体真实发现服务’，凡是出现了犯罪，就应当毫无遗漏地加以处罚”[①]。日本的松尾浩也教授认为：“认识和强调解明真相的重要性本身并没有错误。但是，如果在理念上过分向解明真相倾斜的话，在实际运用上就会出现下列不足：（1）侦查过于严酷，侵害相关人员的权利；（2）审判追随侦查的结果，或者法官过于积极作为反倒会产生误判的危险。”[②] 正因为如此，当代刑事诉讼中的实质真实观念也发生了变化，即由积极实体真实发现主义向消极实体真实发现主义转变。“刑事诉讼，固以实体的真实主义为其指导理念……因其重点之不同，尚得分为积极的实体真实主义与消极的实体真实主义二种。前者目的在判明一切犯罪，藉以避免误有罪为无罪，重在无纵；后者，其目的在减少犯罪之误认，藉以避免误无罪为有罪，重在无枉。”[③] 刑事诉讼由积极实质真实发现主义向消极实质真实发现主义转变，意味着价值观的转变，体现出在或枉或纵两种可能性之间采取宁纵勿枉的一种价值选择。

有的国家原以实体真实发现为本位，通过刑事诉讼制度的改革，向正当程序本位发生变化。“法律的正当程序”（due process of law）作为一种观念，早在英国国王约翰于 1215 年 6 月 15 日签署的旨在限制国王权力的《自由大宪章》中就得到了昭示，大宪章第 38 项规定：“任何自由人，如未经其同级贵族之依法裁判，或经国法判决，皆不得被逮捕，监禁，没收财产，剥夺法律保护权，流放，或加以任何其他损害。”[④] 这里确立的“正当程序”（due process）的观念，给各国的刑事诉讼带来了深远的影响。美国宪法规定了正当程序条款，法国《人权宣言》也确立了这一原则，第 7 条规定：“除非在法律所规定的情况下并按照法律所指示的手续，不得控告、逮捕、拘留任何人。”这项原则也被国际社会纳入刑事司法的国际标准，联合国《公民权利和政治权利国际公约》第 9 条第 1 项规定：“除非依照法律所确定的根据和程序，任何人不得被剥夺自由。”可见，正当程序观念已经超越了英美法系的范围，成为一种普适价值。

日本学者指出，消极真实发现主义中不罚无辜的思想固然可贵，但正当程序的适用范围更为广泛。“即使在与发现真实无关的领域里，正当程序的要求也在起作用。两种刑事诉讼目的观的根本区别，在于实体真实与正当程序哪个更为优越，即当发现真实与正当程序发生冲突时，是为发现真实而放弃正当程序还是维护正当程序而放弃实体真实。”[⑤] 宋英辉教授评价说：“实体真实的诉讼目的观与正当程序的诉讼目的观都有其合理之处。任何刑事程序都要查明真实情况，在此基础上适用刑法，实现国家刑法权。否则，就没有进行刑事诉讼的必要。同时，任何刑事诉讼均须按照法律程序进行，不得离开法定程序滥用权力（或权利），以保证诉讼参与者能在法律赋予的地位上参加诉讼，保障诉讼参与人特别是易

① 陈光中主编：《刑事诉讼法学五十年》，380 页，北京，警官教育出版社，1999。

② ［日］松尾浩也：《日本刑事诉讼法》，丁相顺译，金光旭校，14 页，北京，中国人民大学出版社，2005。

③ 陈朴生：《刑事诉讼制度于实体的真实主义之影响》，载中华学术与现代文化丛书（九）《法学论集》，591 页，台湾，中华学术院，1983。

④ 《世界人权约法总览》，231 页，成都，四川人民出版社，1990。

⑤ 陈光中主编：《刑事诉讼法学五十年》，381 页，北京，警官教育出版社，1999。

被侵犯的被告人的诉讼权利。尤其是把正当程序作为刑事程序中保障公民基本权利的一种精神体现，使程序本身就更有意义。”① 因此，将实体真实与正当程序结合起来，寻求两者的平衡，也许不失为一项较为明智的选择。

四、诉讼目的观念的纠偏与转变

我国刑事诉讼法关于刑事诉讼法目的的表述，是法律人长期以来对刑事诉讼法和刑事程序基本功能和所要达到的目标的认识。这种认识专注于刑事诉讼法和刑事程序所具有的保障国家专门机关打击犯罪、维护社会秩序的功能，但忽视了它们所具有的通过程序安排和司法运作所发挥的保障人权的基本功能和目标。刑事诉讼法运作目的之一虽是为刑法目的之实现，但也应看到，刑事诉讼法的目的是二元甚至是多元的，除实现刑法的目的外，刑事诉讼法尚有保障人权乃至维护其他法律价值之目的。刑事诉讼法因其具有多项保障人权的内容和重要的保护人权的作用而被视为一个国家重要的人权保障法之一。在一个国家的法律体系中，刑事诉讼法对于人权的重要性仅次于宪法；且其内容规定得详尽具体，比宪法更具可操作性，可使宪法中关于人权保障的许多条款得以落实。刑事诉讼法具有保障人权的重要功用，这使刑事诉讼法摆脱了其仅为刑法附庸的地位。如今通过刑事程序的安排来保障人权，特别是保障诉讼中权利最容易被侵犯的犯罪嫌疑人、被告人的人权，已经成为现代刑事诉讼的基本目标，也成为当代中国法律人重新认识刑事诉讼法和刑事程序的基点。

惩罚犯罪和保障人权是刑事诉讼法的双重目的，我国刑事司法应当通过进一步改革以完成从注重秩序与效率向注重自由兼顾秩序与效率的转变，关键在于处理好惩罚犯罪与保障人权这一关系。国家具有特殊组织和特殊权力，其基本职能包括抵御外部侵略、维护内部秩序和防御自然灾害等。惩罚犯罪是国家维护内部秩序这一职能的具体表现，它是保护公民的人身权利、财产权利和其他合法权利使之不受犯罪侵害并且在受到侵害后取得相应救济的有效方法。不过，通过及时惩处犯罪人来保护公民的人身、财产、生命等合法权利，以及在打击犯罪的同时保障无罪的人不受刑事追究，只是保护公民的一个重要方面。公民的财产乃至生命等权利不仅可能受到犯罪行为的侵害，也可能因为国家权力的滥用而遭受损害，因此，刑事诉讼中“保护人民”的内涵还应当包括：保障包括犯罪嫌疑人、被告人、被害人在内所有诉讼参与人的诉讼权利得到充分行使；保障有罪的人受到公正的惩罚，即做到程序合法、事实准确、定罪正确、量刑适当。一部刑事诉讼法不仅是赋予国家机关一定权力的法律，也是限制国家权力以防止公民个人权利受到政府侵害的法律。现代法治社会要求，社会生活的各个方面都应当纳入法制的轨道，由法律予以规范。在国家权力与个人权益的关系上，要求国家对个人权益的任何剥夺均需具备正当的法律根据和法律程序，这就是“法律的正当程序”的理念，体现在刑事诉讼中，就要求通过程序设置赋予被追诉

① 陈光中主编：《刑事诉讼法学五十年》，381页，北京，警官教育出版社，1999。

者与国家追诉机构相抗衡的能力和机会，使其能够有效抵御国家权力的非法侵犯，刑事诉讼法承担着在法律上对此加以保障的职责。

刑事诉讼法既然以惩罚犯罪和保障人权为双重目的，就应当将它们统一起来，在各个制度和程序之中加以贯彻。如果只注重追究犯罪，忽视人权保障，势必导致司法专横，这是一个实行民主、崇尚法治的社会所不能容忍的，而且从长远的效果看，也达不到使国家和社会长治久安的目的。同样，如果只注重人权保障，忽视惩罚犯罪，势必导致犯罪猖獗，民众失去安全感，社会动荡，社会秩序紊乱，同样不符合刑事诉讼法的根本宗旨。打击犯罪与保障人权的双重目的在许多案件中可以和谐一致，不发生矛盾，但在一些具体案件中有时却会发生直接的冲突，出现此消彼长、此存彼亡的状态，因此需要加以选择和协调。

要将惩罚犯罪和保障人权的双重目的统一起来，当前最重要的是在刑事司法程序的基本精神层面确立“正当程序”观念。要使人们认识到刑事司法程序并不限于维护秩序、惩罚犯罪这一单一功能，它也发挥着保障人权的独立作用。通过对犯罪人的及时惩处保护公民的人身、财产、生命等合法权利，在打击犯罪的同时保障无罪的人不受刑事追究，这只是权利保障的一个方面；更为重要的是，公民的财产乃至生命等权利不仅可能受到犯罪行为的侵害，也可能因为国家权力的滥用而遭受损害，这就需要由刑事诉讼法等法律承担起限制和规范国家权力的作用。刑事诉讼法是以刑事诉讼的主体及其职权的配置和范围，刑事诉讼主体的诉讼权利的赋予、诉讼义务的设定，以及刑事诉讼的活动原则、规则、程序等为内容的，这些内容的设定有两大功能：一是保障发现案件的客观真实，使犯罪人受到应有的惩罚，并保障无罪的人不受刑事追究，它体现了国家维护安全和秩序的意志；二是保障涉讼的公民个人（包括事实上有罪的被追究刑事责任的人）的人身权利、财产权利以及其他权利不受来自国家权力的恣意侵犯，保证对上述权利的限制和剥夺应维持在程序正当的范围内，它所体现的是对人及其尊严的尊重。

这一观念体现在“法律的正当程序”当中。我国刑事立法和司法实践，在打击经济等领域的犯罪方面素来十分重视，法律规范本身也较为完整，但在处罚力度方面往往过重，且在限制国家权力方面需要进一步加强，特别是“法律的正当程序”的观念需要强化。按照“法律的正当程序”的要求，应将我国的某些刑事诉讼法律制度或者行政措施中不符合正当程序精神的内容加以革除。

需要指出的是，在正当程序的约束下，也不能忽视发现真实。只强调程序安排和程序活动的正当化，忽视正确适用实体法律的基础在于发现案件真实，会使刑事诉讼沦为一场游戏。对此已有一些国家认识到这种失衡状态造成的不良后果，并引发相应的司法改革。如英国司法改革报告指出：“减少犯罪是实现社会公正的首要之选……一个人在被证明有罪之前是无罪的，检控方指控被告犯罪的证据要无合理疑点。但本制度不应成为运用拖延和阻挠战术妨碍依法定罪的游戏。”①

① 最高人民检察院研究室编译：《所有人的正义——英国司法改革报告》，7页，北京，中国检察出版社，2003。

我国刑事司法传统重视真实发现，但一味追求真实发现存在明显弊端，那就是以非常手段追求真实发现的合法化或者无责化，造成刑讯频现，非法搜查与扣押不能被遏止。我国要改善刑事司法中的人权状况，不能不强调在正当程序的约束下发现案件的实质真实。当惩罚犯罪和保障人权的双重目的在具体案件中发生冲突，鱼与熊掌不可兼得，需要通过立法和司法裁量来决定取舍，对于以暴力、胁迫、欺骗和利诱方法非法取得言词证据和严重侵犯个人自由权利取得实物证据的，应排除这些证据以维护正当程序，保护人权。

与此同时，在追求实质真实发现过程中，还要完成从积极的实质真实发现主义向消极的实质真实发现主义的转变。消极的实质真实发现主义要求，在发现实质真实中以避免错罚无辜为侧重，制度安排和司法运作都应依此进行。避免错罚无辜的最佳途径是发现案件实质真实，这既可以惩罚有罪，又可以避免错罚无辜。但若不强调防止错罚无辜这一侧重点，无限制地追求发现真相，可能导致为达到目的而不择手段的局面形成，而此种局面一旦形成，冤滥遍地的现象就容易出现，因此，制度安排就是要对侦查、起诉和审判机关及其人员进行适当控制，以便使其在正当程序的约束下寻求和确认事实真相，防止误罚无辜。

我国刑事司法注重客观真实发现，长期的司法习惯注重惩罚有罪，实行的是积极的实质真实发现主义。尽管法官的作用趋于消极，但审判追随侦查的局面却没有得到根本改观。近年来披露的一些冤错案件，暴露出法院对于侦查中获取的存在瑕疵的证据或者指控事实的态度值得检讨，法院在一些证据表明被告人有重大犯罪嫌疑但又无被告人切实有罪之确信的情况下，仍然判决被告人有罪，只是在量刑时有所轻判，在死刑案件中谓之“留有余地”，这种做法造成的误判时有发生。所谓“留有余地”，是对于没有确实把握认定被告人有罪时的变通处理方式，是给法院自己“留有余地”，既要防止放纵真正有罪的人，又要在一旦发现新的事实或者证据表明被告人确属冤枉时不至于因错杀而搞得不可收拾。这种做法实际上是忌纵更大于忌枉的表现，违背了疑罪从无的法律精神，在存在罪疑（罪与非罪存在疑问）之时，实行的却是刑疑（轻刑与重刑存在疑问）时才应实行的“刑疑唯轻”。如云南杜培武案件、湖北佘祥林案件等，都是这类“留有余地”的裁判被证明误判的例子。消极的实质真实发现主义要求司法机关在事实或者证据存在疑问不足以认定有罪时，有勇气依法作出无罪判决，抵制政治、公众和被害人的压力，落实依法独立行使审判权原则和“疑罪从无”的法律精神。

实质真实发现主义虽为审判制度提出的一项基本主张，但要使消极的实质真实发现主义发挥作用，审前阶段的活动与主持审前阶段的办案机关及其人员的态度、立场也至为重要。许多冤错案件是侦查中植下的祸根，如刑讯获得的违心自白、勘查现场的马虎潦草、鉴定的疏忽大意甚至侦查人员为使证据充分而伪造证据，都会使案件真相的发现受到阻遏，或者办案机关及其人员隐瞒有利于被告人的证据而不提供给法庭，都会使消极的实质真实发现主义保障个人自由权利的功能大打折扣甚至不能奏效。因此，强化审前办案机关的客观义务和公平注意意识，绝非可有可无。

在审判过程中，法院承担的角色是对已经诉至本院的案件进行调查核实，这种调查具有检验既有的侦查成果的性质或者有展开实质调查的性质，更重要的是通过审判活动进行筛选，排除不具备定罪条件的案件或者确认被告人无罪的事实，使被起诉的被告人中的无辜者以及可能的无辜者（证据不足以证明其有罪）被甄别出来，这才是审判活动的重心所在。法院发挥这个作用，就等同于在政府权力与个人自由权利之间发挥了一种屏障作用，而这才能达到惩罚犯罪和保障人权的刑事诉讼目的。

第二节　刑事诉讼模式

一、诉讼模式的历史沿革及其特征

将一些国家或者地区诉讼中若干共同本质性特征加以概括，从而以其具有的共同特征将这些国家或者地区的诉讼加以归类，可以归纳出不同的诉讼模式。

诉讼模式与诉讼形式是含义相近的概念。诉讼活动都有一定的形式，进行各种诉讼行为所采取的总方式、方法被称为诉讼形式，诸如直接审理和间接审理、言词审理和书面审理、公开审理和不公开审理等，都是一定的诉讼形式。诉讼模式则是不同刑事庭审方式的本质性特征所构成的相互区别的诉讼类型，按刑事诉讼历史发展进程，刑事诉讼经历了弹劾式、纠问式到现代的当事人主义（对抗制）、职权主义（调查审问式）和混合式诉讼模式。

（一）早期的弹劾式诉讼

早期的弹劾式诉讼（accusatorial procedure）主要在古罗马共和时期和帝国初期实行，古罗马帝国中后期则渐变为纠问式诉讼。

古罗马弹劾式诉讼的典型特征之一是：控诉与审判职能分离，实行不告不理原则。控告由私人提起，传唤证人到庭由私人执行，当事人有完全的举证责任。弹劾式诉讼以言词辩论的方式进行，诉讼中注重发挥争讼双方的作用，他们在法庭上地位平等、权利对等，可以相互对质和辩论。在古罗马时代，法律顾问阶层已经出现，诉讼中律师有充分的发挥作用的空间。罗马的辩护者一般属于有地位、有财产的人，他们起初在法律诉讼中无偿地为朋友或者被保护人贡献才智，后来在案件审理结束时允许给予辩护者一定的酬金。

在弹劾式诉讼中，由于法律程序具有严格性，举证责任由当事人负担，不了解实体法和法律程序的当事人为了赢得胜诉，就需要寻找法律的行家来帮助打官司，这就催生了律师业。在那时的诉讼中，当事人双方的自由度很大，“审理时之自由发言为近代法庭所少见，双方可各请几位律师，有的准备证据，有的提出证据，审理由书记作成笔录，有人会用速记，速度之快可以毫无遗漏，马提雅尔说与许多书记，他们的手要比说的还快”[①]。“诉讼争辩概由律师为之，他们可向法院提出图片说明罪行，可以抱着小孩争论，可以揭示当事人的伤痕。”[②]

---

① ［美］威尔·杜兰：《恺撒与基督》，516页，北京，东方出版社，2003。

② ［美］威尔·杜兰：《恺撒与基督》，516～517页，北京，东方出版社，2003。

古代弹劾式诉讼的另一典型特征是司法克制。在古罗马，法官处于消极仲裁者的地位，只负责听取双方当事人提供的情况，审查他们提供的证据，认定案件事实和作出裁决。古罗马时已实行陪审制度，“有时由副执政官从850个元老或骑士陪审名单中抽选出若干人组成陪审团来审政，通常是51人或75人。有两个永久性的特别法庭：十人法庭（Ten Men）审理民事；百人法庭（Hundred Men）审理财产和遗赠案件，法院任人自由旁听”①。在日耳曼各王国，早期没有审判官，审判职能由民众大会行使，但有一些熟悉法律的“智者”（又称“宣法者”、“判决发现者”）参加，运用其掌握的习惯法知识对争议的解决提出意见。随着民众大会制度的衰落，769年查理大帝颁布法令，改革了审判制度，取消了民众大会的审判职能，而从每郡选出12人任终身“承审官”。在日耳曼法中，普通刑事诉讼实行自诉原则，判断事实实行宣誓和辅助宣誓，法庭在整个诉讼过程中处于消极地位。陪审制度本为分散、制约职业法官权力而设，同时也有利于塑造法官消极、中立的形象。

此外，神示证据制度也是早期弹劾式诉讼的特征之一。在弹劾式诉讼中，利害相对的诉讼双方各执一词，互不相让，是非曲直难以判断，法官就求助于神，期冀神灵给予一定的启示来甄别某些争议事实的真伪和双方主张的曲直。此外，法庭为了取证，常对当事人的奴隶加以刑讯。

（二）传统的纠问式诉讼

纠问式诉讼（inquisitorial procedure）是继弹劾式诉讼之后出现并盛行于欧洲中世纪中后期的诉讼制度。

约翰·亨利·梅利曼在谈到纠问制诉讼的成因时说：“在大陆法系国家中，过分强调采用纠问式的审判方法，是由于罗马法的复兴和受教会审判程序法的影响所引起的。而最重要的，则是集权制国家的兴起”，“国王，作为国家的化身有权实行惩罚和赦免。禁止事后法（ex post facto laws）的原则，法律面前人人平等的原则以及我们现在常常普遍提倡的人道和正义的主张等，都不对国王产生任何约束。”②

纠问式诉讼的本质特征是法官主动依职权追究犯罪。具体表现为：

1. 在纠问式诉讼中，控诉职能与审判职能不分，两种职能集于法官一身。“法官不只限于扮演一个公正仲裁者的角色，而是诉讼活动的积极参加者，他可以决定诉讼活动的范围和性质。”③

2. 不实行不告不理原则。刑事诉讼的开始和推进，不取决于被害人的告诉，即使没有被害人的告诉，国家官吏也可以主动发现和追究犯罪。

3. 在诉讼中，原告人和被告人都没有诉讼主体地位，被告人更是只承担诉讼义务的被追究的客体。诉讼程序一般秘密进行，不但庭审前的调查活动是秘密的，法庭审判一般也不公开。

4. 纠问式诉讼与野蛮的刑讯紧密地结合在一起，被告人成为被拷讯的对象。“这种刑

---

① ［美］威尔·杜兰：《恺撒与基督》，516页，北京，东方出版社，2003。

②③ ［美］梅利曼：《大陆法系》，顾培东、禄正平译，134～135页，北京，法律出版社，2004。

事诉讼是国家对被告人提起的诉讼。其程序是书面的和秘密的，被告人没有延请律师权。他通常被要求宣誓作证，刑讯是逼供的常用方法。”刑讯有两类适用情形：一类是在判决之前施行的，在掌握证据的情况下，对拒绝供述和保持沉默者施行，如在法国，根据1670年的敕令，在刑事案件中如果对被控犯有死罪的犯人已取得相当的证据而仍然不足以作出有罪判决时，可以予以刑讯；另一类是对已判死刑的犯人施行的，以使他们供出同伙。

（三）职权主义诉讼模式

职权主义诉讼模式（litigation system）[①] 继承了纠问式诉讼的某些特征，主要为德国、法国等大陆法系国家所实行。纯粹职权主义诉讼模式的特征是：

1. 法官推进诉讼进程。

2. 法官主动依职权调查证据，可以主动询问被告人、证人、鉴定人，并采取一切必要的证明方法。

3. 采取不变更原则，案件一旦起诉到法院，控诉方不能撤回起诉，诉讼的终止以法院的判决为标志。

如今，在大陆法系国家，纯粹职权主义的诉讼模式已经被打破，诉讼中一般均实行变更原则，允许控诉方撤回起诉。德国还吸收了当事人主义诉讼中的交叉询问制度，将两种调查制度同时规定在本国的刑事诉讼法中。[②]

职权主义诉讼是人们将公正、理性、人权等观念融入纠问式制度，同时摒弃其野蛮、落后的诉讼因素并在此基础上加以改造的结果。与传统纠问式诉讼有所不同的是，在职权主义诉讼中，国家的刑事追诉权分由两个各自独立的机关行使。职权主义体现了国家在处理刑事诉讼案件方面的主动干预原则。这一原则一方面体现为法官有权主动调查证据，另一方面是检察制度的形成和与之同时出现的公诉职能的分立。职权主义诉讼中，控诉、辩护、审判职能分立，互相制约，以保障实现诉讼过程的公正性和诉讼结果的公正性。职权主义的机理是：发挥法官的主观能动性，有利于防止诉讼受控辩双方法庭技巧甚至伎俩的影响而难以发现案件的客观真实，法官主动依职权调查才是发现案件真实情况的法宝。

在职权主义诉讼模式里，法官掌握着庭审活动的全部控制权，他们在证据调查中起着肯定和积极参与的作用，在大陆法系国家，这被认为是发现案件真实情况的最佳方式。这种方式也受到英美法系国家法官的赞赏，如美国联邦最高法院一位法官曾在判决书中表达不同意见云：“联邦法官不是拳击比赛的裁判员，而是审判官。”其表达的观念与大陆法系国家对法官的功能的认识相近。[③]

（四）当事人主义（对抗制）诉讼模式

对抗制诉讼（adversary system），又称双方对争制度、当事人主义诉讼、辩论主义诉

---

① 国外也有学者称之为“纠问式诉讼”（inquisitorial procedure）。

② 德国刑事诉讼法第239条第1款规定：“依他们的一致申请，审判长应当让检察官、辩护人询问由检察院、被告人提名的证人、鉴定人。对由检察院提名的证人、鉴定人，检察官有权首先询问，对由被告人提名的证人、鉴定人，辩护人有权首先询问。”

③ 参见［美］H. W. 埃尔曼：《比较法律文化》，贺卫方、高鸿均译，174页，北京，三联书店，1990。

讼、竞争主义诉讼。

英美法系采用对抗制诉讼，其主要特征是：

1. 诉讼进程由控辩双方推进。我国香港地区一位律师这样描述这一制度：“控辩双方自行提出论据，各执其辞。”①

2. 案件事实的发现委诸于控诉方和辩护方的举证和辩论，在法庭调查中实行交叉询问制度。

3. 法官不主动依职权调查证据。自我克制是法官在案件调查活动中的惯例，不过，美国也吸收了大陆法系国家法官主动依职权进行调查的内容。② 事实上，对抗制审判中，法官只对事实的裁判消极，对法律的适用还是积极的。

4. 实行变更原则，允许控诉方变更、追加、撤回诉讼，允许控诉方与辩护方进行辩诉交易。

5. 采起诉认否程序。在刑事诉讼中如果被告人自愿而不是被强迫作出有罪的供述，则对案件事实无须进行举证和辩论，法官可以径行作出有罪的判决，被告人这种供述的效果与民事诉讼中的承认并无不同。

6. 实行陪审团制度。由一定数量的非专业人士（通常为12人）组成陪审团，在没有法官出席的情况下负责对事实的有无进行裁决。陪审团制度对对抗制诉讼程序的设置和诉讼规则的形成具有决定性作用。

当事人主义诉讼模式和职权主义诉讼模式的关键区别在于控诉、辩护、审判三大诉讼主体发挥各自功能的方式不同，当事人主义诉讼模式的机理是通过控辩双方的作用与反作用，达到制约政府权力、揭示案件事实真相的目的。

从实际功效上看，当事人主义诉讼模式和职权主义诉讼模式都是发现案件事实的有效方式，二者各有所长，也各有所短。总的看来，以法官克制为特征的当事人主义诉讼模式在体现程序的公正性方面优于以法官能动为特征的职权主义诉讼模式；在诉讼效率方面，职权主义诉讼模式优于当事人主义诉讼模式，因此它们各有优点，又各有不足，很难断定孰优孰劣。

（五）混合式诉讼模式

混合式诉讼，又称折中主义诉讼。

这一诉讼模式兼采当事人主义诉讼模式和职权主义诉讼模式的因素而形成，主要代表国家是日本和意大利。混合式诉讼的特征是：

1. 保留了法官主动依职权进行调查证据的权力，注重发挥法官在调查案件事实方面的能动性，表现出对职权主义诉讼模式的优势的肯定态度。

2. 大力借鉴对抗制诉讼的因素，在诉讼中注重发挥控辩双方的积极性，注重控诉、辩

---

① 谢伟俊：《法乎情》，58页，香港，明窗出版社，1995。

② 美国《联邦证据规则》第614条规定：“法庭可以自己询问证人，不管该证人是法庭传唤的，还是当事人传唤的。”

护双方平等对抗。在法庭调查中，一般实行英美式的交叉询问等制度[①]，以期取两大诉讼模式之长而摒弃其短。

混合式诉讼是在原有的职权主义诉讼模式的基础上大力吸收对抗制诉讼的积极因素的结果，它以折中方式试图结合职权主义诉讼和对抗制诉讼之长而避免其短，既强化对人权的保障，又注重发现案件真实和提高效率，这种结合为许多国家刑事诉讼的发展提供了可供借鉴的典范。

二、诉讼模式理论

1992 年我国学者李心鉴在其所著的《刑事诉讼构造论》中介绍了 20 世纪 60 年代和 70 年代由帕卡、格里费斯、达马斯卡等人分别提出的诉讼模式类型，包括：

（一）犯罪控制模式和正当程序模式

1964 年帕卡在宾夕法尼亚法学杂志上发表题为《刑事程序的两个模式》一文，提出“犯罪控制模式”（crime control model）和“正当程序模式”（due process model）两个概念。

犯罪控制模式“是以保护社会福利、大众安宁为主的团体主义的思想模式，其建立在将社会视为一个与组成分子意志有别并超越个人意志的独立实体的基础之上，同时坚信社会福利的价值；为达到这种目的，国家便应对刑事程序的运作有所干预”[②]。犯罪控制模式的拥护者主张：“刑事诉讼程序的最重要的机能就是抑制犯罪，即为了维护公共秩序，犯罪行为必须被置于严格的统制之下。因而这一模式最关心的就是程序的效率，认为在惩罚犯罪上不具有高效率的刑事诉讼，无论对社会还是对个人的自由，都是有害无益的……整个刑事诉讼程序，从侦查、逮捕、起诉直至审判，应当成为快速的（speedy）流水作业程序。”[③]

正当程序模式“则是崇尚个人自由，强调人权至上的个人主义思想模式；其基础建于自然法思想，认为人类拥有某些基本权利，如果统治者侵犯了这些权利，人们将不信任统治者并撤回授予统治者的权力。总之，个人的权利超出社会与国家的利益之上”[④]。正当程序模式的拥护者主张：“不受制约的权力必然被享有者滥用；在刑事程序上限制国家的权力，就是对被告人权利的保护。因而这一模式对不受抑制的行政性的真实发现程序持怀疑态度，而坚持司法性的事实认定程序，通过不服申诉最大限度地减少误判；对控制犯罪的效率持消极态度，而关心正当程序的切实执行和被告人权利的确实保护……与犯罪控制模式的流水作业程序相反，这一模式是跨栏赛跑（障碍竞赛）式的程序。”[⑤]

犯罪控制模式和正当程序模式是两种用来说明相反的诉讼价值取向和与这些取向相一

---

① 日本刑事诉讼法第 304 条规定，“审判长或陪席审判员，应首先讯问证人、鉴定人、通译人或翻译人”，“检察官、被告人或辩护人，可以于前款讯问完毕后，告知审判长，讯问证人、鉴定人、翻译人或通译人，于此情形，对证人、鉴定人、翻译人或通译人调查，如果是出于检察官、被告人或辩护人的请求时，应由提出请求的人首先讯问”，“法院认为适当时，得征询检察官、被告及辩护人之意见，变更前两项讯问之顺序。”

②④ 李心鉴：《刑事诉讼构造论》，25 页，北京，中国政法大学出版社，1992。

③⑤ 李心鉴：《刑事诉讼构造论》，26 页，北京，中国政法大学出版社，1992。

致的诉讼制度建构的学术标签，英美国家的诉讼制度更接近于正当程序模式；大陆法系国家则被认为更接近于犯罪控制模式。

（二）争斗模式和家庭模式

1970年耶鲁大学副教授格里费斯（J. Griffith）在耶鲁大学法学杂志发表的《刑事程序中的理念——刑事程序的第三种模式》一文，提出“争斗模式”（battle model）和“家庭模式”（family model）两个概念，挑战帕卡提出的两大模式。

“争斗模式”将刑事诉讼视为国家与被告之间的争斗程序的思考方式，它将国家利益与被告人利益的不可调和性作为理论前提。家庭模式与之相反，“像理想的家庭那样，是把利害调整的可能性和爱的理念作为前提的”，按照这一模式进行思考和制度设计，则“辩护人与检察官不同的诉讼活动就不会演化为争斗，而成为法院公正裁判的协助性活动。而这将使被告的权利、尊严、人格受到最大的尊重，同时，刑事程序本身所具有的教育功能也将会得到最有效的发挥”①。

（三）对抗模式（当事人抗争模式）和非对抗模式（纠明模式）

1973年达马斯卡（M. Damaska）教授在宾夕法尼亚大学法律杂志上发表《有罪判决的证据法制约与刑事程序的两个模式》一文，提出了对抗模式（adversary model）与非对抗模式（non-adversary model）两个概念。

对抗模式又称“当事人抗争模式”（party contest）。在对抗模式中，“诉讼在裁断争议的法院面前，是由在原理上平等的双方当事人之间的争议所构成的。程序的目的是围绕是否犯罪的纷争而展开的。因此，控诉与交易是诉讼的基本内容。追诉方的任务就是使受诉方获罪，而被告人的任务则是阻止自己获罪。对被告人进行调查，不能损害当事人平等的原则。法官是监视并促使双方当事人遵守竞争规则，并且最后进行裁决的裁判”②。

非对抗模式又称“纠明模式”（official inguilty，职权调查）。在非对抗模式中，“程序的开始，不是由争议引起的，而是由官员调查犯罪的嫌疑引起的。诉讼目的不是解决争议，而是查明案件的事实。在这种诉讼中，不要求当事人成为独立的行为者，而事实的发现者则成为超然的一方。侦查所获得的资料如被认为具有信用性，则可能被全部利用，尽管被告人的调查也被承认。因此，在这种非当事人对立的诉讼构造中，程序的技术性很低”③。

（四）同位模式和阶层模式

除对抗模式（当事人抗争模式）和非对抗模式（纠明模式）以外，达马斯卡教授还提出同位模式（coordinate model）和阶层模式（hierarchical model）。

在同位模式中，“视办案的最佳效果，为作出适合每一具体案件的各种决定”。因此，“丰富的经验受到重视，而对一般化则采取怀疑的态度。虽然也不得不考虑某种阶层的确立，但尽可能不那么严明，上位者与下位者的地位并未明确地加以区分。而且即使在官员

---

① 李心鉴：《刑事诉讼构造论》，45～46页，北京，中国政法大学出版社，1992。

②③ 李心鉴：《刑事诉讼构造论》，48～51页，北京，中国政法大学出版社，1992。

作为一个整体的场合，也未使各个官员丧失其独立性。意思决定并非没有基准，只是没有阶层模式那么严格。个人常常被作为一个独立的机关而被授权作出重大的决定。而且，也不那么重视案件的记录。一般说来，同位模式是官僚制并不发达的诉讼模式。因此，期待官员所做到的，不是规范命令的技术性适用，而是根据决定者的政治、伦理的价值观，对社会性问题给予最佳的解决”①。

在阶层模式中，“要求有统一的政策和集中的权力，各种权力的行使者不具有独立的权力，行使的只是受委任的权力，而且这种权力的行使受到严格的监视。因此，各官员的职权范围均明确做了规定。上位者具有较大的权力，以审查下位者的决定。为了确保意思决定的确实性，官员的裁量权被加以排斥。而且，为了阶层性的审查，所有决定都必须留下记录。决定必须基于明确的标准，不给有关具体妥当性的个人判断留有余地。因而，这种决定不是政治性的，而是技术性的作业。官员是有效地适用规范性基准的技术专家”②。

同位模式和阶层模式是法官的不同管理模式，或者说是行使司法权力上下位者的关系模式。

三、我国当代刑事诉讼模式归属

我国刑事司法注重发现案件的客观真实，对于发挥法官在调查案件方面的主动性十分重视，体现为法官在法庭调查中主动推进诉讼进程，主动依职权调查证据，特别是，合议庭拥有一系列庭外调查的权力。近几年来，刑事诉讼制度改革的主要方向之一是吸收当事人主义诉讼因素，增强司法克制，调动控辩双方的诉讼积极性。但刑事诉讼改革并不是以全面移植对抗制诉讼为目标的，刑事诉讼法仍然保留法官在法庭上主动调查证据的权力，法官的庭外调查权虽然有所缩小，但仍然予以保留。

我国通过刑事诉讼法的修改而建立的法庭审判机制，在原有的职权主义诉讼模式的基础上吸收了当事人主义诉讼模式的因素，使我国的审判机制具有明显的混合色彩，表现为如下特点：

1. 注重强化控、辩双方的积极作用，为控、辩双方的举证和辩论留下更多空间。在审判活动中，审判长是法庭的组织者和指挥者，同其他承办本案的审判人员一起履行审判职能，他们在庭审中的作用是不可或缺的。不过，审判权的具体构成内容还是有很大的伸缩性。司法审判是应该大力强化法官在调查案件方面的职权作用，使审判人员包揽出示、宣读物证、书证，讯问被告人，询问证人以及进行其他证据调查活动，还是应该抑制法官在调查案件方面的职权作用，大有可探讨的余地。在我国，进行刑事庭审方式改革之前，法官的职权作用过于积极，而控、辩双方作用则过于消极，后者通常仅在专门的辩论阶段发表意见，诉讼中的对抗性较弱。这种制度设计使控辩双方的积极性得不到充分发挥，法庭审判往往流于形式。针对这种状况，立法机关通过刑事诉讼法的修改对庭审方式进行了改

---

① 李心鉴：《刑事诉讼构造论》，55页，北京，中国政法大学出版社，1992。

② 李心鉴：《刑事诉讼构造论》，54页，北京，中国政法大学出版社，1992。

革，强化了控辩双方的对抗作用。公诉人在宣读起诉书后，直接讯问被告人，并询问证人和鉴定人，出示物证，宣读书证和未到庭证人的各种证据笔录；被告人、辩护人一方对于本方提出的证人、鉴定人，要由自己率先进行询问，对于本方收集的证据材料要自行当庭出示、宣读；法官只在控辩双方进行讯问、询问后进行补充性的发问，对于控辩双方收集、提供的证据材料不再承担出示、宣读的工作。由此可见，我国的庭审方式强化了控辩双方的职能作用，有利于在庭审中调动双方的积极性。

2. 保留了审判人员主动依职权进行调查的权力。我国刑事诉讼法没有完全采取当事人主义庭审模式，而规定法院享有对案件事实、证据的调查核实权。法律规定审判人员在控、辩双方充分发挥自己的职能作用的基础上，不仅有权主持审判、维护法庭秩序，而且还有权补充性地讯问被告人、询问证人和鉴定人，并有权进行某些庭外证据调查、核实活动。我国《刑事诉讼法》第158条规定："法庭审理过程中，合议庭对证据有疑问的，可以宣布休庭，对证据进行调查核实。""人民法院调查核实证据，可以进行勘验、检查、扣押、鉴定和查询、冻结。"显然，我国刑事诉讼在借鉴英美法系当事人主义诉讼模式若干因素的同时，仍然保留了大陆法系职权主义诉讼模式的某些特点。

3. 法庭审判方式更加灵活。法庭辩论不仅可以在专门的辩论阶段进行，而且在法庭调查阶段，控、辩双方就可以对证据和案件情况发表意见和互相辩论。

4. 未能防止预断。我国刑事诉讼法在法院对公诉案件进行审查的程序设置方面仍存在明显缺陷。这一审查侧重于程序性审查，但没有采取防止法官产生审前预断的措施。立法要求检察院在提起公诉时同时移送"主要证据"的"复印件"和照片，不但因"复印"一词规定不当造成司法资源的不必要的浪费，而且使开庭前法官可以凭借主要证据的复印件和照片了解案件实体情况，容易使其在开庭前形成先入为主的认识，不利于以持平公允的心态进行诉讼活动。

总的说来，我国现行刑事诉讼制度是在职权主义（不少中青年学者称之为"强职权主义"或者"超职权主义"）诉讼模式的基础上借鉴、吸收了当事人主义的诉讼因素而形成的，带有明显的混合色彩。由于我国刑事诉讼制度正处在不断改革、更新之中，大量吸收当事人主义的诉讼因素成为这个过程的主要内容，因而，我国刑事诉讼制度混合两大诉讼模式的色彩还会进一步加深。

第三节　刑事诉讼结构

一、刑事诉讼结构的含义

一般认为，刑事诉讼结构是控、辩、审三方的地位及其相互关系构成的三角形结构。亦即：刑事诉讼结构是指基本诉讼主体在诉讼中所处地位及其相互关系。人们在谈到刑事诉讼结构时一般是依狭义的刑事诉讼概念并取其简化形式的，因为刑事诉讼中诉讼主体、职能较多，所形成的关系也较复杂，为方便研究和掌握诉讼规律，人们通常只关注刑事诉讼中的三大基本诉讼主体间的构成形式。

不过，也有学者认为，刑事诉讼结构乃公、检、法三机关的线形结构与控、辩、审三方构成的三角形结构的结合，即刑事诉讼结构属于双重结构。

对于刑事诉讼结构的不同理解，原因在于前者运用的是狭义的诉讼概念，后者运用的是广义的诉讼概念。

刑事诉讼结构一词，也被称为“刑事诉讼构造”，有学者指出：“‘构造’，也称为结构，指事物内部构成要素之间合乎规律的相互关系。刑事诉讼构造，是指刑事诉讼法所确立的进行刑事诉讼的基本方式及控诉、辩护、裁判三方在刑事诉讼中形成的法律关系的基本格局。”① 这个定义包含的内容较广，分为两个部分：

1. 刑事诉讼法所确立的进行刑事诉讼的基本方式。这个刑事诉讼结构的含义包含了诉讼模式，如犯罪控制模式与正当程序模式，弹劾制、纠问制、混合制，职权主义与当事人主义，等等，皆属于刑事诉讼结构的范畴。

2. 控诉、辩护、裁判三方在刑事诉讼中形成的法律关系的基本格局。这个概念近似于控、辩、审三方的地位及其相互关系构成的三角形结构的概念，但究其实，比后者范围要宽，包括控诉、辩护、裁判三方所发挥作用大小构成的不同诉讼模式，如法官积极型模式与法官消极型模式等。

由此可见，刑事诉讼结构的内涵是宽泛的，本节仅就控、辩、审三方的地位及其相互关系构成的三角形结构进行探讨。

二、诉讼结构与诉讼功能

诉讼结构是由控诉、辩护和审判三方构成的相互联系的体系。控诉、辩护和审判三方不同的地位和关系构成不同的体系，其间存在的落差大小不同、亲疏程度不同形成了不同的诉讼结构。诉讼结构不同，由此发生的诉讼效果、发挥的诉讼功能也不一样。

刑事诉讼的功能是揭示案件真相、确认犯罪人及其刑事责任并在此过程中保障当事人及其他诉讼参与人的权利不受侵犯。越来越多的人已经认识到：良好的结构所形成的三方制约有利于发挥这一功能。

在刑事诉讼中存在控诉、辩护、审判三大主体，这三方形成三角形关系，其中控诉、辩护双方地位平等、权利对等，审判方居中裁判，与双方保持等距离的结构模式，为“正三角形”结构，正三角形结构最利于发挥上述功能。

在正三角形结构中，法官承担着中立的裁判者的角色。作为裁判者，他应当具有公正无偏的品格，无论对于控方还是对于辩方，应不偏袒，保持等距离。法官中立是司法公正的基本要素，是正确认定案件事实和适用法律以及维持程序公正的基本条件。法官要维持中立，还需要独立，没有独立也就不会有中立。

---

① 宋英辉主编：《刑事诉讼原理》，219～220页，北京，法律出版社，2003。

在正三角形结构中，检察机关作为控诉方应与辩护方平等争讼，不具有凌驾于辩护方之上的地位。控诉方在诉讼过程中展开攻击，并有着与攻击相匹配的一系列诉讼权利。作为国家公诉机关的检察机关还拥有法律赋予的权力以及国家支持的人力、物力、财力，其诉讼能力较强，承担着指控犯罪的举证责任。在诉讼结构中，要达成正三角形结构，需要在诉讼地位设置上将控诉方与辩护方等同，并且在诉讼权利配置上保持控诉方与辩护方的权利对等。

在正三角形结构中，辩护方具有与控诉方同等的诉讼主体地位，并享有与控诉方的攻击权利相对应的一系列防御权利。除了法定特殊情形，辩护方无须证明被告人无罪，更无须证明被告人有罪或者协助控诉方证明被告人有罪。被告人不是诉讼客体，不是被拷问的对象，他有权在个人与国家的平等争讼中维护自身的权益，追求有利于自己的判决。

在正三角形结构中，任何一方都受到另外两方的制约。例如法官要受到辩护方与控诉方的制约，法官的不当裁决或者偏袒行为会受到来自控辩一方或者双方的异议并可能导致上诉或者抗诉；控诉方要受到来自审判方和辩护方的制约；辩护方则要受到来自审判方和控诉方的制约。这种制约作用要想发挥出来，需要真正达到控诉、辩护双方地位平等、权利对等，审判方居中裁判，与双方保持等距离的要求。达到这样的要求，就能够切实发挥保障司法公正（实体公正、程序公正甚至二者兼备）的作用，没有建立起这样的结构或者这样的结构遭到破坏，司法公正也往往难以获得保障。

对正三角形结构的破坏则大多表现为法官在诉讼过程中失去中立的立场，当事两方诉讼权利不对等，一方武器精良、弹药充足，而另一方（往往是辩护方）权利则受到压抑，权利库中武器低劣、弹药匮乏。

三、我国刑事诉讼结构及其优化

在我国刑事诉讼中，由于公诉方是履行法律监督职能的诉讼主体，不具有当事人的诉讼地位，其与人民法院具有同等的宪法地位和诉讼地位，因而，辩护方的诉讼地位难以与其抗衡。也就是说，尽管我国刑事诉讼借鉴了当事人主义诉讼模式的因素，增强了诉讼中的对抗性，但由于检察机关的特殊地位，诉讼中控辩双方地位平等、权力对等的格局尚未形成。相反，我国刑事诉讼结构实为“倒三角形”结构。①

要优化刑事诉讼结构，需要将倒三角形结构转变为正三角形结构。理由是：

1. 在刑事诉讼中，结构模式的选择是由对该结构将要发挥的功能的预期所决定的。一定的结构与一定的功能紧密联系，不同的诉讼结构在所发挥的诉讼功能方面往往存在差异，而不同的诉讼功能则要求的往往是不同的结构。结构发生了变化，功能也往往随之发生变化。刑事诉讼的正三角形诉讼结构本身具有保障司法公正的机能，依赖于诉讼本身的机能并充分发挥其制约作用，能够实现程序正义并增进人们的信任。

2. 非正三角形结构的设计，容易造成法官在诉讼过程中失去中立的立场，偏向于控诉

---

① 这里的“倒三角形”结构是对我国刑事诉讼结构的实际情况的判断，是所谓实然判断；以本书作者的立场，并不认为这一结构是理想的刑事诉讼结构。

或者辩护一方，甚至与控诉或者辩护一方混同；容易造成控诉与辩护两方诉讼地位失衡，其中一方（往往是控诉方）高居另一方之上；两方诉讼权利不对等，另一方（往往是辩护方）权利受到压抑。

3. 刑事诉讼的功能是揭示案件真相、确认犯罪人及其刑事责任，并在此过程中保障当事人及其他诉讼参与人的权利不受侵犯。正三角形的结构所形成的三方制约有利于发挥这一功能。

4. 检察机关当事人化。三角形的诉讼结构要实现维护司法公正的功能，是以法官居中裁判，控辩双方地位平等、权利对等为必要条件的。作为控诉方的检察机关拥有审判监督权，就取得了与法院相同而凌驾于辩护方的诉讼地位，这就使三角形诉讼结构中平等对抗的机制被破坏，则保障司法公正的功能就难以得到正常发挥。对于法院来说，检察机关所具有的诉讼地位也不利于强化法官公正无偏的诉讼心态。因此，在检察机关的诸项职能中，审判监督职能因对正三角形诉讼结构的形成起到了阻碍作用而成为一项广受质疑的权力。刑事诉讼的正三角形诉讼结构本身具有保障司法公正的机能，这依赖于通过周密而完善配套的制度和独立、公正的司法官使这种机能发挥出来。若能如此，则依赖于诉讼本身的机能就能够使司法获得公正并增进人们的信任。正因为如此，很多国家并不强调对法院的监督，司法腐败和专横的现象仍然可以得到有效的遏制，其奥妙正在于此。将检察机关当事人化有利于实施当事人对等原则。戈尔丁曾指出："提出公正程序的标准和规则应当是为了使各方当事人平等并保护他们之间的对等。"[①] 理解这一点，便可理解为什么要强调对国家诉讼权力要加以严格限制。国家享有的诉讼权力有人力、物力、财力和法律强制力为后盾，侦查和控诉机关与一般原告毕竟不同，它们不但有权侦查和控诉，而且基于诉讼上的必要性，还可以对人或物采取强制性措施。正是由于国家权力过于强大，才应尽可能地抑制这些权力，使其保持正当行使，同时提升辩护方的地位，扩大其权利，使其能够尽可能对控诉方的进攻进行卓有成效的防御，这样做的最终目的不是确保有罪的人逍遥法外（尽管制度设置在一些案件中有可能达到这样的效果），而是在诉讼中达到一种适当的平衡，使无辜的人不被错误追究。

第四节 刑事诉讼职能

一、刑事诉讼职能的含义

刑事诉讼是多方参与的、遵循某种规则并试图取胜的严肃的竞赛。刑事诉讼中存在轻重、主次不同的多层次的职能。[②] 在刑事诉讼中，各诉讼主体承担相应的诉讼职能，通过行

① ［美］戈尔丁：《法律哲学》，齐海滨译，237～238页，北京，生活·读书·新知三联书店，1987。

② 所谓"职能"，即指专司其责并因此具有相应的效能。由此可见，诉讼职能指在诉讼中，诉讼主体基于某一特定职权或特定地位，承担相应的职责，具有相应的效能的意思。

使这些职能推进诉讼进程从而达到诉讼的目的。

职能的“职”指职掌、职司、专司其责，“能”表示功能、效能，含有具一定效果的倾向性的意思。有学者指出：“每个诉讼主体在刑事诉讼程序中的行为，要符合法律为它规定的或受到法律保护的直接目的（利益）。因此，刑事诉讼活动具有不同的种类、方面。这些由刑事诉讼主体的作用、任务和参加诉讼的目的所决定的主体活动的种类和方面称为刑事诉讼职能。”①

诉讼职能与诉讼主体、诉讼结构的概念密切相关——诉讼主体是诉讼行为的承担者，他们通过履行各自的诉讼职能发挥作用，“职能是主体活动的直接目的、任务和对象的客观标志，决定主体的法律地位、作用和在刑事诉讼中的地位”②，诉讼结构则体现为诉讼职能间的构造方式。

二、诉讼职能的分离

刑事诉讼历经两次重要的诉讼职能分离：

（一）控诉（公诉）职能从审判职能中分离

标志是14世纪初法国国王腓力四世为加强王权而设立了检察官，检察官代表国王参与诉讼活动，从而弥补了早期弹劾式诉讼中国家刑罚权的实现受制于私人，纠问式诉讼中司法官集控诉职能和审判职能于一身的局面。

从1200年开始，在法国的诉讼中开始出现国王的代理人，他们代表国王参与诉讼活动，并逐渐演变成检察官。当时法国设置了国王法院行使审判职权，一切罚金和没收物最终都成为国王的收入，以私人弹劾的方式行使刑罚权的做法已经不能适用，法院内设置了“国王代理官”（Procureur de roi）的职位，在广泛的管辖区内监督国王的收入。随着刑罚观念的发展和王权的扩张，国王的代理官开始参与追诉并扩大了追诉权的范围。1302年，法国国王腓力四世颁布敕令，要求代理人必须和总管、地方官同样宣誓，并以国王的名义参加诉讼活动。到了15世纪，国王代理官除了对一般犯罪行使追诉权外，还“负起执行判决和监督法官的任务”。17世纪，路易十四颁布法令，要求各级法院设置检察官，检察制度遂完全构筑而成。法国大革命后，国王代理官变成了作为公益代表人的“共和国检察官”，权力仍然很大，“在刑事案件的审理中独占了公诉权，处于原告官的地位。并且有指挥预审法官和执行判决的权限。在民事案件的审理中，有监督裁判当否与陈述意见的权限。在司法行政方面，还有指挥监督警察、律师和法院的辅助官吏等极大权限”③。郑保华指出：“至共和三年之法律，一千八百十年之法律，及一千八百八十三年之法律与其他附属法令颁布施行后，检察制度方完全成立。”④ 检察官和检察制度的出现，为公诉制度的形成提供了前提

①② ［苏］蒂里切夫等编著：《苏维埃刑事诉讼》，张仲麟等译，12页，北京，法律出版社，1984。

③ ［日］法务省刑事局编著：《日本检察讲义》，杨磊等译，2页，北京，中国检察出版社，1990。

④ 原载郑保华：《法院组织法释义》，上海，会文堂新记书局，1936。转引自最高人民检察院编：《检察制度参考资料》（第三编），59页，内部印制，1980。

条件。法国检察制度为现代检察制度确立了模式。

如今，国家诉追制度已经成为现代刑事诉讼中的主要起诉形式。一些国家（美国、法国、日本等）甚至实行起诉独占原则（又称“公诉垄断主义”），即起诉权只能由国家专设的专门机关和官员独占（通常是检察机关和检察官），不存在自诉形式。还有一些国家实行国家诉追与私人诉追相结合的制度，即人们常说的公诉和自诉并存制度。在这个过程中，控诉职能与审判职能实现了彻底分离，特别是公诉权从国家审判权中分离出来，为现代司法制度开创了新局。

(二) 辩护职能独立于审判和控诉职能

现代刑事诉讼的基本格局由控诉职能、辩护职能与审判职能构成，辩护职能由被告人及其辩护人共同承担。律师制度的滥觞是古罗马的“Partron”，即援助者，现代律师制度则起源于英国，英国的巴里斯脱最早在英国高等法院出庭为被告人辩护。现代辩护制度的出现，可以追溯到1679年，英国的《人身保护法》规定了辩论原则，承认被告人的辩护权，从而确定了被告人在刑事诉讼中的主体地位。1808年的法国的刑事诉讼法典对辩护制度作了更详尽、周密的规定，并对后世各国产生了重大影响。第二次世界大战以后，一些国家进一步改良刑事司法，将辩护人介入诉讼的时间提前到侦查阶段。许多国际性公约，如1948年的《世界人权宣言》，1966年的《公民权利和政治权利国际公约》和1990年的《关于律师作用的基本原则》，也都将犯罪嫌疑人在任何诉讼阶段皆有权获得律师帮助列为一项重要的国际刑事司法准则。在律师大量参与诉讼活动以前，被告人通常仅依赖于自力救济保护其权利；公诉职能从审判分离以后，控诉职能相对加强，被告人的自卫能力相形见绌，因此，借助具有一定法律知识的人维护其权益并在法庭上与控方抗衡成为必要，这种需求促成了律师制度的形成。律师介入诉讼，极大地增强了被告人的辩护能力，有力地促进了法治。

现代刑事诉讼以控、辩、审三大职能为基本格局进行构造，如日本学者河合弘之所言：“检察官起诉，提出不利于被告的犯罪事实和旁证，而辩护人则提出有利于被告的事实和旁证，审判官从中看到真实的材料，得出正确的判断，这就是近代刑事诉讼的基本结构。”①

三、基本职能和非基本职能

刑事诉讼职能可以分为基本职能和非基本职能两类。“如果职能的行使关系到实现诉讼的总目的或部分目的，这种职能属于基本职能。这些职能由国家机关（由于公开的法律义务）以及诉讼参与人和法庭审理参加人（在一方的权利和另一方的义务的统一中）予以实现。”② 控诉、辩护和审判是刑事诉讼的三大基本职能。它们相互联系，统一在诉讼之中，“基本职能是相互联系、彼此制约的，并以其统一性确保诉讼的正确开始和正确终结”③。

---

① ［日］河合弘之：《律师职业》，77页，北京，法律出版社，1987。

② ［苏］蒂里切夫等编著：《苏维埃刑事诉讼》，张仲麟等译，12～13页，北京，法律出版社，1984。

③ ［苏］蒂里切夫等编著：《苏维埃刑事诉讼》，张仲麟等译，13页，北京，法律出版社，1984。

将控诉、辩护和审判视为刑事诉讼的三大基本职能，是因为，在近代以来的刑事诉讼中，缺乏其中任何一项，诉讼的意义都是不完整的。只在极为特殊的案件中，这种情况才允许存在，例如，在一些国家，法官对于“藐视法庭”的行为可以径行判处刑罚，这显然是无诉而审的纠问式司法传统在近代以后的诉讼活动中的延伸。至于缺席审判或者检察官可以不出庭支持公诉的简易程序审判，仍然具有三大职能的分立，只是辩护方或者控诉方不实际履行职能或者只是履行部分职能而已。除控、辩、审三大职能以外，诉讼中还存在其他一些职能，但许多刑事诉讼基本格局始终以控、辩、审三大职能为基本框架，这三大职能构成的刑事诉讼格局符合刑事诉讼的基本规律，尽管刑事诉讼中存在的其他职能均有其各自的重要作用，但毕竟难与三大职能相匹敌。

非基本职能包括控诉、辩护、审判以外的其他职能，包括法定代理人、证人、鉴定人和翻译人员等在诉讼中所履行的职能，以及公安司法机关履行的除基本职能以外的其他职能。前者可以称为辅助职能，因为其诉讼活动具有独立性，而诉讼活动的效果对三大基本职能的履行具有辅助作用。

四、诉讼职能界限及其意义

控诉、辩护和审判三大职能的划分，不仅具有形式上的意义，更具有实质上的意义。如果徒具诉讼职能划分的形式却无实质上的制约关系，各职能间界限模糊、互有交叉，则刑事诉讼活动与行政管理活动在某些方面就难以泾渭分明，所进行的审判活动也就只有诉讼之名而无诉讼之实了。三大诉讼职能的关系是既互相依赖、存在共生现象，又互相对立、相互排斥，如日本法学家团藤重光转述卡尔·波普尔的话说，诉讼主体之间（反映在诉讼职能上）是“友好的—敌对的合作”[①]。其中，控诉职能由检察机关、被害人、自诉人等处于诉讼原告地位的机关和诉讼参与人行使，公安机关的侦查在本质上也属于控诉职能的范畴；辩护职能由被告人、辩护人等处于被告地位的诉讼参与人行使；审判职能由法院（法官）行使。这三大职能划分的实质意义表现在，三者构成了分权结构，在这种结构中存在着制约关系。“这就好像检察官对于‘真实’情况，从右边致以亮光，而辩护人则从左边致以亮光，使审判官看清了‘真实’情况。并且为了防止检察官、审判官滥用他们手中所掌握的权力（侵犯被告人的人权，不仅是被告人本人不允许的，而且由于进行侵犯人权的违法搜查、违法调查证据，势必造成错判），也赋予了律师在这方面所应起的制约作用。”[②]将控诉职能与审判职能分立，可以使法官保持中立的品格，并使诉讼中有了来自控诉一方的有力制约，防止由于控诉权与审判权集于一身造成法官专权擅断、任意出入人罪。法官主持审判活动，对于控诉、辩护两方都具有有效的约束力，可以使控诉和辩护双方都尽其所能而又不逾矩。“从长远观点来看，采取这样的基本结构，可以将错判制止在最小限度，而且也可以防止滥用权力。”[③]但如果徒具形式的划分，而在三者间不存在实质上的制约关系，

---

① 转引自［日］团藤重光：《刑事诉讼中的主体性理论》，宋英辉译，载《外国法学译丛》，1982（2）。

②③ ［日］河合弘之：《律师职业》，77页，北京，法律出版社，1987。

各职能间界限模糊、互有交叉，诉讼中的三角形制约便不复存在，诉讼的公正性就岌岌可危了。所以，诉讼职能的分立和制衡，具有保障司法公正的积极作用。

刑事诉讼职能的分立，表现在三大职能间互相排斥，都具有排他性上。

审判职能的排他性表现为：（1）法院享有对审判的独占权。“审判职能为法官所专有，因而这一职能具有排他性，即除法院以外不允许其他任何机关行使这种职能”①。（2）实行不告不理原则。审判活动的开始和进行必须以起诉权人的起诉为前提，没有起诉权人的起诉，法院不能主动追究犯罪，这就使审判职能与控诉职能分开了。（3）防止审前预断原则。法官在诉讼中处于居中裁判的地位，为了保持中立的品格，防止法官审判前在思想意识中产生倾向性，一些国家在刑事诉讼法中规定了防止审前预断的措施。

同样，控诉职能相对于其他两大职能也具有排他性，法律往往对控诉权人的范围作出规定，控诉权通常只能由法律规定的特定的人行使。

辩护职能也是如此，辩护职能与其他两项职能相排斥的一个突出表现是辩护律师承担保守职业秘密的义务——辩护律师作为辩护职能的重要承担者，有权拒绝提供认定其当事人犯罪的证据，有权拒绝披露被告人告诉他的有关犯罪的情况。小查尔斯·F·亨普希尔在《美国刑事诉讼》一书中指出：“被告人在寻求法律帮助时，不管对是否是已受雇佣的律师或是否已同意代为辩护的律师，他均有权对律师披露机密的问题。被告人这样做时，他不至于冒这样的危险，所披露的秘密事实真相会被泄露出去用来反对被告人自己。”如果辩护律师将秘密泄露给法院，法院“也不容许使用这类材料来作为证据”②。这样规定的目的在于防止辩护职能混同于控诉职能。

只要在刑事诉讼中存在控诉、辩护、审判三大职能主体，而且这些职能间界限分明，不互相交叉，则诉讼中三方必然形成三角形关系，而无论其所属的诉讼模式如何。但只有控诉、辩护双方地位平等、权利对等，且审判方居中裁判，与双方保持等距离的结构模式才能形成正三角形结构。

五、检察机关审判监督职能的存废

在设计合理、运作正常的诉讼结构里，只要检察机关进入这一结构并忠实地履行控诉职能，就能够发挥实质上的“监督”法院公正司法的功能。也就是说，即使从单纯的控诉职能也可以引申出对法院违法行为和错误裁判提出异议的权利，而不必假手于审判监督职能，这说明审判监督职能对于诉讼来说不具有本质性。理解并记住这一点是非常重要的，它可以为解决围绕检察机关监督职能的争议提供一个有力的支撑。

不仅如此，在审判监督权问题上存在着一个悖论：一方面，作为一项权力，它应当具有“使他人因自己的介入不得不去做某一行为或不得不放弃某一行为的影响力”。按照法国学者米歇尔·克罗齐埃的说法：“任何权力现象，不论它产生于何种根源，不论它具有何等

---

① 陈光中等：《外国刑事诉讼程序比较研究》，50页，北京，法律出版社，1984。

② ［美］小查尔斯·F·亨普希尔：《美国刑事诉讼》，129页，北京，中国政法大学出版社，1984。

的合法性，也不论它的行施方法如何，都蕴含着某一个人或集团对于另外一个或若干个人或集团施加作用的可能性。这就是美国政治学家罗伯特·达尔在作出并曾多次重申下边的定义时所要明确的问题，这个定义的主要优点就是简单明了：'A对于B的权力就是A能使B去做某件如果没有A的干预B就不会去做的事情这样一种能力。'"[①] 也就是说，权力的性质决定了审判监督权应当具有贯彻自己意图的决定力，那么，检察机关针对人民法院判决行使这样的权力如提出控诉后，人民法院应当根据检察机关的意愿对判决加以撤销或者变更，但实际上，如果人民法院只能如此而别无选择的话，则法院的独立审判权便不复存在。另一方面，如果人民法院对于体现人民检察院的法律监督权的抗诉可以驳回而维持原判的话，则检察机关的法律监督权就失去了"权力"属性。

在我国的诉讼实践中，口头纠正违法、纠正违法通知和抗诉都没有必然要使监督者的意图得到贯彻的保障，一些案件抗诉之后得不到改判（其中包括理由正确的抗诉），甚至案件被长期搁置得不到回应；有些被监督者当着监督者的面将纠正违法通知书撕毁，检察机关却无可奈何。这就形成了这样一种现象：监督者的监督意图能否实现，取决于被监督者是否配合；如果其不配合，则监督权就落空。

承担审判监督职能的公诉人存在角色冲突。检察机关既是公诉机关（属于诉讼中控诉一方）又是审判监督者，这就不可避免地产生了角色间冲突[②]：作为监督者，其地位应当是超然的，然而，作为控诉方（所谓当事人一方）追求的是给被告人定罪的诉讼结果，显然又不占据超然的地位，因此必然产生难以解决的地位冲突，这种冲突只能依靠选择其中一个角色而放弃充任与之相冲突的另一角色来解决。

检察机关审判监督职能的反对者常常有意或者无意地夸大了检察机关的权力，似乎它可以高居审判权之上，实际情况却远非如此，事实上，审判监督权的形式意义要大于它的实质意义。正因为如此，检察机关长期以来试图探索走出审判监督职能的困境，但又苦于找不到强化审判监督职能的良策，这表明审判监督的困境出在诉讼本身的结构上，审判权独立于控诉权的结构要素不改变，审判监督的困境就难以摆脱。相比之下，强化侦查监督实际上就没有这种结构性障碍——侦查权与控诉职能具有相容性，侦查活动本来就可以被看作控诉的准备活动——警检关系的建构往往集中于是否有决心在我国确立检察官指挥侦查的机制上。

所以，在刑事司法改革中，优化刑事诉讼结构本身的机能才是需要认真考虑的问题。而要优化诉讼结构，就不能不考虑检察机关审判监督职能的存废问题。

我国检察制度是在苏联同一制度的影响下建立起来的。深受法国文化影响的俄罗斯帝国引入了法国的检察制度，并赋予检察官广泛的监督权。后来的苏联更将检察机关的这一职能推向了极致。承其余绪的苏联检察机关是依严格的集权化原则与单独责任制原则构建

① ［法］米歇尔·克罗齐埃：《被封锁的社会》，狄玉明、刘培龙译，23页，北京，商务印书馆，1989。

② 当一个人同时处于几个互不相容的地位时（角色间冲突），或当一个角色具有几个互不相容的期望时（角色内冲突），就产生了角色冲突。

而成的国家机关体系，它对各机构、公务人员，以及公民之切实执行苏维埃法律，行使监督。广泛的法律监督权是苏联检察机关的最大特色，这项权力也是它的基本义务。整个庞大的、严格集权化的检察体系的监督具有包罗万象的性质，这种监督来源于列宁的统一法制思想。我国借鉴苏联模式建立起现行的检察制度，宪法将检察机关确定为“法律监督机关”，监督的范围也曾仿效苏联，实行广泛的监督，后来又将监督范围缩小为在诉讼领域对公民遵守法律、侦查活动和审判活动等进行监督，其具体职能包括提起和支持公诉、侦查监督、审判监督、执行监督等。监督方式包括口头提出纠正、提出纠正违法通知书、对法院的判决提出抗诉。从地位上看，检察机关与法院具有同等的宪法地位和诉讼地位。令人感兴趣的是，如今俄罗斯的司法改革提供了可供我国仿效的做法：1979 年的苏联检察院法第 3 条“检察机关的基本活动”中的第 4 款明确规定，“对法院审判案件实行执法监督”。俄罗斯联邦检察院法第 2 条“检察院活动的目的和方面”中已经取消关于审判监督的规定，其第 2 项只规定“检察长参加法庭对案件的审理”。这一改革取消了检察机关的法律监督职能，为诉讼结构的优化提供了条件，在俄罗斯的司法史上，不能不说是重大的变革。

实际上，这项司法改革在其他国家进行得更早。检察制度的起源国法国，自 1200 年逐步产生之日起，检察官便具有国王代理人的身份优势，他们依赖这一优势不但拥有刑事追诉权，而且取得了监督法官和指挥监督预审法官的职权。但随着刑事诉讼制度的发展，如今的检察官已不具有监督法官和指挥监督预审法官的职权。

我国的检察制度是否还需要保留这一监督审判的权力，是一个值得研究的问题。当然，要取消检察机关的审判监督职能，并不简单，在当前审判机关存在司法腐败和司法不公的情况下提出取消检察机关的审判监督，这一改革措施难免令人心存不安。事实上，审判活动中的司法腐败和司法不公问题为检察机关的审判监督提供了道义上的基础。人们注意到，有检察机关在法院的卧榻之侧履行法律监督之责，可以使审判机关在一定程度上得到制约，这一制约一旦除去，很多人担心会造成更严重的司法腐败与司法专横。其实，这种担心也许是多余的，现在审判中存在的司法腐败和不公的问题，也许仅仅证明了法律监督的乏力和无奈，而在保障审判独立的原则下这项权力并不可能更加有力，作为更像是名义上的一项权力，去掉未必会引发司法震荡，何况检察机关还拥有一系列诉讼上的权利对法院施加制衡，并且有侦查权作为遏制审判活动中的司法腐败问题。不过，这一职能的取消要想获得广泛的支持，审判机关需要通过一系列努力改善自己的形象，求得判决的公信力和诉讼过程的公正性，这也许正是这个问题需要触及的根本。

第五节　刑事诉讼价值

一、诉讼价值的含义

价值是经济学和伦理学中的基础概念，当它是指“值得追求的或者美好的事物的概念，或者值得追求的或者美好的事物本身”时，可以用“value”一词表达。这里的“价值”反映的是每个人所追求的东西：目标、爱好、追求的最终地位，或者反映的是人们心中关于美好的和正确事物的观念，以及人们“应当”做什么而不是“想要”做什么的观念。价值是内在的、主观的概念，它所提出的是道德的、伦理的、美学的和个人喜好的标准。一个人所持的或者一个团体所持的一组相关价值，称为价值系统。任何价值判断都是将价值运用于一定的事物或者状态。价值为人们的行为或者不行为提供了某种动机。①

“价值”还有另一个含义，即“效用”或曰“功用”（utility），是指某一外在于人的事物对于该人来说有什么用。这里的“价值”指的是满足人类需要的能力，某一客体对于某一主体的价值取决于它们满足该主体的需要的程度②，所以这一含义的价值又可称为效用或者有用性。

将“价值”区别为“value”意义上的“价值”和“utility”意义上的“价值”，是必要的。有的学者将两种不同意义上的价值混同起来，称刑事诉讼的价值为内在价值、外在价值、效率价值。实际上，内在价值、外在价值是“utility（效用）”意义上的价值，效率则是“value”意义上的“价值”，后者在逻辑关系上应与自由、秩序、公平等价值并列。从效用上看，某些刑事司法程序——简易、速决程序——或者属于外在价值或者属于内在价值，而不能与内在价值、外在价值并列，成为“第三种价值”或者“第N种价值”，这种硬将“效率”列为内在价值、外在价值以外的“第三种价值”的观点，是违反逻辑规则的。

二、刑事诉讼价值的多元性

对于“value”含义下的刑事司法价值，可以开列出如下价值清单，即社会秩序、个人自由、公平和效率。

社会秩序是法治的基础，社会秩序若陷入崩溃，法治也就无从谈起，因此，美国学者彼得·斯坦等人在《西方社会的法律价值》一书中指出，“与法律永相伴随的基本价值，便是社会秩序”，“法律规则的首要目的，便是使社会中各个成员的人身和财产得到保障，使他们的精力不必因操心自我保护而消耗殆尽”。这是因为，“维持社会和平是实现其他法律价值的先决条件”，“必须先有社会秩序，才谈得上社会公平。社会秩序要靠一整套普遍性的法律规则来建立。而法律规则又需要整个社会系统地、正式地使用其力量加以维持”③。小查尔斯·F·亨普希尔也有类似的观点，他认为：“司法审判是实施刑法的工具”，“司法审判首先要考虑的事，就是要消灭犯罪和不法行为。”④

这种将社会秩序放在首要位置并视为其他法律价值实现的基础的观点，在我国司法活动中曾是占主流地位的观点。人们往往认为，司法公正首先表现为对案件事实和证据有着正确的判断，发现案件的是非曲直，并正确适用实体法律，也就是实现实体公正。实体公

① 参见《政治学分析辞典》，187页，北京，中国社会科学出版社，1986。

② 参见《现代思潮辞典》，606、607页，北京，社会科学文献出版社，1988。

③ ［美］彼得·斯坦等：《西方社会的法律价值》，38页，北京，中国人民公安大学出版社，1989。

④ ［美］小查尔斯·F·亨普希尔：《美国刑事诉讼》，6页，北京，中国政法大学出版社，1984。

正的先决条件之一是实质真实发现，发现案件真相是实现刑事诉讼目的的必要条件。实质真实发现之所以重要，主要原因在于刑事司法的目的是确认犯罪事实的发生和犯罪人并在此基础上适用刑罚权。适用国家刑罚权来惩治和预防犯罪、维护社会秩序是刑事司法赖以存在的基础，偏离这一基本功能，刑事司法便无立足之地。因此，刑事司法程序的建构应当有利于发现案件的实质真实，为将实体法律正确应用于具体案件创造条件。

设定某些证据规则的有说服力的理由是它们具备发现案件实质真实和正确适用法律的能力。只有当证据不足以确认被告人有罪时，亦即事实上的正义无法实现时，才退而求其次，实现法律所确认的正义——在一些案件中将实际上犯罪而没有得到证明的被告人释放。

当然，维护社会秩序并非刑事法律的唯一价值，个人自由同样是法律——特别是刑事法——的重要价值。按照美国学者 M.J. 阿德勒的划分，自由有三种主要形式：一是人性中固有的自由，包括理性思考、综合说话能力等，这种自由是人类特有的，称为“天生的自由”（natural freedom）；二是与智慧和美德相联系的自由，只有在其个人发展过程中已经获得了一定程度的美德和智慧的人才拥有的自由，称为“后天自由”（acquired freedom）；自由的第三种形式完全依赖于有利的外部环境，每一个人对这种自由的拥有情况会因时因地而有所不同，它完全取决于外部环境对他有利还是不利，称为“环境自由”（circumstantial freedom）。[①] 相对于不同的环境，人们拥有自由的程度有着或大或小的差别。宽松的外部环境为人们按照自己的欲求去选择与众不同的生活方式提供了条件。不利的环境含有强迫、限制、束缚因素，它可能强迫一个人去做他不愿去做的事，或者限制人们的选择范围，使一个人只能在限定的范围内进行选择。国家秩序对于一个人来说，构成一种社会环境。人们很早就对秩序与自由的关系问题充满兴趣，例如，在英国早期的政党中，辉格党人注重自由；托利党人注重秩序；持折中观点的人（如柏克）则认为秩序是自由的条件，没有秩序就谈不到自由，而只能招致强暴和混乱。[②] 秩序是自由前提的命题，为人们广为接受，美国联邦最高法院时常提到的“有秩序的自由的概念”（the concept of ordered liberty）就含有对这一命题的认同。但这一命题不能被夸大成为以秩序为由压制自由的理由，按照联合国人权约法所确立的标准，只有当一个国家处于其本身的存在受到威胁的社会紧急状态并经正式宣布时，才能克减自己所承担的在保障公民权利和自由方面的义务，但这种克减有着严格的实体和程序限制，并且包括生命权、思想、良心和宗教自由等权利不得克减。[③] 对人及其存在的价值和尊严的尊重是法治的最高价值追求，自由是人及其存在的价值和尊严的重要体现和保障，因而也是现代社会最重要的法律价值之一。对个人自由的尊重在诉讼中表现为符合公正标准的程序被严格遵行。在司法活动中，正当程序理念[④]包含了严格执行程序的要求。

---

① 参见［美］M.J. 阿德勒：《六大观念》，陈珠泉、杨建国译，146 页，北京，团结出版社，1989。

② 参见［英］柏克：《法国革命论》，3 页，北京，商务印书馆，1998。

③ 参见联合国《公民权利和政治权利国际公约》第 4 条。

④ 参见下文有关诉讼行为的价值判断标准的论述。

公平体现为法律的平等适用，即要求法律无偏倚地适用于每一个人，做到使人们不感到自己受到的对待与和自己地位相似的人不同。法律本身公正性的一个基本要求是在法律中确立平等适用的原则。这里需要防止因性别、民族、种族等造成法律适用中的偏袒和歧视现象，特别需要防止权力因素造成法律适用中的不平等现象。

通过诉讼渠道解决法律纠纷意味着司法资源的投入，如何以较少的投入取得最大的收益，是立法、司法机关和诉讼参与人乃至一般民众都关心的问题。当代诉讼越来越关注诉讼效率问题，其结果是促成了简易速决程序的确立，即对于情节较轻或者被告人自愿供述有罪的案件等采取相对于普通程序简洁明快的程序，以减少司法资源的不必要的丧失。对于像我国这种发展中国家来说，如果有司法资源投入较小而又无损于公正和廉洁的制度，就应当优先考虑采行这样的制度。当然，这里无须笔者提醒，只有在公正得到有效保障的条件下才能进行这类选择，因为，在法律的诸价值中，公正是首要的价值，为效率而牺牲公正显然是得不偿失的。

在刑事法律中，作为其基础的若干法律价值具有多元化的特征，有的已经超越了诉讼本身而具有更为深远的意义，这种意义有时不是"实体正义（发现案件实质真实）"或者"程序正义（正当程序）"所能尽数涵盖的。

例如，现代诉讼中许多国家的刑事诉讼法赋予律师拒绝披露他从履行辩护职责中获知的其当事人的情况，除非其当事人同意他这样做（但该当事人不能被强迫作出这种同意）。1901 年豪斯伯里（Halsbury）指出："为了完美地司法和保护律师与其当事人之间存在的信任关系，基于信任而提供的信息不作为提供的对象被确立为一项公共政策原则。"① 这一刑事诉讼法的规则直接保护的对象是律师与其当事人之间存在的信任关系，法国学者色何勒—皮埃尔·拉格特等人认为："法律保护当事人对于他的律师的信任。各个成员国这样做的目的是相同的，即保护每一个需要借助法律实现他的权利和维护他的自由的人能够求助于律师的指点和帮助，并保证法律的正确实施。只有在律师和当事人相互信任的情况下，这些目的才能实现。因此也就产生并且形成了律师的权利和义务，这与其说是为了律师个人的利益，倒不如说是为了社会和社会的利益。因为在这个问题上，律师以及律师的法律服务成了自由社会里保护个人自由的一个必不可少的因素。"② "信任"在这里是法律所保护的价值，通过对它的保护，防止辩护制度的大厦倾颓，进而对辩护权乃至实体权利提供保护。医师与病人、宗教活动者与信徒之间的信任关系也受到同样的保护，通过保护隐私权不受侵犯，最终保护医疗中的信赖性和安全性或者宗教制度的存续和发展。

有些证据规则保护的是国家重大利益，许多国家的刑事诉讼法规定国家公职人员对于公务秘密负有保密义务，他们不得就有关公务秘密的事项作证。例如意大利刑事诉讼法典第 202 条第 1 项规定："公务员、公共职员和受委托从事公共服务的人员有义务不就属于国

---

① William Shaw，Evidence in Criminal Cases，Butterworth & Co. Lid，1954，p. 224.

② ［法］色何勒—皮埃尔·拉格特、［英］帕特里克：《西欧国家的法律制度》，陈庚生等译，178 页，长春，吉林人民出版社，1991。

家秘密的事实作证。"又如日本刑事诉讼法典第 144 条规定："对公务员或者曾任公务员的人得知的事实，本人或者该管公务机关声明是有关公务秘密的事项时，非经该管监督官厅的承诺，不得作为证人进行询问。但该管监督官厅，除有妨碍国家重大利益的情形以外，不得拒绝承诺。"这一类规定，既不是为了发现案件的实质真实，也不是为了所谓程序正义，而是将"国家重大利益"作为法律所保护的价值而在具体制度设计中加以保护。

所以，刑事司法的价值既不是一元的（如实质真实或者程序正义），也不是二元的（实体正义与程序正义），而是多元的，它们共同构成刑事司法的价值体系，将刑事司法的价值仅仅定位为实体正义或者仅仅定位为程序正义，就将一个多元价值体系简单化了。

三、诉讼功用：内在价值与外在价值

"Utility"含义下的价值，可以区分为内在价值与外在价值。

外在价值（工具性价值）指的是其结果符合人们的理想，人们认为它具有结果的善，外在价值之可欲，在于其为某一目的之手段；与之相对应的是内在价值（独立价值），指的是其本身便是善的，是人们追求的目标而不依赖于人们用它达到其自身以外的目的。例如，体育锻炼的目的在于保持和增进人的健康，体育锻炼具有外在价值，它对于人的价值是与健康相联系并体现为保持和增进健康的有用性；健康则不然，它本身就是一般人所追求的，它无须借助别的目的证明自己的价值。内在价值是事物本身固有的价值，可以被称为"绝对价值"，它自身就构成一个目的，内在价值之可欲，乃因其自身之故。对于内在价值与外在价值作出在理论上的区分并不难，但要进行实际分析和运用就要颇费踌躇了。例如对同一事物，不同的人可能以不同的主观要素为依据作出不同的判定，例如，"关于健康的价值即有两种不同的人生哲学，其估量均不一致，依苦行主义者及悲观主义者观之，则健康不过为依他的价值，甚至不认其有价值之可言。而依乐观主义者观之，则又为本有价值矣"①。又如个人生命、自由，在个人主义、自由主义眼中，为内在的、不依他的价值；但在集体主义、极权主义眼中，则为外在的、依他的价值。我们认识某一事物的价值，评判依据（也就是穆尔所谓的"善性质是什么"）显然发挥着十分重要的作用。

刑事司法程序的效用，属于外在价值还是内在价值，抑或兼而有之，是一个值得探讨的问题。

一般地说，刑事司法程序运作的结果具有实现刑法目的的效能，诉讼过程本身的公正性又具有保障公民自由等自然权利的独特功效，正如美国学者迈克尔·D·贝勒斯所指出的那样，"研究法律程序的另一种方法是要审思程序的价值和利益。这些价值或利益与它们对审判结果的准确性的影响是不同的……即使公正、尊严和参与等价值并未增进判决的准确性，法律程序也要维护这些价值。我们可把这种方法称作一种'程序内在价值'分析方法"②。

---

① 温公颐编译：《哲学概论》，252 页，上海，商务印书馆，1937。

② ［美］迈克尔·D·贝勒斯：《法律的原则——一个规范的分析》，32 页，北京，中国大百科全书出版社，1996。

不过，这里所谓“程序内在价值”究竟指的是什么，如果指的是法律程序具有不同于刑法目的的独立作用或者地位，大概没有多少人会对此提出异议；但如果它指的是法律程序本身就是人们追求的目标本身，则这一命题却并非无可怀疑。

贝勒斯所谓的“程序内在价值”恰恰不是程序的“内在价值”，因为公正、尊严等价值是外在于诉讼程序的价值，诉讼程序恰恰是作为实现这些价值的目的而存在的；而参与本身就不是一个独立的价值，而是外在价值，也就是说，在诉讼中参与本身并不是目的，在奥运会上，也许存在将“参与”作为目的而不是以取得奖牌为目的的参赛队（有些国家或者地区“参与”不是为拿金牌，而是要显示自己的“存在”，在这里，“参与”也不具有独立价值，表达自身的存在才被看作是独立价值），说穿了，那毕竟是一场“游戏”而已；但在事关被告人生命、自由、财产的予夺这类重大问题的诉讼中，是否也有只以参与为目的而不顾这种参与所要达到的效果、目的的诉讼参加人呢？

我国一些诉讼法学者受贝勒斯启发，纷纷认为刑事司法程序具有内在价值或者称独立价值。对于这一观点，需要仔细推敲。

如果说程序正义具有独立价值，无疑是对的。但与其说是“程序”具有独立价值，不如说是“正义”具有独立价值。从程序无论如何都构不成诉讼目的，包括阶段性目的的角度出发，可以断言：没有哪一项程序有所谓独立价值，所有的程序发挥的都是工具性作用。

如前所述，刑事司法的法律价值主要包括社会秩序、个人自由、公平和效率等，它们本身即是人们追求的目标或者目的本身，被认为具有“善”的性质。从这些法律价值与刑事司法程序的关系上可以清楚地看到，刑事司法程序的设置，其目的在于实现或者维护这些价值。我们判断刑事司法程序优劣与否，依据恰恰是这些价值是否得到实现或者维护。我们可以看到：刑事程序具有实现刑法目的（通过惩罚维护公共秩序）的效能，社会秩序是外在于刑事程序的，刑事程序的若干设置（比较典型的是起诉法定制度）能够保障对犯罪行为进行处罚进而维护社会秩序，它所发挥的显然是工具性作用。个人自由也是外在于刑事程序的，刑事程序的若干设置具有保障公民个人自由的作用，它所发挥的仍然是工具性作用。同样，简易、速决程序的设置，旨在使司法资源的投入减少，相对于节俭来说，刑事程序发挥的仍然是工具性作用。

对于公平的程序安排，如沉默权、自白任意性规则、利益规避、法官中立、偏见的祛除、公平注意、当事人地位平等和权利对等，判断起来比较困难。对于发现案件真相而言，有些程序设置显然发挥着工具性作用，如沉默权、自白任意性规则、利益规避、法官中立、偏见的祛除、公平注意等程序对于发现案件真相并作出与这一真相相适应的公正裁决，所体现的正是外在的价值。

我们说刑事程序设置本身具有善的性质，不仅是就其维护秩序的功能而言的，也是就其保障人权或者实现、维护其他法律价值而言的，指的都是它作为诉讼手段的善而不是作为诉讼目的的善。没有哪一个程序是因其本身缘故就是值得追求的，而是因其可以作为使善的事物本身产生或者存在的工具、原因而值得追求。

例如，我们可以认为沉默权的主要依据是尊重人的尊严、价值和保护人的基本自由权利，特别是美国米兰达规则对沉默权等的保障制度加以强化，更体现了对于人及其存在的价值和尊严之尊重。人们评价沉默权制度，往往认为"公权力强迫被告承认犯罪，无异强迫被告在自己头上戴枷锁，诚属过于残酷不人道之行为"①，认为确立沉默权具有防止酷刑取证等蹂躏、践踏人权的行为发生。这就是人们常说的不依赖于客观真实发现的刑事司法程序的"独立的内在价值"。

然而沉默权、自白任意性规则等刑事程序规则本身是人们认为好的、值得追求的事物本身吗？换句话说，沉默权、自白任意性规则等刑事程序规则本身是否构成诉讼的目的？如果是，它们在诉讼中当可独立存在，人们可以仅仅为了沉默权、自白任意性规则等刑事程序规则本身而确立这一权利，人们大概也可以单为了追求、获得它们而提起或者参与诉讼。然而有仅仅为了获得沉默权、自白任意性规则等刑事程序规则而提起或者参加诉讼的当事人吗？有仅仅为了获得它们而确立这一权利的立法者吗？换句话说，沉默权、自白任意性规则等刑事程序规则如健康一样不需要别的、外在于它的价值作为目标吗？在进行这些刑事程序规则设置时完全不是基于它们所具有的工具性作用而加以确定的吗？

实际上，沉默权、自白任意性规则的"独立价值"是相对于客观真实发现来说的，相对于客观真实发现而言它们具有"独立价值"，但沉默权、自白任意性规则本身并非目的，正如体育锻炼本身不是目的一样（健康和快乐才是目的），它的目的在于保障人的尊严、价值和人的基本自由权利，相对于这些基本自由权利等价值来说，沉默权实际上同样发挥着工具作用，只不过发挥工具作用的对象有所不同而已。再如，赋予被告人最后陈述的权利是正当程序的重要组成部分，赋予这项权利的目的是实现公正判决、保障公民的权利，但此项权利本身并不构成目的，而只是手段，理智正常的人不会仅仅为了获得最后陈述的权利而参与诉讼，人们通常是被迫参与诉讼之后为了保障自己的人身权利、财产权利才想到以法律设定的这些诉讼权利和程序规则作为防御的武器。

一些论者在谈到刑事司法程序内在价值的时候，不自觉地将诉讼目的一元化了，认为诉讼程序的目的是而且只是查明案件真实（在此基础上维护社会秩序），所以凡目的在查明案件真实的，就是工具价值、工具主义，反之就是内在价值。但诉讼程序的目的却不应是单一的，而应当是多元的，至少是二元的（二元论就是人们常说的既要惩罚犯罪又要保障人权）。如果承认刑事司法程序至少具有惩罚犯罪和保障人权的双重意义的话，则刑事司法程序要达成的结果的善应该有两个：一是相对于刑法的实体结果的善：通过该程序发现案件的实质真实，从而使国家的刑罚权得以落实，亦即实现刑法的目的；二是相对于人权保障的程序结果的善：通过正当程序的良好运作达到保障公民权利的目的，从而使人及其存在的价值和尊严得以实现。无论对哪一种结果，刑事程序所具有的都是工具性价值或者外在价值，它们都体现出为实现自身以外的目的的有用性。

---

① 田正恒：《刑事被告人之沉默权》，39～41页，载台湾《法令月刊》，第39卷第3期。

以法官的中立性为例，法官的中立性并不是以自身为目的的，法官在诉讼活动中保持中立，具有发现案件实质真实和保障人权的双重功能，它在发现案件客观真实和保障人权两方面的有用性才构成了它的价值。发现案件客观真实和保障人权都是外在于刑事司法程序的目标，相对于它们，刑事司法程序所具有的都是外在价值。同样，自白任意性规则、沉默权等程序设置莫不如此。

实际上，称刑事司法程序价值为工具性价值或者主要为工具性，并不值得大惊小怪。过去人们只将刑事司法程序的目的视为“保障惩罚犯罪”，在这种一元目的论下，刑事司法程序的工具性作用只表现为惩罚犯罪，除此之外，似乎再无其他目的。[①] 但刑事司法程序所追求的目标并不仅仅是实体法目的的实现，也包括对公民自由权利的保障，防止其受到来自政府的侵犯，对于后者来说，程序可以发挥强大的机制保障作用，认识不到诉讼程序的这一价值，仅以实体法目的是否实现作为评价刑事司法程序的标准，只能将刑事司法程序降为实体法的附庸，必然导致或者强化“重实体，轻程序”的司法习惯。如果将刑事司法程序的目的视为多元的或者至少是两元的，后者如人们常常表述的那样——惩罚犯罪和保护人权，则会自然得出结论：刑事司法程序在惩罚犯罪方面发挥着工具性作用，在保护人权方面同样发挥着工具性作用。两种工具性作用同等重要，其中后一种工具性作用足以使刑事诉讼法摆脱刑法的附庸身份，取得与刑法分庭抗礼的独立地位。

四、刑事诉讼多元价值的平衡

在理想类型的诉讼中，刑事诉讼的多元价值都能得到协调一致的体现；现实类型的诉讼虽然也有不少案件能够使上述价值得到较为完美的体现，但也有相当数量的案件，诸价值间存在此消彼长的矛盾关系，这便存在着如何进行价值选择的问题。价值的选择取决于选择者心目中各种价值的分量，因此具有一定的主观和相对的特性。例如美国刑事诉讼中侧重保障人权，当诉讼过程的公正性受到损害时，法院宁愿牺牲实质真实，以迫使警方遵守法律的正当程序；有些国家则宁愿牺牲正当程序也要保证发现案件的实质真实，以落实国家的刑罚权。

在刑事诉讼法的制度、程序和规则的设计中，刑事诉讼中的多元价值应当得到兼顾，力求达成平衡。美国学者卓尔·萨马哈指出：平衡乃刑事诉讼程序的核心问题，刑事诉讼程序是按照平衡相互冲突的利益的中心议题而组织的。卓尔·萨马哈承认保持这些关系的平衡是困难的，他引述美国联邦最高法院首席大法官伦奎斯特的话说：“在我们国家，贯穿政治理论长期历史和宪法发展历程的，最难以裁决的案件是存在两种相互冲突的价值的案件，每一价值都能够得到应有的尊重，但它们却相遇在此消彼长的竞争当中。”[②]

前述价值之间往往存在冲突，特别是秩序与个人自由——在刑事诉讼中体现为实体正义与程序正义——之间存在的冲突颇为显著：

---

① 我国1979年制定并于1996年修改的《刑事诉讼法》至今在刑事诉讼法的目的的表述上仍然是一元论的。

② Joel Samaha，Criminal Procedure，West/Wadsworth Publishing Company，1999，p. xxii.

理想的司法状态是程序正义与实体正义同时获得实现，在大多数情况下，确是如此。一般地说，程序正义是实体正义的保障，但程序正义并不是实现实体正义的充分条件，即通过它不能必然实现实体正义的结果。不过，如果离开程序正义，往往使程序正义和实体正义两败俱伤。因此，在两者存在冲突时需要司法人员根据法律的强制性规范进行取舍、或者根据法律授予的自由裁量权并综合两方面因素进行权衡。在刑事诉讼领域，为达目的不择手段的马基雅维里式的信条已遭摒弃，正当程序的理念产生了前所未有的影响力，手段的正当性得到极大尊重。在刑事诉讼中，多数案件能够通过正当程序达到实质真实发现的目的，从而实现正当程序与实质真实发现的统一，使刑事诉讼本身接近理想状态；但也有不少案件，正当程序与实质真实发现之间存在矛盾，形成鱼与熊掌不可兼得的局面，这就需要在两者间进行权衡和作出选择。

对于存在冲突的价值，应当在进行权衡的基础上进行取舍。注重自由的选择者更倾向于维护法律的正当程序，卓尔·萨马哈指出：刑事诉讼法在特定案件中取得正确结果所包含的利益和与之相对的在所有案件中保持程序公正所包含的利益取得平衡。结果与程序之间的关系就是目的与手段的关系，它常常表现为目的使手段正当化。在刑事诉讼中，目的是正在处理的案件的正确结果——包括使无辜者自由，使有罪者受罚；手段是取得这一结果的程序。刑事诉讼法抬高了按照公平程序实施法律的价值，换句话说，在刑事诉讼法中，目的并不能总是使手段正当化。实际上，当被迫进行选择时，宪法制度要求公平程序的手段必须优先于取得正确结果这一目的。易言之，人人得享公平程序比以不公平程序惩罚一个即使是有罪的人更为重要。[①]

在刑事诉讼中，当实质真实与正当程序存在冲突时，取正当程序舍实质真实，这一选择建立在认为国家起源于极恶，国家权力对公民自由权利的威胁极大，它被滥用之害大于个别犯罪人被放纵之害的基本理念之上。取正当程序舍实质真实的选择，并不意味着对实质真实的重要性的贬低，对于实质真实发现，多数情况是可以通过法律的正当程序达到的。例如，为禁止非法取证而设置的非法证据排除规则，禁止的是非法取证行为，对于证明被告人有罪的证据，人们往往可以通过理性的替代行为——依法取证——来获取，进而达到发现实质真实的目的。虽然在个别案件中会导致实质真实失落的后果，但唯有这一选择才能够促使国家官员依法律的正当程序去发现实质真实，并有希望最终促成正当程序与实质真实同时得到实现的前景，如美国的马普案件的裁决就体现了这样一种信念："可供选择的诸方法——诸如对于执法人员进行刑事控诉、对执法人员进行行政纪律约束或者对执法人员提起民事诉讼——均不是实施宪法第四修正案[②]的足够有效的方法，只有排除规则才是唯

---

① See Joel Samaha, Criminal Procedure, West/Wadsworth Publishing Company, 1999, pp. 3～4.

② 美国宪法第四修正案规定："人民保护其人身、住房、文件和财物不受无理搜查、扣押的权利不得侵犯；除非有合理的根据认为有罪，以宣誓或郑重声明保证，并详细开列应予搜查的地点、应予扣押的人或物，不得颁发搜查和扣押证。"

一有效的方法。"[1] 相反的选择则容易造成正当程序与实质真实双双失落的境况。也就是说，对于个别案件，取正当程序舍实质真实的选择，会导致实质真实失落，但对于整个司法活动而言，这一选择对于发现案件的实质真实和对犯罪的惩罚的损害只是局部的，而且可以通过提高侦查能力等理性的替代方法在一定程度上弥补这一缺陷。

我国长期以来偏重客观真实发现而忽视程序合法，特别是在刑事诉讼中，在法律的诸项价值中偏重于秩序与效率，对于个人自由、公平的保障十分薄弱，需要加以纠偏。纠正的方法是在刑事诉讼中切实加强对犯罪嫌疑人和被告人的权利保障，防止以不正当手段实现维护秩序和惩罚犯罪的目的。在立法和司法中，可以采取绝对主义和相对主义相结合的办法加以解决，赋予犯罪嫌疑人、被告人不被强迫自证其罪的特权，确立自白法则，对于长期以来严重存在的以暴力、胁迫、利诱、欺骗等非法的方法获取的言词证据（甚至包括由此类证据引出的"毒树之果"）无条件加以排除，对于以非法手段获取的其他证据是否排除，应付诸法官的自由裁量，由法官根据案件性质、取证行为的严重程度和该证据在确认案件事实方面具有的意义进行综合判断，经权衡后决定是否予以取舍，并在判决书中对这种取舍作出说明。

进行刑事诉讼制度设计和司法运作，还需要在其他多种诉讼价值间寻求平衡。随着刑事诉讼法学研究的发展，人们对于刑事诉讼法律价值的认识也发生了变化，现在人们不仅认识到惩罚犯罪是刑事诉讼追求的目标，同时也认识到保障人权和诉讼效率也是刑事诉讼追求的目标。而且刑事诉讼中的价值是多元的，这需要我们将视野放宽，在刑事诉讼制度设计和司法运作中，应认清需要维护的价值有哪些。当这些价值存在冲突时，应在它们之间寻求一种平衡；需要有所取舍时，应当在综合权衡的基础上作出妥适的选择。

在我国传统诉讼文化中，一些法律价值值得研究。例如，我国古代诉讼中"凡同居，若大功以上亲及外祖父母、外孙、妻之父母、女婿，若孙之妇、夫之兄弟及兄弟妻，有罪相为容忍。奴婢、雇工人为家长隐者，皆勿论。若泄露其事及通报消息，致令罪人隐匿逃避者，亦不坐"[2]。表现于刑事诉讼法中，亲属之间不互相揭发其罪的权利与义务，可以表现为拒绝提供证明可能陷其于罪的证言的权利和义务，这种法律制度的设定不是因为该证言有极大的虚假可能性，可能误导法官作出错误的裁决，也不是为了限制国家权力使之不被滥用，而是基于维护儒家思想的伦理秩序、培养或鼓励忠孝的品格或行为的理由。按照中国传统的观点，亲属关系的和谐和稳定是整个社会和谐和稳定的基础，"中国人在乡村中的社会组织，主要依靠他们的亲属关系，其次才作为人们彼此为邻的团体"[3]。亲属、主仆间的相隐，或因恩重或因义重，所以这种制度的设置所要保障的是恩义孝忠这样的法律价值。

再如，敬老传统在我国古代法律上有着鲜明表现，其中既有实体方面的规定也有程序

---

① John N. Ferdico, J. D., Criminal Procedure, West Publishing Co., 1989, p. 48.

② 《大清律例》之名例律。

③ ［美］费正清：《美国与中国》，孙瑞芹、陈泽宪译，32页，北京，商务印书馆，1971。

方面的规定。在汉代，孝景帝曾经下诏："高年老长，人所尊敬也……年八十以上……当鞠系者，颂系之。"此类规定，立法者对外宣称所考虑的是"夫胥老之人，发齿堕落，血气既衰，亦无暴逆之心，今或罹于文法，执于囹圄，不得终其年命，朕甚怜之"①。实际上，在刑事诉讼中对老年人提供特殊程序保障，主要是考虑三方面因素：一是从老年人生物特征上看这种特殊程序保障的必要性；二是敬老传统在当代社会道德体系中的价值；三是这种程序设置维护文化传统和对塑造社会风气的功能价值。人到老境，感觉功能、智力功能、反应能力和身体健康已不能与昔日"廉颇"相比。高龄老人涉讼，其诉讼行为能力局限很大，往往不能适应剑拔弩张的诉讼活动，给予其一定的特殊程序保障，合乎人道，殊属必要。更重要的是，中国古代以礼教治天下，素有敬老传统，刑法的目的在于"维持礼教于勿替"，如《尚书》所谓"明于五刑，以弼五教"。敬老通常被视为中华民族的传统美德，这种美德在当代社会也是被广泛赞誉的。法律建立在深厚的社会文化的基础上，具有维护社会善良风俗的功能，它提倡什么和拒斥什么，对社会风气有着较强的塑造作用。给予老年人以特殊程序保障，反映了敬老的文化传统以及对于这一传统价值的肯定，体现了张扬这一传统的立法意图。

因此，我国传统法律文化中的价值，有些仍然是现代刑事诉讼中应予珍视、维护的。

法律价值的多元性特征，需要人们在进行刑事诉讼制度设计和司法运作中，在这些价值之间寻求平衡，最大限度地寻求伴同这些价值的利益性。当它们之间存在冲突时，慎重决定取舍。

第六节 刑事诉讼主体

一、诉讼主体的含义

主体的一般含义是"事物的主要部分"，哲学上的含义是指"有认识和实践能力的人"②。我国民国时期的诉讼法学者一般认为，诉讼主体是能够进行诉讼行为的主要人物，包括法院、原告、被告。这里所取的即为"主体"一词的本义。有学者指出：诉讼主体(subjects of the action)"谓在诉讼行为中得为诉讼行为之主要人物也。诉讼行为既为三面之关系，故诉讼主体亦有三：(1) 法院。(2) 原告。(3) 被告。在刑诉法上，原告又分为检察官及自诉人。又原告及被告又称为当事人"③。如果我们仍采"主体"的本来词义，也可对诉讼主体作同样的界定。

主体还有另一含义，即与"客体"相对应的概念。按照这一概念，"权利义务所依以发

① 孝宣元康四年（公元前62年）所下之诏。

② 《现代汉语词典》，5版，1780页，北京，商务印书馆，2005。

③ 郑竞毅、彭时编著：《法律大辞书》，1526页，上海，商务印书馆，1936。

生者，称为主体；被其支配者，称为客体”①。诉讼主体应指参与诉讼活动并在诉讼中拥有一定权力或者享有一定权利、履行一定职责或者承担一定义务的机关或者个人。这一定义为我国刑事诉讼法学的通说，其源于苏联诉讼法学为“诉讼主体”所下的定义。苏联学者曾主张：“参加刑事诉讼的一切机关和个人，作为一定权利和义务的承担者，都是刑事诉讼的主体。”② 这对于进行诉讼行为的机关和人员的地位的认识，意义重大。

刑事诉讼主体与刑事诉讼法律关系的概念关系密切。刑事诉讼法律关系是进行或参加刑事诉讼的机关或个人基于刑事诉讼法的规定而产生的相互间的权利义务关系，这些关系是由诉讼主体相互连接的。

诉讼主体与刑事诉讼职能关系密切。诉讼主体是诉讼行为的承担者，他们通过履行各自的诉讼职能发挥作用。刑事诉讼职能是指在刑事诉讼中，诉讼主体基于某一特定职权或者特定地位而具有的实现某种效果的功能。

诉讼主体与诉讼结构也有密切联系。诉讼结构往往体现为诉讼职能间的构造方式，体现为诉讼主体的地位及其相互关系。结构和功能往往并列使用，作为一种分析方法最早由著名学者 T. 帕森斯提出。结构是相关角色或人群之间固定化关系的一种形式，是较稳定的形式。在结构——功能分析中，结构是活动的形式，功能是活动的结果，过程则是组织框架范围内行为者进行的活动。刑事诉讼结构是指基本诉讼主体在诉讼中所处的地位及其相互关系。人们在谈到刑事诉讼结构时，一般是依狭义的刑事诉讼概念并取其简化形式的，因为刑事诉讼中诉讼主体较多，所形成的关系也较复杂，为研究和掌握诉讼规律的实际便利，人们通常只关注刑事诉讼中的三大基本诉讼主体间的构成形式。

二、诉讼主体理论的实践意义

就诉讼主体的概念本身而言，内容并不复杂，但将被告人列入诉讼主体范围，意味着被告人诉讼地位的显著变化，这一变化代表了诉讼发展史上文明阶段的到来。在刑事诉讼的历史发展中，被告人曾长期被视为诉讼的客体，他们是口供的来源和刑讯的对象，自身并没有任何诉讼权利而言。将被告人列为诉讼主体，使被告人成为在诉讼中行使防御权并与控诉方相抗衡的主体，与之相应的是赋予他一系列诉讼权利（如无罪推定、辩护权等），使诉讼中的抗辩性得以增强，诉讼机制中的文明因素得以产生。③

刑事司法活动是在法官、诉讼参与人的共同参加下为了解决“人的问题”而进行的，

① 大辞典编纂委员会编著：《大辞典》，118 页，台湾，三民书局，1985。

② ［苏］蒂里切夫等编著：《苏维埃刑事诉讼》，张仲麟等译，10 页，北京，法律出版社，1984。

③ 日本学者团藤重光以人的主体性为基础提出“刑事诉讼中的主体性理论”，指出：“在从前的追查程序中，嫌疑人曾是诉讼客体，与此相反，在当事人诉讼中虽然被告人在诉讼中被说成是诉讼主体，而我在主体性理论中所说的‘主体’，却是意味着超过单单是法的主体，更具有人格性的可以说是存在意义上的主体，是说在这种意义上的主体是具有主体性的。应该说，法官、检察官、被告人、嫌疑人、辩护人、侦查机关进而是证人、鉴定人及其他一切参与刑事程序的人，都具有这种意义上的主体性。”“刑事诉讼，不外乎是由上述主体构成的一系列人与人之间的关系”（［日］团藤重光：《刑事诉讼中的主体性理论》，宋英辉译，载《外国法学译丛》，1989（2））。

现代国家的司法通常都被注入了人文主义（humanism，又称“人道主义”）的精神——人及其存在的事实本身在本质上被认为具有尊严的性质，人及其存在的尊严被视为最高的善，是其他各种价值的基础。法治概念的最高层次是一种信念，相信一切法律的基础，应该是对于人的价值的尊敬。法律应实践出这一人文理想：每一个人都应该受到尊重和关怀，无论他或她是谁，无论他或她做过些什么，不分种族、肤色、宗教、性别、收入、阶级、地位、职业或其他特点。一个人应受到尊重，只因为他或她是一个人，有独特的历史、性格和自我。法治的理想，就是去创造和维持一套原则、规例、程序和机构，以保障每个人的权益，防止合法权益受到政府或其他人的侵犯，使每个人都有机会过一种合乎人的尊严的生活。

人文精神乃是对于人的存在、价值和尊严的尊重，这种精神应当被注入刑事司法程序和刑事司法活动当中，在刑事司法活动中的鲜明体现，是尊重人的存在所固有的尊严性，它是人基于人的属性而不是人的命令、法律、习俗而具有的权利。对人权的尊重已经成为当今世界的一项重要准则，刑事司法程序的设计和运作概莫能外。

刑事司法中的人本主义，含有这样的一种基本精神，就是在刑事司法中尊重个人的自由、权利和人格尊严，将人（特别是那些权利最易被抹杀的犯罪嫌疑人、被告人）以“人”相待，承认并尊重其主体地位和诉讼权利，给予其作为人应有的礼遇，反对将其物化、客体化、工具化。

犯罪嫌疑人、被告人同其他人一样，也是有血有肉有情有欲的人，他们也同其他任何人一样有着与生俱来、不证自明的权利，对于他们的权利的限制或者剥夺，必须建立在必要性的基础之上，不可随意为之，他们因被控告，有的还确因乱禁犯法，而产生权利受到限制和剥夺的必要性，然则哪些权利应当予以限制或者剥夺，均应由法律加以严格限定。在刑事司法实践中，犯罪嫌疑人、被告人的这个作为人的性质常常被执法者忽略，他们容易被物化，被客体化，当他们不被当作“人”加以对待的时候，执法者对他们施予不人道的对待就会被合理化，他们就不会因这样的野蛮行为而受到良心的责备，执法者的人性也就往往因此被兽性所取代。

刑事司法史上由此造成的惨痛教训可谓罄竹难书，因此，随着智识的进步、理性的觉醒和现代文明的提升，从17、18世纪起，被文明武装过的人们就开始动手改变这样的状态，他们确认犯罪嫌疑人、被告人是在诉讼中享有权利的人，在司法观念上积极认同刑事被追诉者的主体性原理，并通过刑事诉讼法律制度的改革为他们的权利提供充分的保障。

在我国，司法观念的转变是人们十分关心的问题。由于众所周知的原因，我国刑事诉讼中犯罪嫌疑人、被告人的权利保障不够，少数执法人员缺乏公平诉讼的意识，习惯于以不近人情的态度来对待犯罪嫌疑人、被告人。近年来，执法人员的司法观念虽有一定的改善，但刑事司法活动中对于人及其存在尊严的重视和尊重的程度仍落后于一个现代法治文明国家所应达到的水平。

弗朗西斯·培根曾劝诫司法官员：应当在法律的范围内以公平为念而毋忘慈悲；应当以严厉的眼光对事，而以悲悯的眼光对人。中国的古代哲人也曾经敦请司法官员在办理刑事案件中“虽得其情，哀矜而勿喜”。在如何对待犯罪人的问题上，中国的智慧与西方的智慧相隔千年却迸发出同样的火花，它以对人及其存在的尊严和价值的尊重给刑事司法带来一缕亮光。

对事严厉，对人悲悯，这种随不同对象而产生的情感的两分式投射，并不是一种矫情，而是基于对人性弱点的深切体察和对人生悲剧的深切同情的自然反映，人们一方面痛恨犯罪，另一方面又对犯罪人错误的人生选择及其悲剧怀有同情，并且由于自身的文明素养，执法人员即使面对十恶不赦的罪犯，对其人格和权利仍需予以应有的尊重。

三、诉讼主体的范围

在刑事诉讼中，诉讼主体可以分为两类：

1. 权力主体，即在刑事诉讼中享有国家法律所赋予的侦查权、检察权、审判权的公安机关、检察机关和审判机关。所谓“权力”，“强制他人之意思而束缚其自由之力也”①。依照法定职权进行刑事诉讼活动的国家机关，包括人民法院、人民检察院和公安机关，统称为“刑事诉讼中的专门机关”。刑事诉讼中的专门机关是国家机构的重要组成部分，在刑事诉讼中居于主导的地位。在刑事诉讼中，这些机关分别行使侦查、检察、审判和执行等职能。为了保证这些专门机关在刑事诉讼中能忠实履行自己的职责，法律规定了其组织和活动的一系列原则，在全国范围内建立了完整的组织体系。另外，法律还赋予这些专门机关相应的职权。

2. 权利主体，即在刑事诉讼中享有一定诉讼权利、负有一定诉讼义务的除国家专门机关工作人员以外的人，他们被统称为“诉讼参与人”。所谓“权利”，“非束缚他人之自由，不过有其请求之权而已”②。在刑事诉讼中，诉讼参与人通常为自然人，但在一些特殊情况下，单位也可以成为诉讼参与人，不过，我国刑事诉讼法对单位参与刑事诉讼的方式没有作出明确的规定。诉讼参与人可分为两大类：一是当事人；二是其他诉讼参与人。分述如下：（1）当事人。当事人是指自己的权利、义务与诉讼的结果（特别是法院裁判）有着直接利害关系的诉讼参与人。当事人具有两项特征：一是与诉讼的结果（特别是法院裁判）有直接的利害关系。当事人的权利、义务可能会受到刑事诉讼活动过程和结局的直接作用，这种作用对他来说可能是有利的，也可能是不利的。刑事诉讼的结果涉及当事人某些自由权利的予夺，这些自由权利主要包括人身自由、财产甚至生命权利，当事人应承受有关这些自由权利的予夺的诉讼结果。二是当事人在诉讼中拥有更多对诉讼过程和结果有重大影响的诉讼权利。当事人通常在刑事诉讼中或者处于原告的地位，或者处于被告的地位，他们进行一定的诉讼活动，往往对诉讼的启动、推进或者终结起到关键作用。当事人包括：被害人、自诉人、犯罪嫌疑人、被告人、附带民事诉讼的原告人和被告人等，其诉讼行为直接影响诉讼的进程并与诉讼的结果有直接的利害关系。（2）其他诉讼参与人。其他诉讼

---

①② ［日］奥田义人：《法学通论》，卢弼、黄柄言译，131页，日本，政治经济社藏版，1935。

参与人是指证人、鉴定人、辩护人、诉讼代理人、翻译人员等在刑事诉讼中起辅助和次要作用的人。

四、调整诉讼主体间关系的原则

诉讼主体之间因诉讼而发生法律关系，对于这些法律关系，需要依据一定原则加以调整，以保持诉讼制度的健康性和诉讼活动的正当性。这些原则主要包括：

(一) 诉讼双方平等原则

平等原则就是“当事人在民事及刑事诉讼进行过程中，其攻击防御方法及其他权利义务，并无差等之主义”[①]，即自诉讼程序开始至终结，诉讼双方在诉讼地位上平等、权利义务对等，西方所谓“武器平等”就含有这个意思。诉讼双方不平等原则，指的是“当事人在民事及刑事诉讼进行过程中，其攻击防御方法及其他权利义务，设有差等之主义”，即诉讼双方在诉讼地位上不平等，一方较他方处于优势地位。诉讼双方不平等原则“显与法律公平原则相违反，近代各国立法例，皆不采用之”[②]。

刑事诉讼法的精髓在于平衡。刑事诉讼程序应当按照平衡相互冲突的利益的中心议题而组织。[③] 对国家刑事司法权力进行抑制，目的在于防止国家权力被滥用，以保护个人自由权利，使之不受来自国家专门机关的不法侵犯。要实现这一目标，不但需要明确划定国家专门机关的权限范围，确立行使国家权力的程序规则，而且应当强化被告人一方的防御力量，使国家专门机关得到来自被告人一方的有力抗衡，使攻击与防御之间、实质真实与正当程序之间达成一定的平衡，为自由提供切实的保障。

在刑事诉讼中，犯罪嫌疑人、被告人是权利最容易受到损害的群体，加强对他们的保护，就会在整体上提升刑事诉讼的人权保障水平。这种保护措施之一是加强其防御力量。被告人一方的防御是针对控诉方的攻击而言的，攻击与防御不仅体现在法庭审判中，在审判前的侦查和审查起诉中，也需要进行充分的防御准备甚至攻防双方的交锋。在审判前就赋予犯罪嫌疑人以有力的防御“武器”，是“平等武装”原则的体现，也是以防御力量抑制国家专门机关权力使之不被滥用的基本策略。

(二) 司法独立原则

司法权、法院和法官皆保有不受任何外来势力和他人干涉的权利，该原则为司法独立原则。司法独立不仅仅是个司法原则，也是一个政治原则。就其宪政意义而言，司法是否独立，决定了国家政治的基本格局，以此为标志，民主与专制、法治与人治得以区别开来。就其司法意义而言，司法是否独立被认为是司法公正的重要保障措施。要实现司法公正，不能不在司法体制建构中确立司法独立的原则。

司法统制与之相反，司法统制（justice under control）表现为最高权威机关（掌握绝对或者最高权力的个人或者群体）对所有司法机关（法官）由上至下施加控制的状态，也可

---

①② 郑竞毅、彭时编著：《法律大辞书》，644页，上海，商务印书馆，1936。

③ See Joel Samaha, Criminal Procedure, West/Wadsworth Publishing Company, 1999, p. xxii.

以表现为上级司法机关对下级司法机关（法官），或者地方权威机关对地方司法机关（法官），或者单一司法机关对本机关内所有法官加以全面控制的状态，这种状态就是司法统制。在司法统制下，司法机关或者法官处于受拘束的状态。最高权威机关对所有司法机关实行的控制，往往是通过上级司法机关对下级司法机关的层层控制来实现的。

司法机关和法官缺乏独立行使司法权的切实保障，司法活动就会因受到各种干扰而不能公正进行和取得公正的结果。不严格遵行诉讼程序的现象与诉讼法本身缺乏对违反程序的不利后果的预先设定有密切关系，与司法人员轻视程序的意识也有关系。除此之外，它与司法体制的不合理设计也存在相当密切的关系，如刑事诉讼法虽然规定了合议庭有权独立作出判决，但由于司法机关高度行政化，合议庭不能切实行使法律赋予的独立作出判决的权力。又如，当庭宣判本来是刑事诉讼法中规定的第一顺位的宣判方式，但目前这种方式已几乎被弃置不用，原因是司法体制没有很好地将法官的权利与责任结合在一起，使法官可以通过向庭长、院长汇报和将案件交付审判委员会讨论决定而分散甚至推卸责任，法官习惯定期宣判，等等。所以，要使司法机关和法官严格遵行法律，需要对司法体制作出相应的改革。

（三）司法中立原则

司法中立原则指裁判者不偏向于诉讼任何一方，居中持平进行裁判之主张。司法不中立主义指裁判者选择不同立场或者对某一方有所偏袒，而非居中持平进行裁判之主张。

司法中立主义引申出利益规避主义，即裁判者不可从自己承办的案件中攫取利益，是司法正义的基本要求。在现代诉讼制度中，一般国家皆以回避制度解决裁判者利益规避的问题。

五、主要刑事诉讼主体

参与刑事诉讼活动并在诉讼中拥有一定权力或者享有一定权利、履行一定职责或者承担一定义务的主要刑事诉讼主体，可以分为审判方、控诉方、辩护方和其他主体几个部分。

（一）审判方

法院是国家的审判机关，代表国家依法独立行使审判权。法院的基本职能是审判，法院是唯一有权审理案件并定罪量刑的专门机关，是国家不可或缺的机关。法院在法治国家发挥的作用更为重要。“不论在原始社会、古代文化，或今日的社会之中，法院总是占据一个很重要的地位。人类既要住在一起，他们就不得不由第三者参加来处理他们的纠葛，而这第三者可以免去因纠葛而往往发生的感情作用。”①

司法机关是为了发挥某种预期的功能而组织的，在组织司法机关时要根据人们期待它所要发挥的功能而选择不同的结构。司法独立体制注重个别公正，采取的是分权式结构，即法院系统中纵向关系中存在分权，表现为审级的设置和级别管辖权的分掌；法院体系中

---

① ［美］约翰·列维斯·齐林：《犯罪学及刑罚学》，查良鉴译，778页，北京，中国政法大学出版社，2003。

的横向关系中也存在分权，表现为地域管辖权的分掌。

在刑事诉讼中，法院自上而下被划分为若干审级，不同的审级领有不同的审判区域和级别管辖权。从各国审判体制看，审级设置通常为三级制或者四级制，即法院系统纵向上分为三级或者四级，我国现行的审级制度为四级制。

在表面上，法院体系与行政机关一样形成金字塔形结构，但法院体系与行政机关不同，上下级法院之间不存在隶属关系，而是相互独立的。审级的本质是为已经进行的审理活动和作出的判决设置纠错机制，下级法院并不是最高法院或者上级法院对下的延伸。上一级法院的第二审（或者第三审）审判程序的启动是基于辩护方或者控诉方对于下一级法院裁判的不满意，而不取决于下级法院的主动移送或者上级法院的主动调取。没有控诉方或者辩护方以对下级法院作出的裁决提出异议的方式作出启动上一级审判的意思表示，上级法院不能主动地对下级法院承审的案件进行干预。这既能够保证下级法院审判的独立性，也显然符合诉讼经济的要求。

刑事诉讼活动的公正性是通过控、辩、审三方的分立与制衡关系加以保障的，当利益相互对立的控诉方和辩护方（这里需要通过律师加入以帮助建立一种与控诉方水平相当的局面，被告人自己可能不具有准确的判断力或者因其他原因而不能作出明智的决定）对业已作出的未生效的裁决均无异议时，上级法院就没有主动干预打破这种平衡局面的必要，这是不告不理原则在第二审或者第三审程序的表现；当控辩双方中的一方或者双方都对判决提出异议时，则可能意味着判决存在错误或者诉讼过程缺乏公正性，上级法院就有必要对下级法院的审判过程和审判结果进行审核。这是上级法院对于下级法院审理和判决的事后干预，司法独立的原则不拒斥这种干预。显然，当刑事诉讼中为纠错所设立的机制能够发挥保障司法公正的作用时，拘泥于绝对意义上的司法独立（它是不存在的）并非明智。

在我国，对于审级制度的威胁来自法院系统内部具有普遍性的上请制度。这种上请制度存在于司法活动的长期形成的习惯中——一般对于重大、复杂、疑难的案件，下级法院在开庭前、庭审过程中或者庭审后判决前向上级法院请示如何处理，上级法院似乎乐于为下级法院承审的案件的定罪量刑问题发出具体的指示，在有的案件的审理活动中这种请示甚至层层上达到最高人民法院；对于某些“特殊”案件，上级法院主动向承办该案的下级法院发出具体的指令。这些活动俗称“上定下审”，这是对审级制度的破坏，它使上下级法院不再发挥纠错机能，这要么损害辩护方的合法权利，要么使控诉方的诉讼预期受挫，甚至使他们双方受损，并且难以获得救济。

（二）控诉方

控诉方包括公诉案件的人民检察院、公安机关、被害人及其代理人，自诉案件的自诉人及其代理人，附带民事诉讼的原告人及其代理人。

1. 人民检察院。人民检察院在刑事诉讼中行使检察权。检察院的基本职能是法律监督职能，在这一基本职能的统摄下，承担侦查职能、侦查监督职能、控诉职能、审判监督职能、执行监督职能等诉讼职能和教育职能（检察院通过检察活动，教育公民忠于祖国，忠于社会主义，自觉地遵守宪法和法律，积极同违法行为作斗争）等非诉讼职能。检察权是进行侦查、提起并支持公诉和对刑事诉讼实行监督的权力。在我国的国家机构体系中，检察院与法院同属于国家司法机关，两者有着相同的宪法地位。从诉讼地位上看，两者也是不分轩轾、平起平坐的关系。与审判机关的体制不同，检察机关在纵向关系上通常实行指令—服从体制，即系统内的统制体制。大陆法系国家一般称之为“检察（官）一体化原则”或曰“检察（官）同一体原则”。我国检察制度明显受到苏联司法制度影响。苏联检察理论不认为检察院应与当事人有着相同的政治地位和法律地位。如今在我国，这种观念也在悄然发生变化，人民检察院优于辩护方的诉讼地位和对法院的监督权力受到置疑。有学者指出应当将检察机关当事人化，使之与辩护方的地位达成平等。

2. 公安机关。在我国，警察机构称为公安机关，警察机构的警察又被称为“公安人员”。公安机关的任务是侦查犯罪和调查违法行为，发现并缉捕犯罪嫌疑人和其他违法人员，预防犯罪和其他违法行为，维护社会治安秩序。大部分刑事案件的侦查活动都由公安机关进行。在刑事公诉案件中，公安机关的侦查举足轻重，它是检察机关起诉和人民法院审判的前提和基础。公安机关上下级之间是领导关系，上级公安机关可以直接领导和指挥下级公安机关的侦查和其他业务活动，也可以调动下级侦查力量参与上级公安机关侦查的案件。不同地区、不同系统的公安机关在办案过程中不具有相互隶属关系，而是在履行职务时的配合、协作关系。需要注意的是，我们在提到“公安机关”的时候，往往把它作为代表性机关，它代表的是与其有着相同职能的一组行使侦查权的机关。

3. 被害人及其代理人。在实体法中，被害人是其人身、财产及其他权益遭受犯罪行为侵害的人。在程序法中，有时是在实体意义上使用“被害人”这一概念的，有时专指在刑事公诉案件中以个人身份承担部分控诉职能的诉讼参与人。被害人的代理人分为法定代理人和诉讼代理人。在刑事诉讼中，如果当事人是未成年人或者其他无行为能力、限制行为能力人时，则由其法定代理人（对被代理人负有保护责任，代表被代理人的利益参加诉讼的人，包括被代理人的父母、养父母、监护人和负有保护责任的机关、团体的代表）参与诉讼活动，代表其利益。诉讼代理人是指接受委托为他人利益参与诉讼活动的人，是基于委托关系而参与诉讼活动的。

4. 自诉人及其代理人。被害人、被害人的法定代理人和近亲属依法以个人名义直接向法院提出起诉，请求追究被告人刑事责任，则成为自诉人。自诉人进行诉讼可由他人进行代理，代理自诉人进行诉讼者，称为“自诉人的代理人”。自诉人的代理人同样分法定代理人和诉讼代理人两种。

5. 附带民事诉讼的原告人及其代理人。因他人的犯罪行为遭受经济损失的人，在刑事诉讼中可以请求法院作出给予经济赔偿的裁决。以被告人的犯罪行为给自己造成一定经济损失为由，向法院提出起诉，请求法院判决应为这一损失承担民事责任的单位或者个人给予赔偿的人，是附带民事诉讼的原告人。附带民事诉讼的原告人进行诉讼可由他人进行代理，自诉人的代理人也分法定代理人和诉讼代理人两种。

（三）辩护方

辩护方包括犯罪嫌疑人、被告人，辩护人，犯罪嫌疑人、被告人的法定代理人，附带民事诉讼的被告人及其代理人。

1. 犯罪嫌疑人、被告人。刑事诉讼活动所要解决的问题是国家刑罚权在具体案件中的有无和范围的大小，它所针对的是犯罪嫌疑人、被告人是否犯了罪并应如何追究其刑事责任，也就是说，刑事诉讼活动离不开犯罪嫌疑人、被告人。在我国刑事诉讼中，不实行缺席审判制度，没有犯罪嫌疑人、被告人的参与，刑事审判就无法进行。不仅如此，犯罪嫌疑人、被告人一旦死亡，刑事诉讼活动即告终止。由此可见，犯罪嫌疑人、被告人是刑事诉讼中不可或缺的重要角色，其诉讼地位值得重视。犯罪嫌疑人、被告人的诉讼地位是多方面的，这些方面有时会存在冲突，刑事诉讼法律制度的设计和司法实践需要在不同方面间寻求平衡，既要尊重和保护犯罪嫌疑人、被告人的合法权益，也要保障刑事诉讼活动顺利进行。犯罪嫌疑人、被告人一般为自然人，尽管刑法已经明确单位可作为犯罪的主体，但单位能否成为刑事诉讼的主体，却在立法上没有得到解决。人们通常认为，单位应成为犯罪嫌疑人、被告人，并以此身份参与诉讼活动。也就是说，被告单位具有刑事诉讼的诉讼主体地位。

2. 辩护人。对于来自控诉方的攻击，犯罪嫌疑人、被告人可为了维护自己的利益而进行防御行为。这种防御可以由当事人自行为之，也可以由他人代为进行，其中，依法接受犯罪嫌疑人、被告人及其法定代理人的委托，或者人民法院的指定，在诉讼中为犯罪嫌疑人、被告人进行辩护的人，为辩护人，辩护人拥有一系列诉讼权利，也承担诉讼义务，为诉讼主体之一。

3. 犯罪嫌疑人、被告人的法定代理人。法律规定特定的人代表犯罪嫌疑人、被告人并为了当事人的利益进行诉讼活动，为犯罪嫌疑人、被告人的法定代理人，他们也是诉讼主体。

4. 附带民事诉讼的被告人及其代理人。对被告人的犯罪行为可造成的经济损失负有赔偿责任并被起诉要求进行赔偿的单位或者个人，是附带民事诉讼的被告人。他们的代理人包括法定代理人和诉讼代理人两种。

（四）其他诉讼主体

其他诉讼主体包括证人、鉴定人、翻译人员等，他们参与刑事诉讼活动并在诉讼中享有一定权利，承担一定义务，同样是刑事诉讼主体。

第七节　刑事诉讼阶段

一、刑事诉讼阶段的含义

刑事诉讼从开始到终结是向前运动、逐步发展的过程，在刑事诉讼过程中，循序进行的相互连接而又各自相对独立的各个部分，称为刑事诉讼阶段。有学者指出：“刑事案件从其开端的时候起直到判决的执行为止是向前运动的，是逐渐发展的，诉讼的各个部分通常叫做诉讼阶段。”① 也有学者指出：法律规定了分阶段处理案件的程序，这种程序具有实现全部诉讼目的的极大可能性。处理刑事案件的这些阶段（部分），称为刑事诉讼阶段。②

诉讼阶段具有法定性，法定的分阶段处理案件的各个部分相互联系，有的存在接续关系，同时它们又各自形成一个单元，具有相对的独立性。刑事诉讼阶段的特点是：“这种诉讼阶段并不是审判机关和检察机关个别的行为或若干行为的结合。每一个诉讼阶段都是完整的，有其自身的任务和形式的一个整体。”③

二、划分诉讼阶段的依据

有学者指出：阶段是刑事诉讼中独立而又相互联系的几个部分，它们之间的区别取决于诉讼的最终决定、由诉讼总任务产生出来的特定直接任务、参与诉讼的机关和个人的范围、实行诉讼行为的程序和刑事诉讼关系的特性。由此确定的划分刑事诉讼阶段的标准是：(1) 一定诉讼过程的直接任务；(2) 参加诉讼的机关和个人的构成形式；(3) 进行诉讼行为的方式；(4) 诉讼法律关系的特性；(5) 诉讼的总结性文件（判决、裁定、决定等）④。

按照上述标准，我国的刑事诉讼被划分为若干阶段，包括立案、侦查、审查起诉、审判和执行。审判阶段又可划分为第一审、第二审、死刑复核和审判监督等较低层级的阶段。

立案阶段，是公安司法机关按照各自的职能管辖范围，根据是否有犯罪事实发生并需要追究刑事责任，决定是否作为刑事案件进行侦查或审判的一种诉讼活动阶段。立案的活动内容是对于自行获得的线索或者被害人等提供的材料进行审查，确定有无犯罪事实和是否需要追究刑事责任，从而确定是否立案并作出相应决定。这个阶段的代表性文书是《立案决定书》和《不立案决定书》。

侦查阶段，是公安机关、人民检察院依照法律对于存在犯罪事实、需要追究刑事责任的案件，为了查明事实真相和抓获犯罪嫌疑人，收集供起诉的证据而进行的专门调查工作和有关的强制性措施的阶段。侦查阶段的目的是制止犯罪，收集证据，查明犯罪事实，查获犯罪嫌疑人并保障刑事诉讼活动的顺利进行。其标志性的文书是《侦查终结报告》、《撤案决定书》和《移送审查起诉意见书》。

审查起诉阶段，是人民检察院对侦查终结的案件进行审查，以决定是否起诉的诉讼活动阶段。审查起诉是由人民检察院主持进行的专门审查活动，处于侦查程序和审判程序之间，具有承上启下的作用。该程序是刑事公诉案件的必经程序，将这一活动过程确定为一个独立的诉讼阶段，体现了慎重起诉的思想，有利于保障公民个人权利和公诉活动的严肃性。其标志性文书为《起诉书》和《不起诉决定书》。

审判阶段，指法院在控、辩双方及其他诉讼参与人的参加下，依照法定的权限和程序，对刑事案件进行审理和裁判的诉讼活动阶段。审判由审理和裁判两大部分内容构成：审理

①③ ［苏］切里佐夫：《苏维埃刑事诉讼》，中国人民大学刑法教研室译，56页，北京，法律出版社，1956。

②④ 参见［苏］蒂里切夫等编著：《苏维埃刑事诉讼》，张仲麟等译，8页，北京，法律出版社，1984。

主要是对案件的有关事实进行调查、接受举证、听取辩论；裁判是在审理的基础上，依法就案件的实体问题或某些程序问题作出处理决定的诉讼活动。审理是裁判的前提和基础，裁判是审理的目的和结果，二者共同构成审判活动的内容。一般地说，刑事审判属于决定刑事案件实质问题的关键阶段，在整个刑事诉讼中具有决定性意义，其任务在于行使国家刑罚权，使刑罚权在具体案件中得到落实。我国刑事审判的任务也在于行使国家具体刑罚权，这一任务主要是认定案件事实，依法作出裁决。人民法院通过行使国家赋予的审判权，在控、辩双方举证、质证和辩论的基础上，进行必要的职权调查活动，查明案情，作出正确的认定。刑事审判要解决的问题是被告人是否有罪、应否判处刑罚以及判处何种、何等刑罚，换句话说，是法院就国家对某一具体案件是否拥有刑罚权以及刑罚权的大小进行判断。审判阶段又分为第一审、第二审、死刑复核和审判监督等程序。对于具体案件而言，有些是必经阶段，有些则不是必经阶段，如死刑复核程序只适用于判处死刑的案件而不是所有案件审理的必经阶段。

执行阶段，是人民法院、人民检察院、公安机关及刑罚执行机关等将已经发生法律效力的判决、裁定的主文付诸实施的活动阶段。刑事执行是落实国家刑罚权的最后过程。从性质上看，执行属于司法行政事务，刑罚执行机关等对罪犯进行的监管、教育、组织劳动等活动不具有诉讼活动的性质。司法行政是附随于司法事务的行政活动，具有辅佐司法权的功能。不过，在执行过程中也会有诉讼活动，如对生效裁判的异议（如申诉）、减刑、假释等都属于刑事诉讼的活动。刑事执行程序规定在刑事诉讼法中，一般认为，它是广义的刑事诉讼的最后阶段。

在许多国家，立案并非一个独立的诉讼阶段，侦查程序的发动通常是警察对嫌疑人实施逮捕并登记，亦即刑事诉讼起始于侦查而没有明确的立案阶段；有的国家发动侦查要进行报告并经过批准、登记，手续稍为复杂，但不认为这些活动构成独立的诉讼程序。也有些国家以专门的诉讼阶段确认刑事诉讼程序的启动，主要是苏联、东欧和蒙古等社会主义国家，这些国家的刑事诉讼法一般都规定了刑事诉讼开始的专门程序，并且将它规定为独立的诉讼程序。[①] 我国受到苏联法制的影响，将立案作为一个独立的诉讼阶段加以规定，其理由是：立案与侦查、提起公诉、审判等诉讼阶段一样，具有特定的诉讼任务和实现任务的特定程序和方式，诉讼主体之间形成了为这一活动过程所具有的特定诉讼法律关系，并有《立案决定书》或者《不立案决定书》为标志性诉讼文书。

三、诉讼阶段论和审判中心论

我国刑事诉讼中，对于侦查、起诉和审判，有一个经典比喻："一个车间，三道工序"，以此观点进行刑事诉讼制度安排，被称为诉讼阶段论的制度安排。侦查、审查起诉和审判

---

① 在苏联，"提起刑事诉讼是诉讼的最初阶段，它的内容是由专门的国家机关（公职人员）在发现犯罪形迹时作出开始办理案件的决定，提起刑事输送的文件是在以下各个刑事诉讼阶段中实行法律所规定的诉讼行为的法律依据"（［苏］蒂里切夫等编著：《苏维埃刑事诉讼》，张仲麟等译，8页，北京，法律出版社，1984）。

以及警察机关、检察机关和审判机关几乎无高下之分，具有近乎同等的地位和作用。警察机关、检察机关和审判机关各自主导侦查、审查起诉和审判活动，它们在各自主导的阶段很少受到其他国家专门机关的控制。

与之不同的是，审判中心论将诉讼中的审判活动看作整个诉讼活动的中心，诉讼制度皆围绕此中心建构，侦查、审查起诉乃是审前阶段为审判做准备的活动，执行是落实审判结果的活动，审前阶段受到法官的司法控制，整个诉讼活动的重心一般在审判阶段。警察机关、检察机关和审判机关的地位一般不是平起平坐的，审判机关取得了上位者的地位，比警察机关、检察机关为尊，检察机关的地位一般又优于警察机关，在欧陆国家以及受欧陆国家影响的其他国家，检察官通常有指挥警察的权力，警察服从检察官的指挥，他们构成控诉方的内部关系。

刑事诉讼程序各个阶段的制度配置，特别是警察机关、检察机关和审判机关的地位及其相互关系以及侦查终结、提起公诉的条件，以及与此有关的：在刑事诉讼中是否实行司法令状原则、检察机关是否应被赋予指挥侦查权、检察机关是否应有权对审判机关实行法律监督，决定了刑事司法中实行诉讼阶段论还是审判中心论，决定了该诉讼中调查案件真相的重心被置于侦查阶段还是审判阶段。

我国现有的刑事诉讼制度依诉讼阶段论建构，有如下特点：

1. 公安机关、人民检察院、人民法院是分工负责，相互配合，相互制约，共同保证准确有效地执行法律的关系。也就是说，公安机关、人民检察院、人民法院分别设置，各自领有侦查权、检察权和审判权，在法定的职权和职责范围内进行活动。在刑事司法中，它们必须相互配合，并彼此制约，既保证刑事诉讼的效率，又保证司法的公正性。

2. 人民检察院对整个诉讼活动实行监督，监督的重要对象是公安机关和人民法院的刑事执法和司法。在监督关系中，检察机关在名义上被赋予了“监督者”的优势地位。

3. 实行一种较为特殊的令状制度。在我国司法机关包括两大机关——检察院和法院，它们签发的批准逮捕决定书或者逮捕决定书，均可以被视为“司法令状”。在公安机关需要逮捕一个人的时候，它需要获得检察机关签发的批准逮捕的令状而不是由法院签发这一令状。① 另外，适用“司法令状”的有限性表现在，只有逮捕才适用“司法令状”，搜查、扣押不需“司法令状”，而由实施这些侦查行为的机关自行签发“令状”。我国在刑事诉讼中，逮捕环节较为严格，如规定公安机关只有逮捕的执行权而没有逮捕的决定权，要逮捕一个人时需要首先取得检察机关的批准。检察机关只有逮捕的决定权而没有逮捕的执行权，决定逮捕一个人时需要交由公安机关去执行。但检察机关操持逮捕批准权不如法院行使该权力为宜，因为法院在保障人权方面所起的作用，部分基于审判职能的居中裁判性质。检察机关在刑事诉讼活动中履行着控诉职能，控诉角色（检察官、警察）与审判角色（法官）毕竟存在着心理差异，不易如后者那样保持持平公允的心态。至于搜查权等由侦查机关自

① 由检察机关签发这一令状的做法在我国民国时期也实行过，按照当时刑事诉讼法的规定，羁押（相当于现在实行之逮捕）要用押票，签发押票的职权，侦查中属于检察官，审判中属于审判长或受命推事。

行行使，其行使权力的正当性难以得到有效制约，容易侵害公民的个人自由权利，应通过建立司法令状制度加以改革。我国刑事诉讼法可以增设搜查、扣押的司法令状，要求侦查机关（包括检察机关的侦查部门）进行搜查、扣押，需要事先获得司法机关（包括检察机关的侦查监督部门）签发的批准书或者决定书。但在执行逮捕、拘留且有必要或者紧急情况下，未取得搜查证、扣押证也可以进行搜查、扣押。按照联合国《公民权利和政治权利国际公约》确定的标准，任何被逮捕或拘禁的人，应被迅速带见审判官或其他经法律授权行使司法权的官员，并有权在合理的时间内受审判或被释放。我国刑事诉讼法应参照这一内容作出规定。在刑事诉讼法中规定：被逮捕的人如果认为逮捕不合法或者逮捕后超期羁押，有权向法院提出申请，法院应通过听审程序审查逮捕是否合法、是否超期羁押，如申请理由成立，应立即作出决定释放被逮捕的人。

4. 侦查终结和提起公诉的条件与定罪标准一样高，侦查机关或者部门和提起公诉的机关或者部门只能在有 100%的定罪把握的情况下，才能终结侦查和提起公诉，造成无罪判决率极低，而调查案件真相的重心被置于侦查阶段而不是审判阶段，类似于日本刑事诉讼中的“精密司法”或曰“检察官司法”现象。

5. 对于侦查权缺乏有力的司法控制，侦查权过大。除对于构成犯罪的可以行使侦查权外，检察机关没有有力的措施对侦查活动加以控制；法院则根本没有以司法手段控制侦查的职责。在“严打”期间，检察机关对公安机关的侦查活动可以“提前介入”，但其目的并不在于对“严打”期间的侦查活动合法性的问题展开监督，而是为了提前了解案情和证据，以便迅速批准逮捕和迅速起诉。

诉讼阶段论的制度安排的优点在于，对于处在发现案件真实情况的关键时期的侦查阶段，给予较大权力、较长期限、不受外在“干预”的权力运作环境，注重的是不束缚侦查的手脚，有利于突破案件，彻底查清案件情况，甚至扩大“战果”——查隐案；检察机关的审查起诉和法院的审判活动构成了两大过滤机制，起到的是侦查终结的案件的“质量检验”作用，在质量检验环节，较为重视对相关机关权力运作的限制，其中特别突出地表现在对检察机关不起诉权力的抑制上，其目的是为了准确认定案件事实，对案件作出正确处理。但诉讼阶段论的制度安排也存在着明显的弊端，主要包括：

1. 我国刑事诉讼法专门就公、检、法三机关的相互关系作出了三者“分工负责，互相配合，互相制约”的规定，强调配合关系，很容易削弱裁判的中立性，并置辩护方于不利地位。

2. 人民检察院和公安机关所承担的职能均为控诉性质的职能，公安机关的活动可以被视为是为检察机关提出公诉进行准备的活动，两者间的相互制约，如公安机关对于不批准逮捕、不起诉的决定可以提出复议、复核，容易降低控诉方内部的效率。

3. 审前阶段缺乏法官的司法控制。在我国，对于审前阶段，不能通过法官的司法控制确保其公正性。尽管人民检察院是法律监督机关，以公共利益为行动的基准，但毕竟在诉讼中承担控诉职能，其控诉角色造成注重案件真实发现、注重效率的角色心理，与法官的中立角色存在差异，由控诉机关对侦查中的逮捕进行“司法控制”，也与法理不合。

4. 刑事诉讼的实际重心在侦查阶段，造成审判流于形式。案件的实质调查和全面调查都在侦查阶段完成，不仅侦查羁押期限过长，而且侦查终结的证明要求也与很多国家不同。一般国家的侦查终结与审查起诉并无明确界限，提起诉讼的证明要求通常是有“合理的根据”(probable cause) 即可，亦即定罪的可能性在50%以上便可以终止侦查并提起诉讼，我国的侦查终结的法定证明要求则是犯罪事实清楚，证据确实、充分，这一证明要求与提起公诉和作出有罪判决的证明要求完全相同，审查起诉不过是对侦查的结果的检验，而法庭审判亦不过是对审查起诉的结果加以检验、对侦查的结果进行第二次检验，这与很多国家将法庭作为实质调查的适当场所，对案件的全面调查通过法庭审判来完成，显然不同。这样的制度安排，使案件经过两次严格筛选后提交法庭，留给控辩双方交叉询问的余地很小。实际上这也是造成我国法庭审理流于形式的根本原因。再加上审判中过分依赖侦查中形成的各种笔录，法庭审判难免流于形式，即使通过庭审方式改革，由于此一深层原因没有解决，因此法庭审判走过场的现象仍然严重。

要解决上述问题，需要考虑对我国现有的刑事诉讼制度安排重新调整，可供选择的方案是实行以审判为中心的刑事诉讼模式，将调查案件的重心由侦查阶段向审判阶段转移；同时参照外国立法例，降低侦查终结和提起公诉的条件，缩短侦查羁押期限；实行由法官签发令状的司法令状制度，或者完善现有的令状制度，包括实行人身保护令制度以及规定除紧急情况外，公安机关进行搜查应由人民检察院批准或者决定，或者人民法院决定。另外，批准逮捕（如果保留由人民检察院决定的制度）、决定起诉属于人民检察院的职权，要提高控诉效率，对于人民检察院不批准逮捕、不起诉的决定，取消公安机关提出复议、复核的制度。

第八节　诉讼客体

一、诉讼客体的含义与作为诉讼客体的刑罚权

诉讼客体，又称“诉讼标的”，又称“诉讼目的物”，就是指公诉人和诉讼当事人所请求的客体，“谓民诉中所系争之标的物及刑诉中之刑罚权也”①。

“刑罚”一词，“刑”原本指五刑，“罚”指罚金。所谓“刑罚权”，“即国家处罚犯人之权”②。刑事诉讼所需解决的问题，是某一具体刑事案件中刑罚权的有无及其范围大小。

也有学者认为，诉讼客体为诉讼实施的对象，即案件。具体刑事案件就是刑事的客体。褚剑鸿认为，所谓“刑事诉讼客体”，乃是指刑事诉讼实施之对象。“亦即为原告攻击，被告防御，与法院审判之具体案件。此一具体案件，应为检察官提起公诉或自诉人提起自诉，所指之被告及其犯罪事实，二者乃组成一追诉与审判之具体案件，成为刑事诉讼之客体，

---

① 郑竞毅、彭时编著：《法律大辞书》，1529、1532页，上海，商务印书馆，1936。

② 郑竞毅、彭时编著：《法律大辞书》，414页，上海，商务印书馆，1936。

而为刑事审判之范围。”[①]

诉讼客体，是案件还是刑罚权，看似迥然不同，其实不然。案件由被告加犯罪事实构成，也就是说被告及其犯罪事实，组成一宗追诉与审判的具体案件，该案件即为诉讼客体。案件作为诉讼客体，乃是形式上的诉讼客体，案件的实质问题在于刑罚权在该案件中的有无及范围大小问题。“刑事诉讼，系以对于特定人之特定事实，为适用抽象的刑罚法，而形成并确定具体的刑罚权为其对象。故刑事诉讼，乃对于特定人之特定事实为确定具体的刑罚权而进行之程序。因在刑事诉讼上具有两种关系：一为国家与个人间之具体的刑罚权之关系，即处罚者与被处罚者之关系，称之为诉讼之实体，或称诉讼客体，亦称案件；一为确定具体的刑罚权而进行之诉讼的关系，即裁判者与被裁判者之关系，称之为诉。故诉之目的，在请求法院对被告之特定事实，以裁判确定其具体的刑罚权之有无及其范围。”[②] 由于刑罚权乃诉讼要解决的实质问题，故刑罚权乃实质上的诉讼客体。案件与刑罚权皆可谓诉讼客体，两者为形式与实质的关系。

研究诉讼客体有何意义？德国学者罗科信就此进行了清楚的阐述。罗科信将诉讼客体（标的）分为广义和狭义两种不同含义，他指出：“刑事诉讼的标的就广义而言，即在处理一问题，即究竟被告是否曾经应负罪责地（schuldig）犯一可罚性之行为，以及对其应处以何种法律效果。而专有名词‘诉讼标的’（或‘程序标的’）对此有一较狭的意义。”狭义的诉讼标的“只指出被提起告诉之人的‘被提起告诉之行为’，亦即只指法院诉讼程序之标的。此规定乃为告发原则之结果：即如果法院之调查有赖于告诉之提起时，则该调查之主题亦应受告诉之拘束。在诉讼标的之范围内，法院有义务对犯罪行为就其法律或事实层面为广泛性之调查”。罗科信还揭示：“诉讼标的有三项任务：其表明了法律程序之标的，其概述了法院调查时及为判决之界限，以及其规定了法律效力之范围。其在此三项任务中之范围是一样的。”[③] 也就是说，诉讼客体表明了：诉讼活动所针对的对象，法院进行法庭调查和判决的界限（审判范围），以及判决所产生的效力范围（涉及一事不再理问题）。罗科信认为：“因为公诉原则及‘一事不两罚原则’极具重要性，是以有关诉讼标的是否同一个，此问题也就变得很重要。”[④]

罗科信还认为，一旦起诉，“诉讼标的即被固定了；亦即指法院的‘调查及裁判只得就起诉时所指之犯罪行为及被告’而为之”，“此项起诉之效力极为重要：a）法院受此标的之拘束，是为公诉原则的一结果：法官原则上只能审理被起诉之犯罪行为及犯罪行为之人。b）法院不得任意独断地将调查范围扩张，被告在此需受保护。经此对诉讼标的（客体之认定），即是要免去昔往在纠问程序时的弊端”[⑤]。

---

① 褚剑鸿：《刑事诉讼法论》（上册），461页，台湾，“商务印书馆”，2001。

② 陈朴生：《刑事诉讼法实务》，84页，台湾，海天印刷厂有限公司，1981。

③④ ［德］克劳思·罗科信：《刑事诉讼法》，吴丽琪译，179页，北京，法律出版社，2003。

⑤ ［德］克劳思·罗科信：《刑事诉讼法》，吴丽琪译，365～366页，北京，法律出版社，2003。

二、案件与诉

我们称诉讼所要解决的事件为案件（case），一场民事或者刑事上的诉讼（suit）或者诉（action）谓之案件。[①] 案件由被告人和犯罪事实构成。陈朴生先生云："国家刑罚权，本系对于每一被告之每一犯罪事实而存在。故案件之构成，包括被告及犯罪事实两种要素。称一被告之一犯罪事实，为一案件。"[②]

案件与诉有密切关系。所谓"诉"（action）是当事人为了获得有利于己的判决而发出请求，使法院启动审判程序的行为。[③] 案件与诉存在如下关系："诉，亦以一被告之一犯罪事实为其内容。是诉之个数，一般与案件之个数相等。详言之，即对于每一被告之每一犯罪事实起诉者，为一案件，亦即一诉；对于数被告或数犯罪事实起诉者，为数案件，亦即数诉。"

不过，案件的个数与诉的个数的确定依据不同：确定案件的个数，需要以刑罚权为依据，属于刑事实体法范畴；确定诉的个数，依法律关系为依据，属于刑事程序法范畴。陈朴生指出："唯案件重在刑罚权，即属于实体事项。是案件之个数，应以为刑罚权对象之被告及犯罪事实之个数为准；诉，重在诉讼关系，即裁判之程序的事项。是诉之个数，应以发生诉讼关系之次数为准。因之，案件之个数，与诉之个数未必完全一致。换言之，一诉必为一案件，数案件必为数诉；但一案件未必即为一诉。"[④]

实际上，对于案件个数、诉的个数的判断，依赖于起诉。盖因在诉讼过程中，具体的刑罚权的有无范围大小，都需要经过审理加以判定，但在审理之前就需要确定案件与诉的个数，划定审判范围。如何划定？非依赖起诉不可。

三、诉因理论与诉因的变更

诉讼客体所针对的审判范围问题，即审判范围要不要受到起诉范围的限制，是颇为重要的问题。日本旧有的刑事诉讼制度（大正刑事诉讼法）将诉讼客体定于公诉事实，法院拥有广泛的调查权，审判范围不受起诉书记载的事项的限制，只要法院认为与审判的案件有关，就可以将起诉书未记载的其他事实纳入审判范围，也就是说，法院将检察官没有提起公诉的其他范围事实有权在一定条件下进行审理并追加为审判对象。[⑤] 日本现行

---

① 在英文中，case 还表示：(1) 得到报告的事实、诉讼历程，例如在诉讼中形成的裁决；(2) 在法庭上由一方当事人提出的证据和辩论意见。Merriam-Webster's Dictionary of Law, Merriam-Webster, Incorporated, 1996. p. 67.

② 陈朴生：《刑事诉讼法实务》，84 页，台湾，海天印刷厂有限公司，1981。

③ 参见郑竞毅、彭时编著：《法律大辞书》，1524 页，上海，商务印书馆，1936。

④ 陈朴生：《刑事诉讼法实务》，84～85 页，台湾，海天印刷厂有限公司，1981。

⑤ 例如，起诉书记载为盗窃，可以追认侵犯住宅的事实并与盗窃事实构成一项统一的罪名（合并一罪）；也可以根据审理结果，认定犯罪事实不是盗窃而是购买赃物。

的刑事诉讼法采行具有当事人主义性质的诉因制度。[①] 诉因（counts）“即诉之请求原因之简称”[②]。“在采诉因制度之立法例，起诉事实，并应明示其诉因，应以日时、场所及方法，特定充分行使其防御权。”[③] 亦即尊重检察官的追诉意愿和保障辩护一方的防御权。诉因不仅是审判对象，同时也是确定审判范围的依据。不过。日本的诉因不可以绝对观之，日本刑事诉讼认为公诉事实即起诉书记载的诉因，但同时允许检察官在诉讼过程中自行变更诉因或者根据法官命令变更诉因，即仍然“承认有同一性的其他事实成为公诉事实的可能性”。在审理案件过程中，法院在认为妥当时，可以建议检察官追加或者变更诉因，建议不被采纳，还可以命令追加或者变更诉因，检察官有服从之义务，但法官的诉因变更命令权须有一定限制，此所谓“限制性变更主义”[④]。

变更诉因，须以书面方式为之；被告人已经在庭的，也允许口头变更。变更诉因的，法院必须通知被告人诉因变更的事实和内容，并将检察官提交的变更书的副本送达被告人，检察官还须当庭予以宣读。辩护方应被提供机会就诉因变更发表意见，经辩护方请求，法院还有权决定暂停审理，以便辩护方进行诉讼准备。[⑤]

在有关诉讼客体的争议中，存在诉因特定说和公诉事实说两大不同学说：

1. 诉因特定说。诉因是起诉书记载的具体、特定的诉讼主张和作为其基础的指控犯罪事实。法院审理案件，应当以诉因为唯一的、排他的审理对象，并以之划定审判范围。也就是说，法院受到起诉书记载的诉讼主张和指控犯罪事实的严格限制，不能擅自审理超越这一范围的事实。不过，这种观点如果绝对化，必然导致审判的僵化，致使检察官增加起诉或者以新的诉因再度起诉的数量，有损诉讼的效率，浪费司法资源，也将使被告人陷入讼累。[⑥] 为了避免这个弊端，诉因特定说的拥护者也认为，可以采用概括的、灵活的诉因记载方式，法院也可以根据案件证据情况，适当扩大审理范围，但应当通过变更诉因，且不得超越事实同一性，即不具有同一性的事实仍然不能被纳入审理范围；否则构成上诉理由。[⑦]

2. 公诉事实说。即使存在诉因制度，亦应把公诉事实作为诉讼客体。也就是说，不论

---

① 参见彭勃：《日本刑事诉讼法通论》，163页，北京，中国政法大学出版社，2002。

② 陈朴生：《刑事诉讼法实务》，86页，台湾，海天印刷厂有限公司，1981。

③ 我国台湾地区“刑事诉讼法”虽采诉讼主义，非经起诉之案件，法院不得加以审判；但依职权主义之理论，其犯罪事实之记载，以足以表明起诉之范围为已足，毋庸记载诉因，即使记载未详，起诉书未将被告等之行窃日、时、处所及其行为之态样，详予记载，也不得以违背起诉程式为由拒绝受理。故法院在起诉事实范围内，得依职权调查证据，认定事实，适用法律，既不受诉因之拘束，亦不生诉因之变更或追加之问题。陈朴生：《刑事诉讼法实务》，86页，台湾，海天印刷厂有限公司，1981。

④ 参见日本刑事诉讼法第312条第1款和第2款规定。参见彭勃：《日本刑事诉讼法通论》，164～166页，北京，中国政法大学出版社，2002。

⑤ 参见彭勃：《日本刑事诉讼法通论》，167页，北京，中国政法大学出版社，2002。

⑥ 如盗窃案件经审理，法院发现该案并非盗窃而属于转让盗窃赃物，若不允许变更诉因，法院只能宣布盗窃罪不成立，检察官只能以转让盗窃赃物为由另行起诉。

⑦ 参见彭勃：《日本刑事诉讼法通论》，164页，北京，中国政法大学出版社，2002。

起诉书是否记载某一事实，只要该事实与公诉事实有关，就可以成为诉讼的对象。德国刑事诉讼法第 264 条第 1 款便体现了这一观点，该规定具有明显的职权主义的特征。公诉事实说的主张者认为，诉因旨在明确审判中控辩双方的攻击内容和防御对象，如果法律程序没有变化，不必进行诉因变更，允许法院在事实同一性的基础上作出判决，只有违背了事实同一性才构成上诉理由。①

如今，由于当事人诉讼模式的影响日益扩大，成为强势观点，在日本，诉因特定说风头正健，成为主流学说。

对于何种情形需要进行诉因变更，也有不同学说存在：

1. 法条同一说。谓需要变更起诉书中记载的触犯法条时，可以进行诉因变更。关于诉因变更最初的认识是，诉因乃是对公诉事实构成所作的法律评价，因此，变更诉因就应当是对公诉事实构成所作法律评价的变更，这就是对起诉书中记载的触犯法条的变更，因为引用哪一法条，正反映了人们对某一公诉事实在法律性质上所作的评价。②

2. 法律构成说。谓需要对指控犯罪事实的犯罪构成要件或者法律构成进行更改时，可以进行诉因变更。此种学说，由法条同一说发展而来。③

3. 事实记载说。谓起诉书记载的诉讼事实发生变化，就需要进行诉因变更。这里所谓“事实发生变化”，指的是指控犯罪事实发生了实质性变化，按照日本学者平野龙一的诠释，实质性变化包括两项要素：一是在形式上犯罪事实出现可以辨别的差别，二是在内容上辩护方防御的保障范围出现可以判断的差异。案件事实的变化通常是犯罪事实构成上的变化，也存在犯罪构成事实相同而形成犯罪事实特征的行为或结果发生变化的情形，④ 在日本，大多数学者和判例都认同此一学说。⑤

由于诉因体现了对审判权范围的限制，对于辩护方有针对性地行使防御权具有保障作用，有学者从辩护方防御权角度思考在何种情形下允许进行诉因变更，由此形成两种不同观点：

1. 具体防御说。从辩护方防御手段是否受到限制以及防御能力是否充分等方面，看诉因变更的必要性，即以被告人的利益是否受到损害为衡量标准。⑥

2. 抽象防御说。比较诉因事实与审判认定的事实，认为两种事实存在的差异对辩护方的防御有一般性影响的，就应当进行诉因变更。“在一般意义上不会使被告人受到突如其来的打击、确定新的诉因不会造成不当后果的，允许进行诉因变更。”因此，日本法院的判例允许将抢劫变更为恐吓，将杀人变更为同意杀人，将抢劫致死变更为伤害致死。⑦

对于有必要进行诉因变更而不进行诉因变更的，诉讼程序存在违法性，当事人可以请

---

① 参见彭勃：《日本刑事诉讼法通论》，165 页，北京，中国政法大学出版社，2002。

②③ 参见彭勃：《日本刑事诉讼法通论》，168 页，北京，中国政法大学出版社，2002。

④ 如犯罪数额、受害程度的变化以及犯罪时日、场所和方法等的不同。

⑤ 参见彭勃：《日本刑事诉讼法通论》，168～169 页，北京，中国政法大学出版社，2002。

⑥⑦ 参见彭勃：《日本刑事诉讼法通论》，170 页，北京，中国政法大学出版社，2002。

求上级法院通过裁判加以纠正。[①]

我国刑事诉讼不实行诉因制度，外国诉因制度及其理论只是学术研究的对象。我国司法解释确认，法院对于存在犯罪事实而构成与起诉指控的罪名不同的犯罪的，有权认定被告人有罪并以法院认定的罪名作出判决，无所谓诉因变更的问题。

四、案件的单一性

一宗案件为此案件而非彼案件，这类判断涉及同一案件已经起诉而不得再行起诉的问题；一个事实是否属于已经起诉的范围内的事实，起诉事实是否前后一致，起诉事实与判决事实是否一致，这类判断涉及法院判决有效与无效的问题。诸如此类问题，即所谓案件事实的单一性和同一性[②]问题。

法院应当以起诉事实划定审判范围，而且判决事实应当与起诉事实具有同一性。这是不告不理原则所要求的。不告不理原则的基本内容是“无告诉人则无法官”，有告诉，审判范围亦不能逾越告诉之范围，这就是审判范围受起诉范围限制的原理。法院只能就已经起诉的案件进行审判，某一事实是否已经为判决所确认，需要根据一定标准作出判定，这就涉及对诉讼客体的认识。“无诉即无裁判：审判之范围，应与诉之范围相互一致。案件已否起诉，曾经判决确定否，应视其为诉讼客体是否一个，即是否单一性为断。”[③]

所谓“刑事案件之单一性”，意味着“刑事诉讼进行中审判之案件，为单纯的一个不可分割之案件，法院对此一案件，只能行使一个刑罚权，为一次裁判，如经判决确定后，不得重为诉讼之客体”[④]。案件的单一性，又称“起诉事实的单一性”，“所谓起诉事实之单一性，乃着眼于起诉事实之横面观察，而将其认为诉讼上不可分之一个诉讼客体之谓”[⑤]。

判断案件是否单一，即判断案件的个数问题。判断的标准是：一名被告人的一个犯罪事实，为一宗案件；一名被告人的数个犯罪事实，或者一个犯罪事实的数名被告人，或者数名被告的数个犯罪事实，均为数宗案件。易言之，判断案件是否单一，以被告人是否单一以及犯罪事实是否单一为依据。犯罪事实的个数，取决于刑法上的罪数论。[⑥] 有学者指出：“案件，系以刑罚权为其内容，故案件是否单一，应以其在诉讼上为审判对象之具体的

---

① 参见彭勃：《日本刑事诉讼法通论》，170页，北京，中国政法大学出版社，2002。

② 单一性与同一性的关系，正如陈朴生所谓：“是从诉之效力言，单一案件固具有不可分之关系，其起诉及判决之效力，应及于案件之全部；从诉之拘束言，同一案件，既经起诉，自不得再行起诉，因生案件单一性与同一性之问题。在用语上虽从广义，概称之为同一案件，但其观念并不相同。盖案件之单一性，系从横断的，静的观察其是否彼此同一，随诉讼之发展，以形成、确定其实体之范围，乃案件个数之问题，重在诉讼状态，属于实体面；案件之同一性，系为纵断的，动的观察其起诉事实是否前后同一，重在诉讼关系已否发生，即为判断案件已否起诉，可否再行起诉，起诉事实与判决事实是否同一，可否变更法条之标准，乃案件比较之问题，属于程序面。”

③ 陈朴生：《刑事诉讼法实务》，87页，台湾，海天印刷厂有限公司，1981。

④ 褚剑鸿：《刑事诉讼法论》（上册），461页，台湾，“商务印书馆”，2001。

⑤ 黄东熊、吴景芳：《刑事诉讼法论》，274页，台湾，三民书局，2002。

⑥ 参见黄东熊、吴景芳：《刑事诉讼法论》，275页，台湾，三民书局，2002。

刑罚权是否单一为断。详言之，即在实体法为一个刑罚权，在诉讼法上为一个诉讼客体。具有不可分之性质，方可相当。刑罚权本系对于每一被告，每一犯罪事实而发生。故案件之个数，应依被告之单复及犯罪事实之单复定之；换言之，即一被告之一犯罪事实，为一案件；一被告之数犯罪事实，或一犯罪事实之数被告，或数被告之数犯罪事实，均为数案件。因之，案件之单一，即指被告单一及犯罪事实单一性是。诉讼，亦以一案件为其单位，即一案一诉是。"①

（一）被告人单一

被告人单一，是判定案件单一性的依据之一。被告人为数个，以被告人人数可以区别为数个案件。数个人共犯一罪，尽管属于主观牵连的案件，但国家对每一犯罪人都各自拥有刑罚权，也就是说，每个犯罪人的刑罚权是可分的，由此可以得出结论说："数名被告其刑罚权既属各别，自非单一案件。"数人犯有一罪的案件不具有单一性，表现为：检察官或者自诉人对于共同犯罪中的一人起诉，对其他共同犯罪人没有起诉，法院不能强予追加。检察官或者自诉人对于共同犯罪中的二人以上乃至全体起诉，法院可以合并审理，但合并审理的案件实际上仍然可以拆分为数个案件。② 此外，司法实践中对于共同犯罪的人或者数人另案处理，也表明了数个人共犯一罪案件可以依共犯人数拆分为数个案件。

（二）犯罪事实单一

仅仅被告人为一人，尚不足以判定案件为单一案件。只有一名被告人被指控或者判决的犯罪事实也是单一的，才能确定为单一案件；如果一名被告人被指控或者判决犯有数个犯罪事实，该案件的个数就不是单一而是复数的。有学者指出："至数罪并罚，或单纯数罪案件，本属数个犯罪事实，即数个案件，在实体法上为数罪，在诉讼法上亦属数个犯罪客体，其合并审理与否，固属法院之自由裁量，即合并审理，其案件亦非单一。"③

犯罪事实是否属于单一事实，这涉及的是犯罪个数问题。④对于此一问题，判断的标准一般系按具备犯罪构成要件之次数为准。

案件是否单一，法院可以依职权进行调查并加以确认，并不以检察官或者自诉人的起诉为唯一判断根据。⑤ 这是因为，"刑事案件是否单一，系属事实问题，法院应本于职权调查之。检察官以数罪并罚起诉或以裁判上一罪起诉，审理结果，仍得按单一案件或一人犯数罪处理"⑥。

另外，案件是否单一，属于诉的效力问题，与起诉和审判有关而与侦查无关。在侦查

① 陈朴生：《刑事诉讼法实务》，87页，台湾，海天印刷厂有限公司，1981。

② 参见陈朴生：《刑事诉讼法实务》，87页，台湾，海天印刷厂有限公司，1981。

③④ 这应当根据刑法理论加以判定。犯罪事实的个数，刑法学说上有结构标准说、决意标准说、行为标准说、构成要件充足说等，不一而足（参见陈朴生：《刑事诉讼法实务》，87页，台湾，海天印刷厂有限公司，1981）。

⑤ 参见陈朴生：《刑事诉讼法实务》，87～88页，台湾，海天印刷厂有限公司，1981。

⑥ 褚剑鸿：《刑事诉讼法论》（上册），462页，台湾，"商务印书馆"，2001。

程序中，无所谓案件的单一性，也不产生所谓“侦查不可分”的问题。[①]

由前面的阐述可知，案件的单一性，意味着该案件是一体的，具有不可拆分的关系。考察案件是否单一，意义在于，“刑事案件之单一性，主要在确定审判之范围，其与起诉之效力，直接有关”[②]。案件具有单一性，产生如下诉讼法效果：

1. 法院对于具有单一性的案件的全部均拥有管辖权。

2. 对于数人犯罪的案件，法院只能就已经被起诉之人展开审判，起诉效力不及于检察官或者自诉人提出指控的被告人以外的人。

3. 犯罪事实单一，就实体法而言只存在一个刑罚权，就诉讼法而言仅为一个案件，是无从分割的，因此尽管检察官或者自诉人仅就犯罪的一部分起诉，起诉的效力仍然及于全部。[③]

4. 检察官就案件的案件的一部分提起诉讼，其他部分作出不起诉处理，法院审理后认为不起诉部分与起诉部分均为有罪，而且这两个部分本来具有单一性，即存在“审判不可分”的关系（亦即起诉效力及于全部），则检察官作出的不起诉决定无效，法院有权就其全部（即起诉部分连同不起诉部分）加以审判。[④] 需要注意的是，“检察官就犯罪事实之一部起诉，其效力及于全部，必起诉事实与未起诉事实既具有不可分之关系，且均应受有罪之判决。如起诉事实为无罪，检察官仍得就未经起诉之其他事实另行起诉，并不生同一性之问题”[⑤]。

5. 具有单一性的犯罪事实，其中一部分已经起诉，根据“审判不可分”原则，起诉效力及于全部，也就是说均在法院审判范围之内，这就排除了就其他部分另行起诉的可能性。例如对于伤害致死罪，检察官以伤害罪起诉，其效力及于全部，这意味着法院有权就结果加重犯的全部加以审判。对于牵连犯、连续犯的行为的一部分起诉的，根据“审判不可分”原则，法院应当就案件全部进行审理，检察官或者自诉人不得就牵连犯的其他部分，另案再行起诉。[⑥]

五、案件的同一性

在同一诉讼（即一诉）中，对于起诉的效力和审判的范围问题，应当通过审视案件是

---

① 不过，在司法实践中，也认为由检察官就单一案件的一部分作出不起诉决定，其不起诉效力及于全部，这种考虑，目的在于限制自诉。另外，检察官对于连续犯的一部分作出不起诉决定，其不起诉效力及于全部。

② 褚剑鸿：《刑事诉讼法论》（上册），462页，台湾，“商务印书馆”，2001。

③ “如具有单一性之犯罪事实，有得提起自诉者，有不得提起自诉者，既无从分割为一部依自诉程序，一部依公诉程序办理。故犯罪事实之一部得提起自诉者，他部虽不得自诉，亦以得提起自诉论。但不得提起自诉部分系较重之罪，或其第一审高等法院管辖，不在此限。”此外，“如未经起诉之其他部分，系告诉乃论之罪，未经依法告诉者，亦不得以其具有审判不可分之关系一并加予审判”（陈朴生：《刑事诉讼法实务》，88页，台湾，海天印刷厂有限公司，1981）。

④ 参见陈朴生：《刑事诉讼法实务》，88页，台湾，海天印刷厂有限公司，1981。

⑤ 陈朴生：《刑事诉讼法实务》，89页，台湾，海天印刷厂有限公司，1981。

⑥ 参见陈朴生：《刑事诉讼法实务》，90～91页，台湾，海天印刷厂有限公司，1981。

否具有单一性来确定。在不同诉讼（即数诉）中，因诉讼系属先后不同，某一案件是否已经起诉，或者是否经由判决确定，应当通过审视案件是否同一性来确定。①

案件的同一，亦即起诉事实的同一，“所谓起诉事实之同一，乃着眼于程序之发展，而以纵面或动态面为观察之结果，认为起诉事实于前后均属同一之谓”②。

案件是否同一，以被告人和犯罪事实是否相同为标准；也就是说，必须具有人的同一性及物的同一性两项要素，才能确定案件具有同一性。易言之，判断案件同一的标准是：被告人同一和犯罪事实同一。

（一）被告人同一

被告人是否同一，应当以前后案件的起诉书（或曰起诉状）所列被告人（即刑罚权对象）是否同一为标准。至于后案起诉书与前案起诉书所载被告人的姓名是否同一，以及真正的罪犯是谁，并不是区别前后案件是否同一的标准。③ 只要刑罚权对象相同，即使姓名不同④，也属于同一案件，“例如，检察官以绰号或者假名起诉被告时，倘足以特定某人为被告，则纵于嗣后获知被告之真实姓名，亦毫不影响被告之同一性”⑤。反之，如果刑罚权对象不相同，即使姓名相同，也不是同一案件。

就一宗案件而言，被告人变更，案件也随之变更。“检察官于起诉时，必须指明被告，同时，起诉之效力不及于检察官所指被告以外之人（因此，起诉之效力，在主观上为可分）。因此，于起诉以后，如被告有变动，即属不同之案件；绝无被告变动，而案件仍属同一之理。”⑥还有学者认为，在诉讼过程中不可变更被告人。如罗科信指出：“在诉讼程序中不可变换被告，尤其是不可将一无具急迫嫌疑或未作自白之证人当成被告。”此所谓“被告同一规则”⑦。

（二）犯罪事实同一

案件是否同一，不能仅仅根据被告人是否同一加以判定。即使被告人同一，倘若犯罪事实不同一，案件也不同一。也就是说，犯罪事实同一是判定案件同一的另一不可或缺的依据。

对于事实的同一，存在不同学说，包括：

1. 基本事实同一说。事实都具有一定要素，如发生时日、发生地点等，这些要素或者具有自然性或者具有社会性。基本事实同一说谓根据事实的自然性（或社会性）是否同一加以判定。“例如，若于‘被告于某月某日某时，于某地之行为’属同一，则不问其为何种

---

① 参见陈朴生：《刑事诉讼法实务》，91页，台湾，海天印刷厂有限公司，1981。

② 黄东熊、吴景芳：《刑事诉讼法论》，272页，台湾，三民书局，2002。

③ 例如，法院对于被控以杀人的被告，因罪证不足，依法宣告无罪，判决一经确定，该案即告终结。至于真正的杀人凶手是谁，属于另外一个问题，不在本一案审判范围之内（陈朴生：《刑事诉讼法实务》，92页，台湾，海天印刷厂有限公司，1981）。

④ 案件相同，诉相同，仅仅被告人姓名记载不相同，属于裁判书记载姓名错误。

⑤⑥ 黄东熊、吴景芳：《刑事诉讼法论》，270页，台湾，三民书局，2002。

⑦ ［德］克劳思·罗科信：《刑事诉讼法》，吴丽琪译，179页，北京，法律出版社，2003。

犯罪，均属同一之事实；且苟此事实不变，其起诉事实则得维持同一性。由此可见，其据以认定起诉事实同一性之标准，乃以构成起诉事实之自然性（或社会性）之基本事实为准，故称为‘基本事实同一说’。”①

2. 法律事实同一说。谓事实构成要件或者对其所适用的罪名性质相同或者相似，则事实具有同一性。这种判断是依据法律对事实作出的判断，因此称为“法律事实同一说”②。

犯罪事实的个数，应当以刑罚权对象的个数作为判断依据。也就是说，犯罪事实是否同一，应当以作为刑罚权对象的客观事实是否同一为标准。只要客观事实同一，就不失为同一案件。③

事实的同一往往涉及法律的同一，因为对于同一犯罪事实的法律判断应当是一致的，故而法律上同一也是判断案件是否同一的一项标准，“实质上或裁判上一罪，其基本事实虽不相同；而在实体法上作为一罪，刑罚权仅属一个，其在法律上之事实关系既为一个，具有不可分性，虽就其一部起诉，而其效力及于全部，亦不失为同一案件。故案件之同一性，本不以事实之比较为限；即犯罪之个数亦在比较之列”④。

判断案件是否具有同一性，具有如下诉讼法上的作用：

1. 判断案件是否具有同一性，可以确定某一事实已否已经起诉以及是否为起诉效力所及，即该事实已否已经成为诉讼对象。“盖起诉事实于审判过程中因新事实之出现，而致产生原来起诉事实是否涵盖此新事实之问题。”⑤ 如果某一事实已经起诉或者为起诉效力所及，即该事实就是诉讼对象，法院有权对其施以审判。

2. 判断案件是否具有同一性，可以确定是否可以变更起诉法条，“盖在事实同一性之范围内，基于职权主义之立场，对于事实之法的评价，即如何为法的适当运用，乃法院之职权，并不受起诉书所引应适用法条之拘束”。

3. 判断案件是否具有同一性，可以确定禁止重复起诉的范围，因为对于已经起诉的同一案件，应当禁止重复起诉。要禁止重复起诉，需要首先确定前后案件是否具有同一性。已经提起公诉或自诉的同一案件，在判决确定前再行起诉者：（1）同一法院，对于系属在后者应不予受理（为此应作出裁决）。原因是一事不再理，为刑事诉讼法上一大原则，盖对同一被告之一个犯罪事实，只有一个刑罚权，不容重复裁判。（2）不同的法院，不得进行审判的法院应当不予受理（为此应作出裁决）。⑥

---

① 黄东熊、吴景芳：《刑事诉讼法论》，270～271页，台湾，三民书局，2002。

② 黄东熊、吴景芳：《刑事诉讼法论》，271页，台湾，三民书局，2002。

③ 须注意者，“犯罪之日时、处所、方法、被害物体、行为人人数，犯罪之形式（共犯态样或既遂未遂）、被害法益、程序及罪名虽有差异，但于事实之同一性并无影响”。

④ 陈朴生：《刑事诉讼法实务》，97页，台湾，海天印刷厂有限公司，1981。

⑤ 黄东熊、吴景芳：《刑事诉讼法论》，272页，台湾，三民书局，2002。

⑥ 按我国台湾地区实行的有关规定，同一案件经本案判决确定者，如再行起诉，应谕知免诉之判决。“如系属在先，或得为审判之法院，于系属在后或不得为审判之法院实体判决确定后始判决者，则应谕知免诉之判决。”（陈朴生：《刑事诉讼法实务》，98页，台湾，海天印刷厂有限公司，1981）

4. 确定既判力的范围。既判力对于某一事实是否发生作用，视该事实与已经作出裁判的事实是否同一而定。① 由于案件同一性既判力范围，对于控诉方和辩护方而言，存在如下利害关系："起诉事实同一性之范围愈广，于起诉效力方面，被告蒙受不利，而于一事不再理方面获得利益。因此，起诉事实同一性之范围之广狭，对被告人言之，既非全属有利，亦非全属不利。问题乃在于就哪一方面来保护被告较好。"② 对于检察官和法官而言，起诉事实同一性范围的宽狭，对办案工作量大小、胜诉的可能性或者误判可能性等也有重要影响，值得注意。③

我国刑事诉讼法没有就案件有关单一性和同一性问题作出规定，司法实践中虽然也禁止重复起诉，但诉讼法理论与司法实践对于案件单一性与同一性问题都比较陌生。当前使用的刑事诉讼法教科书多不就此进行阐述，教师授课也往往无一字提及，这是令人颇为遗憾的事实。如今要强调不告不理原则，重张"审判范围受起诉范围限制"的规则，不能不重视案件单一性和同一性问题的研究、教学、立法与实践。

第九节　刑事诉讼行为

一、刑事诉讼行为的含义

诉讼是由一系列不断向前推进的诉讼行为连缀起来的，诉讼行为构成了诉讼活动的全部过程。在诉讼过程中，许多产生诉讼法效力的行为往往被类型化、确定化，可供模仿、重现，形成一定的行为模式，这些行为模式的总合就是诉讼程序。没有了诉讼行为，也就没有了诉讼程序的运作。

对于诉讼行为的含义，人们理解不一。一种观点认为直接发生诉讼法上的效力的行为，才是诉讼行为。这里"直接"一词意味着，只是作为其他诉讼行为的依据而间接产生诉讼法上的效力的行为，如证人提供证言、鉴定人进行鉴定，对于控诉、辩护和裁判所起到的是辅助作用，其本身并不直接产生诉讼法上的效力，故而不被视为诉讼行为。另一种观点认为，诉讼行为包含两种：一是直接构成刑事诉讼的行为，指的是法院、公诉人、当事人之间产生法律上的联系的行为。在刑事诉讼中，法院、公诉人和当事人是构成诉讼的不可缺少的主体，他们的行为本身构成了诉讼，如果缺乏任何一方的行为，刑事诉讼就难以进行。二是参与刑事诉讼的行为，指的是辩护人、诉讼代理人、法定代理人、证人、鉴定人、翻译人员等在刑事诉讼活动中的参与行为。与直接构成刑事诉讼的行为不同的是，他们的参与行为并不使刑事诉讼的成立受到影响，缺少了这些人的参与行为，刑事诉讼仍然构成一个完整的诉讼。其例外是，在实行强制辩护制度的情况下，辩护人是不可缺少的诉讼参

---

① 参见陈朴生:《刑事诉讼法实务》，92～93 页，台湾，海天印刷厂有限公司，1981。

② 黄东熊、吴景芳:《刑事诉讼法论》，272 页，台湾，三民书局，2002。

③ 参见黄东熊、吴景芳:《刑事诉讼法论》，272 页，台湾，三民书局，2002。

与人。无论直接构成刑事诉讼的行为还是参与刑事诉讼的行为，都属于诉讼行为。

此外，诉讼行为还有广狭两种含义，狭义的诉讼行为是指由一定的意思表示所发生的诉讼法上的效力，这种诉讼行为又称为“诉讼法律行为”；因其以一定的意思表示为要件，故而又直接称为“意思表示”。这里所谓“诉讼法律行为”与民法上的法律行为含义相同，民法上的法律行为只限于能够发生民法上效力的意思表示。但诉讼行为与之不同，在民法上不被认为是法律行为的，在诉讼法上却可以发生效力，因此有广义的诉讼行为一说。广义的诉讼行为是指凡足以发生诉讼法上的效力的行为，皆为诉讼行为。广义的诉讼行为包含合法行为和违法行为，其中合法行为又分为法律行为、事实行为两种。事实行为如自诉人无正当理由拒不到庭或者未经法庭准许而中途退庭等，尽管会发生一定的诉讼法上的效力，但并不是由意思表示发生的效力，这是它与法律行为不同之处。违法行为如被取保候审或者监视居住的人违反取保候审或者监视居住的规定，也足以产生诉讼法上的效力，但其行为属于违法行为。

我们不妨在广义上理解刑事诉讼行为，即凡是能够发生刑事诉讼法上的效力的行为，均为刑事诉讼行为。

我们可以依据不同的标准将诉讼行为作若干分类：（1）根据诉讼行为的主体不同，可以将诉讼行为分为法院的行为、公诉人的行为、当事人的行为、其他诉讼参与人的行为等。（2）根据诉讼行为的性质不同，可以将诉讼行为分为控诉（攻击）行为、辩护（防御）行为和审判行为。（3）根据起诉的形式不同，可以将诉讼行为分为公诉行为和自诉行为。（4）根据诉讼行为是否以意思表示为要素的不同，可以将诉讼行为分为法律行为和事实行为。（5）根据行为产生的作用不同，可以将诉讼行为分为实体（心证）形成行为和程序形成行为，前者是指直接作用于法官的心理并使之形成对案件事实以及适用法律问题的判断的行为，如听取证人证言并进行调查的行为就具有这一作用；后者指具有形成程序上的法律关系并推进程序活动的发展的行为，如提出上诉、申请回避等。（6）根据诉讼程序的阶段不同，可以将诉讼行为分为第一审行为和第二审行为，等等，不一而足。

需要指出的是，本章所使用的“诉讼”一词，皆为狭义的诉讼，即以审判活动为限；若采用广义的诉讼，则诉讼行为的主体范围并不限于法院、公诉人、当事人和其他诉讼参与人等，诉讼活动的范围当然也不仅限于审判阶段。

二、诉讼行为的效力

（一）诉讼行为的成立与有效

诉讼行为的效力以诉讼行为的成立为前提，如果诉讼行为不成立，则就谈不上诉讼行为的效力了。一般地说，对于刑事诉讼行为是否成立，除刑事诉讼法有特别规定外，一般只需以有无事实上的行为为依据，也就是说其符合诉讼行为基本构成要件从而表明自身的存在。诉讼行为成立后，需要进一步考察该诉讼行为是否有效。诉讼上的法律行为的有效与否，意味着意思表示所要达到的预期效果是否能够实现；事实行为的无效，则意味着该行为不能发生行为人所预期的应有的诉讼效果。刑事诉讼法对行为效力的认可比民法上对法律行为效力的认可的限制要宽松得多，一般地说，只要行为人有意思能力并且已经进行了事实上的行为，就应当认为诉讼行为成立，并承认其发生诉讼法上的效力。

具体而言，诉讼行为的有效需要符合如下要件：

1. 行为人有行为能力。行为能力是行为在法律上产生完全效果的能力。行为能力是诉讼行为的要件，没有行为能力的人所进行的行为是无效的。进行诉讼活动的行为能力一般称为“诉讼能力”，诉讼能力是在事实上有决定意思和表示能力的诉讼行为，缺乏这个要件，所进行的诉讼行为同样无效。因此，诉讼能力可以理解为进行有效的诉讼行为的能力。不过，刑事诉讼中只要在事实上确实有表示或者决定意思的能力，也就是能够清楚地进行意思表达，并且了解自己与对方所表达的意思意味着什么，也就是具备“意思能力”，就被认为具备“行为人有行为能力”的要件，就可以独立进行完全有效的诉讼行为；但没有意思能力的人不能进行法律行为，也不能进行诉讼行为。

2. 行为人的意思与表示应当一致。这一要件包含三方面内容：一是要有意思；二是要有表示，具备意思能力的人进行诉讼行为还需进行意思表示，因为意思不经表示无从发生效力。例如，原告的请求和被告的辩护都需要以言词方式陈述出来，法院的判决也需要加以宣告；三是要有与意思一致的表示，单有意思表示是不够的，意思与表示还需一致，如果真实的意思为A，表示的却是B，也不能形成有效的诉讼行为，所以受强制或由于错误而进行的诉讼行为应当是无效的。在我国刑事诉讼中，对于自诉人要求撤诉，经法院审查认为确属自愿的，应当允许；经审查认为自诉人系被强迫、威吓等，不是出于自愿的，应当不予准许，也就是说，撤诉的诉讼行为应当认定为无效。

3. 意思表示应当出自本人的意思。意思表示乃是将本人的意思表达出来，这是属于表意者的自己行为，他人不可以代为表达。意思与表示不一致尚且无效，如果意思表示并非出自本人的意思，当然也是无效的。至于意思表示是否确为本人的真意，并不影响意思表示的有效性，如当事人提出重新鉴定，但其真意却在拖延诉讼，这并不影响提出重新鉴定的诉讼行为的效力。

除上述一般要件外，不同诉讼主体进行诉讼行为有时还需要满足其他要件。如：法院进行诉讼行为须具有审判权和管辖权；又如：当事人进行诉讼行为需要具备当事人能力，即在诉讼法上能够成为诉讼主体的资格，例如已经死亡的自然人是没有当事人能力的，因此不能形成有效的诉讼行为；再如：起诉者需有起诉权，其所进行的诉讼行为方得有效，告诉才处理的案件需要有起诉权的人进行某些诉讼行为方为有效。同时，进行某些特殊的诉讼行为，有时需要符合某些特殊要件。另外，有的诉讼行为还要满足其他条件，如有的既要符合一定的形式条件，还要有法律规定的实体要件（如理由）才能产生预期的法律效果；有的诉讼行为需要符合程序条件，如必须在一定期间内进行方为有效，无正当理由超过一定期限，则不产生预期的法律效果。

（二）诉讼行为不成立与无效

如前所述，诉讼行为有效与无效，都是以诉讼行为成立为前提的。如果事实上不存在诉讼行为，则诉讼行为不成立，则没有诉讼行为是否有效的问题。对于不成立的诉讼行为，裁判者有权视其不存在而置之不理。

如果事实上可以认为诉讼行为成立，则不能采取置之不理的方式加以对待，需要进一步考察其是否有效。

诉讼行为通常需要具备一定的生效要件，否则不能发生预期的效果，因而是无效的诉讼行为。这里需要注意的是，诉讼行为的无效是指不能发生为行为人所预期的应有的诉讼效果而言，并不意味着不发生任何诉讼效果。

对于已经成立的诉讼行为，即使行为违法，不能产生实体上的效力，通常也具有形式上的效力，一般需要以一定的方式——如以裁判——宣告其无效，法院不能不予理睬。例如，检察院向没有管辖权的法院起诉，在许多国家，法院须以裁定驳回起诉，不能像诉讼行为不成立那样，对该起诉不加理会。在我国刑事诉讼中，法院对于检察院提起公诉的案件经审查本院没有管辖权的，以“决定”的形式将案件“退回”检察院，而不是用“裁定”认定该起诉行为无效。有的诉讼行为虽然无效，但需要该行为的利害关系人提出异议才能认定其无效，如果利害关系人放弃提出异议则该诉讼行为可以产生效力。另外，特定法律事实的发生也可能使原本无效的行为产生效力。

通常，诉讼行为一旦被认定为无效，诉讼将恢复到该行为没有实施的状态，即所谓“恢复原状”。对于有些诉讼行为，行为人可以重新实施，但为了防止拖延，必须在法律原规定的诉讼时限内进行；超过诉讼时限，除非具有法定的除外事由，行为人就丧失了重新实施该行为的机会。对于有的诉讼行为而言，行为人可以通过后来进行的行为弥补先前行为的缺陷，如检察院提起公诉时没有提交起诉书而以口头方式起诉，则可以通过补交起诉书来弥补原诉讼行为在生效要件上的缺失。

三、诉讼行为的放弃与撤销

诉讼行为的放弃就是行为人将其进行某一诉讼行为的权利加以放弃的行为，也可以称为“诉讼行为的舍弃”或者“权利的舍弃”。诉讼行为的撤销是将某一诉讼行为已经发生的效力消灭的行为，也可以称为“诉讼行为的撤回”。撤销某一诉讼行为，并不意味着与该行为联系的权利也因此而消灭，是否消灭，应根据法律的规定加以确认（例外：自诉、上诉的撤回）。现存的未解问题是：附带民事诉讼撤回，能否仍可提起民事诉讼？

可以撤销的诉讼行为主要包括：

1. 当事人或第三人为行使权利而进行的诉讼行为一般都可以撤销。如第一审辩论终结以前自诉人可以撤回自诉，申请调查证据或者申请法官回避以后可以撤回申请，等等，这些诉讼行为均可撤销。例外是，已经引起其他诉讼行为，如申请调查证据后法官对该证据予以采纳，则申请调查证据的诉讼行为已不可撤销。

2. 检察机关在第一审判决之前可以撤回起诉。纯粹职权主义诉讼模式采取不变更原则，一旦起诉后，不允许撤回起诉。如今纯粹职权主义诉讼已经让位为经过改革的带有一定混合性的诉讼模式，允许检察机关在起诉后、第一审判决作出之前撤回起诉。对于违反立案管辖规定，检察院已经提起公诉，法院在审判阶段才发现的案件，法院应当建议检察院撤回起诉。

3. 不能以上诉方式获得救济的法院裁定、决定可以由法院自行撤销。某些诉讼行为为裁定或者决定所驳回，不允许通过上诉加以撤销，对于这样的裁定或决定，法院可以自行撤销。

4. 确有错误的判决，允许以特定程序予以撤销。对于确有错误的判决，我国刑事诉讼法允许依审判监督程序予以撤销，包括由上级法院予以撤销，也包括作出该判决的法院自行撤销。

不过，有的诉讼行为是不可撤销的：

1. 指定辩护不可撤销。法院为当事人指定承担法律援助义务的律师进行辩护，在一般情况下法院不能自行撤销，但被告人拒绝法院为其指定的辩护律师，对于“可以”指定而不是“应当”指定的案件，法院可以撤销指定；对于“应当”指定的案件，法院也可以撤销指定该辩护律师，但仍然需要为其另行指定辩护律师，但被告人坚持拒绝法院指定任何辩护律师的，法院能否撤销指定，我国学术界尚存在争议。一种观点认为应当尊重被告人的意愿，撤销指定而且不再为其指定新的辩护律师；另一种观点认为，指定辩护制度不仅仅是为了保护被告人的个人利益，也具有维护司法公正的意义，被告人拒绝任何辩护律师为其辩护，但法院仍然应当为其指定辩护律师参与诉讼。

2. 只能由其他机关撤销的诉讼行为，进行该行为的机关不能自行撤销。

3. 撤销某一诉讼行为需要经过法院审查而法院不准许撤销的。最高人民法院《关于执行〈中华人民共和国刑事诉讼法〉若干问题的解释》第 177 条规定：在宣告判决前，人民检察院要求撤回起诉的，人民法院应当审查人民检察院撤回起诉的理由，并作出是否准许的裁定。按照这一规定，法院不准许撤销起诉行为，则该起诉仍然有效。

4. 判决既经宣告，对于判决中的表述错误可以更正，不必撤销；发现判决有实质错误的，非依特定程序（审判监督程序）也不可撤销。

第十节　刑事诉讼条件

一、刑事诉讼条件的含义

刑事案件一旦成讼，就形成刑事诉讼法律关系。法律关系，又称权利义务关系或者权力服从关系。“法律关系者，谓法律所规定特定人间，或国家与人民间之相互关系也。故又称为权利义务关系，或权力服从关系。”① 诉讼法律关系的缔结，需要具备一定条件，此条件为诉讼条件。如褚剑鸿云：“刑事诉讼，系法律关系之一种。而法律关系之发生及其存续，必有其一定之条件。故刑事诉讼自诉讼关系之成立以至诉讼关系之终结，其诉讼发生

① 郑竞毅、彭时编著：《法律大辞书》，767 页，上海，商务印书馆，1936。

及诉讼进行存续间，自亦必具有一定之条件，此项条件，即谓之诉讼要件。”[①] 这里的“诉讼条件”，显然是诉讼法律关系成立的必备条件。

诉讼要件亦称“刑事诉讼条件”、“诉讼条件”。法律关系的发生，都需要具备一定条件，刑事诉讼法律关系的发生，也要具备一定的条件，学者称之为刑事诉讼条件。陈瑾昆亦谓：“诉讼要件。一称诉讼条件，即诉讼关系之成立及存续所必要之条件也。诉讼关系，系随诉讼进行而发展，故因此所必要之条件，亦因之而有不同。要之凡为诉讼行为所必要之条件，均可曰诉讼要件。”[②]

诉讼条件有广狭两种含义，狭义的诉讼条件即为起诉（或曰追诉）条件（或曰要件）。陈瑾昆云：“狭义之诉讼要件，谓起诉所必要之条件也。又称起诉要件与追诉要件。广义之诉讼条件，谓凡诉讼之发生或进行所必要之条件也。除起诉要件外，凡审判、上诉等一切起诉行为所必须之条件，均包含于其中。”[③] 还有学者指出：“狭义要件，乃为刑事诉讼关系成立时，所必要之条件也。亦即刑事案件起诉时，所必备之条件。故又称为起诉要件，或追诉要件。如起诉必有所指之被告，及其犯罪事实。广义要件，乃诉讼关系之成立，及进行存续中，一切诉讼行为，所必须具备之条件也，如法院对被告必须有审判权。广义要件可包括狭义要件，如狭义要件不具备，则起诉为无效。广义要件不备，则法院所为裁判无效。”[④]

林钰雄清楚地指出，诉讼条件是程序条件而非实体条件，他为“诉讼要件”所作诠释为：“诉讼要件，或称为诉讼条件或程序条件，是指使整个诉讼能够合法进行并为实体判决所须具备之前提要件。亦即，具体刑事案件经提起诉讼后，产生诉讼关系，法院固然应以终局判决终结之，但是，必须具备一定的前提要件，法院始能就该案件为有罪或无罪之实体判决，此等前提要件。维系整个诉讼程序的合法与否，可谓诉讼要件的本质。”[⑤] 不过，产生诉讼关系的条件，应当不尽为程序条件，也有实体要件。如 1979 年我国《刑事诉讼法》曾规定，犯罪事实清楚、证据充分为法院决定开庭审理的条件，此条件即为实体条件而非程序条件。另外，在有的国家，提起公诉的要件是“具备确实的理由怀疑被告人犯罪”，这里“具备确实的理由怀疑被告人犯罪”被认为是诉讼要件中的积极要件，岂非实体要件？又如“犯罪情节轻微”为诉讼要件中的消极要件，这个要件显然也是实体要件。

诉讼条件不同于刑罚条件。刑罚条件又称“处罚条件”，指的是“刑罚权（狭义）之发生及行使所必要之条件也。申言之，即犯罪及处刑所必要之一般条件及特别条件也。此为实体法（刑法及特别刑法）上之条件。与诉讼要件之为诉讼法上条件，全不相同”[⑥]。

---

①④　褚剑鸿：《刑事诉讼法论》（上册），19 页，台湾，“商务印书馆”，2001。

②　陈瑾昆：《刑事诉讼法通义》，136 页，北平，朝阳学院，1933。

③　陈瑾昆：《刑事诉讼法通义》，137 页，北平，朝阳学院，1933。

⑤　林钰雄：《刑事诉讼法》（上册　总论编），179 页，北京，中国人民大学出版社，2005。

⑥　陈瑾昆：《刑事诉讼法通义》，138～139 页，北平，朝阳学院，1933。

二、刑事诉讼条件的种类

诉讼条件可以区别为普通条件和特殊条件。普通条件又称“一般诉讼要件”，特殊条件又称“特别诉讼要件”。陈瑾昆云：“一般之诉讼要件者，谓关于某诉讼行为，于一般诉讼共通必须之条件也。特别之诉讼要件，谓关于某诉讼行为，于特定诉讼特别必须之条件也。例如起诉之行为，在一般诉讼，仅须一般起诉要件；而在告诉乃论之罪，则除此要件外，更须有告诉之特别要件也。”褚剑鸿也说：“普通要件者，乃一切刑事诉讼所必备之条件也。如法院之管辖权，为一切刑事诉讼案件所必具有者。特别要件，乃特种刑事诉讼，所必要之条件。如告诉乃论罪之刑事案件，其合法之告诉，乃为特别要件。”①“通常条件存在于一切刑事事件之中。特种条件则存在于特种刑事事件之中。如亲告罪之告诉，即特种诉讼条件也。”“普通要件者，乃一切刑事诉讼所必备之条件也。如法院之管辖权，为一切刑事诉讼案件所必具有者。特别要件，乃特种刑事诉讼，所必要之条件。如告诉乃论罪之刑事案件，其合法之告诉，乃为特别要件。”②通常诉讼条件大约不外四种：（1）关于人，如对于被告人有无审判权；（2）关于事，如是否为普通刑事案件；（3）关于地，如是否在管辖区域内；（4）关于时，如对于该案是否已经有确定判决。“刑事诉讼凡法律认为绝对必要具备之条件，法院应依职权调查其存在与否者，谓之绝对要件，如法院审判权与管辖权问题。凡法律不认为绝对必要之条件，法院必待当事人之声请，而后乃调查其是否具备者，谓之相对要件，例如声请法官回避等皆是。”③

也有人将诉讼条件划分为积极条件和消极条件。褚剑鸿认为：“积极要件者，乃刑事诉讼关系之成立及其存续，所必须具备之条件也。例如提起自诉之被害人，必须为直接被害者，及法院对被告须有审判权是。消极要件者，乃刑事诉讼关系之成立，及其存续期间，所不能存在之条件也，例如刑事诉讼须时效尚未完成，及未经大赦等是。”④ 也就是说，积极条件是诉讼成立必须具备的条件，如有管辖权；消极条件就是诉讼成立所不能存在的条件。

日本学者松尾浩也曾就提起公诉的积极要件指出：“从检察官的角度来看，提起公诉的积极要件就是具备确实的理由怀疑被告人犯罪。也可以说，具有确实的犯罪嫌疑。如果有犯罪嫌疑就可以开始侦查；如果有‘相当的理由’怀疑犯罪嫌疑人犯罪，就可以根据拘留令进行拘留，以及对其逮捕；如果有‘充分的理由’，有可能进行紧急拘留。但是，因为提起公诉会对被告人带来事实上、法律上的不利，例如心理上、时间上、经济上、社会上的负担，以及停职处分的危险等，所以，如果没有高度的嫌疑，就不允许提起公诉。”⑤ 松尾

---

①② 褚剑鸿：《刑事诉讼法论》（上册），19页，台湾，“商务印书馆”，2001。

③ 褚剑鸿：《刑事诉讼法论》（上册），19～20页，台湾，“商务印书馆”，2001。

④ 褚剑鸿：《刑事诉讼法论》（上册），20页，台湾，“商务印书馆”，2001。

⑤ ［日］松尾浩也：《日本刑事诉讼法》，丁相顺译，金光旭校，160～161页，北京，中国人民大学出版社，2005。

浩也还指出：通常“检察实务中的起诉标准是，是否存在根据确凿的证据获得有罪判决的可能性”。所谓“确实的犯罪嫌疑”也是这个意思。“虽然这还达不到法院作出有罪判决时所要求的高度标准（超越合理怀疑[①]的确信），但是在提起公诉的时候，作为检察官的认识来说，必须达到接近确信的程度。”因为，不这样就难以在诉讼中立于不败之地，“在证据上存在明显的合理怀疑，获得有罪判决的可能性不大的场合，如果检察官提起公诉的话，除了该程序会以无罪判决结束以外，还会产生国家赔偿问题”[②]。

诉讼的消极条件就是阻断起诉的各种事由，包括：（1）基于犯罪嫌疑人特性的事由，如犯罪嫌疑人死亡以及法人消灭、犯罪嫌疑人心神丧失、犯罪嫌疑人不符合起诉的年龄条件或者具有特定身份，等等。（2）与嫌疑事实有关的事由，如犯罪情节轻微、刑罚已被废止、遇有赦免、追诉时效期限已过，等等。（3）由程序导致的事由，如侦查过程存在瑕疵、法院已经受理、撤销公诉后再起诉、已经判决确定、告诉才处理的案件没有告诉或者撤回告诉，等等。[③]

诉讼条件还可分为绝对诉讼要件与相对诉讼要件。陈瑾昆云：“绝对诉讼要件者，谓于诉讼之成立或进行行绝对必要之条件也。故其存否，法院应不问诉讼程序如何，依职权调查之。例如检察官或推事执行职务，有无应自行回避之原因者是。相对诉讼要件者，谓于诉讼之成立或进行非绝对必要之条件也。故欠缺此要件，须待当事人主张，法院始应调查；且当事人之诘责权，多由法律限制，非于相当时机行使，则应丧失。”[④]

还可以将诉讼条件分为形式条件与实质（实体）条件。“形式诉讼要件，乃刑事诉讼在程序上必须具备之条件也，如欠缺形式上之诉讼要件者，法院不得对该案件为实体上裁判，应就程序上为形式之裁判。如起诉之程序违背规定，已提起公诉或自诉之案件，在同一法院重新起诉，被告已死亡，无审判权或管辖权等，法院应谕知不受理或管辖错误之判决。实体要件，乃法院在实体上对被告有无排斥不予处罚之事由存在，即法院应分别为免诉、有罪、无罪之判决。在欠缺形式要件所为裁判，不发生实体上之效果，如得以补正者，经补正后，仍得再行起诉，法院即应为实体上之裁判，不受一事不再理之拘束。”[⑤]

三、我国刑事诉讼法规定的诉讼条件

在我国古代，起诉的有效，需要具备特定条件。诸如：

1. 告人罪，皆须明注年月，指陈实事，不得称疑（《唐律》）。

---

① 即通常所说的“排除合理的怀疑”，英文是 Beyond reasonable doubt，Beyond 有“超越”之义，将 Beyond reasonable doubt 翻译成“超越合理怀疑”，看似准确了，实际不符合汉语和国人理解的习惯。

② ［日］松尾浩也：《日本刑事诉讼法》，丁相顺译，金光旭校，161 页，北京，中国人民大学出版社，2005。

③ 参见［日］松尾浩也：《日本刑事诉讼法》，丁相顺译，金光旭校，163～171 页，北京，中国人民大学出版社，2005。

④ 陈瑾昆：《刑事诉讼法通义》，138 页，北平，朝阳学院，1933。

⑤ 褚剑鸿：《刑事诉讼法论》（上册），20 页，台湾，“商务印书馆”，2001。

2. 告诉以用文书为原则；但告人不解书者，典为之笔录。[①] 在清朝，控告原则上须自己以书面为之；不能自作者，令书吏及官代书，逐抄控告人的口述，不得有所增减。

3. 告人之文书，须注明告者真实姓名。按《唐律》规定：投匿名书而告人罪者，流二千里；官司受而理者，加二等。

4. 告者应当适格。具有以下情形者禁止告诉：五服亲禁止相告[②]；部曲、奴婢禁止告主及其五服亲[③]；囚人不得举告他事，但受狱官酷虐者不在此限；八十岁以上、十岁以下及笃疾者不得告人。[④]

5. 不得以赦前事相告言。[⑤]

这些规定，属于狭义的诉讼条件，即起诉条件，而且这些条件显然都是形式条件。

在当代刑事诉讼中，有效的起诉，也要具备一定条件，亦即：起诉必须符合法定的起诉条件，法院才能受理，受理意味着审判程序得以启动。可以从实质和形式两个方面来看诉讼条件：

1. 实质条件，即实体条件。就我国刑事诉讼而言，起诉应当满足如下条件：犯罪事实清楚，证据确实、充分，需要追究刑事责任。对侦查终结的案件，人民检察院应当进行审查并作出是否起诉的决定。审查起诉活动的内容主要包括：审查案件的实体问题，即对侦查机关或侦查部门认定的犯罪事实、犯罪性质和获取的证据以及适用的法律等进行审查核实，包括：犯罪嫌疑人个人基本情况是否清楚；犯罪事实、情节是否清楚，认定犯罪性质和罪名的意见是否正确；有无法定的从重、从轻、减轻或者免除处罚的情节；共同犯罪案件的犯罪嫌疑人在犯罪活动中的责任认定是否恰当；证据是否确实、充分；有无遗漏罪行和其他应当追究刑事责任的人；是否有属于不应当追究刑事责任的情形；有无附带民事诉讼，对于国家财产、集体财产遭受损失的，是否需要由检察院提起附带民事诉讼。检察院经过对案件的实体审查后确认具备此条件者方能起诉，该条件含有对案件获得胜诉的预期。

2. 程序条件。提起公诉还应当满足特定的形式条件：向法院提出起诉书而且起诉书中须有明确的指控犯罪事实并且附有证据目录、证人名单和主要证据复印件或者照片。[⑥] 具备这一程序条件者，法院应当决定开庭审判。这里设定的诉讼条件属于形式条件、程序性条件，即“起诉的形式要件”，显然与实质要件不同。此外，为审查是否具备起诉的程序条件或者为起诉决定的事项做准备，人民检察院要在审查起诉中审查案件的程序问题，包括：

---

① 参见《狱官令》。

② 唯谋反、大逆、谋叛罪，嫡继慈母杀其夫，养父母杀其本生父母，侵害财物、身体，而自理诉者（被祖父母、父母侵损者除外），则不在此限（参见戴炎辉：《中国法制史》，162页，台湾，三民书局，2000）。

③ 唯谋反、大逆、谋叛罪，主已放其为良而仍压为贱者，不在此限（参见戴炎辉：《中国法制史》，162页，台湾，三民书局，2000）。

④ 唯谋反、大逆、谋叛罪，子孙不孝及同居人为他人侵犯者，不在此限（参见戴炎辉：《中国法制史》，162页，台湾，三民书局，2000）。

⑤ 参见戴炎辉：《中国法制史》，161～162页，台湾，三民书局，2000。

⑥ 参见《刑事诉讼法》第150条。

证据材料是否随案移送，不宜移送的证据的清单、复制件、照片或者其他证明文件是否随案移送；侦查机关或侦查部门的侦查活动是否合法，并纠正违法情况；采取的强制措施是否适当；与犯罪有关的财物及其孳息是否扣押、冻结并妥善保管，以供核查；对被害人合法财产的返还和对违禁品或者不宜长期保存物品的处理是否妥当，移送的证明文件是否完备。这些审查的内容，并不都与诉讼条件有关，有的并不影响诉讼关系成立。

按照诉讼条件的定义，上述所谓“实质条件”或者“实体条件”并非严格意义上的“诉讼条件”，按照我国现行刑事诉讼法，该条件是否具备，并不影响诉讼关系成立（除非检察机关自己不起诉致使诉讼关系无法成立），“犯罪事实清楚，证据确实、充分”与否，只是控诉方的一种判定，还需要法庭审判加以确认。上述“程序条件”或者“形式条件”才是形成诉讼关系的必要条件，欠缺这些条件，就不能建立诉讼关系，因此属于严格意义上的“诉讼条件”。

仅以法律规定看，我国法院决定开庭审判似乎不必顾及管辖权问题，然而我国刑事诉讼法在总则中已有管辖规定，法院决定开庭审判当然不能不顾及本院是否有对起诉之案件的管辖权——本法院若无管辖权，应当退回检察院或者驳回自诉人的起诉；其他法院有管辖权者，检察院、自诉人可以向有管辖权法院起诉。管辖权实为刑事诉讼法律关系成立的必要条件，为审判阶段一切诉讼行为成立必备的条件，即广义诉讼条件之一。

另外，提起自诉和附带民事诉讼也都需要具备特定条件。其中，提起自诉的条件是：(1) 案件属于自诉案件范围。(2) 案件属于受诉法院管辖。提起自诉的人享有自诉案件的起诉权。(3) 自诉案件原则上由被害人提起，如果被害人死亡、丧失行为能力或者因受强制、威吓等原因无法告诉，或者是限制行为能力人以及由于年老、患病、盲、聋、哑等原因不能亲自告诉，由其法定代理人、近亲属代为告诉。(4) 有明确的被告人、具体的诉讼请求和证明被告人犯罪事实的证据。(5) 公诉转自诉案件应当符合我国《刑事诉讼法》第86条、第145条规定的立案条件。

附带民事诉讼需要具备的条件是：(1) 刑事诉讼成立。(2) 被害人的损失由被告人的犯罪行为造成。(3) 被害人的损失由被告人的犯罪行为直接造成。(4) 被害人的损失须为物质损失。符合上述条件者，提起自诉和附带民事诉讼才能引起相应的法律关系。

在诉讼条件的诸事项中，有法律明确规定者，为明示条件；有隐含于司法制度与法律实际运作中者，为隐含条件。如一事不再理原则虽并未有我国法律明确规定，但司法实践固承认之也。不属于一事不再理，亦诉讼条件之一。只不过，这一条件为消极条件，即诉讼法律关系成立的排除条件。法院有管辖权之类则为积极条件，即诉讼关系成立需要具备的条件。

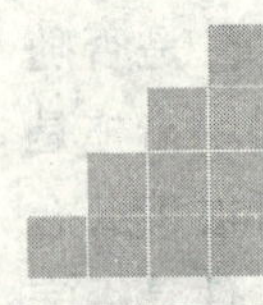

第二章 刑事诉讼基本原则

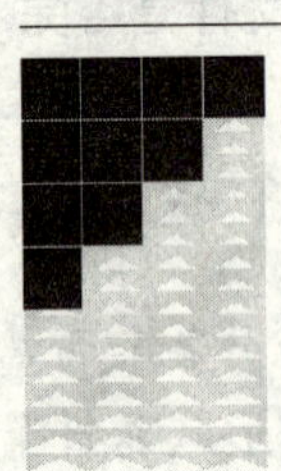

第一节 概述	一、刑事诉讼基本原则的概念及其特征 二、刑事诉讼基本原则体系
第二节 国际上通行的刑事诉讼基本原则	一、程序法定原则 二、无罪推定原则 三、司法独立原则 四、辩护原则 五、比例原则 六、禁止双重危险与一事不再理原则 七、程序参与原则 八、任何人不受强迫自证其罪原则 九、诉讼及时原则
第三节 我国特有的刑事诉讼基本原则	一、以事实为根据，以法律为准绳原则 二、分工负责、互相配合、互相制约原则 三、人民检察院依法对刑事诉讼实行法律监督原则

第一节 概 述

一、刑事诉讼基本原则的概念及其特征

明确概念的含义是学习与研究任何一门学科的最基本问题，因为“概念的问题很重要，我们都是通过概念来思考、对话和讨论的……有些没有先行澄清概念的争论其实是无意义的，因为可能争论者使用的虽是同样的概念，他们对这一概念的理解却很不相同，他们不是在同样层面上争论，没有形成真正的交锋，甚至实质的观点没有多大的差距，或者在歪曲对方观点的情况下‘得胜回朝’。这样的争论是一种不会使知识增值、倒可能使知识贬值的争论”[①]。目前我国刑事诉讼法学界对刑事诉讼基本原则的理解可谓是见仁见智，不一而足。因此，有必要对刑事诉讼基本原则的含义作一明确的界定。

要明确界定刑事诉讼原则的含义，首先必须了解原则、法律原则的含义。根据《辞海》的解释，原则是指“观察问题、处理问题的准绳”[②]。布莱克法律词典将法律原则解释为：“法律的基本原理或者规则；作为其他原理或者规则的基础和源泉的综合性的原理或者规则；关于行为、程序或者法律决定的已经固定的原理。原则是被清楚的规定的，除非一个更加清楚的原则的规定，不能加以证明或者推翻。原则是某一门学科的核心部分。”[③] 由对原则、法律原则的含义所作的解释可以看出，作为法律原则，应该具备以下最基本的特征：第一，体现了最基本的法律原理；第二，法律原则并非一般的法律规范，从法律原则可以导出具体的法律规范条文；第三，法律原则是立法上明文规定的，除非在理论上或者实践中被证明违背了规律和原理，不能成立或者被推翻；第四，是在立法上和司法上应当遵循的准则，对于立法和司法具有指导和规范作用的；第五，属于法律学科中的核心部分。

目前来看，我国刑事诉讼法学界对刑事诉讼的基本原则的概念的界定，主要有以下几种代表性的观点：

第一种观点认为，刑事诉讼基本原则，是指反映刑事诉讼理念与目的之要求，而作为刑事诉讼具体制度、规则、程序之基础和依据并对刑事诉讼具有指导或者规范作用的，在刑事诉讼立法和司法中应当遵循的准则。[④]

第二种观点认为，刑事诉讼原则，指的是贯穿于刑事诉讼全过程的，对刑事诉讼法的制定和实施具有普遍指导意义和规范作用的，国家专门机关和诉讼参与人在进行或者参与刑事诉讼时必须遵循的行为准则。[⑤]

---

① 何怀宏：《公正的正义——解读罗尔斯（正义论）》，41页，济南，山东人民出版社，2002。

② 《辞海》，151页，上海，上海辞书出版社，1979。

③ ［美］M. D. 贝勒斯：《法律的原则——一个规范的分析》，张文显等译，12～14页，北京，中国大百科全书出版社，1996。

④ 参见陈光中、徐静村主编：《刑事诉讼法学》（修订本），82页，北京，中国政法大学出版社，2000。

⑤ 参见谢佑平、万毅：《刑事诉讼原则：程序正义的基石》，19页，北京，法律出版社，2002。

第三种观点认为，刑事诉讼基本原则，是指刑事诉讼法所规定的，用以指导人民法院、人民检察院和公安机关的刑事诉讼活动的基本准则。①

第四种观点认为，刑事诉讼法的基本原则，是指法律所规定的，用以指导侦查、起诉、审判机关以及诉讼参与人进行刑事诉讼活动的基本准则。②

由上可知，目前学界对刑事诉讼原则的理解，表现出了明显的差异性。具体而言，体现在两个方面。一是称谓之争，即应该称为“刑事诉讼基本原则”还是“刑事诉讼原则”。大多学者认为应该将其定义为“刑事诉讼法原则”。我们认为，对于概念的界定，还应该考虑约定俗成的传统表述，并同时兼顾法律体系的完整性和一致性。因为，传统意义上，我国学者一直是称之为刑事诉讼基本原则，同时无论是民法学界还是民事诉讼法学界都有相应的基本原则的称谓，且概念的称谓主要还是取决于其内涵和外延，因此，本书中，将依然沿袭“刑事诉讼基本原则”这一称谓。二是内容之争。关于刑事诉讼基本原则的内容的争论，主要体现在两个方面：其一，刑事诉讼基本原则是否以贯穿于刑事诉讼过程的始终为前提，即在刑事诉讼的各具体阶段发挥功能的原则性政策或者规则能否成为刑事诉讼基本原则。对此，我们的观点是：刑事诉讼基本原则应该贯穿于刑事诉讼过程的始终，在各具体阶段发挥功能的原则性政策或者规则不宜视为刑事诉讼的基本原则。其二，刑事诉讼基本原则是否应该仅限于立法所明确规定的。对此，我们认为，刑事诉讼基本原则不宜仅仅拘泥于刑事诉讼立法中所明确规定的，即并非只有刑事诉讼法所明文规定的内容才能作为刑事诉讼基本原则。这也是世界其他国家通行的做法，如在德国，“刑事诉讼法并非总是明确地规定了刑事诉讼法原则。刑事诉讼法原则有一部分体现在刑事诉讼程序规定的字里行间，有一部分则被制定进其他的法规，在某些情况下，我们只能从‘基本法’的规定中去推导它们”③。德国慕尼黑大学法学教授克劳思·罗科信在其教科书《刑事诉讼法》中列举刑事诉讼若干原则之后指出，“在德国，刑事诉讼原则只有在下列少数明文规定于法典中：在基本法中，法定讯问原则，法定法官原则；在法院组织法中，公开审理原则；在刑事诉讼法中，告发原则，职权原则，起诉法定原则和调查原则。其余的原则虽未明文规定于法典中，但由其意义上的共同关联性及个别法条之规定，亦可推论出各项原则；也有些原则，如疑罪唯轻原则是源自于《欧洲保护人权和基本自由公约》的规定”④。总而言之，在我们看来，作为刑事诉讼基本原则就要求其必须对整个刑事诉讼的全过程都具有普遍指导意义和规范作用的，体现刑事诉讼的基本原理和规律，为刑事诉讼法所独有的，构成其他程序规范的出发点和原理的行为准则，而不管其在刑事诉讼立法上有没有明确规定，它都应当被视为刑事诉讼基本原则。

---

① 参见陈光中：《刑事诉讼法教程》，68页，北京，中国政法大学出版社，1999。

② 参见程荣斌：《中国刑事诉讼法教程》，119～120页，北京，中国人民大学出版社，1997。

③ ［德］约·阿希姆·赫尔曼：《〈德国刑事诉讼法典〉中译本引言》，载李昌珂译：《德国刑事诉讼法典》，北京，中国政法大学出版社，1995。

④ ［德］克劳思·罗科信：《刑事诉讼法》，吴丽琪译，99～100页，北京，法律出版社，2003。

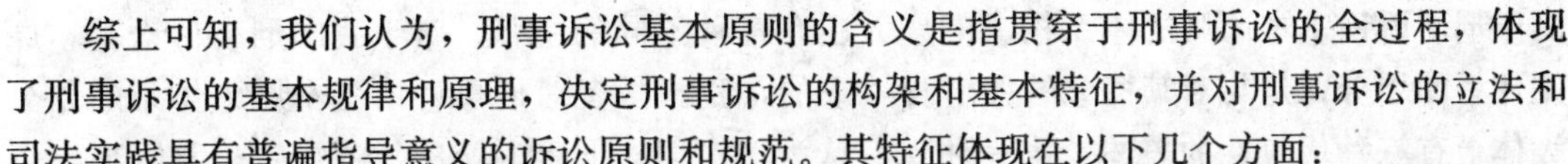

综上可知，我们认为，刑事诉讼基本原则的含义是指贯穿于刑事诉讼的全过程，体现了刑事诉讼的基本规律和原理，决定刑事诉讼的构架和基本特征，并对刑事诉讼的立法和司法实践具有普遍指导意义的诉讼原则和规范。其特征体现在以下几个方面：

1. 对刑事司法具有指导作用。刑事诉讼基本原则作为体现刑事诉讼基本原理和规律的指导性规则，是其他具体制度的抽象化，具体制度都是由基本原则派生出来的，是刑事诉讼基本原则的具体化。因此，刑事诉讼基本原则的内容具有宽泛性和伸缩性，而刑事诉讼制度和程序规定相对具体、明确，具有较强的可操作性。同时，由于任何立法都不可能穷尽社会生活中的一切现象，且每一项具体的诉讼制度，司法人员在操作过程中都要依靠其对法律规定的理解来进行，而刑事诉讼基本原则是有助于司法人员对法律条文规定的理解，从而保证刑事诉讼活动的顺利进行。

2. 贯穿于刑事诉讼的全过程。刑事诉讼基本原则既然作为贯穿于整个刑事诉讼程序的基本原则，应该对侦查、起诉和审判等阶段都能具有普遍的指导意义和规范作用，而仅仅对侦查、控诉或者审判的某一阶段具有指导意义的准则不能成为刑事诉讼基本原则，只能称之为阶段性原则。如审判公开原则、直接言词原则，等等。

3. 具有普遍意义。刑事诉讼基本原则不是仅仅适用于一个具体的诉讼阶段、不是只能适用于某一时期、某一国家特有的刑事诉讼规则，而是反映了刑事诉讼的一般规律，体现了刑事诉讼的普遍规律和基本原理，反映了人类的制度文明和共有特征。

4. 体现了刑事诉讼目的和价值。刑事诉讼目的决定了刑事诉讼基本原则的内容，同时，刑事诉讼的基本原则为实现刑事诉讼目的提供了制度支撑。刑事诉讼主要体现为两大诉讼价值：公正与效率，即实现公正审判和实现控制犯罪的效率。在具体的诉讼制度设计上，诉讼价值主要体现在基本原则的确立和贯彻上。也就是说，刑事诉讼基本原则是刑事司法两大诉讼价值的集中体现；同时，刑事诉讼基本原则也为以诉讼公正和诉讼效率为核心的两大价值的实现提供了制度保障。

5. 对于刑事诉讼立法及其解释具有指导、规范作用。刑事诉讼立法及对法律条文进行解释，需要以刑事诉讼原理为指导，体现刑事诉讼法的指导思想和立法精神，为实现刑事诉讼目的、任务服务。而刑事诉讼的基本原则正是刑事诉讼原理和刑事诉讼法指导思想的具体化，是为实现刑事诉讼目的和任务而设计的，是具体制度、程序条文的依据。因此，刑事诉讼原理、刑事诉讼法的指导思想、刑事诉讼目的与任务对于立法和法律条文的解释的决定性作用和影响，是通过其具体化了的刑事诉讼基本原则的指导、规范来实现的。按照刑事诉讼基本原则的要求进行立法和司法解释，可以保障具体制度和程序的设计符合宪法原则和刑事诉讼原理，可以使法律条文的解释符合立法精神。刑事诉讼基本原则对于刑事诉讼立法及其解释具有指导、规范作用，还表现在如果法律规定或者对法律条文的解释违背刑事诉讼基本原则，将导致法律条文的修改和有关解释的无效。

二、刑事诉讼基本原则体系

目前，学界对于我国的刑事诉讼基本原则是由哪些内容构成难以达成共识，换言之，对于刑事诉讼基本原则的体系构成问题，还有各种不同的主张。对于我国刑事诉讼基本原则体系的划分，是与对其概念的界定相一致的，我国学者对刑事诉讼基本原则体系的划分大体上有三种代表性的表述：第一种观点认为，根据《刑事诉讼法》的规定，我国刑事诉讼基本原则可概括为以下 14 项：侦查权、检察权、审判权由专门机关依法行使；人民法院、人民检察院依法独立行使职权；依靠群众；以事实为根据，以法律为准绳；对一切公民在适用法律上一律平等；分工负责、互相配合、互相制约；人民检察院依法对刑事诉讼实行法律监督；使用本民族语言文字进行诉讼；审判公开；犯罪嫌疑人、被告人有权获得辩护；未经人民法院依法判决不得确定有罪；保障诉讼参与人的诉讼权利；依照法定情形不予追究刑事责任；追究外国人刑事责任适用我国刑事诉讼法。① 第二种观点认为，虽然从理论上讲，探讨和研究我国刑事诉讼法的原则体系离不开我国现行刑事诉讼法的有关规定，并且还要以上述有关规定的条文作为基础，但要对诉讼原则进行科学概括并确立符合我国实际情况的原则体系，仅限于现行刑事诉讼法的有关条款是很不够的。要建立具有中国特色的诉讼原则体系，不但要重视现行立法对有关基本原则的规定，并对它们作出正确的解释，尤其应当注重理论与实践相结合，从立法原理的高度以及社会主义法律意识、从党的有关政策、我国司法工作的丰富经验和优良传统等诸方面进行研究、总结、概括与提高。只有这样，确立起来的基本原则及其体系，才能既囿于法律的规定，又不是它的简单照搬；既忠实地阐述了现行法律，又扩大了现行法律规定的领域。按照这种观点，刑事诉讼基本原则体系除了包括立法上明确规定为刑事诉讼基本原则的条款之外，反对刑讯、回避也应列为刑事诉讼基本原则。② 第三种观点从界定的内涵出发，主张构成刑事诉讼基本原则的外延有：三机关依法行使职权；专门机关和群众相结合；三机关分工负责、互相配合、互相制约；辩护；准确及时；重证据、重调查研究，不轻信口供；用民族语言文字进行诉讼；遇有法定情形不追诉；回避。③ 代表性的观点就是近年来比较通行的两分法，即将刑事诉讼原则体系划分为我国特有的刑事诉讼基本原则和国际上通行的刑事诉讼基本原则（普适性原则）。但是，在具体基本原则的种类划分上这种两分法还是有细微差异的。如有的学者认为，刑事诉讼普遍适用的基本原则有：刑事程序法定原则、无罪推定原则、独立行使司法权原则、辩护原则、证据裁判原则、诉讼经济原则、权利保障原则、利益规避原则、及时性原则等。我国刑事诉讼特有的基本原则包括：以事实为根据、以法律为准绳原则；分工负责、互相配合、互相制约原则；人民检察院依法对刑事诉讼实行法律监督原则。④ 而有的学者则也坚持在两分法的基础上，认为我国刑事诉讼特有的基本原则有：职权原则；人民法院、人民检察院依法独立行使审判权、检察权原则；专门机关与群众相结合原则；以事实为根据、以法律为准绳原则；公民在适用法律上一律平等原则；公检法机关分工负责、

① 参见陈光中主编：《刑事诉讼法学》（新编），57～58 页，北京，中国政法大学出版社，1996。

② 参见樊崇义：《刑事诉讼法学研究综述与评价》，29 页，北京，中国政法大学出版社，1991。

③ 参见陈卫东、邹涛：《我国刑事诉讼法基本原则的探讨》，载《社会科学》，1986（1）。

④ 参见徐静村主编：《刑事诉讼法学》（上），121～148 页，北京，法律出版社，1999。

互相配合、互相制约原则；诉讼以民族语言文字进行原则；法院统一定罪原则。而国际通行的刑事诉讼原则包括：司法独立原则；无罪推定原则；控审分离原则；平等对抗原则；诉讼及时原则；禁止重复追究原则；适度原则等。[①]

从总体上来看，笔者倾向于将我国刑事诉讼基本原则体系的划分采取两分法的方法。理由是：第一，这种分类方式一目了然地反映出我国刑事诉讼基本原则与通行的国际标准之间的差异，有利于在刑事诉讼法再修改时借鉴其他国家和地区通行的先进的立法经验。当今世界任何一个国家的刑事诉讼立法都是在吸收国际通行的立法经验的基础上制定出来的，这些国际上普遍适用的刑事诉讼基本原则是超越了意识形态的制度文明，因此，如果将刑事诉讼基本原则体系划分为国际上通行的标准和我国刑事诉讼的特有原则，那么我们就能清楚地看出我国刑事诉讼立法与法律发达国家之间的差距，并在即将启动的刑事诉讼法的再修改工作中适当地缩小这种差距，同时，也可以从我国刑事诉讼法所设置的特有原则中来了解中国法治建设本土性文化。第二，这种两分法与刑事诉讼基本原则体系的开放性、包容性特点是一致的。刑事诉讼基本原则体系的构成并不是一成不变的，实际上，即使上述国际上普遍适用的刑事诉讼基本原则体系，如无罪推定原则，最初也是资产阶级在同封建专制作斗争过程中取得胜利之后，再在立法上予以确立下来，然后再慢慢演化成为国际上通行的基本原则的。因此，从这个意义上讲，即使是国际上通行的普遍适用的刑事诉讼基本原则也是一个开放性的体系，是在历史发展过程中逐步演变而成的。因此，如果将刑事诉讼基本原则体系按照普遍适用的基本原则和我国特有的基本原则进行划分，就能充分地反映出刑事诉讼基本原则体系的开放性特点，有利于对我国刑事诉讼基本原则体系的构成进行适时的修改、补充和完善。第三，如果按照上述两分法对我国刑事诉讼基本原则进行划分，只要将这些原则体系的内容进行详细的分析，那么，目前学界对这种划分方式所提出的异议是可以避免的。目前，一些学者在肯定上述两分法在研究刑事诉讼基本原则体系有可取之处的同时，也提出了一些异议。主要表现在两个方面：其一，这种两分法对国际上通行的刑事诉讼基本原则体系的概括归纳并非全面，如国际通行的程序法定原则、司法审查原则并未包括在内；其二，这种研究方法往往导致所分基本原则的部分重合性。其原因是由于刑事诉讼基本原则具有普遍适用的特性，因此，许多国际上通行的原则实际上在国内法中也得到贯彻和体现。如法院统一定罪原则与司法审查原则在内容上重合；人民法院、人民检察院依法独立行使审判权、检察权与审判中立原则有重合；以前理论界曾认为依靠群众原则是我国所独有的原则，但实际上经过我们的考察，依靠群众原则的内容实际上在其他国家刑事诉讼法中也有体现，这就是参与原则。因此，对这种两分法持异议的学者认为，这种分类研究的方法在一定程度上将国际通行的原则与国内法律的原则截然对立起来，不利于刑事诉讼基本原则体系在理论上的协调。[②] 但笔者认为，如果在归纳刑事诉讼基本原则体系的内容构成时能够详细甄别比较，上述学者对提出的异议是可以迎刃而

---

① 参见樊崇义主编：《刑事诉讼法学》，97页，北京，中国政法大学出版社，1996。

② 参见谢佑平、万毅：《刑事诉讼法原则：程序正义的基石》，41～42页，北京，法律出版社，2002。

解的：其一，诸如程序法定原则、司法审查原则等，如果的确属于国际上通行的刑事诉讼基本原则，我们只需名正言顺地将其归纳为国际上通行的刑事诉讼基本原则中的内容，这样，上述学者所提出的异议也就不成其为异议了；其二，至于一些国际上普遍适用的刑事诉讼基本原则与我国特有的基本原则相重合的内容，我们同样可以采取分类对待的方法，如虽然法院统一定罪原则与无罪推定原则有重合之处，但是无罪推定原则毕竟同法院统一定罪原则存在本质上的差异，因为法院统一定罪原则只是无罪推定原则的内容中的一个极小部分，因此，我们将法院统一定罪原则视为我国特有的刑事诉讼基本原则的时候，只要阐明二者的关系即可。同样，如参与原则与依靠群众原则，很显然，二者之间的差异还是非常明显的。西方国家所谓通行的参与原则更多的是强调诉讼中的当事人以及诉讼参与人的参与，而依靠群众原则是我国新民主主义革命时期的群众路线在刑事司法活动中的一种体现，强调的是刑事司法工作离不开广大人民群众的参与，更多的是一种政治路线，与参与原则本质上不可同日而语。我们认为，对于刑事诉讼基本原则体系按照两分法的方式进行分类的做法有其可取之处，如果分类恰当，上述学者所指出的两分法的局限性是可以克服的。

综上所述，对刑事诉讼基本原则体系采取两分法的方式进行分类是值得肯定的。当然，在划分国际上普遍适用的基本原则和我国特有的基本原则的内容的时候，应该详细比较各项基本原则的内容，以尽量避免因分类不当所可能产生内容重合或者遗漏。总体而言，我们对国际上普遍适用的刑事诉讼基本原则和我国特有的刑事诉讼基本原则的内容的具体划分是：国际上普遍适用的刑事诉讼基本原则有：程序法定原则；无罪推定原则；司法独立原则；一事不再理原则；比例原则；程序参与原则；辩护原则；任何人不受强迫自证其罪原则；诉讼及时原则。我国特有的刑事诉讼基本原则有：以事实为根据、以法律为准绳原则；分工负责、互相配合、互相制约原则；人民检察院依法对刑事诉讼实行法律监督原则。

第二节　国际上通行的刑事诉讼基本原则

一、程序法定原则

（一）程序法定原则的内容及其要求

程序法定原则的含义包括两个方面：一是针对立法层面而言，即刑事诉讼程序只能由国家制定的法律事先明确规定；二是针对执法和司法层面而言，即要求侦查、起诉和审判机关必须遵守国家事先制定的刑事程序法。具体而言，程序法定原则包括以下三方面的要求：第一，国家应该制定整齐划一、规范严密的刑事程序法。程序法定原则的基本要求之一就是，国家对于刑事程序的基本问题，如国家追诉机关和审判机关的职责、诉讼参与人的权利和义务、具体诉讼行为的程序要件等，必须作出明确的规定。这些规定应当是精确和严密的，不应当存在未受法律调整的空当。程序法定原则还要求国家不得针对特定的案件或者特定的人员事后设立刑事程序，也不得在实施刑事诉讼程序法中任意创制刑事程序，以保证所有案件、所有的当事人都受到公平的对待；第二，参与刑事诉讼的国家追诉机关和审判机关必须严格遵守和执行法定程序的规定。具体而言，立法上没有明文规定的权力，有关国家机关不得自行代表国家行使；即使是行使法律授予的职权，也必须遵守法定的条件和程序。凡是超出法定权限或突破法定程序的国家行为，均属于禁止之列，权利受到侵害的公民有权抵制，并获得相关法律的救济。特别需要强调的是，在执行程序法和探求案件的实体真实发生冲突的时候，通常应该遵循法定程序的规定，而不能借口查明案件的客观真实，从而牺牲正当程序；第三，确立违法制裁。所有的法律规范都是以制裁作为后盾的，违反法律规定者必须承担相应的法律后果。程序法定原则也必须以违法制裁作为后盾，对于违反法定程序的行为，除实体法上的制裁以外（如追究违法官员的刑事责任、民事责任或给予一定的纪律处分）以外，各国广泛采用的程序上的制裁方法主要有以下四种：一是排除违法方法收集的证据；二是立即释放被违法拘捕或者羁押的犯罪嫌疑人或者被告人；三是宣告程序无效；四是撤销定罪判决，宣告被告人无罪。当然，各国对于违反程序的处理方式上有时还会根据性质的轻重在上述四种方式中进行选择适用。

（二）国外关于程序法定原则的立法规定

程序法定原则是当今任何一个法治国家所普遍遵行的刑事诉讼基本原则，也是国际上通行的刑事司法准则。在大陆法系国家，程序法定原则是与刑法上的罪刑法定原则相伴相生的，它们共同构成了刑事法上法定原则的内容。也就是说，大陆法系的法定原则既包括实体上的罪刑法定原则，也包括程序上的程序法定原则。例如，在法国，“法定原则并非仅仅约束有关规定犯罪（具体地说，是规定重罪、轻罪及违警罪）以及犯罪人之责任与重罪、轻罪及违警罪之刑罚的法律。因为本义上的法律，也就是立法权力机关通过的法律，还确定着有关刑事诉讼程序的规则并创设新的法院制度”①。对于程序法定原则的界定是：“只有法律才能确定负责审判犯罪人的机关以及它们的权限，确定这些法院应当遵守什么样的程序才能对犯罪人宣告无罪或者作出有罪判决。所有这一切，都要由立法者细致具体地作出规定。”②程序法定原则最先是由法国1789年的《人权宣言》第7条规定下来的，“除非在法律规定的情况下，并按照法律所规定的程序，不得控告、逮捕和拘留任何人”。1791年法国宪法对此加以确认，随后传播到整个欧洲大陆。日本1899年宪法第231条也仿效普鲁士宪法第8条规定：“日本臣民，非依法律规定，不受逮捕、监禁、审讯和处罚。”从德国基本法第1条至第20条中，可以直接推导出法制国家程序原则，即程序法定原则。③ 日本宪法第31条规定：“任何人，未经法律规定的程序，不得剥夺其生命、自由或者科处其他刑罚。”该规定要求不仅在内容上，而且在形式上，也都应当通过国家立法机构制定的狭义法律来规定刑事程序。④ 与日本和法国相似，比利时宪法第7条、意大利宪法第13条至第14

①② ［法］卡斯东·斯特法尼等：《法国刑事诉讼法精义》，罗结珍译，10页，北京，中国政法大学出版社，1998。

③ 参见［德］约·阿希姆·赫尔曼：《〈德国刑事诉讼法典〉中译本引言》，载李昌珂译：《德国刑事诉讼法典》，北京，中国政法大学出版社，1995。

④ 参见［日］土本武司：《日本刑事诉讼法要义》，董璠舆、宋英辉译，10页，台湾，五南图书出版公司，1997。

条都在明文规定了程序法定原则。另外，大陆法系国家不但在其宪法中明文规定程序法定原则，而且还不厌其烦地在其刑事诉讼法典中将程序法定原则规定下来。如 2001 年修订的俄罗斯刑事诉讼法典第 7 条规定："法院、检察长、侦查员、调查机关或调查人员在刑事诉讼过程中违反本法典的规范所取得的证据不允许采信。法院的裁定，法官、检察长、侦查员、调查人员的决定应该是合法的、有根据的并应说明理由。"

刑事程序法定原则在英美国家则表现为"法的正当程序"原则。这一原则的现代形态最先规定在英国 1628 年的《权利请愿书》第 4 条，后被美国宪法第五和第十四修正案、菲律宾宪法第 4 条、加拿大 1982 年《权利与自由宪章》第 7 条以及其他一些英美法系国家所承认。在英美法系国家，学者对正当程序的权威解释是："除非事先经过依据调整司法程序的既定规则进行的审判，任何人不得被剥夺生命、自由、财产或者法律赋予的其他权利。"[①] 美国宪法第十四修正案规定了正当法律程序条款："所有在合众国出生或归化合众国受其管辖的人，都是合众国的和他们居住地的公民。任何一州，都不得制定或实施限制合众国公民的特权或豁免权的任何法律；不经正当法律程序，不得剥夺任何人的生命、自由或财产；在州管辖范围内，不得拒绝给予任何人以同等的法律保护。"因此，正当程序原则要求在剥夺公民的生命、自由和财产时，必须经过公正合理的审判程序，个人权益受到侵犯时，享有司法救济的权利，政府有责任保证个人得到公正审判，并且以被追究刑事责任的人的一种宪法权利直接体现出来。正当程序原则与普通法上的人身保护令制度相结合，构成英美法系刑事程序法特有的人权保障机制。

鉴于刑事程序法定原则无论是大陆法系国家还是英美法系国家都已经明确在其宪法或者刑事程序法中规定下来，因此，程序法定原则不仅为法治国家所广泛确认，而且已经成为国际人权法上的一条基本准则。《公民权利和政治权利国际公约》第 9 条第 1 款规定："每个人都享有人身自由与安全的权利，任何人不得被任意逮捕或羁押，除非依据法律所规定的理由并遵守法定的程序，任何人不得被剥夺自由。"《欧洲人权公约》第 5 条第 1 款也有类似的规定。

(三) 程序法定原则与我国的刑事诉讼

程序法定原则是现代刑事司法制度的基石，是限制国家公权力恣意和保障公民诉讼权利的标志性条款，是现代法治国家的最基本要求。没有现代意义上的程序法定原则，司法公正就失去了赖以存在的根基。程序法定原则不但为绝大多数法治国家的宪法或者刑事诉讼法所普遍确认，而且也已经成为一个通行的国际刑事司法准则。我国《宪法》第 37 条规定：中华人民共和国公民的人身自由不受侵犯。任何公民，非经人民检察院批准或者决定或者人民法院决定，并由公安机关执行，不受逮捕。禁止以非法拘禁和以其他方法非法剥夺或者限制公民的人身自由，禁止非法搜查公民的身体。《刑事诉讼法》第 3 条第 2 款规定：人民法院、人民检察院和公安机关进行刑事诉讼，必须严格遵守本法和其他法律的有

① Black's Law Dictionary, abridged sixth ed., p. 346.

关规定。从宪法和刑事诉讼法的规定来看，我国的立法似乎已经确立了程序法定原则，但在刑事司法实践中，还没有完全贯彻程序法定原则的基本要求。当然，这既有立法上的原因，也与我国的刑事司法观念息息相关。具体表现在：

首先，从立法上来看，我国宪法和刑事诉讼法虽然规定追诉机关和审判机关应该严格遵守法定程序来进行刑事司法活动，但是却没有规定程序性制裁。如，虽然立法上禁止公安机关、人民检察院违反刑事诉讼程序进行搜查取证，但对违法收集的证据却没有明确规定应该予以排除。同时，我国还存在一些与刑罚无异甚至性质更为严重的剥夺公民人身权利的行政处罚行为，如劳动教养制度等，这些行为却没有纳入刑事司法活动的轨道，由行政机关单方即作出处罚决定，而劳动教养可以对被行政处罚人监禁数年，其严厉程度远远超过了管制、拘役等刑罚。因此，可以说，立法上的缺陷为实践中难以贯彻程序法定原则大开了方便之门。

其次，从司法解释的层面来看，目前最高人民法院、最高人民检察院、公安部等六大部委为实施刑事诉讼法颁布了有关的司法解释，这些司法解释中的很多条款均与刑事诉讼法的条文规定相冲突，而程序法定原则的最基本要求之一就是有关刑事司法程序的制度规定都必须由立法机关明文规定，且以齐整划一的形式表现出来。所以，从司法解释的层面而言，我国诸多执法机关和司法机关所颁布的司法解释已经严重违背了程序法定原则的基本要求。

再次，在执法观念上，长期以来，我国深受“重惩罚、轻保护”、“重权力、轻权利”、“重实体、轻程序”的观念的影响，通过正当程序实现法治的观念淡薄乃至虚无，这种执法观念反映到刑事司法活动中，侦查机关、起诉机关乃至审判机关，只要能够将犯罪嫌疑人、被告人绳之以法，正当程序则是可有可无的东西。这种观念上的滞后性也是导致我国的程序法定原则难以得到贯彻落实的主要原因之一。

总体而言，程序法定原则在我国刑事司法实践中还有诸多的不尽如人意之处，如果在刑事立法和刑事司法实践中不能贯彻程序法定原则，那么，司法公正和保障公民权利也就无从谈起，因此，我们应该在立法中明确规定程序法定原则及其违背该原则所产生的制裁性条款，同时，也应该转变执法观念，树立“程序至上”和保障人权的现代司法理念。

二、无罪推定原则

（一）无罪推定原则的含义及其沿革

无罪推定，是与有罪推定相对应，指在刑事诉讼过程中，任何被怀疑犯罪或者受到刑事控告的人在未经司法程序最终确认为有罪之前，在法律上应该被看作是无罪的人。其基本含义包括两个方面的内容：其一，是由控诉被告人犯罪的机关或人员提供确实、充分的证据来证明被告人被控犯罪的事实；其二，是由审判机关依照法律程序对被告人是否犯有被控犯罪行为作最后认定。具体而言，第一条包含的内容有：（1）提供证据证明被告人有罪的责任由控诉一方承担，不得采用酷刑和其他非法方法收集证据；（2）控诉一方履行证明责任必须达到案件事实清楚、证据确实充分或者不存在合理怀疑的程度，若不能判定被告人无罪，必须按照“疑罪从无”来处理，宣告被告人无罪；（3）被告人有辩护的权利，却没有证明自己无罪的义务，不能因为被告人不能或没有证明自己无罪而认定被告人有罪。第二条包含的内容有：（1）最终认定被告人有罪的机关只能是审判机关，即法律意义上的定罪权只能由法院行使；（2）法院只有经过公开公正的审判后才能认定被告人有罪；（3）为保证审判的公正性，保障被告人利益，应该赋予被告人对抗国家追诉权的辩护权。

从历史上看，无罪推定是针对封建专制下的有罪推定而言的。在封建纠问式诉讼中，被告人天然地被视为有罪的人，只是受审和刑讯的对象，无任何诉讼权利可言，被告人的口供是定罪量刑的主要依据。资产阶级在反封建的斗争中，打着“天赋人权”、“自由平等”的口号，对封建专制的野蛮黑暗进行了猛烈的抨击。在刑事诉讼中提出了“无罪推定”来反对“有罪推定”。被认为比较早地提出无罪推定思想的是意大利的刑事法学家贝卡里亚，他在《论犯罪与刑罚》一书中指出：“在法官判决之前，一个人是不能被称为罪犯的。只要还不能断定他已侵犯了给予他公共保护的契约，社会就不能取消对他的公共保护。”① 在法律上对无罪推定作出明确规定，始于法国大革命后制订的《人权宣言》。《人权宣言》第9条规定：“任何人在其未被宣告为有罪以前应被推定为无罪。”此后，欧洲大陆各国纷纷仿效法国，相继在宪法或其他法律中对无罪推定作出规定。如意大利1947年宪法第27条规定：“被告人在最终定罪之前，不得被认为有罪。”

第二次世界大战以后，无罪推定原则逐渐成为许多国家宪法性文件中保护公民权利的最为重要的内容之一，并逐渐演化为国际上通行的刑事司法准则。1948年12月10日联合国大会通过的《世界人权宣言》首次在联合国文件中确认无罪推定原则，为在全球范围内贯彻这一原则提供了法律依据，该宣言第11条第1款规定：凡受刑事控告者，在未经获得辩护上所需的一切保障的公开审判而依法证明有罪以前，有权被视为无罪。1950年11月4日在罗马签订的《欧洲人权公约》第6条第2款也作了类似的规定。1966年12月16日联合国大会通过《公民权利和政治权利国际公约》再次确认无罪推定原则，在第14条第2款中规定：凡受刑事控告者，在未依法证实有罪之前，应有权被视为无罪。该公约将无罪推定作为人类家庭成员应当享有的一项公民权利和政治权利，要求各缔约国采取必要措施加以保障。1969年《美洲人权公约》第8条第2款以及后来联合国制定的一系列有关刑事司法的标准和规范，如《联合国少年司法最低限度标准规则》，《禁止酷刑和其他残忍、不人道或有辱人格的待遇或处罚公约》，《保护所有遭受任何形式拘留或监禁的人的原则》，均将无罪推定作为刑事司法领域国际公认的法律标准和基本人权保障条款之一。此外，一些刑事方面的重要的国际性学术团体、机构和会议也都有涉及无罪推定的决议和宣言。如1994年9月10日在巴西召开的世界刑法学协会第十五届代表大会上通过的《关于刑事诉讼法中的人权问题的决议》第2条规定：“被告人在直到判决生效为止的整个诉讼过程中享有无罪

① ［意］贝卡里亚：《论犯罪与刑罚》，黄风译，31页，北京，中国大百科全书出版社，1993。

推定的待遇。无罪推定也适用于有免责理由或减轻情节的案件。”总而言之，无罪推定原则既是当今任何一个文明法治国家所普遍确认的最基本的刑事诉讼原则，同时也成为通行的国际刑事司法准则。

（二）无罪推定原则的意义

无罪推定原则与程序法定原则共同构成了现代刑事司法程序的基石。无罪推定对于保障犯罪嫌疑人、被告人的基本人权，制衡国家公权力的恣意起到任何其他基本原则所不可替代的作用。总体上而言，无罪推定原则的意义表现在以下几个方面：

第一，无罪推定是实现司法公正的前提。公正是诉讼程序永恒的生命基础，无罪推定原则的确立，有利于实现司法公正。在刑事司法过程中，不管犯罪嫌疑人、被告人如何穷凶极恶，在拥有强大的国家公权力的追诉机关或者审判机关面前，都是处于一种弱势的地位，因此，为了维护犯罪嫌疑人、被告人与国家侦控机关之间的平衡，就应该适当地将刑事司法程序的天平向犯罪嫌疑人、被告人一方进行适度的倾斜。无罪推定原则迎合了这种适度地将诉讼程序向犯罪嫌疑人、被告人倾斜的需要，有利于维护刑事司法公正。具体而言，体现在以下四个方面：（1）无罪推定可以确保犯罪嫌疑人、被告人在刑事司法过程中受到公平的对待。（2）无罪推定原则赋予了犯罪嫌疑人、被告人在侦查、起诉和审判过程中包括沉默权在内的一系列的诉讼权利，从而使他与国家追诉机关原本不平等的诉讼地位得以平衡和纠正。（3）无罪推定原则设定了控诉方承担证明被告人有罪的责任，而被告人则没有责任证明自己有罪或者无罪，这就使得国家追诉机关原本十分强大的追诉权得到制约和平衡。所有这些都确保被告人与控诉方在防御手段和诉讼地位上的实质平等，使双方能够真正地参与到裁判的制作过程中来，成为能够以自己积极自愿的行为影响诉讼结局的诉讼主体。（4）无罪推定原则要求法官在审判过程中不得将被告人当作有罪的人来对待，而应排除对被告人先入为主的偏见，不以追诉方的起诉书为依据得出被告人有罪的结论。这可防止法官对案件的结局和被告人刑事责任问题作出过早的评论和断定，防止法官失去其应有的中立和超然态度。

第二，无罪推定可以保障犯罪嫌疑人、被告人充分和富有意义地参与法庭裁判制作过程，对程序参与原则具有积极的保障意义。无罪推定原则设定了一种国家追诉官员与被告人一起通过举证、争辩和说服来影响裁判结局的具体环境。而在这一过程中，被告人不承担任何证明自己有罪或者无罪的义务，他所负的唯一义务是运用证据证明自己辩护主张的可成立性。被告人在审判过程中拥有包括辩护权在内的一系列程序保障，他可以在庭审前进行充分准备，从而能够提出具有实质效果的辩护理由、证据并对控诉方的指控作出有效的反驳。被告人既可以拥有充分的防御能力，也可获得足够的防御手段，并通过对中立无偏的裁判者施加影响取得良好的参与效果。因此，无罪推定原则对于作为程序公正核心要求的程序参与原则具有重要保障作用。

第三，无罪推定原则可以最大限度地防止无辜者被定罪，从而保障刑事审判结果的公正性。对此，主要体现在以下方面：（1）无罪推定原则要求控诉方以对被告人无罪这一推定作出反证的方式承担证明被告人有罪的责任，并要求这种证明达到最高的证明程度。因此，无罪推定对于实体结果而言，通常就能最大限度地保证实体结果的准确性和公正性。(2) 无罪推定原则要求赋予犯罪嫌疑人、被告人一系列的对抗国家追诉机关的权利，如聘请律师辩护权、阅卷权、沉默权等等，辩护方的上述权利为国家追诉机关和审判机关的追诉和定罪活动设置了障碍，从而可以最大限度地保障无辜者被定罪。(3) 无罪推定原则要求法院在对被告人有罪尚存疑问时按照无罪处理。无罪推定原则对被告人有罪这一命题设置了较高程度的证明标准。只要控诉方没有达到这一证明标准，那么不论被告人事实上是否有罪，法院均应判定控诉方没有推翻无罪推定。这会使证明有罪变得更加困难，面临这种风险的控诉方会被迫采取积极主动的行为提高证据的质量，排除任何无理的辩驳或非难，这样就有利于防止无辜者被定罪。

(三) 无罪推定原则与我国的刑事诉讼

无罪推定原则是一项为世界上绝大多数国家所普遍确认的刑事诉讼基本原则，也是一条通行的国际刑事司法准则。在我国，对于无罪推定原则的确立和认可，经历了一个漫长曲折的过程。20 世纪 50 年代，法学界曾对无罪推定原则进行过讨论，肯定和反对者各执一词。党的十一届三中全会以后，刑诉学界对于无罪推定原则再次展开了激烈的讨论，但很快又被反对资产阶级自由化、精神污染再次加以批判。直至 20 世纪 90 年代后，无罪推定原则才逐渐在刑诉学界重新进行热烈的讨论，且一定程度上也为立法者所接受。

我国目前已经参加或缔结的一些国际人权保障公约，如《联合国少年司法最低限度标准规则》、《儿童权利公约》、《联合国保护被剥夺自由少年规则》等，对其中规定无罪推定原则的条款并没有声明保留。承认这些国际公约有关无罪推定原则的规定，标志着我国已经接受了这一原则的要求和内容。全国人大 1990 年通过的《中华人民共和国香港特别行政区基本法》第 87 条第 2 款规定：任何人在被合法拘捕后，享有尽早接受司法机关公正审判的权利，未经司法机关判罪之前均应假定无罪。1993 年通过的《中华人民共和国澳门特别行政区基本法》第 29 条第 2 款规定：澳门居民在被指控犯罪时，享有尽早接受法院审判的权利，在法院判罪之前均假定无罪。1998 年 10 月 5 日，我国政府签字加入联合国《公民权利和政治权利国家公约》。由上可以说明，我国已经对国际社会承诺采取无罪推定原则，并保证香港、澳门特别行政区居民享有无罪推定的基本诉讼权利。

在 1996 年 3 月 17 日修正后的《刑事诉讼法》虽然在其第 12 条中规定："未经人民法院依法判决，对任何人都不得确定有罪。"但是很显然，该条规定同无罪推定的内容及其要求还是存在明显差距。体现在两个方面：(1) 该条规定只规定了定罪权由人民法院统一行使，在没有经过法院判决有罪以前，对任何人都不得以罪犯对待，而不管他事实上是否有罪。公安机关和人民检察院可以在审判前对犯罪嫌疑人作出有罪的认定，但这种认定只具有程序意义，不是最后的结论，在程序外没有法律上的效果。(2) 人民法院确定任何人有罪，必须经过依法判决，并正式宣告。至于为何不确认无罪推定原则，立法者的解释是："封建社会采取有罪推定的原则，资产阶级针对有罪推定，提出了无罪推定。我们坚决反对有罪推定，但也不是西方国家那种无罪推定，而是以客观事实为根据。”① 一些有代表性的解释是：“我们反对有罪推定，但也不是西方国家的那种无罪推定，而是实事求是地进行侦查，客观地收集有罪或无罪、罪轻或罪重的各种证据，在人民法院作出有罪判决以前，我们不称被告人为罪犯，但也不说他没有罪或者假定他无罪，如果假定他无罪，那么侦查机关对他进行侦查、采取强制措施就没有根据了。”② 因此，可以说，我国刑事诉讼法并没有完全将无罪推定原则确立下来，《刑事诉讼法》第12条规定的法院统一定罪原则只是吸收了无罪推定原则的一些合理因素，突出的表现之一就是我国刑事诉讼法并没有将无罪推定原则的核心内容——犯罪嫌疑人、被告人的沉默权确立下来，而是一如既往地要求“犯罪嫌疑人对侦查人员的提问，应当如实回答”，而一旦犯罪嫌疑人、被告人不享有沉默权，无罪推定原则就无从谈起。

我国现行刑事诉讼法没有明确规定无罪推定原则，表明了我国的刑事诉讼立法与国际上通行的刑事司法准则还是存在一定的差距。在刑事诉讼法的再修改工作中，我们应该转变观念，将无罪推定原则明确规定下来。一者，无罪推定原则是现代刑事法治的基石，如果没有无罪推定原则，犯罪嫌疑人、被告人的诉讼权利就难以得到切实有效的保障；二者，我国已经批准或者加入了《公民权利和政治权利国际公约》等一些国际公约，这些国际公约中都明确规定了缔约国必须遵行无罪推定原则，根据条约必须信守的国际法原则，将无罪推定规定到我国的刑事诉讼法中是应尽的义务，我们应该与世界范围内的刑事诉讼制度的民主化趋势相一致。

三、司法独立原则

（一）司法独立原则的含义及其内容

司法独立是现代每一个法治国家所普遍确立的原则，司法独立原则的含义包括两个层面：一是作为调整国家的立法权、行政权与司法权关系的宪法原则，三者之间相互独立，相互制约，相互分立，法院作为司法机关独立于立法机关和行政机关，依法独立行使司法权，不受其他权力机关的干涉；二是作为一项司法审判原则，要求法官在审理案件时，其作为个体也是独立的，只根据自己对法律的理解和良心作出判断，不受任何机关、人员的干涉。没有司法独立原则，就没有现代意义上的司法审判制度。

当今任何一个法治国家，无不在其宪法和法律中将司法独立原则确立下来。如法国1791年宪法规定，在任何情况下，司法权不得由立法议会和国王行使。德国1919年和1949年的基本法都规定，司法权赋予法官，司法权由法院行使，法官具有独立性，只服从于法律。美国联邦宪法第3条第1款规定：“合众国的司法权属于最高法院及国会随时制定的与设立的下级法院。”日本宪法第76条第1款规定：“一切司法权属于最高法院及由法律

① 顾昂然1996年1月15日在刑事诉讼法座谈会上的发言，载《法制日报》，2版，1996-02-03。

② 全国人大常委会法制工作委员会刑法室编著，胡康生、李福成主编：《中华人民共和国刑事诉讼法释义》，15页，北京，法律出版社，1996。

设置的下级法院。”

司法独立不但已经被当今所有的法治国家所普遍认可，而且也已经成为联合国刑事司法准则中的最基本内容。如《公民权利和政治权利国际公约》第14条规定，在判定对任何人提出的任何刑事指控或确定他在一件诉讼案件中的权利和义务时，人人有资格由一个依法设立的合格的、独立的、无偏倚的法庭进行公正的和公开的审讯。1985年第七届联合国预防犯罪和罪犯待遇大会通过的《关于司法机关独立的基本原则》（以下简称《基本原则》）第1条规定：“各国应保证司法机关的独立，并将此原则正式载入其本国的宪法或法律之中。尊重并遵守司法机关的独立，是各国政府机构及其他机构的职责。”同时，还规定了一系列规则来保障审判权的专属性、行使审判权的独立自主性和行使审判权的合法性，从而使司法独立原则真正得以实现。具体而言，包括以下几个方面的内容：

1. 保障审判权的专属法院行使规则。审判权只能由专司国家审判权的法院来行使，立法机关和行政机关都不能行使或者干涉法院的独立审判权。为了确保审判权专属法院行使，确立了三项规则：其一，向司法机关提供充足的资源。《基本原则》第7条规定，“向司法机关提供充足的资源，以使之得以适当地履行其职责”。根据《基本原则》的有效执行程序第5条的解释，向司法系统履行职能提供充足资源，包括根据承办案件数量任免足够人数的法官，为法院配备必要的支助人员和设备，以及向法官提供适当的人身安全、报酬和津贴。上述规则主要是从物的方面为法院的集体独立提供保障。其二，保障法官享有的言论和结社自由。《基本原则》第8条规定：“根据《世界人权宣言》，司法人员与其他公民一样，享有言论、信仰、结社和集会的自由；但其条件是，在行使这些权利时，法官应自始至终本着维护其职务尊严和司法机关不偏不倚性和独立性的原则行事。”第9条规定：“法官可以自由组织和参加法官社团和其他组织，以维护其利益，促进其专业培训和保护其司法的独立性。”其三，法官对具体案件的审理权由法院决定。虽然在当今任何一个法治国家中，通常情况下还是允许行政机关依法参与管理涉及整个法院系统正常运转的司法行政事务，如法院经费的预算和支付、法院人事的任免和管理、法院基础设施的提供和装备等。但是，对法院内部日常的行政事务，如将案件分配给某一法官或法院内某一审判组织负责审判、确定开庭的日期和地点、对法院内受理和审结案件的情况予以统计和上报等，行政机关不得进行任何形式的控制和决定。《基本原则》第14条规定：“向法院属下的法官分配案件，是司法机关的内部事务。”

2. 保障行使审判权的独立自主性规则。为确保法官在从事审理和制作司法裁判方面拥有独立自主的权力，避免法官的审判活动受到外界的不当干扰、影响和控制，《基本原则》中对法官的薪俸、任期、豁免、惩戒、免职等事项均作出了特殊的规定，试图通过对法官身份的保障，增强法官作为个体的抗干扰能力，以确保法官能独立自主地行使审判权。

3. 保障审判权的合法性规则。作为执掌国家生杀予夺大权的法官，应该具有良好的伦理道德素质和高水平的法律修养。否则，法官在审理案件时就有可能贪赃枉法、徇私舞弊，此时，司法独立倒成了制造司法腐败的工具。《基本原则》分别从法官遴选和晋升两方面规定了保障法官行使审判权的合法性的规则。对于法官的遴选制度，《基本原则》第10条规定："获甄选担任司法职位的人应是受过适当法律训练或在法律方面具有一定资历的正直、有能力的人。任何甄选司法人员的方法，都不应有基于不适当的动机任命司法人员的情形。在甄选法官时，不得有基于种族、肤色、性别、宗教、政治或其他见解、民族本源或社会出身、财产、血统或身份的任何歧视。但司法职位的候选人必须是有关国家的国民这一点不得视为一种歧视。"对于法官的晋升制度，《基本原则》第 13 条规定："如有法官晋升制度，法官的晋升应以客观因素，特别是能力、操守和经验为基础。"

（二）司法独立的意义

1. 司法独立是实现程序公正的前提条件。诉讼程序永恒的生命基础在于公正，对纠纷的事实进行裁判者必须保持中立，否则，所作出的裁判结果就有可能产生偏私。只有首先使法官保持独立，才能使真正的公正审判得以进行，而在整个审判进行中，法官保持独立和中立都是最基本的程序要求，该法官在该案中才是真正合格的法官。如果没有保持独立与中立，则不论裁判结果如何，该审判都是不公正的、不合法的，也不能够在当事人心中建立任何信任感。

2. 司法独立是保障实体公正的必要条件。司法要强调裁判者的亲历性，因为要想认清案件事实并正确地适用法律，法官必须亲自参与当事人双方的举证、质证和辩论。法官只有在这种双方的控辩过程之中才能认清案件的事实，并根据自己的理解来适用法律。如果法官不能独立，在审理案件的时候屈从于外界的压力，按照外来压力的意图来行使审判权，就不可能作出实体公正的判决。

3. 司法独立可以增强司法的神圣性和权威性，培养社会民众对法律的信仰。司法如果没有权威就不能成其为司法。西方有句古老的法谚就是"法治的产生是法律必须被信仰"。司法独立是树立司法权威的最有效的手段，它既可以最大限度地克服法官的恣意，并使其不受政治的、经济的、道德的和其他非理性因素的影响，严格依照立法的规定来处理双方当事人之间的争议。这样，即使一方当事人对判决结果不满意，他也会感到受到了公平的对待，信服地接受判决结果。

4. 司法独立是强化司法官员责任制度的条件。按照权利义务相统一的原则，司法权的独立行使，意味着司法责任的独立承担。因此，司法独立制度有助于防止责任界限模糊，从而有利于加强司法官员的责任感，提高刑事司法的质量。

（三）司法独立原则与我国的刑事诉讼

保证司法机关依法独立行使司法权，既为我国宪法和法律所明确规定，也为党和国家的领导人所认可。如我国《宪法》第 126 条规定："人民法院依照法律规定独立行使审判权，不受行政机关、社会团体和个人的干涉。"第 131 条规定："人民检察院依照法律规定独立行使检察权，不受行政机关、社会团体和个人的干涉。"我国《刑事诉讼法》第 5 条也规定："人民法院依照法律规定独立行使审判权，人民检察院依照法律规定独立行使检察权，不受行政机关、社会团体和个人的干涉。"同时，党的十五大报告中也明确提出了依法治国的基本方略，要求推进司法改革，从制度上保证人民法院和人民检察院依法独立行使审判权和检察权。我国宪法和法律所规定的人民法院、人民检察院依法独立行使审判权和检察权与司法独立原则的差异具体体现在：

首先，从依法独立行使司法权的主体来看，国际上通行的司法独立仅仅是指审判独立，而中国的司法独立既包括审判独立，也包括人民检察院依法独立行使检察权。因为我国的政权组织形式实行的是人民代表大会制，不同于西方国家的三权分立制度，国家行政机关、审判机关、检察机关都是由人民代表大会产生，对其负责，受其监督。人民检察院是国家专门的法律监督机关，代表国家行使检察权。

其次，国际通行的司法独立原则是指法官个人独立，而中国的司法独立则指法院、检察院作为一个整体独立行使职权。在我国，法院在审理案件过程中，如果是重大、复杂的案件，应该由审判委员会集体讨论，集体作出决策。但事实上，司法独立的终极意义是为了保障裁判者的个人独立。整体独立最终还是为了保障裁判者的个人独立，因为如果法院的整体都不能独立，作为裁判者的个体，法官的独立也就无从谈起。当然，在我国，虽然法院和检察院都依照法律规定独立行使司法权，但是还是存在一定的差别的。因为通常检察院实行的是检察长负责制，除非重大、复杂的案件由检察委员会集体决定以外，一般都是由检察长个人负责。而法院在审理和判决案件时，通常还是由具体负责审理案件的法官个人来进行的。同时，上下级检察院之间是领导与被领导的关系，而上下级法院之间则是监督与被监督的关系，这也是立法者考虑到法院的工作性质与检察院的工作性质存在一定的差异所决定的。

再次，人民法院和人民检察院依法独立行使审判权与检察权应受同级人民代表大会监督。在国家机关体系中，人民法院和人民检察院都由各级国家权力机关产生，各级人民法院和人民检察院都应依法向同级国家权力机关负责并报告工作，自觉接受监督，这不仅与依法独立行使职权原则不矛盾，而且是人民法院和人民检察院排除各种干扰，严格依法办案的有力保障。国家权力机关发现人民法院、人民检察院办案有错误时，可以提出纠正意见，对此，人民法院、人民检察院应当尊重，但不是必须服从。

最后，我国与西方国家的多党制不同，我国的司法机关依法独立行使职权是受中国共产党领导的。但是，我们应该注意的一点是，党对司法事务的领导，一般限于政治领导和组织领导，即党的方针政策在刑事司法工作中的贯彻以及选拔任命合格的司法工作干部。同时，为了维护法制，保证司法工作的独立性，这种政治、组织领导受制于一定的原则和规范：一是必须在宪法、法律的范围内活动；二是由司法机关组织法确定的司法官员的身份保障制度；三是不得以行政性指令干预具体案件处理的要求。在这种前提下，司法机关应当认真听取各级党组织和行政机关对刑事案件处理提出的意见和建议，以改进工作，正确处理案件。

总之，我们认为，司法独立原则是确保审判公正的最基本前提，也是为当今任何一个法治国家所普遍确立的最基本的原则。随着中国民主法治化进程的加快，我们既应该在观念上接受司法独立原则，也应在宪法和法律中进一步加强和完善，从而建立真正意义上的社会主义法治国家。

四、辩护原则

(一) 辩护原则的含义及其要求

辩护是指犯罪嫌疑人、被告人及其辩护人为维护犯罪嫌疑人、被告人的合法权益，从事实和法律两方面反驳控诉方的指控，提出有利于犯罪嫌疑人、被告人的证据和理由，证明犯罪嫌疑人、被告人无罪、罪轻、减轻或者免除其刑事责任，以及从程序上维护犯罪嫌疑人、被告人的诉讼权利的诉讼活动。辩护原则，是在确认犯罪嫌疑人、被告人辩护权的基础上，要求刑事诉讼活动体现和保障这一权利的诉讼原则。在刑事诉讼中，辩护原则的基本要求体现在以下四个方面：

首先，必须在立法上明确规定犯罪嫌疑人、被告人享有充分的辩护权。具体到诉讼程序中，在作出任何一个可能对犯罪嫌疑人、被告人产生不利后果的决定之前，必须充分听取犯罪嫌疑人、被告人的辩护意见。

其次，应当保证犯罪嫌疑人、被告人聘请律师辩护的权利。在刑事诉讼中，犯罪嫌疑人、被告人往往可能处于被羁押状态，且其通常也不是法律方面的专家，因此，他往往难以通过辩护来切实有效地维护自己的权利，因此，这就需要强化其辩护手段，确认其所委托的辩护人的诉讼地位和诉讼权利。辩护人制度实际上是平衡控辩双方力量不对称的一种机制，因为通常情况下，律师都是精通法律方面的专家，同时也拥有普通人所不能具有的诉讼权利，是最佳的辩护人。

再次，国家应当保障犯罪嫌疑人、被告人辩护权得到切实有效的维护，设立法律援助制度确保犯罪嫌疑人、被告人获得律师帮助权。具体而言，就是要求国家建立法律援助制度，能够为需要律师提供法律帮助但又因种种原因没有聘请律师的犯罪嫌疑人、被告人提供律师辩护的机会。

最后，应当提供辩护权行使的条件。辩护原则要求不但应当在法律上明确规定犯罪嫌疑人、被告人的辩护权，而且更应注意为这种权利的有效行使提供必需的条件。例如，提供律师介入诉讼的机会和条件，确认律师与被告人的会见权和秘密通信权，承认并保证律师的调查取证权以及在诉讼制度上保证法官能充分听取辩护意见，在听取控辩双方争辩的前提下作出诉讼裁决等。如果这些权利不落实，辩护原则就不能得到切实有效的贯彻。

(二) 辩护原则的意义及国外的立法规定

辩护原则的确立，是犯罪嫌疑人、被告人诉讼地位主体化的体现，是反映人类诉讼制度民主、文明的一个标志。具体而言，辩护原则的意义体现在以下几个方面：

1. 辩护原则是实现刑事司法公正的最基本条件。刑事诉讼活动是控、辩、裁三方的一个组合，理想的诉讼结构，应该是控、辩对抗，法官居中裁判。通常，国家的控诉机关倾向于从犯罪嫌疑人、被告人有罪、罪重以及应该从重、加重处罚的角度提出指控，此时，为了保证裁判者能够作出公正的判决，就应该允许辩护方提出自己的辩护意见，做到兼听则明。审判机关只有听取控辩双方的意见之后进行比较分析，才能防止法官的主观性和片面性，作出公正的判决。如果法官只偏听控诉方的指控，不允许犯罪嫌疑人、被告人一方进行辩护，司法公正也就无从谈起。

2. 辩护原则是人类诉讼制度民主文明的体现。近现代辩护制度，是资产阶级革命和资产阶级诉讼民主制度的产物。按照日本学者的说法就是，刑事诉讼的进化历史也可以说是辩护权发展的历史。[①] 17、18 世纪的启蒙思想家和法学家，从提出民主、自由、平等、人权等反封建口号作为资产阶级的政治纲领出发，提出了法律面前人人平等的原则，并进而提出审判公正、直接和辩论原则的要求，认为被告人除了可以自行辩护外，还享有请他人为自己辩护的权利。这些主张随着资产阶级取得国家政权而在法律上得到确立。可见，有效辩护是随着纠问式诉讼被废止和被告人主体地位的确立而作为被告人主体地位的一种保障机制被确立下来的，是社会进步与文明在刑事诉讼中的具体体现。

3. 辩护原则是保障犯罪嫌疑人、被告人基本的诉讼权利的需要。刑事诉讼中，与拥有国家强大的侦查权和控诉权的侦查机关和控诉机关相比，犯罪嫌疑人、被告人始终处于弱势地位，因此，应该赋予犯罪嫌疑人、被告人对抗国家追诉权的权利，这种权利的核心内容之一就是辩护权。因此，辩护原则是保障犯罪嫌疑人、被告人基本诉讼权利的需要。事实上，在当今任何一个法治国家，立法上不仅赋予了犯罪嫌疑人、被告人的自行辩护权，而且还通过法律援助等相关制度保障辩护权得到切实有效的落实。

辩护原则是资产阶级启蒙思想家在反对封建纠问式诉讼中而形成的，在资产阶级取得政权以后，辩护原则立即被作为刑事诉讼的一项最基本原则确立了下来。如英国在 1679 年《人身保护法》中规定，被告人有答辩权。美国宪法第六修正案规定，在一切刑事诉讼中，受追诉方有权取得律师的帮助，为其辩护。德国刑事诉讼法以专章的形式对辩护进行了规定。该法第 137 条规定，被指控人可以在程序的任何阶段委托辩护人为自己辩护。该法第 140 条还规定了强制辩护的情形等。依照法国刑事诉讼法第 274、275 条规定，在重罪案件中，审判长开庭前讯问被告人，应当责令其选择一位律师协助其辩护，如果被告人不选聘律师，审判长或其代理人应当依职权为他指定一名律师。如果其后被告人又选定一名律师，此项指定仍然有效。作为例外情况，审判长可以允许被告人请其父母或朋友充当辩护人。俄罗斯刑事诉讼法第 16 条规定，犯罪嫌疑人和刑事被告人被保障享有辩护权，他们可以自己进行辩护，或者通过辩护人或其法定代理人行使辩护权。法院、检察院、侦查员和调查人员应向犯罪嫌疑人和刑事被告人说明其权利并保障他们有可能得到本法典不予禁止的一切方式和手段的辩护。在本法典规定的情况下，办理刑事案件的公职人员应保障犯罪嫌疑人和刑事被告人的辩护人或法定代理人必须参加刑事诉讼。在本法典和其他联邦法律规定的情况下，犯罪嫌疑人和被告人可以无偿得到辩护人的帮助。

随着辩护原则在当今任何一个法治国家中普遍得到确立，联合国也将其作为联合国系统人权活动的基本原则之一，在一系列的国际文书中予以规定下来。如 1948 年联合国大会

---

① 参见［日］西原春夫主编：《日本刑事法的形成与特色》，李海东等译，432 页，中国北京，法律出版社，日本东京，成文堂，1997。

通过并宣布的《世界人权宣言》第11条规定：凡受刑事指控者，在未经获得辩护上所需的一切保证的公开审判而依法证实有罪以前，有权被视为无罪。1966年联合国大会通过的《公民权利和政治权利国际公约》第14条规定："在判定对他提出的任何刑事指控时，人人完全平等地有资格享受以下的最低限度的保证……（乙）有相当时间和便利准备他的辩护并与他自己选择的律师联络……（丁）出庭受审并亲自替自己辩护或经由他自己所选择的法律援助进行辩护；如果他没有法律援助，要通知他享有这种权利；在司法利益有此需要的案件中，为他指定法律援助，而在他没有足够的能力偿付法律援助的案件中，不要他自己付费。"同时，联合国经社理事会1957年7月31日第663（XXIY）号决议通过的《囚犯待遇最低限度标准规则》第98条和1984年5月25日第1984/50号决议通过的《关于保护面对死刑的人的权利的保障措施》第5条、联合国大会1988年12月第43/173号决议通过的《保护所有遭受任何形式拘留或监禁的人的原则》等联合国文件中都对辩护原则作出了明确规定，其中最为具体、集中、全面的规定辩护原则的国际性文件则是1990年在古巴哈瓦那召开的第八届联合国预防犯罪和罪犯待遇大会通过的《关于律师作用的基本原则》，限于篇幅，对于上述国际公约中关于辩护原则的规定不再一一赘述。

（三）辩护原则与我国的刑事诉讼

我国宪法和刑事诉讼法也明确规定了辩护原则。如《宪法》第125条规定，被告人有权获得辩护。《刑事诉讼法》第11条规定，被告人有权获得辩护，人民法院有义务保证被告人获得辩护。同时，为了保证犯罪嫌疑人、被告人的辩护权能够得到落实，刑事诉讼法对刑事辩护制度的相关内容进行了细化：（1）犯罪嫌疑人、被告人享有自行辩护的权利。（2）犯罪嫌疑人、被告人有获得律师帮助的权利。根据刑事诉讼法的规定，在犯罪嫌疑人被侦查机关第一次讯问后或者采取强制措施之日起，可以聘请律师提供法律援助。自审查起诉之日起，有权聘请律师或者其他人为其辩护。（3）人民法院有义务保证被告人获得辩护。我国刑事诉讼法规定，在法定情况下，法院应当或者可以为被告人指定承担法律援助义务的律师为其出庭辩护。（4）法律规定了辩护人的会见通信权、调查取证权和阅卷权等诉讼权利。（5）法律对律师的资格、职责、权利和义务等作了明确的规定。

虽然从总体上而言，我国宪法和刑事诉讼法已经将辩护原则规定了下来，但是应该看到，相比其他法治国家以及联合国刑事司法准则中关于辩护原则的规定，我国还是存在一定的差距的。具体而言，体现在以下几个方面：

1. 犯罪嫌疑人与辩护律师的会见权和通信权受到诸多限制。与其他法治国家以及联合国刑事司法准则中关于犯罪嫌疑人与辩护律师的会见权和通信权的规定来看，我国尚存在一定的差距。具体而言，体现在以下方面：首先，律师会见犯罪嫌疑人的程序受到限制。如有些地方的侦查机关规定，在侦查阶段律师会见当事人不得超过3次，每次不得超过1个小时。这就使得辩护律师在侦查阶段会见在押犯罪嫌疑人仍然比较困难。与刑事辩护国际标准中关于"被拘留或被监禁人有充分的时间和便利条件与其法律顾问进行磋商"存在明显差距。其次，辩护律师与当事人会见过程受到监控。根据刑事诉讼法的规定，律师会见在押的犯罪嫌疑人，侦查机关根据案件情况和需要可以派员在场。侦查机关派员在场，使辩护律师与当事人之间的会见毫无隐私可言，出于对侦查机关和人员的恐惧心理，犯罪嫌疑人往往不会将案件真实情况毫无保留地告诉辩护律师，这就使辩护律师难以掌握案件的全部情况，从而影响辩护的效果。

2. 未确立侦查讯问时的律师在场权，犯罪嫌疑人在侦查阶段难以获得切实有效的律师帮助。我国刑事诉讼法虽然规定犯罪嫌疑人在第一次被讯问或者采取强制措施之日起即可聘请律师提供法律帮助，但是却没有规定侦查讯问时的律师在场权，律师的在场权可以防止侦查人员实施刑讯逼供或者诱供等行为，可以切实有效地维护犯罪嫌疑人最基本的诉讼权利。

3. 辩护律师的阅卷权和调查取证权受到了诸多限制。首先是阅卷权受限。虽然刑事诉讼法规定辩护律师可以查阅“本案所指控的犯罪事实的材料”，但是却对其具体范围缺乏明确规定，导致司法实践中司法机关以此为借口，限制辩护律师的阅卷范围。同时，刑事诉讼法对辩护律师到何处阅卷也未作出明确规定，致使检察院和法院相互推诿。其次是辩护律师的调查取证权受到限制。根据《刑事诉讼法》的规定，辩护律师调查取证必须以被调查人同意为前提，调查被害人或者其近亲属、被害人提供的证人，还必须“经人民检察院或人民法院许可”，这一规定极大地制约和限制了辩护律师调查取证权的行使，致使实践中辩护律师取证难，直接影响到辩护律师在庭审中的辩护效果。从刑事辩护内容的国际标准来看，国际刑事司法准则十分重视对律师阅卷权和调查取证权的保障，要求主管当局有义务确保律师能有充分的时间查阅当局所拥有或管理的有关资料、档案和文件，以便使律师能向其委托人提供有效的法律协助。由此可知，我国刑事诉讼法所赋予的辩护律师的阅卷权和调查取证权是同联合国刑事司法准则的规定存在明显的差距的。

4. 保障辩护律师有效行使辩护权的相关制度没有确立。为了使辩护律师能够切实有效地维护犯罪嫌疑人、被告人的合法权益，当今任何一个法治国家以及联合国刑事司法准则中都明确规定了一系列保障辩护律师履行辩护职能时所应该享有的权利和义务。具体而言，这些权利和义务包括以下内容：辩护律师在履行职务时必须保守秘密、律师的辩护豁免权、刑事司法援助等一系列规定。但在我国的刑事诉讼法中，对辩护律师的上述内容要么没有作出任何规定，要么规定得尚不健全。同时，虽然刑事诉讼法规定了指定辩护，但是指定辩护却仅仅限于审判阶段，且还有大量的犯罪嫌疑人、被告人因为各种原因而无力聘请辩护律师。这些制度设置上的诸多问题，直接导致了我国的辩护律师往往难以有效地维护和行使犯罪嫌疑人、被告人的辩护权。

五、比例原则

（一）比例原则的含义

刑事诉讼的比例原则是指在决定对犯罪嫌疑人、被告人适用刑事强制性措施时，在种类、轻重程度上应该与犯罪性质的严重性、嫌疑程度以及案情的紧急性和必要性相适应。

比例原则中所指的强制性措施，其范围不但包括我国现行刑事诉讼法中规定的拘传、取保候审、监视居住、拘留和逮捕，还包括监听、搜查以及对物的强制性处分，如查封、扣押、冻结等。刑事诉讼中的比例原则旨在强调避免过度地或不当地适用强制性处分，以防止过多或者不当地适用刑事强制措施，从而导致侵犯犯罪嫌疑人或者被告人合法权利的后果。事实上，比例原则不仅具体体现在刑事程序法上，在刑事实体法中同样也应该遵循比例原则，在对犯罪嫌疑人、被告人决定适用实体上制裁时，比例原则体现为罪刑均衡、罪刑相适应原则，即国家对罪犯在适用刑罚时应该与其罪行的严重程度成比例，不应超出其严重程度。

具体而言，在刑事诉讼中，比例原则包括以下三个方面的含义：（1）适当性原则，又称适合性原则、适应性原则，其含义是指国家机关所选择的每一项措施都应该属于正确的手段，并且该措施能够实现法律规定的目的或至少有助于目的的实现，而不是与法律的目的相背离。比例原则中的适当性原则是从目的取向上来规范权力与其行使主体所采取的措施之间的比例关系的。（2）必要性原则，是指在达成法定行政目的的过程中，如果有许多措施可以实现该目的，则必须选择那些最有必要的。也就是说如果实现某一职能目标，同时存在多种可以选择的手段，且每种手段均同样能完成法定的任务，国家机关要选择对公民损害最小的手段。（3）相称性原则，此原则的基本要求是国家机关在执行职务的过程中，对公民个人私权利的侵害和其要保护的公权益之间要保持一定的比例关系。

总而言之，比例原则要求目的和手段之间必须相对称。首先，要做到手段为目的所必需，根本达不到或不合目的的手段不得采取，否则就违背适当性的要求；其次，要做到有多项达到目的的手段时，要选择对相对人侵害最小的手段，否则就违背必要性的要求；最后，即使只有一种达到目的的手段，但是这种手段对相对人的侵害要大于所达到的目的时，也不得采取，否则就违背相称性要求。

（二）比例原则的意义以及国外的立法规定

比例原则在刑事诉讼中的积极意义主要体现在以下几个方面：

1. 比例原则是刑事诉讼制度从愚昧野蛮走向文明法治的表现。在封建纠问式诉讼中，犯罪嫌疑人、被告人只是被刑讯的对象，没有丝毫的权利可言。在这种诉讼模式中，并不存在什么比例原则，因为作为行使国家公权力代表的司法机关可以随意限制或者剥夺社会成员的自由甚至生命。近代西方资产阶级思想家和法学家，针对纠问式诉讼中这种愚昧野蛮的做法进行了猛烈的抨击，强调在刑事诉讼中应该保障犯罪嫌疑人、被告人的人权。上述要求体现到刑事司法中的强制措施之中，就是要求国家权力对公民个人权利的限制与剥夺必须保持在最低的限度内。正是基于这种原因，西方国家在刑事诉讼中普遍确立了比例原则，以法律的形式要求国家在剥夺或者限制犯罪嫌疑人、被告人的人身权利和财产权利之时，尽可能地选择对公民权利损害最小的手段，必须与犯罪嫌疑人、被告人所可能实施的非法行为呈一定的比例，以最大限度地保障犯罪嫌疑人、被告人的权利所可能受到的来自国家的不必要的侵害。

2. 确立比例原则能最大限度地限制国家司法机关的自由裁量权，体现司法公正。比例原则是当今绝大多数法治国家所普遍适用的一项最基本原则，很大程度上还被视为一项宪法原则。同时，从行为与报应之间的相适应关系这一朴素的公正观出发，立法确立的强制措施种类，应当使所能适用的强制措施力度与犯罪嫌疑人或被告人的人身危险性的大小成比例，这就要求强制措施立法应当尽量考虑到各种犯罪情况以及行为人的人身危险性，所适用的强制措施与之一一对应。尽管这种公正观对强制措施立法要求近乎苛刻，但是立法机关应当认真研究、充分论证，尽量使强制措施立法满足这一要求，以期在强制措施立法上做到公正。司法机关也应综合各方面的因素，斟酌人权保护和追究犯罪，用比例原则的标准来衡量和选择所适用的强制措施的种类和方法。

3. 比例原则是无罪推定原则在刑事强制措施中的当然要求。因为按照无罪推定原则的要求，任何人在未经依法确定有罪以前，应推定其无罪。既然犯罪嫌疑人、被告人在依法确定有罪前在法律上仍然是无罪的人，所以应当尽可能使其人身自由和财产处于不受限制的状态；即使对其人身自由和财产自由进行限制，也应当适度。正如欧蔓莉女士所言："关于以嫌犯为对象的强制措施，不论是财产性质（担保）抑或自由性质（行为的训谕或行为规则、羁押）的措施，皆须考虑其采用对象仍是一被推定为无罪者，故其严厉程度不能超逾社群所能忍受的程度。"[①] 同时，她还认为："法律还严格地规定出其采用的前提……及羁押的采用和维持继续采用的决定皆须遵从必要、合乎比例、补足性和临时性的原则……换言之，仅当羁押是必要和适合达至上述的预防性目标时，采用其他严厉程度较低的强制措施不足以实现该等目标，且导致有需要采用羁押的理由仍然存在时，方可采用或继续羁押。"[②]

无论是当今任何一个法治国家或者地区的刑事诉讼法典，还是联合国刑事司法公约，都将比例原则作为刑事司法中的一项最基本的原则。如约·阿希姆·赫尔曼教授在《德国刑事诉讼法典》中译本引言中阐述了德国刑事程序中的禁止过度和相应性原则。他指出："按照这个原则，刑事追究措施，特别是侵犯基本权利的措施在其种类、轻重上，必须要与所追究的行为大小相适应。'基本法'第1条和第20条制定了这个原则。德国刑事诉讼法第113条第1款规定，对于轻微的刑事犯罪行为，不允许根据调查真相困难之虞而命令逮捕，是体现相应性原则的一个范例。"同时，德国刑事诉讼法第81条a规定，为查明事实真相，有必要时允许对被告人施行身体检查。依该条字面规定，对一个因为小小的商店偷窃罪而受追究的被告人，是可以施行重大的、对他的身体会带来严重负担的医学检查的，因为，也许只有以这种方式，才能查明他是否患有精神病或者其他神经错乱症，以由此排除他的责任能力和对他的处罚。但是，检查被告人身体的权力，又受到相宜性原则的限制，故在仅为了证明被告人是否犯有相对轻微的行为的时候，不允许施行重大的身体检查。[③] 日本刑事诉讼法第197条第1款规定："为实现侦查的目的，可以进行必要的调查。但除本法

①② 欧蔓莉：《澳门刑事诉讼制度的结构及基本原则》，'95北京澳门过渡期法律问题研讨会论文。

③ 参见李昌珂译：《德国刑事诉讼法典》（中译本引言），11～17页，北京，中国政法大学出版社，1995。

有特别规定的以外，不得进行强制处分。”该规定是任意侦查原则和强制侦查法定主义的法律依据。日本学者认为，在现行法上，是将任意侦查作为原则（任意侦查原则），法律没有特别限制，即使法律没有明文规定，原则上也可以采取适当的方式进行；对于强制侦查，则只要刑事诉讼法上没有具体的规定，就不得进行。[①] 法国刑事诉讼法第 100 条规定：“在重罪或轻罪案件中，如果可能判处的刑罚为二年或二年以上监禁，预审法官为了侦查的必需，可以决定截留、登记和抄录邮电通讯。”[②] 我国澳门特别行政区的刑事诉讼法第 178 条第 2 款也规定：“强制措施及其财产担保措施之执行，不应妨碍与有关情况所需之防范要求不相抵触之基本权利之行使。”

比例原则不但是当今绝大多数法治国家的刑事诉讼基本原则，联合国在其颁布的有关刑事司法公约中也将其作为一项基本原则确立下来。1994 年 9 月 10 日世界刑法学协会第十五届代表大会上通过的《关于刑事诉讼法中的人权问题的决议》第 3 条宣称：“关于预审阶段，无罪推定要求在与一切强制措施有关的活动中适用比例性原则。根据这一原则，必须使政府干预刑事被告基本权利的严重程度与限制的代替性措施的目的存在合理的关系。这一点应推动立法者把规定审前羁押的代替性措施置于首位，审前羁押在任何情况下都应视为例外情况。”1979 年 12 月通过的《执法人员行为守则》第 3 条中规定：“执法人员只有在绝对必要时才能使用武力，而且不得超出执行职务所必需的范围。”上述规定都是比例原则在刑事司法准则中的直接体现。

总体而言，鉴于比例原则在现代刑事诉讼中具有重大意义，因此，不但当今任何一个文明法治国家均将其作为一项基本原则确立了下来，而且也成为联合国刑事司法准则中的一项基本内容。

（三）比例原则与我国的刑事诉讼

从总体上来看，我国刑事诉讼法中还是一定程度上体现了比例原则的精神的，如刑事诉讼法明确由轻到重规定了五种刑事强制措施，依次为拘传、取保候审、监视居住、拘留、逮捕。同时，当公安司法机关决定对犯罪嫌疑人、被告人适用强制措施时，刑事诉讼法均明确地规定了不同的适用标准，也是呈现出由宽松到严格的阶梯状特征。如对犯罪嫌疑人、被告人适用逮捕之时，除要求必须有证据证明有犯罪事实，可能判处徒刑以上刑罚外，还必须是采取取保候审、监视居住等方法尚不足以防止发生社会危险性而有逮捕必要。因此，可以说，从我国现行刑事诉讼法的立法规定来看，已经很大程度上体现了比例原则的实质精神。但是，我们也应该看到，我国现行刑事诉讼法无论是在立法还是司法实践中，对比例原则的贯彻适用还是存在某种程度的不足之处，亟须改进：

1. 应明确将比例原则作为刑事诉讼中的一项基本原则。刑事强制措施贯穿于刑事诉讼过程的始终，因此，比例原则也是贯穿于诉讼过程始终的一项基本原则。将比例原则作为刑事诉讼的基本原则有利于体现该原则的重要性，使得司法机关在对犯罪嫌疑人、被告人

---

① 转引自宋英辉、吴宏耀：《刑事审判前程序研究》，32 页，北京，中国政法大学出版社，2002。

② 余叔通、谢朝阳译：《法国刑事诉讼法典》，51 页，北京，中国政法大学出版社，1999。

适用刑事强制措施时能够更加充分地意识到该原则的重要性，尽可能地选择对公民权利损害最小的手段。同时，由于我国现行刑事诉讼法没有将比例原则作为一项最基本的原则规定下来，由此导致了实践中公安司法人员随意地进行裁量，从而导致侵害犯罪嫌疑人权利的后果。如由于立法中只规定拘传不得超过 12 小时，“不能以连续拘传的形式变相关押被拘传人”，但却没有明确规定两次拘传之间的时间间隔，这样，一些公安司法人员就较为随意地行使裁量权，通过连续拘传的方式变相侵犯犯罪嫌疑人、被告人的合法权利。如果将比例原则作为刑事诉讼中的一项基本原则规定下来，那么，在很大程度上就可以防止司法机关的自由裁量行为，避免因实施刑事强制措施不当所可能造成的侵犯犯罪嫌疑人、被告人权利的后果。

2. 应明确规定公安司法机关所实施的一些可能侵害犯罪嫌疑人、被告人人身权利等其他权利的行为也应该受到比例原则的调整。我国现行的刑事诉讼法对监听、诱捕、秘密录音、录像等技术性侦查手段缺乏明确的规定，同时，对一些可能带有强制性质对物的侦查手段，如搜查、扣押、查封和冻结等，都没有作为刑事强制措施来看待，事实上，无论是技术性侦查手段还是这些带有强制性的对物的措施，适用不当，都有可能对犯罪嫌疑人、被告人造成侵害，因此，立法上应该明确规定将它们纳入到比例原则的控制之中，从而避免因适用不当所造成的侵害犯罪嫌疑人、被告人合法权利的后果。

3. 对刑事强制措施的适用条件要进行更为严格的设定，杜绝和废止那些任意扩大强制措施适用条件的司法解释。刑事强制措施是一种严格限制或剥夺人身自由的行为手段，对它的适用条件在立法上应力求做到严格准确，司法解释也应当准确阐释立法本意，而不能扩大解释或者违背立法精神。有些机关从本部门的执法利益出发对刑事诉讼法进行扩大解释，在司法实践中造成了强制措施的滥用。为了保护公民的合法利益，防止国家权力的肆意滥用，应在立法上对强制措施的适用条件予以严格设定，对每一项强制措施的适用期限予以严格规定，并对羁押期限的延长、不计算和重新计算进行严格控制。同时，纠正司法解释与刑事诉讼法的立法原意不相符合的地方，对相互矛盾和冲突的地方加以协调，以维护立法的严肃性。

六、禁止双重危险与一事不再理原则

（一）禁止双重危险与一事不再理原则的含义和要求

严格地说，禁止双重危险原则虽然是当今法治国家所普遍适用的刑事诉讼基本原则，且已经为联合国刑事司法公约所普遍确认，但是其概念的表述以及含义在英美法系国家和大陆法系国家还是存在一定程度的差异。具体而言，在英美法系国家直接采用的禁止双重危险原则，而在大陆法系则称之为一事不再理原则。

在英美法系国家，禁止双重危险的含义是任何人均不得因同一罪行而受到两次起诉、审判和科刑。对此，美国宪法第五修正案规定，任何人均不得因同一罪行而两次受到生命或身体上的危险。双重危险（double jeopardy）是指美国宪法第五修正案所禁止的因为同一个罪行被审判两次的现象。双重危险的理论是为了避免三种明显的滥用：(1) 被无罪开释后的再次起诉；(2) 受到有罪判决后的再次起诉；(3) 对同一犯罪的多次处罚。[①] 联合国颁布的《公民权利和政治权利国际公约》第14条第7款对该原则的规定是："任何人已依一国的法律及刑事程序被最后定罪或宣告无罪，不得就同一罪名再予审判或惩罚。"[②] 从美国联邦最高法院的判例来看，禁止双重危险原则要求：(1) 若对被告人作无罪判决，则检察官无上诉权，即便该判决是因为法庭在审判中犯有某种对检察官不利的法律错误或者起诉状存在某种缺陷；(2) 如果被法院判决有罪的被告人提起了上诉，上级法院可对其进行第二次审判，但如果被告人的有罪裁判在新的审判中得到维护，法官一般不得对被告人判处更重的刑罚；(3) 如果一项起诉因证据不足而被法庭在作出最终裁判之前予以驳回（相当于宣告无罪），被告人一般不能受第二次审判；(4) 如果一项针对某一罪行而作出的判决已经得到执行，法庭不能对该项罪行实行两次刑事处罚，但在该判决执行以前，法官仍可在判刑程序中纠正该判决的错误。[③] 为了更加明确地阐述禁止双重危险的含义及其适用范围，美国联邦最高法院曾把禁止双重危险原则的意义明确解释和归纳为"三项单独的宪法保护"(three separate constitutional protections)，即："它保护（公民）在已被作出无罪判决后不因同一犯罪遭受第二次起诉；它保护（公民）在已被作出有罪判决后不因同一犯罪遭受第二次起诉；它保护（公民）不因同一犯罪遭受多重惩罚。"[④]

在大陆法系国家的刑事诉讼立法和司法实践中，并没有禁止双重危险原则的原文表述，但是有与禁止双重危险原则相近的一个刑事诉讼基本原则——一事不再理原则，大陆法系的一事不再理原则的含义是法院对于任何已经生效裁判加以处理的案件，不得再行审判；对于所有已被生效法律裁判确定为有罪或无罪的被告人，法院不得再予以审判或科刑。大陆法系的一事不再理原则是与大陆法系的既判力（拉丁文 res judicata est）理论息息相关的。因为按照既判力理论，"既判的事实，应视为真实"，不论其正确与否，任何法院或法官都不能将其推翻。作为大陆法系典型代表的德国，其学者对一事不再理原则的解释是，法院在刑事审判过程中一般可作出两种裁判：一是实体裁判，即根据刑事实体法的规定确定被告人有无刑事责任以及应否对其科处刑罚的裁判，包括无罪裁判和有罪（科刑或免刑）裁判两种；二是程序裁判，即法院就审判程序方面的事项所作的裁判，如免诉、不受理、管辖错误之裁判等，这种裁判又称为形式裁判。上述两种裁判一旦经过法律规定的程序和审级成为确定的终局裁判，即可产生一种特殊的法律效力，即裁判的确定力。这种裁判确定力按其效果不同又可分为形式确定力和实质确定力两种。程序裁判一般只能产生形式确

---

① U.S. v. Halper，490 U.s. 435，440 (1989).

② 其英文表述为："No one shall be liable to be tried or punished again for an offence for which he has already been finally convicted or acquitted in accordance with the law and penal procedure of each county." 关于联合国《公民权利和政治权利国际公约》的中译本，参见程味秋等编：《联合国人权公约和刑事司法文献汇编》，86～104页，北京，中国法制出版社，2000。

③ 参见陈瑞华：《刑事审判原理论》，197～198页，北京，北京大学出版社，1997。

④ William S. Mcaninch，Unfolding the law of Double Jeopardy，South Carolina law review，p. 416.

定力，即产生终结审判程序的效果，并使裁判具有可执行性。但实体裁判一旦生效，不仅会产生形式确定力，而且还会产生实质确定力，即经裁判确定的同一诉讼案件（即同一被告之同一起诉事实）不得再度成为另一审判程序之客体，任何法院均不得通过重新开启另一刑事审判程序对该案件作出新的裁判。因此，一事不再理原则仅适用于法院所作的实体裁判，而不适用于程序裁判。该原则可以保证法院裁判具有相对确定性和稳定性，使法院的安定性得到保障，法院的尊严和威信得到维护。

虽然根据学者考证，英美法系中的禁止双重危险原则与大陆法系中的一事不再理原则，实际上都来源于罗马法[①]，且这两项原则的主要目的均是旨在避免被告人遭受双重惩罚的风险，但是它们的差别还是很明显的：首先，禁止双重危险原则所要求的是不得对任何被告人的同一罪行进行两次审判和判刑，禁止使被告人的实体权益因其同一罪行受到两次危险。法庭尤其是陪审团的刑事裁判一旦作出，无论是否产生法律效力，控辩双方在上诉或申请再审方面均要受到这一原则的限制。因此，禁止双重危险原则不仅适用于刑事审判程序终结阶段——即法院已经作出了生效刑事裁判之时，而且适用于刑事审判过程之中，如控辩双方对未生效裁判提起上诉的程序等。在英美法系国家中，控诉方无权就陪审团所作的无罪裁判提出上诉，被告人对法庭的有罪裁决提出上诉后，上一级法院不得加重对被告人的刑罚处罚，等等，这些规则都是从禁止双重危险原则中派生出来的。而大陆法系的一事不再理原则强调的是法院所作的刑事裁判经过法定的程序和审级最终产生法律效力后，一般不得加以推翻；而且被告人经法院生效的判决确定有罪或无罪之后，一般不再受到新的审判或判刑。因此，只有当法院的刑事裁判已经产生法律效力时，一事不再理原则才能发挥其作用。与此相一致，在大陆法系中，控辩双方对未生效裁判均有权提出上诉。当然，从保护被告人利益的角度来看，大陆法系国家通常都是确立了上诉不加刑或者禁止在上诉审中对被告人作不利变更的原则，但这些原则与一事不再理原则并没有内在的联系。总之，一事不再理原则强调的是法院的判决已经产生了法律效力，禁止双重危险原则强调的则是法院已经开启了审判程序之后，同一罪行不得再次受到起诉和审判。因此，美国学者西格勒曾以英美的禁止双重危险原则为标准，在描述其他国家的这类原则时指出，在许多国家的法律里，禁止双重危险“这样一种概念或多或少通常都是被承认的”。他还指出，绝大多数民法法系国家只是接受了“禁止双重危险原则概念的一部分”（a portion of the double jeopardy concept），并称，“一方面，民法法系国家在‘双重危险的程度’（the extent of double jeopardy）上彼此可能有所差异，但在另一方面，总体而言，民法法系国家的禁止双重危险原则都不如英国或美国的广泛（extensive）”[②]。其次，一事不再理原则所适用的范围是“同一行为”，而英美法系国家中的禁止双重危险原则所适用的范围则是“同一罪行”。很显然，“同一行为”的范围远远大于“同一罪行”。因为按照英美国家的犯罪构成理论，同一个行为可以构成多个罪名，而按照禁止双重危险原则的要求，通常只是针对其中一个

① 参见［日］田口守一：《刑事诉讼法》，刘迪等译，303页，北京，法律出版社，2000。

② Jay A. Sigler, Double Jeopardy, New York Cornell University Press 1969, pp. 142～143.

罪行才适用该原则的规定。因此，从这个意义上讲，虽然一事不再理原则只能针对已经生效的裁判，而禁止双重危险原则还包括尚未产生法律效力的裁判，但是从对象的适用范围上来看，一事不再理原则的范围要相对广泛一些。

另外，无论是大陆法系的一事不再理原则还是英美法系的禁止双重危险原则都还是有例外的，即在特殊的情况下，可以依照法定程序推翻已经产生了法律效力的裁判。不过，这只能针对一些较为特殊的案件并在遵循严格程序的前提下才能启动。

（二）禁止双重危险与一事不再理原则的意义

虽然禁止双重危险与一事不再理原则存在一定程度的差异性，但是从总体上来看，其积极意义还是基本一致的，体现在以下几个方面：

1. 禁止双重危险与一事不再理原则有利于保障被告人的人权。犯罪活动理应受到刑事处罚，国家是通过刑事诉讼活动来追究被告人的刑事责任的。但是国家在追究被告人的刑事责任的同时，其手段也应该有所节制，以免同一刑事案件多次被启动，使被告人无休止地受到追诉和审判，使之涉入缠讼之苦。具体而言，在启动刑事诉讼程序之时，国家对同一被告人的同一犯罪行为事实只能拥有一次刑事追诉权，只有一次追诉机会。一旦国家行使用了这一追诉权，对被告人提起了追诉，无论结果如何，则该追诉权即告耗尽，此后不得就同一被告人的同一犯罪事实再次追诉，否则，即属刑事追诉权的滥用，将过度侵害被告人的权利。一事不再理原则与禁止双重危险原则正是禁止国家无节制地对被告人的同一犯罪事实进行重复追诉，其目的旨在约束和限制国家的追诉权，防止因其滥用过度侵害被告人的人权。

2. 禁止双重危险与一事不再理原则有利于确保审判程序的及时终结，节约刑事司法资源。任何一个国家的刑事司法资源都具有有限性，同一生效的刑事判决如果多次地被启动，必然会导致诉讼资源的巨大浪费。禁止双重危险和一事不再理原则强调刑事诉讼的及时终结，在客观上可以促使追诉机关勤勉工作，提高效率，实现对犯罪的及时惩罚。该规则有利于防止犯罪和刑罚之间的长时间脱节，避免使刑罚滑入单纯的报应形态，以致抵触刑事司法和刑罚的预防犯罪功能。因此，禁止双重危险和一事不再理原则与刑罚的及时性原则也是紧密相连的。

（三）一事不再理或者禁止双重危险原则与我国的刑事诉讼

我国现行的宪法和刑事诉讼法及其相关司法解释中并没有规定一事不再理或者禁止双重危险原则，相反，立法中明确规定了审判监督程序，而且司法实践中适用审判监督程序进行审理的案件占有很大的比例。目前我国学界的通说认为，应该适当地缩小适用审判监督程序进行审理的案件范围。很显然，由于一事不再理原则或者禁止双重危险原则已经被《公民权利和政治权利国际公约》所明确规定，我国已经加入了该公约，且目前我国的再审程序存在很大的问题，被告人因同一行为被多次启动进行追诉的现象时有发生，这样导致的一个后果就是被告人长期被置于不确定的状态，浪费了诉讼资源。因此，在即将修改的刑事诉讼法中将一事不再理原则或者禁止双重危险原则确定下来，势在必行。但是，具体在概念的使用和制度的设计上，是采用大陆法系的一事不再理原则还是英美法系的禁止双重危险原则。我们认为，虽然我国的庭审方式改革基本上采用当事人主义的对抗制诉讼模式，但是，很显然，禁止双重危险原则是与英美国家的陪审团制度息息相关的，例如，如果一审法院中的陪审团宣布被告人的行为不构成犯罪，那么检察官对此就不能再行提起上诉。而大陆法系则与此相反，究其原因，因为在英美法系国家，陪审团享有事实的裁判权，他们的声音就是“上帝的声音”，他们如果认为被告人的行为不构成犯罪，即使检察官乃至主审法官认为被告人的行为构成犯罪，检察官也不能提起上诉，主审法官也无能为力。因此，可以说，如果没有陪审团的事实审裁，那么，禁止双重危险原则就失去了赖以存在的根基。同时，我国最高人民法院颁布的《关于执行〈中华人民共和国刑事诉讼法〉若干问题的解释》第 176 条第 3 项明确规定：案件事实清楚，证据确实、充分，依据法律认定被告人无罪的，应当判决宣告被告人无罪。虽然对于该条规定的合理性，刑诉学界已有一些非议，但是这至少表明如果在我国适用禁止双重危险原则还是存在一定的立法障碍的。同时，如果在我国的刑事诉讼法中采用禁止双重危险原则，就意味着检察机关就同一事实可以分别以不同的罪名反复多次起诉被告人，这样虽然有利于司法机关纠正已经发生的司法错误，发现实体真实，但是却将被告人置于诉累之中，承受着多次被追诉的风险。因此，我们认为，我国的刑事诉讼立法应该采用一事不再理原则。具体而言，即是在制度设计上，完善我国的再审程序，体现在以下几个方面：

1. 正式确认一事不再理原则。我们认为，应该在宪法中对一事不再理原则作出原则性的规定，如规定“任何公民若依刑事程序被最终定罪或者宣告无罪，享有不得就同一罪名再接受审判或惩罚的权利”。并在刑事诉讼法的基本原则篇中将一事不再理原则明确规定下来。

2. 改进刑事再审的具体制度。第一，刑事诉讼法应对刑事再审的申请理由作出重新界定。具体而言，将再审明确区分为有利于被告人的再审和不利于被告人的再审两种形式。在一般情况下，只准许提起有利于被告人的再审，在特殊条件下，亦可提起不利于被告人的再审，但应规定明确的情形。如被告人无罪或罪轻判决的获得可归责于被告人的过错，包括被告人强迫、威胁、利诱证人、鉴定人作出有利于被告人的并被法庭采纳的虚假证词或鉴定结论等情形，被告人案后在公共场所作出的令人相信的犯罪自白等。对不利于被告人的再审还应规定追诉次数和追诉时效，而有利于被告人的再审则无须规定追诉次数和时效。第二，取消法院自行启动再审程序的特权。法院应遵循“无利益，无诉讼”和控审分离的原则，其只能是居中裁决者，不能随意自行更改已经作出的生效判决。因此，法院不能成为再审程序的发动人。第三，提高受理再审申请和对再审进行审理的法院级别。受理再审申请和对再审进行审理的法院应为作出原生效判决法院的上一级法院。因为作出生效裁判的法院是一事不再理原则的义务主体，其必须受既判力的约束，同时这样规定也有利于法院不偏不倚地进行重新审判。第四，取消检察院抗诉必然引起再审的规定。现行法规定申诉人的申诉并不必然引起再审，却规定检察院的抗诉必然引起再审，这明显是将申诉人和检察院置于不平等的地位，违背了程序公正原则，不利于对当事人的救济。法院应一律通过听证程序，并在听取申诉人或检察院以及另一方当事人的意见的基础上作出是否开始再审的裁定。

七、程序参与原则

(一) 程序参与原则的含义及其要求

程序参与原则的含义是指，任何可能受刑事判决或者对诉讼结局有直接影响的主体都应当有充分的机会参与到刑事诉讼过程中来，并对裁判结果的形成能够发挥影响和作用。所谓“可能受到刑事裁判直接影响的主体”，主要是指国家、刑事被告人、被害人等各方。由此可知，本书对程序参与原则含义的界定，与目前有些学者对参与原则的含义的理解还是存在一定的差异的。对程序参与原则的一种比较有代表性的理解认为，完全意义上的参与原则应当从当事人参与和公民参与两个方面来加以理解和把握。[①] 我们之所以认为程序参与原则的主体不宜包括普通公民的参与，其原因体现在：首先，程序参与原则的本意就在于确保刑事诉讼中任何与程序结果有利益关系的主体能够公正地参与到诉讼过程中来，以保障他们的程序权利。而刑事诉讼过程中，有些情况下的确也有社会公众直接参与到刑事诉讼过程中来，或者通过一定的方式对刑事司法活动进行监督。但是，刑事司法活动毕竟是一种专门化的活动，需要受过专门的法律训练的职业法官按照法定的诉讼程序来作出判决。以陪审制度为例，虽然，陪审制和参审制是当今很多国家在诉讼中实现的一项制度，但是我们应该看到，即使是在美国，刑事案件中95%是通过辩诉交易解决的，真正实现陪审员审裁的毕竟只是极少数。况且，无论是在大陆法系还是英美法系中，陪审制度也逐渐呈现衰微的趋势，这从一个侧面表明，在刑事诉讼中，绝大多数的案件并不是通过陪审制度进行审理的，这就是说，以陪审制的存在论证社会公众参与原则是欠缺足够说服力的。因为，由于大量的刑事案件中都没有陪审员参与，如果承认社会公众参与也是刑事诉讼的一项基本原则，那么，现实的情况是绝大多数的案件都没有公众参与，既然绝大多数的案件都没有公众参与，那么，公众参与原则也就不应该成其为刑事诉讼的基本原则了。其次，将少量案件中有普通社会民众参与刑事诉讼与当事人的程序参与混为一谈也是不妥当的。少数案件中虽然有社会公众的参与如陪审员等，但是，他们在诉讼中的地位毕竟不能与当事人的诉讼地位相比，如果将他们混为一谈，就有可能造成漠视当事人特别是犯罪嫌疑人、被告人诉讼权利的后果。

总而言之，我们认为，司法活动是一种专门化很强的活动，必须严格地依照国家制定的程序法的规定来进行。司法虽然也应该适度地反映民意，因为“司法依赖于民众的信赖而生存。任何司法的公正性，在客观性和可撤销性方面的价值观，决不能与司法的信任相悖”[②]。但是同建立在选举制度基础之上的行政权和立法权相比，更多地应该体现为一种中立的裁判权，司法在本质上也不应该是民意的一种产物。[③] 虽然在少数情况下刑事司法活动

---

① 参见谢佑平、万毅：《刑事诉讼法原则：程序正义的基石》，311页，北京，法律出版社，2002。

② ［德］拉德布鲁赫：《法学导论》，米健、朱林译，119页，北京，中国大百科全书出版社，1997。

③ 参见张泽涛：《“议行合一”对司法权的负面影响》，载《法学》，2003（10）。

不乏一些普通的社会民众的参与，但这不足以成为将公众参与视为刑事诉讼基本原则的理由。因此，我们认为，刑事诉讼中的程序参与原则的含义包括以下几个方面的内容：

首先，任何与程序的结果有直接关系的主体，都应该享有到场参加程序的权利。具体要求是，无论是在侦查阶段、起诉阶段还是审判阶段，犯罪嫌疑人、被告人、被害人以及代表国家追诉犯罪的侦查机关、控诉机关和审判机关，都是诉讼阶段不可或缺的主体。如在侦查阶段对犯罪嫌疑人采取强制措施时，对犯罪嫌疑人作出不起诉决定时，都应该听取他们的意见。审判阶段就更是如此，被告人、公诉人、被害人不仅应参与法庭审判的全部过程，而且在法庭举行的庭外调查或准备活动中也应参与。

其次，程序的参与者应该享有能够充分地表达自己意志的权利。具体要求是，任何与程序有直接利益关系的人不仅应该能够参与到诉讼中来，而且更应当能够积极主动地参与到与之相关的程序中。程序参与者应有充分的机会陈述自己的意见、观点和主张，提出据以支持其主张的证据，并拥有为进行这些活动所必需的权利以及制度保障。

再次，任何程序参与者或者其代表有充分的机会实质性地参与诉讼活动并影响裁判的结果。比如在侦查阶段，要保障辩护律师的会见权及一定的知情权；对没有辩护律师的犯罪嫌疑人，要保证其了解案件进展情况及相关的法律规定，以便更好地维护其权利；在作出不起诉决定时，在被害人死亡或者重伤及因其他原因不能参与诉讼时，要保证被害人的代理人有充分的了解案情和陈述意见的机会。

最后，国家应该保证在诉讼的任何阶段能够给予程序参与者以人道的对待。具体要求就是无论是享有国家侦查权、起诉权还是审判权的主体，都应该人道地对待犯罪嫌疑人、被告人、被害人等程序参与者，不得利用手中所拥有的权力对后者的人身、精神进行强制或者胁迫。犯罪嫌疑人、被告人、被害人等如果在参与过程中不拥有人的尊严，时时受到非人道的对待——如人身侮辱、暴力胁迫、精神压制等，那么，他们的程序参与权就形同虚设，程序参与原则也就失去了存在的根基。

（二）国外关于程序参与原则的立法规定及其实践

无论是在大陆法系职权主义诉讼还是英美法系的当事人主义诉讼的立法中，都明确规定了程序参与原则，同时，在刑事司法实践中程序参与原则也得到了很好的贯彻。具体而言，两大法系主要是通过赋予程序参与者的知情权、在场权以及诉权来保障他们的参与原则的贯彻实施的。

1. 知情权及其相关的立法规定。知情权是诉讼参与人参与诉讼并最终影响判决结果的前提，因为如果诉讼参与人连与自己切身利益息息相关的基本案情都一无所知，那么，参与原则也就无从谈起。无论是在大陆法系还是英美法系中，对保障诉讼参与人的知情权都作出了明确的规定，特别是在对犯罪嫌疑人、被告人适用搜查、扣押或者逮捕等强制处分时。例如，在英国，逮捕时应当告知被捕人指控的内容。无论是由警官还是由贫民所作出的无证逮捕，只有当它是基于被捕人已经被告知的指控（除非具体情况使他必然知道所指控的犯罪的实质）时才被认为是合法的。法官在决定是否羁押被捕人时，要听取被捕人及律师的意见。在美国，被捕人对其被捕的理解是逮捕合法的一个重要条件。在加拿大，被告人有权被迅速告知逮捕或拘留的理由，因为除非知道他被捕的原因，否则他是很难进行自我辩白的，相反的，并且恰恰是很重要的，他倒很容易进行自我归罪。除非某人知道对他的控诉内容，他才能够作出一个真实的回答，当然，如果被捕者确有辩白的话，那么在最初的时间内，他就必须被赋予此种辩白的机会。同样地，如果某人有罪，但不知道控诉他的是何种罪名，他很可能就对自以为是的控诉的内容进行辩白，这样做的结果，只会导致成功的自我归罪，很可能比警察所控诉的罪名更严重。这也是为什么作为公正和公平游戏的一个基本条件，被捕者应被告知被捕之原因。另外，根据加拿大《权利和自由宪章》的规定，一旦起诉罪名明确，被告应毫不迟疑地被告知。在日本，犯罪嫌疑人获得信息权被视为是犯罪嫌疑人的基本权利。案件处理程序的信息，首先必须提供给犯罪嫌疑人本人，“这是向犯罪嫌疑人提供信息的理由，不单是为了解除犯罪嫌疑人的不安，而且也意味着让他以主体地位参与自己的案件的处理”，“承认犯罪嫌疑人的‘知情权’，是因为犯罪嫌疑人也有参加程序的权利”①。

在大陆法系国家的法国，根据其刑事诉讼法典第 145 条规定，任何案件，以及在案件侦查的任何阶段，拟对受审查人实行先行拘押的预审法官都要通知当事人有权得到由其本人选定或依职权指定的诉讼辅佐人的协助。预审法官还须通知受审查人有权享有一定的期限，以准备辩护。先行拘押实行对审程序。受审查人选定或经指定的律师立即经任何途径得到通知，但通知事由应当在笔录中记明。律师可以当场查阅案卷，并且可以自由地同当事人交换意见。在对席辩论中，检察院提出其意见和要求，当事人以及可能情况下，其律师作出陈述。如果从笔录中可以看出辩论并未按照法律规定的条件对席进行，就先行拘押作出的裁定应当撤销。如果受审查人或其律师提出请求，要求给予一个准备辩护的期限，预审法官应将案件推迟至下一次开庭审理，推迟期间不得超过四个工作日。② 在德国，刑事诉讼法第五编专门规定了被害人参加程序，被害人可以作为检察院的辅助人员参加公诉。根据有关规定，被害人有权提出申请，要求应当向他通知程序终结情况。这说明不但犯罪嫌疑人在诉讼中享有知情权，而且被害人也同样享有知情权。

2. 在场权及其相关的立法规定。在场权主要体现在庭审过程中，按照德国学者的解释，其含义是指在法庭审判过程中，检察官、被告人以及其他诉讼参与人必须亲自到庭出席审判，除特殊情形以外，当事人如若不在场时，不得进行法庭审理，否则审判活动将归于无效。为了保障在场原则能够得以切实有效的贯彻实施，西方国家同时规定了直接采证原则，其含义是，从事法庭审判的法官必须亲自直接从事法庭调查和采纳证据，直接接触和审查证据；证据只有经过法官以直接采证方式获得才能作为定案的根据。在场原则和直接采证原则直接表述为直接言词原则。两大法系都在其刑事诉讼法典中明确规定了在场原

---

① ［日］田口守一：《刑事诉讼法》，刘迪等译，87 页，北京，法律出版社，2000。

② 参见［法］卡斯东·斯特法尼等：《法国刑事诉讼法精义》，罗结珍译，610～613 页，北京，中国政法大学出版社，1998。

则和直接言词原则。如法国刑事诉讼法第 32 条规定:"检察院应当出席各个刑事法庭。检察院应当参加法庭审判法庭的审讯，任何裁判的宣布应有检察院在场。"德国刑事诉讼法第 226 条规定:"审判是在被召集作裁判人员、检察院和法院书记处一名书记员不间断在场情形下进行。"该法典第 230 条第 1 款规定:"对未到庭的被告人不举行审判。"日本刑事诉讼法第 282 条也规定:"公审庭应当有审判官及法院书记官到庭，并由检察官出席的情形下开庭。"第 286 条规定:除了法定情形外，被告人在公审期日不到场时，不得开庭。

当然，无论是在场原则还是直接采证原则，只是限于一般场合，而在一些特别的场合下不能适用。这一原则有一系列的例外规则。例如，在一些特殊情况下法庭可就被告人的刑事责任问题举行缺席审判程序；在证人因死亡、重病、出国、距离法庭太远等客观情况而无法出庭作证时，法官可将经过审查的书面证言作为裁判的根据，或者在控辩双方参与下亲自去证人住处进行询问并制作书面笔录，或者委托当地法院对证人进行调查并将询问笔录作为证据；等等。

3. 当事人的诉权保护及其相关的立法规定。知情权以及在场权的最终目的还是为了保障当事人能够通过实质的参与对诉讼的结果施加影响，以维护自己的合法权益。在笔者看来，当事人对诉讼的结果施加影响是通过保障其诉权得以实现的，而诉权的集中体现则是在审判阶段。在英美法系的对抗制庭审程序中，整个审判程序都是由双方当事人推进，法官保持相对的沉默，当事人在审判过程中的程序参与权能够得到充分的实现，法院的判决也是建立在双方当事人的交叉询问的基础上。当事人的诉权具体是通过参加法庭审判权、提出申请回避权、申请调查证据和参与证据调查等诸多权利实现。在美国，被告方有要求直接裁决的权利，要求法官认定起诉方并没有出示支持罪行各个要件的证据，唯一的公正裁决只能是宣告无罪。如果法官拒绝了直接裁决的动议，则被告方有权在继续进行的诉讼中出示证据。[①] 笔者在前文中已经指出，大陆法系国家的职权主义诉讼中，也实行直接言词原则，当事人必须直接参与刑事案件的审判过程，并且在审判阶段还规定了当事人的一系列参与权，如申请调取证据的权利、申请鉴定的权利、发表意见的权利，等等。法国刑事案件的审判程序有三大特征，即庭审辩论的公开特征，言词特征与对席特征，因此，当事人是完全可以通过上述的程序参与权来影响法院判决的最终形成的。在德国，在法庭审判过程中，法庭应当告知被告人可以自行决定对公诉作答辩还是对案情不予陈述，被告人可以作出答辩。被告人可以同意免于收集个别证据。在证据调查终结后，被告人可以发言，阐述他们的意见、申请，并有权作最后陈述。

总而言之，无论是在大陆法系国家还是英美法系国家中，在庭审过程中，都通过赋予了当事人一系列的诉讼权利以保障其诉权的实现，从而使得当事人能够通过程序参与权来影响判决结果的形成。

---

① 参见［美］爱伦・豪切斯泰勒・斯黛丽、南希・弗兰克:《美国刑事法院诉讼程序》，陈卫东、徐美君译，533 页，北京，中国人民大学出版社，2002。

（三）程序参与原则的意义

无论是大陆法系国家还是英美法系国家，都在立法和司法实践中明确地遵行了程序参与原则，因此，可以说，程序参与原则是当今任何一个法治国家所普遍遵行的最基本的诉讼原则，是文明、民主社会刑事诉讼司法程序的标志。总体而言，程序参与原则的意义体现在以下几个方面：

1. 程序参与原则是实现司法公正的前提条件。司法公正要求控辩双方都享有平等地陈述自己意见和理由的权利。在刑事诉讼活动中，犯罪嫌疑人、被告人处于相对弱势的一方，为了维护程序公正的基本要求，就应该充分赋予犯罪嫌疑人、被告人陈述自己意见的机会。同时，司法公正的含义包括两个方面的要求：一是程序的参与者必须参与整个诉讼过程，能够知悉案件的有关情况，并能为维护自己的合法权利陈述自己的意见和理由；另一方面，犯罪嫌疑人、被告人通过自己享有的程序参与权介入到刑事诉讼过程中来，能够为裁判者提供相应的证据，并从有利于己的角度提出辩护意见，陈述自己对案件的看法，这样就能使裁判者兼听则明，做到客观、全面、充分地了解案情，正确地适用法律，作出公正的实体判决。

2. 程序参与原则可以树立司法的权威，增强裁判的可接受性。英国有一句古老的法谚："正义不仅要实现，还要以人们看得见的方式来实现。"司法是实现社会正义的最后一道防线，在任何一个法治社会，司法都应该享有至上的权威。与此相应，司法实现社会公正的时候，应该允许与最终的裁决结果有切身利益关系的人能够参与到争辩的过程中来，这样，社会公正就能够接受裁决的结果，吸纳对于司法的不满和抵触情绪，因此，程序参与原则可以增强裁判的可接受性，增强司法的权威观念，使得广大民众能够信赖和接受司法在实现社会正义中所起到的作用。

3. 程序参与原则是现代民主法治社会的一个最基本的特征。虽然同建立在普选基础上的行政权和立法权相比，司法权更缺少民主化色彩，但司法权的运作也应该充分地体现民意，这是民主法治原则的要求。具体而言，在刑事诉讼过程中，作为与国家公权力相对一方的犯罪嫌疑人、被告人，从民主政治的角度而言，程序参与原则要求其介入司法权的运作中来，能够充分地陈述自己的意见和理由，以影响判决的形成过程。因此，从现代民主政治的要求来看，刑事诉讼过程中的程序参与原则是其应有之义。

（四）程序参与原则与我国的刑事诉讼

从总体上而言，在我国的刑事诉讼法中，程序参与原则还是得到了一定程度的体现。在刑事诉讼过程中，犯罪嫌疑人、被告人自始至终都应该参与其中，既可以自行辩护还可以委托律师等为其辩护。为了保障犯罪嫌疑人、被告人的程序参与权能够落到实处，还赋予了其一系列的诉讼权利。如犯罪嫌疑人、被告人在刑事诉讼中有权知悉自己的被指控的罪名；在被侦查机关第一次讯问后或者采取强制措施之日起，有权聘请律师提供法律咨询、代理申诉控告、申请取保候审；有权参加法庭调查和法庭辩论，有权申请新的证人到庭、调取新的物证、申请重新鉴定和勘验，并在法庭辩论结束后作最后陈述；有权上诉；等等。

被害人在刑事诉讼中也有享有知情权、申诉权、请求权及陈述意见权等在内的一系列的程序参与权。但是，在具体的诉讼阶段中，我国刑事诉讼法对程序参与权的规定还存在不完善之处。如在死刑复核审程序中，虽然被告人可以通过书面的方式提出意见，但是却既不能委托律师进行辩护，也不能进行自行辩护，很大程度上将被告人的程序参与权剥夺了。对于具体的诉讼参与人而言，被害人享有的知情权是不充分的。如我国刑事诉讼法虽然规定被害人有权参与审判，但却并未规定进行审判时，检察院或法院应当将有关情况包括程序开始和终结的情况向被害人及时通报；对于被告人一方而言，由于被告人方主要是通过辩护律师来保障诉讼参与原则得到落实，但是目前辩护律师的阅卷权和调查取证权得不到保障。如虽然刑事诉讼法规定辩护律师可以查阅“本案所指控的犯罪事实的材料”，但是却对其具体范围缺乏明确的规定，导致司法实践中司法机关以此为借口，限制辩护律师的阅卷范围。同时，刑事诉讼法明确规定，辩护律师调查取证权必须以被调查人同意为前提，调查被害人或者其近亲属、被害人提供的证人，还必须“经人民检察院或人民法院许可”，这一规定极大地制约和限制了辩护律师调查取证权的行使，致使实践中辩护律师取证难，直接影响到辩护律师参与诉讼程序的效果。总体而言，虽然程序参与原则已经在我国的刑事诉讼立法和司法实践中基本得到了体现，但是，在个别的具体程序中，该原则还有待于进一步完善。

八、任何人不受强迫自证其罪原则

不受强迫自证其罪原则是当今世界绝大多数法治国家所普遍确立的刑事诉讼基本原则，也为联合国所颁布的刑事司法公约所明文规定。虽然当今世界各国对任何人不受强迫自证其罪的具体立法规定还是存在一定程度的差异，但是不受强迫自证其罪原则无一例外地被各国视为保障犯罪嫌疑人、被告人辩护权的最基本的内容之一。因此，是否确立和如何确立任何人不受强迫自证其罪原则是一个刑事司法制度的人权保障状况的标志。

（一）任何人不受强迫自证其罪的含义

任何人不受强迫自证其罪作为一项权利或者特权，通常也被称为“反对自证其罪的权利”（right against self-incrimination）或者“犯罪自证其罪的特权”（privilege against self-crimination）。联合国《公民权利和政治权利国际公约》第 14 条庚项规定：“不被强迫作不利于他自己的证言或强迫承认犯罪”是在判定对他提出的任何刑事指控时人人完全平等地有资格享有的最低限度的保证，即在刑事诉讼中被指控的人享有犯罪自证其罪的权利或特权。任何人不受强迫自证其罪的含义，按照西方学者的解释包括以下几个方面的含义：一是被告人没有义务为追诉方向法庭提出任何可能使自己陷入不利境地的陈述和其他证据，追诉方不得采取任何非人道或有损被告人人格尊严的方法强迫其就某一案件事实作出供述或提供证据；二是被告人有权拒绝回答追诉官员或法官的讯问，有权在讯问中始终保持沉默。司法警察、检察官或法官应及时告知犯罪嫌疑人、被告人享有此项权利，法官不得因被告人沉默而使其处于不利的境地或作出对其不利的裁判；三是犯罪嫌疑人、被告人有权就案件事实作出有利或不利于自己的陈述，但这种陈述须出于其真实的意愿，并在意识到其行为后果的情况下作出，法院不得把非出于自愿而是迫于外部强制或压力所作出的陈述作为定案的根据。① 具体而言，从联合国刑事司法准则的规定来看，任何人不受强迫自证其罪原则的要求包括以下五个方面的内容：

1. 适用的主体范围包括犯罪嫌疑人、被告人和证人等自然人，法人、非法人团体和合伙组织不享有这一权利。

2. 适用的事实范围是可能导致刑罚或者更重刑罚的事实，既包括直接证明犯罪的事实和间接证明的事实，在有些国家里（如美国）也包括能够成为导致发现犯罪的线索的事实。如果仅是对财产（例如承担民事赔偿责任等）或者名誉不利的事实则不适用这一规则。

3. 不受强迫自证其罪的证据范围既包括口头陈述，也包括实物证据，但提取被询问者的指纹、足迹、血样、笔迹、声纹、摄取被询问者的照片、测量和检查被询问者的身体等不受这一规则的限制。

4. 反对强迫自证其罪的规则所禁止的是以暴力、胁迫等方法强行违背被询问人自由意志获取有罪供述和其他证据的行为。

5. 被询问者不会因为沉默、拒绝提供陈述和其他证据而遭受惩罚或者法律上的不利推测。②

不受强迫自证其罪作为犯罪嫌疑人、被告人、证人的一项特权，为了保障其得以实施，警察和检察官作为国家的追诉人员不得实施可能侵犯犯罪嫌疑人、被告人该项权利的行为，并同时负有保障犯罪嫌疑人、被告人和证人该项权利得以实施的义务；对于犯罪嫌疑人、被告人和证人而言，由于不受强迫自证其罪是其一项权利，而作为权利他是既可以享受也可以放弃的。同时，不受强迫自证其罪与沉默权、自白任意性规则和拒绝供述等一系列权利有相同的理论基础和意义，如果在立法上确立了不受强迫自证其罪原则，也应该同时确认犯罪嫌疑人、被告人应该享有沉默权、自白任意性规则和拒绝陈述等一系列的权利和规则。

（二）国外关于不受强迫自证其罪的立法与实践

不受强迫自证其罪原则来源于“任何人无义务控告自己”（Nemo tenetur seipsum accusare）的古老格言。任何人不受强迫自证其罪及沉默权的渊源地是英国。1693 年，英国王室特设法庭——星座法院在审理指控李尔本印刷出版煽动性书刊的案件中，强迫李尔本宣誓作证，被李尔本拒绝。他在法庭上说：“任何人都不得发誓折磨自己的良心，来回答那些将使自己陷入刑事追诉的提问，哪怕是装模作样也不行。”③ 星座法院遂对其施以鞭刑和

---

① See Ronald Joseph Delisle and Don Stuart，Learning Canadian Criminal Procedure，Third edition，Carswell Thomson professional Publishing 1994，p. 354.

② 参见陈光中、[加] 丹尼尔·普瑞方廷主编：《联合国刑事司法准则与中国刑事法制》，274～275 页，北京，法律出版社，1998。

③ 转引自王以真：《外国刑事诉讼法学参考资料》，427 页，北京，北京大学出版社，1995。

枷刑。1940年，李尔本在英国国会呼吁通过法律确立反对强迫自证其罪的原则，得到国会的支持，英国由此在法律中率先确立了反对强迫自证其罪的原则。1789年，这一原则为美国宪法第五修正案所吸收，上升为宪法性原则。

考察当今其他法治国家的立法，可以看出，不受强迫自证其罪原则已经为绝大多数国家的法律所确认。如法国刑事诉讼法第116、128、133条分别规定："预审法官应告知审查人，未经其本人同意，不得对他进行讯问。此项同意只有当他的律师在场时方可取得。任何时候，当被审查人要求作陈述，预审法官应立即听取。本款所规定的告知，应记入笔录。""上述预审法官或共和国检察官，应当在告知该人有权拒绝陈述后，讯问该人的身份，听取其陈述……此项笔录应当注明此人已经被告知他有权拒绝作陈述。""共和国检察官在告知该人有权拒绝陈述以后，听取其陈述。笔录中应注明已作此项告知。"澳大利亚不但规定了被告人的沉默权，而且从其立法和判例来看，其沉默权规则具有如下的特点：首先，受沉默权规则保护的证据范围不仅包括可能导致刑事定罪的证据，而且包括可能导致民事惩罚的证据。其次，在判例法上，1934年的一个判例赋予公司反对自我归罪的权利，该判例在英国和澳大利亚都得到接受，但在美国则没有得到接受。再次，沉默权不仅可以在司法程序中主张，而且可以在非司法程序中主张；但是，在非司法程序中并不一定会得到支持，是否得到支持完全视案件情况而定，法律并没有统一的标准。在加拿大，关于沉默权的规定主要体现在1982年颁布的《权利和自由宪章》以及相关的证据法典。具体而言，加拿大对沉默权的规定体现在以下三个方面：其一，在审前阶段，被告人在审前阶段保持沉默的行为不得被推出用以反对被告人的结论。只有当政府对陈述的自愿性的证明达到排除合理怀疑的程度的时候，该供述才是可以采纳的。其二，在审判阶段，加拿大证据法典第11条规定："任何被指控犯有刑事罪行者有权不被强迫在反对他的程序中就被指控的犯罪作证。"加拿大的证据法典也禁止政府一方和法官就被告人保持沉默的事实发表评论，但是对这一限制的解释是十分狭窄的。它并不禁止法官发表中立性质的评论，也不禁止法官发表有利于辩护方的评论。而且，对于法官而言，建议陪审团不考虑被告人不作证这一事实的指示是错误的。其三，对于证人而言，加拿大证据法典第13条规定："证人在任何程序中所提供的证言不得在任何其他程序中被用来作为对他定罪的证据。但是证人被控伪证罪或被控提供自相矛盾的证据的情形除外。"德国刑事诉讼法第136条规定："被初次讯问开始时，要告诉被指控人的行为和可能适用的处罚规定。接着应当告诉他，依法他有就指控进行陈述或者对案件不予陈述的权利。"① 此外，任何人不受强迫自证其罪原则不仅为各国立法所规定，而且其精神也为联合国《公民权利和政治权利国际公约》第14条、《联合国少年司法最低限度标准规则》第7条、世界刑法学协会第十五届代表大会《关于刑事诉讼法中的人权问题的决议》第17条等规定中被确认，这表明任何人不受强迫自证其罪原则已经成为国际社会上大多数国家的一致共识。

---

① 转引自易延友：《沉默的自由》，238～242页，北京，中国政法大学出版社，2001。

(三) 不受强迫自证其罪原则的理论价值

不受强迫自证其罪原则的理论价值包括以下几个方面内容：

首先，不受强迫自证其罪原则有利于刑事诉讼中追诉方和被追诉方之间的平衡，实现程序公正。在刑事诉讼中，代表国家实行追诉权的国家机关显然处于一种优势地位，犯罪嫌疑人、被告人处于相对弱小的地位，沉默权有利于平衡双方之间的差距，保护犯罪嫌疑人、被告人的权利。现代意义上的刑事诉讼使得任何人未经法律规定的正当程序不得被剥夺人身自由、财产或者其他权益，为了保障上述要求的实现，各国刑事诉讼法中规定了被追诉方享有无罪推定和辩护等一系列的权利。如果离开了不受强迫自证其罪原则，无罪推定和辩护制度等一系列保障犯罪嫌疑人、被告人权利的原则和制度都缺乏了赖以存在的根基。例如，现代各国均规定犯罪嫌疑人、被告人在侦查阶段即可委托辩护人，很多国家还专门为贫穷的嫌疑人提供免费的律师帮助。面对强大的侦查机关，律师如果能够在会见嫌疑人时依法保障犯罪嫌疑人享有不受强迫自证其罪的权利，并且要求侦查机关尊重嫌疑人的这一权利，通常情况下将是对嫌疑人重要的法律帮助，因为它使得嫌疑人可以完全不配合侦查机关的侦查工作。如果犯罪嫌疑人没有不受强迫自证其罪的权利，律师在侦查阶段期间的辩护活动就会受到严重的限制，甚至失去应有的实质意义。日本学者松尾浩也教授把嫌疑人和被告人的权利分为“消极的防御权”（不受强迫自证其罪的权利）、“积极的防御权”（即自行辩护权）和“享有辩护人帮助的权利”，并且认为最后一项权利不过是为了增强前两项权利的实效服务的。因此，仅仅从保障犯罪嫌疑人、被告人的辩护权来看，不受强迫自证其罪原则实际上是自行辩护权和辩护人辩护权得以有效落实的前提。

其次，不受强迫自证其罪原则有利于防止无罪的人受到刑事追究，保证准确及时地起诉和定罪。不受强迫自证其罪原则强化了控方的举证责任，使得控诉方在追究犯罪嫌疑人、被告人时有罪证据必须充分，不得过分依赖被追诉人的口供，这样就可以有效地遏制刑讯逼供，而事实表明，刑讯逼供是造成大量无罪的人被错误定罪的主要原因。同时，不受强迫自证其罪使得嫌疑人、被告人的诉讼地位增强，特别是在与律师帮助权的配合之下，使被告人可以在审判阶段有与控方进行平等对抗的机会，充分地对控方案件进行全面的质证，从而有助于法院准确地认定案件事实，这在对抗制诉讼中表现得更为突出。

再次，不受强迫自证其罪原则符合人道主义精神，体现了个人主义和自由主义的精神。在现代民主法治社会，为尊重人的价值、天性，保障人格尊严和自由，有必要禁止公权力强迫一个人发表思想、良心、信仰、隐私等个人内心想法和个人情况，在刑事诉讼中表现为禁止强迫自陷于罪，这是强调尊重个人价值和自由的个人主义和自由主义精神的必然结果。同时，如果要求犯罪嫌疑人、被告人主动地承认自己有罪，是违背人道主义的基本精神的。对此，我国台湾地区的学者田正恒先生认为：“公权力强迫被告承认犯罪，无异于强迫被告在自己头上戴枷锁，诚属过于残酷而不人道之行为。”① 而不受强迫自证其罪原则正

① 田正恒：《刑事被告人之沉默权》，载《法令月刊》，第39卷。

好符合了刑事诉讼中的人道主义精神，迎合了个人主义和自由主义的实质要求。

(四) 不受强迫自证其罪原则与我国的刑事诉讼

我国现行的《刑事诉讼法》第43条虽然明确规定，“严禁刑讯逼供和以威胁、引诱、欺骗以及其他非法的方法收集证据”。但是却没有赋予犯罪嫌疑人、被告人以不被强迫自证其罪的权利或沉默权。如《刑事诉讼法》第93条规定，“犯罪嫌疑人对侦查人员的提问，应当如实回答”。我国立法规定犯罪嫌疑人、被告人承担如实陈述的义务，其立法理由是为了有利于发现案件的真实情况，实现打击犯罪和保护无辜者的双重目的。但是从目前我国的经济发展和我国的法律文化传统以及社会法律心理、司法人员的综合素质等方面来看，虽然要求被追诉者如实陈述比赋予其沉默权更有利于实现刑事诉讼关于迅速及时地查明案件的客观真实，有力地打击、惩罚犯罪这一目的和任务，但这显然与现代各国所追求的刑事诉讼的共同目的，即追求惩罚犯罪和保障人权的统一是不相适应的。我国已经于1998年10月5日签字加入了联合国《公民权利和政治权利国际公约》，这就表明我国已经承认了关于人权保障的国际刑事司法准则，因此，基于这样一种与国际刑事诉讼潮流接轨的客观现实需要，在我国改革逐步深化、走向世界的今天，确立不受强迫自证其罪的原则和赋予被告人、犯罪嫌疑人以沉默权毋庸置疑是十分必要的。因为首先，如果我们一味迁就国情中的落后的、非文明的东西，则会严重阻碍我国法制的现代化建设。其次，我国既然已经签署了《公民权利和政治权利国际公约》，就应当切实地履行其规定的内容，而不应授人以柄，自陷于人权斗争领域中的被动地位。再次，我国可以通过规定不受强迫自证其罪这一良方来对症下药，使刑讯逼供这一我国刑事司法领域中的顽症得到较好的解决，至少使其能够得到明显的遏制，使我国的刑事执法水平与人权保障的质量有一个大的提高。

通过以上的论述可以得出这样的结论，在修改刑事诉讼法时，应该明确增加不受强迫自证其罪原则，并同时设立相应的配套规则，具体而言，包括以下几个方面的内容：

1. 在刑事诉讼法中明确将不受强迫自证其罪原则规定下来。刑事诉讼法的修订已经纳入本届人大的立法规划，我们认为，在即将修改的刑事诉讼法中应该明确规定：“任何人都享有不受强迫作不利于自己的陈述，除本法另有规定外，不得因犯罪嫌疑人、被告人沉默或者拒绝陈述作不利于他的推断。”同时废除现行《刑事诉讼法》第93条中关于供述义务的规定。

2. 为了保障不受强迫自证其罪原则得以顺利施行，应该在刑事诉讼法中设立配套规则和规定。具体包括：(1) 非法证据排除规则和自白任意性规则。(2) 制定对羁押管理的实施讯问过程中可能发生的强制行为的抑制措施。如严格限制侦查机关控制被追诉人人身的时间，对被追诉人的羁押管理由独立于追诉机关的职能部门负责。(3) 在羁押期间，被追诉人有自由会见其聘请的律师的权利。(4) 对讯问被追诉人的过程予以控制，减少讯问过程中追诉机关对被追诉人施以强制的可能。(5) 废除拘传这一为取得口供而对被追诉者采取的强制其到案接受讯问的强制措施。

3. 确立鼓励犯罪嫌疑人、被告人陈述的机制，使犯罪嫌疑人、被告人得以依自己的自由意志选择供述，使坦白从宽的政策允诺真正落实。在现代一些法治国家，不受强迫自证其罪并不是说要禁止犯罪嫌疑人、被告人供述，而是要求不能强迫其供述。事实上，在很多国家的刑事司法过程中，通常都是有犯罪嫌疑人、被告人的供述的。如在美国，“虽然政府不能强迫招供，虽然有权保持沉默，但是事实是，大多数案件在审判前已经基本解决，因为被告表示服罪”①。最突出的体现之一就是美国90%以上的刑事案件都是通过辩诉交易解决的，而辩诉交易中都是以被告人承认有罪作为前提的，事实证明，辩诉交易可以极富效率地解决大量的刑事案件积压的现象，符合刑事诉讼效益的要求。

总而言之，在我国确立不受强迫自证其罪原则是十分必要的。一方面，它可以促使立法者和司法者转变重打击、轻保护的传统思维方式，从而树立崭新的人权保障观念，防止无罪的人受到定罪判刑，保障犯罪嫌疑人、被告人的人格尊严和主体地位。另一方面，该原则的确立还可以促进我国刑事诉讼文明程度的提高和追诉机关侦查技能的增强，从而最终改善我国刑事诉讼程序中被告人、犯罪嫌疑人的人权状况和刑事诉讼文明与进步的程度。

九、诉讼及时原则

诉讼及时原则也是当今绝大多数国家以及联合国刑事司法准则中普遍确立的一项基本原则，已经贯彻到了刑事诉讼的立法和司法实践中。

(一) 诉讼及时原则的含义及其意义

诉讼及时原则是指，为了保障犯罪嫌疑人、被告人的合法权益以及准确地查明案件事实，刑事诉讼活动应该不拖延地进行，尽快在合理的时间内解决，使犯罪嫌疑人、被告人摆脱涉讼之苦。具体而言，诉讼及时原则包括两个方面的含义：其一，诉讼的进程不能过于缓慢。诉讼及时原则反对拖延，要求参与诉讼的各方尽快推进诉讼程序的进行，诉讼务必在合理的时间内解决。因为诉讼拖延的时间太长不仅会损害被追诉者的合法权益，而且会使案件事实因长期得不到查明而损害刑事制裁应有的惩戒和教育作用；其二，诉讼的进程不可过于急促和草率。诉讼过于急促和草率不仅会使辩护方无法进行充分有效的对抗和防御，损害刑事诉讼的人权保障机能，而且可能使追诉人员和审判人员无法全面收集证据和冷静、客观地认定案件事实。一言以蔽之，按照美国学者贝勒斯的说法就是：“及时是草率和拖拉两个极端的折中。人们都不希望在无充足时间收集信息并思考其意义的情况下草率作出判决。”② 诉讼及时原则的意义主要体现在以下几个方面：

1. 诉讼及时原则有利于查明案件的事实真相，实现国家的刑罚权的功能。刑事诉讼从本质上而言是一种历史性的回溯证明，因为犯罪活动毕竟是过去发生的事实，作为裁判者的法官不可能亲眼目睹案件的发生过程，而与案件相关的证据事实会随着时间的流逝而逐渐消失，证人对案件事实的记忆也会随着时间的推移而模糊。因此，只有贯彻诉讼及时原

① ［美］爱德华·科文、杰克·帕尔塔森：《美国宪法释义》（中译本），229页，北京，华夏出版社，1989。

② ［美］迈克尔·D·贝勒斯：《法律的原则——一个规范的分析》，张文显等译，32页，北京，中国大百科全书出版社，1996。

则，才有可能尽快地再现案件的真实情况，作出公正的实体裁判。同时，国家规定刑罚权的主要目的之一在于及时地惩治犯罪，尽快恢复为犯罪活动所破坏的社会秩序，从而达到惩罚与教育的社会效果。贝卡里亚指出："犯罪与刑罚之间的时间间隔得越短，在人们心中，犯罪与刑罚这两个概念的联系就越突出、越持续，因而，人们就很自然地把犯罪看作起因，把刑罚看作不可缺少的必要结果……只有使犯罪和刑罚衔接紧凑，才能指望相联的刑罚概念使那些粗俗的头脑从诱惑他们的、有利可图的犯罪图景中立即猛醒过来。"① 现代国家刑罚的目的主要在于预防犯罪。要达到这一目的，就要求国家专门机关在犯罪行为发生后尽可能迅速地对其作出否定性评价。犯罪行为发生之后，当其在公众心目中的印象栩栩如生，当其在公众心理上激起的愤怒尚未平复的时候，国家专门机关即将犯罪分子迅速地绳之以法，将有利于增强刑罚对公众的可感性，从而实现刑罚的教育和预防功能。如果犯罪行为已经发生多年，人们对其印象已经淡化时，法院才最终对犯罪分子作出否定性评价，不仅会导致被害人因其心理创伤长期得不到医治而增加对国家机关的愤恨，而且会导致刑罚失去其应有的对社会的教育和预防功能。因此，此时刑罚权的实现所"造成的印象不像是惩罚，倒像是表演"②。

2. 及时性原则有利于保障犯罪嫌疑人、被告人的人权。在刑事诉讼活动中，犯罪嫌疑人、被告人处于被追诉的不利境地，尤其是犯罪嫌疑人、被告人被羁押的强制下，其人身自由直接被限制或者剥夺，因而其合法权益更容易受到侦控或审判人员的非法侵害。诉讼及时原则要求刑事诉讼能迅速进行，尤其是在嫌疑人、被告人被羁押的情况下，能够在一个合理的期间内迅速审结，从而尽可能缩短剥夺犯罪嫌疑人、被告人人身自由的时间。"在被宣判为罪犯之前，监禁只不过是对一个公民的简单看守；这种看守实质上是惩罚性的，所以持续的时间应该尽量短暂，对犯人也尽量不要苛刻……法官懒懒散散，而犯人却凄苦不堪，这里，行若无事的司法官员享受着安逸和快乐，那里，伤心落泪的囚徒忍受着痛苦，还有比这更残酷的对比吗?!"③ 甚至即使犯罪嫌疑人、被告人未被采取强制措施，刑事程序也不应当过分冗长。因为犯罪嫌疑人、被告人这一身份的确立本身就会给其合法权益造成一些不利影响。如果根据我国有关法律的规定及司法实践中的做法，任何人一经被确定为犯罪嫌疑人或者被告人，公安司法机关即有权限制他们出境，其升学、就业、参军也会受到一定的限制。即使没有这些机会的丧失，任何人一旦被认定为犯罪嫌疑人、被告人，公众对其名誉的评价就会降低，他们本人及家属也会承受一定的心理压力。诉讼及时原则要求诉讼活动能够迅速地进行，这将有利于使犯罪嫌疑人、被告人从这种地位未定的状态中解脱出来。

3. 诉讼及时原则有利于节约司法资源。任何一个国家的司法资源都不是无限的，在犯罪智能性和复杂性都大幅度提高的现代社会尤其如此。如果一个国家的专门机关对所有案

---

① ［意］贝卡里亚:《论犯罪与刑罚》，黄风译，56～57页，北京，中国大百科全书出版社，1993。

② ［意］贝卡里亚:《论犯罪与刑罚》，黄风译，57页，北京，中国大百科全书出版社，1993。

③ ［意］贝卡里亚:《论犯罪与刑罚》，黄风译，56页，北京，中国大百科全书出版社，1993。

件都不分繁简地投入等量的诉讼资源，必然会影响其对重大、疑难案件的处理。诉讼及时原则要求在确保对重大复杂案件的诉讼投入的同时，简化对那些事实清楚、证据充分或控辩双方争议不大的案件的处理程序，这有助于实现诉讼资源的节约。此外，任何国家都不能容忍诉讼无期限地拖延下去，而"必须有一个标志着被告人的刑事责任得到最终确定，刑事审判程序的运作得以终结的状态，它意味着刑事审判过程的最终结束"①。

（二）其他国家关于及时原则的立法及其实践

诉讼及时原则最初也是由资产阶级启蒙思想家针对封建社会中的司法专横与诉讼拖延而作为一项保障人权的法律武器提出的。刑事法学鼻祖贝卡里亚在其《论犯罪与刑罚》中明确指出："惩罚犯罪的刑罚越是迅速和及时，就越是公正和有益。"② 资产阶级革命胜利以后，许多资本主义国家都将这一原则在立法中予以确认，有些国家甚至将其作为一项保障人权的宪法性原则规定下来。如在德国，"快速原则，被视为是在'基本法'第 20 条规定中体现出的法制国家原则的效果……"③ 美国宪法第六修正案明确规定："在一切刑事诉讼中，被告人得享有下列权利：由发生罪案之州或区域的公正陪审团予以迅速的公开审判……" 加拿大宪法性质的《权利和自由宪章》第 11 条规定："任何被控诉的人有权在合理的时间内受审。"日本宪法第 37 条也有类似的规定。当然，两大法系由于其法律传统、文化背景上的差异，体现在刑事诉讼法典中的诉讼及时原则还是存在一定程度的差异的。例如，在大陆法系的代表国家如法国和德国的刑事诉讼法典中通常都没有明确规定诉讼及时原则，但是却将诉讼及时原则具体化到了一些诉讼程序中。如在德国，"刑事诉讼法中并无速审原则的一般规定，但却对许多个别的法条均做了基础的规定"④。德国刑事诉讼法第 163 条规定，在公诉的准备阶段，警察机构部门及官员应当不迟延地将案卷材料、证据送交检察院。认为有必要迅速进行系属法官的调查行为时，可以直接向地方法院送交。第 163 条 c 关于拘留期间的规定也同样体现了诉讼及时性的要求，该条规定，对于为确定身份而拘留的人员，在任何情况下都不允许将他拘留超过查明身份所必要的时间。除非取得法官的决定要比查明身份还需要更长的时间，对被拘留人应当不迟延地解送拘留地地方法院，以便对剥夺自由是否准许及其期限作出裁判。在审判程序的有关规定中，德国刑事诉讼法同样体现着诉讼及时性的要求，如在审判阶段必须遵循的审理不间断原则，就是对诉讼及时性原则的具体体现。德国最高法院认为，没有合理的理由听任案件长期不加处理，或者仅仅因为侦控或司法机关希望能将尚未找到的证据找出来便长期搁置案件，是违反法治国家原则的。如果这种拖延超过了可以忍受的限度，就应以中止诉讼进行制裁。⑤ 在英美法系国家，诉讼的及时性同样得到强调。如在英国，1984 年《警察与证据法》对警察羁押犯罪

① 陈瑞华：《看得见的正义》，48 页，北京，中国法制出版社，2000。

② ［意］贝卡里亚：《论犯罪与刑罚》，黄风译，56 页，北京，中国大百科全书出版社，1993。

③ 李昌珂译：《德国刑事诉讼法典》（中译本引言），14 页，北京，中国政法大学出版社，1995。

④ ［德］克劳思·罗科信：《刑事诉讼法》，吴丽琪译，148 页，台湾，三民书局，1998。

⑤ 参见［德］克劳思·罗科信：《刑事诉讼法》，吴丽琪译，150 页，台湾，三民书局，1998。

嫌疑人、警察讯问及移送法官审查的时间作了详细、严格的规定。在美国，美国《联邦刑事诉讼规则》第 2 条规定，本规则旨在为正确处理每一起刑事诉讼规则提供规则，以保证简化诉讼，公正司法，避免不必要费用和延缓。美国刑事诉讼程序中充分体现着诉讼及时原则的要求。美国《联邦刑事诉讼规则》第 5 条规定：持根据控告签发的逮捕令执行逮捕的官员，或者未持逮捕令执行逮捕的其他人员，应当无必要迟延地将被捕人解送至最近的联邦治安法官处。第 32 条规定，课刑应当无必要的拖延。但是，如果存在决定课刑至关重要的因素尚未解决时，法庭可以合理地决定推迟课刑，直至该因素能被解决为止。

随着诉讼民主化进程的深入及国际人权保障运动的发展，诉讼及时原则得到了越来越多国家的承认。第二次世界大战以后，该原则被作为一项保障人权的国际性司法准则规定于许多联合国以及区际性司法条约之中。如《公民权利和政治权利国际公约》第 9 条第 3 款规定，“任何因刑事指控被逮捕或拘禁的人，应被迅速带见审判官或其他经法律授权行使司法权的官员，并应有权在合理的时间内受审或在审判前释放……”；第 14 条第 3 款（丙）项规定：“受审时间不被无故拖延。”《欧洲人权公约》第 5 条第 3 款规定，“依照本条第 1 款（丙）项规定而被逮捕或拘留的任何人，应立即送交法官或其他经法律授权行使司法权的官员，并应有权在合理的时间内受审或在审判前释放……”。第 5 条第 4 款规定，“由于逮捕或拘留而被剥夺自由的任何人应有权运用司法程序，法官应按照司法程序立即对他的拘留的合法性作出决定，并且如果拘留不是合法的，则应命令将其释放”。第 6 条规定，“在决定某人的公民权利与义务或在决定对某人的任何刑事罪名时，任何人有权在合理的时间内受到依法设立的独立与公正的法庭之公平与公开的审讯……”。因此，可以说，诉讼及时原则已经得到了国际文明社会的普遍认可。

（三）诉讼及时原则与我国的刑事诉讼

应该说，我国刑事诉讼法还是一定程度上体现了诉讼及时原则的。如《刑事诉讼法》第 2 条规定， “中华人民共和国刑事诉讼法的任务，是保证准确、及时地查明犯罪事实……”，该条对“及时”作出了明确规定。又如我国刑事诉讼法还设置了一些具体的制度措施，以保证诉讼活动能够及时进行，针对侦查、起诉、审判等诉讼行为包括羁押设置了合理的期间，且顺应刑事诉讼程序简易化的趋势，设专章专节规定了简易审判程序。从审判实践的实际情况来看，上述体现诉讼及时原则的制度很大程度上保障了诉讼的及时进行和终结，有利于实现诉讼效率。但是，同西方法治国家相比，我国有关诉讼及时原则的立法是极其疏漏的，不仅诉讼及时未能作为一项基本原则加以规定，其他各项配套制度更未规定。总体而言，我们认为，应该在借鉴国外相关立法经验的基础上，结合我国的现实情况，完善我国诉讼及时原则。具体而言，体现在以下几个方面：

1. 明确将诉讼及时原则在我国的立法中予以明确规定。我们应该借鉴西方法治国家的先进立法经验，明确将诉讼及时作为一项刑事诉讼基本原则确立下来。这样，不仅有利于在各项具体的制度设置上贯彻该原则，而且还能够警示司法人员及诉讼参与人在诉讼活动中遵循诉讼及时原则的基本要求。当发生价值冲突时，该原则可以提供一项重要的利益权衡标准，从而实现我国刑事诉讼在价值取向上的均衡化。

2. 规范期间立法，严格限制期间适用上的例外性条款。期间制度作为诉讼及时原则的一项重要的保障制度，直接关系着诉讼及时原则能否得到切实有效的贯彻。我国立法虽然也对许多诉讼行为的期间作出了明确的规定，但由于受侧重于控制犯罪的立法思想的影响，我国期间制度存在不少问题。其中最主要的问题是期间立法的例外性条款过多，并且在适用条件上缺少严格的限制性规定，从而给公安司法机关任意解释、拖延诉讼打开了方便之门。如我国《刑事诉讼法》第 69 条第 1 款规定："公安机关对被拘留的人，认为需要逮捕时，应在拘留后的三日以内，提请人民检察院审查批准。在特殊情况下，提起审查批准的时间可以延长一日至四日。"但对于什么是"特殊情况"，立法却没有规定，这导致司法实践中侦查人员对"特殊情况"任意解释，结果"特殊情况"变成了一般情况，提请审查批捕的期间大多被认为是 7 日。诸如此类的问题，在刑事诉讼法上处处可见。为了解决上述问题，我们认为，我国在诉讼期间的立法上应该严格限制例外性条款的适用，对于确有必要规定例外性条款的，应对例外性条款适用的条件和程序作出严格的规定。只有这样，才能真正使期间制度的一般规定得到切实执行，防止侦控和审判人员在期间适用上任意解释，将期间的例外规定变成一般性规定。

3. 确立集中审理制度，加速刑事诉讼的审判进程。集中审理作为诉讼及时原则的一项重要的制度保障，既有利于保障被追诉者的合法权益，又有利于保障法官正确地认定案件事实。因而，无论是英美法系国家还是大陆法系国家，都将其作为一项重要制度，在立法中予以确认和在司法中予以贯彻。而我国立法却未对审判的集中性予以应有的关注。如我国《刑事诉讼法》第 165 条规定，在一审程序中，如果需要通知新的证人到庭，调取新的物证，重新鉴定或者勘验的；或者检察人员发现提起公诉的案件需要补充侦查，提出建议的，可以延期审理。但同时却未对这种延期审理作时间和次数上的限制，司法实践中难免导致有些案件被反复决定延期审理从而久拖不决。为了解决这一问题，我们认为，应该在我国未来的立法时将集中审理作为一项刑事审判原则作出规定，并建立严密的配套制度，如限定每一案件可延期审理的时间和次数、超期审理应承担的不利后果等，从而有效推进刑事诉讼的审理进程，缩短刑事案件的审判时间。

另外，在设置诉讼及时原则的具体制度时，我们应该尽量将有利于保障犯罪嫌疑人、被告人的人权作为价值取向，建立对超期诉讼的救济制度，加大对控方诉讼期间的控制力度，尽量避免司法实践中超期羁押、超期诉讼的现象发生。

第三节 我国特有的刑事诉讼基本原则

上文我们已经比较系统地介绍了目前世界法治国家通行的刑事诉讼基本原则，在我国现行的刑事诉讼立法和刑事司法实践中，还存在一些特有的刑事诉讼基本原则，具体而言，这几项刑事诉讼基本原则是：以事实为根据，以法律为准绳原则（《刑事诉讼法》第 6 条）；分工负责、互相配合、互相制约原则（《刑事诉讼法》第 7 条）；人民检察院依法对刑事诉讼实行法律监督原则（《刑事诉讼法》第 8 条）。上述三项我国特有的刑事诉讼基本原则，很大程度上与我国司法环境和人们的执法观念有相一致之处，但是其值得完善之处也是显而易见的。

一、以事实为根据，以法律为准绳原则

《刑事诉讼法》第 6 条规定：人民法院、人民检察院和公安机关进行刑事诉讼，必须以事实为根据，以法律为准绳。所谓“以事实为根据，以法律为准绳”，是要求公安司法机关在办理刑事案件时，首先必须查明案件的客观事实，然后以国家的法律为标准和尺度，正确地定罪量刑，客观公正地处理刑事案件。以事实为根据，以法律为准绳的刑事诉讼基本原则，具体就案件事实方面的要求，就是要查明案件的客观真实，即是长期以来一直在我国刑事诉讼理论界和司法实践中所倡导的客观真实的证明标准。近年来，针对传统意义上的刑事诉讼的客观真实的证明标准，学界展开了激烈的争论。由于“以事实为根据，以法律为准绳”的基本原则是客观真实的证明标准的理论源头，因此，从某种意义上说，对客观真实的证明标准的思考，即是对“以事实为根据，以法律为准绳”的基本原则的反思。持客观真实证明标准的学者指出，所谓客观真实，就是要求“法院判决中所认定的案件事实与实际发生的事实完全一致”①。近年来，客观真实论者对其含义进行了适时的修正，“客观真实，即指公安司法人员在诉讼中根据证据所认定的案件事实要符合客观存在的案件事实”②。

由上可知，虽然客观真实论者对“客观真实”的字面表述不一而足，但基本含义是一致的，都要求诉讼中认定的案件事实与客观上曾经发生的案件事实一致，司法人员在办案过程中的主观认识必须符合客观实际。因此，他们对于英美法系国家的排除合理怀疑和大陆法系的自由心证的证明标准，通常是极力排斥的。“从证据制度的历史发展来看，从神明裁判制度的神示真实、口供主义的口供真实、法定证据制度的形式真实到现代西方的‘自由心证’的真实、排除合理怀疑的真实均为法律真实。”“法律真实论认为客观真实不可能实现，因而是不科学的，应当以法律真实取代客观真实。我们则认为不承认客观真实，必然不同程度地走向不可知论，不科学的恰恰是法律真实论者。”③辩证唯物主义是以事实为根据，以法律为准绳的认识论基础，同时也是客观真实的理论源头，认为刑事诉讼必须完全查明案件的客观真实，显然是具有积极意义的。因为公正是诉讼程序永恒的生命基础，任何一个国家在设计刑事诉讼程序法时，如果不希望真实地再现案件的发生过程，那么，该诉讼程序也就失去了赖以存在的根基。但是，如果以客观真实和以事实为根据，以法律为准绳作为刑事诉讼的操作性证明标准，将存在如下缺陷：

第一，过于夸大了真理的绝对性和人类认识能力的至上性。刑事诉讼活动是一种特殊

---

① 陈一云主编：《证据学》，41 页，北京，中国人民大学出版社，1991。

②③ 陈光中等：《刑事证据制度与认识论——兼与误区论、法律真实论、相对真实论者商榷》，载《中国法学》，2001（1）。

的认识活动，辩证唯物主义认识论是科学的世界观和方法论，对刑事诉讼活动同样具有指导意义。辩证唯物主义认识论认为，任何真理都是绝对和相对的统一。就人类对客观世界的认识能力而言，是无限的，这是真理绝对性的一面；但对一个具体事物的认识，又只是一定程度和一定范围地接近真理，而不可能完全客观真实地反映客观事实，这就是真理的相对性。因此，刑事诉讼活动作为一种认识活动，是不可能完全客观地反映案件的真实情况的。如果要求公安司法人员在办案中的主观认识必须绝对符合客观实际，实质上是为他们树立了一个可望不可即的目标，与认识论中真理的相对性是违背的。

第二，将刑事诉讼活动这一特殊的认识活动等同于有生活检验原型的实践活动。“根据诉讼上的证明，可以把证明分为论理证明和历史证明。”[①] 作为历史证明的诉讼活动，只能知其概貌，而不可能得出完全真实、完全与当时情况相吻合的结论。因为“从哲学意义上，时间的不可逆性决定了任何事实都无法完全恢复其原始状态”[②]。换言之，刑事诉讼这种证明过程既没有活生生的检验原型，也不同于实验室中可以用科学仪器进行重复性操作的实验，甚至与考古等一些纯粹的历史证明不同，刑事诉讼活动受制于诸多方面的因素。如认识手段上受非法证据排除规则的限制；对超过追诉时效的刑事案件，通常也不能追究犯罪嫌疑人的刑事责任；法官判决的形成通常必须严格限制在控辩双方举证的范围之内，而不能自行调查取证。因此，我们认为，刑事案件作为一种已经发生而完全不可能重现的事实，在通常情况下，司法人员只能根据遵守法律程序所得到的有限的，甚至是残缺不全的证据资料去推断已经发生的事实，要完全客观真实地发现案件事实是不可能的。如果要求以客观真实作为刑事诉讼的证明标准，实质上是将刑事诉讼活动这一特殊的认识活动等同于有生活检验原型的实践活动，是与刑事诉讼活动的本质属性相违背的。

第三，以“事实为根据”和客观真实作为刑事诉讼的证明标准，是“重实体、轻程序”的观念的体现，容易造成对广大公民诉讼权利的漠视，从而导致冤假错案。当今任何一个国家的刑事诉讼立法，都是在惩罚犯罪与保障人权、实体真实与程序公正之间进行的价值取舍。如果仅以实体真实与惩罚犯罪作为刑事诉讼立法的唯一目的，必然的逻辑结论就是为了实现客观真实可以不择手段，可以牺牲程序公正。设置刑事诉讼程序旨在约束国家司法权力和保障公民的诉讼权利，如果视程序为虚无，就易导致国家司法权力的恣意和公民诉讼权利被践踏。同时，程序虚无意味着公安司法人员为了查明案件的客观真实，可以采取包括刑讯逼供在内的一切非法手段，而刑讯逼供等一些非法取证手段是导致冤假错案的一个重要原因。

第四，“以事实为根据”和客观真实作为刑事诉讼的证明标准，既没有一个具体的检测尺度，公安司法人员在实践中也难以操作。作为公安司法机关以及诉讼参与人进行诉讼活动的办案规程，刑事诉讼法在设置证明标准时，应该具有很强的可操作性，且可以成为办案公正与否的检测尺度。但是，如果以客观真实和“以事实为根据”作为刑事诉讼的证明

---

① ［日］田口守一：《刑事诉讼法》，刘迪等译，232页，北京，法律出版社，2001。

② 顾培东：《社会冲突与诉讼机制》，91页，成都，四川人民出版社，1991。

标准，既不能成为一种办案的检测尺度，也不具有可操作性。因为客观真实和“以事实为根据”要求所有的刑事案件都必须做到事实清楚，证据确实充分。但何谓事实清楚，何谓证据确实充分，对广大司法人员而言，却是一个见仁见智的抽象的、不可操作的口号，不同的人从不同的角度会有不同的认识。司法实践中，由于对客观真实抑或“以事实为根据”和充分确实的理解产生分歧，从而导致公、检、法之间相互推诿、相互指责乃至扯皮的现象并不鲜见。这不仅影响司法机关的办案效率，而且可能导致冤假错案。

近年来，针对客观真实论和“以事实为根据”的刑事诉讼基本原则的上述固有弊端，有学者提出了法律真实的证明标准。“所谓法律真实是指公、检、法在刑事诉讼证明的过程中，运用证据对案件真实的认定应当符合刑事实体法和程序法的规定，应当达到从法律的角度认为是真实的程度。”① 可见，法律真实包括两方面的含义：

第一，对单个具体的案件事实而言，即使是真实的，如果采信为定案的证据，也必须要经过法定的取证主体通过法定的程序才能上升为一种法律事实，才能作为定案的根据。在诉讼过程中，存在着三种事实样态，即客观事实、主观事实和法律上的事实。这三种事实之间存在着密切的内在联系，主观事实和法律上的事实都从客观事实衍生而来。“在研究刑事诉讼的证明标准时，迫在眉睫的问题是要把案件发生后的客观事实与法律事实的联系和区别分开，把证据材料和定案的根据——证据区分开来。只有这样才能科学地确定刑事诉讼的证明标准。”② “法律上的事实是以客观事实为基础的，就本质而言，它是客观事实的模拟，是客观事实在法律上的反映。”③ 因此，法律真实概念的含义首先是针对具体案件事实而言的，强调的是客观事实向法律事实的一种转变，即具体的案件事实即使是真实的，但如果不通过一定的法律形式表现出来，并形成司法人员主观上的认识，就不能作为定案的根据，也就不能产生任何法律意义上的后果。

第二，对案件最终形成裁判结论的证明标准而言，持法律真实论的学者认为，诉讼过程无法完全再现案件的客观真实，司法人员对案件的认识是在法律规范的约束下对客观事实的一种适度的剪裁，要求此种法律事实必须完全符合案件的客观事实是不现实的。由于客观真实的证明标准在实践中难以把握，法律真实论者指出，立法上应该制定出一套适宜于操作的证明标准，当司法人员主观认识达到法律上认可的标准时，就应该认定已经查明了案件的真实。主张法律真实论的学者认为，在区分客观事实与法律事实的基础上，从法律事实作为裁判根据的正当性入手，致力于探讨一种更符合诉讼自身规律的证明标准，并尝试性地提出了“排他性”、“排除合理怀疑”等操作性标准。需要指出的是，法律真实证明标准的确立，是建立在客观真实的基础之上的，法律真实如果完全背离案件的客观真实，就会变成无源之水、无本之木。基于上述理由，提倡法律真实论的学者，丝毫也不否认在刑事诉讼中查明案件客观真实的重要性，“要求诉讼证明寻求客观真实，这无疑也是正确的……如果放弃对客观真实的追求，诉讼也就丧失了灵魂，司法正义就没有站立的根基。

①② 樊崇义：《客观真实管见》，载《中国法学》，2001（1）。
③ 李玉萍：《论司法的事实根据》，载《法学论坛》，2000（3）。

由此可见，客观真实是诉讼的目的、诉讼终极价值，从而成为诉讼的旗帜”①。但是，由于案件客观真实的不可再现性以及理解上的歧义性等诸多弊端，客观真实只能成为诉讼的目的，而不能成为刑事诉讼的一种操作性的标准。对此，有学者用了一个非常恰当的比喻："‘客观真实’是诉讼的旗帜，是自然法的要求与境界，而‘法律真实’是诉讼的标杆，是实定法的标准和状态。在诉讼中二者不可或缺。”②简言之，持法律真实论者认为，客观真实是刑事诉讼的目的，是难以实现的终极价值；而法律真实则是手段和标尺，是实现客观真实的可操作性的标准。

二、分工负责、互相配合、互相制约原则

《刑事诉讼法》第7条规定："人民法院、人民检察院和公安机关进行刑事诉讼，应当分工负责，互相配合，互相制约，以保证准确有效地执行法律。”该原则是我国公、检、法三机关权力配置的基石，是指导我国刑事诉讼程序运作的基轴。无疑，分工负责、互相配合、互相制约原则作为我国刑事诉讼立法和司法的一项特有原则，对于我们惩罚犯罪，维护社会秩序的稳定，发挥了其他任何原则所无法替代的巨大作用。但是随着我国法治环境的改善以及学术研究的进一步深入，该原则的缺陷与不足之处也日益显现。

根据刑事诉讼法的立法以及学界对该原则的理解，分工负责、互相配合、互相制约原则的含义包括三个方面：

首先是分工负责。其含义就是指公安机关、人民检察院和人民法院在进行刑事诉讼活动时，法律应当有明确的分工，三机关应当在法律规定的职权范围内行使职权，各尽其职，各负其责，既不能互相取代，也不应互相推诿。分工负责的目的旨在进行权力分工，防止因为刑事司法权的过分集中而导致司法权的专横擅断。

其次是互相配合。其含义是指公安机关、人民检察院和人民法院进行刑事诉讼时，应该在分工负责的基础上，相互支持，通力合作，共同完成追究犯罪、证实犯罪和惩罚犯罪的任务，保障无罪的人不受刑事追究。而不能各行其是，互相抵消力量。

再次是互相制约。其含义是指公、检、法机关进行刑事诉讼，应当按照职责分工，相互制约、相互平衡，以便及时发现工作中存在的问题或错误，并加以纠正，以保证法律的准确实施，正确惩罚犯罪，保障无辜公民不受刑事追究，切实做到不枉不纵、不错不漏。

从总体上而言，分工负责、互相配合、互相制约原则作为我国刑事诉讼中的一项特有原则，使得我国的刑事诉讼结构呈现出一种“线性”结构的特征，诉讼程序在具体的运作过程中更多地体现为三机关通力合作，共同完成打击犯罪、惩罚犯罪和维护社会秩序的稳定。但是，从历史上看，分工负责、互相配合、互相制约原则本来就是在新中国政权并不十分稳固，犯罪非常猖獗，稳定压倒一切，法制建设刚刚起步，立法技术很不成熟，人治思想严重，理论研究极度匮乏，刑事诉讼是实现国家刑罚权的工具，公、检、法三机关是

①② 参见龙宗智、何家弘：《刑事证明标准纵横谈》，载何家弘主编：《证据学论坛》，第4卷，143～176页，北京，中国检察出版社，2002。

无产阶级专政工具的主流思想等诸多特定历史条件下才逐步形成的。[①] 自改革开放以后，我国在法制建设方面所取得的成绩是世人瞩目的，政治、经济、文化状况以及法律制度、法学研究水平、人们的思想观念、法律意识等同以往相比已经不可同日而语，在这种情形下，分工负责、互相配合、互相制约原则的理论缺陷以及实践中的弊端已经开始显现。具体而言，体现在以下几个方面：

首先，该原则所赖以存在的理论基础存在着重大的缺陷。分工负责、互相配合、互相制约原则所赖以成立的理论基础之一是刑事诉讼的首要目的或者最根本任务是惩罚犯罪、打击犯罪，而公、检、法三机关作为政法机关、司法机关、无产阶级专政的工具，性质、任务以及目的完全一致，相互间没有不可调和的矛盾，因此，它们只有分工负责、互相配合、互相制约，才能顺利、准确地完成惩罚犯罪的共同使命。[②] 但是，从现代的刑事司法观念来看，这一理论基础是存在重大的缺陷的。其理由是：控审分离和法官中立是现代刑事司法体制赖以存在的基础，如果负责案件裁判的法官与追诉犯罪的侦控机关互相配合，那么，法官就不再是控、辩双方证明案件事实的组织者、听审者、中立的裁判者，而是发现事实真相、充满追诉欲望的积极调查官；法庭不再是控、辩双方为被告人的刑事责任问题进行平等交涉、公平游戏的场所，而是国家惩罚犯罪的工具，那么，程序正义的最基本要求就不会存在了，通过司法实行社会正义的目标也就无从实现。

其次，分工负责、互相配合、互相制约原则不利于保障被追诉者的诉讼权利。在刑事司法程序中，被追诉者与追诉者之间存在着天然的不平衡，为了弥补这种不平衡，防止刑事诉讼沦为弱肉强食式的镇压活动，国家的追诉活动应当受到必要的限制，必须遵守最低限度的正当法律程序，而不能为了惩治犯罪而不择手段。但是在分工负责、互相配合、互相制约原则的影响下，公安机关和检察机关的追诉活动由于法院的加盟，使得本来已经占有绝对优势的控诉力量更加强大。而根据我国刑事诉讼法的规定，犯罪嫌疑人、被告人享有的诉讼权利同西方发达国家刑事诉讼法或者一系列国际公约中规定的被追诉者所享有的诉讼权利仍然存在较大的差距。因此，在我国刑事司法实践中，被追诉者同控诉部门相比，其诉讼地位十分卑微。再加上我国辩护律师参与案件的比率本来就比较低的现状，被追诉者的辩护职能根本得不到有效发挥。在这种情况下，被追诉者的诉讼主体地位几乎无从谈起。而造成这种现状的主要原因之一就是分工负责、互相配合、互相制约原则的固有缺陷。

再次，在现代刑事司法制度中，无论是大陆法系还是英美法系国家都实行以司法裁判为中心的刑事诉讼构造，警察和检察机关虽然拥有足够的司法资源、强大的国家后盾以及公众的道义支持，但其追诉活动的合法性必须受到法院的审查和控制；被追诉者尽管在强大的侦控机构面前处于十分弱小的地位，但享有一系列旨在防止侦控机构滥用权力的诉讼

---

① 参见王超：《分工负责、互相配合、互相制约原则之反思——以程序正义为视角》，载《法商研究》，2005 (2)。

② 参见徐益初：《论我国刑事诉讼法中的几个辩证关系——兼论完善我国刑事诉讼原则的问题》，载《中国法学》，1990 (1)；曾龙跃：《坚持"公检法"的相互配合和相互制约》，载《法学研究》，1979 (1)。

权利和宪法性权利，一旦这些权利遭到侵害，被追诉者就可以向法院寻求司法救济；而法院通过司法审查机制或程序性裁判活动，可以为被追诉者提供权利救济，也能够对侦控机构的非法追诉活动采取适当的程序性制裁，剥夺侦控机构通过非法的追诉活动获取的不当利益。这样，控、辩、裁三方在诉讼体制内就能够完全形成良性的循环运动：侦控机构不得不尽量采取合法、正当的控诉手段以确保控诉获得成功，辩护方的权益即使遭到控方的不法侵害也能通过体制内的渠道获得相应的救济，而法院能够凭借其权威的诉讼地位使刑事诉讼活动始终在正常的轨道上周而复始地运行。与此同时，无论是职权主义诉讼模式，还是当事人主义诉讼模式，抑或是混合主义的诉讼模式，均以控诉、辩护、裁判作为诉讼结构的基本要素，实行司法审查机制，奉行审判中心主义，从审判前程序到审判程序均系维持诉讼的基本形态。然而，在分工负责、互相配合、互相制约原则的影响下，不仅公、检、法三机关之间没有形成良性互动关系，而且整个刑事诉讼程序都没有真正形成三方构造，以司法裁判为中心的诉讼机构更是无从谈起。

总之，随着我国民主法治化进程的加快以及理论研究的逐渐深入，公、检、法三机关分工负责、互相配合、互相制约原则所固有的弊端日益显现。因此，我们认为，在再修改刑事诉讼法的过程中，三机关分工负责、互相配合、互相制约原则应该予以废止。

三、人民检察院依法对刑事诉讼实行法律监督原则

《刑事诉讼法》第 8 条规定："人民检察院依法对刑事诉讼实行法律监督。"同时，我国宪法也明确规定，中华人民共和国人民检察院是国家专门的法律监督机关。也正是基于宪法和刑事诉讼法的规定，人民检察院依法对刑事诉讼实行法律监督原则成为我国刑事诉讼的一项最基本原则。

目前，在我国的刑事诉讼活动中，公、检、法三机关之间应该遵循分工负责、互相配合、互相制约的原则，因此，三机关之间本来意义上也是存在着一定的制约与相互监督的性质，但是这种制约和监督与作为国家专门的检察机关的监督是不可同日而语的。因为检察院作为国家专门的法律监督机关，它的监督活动具有单向性且贯穿于刑事诉讼活动的整个过程，其监督对象是公安机关、人民法院和执行机关的执法活动，而公安机关、人民法院以及执行机关却不能对检察院公诉活动进行法律监督。

检察机关法律监督有广义和狭义两种理解。广义说认为，检察机关作为宪法所确认的法律监督机关，它所依法实施的全部诉讼活动和非诉讼活动，都是法律监督活动，这意味着检察机关对国家工作人员和其他特定主体犯罪的侦查、检察机关的审查批捕、审查起诉、支持公诉，以及执法监督等活动，均属于法律监督活动。狭义说认为，检察机关的法律监督活动仅指检察机关对公安机关、人民检察院和执行机关实施执法监督，即对其侦查、审判和执行活动的合法性进行监督。根据法律的规定，这种监督的内容包括如下内容：(1) 在侦查活动中对公安机关立案活动以及侦查活动的合法性进行监督。如《刑事诉讼法》第 87 条规定：公安机关对应当立案侦查的案件不立案侦查，人民检察院应当要求公安机关说明不立案的理由；人民检察院认为公安机关不立案理由不能成立的，应当通知公安机关

立案，公安机关接到通知后应当立案。（2）在审判活动中对法院的审判活动是否合法实施监督。如对人民法院审理案件时违反法律规定的诉讼程序，有权向人民法院提出纠正意见。（3）在执行活动中，人民检察院对执行机关执行刑罚的活动是否合法实行监督。如果发现有违法情况，应该通知执行机关纠正；同时，还对执行刑罚过程中人民法院的减刑、假释裁定以及执行机关批准对罪犯监外执行的决定实施监督，发现不当，应提出书面纠正意见，有关机关必须重新审理或核查。

传统意义上，我国学者对人民检察院依法对刑事诉讼实行法律监督原则基本上是持肯定态度的。认为检察监督原则的设立对于保障司法公正具有重要意义，有利于防止或减少刑事诉讼中的违法行为，有利于正确适用法律，惩罚犯罪，保障无辜的人不受刑事追究，保护诉讼当事人的诉讼权利等。但是，近年来，学术界已经对该原则进行了系统性反思，人民检察院依法对刑事诉讼实行法律监督原则开始遭受质疑，其理由主要体现在以下几个方面：

首先，对于检察权和审判权而言，人民检察院依法对刑事诉讼实行法律监督原则违背了程序公正的基本要求。因为检察院是代表国家追究犯罪嫌疑人、被告人刑事责任的机关，法院则是就控、辩双方的争议进行审理并作出裁判的机关，程序公正的基本要求就是控辩对抗和法官居中裁判。如果代表国家追诉机关的人民检察院可以对行使国家裁判权的法官进行监督，那么必将破坏刑事诉讼的控辩平等、审判中立的诉讼结构。因为一旦审判权成为检察权的监督客体，审判权将难以实现中立，司法权本身应该具有的中立性也就失去了存在的制度基础。此时，行使国家审判权的法院基于监督者与被监督者的现实顾虑，在审判中可能更趋向于采纳作为控诉方的检察院的意见，应该处于中立地位的法官也就难以采纳被告方的辩护意见，被告人的合法权利也就难以得到切实有效的保护，程序公正的最基本要求也就遭到了破坏。

其次，就侦查权与检察权的关系来看，检察监督原则是难以使得检察院对公安机关的侦查权进行切实有效的监督的。在西方国家，通常采用的是检警一体化，检察院可以指挥、命令警察的侦查取证工作，这样的话，针对警察的违法取证、刑讯逼供等违法取证的现象，检察官就可以出面制止。但是在我国，虽然检察机关是国家专门的法律监督机关，拥有对公安机关的侦查监督权，但是却不享有对公安机关的指挥、命令权，因此，检察院的监督权难以得到落实，公安机关往往不理睬检察院的监督而自行其是，造成检察院的侦查监督权难以落到实处。

综上所述，人民检察院依法对刑事诉讼活动实行法律监督原则必然导致两大难以克服的问题：一是对审判权的监督违背了程序公正的基本要求，使得法院不能处于中立的诉讼地位，不能公正地听取控辩双方的意见，有意无意地向公诉一方倾斜；二是检察院对公安机关的侦查监督权有其名而无其实，作为国家专门的法律监督机关的检察院难以切实有效地监督公安机关的侦查权，司法实践中违法取证的现象反复发生，与检察院的监督不力是有直接的关系的。总而言之，人民检察院依法对刑事诉讼实行法律监督原则存在理论缺陷，实践之中也会造成很大的弊端。

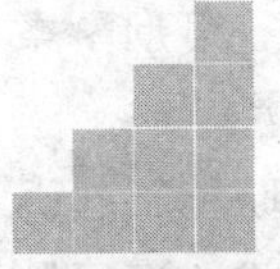

第三章 管　辖

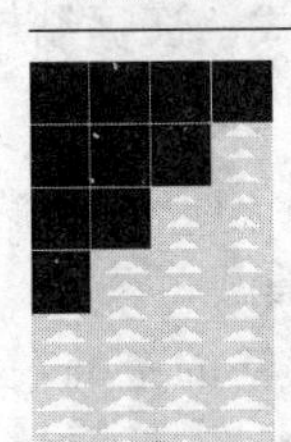

第一节 刑事诉讼管辖的程序价值	一、开启刑事诉讼程序 二、合理配置司法资源 三、保证刑事司法公正 四、提高诉讼效率
第二节 刑事立案管辖	一、公安机关直接受理的案件 二、人民检察院直接受理的刑事案件 三、人民法院直接受理的案件 四、刑事立案管辖所存在的问题
第三节 刑事审判管辖	一、级别管辖 二、地区管辖 三、指定管辖 四、专门管辖
第四节 刑事诉讼管辖错误及其纠正	一、刑事诉讼管辖错误的具体表现 二、刑事诉讼管辖错误的危害 三、刑事诉讼管辖错误的解决之策

第一节　刑事诉讼管辖的程序价值

刑事诉讼管辖是指国家专门机关在依法受理刑事案件职权范围上的分工，即侦查机关与审判机关之间以及审判机关内部在直接受理刑事案件方面的分工。其中侦查机关与审判机关之间以及侦查机关相互之间的职能分工称为立案管辖，审判机关内部在第一审刑事案件受理范围上的分工称为审判管辖。

研究表明，立案管辖不是刑事诉讼与生俱来的制度，它是侦查职能与审判职能、起诉职能分离的结果，而侦查职能与审判职能、起诉职能分离的过程与刑事诉讼模式、证据制度关系密切。审判管辖则是与刑事诉讼制度同时产生的。随着人类文明进程的推进，基于惩罚犯罪、维护社会秩序的需要产生了实体法和程序法，审判管辖也与程序法同步而生。①

在国外，刑事诉讼中的管辖通常是指审判管辖，一般分为级别管辖、地区管辖和专门管辖。之所以没有将警察机关、检察机关、审判机关对案件受理的分工纳入管辖的范畴，源于长期的“审判中心主义”理念，即把侦查机关的侦查活动、检察机关的起诉活动，看作是诉讼的准备，只有审判才是具有实质意义的诉讼活动。从世界各主要国家的刑事诉讼立法看，通常按照三个标准划分级别管辖：(1) 按照法定刑划分案件的级别管辖，如法国、德国；(2) 按照罪名兼按法定刑划分案件的级别管辖，如英国、美国、加拿大；(3) 按刑法条文划分案件的级别管辖，如苏联、东欧一些国家。在地区管辖的规定上，国外一般是以犯罪地作为主要标准，此外，被告人居住地、罪犯被捕地的法院也有管辖权。为解决管辖中存在的各种复杂问题，各国立法普遍规定了合并管辖、移送管辖和指定管辖。

在我国，对管辖问题的规定较国外更为明确、具体。根据我国《刑事诉讼法》的规定，刑事诉讼中的管辖包括两个方面的内容：一是公安机关、人民检察院、人民法院各自直接受理刑事案件的职权分工，即立案管辖，它解决的是三机关之间在直接受理刑事案件上的权限划分问题；二是人民法院系统内部在受理第一审刑事案件范围上的分工，即审判管辖，它解决的是各级人民法院之间、同级人民法院之间以及普通人民法院与专门人民法院之间在审判第一审刑事案件上的权限划分问题。

总体来看，管辖作为刑事诉讼首先应当解决的问题，在中外刑事诉讼立法中均受到了应有的重视，而这又是与刑事诉讼管辖的程序价值难以分开的。刑事诉讼管辖的程序价值主要表现为：

一、开启刑事诉讼程序

从世界范围来看，刑事诉讼程序的启动存在两种情况：一是将立案作为刑事诉讼程序启动的标志，并把立案作为一个独立的诉讼阶段加以规定，如俄罗斯和我国；二是将侦查作为刑事诉讼程序的开端，侦查机关在接到有关报案、举报等线索、材料后，就可以对犯罪进行侦查，不存在一个独立的立案阶段，如英、美、法、德等国。可以说，无论哪一种情况，刑事诉讼程序的启动都与管辖息息相关。就前一种情况而言，要立案首先就要区分不同机关之间在案件受理范围上的分工，这样才能确保立案活动的正确性，避免案件在刑事诉讼程序开启阶段即发生错误；就后一种情况而言，鉴于各国法律所规定的侦查权行使

① 参见董丽红：《刑事诉讼管辖问题研究》，2页，中国政法大学硕士学位论文。

主体的多样性，如果各侦查主体的案件管辖范围不甚明确，则有可能发生侦查主体之间因分工不清而争管案件或互相推诿，从而使得刑事诉讼程序不能正确及时地开启。由此看来，管辖在刑事诉讼程序开启阶段起着非同寻常的作用。

二、合理配置司法资源

国家通过刑事诉讼活动对犯罪予以追诉，是要付出代价的，要投入人力、财力、物力等司法资源。要使这些资源的效用得以充分发挥，必须对这些资源进行合理的配置。在刑事诉讼中，对司法资源的合理配置，是通过诸多诉讼制度和程序体现出来的，管辖制度便是其中之一。首先，立案管辖制度决定侦查机关、审判机关之间的受案范围。自诉案件犯罪事实清楚、情节简单、社会危害性不大，受害人能够承担举证责任，不经侦查程序而由法院直接受理并审判；公诉案件犯罪情节复杂、社会危害性较大，由侦查机关立案侦查。因此，立案管辖在对侦查、审判机关进行职能分工的同时对司法资源进行了分配。公诉、自诉案件分别由侦查机关与审判机关投入司法资源进行侦查或审判，从而实现了司法资源的首次配置。其次，审判管辖制度是对审判资源进行内部分配的制度。确立审判管辖的基本原则是各级法院的审判能力、被告人可能被判刑期的长短、案件的复杂程度等。在通常情况下，刑事案件的复杂程度与司法资源的投入成正比。审判管辖制度对于重大复杂的刑事案件由级别较高、审判能力较强的法院审判的规定，满足了案情复杂的刑事案件对大量优秀审判资源的需求，从而实现了审判资源的内部整合。因此作为司法资源的分配机制，管辖制度在刑事诉讼的开始就对司法资源进行了合理、科学的分配。①

三、保证刑事司法公正

公正是刑事诉讼制度的灵魂和核心，也是刑事诉讼活动孜孜以求的目标之一，它包括实体公正和程序公正两个相互关联的方面。管辖作为刑事诉讼的一项基本制度，对司法公正的这两个方面均能起到一定的保障作用。首先，立案管辖制度保证实体公正的实现。实体公正是指裁判结果的公正，包括查明案件事实、正确适用法律，使有罪必罚，无罪不罚，罪刑相当。实体公正的实现与否取决于能否揭露案件事实真相，而案件事实真相的揭露需要高质量的刑事侦查与刑事审判。由于对诉讼结果起决定作用的实质性证据都是在侦查阶段收集的，所以侦查的质量在很大程度上决定审判质量，决定实体公正能否实现。立案管辖实现了刑事案件在侦查程序的分流，使优质侦查资源集中于重大案件的侦查，从而保证侦查质量，保证侦查机关的侦查能力得到最大限度的发挥，保证侦查机关收集证据的诉讼活动顺利、及时进行，为实现实体公正奠定坚实的基础。其次，审判管辖制度有助于程序公正的实现。在国外，刑事诉讼中普遍规定有异地管辖和管辖异议制度。异地管辖制度的作用在于使法官避免舆论导向的影响，保持法官的中立性，保证法官审理刑事案件的公正

---

① 参见董丽红：《刑事诉讼管辖问题研究》，中国政法大学硕士学位论文。

性。管辖异议制度的目的是为了避免出现管辖错误，保证管辖制度能够得到正确执行。综上所述，管辖制度以实现司法公正为其设计目标，具有保证司法公正的功能。

四、提高诉讼效率

效率也是刑事诉讼中的一项不可忽视的价值目标，对刑事诉讼活动来说至关重要，因为“迟来的正义非正义”。效率运用于刑事司法领域，就是要在保证公正的前提下，加快工作节奏，缩短刑事案件的办案周期，减少案件积压和诉讼拖延。管辖在提高刑事诉讼效率方面的价值主要通过以下两个方面体现：（1）管辖明确，有利于有关单位和公民，尤其是遭受犯罪侵害的被害人直接向职能机关报案、举报和控告，减少案件的移送和周转；（2）有利于职能机关依法行使职权并按照管辖范围迅速立案开始侦查或审理，及时有效地追诉犯罪，防止因管辖不明而互相推诿，拖延诉讼的进行。

综上所述，刑事诉讼管辖制度是开启刑事诉讼程序的制度，这一制度设计得是否合理、科学，影响刑事侦查与刑事审判能否顺利进行，影响刑事侦查与审判质量，影响刑事诉讼能否实现公正与效率的价值目标。因此，深入研究管辖制度，充分认识其合理分配司法资源及保护司法公正与提高诉讼效率的功能，对于完善我国的刑事诉讼管辖制度意义重大。

第二节　刑事立案管辖

立案管辖，在诉讼理论上又称职能管辖或部门管辖，是指侦查机关与审判机关之间以及侦查机关相互之间在刑事案件受理范围上的权限划分。在国外，多数国家刑事诉讼程序的启动并不以立案为标志，因而相应地便没有立案管辖方面的规定。而在我国，刑事诉讼法则对公安机关（包括国家安全机关等）、人民检察院和人民法院在直接受理刑事案件范围上的分工作出了明确的规定，旨在解决哪类刑事案件应当由公、检、法三机关中的哪一个机关立案受理的问题。具体地讲，也就是确定哪些刑事案件不需要经过侦查，而由人民法院直接受理审判；哪些刑事案件由人民检察院直接受理立案侦查；哪些刑事案件由公安机关立案侦查。划分立案管辖应当考虑以下两个因素：一是公、检、法三机关在刑事诉讼中的性质和职能；二是刑事案件严重、复杂程度。立案管辖是追究犯罪的司法权力在各部门之间的分配，同时也是各部门承担的追究犯罪、维护稳定职责的体现。

就立法而言，我国《刑事诉讼法》第18条对人民法院、人民检察院和公安机关各自的立案管辖范围作了规定，但这一规定具有高度的概括性，不利于司法操作。为了便于在实际工作中执行法律的这一规定，最高人民法院、最高人民检察院、公安部、司法部、国家安全部、全国人大常委会法制工作委员会在《关于刑事诉讼法实施中若干问题的规定》（以下简称《六部委规定》）中又对立案管辖问题作出了联合解释，进一步细化了《刑事诉讼法》第18条的相关规定。此外，最高人民法院、最高人民检察院相关的司法解释中也对刑事案件的立案管辖问题作出了更为具体的规定，从而使我国的刑事立案管辖初步形成了较为严密的体系。

一、公安机关直接受理的案件

《刑事诉讼法》第18条第1款规定：刑事案件的侦查由公安机关进行，法律另有规定的除外。这一规定表明，除法律另有规定的，所有刑事案件的侦查都由公安机关负责。所谓“法律另有规定”，是指人民法院立案受理的刑事案件和人民检察院立案侦查的刑事案件，以及国家安全机关、军队保卫部门、监狱立案侦查的刑事案件。

根据《刑事诉讼法》第4条的规定，国家安全机关依照法律规定，办理危害国家安全的刑事案件，行使与公安机关相同的职权。所谓危害国家安全的犯罪，依据《国家安全法》及其实施细则的规定，是指境外机构、组织、个人实施或者指使、资助他人实施的，或者境内组织、个人与境外机构、组织、个人相勾结实施的危害我国国家安全，并达到犯罪程度的行为。

1994年12月29日第八届全国人大常委会通过的《中华人民共和国监狱法》第60条规定：“对罪犯在监狱内犯罪的案件，由监狱进行侦查。侦查终结后，写出起诉意见书或者免予起诉意见书，连同案卷材料、证据一并移送人民检察院。”《刑事诉讼法》第225条规定：“军队保卫部门对军队内部发生的刑事案件行使侦查权。对罪犯在监狱内犯罪的案件由监狱进行侦查。军队保卫部门、监狱办理刑事案件，适用本法的有关规定。”根据上述规定，军队保卫部门对军队内部发生的刑事案件负责侦查。监狱是国家的刑罚执行机关，被判处死刑缓期二年执行、无期徒刑、有期徒刑的罪犯，在监狱内执行刑罚，对罪犯在监狱内犯罪的案件由监狱进行侦查。

除上述法律另有规定的刑事案件以外，其他一切刑事案件，均由公安机关立案侦查。应当说，属于这一类的刑事案件范围非常广泛，刑法分则所确定的罪名中绝大多数都包括在内。公安机关是国家的治安、保卫机关，在刑事诉讼中，它的主要职能是负责侦查，它可以采用专门的侦查手段和强制性措施。同时，公安机关负有维护社会秩序、保卫社会治安的责任，处于同犯罪作斗争的第一线，拥有严密的组织系统，在侦查设备、技术装备和人员配备上较为雄厚，因此，法律规定把绝大多数刑事案件交由公安机关进行立案侦查，对于及时查明犯罪事实，查获犯罪分子，惩罚犯罪，保护人民具有重要的作用。

二、人民检察院直接受理的刑事案件

人民检察院直接受理的刑事案件，其犯罪主体必须是国家工作人员，而且属于国家工作人员职务方面的犯罪或者利用职权实施的犯罪，这是同人民检察院的性质及其法律监督职责相适应的。《刑事诉讼法》第18条第2款规定：“贪污贿赂犯罪，国家工作人员的渎职犯罪，国家机关工作人员利用职权实施的非法拘禁、刑讯逼供、报复陷害、非法搜查的侵犯公民人身权利的犯罪以及侵犯公民民主权利的犯罪，由人民检察院立案侦查。对于国家机关工作人员利用职权实施的其他重大的犯罪案件，需要由人民检察院直接受理的时候，经省级以上人民检察院决定，可以由人民检察院立案侦查。”据此，人民检察院直接受理的刑事案件包括以下几类：

1. 贪污贿赂犯罪。这类案件不是单指贪污罪、贿赂罪这两种罪名，而是泛指刑法分则第八章“贪污贿赂罪”所涉及的所有罪名，具体包括贪污案、挪用公款案、受贿案、行贿案、单位受贿案、对单位行贿案、介绍贿赂案、单位行贿案、巨额财产来源不明案、隐瞒境外存款案、私分国有资产案、私分罚没款物案。

2. 国家工作人员的渎职犯罪。按照刑法分则第九章的规定，包括滥用职权案、玩忽职守案、泄露国家秘密案、徇私枉法案、枉法裁判案、私放在押人员案、失职致使在押人员脱逃案、徇私舞弊案等。

3. 国家机关工作人员利用职权实施的侵犯公民人身权利和民主权利的犯罪。主要是指国家机关工作人员利用职权实施的非法拘禁案、刑讯逼供案、报复陷害案、非法搜查案、暴力取证案、虐待被监管人案以及破坏选举案等。

4. 其他由人民检察院直接受理的案件。此类由人民检察院直接受理的案件，必须符合以下条件：(1) 必须是国家机关工作人员利用职权实施的；(2) 属于上述三类案件之外的其他案件；(3) 需要由人民检察院直接受理；(4) 经省级以上人民检察院决定。这是人民检察院以直接立案的方式，对公安机关的立案侦查活动所进行的一种监督，但这种方式在具体执行过程中应严格掌握其条件，不能作任意扩大解释。

在司法实践中，有时存在公安机关与人民检察院对案件交叉管辖的情况，对此，应当按照《六部委规定》第 6 条的精神办理，即公安机关侦查刑事案件涉及人民检察院管辖的贪污贿赂案件时，应当将贪污贿赂案件移送人民检察院；人民检察院侦查贪污贿赂案件涉及公安机关管辖的刑事案件，应当将属于公安机关管辖的刑事案件移送公安机关。在上述情况中，如果涉嫌主罪属于公安机关管辖，由公安机关为主侦查，人民检察院予以配合；如果涉嫌主罪属于人民检察院管辖，由人民检察院为主侦查，公安机关予以配合。主罪与次罪的划分，应当以犯罪嫌疑人涉嫌的犯罪可能判处的刑罚轻重为标准。

三、人民法院直接受理的案件

由人民法院直接受理的刑事案件，是指不需要经过公安机关或者人民检察院立案侦查，不通过人民检察院提起公诉，而由人民法院对当事人提起的诉讼直接立案和审判。这类刑事案件，在刑事诉讼中称为自诉案件，即由被害人本人或者其近亲属直接向人民法院起诉的案件。《刑事诉讼法》第 18 条第 3 款规定：“自诉案件由人民法院直接受理。”根据《刑事诉讼法》第 170 条的规定，自诉案件包括以下三类：

1. 告诉才处理的案件。告诉才处理的案件，是指被害人或者其法定代理人提出控告和起诉，人民法院才予受理的案件。这类案件实际上是把是否控告和追究犯罪的权利赋予了被害人，体现了国家对被害人自由意志的充分尊重。如果被害人及其法定代理人没有告诉或者告诉后又撤回的，人民法院就不予追究。被害人不告诉必须是他本人真实意思的体现，如果被害人因受到强制、威吓等原因无法告诉的，人民检察院或者被害人的近亲属也可以告诉。我国刑法规定的告诉才处理的案件，具体包括四种：《刑法》第 246 条规定的侮辱、诽谤案；第 257 条第 1 款规定的暴力干涉婚姻自由案；第 260 条第 1 款规定的虐待案；第

270条规定的侵占案。这四种案件，犯罪情节轻微，案情一般比较简单，不需要经过侦查即可查清案件事实，所以适宜由人民法院直接受理。

2. 被害人有证据证明的轻微刑事案件。这类自诉案件必须符合两个条件：(1) 必须是轻微的刑事案件。是否轻微可以从罪质和情节两个方面来考量。罪质轻微是指案件中的行为触犯的罪名较轻，如果触犯的罪名是罪质重的罪名，不论情节如何，危害都是很严重的。情节轻微主要是指案件的情节形成的社会危害性小，虽然行为触犯的罪名是罪质较轻的罪名，但情节严重或者恶劣，其危害性必然也大，也不属于该类自诉案件。(2) 被害人必须有相应的证据证明被告人有罪。被害人处于控告者地位，应承担证明责任，提出证据证明其诉讼主张。

根据《六部委规定》，这类案件具体包括：故意伤害（轻伤）案；重婚案；遗弃案；妨害通信自由案；非法侵入他人住宅案；生产、销售伪劣商品案（严重危害社会秩序和国家利益的除外）；侵犯知识产权案（严重危害社会秩序和国家利益的除外）；属于刑法分则第四、五章规定的，对被告人可以判处3年有期徒刑以下刑罚的其他轻微刑事案件。《六部委规定》同时明确：上述所列八种案件中，被害人直接向人民法院起诉的，人民法院应当依法受理；对于其中证据不足，可由公安机关受理的，应当移送公安机关立案侦查；被害人向公安机关控告的，公安机关应当受理。

3. 公诉转自诉的案件。这类案件是指被害人有证据证明对被告人侵犯自己人身、财产权利的行为，应当依法追究刑事责任，而公安机关或者人民检察院不予追究被告人刑事责任的，被害人有权直接向人民法院起诉，人民法院应当受理。这类案件从性质上说本来属于公诉案件范围，要成为自诉案件，必须具备以下几个条件：(1) 被害人能够提供证据证明被告人的行为构成犯罪。(2) 对被告人的行为应当依法追究刑事责任。这是以刑事实体法对被告人行为衡量的结果。应当追究刑事责任是指不属于《刑事诉讼法》第15条规定的不追究刑事责任的情形。(3) 被告人的行为侵犯的是被害人的人身权利或财产权利。(4) 公安机关或者人民检察院作出了不予追究被告人刑事责任的书面决定。这类自诉案件的设定，一方面是为了充分保障被害人的诉讼权利，更好地维护被害人的合法权益，解决司法实践中存在的“告状难”问题；另一方面，可以促使公安机关、人民检察院积极追诉犯罪，避免有案不立、有罪不究、以罚代刑等放纵犯罪现象的发生，使公安机关和人民检察院更好地履行自己的职责。

四、刑事立案管辖所存在的问题

尽管《刑事诉讼法》及其他有关规定中对立案管辖问题作出了比较详尽的规定，但并未能够完全解决实践中存在的立案管辖方面的难题，具体表现在：

1. 关于国家安全机关的案件管辖范围。

国家安全机关是国家安全工作的主管机关，承担着维护国家安全，同危害国家安全的犯罪作斗争的重任。《刑事诉讼法》第4条中规定：“国家安全机关依照法律规定，办理危害国家安全的刑事案件，行使与公安机关相同的职权。”很显然，按照此规定的精神，所有危害国家安全的犯罪案件，即《刑法》分则第一章“危害国家安全罪”中涉及的 12 个罪名，都应当由国家安全机关行使立案管辖权。但在实践中却并非如此。实践中的普遍做法是，对于危害国家安全犯罪案件，凡涉及外线作战的，如间谍案件，由国家安全机关立案侦查，而涉及维护内部稳定，如颠覆国家政权、煽动颠覆国家政权等案件则由公安机关政保部门负责立案侦查，在具体办案中公安机关与国家安全机关互相配合。

由于公安机关与国家安全机关在案件的具体划分上不是十分明确，实践中互相争管辖、多头立案的问题在一定程度上存在。鉴于这种情况，应当对国家安全机关具体管辖的罪名作出列举性的规定，这样有助于在司法实践中将那些危害国家安全的犯罪活动及时纳入主管机关的视野，及时予以防范和打击，不至于因为分工不明而有遗漏，以致造成严重后果。既然法律明确规定国家安全机关是刑事诉讼中的司法机关之一，就应当同时明确其立案管辖的案件范围，而不应含糊不清，不宜总是依赖具体执行中的协商解决，协商是必要的，但不能代替法律规定。①

2. 关于侵占罪的立案管辖问题。

侵占罪是 1997 年《刑法》修订时增设的一个罪名，它是指以非法占有为目的，将代为保管的数额较大的他人财物或者遗忘物、埋藏物占为已有，拒不退还或拒不交出的行为。《刑法》第 270 条规定：“将代为保管的他人财物非法占为已有，数额较大，拒不退还的，处二年以下有期徒刑、拘役或者罚金；数额巨大或者有其他严重情节的，处二年以上五年以下有期徒刑，并处罚金。将他人的遗忘物或者埋藏物非法占为已有，数额较大，拒不交出的，依照前款的规定处罚。本条罪，告诉的才处理。”虽然《刑法》和《六部委规定》中都对该罪的立案管辖问题作了非常明确的规定，但在司法实践中将该罪作为公诉案件处理的做法却普遍存在。在司法实践中，很多被害人在财物被他人侵占后，不是到人民法院起诉，而是向公安机关报案或控告，公安机关据此立案、收集证据，然后移送人民检察院起诉。在法庭上，检察机关对此种案件的起诉权往往成为一个激烈争论的焦点。②这种立法和实践不一致的现象表明侵占案件的立案管辖存在一定的问题，把侵占罪作为自诉案件处理是有一定缺陷的，亟待调整。

首先，侵占罪的犯罪对象一般是遗忘物，当遗忘物被侵占时，被害人很难举出证据向人民法院证明侵占事实的存在。特别是当侵占人拒不交出他人遗忘物而又矢口否认时，被害人没有搜查权，难以获取确凿的证据，便无法向法院起诉。没有证据，被害人同样难以证明被侵占了多少财产。而自诉案件的证明责任由自诉人承担。《刑事诉讼法》规定：人民法院对自诉案件进行审查后，对犯罪事实清楚，有足够证据的案件应当开庭审理，对于缺乏罪证的自诉案件，如果自诉人提不出补充证据，应当说服自诉人撤回自诉或者裁定驳回。这就是实践中被害人财物被侵占后往往求助于公安机关的原因所在。

其次，侵占罪的犯罪对象除了公民个人拥有的合法财产外，公共财产也可能成为侵占

①② 参见陈光中：《刑事诉讼法实施问题研究》，17～18 页，北京，中国法制出版社，2000。

罪的犯罪对象。这是因为无主物、埋藏物可能是国家、集体的财产，侵占这种无主物、埋藏物而拒不交出的，也构成侵占罪。如果将侵占罪作为自诉案件，则当该罪的犯罪对象是公共财产时，可能会出现有起诉权的主体因不知晓其财产受侵犯而不能行使起诉权，或者有起诉权的主体不积极行使起诉权的情况，因而导致案件无法进入诉讼程序，犯罪也就不能受到处理。①

再次，侵占案件并非都属于情节轻微、危害不大的案件。从实践情况来看，有的侵占案件涉及的数额巨大，对社会的危害性也很大，将这些案件交由被害人进行自诉，与案件的性质是不相适应的。

综上，从维护被害人的合法权益和保护国家财产不受侵犯角度来看，不应当把侵占罪列为自诉案件，而应将其作为公诉案件来对待，纳入公安机关立案侦查的案件范围。

第三节 刑事审判管辖

刑事审判管辖是指审判机关内部在刑事案件受理范围上的分工。审判管辖是审判机关行使审判权的基础，是启动审判程序的前提，审判管辖不确定，审判程序便无法开始。不同性质和地域的国家，刑事审判管辖是有差异的，一般来说都存在案件的审级管辖和地区管辖问题，其中审级管辖比较明确，但地区管辖就比较复杂。② 在我国，审判管辖是指人民法院组织系统内部在审判第一审刑事案件上的权限分工，具体而言，是指普通人民法院之间、普通人民法院与专门人民法院之间以及各专门人民法院之间在第一审刑事案件受理范围上的权限划分。审判管辖之所以只确定第一审刑事案件受理范围上的权限划分，是因为我国实行的是两审终审制，第二审人民法院是第一审人民法院的上一级人民法院，只要确定了第一审刑事案件的管辖法院，也就相应地确立了该案件的第二审法院。

根据我国《刑事诉讼法》第 19 条至第 27 条的规定，我国的刑事审判管辖包括普通管辖和专门管辖，普通管辖又分为级别管辖、地区管辖和指定管辖。

一、级别管辖

级别管辖，是指上、下级法院之间即最高人民法院和地方各级人民法院之间在审判第一审刑事案件上的权限分工。级别管辖的划分主要考虑下列因素：(1) 案件的性质和影响；(2) 罪行的轻重和可能判处刑罚的轻重；(3) 案件涉及面的大小；(4) 不同级别法院的工作重点和工作量多少。我国《刑事诉讼法》规定的级别管辖为：

(一) 基层人民法院管辖的第一审刑事案件

《刑事诉讼法》第 19 条规定，基层人民法院管辖第一审普通刑事案件，但是依照本法由上级人民法院管辖的除外。可见，基层人民法院管辖的只能是普通刑事案件。从刑事诉

① 参见陈光中：《刑事诉讼法实施问题研究》，19～20 页，北京，中国法制出版社，2000。

② 参见宋世杰：《刑事审判制度研究》，79 页，北京，中国法制出版社，2005。

讼法的规定看，所谓普通刑事案件，是指危害国家安全案件和外国人犯罪案件之外的案件。但是，并不是所有的普通刑事案件都由基层人民法院进行第一审审判。虽然属于普通刑事案件，但可能判处无期徒刑以上刑罚时，要由中级以上人民法院进行第一审审判。尽管如此，绝大多数刑事案件实际上都由基层人民法院进行第一审，其审判任务是十分繁重的。法律之所以这样规定，是因为基层人民法院在人民法院组织体系中数量最多，而且案件的发生地都在其辖区内，由其进行审判，便于核查证据，也便于诉讼参与人参加诉讼。

（二）中级人民法院管辖的第一审刑事案件

《刑事诉讼法》第 20 条规定，中级人民法院管辖下列第一审刑事案件：（1）危害国家安全案件，即《刑法》分则第一章所列罪名涉及的案件。（2）可能判处无期徒刑、死刑的普通刑事案件，这是以可能判处的刑罚的轻重为标准进行的界定。（3）外国人犯罪的刑事案件。这里的外国人包括具有外国国籍的人、无国籍人和国籍不明的人。立法上对中级人民法院管辖的第一审刑事案件采用了列举方式，但并不是说这三类案件必须由中级人民法院进行第一审，而是最低应由中级人民法院进行第一审，并不排除高级人民法院、最高人民法院对这些案件进行第一审。立法上之所以将这些案件划分为由中级以上人民法院进行第一审审判，是因为其性质严重，或案情重大复杂、影响范围大，或处刑较重，目的在于保证办案质量。

（三）高级人民法院管辖的第一审刑事案件

《刑事诉讼法》第 21 条规定："高级人民法院管辖的第一审刑事案件，是全省（自治区、直辖市）性的重大刑事案件。"高级人民法院在法院组织系统中处于比较高的层次，其工作任务是多方面的，工作量也是相当繁重的。根据法律规定，高级人民法院负责对不服中级人民法院第一审判决的上诉、抗诉案件进行第二审审理，负责对判处死刑缓期二年执行案件进行复核，还要负责对其下级人民法院的审判工作进行监督和义务指导，因而，不可能把比较多的第一审刑事案件交由高级人民法院管辖，必须进行适当的限制，即要符合两个方面的条件：一是全省（自治区、直辖市）性的案件；二是重大刑事案件。总体来看，高级人民法院管辖的第一审刑事案件的数量是极少的。

（四）最高人民法院管辖的第一审刑事案件

《刑事诉讼法》第 22 条规定："最高人民法院管辖的第一审刑事案件，是全国性的重大刑事案件。"这一规定是与最高人民法院的地位和职责范围相适应的。最高人民法院作为国家最高审判机关，处于法院组织系统的最高层，工作范围最广，工作量更大。最高人民法院既要审理二审案件，核准死刑案件，进行司法解释，还要担负对地方各级人民法院及专门人民法院审判工作的指导、监督职能。因此，它所受理的第一审刑事案件不宜多，而只能是具有全国性影响的，性质、情节特别严重的重大刑事案件。

以上是我国《刑事诉讼法》关于各级人民法院管辖第一审刑事案件范围的规定，通常情况下，各级人民法院受理和审判刑事案件，应当按照上述规定执行。同时我们也要注意到，刑事案件的发生是纷繁复杂的，人民法院的审判工作由于多种因素的影响，也可能遇到难以解决的问题。规定了案件的级别管辖，但如果没有一定的灵活性，有时也会影响案件的正确、及时处理。基于此，刑事诉讼法在对各级人民法院管辖的第一审案件的范围作了原则性规定之后，又对必要时的级别管辖变通作了规定。《刑事诉讼法》第23条规定："上级人民法院在必要的时候，可以审判下级人民法院管辖的第一审刑事案件；下级人民法院认为案情重大、复杂需要由上级人民法院审判的第一审刑事案件，可以请求移送上一级人民法院审判。"这一规定可以分为两种情况：一是提审，是指上级人民法院可以审理下级人民法院管辖的第一审刑事案件，提审仅限于在必要的时候；二是请求移送，是指下级人民法院将其管辖的案件请求移送上一级人民法院审理。适用这一条款，应当注意以下问题：

1. 上级人民法院审判下级人民法院管辖的第一审刑事案件，可以由上级人民法院依职权自行决定，但只能"在必要的时候"对个别案件适用。根据最高人民法院《关于执行〈中华人民共和国刑事诉讼法〉若干问题的解释》（以下简称《高法解释》）第15条的规定，上级人民法院认为有必要审理下级人民法院管辖的第一审刑事案件时，应当向下级人民法院下达改变管辖决定书，并书面通知同级人民检察院。

2. 根据《高法解释》第4条的规定，人民检察院认为可能判处无期徒刑、死刑而向中级人民法院提起公诉的普通刑事案件，中级人民法院受理后，认为不需要判处无期徒刑以上刑罚的，可以依法审理，不再交基层人民法院审理。

3. 根据《高法解释》第16条的规定，基层人民法院对于认为案情重大、复杂或者可能判处无期徒刑、死刑的第一审刑事案件，请求移送中级人民法院审判，应当经合议庭报请院长决定后，在案件审理期限届满15日以前书面请求移送。中级人民法院应当在接到移送申请10日以内作出决定。中级人民法院不同意移送的，应当向该基层人民法院下达不同意移送决定书，由该基层人民法院依法审判；同意移送的，应当向该基层人民法院下达同意移送决定书，并书面通知同级人民检察院。基层人民法院接到上级人民法院同意移送决定书后，应当通知同级人民检察院和当事人，并将起诉材料退回同级人民检察院。

4. 根据《高法解释》第5条的规定，一人犯数罪、共同犯罪和其他需要并案审理的案件，只要其中一人或者一罪属于上级人民法院管辖的，全案由上级人民法院管辖。

二、地区管辖

地区管辖，是指同级人民法院之间在审判第一审刑事案件权限上的分工。级别管辖只是从纵的方向上解决了刑事案件由哪一级人民法院管辖的问题，而地区管辖则是在明确案件的级别管辖的基础上，确定案件由该级人民法院中的哪一个人民法院管辖，是从横的方向解决案件的管辖问题。只有级别管辖和地区管辖都解决了，案件的管辖权才能最终落实。我国《刑事诉讼法》既规定了地区管辖的一般原则，又对特殊情况作了具体规定。

1. 犯罪地人民法院管辖为主，被告人居住地人民法院管辖为辅。

根据《刑事诉讼法》第24条规定，刑事案件由犯罪地人民法院管辖，如果由被告人居住地的人民法院审判更为适宜的，可以由被告人居住地的人民法院管辖。该条规定既适用于自然人犯罪案件，也适用于单位犯罪案件。

在确定地区管辖时，应当首先考虑犯罪地人民法院。根据《高法解释》的规定，“犯罪地是指犯罪行为发生地。以非法占有为目的的财产犯罪，犯罪地包括犯罪行为发生地和犯罪分子实际取得财产的犯罪结果发生地。”

以犯罪地人民法院管辖为主，主要是基于以下原因：(1) 犯罪地是犯罪证据最多的地方，由犯罪地人民法院审理，便于人民法院就地调查，核实证据，正确、及时地处理案件。(2) 犯罪地往往是被害人、证人等当事人和其他诉讼参与人的所在地，便于人民法院就近通知和传唤他们参与诉讼，也便于这些人参与诉讼活动。(3) 犯罪地群众最关心本地发生的案件的处理，由犯罪地人民法院审判，便于当地群众旁听，也便于结合案件进行法制宣传和教育。

在一般情形应当由犯罪地法院管辖的前提下，如果被告人居住地的人民法院管辖更为适宜时，也可以由被告人居住地人民法院管辖。被告人居住地包括其户籍所在地、经常居住地、工作或学习的地点。所谓更为适宜，一般是指以下情形：(1) 属于流窜作案，主要犯罪地难以确定，而其居住地的群众更多地了解案件情况；(2) 被告人在居住地民愤极大，当地群众强烈要求在当地审判的；(3) 可能对被告人适用缓刑、管制或者单独适用剥夺政治权利等刑罚，将来需要在其居住地执行的；等等。

2. 最初受理的人民法院管辖为主，主要犯罪地人民法院管辖为辅。

根据犯罪地人民法院管辖为主、被告人居住地人民法院管辖为辅原则，可能会出现一个案件多个人民法院享有管辖权的局面。其中，如果享有管辖权的多个人民法院是不同级别的法院，根据上述关于级别管辖的规定，一般应当移送有管辖权的上级人民法院统一管辖。如果享有管辖权的多个人民法院是同一级别的人民法院，那么如何确定其管辖人民法院则应遵循新的准则。

《刑事诉讼法》第 25 条规定：“几个同级人民法院都有权管辖的案件，由最初受理的人民法院审判。在必要的时候，可以移送主要犯罪地的人民法院审判。”据此，在多个同级人民法院均享有管辖权时，应依据最初受理的人民法院管辖为主、主要犯罪地法院管辖为辅原则来确定其管辖人民法院。之所以规定原则上由最初受理的人民法院审判，是为了避免人民法院之间发生管辖争议或者互相推诿而拖延案件的审判，同时，也由于最初受理的人民法院对案件往往已进行了一些工作，由其进行审判，有利于及时审结案件。但是为了适应各种案件的复杂情况，法律又规定，在必要的时候，最初受理的人民法院可以将案件移送主要犯罪地的人民法院审判。所谓最初受理的人民法院，是指享有管辖权的多个人民法院中最先受理该案件的人民法院。所谓主要犯罪地，包括案件涉及多个地点时对该犯罪的成立起主要作用的行为地，也包括一人犯数罪时，主要犯罪行为的实施地。必要的时候，是指对查清犯罪事实以及及时处理案件更为有利等情况。

三、指定管辖

在实践中，有时会发生人民法院因管辖界限不明出现争议或推诿，或者有管辖权的法院不宜行使管辖权的现象。为了使案件得到及时、公正的审判，立法上赋予了上级人民法院以指定的方式确定或改变管辖的权力。诉讼法理论将这种由上级人民法院以指定的方式确定案件管辖的情况称为指定管辖。《刑事诉讼法》第 26 条规定："上级人民法院可以指定下级人民法院审判管辖不明的案件，也可以指定下级人民法院将案件移送其他人民法院审判。"可见，我国的指定管辖是基于以下两种情况而产生的：

1. 管辖争议。管辖争议包括积极争议（互相争管）和消极争议（互相推诿）两种。在实践中，有时会发生多个同级人民法院对特定案件的管辖权存有争议，如刑事案件发生在两个法院管辖范围的交界处，而两个法院管辖范围的行政区划没有确切的界限，犯罪地不能确定，这样易形成互争管辖或互相推诿的现象。在这种情况下，依照《刑事诉讼法》第 26 条和《高法解释》第 17 条的规定，应当由争议各方在审限内协商解决；协商不成的，由发生争议的人民法院分别逐级报请共同的上一级人民法院指定管辖。

2. 管辖不能。在实践中，有时会发生有管辖权的人民法院因为某种特殊事由不能或不宜行使审判权的情况。例如，因案件涉及本院院长需要回避而不宜行使审判权；因案件在该法院审判受到严重干扰而不能很好地行使审判权。在此情况下，应当由上级人民法院指定管辖。

《高法解释》第 19 条规定：上级人民法院指定管辖的，应当将指定管辖决定书分别送达被指定的人民法院及其他有关的人民法院。原受理案件的人民法院，在收到上级人民法院指定其他人民法院管辖的决定书后，不再行使管辖权。对于公诉案件，应当书面通知当事人；对于自诉案件，应当将全部案卷材料移送被指定管辖的人民法院，并书面通知当事人。

四、专门管辖

专门管辖，是指专门人民法院与普通人民法院之间，各种专门人民法院之间以及各专门人民法院系统内部在第一审刑事案件受理范围上的分工。在我国的人民法院组织系统中，专门人民法院包括军事法院、铁路运输法院和海事法院三种，其中享有刑事案件管辖权的有军事法院和铁路运输法院。

（一）军事法院管辖的刑事案件

军事法院管辖的刑事案件有：违反军人职责罪案件及现役军人、在军队编制内服务的无军职人员、普通公民危害与破坏国防军事的犯罪案件。根据《高法解释》第 20 条、第 21 条的规定，对军队与地方互涉案件，原则上实行分别管辖的制度，即现役军人（含在编职工）和非军人共同犯罪的，应当分别由军事法院和地方人民法院或者其他专门人民法院管辖。如果涉及国家军事秘密，则全案均应由军事法院管辖。对于下列案件，由地方人民法院或者军事法院以外的其他专门人民法院管辖：（1）非军人、随军家属在部队营区犯罪的；（2）军人办理退役手续后犯罪的；（3）现役军人入伍前犯罪的（需与服役期内犯罪一并审判的除外）；（4）退役军人在服役期内实施的军人违反职责罪以外的犯罪的。

（二）铁路运输法院管辖的刑事案件

铁路运输法院管辖的案件是铁路运输系统公安机关负责侦破的刑事案件及与铁路运输

有关的经济犯罪等案件。主要是危害和破坏铁路运输和生产的案件，破坏铁路交通设施的案件，火车上发生的犯罪案件以及违反铁路运输法规、制度造成重大事故或严重后果的案件。在国际列车上发生的刑事案件，按照我国与相关国家签订的管辖协定执行，没有协定的，则由犯罪后列车最初停靠的中国车站所在地或者目的地的铁路运输法院管辖。铁路运输法院与地方法院对案件管辖发生争执的，可暂由地方法院受理。

第四节　刑事诉讼管辖错误及其纠正

一、刑事诉讼管辖错误的具体表现

刑事诉讼管辖是一个非常重要的问题，同时又是个颇为复杂的问题，尽管《刑事诉讼法》中对其作了较为严格细致的规定，六部委及最高人民法院、最高人民检察院、公安部发布的有关规定也对其作了补充，但在刑事司法实践中，由于各种主客观因素的影响，司法机关违背《刑事诉讼法》关于管辖的规定，对刑事案件不适当地行使管辖权的现象时有发生，以致造成管辖错误。由于刑事诉讼中的管辖主要分为立案管辖和审判管辖两大部分，因此，刑事诉讼中的管辖错误也就主要表现为立案管辖错误和审判管辖错误两个方面。总体来说，刑事诉讼中的管辖错误具体表现形式多种多样，举其要者，有如下一些①：

（一）立案管辖错误

刑事诉讼的立案管辖主要是解决侦查机关与审判机关之间以及侦查机关相互之间在刑事案件受理范围上的权限划分。我国《刑事诉讼法》已经就各机关所受理的案件范围作了明确的规定，毫无疑问，各机关应当严格按照各自职权范围受理案件，不能越权受理，互相代替，也不能放弃职守，推诿不管。否则，就属于立案管辖错误。立案管辖错误具体表现在以下几个方面：

1. 公安机关管辖了应当由国家安全机关、人民检察院、军队保卫部门或者监狱等其他侦查机关管辖的案件，或者非依法定程序管辖了属于人民法院直接受理的自诉案件；
2. 国家安全机关管辖了属于危害国家安全犯罪行为以外的普通刑事案件；
3. 人民检察院管辖了应当由公安机关、国家安全机关、军队保卫部门或者监狱等其他侦查机关管辖的刑事案件；
4. 军队保卫部门超越职权管辖了应当属于地方侦查机关管辖的刑事案件；
5. 监狱超越职权管辖了不属于监狱管辖范围的刑事案件；
6. 人民法院超越职权管辖了不属于自诉案件范围的刑事案件。

（二）审判管辖错误

刑事诉讼的审判管辖所要解决的是普通人民法院之间、普通人民法院与专门人民法院之间以及各专门人民法院之间在第一审刑事案件受理范围上的权限划分。我国《刑事诉讼

① 参见申君贵：《对建立我国刑事诉讼管辖异议制度的构想》，载《贵州民族学院学报》，2002（5）。

法》对审判管辖同样作了较为明确的规定，各人民法院应当严格遵守法律规定行使自己对刑事案件的管辖权，而不能超越法律规定管辖不属于自己管辖的案件（除非是基于上级人民法院的指定）。否则，就属于审判管辖错误。在司法实践中，审判管辖错误主要表现为以下几种情形：

1. 级别管辖错误

这是指人民法院没有按照《刑事诉讼法》关于级别管辖的规定受理案件，管辖了自己无权管辖的案件，具体包括：

（1）基层人民法院管辖了危害国家安全行为的案件以及可能判处无期徒刑、死刑的刑事案件和外国人犯罪的刑事案件，中级人民法院管辖了属于全省性的应由高级人民法院管辖的刑事案件，高级人民法院管辖了属于全国性的应由最高人民法院管辖的刑事案件。

（2）一人犯数罪、共同犯罪和其他需要并案审理的案件，其中一人或者一罪属于上级人民法院管辖的，依法应将全案移送上级人民法院管辖，但基层人民法院未将全案移送上级人民法院管辖。

（3）对我国缔结或者参加的国际条约所规定的犯罪，依法应由被告人被抓获地的中级人民法院管辖，但被告人被抓获地的基层人民法院管辖了该案。

（4）外国人在中华人民共和国领域外对中华人民共和国国家或者公民犯罪，依照《中华人民共和国刑法》应受处罚的，依法应由该外国人入境地的中级人民法院管辖，但该外国人入境地的基层人民法院管辖了该案。

（5）对犯罪分子依法减刑和假释的案件，依法应由执行机关向中级以上的人民法院提出减刑或者假释建议，并由中级以上人民法院管辖并作出裁定，但基层人民法院却管辖了该减刑或者假释案件。

2. 地区管辖错误

这是指人民法院没有按照《刑事诉讼法》关于地区管辖的规定受理案件，管辖了不属于自己管辖的刑事案件。具体表现有以下几个方面：

（1）被告人的犯罪地和居住地都不在管辖案件的人民法院所在地，且该人民法院并不是接受上级人民法院的指定管辖，却管辖了该案件。

（2）对我国缔结或者参加的国际条约所规定的犯罪，依法应由被告人被抓获地的中级人民法院管辖，但非被告人抓获地的人民法院管辖了该案。

（3）在中华人民共和国领域外的中国船舶内的犯罪，依法应由犯罪发生后该船舶最初停泊的中国口岸所在地人民法院管辖，但非该船舶最初停泊的中国口岸所在地的人民法院管辖了该案。

（4）在中华人民共和国领域外的中国航空器内的犯罪，依法应由犯罪发生后该航空器在中国最初降落地的人民法院管辖，但非该航空器在中国最初降落地的人民法院管辖了该案。

（5）在国际列车上的犯罪，应按照我国与相关国家签订的有关管辖协定确定管辖。没有协定的，依法应由犯罪发生后该列车最初停靠的中国车站所在地或者目的地的铁路运输法院管辖，但非该列车最初停靠的中国车站所在地或者目的地的铁路运输法院管辖了该案或者是普通人民法院管辖该案。

(6) 中国公民在驻外的中国使领馆内犯罪，依法应由该公民主管单位所在地或者他的原户籍所在地的人民法院管辖，但非该公民主管单位所在地或者他的原户籍所在地的人民法院管辖了该案。

(7) 中国公民在中华人民共和国领域外的犯罪，依法应由该公民离境前的居住地或者原户籍所在地的人民法院管辖，但非该公民离境前的居住地或者原户籍所在地的人民法院管辖了该案。

(8) 外国人在中华人民共和国领域外对中华人民共和国国家或者公民犯罪，依照《中华人民共和国刑法》应受处罚的，依法应由该外国人入境地的中级人民法院管辖，但非该外国人入境地的中级人民法院管辖了该案。

3. 专门管辖错误

这是指普通人民法院和专门人民法院没有按照《刑事诉讼法》有关专门管辖的规定受理案件，管辖了自己无权管辖的案件，其具体表现如下：

(1) 地方普通人民法院管辖了应由军事法院或者铁路运输法院管辖的刑事案件；

(2) 军事法院或者铁路运输法院管辖了应由地方普通人民法院管辖的刑事案件。

二、刑事诉讼管辖错误的危害

刑事诉讼管辖错误是司法机关不当行使管辖权的结果，一旦出现，必然会产生一些消极后果，造成一些负面影响，其危害性主要表现在以下几个方面：

(一) 破坏了法律的严肃性和权威性

我国《刑事诉讼法》对立案管辖和审判管辖都作了明确规定，司法机关应当严格地按照法律的规定行使管辖权，这样才能保证正确及时地处理案件。如果对自己无权管辖的案件也进行管辖，或者对自己应当管辖的案件而推诿、放弃管辖权，就会使刑事案件在管辖方面呈现无序和混乱的状态，就会对管辖制度构成巨大的冲击和威胁，致使刑事诉讼法关于管辖的规定形同虚设，从而破坏法律的严肃性和权威性，并直接损害司法机关在人民群众中的威信，使司法机关失去公信力。

(二) 产生司法不公、司法腐败的现实可能

造成刑事诉讼管辖错误的原因是多方面的，既有对案件情况把握不准的原因，也有地方利益或部门利益影响的原因。从当前司法实践的情况来分析，尤其是争管自己无权管辖的案件，一般都是受到了某种利益驱动因素的影响，或者是受到了某种不法行为的制约。显而易见，在这种情况下，司法机关将难以站在客观公正的立场上处理案件，从而会危害司法公正和社会的公平正义。

(三) 损害当事人的合法权益

司法机关超越职权管辖自己无权管辖的案件，或者对自己应当管辖的案件而推诿、放

弃管辖权，将为某些司法机关和司法人员徇私枉法创造条件和提供机会，显然，这样不利于保护当事人的合法权益。况且，对一个刑事案件的定性和处理，不同的司法机关由于掌握的刑事政策可能不同，对法律、法规及司法解释的理解可能有异，有的犯罪的立案标准和量刑档次等在各地方还有不同的数额标准，这些都可能使案件的定性和处理有不同的结果，可能产生对当事人特别是犯罪嫌疑人、被告人不利的后果。

（四）浪费司法资源

刑事诉讼活动和其他社会活动一样，也是需要花费一定的资源和成本的。管辖发生错误，必然会导致一些消极的后果。例如，已经开展的诉讼活动将被否定，已经进行的诉讼行为将归为无效，这无疑浪费了在相关诉讼活动和诉讼行为上所消耗的司法资源，大大增加了诉讼成本。

三、刑事诉讼管辖错误的解决之策

刑事诉讼管辖错误所带来的危害是显见的，我们应当正视并着力加以解决。当前应当通过建立有效的机制来解决这一问题：

（一）建立刑事诉讼管辖异议制度

刑事诉讼管辖异议是指在刑事诉讼中，当事人认为公安司法机关违背了刑事诉讼法关于管辖的规定，管辖了其无权管辖的案件，从而在法定期限内提出的要求该司法机关将案件移送有管辖权的司法机关管辖的意见或者主张。我国《民事诉讼法》及《行政诉讼法》中都明确地规定了管辖异议制度，《刑事诉讼法》中却对管辖异议问题没有作出任何规定，但从刑事司法实践来看，当事人认为某司法机关错误地行使了管辖权，从而要求该司法机关将案件移送有管辖权的司法机关管辖的情况时有发生，应当说，这是纠正刑事诉讼管辖错误的有效途径之一。为了切实防止司法机关不适当地行使管辖权，维护当事人的诉讼权利和合法利益，有必要在刑事诉讼中也建立起管辖异议制度。

就刑事诉讼管辖异议的类型而言，从不同的标准出发，可以将其划分为不同的类型。由于刑事诉讼管辖有立案管辖和审判管辖之分，因此可以把刑事诉讼管辖异议划分为对立案管辖的异议和对审判管辖的异议。所谓对立案管辖的异议，是指当事人对公、检、法机关由于未按立案管辖分工而管辖的案件提出的不应由某机关管辖的意见或主张；所谓对审判管辖的异议，是指当事人对人民法院由于未按照审判管辖的分工而管辖的案件提出的不应由某个人民法院管辖的意见或主张。同时，刑事案件又有公诉和自诉之分，因此，刑事诉讼管辖异议还可以划分为对公诉案件的管辖异议和对自诉案件的管辖异议。所谓对公诉案件的管辖异议，是指当事人对公、检、法机关在处理公诉案件时是否具有管辖权所提出的不应由其侦查、起诉或者审判的意见和主张；所谓对自诉案件的管辖异议，是指当事人对管辖自诉案件的人民法院是否有权审判与其有关的自诉案件所提出的不应由其审判的意见和主张。[①]

---

① 参见申君贵：《对建立我国刑事诉讼管辖异议制度的构想》，载《贵州民族学院学报》，2002（5）。

提起刑事诉讼管辖异议，是当事人行使诉讼权利的表现，并可能导致司法机关对具体刑事案件管辖权的变更，因此，管辖异议的提出不应当是随意而为的行为，而应当符合一定的条件。我们认为，这些条件包括以下几个方面：

1. 提出刑事诉讼管辖异议的主体是刑事诉讼的当事人。在我国刑事诉讼中，当事人包括犯罪嫌疑人、被告人、被害人、自诉人和附带民事诉讼的当事人，他们和刑事案件的处理结果有直接的利害关系，在诉讼中往往处于弱势、被动的地位，对司法机关管辖权问题也最敏感。因此，如果他们认为司法机关错误地行使了管辖权，应当有权提出刑事诉讼管辖异议。当事人所委托的辩护人或诉讼代理人，参与刑事诉讼的作用在于维护当事人的合法权益，而司法机关错误地行使管辖权，则是损害当事人权益的方式之一，所以辩护人或诉讼代理人在征得当事人同意后，也可以代为提出刑事诉讼管辖异议。

2. 提出刑事诉讼管辖异议的前提是司法机关管辖了自己无权管辖的案件。在刑事诉讼中，无论是立案管辖还是审判管辖，法律都作了明确规定，各司法机关都应当严格遵守。如果司法机关管辖了自己无权管辖的案件，当事人就应当有权提出管辖异议，要求无权管辖的司法机关将案件移送有管辖权的司法机关处理。对于司法机关依法有权管辖的案件，当事人不得提出管辖异议。

3. 当事人必须在法定期限内向无权管辖案件的司法机关提出刑事诉讼管辖异议。当事人提出管辖异议，是法律赋予当事人的诉讼权利，当事人应当及时地积极行使。毫无疑问，管辖异议权不应当无限期地由当事人所拥有，否则不利于案件的及时处理，不利于打击犯罪和保护无辜。因此，法律应当规定当事人提出管辖异议的期限，限定当事人在法定期限内行使法律赋予的权利。超过法定期限不行使，即应当视为当事人接受该司法机关的管辖，从而无权就案件的管辖再提出异议。至于管辖异议期间的确定，应遵循三个原则：一是提出管辖异议的期间因管辖种类的不同而有所差别；二是要保证有关提出主体有必要的时间提出申请；三是要考虑刑事诉讼的及时性。据此，在立法上可以作出如下规定：公诉案件中对立案管辖提出管辖异议的期间应是在侦查终结前的任何阶段，公诉案件中对审判管辖提出管辖异议应该在一审法院法庭调查阶段开始之前提起；自诉案件中提出管辖异议的期间是一审法院法庭调查开始之前。

4. 当事人应当用书面方式提出管辖异议的理由。管辖异议是一种可能产生相应法律后果的诉讼行为，应当慎重为之，从提出的方式上来说，宜采用书面的形式，即制作管辖异议申请书，而不宜采用较为随便的口头方式。在管辖异议申请书中，当事人还应从事实、法律或其他方面提供管辖异议的理由，而不能只是单纯地提出管辖异议的要求，这样才能使相关司法机关审查时更有针对性。

（二）建立相关程序性裁判机制

“程序性裁判与实体性裁判相对而言，它是指司法机构针对诉讼过程中发生的程序上争议进行裁决的活动；程序性裁判独立于实体性裁判，它是一项独立的、自治的封闭裁决系统，是针对程序性违法的最佳惩处机制。”[①] 错误地行使管辖权是司法机关比较典型的程序性违法行为之一，理应通过程序性裁判对其加以纠正，并对该程序性违法行为所获得的结果明确地予以否定。如果没有建立有效的程序性裁判机制，不能明确刑事诉讼管辖错误这样的程序性违法行为的法律后果，那么就难以消除司法机关在管辖问题上的武断与专横，当事人提出管辖异议同样也会丧失应有的价值。通过程序性裁判，应当做到：

1. 排除错误关系的司法机关对刑事案件的管辖权。

2. 侦查机关如果立案管辖错误，通过裁判应当宣告因此而取得的证据不具有合法性，不能用来作为指控犯罪事实的依据。因为立案是刑事诉讼的开端，是刑事诉讼程序启动的标志，侦查机关立案侦查其没有管辖权的案件，意味着无权立案的侦查机关启动了一个不该由它启动的司法程序，侦查主体错误，由此而取得的一切证据就丧失了合法性的基础。

3. 如果没有管辖权的法院审判了案件，那么法院已进行的诉讼行为无效，有关当事人可以以此为由提起上诉。在二审中，二审法院应当以一审法院违反法定程序为由撤销原判，并将案件指定有管辖权的下级法院重新审理。

① 房保国：《刑事诉讼应确立管辖权异议制度》，载《人民法院报》，2003-07-04。

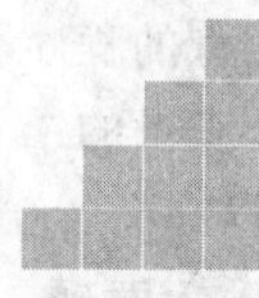

第四章 辩护与代理

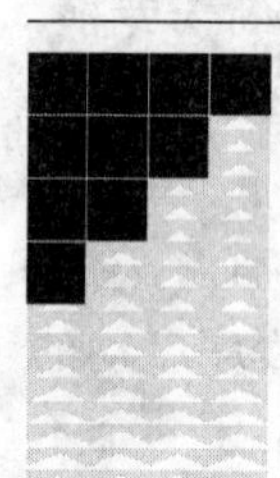

第一节 刑事辩护制度

一、辩护制度概述

（一）辩护制度的概念及其历史发展

1. 辩护、辩护权和辩护制度

辩护，是指犯罪嫌疑人、被告人及其辩护人针对指控，依据事实和法律，提出证明犯罪嫌疑人、被告人无罪、罪轻、减轻或者免除其刑事责任的材料和意见，以维护其合法权益的一种诉讼活动。理解辩护这一概念，需要把握五个基本要素：（1）辩护是针对指控而言的，指控在先，辩护在后，没有控诉就无须辩护；（2）辩护的主体是犯罪嫌疑人、被告人及其辩护人，辩护人的职责在于接受委托或指定后帮助犯罪嫌疑人、被告人行使辩护权；（3）辩护必须依据事实和法律，不能歪曲事实，捏造事实，也不能曲意地理解法律的精神；（4）辩护的方式是提出有利于犯罪嫌疑人、被告人的材料和意见，以证明其无罪、罪轻、减轻或者应当免除其刑事责任；（5）辩护的目的是维护犯罪嫌疑人、被告人的合法权益，而不是犯罪嫌疑人、被告人的一切权益，更不是维护其非法权益。

辩护权，是法律赋予犯罪嫌疑人、被告人针对指控进行辩解，以维护自己合法权益的一种诉讼权利，它是犯罪嫌疑人、被告人各项诉讼权利中最基本的权利，并在各项权利中居于核心地位。在不少国家的宪法中，辩护权还被规定为犯罪嫌疑人、被告人的一项宪法性权利。刑事诉讼的所有活动，都是紧紧围绕犯罪嫌疑人、被告人的刑事责任这一根本问题展开的，与其他诉讼参与人相比，犯罪嫌疑人、被告人处于不利的诉讼地位，因为他不仅是被追诉的对象，而且在诉讼中还有可能被限制甚至完全被剥夺人身自由；与以强大的司法资源为后盾的侦查机关、检察机关相比，犯罪嫌疑人、被告人更处于一种天然的弱势地位。为了保证及时地查明案件事实，正确适用法律，惩罚犯罪分子，保证无罪的公民不受刑事追究，法律应当赋予犯罪嫌疑人、被告人与其诉讼地位相应的辩护权。研究表明，辩护权具有以下特征：（1）专属性。辩护权专属于犯罪嫌疑人、被告人。辩护权的获得基于犯罪嫌疑人、被告人在刑事诉讼中所处的当事人地位。在刑事诉讼中，唯有犯罪嫌疑人、被告人享有辩护权，辩护人协助犯罪嫌疑人、被告人行使辩护权。（2）防御性。辩护权针对控诉权而存在。控诉权具有攻击性，辩护权则具有防御性，辩护权的行使旨在对抗控诉方的指控，弱化其控诉效果，辩护权是犯罪嫌疑人、被告人进行自我保护的一种手段。（3）绝对性。这主要表现在两个方面：其一，当一个公民被认为具有犯罪嫌疑而受到刑事追诉时，他就拥有辩护权。刑事诉讼启动之时，就是犯罪嫌疑人、被告人开始行使辩护权之时。辩护权的行使贯穿于刑事诉讼始终，但在不同的诉讼阶段，辩护权行使的方式及侧重点有所不同。其二，犯罪行为有严重、一般、轻微之分，无论犯罪性质、严重程度如何，在国家专门机关办理所有刑事案件过程中，犯罪嫌疑人、被告人均享有辩护权。即使是非常严重的犯罪，也不能剥夺犯罪嫌疑人、被告人的辩护权，相反，在死刑案件等重大复杂案件中更应当注意保障犯罪嫌疑人、被告人充分行使辩护权。①

辩护制度是法律规定关于犯罪嫌疑人、被告人行使辩护权和司法机关有义务保障他们行使辩护权的一系列规则所形成的有机整体，它包括辩护权、辩护种类、辩护方式、辩护人的范围、辩护人的责任、辩护人的权利和义务等。辩护制度是围绕犯罪嫌疑人、被告人合法权益的保障而设立的法律制度，该制度在刑事诉讼中具有维护司法程序公正与促进人权保障的巨大作用。辩护制度是否健全和完善，是衡量一个国家刑事诉讼制度科学、民主程度的重要标志。

辩护、辩护权和辩护制度三者之间的关系是：辩护是辩护权的外化，即辩护权是通过

---

① 参见王敏远：《刑事诉讼法》，190页，北京，社会科学文献出版社，2005。

各种具体的辩护活动实现的；辩护权是辩护制度产生的基础，如果没有辩护权，就不可能存在辩护制度；辩护制度是辩护权的保障，没有辩护制度，就不可能保障犯罪嫌疑人、被告人充分行使辩护权。

2. *辩护制度的历史发展*

辩护制度萌芽于古罗马共和国初期。当时的审判活动实行“弹劾式诉讼”方式，被告人和控告人享有同等的诉讼地位和对应的诉讼权利，法院处理案件时要听取双方当事人的“辩论”，被告人享有辩护权，但被告人一般缺乏相关的法律知识和辩护条件，客观上需要借助于外力以获得帮助。与被告人的这一需求相适应，当时社会上出现了一种被称为“保护人”、“辩护士”之类具有一定法律知识的人，他们参加到诉讼中替被告人反驳无根据的指控，并给被告人提供某些法律上的帮助，从而使法院对被告人的判决趋于合理。《十二铜表法》规定了法庭上辩护人进行辩护的条文，这可以说是人类历史上辩护制度的早期雏形。它的出现，既适应了古罗马国家法制建设的需要，又反映了平民阶层政治斗争的重要成果，还是奴隶制民主制度在刑事诉讼中的具体体现。

但是到了中世纪，辩护制度受到了压制。在欧洲中世纪封建君主专制时期，权力被日益集中，原始的民主制度遭到了破坏，为了维护王室和封建领主的专制统治，绝大多数国家废除了古老的弹劾式诉讼，代之以纠问式诉讼。这种封建专制的诉讼模式，在本质上蔑视人的基本权利，在刑事诉讼中则表现为审判秘密进行，广泛采用刑讯，被告人被置于诉讼客体的地位，其基本的诉讼权利包括辩护权几乎被剥夺，因此，辩护制度也就失去了其存在的基础。

西方现代意义的辩护制度，是资产阶级民主革命即资产阶级同封建君主专制斗争的产物，是资产阶级革命胜利在诉讼制度中的体现。在资产阶级反封建的斗争中，启蒙思想家如英国的李尔本，法国的狄德罗、伏尔泰、孟德斯鸠等发挥了重要的作用，他们在政治上倡导自由和民主，在法律上则倡导权利和平等，提出用辩论式诉讼取代纠问式诉讼，主张赋予被告人一系列的诉讼权利，其中最重要的就是被告人享有为自己辩护及获得辩护人为其辩护的权利。资产阶级革命成功并夺取政权后，英、法等主要资本主义国家均在立法中肯定了刑事诉讼的辩论原则，赋予了刑事被告人自己辩护和聘请他人辩护的权利。首先规定被告人辩护权的是英国 1679 年的《人身保护法》，该法明确规定了诉讼中的辩论原则，承认被告人有权获得辩护，从而确定了刑事被告人在刑事诉讼中的主体地位。1808 年的法国刑事诉讼法典对辩护制度作了更详尽、周密的规定，使刑事辩护更加系统化和规范化。此后，欧洲大陆各国，如意大利、德国、俄罗斯等也纷纷规定了被告人享有辩护权并确立了辩护制度。第二次世界大战以后，从保护人权的理念出发，辩护制度得到了空前的发展，主要表现在：第一，辩护人介入诉讼的时间普遍提前到侦查阶段；第二，许多国际性公约，如 1948 年的《世界人权宣言》、1966 年的《公民权利和政治权利国际公约》及 1990 年的《关于律师作用的基本准则》中都对刑事辩护问题作了原则性规定；第三，各国普遍建立了法律援助制度，即为贫穷的被告人提供免费的法律帮助；第四，律师的先悉权得到了充分的保障，许多国家通过建立证据展示制度来保障律师的先悉权；第五，许多国家通过赋予律师就其业务秘密享受拒绝作证的特权，巩固了律师与其当事人之间的法律关系。

在我国，虽然早在春秋战国时期就有了律师制度的萌芽，但是由于奴隶社会和封建社会一直盛行纠问式诉讼，被告人完全客体化，所以，我国古代并没有建立起辩护制度。现代意义上的辩护制度是清末修律时从西方移植而来的。1910 年沈家本主持修订的《大清刑事民事诉讼法》（草案）引进律师制度和辩护制度。但是，《大清刑事民事诉讼法》（草案）遭到了各地将军督抚都统的激烈反对，其理由之一即“契约自由”、“人权原则”与中国的传统不符，“袭西俗财产之制，坏中国民教之防，启男女平等之风，悖圣贤修齐之教”。这部诉讼法草案被搁置，辩护制度也遭夭折。但是，在不可阻挡的时代潮流面前，清末统治者在此后的一些单行法中，如《法院组织法》、《各级审判厅试办章程》中确立了律师制度和辩护制度。在北洋政府和国民党政府的法律中，也同样规定了被告人有权获得辩护原则，确立了辩护制度。总体来看，旧中国的辩护制度有着积极的历史意义，但是，这些规定很难在实践中得到贯彻执行。

我国社会主义辩护制度的确立经历了一个漫长、曲折的道路。早在第二次国内革命战争时期，中华苏维埃共和国中央执行委员会颁布的《裁判部暂行组织及裁判条例》就规定：“被告人为本身的利益，可派代表出庭辩护，但需得法庭的许可”。在抗日战争和解放战争时期，各根据地根据党中央的路线、方针、政策并结合本地的实际情况，颁布了有关司法组织和诉讼程序的法律，其中就建立了辩护制度。例如，《陕甘宁边区刑事诉讼条例草案》规定：“讯问被告应以恳切态度，不得用威胁、詈骂，非刑逼迫或利诱、诈欺及其他不正当之方法，应予以辩论犯罪嫌疑之机会。”“刑事被告于侦查完毕之后，得选任有法律知识之辩护人到庭辩护。”这说明当时已经认识到赋予被告人辩护权以及建立辩护制度的必要性和重要性。

新中国成立后，国家开始系统建设社会主义司法制度，刑事辩护制度也在总结民主革命时期成功经验的基础上得到发展。1954 年《中华人民共和国宪法》将“被告人有权获得辩护”规定为宪法原则。为贯彻这一宪法原则，《中华人民共和国人民法院组织法》第 8 条规定：“被告人有权获得辩护。被告人除自己进行辩护外，有权委托律师为他辩护，可以由人民团体或者被告人所在单位推荐的或者经人民法院许可的公民为他辩护，可以由被告人的近亲属、监护人为他辩护。人民法院认为必要的时候，可以指定辩护人为他辩护。”可见，辩护人的范围是相当广泛的。特别是建立人民律师制度，实行律师辩护，正式提上了法制建设日程。然而，到了 20 世纪 50 年代后期，由于“左”的思想路线的干扰、影响，我国的社会主义法制受到严重破坏，刚刚建立起来的律师制度遭到摧残，被告人的辩护权受到限制甚至被剥夺，造成了严重后果。到“文化大革命”时期，辩护制度基本夭折。党的十一届三中全会以后，在党中央加强民主与法制的方针指引下，律师制度和辩护制度得以恢复与重建。1979 年 7 月第五届全国人民代表大会第二次会议通过了《中华人民共和国刑事诉讼法》。该法不仅规定了被告人的辩护权，同时对律师辩护制度给予了法律保障。1980 年 8 月 26 日，第五届全国人大常委会第十五次会议通过了《中华人民共和国律师暂行条例》。这一条例的颁布实施，成为我国律师辩护制度进入新时期的重要里程碑。1996 年 3

月 17 日，第八届全国人民代表大会第四次会议通过了《关于修改〈中华人民共和国刑事诉讼法〉的决定》，其中对辩护制度作了重大修改和完善。随着国家改革开放的深入，特别是社会主义市场经济体制的建立和民主法制的发展，原有的《律师暂行条例》中的一些内容已经不能适应形势的需要，1996 年 5 月 15 日，第八届全国人民代表大会常务委员会第十九次会议审议通过了《中华人民共和国律师法》，以确认和巩固律师工作改革的成果，规范和引导律师行业的健康发展，进一步发挥律师在政治、经济和社会生活中的作用。为了进一步适应新时期我国律师工作改革和发展的需要，更加完善中国特色社会主义律师制度，从 2004 年 6 月开始，在党中央、国务院的领导下，司法部配合有关立法机关正式启动了《律师法》的修订工作。在修订过程中，开展了大量调查研究，广泛征求了各方面的意见，历经多次深入讨论，反复修改，终于在 2007 年 10 月 28 日由第十届全国人民代表大会常务委员会第三十次会议审议通过。修订后的《律师法》的颁布与实施，成为我国辩护制度进一步健全和完善的重要标志。

（二）辩护制度的理论基础

辩护制度的确立、发展和完善，是人类法律制度发展史上的重大进步，它是有深厚的理论基础为支撑的。

首先，辩护制度的确立，符合人权保障的要求。现代意义上的辩护制度，就是从人权理论中推导出来的。在资产阶级革命前夕，一批著名的启蒙思想家如英国的李尔本、洛克，法国的狄德罗、伏尔泰、孟德斯鸠等人，就提出了“天赋人权”、“主权在民”、“法律面前人人平等”的响亮革命口号，并在此基础上提出了在诉讼中用辩论式诉讼模式取代纠问式模式，赋予被告人辩护权，在审判中实现辩护原则等主张，这些理论为资产阶级革命成功后通过法律形式确立辩护制度打下了坚实的理论基础。20 世纪以后，尤其是第二次世界大战以后，国际社会从法西斯恣意践踏人权的血的教训中惊醒过来，更加意识到人权保障的重要性，并因此有了一系列有关人权保障的国际公约和文件，这些国际公约和文件对于当代世界各国刑事辩护制度的发展和完善起到了巨大的推动作用。

特别需要指出的是，面对强大的国家司法机器，犯罪嫌疑人、被告人显然处于十分弱小的地位，如果没有一定的制度做保障，很容易造成对犯罪嫌疑人、被告人合法权益的漠视，诉讼过程的残暴和诉讼结果的不公，中世纪的刑事诉讼中被告人的诉讼客体的地位充分说明了这一点。所以，法律赋予犯罪嫌疑人、被告人以辩护权的一个重要目的，就是要使犯罪嫌疑人、被告人从诉讼客体的地位中解放出来，成为诉讼的主体。同时，还需指出的是，辩护权的受益者不仅仅是犯罪嫌疑人、被告人个人，而是全体社会公民，因为任何公民都有涉嫌犯罪的潜在可能性，都有可能成为犯罪嫌疑人、被告人，这时辩护权就成为他的合法权益的法律屏障，借此，可以抵御国家司法权的滥用。正如哈佛大学教授德肖微茨所言：“认真负责、积极热心的辩护律师是自由的最后堡垒——是抵抗气势汹汹的政府欺负它的子民的最后一道防线，辩护律师的任务正是对政府的行为进行监督和挑战，要使这些权势在握的尊者对无权无势的小民作出格行动前三思而后行，想想可能引起的法律后果，去呼吁、去保护那些孤立无援、无权无势的民众的正当权利。”[①] 因此，辩护制度是现代民主和法制社会不可缺少的组成部分，辩护权在本质上具有公民权的属性，辩护原则也成为各国宪法中规定的一条宪法性原则。

其次，辩护制度的确立，符合刑事诉讼民主化的要求。辩护人参与刑事诉讼最早源于古罗马时期的弹劾式诉讼。在弹劾式诉讼中，控辩双方地位平等，法官居中裁判，体现了诉讼的民主性。古罗马法学家保罗认为：“辩护是使被告摆脱惩罚或减轻对其惩罚的条件。”但到了中世纪，随着专制主义统治的加强，在纠问式诉讼中，法官集控诉和审判的职能于一身，辩护制度窒息在这专制的诉讼模式中。随着近代资本主义民主制度的建立，各国在建构刑事诉讼模式中都以诉讼民主作为其基本的价值目标之一。辩护制度随之逐渐蓬勃发展起来，并且随着民主制度的不断完善，辩护律师参与刑事诉讼程序的广度和深度也在不断加强。特别是在第二次世界大战后，不同法系的国家都不断修订刑事诉讼法，其中一项重要内容就是扩大辩护律师在诉讼过程中的作用。辩护制度是民主制度的产物，并随着民主制度的发展而不断完善，辩护律师在刑事诉讼程序中参与的广度和深度的不断扩展正是诉讼民主化发展的重要表现。

再次，辩护制度的确立，是实现控辩平衡的要求。控辩平衡是现代刑事诉讼的一个基本要求，只有真正做到控辩双方在力量上的对等与均衡，刑事诉讼活动的结果才是公平和正义的。这和战争是同样的道理，战争中的双方如果力量不均衡，在武器、装备上不能做到平等武装，一方过于强大，另一方过于弱小，这样的战争很难说是公平正义的战争。刑事诉讼也是一场特殊的战争，“是国家所发动的一场旨在控制、镇压犯罪的战争”[②]。既然是战争，就应当遵守战争的基本规则，即要做到“平等武装”，也就是说，要做到控辩双方之间的力量平衡。但在诉讼中，控辩双方之间力量的不平衡是显见的。就追诉方而言，享有国家所赋予的权力，并以国家强制力作为后盾，在诉讼资源的获取上处于极为有利的地位，而犯罪嫌疑人、被告人在刑事诉讼中则处于较为被动的弱势地位，依靠其自己是无法与追诉机关相抗衡的。辩护制度则在一定程度上弥补了犯罪嫌疑人、被告人在对抗能力上的先天不足，增强了他们的对抗力量，促进了控辩双方的平衡。

（三）实行辩护制度的意义

刑事辩护制度对于惩罚犯罪分子，防止罪及无辜，以及完成刑事诉讼的教育任务都具有重要意义。

1. 有利于准确、及时地查明案情和正确适用法律，提高办案质量。刑事案件形形色色，案件事实错综复杂，有罪无罪、此罪彼罪、是否处以刑罚、处以何种刑罚，往往不易区分。办案人员只有经过全面调查研究，认真听取控、辩双方的意见，才能防止主观片面性。

2. 有利于维护犯罪嫌疑人、被告人的合法权益。惩罚犯罪分子与保护犯罪嫌疑人、被告人的合法权益是完全一致的。由于犯罪嫌疑人、被告人处于受追诉的地位，加上法律知

① ［美］德肖微茨：《最好的辩护》，唐交东译，5页，北京，法律出版社，1994。

② 陈瑞华：《刑事诉讼的前沿问题》，3页，北京，中国人民大学出版社，2001。

识欠缺、不知道自己的诉讼权利等主客观方面的不利因素，常常使犯罪嫌疑人、被告人不敢辩护或不懂得怎样辩护，对于他人侵犯自己诉讼权利的行为也不知道如何处理。实行辩护制度，不仅可以消除犯罪嫌疑人、被告人的思想顾虑，而且可以使他们得到辩护人多方面的实际帮助，这对于维护他们的合法权益是十分必要的。

3. 有利于对公民进行法制宣传教育，使广大公民增强法制观念，使犯罪分子认罪服法和接受改造。一方面，在法庭上，通过辩护，控辩双方互相辩论，可以使旁听的群众全面了解案情和事实真相，使公民懂得什么是违法犯罪行为，受到深刻的法制教育。另一方面，实行辩护制度，可以使被告人及其辩护人充分陈述有利于被告人的事实和理由，在此基础上作出的判决具有说服力，易于被被告人接受，能够减少不满情绪，有利于对他的改造。

二、我国刑事辩护制度的基本内容

(一) 辩护人的概念和范围

1. 辩护人的概念

辩护人，是指接受犯罪嫌疑人、被告人的委托或人民法院的指定，帮助犯罪嫌疑人、被告人行使辩护权，以维护其合法权益的人。在我国的刑事诉讼中，虽然规定了犯罪嫌疑人、被告人有权自行辩护，但这尚不足以充分维护犯罪嫌疑人、被告人的合法权益，仍有必要通过辩护人来帮助他们行使辩护权。这是因为：(1) 大部分犯罪嫌疑人、被告人不懂法律，不仅不知如何行使自己的法定权利，甚至常常不知到底有些什么权利。(2) 大部分犯罪嫌疑人、被告人在诉讼中都被司法机关限制或剥夺了人身自由，不可能进行调查、收集证据，以证明自己无罪或罪轻。(3) 犯罪嫌疑人、被告人在诉讼中处于被追诉的地位，决定了他难以冷静理智地进行自我辩护活动，司法人员也常常难以相信他为自己所作的辩护。很显然，仅仅通过犯罪嫌疑人、被告人的自我辩护，是难以与追诉机关相抗衡的，因而需要通过辩护人的帮助，来增强其抗衡的力量。

当然，辩护人的辩护与犯罪嫌疑人、被告人的自行辩护是有明显地差别的，不应混淆，这些差别具体地体现在：(1) 犯罪嫌疑人、被告人自行辩护是犯罪嫌疑人、被告人为自身利益而进行的辩护；辩护人所进行的辩护，不是为自身利益，而是为维护他人的合法权益而进行的辩护。(2) 辩护是犯罪嫌疑人、被告人的诉讼权利，他可以行使，也可以放弃；对辩护人来说，特别是辩护律师，辩护是他的职责，应当认真履行，不得随意放弃。(3) 犯罪嫌疑人、被告人自行辩护不受诉讼阶段的限制，在整个诉讼过程中，犯罪嫌疑人、被告人都享有自行辩护的权利；辩护人的辩护必须有合法的委托或指定，而且只能在法律规定的诉讼阶段才能参加诉讼。

2. 辩护人的范围

辩护人的范围，是指哪些人可以接受犯罪嫌疑人、被告人的委托，担任他们的辩护人并参与诉讼。我国《刑事诉讼法》第 32 条和我国《律师法》以及《高法解释》的有关条款中，对辩护人的范围作了全面的规定，既规定了辩护人的正面范围，又规定了辩护人的禁止范围。

依据上述法律规定，下列人员可以担任辩护人：（1）律师。律师是指依法取得律师执业证书，接受委托或者指定为当事人提供法律服务的执业人员。我国自2001年起已经建立了统一的司法考试制度，只有通过国家司法考试，取得《法律职业资格证书》，并在律师事务所实习一年以上并经考核合格的，方可取得律师执业证书。虽然取得《法律职业资格证书》但未取得执业证书并经注册登记的人，仍不得以律师身份接受委托，履行辩护职责。我国《律师法》第11条规定："公务员不得兼任执业律师。律师担任各级人民代表大会常务委员会组成人员的，任职期间不得从事诉讼代理或者辩护业务。"第41条规定："曾经担任法官、检察官的律师，从人民法院、人民检察院离任后二年内，不得担任诉讼代理人或者辩护人。"（2）人民团体或者犯罪嫌疑人、被告人所在单位推荐的人。这里的人民团体是指工会、妇联、共青团、学联等群众性团体，而不是指协会、学会、促进会等群众性团体。如果犯罪嫌疑人、被告人隶属于某单位，该单位也可以推荐熟悉法律、有一定辩护能力的人为其辩护。（3）犯罪嫌疑人、被告人的监护人、亲友。所谓监护人，是指对未成年人和无行为能力或限制行为能力的精神病人承担保护其人身、财产和其他合法权益责任的个人或单位。根据《民法通则》的规定，监护人一般由被监护人的亲属担任，没有亲属的，也可由有关的机关、团体或单位担任。所谓亲友是指犯罪嫌疑人、被告人的亲戚朋友。此类辩护人一般对犯罪嫌疑人、被告人各方面的情况比较了解，可以比较好地维护犯罪嫌疑人、被告人的合法权益。但需要注意的是，根据立法的规定，这些人担任辩护人不得牟取经济利益。

目前在我国之所以没有把辩护业务规定为律师的垄断性业务，也允许其他符合条件的人担任辩护人，主要是从我国律师数量还比较少且地区分布严重不平衡的现实来考虑的。如果目前就把辩护人的范围规定得很窄，规定只有律师可以充当的话，那就难以满足社会的需求。当然，随着我国律师队伍的不断扩大，律师人数的不断增长，从辩护工作的专业性、有效性出发，将来还是应当逐步缩小辩护人的范围，直至限定只有律师才可以充当辩护人。

《高法解释》第33条规定，下列人员不得被委托担任辩护人：（1）被宣告缓刑和刑罚尚未执行完毕的人；（2）依法被剥夺、限制人身自由的人；（3）无行为能力或者限制行为能力的人；（4）人民法院、人民检察院、公安机关、国家安全机关、监狱的现职人员；（5）本院的人民陪审员；（6）与本案审理结果有利害关系的人；（7）外国人或者无国籍人。但上述第（4）、（5）、（6）、（7）项规定的人员，如果是被告人的近亲属或者监护人，由被告人委托担任辩护人的，人民法院可以准许。这些限制性规定，有的是从保证辩护质量的角度考虑的，有的是从保证司法公正的角度考虑的，还有的是从维护辩护制度的严肃性角度考虑的。除了上述法律规定外，在学术界还对辩护人的其他禁止范围进行了有益的探讨，普遍认为本案的证人、鉴定人、翻译人员不宜同时担任本案的辩护人。因为这些人与辩护人的诉讼地位、诉讼权利和诉讼义务是互相矛盾的。

此外，《刑事诉讼法》第32条对辩护人的人数也作了明确限定，即犯罪嫌疑人、被告人可以委托 1 至 2 人作为辩护人。这就是说，一名犯罪嫌疑人、被告人最多可以委托 2 名辩护人，其中可以都是律师，也可以都是犯罪嫌疑人、被告人的亲友、监护人，还可以一名是律师，一名是其他公民。由于同案的犯罪嫌疑人、被告人之间存在利害冲突。因此，一名律师不得同时接受同案两个以上（含两个）犯罪嫌疑人、被告人的委托，担任他们的辩护人。

（二）辩护人的诉讼地位和责任

1. 辩护人的诉讼地位

辩护人的诉讼地位是指辩护人在刑事诉讼法律关系中所处的位置。一般来讲，辩护人的诉讼地位可以概括为：辩护人，包括辩护律师，在刑事诉讼中的法律地位是独立的诉讼参与人，是犯罪嫌疑人、被告人合法权益的专门维护者。辩护人的这一诉讼地位包括两个不可分割的方面。一方面，辩护人在刑事诉讼中所维护的是犯罪嫌疑人、被告人的合法权益，而不是非法权益。因此，辩护人只能依据事实和法律为犯罪嫌疑人、被告人进行辩护，而不能为他们谋取非法利益，更不得教唆犯罪嫌疑人、被告人翻供，引诱证人作伪证或者进行其他妨碍司法的行为。另一方面，辩护人在刑事诉讼中的唯一职能就是辩护，除此以外没有别的职能。在我国，司法机关也具有维护犯罪嫌疑人、被告人合法权益的职责，但是只是在履行其他诉讼职能的过程中，兼顾犯罪嫌疑人、被告人的合法权益，而不是专门维护，只有辩护人才是犯罪嫌疑人、被告人合法权益的专门维护者。所以，辩护人在刑事诉讼中，绝对不能充当第二控诉人，去检举、揭发犯罪嫌疑人、被告人的犯罪行为，即使这种行为是没有被司法机关所掌握的。我国法律虽然没有像许多国家那样规定律师的拒绝作证特权，但是从法律规定的辩护人的责任和职能来看，辩护人不应该作证。正确理解辩护人的上述诉讼地位，还必须明确以下几个方面的问题：

第一，辩护与控诉是一对相对应的诉讼职能，这就决定了辩护人与公诉人的关系是对立统一关系。公诉人代表国家行使公诉职责，是从追诉犯罪的角度，收集和提供证据证明被告人的罪行，保证被告人受到应得的处罚；辩护人履行辩护职责，是从维护犯罪嫌疑人、被告人合法权益的角度，提供相应的事实和理由，以证明犯罪嫌疑人、被告人无罪或者罪轻，防止犯罪嫌疑人、被告人受到不应有的处罚。两者的诉讼职能虽然不同，工作的角度也不一样，但是两者的最终目的是一致的，那就是保证客观公正地查明案件事实，保证国家法律的准确实施。所以，辩护人与公诉人的地位是平等的、独立的，在法庭上公诉人进行控诉，辩护人进行反驳，两者还可以互相辩论，在程序上没有地位高下之分。

第二，辩护人与犯罪嫌疑人、被告人的关系，不同于诉讼代理人和当事人的关系。辩护人有独立的诉讼地位，不是犯罪嫌疑人、被告人的代言人，他们参与诉讼是履行法律规定的职责，而不是基于犯罪嫌疑人、被告人的授权。虽然在委托辩护中，辩护人要在犯罪嫌疑人、被告人委托以后才能取得辩护资格，但是辩护人在接受委托以后，则取得了独立的诉讼地位，在诉讼过程中，他是以自己的名义，根据对事实的掌握和对法律的理解，独立进行辩护，而不受犯罪嫌疑人、被告人意思表示的约束。

第三，辩护人和审判人员的关系在本质上是一种协作关系。辩护人进行辩护，离不开审判人员的支持，只有审判人员根据法律的规定保障辩护人履行辩护职责，认真听取辩护人的意见，并采纳辩护人的正确观点，辩护职能才能得以充分实现。审判人员进行审判，也离不开辩护人的帮助，辩护人认真履行职责，可以使审判人员全面了解案件事实，辩护人有关法律问题的辩护观点，也可以为审判人员准确适用法律提供参考意见。

2. 辩护人的责任

辩护人的责任是指辩护人参与刑事诉讼应当承担的职责。辩护人在刑事诉讼中的责任与辩护人在刑事诉讼中的地位是密切相关的两个问题。从某种意义上说，辩护人在刑事诉讼中的责任也是辩护人诉讼地位的一种体现。

辩护人参加诉讼的目的就是帮助犯罪嫌疑人、被告人依法行使辩护权，维护犯罪嫌疑人、被告人的合法权益。为此，我国《刑事诉讼法》第35条规定："辩护人的责任是根据事实和法律，提出证明犯罪嫌疑人、被告人无罪、罪轻或者减轻、免除其刑事责任的材料和意见，维护犯罪嫌疑人、被告人的合法权益。"根据这一规定，辩护人的责任主要有以下几个方面：

(1) 从实体上为犯罪嫌疑人、被告人进行辩护。即根据事实和法律，提出证明犯罪嫌疑人、被告人无罪、罪轻或者减轻、免除其刑事责任的材料和意见，反驳对犯罪嫌疑人、被告人不正确的指控，帮助司法机关全面了解案情，正确适用法律，依法公正处理案件。这是辩护人的首要任务。

(2) 从程序上为犯罪嫌疑人、被告人进行辩护。即帮助犯罪嫌疑人、被告人依法正确行使自己的诉讼权利，并在发现犯罪嫌疑人、被告人的诉讼权利受到侵犯或剥夺时，向司法机关提出意见，要求依法制止，或者向有关单位提出控告。

(3) 为犯罪嫌疑人、被告人提供其他法律帮助。辩护人应当解答犯罪嫌疑人、被告人提出的有关法律问题，为犯罪嫌疑人、被告人代写有关文书。案件宣判后，应当了解被告人的态度，征求其对判决的意见以及是否进行上诉等。

(三) 辩护的种类

根据《刑事诉讼法》第32条、第34条的规定，我国刑事诉讼中的辩护种类有三种：

1. 自行辩护

自行辩护，是指犯罪嫌疑人、被告人自己针对指控进行反驳、申辩和解释的行为。根据《刑事诉讼法》第32条的规定，犯罪嫌疑人在侦查阶段只能自行辩护；犯罪嫌疑人、被告人在刑事诉讼过程的起诉、审判阶段也都有权自行辩护。由于犯罪嫌疑人、被告人是刑事诉讼中最主要的当事人，他对自己是否实施了被指控的犯罪行为以及实施的具体情况最为清楚和熟悉，加之出于维护自己合法权益的强烈愿望，必然会竭力提出证据证明自己无罪、罪轻或者减轻、免除处罚。自行辩护是犯罪嫌疑人、被告人行使辩护权的重要方式。

2. 委托辩护

委托辩护，是指犯罪嫌疑人、被告人依法委托律师或其他公民担任辩护人，协助其进行辩护。根据《刑事诉讼法》第33条和第151条的规定，犯罪嫌疑人、被告人委托辩护人的时间具体又可分为三种情况：

(1) 公诉案件自移送审查起诉之日起，犯罪嫌疑人有权委托辩护人。人民检察院自收到移送审查起诉的案件材料之日起3日以内，应当告知犯罪嫌疑人有权委托辩护人。(2) 自诉案件的被告人有权随时委托辩护人，即自诉人自向法院提交自诉状起，被告人就可以委托辩护人。人民法院自受理自诉案件之日起3日以内，应当告知被告人有权委托辩护人。(3) 人民法院决定开庭审判后，对于被告人未委托辩护人的，应当告知被告人可以委托辩护人。这说明犯罪嫌疑人如果在审查起诉阶段没有委托辩护人的，在法院审判前还有权委托辩护人。上述规定表明，我国刑事诉讼中对于犯罪嫌疑人、被告人在辩护人的选择问题上遵循意思自治的原则，即是否委托辩护人、委托何人作辩护人，均由犯罪嫌疑人、被告人自由决定，这本身就是犯罪嫌疑人、被告人辩护权的应有之义。

3. 指定辩护

指定辩护，是指对于没有委托辩护人的被告人，人民法院在法律规定的某些特殊情况下，为被告人指定承担法律援助义务的律师担任其辩护人，协助被告人进行辩护。由此可见：

(1) 指定辩护必须以被告人没有委托辩护人为前提，如果被告人已经委托辩护人，则在任何情况下，均不存在指定辩护的问题。

(2) 被告人必须存在法定的特殊情形。根据我国《刑事诉讼法》第34条的规定，只有符合以下特殊情形，人民法院才可以或应当为被告人指定辩护人：公诉人出庭公诉的案件，被告人因经济困难或者其他原因没有委托辩护人的，人民法院可以为其指定辩护；被告人是盲、聋、哑或者未成年人而没有委托辩护人的，人民法院应当为其指定辩护；被告人可能被判处死刑而没有委托辩护人的，人民法院应当为其指定辩护。

除了《刑事诉讼法》第34条的规定以外，《高法解释》第36条、第37条中还对应当或者可以指定辩护的情形作了重要的补充规定。据此规定，被告人是限制行为能力的人而没有委托辩护人的，法院应当为其指定辩护人。被告人具有下列情形之一，而没有委托辩护人的，法院可以为其指定辩护人：1）符合当地政府规定的经济困难标准的；2）本人确无经济来源，其家庭经济状况无法查明的；3）本人确无经济来源，其家属经多次劝说仍不愿为其承担辩护律师费用的；4）共同犯罪案件中，其他被告人已委托辩护人的；5）具有外国国籍的；6）案件有重大社会影响的；7）人民法院认为起诉意见和移送的案件证据材料可能影响正确定罪量刑的。

(3) 指定辩护的对象，只能是承担法律援助义务的律师，其他人不得被人民法院指定担任辩护人。

在审判阶段，被告人坚持自己行使辩护权，拒绝人民法院指定的辩护人为其辩护的，人民法院应当准许，并记录在案；被告人为盲、聋、哑或者限制行为能力的人、开庭审理时不满18岁的未成年人、可能被判处死刑的人，拒绝人民法院指定的辩护人为其辩护，有正当理由的，人民法院应当准许，但被告人需另行委托辩护人，或者人民法院应当为其另行指定辩护人。

（四）辩护人介入刑事诉讼的时间

《刑事诉讼法》第33条规定：公诉案件自案件移送审查起诉之日起，犯罪嫌疑人有权委托辩护人。自诉案件的被告人有权随时委托辩护人。人民检察院自收到移送审查起诉的案件材料之日起3日以内，应当告知犯罪嫌疑人有权委托辩护人。人民法院自受理自诉案件之日起3日以内，应当告知被告人有权委托辩护人。从这一规定可以看出，刑事诉讼法对自诉案件的被告人委托辩护人没有作时间上的限制，但对公诉案件中的犯罪嫌疑人委托辩护人的时间，则作了"自案件审查起诉之日起"的限制。这主要是因为，审查起诉是人民检察院对于侦查终结的案件进行审查、判断、评价，并在此基础上作出起诉和不起诉决定的重要活动。辩护人在此时介入诉讼，一方面可以为犯罪嫌疑人作无罪、罪轻、减轻或免除刑事责任的辩护，促使检察机关在听取辩护人意见的基础上作出起诉与否的正确决定；另一方面，辩护人也可以全面、充分地了解案情、熟悉材料，为出庭辩护做好准备。此外，辩护人的介入，还可以监督检察机关依法行使职权，纠正刑讯逼供、非法羁押等违法行为，保障犯罪嫌疑人的合法权益，维护国家法制的尊严。

根据《刑事诉讼法》第96条的规定，犯罪嫌疑人在被侦查机关第一次讯问后或者采取强制措施之日起，可以聘请律师为其提供法律咨询，代理申诉、控告，为被捕的犯罪嫌疑人申请取保候审。涉及国家秘密的案件，犯罪嫌疑人聘请律师，应当经侦查机关批准。所谓"第一次讯问"，应指立案后对犯罪嫌疑人进行的第一次讯问。因为只有在立案后，犯罪嫌疑人的身份才被确定，才是侦查机关对犯罪嫌疑人依法进行的第一次讯问。所谓"涉及国家秘密的案件"，是指案情或者案件性质涉及国家秘密的案件，不能因刑事案件侦查过程中的有关材料和处理意见需要保守秘密而作为涉及国家秘密的案件。至于在侦查阶段介入诉讼的律师的身份，目前学术界尚存有分歧意见。有一种颇具代表性的观点认为，在侦查阶段介入诉讼的律师，其身份只能是法律帮助者，可以称其为犯罪嫌疑人的"法律顾问"或"辅佐人"，还不能称为辩护人。其主要理由在于：我国《刑事诉讼法》规定了公诉案件中犯罪嫌疑人有权委托辩护人的时间是从案件移送人民检察院审查起诉之日起，所以在审查起诉之前的侦查阶段介入诉讼的律师，其身份就不应当属于辩护人；况且在此阶段介入诉讼的律师，其工作内容是受到极大的限制的，只限于为犯罪嫌疑人提供法律咨询，代理申诉、控告，为被捕的犯罪嫌疑人申请取保候审这几个方面，这些工作虽然也很重要，但还只是为犯罪嫌疑人提供的一些法律服务和法律帮助，尚不属于严格意义上的辩护工作的范畴。我们认为，这种观点是有失偏颇的。律师在刑事诉讼中身份的界定，不应以诉讼阶段的不同来区分，否则便会陷入"阶段决定身份"的误区。关键应看其所做的工作是不是符合辩护人的职责，是不是在依法维护犯罪嫌疑人的合法权益。按照这个标准来考量，毫无疑问，无论是律师为犯罪嫌疑人提供法律咨询，还是代理申诉、控告，为被捕的犯罪嫌疑人申请取保候审，都是属于辩护人职责范围内的工作，也都是维护犯罪嫌疑人合法权益的具体体现。这和案件进入审查起诉阶段后，律师通过查阅案卷了解有利于犯罪嫌疑人的材料、通过调查获取有利于犯罪嫌疑人的证据、针对指控提出辩护意见在基本目的方面是一致的。基于上述分析，我们认为，在侦查阶段介入诉讼的律师，其身份同样应当是辩护人。

犯罪嫌疑人在侦查阶段聘请律师的，可以自己聘请，也可以由其亲属代为聘请。在押的犯罪嫌疑人提出聘请律师的，看守机关应当及时将其请求转达办理案件的有关侦查机关，侦查机关应当及时向其所委托的人员或者所在的律师事务所转达该项请求。犯罪嫌疑人仅有聘请律师的要求，但提不出具体对象的，侦查机关应当及时通知当地律师协会或者司法行政机关为其推荐律师。对于不涉及国家秘密的案件，律师会见犯罪嫌疑人不需要经过批准。不能以侦查过程需要保密作为涉及国家秘密的案件不予批准。律师提出会见犯罪嫌疑人的，应当在48小时内安排会见，对于组织、领导、参加黑社会性质组织罪，组织、领导、参加恐怖活动组织罪或者走私犯罪、毒品犯罪、贪污贿赂犯罪等重大复杂的两人以上的共同犯罪案件，律师提出会见犯罪嫌疑人的，应当在5日内安排会见。

（五）辩护人的诉讼权利和诉讼义务

辩护人依法享有诉讼权利、承担诉讼义务是辩护人顺利开展辩护活动的重要保证。为此，我国《刑事诉讼法》和《律师法》对辩护人的诉讼权利和诉讼义务进行了明确的规定。

1. 辩护人的诉讼权利

（1）独立辩护权。辩护人依法履行职责，受国家法律保护。辩护人享有的独立辩护权是和辩护人在刑事诉讼中的独立的诉讼地位密切相关的，它意味着辩护人有权根据事实和法律独立地进行辩护，辩护角度的选择、辩护方案的确定、辩护意见的内容均由其自己“做主”，不受任何机关、团体和个人的非法限制和干涉。

（2）阅卷权。阅卷是辩护人了解案件事实和证据的一个基本途径，也是辩护人进行有效辩护的一项基础性工作。为此，《刑事诉讼法》规定：辩护律师自人民检察院对案件审查起诉之日起，可以查阅、摘抄、复制本案的诉讼文书、技术性鉴定材料，其他辩护人经人民检察院许可，也可以查阅、摘抄、复制上述材料。辩护律师自人民法院受理案件之日起，可以查阅、摘抄、复制本案所指控的犯罪事实的材料，其他辩护人经人民法院许可，也可以查阅、摘抄、复制上述材料。诉讼文书包括立案决定书、拘留证、批准逮捕决定书、逮捕决定书、逮捕证、搜查证、起诉意见书等为立案、采取强制措施和侦查措施以及提请审查起诉而制作的程序性文书。技术性鉴定材料包括法医鉴定、司法精神病鉴定、物证技术鉴定等由有鉴定资格的人员对人身、物品及其他有关证据材料进行鉴定所形成的记载鉴定情况和鉴定结论的文书。

（3）会见、通信权。会见和通信是辩护人进一步了解案件事实和证据情况的又一个重要途径。在侦查阶段，受委托的律师可以会见在押的犯罪嫌疑人，向犯罪嫌疑人了解有关案件情况。辩护律师自人民检察院对案件审查起诉之日起，可以同在押的犯罪嫌疑人会见和通信。其他辩护人经人民检察院许可，也可以同在押的犯罪嫌疑人会见和通信。辩护律师自人民法院受理案件之日起，可以同在押的被告人会见和通信，其他辩护人经人民法院许可，也可以同在押的被告人会见和通信。

（4）调查取证权。调查取证权是辩护律师在诉讼中所享有的一项权利，其他辩护人则不享有这一权利。《刑事诉讼法》规定：辩护律师经证人或者其他有关单位和个人同意，可以向他们收集与本案有关的材料，也可以申请人民检察院、人民法院收集、调取证据，或者申请人民法院通知证人出庭作证。辩护律师经人民检察院或者人民法院许可，并且经被害人或者其近亲属、被害人提供的证人同意，可以向他们收集与本案有关的材料。

（5）参加法庭调查和法庭辩论权。在法庭调查阶段，辩护人在公诉人讯问被告人后经审判长许可，可以向被告人发问；经审判长许可，可以对证人、鉴定人发问；法庭审理中，辩护人有权申请通知新的证人到庭，调取新的物证，重新鉴定或者勘验。在法庭辩论阶段，辩护人可以对证据和案件情况发表意见并且可以和控方展开辩论。

（6）经被告人同意，提出上诉的权利。《刑事诉讼法》第 180 条规定，被告人的辩护人，经被告人同意，可以提出上诉。为此，一审人民法院应及时将判决书送达被告人的辩护人，以保障辩护人行使这一权利。

（7）要求解除强制措施权。被告人委托的律师及其他辩护人对于人民法院、人民检察院或者公安机关采取强制措施超过法定期限的，有权要求解除强制措施。人民法院、人民检察院或者公安机关对于被采取强制措施超过法定期限的犯罪嫌疑人、被告人应当予以释放、解除取保候审、解除监视居住或者依法变更强制措施。

（8）拒绝辩护权。拒绝辩护是指辩护人具有法定理由中途不再为犯罪嫌疑人、被告人辩护的行为。《律师法》第 32 条第 2 款规定："律师接受委托后，无正当理由的，不得拒绝辩护或者代理。但是，委托事项违法、委托人利用律师提供的服务从事违法活动或者委托人故意隐瞒与案件有关的重要事实的，律师有权拒绝辩护或者代理。"

2. 辩护人的诉讼义务

权利与义务是互相对应的，《刑事诉讼法》中规定了辩护人诸多的诉讼权利，同时也对辩护人在诉讼过程中应当履行的诉讼义务作了明确的规定。辩护人的主要诉讼义务是：

（1）会见在押犯罪嫌疑人、被告人时，要遵守看管场所的规定；

（2）参加法庭审判时要遵守法庭规则；

（3）辩护律师未经人民检察院或者人民法院许可，不得向被害人及被害人提供的证人收集与本案有关的材料；

（4）辩护律师和其他辩护人不得帮助其他犯罪嫌疑人、被告人串供，隐匿、毁灭、伪造证据，不得引诱、威胁证人改变证言或者作伪证及其他干扰司法机关诉讼活动的行为，否则应当依法追究刑事责任。

此外，根据 2007 年 10 月 28 日修改后的《律师法》第 40 条、第 41 条、第 42 条以及第 38 条第 1 款的规定，辩护律师还应遵守下列义务：

（1）不得私自接受委托、收取费用，接受委托人的财物或者其他利益；

（2）不得违反规定会见法官、检察官；

（3）不得向法官、检察官和其他工作人员行贿、介绍贿赂或者指使、诱导当事人行贿，或者以其他不正当方式影响法官、检察官以及其他有关工作人员依法办理案件；

（4）不得故意提供虚假证据或者威胁、引诱他人提供虚假证据，妨碍对方当事人合法取得证据；

（5）不得干扰法庭秩序，干扰诉讼活动的正常进行；

（6）保守在执业活动中知悉的国家秘密、商业秘密，不得泄露当事人的隐私；

（7）曾经担任法官、检察官的律师，从人民法院、人民检察院离任后两年内，不得担任辩护人；

（8）必须按照国家规定履行法律援助义务，为受援人提供符合标准的法律服务，维护受援人的合法权益。

三、我国刑事辩护制度长期以来存在的主要问题及完善

（一）我国刑事辩护制度长期以来存在的主要问题

尽管《刑事诉讼法》中对辩护制度作了多方面的规定，但在司法实践中，由于诸多复杂因素的存在，使得我国辩护制度的实施状况不太理想，难尽人意，尤其是辩护律师在办案过程中层层受阻，法律赋予的诉讼权利不能得到应有的保障，极大地挫伤了律师开展刑事辩护工作的积极性，削弱了辩护功能的有效发挥。全国人大常委会在前几年组织《刑事诉讼法》执法大检查时，也曾把律师辩护难和刑讯逼供、超期羁押一起列为《刑事诉讼法》实施中的三大难题。这些“难”具体表现在以下几个方面：

1. 会见难

与犯罪嫌疑人会见是辩护律师了解案件事实的一个非常重要的途径，虽然《刑事诉讼法》以及有关司法解释中对律师会见犯罪嫌疑人作了一些具体规定，但在实践中，会见难则是一个普遍现象，其主要表现有：

（1）不及时安排会见。律师提出会见犯罪嫌疑人，侦查机关应当在多长时间之内安排会见，对此《刑事诉讼法》中没有作出明确的规定，但《六部委规定》中对此作出了补充规定，即一般的案件，律师提出会见犯罪嫌疑人的，侦查机关应当在 48 小时内安排会见；对于组织领导参加黑社会性质组织罪、组织领导参加恐怖活动组织罪以及走私、毒品、贪污贿赂等两人以上的重大犯罪，律师提出会见犯罪嫌疑人的，侦查机关应当在 5 日内安排会见。这样的规定实际上是贯彻国际刑事司法准则的要求，而且是国际刑事司法的最低标准，因为联合国《关于律师作用的基本原则》第 7 条规定：“各国政府应确保被逮捕或拘留的所有的人，不论是否受到刑事指控，均应迅速得到机会与一名律师联系，不管在何种情况下，至迟不得超过自逮捕或拘留之时起的 48 小时。”既然有了这样明确的规定，照理来说，侦查机关应当按时办理，但从实际情况来看，律师要想在规定时间内会见到犯罪嫌疑人，并非易事，侦查机关往往以各种理由为借口进行推托，以致在不少案件中，律师见到犯罪嫌疑人时，已经超过了规定的时间。北京大学法学院陈瑞华教授主持的“刑事辩护律师的职业状况与问题研究”项目调查结果显示，侦查机关在 48 小时以内安排律师会见的比

例仅为23.5%。[①] 由此可见，在司法实践中，辩护律师不能在法定时间内会见到犯罪嫌疑人的情况并非鲜见。

(2) 违反规定要求批准或者变相批准。根据《刑事诉讼法》第96条的规定，对于涉及国家秘密的案件，律师会见犯罪嫌疑人，应当经过侦查机关的批准。解读这一条规定，可以得出两点结论：第一，涉及国家秘密的案件，律师会见嫌疑人，需要先行经过侦查机关的批准，批准后才可以会见。应当说，立法作出这样的规定是合情合理的，也是可以理解的，主要是为了保护国家的利益，避免国家利益受到损害。问题在于，如何理解案件涉及国家秘密？是按照《保守国家秘密法》的规定去理解还是另作其他理解？如果按照《保守国家秘密法》的规定去理解的话，应该是案情本身涉密，例如危害国家安全犯罪案件；如果把涉密理解成刑事案件的侦查过程需要保密，那没有哪个案件不属于涉及国家秘密的案件了，每一个案件，律师要会见犯罪嫌疑人，都要经过批准，这显然违背了立法的本意。第二，不涉及国家秘密的案件，不需要经过批准，律师可以持执业证、会见犯罪嫌疑人专用介绍信、委托函直接去看守所会见。但事实上并非如此，没有侦查机关的批准或者变相批准，律师是难以直接会见到犯罪嫌疑人的。

例如，1999年2月8日，湖南晨辉律师事务所的廖建华律师和王力强律师接受委托，担任犯罪嫌疑人宁某的辩护人。2月24日和25日，两位律师持移送起诉意见书、律师执业证、专用介绍信、家属委托书两次前往娄底市公安局看守所，要求会见犯罪嫌疑人。但是看守所均以律师凭起诉意见书不能会见犯罪嫌疑人，要经办案单位签字盖章才能会见为由，拒绝律师会见犯罪嫌疑人。廖建华律师指着移送起诉意见书，反复向值班民警说明，《刑事诉讼法》及司法解释中都明确规定起诉阶段律师会见犯罪嫌疑人不需要经过批准，但值班民警仍然以前述理由不准他们会见。两位律师认为看守所侵犯了其作为辩护律师依法履行职务的合法权益，于是提起行政诉讼，将看守所所属的娄底市公安局告到了娄底地区中级人民法院，诉讼请求：1) 确认被告行政行为违法；2) 由被告赔偿原告车旅费和误工损失34元；3) 案件受理费由被告负担。娄底地区中级人民法院经过审理后，确认被告不许律师会见在押犯罪嫌疑人的行政行为违法，并且赔偿原告的损失。被告不服判决，向湖南省高级人民法院提出上诉。在二审期间，娄底市公安局出示了公安部有关“是否允许律师会见是公安机关的权力，不属于行政诉讼受案范围”的批复意见。1999年8月30日，湖南省高级人民法院作出终审判决，驳回上诉，维持原判。据称，这一案件开创了律师会见权受到侵犯可以通过行政诉讼途径予以救济的先河。随后，类似的行政诉讼案例出现过多起，也有另外几起法院经审理后判决律师胜诉。如福州市三通律师事务所王玉刚、林丹律师诉福清市公安局行政不作为案，陈苏仪律师诉湖南连源县公安局行政不作为案等。但是好景不长，随着这类行政诉讼越来越多地被提起，公安机关与法院在此类案件中也出现了微妙的紧张关系。各地法院逐渐在这类行政诉讼的受理和审理中采取了将天平倾向公安机关的政

---

① 参见陈瑞华：《刑事辩护制度的实证考察》，40页，北京，北京大学出版社，2005。

策。[①] 1999年11月24日，最高人民法院发布了《关于执行〈中华人民共和国行政诉讼法〉若干问题的解释》，明确将公安机关、国家安全机关的刑事侦查行为排除于行政诉讼的受案范围。这一司法解释的出台，导致律师借助行政诉讼途径获取司法救济的希望归于破灭。在以后发生的律师提起行政诉讼的案件中，法院要么拒绝受理，要么在受理后作出驳回起诉的裁定，其理由都是一样的："公安机关在刑事侦查中实施的行为属于国家司法权范畴，不构成行政行为，也不属于行政诉讼的受案范围。"[②]

（3）限制会见的时间、次数及谈话的内容。《刑事诉讼法》以及司法解释中都没有涉及会见的时间与次数的规定，也没有会见时谈话内容的规定。应该说会见的时间和次数不好规定，也不应当规定，因为每个案件的具体情况不同，要因案而异。有的案件会见一次就够了，有的可能要会见几次；有的会见时间短些，有的可能就要长些。但在实践中，有的地方的司法机关对律师会见的次数和时间也会进行限制，尤其是会见次数，通常只限一次，时间一个小时甚至半个小时。笔者作为兼职律师，两年前曾与另一位律师合作办理过一个强奸案件。据案卷记载，犯罪嫌疑人与被害人本来就相识，案发当晚与其他几位朋友一起吃饭喝酒，后又一起去歌厅唱歌，结束后犯罪嫌疑人提出要送被害人回家，被害人并未反对。等到了被害人所住的地方时，犯罪嫌疑人又提出送上楼并去被害人屋里坐一会，被害人仍然没有反对。进屋后，两人随便聊了一会儿天，后被害人就要犯罪嫌疑人早点离开，但这时犯罪嫌疑人一时兴起，便乘被害人进房间脱外衣时强行搂抱被害人，要求与被害人发生性关系，被害人并不愿意，但在犯罪嫌疑人言语威胁下顺从。此案情况比较特殊，到底是违背妇女意志，还是半推半就，还是被害人另有所谋，是我们办理此案时关注的重点。在侦查过程中，笔者和合作的律师第一次去看守所会见时，犯罪嫌疑人谈了一些涉及案件的情况，但因为离案发已有一段时间，犯罪嫌疑人声称其中的一些关键信息未必精确，需要仔细回忆。过了约一个星期，犯罪嫌疑人写明信片给我们，要求律师再次会见，我们也觉得再次会见实属必要，便去承办案件的公安机关办理会见手续。但让我们预想不到的是，任凭我们如何解释，承办民警坚决不同意我们再次会见，其理由就是"已经会见过一次，再次会见没有先例"。

至于谈话的内容，照理来说，应该与案件有关的内容都可以在会见时涉及，但从辩护实践中的情况来看，这方面有时也会受到限制，特别是当侦查机关在案件还没有完全侦破，犯罪嫌疑人的口供还没有完全固定下来时，这种限制就更明显。

（4）会见时普遍派员在场。《刑事诉讼法》第96条规定，律师会见犯罪嫌疑人时，侦查机关根据案件情况和需要，可以派员在场。这就是说，律师会见犯罪嫌疑人时，不是每个案件都需要派员在场的，应当视案件具体情况，确有必要的，才派员在场。但从实践中的情况来看，几乎每个案件侦查机关都会派员在场。之所以如此，无非是对律师不放心、不信任，担心律师与犯罪嫌疑人会见时串通或者对犯罪嫌疑人点拨。但侦查人员在场无疑

① 参见陈瑞华：《刑事诉讼的中国模式》，259页，北京，法律出版社，2008。

② 陈瑞华：《刑事诉讼的中国模式》，259页，北京，法律出版社，2008。

会给犯罪嫌疑人增加心理压力，影响他与律师的正常交流，也会影响到律师的会见效果，甚至如果存在侦查人员刑讯逼供、非法取证的情形，犯罪嫌疑人也不敢向律师透露。山东有两个律师接受强奸犯罪嫌疑人的委托，担任其律师，为其进行辩护。结果当律师与这个犯罪嫌疑人会见时，侦查机关派出了六个侦查人员在场，把只有十平方米左右的会见室挤得满满的。而且这六个侦查人员怒目圆睁，目光炯炯，直逼犯罪嫌疑人，把犯罪嫌疑人吓得直哆嗦，哪还敢和律师进行正常的交流？正是这个犯罪嫌疑人，在讯问时曾遭受刑讯逼供，如果当时侦查人员不在场，他就完全可能会将遭受刑讯逼供的情况透露给律师，但当时那么多侦查人员在场，他哪有那么大的胆量?!

联合国《关于囚犯待遇最低限度标准规则》规定："未经审讯的囚犯可以会见律师，警察或监所官员对于囚犯与律师间的会谈，可用目光监视，但不得在可以听见谈话的距离以内。"联合国《关于律师作用的基本原则》第8条还进一步规定："遭逮捕、拘留或监禁的所有的人应有充分机会、时间和便利条件，毫无迟延地在不被窃听、不经检查和完全保密情况下接受律师来访和与律师联系协商。这种协商可在执法人员能看得见但听不见的范围内进行。"如此规定，才能保证犯罪嫌疑人能够大胆地、毫无保留地在自由的状态下和律师交流，这样的会见才有实际意义，才能保证律师通过会见从被指控人处了解案件有关情况、了解被指控人是否受到追诉机关的不当对待并能为被指控人提供法律帮助，为在诉讼过程中发挥辩护作用打下良好基础。相比之下，我国律师会见权与联合国规定的标准还有一定距离，这是与我国在联合国成员国中所处的地位不相适应的，也是不符合世界刑事司法发展的潮流的。

2. 阅卷难

在刑事诉讼过程中，律师的阅卷权至关重要。律师查阅案卷材料、了解案情，是有效开展辩护活动的前提和基础。因为律师只有充分了解控方所掌握的事实和证据材料，才能有针对性地进行防御，提出有价值的辩护意见。辩护律师没有阅卷权或者阅卷权不充分，没有切实的保障，律师的辩护职能就不能得到充分的行使，刑事辩护制度就将受到很大的削弱。但是，目前在我国，从刑事诉讼立法到实务，辩护律师的这一重要权利并未落到实处。

律师阅卷权在审查起诉阶段存在的问题表现在法律对律师阅卷的范围作了过多的限制，规定只能查阅诉讼文书和技术性鉴定材料，而不包括其他材料，这就使律师无法全面了解和掌握案件的事实和证据，无法及早且有针对性地准备辩护。更不可思议的是，即使法律规定的上述有限的权利，在司法实践中也不能得到切实的贯彻执行。目前在审查起诉阶段介入的辩护律师，一般只能看到仅能反映涉嫌罪名的拘留证、逮捕证、搜查证等采取强制措施和侦查措施的诉讼文书以及鉴定结论，至于立案决定书、批准逮捕决定书、起诉意见书等在一定程度上和一定范围内能够反映案件情况的诉讼文书，办案机关一般并不向律师提供。此外，有些地方的检察机关对辩护律师阅卷的场所和时间进行不必要的限制，使辩护律师无法正常阅卷，更没有条件作必要的记录、复制；还有一些地方的检察院规定，不论律师是否复印材料，只要到检察院阅卷，就收取各种费用，这种乱收费的做法，又间接加重了犯罪嫌疑人的经济负担。①

律师阅卷权在审判阶段存在的问题表现在律师只能查阅起诉书、证据目录、证人名单、主要证据的复印件或者照片，而不能查阅全卷证据材料，这就使得律师在庭前所掌握的辩护证据极为有限。因为公诉方为了确保控诉犯罪的成功，在移送主要证据的复印件时往往只移送证明被告人有罪或罪重的证据，对被告人有利的证据则一般不会主动移送。而我国又未建立起像西方国家那样的庭前证据展示制度，这就使得律师在庭前无法达到与控方在案件事实和证据信息把握上的平衡，同样会大大削弱律师辩护职能的发挥。

3. 调查取证难

调查取证权对于律师而言也非常重要，因为通过会见、阅卷虽然可以对案件情况有所了解，但未必能够充分掌握，尤其是一些重大、复杂、疑难的案件，客观上需要律师通过调查取证来获取对犯罪嫌疑人有利的材料和证据。其实，律师调查取证难一直是个老大难问题，长期以来没有能够得到很好的解决，1996 年《刑事诉讼法》修改后，则使这一问题变得更加突出，其表现主要有下述两个方面：

（1）律师在侦查阶段不具有调查取证权。《刑事诉讼法》第 37 条所规定的调查取证的权利，其限定的前提是辩护律师的权利，就是说只有辩护律师才能享有第 37 条规定的调查取证的诉讼权利，如果不是辩护律师就没有此项诉讼权利。根据《刑事诉讼法》对辩护律师的界定，公诉案件自移送审查起诉时，犯罪嫌疑人才能聘请辩护人，因此根据上述法律规定，刑事诉讼在侦查阶段，犯罪嫌疑人聘请的律师只能为其提供一般的法律帮助，诸如提供法律咨询，代理申诉、控告，为已被逮捕的犯罪嫌疑人申请取保候审等。在此阶段介入的律师，就其身份而言还不是严格意义上的辩护人，自然也就没有调查取证的权利。

（2）立法对辩护律师调查取证的权利限制过严。《刑事诉讼法》第 37 条规定：辩护律师经证人或者其他有关单位和个人同意，可以向他们收集与本案有关的材料。辩护律师经人民检察院或者人民法院许可，并且经被害人或者其近亲属、被害人提供的证人同意，可以向他们收集与本案有关的材料。很显然，立法赋予辩护律师从审查起诉阶段起的调查取证权是有较为严格的条件限制的：一方面，要经过有关单位和个人同意，方可调查，如果他们不同意作证，律师也就无法通过调查收集到相关证据；另一方面，对被害人一方的调查，不仅要经被害人或者其近亲属、被害人提供的证人同意，还要经过人民检察院或者人民法院的许可，这实际上给律师调查取证增加了更多的限制，也给被调查人拒绝律师的调查提供了法律依据，最终使律师的调查取证权无法得到真正贯彻落实。

4. 面临执业风险

律师面临的执业风险最主要表现在毁灭证据、伪造证据、妨害作证方面。《刑事诉讼法》第 38 条规定："辩护律师和其他辩护人，不得帮助犯罪嫌疑人、被告人隐匿、毁灭、伪造证据或者串供，不得威胁、引诱证人改变证言或者作伪证以及进行其他干扰司法机关

① 参见陈卫东：《刑事诉讼法教学参考书》，156 页，北京，中国人民大学出版社，2004。

诉讼活动的行为。违反前述规定的，应当依法追究法律责任。”《刑法》第 306 条则进一步明确了这种法律责任：“在刑事诉讼中，辩护人、诉讼代理人毁灭、伪造证据，帮助当事人毁灭、伪造证据，威胁、引诱证人违背事实改变证言或者作伪证的，处三年以下有期徒刑或者拘役；情节严重的，处三年以上七年以下有期徒刑。”应当说，《刑事诉讼法》和《刑法》的上述规定，其出发点是积极的，旨在防止部分律师在执业过程中，违反职业道德和执业纪律，干扰刑事诉讼顺利进行。从近些年的情况来看，确实有极少数律师在办理案件过程中，违反职业道德和执业纪律，甚至毁灭、伪造证据，帮助当事人毁灭、伪造证据，或者威胁、引诱证人违背事实改变证言或者作伪证的，确实应该追究刑事责任。

但这个规定也存在一些问题，因而在律师界反响很大，存在非议。非议主要有三个方面：第一，毁灭、伪造证据，帮助当事人毁灭、伪造证据，威胁、引诱证人违背事实改变证言或者作伪证，不仅律师可能存在，司法人员也有可能存在，为什么单独规定律师作为犯罪主体，很显然，这是一条歧视性规定。第二，《刑法》第 307 条已经规定了伪证罪，伪证罪的犯罪主体是一般主体，律师如果确实在办案中存在毁灭、伪造证据，帮助当事人毁灭、伪造证据，或者威胁、引诱证人违背事实改变证言或者作伪证的情形，也可以适用伪证罪的条款来追究，只要把伪证罪的犯罪客观方面的要件范围适当扩大就可以了，没有必要单独规定一个罪名。第三，也是最主要的，就是这一规定极易被一些公安、检察人员人为地曲解，成为对律师实施职业报复，追究律师“引诱”、“威胁”证人的法律责任的根据。在实践中，证人改变证言的情况比较复杂。控方向证人取证时，证人这样说，律师向证人取证时，证人那样说，这就改变了证言。证人改变证言的目的、动机多种多样，很难说就是受到了威胁、引诱，但不少证人往往会把责任推脱给律师，说是律师让这样说的，于是律师就承受着被公安、检察机关追究刑事责任的风险。据中华全国律师协会统计，自《刑法》第 306 条的规定实施以来，全国已经有近千名律师因涉嫌这个罪名而被追究刑事责任，其中除少数律师是确实有问题的外，很多都属于错拘、错捕、错诉、错判。由此也造成了律师从事刑事辩护的恐惧心理，不少律师在办案过程中胆战心惊、如履薄冰。

早在 2000 年召开的第九届全国人大第三次会议上，就有陕西代表团的人大代表张燕律师提出了“取消《刑法》306 条的议案”，得到了不少人大代表的赞同和支持。但遗憾的是，《刑法》施行后，迄今为止，前后已经出台了六个修正案，但这一条还是没有被修正掉，生命力还很顽强，仍然像达摩克利斯剑高悬在律师们的头上。

上述问题的存在，在很大程度上降低了律师办理刑事案件的热情，挫伤了律师从事刑事辩护工作的积极性，制约了律师辩护职能的发挥，并导致全国范围内有律师参与辩护的刑事案件数量呈现下降的趋势。从我们所掌握的情况来看，也确实如此，有的律师一年办不了一个刑事案件，甚至几年办不到一个刑事案件，还有的律师干脆打出招牌，不受理刑事案件。有的人或许会说，这些律师唯利是图，因为刑事案件收费少，所以不愿意办，从而导致辩护率下降。实事求是地说，这确实也是一个方面的原因，但绝对不是根本的原因。根本的原因乃在于律师辩护中的权利受到的限制太多，从而削弱了他们的积极性，其后果的严重性由此可见一斑。

(二)刑事辩护难的原因分析

辩证唯物主义告诉我们，有因必有果，有果必有因。毫无疑问，律师辩护难的问题也同样符合这一因果“定律”。客观地分析，律师辩护难之所以形成，不是偶然的，而是由多方面的原因造成的。我们认为，主要的原因有以下几个方面：

1. 文化的冲突

制度引进与我国传统思想文化的冲突，是阻碍刑事辩护制度发展进而导致律师辩护难的根本原因。辩护制度在我国并不是基于本土资源自发产生的，而是从西方引入的，是一个“舶来品”。从历史渊源来看，近现代刑事辩护制度产生于西方，作为一种进步的制度盛行于现代各国。我国在20世纪初由沈家本主持制定《大清刑事民事诉讼法(草案)》时引进了此制度，然而这种制度所追求的个人独立、平等、权利和自由的价值观，同中国的传统思想、文化大异其趣、南辕北辙。从社会价值观来说，西方国家强调个人利益，甚至是个人利益至上，当个人利益与国家利益发生冲突时，更多地考虑个人的利益。与之相反，我国的基本社会价值观是国家利益、社会整体利益至上，国家本位、权力本位的观念仍在相当多的公、检、法机关乃至普通民众的思想中起着支配作用，公民的个人权利、利益往往被轻视甚至无视。在这种背景下，辩护制度作为维护公民个人权利尤其是犯罪嫌疑人、被告人权利的一种手段陷入困境，就不足为怪了。

2. 观念的错误

刑事诉讼中“有罪推定”的思想观念的影响也是导致律师辩护难的一个重要因素。长期以来，受传统“有罪推定”及国家主义司法观念的影响，社会公众包括很多司法工作人员在观念上认为刑事诉讼的任务就是打击这一项，对犯罪嫌疑人、被告人推定有罪，对律师为犯罪嫌疑人、被告人，尤其是重大刑事案件中的犯罪嫌疑人、被告人辩护普遍存在误解、不满、指责、干涉甚至打击和报复。在这样的情况下，要谈保护犯罪嫌疑人、被告人的权利，要使律师的辩护权得到充分保障，其难度就可想而知了。

3. 立法的缺陷

《刑事诉讼法》第36条关于辩护律师查阅、摘抄、复制案件事实材料的限制性规定，广大律师普遍认为这实际上是剥夺了律师的阅卷权。《刑事诉讼法》第96条“律师会见在押的犯罪嫌疑人，侦查机关根据案件情况和需要可以派员在场”的规定，不仅表现为对律师的不信任，实际上还限制了律师同犯罪嫌疑人的会见。类似的规定还有《刑事诉讼法》第37条、第191条等，立法本身对律师辩护权的行使就作了如此多的限制，在实务操作中，律师办案困难重重便是预料之中的了。

4. 组织的无力

律师的行业主管部门是司法行政部门。司法行政部门相对于公、检、法机关来说，不是一个强势部门，难以为律师提供强有力的支撑，以致律师在办案中受了委屈，尤其是权利被侵，要求司法行政部门帮助维权时，司法行政部门往往是无能为力的。更加糟糕的是，近年来律师管理体制也在改革，推行司法行政部门指导下的律师行业管理，也就是说主要依靠各级律师协会来自我管理。律师协会只是律师自发组成的民间组织，力量极其有限，要靠其来为律师“撑腰”、“壮胆”谈何容易？因此说组织的软弱无力也是律师辩护难的原因之一。

（三）律师辩护权的新拓展

辩护制度是一个国家司法制度的重要组成部分，如果律师的辩护权利不能受到应有的尊重，如果律师在刑事辩护过程中层层受阻，表面上看来受到损害的只是律师的权益，但在本质上损害的则是整个国家的司法制度。长期以来我国律师辩护制度的现实状况，事实上已经对我国的整个司法制度形成了一定的损害，确实已经到了非改变不可的地步。

2007 年 10 月 28 日，第十届全国人民代表大会常务委员会第三十次会议审议通过了修订后的《律师法》。修改后的《律师法》共七章、60 条，内容包括总则，律师执业许可，律师事务所，律师的业务和权利、义务，律师协会，律师的法律责任等方面，并已于 2008 年 6 月 1 日起正式实施。值得一提的是，这次修改面广量大，新增、修订条款总计四十余条，从律师执业许可、律师事务所组织形式、律师执业权利和义务、律师业务和律师执业监督管理、法律责任等诸多方面进一步改革和完善了我国的律师制度。具体到刑事辩护方面，主要是充实了辩护律师执业权利保障内容，具体表现在以下几个方面：

1. 强化了会见权

修订后的《律师法》第 33 条规定：“犯罪嫌疑人被侦查机关第一次讯问或者采取强制措施之日起，受委托的律师凭律师执业证书、律师事务所证明和委托书或者法律援助公函，有权会见犯罪嫌疑人、被告人并了解有关案件情况。律师会见犯罪嫌疑人、被告人，不被监听。”这一规定赋予了律师在侦查阶段会见犯罪嫌疑人的主动权。律师在犯罪嫌疑人被侦查机关采取强制措施之日起，即可会见，不需侦查机关批准，不受会见时间、次数的限制。同时，律师可以在法律和职业纪律允许的范围内，与犯罪嫌疑人进行自由交谈，以期更全面地了解案情，取得对犯罪嫌疑人有效的法律帮助和对其利益的最大维护。

2. 完善了阅卷权

修订后的《律师法》第 34 条规定：“受委托的律师自案件审查起诉之日起，有权查阅、摘抄和复制与案件有关的诉讼文书及案卷材料。受委托的律师自案件被人民法院受理之日起，有权查阅、摘抄和复制与案件有关的所有材料。”这是法律赋予律师案件知情权的一个重要突破。这一规定基本上使公诉人和辩护人在审查起诉阶段有了同等的阅卷权，对于辩护律师及时掌握控诉证据，及时与犯罪嫌疑人核对涉案事实，有针对性地收集辩护证据，提供了充分的时间和条件。

3. 完善了调查取证权

修订后的《律师法》第 35 条规定：“受委托的律师根据案情的需要，可以申请人民检察院、人民法院收集、调取证据或者申请人民法院通知证人出庭作证。律师自行调查取证的，凭律师执业证书和律师事务所证明，可以向有关单位或者个人调查与承办法律事务有关的情况。”该条款并没有将律师的调查取证权排除在侦查阶段之外，因此，律师在侦查阶段依法享有调查取证权。律师自行调查取证的，凭律师执业证书和律师事务所证明，可以向有关单位或者个人调查与承办法律事务有关的情况，无须经过同意，这可以说是此次《律师法》修订最“出彩”的地方。

4. 增加了律师执业责任豁免权

律师执业责任豁免权是指律师在刑事诉讼中特别是在庭审中发表的举证、质证意见以及辩护代理言论不受刑事追究。联合国《关于律师作用的基本原则》中明确规定：“律师对于其书面或口头辩护时发表的有关言论或作为职责任务出现于某一法院、法庭或者其他法律或行政当局之前发表的有关言论，应当享有民事和刑事豁免权。”目前，世界上不少国家都通过立法不同程度地赋予律师这一权利。例如，卢森堡刑法典第452条第1款规定：“律师在法庭上的发言或向法庭提交的诉讼文书，只要与诉讼或诉讼当事人有关，就不能对它提起任何刑事诉讼。”英格兰和威尔士出庭律师行为准则规定：“在通常情况下，律师对他在法庭辩护中的言论享有豁免权。”日本刑事诉讼制度中亦规定律师在法庭上辩护，不受法律追究，即使律师在证据不足的情况下为一位有罪的被告人作无罪辩护，也不能追究律师的任何法律责任。此外，美国、法国、德国、荷兰等国有关法律均对此作了类似的具体的规定。

赋予律师刑事辩护豁免权是由辩护律师所担负的职责所决定的，辩护律师作为司法公正天平上另一端的砝码，其主要职责是针对控方获取的有罪证据，运用自己的法律知识和所掌握的证据材料，帮助犯罪嫌疑人、被告人更有效地行使辩护权。虽然从理论上讲，辩护律师与公、检、法机关在刑事诉讼中所追求的最终目标是一致的，即都是为了维护法律的正确实施，但在具体的职责上却是矛盾的、对立的，且正是通过这种职责上的矛盾对立，来达到维护法律正确实施的目的。基于这种职责上的矛盾对立，控辩双方可能就同一案件提出不同甚至截然相反的观点。如果仅仅因为律师在辩护中的言论与事实及法律不符，就可以追究其法律责任，势必导致律师在刑事辩护中畏首畏尾，不敢发表自己的观点和意见，最终牺牲的却是共同追求的诉讼目标的实现及刑事诉讼价值的体现。正是基于此，修订后的《律师法》第37条第1款、第2款规定：“律师在执业活动中的人身权利不受侵犯。律师在法庭上发表的代理、辩护意见不受法律追究。但是，发表危害国家安全、恶意诽谤他人、严重扰乱法庭秩序的言论除外。”

5. 增加了对律师采取强制措施时的保障措施

律师在办案过程中，如果确实涉嫌犯罪，需要被采取强制措施时，也应依法进行。但多年来，少数地方的公安、检察机关在对律师采取拘留、逮捕等强制措施后，既不通知家属，更不通知律师事务所，导致律师突然之间杳无音信，犹如“人间蒸发”。毫无疑问，这也是漠视律师权益的一种表现。基于此，修订后的《律师法》第37条第3款规定：“律师在参与诉讼活动中因涉嫌犯罪被依法拘留、逮捕的，拘留、逮捕机关应当在拘留、逮捕实施后的二十四小时内通知该律师的家属、所在的律师事务所以及所属的律师协会。”

上述对律师辩护权的新拓展，无疑是给律师界送来的最大“福音”，有利于辩护律师诉讼地位的改善，有利于辩护功能的有效发挥。但从另外一个方面来看，由于《刑事诉讼法》尚未修改，因而便存在着应当如何解决《刑事诉讼法》与新《律师法》之间的冲突问题。这也直接关系到新《律师法》的上述规定能否付诸实施，能否真正得到贯彻落实。我们认为，当务之急乃是抓紧修订《刑事诉讼法》，使《律师法》的上述规定在《刑事诉讼法》中得以体现并保持一致，这样方能使律师辩护权长期以来面临的困境真正得到改善。

第二节　刑事代理

一、刑事代理概述

刑事代理是指在刑事诉讼中，代理人接受公诉案件的被害人及其法定代理人或者近亲属、自诉案件的自诉人及其法定代理人以及附带民事诉讼的当事人及其法定代理人的委托，以被代理人的名义，在法律规定或授权范围内，为维护其合法权益而参与诉讼，实施一定的行为，其法律后果由被代理人承担的诉讼活动。

刑事代理制度，是法律关于刑事诉讼中的代理权、代理人的范围、代理的种类与方式、代理人职责、代理人的权利与义务等一系列法律规范的总称。《刑事诉讼法》是刑事代理制度的主要法律渊源，此外，我国《律师法》和最高人民法院、最高人民检察院、司法部、公安部《关于律师参加诉讼的几项具体规定的联合通知》、《关于律师参加诉讼的几项补充规定》以及《高法解释》中都对刑事代理活动作了具体规定。

由于代理产生的根据不同，刑事诉讼中的代理分为法定代理与委托代理。法定代理，是基于法律规定而产生的代理。在刑事诉讼中，法律一般只对未成年人、无行为能力人或限制行为能力人设立法定代理人，而且，代为行使诉讼权利的权限也由法律规定。法定代理人包括被代理人的父母、养父母、监护人和负有保护责任的机关、团体的代表。法定代理人既对被代理人的合法权益负有保护责任，又对被代理人的行为承担监护义务。一般来说，法定代理人的诉讼行为，视为被代理人的诉讼行为，二者具有相同的法律效果。

委托代理不同于法定代理，其代理权是基于被代理人的授权而产生的。委托代理具有如下几个特征：（1）被代理人只能是公诉案件的被害人、自诉案件的自诉人、附带民事诉讼的当事人；（2）代理人必须以被代理人的名义进行诉讼，且必须根据被代理人的意志，为维护他们的合法权益而进行诉讼；（3）代理人只能在被代理人的授权范围内进行活动，超过授权范围进行诉讼活动所产生的结果，除非得到被代理人的追认，否则被代理人不予承担；（4）代理人进行代理活动产生的法律后果由被代理人承担。委托代理分为一般委托代理和特别授权代理。对于一般委托代理，代理人只能代理被代理人进行诉讼行为，无权处分其实体权利；特别授权代理，代理人除代理被代理人进行诉讼外，可以根据被代理人特别授权的内容，代为处分其相关的实体权利。委托人有权改变授权内容或者解除代理权，代理人也可依法辞去代理，从而导致代理权的变更或解除。根据《刑事诉讼法》第 41 条的规定，下列人员可以被委托为诉讼代理人：（1）律师；（2）人民团体或者被代理人所在单位推荐的人；（3）被代理人的监护人、亲友。被代理人有权委托一至两人担任诉讼代理人。

刑事诉讼中的代理与辩护制度具有相当密切的联系。代理人和辩护人都是作为当事人之外的其他诉讼参与人参加刑事诉讼活动的；代理人与辩护人都与案件的最终处理结果无法律上的利害关系，都不是基于自己的利益而参与诉讼的；代理人与辩护人参与刑事诉讼活动的目的都在于弥补当事人法律知识的不足，以维护当事人的合法权益，同时，也有利于保障案件的正确处理，促进司法公正的实现。此外，代理人与辩护人在范围上一致，在受委托时间上有相同之处，其程序权利也大体相当。然而，刑事诉讼中代理与辩护的区别还是十分明显的，主要体现在以下方面：

1. 产生根据不同

辩护人参与刑事诉讼的根据是犯罪嫌疑人、被告人的委托或者人民法院的指定。代理人参与刑事诉讼的根据则分为两种情况：法定代理人基于法律的规定参与诉讼；委托代理人只能是接受案件当事人及其法定代理人或近亲属的委托而参与诉讼，而不能由人民法院指定。

2. 服务对象不同

刑事辩护所针对的对象是被指控实施了犯罪行为，被依法追究刑事责任的犯罪嫌疑人、被告人，包括公诉案件的犯罪嫌疑人、被告人以及自诉案件的被告人。一般来说，犯罪嫌疑人、被告人在刑事诉讼中处于不利的诉讼地位，面对强大的控诉机关的指控，只有借助辩护人的帮助才能更好地维护其合法权益。而刑事代理则适用于公诉案件的被害人、自诉案件的自诉人以及刑事附带民事诉讼的当事人。

3. 诉讼地位不同

辩护人具有独立的诉讼地位，是犯罪嫌疑人、被告人合法权益的专门维护者，是以自己的意志进行辩护而不受犯罪嫌疑人、被告人的约束。而代理人则不具有独立的诉讼地位，是附属于被代理人的，在诉讼中必须以被代理人的名义进行诉讼，并且要受被代理人意思表示的约束。

4. 权限范围不同

刑事诉讼中，辩护人特别是辩护律师享有法律赋予的广泛的诉讼权利，甚至有些权利连犯罪嫌疑人、被告人都不能享有。刑事诉讼中代理人所享有的诉讼权利则分两种情况：法定代理人可以直接依据法律的规定行使相应的诉讼权利；委托代理人的诉讼权利则直接来源于被代理人的授权，并不是法律的规定，更不能超出被代理人的授权范围，代理人的权利显然必须是被代理人应当享有的权利。

刑事代理制度是一项重要的诉讼制度，在诉讼中具有十分重要的意义：

（1）可以为被代理人提供法律上的帮助。被代理人由于缺乏法律知识，不能充分地行使自己的诉讼权利和发表切中要害的意见，有了诉讼代理人参加诉讼，就能更好地维护被代理人等的合法权益。

（2）可以代理那些不能亲自参加诉讼的被代理人等参加诉讼。有些被代理人由于被犯罪行为致伤、致残等原因不能参加诉讼，可以委托诉讼代理人参加诉讼来维护自己的合法权益。

(3) 可以协助人民法院准确及时地查明案情，正确地处理案件。诉讼代理人，特别是律师代理人参加诉讼，能对案件事实、证据作出全面的分析，提出自己对案件处理的意见，可以促使司法机关正确、合法、及时地处理案件，保护被代理人的合法权益。

二、刑事代理的种类

根据《刑事诉讼法》的规定，刑事代理分为三类：(1) 公诉案件被害人的代理；(2) 自诉案件自诉人的代理；(3) 附带民事诉讼当事人的代理。

1. 公诉案件被害人的代理

公诉案件被害人的代理，是指诉讼代理人接受公诉案件的被害人及其法定代理人或者近亲属的委托，在所受委托的权限范围内，代理被害人参加诉讼，以维护被害人的合法权益。

公诉案件的被害人作为诉讼当事人，与案件的处理结果具有直接的利害关系。在实践中，有的被害人由于遭受犯罪行为的侵害，人身健康受到严重损伤或精神上受到强大刺激而无法出庭，或者被害人因法律知识的欠缺，在诉讼中不能有效地维护自己的合法权益。因此，需要诉讼代理人协助维护其合法权益。

根据《刑事诉讼法》第40条的规定，公诉案件的被害人及其法定代理人或者近亲属自案件移送审查起诉之日起，有权委托诉讼代理人。同时为了保证被害人知悉这一权利，《刑事诉讼法》还规定人民检察院自收到移送审查起诉的案件材料之日起3日内应当告知被害人及其法定代理人或其近亲属有权委托诉讼代理人。从上述规定可以看出：(1) 公诉案件被害人的委托，可以由被害人本人委托，也可以由其法定代理人或近亲属委托，除此以外，其他人无权为被害人委托代理人。(2) 被害人的法定代理人或近亲属委托的代理人是被害人的代理人，而不是被害人的法定代理人或近亲属的代理人。(3) 被害人委托诉讼代理人是从案件移送审查起诉之日起，在侦查阶段，被害人不能委托诉讼代理人。(4) 人民检察院在法定期限内有告知被害人及其法定代理人或者近亲属可以委托诉讼代理人的义务，如果不告知或者超过期限告知的，构成程序违法。

被害人的诉讼代理人参加刑事诉讼，同公诉人的诉讼地位是平等的，双方都在刑事诉讼过程中执行控诉职能。但是两者的诉讼地位又不完全相同，公诉人除了执行控诉职能外，还执行法律监督职能，因此，公诉人的意见同被害人的诉讼代理人的意见不同甚至冲突，属于正常现象。在法庭审判过程中，应当允许被害人的诉讼代理人独立发表代理意见，并允许诉讼代理人同辩护人、公诉人进行辩论。

公诉案件中被害人的代理人根据委托人的一般授权，行使诉讼权利并履行相应义务。代理人的权利主要有：(1) 有权代理委托人向公安司法机关控告犯罪；(2) 可以收集查阅与本案有关的材料；(3) 人民检察院审查起诉过程中，向检察院反映被害人关于处理案件的意见和惩罚犯罪的要求；(4) 人民检察院决定不起诉的案件，被害人如果不服，代理人有权在被害人收到不起诉决定书后的7日内，代其向人民检察院提出申诉；(5) 在法庭审理阶段，经审判长同意，可以向被告人、证人发问，可以参加法庭辩论等。

2. 自诉案件自诉人的代理

自诉案件自诉人的代理，是指代理人接受自诉人及其法定代理人的委托，在所受委托的权限范围内参加诉讼，以维护自诉人的合法权益。

根据《刑事诉讼法》第40条规定，自诉案件的自诉人及其法定代理人可以随时委托诉讼代理人。人民法院自受理自诉案件之日起3日内，应当告知自诉人及其法定代理人有权委托诉讼代理人。自诉人委托诉讼代理人应当同诉讼代理人签订委托合同，载明代理事项、代理权限、代理期间等重大事项。代理权限中应特别注明代理人有无和解权、撤诉权，如没有特别写明的，应视为诉讼代理人无上述权利。

根据《刑事诉讼法》及《律师法》的有关规定，自诉案件中的代理人享有一系列的诉讼权利并承担相应的诉讼义务。

自诉案件中代理人的诉讼权利主要是：可以代自诉人向人民法院提起诉讼；代理律师依法可以收集、查阅与本案有关的材料，即有权向有关单位、个人收集与本案有关的材料，也可以到人民法院查阅人民检察院不起诉、被害人起诉后人民检察院移送给人民法院的有关案卷材料，了解案情；人民法院开庭审理时，代理人经自诉人授权，有权代委托人依法申请法庭组成人员、书记员等回避；在法庭审理中，当审判人员讯问被告人后，经审判长许可，可以向被告人发问，也可以申请审判长对证人、鉴定人发问或者经审判长许可后直接发问；有权申请通知新的证人到庭，调取新的物证，申请重新鉴定或者勘验；法庭调查后，有权发言并且可以和被告方展开辩论；对司法人员非法剥夺自诉人诉讼权利和人身侮辱等侵权行为，有权提出控告等。

自诉案件代理人也需要履行一定的诉讼义务，主要有：应按人民法院的通知及时到庭履行义务，不得借故妨碍诉讼的正常进行；依法出庭履行职务时，应严格遵守法庭的规则和秩序；协助自诉人负举证义务；对执业中接触到的国家机密、商业秘密和个人隐私，应当严格保守秘密等。

3. 附带民事诉讼当事人的代理

附带民事诉讼当事人的代理，是指诉讼代理人接受附带民事诉讼的当事人及其法定代理人的委托，在所受委托的权限范围内，代理参加诉讼，以维护当事人及其法定代理人的合法权益。

根据《刑事诉讼法》第40条的规定，公诉案件附带民事诉讼的当事人及其法定代理人，自案件移送审查起诉之日起，有权委托诉讼代理人。自诉案件附带民事诉讼的当事人及其法定代理人，有权随时委托诉讼代理人。人民检察院自收到移送审查起诉的案件材料之日起3日内，应当告知附带民事诉讼当事人及其法定代理人有权委托诉讼代理人。人民法院自受理自诉案件之日起3日内，应当告知附带民事诉讼的当事人及其法定代理人有权委托诉讼代理人。由此可以看出：（1）无论是公诉案件还是自诉案件，附带民事诉讼的当事人都可以委托诉讼代理人维护其合法权益。（2）公诉案件和自诉案件的附带民事诉讼当事人的诉讼代理人参加诉讼的时间有所区别。在公诉案件中，附带民事诉讼当事人的诉讼代理人只能在案件移送人民检察院审查起诉之日起参加诉讼；自诉案件中，当事人及其法定代理人可以随时委托诉讼代理人参加诉讼。（3）人民检察院和人民法院在法定期限内有告知附带民事诉讼当事人有权委托诉讼代理人的义务，如果不告知或者超过法定期限告知，则构成程序违法。

诉讼代理人接受委托的，应同附带民事诉讼当事人及其法定代理人签订委托代理合同，并由被代理人填写授权委托书，注明代理的权限。双方当事人的诉讼代理人在附带民事诉讼中行使与其在一般民事诉讼中同样的职能，应当收集、调查证据，全面了解案情，在法庭上可以参与附带民事诉讼部分的调查和辩论，并提出代理意见。在诉讼中，如当事人授予其和解权、撤诉权、反诉权等诉讼权利，还可以行使上述诉讼权利。自诉人、被害人及其法定代理人委托的诉讼代理人，特别是代理律师，在自诉人、被害人及其法定代理人同时提起附带民事诉讼时，可以兼作附带民事诉讼原告人的代理律师，一般无须另办法律手续。而刑事被告人或对被告人负有赔偿责任的机关、团体，或其法定代理人作为附带民事诉讼被告人的，如果同时委托刑事被告人的辩护律师作诉讼代理人，则要征得该律师的同意，并应另行办理有关法律手续。

第三节　刑事法律援助制度

一、法律援助及刑事法律援助概述

法律援助又称法律扶助，是国家对因经济困难无力支付或不能完全支付法律服务费用的公民给予减、免收费的法律帮助，以保障其法律赋予的权益得以实现的一项司法救济制度。法律援助制度最早出现在15世纪末的英格兰，它起源于律师为贫困的当事人免费提供法律服务的道义行为，先后经历了慈善事业阶段（18、19世纪）、个人权利阶段（20世纪前半段）和福利国家政策阶段（“第二次世界大战”以后）。自20世纪六七十年代后，法律援助制度逐渐被一些发展中国家所接受，并发展成为现代法治国家不可缺少的一项法律制度，成为实现法律面前人人平等和完善社会保障的重要法律措施。国际通行的观点认为，是否建立规范完善的法律援助制度，不仅是衡量一个国家法制是否健全、司法人权保障机制是否完善的重要标志，而且也是衡量社会文明与进步程度的重要尺度。据统计，法律援助制度目前已被世界上一百四十多个国家的宪法和重要的国际公约确认为维护公民基本权利的一项制度。

作为实现社会正义和司法公正、保障公民基本权利的国家行为，法律援助制度在国家的司法体制中占有十分重要的地位。法律援助制度具有以下几个显著的特点：

1. 国家性。法律援助是一种国家行为，它是现代法制社会要求国家承担的一种国家责任，国家是法律援助的责任主体。国家或者政府通过设立法律援助机构、提供法律援助经费、制定法律援助规则，履行国家对公民的法律援助义务或责任。

2. 司法救济性。法律援助制度在实现法治和保障人权方面具有十分重要的意义。目前，国际上公认的作为法律援助制度基础的理念，正是法治、公正和平等这三项基本价值。法律援助的宗旨是维护司法公正，实现社会正义，体现的是法律面前人人平等的精神。它通过为贫弱公民提供法律帮助使他们平等地进入诉讼程序，平等地行使诉讼权利，保护他们法定权利的实现，以维护司法公正。法律援助的司法救济性是其与以经济帮助为目的的社会救济、社会保障制度的本质区别。

3. 提供帮助的法律专业性。法律援助是律师等法律专业人员运用他们娴熟的法律知识、丰富的办案经验和技能为贫弱公民提供法律咨询、诉讼代理、非诉讼代理和刑事辩护、撰写法律文书等法律服务，这些服务是其他非专业人员无法代替的，体现了较强的法律专业性。

4. 受援人享受法律援助的无偿性和优惠性。受援人对所得到的法律帮助无须承担任何与此相关的义务，特别是无须向援助机构缴纳服务费用，其所需经费支出由政府负担，这是世界各国的共同做法。这充分体现了援助的无偿性和优惠性。

刑事法律援助制度，是法律援助制度的最初形式，也是法律援助制度中最重要的组成部分，因为同其他法律帮助相比较，被牵涉进刑事诉讼的人是最需要法律帮助的。刑事诉讼事关公民的生命与自由，在大力倡导人权保障，辩护制度高度发达的今天，刑事法律援助制度就显得尤为重要。此外，刑事法律援助制度在刑事司法国际准则中占有重要地位，《保护和促进人权的国家机构》的报告指出："在司法框架内保障个人权利的一个最重要的机制便是许多国家内部的法律援助制度。这种制度服务于那些因资金或其他原因不能在司法程序中有效地为自己进行辩护的人。"《公民权利和政治权利国际公约》第 14 条丁目规定：受刑事控告者有权出庭受审并亲自替自己辩护或经由他自己所选择的法律援助进行辩护；如果他没有法律援助，要通知他享有这种权利，在司法利益有此需要的案件中，为他指定法律援助，而在他没有足够能力偿付法律援助的案件中，不要他自己付费。

在西方发达资本主义国家，由于有雄厚的物质基础作保证，加上社会的民主化、法制化程度较高，刑事法律援助的范围相当广泛，刑事法律援助贯穿于调查取证、提起公诉、审判和上诉等刑事诉讼的各个阶段，凡是生活在贫困线以下的被告人、自诉人，都可以获得无偿的律师帮助。刑事法律援助的机构，在国外也非常发达，名目繁多，一般均通过"公设辩护"办公室提供刑事法律援助。在法律援助的程序方面，一般都通过颁布法律援助法，对法律援助的程序进行全面系统的规定，主要包括申请程序、审批程序、实施程序和申请被拒绝后的申诉程序。

我国刑事法律援助制度是作为法律援助的内容之一建立和实施的。在我国，随着经济体制的转型和利益格局的调整，公民之间由于主客观条件的差异而产生了一定程度的贫富差别，出现一部分公民因经济困难没有经济能力维护自己合法权益的问题。为保障社会贫弱者能够不受经济困难所制约，享有同等的法律救济权，保障司法公正和司法人权，实现"法律面前人人平等"的宪法原则，1994 年年初，司法部正式提出探索建立和实施中国法律援助制度，并首先在北京、上海、武汉等大中城市开展了法律援助工作的试点。

1996 年 3 月 17 日第八届全国人大四次会议通过的《关于修改〈中华人民共和国刑事诉

讼法〉的决定》率先规定了刑事法律援助的内容。同年5月15日全国人大常委会通过的《中华人民共和国律师法》又以专章对法律援助作了规定，明确了法律援助的性质和地位，规定了我国法律援助制度的主要原则和基本框架。这两部法律的相继颁布，为我国建立和实施法律援助制度奠定了良好的基础。1997年4月19日，最高人民法院与司法部发出《关于刑事法律援助工作的联合通知》。1997年5月26日中国法律援助基金会成立，司法部法律援助中心同时揭牌。2003年9月1日，国务院《法律援助条例》颁布施行，这是我国第一部关于法律援助的全国性立法，它以行政法规的形式对法律援助工作进行了全面规范。2007年10月28日，新修订的《律师法》再次对法律援助工作予以强调，其第42条规定："律师、律师事务所应当按照国家规定履行法律援助义务，为受援人提供符合标准的法律服务，维护受援人的合法权益。"此举标志着我国法律援助事业的发展进入了一个新的阶段。

根据《刑事诉讼法》、《律师法》的有关规定和最高人民法院与司法部《关于刑事法律援助工作的联合通知》、《法律援助条例》的精神，我国的刑事法律援助主要有以下几方面的内容：

1. 关于刑事法律援助的对象和案件范围。《刑事诉讼法》第34条规定：公诉人出庭公诉的案件，被告人因经济困难或者其他原因没有委托辩护人的，人民法院可以指定承担法律援助义务的律师为其提供辩护。被告人是盲、聋、哑或者未成年人而没有委托辩护人的，被告人可能被判处死刑而没有委托辩护人的，人民法院应当指定承担法律援助义务的律师为其提供辩护。确定被告人是否为经济困难依据各地政府规定的经济困难标准。至于法律规定的"其他原因"，明确为以下几种情况：被告人符合当地政府规定的经济困难标准的；被告人本人确无经济来源，其家属经济状况无法查明的；本人确无经济来源，其家属经多次劝说仍不愿为其承担辩护律师费用的；共同犯罪案件中，其他被告人已委托辩护人的；具有外国国籍的被告人；案件有重大社会影响；人民法院认为起诉意见和移送的案件证据材料可能影响正确定罪量刑的。

2. 关于提供刑事法律援助的程序。人民法院指定的刑事法律援助案件，由该人民法院所在地的法律援助机构统一接受并组织实施；尚未设立法律援助机构的地方，由法院所在地的同级司法行政机关接受并组织实施。人民法院对需要指定辩护的案件，应在开庭10日以前，将指定辩护律师通知书和人民检察院的起诉书副本送交所在地的法律援助机构或同级司法行政机关，同时附送被告人符合法定或者规定的法律援助条件的情况说明或经济困难的证明材料。法律援助机构或者司法行政机关接到指定辩护通知书和起诉书副本后，应于3日内指派承担法律援助义务的律师提供辩护。接受承办法律援助事务的辩护律师征得刑事被告人同意后，即可依照《刑事诉讼法》的有关规定履行辩护职责。

3. 关于刑事法律援助的资金。由于法律援助制度在中国尚处于初建阶段，目前中央和地方各级政府尚未将法律援助的经费纳入财政预算，接受法院指定辩护的律师主要是义务承担刑事法律援助工作。同时，中央和某些地方成立了法律援助基金会，接受和募集海内外社会各界的捐赠，用于创立和扶持法律援助事业。

二、我国刑事法律援助制度存在的问题

刑事法律援助制度的有效实施，使公民在刑事司法领域的基本人权得到了有力的保护，维护了国家司法的公正和法律的尊严。但由于此项制度起步较晚，加之一系列主、客观因素的限制，在司法实践过程中执行不力，致使实践中暴露出一些问题，主要表现在：

1. 刑事法律援助的供需矛盾突出。随着刑事法律援助工作的不断深入和宣传的日益广泛，社会对法律援助的需求不断扩大，法院指定的刑事辩护案件越来越多，公民要求法律援助的案件数量也逐渐增多。但目前我国法律援助的机构和人员还非常有限，远远不能适应刑事法律援助的现实需要。据统计，全国目前已组建完成的法律援助机构只有 2 156 个(32 个省级地方全部建立，另有 289 个地市级地方、1 835 个县区级地方建立了法律援助机构)，法律援助机构的专职人员仅有七千多人。

2. 刑事法律援助的经费严重短缺。目前国家每年拨付的法律援助经费极为有限，远远低于发展中国家的平均水平。绝大多数地方仅能勉强解决专职法律援助人员的工资和少量办公经费，而业务费用和福利费用则严重匮乏。大多数地方的社会执业律师不仅要义务承办案件，而且要由自己或律师事务所承担办案经费，一定程度上影响了他们承办刑事法律援助案件的积极性。经费短缺，严重制约着刑事法律援助事业的发展。

3. 少数律师未能尽职。少数律师对刑事法律援助工作的重要意义缺乏正确的认识，因而对法律援助工作缺乏热情，积极性不高，甚至不愿意接受案件，即使勉强接受了，也存有应付、敷衍的思想。具体表现为：接受刑事法律援助后，不到法院阅卷，不会见被告人，不按时出庭，在庭审过程中不尽职尽责地提出从轻、减轻处罚的情节，有的律师在庭审中只是敷衍了事地说几句要求从轻、减轻处罚的话就算完事，致使被告人的合法权益难以得到切实地维护，法律援助案件的质量大打折扣。

4. 刑事法律援助工作发展失衡。由于我国地域辽阔，各地的经济发展又不平衡，因此，刑事法律援助工作从总体来看区域差异较大。东部沿海地区的法律援助资金相对充实，刑事法律援助工作开展得也相对较好；而中西部经济欠发达和不发达地区，法律援助资金匮乏，刑事法律援助工作很难开展，有的地方至今尚未正式启动。

三、我国刑事法律援助制度的完善

刑事法律援助对于保障被告人充分行使辩护权，进而确保审判公正的实现有着积极的意义。借鉴国外刑事法律援助的成功经验，建立具有中国特色的刑事法律援助制度，是当前亟待解决的问题。完善我国的刑事法律援助制度，可以从以下几个方面着手：

1. 加强对刑事法律援助工作的宣传。新闻和宣传媒介应当充分关注我国刑事法律援助事业的发展，采取多种措施，通过多种方式，加大对刑事法律援助工作的宣传力度。通过宣传活动，使各级政府和社会各界从依法治国、建设社会主义法治国家的高度，充分认识建立和实施刑事法律援助制度的重要性，进一步加强人权保障意识。

2. 制定统一的《法律援助法》。目前，我国有关刑事法律援助的规定散见在《刑事诉讼

法》、《律师法》、《法律援助条例》等法律和行政法规中，但这些规定过于原则，可操作性不强，有些规定在实践中无法具体执行。从我国法律援助的发展上看，刑事法律援助作为一种制度，在我国起步不久，缺乏经验，况且各地开展援助活动以及筹建援助机构的时间上先后不一，发展很不平衡，这就要求制定一部统一、系统的《法律援助法》。其内容应当包括：法律援助的指导思想、援助的性质和任务、援助的对象、援助的方式、申请程序、机构设置、资金管理、援助行为的实施主体及责任形式，等等。

3. 增加法律援助的机构和人员。目前，我国虽已建立援助机构两千多个，但仍难以适应刑事法律援助发展的需要，因而需要从总量上继续增加。此外，应多渠道进一步扩大法律援助队伍的规模：一是可以从全国律师中选取一定比例的具有刑事诉讼特长的律师作为公设辩护律师。公设辩护律师专门从事刑事案件的辩护工作，由国家保障其工资福利和日常开销，视作国家公务人员。二是动员民间力量，从社会上选拔符合条件的刑事法律援助人员。例如，各政法院校、法学研究机构中的具有法律专业知识的人员，在不影响法学教育与研究的情况下，可以国家法律准许的形式，向需要法律帮助的人提供援助。

4. 多方筹集法律援助资金。在刑事法律援助制度的实施中，充足的资金来源是重要的物质基础。目前在我国，法律援助资金的匮乏已成为制约我国刑事法律援助事业发展的“瓶颈”因素。从世界各国的实践看，援助资金的来源主要有以下方式：一是政府投入，包括财政直接拨款和以免除诉讼费用为主的间接投入方式。二是从律师管理费中支出。三是社会捐赠。结合我国实际情况，可同时采用以上三种方式筹措援助资金。而且，法律援助经费应该列入国家财政预算，各级政府应该加大对法律援助的投入；同时，从律师上缴的管理费中拿出一部分，再广集社会资金，接受社会各界的捐款，使法律援助工作有赖以支撑的坚强物质基础，以保障刑事法律援助制度得以健康发展，使其发挥更大作用。

第五章 证据制度的历史沿革

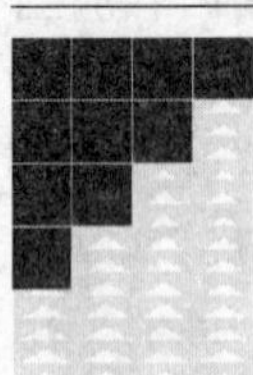

第一节 证据制度演进的两个历史阶段

为了解决纠纷，必须首先确定纠纷事实。在诉讼中，由于纠纷事实往往已经成为过去而不可能再次重现，因此，对纠纷事实的确定实质上是一个认识的过程，而且是一个间接认识的过程。一般而言，这一间接认识是借助证据而实现的，即“裁判者—证据—纠纷事实”。

由于确定纠纷事实首先是一个认识问题，因此，在人类历史上，证据制度的历史首先受制于人类文明的进步及人类智识的发展阶段。在此过程中，根据评判证据的本质差异，可以将证据制度的历史演进划分为两个阶段：“神明裁判”与“人的裁判”（或者称之为“神示裁判”与“证据裁判”，非理性的证据制度与理性的证据制度）。例如，英国法史学家卡内冈认为：“法律史学者和文化人类学家很久以前就发现对于证据问题存在两种不同的态度。在第一种较为原始和古老的制度下，人类的探索、批判性的审视以及逻辑推理扮演了非常不起眼的角色，为了弄明白罪与非罪、对与错，法庭更愿意求助于水、火、神灵等自然因素，我们可以称之为非理性的进路（irrational approach）……另一种被我们称之为理性进路的方式则将上述负担直接放在了人类心智的肩上，并迫使法院通过人类知识所能运用得到的各种探求和推理的方式来揭开谜底……”①

一、神明裁判

神明裁判是人类文明初期普遍存在的一种确定纠纷事实的方式。在人类文明的初期，面对变幻的自然界，人类显得过于渺小。无知产生恐惧，也产生神秘，于是，万物有灵的观念在初民社会十分普遍。美国人类学家霍贝尔通过对爱斯基摩人等五个初民社会法律的研究，概括说，“从法律这一方面来说，一旦其手段不能收集到充分确凿的证据材料来解决案件的争议时，它便总是转向求助于宗教。在初民法律中，通过占卜、赌咒、立誓和神判等方法求助于超自然来确定案件事实的情况是非常普遍的”②。

由于神明裁判与人类文明的发达程度密切相关，因此，在不同的国家和地区，神明裁判持续的时间有着明显的差别。

（一）基本特点

神明裁判的基本特点是：根据神的启示，对诉讼中的争议事实作出评断。以神的启示来判断诉讼中的是非曲直的证据制度，一般称之为“神示证据制度”或“神明裁判制度”。

在具体表现形式上，由于各地区所敬仰的神灵千姿百态，所以，神明裁判也存在多种类型。例如，在欧洲社会，决斗、冷水审、烙铁审、共誓涤罪等方式最为流行。③ 在英格兰，神判的方法有热铁法、热水法、冷水法、吞食法、摸尸法和决斗法。在我国夏商时期，也曾存在过神判的事例。如薛梅卿教授认为：“商朝人尊神信鬼，一切听命于上帝，按神意办事……从甲骨卜辞来看，商朝大量的审判主要是由卜者进行的，通过卜者向神请示作出判决。”④

例如，英格兰热铁法：当国王埃塞里德的妻子、忏悔者爱德华的母亲埃玛，被指控与温切斯特主教阿尔文有通奸行为时，法庭就通过热铁神判法来检验她是否清白。“让这个名声不好的女人赤脚在炽热的铁犁上走上九步，四步为她本人的清白，五步为了那位主教的清白。如果她畏缩不前，如果她不用满脚在铁犁铧上踩，如果她烧伤了一点点，就判她是一个通奸者。”

英格兰摸尸法：由被告来到死尸的棺材前，在验尸官、见证人的众目睽睽之下，触摸死者的伤口。如果他是凶手，“尸体的血将会重新流出来”。莎士比亚在《理查德三世》中对此描述道：“啊先生们看，看！死者亨利的伤口凝合的地方又开口流血了。”

在神明裁判制度中，对事实问题的裁判是由神而非人来完成的。当然，神明裁判也需要人（多为神职人员）的主持，但在整个过程中，人只不过是传达神意的工具，或者说，

---

① ［英］R·C·范·卡内冈：《英国普通法的诞生》，李红海译，81页，北京，中国政法大学出版社，2003。

② ［美］E.A. 霍贝尔：《初民的法律》，299页，北京，中国社会科学出版社，1993。

③ 参见［英］R·C·范·卡内冈：《英国普通法的诞生》，李红海译，82页以下，北京，中国政法大学出版社，2003。

④ 薛梅卿主编：《新编中国法制史教程》，14页，北京，中国政法大学出版社，1995。

是对神意的宣告。“法庭不是为查明案件事实设立的机构，而是为获得‘神灵指示’设置的场所。”所以，在神明裁判制度下，就纠纷事实的确定而言，裁判的关键在于“神意”而非人的认识。

（二）评价

神示证据制度与特定时代的社会生活状况、认识能力等因素密切相连。卡内冈认为：“最基本的条件是在他们中间广为传布的一种信念，心理上的障碍将阻止罪犯及其支持者尝试神明裁判或共誓涤罪，即使他们冒此风险，也会为其心理活动的外在表现所暴露。一颗戴罪的良心及由此产生的恐惧将会击垮他们自己，哪怕是在最后一刻，当神父以上帝震怒相威胁及神物被带进来之时。”[①] 关于威廉伯爵的真实故事充分说明了这一点。Warene 的威廉伯爵（Earl William）在围攻 Pevensey 时受伤并于 1080 年死去。Ely 修道院的院长认为，当晚，她听到了伯爵呼救的声音，并听到伯爵的灵魂被打入了地狱。当伯爵的妻子拿 100 先令请院长为其亡夫超度灵魂时，修道院院长吓得不敢接受，因为她觉得“拥有一个被打入地狱者的钱财是危险的”[②]。

因此，对神明裁判证据制度，不能简单地斥之为愚昧，而应当从以下两个角度进行评价：

第一，从历史的角度看，神明裁判不仅达到了及时解决纠纷的目的，而且借助神的威力，确保了裁判结果的可接受性，并由此保证了法律对社会生活的引导、规范作用。

法律的引导、规范作用，“只有在法律的使用具有社会普遍接受的公正和正义性的条件下，才能够得到充分的发挥，而无论此种公正和正义是真实的还是虚伪的，也无论社会的普遍接受是自觉地还是盲目的。在神意作为公正和正义象征的情况下，根据神意确认证据的证明力，并据以认定事实，适用法律，也就当然具有了被社会普遍接受的公正和正义性，尽管这种公正和正义是一个历史的荒谬”[③]。

此外，在神的观念普遍流行的社会条件下，神明裁判也能够在一定程度上保证其裁判结果的整体正确性。

第二，从现代人的眼光看，神明裁判并不能保证裁判结果的客观性，也无法在违法行为与裁判结果之间建立起实质的“因果关系”。

（三）启示

关于神明裁判，无须去探究其具体的裁判形态，更不必要去罗列神判难以尽数的种类。但是，我们却必须注意以下两点：

第一，神判与特定时期人类智力发达程度的关系。由此，我们可以看到，纠纷事实的确定很大程度上是与人类智力发达程度密切相关的。或者说，人类认识外部世界的能力，决定着证据制度的具体样态。卡内冈认为：“我们可以在证据制度的发展史中清晰地探索大

① ［英］R·C·范·卡内冈：《英国普通法的诞生》，李红海译，85 页，北京，中国政法大学出版社，2003。

② E. O. Blake，Liber Eliensis，Camden Third Series，1992（London，1962），nr119，pp. 202～203.

③ 陈一云主编：《证据学》，22 页，北京，中国人民公安大学出版社，1991。

众文化和法律观念之间的互动。”①

第二，神判与特定人群的关系。我们可以看到，欧洲人接受决斗的结果，而大洋洲的某个部落却接受鳄鱼的裁判。更有意思的是，在《汉穆拉比法典》中，如果被告沉入水中，则证明其有罪；如果浮出水面，则意味着“河水为其剖白，使其安然无恙”。然而，在古日耳曼法中，则相反：如果被告浮于水面，则证明其有罪；而如果沉入，则意味着无罪。

因此，通过千姿百态的神判，我们似乎可以得出以下结论：在很大程度上，一个裁判是否公正、是否正确往往取决于特定相关群体的信念和评价系统。因此，一个看似公正的裁判结果，如果不与其所处的群体信念、评价系统相吻合，就无法被平静地接受。比如，如果用我们的理性裁判对那些信奉鳄鱼裁判的人进行裁判，那么，我们的裁判就很难具有说服力，其结果也很难被他们接受。

在此意义上，我们可以进一步说，证据制度不仅仅是一个求真的活动，而且是一种以特定时期、特定人群所能接受的方式求真的活动；尽管这种“真”并不必然是“客观意义上的真”，但是，这种真却必须是“该人群所能接受的真”。换句话说，在诉讼证明中，“真的问题”往往被一种与特定信念和评价系统相联系的“可接受性问题”取代了。

二、人的裁判

（一）欧洲神明裁判制度的衰落

人的裁判取代神明裁判，其最根本原因在于人类智力的发展。随着人类文明的不断发展，人们一方面开始越来越多地认识到神明裁判的不科学性和荒谬性；另一方面，也认识到，通过借助人的逻辑思维能力，借助特定的证据资料完全可以在思维中重现纠纷事实。

因此，在世界范围内，由于文明发育时间的不同，神明裁判为人的裁判所取代的时间也并不一致。在中国，由于民智早熟，自西周以降，神明裁判就已经基本绝迹。瞿同祖先生在其《中国法律与中国社会》一文中曾对此有精当的论述。瞿老指出，“中国有史以来就以刑讯来获得口供，早就不仰赖神判法了……神判法在中国的历史时期虽已绝迹，但是我们只是说在规定的法律程序上不再由神判法而已。实际上，神判法还依然有其潜在的功能。官吏常因疑狱不决而求梦于神，这显然是求援于神的另一种方式”②。

在欧洲，到13世纪初，人们已经意识到神明裁判几乎总是导致被告人无罪。例如，根据匈牙利法庭烙铁审的记录，1208至1235年间，共登录了389例案件。其中，裁断无罪130起，罪名成立78起，当事人和解75起，撤诉25起。又如，在英国，“伊达梅尔告诉我们，1100年之前不久，还在红脸威廉统治之时，50个人被指控违反森林法而被送往经受烙铁审，结果全部安然过关而不得不无罪释放。很难推测这一令人惊讶的集体成功的背后究竟隐藏着什么人或什么事，但烙铁审在很大程度上则取决于教士，当涉及森林犯罪时他们可能会倾向于不太严厉（12世纪有论述者将被公认为罪犯者却成功地通过神裁的现象解释

---

① ［英］R·C·范·卡内冈：《英国普通法的诞生》，李红海译，79页，北京，中国政法大学出版社，2003。

② 瞿同祖：《瞿同祖法学论著集》，276页以下，北京，中国政法大学出版社，1998。

为一种有限度的恩典：上帝想再给罪犯一次机会，或奖赏那些就其罪行向牧师作出忏悔的人，于是通过真心忏悔而获得拯救)。无论伊达梅尔故事中的原因是什么，国王远不能相信这50个人的清白，他怀疑是组织这次神裁的教师在这次胜利大逃亡中搞了鬼，遂发誓不再吸收该教士参与此类活动。在1166年的《克拉伦敦法》和1176年的《北安普顿法》中，亨利二世规定，那些被指控犯有严重罪行并成功通过冷水神裁（因而应被认为是清白的）者，如果许多守法民众曾公开表示其名誉不佳，则他们依然会被逐出英格兰——亨利二世对神裁之证明无罪的效能表现出了如此的信念！"[①] 对于决斗，普通市民则认为，"司法决斗明显有利于骑士和那些雇用得起最出色决斗替手的富人"。

随着神明裁判制度无法有效地惩罚犯罪人，人们对于神明裁判的司法制度逐渐产生了拒斥心理。在此社会观念影响下，原本大力支持神明裁判的教会，也开始转向对此提出猛烈的批评。"他们猛烈抨击这些魔鬼的诱惑（tentamenta diabolica），决定应该由教会将之予以根除。"[②] 于是，1215年的第四次拉特兰会议（the fourth Lateran Council）发出禁令，禁止教会神职人员再参与主持神明裁判。该项决议对欧洲诉讼证据制度产生了深刻的影响。伯尔曼在《法律与革命》一书中写道："这项法律有效地终止了通行西方基督教世界的神明裁判，并由此而迫使世俗当局在审理宣誓案件时接受新的审判程序。"[③]

但是，具体到欧洲各个地区，神明裁判被废止的时间并不一致。卡内冈认为："一般而言，意大利、英格兰、诺曼底、弗兰德尔、法兰西这些西欧国家是这场运动中的先头力量，中欧则相对缓慢，东欧则迟至14世纪才开始效仿。"[④] 其中，在英格兰地区，神明裁判于1290年遭到了法律的禁止；在法国地区，1260年已经明令废除了神明裁判，但是，作为神明裁判表现形式之一的决斗的彻底废止则要等到1663年了。

废除决斗是路易十四为国家办的最大的好事之一。过去这种争斗甚至得到国王、法院和教会的准许。虽然亨利四世在位时曾经加以禁止，但这一有害的习惯却比过去任何时候都更加普遍。1663年拉弗雷特一场四对四的著名决斗使路易十四下决心不再对此宽容。他雷厉风行，结果令人满意，不但使国内的恶习逐步得到纠正，而且还影响了邻国。正如伏尔泰所言："这些国家沾染了我国的恶习之后，又遵循我国这种明智的习俗。在今天的欧洲（注：1750年左右，中国清代乾隆年间），决斗的次数只有路易十三在位时的百分之一。"[⑤]

(二) 不同的选择

当人类开始将确定纠纷事实的重任转移到自己肩头之时起，就必须面对并解决这样一个问题：作为具体存在的裁判者，如何才能作出为社会所信服并接受的事实认定？

基于文明发达程度以及文化传统的巨大差异，各国不仅放弃神明裁判的时间早晚不一，

① ［英］R·C·范·卡内冈：《英国普通法的诞生》，李红海译，89页，北京，中国政法大学出版社，2003。

② ［英］R·C·范·卡内冈：《英国普通法的诞生》，李红海译，88页，北京，中国政法大学出版社，2003。

③ ［美］伯尔曼：《法律与革命》，305页，北京，中国大百科全书出版社，1993。

④ ［英］R·C·范·卡内冈：《英国普通法的诞生》，李红海译，90页，北京，中国政法大学出版社，2003。

⑤ ［法］伏尔泰：《路易十四时代》，429页，北京，商务印书馆，1982。

放弃神明裁判后，所选择的裁判方式也存在着较大差别。其中，以我们关心的三大法律传统为例，在中华法系，担任裁判者的是"对圣贤教诲了然于胸的儒生"。他们的优点是：作为一方官员享有较高的权威，且往往具有较崇高的人格和道德自律精神；缺点是：不习法律，社会阅历简单。

在欧洲，1215年之后，欧洲大陆和英格兰走上了两种不同的道路：在英格兰地区，由普通民众组成的陪审团开始肩负起事实裁判的重任；而在欧洲大陆地区，随着罗马法的复兴，在罗马—教会法诉讼制度影响下，发展形成了职业法官的诉讼传统。

第二节 证据裁判的三种法律传统

一、中华法系的裁判传统

中华民族是一个心智早熟的民族，因此，在我国，实行神明裁判的历史很短。一般认为，早在西周时期，我国就已经形成了较为成熟的"两造俱全，师听五辞"的司法裁判方式。该裁判方法为后世所沿袭，直至清末改制。

与西方国家相比，我国古代的证据裁判制度具有以下特点：

1. 充任事实裁判者的是"熟读经书，对圣贤教诲了然于胸的儒生"。

对于儒生，梁治平曾经评论说，"惩恶扬善原是他们的职责所在，而以熟悉经书，对圣贤教诲了然于心的读书人治理国家，又可以说适得其所"。因此，由儒生担任地方长官，负责司法裁判工作，优势在于他们具有较强的道德自律性和较高尚的人格。但是，缺点在于他们经历过于简单，且容易刚愎自用。

2. 以司法官为中心，强调法官自主认定事实，认识方式上不拘一格。

在司法官如何认定事实问题上，我国传统上并不强调以法庭时空为限，而注重调动司法官的个体能动性，不拘形式发现真实。因此，在事实发现过程中，司法官个人的智慧、经验、细心等因素直接影响着最终的事实认定。民间流传的诸多故事，如包公牛舌案、盗贼摸钟案、张飞盗瓜案等，均反映了我国古代司法活动的这一特点。此外，微服私访这一特殊的事实调查方法，也充分说明了我国古代司法传统对司法官的充分信任和认识方式上的不拘一格。

3. 以五声听狱讼，片言折狱。

"片言折狱"原本是孔子对子路性急、直率、果断的归纳，（孔子曰："片言可以折狱者，其由也与?"见《论语·颜渊》），后来却成了我国司法审判的最高境界，也成了一个司法官能够得到的最高评价。

于是，在"五声听狱讼"的证据调查方式下，裁判者对事实的查证，往往以只言片语的漏洞作为突破口。例如，在明朝船夫杀人案中，当船夫讲到，因久等不见人来，便上门叫他："娘子，如何官人久不来下船?"县令迅即抓住该句话追问："明知官人不在家，所以叩门称娘子。岂有见人不来而即知其不在乃不呼之者乎?"于是，在大刑伺候的威慑下，舟人骇伏，就此供述自己杀人。

4. 以口供为中心，强调被告人款服，刑讯合法化。

在中国古代，被告人的口供具有重要的作用，并形成了“无供不录案”、“翻异别勘”等制度。因此，在证据调查和事实认定方面，基本上是以获取被告人口供为核心。

与此相应，如何获取口供也成了一门必备的学问。例如，在《富惠全书》中，清朝黄六鸿认为，“听讼原无定法，贵在随时应变耳”。并将自己的审讯经验总结为七个字：“钩、袭、攻、逼、摄、合、挠。”首先，钩即稍微暗示一点已掌握的情况，看受审者的反应；然后从对方不防备的地方，突然袭问；在对方受袭击而慌乱的时候，抓住破绽连续发问急攻；在对方意志动摇时，立即拍案撒签，以刑讯逼供；对于证人也要诱使吐露真话，这就是摄；双方证人分开询问，再合对证词；最后以众人证词，挠攻受审者，使之俯首认罪。①

5. 以查明真相为目的，具有强烈的结果主义导向。

在中国古代，法律一方面对裁判者查明事实的方式不作任何特别限定，另一方面，又通过对出入人罪的严厉制裁，威慑裁判者必须竭尽全力查明事实真相。然而，在此不管过程，只问结果的法律制度下，重实体、轻程序的诉讼传统绵延生根，至今难消。

在我国古代，强烈的结果主义导向，可以从出入人罪窥见一斑。据《大清律例·断语·官司出入人罪》规定：“凡官司出入人罪，全出全入者，以全罪论。若增轻作重，减重作轻，以所增减论至死者，坐以死罪。”“若断罪失于入者，各减三等；失于出者，各减五等。”可见，无论是故意还是过失，只要结果错了，都要对裁判者予以惩罚。

6. 司法技术上的非逻辑主义倾向。

一般而言，在思维方式上，传统的中国人往往习惯于在总体上、宏观上把握自然界和社会，而拙于归纳或者演绎推理的逻辑过程。因此，“在中国传统社会中，一个极为普遍的现象是，司法官并没有按照法律逻辑的规则来认定事实，分析法律要点，从而得出裁判结果。有的时候，我们发现，司法官甚至根本无视案件本身事实与法律之间业已存在的较为明显的逻辑关系”②。

二、大陆法系的裁判传统

第四次拉特兰宗教会议的禁令虽然没有一下子根除神明裁判，却迫使欧洲各国不得不寻求新的司法裁判方式。其中，在欧洲大陆地区，随着罗马法复兴运动的影响日渐深远，在罗马—教会法诉讼制度的影响下，欧洲大陆地区逐渐发展形成了纠问式诉讼模式。

在启蒙运动中，纠问式诉讼模式因普遍采取刑讯的方式，备受社会各界的批评。于是，法国大革命胜利后，法国开始借鉴英国的诉讼制度，逐渐发展形成了所谓的混合式诉讼模式。其中，在证据裁判制度上，确立了自由心证制度。受法国大革命以及拿破仑征服活动

① 参见郭建：《帝国的缩影——中国历史上的衙门》，218页，上海，学林出版社，1999。

② 顾元：《自然天道、片言折狱与中国传统司法的非逻辑主义倾向》，载《诉讼法研究》，第5卷，630页，北京，中国检察出版社，2003。

的影响，欧洲大陆各国迅速接受了法国的诉讼制度和自由心证制度。

（一）纠问式模式下的证据裁判

在纠问式诉讼模式下，证据裁判呈现出以下特点：

1. 事实裁判者：熟悉罗马法的职业法官

1135 年，在意大利北部的阿马尔菲，意外发现了查士丁尼的《国法大全》原稿。这一发现，引起了意大利法学家的普遍关注和浓厚兴趣。于是，意大利波伦亚大学率先开展了对《国法大全》的研究，并逐步吸引了欧洲各国学生从德、法、荷、英等国前往该校学习罗马法。鼎盛时期，留学人数多达万人。

1215 年第四次拉特兰宗教会议时，罗马法研究已经持续了 80 年。相对于粗俗的各地习惯法，罗马法具有体系性、公平性、普适性等优点。各民族国家的国王为了排斥封建地方法庭和教会法庭的影响，开始收揽罗马法法学博士，为王权服务。在德意志，自公元 11 世纪起，德皇宣布罗马法的效力及于全国。此后，在现实生活中，凡受过罗马法训练的法官和律师，均依罗马法工作。到 1495 年帝国司法会议建立时，该会成员有一半精通罗马法。1532 年的《加洛林纳刑法典》即以罗马法为基础。

2. 在认定事实方式上：奉行法定证据制度

法定证据制度是欧洲大陆国家 16 至 18 世纪很为流行的一种证据制度。在欧洲大陆，随着罗马法的复兴，尤其是随着职业法官的出现和发展，法定证据制度在欧洲各国也逐步得以确立。对此，法国学者曾经指出："The development of the system [of legal proofs] coincided, in fact, everywhere, with the appearance and progress of the institution of professional and permanent judges. …It reappeared and developed, throughout modern Europe, from the time when the jurists replaced the 'hommes judges'. The Criminal Ordinance of 1670 contained on exposition of the minute and complicated rules of the system of legal proofs: the theory of the system had been build up by jurists and it had ended by being made equal to law."①

一般认为，到 16、17 世纪，法定证据制度已经在欧洲大陆各国站稳了脚跟。其中，具有代表性的法典是：1532 年的加洛林纳刑法典、1853 年奥地利刑事诉讼法、1857 年的俄罗斯帝国法规全书。

在法定证据制度下，证据的证明力大小以及依据证据认定案情均由法律预先规定，法官对事实的认定必须遵守这些法定形式。具体而言，法定证据制度的形式性主要表现为两个方面：第一，每种证据的证明价值是由法律预先规定的；第二，在运用证据认定事实时，必须具有法定数量的证据。② 其中，前者与证据的评价方式有关，与自由心证制度下的"自

① A. Esmein, A History of Continental Criminal Procedure, Little, Brown, and Company (1913), p. 621.

② 在我国证据学中，常以俄罗斯帝国法规全书第 312 条规定为例来说明法定证据制度的形式化特征。但是，仔细观察该条规定的内容（"审理强奸案必须具备下列情况才能定罪量刑：（1）切实证明确有强暴行为；（2）证人证明被害人曾呼喊救助；（3）她的身上或被告人身上，或者两个人身上，显露血迹、青斑或衣服被撕破，能够证明有过抗拒；（4）立即或在当日报告"），这其实是关于证明对象的规定，类似我们现在的犯罪构成要件。如果考虑到当时实体法与程序法不分的实际情况，以此责难法定证据制度似乎找错了地方。

由评价”相悖反；后者则与证明标准有关，与自由心证制度下的“内心确信”相对立。

有学者认为，法定证据制度可以分为两个时期：前期可以称为积极的法定证据制度。此时，只要具备了法律规定的证据，即使法官对被告的罪责还存在疑问也必须作出法律规定的事实认定；后期则可以称为消极的法定证据制度。此时，尽管不具备法律所要求的证据无法认定事实，但在证据达到法定要件时，却允许法官保留怀疑的态度，进一步搜集证据乃至对被告作其他处分。法国 1670 年训令和加洛林纳法典都接近于消极的法定证据制度。例如，法国 1670 年训令要求，自白还必须辅以“一半的证据”的补充才能作为定罪的根据。[①]

值得注意的是，法定证据制度主要适用于严重的犯罪。在当时，对于严重犯罪，一旦定罪，往往都将判处死刑。因此，法律要求，对于这些犯罪，必须具有完全的证明（a complete proof），才能确定其有罪。至于那些较为轻微的犯罪，法定证据制度事实上使用的并不十分严格。

在法定证据制度下，对于重罪的证明，一般分为两个环节：首先，需要证明犯罪行为确实已经发生（the commission of the crime）；然后，必须证明行为人具有罪责（the guilt of its perpetrator）。

（1）在第一个环节，关于犯罪行为确实已经发生的证明，因犯罪行为的性质不同又有着不同的要求。

根据犯罪行为是否会留下相应的物质痕迹，当时的刑法理论把犯罪行为分为两类：固定罪体的犯罪和流动罪体的犯罪（delicta facti permanentis；delicta facti transeuntis）。[②] 前者如杀人、放火；后者如诽谤。

其中，关于固定罪体的犯罪，法官的首要责任是寻找这些物质痕迹。为此，法官或者亲自草拟一份关于案件的官方报告或“备忘录”，或者委托内科或外科医生或者其他专家提出相应的报告。法国 1670 年训令对此作出了细致的规定，该训令甚至规定，被告人有权委托自己的专家参与其中。在此，值得说明两点：一是，作为一项规则，除少数例外情形外，上述报告以外的其他材料，不得用作证明罪体的证据（“As a rule，no other proof，outside of the reports or ‘constates’ by the judge or by experts was admitted to prove the ‘corpus delicti’，except in exceptional case where it was impossible to proceed in this way.”）。二是，在罪体得到确证以前，被告人的供述不得作为不利于他的证据。

至于流动罪体的犯罪，由于不存在犯罪的物质痕迹，无须单独就罪体进行独立的证明。换句话说，在证明环节上，对于此类犯罪，关于罪体的证明与关于罪责的证明将同步进行。

（2）在第二个环节，关于罪责的证明则必须依照法定的证据种类进行证明。

根据当时的证据理论，对于罪责的证明，仅限于以下四种证明手段：供述、证人证言、书证和推定。对于这四种证据，当时的理论又根据其证明价值的大小进一步分为：完全的

---

① 参见王亚新：《刑事诉讼中发现案件真相与抑制主观随意性的问题》，载《比较法研究》，1993（2）。

② 参见陈朴生：《刑事证据法》，18 页，台湾，三民书局，1970。

证明、一半的证明和少一半的证明（complete proofs、proximate indications、remote indications）。在诉讼过程中，法官的任务是确认案件中已经收集到的供述、证言、推定和其他可以用以推定的各种事实或迹象。然后，根据法律，对这些证据的证明价值进行衡量、计算。其中，在证明价值的衡量和计算上，法官只能依据法律，而需用诉诸自己的判断。根据计算，如果能够得到了一个完整地证明，那么，就应当确定被告人有罪；如果不能，被告人仍然不会因此而受益。此时，“The action was suspended，or an‘extraordinary’punishment was dealt out him”①。

3. *在取证方式上：盛行刑讯*

只有存在完全证明，才能对被告人定罪判刑（死刑）的法定证据制度看起来似乎是对被告人的一种保护。然而，在司法实践中，由于可以借助刑讯获取被告人的供述，于是，法学家的仁慈最终湮没于合法的刑讯。恰如法国学者指出的那样：“what was necessary for the judges of that time was the confession at any cost，or proof of the impossibility of getting the confession”。②

（二）自由心证制度的确立与发展

作为一项法律制度，自由心证是对法定证据制度的否定。自由心证制度最早确立于法国。18世纪启蒙运动中，“宗教、自然观、社会、国家制度，一切都受到了最无情的批判；一切都必须在理性的法庭面前为自己的存在作辩护或者放弃存在的权利。思维着的悟性成了衡量一切的唯一尺度”③。因此，在法国大革命中，对个人理性的强调不仅将人们的目光引向了对法定证据制度的批判，并且为新制度的建立指明了方向。

1790年12月26日，杜波尔向法国制宪会议提出了一项草案，建议废除书面程序以及法定证据制度。会议就此进行了激烈的辩论。反对者认为，如果取消法定证据制度，裁判活动将陷入法官的专断。蒲鲁昂认为：“不可以任凭审判人员自由感觉地（perception individuelle de chaque juré）来判断证据，因为如果法官不能把盖然性（probabilité）同类似真实性（vraisemblable），类似真实同真实（vrai），证实同确信（certitude），确信同显著性（évidence）区分开来，就不可能决定被告人是有罪或是无罪。”④ 论战中，罗伯斯庇尔也曾表现出动摇并建议采取折中的办法解决这一问题。对此，杜波尔争辩说，“当事实成为法院研究对象的时候，全部的注意应当集中在判明真实的一点上。是不是有过这个事实——问题就在这里。认识这一点的手段是什么呢？这种手段有两种：预先规定出来，什么样的证据是可以用来认识真实的，不论法官的确信如何，强使法官根据这种证据去作裁判；把这些证据作为固定不变的尺度加以采用；或是把那些用来认识真实情况的一切资料都精密地

---

① A. Esmein，A History of Continental Criminal Procedure，Little，Brown，and Company (1913)，p. 627.

② A. Esmein，A History of Continental Criminal Procedure，Little，Brown，and Company (1913)，p. 626.

③ 恩格斯：《反杜林论》，14页，北京，人民出版社，1970。

④ [法] 赫利：《刑事诉讼法》，转引自 [苏] 安·扬·维辛斯基：《苏维埃法律上的诉讼证据理论》，160页，北京，法律出版社，1957。

搜集起来并在法官面前阐明，而听凭法官去理解和进行内心判断。第一种手段——法定证据，第二种手段——道德证据。我可以肯定说，法定证据制度——它的本身就是一种荒诞的方法（en soi），是对被告人，对社会，都有危险的方法"①。最终，杜波尔的观点取得了胜利。1791年1月18日，宪法会议通过了杜波尔的草案。1791年9月29日的训令依照该草案所述的原则，宣布法官负有把自己的内心确信作为裁判的唯一根据的义务。1792年，梅尔林·德·杜埃起草的《犯罪与刑罚法》经当时的国民公会未加讨论即行通过。该法律主要规定的是关于刑事诉讼的内容。其中，该法典第372条重述了1791年训令的自由心证原则。

但自由心证原则真正对其他大陆法系国家产生影响则要等到1808年《重罪审理法典》的颁布。1808年制定的《重罪审理法典》第342条以详尽的语言向陪审员们传达了新证据制度的要求和内容。该条规定："法律对于陪审员通过何种方法而认定事实，并不计较；法律也不为陪审员规定任何规则，使他们判断是否齐备及是否充分；法律仅要求陪审员深思细察，并本诸良心，诚实推求已经提出的对于被告不利和有利的证据在他们的理智上产生了何种印象。法律未曾对陪审员说，'经若干名证人证明的事实即为真实的事实'；法律也未说：'未经某种记录、某种证件、若干证人、若干凭证证明的事实，即不得视为已有充分证明'；法律仅对陪审员提出这样的问题：'你们已经形成内心的确信否?'此即陪审员职责之所在。"

值得注意的是，法国自由心证原则的确立与陪审团裁判制度的引进是相辅相成的。恰如法国学者指出的那样："The proof by convincement thus came into existence along with the jury and seems to be inseparable from it."② 启蒙运动中，孟德斯鸠等思想家就对英国政治法律制度推崇备至，因此，后来法国法律制度的改革很大程度上也是以英国为摹本的。在法国，1791年9月26日至29日的法律按照1791年9月3日宪法的规定，开始对最为严重的重罪实行陪审团审判。③ 如果考虑到，大革命中，属于贵族阶级的法官对革命的进展一直抱有抵触情绪④，那么，我们将发现，陪审团裁判制度的引入实际上为自由心证原则的贯彻实施提供了制度上的保障。陪审团裁判的进入不仅推动了诉讼程序的极大变革（如陪审员只在公开的法庭上才开始接触证据，对证据的审查以口头、辩论的方式进行等），而且，由于陪审团成员不是法律专家，没有受过关于法定证据规则的专门训练，他们不可能依靠法定的证据规则对证据进行判断，而只能以自己在日常生活中的经验，凭良心和理性审查证据

① ［法］赫利：《刑事诉讼法》，转引自［苏］安·扬·维辛斯基：《苏维埃法律上的诉讼证据理论》，160页，北京，法律出版社，1957。

② A. Esmein, A History of Continental Criminal Procedure, Little, Brown, and Company (1913), p. 629.

③ 之前，法国已于1791年4月30日引入英国的大陪审团制度。后于1811年刑事预审法生效后，重罪案件的起诉决定权移交上诉法院控告庭；轻罪案件的起诉则于1956年交给预审法官。此处的陪审团专指小陪审团。（参见［法］卡斯东·斯特法尼等：《法国刑事诉讼法精义》，84页，北京，中国政法大学出版社，1998）

④ "法官本身属于贵族阶级，他们支持土地贵族反对农民、城市工人和中产阶级，支持土地贵族与巴黎的中央集权政府分庭抗争。"（［美］梅利曼：《大陆法系》，顾培东、禄正平译，17页，北京，知识出版社，1984）

并据以认定事实。

自由心证原则随着拿破仑诸法典的传播很快为欧洲各国所接受，并随着欧洲列强的殖民活动传播到世界各地。在当今世界，意大利、德国、俄罗斯、比利时、荷兰、西班牙、奥地利、日本等大陆法系国家均在立法中确立了该项证据法原则。

英美法系国家没有自由心证原则的明确规定。但作为一种沿袭已久的司法传统，由事实裁判者对证据进行自由评价并根据所形成的心证作出裁判却是陪审团裁判制度的典型特征。而且，从时序上看，与其说自由心证是与陪审团裁判相伴产生的一种诉讼现象，毋宁说法国立法中的自由心证制度是对英国实践做法的自觉、明确表达罢了。

(三) 自由心证制度的内容

尽管各国自由心证原则的具体表述并不完全一样，自由心证原则的核心内容却是确定不变的。根据法国《重罪审理法典》的规定，自由心证原则的基本内容可以大体分为两层：即对证据的自由评价和根据内心确信制作裁判。前者表达的是证据的评判方式，后者则与证明标准有关。

自由心证原则主要是针对经由审判程序所形成之判决而设的；不过，在刑事诉讼中，该原则的精神亦适用于整个诉讼程序及所有的司法机关。例如检察机关及警察机关。

1. 证据评判方式

在证据裁判基础上，自由心证原则的第一层含义是指证据评判方式的自由。恰如法国学者所言："Intime conviction dates from the abandonment of the system of 'legal proof' at the time of the French Revolution, when reformers wanted to ensure that henceforth the courts were not obliged to convict simply because a certain number of pieces of evidence were present, and conversely, that the court is free to convict on evidence of any kind if it finds this evidence convincing. Most of the discussion words 'Intime conviction' deals not with the level of certainty which these words represent, but the liberty which they give the court to weigh each piece of evidence as it thinks proper."①

在此，首先需要明确的是，自由心证原则是在证据裁判原则基础上发挥作用的。在现代证据法原则体系中，证据裁判原则居于基础性地位，其他原则都是在该原则基础之上发生作用的，自由心证原则亦然。因此，作为讨论的前提，必须首先明确，所谓的自由心证并非无证据的裁判，相反，自由心证的前提必须是有证据存在。在前引法国《重罪审理法典》的条文中，我们已经看到，自由心证的实质是"本诸良心，诚实推求已经提出的对于被告不利和有利的证据在他们的理智上产生了何种印象"。在此，证据是前提，有证据才能有理智上的产生的印象，才可能有事实的裁判。而且，随着证据裁判原则内涵的丰富，作为自由心证之前提的证据也已经不再单纯满足于"必须有证据"，还包含了证据资格和调查程序两方面的要求。恰如陈朴生教授所言，"……是证明力之判断，必先有证据在，不得以

---

① Mireille Delmas-Marty & J. R. Spencer, European Criminal Procedures, Cambridge University Press (2002), p. 601.

理想推测之词，为其判决之基础。此项证据，固指具有证据能力，并经合法调查者而言"①。换句话说，自由心证不仅必须以证据的存在为前提，而且该证据还必须是具有证据资格并接受法庭调查之后的证据。对于程序之外的证据，或者未经法定调查程序的证据，不得作为评价对象，更不得作为裁判的依据。

自由心证是以证据为指向的。因此，在证明活动中，对于毋庸证明的事实，一般认为，并非裁判者自由评判的对象。在民事诉讼中，当事人自认的事实或者其他毋庸证明的事实，不属于自由心证的范围。

其次，所谓的"证据评判上的自由"是相对于法定证据制度而言的，即如何评判证据，立法不存在预先的规定，而是委诸事实裁判者根据具体的证据调查活动并运用人人具有的认识能力作出相应的评价。与法定证据原则在证明价值上事先设定具有法律效力的不同等级相区别，自由心证主义原则上视各种证据的价值在法律上平等，具体的证据价值高低由审判主体进行能动的自由判断。这一特点在诉讼样式上与秘密、书面审理等原则的废止和公开、口头辩论等原则的导入紧密相关，并源于在新的历史条件下以这种方法更有可能发现真实的认识。承认各证据具有同等证明价值的可能性是作为自由心证的预设前提而存在的。该项预设前提既有认识论上的考虑，也暗含了启蒙运动一再宣扬并强调的人人平等的价值观念。在法定证据制度时代，由于技术条件的局限，实物证据还仅限于书证，在诉讼中普遍被使用的主要是言词证据（自白或目击证言）；而立法关于证言证明力的等级规定主要根据证人的社会身份高低来确定的。② 在人人平等观念已经深入人心的时代，此种规定显然已经没有存在的可能，相反，对个人价值的强调必然要求承认所有的证据（证人）都具有同等证明价值的可能性，即"相对其内容而言，证人的年龄、名誉和职业在可信性方面不再具有重要性"③。

再次，证据评判上的自由又是相对的。如前所述，第一，该项自由受到来自证据的限制，即必须有证据、该证据具有证据资格、经法庭调查。第二，不得违背经验法则和逻辑法则。大陆法系传统诉讼理论认为，如果自由心证违背逻辑法则或经验法则，则构成上告理由。第三，必须接受法律关于证明力的明确限制。自由心证并非绝对排斥法律对证据的证明力预先加以规定。基于诉讼价值的立场，各国仍规定有少量的规范证明力的规则。如，法国民法典第 1341 条规定的书证优先规则；有关审判记录的证明力；只有被告人口供，不得认定有罪的规定；等等。

2. 证明标准

自由心证原则的第二层含义是根据裁判者对案件事实形成的内心确信认定事实。即在

---

① 陈朴生：《刑事诉讼法实务》，239～240 页，台湾，海天印刷厂有限公司，1981。

② 例如，1875 年俄罗斯帝国法规全书规定：当证人证言发生矛盾时，应依下列原则处理：（1）男子的证言优于妇女的证言；（2）学者的证言优于非学者的证言；（3）显贵者的证言优于普通人的证言；（4）僧侣的证言优于世俗人的证言。

③ ［德］拉德布鲁赫：《法学导论》，米健、朱林译，123 页，北京，中国大百科全书出版社，1997。

认定事实时，“法律仅对陪审员提出这样的问题：‘你们已经形成内心的确信否’”。“心证”是日本人的译法。日本明治23年（1890年）制定的《民法·证据篇》首次采用“心证”来表达证据在裁判者心中所形成的内心确信。后传入我国，为我国民国时期以至后来的我国台湾地区的证据法学所沿用。

从性质上看，大陆法系国家法律中的“内心确信（心证）”所表达的是认定事实所应达到的认识程度，即达到证明标准的认识状态。由于大陆法系主要实行职业法官制度，内心确信究竟是指何种状态并非像英美法系国家那样表述得非常清楚。从相关文献看，此处的内心确信表述的是一种“自认为真”的认识状态。恰如法国学者所言：“If asked to explain what Intime conviction means，a judge from France or any other country in continental Europe would reply ‘It means your must feel sure. ’ And that is exactly how English judges actually direct juries as to the meaning of the standard of proof.”①

德国学者普维庭教授对德国法中的证明标准进行了细致的讨论。他首先区分了证明标准和证明评价。其中，前者是一个法律问题，即法律规定的尺度；后者则属于事实问题，即裁判者通过对事实的评价认为已经达到了证明标准的认识状态。心证显然是在后者意义上适用的。在他看来，心证首先是指法官的心证。其次，心证的内容只能是法官主观的视其为真与思想、自然和经验规则的统一。再次，心证的对象是事实主张的真相。至于何时可以认为心证已经成立，亦即法官在何时克服了真伪不明的状态，则取决于法律规定的具体尺度。具体而言，德国现行法规定了三种心证尺度：第一，原则性证明尺度，该证明尺度要求非常高的盖然性。此种尺度适用于包括民事、刑事案件在内的多种诉讼案件的终局裁判。第二，作为原则的例外，法律规定了“令人相信”的尺度，即我国台湾地区学者所谓的“释明”。该尺度要求的程度比原则性证明尺度低，“只需要存在较大的可能性就足够了”，主要适用于程序性问题的裁判，如刑事诉讼中法官的回避、期间的恢复、拒绝作证、拒绝鉴定等；民事诉讼中辅助参加人参加诉讼的许可、要求第三人提出证书的申请。第三，高于原则性证明尺度的例外尺度，即“显而易见”的证明程度。例如德国民法典中规定的“显失公平”；失踪宣告法第41条规定的“显而易见”；联邦宪法法院法第24条规定的“显然没有根据”②。

就作为原则性证明尺度（即非常高的盖然性）而言，在制作终局裁判时，“法官对特定的事实必须无疑义地认为其真实”③。那么究竟什么是“无疑义地认为其真实”，德国帝国裁判所的判例逐渐形成了“高度盖然性”的公式。所谓“高度盖然性”，一方面指在公开的法庭上通过证据的提示和检验以及当事人双方的辩论、对质而逐渐形成的证据在量上和质上的客观状态，以及这种客观状态所映照出来的要证事实的明白性、清晰性；另一方面，高

---

① Mireille Delmas-Marty & J. R. Spencer，European Criminal Procedures，Cambridge University Press (2002)，p. 602.

② 参见［德］汉斯·普维庭：《现代证明责任问题》，115页以下，北京，法律出版社，2000。

③ ［德］克劳思·罗科信：《德国刑事诉讼法》，133页，台湾，三民书局，1998。

度盖然性也指法官对这种客观状态的认识，即证据的客观状态作用于法官的心理过程而使其达到的确信境地。其中，就前者而言，日本学理上又进一步引申为两方面的要求：其一，必须具有“解明度”。所谓“解明度”，是指证据的提出和当事人双方辩论已达到这样的阶段：现有的条件下再提出证据或进行辩论已不可能使要证事实本身现在达到的清晰、明白程度或状态再有所变动了。也即，证据的提出和辩论已经达到了相对的尽头，就目前而言，再行要求出示的证据或辩论对于心证的进一步提高已经没有现实的意义。其二，必须具有“证明度”，即在上述认识阶段上，要证事实已经呈现出了逼近真实的程度。①

（四）自由心证制度的发展

自由心证原则的确立，使裁判者对证据的评价不再受到任何人为规则的约束，裁判者对证据的认识方式重新回归了人类认识世界的常规模式，从而为裁判者更准确地对证据作出合乎其实的判断提供了可能。但是，这仅仅是问题的一个侧面。自由心证原则在为裁判者正确认识证据、评价证据打开大门的同时，也为裁判者滥用裁判权提供了更大的可能和广阔的空间。在自由心证原则下，事实认定问题几乎完全系于裁判者一身。恰如日本学者所言，“近代的诉讼法废除了认定事实的形式化做法，取而代之的是完全信任法官的智慧，以法官的自由心证来判断。也就是说只期望于有良心、有辨别能力和经验的法官的具体确信”②。因此，如果承认法治的基本含义是法律的理性统治而非仰赖个人（或部分人）的喜好，那么，如何抑制裁判者滥用裁判权就成为一个无法回避的问题。

因此，在自由心证原则的传播过程中，自由心证原则开始转向制度层面的技术化构建。“自由心证原则的发展可以视为如何从立法、司法实践上将理念还原为技术问题，并形成具体的制度来保障理念原则的体现和发挥的问题解决过程。”③

这种制度上的发展，主要可以归纳为以下几个方面：

1. 通过证据资格的法律化，裁判者自由心证原则的适用范围呈缩减趋势。德国、英美证据法中有关证据资格的规定开始被转化为程序性要求纳入法律之中。例如，德国刑事诉讼法第 250 条首先规定了“询问本人原则”，然后，又在紧接着的 6 个条文中，具体规定了何种情况下可以宣读笔录。此一规定发挥了英美国家传闻规则类似的功能。在日本，第二次世界大战后新修订的刑事诉讼法中新确立了若干证据规则，对传闻证据、自白、书面材料的证据能力作了明文规定。

2. 越来越强调心证的形成必须符合经验法则和逻辑法则。这一方面表现在，各国立法中开始明确强调裁判者自由心证对经验法则和逻辑法则的遵从；另一方面，将经验法则问题视同法律问题，并借助上诉审制度，对不符合经验法则和理性法则的事实认定予以撤销，强化了经验法则和逻辑法则在实际审判中的作用。

3. 裁判理由制度。在职业法官制度下，法律开始由不要求陪审员报告他们的内心确信

① 参见王亚新：《刑事诉讼中发现案件真相与抑制主观随意性的问题》，载《比较法研究》，1993（2）。

② ［日］兼子一、竹下守夫：《民事诉讼法》，107 页，北京，法律出版社，1995。

③ 王亚新：《刑事诉讼中发现案件真相与抑制主观随意性的问题》，载《比较法研究》，1993（2）。

的达成过程，转向判决必须详述理由。裁判理由制度被视为法官心证的事后公开，在一定程度上推动了自由心证由秘密到公开，由内心到外在的转变。例如，在日本，虽说是法官的自由心证，但必须从逻辑上加以证实其认定，因此在判决的理由部分中应表述从哪些资料得到什么样确信的过程，使有一般常识的人会认可其认定。如果从逻辑上和常识上认为无论如何也不能认定时，就不能说合法地认定了事实，那就应受上告审法院的审查。[①] 随着司法实践的发展，裁判理由也在日渐细化。例如，尽管承认法官自由心证不受鉴定结论的束缚，但必须详述为何持相反意见的理由；当存在多种推理可能性时，法官不得仅就事物的其中之一项可能的说明支持其确信，还应对其他可能性予以评判。

4. 明确心证所应达到的具体标准，并开始将客观性要求融贯在证明标准的要求之中。在德国，在强调法官心证的同时，通过判例，已逐步确立了具有较强操作性的“高度盖然性”作为证明标准。在德国的学说和判例中，这一标准还被进一步表述为“与确实性紧接的盖然性”等，以强调其必须包含一定的客观内容。日本继受了这一理论，并进行了较大的发展。“到今天，关于自由心证的内容的解释一般都不忽视其客观的方面，且在理论和实践上出现了更加注重自由心证原则客观基础的明显倾向。”[②]

总之，随着大陆法系国家陪审制的衰落，如何防止法官滥用裁判权成了自由心证原则确立之后的主要任务，而为此所作的种种尝试和努力则促使自由心证原则逐渐转化为种种制度和规则。

三、英美法系的裁判传统

在英国，陪审团裁判由来已久。据卡内冈所言，亨利二世时期的立法，即大约 1179 年温莎大咨议会颁布的有关巡回陪审诉讼的立法，就曾经授权被告可以在司法决斗和由郡骑士组成的陪审团之间进行选择。而且，1180 年时，陪审制已经被广泛用于各种裁判活动。[③] 因此，第四次拉特兰大宗教会议之后，英国自然而然地转向了陪审团审判制度。

在陪审团审判制度下，证据裁判呈现以下特色：

第一，事实裁判者：奉行同侪审判，即由普通公众负责事实裁判，并由此形成“法官—陪审团的二分式法庭”。

1303 年在英格兰，休果被指控犯有强奸罪。在陪审团开始对他的审判之前，他声称自己不该受到审判，因为他是教会执事，应享受神职人员的特权。但是，法官指出，由于休果已经与一个寡妇结婚，所以他不能再享受神职人员的特权。休果争辩说，他的妻子不是寡妇。如何查明这个问题呢？该案的陪审团是了解强奸事实的人，但是他们对休果妻子的婚姻史并不知晓。当然，法庭可以再召 12 个了解休果妻子婚姻史的人组成另外一个陪审团裁决此事。然而，那些陪审员显然不能根据自己的知识作出裁决，必须由别人向他们提供

---

① 参见［日］兼子一、竹下守夫：《民事诉讼法》，108 页，北京，法律出版社，1995。

② 王亚新：《刑事诉讼中发现案件真相与抑制主观随意性的问题》，载《比较法研究》，1993（2）。

③ 参见［英］R·C·范·卡内冈：《英国普通法的诞生》，李红海译，107 页，北京，中国政法大学出版社，2003。

有关的情况。面对这一难题，法官破例传唤了解休果妻子婚姻情况的人到法庭来作证。陪审团就是根据这些证人的陈述对这个问题作出了判决。然后再裁断强奸罪的问题。① 这一案例充分体现出从知情人陪审团到不知情人陪审团的转变。

第二，认定事实的过程：通过剔除危险的证据，限定陪审团调查证据的范围。

对法庭证据的资格规定了繁密复杂的证据规则，构成了英美证据法的典型特色。一般认为，这些证据规则主要形成于18世纪，尽管部分规则可以溯源更早。

关于英美法系证据规则的形成，彼特·摩菲列举了三方面的原因：

第一，盛行陪审制，即由外行人认定事实。"普通法与陪审团审判的特定需求紧密相关。由于被采纳的证据将由外行人进行评断，因此，法律基于保护性立场反对采纳下述材料：这些材料会让陪审团接触到一些证据，而这些证据在法官看来是不可靠的；或者，这些材料的评断可能需要陪审团求助于不理智的分析技能。"② 如，传闻规则、品格证据。

第二，对虚假证据的担心。在陪审团裁判制度下，法庭只负责听取双方当事人当庭出示的证据及其证据调查，并据此作出裁判。在此制度下，收集证据、展示证据的证明价值，完全由与诉讼结局有着直接利害关系的当事人负责。因此，伴随陪审制发展而形成的证据法规则，一直存在着对当事人可能提出虚假证据的担心。"对下述行为的一贯担心一直困扰着普通法的成长：伪证、伪造证据以及诸如此类的滥用或妨碍司法进程的企图。"③

为此，法庭通过判例，不仅形成了排除特定证据类型的排除规则（如传闻规则），而且，曾经否定当事人、女人、儿童等主体的证人资格（在民事案件中，直到1851年，双方当事人才有资格作证；对于刑事案件，则一直等到1898年刑事证据法的颁布）。要求提供宣誓证言。

第三，18、19世纪时刑罚的残酷性。"大多数重要的普通法证据规则之所以具有后来的影响力（force）应归功于以下原因：在现代证据法的形成时期，司法机构为缓解刑法以及刑事程序对于被告人的严酷程度而进行的种种努力。在当时的法律体制下，对于多数重罪（在某一时期，曾经是全部重罪），法定刑只能是死刑，而另一方面，对于这些案件，1836年以前，一直否认被告人享有获得律师帮助的权利（对于叛国罪案件，早在1695年，就已经允许被告获得律师的帮助；在轻罪案件中，被告享有该项权利的时间似乎更早）；而且，直到1898年，被告人才享有了向法庭提出辩护证据的权利。面对这样的法律体制，法官群体真诚地扮演了被告人保护者的角色，并以矫正制度平衡的观点，发

---

① Bornier, Traite des Preuves, (2ed), p. 243. 转引自何家弘、刘品新：《证据法学》，9页，北京，法律出版社，2004。

② "The common law was closely bound up with the peculiar exigencies of jury trial, and because any evidence admitted had to be considered by a body of laymen, the law took a protective stand against permitting anything which might expose the jury to evidence that judges considered unreliable, or which might impose on them the need for unreasonable analytical skills." Peter Murphy.

③ "The common law lived in constant fear of perjury, fabrication and attempts to abuse or pervert the course of justice." Peter Murphy.

展形成了许多排除规则。"[①] 如，品格证据规则、任意性规则、沉默权规则、证明责任分配。当时，在法官群体中，流行着这样一种说法，即"更多的真相，更多的死刑"。因此，为了避免刑罚的残酷，法官群体倾向于借助证据规则，排除那些容易引起误判风险的证据。

英美证据规则由一个个判例逐渐堆积、发展而成。在此过程中，英美证据规则所遵循的并非逻辑，而是当下的实践需要。因此，英美证据规则显得颇为杂乱。尽管如此，基于人类秩序感的需要，英美证据法学者对这些杂乱的证据规则进行了理论上的归纳和梳理。其中，在18世纪，主流理论认为，证据法规则的基础是最佳证据规则。在19世纪，英美证据法学者提出并通过发展相关性概念，逐渐取代了最佳证据规则。

1. 最佳证据理论

"在18世纪最为流行的理论是：当事人必须向法庭提交本案案情所允许的最佳证据。在1745年Omychund v. Barker一案中，哈德维希大法官（Hardwiche LC）指出，这是唯一的一般性证据规则。吉尔伯特（Gilbert）的主要著述则助长了这个观点的流行。"[②]

吉尔伯特自1722年开始担任英国高等法院首席法官，直至1726年去世。他曾撰写很多关于法律的著作，但大都在死后出版。其专著《证据法》（The Law of Evidence）1754年在都柏林付梓，而后多次再版，最后一版于1801年在伦敦印刷。该书首次试图以盖然性理论确立证据法学的理论体系。从"最佳证据规则"出发，吉尔伯特对证据进行了分类，然后按照盖然性的高低确定证据的等级，位于最高等级的证据是公共档案中的记录材料，即"最最佳证据"[③]。

2. 相关性理论

William Best在19世纪40年代完成的著作中，论述了证据的相关性、举证责任、传闻规则等问题。在《证据原则》（The Principles of Evidence）一书中，论述了以下命题：证据必须与案件中的争议事实具有相关性；如果审判中没有这种相关证据，承担举证责任的当事人应当败诉。

19世纪70年代，施蒂芬开始将证据法建立在一个统一的相关性理论基础之上。施蒂芬

---

① "Most of the major common law rules of evidence owe much of their force to judicial attempts, during the formative years of the modern law of evidence, to mitigate some of the harshness of criminal law and procedure towards the accused. Faced with a system in which death was the sentence prescribed for many (at some periods all) felonies, but which denied to the accused the right of representation by counsel in such cases until 1836 (the accused was allowed counsel in cases of treason as early as 1695, and appears to have enjoyed the right in the case of misdemeanors from early times), and the right to give evidence in his defence until 1898, the judges took seriously their role as the protectors of the accused, and developed many exclusionary rules with a view to redressing the balance." Peter Murphy.

② "The theory most favoured in the eighteenth century was that a party must produce the best evidence that the nature of the case would allow. In Omychund v. Barker (1745) 1 Atk 21, 49, Lord Hardwiche LC said that this was the only general rule of evidence. Gilbert's major treatise also contributed to the popularity of this view." Peter Murphy.

③ 何家弘：《新编证据法学》，81页，北京，法律出版社，2000。

将相关性区分为逻辑相关性与法律相关性（the logical relevance；the legal relevance）。其中，逻辑相关性是指，待证事实与证据之间具有理性的、推断的关系（the rational，inferential relationship of a piece of evidence to a fact to be proved）；法律相关性是指，研究什么证据应当被法庭采纳（the study of what evidence should be admissible）。施蒂芬运用该理论构建了 1872 年印度证据法，该法沿用至今。

塞耶的贡献在于区分了相关性与实质性概念。他认为，相关性属于逻辑问题，而非法律问题；实质性才是法律问题。在证据规则问题上，塞耶认为，证据法的核心内容是一套基本上属于否定性的"规范和排除的技术规则"。这些基于政策的规则，对什么样的证人、哪些种类的相关事实，可以提交陪审团，以及哪些种类的事实可以或必须如何证明等问题作出了人为的限定。据此，他认为，证据法的内容体系可以概括为两个基本原则：第一，与案件事实在逻辑上没有证明作用的材料一律不得作为证据；第二，一切具有逻辑证明作用的材料都具有可采性，除非有明确的法律或政策上的理由排除它。美国《联邦证据规则》第 401 条、第 402 条、第 403 条基本上因循了塞耶关于证据法体系的理论。

3. 从证据规则到法官裁量

随着陪审制的衰落，英美证据规则也逐渐表现出松动的趋势，这一趋势在民事案件中表现得尤其明显。此外，在刑事诉讼案件中，开始出现了一些新的执行政策功能的证据规则，如非法证据排除规则。

关于大陆法系与英美法系的证据裁判制度的区别参见表 5—1：

表 5—1　　两大法系证据裁判制度比较

	大陆法系职权纠问式诉讼	英美法系陪审团裁判
裁判者	精通罗马法的职业法官	法律外行的普通公众
法庭审理	卷宗，书面审理	言词，交叉询问
证据制度	法定证据制度—证明力	规范证据能力的证据规则
取证方式	法官主导：刑讯	当事人主导

第六章

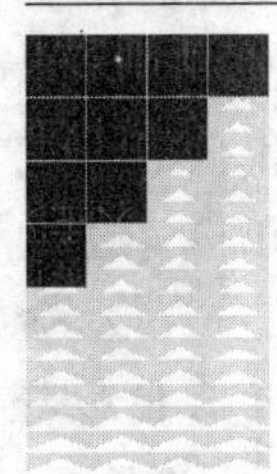

现代刑事证据法的基本原则

第一节　刑事证据法的基本原则概说

原则作为规则的基础或本源是一种具有综合性、稳定性的原理和准则，其特点是，不预先设定任何确定的、具体的事实状态，没有规定具体的权利和义务，更没有确定的法律后果，可称为规则的规则，是进行法律推理的权威出发点。从联系的角度而言，刑事证据法律体系的建立和运作“是在一定的‘指导思想’统帅之下，通过‘原则’的确立，再具体化为‘规则’，并凝固为某些‘制度’和连续化为‘程序’的过程”①。作为这一过程中至关重要的一环，原则能使同一法律体系中的各个子法律规范的整合统一于该基本原则的要求，指导着具体的法律规范在特殊情况下的变通适用。“与其他法律的结构成分只负载法律的一两项价值不同，基本原则差不多是法律的所有价值的负载体。它对法律诸价值的承载通过两个方向进行：以其自身的模糊形式负载法律的灵活、简短、安全价值；第二，通过它对其他法律结构成分运行的干预实现法律的正义价值，并实现其整合功能。”②

首先，在价值形态上，具有一个多元价值相互交织的复合价值体系的证据制度，负载着相互之间可能存在着一定对立关系的发现真实与追求效率、打击犯罪与保障人权等诉讼目标；因而，不同国家或者一国不同时期对这些不同价值之间的关系、配置和权衡作出了各具特色的偏重和选择。人们创设证据这种法律现象、确立证据裁判主义这一现代诉讼制度的通行原则，以更好地发现案件事实真相的历史动因，扩展到整个诉讼制度体系上，证据制度也最为突出地体现着发现真实的价值目标。而事实探求的有界限和真相查明的依规则又表现了作为国家法律控制体系重要环节的诉讼证据规则和制度对尊重个人权利、维护人的尊严等价值的深切关注。这也许在具体案件中会阻碍真相发现，如规定犯罪嫌疑人的沉默权，会影响到被告人供述的获取；对警察权力限制过多，会影响打击犯罪的力度；反过来，如果一味地强调打击犯罪，忽视保障被告人的诉讼权利，司法人员恣意妄为，会导致民众对国家司法产生信任危机。不过，法治国家的证据法制从实体真实向正当程序倾斜是一种大势所趋，在证据制度上如反对强迫自证其罪、自白任意性规则、非法证据排除规则等注重人权保障的规范，在宪法和刑事诉讼法中都有详细规定。另外，效益价值在现代诉讼证据制度中正在得到人们越来越多的关注。推定、举证责任分配、证明标准、证据开示等制度的设立，使得诉讼程序不致过于繁复，将裁判者认定案件事实的活动限定在一定的证据法律框架下，避免为了无休止、无节制地查明真相而拖延诉讼程序。为证据制度功能所系的“发现真实”目标，其本身所依赖的实体最终处理未能“一锤定音”之前将一直处于“飘忽不定”的状态，而且只具宏观性和间接性，只适合于在立法的层面上妥善配置。与此相反，“保障人权”的目标直接与具体的公民基本权利相联系，依据“无救济即无权利”的原理，以及这些事关人权保障的证据规范的程序性和消极性（限制权力），则体现出更明显的制度刚性。立法应该兼顾多种价值而求得适度平衡。实体真实的目标，应该充分考虑到发现真实所需配备的证据法律规范，例如品格证据规则、类似事件规则、传闻规则、最佳证据规则、交叉询问规则等。同时，对涉及人权保障的证据法规范，通过明确公民的基本权利和确立可行的救济途径来进行完善。例如我国需要明确规定无罪推定原则、拒绝自证其罪特权、非法证据排除规则、辩护人的调查取证权、被告人对对方证人的对质权等等。另外，也需要在立法中预先设定如推定和司法认知、证据

---

① 李文健：《刑事诉讼原则论》，载《法学研究》，1997 (1)。

② 徐国栋：《民法基本原则解释——成文法局限性之克服》，355 页，北京，中国政法大学出版社，1992。

开示制度等有助于实现诉讼效率的制度。在具体问题上，对价值目标的实现，必须通过严格的司法程序，而不能规避程序规范，甚至直接违反法定程序来追求某一价值。

其次，在表现形式上，刑事证据法原则与无罪推定原则、程序法定原则、参与原则以及直接言词原则、审判公开等刑事诉讼原则或审判原则相互承接。如，现代诉讼中的证据裁判是无罪推定原则的体现。"'无证据不得推定其犯罪事实'，从反面来看，既然有证据始能推定被告之犯罪事实，即亦表示被告受到无罪推定之保护，在确认能够推定其犯罪事实的证据之前，被告应受无罪之推定，此即无罪推定原则之展现。"① 我国现行《刑事诉讼法》第12条虽然规定了未经人民法院依法判决，对任何人都不得确定有罪，但这还不是纯粹意义上的无罪推定原则。如同罪刑法定原则构成刑法基本原则一样，刑事诉讼法应规范司法机关的活动，强调司法机关进行刑事诉讼活动须依法定程序，再进一步引入证据法中，要求证据方式、调查程序符合法定要求。又如，保证控辩双方能充分展开辩论的基本条件的庭审直接言词原则本身就是证据法原则；以证人、鉴定人出庭作证为前提的质证程序，体现了程序公开以及当事人的参与性。

再次，在程序运作上，各种证据的法律问题与事实问题分别有其判断标准、具体的操作方法、具体的证据规则，以证据法原则为指导的司法实践连续化为一套富有可操作性的证据法运作模式。将证据法与刑事诉讼法二者分立面临很多困难，比如侦查讯问是刑事诉讼规范，而所形成的笔录则是证据法的内容。不同于一般认识活动，诉讼证明要遵循着根本的程序正义理念而在法定程序的框架之内进行。程序正义对证据制度的影响，既表现在抽象的法律价值的配置上，也表现在具体的诉讼程序模式对证据法的直接影响上。包含丰富的人权保障、社会伦理、诉讼经济等内涵的程序正义理念有时可能对发现和认识案件事实真相形成一种阻碍作用，例如联合国人权公约和许多国家的刑事诉讼程序中赋予公民反对强迫自证其罪的权利，正是为了人权保障的价值而作出的立法选择。又如，意在保障某种特定的社会伦理关系而规定了配偶间拒绝作证特权、律师对其委托人的案件拒绝作证的特权。诉讼制度具有程序化、形式化特点，集中体现着"法治"精神，其进一步延伸，也要求证据制度严格地遵从一定的法律程序。证据立法的内容涉及证据的法定形式、取证规则、举证规则、质证规则、认证规则、非法证据排除规则等多个方面。事实上，我国目前在刑事诉讼法及相关司法解释中已经有了相当规模的证据法律规定，但实践中仍然存在证据运用极其混乱的情况，证据法律规范未得到严格遵守。作为国家刑事程序法律的有机组成部分，属于强行性规范的刑事证据立法，要对违反证据法规范的法律后果作明确限定，对非法取证的个人，设置严格、明确的惩戒制度。在涉及证据能力、证据的收集、审查判断等问题时，需要制定严格的规则，这也是目前我国证据立法的主要内容。涉及证据的证明力即其证明价值的问题时，应吸收自由心证的合理因素，赋予法官以自由判断的权力，凭其公正信念和理性思维对证据的采用和全案事实作出判断。与证据制度相关，公民身涉刑事诉讼时，除了接受国家司法机关的调查、处理之外，还始终享有宪法所赋予公民的各项基本权利——除非依法被剥夺。我国已经签署加入

---

① 林钰雄：《刑事诉讼法》，400页，台湾，学林文化出版社，2003。

联合国人权公约，应当借鉴国外法治国家和联合国人权公约的经验，完善宪法中的人权保障，赋予公民反对强迫自证其罪的特权和对一切非法侵害人身权利的行为请求司法令状保护的权利。

最后，在规范对象上，连接实体与程序的证据法原则同时规范着国家专门机关和诉讼参与人的以证据为媒介的对案件事实的了解和认识活动，并形成一个互动机制。存在职能迥异的三方主体是诉讼活动相对于一般认识活动的结构性特质。在三方共同参与庭审过程之后最终由法官形成心证、作出裁断的诉讼活动不可过于强调法官主观能动性的发挥，而应在很大程度上保持中立和消极被动的立场。我国目前司法实践中，法官主动调查、庭外调查证据的范围仍然太过宽泛，对此，过分强调"反映"客观事实的传统思想难辞其咎。现代诉讼制度构造的许多方面都决定着证据的具体运用状况。在现代刑事诉讼构造的设计中，基于程序正义理论，法官作为居中裁判者，应当与控辩双方保持等距离的关系，不能"越俎代庖"代替任何一方当事人举证，行使控诉或者辩护职能，以维护判决的公正性。与国家广泛的社会控制体系中的其他权力主体（典型的如行政机关）不同，法院作为司法机关，是事后的纠纷解决者，且其裁决具有终局性效力，这种处理对象和处理后果上的严肃性、重要性，内在地要求其实行一种非常正式的、充分体现公平性的严格诉讼程序，因此，司法权行使中的自由裁量幅度远远小于行政自由裁量幅度，主要体现出程序受到严格羁束的特点。在控审关系上，实行不告不理原则，即审判须以起诉为前提，审判的事项也应该受起诉范围限制，法庭审判中调查、核实证据的范围也应限于控辩双方提交的证据。法庭的职责只在于就控方所提证据是否足以证明指控犯罪事实作出判断，而没有义务主动去收集证据、调查案件的事实真相。同理，在庭审举证、质证过程中，法官并不承担证明责任，其角色只是秩序的维护者和意见的听取者，而不是质证和辩论的直接参与者。此外设立传闻规则、证人补偿制度、强制作证义务、拒绝作证责任、证人保护制度等配套制度以保障证人出庭作证，从而真正确立符合现代法治精神的刑事诉讼制度。

基于证据自身的属性以及证据法强调可操作性和注重规范性的要求，表现为刑事诉讼中对案件事实的真理性（证明力）和正当性（证据能力）认识①，证据法总的原则或规范要求，有证据裁判原则、合法性原则、关联性原则、直接言词原则、质证原则。② 本文以证据

① 参见樊崇义：《刑事证据法原理与适用》，北京，中国人民公安大学出版社，2001。

② 对此，不同的学者有不同的归纳和表述。A. A. S. Zuckerman 认为刑事证据法的基本原则有：追求真实发现原则、保障无辜不受定罪原则和坚持刑事程序的高度盖然性原则，这侧重从其价值角度并且与民事诉讼相区分进行考察的（参见 A. A. S. Zuckerman, The Principles of Criminal Evidence, Clarendon press · Oxford (1989), pp. 6—13)。德国学者克劳思·罗科信认为证据原则有调查原则、直接原则、自由心证原则和罪疑唯轻原则（参见［德］克劳思·罗科信：《德国刑事诉讼法》，吴丽琪译，112～128 页，北京，法律出版社，2003)。"证据法的基本原则有证据裁判原则、自由心证原则、客观真实原则、利益衡量原则、经济分析原则等。"（参见江伟、吴宏耀、陈界融、高家伟、魏晓娜：《中国证据法草案及立法问题探讨》，载《法制日报》，2003-07-17。）毕玉谦在《中国证据立法的基本框架》一文中认为证据法的基本原则有：证据裁判主义、证据辩论主义、证据及时提出主义、直接言词主义和自由心证主义。何家弘、刘品新认为有遵守法制原则、实事求是原则、证据为本原则、直接言词原则、公平诚信原则、法定证明与自由证明相结合的原则（参见何家弘、刘品新：《证据法学》，北京，法律出版社，2004)。总体而言，国外学者认为的证据原则体现了其诉讼模式的特色和取向或者其区别于民事证据制度的刑事特色。在模式转型或者采融合取向背景下，我国学者提出的试图兼顾而取中庸之道的证据法原则更突出了一种调和的成分。

的证据能力和证明力的双重属性的线索，拟对上述诸原则进行内涵分析、价值评判以及适当的规则确证。

第二节　刑事证据法的基本原则

一、证据裁判原则：证据规定的帝王条款

证据裁判，是指对于案件争议事项的认定，应当依据证据。证据裁判原则要求裁判的形成必须以达到一定要求的证据为依据，没有证据不得认定犯罪事实。我国《刑事诉讼法》第 46 条规定，对一切案件的判处都要重证据，重调查研究，不轻信口供。只有被告人供述，没有其他证据的，不能认定被告人有罪和处以刑罚；没有被告人供述，证据充分确实的，可以认定被告人有罪和处以刑罚。第 162 条规定，在被告人最后陈述后，审判长宣布休庭，合议庭进行评议，根据已经查明的事实、证据和有关的法律规定，作出判决。可以说这同样体现了证据裁判的精神。

我国台湾地区学者林钰雄教授认为，证据裁判原则是证据规定的帝王条款之一，支配所有犯罪事实的认定。① 在诉讼证明史上，证据裁判的发展历程可以从三个侧面进行考察：第一，根据证据对于裁判的意义，经历了由证据非裁判所必需到没有证据不得进行裁判的转变；第二，根据裁判所依据证据的性质，经历了依据非理性证据进行裁判到以理性证据为依据的证据裁判；第三，根据证据的价值内涵，经历了片面强调证据的真实到真实性与合法性并重的证据裁判。② 在西方社会，英国和欧洲大陆的证据制度走了两条不同的发展道路。在英国，神明裁判是在与陪审团审判的竞争中逐渐被逐出历史舞台的。当时的陪审团审判裁判所依据的不是其他人提交的证据，而是陪审团成员自己的亲身经历或道听途说的事实。随着“知情陪审团”逐渐转变为“不知情陪审团”，陪审团依靠证人证言进行裁判也变得越来越普遍，并最终导致了必须为证据裁判的强制性要求。而在欧洲大陆，神明裁判废止之后，取而代之的是从教会法传播而来的法定证据制度。在西欧法制史上，罗马帝制时期的纠问程序中已出现了法定证据的萌芽。罗马法复兴时期，在意大利注释法学派的努力下，法定证据制度逐渐在意大利城市国家与教会法的纠问程序中得到确立。从 13 世纪开始，作为教会法向世俗法渗透的一环，法定证据原则也逐渐向西欧大陆各主要封建国家扩散，并得以普及和发展。法定证据制度的兴起很大程度上是与神明裁判衰落后司法力量为追寻案件实质真实而导致的恣意司法密切相关的。在大陆法系国家，尽管法定证据的机械性被自由心证制度否定了，法定证据制度中的证据裁判却作为司法传统的一部分被继承了下来。在欧洲，最早在司法证明方式中注入理性因素的法律规定大概是 11 世纪日耳曼民族的“旧西弗里西亚法律”。而理性司法证明方式在

---

① 参见林钰雄：《刑事诉讼法》，400 页，台湾，学林文化出版社，2003。

② 参见樊崇义、吴宏耀：《论证据裁判原则》，载《法律应用研究》，2002 (6)。

萌芽之后，整整花了几个世纪的时间才得以在欧洲的司法系统中成长起来。在英国，理性裁判是伴随着陪审团裁判的推广逐渐战胜“神明裁判”并以渐进的方式日积月累地发展起来的。在欧洲大陆，理性裁判则以体现王权意志的“凝固的理性”首先被刻画进法典之中，形成了法定证据制度；法国大革命之后，随着自由心证制度的兴起，司法的理性开始转向普通人的理性。

随着诉讼理论的发展，证据裁判的含义已超出单纯的认识论的范围，逐渐渗入价值论的因素。基于证据对裁判者的判断的直接影响，有必要将裁判者据以形成判断的证据限定在具有较大可靠性的范围之内；又由于人权保障观念在证据价值观的引入，以及经济分析法学理论的传播，法庭调查的证据必须凝练、集中，而非漫无边际。今天的证据裁判在内涵上已具有明确的规范意义：据以裁判之证据，必须具备证明能力，且必须经过正式的法庭调查程序。证据裁判原则至少包含有以下三方面的含义：第一，对事实问题的裁判必须依靠证据，没有证据不得认定事实。没有证据既包括没有任何证据，也包括证据不充分的各种情形。没有证据，或者仅有一部分证据，或者有证据但没有达到法定程度，都不能对事实进行认定。第二，裁判所依据的必须是具有证据资格的证据。第三，裁判所依据的必须是经过法庭调查的证据。在对神明裁判批判的基础上，充分体现诉讼进步和文明产物的证据裁判在真实发现、人权保障以及确保司法公正和权威上极具意义。日本学者田口守一教授将证据裁判原则概括为两层含义：一是从历史意义上否定所谓的神判。认定事实必须依据证据，其他任何东西都不是认定事实的根据。二是规范意义。必须根据具有证据能力的证据，而且只有经过调查之后才能认定构成犯罪核心内容的事实。① 根据证据裁判原则，没有证据或者证据没有达到相应的证明要求，就不得认定犯罪事实，也即应当推定为无罪。另外，证据裁判原则是对法官恣意擅断的最为有效的约束机制和增强司法裁判的确定性和权威性的重要保障。“证据裁判主义不仅要求法官必须依证据而为事实之认定，而且对于一定之证据限制法官为自由心证，如无证据能力、未经合法调查，显与事理有违或与认定事实不符之证据，不得作为自由心证之依据。除此之外，补强证据之有无，及科学证据之取舍，法官亦无自由判断之余地。”② 要求裁判的作出以证据为根据的证据裁判原则，就避免了以主观臆断或者将其他不具有证据能力的证据材料作为认定案情基础的现象，因而能够增强司法的确定性；也限定裁判形成者内心确信形成的自由裁量的范围，减少裁判形成过程中带来的争议，因而能够增强裁判的信服力。

在实行职权主义的大陆法系国家，普遍奉行证据裁判原则，在强调法官依职权调查证据的同时，一般都规定了严格的证据调查程序。一方面要求裁判必须依靠证据，另一方面，严格规范法官调查证据的程序，以规范法官权力的行使，并最终达到发现事实真相的要求。

---

① 参见［日］田口守一：《刑事诉讼法》，刘迪等译，217页，北京，法律出版社，2000。

② 蔡墩铭：《刑事证据法论》，428页，台湾，五南图书出版公司，1997。

因此，在大陆法系国家，法律大都明文规定了证据裁判原则。[①] 在英美法系国家，其当事人主义的诉讼构造决定了法官在诉讼中相对消极的诉讼地位，因此，英美法系国家更加强调当事人的主体地位和主动作用，法官一般不会主动调查证据，也就无须关于约束法官调查证据的规定。虽然在英美法系国家的法律和诉讼理论中没有直接明确证据裁判原则，但其刑事诉讼中大量存在的规范证据关联性、可采性的规则以及刑事程序中关于证据出示、认定等规定，都与证据裁判原则的精神有相通之处。当然，由于有罪答辩及辩诉交易的情况大量存在，英美法系国家严格的诉讼程序所体现的证据裁判的精神只在少数经过正式庭审程序的案件中得以体现。即便如此，这种法律规定的正式审判的可能性以一种预见的结果制约着控辩双方辩诉交易的过程，加之辩诉交易的进行需要法官在审查有无事实根据的基础上予以认可，因此，可以说辩诉交易的进行，也有赖于证据裁判的保障。[②]

（一）裁判根据：有证据能力的证据

证据能力是作为证据的载体形式即信息载体形式的证据方法能够提出所具有的一种法律上的资格，每一种证据方法都存在有没有证据能力的问题。依证据能力原理，否定一些本应有证明价值的证据，即对凡是与案件有关联的、能够证明待证事实的证据，在都有证据能力的原则上进行一些例外限制，特别是在刑事证据法中这类限制更多，如非法搜查扣押证据的排除法则、非法监听所得视听资料的排除法则、非任意供述的排除法则等等。

事实的裁断者认定事实，必须依据具有证据能力的证据，因而，证据能力是贯彻证据裁判原则需要解决的首要问题。在大陆法系国家，证据资格问题由关于证据能力的规范调整，裁判者据以进行裁判的证据，必须满足证据能力的两方面的要求，一是证据材料不被法律禁止，二是证据应当经过法定的调查程序。在德国刑事诉讼法中，有证据能力之禁止的规定。德国刑事诉讼法第 136a 条第 3 项第 2 段规定，违反禁止规定而取得的被告人陈述，即使被告自己同意，也不得作为证据。联邦总登录法第 51 条第 1 项规定，凡已不再列入或即将不再列入记录之前科，在当事人后来另一新的刑事诉讼案中，原则上不得将此视为不利当事人之用。德国法院的判例对于证据能力之禁止作了进一步的发展，即放弃圆通性之见解，“对不同的利益关系在个案中区别加以分析的个别的举证禁止”[③]。根据我国台湾地区

---

① 法国刑事诉讼法第 427 条明确规定，在轻罪的审判中，除法律另有规定外，罪行可通过各种证据予以确定，法官根据其内心确信判决案件。法官只能以提交审理并经双方辩论的证据为依据作出判决。第 536 条规定，对违警罪案件中证据的处理，同样适用第 427 条的规定。第 537 条规定，违警罪或由笔录或报告证明，或在无报告和笔录时由证人证明，或由其他事实证明。德国刑事诉讼法第 244 条第 2 款规定，为了查明事实真相，法院应当依照职权将证据调查延伸到对裁判有意义的所有事实和证据；第 261 条规定：对证据调查的结果，由法庭根据在审理的全过程中建立起来的内心确信而决定。日本刑事诉讼法第 317 条规定：“认定事实应当根据证据。”这一规定被认为是立法上对证据裁判原则的经典表述。

② 参见宋英辉、李哲：《证据裁判原则评介》，载http：//www.procedurallaw.com.cn/article.html？id＝4872，2004-01-14。

③ ［德］克劳思·罗科信：《德国刑事诉讼法》，吴丽琪译，214、216 页，北京，法律出版社，2003。

学者林钰雄教授的归纳，证据能力包括消极要件与积极要件。所谓消极要件，是指证据使用之禁止，如以强暴、胁迫等不正讯问方法所得之证据，不得作为证据；所谓积极要件，是指证据必须经过严格证明之调查程序后，始能终局取得证据能力，始得作为认定犯罪事实的基础。因此，牵涉本案犯罪事实的证据资料，必须未经禁止使用（消极之必要条件），并且又经严格证明之合法调查程序后（积极之必要条件），才能取得证据能力，也才能作为本案裁判之基础。①

在英美法系国家，证据能力则为证据的可采性规则所调整。在英美法系国家，普通法上早已存在诸如传闻规则、品格证据规则、任意自白规则、意见规则、最佳证据规则等，以规范证据的可采性。基于普通法上法律问题和事实问题的区分，作为一般原则，在任何由法官和陪审团共同审判的案件中，证据的可采性问题一向被看作是法律问题由法官决定，而事实问题则由陪审团决定。并且，对于那些作为解决特定证据可采性问题的先决条件的基础事实之存在与否的判断，在当事人双方陷于争议时，也被看作是法律问题而由法官聆讯证据并作出裁定。因此，以确定证据的可采性为目的，对基础性事实进行调查判断仍属于法官的职责范围。在英美证据法的发展中，在证据可采性问题上，法官的作用在不断增强。在法官判断某材料是否可以进入法庭调查程序时，证据规则仍是规范证据资格的主要依据。② 尽管法官有权排除依据证据规则具有证据资格的证据，他却不能超越证据规则将排除掉的证据资料纳入法庭调查程序。在此意义上，法官对证据可采与否的判断是在证据规则约束下进行的；而且，在承认法官（陪审团）对证据价值凭理性和良知进行评判的制度下，证据规则实际上是法律约束法官广泛裁量权的最后防线。③ 可见，在英美法系，可以进入法庭调查程序而对法官（陪审团）形成心证发挥作用的证据，应当是不被证据规则禁止的材料。

在我国，证据能力应当从证据容许性的消极方面和证据审查判断的积极方面加以要求。一方面，法律禁止采纳的证据，不具有证据能力，不得作为证据调查的对象。为此，我国刑事诉讼法应当设立相应的非法证据排除规则、自白规则、品格证据规则、意见证据规则等证据规则，并通过严格的诉讼程序保障证据收集的正当性，保障相关诉讼参与人的诉讼权利。另一方面，证据的审查判断必须依照严格的法定程序进行，证据裁判原则要求证据必须在公开的法庭上出示，经过控辩双方的充分辩论。为此，我国刑事诉讼法应当确立直接言词原则，建立证据开示制度，并强化对被告方辩护权的保障，以使证据在严格的程序下，经过充分调查，查证属实之后，方作为裁判的依据。

---

① 参见林钰雄：《刑事诉讼法》，402页，台湾，学林文化出版社，2003。

② 正如我国台湾地区学者林钰雄所说，那种认为“职权主义对证据能力殊少限制”的结论是一种误解并且不符合法制史和立法例（参见林钰雄：《刑事诉讼法》，403页，台湾，学林文化出版社，2003）。笔者以为如果两者在规定证据能力方面果有区别，那么不是有无规定的区别，而是职权主义侧重于积极要件的规定，当事人主义侧重于消极要件的规定。

③ 参见宋英辉、吴宏耀：《外国证据规则的立法及发展》，载《人民检察》，2001（3）。

(二) 证明对象：待证事实的限定

严格意义上的证据裁判[①]，适用于实体法事实的认定。尽管在对程序法事实进行的自由证明中，也需要依据证据，但证据裁判原则对程序法事实的认定，并不起支配作用。证据裁判原则产生的历史背景及其目的决定了其发挥作用的范围。从历史发展的角度讲，证据裁判是否定神判的产物，是随着近代合理主义的兴起，开始通过人的理性发现事实真相，形成的一项证据法原则。[②] 因此，证据裁判最初的作用，在于认定实体法事实。在我国台湾地区，普遍认为犯罪事实应依证据认定，无证据不得推定其犯罪事实。证据裁判原则是指，无证据则无法进行裁判，法院之裁判必须使用证据。检察官对被告犯罪事实负有举证责任，检察官既起诉，必有证明犯罪事实之证据存在，但为使裁判正确起见，法院应促使两造当事人尽量提出证据，尤其是在认定被告是否犯罪上，不仅应鼓励被告提出证据，法院更应给予当事人、辩护人、代理人或辅佐人以辩论证明力之适当机会。[③] 因此，在我国台湾地区，证据裁判原则也指对犯罪事实的认定。

在日本，学术界的通说是建立在对日本刑事诉讼法第 317 条“认定事实应当根据证据”的规定的基础上的。通说认为，该条的“事实”是推断犯罪需要的事实，即公诉犯罪事实；该条的“证据”是具有证据能力且经合法调查的证据，即需要严格证明的证据。就是说，第 317 条规定的证据裁判主义意味着对公诉犯罪事实，需要严格的证明。[④] 在日本，诉讼上的事实包括需要证实的事实、不需要证实的事实和禁止举证的事实。需要证实的事实是作为证明对象的事实；不需要证实的事实是没有必要证实的事实，是众所周知的事实和推定的事实；禁止举证的事实是禁止证明事实本身的事实，如公务秘密等。其中，需要证实的事实由实体法上的事实和诉讼法上的事实组成。实体法上的事实包括：犯罪事实（构成要件事实、处罚条件事实）；犯罪事实以外的事实（影响法律上构成犯罪的事实、法律上加重减免理由的事实、酌情减轻刑罚或缓期执行条件的事实）。诉讼法上的事实包括：作为诉讼条件的事实；作为诉讼行为要件的事实；证明证据能力和证明力的事实；其他诉讼法上的事实。[⑤] 而作为严格证明对象的事实，也即证据裁判原则所要求的事实，包括以被告人的罪责为基础的实体法上的事实和倾向于加重被告人刑罚的量刑情节的事实。[⑥] 因此，根据上述日本学术界的通说，作为证据裁判原则要求的事实，是需要运用证据加以证明的实体法事实，不包括众所周知的免证事实和诉讼法上的事实。

---

① 对证据裁判原则发挥作用的范围问题，有学者认为，我国立法应当明确，在诉讼中对事实包括实体法上之事实及程序法上之事实的认定均须以证据为其认定的根据。而且，裁判并非专指狭义上的审判。证据裁判原则的内在精神要求，在刑事诉讼不同阶段进行的各类裁判均须依靠证据而进行（参见樊崇义、张晓玲：《现代证据裁判若干问题探讨》，载《北京市政法管理干部学院学报》，2002（2））。

② 参见［日］田口守一：《刑事诉讼法》，刘迪等译，217 页，北京，法律出版社，2001。

③ 参见张丽卿：《刑事诉讼法理论与运用》，326 页，台湾，五南图书出版公司，2001。

④ 参见［日］土本武司：《日本刑事诉讼法要义》，董璠舆、宋英辉译，311 页，台湾，五南图书出版公司，1997。

⑤ 参见［日］田口守一：《刑事诉讼法》，刘迪等译，220 页，北京，法律出版社，2000。

⑥ 参见［日］田口守一：《刑事诉讼法》，刘迪等译，220～221 页，北京，法律出版社，2000。

在德国，刑事诉讼法第244条第2项规定，为了调查事实真相，法院应当依职权将证据调查延伸到所有对于裁判具有意义的事实、证据上。因此，根据职权调查原则，所有对法院之裁判有重要影响的事实均需加以证明。在此具有需被证明之重要性的事实，又可区分为直接重要的事实、间接事实及证据之辅助事实。其中，直接重要的事实是指所有本身均可对可罚性产生不利或有利之影响的事项；间接事实是指能对一直接重要的事实导出一结论的事项；证据之辅助事实是能对证据的性质作一判断的事项。[①] 作为证据裁判原则的例外，德国刑事诉讼法第244条第3项第2段第1种情形规定，当一事实已为众所周知，则可例外地不需加以证明。对此“众所周知”的例外具体解释，即为一般大众均知之事实，及其他所有能为有理解力之人通常获取之知识，或者对此其得由可靠之来源（如字典、地图等）获取者。众所周知的事实包括法院已知的事实，也就是“法院因职务关系可靠地获取之经验”。对于众所周知的事实无须证明，但为了保障法定之审判的进行，也需要使此众所周知的事实成为审判程序中的议题。[②]可见，在德国，证据裁判原则所要求的事实仅指为裁判的形成所必需的事实，而不包括程序法的事实。

在英美法系国家，“根据相关性规则，除非法律另有规定，任何与待证事实具有相关性的材料都具有证据资格”[③]。所谓待证事实，是指争议事实（facts in issue）。“在刑事诉讼中，一般规则是控方负有证明所有争议事实的法定责任，即任何对控方的理由来说是必要的事实的法定责任，都自始至终由控方承担。”[④] 但是，也有不需要负法定责任或证据责任的情况，这些情况包括：（1）控方仍负担法定责任，但证据责任转移给被告负担。在大多数案件中，被告方提出某些争议事实，如受胁迫抗辩、受挑衅抗辩、紧急情况抗辩、意外抗辩、非精神失常的行为失控抗辩、醉酒抗辩时，必须提交足够的证据以使法官认为争议事实应移送陪审团审理。一旦该证据责任卸除，控方的法定责任就开始发生作用。因此，控方通过成功的提出抗辩，扩大了争议事实的范围。（2）法定责任和证据责任都由被告方承担。在提出精神失常的抗辩时，被告方应当负担法定责任和证据责任，也即精神失常这一争议事实由被告方证明。（3）在制定法规定的例外情形中，由被告负担法定责任和证据责任。包括明示的制定法例外，如1916年防止贪污法、1953年防止犯罪法、1956年性犯罪法关于由被告方承担责任的明确规定等，和默示的制定法例外，如根据1980年治安法院法第101条的规定，对于要求有执照或许可的规制性犯罪，被告人应证明其持有必需的执照或许可。[⑤]

总的来说，两大法系国家普遍重视影响审判裁决的犯罪事实或者争议事实的证明，这也是证据裁判原则的必然要求。虽然需要运用证据加以证明的事实包括实体法事实和程序法事实，但证据裁判原则所约束的是实体法事实的证明。因此，我国刑事诉讼法应当区分

①② 参见［德］克劳思·罗科信：《德国刑事诉讼法》，吴丽琪译，209页，北京，法律出版社，2003。

③ 宋英辉、吴宏耀：《外国证据规则的立法及发展》，载《人民检察》，2001（3）。

④ 齐树洁主编：《英国证据法》，177页，厦门，厦门大学出版社，2002。

⑤ 参见齐树洁主编：《英国证据法》，177～185页，厦门，厦门大学出版社，2002。

实体法事实的证明和程序法事实的证明。对于实体法事实的证明，应当严格遵循证据裁判原则的要求。应当纳入证据裁判原则调整的范围包括但不限于下列事实：被告人的身份情况；犯罪事实是否存在；被告人是否实施了犯罪行为；被告人有无刑事责任能力；被告人实施犯罪行为的时间、地点、手段、后果；作为从重刑事处罚理由的事实；有无不追究刑事责任的情形等。同时，虽对于如管辖、回避、诉讼期限、有关强制措施的程序事实、违反法定程序的事实、影响执行的程序事实等程序事实，需要一定的证据加以证明，但不属于证据裁判原则调整的范围。对于某些对实体和程序都有重要意义的事实，如被告人的年龄、证人的作证能力等，则须纳入证据裁判的范围。另外，对于常识性的事实、自然规律和定理、国内法律的规定及其解释、司法职务上应当知悉的其他事实等，无须运用证据加以证明，因而也不必纳入证据裁判的范围。

（三）调查程序：严格证明与自由证明的区分

证据裁判原则作用的发挥，与其严格的证明方式有着密切的关系。严格证明和自由证明的概念是在1926年左右，由一位德国法官所提出来的，日本学者将它引进国内，而我国则是从日本间接取得这样一个概念。严格证明所涉及的，除了证据能力和证明力的区分外，另外一个就是法庭活动的问题。结合这两个概念，假如我们需要的是一个有证据能力的证据，而且是要在法庭合法的调查程序下的证据，而法官是依此来取得心证，认定事实，一般来说，会称之为“严格证明”；而相对的概念也就是“自由证明”。自由证明的概念，有人解释为，不需要有所谓证据能力，也不用经过合法证据调查程序，即指运用除此以外的证据方法，不受法律规定的约束而进行的证明。但是“严格”和“自由”只是我们在概念上一个抽象的区分，在整个过程中，其实有流动性的概念。有学者认为，自由的证明并非是自由的，也要有依据，只是称呼不同罢了。[①] 严格证明为证据裁判原则所要求，证据裁判所要求的证据必须经过严格证明又划定了自由心证的边界。我国台湾地区学者林钰雄指出，“证据禁止法则形成自由心证的外在界限，已经因此而排除的证据，法官不得认其有证据价值而采为裁判之基础。严格证明法则也是自由心证的外在界限，因此，未经严格证明者，不能依照自由心证而采为裁判基础”[②]。有必要明确的是，自由证明和自由心证存在运作阶段、程序目标以及判断基础的差异。自由证明以法律和程序有无限制为依据确定证据之可采与否，而自由心证以具有证据能力的证据依内心确信程度来判断事实存在与否。

在德国，对于有关认定犯罪行为的经过、行为人的责任及刑罚的高度等问题的重要事项，法律规定需以严格之方式提出证据，也即严格证明。对严格证明有以下两方面限制：一是有关证据方法的限制，即指被告、证人、鉴定人、勘验及文书证件；二是程序限制，即严格证明的证据只能依刑事诉讼法规定的证据调查的规则使用。对于除此之外的事项，法院可以以一般实务的惯例以自由证明的方式进行调查，也就是可不拘任何方式来获取可

---

① 参见黄朝义：在《“刑事证据法则”学术研讨会记录》中所作的《严格证明与自由证明》发言，载《东海大学法学研究》，第17期，2002。

② 林钰雄：《刑事诉讼法》，414页，台湾，学林文化出版社，2003。

信性（例如以查阅卷宗或电话询问的方式）。自由证明程序的适用包括：对裁判只具有诉讼上的重要性的事实认定，例如有权提起告诉之人知悉犯罪行为及行为人的时间或者对证人年龄的认定；对除判决以外的裁判中的事实认定，如羁押命令之签发或开启审判程序之裁定。对于诉讼要件的认定在理论和司法实务中适用自由证明。但是，如果一项事实具有双重的重要性时，亦即同时对罪责、刑罚问题及诉讼上的问题均具有重要性时，则适用严格证明。① 在日本，成为严格证明对象的事实，是关于刑罚权是否存在及其范围的事实，包括：公诉犯罪事实、处罚条件及处罚阻却事由、刑罚的加重或减免事由等。成为自由证明对象的事实，包括犯罪的情况，如被告的经历及性格、犯罪的动机、是否已赔偿损害等；诉讼法上的事实，如是否存在诉讼条件、是否存在证据证明力的要件等。②

综上，具体而言，对于实体法事实，主要是与定罪量刑有关的事实，一般要求严格证明，此即证据裁判原则的范围，而对于程序法事实，包括某些辅助证明的事项，或者被告人否认其罪行的证明，可采用自由证明的方式。严格证明方式的要求恰好衔接了证据能力和待证事实两个方面。

二、合法性原则：证据规则的社会属性

所谓证据的合法性原则，指诉讼双方提交法庭的证据必须在证据的主体、形式，以及收集提取证据的程序和手段等方面都符合法律的有关规定，不得侵犯个人、组织的合法权益，才能采纳为诉讼中的证据。证据的可采性包括证据的关联性与合法性。前者要求在诉讼双方提交法庭的各种证据中，只有确实与案件事实存在关联性的证据才可以采纳为诉讼中的证据，不具备关联性的证据不得采纳。后者要求诉讼双方提交法庭的证据必须在证据的主体、形式以及收集提取证据的程序和手段等方面都符合法律的有关规定，才能采纳为诉讼中的证据，不具备合法性的证据不得采纳。由于关联性是证据自身固有的属性，而合法性是一定社会制度赋予证据的属性，因此，合法性实际上是证据法中关于可采性问题之规定的核心内容。世界上很多国家都在不同程度上把合法性作为证据采纳的标准之一，但是很少在证据法中用明确的语言作出正面的规定，而是采用证据排除规则的方式从反面进行规定。

（一）价值基础：真实发现与人权保障

英美证据学者讲述的证据“有效性”或“适格性”（competency）问题，其实就包含有证据合法性的内容。这就是指某证据符合有关法律对证据的要求，适合作为该项证明活动中的证据，具有法律上的效力。许多国家的法律还针对某些种类的证据规定了具体的合法性标准。例如，自愿供述规则就是英美法系国家和大陆法系国家在刑事诉讼中普遍采用的一条证据规则。按照该规则的要求，侦查人员获取犯罪嫌疑人或被告人的供述必须遵循自

① 参见［德］克劳思·罗科信：《德国刑事诉讼法》，吴丽琪译，208页，北京，法律出版社，2003。

② 参见［日］土本武司：《日本刑事诉讼法要义》，董璠舆、宋英辉译，311～313页，台湾，五南图书出版公司，1997。

愿性原则，凡是违反被告人自由意志而获得的供述都不具有合法性，因而都不得采纳。在英美法系国家，因实行陪审团审判而积淀了众多的证据规则，一项材料是否可以作为证据接受法庭的调查必须通过证据规则的检测。然而，在普通法历史上，各种证据规则却主要是为了保障证据的真实性而产生的。在大陆法系国家，对实质真实的追求一度具有压倒一切的至上价值。在法定证据制度下，为了查明案情，对被告施以刑讯是一种普遍的取证方法。资产阶级革命后，基于对法定证据制度的深恶痛绝，则转向了另一个极端，即反对法律对证据加以任何形式的限制，对一项材料可否作为证据接受法庭调查完全委诸于法官依据自由心证进行裁量。在此，证据问题主要是作为一个事实问题加以裁断的。如在法国大革命后制定的《重罪审理法典》在重罪案件中引入了陪审团审判，却没有借鉴英美证据法规定的纷繁复杂的证据规则。然而，两大法系对证据甄别几乎都是以证据的真实性为内在标准进行判断的，差别仅仅是操作方法不同罢了。在英美法系国家，证据规则的存在却很快导致了价值问题的萌芽。面对恪守规则所体现的法治价值，法官开始排除那些尽管真实却不符合规则的证据。例如，围绕非法取得的证据，普遍的立场开始从事实发现转向价值取舍。然而，在普通法上，不同于自白排除规则最初即是以排除虚伪陈述为目标，因认为实物证据是客观存在的事实，取证手段一般不会对其证明价值产生较大的实质性影响，所以实物证据并不因取证时被告的权利受到侵害而被排除，事实的审判者在其作出裁判之前，应该获知所有与事实相关的信息。其后，随着人权观念的兴起并日渐受到强调，在国家权力应当守法的法治观念的影响下，对非法证据的讨论逐渐发生了视角的转变：即由证据角度进行考察转向从程序法治观念出发，由非法取证行为对证据可靠性的影响转变为取证行为的违法性在多大程度上波及所得的非法证据。此种转变鲜明地表现在排除非法证据之理论根据的转变：以自白排除法则为例，其基本理论依据最初是虚伪排除说，后转向人权维护说，进而到违法排除说或兼顾其他学说的混合说。在无法有效遏制非法取证的情况下，非法证据排除规则的地位开始日渐凸显。现在，不仅排除非法取得的自白证据已经成为各国的共识，排除非法取得的实物证据也开始为多数国家所接受。而一度反对立法对证据资格问题预先加以规定的大陆法系国家，在非法证据问题上，已经开始出现了有关证据规则的立法和判例。不过，对于非法取得的物证，世界各国对这一问题的立法也差异颇大。美国采取的是较严格的排斥法，他们认为非法证据一般都应排斥，不能作为证据采信，但也设置了“最终和必然发现的例外”、“善意例外”等例外情形，缩小了非法证据的范围；英国虽同属英美法系，但对非法物证一般原则上不予排除，将自由裁量权委与法官。德国刑诉法对非法获取的物证的证据效力没有涉及，但对侵犯人的尊严和人格自由所得的证据予以禁用，但对重大犯罪，则前者应当让步。日本对于非法获得的物证的排除要求较为宽松，如果不是因“重大违法”所获得的物证，或者当事人无异议的，一般都可采信，只有因“重大违法”所获得的物证，才可以排除。

我国目前采用类似美国的做法不大现实，可以参考德国、日本、英国等国的刑事证据制度立法，采取一种对非法物证持否定态度，但在审判实践中区别不同情况加以不同处理的方式。具体来说，可以在排除非法物证思想确立的前提下，从制度和立法上作以下的设计：(1) 对取得过程中有轻微违法行为的，可以依法重新取证，或者补办合法手续，按照法定程序和方法重新取证；(2) 对取证过程中有重大违法行为的，其所取非法证据一律摒除，法庭不得采信。重大违法行为可以界定为因非法取证受到法律处罚或受到行政处罚的行为，如以暴力、胁迫方法强行侵入民宅搜查或强行搜查人身，损坏财产、伤害人身的搜查等手段恶劣、后果严重、影响较大的非法取证行为等。还可设置交由法官自由裁量认定的例外情形，如排除非法证据有危及国家安全之虑，或对社会重大公共安全存在威胁的重大犯罪。

(二) 模式样态：规则调整与自由裁量

从神示证据制度到法定证据制度，再到自由心证制度，在不同历史时期，接受法庭调查的“证据”在不同法律规范下也具有不同的样态，但当时的人们普遍承认该项材料具有作为证据的合理性是证据可以被接受调查的一个共同特征。神示证据是与特定的不容置疑的神学信念密不可分的；法定证据则与普遍存在的对权威的遵从直接有关。在现代法律制度下，一项材料是否可以作为证据接受法庭调查，有两种立法模式①：英美法系国家的规则调整模式和大陆法系国家的自由裁量模式。在英美法系国家，由于为适应陪审团审判而形成的一系列规范证据资格的法律规则的存在，证据的可采性问题被进一步分解为两部分：事实上的关联性和法律上的可采性。除依法律应当排除的外，一项具有事实关联性的材料可以采纳。在大陆法系国家，证据是否可以接受法庭调查是由法官根据具体的情形作出判断，立法一般不对证据的关联性问题作预先的规定，因而，其证据的可采性问题主要是一个事实问题。然而，两种立法模式的差别仅仅是一种操作方式上的不同。在英美法系国家，作为裁量依据的证据规则具有“可采性”，但其实质却是过去司法经验的总结；在大陆法系国家，法官在裁量时尽管没有这种明示的规则，却仍然要依赖积累的司法经验对具体问题作出判断。因此，尽管在外观上，大陆法系诉讼中的证据只与事实和经验有关，并不产生证明能力问题，但事实上，法官在准许对特定证据进行调查时，其所作判断却相当于英美国家证据规则所具有的过滤机制；而且，此项判断也并非纯粹的事实判断，而必然包含着价值上的选择。例如，因某项材料的调查纯属多余而不予准许，因某项材料的调查可能过分拖延而不予调查，等等。因此，在现代诉讼制度下，对证据的证明能力无论是依据法律规则作出判断，还是任由法官裁量，证据裁判原则所依据的证据必然是实质上具有证明能力的证据。而且，从证据法的发展趋势看，世界各国普遍在追求一种正当性基础上的真理性，即不但要求法庭调查的证据必须具有事实上的关联性，而且还必须同时具备法律上的可采性。具有重视证据可采性之司法传统的英美法系国家，强调证据的合法性是不言而喻的；具有自由心证之司法传统的大陆法系国家，其立法改革也趋于加强对诉讼中法官“采证”行为的规范，强调证据的合法性。

如果从司法角度来看，“当事人主义之要义，在于：一、就诉讼标的而言，采处分权主

① 参见樊崇义、吴宏耀：《论证据裁判原则》，载《法律应用研究》，2002 (6)。

义；二、就诉讼资料而言，采辩论主义；三、就诉讼程序而言，采当事人进行主义。而职权主义之要义，则在于：一、就诉讼标的而言，采干涉主义；二、就诉讼资料而言，采职权调查主义；三、就诉讼程序而言，采职权进行主义”①。在现代法律制度下，裁判者对证据的认识只能在被说服者而非于经历者视角下建立在间接的材料基础之上。由于那些以亲身经历为基础提供证据的证人、当事人所认识的证据属于经历者视角下的证据，因此，要求他们如实地提供所有证据不仅可能，而且为保障裁判准确性所必需。而从裁判者而言，对于在经历者视角看来是确证无疑的证据，在被说服者视角下却仅仅是有待调查的证据材料。因此，对于裁判者，法律只能强调证据调查程序的必要。在裁判者视角下，以是否接受证据调查为标准，证据仍然可以被区分为两个阶段上的证据。第一，存在于证据调查之头的证据。此时，我们所关注的是证据的形式特征，即该项证据是否具有接受法庭调查的资格，或者说是证明能力问题。第二，存在于证据调查之尾的证据。此时，我们关注的是证据的实质内容，即该项证据对于要证事实具有多大的证明价值，或者说证明力问题。② 基于以上的诉讼模式差异与视角差异，在当事人主义，因采辩论主义，证据排除以当事人提出异议，行使“责问权”为前提，证据能力之有无，原则上仅为相对之问题；在职权主义，因采职权主义，纵使当事人不提出异议，法官亦应依职权，将无证据能力之证据予以排除，则每成绝对之问题。在裁判主体上，英美等国对事实判定与法律适用上采取陪审团与法官的分权设置。美国为防止陪审团受到非法证据不当影响，保证庭审集中于案件的实质性问题，在开庭前由法官听证排除非法证据。英国在庭审过程中陪审团离席的情况下有由法官解决口供的可采性而非可信性的“审判中的审判”，1995 年设立“答辩和指示听证程序”的审前准备程序；1996 年《刑事程序与侦查法》创设了一种适用于审判时间长、案情复杂的案件的“准备性听证程序”。在大陆法系，实行预审法官与庭审法官分权审查证据的证据能力问题。在预防违法的强制侦查法定原则上，大陆法系采程序法定主义进行事先批准的“静态抑制”，英美法系采令状主义进行事先和事后的“动态抑制”③。

总体来看，对证据能力进行自由裁量不可避免，其限制方法为：在英美法系以理性的当事人对陪审团持怀疑态度为前提，侧重以静态严密规则进行立法限制，在大陆法系以全能的法官为前提，侧重以动态的法官职权调查进行司法限制；其共同点皆以审判程序为中心。

我国的证据法及其理论研究长期以来具有重视证明力而忽视可采性的倾向。在立法上，我国的诉讼法中关于证据的规定主要集中在证据的概念、形式以及查证属实等问题上，缺少关于证据可采性或采纳标准的规定，又由于我国采不同于西方审判中心主义的“流水作

---

① 林朝荣：《证据能力及证明力》，载《东海大学法学研究》，第 17 期，2002。

② “对于证据，有两种观察的视角：一种是被说服者的视角；一种是经历者的视角。这两种视角下的证据所具有的内涵并不相同。”参见樊崇义、吴宏耀：《论证据裁判原则》，载《法律应用研究》，北京，中国法制出版社，2001。

③ 孙长永：《侦查程序与人权——比较法考察》，北京，中国方正出版社，2000。

业型”程序，审前取证行为缺少对侦查机关取证行为的事前制约，侦查活动的合法性得不到保障，犯罪嫌疑人的权利极易遭受侵犯。又由于没有中立的裁判者，缺少对侦查行为的事后审查，犯罪嫌疑人的权利遭到侵害时得不到有力的救济。在实践中，侦查人员、检察人员和审判人员在收集证据和审查证据的时候，关注的重点都是证据的真实性和证明价值，而对证据的合法性问题则很少关心甚至不闻不问。在法治观念和人权观念日渐强劲的今天，证据的正当性问题也开始引起了人们越来越多的关注，初步形成了一些体现价值优先的证据规则。在刑事司法活动中强调证据的合法性，就要求犯罪侦查人员必须严格按照法定的程序和要求去收集和提取证据，既不能允许任何人在法律面前享有特权，也不能非法侵犯公民的人身权利和民主权利。国家的司法人员和执法人员绝不能滥用手中的权力去非法提取证据，严禁刑讯逼供或采用威逼、引诱、欺骗等手段获取证人证言等证据。不过，我国担负着监督职责的检察官，因排除非法证据而使不具有证据能力的证据不得提交法庭，则其庭前“依法”隐瞒了部分证据与其客观全面举证义务的矛盾，也不利于法官对案件证据进行综合考量。若“排除”仅指证明力不被承认而仍具证据能力的非法证据可提交法庭，则检察官的监督职责形同虚设，该非法证据难免会使进行事实审查过后的法官受到影响而产生预断。因此，在采参审制的陪审制度下，可参照大陆法系的模式设预审法官排除非法证据，以摆脱检察官的尴尬地位，并辅以证据展示制度实现控辩平衡。

（三）规范依据：法律规则与诚实信用

在传统上，存在较大差别的两大法系，无论是完全采取法定的立法方式，还是完全采取法官裁量的立法方式，都存在着无法自救的弊端。因此，随着各国法律文化的交流、融合，法定主义与裁量主义的混合模式逐渐成为各国证据制度的共同选择，与此相适应，两大法系国家在证明能力立法方式上的差别也正在逐步缩小。

首先，在规范的形式上，证明能力或可采性问题是对特定证据之适用的法律限制。证明能力的一般原则是，除法律另有规定外，凡具有相关性的证据都具有证明能力。在此意义上，证明能力很大程度上成了一个法律问题或者价值问题。在规范的等级上，现代刑事诉讼中的证明能力问题往往来源于更高一级的法律（如宪法）的规定。美国和日本关于违法自白的排除规定，皆来源于宪法中关于公民享有免予自证其罪的特权的规定。关于排除传闻证据的规定，也是为保障宪法中关于被告人及其律师进行询问、对质的规定。在欧洲，欧盟各国关于证明能力问题的司法实践也开始更多地与《欧洲人权公约》的有关规定联系在了一起。在宪法中规定有关证据问题的公民自由和权利，对建设法治国家具有重大的现实意义，因为法治国家的基本要求之一是尊重或遵守法律的规定，使法律具有超越于任何现实力量的权威。

其次，从规范的程序运作上讲，作为法庭调查的证据先要具有证明能力，而在证明能力问题产生异议时，应当就此进行必要的调查。在英美法系国家，对决定证据是否具有可采性，有专门的程序，并且这是属于法官职责范围内的事，而某一证据是否能够作为定案根据，则是陪审团的事。

再次，从规范的内容上讲，与证据的相关性在一定程度上需要司法人员的自由裁量权，证据的可采性在很大程度上是与价值因素联系在一起的一个严格的法律问题。在现代刑事诉讼中，各国普遍接受的证据规则更多地是为了保障更重要的社会价值。从日本关于证明能力的规定和司法实践看，其核心已经更多地转向了对宪法规定的人权的保障。比如，在第二次世界大战前和战时，日本警察为了获取被告自白而滥施淫威、侵犯人权的惨痛教训，促使日本战后的立法将禁止通过不法手段来强制被告供述的自白原则提高到了宪法原则的高度。在具体内容上，合法性的问题涉及相关性问题，非法取得证据的排除问题，对于被告人口供问题，对于非法搜查扣押的问题，对于警察圈套的问题，诱惑侦查的问题，对于所谓的"毒树之果"的问题等一系列问题都有涉及。在英国，警察讯问时不仅要有律师在场，而且必须有录音或录像，并且保留双份（被告方也有一份），关押与提审分属于不同部分，只要嫌犯离开关押场所就要有录音或录像，并且在时间上不得间断，以防止录音、录像不真实。排除违法证据的另一个有效原则，就是在被告提出违法取证的控告时，由警方举证来证明其取证的合法性。在法庭审理中，被告的供述视为可接受的证据，但如果被告提出供述是因受到逼供所致或者因某种特殊环境（如诱供、没有告知沉默权、作出不起诉的虚假承诺，或律师不在场等）致使其供述不真实，这时正式审判就要中止，陪审团暂时退场，在法官主持下，由控方举证，排除取证的违法性，如果控方无法证明，法官即可以裁断该供述不能采信。对于警察秘密取得的证据，英国的做法与美国有区别。美国原则上对该种证据一律排除，但在英国要区分两种情况：如果警察采取秘密手段诱使他人犯罪（设置警察陷阱）而取得证据，该证据被视为非法。如果警察只是提供了犯罪的机会，而并未故意诱使其犯罪，而取得证据，该证据则被视为合法。在排除非法证据的具体方式上，欧洲大陆法国家与英国有区别，并没有规定控方对逼供事实具有举证责任，但由于其沉默权制度很明确，且侦查活动是在可以随时审查证据合法性的调查法官主持监督下进行，所以，证据的合法性能够得到比较有效的控制。不过，欧盟法典草案中还是规定，控方应当证明认罪是在合法情况下所为，这表明在非法取得供述的排除问题上，根据行将出台的欧盟统一法典的规定，控方将负有举证责任。

我国刑事诉讼中，由于公诉案件在庭审前有侦查、起诉阶段，在刑事诉讼中除了法院外，检察院、公安机关是否有义务排除不具有可采性的证据，存有分歧。由于检察院是公诉机关，它不能对案件作出最后的实体性决定，它排除非法取得的证据，只是一种初步的对证据能力的判断，其提供给法庭的证据是否可采，应当由控辩双方提出动议，由法官进行听审，最后由法院决定是否具有可采性。检察院在提起公诉之前，应当参照法院确定证据可采性的标准来衡量自己的控诉证据，决定证据在法庭上的取舍，以保证起诉的质量。对警察取证的可采性问题，如果属于警察采用侵犯公民基本权利的方式收集的，即使这项证据是真实的，也不能在诉讼中作为证据提出。而警察采用刑讯逼供和以威胁、引诱、欺骗等方法取得的犯罪嫌疑人、被告人的供述，证人证言，被害人陈述，则不具有可采性。为了确立非法证据排除规则的前提——即可采令状主义对警察权进行司法控制，要求侦查机关在对公民采取侵犯其人身、财产和隐私权利的行为之前，除紧急情况下可以先实施该强制手段、后请求法院确认以外，必须获得法官签发的令状。对违反令状主义要求而获得的实物证据，不具有可采性，违反刑事诉讼法其他程序性规定取得的实物证据，由法官根据具体违法情形自由裁量是否采纳。在口供证据能力的规定上，我国《刑事诉讼法》第93条规定，“犯罪嫌疑人对侦查人员的提问，应当如实回答”。可见，我国刑事诉讼法对口供的证明力仍持极为信任的态度，对口供的采信限制较少。而确立被告人不得自证其罪原则、证据补强规则、非法证据排除规则都能有效保证口供的真实性。不过，《关于适用普通程序审理“被告人认罪案件”的若干意见（试行）》和《关于适用简易程序审理公诉案件的若干意见》体现了对被告人自愿如实供述的，酌情予以从轻处罚，或适用简易程序。此外，根据《刑事诉讼法》第46条的规定，当具有其他证据时，被告人供述可以作为认定被告人有罪和处以刑罚的根据。这种“其他证据”在国外的诉讼理论中，被称为“补强证据”。关于补强证据的充分程度问题，鉴于刑事案件的复杂性，以补强证据足以证明供述的真实性为限。《刑事诉讼法》第43条也明确规定，“严禁刑讯逼供和以威胁、引诱、欺骗以及其他非法的方法收集证据”。但刑事诉讼法没有规定完善的采信口供的规则，尤其是对违法获取的口供排除乏力。《高法解释》第61条规定：“严禁以非法的方法收集证据。凡经查证确实属于用刑讯逼供或者威胁、引诱、欺骗等非法方法取得的证人证言、被害人陈述、被告人供述，不能作为定案根据。”因此，被告人的口供要具有证据价值，必须排除取得该口供的非法性因素，而从保证供述可信性，保障犯罪嫌疑人、被告人的人权以及遏制违法的行为等理由来看，确有必要排除非法口供。

诚信原则是一项法律化的道德原则。从消极方面来看，它要求法律主体在实施法律行为时不应存有某种不良的内在动机；从积极方面看，它要求主体具有某种良好的外部方式行使权利，承担义务，体现对他人权利和利益的尊重。美国非法证据排除规则的一个例外——善意例外，即强调如果警察是善意地而非故意地违法取得证据，不应当适用非法证据排除规则。这里所谓“善意”，是指“善意地相信其行为符合现行法律，且这种相信是有合理根据的”。法官在裁量某些证明行为是否因违法而无效或应受到惩处时，不仅要考虑该行为的客观效果，还应根据行为人的主观心态或行为时的道德状态定夺。“公平原则是司法证明的‘魂’，诚信原则是司法证明的‘魄’。”[①] 两者分别构筑了司法证明的法律基准和道德底线。刑事证据制度中的诚信原则包含行为和后果两个方面的内容。[②] 第一，它要求证据法律关系主体正直、诚实地实施证明行为，不欺骗或损害其他诉讼主体的利益，也不能以极端或过分的方式行使诉讼中的程序权利或实体权利。第二，当证明行为主体确信其行为符合法律，且从主体产生这一确信的过程看，他是诚实和无过错的，主体基于这一确信作出了相应的证明行为，则法官可赋予主体以程序性利益。具体而言，刑事诉讼中，侦查人员收集证据、公诉人运用证据证明控诉事实，法官运用证据认定案件事实，辩方收集、运用证据证明辩论事实等行为，以及证人、鉴定人的证明活动，都应本着诚实、正直的观念

① 何家弘、刘品新：《证据法学》，86页，北京，法律出版社，2004。

② 参见李蓉：《应在刑事证据制度中确立诚信原则》，载《检察日报》，2004-02-12。

进行，并依此接受法官的审查和监督。诚信原则的确立为有效地解决裁判依据和裁量标准缺失的问题而确立一个统一的价值衡量标准，其核心内容是强调法官根据公平正义价值观，在综合权衡被告人、被害人、国家和社会多方利益的基础上，对刑事诉讼中的实体问题和程序问题作出裁决。诚信原则赋予法官一种针对法律缺陷的以价值权衡为补充和针对法律模糊的以利益平衡为调适的合理裁断诉讼各方争议的权力，同样也倡导和指引控辩双方在证明活动中合理运用权利，互相尊重对方利益。诚信原则就是“以公平之心促公平之行”。在证据制度中，适用诚信原则，一方面，要求法官不仅应当根据立法建立起来的平等机制判断双方取证、举证、质证活动的合法性，还应当根据公平、诚信的原则处理立法中未明确规定的或立法的规定不利于维护双方实质平等的问题。另一方面，授予刑事诉讼的中立方——法官，对控辩双方的证明活动进行合理审查的权力，以有效地制约控方的权力。此外，诚实信用又是防止诉讼地位逐渐提高的被告人、被害人滥用权利的最有效手段。在证据方面的滥用诉讼权利，如伪造证据、在证据展示时恶意隐匿证据、串供等，往往与法律要求相重合或者是法律的必要补充，在某种意义上说，这种对诚信原则的强调可能是多此一举。

三、关联性原则：证据法则的逻辑基点

关联性原则在英美证据法中是一项重要原则。它强调证据必须与案件有关联，对待证事实有证明力，是法院决定是否采纳的基本依据。我国《刑事诉讼法》第 42 条对证据下的定义即“证明案件真实情况的一切事实，都是证据”已经表明了证据与案件的关联性。与证据裁判原则相对应而存在的自由心证制度决定了证据裁判原则发挥作用的范围。具备证据能力者，才有证明力的问题。“证据禁止法则形成自由心证的外在界限，已经因此而排除的证据，法官不得认其有证据价值而采为裁判之基础。”① 人类社会在证明方法上从以“神证”为主向以“人证”为主再向以“物证”为主的转变，在司法证明制度上从自由证明到不自由证明再到相对自由的证明②，而从理性视角来看，人类社会则经过非理性神意证明方式、半理性法定证明模式和理性的自由心证三种证明方式，现在各国均采“自由心证”，只是在具体方式上存在不同。“所谓自由心证，就是说，证据的价值或证明力不再由法律事先作出具体明确的规定，法官和陪审团在审判中可以运用自己具有的‘人类普遍认知能力’来评断具体案件中各种证据的证明力。”③ 法官在裁判上所形成的心证是司法裁量权的具体体现，这是自由心证主义的精髓与灵魂。自由心证主义是证据法则的基石，离开了自由心证主义，证据法则就无从谈起，因此，证据法则是建立在自由心证主义基础上的借以评判

---

① 林钰雄：《刑事诉讼法》，414 页，台湾，学林文化出版社，2003。

② 参见何家弘、刘品新：《证据法学》，86 页，北京，法律出版社，2004。

③ 在此笔者以“关联性原则”作为证据法基本原则，因为其与证明力本质相通，与证据能力难以分离，而兼具法定证明与自由证明的意蕴，但是又不至于产生“法定证明”与“遵守法制”、“合法性”在某种意义上的同义反复。例如，有学者认为证据法基本原则有遵守法制原则和法定证明与自由证明相结合等。参见何家弘、刘品新：《证据法学》，86 页，北京，法律出版社，2004。

证据和认定案件事实的操作规则。我国台湾地区学者蔡墩铭也提出，“近代刑事诉讼法所采之自由心证主义与证据裁判主义，不失为事实认定之二项基本原则，且由于此二项原则之密切配合，使真实发现与人权保障皆成为可能”①。

作为权力主义、等级制度和社会不平等在程序领域中映射和结晶的法定证据主义是一种先验的、经院式思维方法论的直接反映。随着倡导科学方法论的文艺复兴运动的发展，在程序法和证据法上，需要采用一种不致束缚法官判断的证据制度，使法官在审理案件过程中能够切实根据案件情况并结合自己的法律素养、法庭经验和良知查明案件事实、适用国家的刑罚权。1790 年 12 月 26 日，法国的杜波尔向法国宪法会议提出革新草案，建议废除书面程序及其形式证据，建议用自由心证制度取代法定证据制度。会议经过辩论，于 1791 年 1 月 18 日通过了杜波尔提出的草案。1791 年 9 月 29 日发布训令明确宣布：法官必须以自己的自由心证作为裁判的唯一根据。1808 年制定的法国刑事诉讼法第 342 条率先较详细规定了自由心证制度。继法国之后，欧洲各国立法也相继规定了自由心证制度，例如 1865 年意大利刑事诉讼法、1877 年德国刑事诉讼法都规定了自由心证的证据制度，此后更为日本等许多国家采纳为本国的一项证据制度。自由心证主义的核心，在于透过法官自由心证的形成而发现真实，对证据证明力的大小、对证据的取舍是法官依据自己的良心来加以确认，不受权威制约，不受外力干预。与大陆法基本上交由法官自由裁量的模式形成鲜明的对照，英美法通过设置一系列排除规则借以限制证据的可采性，以确保证据力的合理性和可靠性。但二者在确定证据力的价值，即对证据力的评价上是基本一致的。自近代以来，各国证据法皆采用自由心证主义，原则上在立法上不加以限制，而交由法官自由裁量。

（一）证明过程始端和终端的关联性

证明力或证据力，又称证明价值，是指法庭调查所得证据资料具有的对要证事实的积极价值。在质的规定下，证明力可能包含着量上的变化，即通常所说的有没有证明力、证明力的大小。一般认为，证明力大小与相关性密切相关。相关性在不同证明阶段有不同的含义及其相应的诉讼功能。

首先，在证明过程的始端，相关性问题直接决定着特定材料是否具有证明能力。在英美证据法中，相关性规则被视为规范证据资格的“黄金规则”②。根据相关性规则，除非法律另有规定，任何与待证事实具有相关性的材料都具有证据资格。在诉讼证明中，法庭审理的核心任务是确定指控犯罪事实是否存在。因此，在控诉方已明确提出指控的前提下，能够用以证明指控主张的证据范围也相应地是确定的。与待证事实不具相关性的材料对证明待证事实没有实质性证明价值，而与待证事实具有相关性的材料也不都必然具有证明能力，但是，与指控犯罪具有相关性却是特定材料具有证明能力的必要条件，而且，为了防止导致不适当的心证，与指控犯罪不具相关性的材料必然不具有证明能力。也正是在此意

① 蔡墩铭：《刑事证据法论》，424～425 页，台湾，五南图书出版公司，1997。

② 我们认为关联性（证明力）与合法性（证据能力）孰先孰后素有争议，而两者在规范层面严格明确的区分也不太可能，关联性定位于“规范证据资格的‘黄金规则’”，也说不定是谁沾了谁的光。

义上，陈朴生教授认为："关联性，从严格言，本非证明能力之问题，乃许容为证据后之证明力问题。盖证据与要证事实无关联性，即欠证明力。此项证据，足生不适当之心证，乃不许其为证据。因认证据之许为适法证据者，必具有证明能力，且有关联性。然证据之许其提供调查者，必与要证事实具有关联性，始有调查之必要。因之，关联性，不特为取得证明能力之条件，即英美法上之证据许容性（admissibility）；且具有限定调查证据范围之作用。"① 然而，与证明能力相连的相关性仅仅是一种表面上的判断，此项判断并不十分关心证据的真实性。因此，当我们说某项证据具有相关性而采纳并接受法庭调查时，并不必然意味着该项证据必然具有真实性。在英美法系国家，对相关性的讨论主要是作为可采性的事实前提来考虑的。

其次，在证明过程的终端，相关性问题直接决定着特定证据的证明价值，即证明力。在具体案件中，特定证据对于待证事实有无证明力以及证明力的大小，取决于该项证据本身与待证事实有无联系以及联系的紧密、强弱程度。一般说来，如果证据与待证事实之间的联系紧密，则该证据的证明力较强，在诉讼中所起的证明作用也较大。因此，在诉讼证明中，尽管具有证明能力而允许法庭调查的证据都与待证事实具有相关性，但是，由于此种相关性仅仅是一种表面上的关联，而且特定证据与待证事实的相关程度及其方式不可能存在一个固定的模式，所以，在运用证据认定待证事实时，必须具体考察特定证据与待证事实之间的相关程度及其方式，从而确定特定证据是否具有证明价值以及证明价值程度大小，而最终确定只能依据该项证据与待证事实的相关方式及其相关程度予以解决。

我国台湾学者陈朴生教授在论及相关性问题时曾指出，必须严格区分上述两个阶段的相关性。"唯证据能力是关于证据之法则的规则；而关联性，则系事物间论理的经验的关联，亦即理论的关联。且关联性，从其应受客观的事物间关系之知识的拘束，不得任意决定，固与自由心证之应以关联性，判断其证据之价值同出一辙；唯证据评价之关联性，乃证据经现实调查后之作业，系检索其与现实间之可能的关系，为具体的关联，属于现实的可能；而证明能力之关联，亦即单纯的可能，可能的可能。故证据之关联性，得分为证明能力关联性与证据价值关联性二种。前者，属于调查范围，亦即调查前之关联性；后者，属于判断范围，亦即调查后之关联性。"② 此外，证据的关联性还包括这样两个层次：一是证据与要证事实的关联；二是证据与证据之间的关联。证据只有环环相扣，形成紧密的锁链，才能称其为具有关联性。关联性原则是一个总的规则，在关联性这个大的规则下面涉及一系列的如意见证据规则、传闻证据规则、品格证据规则等证据规则，具体内容在此不赘。

（二）事实回溯：逻辑推断与经验法则

在相关性问题上，不可能预先知道客观存在的案件事实真相的裁判者只能从被说服者的视角出发考虑问题，即使原告方所提出的指控是对客观事实的正确反映，在裁判者看来，

---

① 陈朴生：《刑事证据法》，3版，275～276页，台湾，三民书局，1979。

② 陈朴生：《刑事证据法》，3版，276页，台湾，三民书局，1979。

也仅是一种有待证明的关于过去事实的命题。在刑事侦查活动中，侦查人员一般会根据所发现的犯罪危害后果假定可能的（一种或几种）犯罪活动，并根据与所假定犯罪活动的相关性暂定收集证据的范围。在诉讼证明中，裁判者对证据相关性的判定绝对不可能以客观存在的关联性为依据，而只能根据逻辑规律和经验常识对此作出判断。相关性首先是相对于特定证明对象的相关性，其次是以逻辑关系和经验常识为判断依据。证明力质的有无及量的大小取决于证据资料与要件事实的相关性。排除我国传统证据法学中对关联性在对象关系上的要求是证据与作为客观发生的案件事实的反映与被反映关系；在属性上认为关联性是不依人们主观意志转移的客观存在两个方面理解的机械性，其实前者更确切地说是要证事实而不是客观事实，后者本身并不是一个客观存在而是对过去发生的事实的回溯性主观推断。

日本学者铃木茂嗣指出："自由心证主义决没有容许裁判官恣意判断的含义，相反，该原则要求的是根据经验法则而形成的合理心证（合理的心证主义）。"[①] 我国台湾地区学者石志泉也主张："法院于事实之真伪，虽有判断之自由，然亦非可率尔以从事，法律之所期待者，审判官恒为富于学识经验之人，其判断事实必能依经验定则而为之，如依经验定则而行，自无专横之弊，故敢舍法定证据主义而采自由心证主义也。"[②] 而在证据法意义上，经验法则是法官依照日常生活中所形成的不证自明的、反映事物之间内在必然联系的事理作为认定待证事实的根据的有关法则。这种事理表现为法官对一定确实性和合理性作为其客观基础的一种事物的发展常态的主观经验提炼。就经验法则与待证事实之间的关系上，具有直接适用于证据证明功能的经验法则常指一般经验法则，而对于法官依据特别知识或经验所形成的规则，一般不得径行作为认定事实的基础，而必须适用较为严格的证明程序，除交专家鉴定外，还应提供有关当事人质疑的机会。经验法则的基本功能主要表现为[③]，在认定事实上，决定证据的关联性，决定证据的可采性，发挥证据间的推理作用，体现对证据力价值的评价作用；在适用法律上，经验法则不仅具有选择功能，还具有借助其合理的选择功能，并基于其合理的判断功能，而产生识别、发现具体法律规范的功能。我们认为，总体而言，经验法则表现为主观见之于客观的两个运作过程：其一，在整体上体现为对一种客观生活经验的一定高度盖然性的主观提炼；其二，在具体案件上，则表现为将这种经验法则运用于案件客观事实的回溯的一种主观推理过程。在此意义上，在诉讼程序上对推定和司法认知等与经验法则紧密相关的证据方式设置一种质疑和反证机制，以利于以查明事实真实和当事人的意见为前提的法官自由评价证据，在法官和当事人共同努力下的证据评价和心证形成容易为当事人所接受，体现程序意义上的公平与正义。

---

① [日]铃木茂嗣：《刑事证据法的若干问题》，载[日]西原春夫主编：《日本刑事法的形成与特色》，李海东等译，182页，中国北京，法律出版社，日本东京，成文堂，1997。

② 石志泉、杨建华：《民事诉讼法释义》，243～244页，台湾，三民书局，1987。

③ 参见毕玉谦：《试论民事诉讼中的经验法则》，载《中国法学》，2000（6）。

（三）合理性：综合裁量与有限自由

从历史视角而言，自由心证主义虽不直接渊源于自由主义思想，但其制度形成背景与资产阶级革命、科学认识论的形成不无关联，其内在理念当然亦映射了自由主义精神。[①] 自由判断证据证明力要求依健全的理性对有证据能力的证据进行审查、鉴别并结合论理规则和经验规则进行判断而形成结论，强调判断过程和判断结果的合理性。与关联性的两个阶段相契合，证据证明力的自由判断也包含对诉讼证据的证明力判定和对案情的认定两个相互衔接的主要方面。前者要求完全由法官以理性和良知自由加以判断，表现为一种根据；后者要求法官在自己内心确信无疑，强调一种标准。有学者认为，对证据力价值的评价过程，同时也是一个确定何种证据最为接近真实的事实认定过程，作为此项事实的确认方式，必须从事物的本质属性、内在规律性以及事物发展变化的因果关系等出发，从而才能使之符合经验法则的合理标准。[②]

证据事实与案件事实联系情况和程度的不同决定了证据对案件事实的证明力的大小，而这种联系情况和程度因具体案件的情况不同而存在差异，也就是说必须综合全案证据和全部案件事实才能加以确认，而不能模式化地、预断性地由法律或者司法解释事先加以规定。苏联学者曾经指出，“法律要求法院综合地审理全部案件情况并在这一基础上得出自己的内心确信来判断证据，因为只有在综合审理该案所有事实材料的条件下，法院才能得出确实存在有一定的案件事实的内心确信。审判员的内心确信这种判断证据的标准，就是在这种客观事实的基础上和根据社会主义法律意识得出的”[③]。

在赋予法官自由判断证据证明力的权力的同时，法官自由裁量权的行使的基准应保持在合理性范围之内，除了经验法则是一项不能违背的“强行”原则外，为防止法官利用这一权力主观擅断，立法对自由心证的形成规定了若干条件的限制。日本学者田口守一认为，自由心证主义之所以具有合理的心证主义机能的条件，包括：其一，从外部保障合理心证主义的各种制度，如建立责令回避、申请回避、自行回避制度，对重大案件的判断采用复数主体制度以保证判断的合理性，公开主义、证据能力制度、当事人主义的起诉状一本主义、诉因制度、在有罪判决中记载判决理由制度、强有力的保证制度等保障判断主体的理性判断能力和判断过程的合理性以及事实认定的事后审查制度。其二，为了实现合理的心证主义，必须考察心证形成的方法本身，如心证形成根据经验法则和逻辑法则，灵活运用科学知识；心证形成遵循当事人主义原则，法官自由评价证据以当事人的意见为前提。[④]

自由判断证据的证明力的制度是以对法官的信赖为基础的，这对法官的素质提出了较高要求，为保证法官具有较高素质，许多国家在法律上都对法官的资格作出了限制，这也

---

① 参见徐昕：《程序自由主义及其局限——以民事诉讼为考察中心》，载《开放时代》，2003（3）。

② 参见毕玉谦：《试论民事诉讼中的经验法则》，载《中国法学》，2000（6）。

③ ［苏］A. A. 多勃洛沃里斯基主编：《苏维埃民事诉讼》，中译本，210页，北京，法律出版社，1985，转引自张建伟：《关于刑事庭审中诱导性询问和证据证明力问题的一点思考》，载《法学》，1999（11）。

④ 参见［日］田口守一：《刑事诉讼法》，刘迪等译，225～226页，北京，法律出版社，2000。

使法官职业成为受人尊重的职业。在我国司法实践中，在法官证据证明力的自由判断上，一方面，因为自由意味着责任，承办案件的许多法官对于法律或明或暗赋予的自由裁量的权力不会、不敢或者不愿用，即存在着埃里希·弗罗姆所称的“逃避自由”的倾向。① 另一方面，法官的自由有时又会如同野马脱缰失去控制。为了避免司法人员对上级法院、法院院长、庭长、审判委员会所发出的一种明确的指令的依赖，上级法院不应给下级法院承办的案件发出具体指令，要充分发挥承审法官在处理案件中的主观能动性、独立自主性；针对我国法官素质参差不齐及审判体制上的一些弊端，需要从法官的选拔、任用、晋级、培训、依法独立行使审判权等各个环节入手，不断提高法官借助经验法则这种特殊的证明手段的积极性和主动性，以使法官在运用审判技巧和业务能力上取得明显的和实质性的进展，促进司法公正的有效实现。

四、直接言词原则：事实发现的前提机制

直接原则，即审判人员在审理案件过程中，应直接审查所有的证据，听取证人、被害人、鉴定人的陈述。这个原则还有审理不间断的含义。言词原则，即在刑事诉讼中，证人、被害人、鉴定人等应当以言词形式在法庭上提供口头的陈述，有关书面材料或记录不得作为定案根据，但法律另有规定的除外。这个原则体现了司法的亲历性，法官判案必须亲自出庭，亲自听取案件证据，亲历性还要求陈述事实的人亲自到法庭给法官讲明情况，反对书面材料，强调证人、被害人、鉴定人的出庭。直接言词原则的诉讼价值在于保障控辩双方诉讼地位平等及平等武装，确保审判的程序公正，进而实现实体公正，保护案件当事人，特别是在刑事诉讼中处于天然弱者地位的被告人的合法权利。直接言词原则从本质上要求法官必须与证据保持直接接触，并且必须在各方当事人在场的情况下，才能进行调查证据，它是确保任何有可能作为裁判基础的证据，必须通过各方当事人充分辩论、质疑的有效保障，因此，在这种正当程序所设定的框架之内，各方当事人只有通过一系列的对抗性诉讼行为，才能对最终的裁判结果产生必要的制约或影响；同时，只有借助各方当事人在庭审活动中的充分言词辩论，才能使法官对有可能作为裁判基础的任何证据保持全面而又充分的接触、审查与认定。直接言词原则同时亦要求侦查人员，鉴定人，勘验、检查笔录制作人等诉讼参与人出庭作证或作出必要的说明并接受询问，在存在疑问时，接受控辩双方的质证，以真正查清这些证据的真伪。

直接言词原则是大陆法系国家在审判阶段适用的重要原则，起源于德国19世纪的立法改革。其之引入，乃为了清除侦查的法官及审判的法官进行书面审理程序（邮递传送卷宗）所带来的重大缺失。② 所谓直接审理原则（Grundsatz der Unmittebarkeit），是指只能以在法庭上直接调查过的证据作为裁判基础的审判原则。所谓言词审理原则，又称口头原则，是相对于书面审理原则而言的，指基于口头提供的诉讼资料进行裁判的原则，其目的是在形

① 参见张建伟：《关于刑事庭审中诱导性询问和证据证明力问题的一点思考》，载《法学》，1999（11）。

② 参见［德］克劳思·罗科信：《德国刑事诉讼法》，吴丽琪译，430页，北京，法律出版社，2003。

成法官心证之际，给法官以新鲜的印象，以期发现实体的真实。直接言词原则要求：卷宗的内容不得作为裁判的依据；所有在审判程序外所获得的资料来源均不得作为判决的基础；书证的影印本只具有较少的证据价值；法官必须时时能洞悉诉讼过程；形成法官心证的所有证据的调查应当在法庭上以口头方式进行；在审理过程中更换法官时必须重新开始公审程序等。英美法系国家刑事诉讼法没有规定直接言词原则，但其当事人主义诉讼构造和传闻证据规则也体现出与直接言词原则相通的理念和目标追求。传闻证据规则主要确立了传闻证据的范围及规则的例外、传闻证据规则适用的阶段、传闻证据规则适用的证据种类以及传闻证据的排除程序。

大陆法系国家传统上注重发现案件实体真实，并为此强调法官在发现实体真实方面的职权作用。为了发现案件的实体真实，大陆法系国家的立法和证据理论特别强调证据材料对发现实体真实的作用和法官调查证据的亲历性及言词调查方式，而不是强调证据进入法庭调查的资格。与此不同，英美法系国家传统上注重程序的正当性，强调控辩双方在推动诉讼进行方面的作用和为双方提供公平的程序，并实行陪审团审判，即由非职业的陪审团来认定案件事实。为避免因提出给对方当事人带来不公正和不适当的某些证据材料误导陪审团对事实的裁断，英美法系国家形成了一系列限制证据资格的规则，传闻证据规则就是因此而形成的。

正是由于直接言词原则与传闻证据规则发挥作用的诉讼模式不同，导致了两者在其他方面的差异①：其一，大陆法系注重证据材料对发现实体真实的作用和法官调查证据的亲历性及言词调查方式；英美法系国家注重限制证据资格。其二，大陆法系规范法官审判行为；英美法系规范“陈述”证据的适格性问题。其三，在发挥作用的方式上，大陆法系法官应当依照职权贯彻；英美法系以对方当事人提出为前提。其四，在规范的关系上，大陆法系规范审判者与证据调查之间的关系；英美法系中当事人在审判庭上可对原证人进行反询问。其五，直接言词原则是作为对书面审理方式的批判而产生的，侧重于强调和规范在法庭审理时法官在庭审中必须自行调查证据的方式；传闻证据规则是对证据资格的要求，强调传闻不得进入法庭对事实的调查程序，该规则并未直接规范法官的行为，而是从证据的角度，强调除法定情况外，没有亲身感知案件情况的人不能作为证人，其提供的证据不得进入证据调查程序，以免误导裁断者的判断。其六，根据直接言词原则，在法庭审理中，只要该证据被允许，且在法官面前以言词的形式提出并经过调查，该证据即具有证据资格，能够作为认定案件事实的根据；而根据传闻证据规则，只要该证据没有经过对方当事人的反询问或者同意，无论是否经过法官审查，都是无效的。

尽管直接言词原则与传闻证据规则存在许多差异，但两者也有相通之处，其中最为重要的，是两者公正审判和发现真实的共同理念基础。目前，在英国，无论在庭审中有无陪审团，证人都必须出庭，证人出庭的基础就是直接言词原则。根据英国的传闻证据法，法

① 参见宋英辉、李哲：《直接、言词原则与传闻证据规则之比较》，载《比较法研究》，2003（5）。

庭不接受传闻证据，而传闻证据的含义则包括两种情况，一种是指道听途说的传来证据，另一种是指不出庭证人的证言。在英国的传闻证据的定义中，是否传闻，是对法庭而言，只要未对法庭直接陈词，即属于传闻证据。例如调查笔录或者亲笔证词，只要证人不出庭，都属于传闻证据，所以法庭上不接受宣读笔录和证人证言的做法，除非存在以下几种特殊的例外情况：（1）控辩双方对证词无异议，一致同意证人可以不出庭的；（2）已死亡的证人留下的亲笔证词；（3）在地方治安法院审理较轻微刑事案件时，特殊情况下经法官同意，可以向法庭提交证词。在西班牙关于证人出庭原则的规定与英国基本相同，而在欧洲其他大陆法系国家关于证人出庭的规定不像英国那么严格，证人出庭与否可以由法官决定，但是有两点是一致的：重罪案件中证人必须出庭；被告方有异议，要求证人出庭的，必须出庭。如在比利时，法律规定在法定最高刑 9 年以上的案件中证人必须出庭，在 9 年以下的案件中证人是否必须出庭由法庭决定。但当辩方有异议要求出庭时仍需出庭。

如果从诉讼主体的行为角度而言，直接言词原则要求法官亲历审判，当事人出席审判，证人出庭作证。法官必须在法庭上亲自听取各诉讼参与人的陈述，审查、判断证据，直接听取法庭辩论，形成内心确信并亲自作出裁判，不得中途更换。如果从真实结果的保障而言，直接言词原则要求排除庭前传闻证据，案件审理以言词陈述方式进行，当事人、证人及其他诉讼参与人必须在法庭上亲自就案件情况作出口头陈述，非具有法定情形，任何庭外陈述不得作为定案根据。案件审理集中、不间断进行，连续开庭，以确保法官对案件所形成的内心确信的正确性。

我国 1996 年修改《刑事诉讼法》，对庭审方式进行了较大改革，增强了控辩双方的对抗性。修改后的控辩式庭审方式强调控辩双方在法庭上的对抗，法官居中裁判，对案件提出证据必须在法庭上以口头陈述表现出来，这在一定程度上体现了直接言词原则，但在完善及落实上还存在很多问题。为贯彻直接言词原则，应完善以下措施：

首先，建立以裁判为中心的刑事诉讼构造和法官独立审判制度。我国的“流水作业式”刑事诉讼构造，讲求公、检、法三机关前后接力，互相配合，共同致力于实现惩治犯罪、查明案件事实真相的目的，同时也决定了无论是法院、侦检机构，还是被告人，都不适应直接言词的审理方式，进而失去了司法裁判机关作为社会正义最后堡垒的作用。根据《刑事诉讼法》第 149 条规定，审委会讨论案件的决定，合议庭必须执行。合议庭是庭审的亲历者，而审委会委员并没有参加庭审并听取当事人及其他诉讼参与人的陈述，“审者不判，判者不审”，不符合司法权的亲历性要求。因此，应强化合议庭和独任法官的职责，赋予其真正独立的裁判权。凡合议庭、独任法官开庭审理的案件，除法律有明确规定的以外，均由合议庭或独任法官定案。明确规定审委会讨论案件的范围仅限于法律适用问题，直至最终取消审委会讨论具体案件的职责。由于证人不出庭和被告人的如实陈述义务，使被告人无法向提供不利于己的证言的未出庭证人进行质证，因而无法有效行使法律赋予的辩护权，而刑事诉讼法第 64 条仍规定犯罪嫌疑人有向侦查机关“如实陈述”的义务，这会使其在诉讼过程中处于极为不利的境地。从长远来看，为了使我国的刑事程序达到国际最基本的人权保障标准，我国法院应当逐步确立犯罪嫌疑人、被告人“不受强迫自证其罪”的权利，确保其口供的自愿性和真实性。为了保障刑事诉讼当中各司法机关公正司法的需要，确立讯问时的律师在场权。一方面，律师可以随时为被追诉人提供咨询意见，鼓励他回答警方的问题或者建议他保持沉默，另一方面，可以避免警察对被处于完全孤立无助地位的追诉人施加不适当的压力，使其作有罪供述，而这种供述不仅侵犯了被追诉人的任意供述权，也容易造成错案，影响实体真实的查明。沉默权作为犯罪嫌疑人、刑事被告人的一项权利，可以放弃，如果他愿意接受讯问，自愿供述，则可以对他进行讯问。此外，可设立公诉人提起公诉时结合被告人如实供述的情节建议法庭对被告人从轻或者减轻处罚的量刑建议权；法庭量刑时也应当将之作为从轻、减轻的量刑因素加以考虑。

其次，证人出庭作证是抗辩式庭审方式顺利进行的前提。由于证人不出庭，使得法庭审理许多情况下只能依据侦查、起诉阶段形成的询问笔录进行证据调查，因而书面审现象严重，难以发挥审判程序纠正侦查、起诉程序错误的功能。书面审理造成的后果之一就是，侦查结果左右甚至决定审判结果，因为审判程序难以通过对证人的直接询问和质证发现侦查、起诉程序认定事实上的错误。证人出于对案件的一种认识而承担了相应的义务甚至一定的法律后果，然而，在法律的权威尚不充分的情况下，只能逐步地确立一种公民对法律信仰基础上的证人出庭制度，如果规定强制证人出庭，否则将承担严重法律后果等的任何缺乏意识根基的激进措施，可能会适得其反：一方面，出庭作证的证人损失纳入本已财政困难、经费紧张的法庭开支，以及证人无正当理由不出庭而延期审理，会造成法院负担过重；而另一方面，在普遍的法制权威未树立时强制证人出庭，会“制造”出更多的违法甚至犯罪现象（如藐视法庭罪或证人拒不出庭作证罪）。因此，目前更应当注重庭审的技术性操作，以倡导和疏导为主，而不是一味地追求以强制和强迫为主的配套措施的完善。刑事诉讼法可规定：（1）证人的权利与义务，证人无正当理由不出庭作证的，应负相应的法律责任；规定对证人的经济补偿和安全保障制度；证人出庭作证应坚持个别化原则，即使在法庭外等候传讯时也应当互相隔离，以免互相影响，并且不得参加或旁听对案件的审判；对于证人证言之间的相互印证，只能要求相对一致，而不是绝对一致。（2）证人作证豁免和基于合理理由拒绝作证制度，以免使证人因为作证受到某种情感或职业上的牵制。这是为了稳定家庭进而促进社会的和谐稳定，通过近亲属免证权在惩处犯罪上作出小的牺牲和让步，以换取更大的社会利益。（3）证人可以不出庭作证的情形。为了提高诉讼效率，立法还应当规定因适用简易程序、证人拟证明的内容控辩双方均不持异议、证人庭审期间患有严重疾病、证人不在国内、证人未满14周岁、证言对案件定性量刑没有直接影响，或有其他特殊原因，证人可以不出庭。（4）证人作证前后不一致的，应以法庭陈述为准，因为法庭陈述已经经过法庭质证。一般来说，庭前陈述不得作为定案的证据。（5）公、检、法有义务保证证人及其亲属的人身以及住宅的安全；不公开证人的住址和工作单位；采取使证人的外貌身份不被暴露的措施；变更证人姓名、居所地等。

再次，鉴定人出庭对其鉴定结论的作出依据及过程予以解释、说明，接受控辩双方的询问与反询问，以考察其准确性，也是控辩式庭审方式的内在要求和实现公正审判的根本条件。由于鉴定体系多重存在，加之鉴定人的道德品质、业务素质良莠不齐，致使鉴定结论的真实性、科学性难以判定。而在司法实践中，鉴定人极少出庭，鉴定结论因而无法得到质证，往往因一方申请重新鉴定导致延期审理，妨害了庭审的顺利进行，损害了司法的尊严与公正。因此，必须建立并完善鉴定人出庭制度。

最后，在欧洲各国，警察出庭作证是法庭审判的必要环节，这是同直接言词原则相一致的。警察出庭作证是指执行公务中的警察，他们需要向法庭说明抓捕、搜查和调取证据等各种情况，证明被告具有犯罪的事实和证据。如果警察不是在执行公务中了解本案被告的有关情况，只能以一般证人身份出庭作证。警局的官员认为，警察出庭作证是一项理所当然的法定义务，是证明犯罪的必要程序，每个警察在办理案件时都必须作好出庭的准备，只要法庭认为需要。目前，我国的警察出庭的少数司法实践一般都是警察目击犯罪的发生、当场抓捕现行犯罪人的情况，而且只以证人的身份参加诉讼，而不是以警察的身份出庭作证。为了保证司法审判的顺利进行，从确立司法权威的角度，有必要在立法上确认警察以证人身份向法庭作证，以履行其司法服务之义务，但是，根据我国具体国情，针对个案情形应当区别对待，警察在现场目击犯罪事实的发生，或者当场抓获犯罪人以及实施勘验、检查、搜查、扣押等几种情形下，应当以证人身份出庭作证。《人民检察院刑事诉讼规则》第 343 条规定，公诉人对于搜查、勘验、检查等侦查活动中形成的笔录存在争议，需要负责侦查的人员以及搜查、勘验、检查等活动的见证人出庭陈述有关情况的，可以建议合议庭通知其出庭。随着控辩式庭审方式改革的推进，侦查人员作为控方的证人出庭作证也应制度化。在证据法中可规定，如检察机关需要侦查人员出庭，应通知侦查人员，侦查人员应出庭作证。侦查人员作为取证主体，当辩护方对其取证的合法性以及真实性有争议时，只有其出庭接受控辩双方的询问与反询问才能确认，因此，侦查人员出庭作证是实现有效追诉的重要条件。同时，侦查人员出庭接受辩护方的质证，是被告人应当享有的权利，是诉讼科学化的要求，是诉讼民主化的体现，也是改造传统强职权主义诉讼模式，依法制权，防止权力滥用的必要手段，是实现诉讼模式科学化、民主化，防止侦、诉成为“两张皮”的重要措施。侦查人员应将其收集证据的过程特别是讯问嫌疑人以及勘验、检查与搜查、扣押的过程，作出适当的记录或保全，以待在法庭上接受辩护方的质证以及法庭的合法性审查。而实践中，侦查人员由于种种原因拒绝出庭，对此，应针对原因找解决的办法。我们应树立如下观念：其一，随着庭审方式的改革，公安机关的侦查工作必须服务于检察机关的公诉工作。其二，侦查的根本目的是将被告人送上法庭并予以定罪，侦查只是其中的第一步，而出庭作证支持公诉是其工作的延续。其三，出庭作证不是什么丢身份的事情。侦查人员应放下架子，应认识到，在侦查一线办案是树立自身形象，在法庭上同样是树立自己的形象。

五、质证原则：真相查明的动态装置

质证原则是指作为定案根据的证据必须经过法庭上的质证。贯彻审判中心主义，要求所有证据都要当庭出示，当庭质证。未经法庭质证的证据不能作为定案的根据，但法律另有规定的除外。质证原则是保证证据质量，实现诉讼真实的条件。① 刑事质证是诉讼双方在案件庭审过程中通过采用辩论、质疑、说明、解释、咨询、辩驳等形式核实证据真实性、相关性和合法性的诉讼活动。基于司法审判的本质所决定，诉讼立法在程序构造设计上为双方实施诉讼行为，提供了充分、平等的机会，以此保障双方在诉讼中的均衡对抗，从而使得法庭成为当事人之间各以证据为"剑"、"盾"进行和平争斗和借助法律手段与程序机制进行公平对决的诉讼平台。而这种对抗性结构有利于将法官置于"坐山观虎斗"的中立地位，通过双方当事人的积极举证，对任何可能作为裁判基础的证据进行言词辩论，并就事实与法律问题展开对话，有利于法官查明案件事实。1996年修正的《刑事诉讼法》第47条规定，"证人证言必须在法庭上经过公诉人、被害人和被告人、辩护人双方讯问、质证，听取各方证人的证言并且经过查实以后，才能作为定案的根据。法庭查明证人有意作伪证或者隐匿罪证的时候，应当依法处理"。该条款增设了刑事质证程序，这对贯彻公开辩论、直接言词原则具有积极意义。

（一）兼顾公平与效益价值的质证模式选择

从属于刑事诉讼程序模式的质证模式大略分为主要适用于大陆法系国家的纠问式质证程序模式、主要适用于英美法系国家的控辩式质证程序模式以及主要适用于战后的日本、意大利等国家的混合式质证程序模式三种。② 纠问式质证程序模式主要特征是，注重发挥法官在质证中的职权作用，而不强调当事人在质证中的积极作用。在起诉时，检察官需要把起诉书连同案卷和证据材料一并交给法院。控辩式质证程序模式主要特征是，注重控辩双方在质证程序中的主体地位，注重发挥控辩双方在质证程序中的主观能动作用。在庭审中，互相对抗争辩的控辩双方成为庭审的主导者和控制者，而法官则处于超然的听证者地位。法官对检察官的起诉只作程序性的审查，而不作实体性的研究，检察官在向法院起诉时，

---

① 如果说调查原则是德国突出其公法特色刑事诉讼中的证据原则，但由于侦查机关之过重负担，在实务上发展出一种法律以外的在调查阶段甚至于在审判程序中经由协议（Vere-inbarung，"Absprache"约定，"Vergleich"，"deal"商谈、和解、谈判）而告终结的一现象，有学者提出了"刑事法诉讼原则的功能演变"已趋向于对刑事诉讼的"再私法化"（参见［德］克劳思·罗科信：《德国刑事诉讼法》，吴丽琪译，115页，北京，法律出版社，2003）。不过如果侧重从诉讼标的处分、诉讼资料的提出和诉讼程序的推进来看，因世界性范围的对抗性取向以及我国的诉讼模式的改革，认为质证原则为证据法的基本原则更具有现实意义和突出人的尊严的时代特色。有学者提出司法证明有取证、举证、质证和认证的环节（参见何家弘、刘品新：《证据法学》，北京，法律出版社，2004）。其实这些证明活动是和诉讼活动相对应的，按照孙长永教授的观点，大陆法系侦查程序的构造特点包括：(1) 预备裁判性，预审制度职能：一是收集可以在审判中使用的证据，并保全嫌疑人；二是决定是否应当将案件交付审判。预审制度形式上是一种司法职能，实质上由法官执行侦查职能，对审判具有直接的决定作用。(2) 权力集中性：即主要的侦查活动由中立的司法机关——预审法官进行。(3) 单向和职权调查性。而英美法系侦查构造具有明显的弹劾色彩，其基本特征：1）审判准备性：侦查结果只有符合法定例外的情况下才能直接在审判中被用作证据。2）权力分散性；3）当事人主义的双向调查性（参见孙长永：《侦查程序与人权——比较法考察》，北京，中国方正出版社，2000）。我们认为"预备裁判性"更强调了审前收集证据的实质意义，审判准备性更突出了审前采集证据为审判进行准备的程序功能，即使不从两者融合的角度考察，两者也都表现出对法庭审理的质证程序的准备功能，只是进行的方式不同而已。

② 参见田国宝：《刑事质证程序的模式选择》，载《检察日报》，3版，2001-02-01。

只需移交一份附有简要案情的起诉状和证据清单，案卷和证据并不随案移交，即所谓“起诉状一本主义”。混合式质证程序模式主要特性是控辩双方在法官的指挥下进行质证。具体而言，原则上由公诉人进行主询问，然后由被告人及其辩护人进行反询问。在通常情况下，法官仅在控辩双方询问结束后才作补充性询问；但在法官认为必要时，也可以随时亲自进行反询问或在公诉人进行主询问的过程中准许被告及其辩护人进行反询问。对控辩双方所进行的询问，从有利于诉讼的角度考虑，法官认为不必要或不适当的，可以进行限制。混合式质证程序模式的优点是吸取了前两种模式的长处，克服了前两种模式本身所固有的一些弊端，兼顾了公平与效益。

比较当今世界各国主要的刑事质证程序模式的优劣并结合具体国情，我国应当选择混合式质证程序模式。要完善我国的刑事质证程序就必须从立法上明定刑事质证主体的证据开示义务、刑事质证的主体范围①、刑事质证的对象范围、拒绝质证的法律后果、刑事质证的进行规则、刑事质证的顺序以及刑事质证的内容等。从现行《刑事诉讼法》第47条的规定看，公诉人、被害人和被告人属于刑事质证主体的范围。此外，刑事质证的主体还应当包括被害人的法定代理人和近亲属以及被告人的辩护人（特别是在被害人死亡或者为无行为能力和限制行为能力人时以及被告人为盲、聋、哑或者未成年人时）。如果被害人或被告人因某种客观原因而无法行使该项权利，而又不允许相关人员来行使该项权利，将会导致对其不利的法律后果，并且这也会影响到人民法院的正确裁判。从贯彻公平、效率原则出发，刑事质证的对象范围不能局限于证人证言一种，而应当是刑事质证主体在审前开示的所有证据。从责任和义务角度看，对于控方而言，放弃质证权就意味着辩方反驳的事实成立，自己所指控的犯罪事实不成立，也就是承认自己办了错案并要承担相应的刑事赔偿责任。对于辩方而言，放弃行使质证权，意味着控方指控的犯罪事实成立，自己理屈词穷，甘愿接受指控。刑事质证程序进行要明定反对诱导性询问规则，明定控辩双方质证自愿原则、严守法庭秩序规则等具体规则。因为，对被询问人有强烈暗示作用的诱导性询问，不利于被询问人的如实陈述，且可能影响证据的真实性。一般而言，作为主持质证程序的主审法官不能随意干涉控辩双方是否质证以及对哪些证据进行质证的自由，以保障刑事质证依控辩双方的意愿有序地进行。

（二）作为质证进行前提的证据开示义务

控辩式庭审的一大特征是庭前的证据展示，证据展示在实践中已有推行。对于实行一次展示还是两次展示，是对等展示还是不对等展示，是单方展示还是双方展示，由谁主持

---

① 有人明确提出质证属于当事人的行为，认证属于法官的行为，二者不可混为一谈。笔者以为，一种审判过程同时包含着两方面的作用过程：一是当事人双方之间的“在水平方面上进行信息交换的过程”，即横向的对质、抗辩过程；二是法官与当事人之间“在垂直方向上的信息交换过程”，即纵向的裁定和判决过程（参见［日］棚濑孝雄：《纠纷的解决与审判制度》（中译本），259页，北京，中国政法大学出版社，1994），那么表现为在法官眼皮下的当事人相互信息交换的质证程序不可能排除其对法官施加有效影响的目的，以及法官对程序的可能影响。并且举证是质证的前提，质证是一种以认证为目的的活动，所以，将质证和认证明确区分并不具有实质和现实意义。

展示，不展示的后果、举证时效等，都是我国证据立法应当解决的问题。在比利时、法国、荷兰、德国等大部分大陆法系国家，在证据展示方式上基本相似，在重罪法庭正式开庭之前，有一个预审法庭，由调查法官主持，采取预备法庭方式的要求由检察官提出。因为轻罪案件由警方和控方直接调查，在重罪案件中才有调查法官参与，所以，当检察官认为属重罪案件时，才向法院提出请调查法官参加。调查法官独立行使预审法庭的一切权力，负责主持侦查、起诉的活动。控辩双方调查（包括警察的侦查）都要经调查法官批准，在其主持下进行。调查法官负责解决诉讼中包括证据合法性在内的一切程序问题，正式开庭时主要解决实体问题。在侦查阶段，警方和检方的所有案卷材料都交到法院书记处，律师可以查阅和复制。控方必须提供包括有利于被告和不准备用于起诉的所有材料，而辩方则可以选择提供，也可以不提供，辩方只是在预审法庭开庭时出示证据。这种方式实际上是赋予辩方在庭前充分的阅卷权，而辩方对控方并没有展示证据的义务。①

庭前证据展示制度不仅有助于加强控辩对抗，增强对当事人合法权益的保护，还有利于推进审判制度的改革，提高案件的审判质量，更好地维护司法公正，提高司法效率。当事人应当对其提起诉讼所依据的证据在法律规定或法院指定的期限内及时向对方公开展示与披露，这是现代诉讼秩序安定与正当程序所确立的一种行为模式。依据我国现行的刑诉法，律师在侦查阶段只能有权“向侦查机关了解犯罪嫌疑人涉嫌的罪名”；在审查起诉阶段，“辩护律师自人民检察院对案件审查起诉之日起，可以查阅、摘抄、复制本案的诉讼文书、技术性鉴定材料”；在审判阶段，“辩护律师自人民法院受理案件之日起，可以查阅、摘抄、复制本案所指控的犯罪事实的材料”。由于立法用语的模糊、相关规定不明确，以及有关部门从部门利益出发违背立法原意而作出有利于己的解释，使得辩护律师的阅卷权很难得到充分行使。如“诉讼文书”是仅指搜查证、逮捕证、起诉意见书等程序性文书，还是指反映相关实体内容的文书，法律没有明确的规定；“本案所指控的犯罪事实的材料”是全部材料还是部分材料，是指控方已移送至法院的材料，还是包括未移送到法院保留在控方的材料；以及辩方律师是到法院还是到检察院获得证据信息，法律都没有明确规定。由此导致律师阅卷的范围、方式、地点均含混不清，实践中，辩护律师的阅卷权受到极大的限制。加之辩护律师的调查取证权、会见权等权利原本有限，使其很难在庭前掌握充分的证据材料，以作好辩护准备。而另一方面，对控方而言，辩方不承担任何向其透露有关证据信息的义务，即使是那些足以使控方放弃指控或使审判无须进行的证据，如被告人不在犯罪现场的证据或被告人系精神病人的证据，等等。此种证据信息交流的“不畅”使得在庭审时“证据突袭”不断，控辩双方为了了解新的证据信息或应付突然出现的新情况，往往要求延期审理以便调查或核实有关证据，这不仅使得直接言词原则得不到贯彻，从而影响实体真实的发现，同时由于庭审的中断，使得诉讼拖延成为司法实践中较普遍的现象。此外，由于没有规定证据时效制度，控辩双方随时都可以提出新的证据来影响诉讼的进程

① 参见田文昌：《欧洲六国证据立法和司法制度考察随笔》，载《法制日报》，4版，2001-03-04。

和判决的效力，使诉讼始终处于一种不确定的状态。

对证据展示制度的设计，有人认为，展示开始的时间，宜在案件移送检察院审查起诉后、向法院提起公诉前这段时间内，一般进行一次即可，庭前证据展示主要是在控辩双方之间进行，没有必要由法官来主持进行。因为诉前进行由法官主持的证据展示，不仅容易让法官产生预断，也不利于提高诉讼效率，而且也使被告人丧失了获得不起诉的机会，使证据展示所应发挥的充分保障被告人在审查起诉阶段的辩护权、提高案件公诉质量的独特功能丧失殆尽。地点可在人民检察院内设置专门的证据展示场所，配备相应的设施和用品。庭前证据展示应是法庭审判程序前的必要程序。庭前证据展示应遵循对等原则、诚信原则和公共利益豁免原则三项基本原则。证据展示参与主体应包括检控方和辩护方，被害人代理人也应有权参与，律师之外的辩护人经检察院审查许可也可以参加。由于现行法律没有辩护律师要在庭审前向检察院出示证据的规定，因此，庭审时常常出现辩护律师出示主张无罪、轻罪的证据，而检察人员没有准备的非常被动的情况。因此，有学者建议证据开示制度应是双方互相开示，权利均等，双方未开示的证据，庭审时均不得出示。笔者认为，证据开示应在庭审前进行，由非审理本案的法官主持，以避免庭审法官产生先入之见，因为第三方的介入可以适度防止双方的幕后操作；证据展示实行双向不对等原则，对控方来说，应将有利、不利被告人的证据加以展示，已取得但未在证据目录中列入的证据，不得作为庭审证据；被告方只对不在犯罪现场等不承担刑事责任的证据，才有展示义务，以对先天的控辩失衡进行一定的补救；控辩双方举证时效应限于检察院向法院提起公诉后、证据展示前；如双方对证据展示产生纠纷，不允许再调查，应在庭审中通过质证加以解决，防止过分的诉讼拖延。

（三）保证真实发现的交叉询问机制

“尊重人的人格的自主性乃是正义的基础。”① 由于当事人充分参与到诉讼程序中来，对争议的事实和证据经过了充分的论证，就形成了对裁判结果的信任感。承认当事人作为自主、负责的理性主体的地位，就是对当事人作为人的尊严和价值的充分尊重，也起到对审判权的监督和制约作用。美国模范证据法典起草委员会首席顾问、著名学者威格莫尔（Wigmore）认为：“为发现真情，人类迄今发明的最伟大的法律发动机，毫无疑问应是交叉询问。”② 受当事人主义的诉讼资料辩论主义的影响，作为英美诉讼程序灵魂的交叉询问是质证的基本方式，具体分为主询问与反询问。③ 主询问又称直接询问，它是开庭审理询问证人的第一阶段。主询问通常是由提供证人的一方当事人通过其律师进行的。当事人将通过询问自己提供的证人，借助于证人（包括被告人、被害人、普通证人、专家证人

---

① ［美］E. 博登海默：《法理学：法律哲学与法律方法》，邓正来译，175页，北京，中国政法大学出版社，1999。

② 何家弘、刘品新：《证据法学》，240页，北京，法律出版社，2004。

③ 交叉询问是由一方当事人或其律师在法庭上对另一方证人进行的盘诘性询问（参见何家弘、刘品新：《证据法学》，251页，北京，法律出版社，2004）。但作为一种事实发现机制，主询问（直接询问）与反询问（交叉询问）是相对而存在，很难孤立看待。

以及实施搜查、扣押等侦查措施的警察等）所了解的案件事实情况，把己方主张的理由以及信息、材料来源明确地反映出来，以取得法官和陪审团的理解和同情。主询问的目的在于证实询问方的主张，是当事人切实履行举证责任的必要形式。反询问是在法官主持下，对对方证人提供的证言进行质疑，以便降低乃至取消该证言在事实裁判者心目中的可信度。反询问后，进行主询问的一方可就对方进行反询问中所涉及的新事项再进行主询问。主询问与反询问是相对的，再询问后，并不排除再反询问以及此后反复询问的延续过程。如果当事人认为必要并得到法官的允许，这样的再主询问可以反复若干次，直到无话可问或无必要再问为止，与此相应，相对方可以再次进行相应的反询问。这种交叉询问方式在大陆法系国家立法中无明确规定，但实践中还是存在的。日本第二次世界大战以后受美国影响，在庭审中引入交叉询问的机制，形成了当事人询问与法官询问相结合的庭审调查模式。

我国1996年《刑事诉讼法》规定的庭审是按照抗辩式的当事人主义模式建立起来的。首先，确立控方举证基本原则。即公诉案件由公诉人举证，自诉案件由自诉人举证。当然，被告人在特定条件下对特定事实负举证责任，如对于被告人不在犯罪现场、被告人未达刑事责任年龄、被告人存在精神障碍等情形的申辩。对于合法程序的举证责任，应由控方举证。这对于庭审中被告人以程序上有违法情形为由进行翻供能起到很好的遏制。至于建立值班律师制度和同步录像制度等相关配套措施，目前在全国范围内“一刀切”的条件还不具备，但是又不能在全国范围内法制实施不统一。此外，意在达到权利对等或平等武装的辩护律师讯问在场权的过分强调其实在故意制造一种警察对律师人为的逆反心理，商业化运作的律师活动为犯罪嫌疑人提供第一次讯问时“免费法律咨询”这一顿免费的午餐也并不心甘情愿。侦查人员讯问时应同步录音录像在人员素质、技术条件和设备以及保管、使用等方面均需明确，而操作程序的规定又徒增本程序设置的烦琐。因此着眼于法庭举证责任的合理分配是一个省事而不费心的举动。在当事人及其辩护人、诉讼代理人提出公安机关、检察机关收集证据违反法律规定而提供必要的证明后，法庭认为公安机关、检察机关可能存在收集证据违法的情形时，应当要求公安机关、检察机关对其收集证据程序的合法性提供证明，由公安机关、检察机关承担证明其收集证据程序合法的举证责任。在合理分配举证责任的基础上，规范交叉询问行为，完善交叉询问规则。

（四）着眼证据采纳和心证形成的法官职责

就心证理由需不需要阐明，我国台湾地区的林朝荣检察官认为，就证据之证明力言，无论所奉行之主义如何，固均委诸法院之自由判断，然而，由于两项主义审判构造之差异，其自由判断职权之行使，自有不同之风貌。英美法系采“说服式审判构造”，大陆法系采“折服式审判构造”[①]。在裁判文书中阐明证据是否采纳的理由，是法官对裁判结果经庭审后

① 林朝荣：《证据能力及证明力》，载《东海大学法学研究》，第17期，2002。简单地表述，以当事人主导的“说服式”中法官“怦然心动”的判决无须过分说理，而以法官主导的“折服式”则要充分说理使诉讼参与者“心服口服”。

的理性选择和形成内心确信过程全面、综合的反映，也是法官向当事人就其诉讼请求和事实主张何以获得支持或被否定所作出的解释与说明，因此，应当做到全面透彻、逻辑严密、重点突出、层次分明、合法有据，对决定法官形成心证的事实和考量因素在判决理由中明确予以阐释。从心证形成过程上讲，基于一种整体上的法官中立形象，为便利当事人行使其诉讼权利以及使整个社会养成崇尚司法的行为习惯和形成相应的价值理念，法院应保障当事人举证权利的实现。当事人享有要求法院指令诉讼外有关组织或者个人提交证据的权利。在加强法官与当事人相互沟通的前提下，也应当注意从法官的角度将其对诉讼案件所理解的法律意义及时向当事人进行传达，以便使当事人在法官所确立的法律框架之内对其诉讼主张和诉讼抗辩进行思考、准备和进行必要的调整，以防止法院就作出裁判所涉及对法律关系及行为的性质或效力的认定，出乎当事人意料。在证据调查上，一方面，法官在审判上为确保查明案件真实享有诉讼指挥权，另一方面，当事人有向法院申请证据或主张某种证据方法的权利。其中，当事人可依法向法庭申请传唤证人、申请鉴定、申请勘验、申请法院命令对方当事人或诉讼第三人向法庭提供必要的证据，等等，对此，法庭应当据情进行审查判断，以便决定是否准许当事人的申请以及如何开展与此相关的证据调查活动。在案件事实认定方法上，为了防止法官在实行自由心证主义上的主观擅断，规范法官对事实认定的方式，法官应当依据全部调查过的证据资料以合理的逻辑推理和经验法则来判断证据和认定案件事实，并对事实存在的确信达到相应的证明标准。证明标准是用于衡量或评判法官就案件的待证事实在心证上是否获得必要确信的尺度或程度。只要法官就某一待证事实在内心信念上达到了必要的程度，在审判上就视为已查明了案件事实或对案件事实可以加以确认。对于证明标准，大陆法系国家采用的是“自由心证”，而英美法系国家采用的是“排除合理怀疑”。我国刑事诉讼法的表述方式是“事实清楚，证据确实、充分”，在实践中缺乏可操作性。以需要证明的“客观真实”结论当作证明的参照和标准，是以一种完全排除盖然性的绝对确定的因果倒置来衡量程序的客观标准，而忽视甚至否认证明标准的主观性。在理论上，“客观真实”证明标准被斥为理想绝对主义和不具可操作性，欲取而代之的以多元价值程序正义观为基础而设定的“法律真实”，也并不能产生明晰的事实判定，反而因何谓法律真实不明确，易被误解为主观真实、形式真实导致降低证明标准。此外，被追捧的程序之内甚至是经过一审、二审和再审所确定的法律真实标准往往恰是被“程序”以外的客观真实所推翻，来了一个众所周知并且众口一词的定论。采一种“中庸之道”或者层次式或者结合式的证明标准在所难免，但是又可能因为其包容性过大而为各种司法错案找到各自合理的借口。

第三节　我国刑事证据法原则的初步构想

刑事证据立法应当防止、限制司法人员的恣意专断、滥用权力，以遏制司法不公、司法腐败，同时充分保护当事人及其他涉讼公民的合法权益。集中体现刑事证据法理性、文明和民主的良法性。[①] 刑事证据法原则的真正确立要通过具体的制度来保障，例如，自由心证原则要求公开审判制度、辩护制度、判决理由制度、上诉制度、判例法制度以及司法独立和法官精英化制度等来保证。在我国这些制度有的已经确立，有的还很不完善，甚至还是空白，如判决理由制度、判例法制度以及司法独立和法官精英化制度等。要想在更大范围内、更大程度上制约权力和保障权利，更好地保障我国证据立法的良法性，建立和完善证据制度，要进一步修改、完善刑事诉讼法，甚至将一些刑事诉讼原则上升为宪法性规范，乃至改革和完善整个司法制度，从而更加注重对人权的保障。比如，建立科学完善的刑事审前程序才能更好地防止刑讯逼供、久押不决等问题，又如贯彻直接言词原则就要建立法官或者合议庭独立原则。目前，一方面要制定比大陆法系甚至某种程度上比英美法系更多的司法令状规则、非法证据排除规则、证据证明力等规则，以弱化、限制司法人员在证据收集和判断问题上几乎无限制的自由裁量权；另一方面，应以控辩双方主导原则为制度基础，确立并保障当事人的诉讼主体地位，尤其是确立控辩双方主导证据的提出与调查，取消法官庭外证据调查权。[②] 在总体模式属于职权主义的我国刑事刑事诉讼法，如何把当事人主义因素引入职权主义的证据制度中，在满足保护人权与追求真实两方面要求的同时并富有效率，实属不易。如，为保证直接言词原则要求证人出庭作证，可以为控辩双方提供质证机会，但是对控辩双方无异议的或者其他特殊情况的，为了诉讼效率可以设置一些例外。又如，确立沉默权原则的同时，对以下几种情况应当进行限制：在犯罪嫌疑人身上、住所发现犯罪证据的；有证据证明犯罪嫌疑人在案发现场的；团伙、有组织犯罪中，有证据证明重要成员对其他成员的有关犯罪事实了解的。再如，证据展示制度上不一定适用于每一个案件，可以有选择地进行，并且证据展示不能演变为审判前的审判，从而导致重复质证。

刑事证据法基本原则因其的规范对象不同而各有侧重点。证据裁判原则表现出人类在诉讼认识活动中理性主义的萌生。合法性原则是证据的社会属性的体现，侧重规范证据能力，本诸规则判断。关联性原则是证据的自然属性的延伸，侧重规范证明力，本诸自由心证；“证据同争执点有关与否是一个逻辑问题，而可采纳与否是一个法律问题”[③]。可见，证据能力是属法律范畴，而证据力（即证明力）则属逻辑范畴。直接言词原则是事实发现的前提机制，侧重对法官和诉讼参与人的时空条件的规范，强调证人出庭、当事人出席、法官亲历审判。质证原则是真相查明的动态装置，侧重对诉讼参与人的证据运用和法官采纳证据的行为进行规范。

刑事证据法基本原则之间又以证据能力和证明力为相互联系点。作为现代证据制度和诉讼法制度的核心原则的证据裁判原则，直接言词原则、裁判中立原则、控辩对等原则、无罪推定原则等都不能削弱证据裁判原则的作用，甚至有些原则对证据裁判原则还有强化

---

① 法治应包含两重意义：已成立的法律获得普遍的服从，而大家所服从的法律又应该本身是制定得良好的法律（参见［古希腊］亚里士多德：《政治学》，吴寿彭译，199页，北京，商务印书馆，1965）。

② 参见左卫民、刘涛：《取向与框架：两大法系刑事证据法之比较》，载《中国法学》，2001（5）。

③ 沈达明：《比较民事诉讼法初论》，265页，北京，中信出版社，1991。

作用。如，在有证据证明被告人有罪的情况下，才能对被告人定罪量刑，是贯彻无罪推定原则的要求，而在有罪推定下对公民的定罪量刑，就不一定要求有明确的证据了。再如，法庭审理采取直接言词原则，可以使控辩双方充分行使质证权，有利于查清证据的真伪和排除违法证据。证据裁判原则，在证据能力上，要求作为裁判根据的证据，在消极的证据容许性方面不被法律所禁止；在积极的证据审查判断方面经过严格的法定程序。前者具体分化为合法性原则和关联性原则。在某种意义上，证据裁判原则与合法性原则在证据能力的规范要求和证明对象的范围限定上是一致的；而关联性原则在优先适用证据裁判原则以作为可采性的事实前提并与证据裁判原则相衔接以自由心证认定案件事实。后者具体分化为直接言词原则和质证原则，证据裁判原则要求证据必须在公开的法庭上出示，经过控辩双方的充分辩论。以是否接受证据调查为标准，证据仍然可以被区分为存在于证据调查之头、关注证据的形式特征即证明能力问题的证据和存在于证据调查之尾、关注证据的实质内容即证明力问题的证据。与调查程序和证据阶段同步的证据关联性可分为调查前限定调查范围的证明能力关联性与调查后限定判断范围的证据价值关联性。相关性是证明能力的基础，对证据相关性的判断一方面划定法庭调查的证据范围，另一方面构成证据具有证明能力的前提条件。控诉方既已提出待证事实，则应当提供证据予以证明。提供证据的范围，就应当限定在与待证事实具有相关性的证据之内。特定证据与待证事实之间是否具有相关性，直接决定着特定证据对于待证事实是否具有证明作用。具有相关性的证据材料是否具有证明能力仍由法官依法或者自由裁量。可见，证明能力问题已经包含了价值判断的因素，或者说体现了正当性的要求。贯彻直接原则，要求证人，侦查人员，鉴定人，勘验、检查笔录制作人出庭接受控辩双方的质证。直接言词原则构成质证制度基本前提，只有被害人、证人、鉴定人出庭作证，法庭质证才能进行。直接言词原则一方面要求审判人员庭前不深入控方材料，以免形成预断或偏见，从而从程序上保障了正确裁判；另一方面有利于巩固控审分离，实现控辩平等。庭审质证又是直接言词原则和辩论原则的直接体现，也是实行“集中审理”主义的必然要求。在证明方式上与自由证明相区分的严格证明是证据裁判原则的重要内容。与言词（口头）审理原则和严格证明规则的密切联系相对应，间接审理原则是与书面审理原则和自由证明相联系的。刑事质证的内容主要是刑事证据的真实性、相关性和合法性，也就是对对方所提出证据的证据能力和证明力进行核实。质证原则要求所有证据材料都应该给予控辩双方对其进行充分的辩论、驳斥的机会并且都必须经过在庭审中控方、辩方的辨认、质疑、说明、解释方能作为定案依据，这本身是对证据裁判原则的肯定。庭审质证程序中举证原则、质证顺序、质证内容以及质证的限制性要求和禁止诱导性询问、禁止质证己方证人和限制重复询问等规则都体现了一种合法性的要求。

第七章

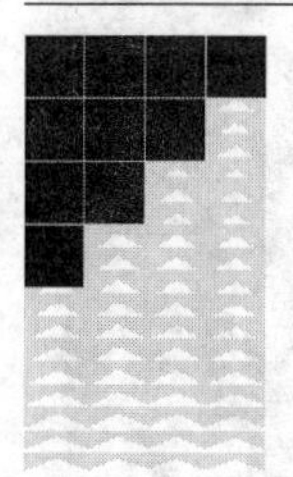

证　　据

第一节 证据概述

一、证据的概念

我国刑事诉讼法规定：证明案件真实情况的一切事实，都是证据。① 我国传统证据法学认为，这一规定是立法对刑事证据所下的定义，概括了诉讼证据的本质特征，反映了它的本质属性。② 因此，在我国证据法学中，关于证据概念的界定，尽管存在着“事实说”、“统一说”、“广义狭义说”等差异，但就其核心而言，基本上都是以该条规定为法律依据而展开（即“证据是……事实”），并具有以下共同特点：第一，以应然的定案根据为模本，设定证据的标准和要求；第二，强调证据内容的真实性。

与传统证据概念强调证据的内容不同，近年来关于证据概念的研究开始越来越多地转向形式性的证据概念。如“根据说”③、“材料说”④。其中，以何家弘提出的“根据说”最为有力。该论者认为，证据是指证明案件事实存在与否的根据，“无论这‘根据’是真是假或半真半假，它都是证据；无论这‘根据’是否被法庭采信，它都是证据”⑤。显而易见，与传统证据概念相比，这一功能性证据概念具有以下特点：第一，该证据概念以当事人为着眼点，认为凡是当事人用以证明案件事实的根据，无论采纳与否，都属于证据；第二，该证据概念彻底抛弃了证据的真实性问题，无论真假都可以用作

---

① 参见1979年《刑事诉讼法》第31条，1996年修改后的《刑事诉讼法》第42条。

② 参见陈一云主编：《证据学》，99页，北京，中国人民大学出版社，1991。

③⑤ 何家弘：《让证据走下人造的神坛》，载《法学研究》，1999（5）。

④ 毕玉谦、郑旭、刘善春：《中国证据法草案建议稿及论证》，北京，法律出版社，2003。

证据。

上述两类证据概念的对立是显而易见的。但是，在我们看来，上述证据概念都是一种静态的证据概念，它都是以某一时间点的证据现象为模本进行的“定点性”研究。然而，证据现象是一个过程性存在，“以点带线”的证据概念，当然失之阙如。

我们认为，研究证据概念，必须注意以下三个方面的问题：

第一，证据是一个过程性现象，与此相应，证据的概念也应当是一个动态的概念。

诉讼活动是一个过程。因此，诉讼中的证据现象也必然是一个过程性存在。其中，在刑事诉讼中，我们至少可以将证据现象分为以下三个大的时段：程序外的证据、审前程序中证据与审判程序中的证据。其中，审判程序中的证据，又可以根据是否接受法庭调查分为法庭调查前的证据与法庭调查后的证据。显然，我们以上述任一时段的证据为模本而提出的证据概念，都很难准确地反映其他时段证据的特点。比如，在审判程序中，但凡当事人提出请求法庭调查的证据，当然都是证据；对于此时的证据，我们当然无法谈论它的真假问题，否则，还要法庭调查干什么？于是，形式性证据概念比实质性证据概念显得更有道理。但是，对于法庭调查之后的证据，如果我们仍然说证据没有真假，那么，法庭调查同样也就没有存在的必要了。就此而言，对于此时的证据，我们又不得不考虑其证据内容的真假问题。再以审前证据与法庭证据为例。在审前活动中，侦查人员可能刚刚接触案件，如果此时对证据提出过高的要求（如必须是原件、原物，传闻证据不可用），那么，对于很多案件，可能会因为没有合格的证据而根本无法立案、侦查。然而，审判程序则不同，由于之前已经有了相当充分的准备，如果此时还允许提出传抄了好几道手续的传来证据，还允许道听途说的证言作为证据，那么，审判程序将会因充斥大量无关的证据而混淆争点、拖延诉讼。因此，在证据概念问题上，我们必须走出以点带面的褊狭思维，而转向一种动态的证据概念。

那么，就证据立法而言，我们是否需要关注每一时段的证据现象呢？当然不用。在现代诉讼制度下，审判犹如证据过程的目的地；审判前所取得的证据，最终必须通过审判活动才能产生其期待的法律意义。[①] 因此，证据法只需明确审判阶段的证据，纲举而目张，其他阶段“唯我马首是瞻”即可。也正是基于此种原因，西方证据立法和证据法学理论基本上都是以审判阶段为“定点”。考虑到我国证据制度和证据法学的大陆法系传统，我们认为，德日的证据理论尤其值得借鉴。

在德国、日本以及我国台湾地区的证据法学中，对于审判阶段的证据，根据是否接受调查，将其区分为证据方法、证据资料、证据原因。一般来说，证据方法与证据资料的关系是，通过调查证据方法，就能获得证据资料。证据资料对认定事实所产生的积极作用，称之为证明价值或证明力。以是否具有证明价值，证据资料可以进一步区分为证据原因和

---

① 英美的非法证据排除规则、德国的证据禁止，即是最好的明证。在此，其立法思路都是：通过法庭对证据的采用与否，对审前取证活动施以强制性约束。

其他（没有证明价值的）资料。证据原因是指使法官能够形成心证的原因。①

证据的过程可概括如表7—1所示：

证据方法——证据能力（证据法规则）——证据调查（程序法规则）——证据资料——证据原因（裁判者信其为真、据以认定事实的根据）

表7—1

证据方法	证据法规则	证据的法庭调查	证据资料	证据原因
证人	传闻规则 意见规则	交叉询问：一问一答 职权询问：连续陈述	证言	
当事人本人	品格证据规则 自白规则—补强规则	民事：询问当事人 刑事：作为证人询问，又不同于证人	当事人的陈述	
鉴定人	意见规则	鉴定 专家证人/法庭助手	鉴定意见	
文书	最佳证据规则	书证	文书的记载内容	
检证物	原物规则	物证	证物的性状与现象	

第二，证据与证明密切相连。

证据是法律所允许的说服事实裁判者的手段。因此，在证据法学研究中，必须将静态的"证据"置于动态的"证明活动"之中。只有结合诉讼证明，才能真正理解法律上的证据。

在我国传统证据法学理论中，一般将证据与证明区分为两个独立部分：前者研究静态的证据概念、种类、分类；后者研究与证明活动相关的证明对象、证明责任、证明标准等内容。由于割裂证据与证明活动的内在联系，传统证据法学理论存在以下两方面的盲区：其一，在有关证据的研究中，证据成了一种与证明活动无关的"静态物"，忽视了证明活动中证据的动态性、多变性。其二，在有关证明的研究中，忽视了证明活动应当受制于诉讼法定程序的法律属性，尤其是证明活动与诉讼模式之间的密切关系，致使诉讼证明几乎被等同于纯粹的认识活动，而殊少关注证明活动、证据现象应有的法律品性。

在证据与证明活动的关联中，我们不仅需要一种动态的证据观念，而且将凸显证据的法律品性。证明活动是一种法律规制下的诉讼活动。在现代法律制度下，证明活动与法庭调查程序密不可分，因此，在严格证明的约束下，并非任何有助于查明事实真相的证据材料都可以用以法庭证明；相反，接受法庭调查的证据必须具备相应的证据能力。因此，研究证据，必须关注规范证据能力的证据规则。

第三，证据具有双重主体结构。

---

① 参见何家弘主编：《外国证据法》，484页，北京，法律出版社，2003。

证据是说服他人的手段。因此，任何一项证据，在实践中，都必然牵连着两方主体：说服者与被说服者。在此双重主体结构中，我们将发现：同一证据，可能被（说服者）用作证据，但却不一定被（被说服者）接受为证据。由此，产生了“一项材料，既是证据，又不是证据”的奇怪现象。

由于证据的双重主体结构，遂产了以何种视角研究证据的问题：即究竟应当以当事人为立足点，还是以裁判者为立足点。对此，需要首先说明的是，在说服与被说服的双重主体结构中，尽管说服者决定着提出什么样的材料作为说服的手段，但是，因为说服活动的最终目的是说服裁判者，因此，重要的不是说服者提出了什么样的手段，而在于说服者提出的手段是否具有说服裁判者的能力，能否最终说服裁判者。显然，一项材料是否具有说服能力、能否说服裁判者，最终取决于裁判者，而非当事人。因此，在证据概念问题上，以当事人为立足点是十分荒谬的。如果当事人提出的东西，被说服者必须照单全收，并必须作为有效的说服手段，那么，作为被说服者而存在的裁判者将最终蜕变为被操纵的傀儡。

在说服与被说服的双重主体构造中，被说服者理所当然地居于优势地位；在说服活动中，重要的不是当事人相信什么可以成为证据，而是裁判者相信什么可以成为证据。因此，在英美法系，裁判者除根据法定规则排除当事人提出的证据材料外，还可以因偏见、混淆或浪费时间，裁量性地排除所提出的证据。[1] 在大陆法系，裁判者基于程序指挥权的主导地位，对于是否调查证据、调查何种证据享有相当广泛的裁量权。[2]

综上，如果必须给出一个概念，我们认为，证据是指法律所允许的能够让事实裁判者信服的说服手段。在外观上，证据表现为法定的证据方法；在内容上，证据表现为法庭调查所得的证据资料；在实质意义上，证据特指裁判者信以为真的并用以推论待证事实的证据原因。

二、证据属性的传统学说

(一) 传统的三性说

传统证据法学以定案根据为着眼点，认为（作为定案根据的）证据应当具备以下三种的属性：客观性、关联性与合法性。即所谓的“三性说”[3]。

---

① 参见美国《联邦证据规则》第402条、第403条。

② 值得注意的是，在德国，为了防止裁判者任意否定当事人调查证据的请求，立法对裁判者拒绝调查证据的权力作了必要限制。德国刑事诉讼法典第244条第2款规定：“证据的收集为不准许的时候，要拒绝查证申请。除此之外，只有在因为事实明显，无收集证据的必要；要求查明的事实对于裁判没有意义或者已经查明；证据毫不适当或者不可收集；提出申请是为了拖延诉讼；或者对于应当证明的、对被告人有利的重大主张，可将主张的事实作为是真实事实来处理的时候，才允许拒绝查证申请。”

③ 在20世纪80、90年代，我国证据法学关于证据的属性，有所谓的“两性说”与“三性说”之争。其争论的焦点是：证据的属性是否包括合法性。参见陈一云：《证据学》（第五章第二节“证据的‘法律性’问题”），104页以下，北京，中国人民大学出版社，1991；刘金友：《证据法学》（第五章第二节“关于证据合法性的争论”），129页以下，北京，中国政法大学出版社，2001。

1. 客观性

传统证据法学认为，客观性是证据的本质属性。所谓客观性是指，在诉讼过程中能够成为证据的，必须是确实的事实，是客观存在的东西，而不能是虚构、变造的东西。简言之，客观性即证据必须是客观存在的事实，必须是真的。

一般认为，客观性包含两层含义：第一，证据必须是客观存在的事实，意在强调证据的真实性。第二，套用马克思唯物主义认识论的表述，认为"作为证据的事实以及它们与案件事实的各种联系，是客观存在、不以人们的主观意志为转移的。证明主体只能发现它、认识它，并加以收集、固定和保存，而不能把主观猜测、随意捏造、任意歪曲等误认为真实且与案件有关，实则虚假或与案件无关的事实当作证据"①。在此意义上，客观性强调证据相对于办案人员的决定性、第一性，或者说，认识主体对于认识客体的附属性、第二性。

2. 关联性

关联性，又称证明性，是指证据必须与案件事实具有客观关联并因此具有证明案件事实的能力。关联性是确定一项客观事实能否成为本案证据的内在根据，也即，证据必须具有客观性。但是，并非一切客观事实都可以作为本案的证据；只有与本案案件事实具有关联性的客观事实，才可以作为证据。

关联性包含两层含义：第一，证据事实必须与案件事实有客观联系。即必须有联系，该联系必须是客观的，该客观联系方式为人所知，联系的方式具有多样性。第二，证据事实必须具有能证性。即对于特定待证事实，具有证明其成立与否的价值和作用。与案件事实具有客观联系的证据，可能因为证据对待证事实的证明作用尚未被人类完全掌握（如测谎记录），因为证据自身模糊不清（如模糊的指纹）或丧失证明能力（如变质的精液）等原因，而不具有能证性。

3. 合法性

合法性是指证据必须具有法律规定的形式和依照法定程序收集、运用。一般而言，证据合法性具体是指，收集主体、程序合法，存在形式合法（即属于法定证据种类），来源合法（证人是否亲身感知，鉴定主体是否具备法定资格），经过法定程序查证属实。

（二）关于客观性的争论

关于证据的属性，我国传统证据法学强调，客观性是证据的本质属性，证据的关联性也必须具有客观真实的要求。通过证据的客观性，传统证据法学意在强调两点：第一，证据的真实性、可靠性。第二，强调证据相对于办案人员的决定性、第一性。② 因此，何家弘教授将我国传统证据法学关于证据的界定概括为"不属实者非证据"，并认为，这一界定因

① 刘金友：《证据法学》，115～116页，北京，中国政法大学出版社，2001。

② 参见陈一云主编：《证据学》，99页，北京，中国人民大学出版社，1991；刘金友主编：《证据法学》，115页，北京，中国政法大学出版社，2001；陈光中主编：《刑事诉讼法学》，159页，北京，中国政法大学出版社，1991。

强调证据的真实性，人为地改变了证据的“中立”立场。[①]

对于证据的真实性问题，何家弘教授认为，证据本身并没有真假善恶的价值取向，而传统证据法学却因坚持“不属实者非证据”的立场，而造成了立法上的自相矛盾和理论实践上的困难。[②]

但值得注意的是，何家弘教授似乎并不否认定案根据应当具有真实可靠性。“证据和定案根据是两个既有联系又有区别的概念。一般来说，定案根据都是证据；但是证据并不一定都能成为定案根据……他们对于自己收集或他人提供的证据都要根据有关的规则进行审查判断，然后从中筛选出他们认为可靠的证据作为‘定案’根据。那些未能被他们采信的证据，也仍然是证据，只是未能成为定案根据而已。”[③] 然而，问题是，如果说“不属实非定案根据”，似乎同样会出现论者所驳斥的尴尬局面。套用论者的论证，即“一审法院认定的定案根据仍然可能不属实，仍然不能称为定案根据；二审法院……这样一来，证据何在？证据岂不成了人们在现实生活中可望而不可即的东西了吗”？如此，似乎连定案根据也不无所谓真假之分了。

其实，在谈到“真实/属实”问题时，如果采用传统证据法学所持的“客观真”的立场，上述“尴尬局面”永远都会存在，除非我们在证据法学研究中彻底放逐“真实/属实”问题。然而，证据法学是无法离开“真实/属实”问题的。道理很简单。如果彻底抛弃了证据的“真实/属实”问题，那么，证据/定案根据也就失去了审查判断证据的标准，而以揭示证据真假为目的的法庭调查程序也就根本没有存在的必要了。

在此，我们认为，我国传统证据法学关于证据的界定，其错误并不在于强调证据的真实性（即客观性），而在于盲目地套用客观性、真实性等具有绝对色彩的哲学概念。尤其是，在我国传统证据法中，片面强调物质对于认识的本体论意义（即物质的第一性），致使在解释“证据的客观性”时，完全忽视了证据活动自身的当下性、实践性。证据是一种当下的实践活动，因此，在谈论证据的客观性/真实性时，我们不能以永恒正确的“真实性”作为判断标准，而只能满足于“现世不错”的当下判断。举例明之，明清时期，当我们的先人在运用滴血认亲时，根本不会考虑这一手段将遭到后人的不齿；同样，在我们认定DNA证据时，也绝不会担心现在作出的真实结论，会随着科技手段的提高而在某一日变为错误的可能。

---

① 参见何家弘：《让证据走下人造的神坛》，载《法学研究》，1999（5）；何家弘主编：《证据法学新编》，第四章，北京，法律出版社，2000。

② 第一，在司法实践中，因为证据有真有假，如果坚持“不属实者非证据”的证据概念，将导致根本无法确定何者是证据的尴尬局面。“试以刑事案件的诉讼过程为例：当事人和证人提供的证据可能不属实，不能称为证据；侦查人员收集的证据也可能不属实，也不能称为证据；检察人员提交审判的证据还可能不属实，还不能称为证据；一审法院认定的证据仍然可能不属实，仍然不能称为证据；二审法院……这样一来，证据何在？证据岂不成了人们在现实生活中可望而不可即的东西了吗？”第二，从认识论的角度来看，由于有些证据并非绝对的“要么真，要么假”，因此，“不属实者非证据”的机械思维无法回应错综复杂的证据实践（参见何家弘：《让证据走下人造的神坛》，载《法学研究》，1999（5））。

③ 何家弘：《让证据走下人造的神坛》，载《法学研究》，1999（5）。

因此，在证据法学中，当我们谈论“真实/属实”时，我们并不奢望自己的判决绝对正确，而只满足于当代社会认知条件所能达到（或普遍接受）的“真实/属实”。由于这种“真实/属实”的含义与哲学意义上的“客观真”截然不同，因此，我们认为，与其混淆视听，不如另辟蹊径。其实，在近年的证据法学研究中，我们已经逐渐接受了以“可靠性”、“可信性”等带有主观判断色彩的术语来代替“客观性”、“真实性”等带有客观决定论色彩的传统表达。

显然，如果不将“真实性”理解为“客观真”，而是将其解释为“可信性”或“真实可靠性”，那么，何家弘教授关于“不属实者非证据”的质疑就变得无足轻重了。在诉讼过程中，一项材料尽管可能在之后的程序中被否定其“真实性”，但是，既然在当下的诉讼阶段，事实认定者已经确信其具有“真实性”，当然可以将其作为证据。而对于司法实践中可能出现的“灰色证据”，能否被接受为证据，同样取决于事实认定者是否确信其真实可信。

三、证据属性的新学说

与传统学说不同，新的证据法学理论继承德日证据法学传统，将证据的特性概括为：证明能力和证明力。

（一）证据能力

证据能力，又称证据资格，是指一项证据材料能够用于法庭严格证明、作为法庭证据接受法庭调查的法律资格。因此，证据能力问题主要发生于法庭调查证据之前。

证据能力是大陆法系国家的法学概念，在英美证据法中，一般称之为证据的可采性或许容性（admissibility）。

在立法例上，关于证据能力一般以法定证据规则为主、法官依法裁量为辅。其中，以美国最为典型。

根据美国联邦证据规则，证据的可采性以关联性为前提：不具关联性必然不具有可采性；具有关联性的证据，原则上都可以采纳作为证据，除非法律另有特别规定。其中，所谓法律另有规定，即通常所谓的证据排除规则，如传闻规则、意见规则、品格证据、任意性规则、非法证据排除规则，等等。一般认为，就产生原因和功能而言，英美证据排除规则可以大体分为两类：或致力于准确查明事实真相的诉讼目的（如传闻规则），或侧重于维护特定的重要社会价值、公共政策等外部目的（如非法证据排除规则）。①

此外，根据普通法传统，法官还享有依据裁量排除证据的权力。例如，美国《联邦证据规则》第403条规定：“证据虽然具有相关性，但可能导致不公正的偏见、混淆争议或误导陪审团的危险大于该证据可能具有的价值时，或者考虑到过分拖延、浪费时间或无需出示重复证据时，也可以不采纳。”

（二）证明力

证明力，又称为证据价值，是指对于待证事实，法庭调查所得的证据资料是否具有证

---

① 参见陈朴生：《刑事证据法》，3版，251页以下，台湾，三民书局，1979。

明作用及其证明作用的大小。因此，证明力问题主要存在于法庭调查证据之后。

就证明力评价而言，在诉讼制度史上，曾存在法定证据制度与自由心证制度两种截然对立的立法模式。其中，在法定证据制度下，证据的证明力由法律预先加以规定，法官只能依法进行相应的数量计算。在自由心证制度下，法律不预先规定证据的证明力大小，而是将证据的证明力问题委诸亲自调查证据的裁判者，由其根据自己的经验和理性作出判断。

由于自由心证制度有助于裁判者准确地评价证据、认定事实，其已经成为现代诉讼制度的必然组成部分。因此，在现代诉讼制度下，证明力问题，实质上也即裁判者的自由心证问题。

第二节 证据分类

一、证据分类的概念

证据分类是指按照不同的标准、从不同角度对证据所作的理论分类。

证据分类是我国传统证据法学的基本概念之一。证据分类与证据种类不同：前者指证据的学理分类，后者指证据的法律分类。证据种类是法律上的分类，具有法律的拘束力，即不符合法定种类的证据材料，不得作为证据使用；而证据分类则属于学理上分类，只具有一定的说服力。因此，为了避免混淆，可以将二者分别称之为证据的学理分类与证据的法定种类。

二、我国证据分类研究的理论源流

分类是人类认识和研究事物的基本方法。通过事物间的区分与比较，有助于彰显彼此之间的共性与差异，从而加深对事物的认识和了解。证据分类亦是如此。因此，有关证据分类的理论研究，由来已久。一般认为，证据分类研究最早始于边沁。在1827年出版的《司法证据原理》一书中，边沁将证据分为以下几种：实物证据和人的证据；自愿证据和强制证据；宣誓证据、言词证据和书证；直接证据和情况证据；原始证据和传来证据。[①]

对我国证据分类研究影响较大的主要是苏联时期的证据理论和我国台湾地区的证据理论。其中，就苏联而言，主要是两本著作：20世纪50年代中期翻译出版的维辛斯基的《苏维埃法律上的诉讼证据理论》；20世纪80年代早期翻译出版的蒂里切夫等编著的《苏维埃刑事诉讼》。就我国台湾地区而言，则主要是指陈朴生的《刑事证据法》（1979年第3版）。依次介绍如下：

（一）苏联的证据分类理论

在《苏维埃法律上的诉讼证据理论》一书中，可以看到，当时主要盛行的证据分类有二：即按照对象，将证据分为有罪的和无罪的证据；按照来源，将证据分为直接的和间接

① 参见樊崇义、肖胜喜：《刑事诉讼法学研究综述与评价》，297页，北京，中国政法大学出版社，1991。

的证据。对此，维辛斯基认为，将证据分为有罪证据和无罪证据，“是不正确的，纯粹是死板的，矫揉造作的”①。结合英国的证据法理论认为，“证据分类可能依照两种根据：(1) 依照证据的来源，(2) 依照对于所寻求的事实关系”②。

在《苏维埃刑事诉讼》的证据分类一节中，论者认为，根据不同的特征，证据可以分四对类型：人证与物证；原始证据和传来证据；有罪证据和无罪证据；直接证据和间接证据。③

根据事实材料在形式上的区别以及它们在形成方法和使用方法上的不同，分为人证和物证。二者在收集、审查和评定的程序上，各不相同。

根据是从最初的来源还是从“第二手”的来源中取得，分为原始证据和传来证据。苏联学者认为，该项分类的实践意义在于：第一，就审查而言，在取得“第二手”材料时，必须弄清它的最初来源；如果来源无法查证，“第二手”材料就失去了证据的意义（法律规定，“证人所叙说的事实材料，如果他不能提出自己所由知悉的来源，不能成为证据”）。第二，就作用而言，利用传来证据是为了寻找原始证据，在一定情况下也是为了从整体上审查证据，如帮助判明原始证据是否完整和确实。

根据事实材料的内容，分为有罪证据和无罪证据。其目的在于全面收集证据，也即，既要收集有罪证据，又要注意收集无罪证据。依据法律要求，起诉书和判决书应当反映案件中的有罪证据和无罪证据。其中，苏联最高法院全体会议在 1969 年 6 月 30 日通过的《关于法院的刑事判决》的决议中强调指出：在制作宣告有罪的刑事判决时，应当指明法院作为控诉根据的证据，并且要说明法院采用这些证据的理由和说明法院拒绝采用证明犯罪嫌疑人无罪的证据的理由。

根据与被证明事实的证明关系，分为直接证据和间接证据。在苏联理论中，区分直接证据与间接证据的标准仅在于证据与证明对象之间的证明关系。“直接证据是这样一些证据，它本身就包含有构成证明对象的全部或者部分材料。在直接证据和被证明的事实之间再没有中间的证明事实……间接证据含有这样一些证明事实的材料，从这些材料的总和中可以对必须判明的案情作出结论。”④

(二) 我国台湾地区的证据分类理论

在《刑事证据法》一书中，陈朴生将证据分为六对类型：本证与反证、原始证据与传闻证据、通常证据与补助证据、直接证据与间接证据、情况证据与供述证据、主证据与补

① [苏] 安·扬·维辛斯基：《苏维埃法律上的诉讼证据理论》，王之相译，303 页，北京，法律出版社，1956。

② 在此，论者并没有具体说明依据相关标准划分出的证据分类。但从此前的论述看，前者似乎对应着第一手证据和第二手证据；后者则对应着直接证据和间接证据（参见 [苏] 安·扬·维辛斯基：《苏维埃法律上的诉讼证据理论》，王之相译，307 页，北京，法律出版社，1956）。

③ 参见 [苏] 蒂里切夫等编著：《苏维埃刑事诉讼》，张仲麟等译，140 页以下，北京，法律出版社，1984。

④ [苏] 蒂里切夫等编著：《苏维埃刑事诉讼》，张仲麟等译，143～145 页，北京，法律出版社，1984。

强证据。[①]

1. 本证与反证。在当事人负举证责任制度下，本证是指负举证责任一方当事人提出的证据；反证是指不负举证责任一方当事人提出的证据。在职权主义制度下，本证是指证明犯罪事实存在的证据，因多于被告不利，又称之为攻击证据或有罪证据；反证是指证明犯罪事实不存在的证据，因多于被告有利，又称之为防御证据或无罪证据。

于此，论者强调：第一，反证乃相对于本证而言，因此，提出反证，必须以本证存在为前提；第二，不得因为没有反证或反证不成立，即认本证为真实。即积极证据不足以证明犯罪事实时，被告之抗辩或反证，纵属虚伪，仍不能以此作为积极证据应予采信的理由。

2. 原始证据与传闻证据。原始证据是指与要证事实具有原始关系的证据，由判决法院直接调查所得者；传闻证据是指由间接传闻而来的证据。传闻证据的表现形式有三：以书面代替到庭陈述；在审判期日外其人所作成之陈述书或录取其陈述笔录（证据书类）；在审判期日以他人之陈述为内容所为之陈述（传闻供述）。该项分类的价值在于，除非法律有特别规定，传闻证据不具有证据能力。

3. 通常证据与补助证据。证明主要事实或关联事实的证据，为通常证据；证明与证据信用性有关系[②]的辅助事实的证据，为辅助证据。该项分类的实践价值在于：第一，补助证据的作用仅在于争辩所指证据的证明力大小，而与证明待证事实存在与否无关。因此，对于犯罪事实的证明，必须依据通常证据。第二，对于补助证据，其证据能力的限制较少。也即，一些证据（如传闻证据），虽然不得作为通常证据，却仍可作为补助证据（supporting evidence，rehabition evidence）。

4. 直接证据与间接证据。证据，因其证明对象不同，得分为直接证据与间接证据。其中，直接证据是指直接证明主要事实的证据。直接证据具有确定性，无须以推理作用，亦不经论理作用，得以其证据与人的直觉同时直接认识其事实。间接证据是指证明推理主要事实的间接事实的证据。

所谓间接事实，又称关联事实，是指与直接事实（主要事实）有关联而足以与其产生推理关系的事实。间接事实本身并非证据，但因间接事实与直接事实具有相当的关联，间接事实的存在，足以据此对直接事实作出适当的推断。其关系如下：

第一次证据（间接证据）→推理资料　推理资料→主要事实
　　　　　　　　　　　　↓　　　　　　↑
　　　　　　　　　　第二次证据（间接事实）

该项分类的意义在于：既承认间接证据的证据资格，又提醒运用间接证据认定事实的特殊性。也即，采用间接证据时，必其所成立的证据，在直接关系上虽仅足以证明他项事实，而由此他项事实本与推理的作用，足以证明待证事实者，方为合法。

---

① 参见陈朴生：《刑事证据法》，3版，129页以下，台湾，三民书局，1979。

② 以证人为例，有关证人信用性的辅助事实，如证人能力、性格，对于当事人的偏见，与当事人的利害关系等。

5. 情况证据与供述证据。供述证据是指用以证明其陈述内容真实的人的陈述；供述证据以外的证据，为情况证据，又称非供述证据。

其中，就供述证据，着重强调以下三点：一是，供述证据的证明价值，依赖于供述人的信用性。第二，对于以书面表现的供述证据，立法上多加以限制。其中，大陆法系以直接言词原则加以限制，而英美法系则以传闻法则加以调整。第三，得分为体验性供述与意见性供述。大陆法系的立法重在调整体验性供述，即强调体验者本人必须当庭作证；而英美法重在调整意见性供述，即非专家证人不得提供意见证据。

就情况证据，又得分为展望证据（prospectant evidence）、并存证据（concomitant evidence）、回顾证据（retrospectant evidence）。展望证据，是指得预想其将来为一定行为的证据。如被告有某种犯罪计划、动机或有犯某种犯罪的习性。并存证据是指犯罪当时存在的情况事实。回顾证据，是指以犯罪后被告的言语、态度、行为等，得推知其有无违反该项犯罪。如被告持有赃物、犯罪后逃亡或湮灭证据或妨碍追究犯罪等。

6. 主证据与补强证据。主证据（substantive evidence），是指足以证明主要事实存在与否的证据，又称之为独立证据。该项证据，固然具有证明主要事实的力量，但因该证据自身性质特殊，为防止虚伪，需要其他证据增强或担保其证明力。补强证据（corroborative evidence），是指为了增强或担保主证据的证明力而提出的证据。补强证据的作用在于担保主证据的真实性，与为争辩证据的信用性而提出的辅助证据不同。

关于补强证据，口供补强规则是其典型表现。

三、我国学理上的证据分类

在我国证据法学中，有关证据分类的研究深受苏联理论的影响。例如，早期证据法学教材和刑事诉讼法学教材①一般将证据分为以下四大类：言词证据和实物证据；有罪证据和无罪证据②、本证和反证；原始证据和传来证据；直接证据和间接证据。③ 20 世纪 90 年代以来出版的各证据法学教材中，尽管有论者增加了主证据和补强证据的证据分类④，但就总体而言，有关证据分类的内容，仍然以上述四种传统分类为主，而且基本上没有任何实质意义的变化。

在我国证据法学中，研究证据分类的主要目的在于：揭示不同证据分类的证明力特点，

---

① 早期的证据法学教材，参见陈一云主编：《证据学》，179 页以下，北京，中国人民大学出版社，1991。

② 有论者称之为“控诉证据和辩护证据”、“有利于被追诉人的证据和不利于被追诉人的证据”。

③ 20 世纪 90 年代以前的研究，还曾提出了以下证据分类：证明力强的证据与证明力弱的证据（根据证明价值大小）；实体证据与程序证据（根据证明对象是实体事实还是程序事实）；主证与旁证（主证即主要证据，指可以直接或间接证明案件主要事实的证据。旁证，是指从旁印证案件情况的证据，又称侧面证据。主证指人证、物证。旁证一般指被告人的出身、履历、职业、性格、政治态度、道德品行、一贯表现、有无前科，以及案件发生时他在哪里、干什么事，等等）。详见樊崇义、肖胜喜：《刑事诉讼法学研究综述与评价》，305～306 页，北京，中国政法大学出版社，1991。

④ 参见卞建林主编：《证据法学》，北京，中国政法大学出版社，2000；刘金友主编：《证据法学》，北京，中国政法大学出版社，2001。值得指出的是，前者似乎将主证据和补强证据混同于“实质证据与辅助证据”。

并据以提出正确运用各类证据的一般规则。但是，如果承认个体证据的证明力必然因个案情形的千姿百态而呈现出不同的特点，那么，据此揭示的各类证据在证明力方面的一般特征，究竟具有多大实际意义就颇值得怀疑了。例如，尽管通过原始证据与传来证据的分类，可以得出“原始证据的证明力一般大于传来证据”的一般规则，但在个案中，针对具体的传来证据，我们如何确定该项传来证据究竟是“一般情形”还是“例外情形”？如果无法确定，该项一般规则又如何为正确运用证据提供有价值的理论指导呢？①

从自由心证制度的产生及其发展历史来看，证据的证明力是无法通过类型化研究加以预先确定的。相反，离开了个案情形、离开了个体证据在个案中的特殊存在，我们几乎无法对证据的证明力作出任何具有实质意义的判断，除非基于立法政策的选择强行加以规定。②

基于上述原因，以下只对我国传统证据法学中的证据分类予以扼要介绍。

（一）言词证据和实物证据

根据证据的表现形式，可以把证据分为言词证据和实物证据。其中，言词证据是指以人的陈述为其表现形式的证据；实物证据是指以实物形态为表现形式的证据。

一般认为，在各证据种类中，鉴定结论，证人证言，被害人陈述，犯罪嫌疑人、被告人供述与辩解属于言词证据；勘验检查笔录、视听资料、书证、物证均属于实物证据。至于各种询问笔录（录像），在本性上属于对言词证据的固定和保存，因此，在分类上，仍属于言词证据。

言词证据的证明力特点：第一，言词证据以人为载体，具有主动性。言词证据能够动态地揭示案件发生的起因、过程甚至具体情节。如果说实物证据提供的是一张张孤立静止的照片，那么，言词证据所描述的则好比一幕幕连续的、动态的电影。言词证据作为一种

---

① 最高人民法院关于证明力大小的司法解释同样存在类似的困难，而且，就立法体例而言，很有一些法定证据规则的遗风。其具体规定如下：

最高人民法院《关于民事诉讼证据的若干规定》（法释［2001］33号）第77条规定：“人民法院就数个证据对同一事实的证明力，可以依照下列原则认定：（一）国家机关、社会团体依职权制作的公文书证的证明力一般大于其他书证；（二）物证、档案、鉴定结论、勘验笔录或者经过公证、登记的书证，其证明力一般大于其他书证、视听资料和证人证言；（三）原始证据的证明力一般大于传来证据；（四）直接证据的证明力一般大于间接证据；（五）证人提供的对与其有亲属或者其他密切关系的当事人有利的证言，其证明力一般小于其他证人证言。”

最高人民法院《关于行政诉讼证据若干问题的规定》（法释［2002］21号）第63条规定：“证明同一事实的数个证据，其证明效力一般可以按照下列情形分别认定：（一）国家机关以及其他职能部门依职权制作的公文文书优于其他书证；（二）鉴定结论、现场笔录、勘验笔录、档案材料以及经过公证或者登记的书证优于其他书证、视听资料和证人证言；（三）原件、原物优于复制件、复制品；（四）法定鉴定部门的鉴定结论优于其他鉴定部门的鉴定结论；（五）法庭主持勘验所制作的勘验笔录优于其他部门主持勘验所制作的勘验笔录；（六）原始证据优于传来证据；（七）其他证人证言优于与当事人有亲属关系或者其他密切关系的证人提供的对该当事人有利的证言；（八）出庭作证的证人证言优于未出庭作证的证人证言；（九）数个种类不同、内容一致的证据优于一个孤立的证据。”

② 在现代社会，关于证明力的证据规则几乎都是为了实现一定的司法政策。如，法庭笔录的证明力问题；大陆法系国家刑事诉讼法关于“只有被告人口供不得确定有罪”的规定；法国民事诉讼中的书证优先规则。

动态的证据，往往可以大段地展示案情，从而有助于裁判者迅速地了解案情的整体情况。第二，因人性的脆弱多变而具有可变性。言词证据是人对案件事实的主观反映。因此，在诉讼过程中，受主客观因素的影响，陈述人可能会改变证言。第三，言词证据的真实性受制于陈述人的自身能力与诚信程度。具体而言，在客观上，受陈述人认知能力、记忆能力、表达能力的影响；在主观上，受陈述人陈述时的心理状态的影响。

实物证据的证明力特点：第一，以实物为载体，证据信息较为稳定；一旦收集，一般不会因人的主观因素而变化。第二，具有被动性、依赖性，而且，对案件事实的证明一般是静态的、片段性的。实物证据必须依靠人的活动才能进入诉讼视野，而且，其证明价值也多需要依赖人的思维活动来揭示。第三，实物证据的实际应用取决于人类认识的发展水平。物证的证明价值依赖于人的解读，因此，大多数情况下，实物证据离开了科学技术就无法发挥其证明作用。

在现今社会，人类已逐渐摆脱对言词证据的绝对依赖，而转向实物证据的大量运用。一方面，在西方国家，大量的心理学试验表明，言词证据过多地依赖于陈述人的个体化特征，因此，在个案中，对于言词证据的真实性，很难作出准确的判断；另一方面，自19世纪以来，现代科技的迅猛发展，使得人类对事物间的关系有了更深刻、更科学的认识和理解。因此，在许多国家，言词证据已经开始不再重要，诉讼证明中主要依赖的是实物证据。实物证据，或者更准确地说，科技证据，已经成了未来诉讼证据的基本形式。

（二）原始证据和传来证据

根据证据的来源（或者说是否经过信息中转环节），证据可以分为原始证据和传来证据（又称派生证据）。其中，凡直接源自案件事实本身的证据，为原始证据；由原始证据经过转述、传抄、复制等信息中转环节而生成的证据，属于传来证据（派生证据）。

判断一项证据属于原始证据还是传来证据，关键在于：该证据与信息来源之间的关系，或者说，是否经过信息中转环节，而与由谁收集无关。

一般而言，该项证据分类的证明力具有以下特点：第一，对于同源证据，原始证据的证明力一般大于传来证据。原始证据直接源于证据信息源，不存在因信息转述而失真的可能。因此，与传来证据相比，影响原始证据证明力的因素较少。第二，对于同源发展而来的传来证据，证据证明力一般与其中转环节多少成反比，对于言词证据尤其如此。

传来证据与英美证据法上的传闻证据不同。第一，传闻证据仅适用于言词证据；而我国的传来证据还适用于实物证据。第二，传闻证据重在强调当事人的对质权，因此，传闻证据包括两种形式：第一，为代替证人本人出庭作证而提出的书面陈述或询问笔录；第二，为证明陈述内容而转述他人陈述的当庭证言。传来证据重在证据来源，因此，第一种形式的传闻证据，仍属于原始证据。第三，传闻证据除法律特别规定，不具有证据能力，不得接受法庭证据调查；传来证据只涉及证据的证明力大小。

（三）有利于被追诉人的证据和不利于被追诉人的证据

根据证据的证明作用，可以将证据分为有利于被追诉人的证据和不利于被追诉人的证据（或称之为“控诉证据和辩护证据”、“有罪证据和无罪证据”）。

该项分类与证据的提出主体无关。而且，在具体诉讼中，一项作为控诉证据而提出的证据资料，可能会因诉讼的进程而转化为辩护证据。

该项分类的意义有二：第一，公安司法人员负有全面收集于被告有利、不利的证据的法律义务。《刑事诉讼法》第 43 条规定，“审判人员、检察人员、侦查人员必须依照法定程序，收集能够证实犯罪嫌疑人、被告人有罪或者无罪、犯罪情节轻重的各种证据”。第 89 条规定，“公安机关对已经立案的刑事案件，应当进行侦查，收集、调取犯罪嫌疑人有罪或者无罪、罪轻或者罪重的证据材料”。此外，根据《刑法》第 399 条规定，司法工作人员徇私枉法、徇情枉法，对明知是无罪的人而使他受追诉、对明知是有罪的人而故意包庇不使他受追诉，或者在刑事审判活动中故意违背事实和法律作枉法裁判的，将构成徇私枉法罪。第二，在诉讼过程中，辩护人不得提出于被告人不利的证据。

（四）直接证据和间接证据

根据单独一个证据与案件主要事实的证明关系，证据可以分为直接证据和间接证据。其中，凡能单独直接证明案件主要事实的证据，为直接证据。凡不能单独直接证明而需要与其他证据结合起来才能证明案件主要事实的证据，为间接证据。

直接证据与间接证据的区分标准是“对案件主要事实的证明关系”。对于该项标准，应注意以下问题：

第一，何谓“案件主要事实”。在刑事诉讼中，“案件主要事实”包含两方面的内容：犯罪事实是否发生；犯罪行为是否为犯罪嫌疑人、被告人所为。因此，对于肯定该项待证事实的证据，必须同时能够证明“人”和“事”两方面的因素（即“何人所为”并且“构成何罪”）；对于否定该项待证事实的证据，只需否定“人”或“事”之一即可（即“非本人所为”或“所为非犯罪”）。其中，一般将前者称之为肯定的直接证据，将后者称之为否定的直接证据。在我国传统证据法学中，除特别说明，直接证据专指前者。

一般认为，在司法实践中，（肯定的）直接证据主要表现为有罪供述、目击证人的证言、被害人陈述；在某些案件中，也可能表现为视听资料、书证。

第二，所谓“证明关系”是指“单独一个证据”对“案件主要事实”的证明关系，也即，根据该项证据进行事实认定，是否需要借助逻辑思维推理过程。在此，关注的只是事实认定的内在思维推理过程，而不考虑证据自身的真假。

直接证据的特点在于：直接证据所包含的证明信息与有待证明的案件主要事实的内容相重合。因此，直接证据对案件的主要事实的证明不需要经过思维推理活动，也无须借助其他证据进行综合性逻辑判断。

但需要注意的是，这里谈论的特点指的是证明关系方面的特点，或者说，运用证据证明案件事实时的“思维推理特征”，而非证明力上的特点。至于证明力，由于任何证据都不能自己证明自己的真假，或者说，任何证据都存在着真假的可能性（尤其注意：直接证据只能属于言词证据，而言词证据的真实可靠性问题尤为复杂），因此，只有一个直接证据，不能肯定性地认定案件主要事实。

间接证据具有以下特点：第一，间接证据必须与其他证据相结合才能发挥其证明案件主要事实的作用，或者说，必须放在证据整体中，与其他证据相结合，并组成一个完整的证据锁链，才能发挥其证明作用。第二，运用间接证据定案需要一个非常复杂的思维推理过程，而且，无法担保这一推理过程必然正确。换句话说，运用间接证据认定案件事实只能达到一定程度的或然性，而无法确保必然正确。

运用间接证据认定案件事实时，为保证推论的正当性，应当遵循以下规则：第一，每一个间接证据都经过了法庭调查并查证属实；第二，间接证据形成了一个完整的证据链条，各构成要件事实均有相应的证据加以证明；第三，证据与证据、证据与已查明的事实之间彼此和谐一致，不存在无法合理排除的矛盾；第四，综合这些间接证据足以得出肯定的结论，且该项结论具有排他性。

(五) 主证据与补强证据

区分主证据和补强证据的标准是各项证据之间的相互依赖关系。其中，能够证明案件主要事实且依法需要补强的证据，为主证据；通过证明案件事实而担保主证据真实性的其他证据，为补强证据。

关于该项证据分类，需特别指出以下三点：

第一，该项分类仅适用于特定类型的证据，而非对所有证据进行的分类。例如，在英国，判例认为，对于为证明伪证罪而提出的证人证言、性犯罪的被害人陈述、共犯的证言、儿童提供的不经宣誓的证言等，均需要补强证据。根据我国刑事诉讼法规定，只有被告人口供，才需要补强证据。①

第二，一项证据是否作为主证据，取决于法律是否要求补强；补强证据的提出，必须以主证据已经存在为前提。

第三，补强证据与补助证据不同。二者的区别主要在于：尽管补强证据在功能上是为了担保主证据的真实性，但是，与主证据一样，补强证据指向并证明的证明对象也是案件主要事实，即补强证据通过证明案件主要事实，反过来印证主证据自身的正确性。补助证据指向的却是被补助的证据本身，目的是证明被补助证据的可信性。即补助证据通过对证据可信性的证明，担保该证据的证明力。例如，如果用证据证明证人具有良好的品性、视力超群、记忆力较好，那么，此时所示的证据为补助证据。

主证据、补强证据、补助证据的关系可表示如下：

补强证据（通过证明案件主要事实，反过来印证主证据自身的正确性）
↓
主证据→案件主要事实
↑
补助证据（通过对证据可信性的证明，担保该证据的证明力）

① 《刑事诉讼法》第46条规定，只有被告人供述，没有其他证据的，不能认定被告人有罪和处以刑罚。

第三节 证据种类

一、证据种类的概念

证据种类是指立法者对证据所作的法律上的分类。

证据种类①是我国证据法学继受苏联法制和法学理论的产物。② 在立法体例上，我国三大诉讼法均以限定性列举的方式，对证据的法律存在形式作出了明确规定（《刑事诉讼法》第42条；《民事诉讼法》第63条；《行政诉讼法》第31条）。根据这些规定，我国证据法学理论一般认为，法律关于“证据有以下几种”的限定性列举，是立法者对证据进行的法律分类。“它规范了各种证据资料进入诉讼的法定名称，收集和审查判断的程序和规则，因此，证据的种类划分具有法定的约束力。”③

根据《刑事诉讼法》第42条第2款的规定，刑事诉讼中的证据种类有八种：物证；书证；证人证言；被害人陈述；犯罪嫌疑人、被告人供述和辩解；鉴定结论；勘验、检查笔录；视听资料。

二、证据种类的实践价值

传统证据法学理论认为，证据种类的实践价值在于：进入诉讼活动的证据材料，必须具备法定的表现形式，或者说，能够归属于某一种法定的证据种类。我国传统证据法学认

---

① 作为证据法学专有概念，“证据种类”这一术语流行于20世纪80年代以后。民国时期，就所能看到的证据法学文献而言，偶尔也有著作采用“证据种类”这一概念。（如［日］松岗义正：《民事证据论》，张知本译，第一章第四节“证据之种类”，北京，中国政法大学出版社，2004）。但究其实际，这里的“证据种类”更近似于我们的“证据分类”。

此外，值得注意的是，在20世纪80年代中期翻译出版的《苏维埃刑事诉讼》一书中，著者并没有采用“证据种类”这一术语，而是采用了一种更拗口的术语——“证据来源的种类”，并就此专门解释说：“在刑事诉讼著作中，经常把证据理论的这一部分称之为‘证据的种类’，这是不够确切的，因为在这里不是分析应当证明的情况和材料，而是分析取得这些材料的来源，分析作为证据材料承担者的特点，根据一定的来源来编制这些材料，固定已经取得的材料，对某种具体证明材料进行审查和评定等等。”（［苏］蒂里切夫等编著：《苏维埃刑事诉讼》，张仲麟等译，157页，北京，法律出版社，1984）

② 1961年生效的苏俄刑事诉讼法典第69条分两款依次规定了“什么是证据”、“证据的法定形式”。其中，该条第2款规定：“被确定为这种材料的有：证人的陈述、被害人的陈述、犯罪嫌疑人的陈述、刑事被告人的供述、鉴定人的意见、各种物证、侦查行为和审判行为的笔录及其他文件。”2002年生效的俄罗斯刑事诉讼法典第74条基本沿袭了上述立法体例，即分两款先规定“证据是什么”，然后列举“证据的法定表现形式”。其中，该条第2款规定：“允许作为证据的有：(1) 犯罪嫌疑人、刑事被告人的陈述；(2) 被害人陈述、证人证言；(3) 鉴定人的结论与陈述；(4) 物证；(5) 侦查行为的笔录和审判行为的笔录；(6) 其他文件。”

关于上述规定，苏联时期的诉讼理论认为，“这个证据来源种类的清单是详尽无遗的，不能根据侦查机关、检察长和法院的裁夺加以扩大。对案件有意义的事实材料，如果不是从法定证据来源中取得的，它就不符合证据相关性的要求，从而也就不能取得证据上的意义”。（［苏］蒂里切夫等编著：《苏维埃刑事诉讼》，张仲麟等译，157页，北京，法律出版社，1984）

③ 陈光中主编：《刑事诉讼法》，171页，北京，中国政法大学出版社，1990。

为，证据必须具备“三性”，即客观性、关联性、合法性。其中，所谓证据的合法性，是指证据必须具有法律规定的形式和依照法定程序收集、运用。在此，证据合法性所要求的“必须具有法律规定的形式”，也即必须符合证据的法定种类。“如果不符合法律规定的形式，即使是与案件有关的事实，也不能作为诉讼证据。”[①] 因此，是否符合证据的法定种类，是判断证据是否具有合法性的重要指标。

但是，仅仅看到证据种类的标签作用（即各种证据材料必须具备法定的表现形式才能进入诉讼）是远远不够的。给证据材料贴上法定种类的标签并非目的，而是一种手段：法律通过将缤纷多彩的证据材料归属于有限的法定证据种类，为规范各种证据材料的收集与法庭调查提供了制度便利和现实可能。在此意义上，证据种类的实践价值更应该表现为以下两个方面：

第一，在证据能力方面，法定证据种类往往对应着特定的证据收集程序，而违背法定程序所收集的证据材料可能会因此丧失其证据资格。

在现代诉讼制度下，收集证据的手段可以分为任意性手段和强制性手段。其中，为了防止强制性手段不适当地侵犯公民的宪法基本权利，法律均设定有相应的程序性要件。违背这些程序要件（即所谓的“证据取得禁止”），所获得证据可能会被法庭排除（即所谓的“证据使用禁止”）。[②]

一般而言，法定取证手段与法定证据种类相对应。因此，在证据能力层次上，确定一项证据材料属于何种证据，事实上往往意味着收集该项证据材料应当采取何种取证手段并遵守什么样的程序要件。具体而言，其含义有二：其一，在取证手段的选择上，为了强制性获取特定的证据种类，必须采取相对应的手段。例如，在西方国家，因证人与犯罪嫌疑人诉讼地位不同，在证人询问过程中，如果发现该证人具有犯罪嫌疑，不得再作为证人进行询问；但可以在履行讯问犯罪嫌疑人所要求的告知义务后，作为犯罪嫌疑人进行询问。[③] 其二，就取证结果而言，违背法定程序收集的证据材料，可能会因此丧失其证据资格。例如，在美国，讯问犯罪嫌疑人之前，如果没有进行米兰达警告，所得供述不得作为证据使用。在我国司法实践中，如果询问/讯问笔录没有交相对人核对或者相对人没有签字，一般也不得作为证据使用。

第二，在证明力方面，证据材料的法律类属问题直接决定着对其所应采用的法庭调查方法。

在现代诉讼制度下，未经法定调查的证据，不得作为定案的根据。同时，为了将法庭调查活动置于法律规范之下，法律往往根据证据类属的性质设定了相应的证据调查方法。因此，在诉讼活动中，确定一项证据材料所属的证据种类，直接决定着对于该项证据材料所应采用的法定调查方法。例如，根据我国法律规定，对于证人、鉴定人、被害人、犯罪

---

① 陈光中主编：《刑事诉讼法》，161页，北京，中国政法大学出版社，1990。

② 关于证据禁止，请参见林钰雄：《刑事诉讼法论》（第十二章），台湾，自版，2004。

③ 参见法国刑事诉讼法典第105条。

嫌疑人等人的陈述，应当采取控辩双方交互询问的方式进行调查；对于物证，应当当庭出示，由当事人辨认并听取其意见；对于书证，应当当庭宣读并听取当事人的意见。

由于证据材料的类属与法庭调查方法密切相关，因此，在司法实践中，准确地确定一项证据材料的法律类属，就显得至关重要。例如，对于医院的病历档案，因属于书证，在开庭审理之前，应当向对方当事人进行证据开示；在法庭证据调查中，无须传唤病历制作人当庭作证，而只需按照书证的调查方式，进行宣读并听取当事人的意见即可。然而，对于医生事后出具的诊断证明，则应当属于证人证言。因此，在法庭调查中，除符合法定例外，该医生应当出庭作证。

综上，证据种类的实践价值不在于贴标签，而在于贴标签所产生的程序法效果：向前，强调取证手段及其程序的法定性、合法性；向后，强调法庭调查方法的法定性、对应性。在司法实践中，获取证据材料并非必须借助强制性取证手段，相反，现代诉讼制度一般鼓励通过任意性手段获取证据，因此，确定一项证据材料的法律类属，其实践价值更多表现在法庭调查程序方面。

但是，就我国司法实践而言，由于取证活动主要依靠于强制性取证手段，而且，在取证活动中，程序违法的现象屡禁不止、违法方式层出不穷，因此，在理论上，通过借鉴德国的证据禁止理论，强化法定证据种类对取证手段及其程序的合法性要求，具有迫在眉睫的现实意义。

三、证据种类的立法反思

就立法体例而言，我国立法关于证据种类的规定具有三个典型特点：第一，采取限定性列举的立法方式。第二，以证据的表现形式为标准，对证据进行法律上的分类。第三，证据种类所指的是所谓的“证据资料”（内容），而非“证据方法”（载体）。

对于现行立法体例，学界的批评主要集中于第一点，即，由于采取限定性列举的立法方式，致使法定证据种类无法涵盖所有的证据表现形式。因此，在司法实践中，对于一些不符合法定证据种类的证据材料，基于现实的需要，不得不采取妥协的态度，允许其作为证据使用。以视听资料为例。1979 年《刑事诉讼法》关于证据种类的规定并不包括视听资料，但这丝毫不影响视听资料作为证据使用。同样，1996 年《刑事诉讼法》没有规定电子证据这一种类，但实践中也是照用不误。此外，在司法实践中，扣押清单、搜查笔录、提取笔录、公安司法机关有关案件的情况说明、抓获犯罪嫌疑人的经过说明、受案破案登记表等侦查行为笔录作为证据，也已经是司空见惯的事情，尽管它们明显不属于勘验、检查笔录的范围。

其实，只要采取限定性列举的立法方式，证据的法定种类就必然面临着两方面的困难：第一，就立法当时而言，立法关于证据种类的限定性列举是否覆盖了所有的证据外延。显然，就我国现有立法规定来看，法律关于证据种类的限定性列举，明显遗漏了诸如审判笔录、电子证据等重要的证据表现形式。第二，就立法发展而言，法定的证据种类能否适应社会生活的不断变化。对于 1979 年《刑事诉讼法》，视听资料是个新生事物；对于 1996 年

《刑事诉讼法》，电子证据同样是个新生事物；再以后的事情又有谁知道呢？因此，对于限定性列举的立法方法，拉伦茨评论说，“显然，无论立法者对此进行多么详细的列举，以此方式他依然永远难以穷尽所有可能的具体情况。因此，个案列举式的规定总是有遗漏的；列举得越细，就越会漏洞百出”①。

基于上述原因，有论者建议，为了提高法定证据种类的包容性，应当将现在的限定性列举修改为例示性列举②或者增加一项概括性规定。③

但值得注意的是，如果承认证据的法律类属不仅仅是一个标签，同时还是侦查取证手段和法庭调查方法的“指向灯”，那么，上述改变，固然可以克服限定性列举“涵盖未尽”的缺陷，却随之滋生了对于新出现的证据种类适用何种取证方法、采取何种法庭调查方法的问题。

而且，从比较法来看，采取限定性列举的立法例也并非罕见。例如，我国澳门地区《刑事诉讼法》第三卷“证据”部分，在第二编“证据方法”标题下，分七章依次规定了“人证”；“嫌犯、辅助人及民事当事人之声明”；“通过对质之证据”；“通过辨认之证据”；“事实之重演”；“鉴定证据”；“书证”。之后，在第三编进一步规定了四种“获得证据的方法”，即“检查”、“搜查及搜索”；“扣押”；“电话监听”。对此，澳门学者解释说，“《澳门刑事诉讼法典》并未直接规定证据的种类，而只是规定了七种证据（证明）方法……从某种意义上讲，这也是对证据种类的规定。换句话说，《澳门刑事诉讼法典》是根据证据（证明）方法来区分证据的种类的”④。

再如，在德国刑事诉讼法典中，尽管没有关于证据法律类属的专门规定，但从其法庭调查程序出发，学者一般将其归纳为四种：证据法中的被告；证人；鉴定人；实体客观的证据（证物）。⑤ 在我国台湾地区，根据其法庭调查程序，法定证据方法被概括为五种：被告；证人；鉴定人；勘验；文书。⑥ 因循德国法传统，林钰雄认为，上述法定证据方法并非训示性规定，而是与严格证明密切相连的一种法律限定。“严格证明之下，证据方法及调查程序受到‘双重限制’，更精确地说，诸如犯罪事实之经过及行为人有无罪责等等实体事项之证明，必须经过合法调查之严格证明程序，而严格证明之严格性，表现在两个方面，一是法定证据方法之限制，二是法定调查程序之限制。”其中，就法定证据方法，林氏认为，“在严格证明法则之下，法官与审判期日践行‘调查证据程序’时，仅能使用‘法律明文准许’的数种证据方法来调查证据资料并证明本案待证事实，这几种证据方法，称为‘法定

① ［德］拉伦茨：《德国民法通论》，34页，北京，法律出版社，2003。

② 陈卫东教授主持的《模范刑事诉讼法典》建议将该条“证据有下列几种”修改为“证据主要有以下几种”，以期将原来的限定性列举转化为例示性列举。

③ 雷建昌建议，“除规定具体的证据形式外，增加‘其他与案件有关、能够证明案件事实的材料’一款，使封闭型的模式具有开放性”（雷建昌：《论我国刑事证据分类模式的缺陷及其完善》，载《法律科学》，2004（3））。

④ 徐京辉、程立福：《澳门刑事诉讼法》，96页，澳门，澳门基金会，1996。

⑤ 参见［德］克劳思·罗科信：《德国刑事诉讼法》，吴丽琪译，第五章，北京，法律出版社，2003。

⑥ 参见林钰雄：《刑事诉讼法论》，第十二章，台湾，自版，2004。

的证据方法'(Die gesetzlishen Beweismittel)……本法采'列举的证据方法'(sog. Numerus clauses der Beweismittel)之立法方式，法院一旦使用法定以外的证据方法来证明本案待证事实时，其调查证据程序即不合法，证据即属'未经合法调查'而无证据能力"①。

值得注意的是，在上述国家和地区，尽管其立法例亦采取限定性列举的方法，却并未产生类似的烦扰。因此，我们认为，我国现行立法的错误，关键不在于采取了限定性列举的立法体例，而在于采取了错误的分类标准。

根据通说，我国法定证据种类是根据"证据表现形式"进行的分类。对此，且不说现行立法的分类标准是否统一，但就该分类标准而言，法律根本无法穷尽证据的所有"表现形式"。换句话说，因为证据的表现形式必然因为社会生活的发展变化而日新月异，以此为标准进行的限定性列举也必然要落得个"计划赶不上变化"。然而，如果换一种思路，像上述立法例那样采取一种具有较强包容力的分类方法，即根据法庭调查方法的不同对证据进行分类，那么，即使证据表现形式日新月异，却不会出现涵盖不尽的问题。

显然，如果以法庭调查方法为标准，我国的现有证据种类不是种类太少，而是划分过细。从法庭调查方法看，鉴定人意见、被害人陈述与证人证言没有本质性区别；如果承认勘验、检查笔录具有证据资格，其本质上属于公文书；与普通的文字材料相比，视听资料、电子证据仅仅是记载信息的方式比较特殊，因此，尽管它们在同一认定、阅读信息等方面存在一定的特殊性，其调查方法与文书类证据，却并无实质不同。②

因此，借鉴德国立法例，根据法庭调查方式，可以将我国现有证据种类重组为具有较强涵盖力的四种证据方法：人证、被追诉人、物证、文书。其中，被追诉人原本属于广义的人证，但由于被追诉人的特殊诉讼地位，现代诉讼制度对作为证据方法的被追诉人往往有较为特殊的规定，因此，各国刑事诉讼法一般将被追诉人作为一种独立的证据方法。至于鉴定人，大陆法系国家一般将其作为独立的证据方法。但是，从我国现行法庭调查程序看，鉴定人与证人的差别甚微，故不将鉴定人列为独立的证据方法。因此，人证包括除被追诉人外的所有以人的陈述作为证据的证据表现形式。具体而言，除被追诉人外，鉴定人、被害人、证人均属于人证。当侦查行为等程序事项需要证明时，侦查行为的见证人、侦查活动的实施者（司法警察）出庭作证时，也属于人证。文书属于广义的物证，但是，由于文书的调查与一般物证有较大区别，因此，一般将其列为独立的法定证据种类。

---

① 林钰雄：《刑事诉讼法论》，414、416页，台湾，自版，2004。但需要指出的是，论者所理解的"证据能力"一语，与我国证据法学通说及我国台湾地区通说并不相同。通说认为，证据能力是指一项证据材料接受法庭调查的资格，因此，证据资格问题产生于法庭调查之前。而论者所云"证据能力"则近似于"作为定案根据的资格"。

② 在德日，一般将此类证据称之为"准文书"。例如，日本民事诉讼法第231条［准用于准文书的物件］规定："本法本节的规定（即关于文书的规定），准用于以图纸、相片、录音带、录像带或其他的信息表示为目的而制作的非文书的物件。"

在美国，文字、录音和照相等材料，也被规定在一起，适用相同的证据法规则。根据美国《联邦证据规则》第1001条规定，所谓文字和录音，包括"文字、字母、单词数字或其替代物，通过书写、打字、印刷、影印、照相、磁脉冲、机械或电子录音或其他形式的数据汇编记载下来"。所谓照相，包括"普通摄影、X射线胶片、录像带和电影胶卷"。

在上述分类基础上，新出现的证据表现形式，无论其载体如何，只需根据其调查方法对号入座即可。如电子证据，因必须通过其内容来展示其证明价值，因此，应当归属于书证。测谎证据，因必须通过测谎专家对相关图示进行阐释，因此，应当分别归属于人证（测谎专家的阐释）和物证（被阐释的相关图示）。

第四节 物 证

一、物证的概念

物证是指以其物质属性、外部特征、存在状态证明案件真实情况的物品或痕迹。

英美学者根据物证的表现形式，将其进一步分为实在证据（real evidence）与示意证据（demonstrative evidence）。其中，前者指因犯罪事实发生而产生的物证本身，即所谓的原始证据；后者则是指为凸显物证的某些特征而在诉讼中专门提出或制作的衍生证据。示意证据有两种基本类型：一是选定的示意证据。如，在支票伪造案件中，当事人提供的用作笔迹鉴定比对标准的笔迹样本。二是复制的示意证据。如依据现场脚印制作的脚模；勘验现场后制作的犯罪现场示意图；等等。示意证据有助于更好地、更直观地展现物证的某些特征，因此，现代诉讼制度一般认为，在证明示意证据准确性的前提下，示意证据可以用以法庭证明。①

物证包括任何可以直接通过感官感知的实体物。因此，物证的具体表现形式多种多样，而且，随着人类对自然界、自然规律认识能力的提高将不断拓展。一般而言，物证的常见形式有：任何实在物、人或动物的形体特征、证人的举止、磁带图谱影片、现场勘验，等等。

在具体案件中，物证可以是具体的物品，如油墨、纸张、泥土、烟灰、毛发、血液、精斑等，毒品、毒化物和犯罪工具等；也可以是物品的存在状态，例如，翻箱倒柜的场景，搏斗过的迹象（“一粒迸裂的纽扣”）；也可以是痕迹，如擦痕、撞痕、打击印记。

二、物证的特点

物证具有如下特点：

1. 以实在物为载体，可以当庭展示、观察。物证具体表现为独立于人意识之外的、可以被感知的存在物（物品、痕迹）。因此，在英语中，被称为“real evidence”、“exhibits”②。

---

① “备制的或复制的示意证据材料中最可能出现有意或无意的对事实的歪曲……法律通过要求某些证言作为准确性之保障的方法来尽量减少歪曲事实的危险。这些保障是证明力根据的一部分，是必须制作的审判记录的一部分，它们是在刑事法庭上使用这些示意证据材料的前提条件。”（［美］华尔兹：《刑事证据大全》，何家弘等译，61页，北京，中国人民公安大学出版社，2004）

② “Real evidence ……which have in common the characteristic that the tribunal of fact is invited to observe and draw conclusions from things，persons，places or circumstances，and so to act on its *own perception* for any necessary evidential purposes. Real evidence may，therefore，rank among the most cogent kinds of evidence，but also among the difficult to assess in terms of weight，at least before the event.”，Peter Murphy.

2. 物证具有被动性。物证的被动性具体表现为以下两个方面：第一，物证必须借助人的能动作用，才能进入诉讼程序。第二，物证是一种无意识的证据，不能自明其义，必须借助人的思维推理活动才能揭示其自身的证明价值。因此，又被称之为"哑巴证据"。恰如李昌钰所言："物证虽然能够提供重要的线索与证据，但是要能解开整个迷局，就需要用头脑串连所有的物证。"

一般而言，可运用的物证的种类和范围，取决于该实体物的证明价值是否已经为人所知并能够为人所用。因此，可供运用的物证与人类的认识水平、个体的认知能力密切相连。在现代社会，随着自然科学、科学技术的不断发展，人类可应用的物证种类与范围也越来越大；同时，越来越多的物证必须借助于科技手段、特殊设备、鉴定技术才能够展示其内在的证明价值。

但是，就个案而言，"什么可以作为证据"，这与承办该案件的侦查机关、侦查人员的实际能力和技术水平密切相关。例如，在美国司法实践中，指纹、DNA、毛发、纤维，诸此等等，早已成为司空见惯的物证，但对于我们的很多侦查机关，可能还显得有点遥远。明白此点，是为了提醒：关于物证，纸上谈兵的理论研究作用相当有限。作为一种实践性极强的证据种类，物证与现代科技在诉讼中的实际应用程度、侦查机关的技术装备情况、侦查人员的科技素养等因素密切相关。因此，为了提高司法实践中物证的实际作用和价值，国家必须舍得投入资金，推动侦查手段的技术化、侦查技术人员的专业化。

3. 在证明力上，物证具有以下特点：

第一，证明范围比较狭窄。在此意义上，物证可以被称之为"事实碎片"，只能证明特定的点状事实，而无法像证言那样全面地反映案件事实。例如，在性暴力案件中，DNA 证据固然重要，但是，该证据只能证明非常有限的事实问题："这是谁留下的"。却不可能进一步说明"是如何留下的"。

第二，就特定点状事实而言，物证往往具有无可辩驳的说服力。例如，就"该精液是谁的"这一问题，DNA 证据具有结论性的证明价值，尽管由此无法直接推论是否违背了女方意愿。

第三，物证的证明力取决于它与案件事实的具体关联方式。关联方式不同，物证将展示出截然不同的证明价值。

物证是一种事实碎片，因此，物证与待证事实可能存在着多种关联。而依据不同的关联路径，物证将呈现出不同的证明指向和证明作用。例如，在犯罪凶器上发现的某甲的指纹。作为证据，这一个指纹当然能够证明某甲曾经"拿"过这把刀。但是，无法运用该指纹证明某甲就是杀人凶手。显然，对于待证事实"谁是凶手"而言，指纹这一证据的证明作用取决于指纹与案件事实的具体联系。如，这是某甲家里常用的菜刀，某甲天天用它切菜做饭。在此情境中，指纹与凶杀之间的具体联系将大大减小某甲作为杀人凶手的嫌疑，至少不能因此增大其嫌疑。又如，这尽管是一把菜刀，但某甲是一名送水员工。那么，在凶器上发现某甲的指纹这一事实，显然将大大增强他的犯罪嫌疑。再如，尽管某甲是一名送水员工，但恰恰是他第一个发现了凶杀，并在事后辩解说，"在积极抢救被害人时，可能接触过这把刀”。在此情境中，指纹与“凶手”之间的联系又有了新的内容。总之，生活是丰富多彩的，而且在大量偶然发生的社会行为中，我们不可能预先想象一种“模式”去规划个案中特定证据与待证事实之间的关联性。

第四，与人证相比，只要及时收集、固定保存，物证一般不会再发生变化，呈现出较为稳定的证明价值。

三、物证的收集

在现代刑事诉讼制度中，物证的收集方式包括：（1）从勘验犯罪现场获得；（2）相对人自愿提出；（3）经同意而搜查、扣押；（4）物证提出命令；（5）搜查、扣押；（6）对被害人或犯罪嫌疑人进行人身检查。①

收集物证，应当遵守原物规则。即，公安司法机关收集、调取的物证应当是原物。只有在原物不便搬运、不易保存或者依法应当返还被害人时，才可以拍摄足以反映原物外形或者内容的照片、录像。物证的照片、录像，只有经与原物核实无误或者经鉴定证明真实的，才具有与原物同等的证明力。拍摄物证的照片、录像，制作人不得少于2人，并应当附具有关制作过程的文字说明及原物存放何处的说明，并有制作人签名或者盖章。②

所有已收集归案的物证都必须妥善保管，不得使用和毁坏；对于违禁品要按有关规定保管和处置。案件中的物证能附卷的都应当附卷保存；移送案件时，应将物证随同案卷一并移送。

值得注意的是，各国法律并不要求法庭上的物证必须出示原物（与书证不同）。相反，为了更好地展示物证的特点，甚至鼓励采用模型、图表等示意证据。在我国司法实践中，对于不能随案移送的物证，通常采用照片、录像、诉讼笔录等替代方式。③

---

① 我国台湾地区“刑事诉讼法”第205—2条规定：“检察事务官、司法警察官或司法警察因调查犯罪情形及搜集证据之必要，对于经拘提或逮捕到案之犯罪嫌疑人或被告，得违反犯罪嫌疑人或被告之意思，采取其指纹、掌纹、脚印，予以照相、测量身高或类似之行为；有相当理由认为采取毛发、唾液、尿液、声调或吐气得作为犯罪之证据时，并得采取之。”

② 参见《高法解释》第53条。

③ 《公安机关办理刑事案件程序规定》第219条规定：“对查获的下列不宜随案移送的物品、文件，原物不随卷保存，但应当拍成照片存入卷内，原物由公安机关妥为保管或者按照国家有关规定分别移送主管部门处理或者销毁：（一）淫秽物品；（二）武器弹药、管制刀具，易燃、易爆、剧毒、放射等危险品；（三）鸦片、海洛因、吗啡、冰毒、大麻等毒品和制毒原料或者配剂、管制药品；（四）危害国家安全的传单、标语、信件和其他宣传品；（五）秘密文件、图表资料；（六）珍贵文物、珍贵动物及其制品、珍稀植物及其制品；（七）其他大宗的、不便搬运的物品。对容易腐烂变质及其他不易保管的物品，可以根据具体情况，经县级以上公安机关负责人批准，在拍照或者录像后委托有关部门变卖、拍卖，变卖、拍卖的价款暂予保存，待诉讼终结后一并处理。通知被害人后，超过半年未来领取的，予以没收，上缴国库。如有特殊情况，可以酌情延期处理。凡是已经送交财政部门处理的赃款赃物，如果失主前来认领，并经查证属实，由原没收机关从财政部门提回，予以归还。如原物已经卖掉，应当退还价款。”

第220条第2款规定：“对被害人的合法财产及其孳息，应当在登记、拍照或者录像、估价后及时返还，并在案卷中注明返还的理由，将原物照片、清单和被害人的领取手续存卷备查。”

四、证据能力：非法证据排除规则

从广义上，非法证据排除规则包括言词证据和实物证据。在此，所称非法证据，仅限于违法收集的实物证据（含物证、书证、视听资料）。

非法证据排除规则，以美国的立法规定最为典型。在美国，联邦最高法院根据联邦宪法第 4 条修正案，通过一系列判例确立了非法证据排除规则。[①] 即，执法官员违反宪法第四修正案进行搜查、扣押所取得的证据，以及依据非法口供所获得的实物证据（即毒树之果），不具有证据能力。但是，进入 20 世纪 80 年代后，基于控制犯罪的需要，联邦最高法院对排除规则确立了多项例外[②]，大大限制了非法证据排除规则的实际适用。

在我国，关于非法实物证据的证据能力问题，刑事诉讼法及相关司法解释均没有作特别限定。因此，在司法实践中，违法收集的实物证据，并不因此而丧失其证据能力。学界的通说也认为，因非法收集一般不会对实物证据的证明价值产生实质性影响，因此，应当采取与非法言词证据相区别的处理态度，即除非严重侵犯了公民的宪法基本权利，一般不予以排除。

五、物证的证明力

在传统意义上，物证的证明力（即对待证事实的证明价值）一般通过裁判者的亲身感知即可获得一个直观的印象。但是，在现代社会，随着现代科技手段的大量应用，物证与现代物证技术呈现出密不可分的关系。因此，裁判者对物证证明力的判断，也越来越多地依靠相应的鉴定人的判断和意见。

在现代社会，鉴定人所能够提供的帮助，除了传统意义的物证同一认定外，还包括根据物证进行的犯罪现场重构。

著名刑侦专家李昌钰在《李昌钰口述实录》[③] 中写道：

20 世纪六七十年代，美国刑事司法人员在物证鉴识的基础上，开始转向运用犯罪剖绘的方法重构犯罪现场。

犯罪剖绘的方法是利用统计资料和心理学来协助确定侦查方向。以强奸案为例，根据犯罪统计的资料，强暴犯一般为 16 岁到 39 岁之间的男性，通常住在被害者住宅 25 里之内的地区；从强奸的方法和言语还可以推断出强暴犯的个人资料。

80 年代出现一种新式的侦查推理方法称为现场分析，主要着重现场的痕迹证据，譬如，如何进入现场，又如何离开，并推测其作案手法。从脚印的长度及深度，我们可以判

---

① 在 Weeks v. U. S. (1914) 一案中，美国联邦最高法院正式确认了非法证据排除规则；在 Mapp v. Ohio (1961) 一案中，排除规则开始同等适用于美国各州。

② 如，“必然发现的例外”(Nix v. Williams (1981))、“善意取得的例外”(U. S. v. Leon 1984)、“独立来源的例外”(Segura v. U. S. (1984))。

③ 载http://www.mypcera.com/book/new/zheng/licangyu/004.htm。

断嫌犯走路的速度，是否残障，有没有背负重物，以及身高体重比例等；此外，我们也可以从手印推断案犯的工作性质和习性癖好。

到了1990年，现场分析法进一步地改良为现场重建法。利用现场采集的科学证据，犯罪心理剖绘以及痕迹证据，综合推断整个案法过程以及凶嫌的犯案特征。同时还利用反物证方法来举证可疑对象不涉案的可能性，从而排除涉案对象；理清各项假设成立的或然率，从而找出侦查的方向。

六、物证的法庭调查方法

物证的调查一般以检证的方式进行。“称检证 augenscheinsbeweis，指依裁判者之五官知觉作用，认识事物（证物与文书）之形态、性状之采证行为。”“检证（autoptic preference），系法院依其自已之五官感觉，而获得之心证，与情况证据及供述证据异其来源，有称之为物的证据（real evidence）……唯从其获得心证之来源言，系法院直接调查其事物，凭其自已之感觉，而确信其事实之存在……”① 简言之，物证的调查方法即由裁判者亲自观察，以自已的五官加以感知。

物证审查判断的重点首先在于物证与案件事实的关联性；其次是物证自身是否被改变或已经自然蜕变。

根据物证是否当庭出示，物证的调查方法分为两种：

（一）当庭调查

一般而言，对物证的法庭调查程序应当包括以下环节②：

1. 对物证进行编号。

在英美国家，物证编号一般由法庭书记员完成。在我国，控方一般会对自己出示的物证进行编号。

2. 确定法庭上提出的物证是“真正的原物”，即物证没有被掉包、更换。

确定物证为真正原物的方式有三：第一，对方当事人没有异议；第二，由相关人（主要是指收集证据的司法警察，但也可能是发现或自愿提供该物证的任何公民）当庭辨认；第三，通过对证据保管链条的证明，来保证该物证就是“真正的原物”。在英美国家，证明物证的保管链条“意味着要传唤一系列证人出庭作证，而每个人证明该展示物在其保管下的那段时间。按照这种方法，证据保管联的每个环节都有证明，从而证明该展示物确为‘真实的东西’”③。

需要特别指出的是，如果以物证的某一特征作为证据，对“真正原物”的证明不仅包

---

① 陈朴生：《刑事证据法》，3版，124页，台湾，三民书局，1979。

② 根据我国《刑事诉讼法》第157条规定，物证“应当向法庭出示”，“让当事人辨认”；“审判人员应当听取公诉人、当事人和辩护人、诉讼代理人的意见”。但是，从时序来看，应当先交相对人辨认，以确定物为原物；然后，才能向法庭出示。

③ ［美］乔恩·R·华尔兹：《刑事证据大全》，58页，北京，中国人民公安大学出版社，2004。

括该物证没有被更换，而且，还必须证明该物证的相应特征并没有因为经过一段时间而发生实质性变化。

3. "向法庭出示物证"，以便裁判者能够借助感官获得关于物证的直观印象。

在此，需要特别指出的是，向法庭出示物证是指向裁判者出示，而非向当事人、旁听人员出示。当然，由于物证的出示应当当庭进行，当事人、旁听人员也可以看到。

4. 听取控辩双方的意见（如果必要，应听取鉴定人的意见）。

由于物证与案件事实的关联方式存在着多种可能。因此，为了准确认定这种关联性，只有通过当事人的主张和辩驳，只有借助于这些曾经经历纠纷事实或者对纠纷事实有相当了解的人的"个人知识"，法官才有可能对证据与待证事实的关联性及其证明价值作出准确的判断，从而对未知的纠纷事实作出合乎常理的推论。因此，在裁判者亲身感知物证的特征后，对于该物证证明力的实质判断，必须听取控辩双方的意见。

对于必须借助鉴定人才能进行判断的物证，此时，对物证的法庭调查事实上已转化为对鉴定人的调查询问。

（二）庭外调查

对于无法当庭出示或不便、不宜带到法庭的物证（如，作为犯罪手段的巨石；作为碎尸手段的重型起重机），裁判者可以亲临现场进行证据调查。就此，大陆法系一般称之为"勘验"；英美法系称之为"inspection or view"①。

值得注意的是，庭外调查是法庭调查活动的延伸。因此，"Normally the whole court will adjourn to the place where the view is being held including counsel and the shorthand writer. The jury then examine the place or thing without anything being said. A witness or defendant may give a demonstration but must make no communication to the jury. If any questions arise on the view or if the jury have any questions about it, the usual course if for such questions to be asked in court after the view is over."②

第五节 书 证

一、书证概说

（一）书证的概念

书证是指以其所表达的思想内容来证明案件事实的文字材料等物品。

以其表达形式而言，书证一般为文字材料，但不限于文字材料。以一般人所能理解的

---

① "A view is an inspection, out of court, of the locus in quo, or other place relevant to the case, or of some object, person or animal which cannot conveniently be brought to court. The view may involve any appropriate test or demonstration, as if made in court." Peter Murphy.

② Richard May, Criminal Evidence, p. 9.

符号、图画等形式表达思想的，也属于书证。如城市中高高耸立的“M”，一看即指麦当劳快餐店。

书证的载体一般表现为纸张，但不限于纸张。我国传统证据法学认为，如果证据信息以高科技物品为载体（如DVD、MP3等），则不属于书证，而应当称之为视听资料。

不过，从各国立法例来看，如果高科技物品以其所表达的思想内容作为证据，则准用有关文书的有关规定，故称之为“准书证”。例如，在日本，图片、相片、录音磁带录像带以及其他未表示思想内容而制成的物件，不是文书，但援用书证的有关规定。因此，一般称之为“准书证”。（日本民事诉讼法第231条）

（二）书证的特点

书证具有如下特点：

1. 就形成而言，书证形成于本案诉讼程序以外（以此区别于各种诉讼笔录）。所谓“诉讼程序以外”，包含以下两种不同情形：一是指形成的时间，即在诉讼发生之前制作而成。例如，在合同纠纷案件中包括诉前签署的合同。二是指形成的方式，即不属于本案诉讼活动的法定产物。因此，即使形成于本案诉讼开始之后，如果并非法定诉讼程序的产物，仍属于书证。例如，在诉讼进行过程中，犯罪嫌疑人发出的威胁证人不许作证的恐吓信，其他案件的判决书。

2. 在存在方式上，书证具有物质性与思想性相结合的特点（与物证不同）。书证是物质载体与思想内容的结合。因此，对于一项书证，为了确定其证明力及其大小，不仅要首先确定其是否存在，是否为特定人制作，还应当进一步明确其表达的准确意思是什么、该表达是否符合实际情况。例如，对于一封敲诈信，不仅要有证据证明该敲诈信确实存在，而且还要证明该敲诈信确实为被追诉人所写；否则，将不具有证据能力。在上述基础上，该信件才能作为书证，才允许向法庭出示、宣读，以明确其思想内容是什么、是否构成敲诈。

3. 在证明方式上，书证以所表达的思想内容证明案件事实（区别于物证）。由于书证据以传达思想内容的文字、符号或图画往往为一般人所共知，因此，通常情况下，裁判者依据自己的知识就足以对书证的关联性、证明力等问题作出准确的判断。在此意义上，书证具有自明性的显著特点，而与物证往往需要借助鉴定才能揭示其证明作用有着明显区别。

4. 在证明能力上，更强调原件的重要性。在我国，实行原件原则；在英美国家，实行最佳证据规则。

5. 在证明力方面，书证所承载的证明信息，相对于人证，如物证一样具有稳定性；而且，书证所传递的证明信息，一般通过阅读的方式即可直接获得。因此，德国学者认为，“文书是对过去事实的最保险的证据。因此，它常常使自身成为多余”①。

（三）书证与物证的区别

就表现形式而言，书证亦属于实物证据（即广义的物证）。但是，如果从证明方式来

① ［德］尧厄尼希：《民事诉讼法》，北京，法律出版社，295页。

看，书证则与一般物证（狭义）有着明显区别。

第一，物证是以物品的物质属性、外部特征、存在状况作为证据；书证是以其所表达的思想内容作为证据。因此，一般认为，并非所有文字材料都属于书证。我国台湾地区证据法学将文字材料区分为文书证物与证据书类。[①] 其中，文书证物是指以其存在或状态作为证据的文字材料。如猥亵图书、诬告书状等。证据书类（或称书证）是指以其意义和内容作为证据的文字材料。如合同、遗书、结婚证等。因此，如果提出文字材料（或视听资料）只是作为笔迹（或声音）的比对样本，则属于证物，而非书证。此外，在伪造、变造类犯罪中，所涉及的文字材料，一般属于文书证物。例如，在伪造、变造国家机关公文、证件、印章罪中，所伪造变造的公文、证件、印章，尽管其本身在其他法律关系中属于“公文书”，但是，就所涉嫌的伪造变造案而言，却并非以其所表达的思想内容来证明案件事实的，因此，应当属于物证。

第二，对于物证，裁判者借助自己的感官，即可获得相关证据信息，因此，一般以检证为证据调查方式。对于书证，除需要通过感官感知其文字、符号等外部信息外，还需要借助一般常识探寻其表达的“意义”。因此，对于书证，可能会因为表意不清而需要裁判者进行解释。

第三，在现代社会，为了揭示物证的证明力，往往需要求助于鉴定人。如，对于一个指纹，为了证明属于被告人所留，单单依靠裁判者的感官是不行的，而必须诉诸鉴定。但是，对于书证，尽管在“制作真实问题”上，可能需要进行笔迹鉴定等辅助活动，但是，一旦确认书证具有“制作真实”而具有证据资格，那么，书证的“内容真实问题”则完全属于法官的自由心证范围。换句话说，就书证所表达的内容和意义，一般无须专门知识即可作出判断。

（四）诉讼笔录不属于书证

根据我国传统观点，在诉讼活动内，依照法定程序制作完成的书面材料，属于诉讼笔录，而非书证。[②] 具体而言，在诉讼活动中，可能产生以下三种诉讼笔录：

第一，为固定相关言词证据而制作的笔录。如，询问人员制作的证人询问笔录；证人提供的亲笔证词。一般认为，这种询问笔录，在法律上仅仅是对原始证据的固定和保存，属于衍生证据。因此，在证据种类上，各种询问笔录分别从属于所来源的原始证据。如，证言笔录仍然是证人证言；被害人的询问笔录仍然是被害人陈述。

对此，需特别说明两点：一是，如果以视听资料的方式加以固定，同样属于衍生证据，同样从属于所来源的原始证据。二是，审判前制作的各种文字材料或视听资料，受制于传

① 陈朴生认为，“是为证物之文书，系以文书之存在或状态为其证据资料……作为证据，其调查程序与证据书类不同”（陈朴生：《刑事证据法》，3版，128页，台湾，三民书局，1979）。

② 陈朴生则认为，诉讼内制作之文字材料亦属于文书。他认为，证据书类包括下列两种：一是，卷宗内的笔录。如询问笔录、勘验笔录、扣押笔录、搜索笔录、审判笔录。二是，其他文书。即除卷宗内笔录外，其他可为证据的文书。如鉴定书、保管书等（参见陈朴生：《刑事证据法》，3版，128页，台湾，三民书局，1979）。

闻规则的约束。审判阶段制作的笔录，对本案具有法定的证明力。即，在法律审中，上诉审法院应当以审判笔录的记载内容作为裁判的事实基础。

第二，针对有关物证而制作的笔录。如现场勘验笔录、人身检查笔录、尸体检验笔录、物证检验笔录、侦查实验笔录。这类笔录通过对特定物证的文字化记载而具有证据固定的作用。在我国司法实践中，通常可以直接作为法庭证据。但是，在英美国家，则通常要求相关的司法警察以出庭作证的方式提供证言。

第三，就有关诉讼活动而制作的笔录。如搜查笔录、扣押笔录、辨认笔录等。这类笔录是关于相应诉讼活动如何进行的文字记载。因此，在司法实践中，就有关程序事项（如辨认程序是否合法、搜查方式是否不当、扣押物品的范围等）发生争议时，通常以上述笔录作为相应的证据。

就此类笔录，需注意两点：一是，未依法由相应人签字的侦查行为笔录，不具有法律意义，不得作为证据使用。二是，如果对方当事人就笔录记载内容的真实性提出质疑，应当通知笔录制作人、见证人等出庭作证。

二、书证的分类

对于书证，存在以下分类：

1. 根据是否因公务职权制作，分为公文书与私文书。凡是根据公务职权，依据法定格式制作的书面文件，为公文书。公文书以外的文书，为私文书。

公文书的制作，属公务活动，对制作主体、制作程序等有严格要求。因此，在证据法上，对于公文书，推定其制作真实（即确系文书所载的制作主体制作完成），具有证据能力。外国官厅或公署制作的公文书，亦同。如果对其制作真实存有疑虑时，一般由法院依职权询问有关官厅或公署。

对于私文书，就其制作真实，由举证人负责证明。但一般认为，如由本人或其法定代理人的真正签名或盖章，该私文书推定为制作真实（真正）。

2. 根据法律性质，分为效力文书与证明文书（又称处分文书和报道文书；要件文书与证言文书）。

效力文书是指以所证明的权利或法律关系作为内容的文书。因此，如果没有该文书，便没有该法律行为。如，票据、判决书、行政处分通知书、遗书、契约等。对于所记载的事项，制作真实的效力文书具有完全的证明力，不因反证而丧失证明力。因此，对于效力文书，只能因是否成立、是否制作真实，遭到否定。

证明文书是指以记载制作人所见所闻、情感判断等外部事实的文书。如各种笔录、户籍本、收条、商业账本、诊断书、日记等。制作真实的公证明文书，对其记载内容具有完全的证明力，但可举证反驳；对于私文书的证明力，服从法官的自由心证。

3. 根据制作方法，分为原本、正本、副本、节录本、复制品等。

原本，又称底本，是指文件制作人将有关的内容予以记载而做成的原始文本。正本是指按照原本全文做成，对外与原本具有相同效力的文书。副本与正本的制作方法与效力完全相同，二者的差别仅在于目的不同：正本是为主受件人而制作；副本则是为主受件人以外的其他需知该事项的单位和个人而制作。一般而言，原本一般应存档备查；正本和副本则交给相关单位和个人使用。①

在证据法上，原件包括原本以及具有与原本同等法律效力的正本和副本。② 此外，根据美国联邦证据规则，照片的原件包括底片以及任何从底片冲洗出来的照片。如果数据以电子方式储存，那么，任何由此打印或输出的能够准确反映有关数据的可读物，均为原本。

如果文书、照片或视听资料等数量过于庞大，不便当庭宣读、播放的，负有举证责任一方可以制作节录本，但必须在开庭前将原件提请对方当事人检视、复制。

复制品是指以适当方式制作的足以准确反映原件原貌的放大或缩小的再造物。在司法实践中，最常见的是文书或照片的复印件。

三、证据能力：最佳证据规则

最佳证据规则（best evidence rule）是英美证据法上的一项证据规则。其含义是：为证明文书、照片和录音、录像等的内容，除法律另有规定外，应当提供原件。根据该规则，对于此类事项，原件享有作为证据的优先权，优于它的复制品或相关证人的证言。即，除非有令人信服的理由证明确实无法提出原件，否则，不得以原件的复制品或证人证言作为证据。

四、书证的法庭调查

文书以所表达的思想内容证明案件事实。因此，一项文书原件递交法庭后，通常会产生文书的制作人是谁、文书的内容是什么（相关文字的解释问题）、文书的内容是否合乎事实真相等一系列问题。其中，在证据法学中，“文书的制作人是谁”的问题，一般称之为文书的制作真实（又称文书的真正，英美证据法称之为 Authentication）。“文书的内容是否合乎事实”的问题，一般称之为文书的内容真实。前者关系着书证的证明能力；后者关系着证据的证明力。③

（一）书证的证据能力

书证原件是否具有证据能力，取决于能否对书证的制作真实问题加以证明。④“一份文

---

① 参见陈一云主编：《证据学》，269 页，北京，中国人民大学出版社，1991。

② 《高法解释》第 53 条第 1 款规定：“收集、调取的书证应当是原件。只有在取得原件确有困难时，才可以是副本或者复制件。”在此，显然忽视了副本对外与原本具有同等的法律效力。

③ “书证通常是通过文书把某人的思想作为证据资料，这与作为人证的本人在法庭直接陈述不同。因此，判断文书的证明力，需经过两个阶段，即该文书所表达的思想是不是某甲的思想（形式性证据力）；如果是某甲的，该陈述具有什么样的证明力（实质性证据力）。”（［日］兼子一、竹下守夫：《民事诉讼法》，白绿铉译，125 页，北京，法律出版社，1995。）

④ 民法意义上的“真实”是指文书名义上的制作人与制作者相一致（即署名者就是制作者）；刑法意义上的“真实”是指文书系由举证人指称的人制作而成。（如，乙假冒甲的名义伪造的文书，如果举证人声称“该文书为乙制作”，该文书即为制作真实）

书只有当其真实性（制作真实）被确定后，方可作为证据使用。文书在提交给陪审团考虑之前，首先要向法官证明文书的真实性，这是初始步骤。不得向陪审员出示或宣读该证据，除非诉讼律师已确定了该文书必要的真实性基础，且文书被法官正式接受为证据。"①

因此，对于一项文书，如果对方对制作真实问题明确提出异议②，则应当由提出证据一方负证明责任。在此，需要特别提醒的是，区分公文书和私文书的重要意义之一，即在于二者在制作真实问题上享有不同的法律地位。因此，对于特定文书，可以推定其制作真实；对方当事人对于该项推定有异议的，应当提出相应证据加以反驳。

为了证明文书的制作真实，举证方可以提出相关证人（如制作文书时的见证人，熟悉对方字迹的人，笔迹鉴定专家）；也可以请求法庭核对笔迹。为核对笔迹，法庭可命令对方当事人提供用于核对的文字笔迹（拒绝提供或伪造笔体书写的，可认定举证人的主张真实）。

如果提出的文书是复制品，采纳该项文书，则需要先行证明：原件确实曾经存在；原件的制作真实问题；存在确实无法提出原件的法定理由。

除文书外，现代社会出现的其他记录方式也需要证明其制作真实。以下就美国的实践做法介绍如下③：

1. 照片、录音录像

对于照片、录音录像，既可以由拍照人、拍照过程的目击者出庭作证加以证明，也可以由熟悉照片所记载物品或现场的人加以证明。其中，对于后一种情形，如果证人能够证明照片准确地描绘了物品或者案发现场等，那么照片就被依法确认。

2. 监视器

对于通过监视器获取的照片或图像，一般需要证明以下因素：在案发时，监视器运转是否正常；照片或图像是否真的源自监视器的底片。

3. X光片、心电图、酒精测量仪的检测结果

一般需要考虑以下因素：操作过程是否准确；机器运转是否正常；操作人员是否合格；所得结果是否妥善保存等。

4. 计算机打印物

一般需要考虑以下因素：计算机运行状况是否良好；所用软件的可靠性和稳定性；输入数据和打印程序是否正确；打印物自身的识别。

（二）法庭调查方式

对于书证，一般以当庭宣读的方式进行调查。对于过于冗长的书证，以对方当事人已经查阅或拥有复印件为条件，可以告以要旨后，将书证提交裁判者自行阅读。根据我国《刑事诉讼法》157条规定，宣读书证后，审判人员应当听取当事人的意见。

---

① ［美］乔恩·R·华尔兹：《刑事证据大全》，424页，北京，中国人民公安大学出版社，2004。

② 为防止对方当事人恶意争执书证的真实性，大陆法系国家多规定有一定的惩戒措施。如对于违背事实，故意或重大过失争执文书制作真实的，可处以一定的罚款。

③ 参见高忠智：《美国证据法新解》，216页以下，北京，法律出版社，2004。

对于其他影音材料，应当当庭播放。

(三) 书证的证明力

书证的证明力取决于其内容是否符合实际情况，即内容真实问题。

在此，需说明以下几点：

第一，一项制作真实的文书，并不意味着必然内容真实。“必须明确，文书真实（制作真实）并不一定是指其中包含的事实也为真实。比如，一封信可能确实为某个特定的人所写，但其内容可能都是假的。”[①]

第二，内容真实问题，只存在于证明文书。根据文书的法律性质，可分为效力文书与证明文书。其中，对于效力文书，由于它所证明法律关系应当以其书面记载为准，因此，其内容真实问题完全依赖于其记载，而与外部事实无关。[②] 在此意义上，对于结婚证，当事人只能通过向民政部门申请撤销或对其制作真实提出异议（如伪造）等途径加以反驳；而不能因事实关系而否定其效力。

对于证明文书，由于其存在是为了证明外部事实，因此，其证明价值的大小依赖于其内容与外部事实的内在关系。因此，对于证明文书，遂产生内容真实与否的问题。

第三，书证的内容真实问题，乃证明力问题，属于法官自由评价的范围。因此，即使曾经涂改、毁损的文书，只要具有证据能力并经法庭调查，其有无证明力以及证明力大小，则应由法官以其理性和良心作出判断。

第六节 人 证

一、人证概说

人证是指以人的陈述作为证据。根据作证之人的诉讼角色，可细分为证人、被害人、鉴定人。就程序性事项而言，主导侦查活动的司法警察，参与相应侦查活动、诉讼活动的见证人，也可以成为人证。

在我国，证人、被害人、鉴定人、侦查人员、见证人是不同的诉讼角色，在刑事诉讼活动中享有不同的诉讼权利和义务。但是，如果从证据方法角度来看，这些诉讼角色的证据法地位却并没有什么实质性差别。其中，根据《刑事诉讼法》第 100 条，在侦查阶段，询问证人与询问被害人，适用相同的法律程序。在审判阶段，根据《刑事诉讼法》第 156 条、157 条规定，对于证人和鉴定人的法庭调查，适用完全相同的法定程序。[③]《高法解释》

---

① ［美］乔恩·R·华尔兹：《刑事证据大全》，425 页，北京，中国人民公安大学出版社，2004。

② 一般认为，契约属于效力文书。但是，在我国司法实践中，由于经常诉诸事实真相以决定契约的真假，致使契约的实际性质，更近似于证明文书。

③ 如果单就第 156 条条文表述看，似乎对于鉴定人无须“告知他要如实地提供证言和有意作伪证或者隐匿罪证要负的法律责任”。但是，如果承认，鉴定人与证人都是伪证罪主体，负有同等的如实作证义务。那么，该条规定显然存在立法疏漏。因此，在《刑事诉讼法》再修改中，建议将“证人作证”修改为“证人、鉴定人作证前”。

第140条至149条的规定也同样表明，在司法实践中，对于证人和鉴定人（甚至包括被害人），适用的是相同的法庭调查程序和询问规则。因此，从证据法地位出发，本节将上述各诉讼角色统一于人证的证据方法之下。其中，在主体上，重点论述人证的最重要形式：证人。

通过对人证的调查，得到的证据资料可统称为言词证据。一般而言，言词证据具有以下特点：

第一，以人为载体，因而具有主动性。人证能够动态地揭示案件发生的起因、过程甚至是具体情节。如果说物证提供的是一张张孤立静止的照片，那么，人证所描述的则好比一幕幕连续的、动态的电影。人证作为一种动态的证据，往往可以大段地展示案情，从而有助于裁判者迅速地了解案情的整体情况。

第二，具有可变性。人证是人对案件事实的主观反映。因此，在诉讼过程中，受主客观因素的影响，陈述人可能会改变原来的陈述。

第三，证明力受制于陈述人的自身能力与诚信程度。就证人证言、当事人陈述而言，在客观上，受陈述人认知能力、记忆能力、表达能力影响；在主观上，受陈述人陈述时的心理状态影响。就鉴定意见而言，鉴定人的鉴定能力、鉴定材料是否适当，鉴定依据的仪器或理论等因素也直接影响着鉴定意见的证明价值。

二、证人

（一）证人的属性

第一，自然属性：证人只能是自然人。

由于证人只能就自己亲身感知的事实作证，因此，证人只能是具有感知能力的自然人。[①] 例如，以医院名义出具的接诊记录，该接诊记录应当属于书证，而非证人证言。如果接诊大夫事后写了一份关于接诊情况的证明，则属于证人证言。不过，在证据法上，前者属于偶然证据[②]，较后者具有更强的可信性。

第二，法律属性：法律所设定的可充当证人的主体范围。

在法律意义上，哪些自然人可以充当证人，因法律制度不同而呈现出一定的差异。其中，在大陆法系国家的刑事诉讼中，证人是一种区别于被告人、鉴定人的特定诉讼角色，其主体范围包括我国法律上的被害人、证人。在法律上，证人负有如实陈述的义务，如果故意作虚假陈述，将构成伪证罪；对于被追诉人，通常不认为其负有如实陈述的一般性义务；鉴定人则是作为法院的辅助力量而提供专门性帮助的。在英美国家，证人是一种诉讼

---

① 我国《民事诉讼法》第70条规定，凡是知道案件情况的单位和个人，都有义务出庭作证。立法显然混淆了单位的证据提出义务和个人的作证义务。就单位而言，知道案件情况的情形无非两种：单位中的某个人知悉案件情况，此时，该个人应当作为证人；单位占有与本案有关的物证或书证，此时，单位负有证据提出义务。

② 根据制作文书的目的，陈朴生将其分为偶然证据文书与目的证据文书。其中，因偶然证据文书系为其他目的而制作，而非专为本案纠纷而作，往往具有较强的可信性。

地位。任何诉讼角色，包括被追诉人、被害人、提供专门知识的专家证人、亲身感知案件情况的第三人，只要具备充任证人的资格，都可以作为证人提供证言。

在我国，证人是一种独立于当事人、鉴定人的诉讼角色。因此，证人的范围仅限于本案当事人以外的、知道案件情况的第三人。此外，在我国诉讼理论上，一般将证人限定于证明实体法事实的人，因此，参与并见证特定侦查活动的公民，在法律上称之为“见证人”[①]；至于主导侦查活动的警察，一般亦不认为是证人。但是，随着近年来司法实践中侦查人员滥用权力的事件屡有发生，有学者主张，对于侦查活动中的特定事项，如刑讯、搜查是否合法等程序法事实，侦查人员应当作为证人当庭提供证言。

(二) 证人资格

第一，一般资格：能够正确表达。

在西方诉讼史上，证人的资格有明确的限定。如，妇女、儿童、被判刑人等均不具有作证的资格。但在现代社会，这些资格限定的法律已经被取消。一般只从认识能力、表达能力方面作原则性要求。

在我国，证人的实质性要求是“能够正确表达”。我国《刑事诉讼法》第48条规定，“生理上、精神上有缺陷或者年幼，不能辨别是非、不能正确表达的人，不能作证人”。一般认为，该条中关于“生理上、精神上有缺陷或者年幼”仅仅是一种特别强调；“不能仅以生理上、精神上有缺陷或者年幼，就剥夺公民的证人资格。能否作证人，关键在于是否能辨别是非和正确表达”[②]。在诉讼中，对于特定的人员是否具有正确的表达能力，法院可以进行适当的调查，如询问、鉴定等。[③]

第二，特定资格：直接感知案件事实。

证人必须是直接感知案件事实的人。没有直接感知案件事实，而通过道听途说间接知道案件情况的人，除非法律另有规定，不得作为证人。其中，在英美证据法上，没有直接感知案件事实的人所提供的证言属于传闻证据，除非符合法定的例外情形，否则不具有证据资格。德国刑事诉讼法规定，根据本人作证原则，直接感知案件事实的人必须亲自作证。

在我国，现行立法为照顾审前活动的特殊性，采取了一种宽泛的证人观念，即证人并不限于直接感知案件事实的人。《刑事诉讼法》第48条规定，“凡是知道案件情况的人，都有作证的义务”。据此，一般认为，只要知道案件情况，无论是否属于直接感知，都可以充任证人。但对于间接感知案件事实的证人，必须说明确切的来源，否则其证言不能作为证据。上述规定尽管满足了“审前活动不可能一下子就找到亲身感知案件事实的人”这一实

① “诉讼中的见证人，如刑事诉讼中的勘验检查、扣押物证书证和送达时的见证人，民事诉讼与行政诉讼中勘验时的‘被邀参加人’，由于他们一般并不了解案件情况，而且司法机关可以选择，所以不同于证人。但是，当他们一经选定并参与现场勘验检查、搜查扣押等见证工作，就成了了解有关诉讼活动的人，具有不可替代性，从而在必要时，有就其了解的情况如实作证的义务。”（陈一云主编：《证据学》，290页，北京，中国人民大学出版社，1991）

② 陈一云主编：《证据学》，292页，北京，中国人民大学出版社，1991。

③ 《高法解释》第57条规定：“对于证人能否辨别是非，能否正确表达，必要时可以进行审查或者鉴定。”

践特征，但是，对于审判阶段，却荒谬异常。如果间接感知案件事实的人能够说明其确切的来源，为什么不传唤更有资格作证的人提供证言呢？

在司法实践中，上述宽泛的证人观念给审判活动造成了一系列人为困难：第一，大量无关紧要的人，以证人身份参与法庭调查，徒增法庭调查的成本、拖延诉讼；与此相关的是，因法不责众，证人出庭作证的义务/责任事实上难以兑现。第二，法庭调查因充斥大量无关紧要的证人证言，容易混淆视听，模糊真正的问题所在。因此，在刑事诉讼法再修改中，有必要区分审前程序中的证人与法庭审理中的证人。二者因所处诉讼阶段不同，在证人资格问题上也应当有所区别。其中，就审判阶段而言，证人原则上应当是曾经亲身感知案件事实，只有在上述证人确实无法到庭时，才例外地接受传闻证据（包括宣读上述证人的书面陈述，传唤其他传闻证人）。

(三）有关证人的两项原则

第一，人身不可替代性。

就特定案件而言，证人是由案件事实所决定的。亲身感知案件事实的人有义务作为证人，而且只有亲身感知案件事实的人才能作为本案的证人。因此，证人是一种具有严格身份属性的诉讼角色，具有人身不可替代性。此点与鉴定人不同，鉴定人是可以更换的。

第二，证人优先原则。

在特定案件中，因感知案件事实而有资格作为证人的人总是有限的，因此，感知案件事实的人应当优先履行其证人义务。在诉讼中，这一要求具体表现在，如果某人曾亲身感知案件事实，那么，相比审判人员、检察人员、侦查人员、鉴定人、诉讼代理人、辩护人等诉讼角色而言，他应当优先履行其证人义务。因此，对于警察，当其亲身感知某犯罪事实后，不得再充任本案的侦查人员，而应当优先履行其证人义务。

(四）证人的作证义务

作证义务是一国领土内的任何人对该国法律秩序所负有的一项公共义务。该义务不仅适用于该国公民，而且适用于在该国家逗留的他国公民。[①]

证人作证是一项公共义务。因此，所有证人都是法庭的证人，而非某一方当事人的证人。因此，通知证人出庭作证的应当是法院，证人出庭后需要补偿的费用也由法院来支付。

我国现行立法仅笼统规定“都有作证的义务”。从各国规定来看，证人的作证义务具体包括以下三项义务：

第一，到庭/到场的义务。

对于法庭作为证人传唤的人，因法庭传唤而负有如期到庭的义务。此时，即使被传唤人确实不知情，仍然负有到庭义务，而不得以“自己确实不知情”为由，拒不到庭。在西方国家，如果证人拒不履行到庭义务，法庭可以对其予以拘传。而且，根据情形，还可以处以一定数额的罚款。

---

① 我国台湾地区“刑事诉讼法”第 176 条之一规定：“除法律另有规定者外，不问何人，于他人之案件，有为证人之义务。”

如我国台湾地区“刑事诉讼法”第178条规定：“证人经合法传唤，无正当理由而不到场者，得科以新台币三万元以下之罚锾，并得拘提之；再传不到者，亦同。前项科罚锾之处分，由法院裁定之。检察官为传唤者，应声请该管法院裁定之。对于前项裁定，得提起抗告。”

意大利刑事诉讼法第133条规定“如果证人、鉴定人、技术顾问、翻译或被扣押物的保管人在经合法传唤后无正当理由拒不在规定的日期和时间出庭，法官可以作出拘传的决定并且也可以对其处以10万里拉至100万里拉的罚款，同时裁定其支付因不出庭而造成的费用。”

在我国，立法没有明确规定证人的到庭义务①，更没有规定不到庭的法律责任。司法实践中，证人出庭率非常低。其中，就刑事案件而言，证人出庭作证的比例一般不超过5%。针对此种情形，最高人民法院司法解释明确了证人不到庭的法定情形②，试图解决书面证言充斥法庭调查的现状。但是，从实践效果来看，证人不愿出庭作证问题仍然是困扰我国审判的一大难题。

第二，陈述义务。

到庭之后，证人负有陈述的义务。如果拒绝陈述，法庭可以科以一定的处罚。

在此，值得注意的是，在西方国家，基于对其他重大社会价值的尊重，法律一般赋予特定证人享有拒绝作证的权利。具体而言，证人拒绝作证的权利分为四种情形：基于保守职务秘密的免证权；基于保守业务秘密的免证权；基于维护亲属间信任关系的免证权；基于自陷有罪的免证权。

在我国，传统上有“亲亲相为隐”的制度③，但就现行立法而言，法律并不承认亲属间享有拒绝作证的权利。然而，人的亲情却并不因法律不承认而消除。因此，在司法实践中，“一人犯罪，全家包庇犯”的事件屡屡发生。这种为打击犯罪而牺牲人伦亲情的制度是否合理，值得深思。

第三，宣誓/具结义务（即如实陈述的义务）。

在西方国家，宣誓（或者类似宣誓的郑重声明、具结）是具有法律意义的行为。在中世纪，宣誓意味着将面对上帝作证，撒谎将受到上帝的惩罚。在现代，随着人类宗教观念

---

① 因此，在司法实践中，有人错误地认为，既然已经对侦查机关履行了作证义务，当然可以不用出庭作证。

② 《高法解释》第141条规定：“证人应当出庭作证。符合下列情形，经人民法院准许的，证人可以不出庭作证：（一）未成年人；（二）庭审期间身患严重疾病或者行动极为不便的；（三）其证言对案件的审判不起直接决定作用的；（四）有其他原因的。”

③ “亲亲相为隐”为儒家所提倡，作为一项法律制度始自汉朝。汉律规定了“亲亲得相首匿”，即亲属之间可以互相隐匿犯罪，而不负或少负刑事责任。汉宣帝四年（公元前66年）诏：“父子之亲，夫妇之道，天性也。”（《汉书·宣帝记》）到了唐朝，基于“屈法以伸伦理”的“亲亲”观念，《唐律疏议·名例》“同居相为隐”条款确立了同居相隐不为罪的法律原则。其相容隐的范围，较之汉律的“亲亲得相首匿”进一步扩大，包括同财共居之人，大功以上亲属，外祖父母、外孙、孙之妇、夫之兄弟及兄弟妻，相互之间包庇犯罪而不负刑事责任；部曲、奴婢包庇主人也不追究刑事责任；小功以下亲属之间容隐犯罪，减凡人三等治罪。但唐律规定，“同居相为隐”不适用于谋反、谋大逆和谋叛罪。

的淡化，宣誓已经更多地意味着人间的法律制裁，即，宣誓是成立伪证罪的构成要件之一。因此，所谓的宣誓义务，实际上也就是“如实陈述的义务”。

在西方国家，通过宣誓制度[①]，立法明确区分公民的证人资格与伪证罪主体资格。据此，一些人尽管具有证人资格，负有作证义务，却不具备伪证罪的主体资格；在其提供证言时，有权不进行宣誓（即排除其伪证罪的主体资格）。

（五）证人的诉讼权利

证人因亲身感知案件事实而产生作证的法律义务。参与诉讼活动后，证人因作证义务而产生相应的诉讼权利。

一般而言，证人在诉讼活动中享有如下诉讼权利：

第一，请求对其人身和财产安全予以特殊保护的权利。

在西方国家，为了保障证人的人身安全，司法机关可以指定警察守护证人的宅院或担任贴身保镖；对于可能妨碍证人作证的犯罪嫌疑人，可以签发禁止接触令，强令其不得接触证人或接近证人的住宅。在法庭证据调查时，为防止泄露证人身份，证人可以通过改变声音等技术设备在法庭外接受询问。在特别案件中，对于履行作证义务的证人，为保障其安全，国家甚至会为其办理移民、迁居手续或提供整容服务。

在我国，刑事诉讼法关于证人保护的规定有三：一是，明确了公安司法机关的保障义务。《刑事诉讼法》第49条第1款规定：“人民法院、人民检察院和公安机关应当保障证人及其近亲属的安全。”但从第2款规定来看，这主要是一种事后保障。二是，对于实施了报案或举报活动的证人，根据《刑事诉讼法》第85条规定，证人“如果不愿公开自己的姓名和报案、控告、举报的行为，应当为他保守秘密”。但是，在法庭调查阶段，如何为证人保守秘密，法律并无任何考虑。三是，对于被取保候审或监视居住的被追诉人，负有“不得以任何形式干扰证人作证”的义务。但是，与西方的禁止接触令相比，该项义务稍嫌笼统。

第二，因法定事由拒绝作证、宣誓的权利。

第三，在询问过程中，不得损害证人的人格尊严和名誉。

例如，我国《高法解释》第146条规定，询问证人“不得损害证人的人格尊严”。德国刑事诉讼法第68条规定，只有在不可避免或确有必要时，才得询问有损证人名誉的事实和证人的前科事实。

第四，获得经济补偿的权利。

---

① 德国刑事诉讼法分两条依次规定了“禁止宣誓”和“免于宣誓”的内容。其中，第60条规定：对下列人员，不要求宣誓：(1) 接受询问时，未满16岁，或者由于理解力欠成熟，或者因患精神病，或者因智能上或心理上的障碍，不能充分认识到宣誓的本质与意义的人员；(2) 有构成本案调查事项的行为嫌疑，或者有参与行为或有庇护、藏匿犯人或者赃物罪的嫌疑、或者是因此已经被有罪判决的人员。第61条规定：对于下述人员、情形，依法院的斟酌可以免于宣誓：(1) 对于接受询问时，虽年满16岁，但还未年满18周岁的人员；(2) 对于被害人以及第52条第1款中所列的被害人或者被指控人亲属成员；(3) 法院认为证言无实质意义并且确信即使命令宣誓也不能期望得到有实质性的证言；(4) 对于因虚伪宣誓已被有罪判决的人员；(5) 检察院、辩护人和被告人舍弃宣誓。

为了司法利益，法律尽管可以强令证人负担并履行作证的义务，却不应要求证人自行承担因此所产生的种种费用。因此，在现代国家，立法在强化证人作证义务的同时，还明确规定了证人获得经济补偿的权利。具体而言，对于证人因作证而支出的费用，如交通费、食宿费，应当由国家按照一定的定额予以补偿。

关于证人的经济补偿权，需说明三点：

其一，有论者认为，经济补偿的范围还应当包括证人因作证而遭受的经济损失，如误工工资、奖金以及相关的经济损失。对此，需要说明的是，证人作证是一种公共行为，因此，相应单位和组织，应当为证人提供相应的便利，不得以证人出庭作证而耽误工作为由，对其作出不利的处分。因此，对于“因作证而误工”，相关单位和组织，原本就不应扣减其工资，更不应因此而扣减其奖金。

其二，证人因作证所享有的是“经济补偿权”，而非“赔偿权”。因此，证人补偿一般以定额的方式计算，与证人因此实际支出的费用无关。

其三，证人享有经济补偿权以其履行作证义务为前提。因此，对于拒不履行作证义务（具体包括到场、陈述、宣誓三项义务）的，无权获得相应的经济补偿。

三、证据能力规则

在大陆法系国家，基于直接言词原则的要求，提供言词证据的人，原则上必须当庭提供证言。在英美法系国家，关于言词证据，应当遵循传闻规则和意见规则。为了适应我国庭审方式改革的需要，以下重点介绍英美证据法上的两项证据规则。

（一）传闻规则

1. 传闻证据

传闻证据是英美证据法上的传统概念之一。根据其表现形式，传闻证据可分为两种：第一，当庭作证的证人就他人陈述的内容提供的证言。例如，甲出庭作证说：“某乙曾告诉我他杀了人”。此时，如果是用以证明某乙杀人，那么，某甲的证言属于传闻证据。如果用以证明某乙曾经说过这句话，则不属于传闻。第二，以书面陈述代替本人当庭作证。该书面陈述无论是证人本人在庭审期日以外所作的书面证人证言，还是警检人员所作的（证人）询问笔录，都属于传闻证据。

2. 传闻规则及其理论根据

所谓传闻规则，简言之，是指除非法律另有规定，传闻证据不具可采性。

传闻规则最早产生于英国普通法。1680年以后，英国正式确立了最早的传闻证据规则。在真实案件的报告所能找到的有关标准性传闻最有力的例证，是沃尔特诉瑞赖案。[①]“经过一个世纪的发展，在18世纪初叶，传闻规则或传闻排除规则已经完全确立下来了。”[②]

一般认为，传闻规则的产生与其实行陪审团裁判是密切相关的。“传闻证据并非因为它

① 关于本案的详细叙述，参见［英］丹宁：《法律的界碑》，2页以下，北京，法律出版社，1999。

② Supra，Peter Gillies，p. 279.

们不具有逻辑上的证明价值（logically probative value）而被排除……排除传闻证据的理论基础植根于陪审团审判的诉讼制度，并基于对以下重大困难的承认：即使陪审员比业经职业化的法官在观察力上更为敏锐，恰当地评断陪审团未曾看到或听到的人或者没有经受交叉询问检验其可信性的人所作陈述具有的证明价值（如果有的话），也是极其困难的……这一基础性规则提供了对抗下述危险的保障，即未经（法庭）检验的传闻证据可能被赋予超其所能的证明价值。”①

但是，传闻规则得以沿袭至今的根由则更多地在于传闻证据的自身缺陷。第一，传闻证据存在着复述不准确或伪造的可能。传闻证据因具有重复报告（double report）的性质，可能因故意或过失导致传述错误或偏差，所以，允许采纳传闻证据有悖于发现真实的初衷。恰如贝克所言，“对于事实描述增长的容易与迅速，每个人都十分熟悉。当一项陈述从这个人到那个人时，一些附加的事实已经增加，或者，还会添枝加叶使其听起来更有滋味。随着对事实描述的每一次转述，所作描述离它原有面目越来越远；随着故事的增长，添枝加叶越来越多，最后，所增加的东西已经淹没了事实真相的核心成分。误解、记忆的衰退、错误的表述，弄得对事实的描述越来越不准确、越来越不可信”。② 第二，传闻证据是未经宣誓提出的，又不受交叉询问，其真实性无法证实。但是，应当指出的是，排除传闻证据的基础并不在于其是否具有真实性，而在于此种真实性是否能够在程序中表现于外并得到证明。作为转述他人陈述的人，他只能限于转述人的听闻经验，所以，除了转述人描述的听闻经验细节外，“对述者语言之运用，及其诚实、记忆，或知觉”，转述之人均无法予以回答。③“转述他人陈述之人，不可能涉及问题的所有细节、不可能回答每一问题、不可能解决存在的每一困难，消解每一矛盾之处，解释所有的疑团并澄清所有的模棱两可，他立足于他所说的简单断言，而将负担一股脑留给他那死亡或不在场的原始作者。”④ 因此，传闻未经宣誓、交叉询问只不过是一种表象，此表象背后是深深的无奈——即使传闻是可靠的，法庭又怎么知道呢？第三，传闻证据并非在裁判官面前之陈述。基于直接言词原则，证据调查应当在法庭上进行，以保证裁判官能够察言观色，辨明其真伪。但是，对于传闻证据，由于法官未能直接听取原陈述人陈述，因而不能获取陈述人的态度、表情、姿态等情况以综合性地判断陈述内容的真实性。因此，排除传闻证据的内在理由深深地根植于传闻证据的自身缺陷，陪审团制度的存在只不过使这种缺陷更容易为人们所注意罢了。

随着传闻规则在近代的发展，排除传闻证据中保障人权的比重也在增加。在美国、日本等国家，传闻规则与被告人的宪法权利已经紧密地联系在一起。美国宪法和日本宪法都将“与对方证人对质”规定为被告人的一项宪法性权利，而传闻证据显然不能满足此项权

---

① R v. Blastland [1985] 2 All ER 1095 at p. 1099.

② 转引自 J. D. Heydon，Evidence（2nd ed.），Butterworths（1984），p. 308。

③ 参见［美］Edmund M. Morgan：《证据法基本问题》，李学灯译，251页，台湾，世界书局，1982。

④ J. D. Heydon，Evidence（2nd ed.），Butterworths（1984），p. 308.

利，所以，排除传闻证据的理论根据开始更多地表现为其侵犯了被告人的对质权。[1] 在欧洲各国，受到《欧洲人权公约》的约束，除审判期日以外的证人证言也日益与保障被告人与对方证人的质证权联系在了一起。

在大陆法系国家，并不存在英美法系国家意义上的传闻规则。但是，如果承认传闻规则的核心价值在于"要求直接感知案件情况的人必须出庭作证"，那么，大陆法系国家亦存在类似的制度和规则。在大陆法系国家，随着书面审理制度被废止，各国普遍将直接言词原则确立为法庭审理活动的基本原则。根据该原则，包括证人在内的所有证据必须在诉讼双方及法庭的参与下当庭进行调查，否则不得作为裁判的依据。例如，德国学理上坚持口证原则，"对于法院，只允许依据在开庭审理时经口头陈述、口头辩论的事实而作出判决。对侦查案卷记载的内容，原则上不允许作为法院判决的基础"[2]。

3. 传闻规则的例外

与传闻证据相比，由直接感知案件事实的人当庭作证更容易查明事实的真相。但是，如果严格排除一切传闻证据，则有可能导致相当一部分案件的真相根本无法查明，或者查明事实真相的成本过大。例如，当直接感知案件事实的人已经死亡或者隐而不见时，如果否定可靠的传闻证据，将会导致不能查明事实真相的后果。因此，在普通法的发展历史上，一些传闻证据的可采性相继被判例法所肯定，形成了传闻规则的例外。

美国联邦证据规则将传闻规则的例外分为两类：附条件的例外和无条件的例外。所谓无条件的例外，是指即使在直接感知案件事实的人可以作证的情况下，传闻证据也可以采纳为证据。其实质是从立法上正式承认了此类传闻证据的证据能力。属于此类传闻证据的有：陈述者在事发当时或时隔不久作出的关于该事件的陈述；陈述者就令人吃惊的事件在极度兴奋或受刺激的状态中所作的陈述；陈述者就自己心理状态、感情、知觉或身体状态（如意图、打算、动机、内心情感、疼痛或身体健康等）的陈述；出于医疗诊断或治疗目的所作的陈述；证人亲身经历但已不能充分回忆时，其记忆犹新时所作的记录；属于商业、协会等日常业务活动的记录档案；公共机构或公务员依其法定职责就其进行的活动或观察的情况所作的记录、报告等；关于出生、死亡、婚姻等重要统计资料，商业和科学出版物，结婚证书，学术论文，碑铭墓刻，有罪判决，关于在家系中的名分，关于品格的名声；等等。

所谓附条件的例外，是指在直接感知案件事实的人有合理情形不能出庭作证时，方得采纳的传闻证据。此类传闻证据的证据能力是有条件的，决定于直接感知案件事实的人能否出庭作证。如果直接感知案件事实的人能够出庭作证，传闻证据就不具有可采性；如果

---

① 根据早期的判例，对质条款基本上可以看作是传闻规则的宪法体现；当然，其所体现的传闻规则包含一些传统的例外，而且还留有一定的余地，便于沿着相似线扩展例外规定。根据近期的判例，对质条款所起作用有所扩大，已经完全超过了传闻规则的界定范围。基于这些考虑，咨询委员会得出了以下结论，即：在宪法的领域内，传闻规则可作为对质权的附属物发挥作用；在不属于宪法的领域，传闻规则可独立地发挥作用。

② ［德］约·阿希姆·赫尔曼：《〈德国刑事诉讼法典〉中译本引言》，载李昌珂译：《德国刑事诉讼法典》，北京，中国政法大学出版社，1995。

直接感知案件事实的人不能出庭作证，该项传闻证据则具可采性。所谓“不能出庭作证”，包括以下几种情形：陈述人享有免于作证的特权并拒绝作证的；陈述人虽无免予作证特权，但宁愿受处罚亦不作证的；陈述人由于死亡，或患身体上或精神上的疾病，或健康状况不佳不能出庭或不能作证的；陈述人声称对自己所作陈述的内容已记不清的；通过传票或其他合理手段无法通知陈述者出庭作证的。在陈述人不能出庭作证的情况下，下列证据同样不适用传闻证据排除规则：在同一诉讼或其他诉讼过程中提供的证词；临终陈述；对己不利的陈述；关于个人或家史的陈述。

(二) 意见规则

1. 意见规则及其理论根据

意见规则（opinion rule）是规范证人作证范围的证据规则。在英美证据法上，作为一般原则，证人只应就他曾经亲身感知的事实提供证言，不得就这些事实进行推论。

英美证据法学理论一般认为，意见证据不可采主要是基于以下两方面的原因：第一，就所证明的事实，证人的意见不具有相关性。如果待证事实属于需要专业知识的事实，非专家证人的意见显然没有任何证明价值（probative value）；如果待证事实属于不需要专业知识的事实，由于事实裁判者同样可以进行判断或推论，证人的意见又显得没有充分的相关性。第二，该一般原则可以阻止证人侵越事实裁判者的权力。证人职能与裁判职能的区别是意见规则的一项重要理论基础。英美证据法理论将证人视为一种证据方法，其作用在于将其亲自体验的事实如实地提出于法庭；依据一定的证据材料作出推断或结论，则属于裁判职能，应当由陪审团（或法官）负责。在诉讼中，尽管事实裁断者有权根据自己的判断拒绝接受任何意见证据，但事实上，裁判者很容易被诱以简单地接受意见证言而不是独立对事实进行推论。因此，如果允许普通证人提出推论或意见，那么，或者侵犯陪审团的裁判职能，或者因为该普通证人没有作出推断或意见的特殊技能或经验而误导陪审团。

2. 意见规则与传闻规则的区别

尽管意见规则与传闻规则都是以证人证言作为调整对象，但二者调整的重点各不相同。传闻规则实质上是对证人提供证言的形式提出了具体要求，即亲身感知案件事实的人必须当庭提供证言；而意见规则却是对证人作证内容的限定，即无论证人以何种形式提供证言，证人作证的范围一般应限于所感知的事实，不得就所感知的事实进行推论。在适用时序上，一般应首先适用传闻规则；只有根据传闻规则可以采纳的证据，才发生证人所作证言是否因意见规则被排除的问题。

3. 意见规则的例外

依据证人身份的不同，意见规则的例外可以分为两类：第一，有关专家证人的例外，即一个具有适当资格的专家可以就他拥有的相应专业知识且需要专家意见的事实陈述其意见。第二，有关普通证人的例外，即作为表述曾亲身感知的事实的方式，一个非专家证人可以就那些不需要任何特殊的专业知识的事实陈述其意见。

四、人证的法庭调查

(一) 法庭调查的步骤

一般而言，对于人证的调查可以分为四个步骤：

第一，人别询问。即通过询问，明确作证之人的身份，与当事人以及本案的关系。[①]

第二，告知诉讼义务。即告知证人、鉴定人“应当如实地提供证言和有意作伪证或者隐匿罪证要负的法律责任”。然后，证人、鉴定人应当在保证书上签名（我国台湾地区称之为“具结”，其效力等同于宣誓）。

第三，调查该人是否具备作证资格。证人作证前，应当先行调查该证人是否亲身感知案件事实；如果不是，是否符合传闻规则的例外。鉴定人陈述鉴定意见之前，应当首先证明自己具有该项鉴定所必需的鉴定能力。

第四，就本案待证事实进行询问。

(二) 法庭调查的方法

一般而言，关于人证的法庭调查方法可以分为两种：一种是英美法传统的交叉询问式。即，由控辩双方主导询问，并通过一问一答的方式展开调查；另一种是大陆法传统的职权询问式。即在法庭主导下对人证进行询问，一般先由人证作连续陈述，然后，由法官和控辩双方依次进行提问。

(三) 法庭调查的目的

人证调查的目的，不仅在于探知证人的经验内容，而且要判断其思想经验的陈述是否正确，所以对人证之调查除了取得其陈述，还须观察其陈述之态度。这一点与物证之调查，仅调查证物本身，可以不考虑证物以外之因素不同。

五、关于人证的证明力

(一) 鉴定意见的证明力

鉴定意见的证明力受到以下因素的影响：第一，鉴定人是否具备该鉴定所必需的鉴定能力。鉴定是一个专业性很强的活动。在现代社会，随着鉴定专业化的不断发展，精通牙科鉴定的专家，未必具有血迹鉴定的能力。因此，在个案中，不能仅仅满足于“某鉴定人是专家”，而必须进一步澄清“该专家是否具有该案鉴定所必需的能力”。就弹道鉴定而言，一个初出茅庐的弹道专家，不会比一个资深的会计鉴定专家差。此所谓“术业有专攻”。第二，鉴定所依据的材料（简称“鉴材”）是否变质。鉴材是鉴定的客观基础。如果鉴材已经变质、退化或者被污染，那么，即使鉴定人水平再高，也不可能得出正确的结论。第三，鉴定技术设备或鉴定人依据的理论是否陈旧。钱钟书先生在《围城》中开玩笑说：一个老

---

① 根据《高法解释》第142条、第144条规定，证人、鉴定人到庭后，审判人员应当先核实其身份、与当事人以及本案的关系。其中，对于鉴定人而言，该项询问为当事人申请鉴定人回避提供了现实可能性。

科学家，如果不是老“科学家”，而是“老科学”专家，那么，就用处不大了。鉴定也是一样。如果鉴定的技术设备或依据的理论已经陈旧，那么，所得出的鉴定意见，也就大打折扣了。

关于鉴定意见，需特别明确以下两点：

第一，鉴定意见只是一种证据，仍然需要法官结合其他证据加以综合评判。因此，鉴定意见并非“科学法官”，而是办案人员在对某些专门性问题不了解、不清楚的时候，指派、聘请有专门知识的人进行鉴定后所获得的意见和判断。就其本质而言，鉴定意见也是一种判断意见，只不过它是一种专家的判断意见。因此，对于鉴定结论，仍然需要结合其他证据进行综合审查判断；法官有权否定鉴定意见，但必须说明理由。

第二，反对以鉴定人、鉴定单位的行政级别，作为判断鉴定意见的标准。如上所述，鉴定人就特定鉴定业务的从业经验、业绩，可以作为判断鉴定意见证明力的重要因素之一。

第三，鉴定人应当是自然人。根据公安部规定，鉴定后出具的鉴定结论，应当由两名以上具有鉴定资格的鉴定人签名或者盖章。对人身伤害的医学鉴定有争议需要重新鉴定的或者对精神病的医学鉴定，由省级人民政府指定的医院进行。鉴定人进行鉴定后，应当写出鉴定结论，并且由鉴定人签名，医院加盖公章。

（二）其他言词证据的证明力

言词证据的证明力受两个方面因素的影响：一是证人自身的可信性。如证人的品格、诚信度。二是证人是否具备相适应的感知能力，如视觉、听力等。

在此，尤其需要指出的是，证人证言与证人、证人作证时的情态表现是一个有机的整体。如果强行将其割裂开来而仅仅关注其内容，将很难对其证明力作出较为准确地判断。拉德布鲁赫曾言：“被控告一方不正常的举止，紧张和愤怒的表情，证言陈述中不情愿的停顿，提前背熟的流畅和急速表述，所有这些细微区别和难以描述的状况，在单调呆板的官方记录中消失得无影无踪。”[①] 彼特·摩菲在论及“demeanour of witnesses”时说：“In considering the credit of a witness and the weight to be given to his evidence，the court may consider not only what is said，but the way in which it is said. This concludes the attitude of the witness to the court，his general demeanour，his apparent frankness，evasiveness or other reaction to questioning（particularly hostile interrogation during cross-examination）and his apparent power or lack of power of recollection.”[②]

在我国司法实践中，由于证人基本上不当庭作证，因此，要求裁判者对证言笔录作出准确地判断，无疑是强人所难。由于我国理论界对证人作证时情态证据的重要意义认识不足，在司法解释中，至今仍未给予其应有的地位和重视。例如，我国最高人民法院《关于民事诉讼证据的若干规定》第 78 条规定：“人民法院认定证人证言，可以通过对证人的智力状况、品德、知识、经验、法律意识和专业技能等的综合分析作出判断。”在此，司法解

① ［德］拉德布鲁赫：《法学导论》，米健、朱林译，125 页，北京，中国大百科全书出版社，1997。

② Peter Murphy，Murphy on Evidence，Blackstone Press Limited（2000），p. 269.

释虽然罗列了包括法律意识、专业技能在内的六种因素，却对证人作证当时的情态证据只字未提。

更重要的是，我国诉讼理论界和司法实务界一直有一种误解，认为通过审查证言笔录的内在逻辑性，同样可以对证言的真实性作出合乎事实的判断。我们并不否认通过证言的内在逻辑性、自洽性，有可能对证言作出准确地判断。但是，我们却不得不承认，与证人当庭作证，综合观察证人作证时的情态表现相比，后者更容易、也更有可能对证言作出准确地判断。因此，在我国刑事诉讼法再修改中，强调证人当庭作证，将是一个合理的方向。

第七节 被追诉人

在现代诉讼中，犯罪嫌疑人、被告人因处于被追诉地位并享有不受强迫自证其罪的权利，因此，在证据法上，属于一种特殊的证据方法。

一、犯罪嫌疑人、被告人

犯罪嫌疑人、被告人是我国刑事诉讼法上的重要诉讼角色。以是否提起诉讼为界，之前诉讼阶段中的被追诉人，称之为犯罪嫌疑人；起诉以后的被追诉人，称之为被告人。因此，在诉讼法意义上，犯罪嫌疑人、被告人事实上是两种不同的诉讼角色。而且，在具体案件中，作为犯罪嫌疑人受到追诉的公民，并非必然是后续审判程序的被告人。

在侦查阶段，由于发现犯罪人的过程是一个从证据到犯罪人的回溯过程，因此，在具体案件中，可能出现以下两种情况：一是，原本作为证人进行询问的公民，经询问，发现其本人具有犯罪嫌疑。二是，原本作为犯罪嫌疑人进行讯问的公民，经询问，排除了其犯罪嫌疑。因此，从证据法角度出发，需要注意以下两个问题：

第一，在审前阶段（尤其是在侦查活动中），作为证人接受询问的公民，如果在询问过程中，发现其本人具有犯罪嫌疑的，应当终止证人询问程序；在履行第一次讯问犯罪嫌疑人时的法定告知义务后，按照讯问犯罪嫌疑人的程序继续进行讯问。

第二，作为犯罪嫌疑人受到追诉的公民，应当保障其享有选择无罪辩解或有罪陈述的自主决定权。

二、犯罪嫌疑人、被告人供述与辩解

“犯罪嫌疑人、被告人供述与辩解”是我国立法规定的法定证据种类之一。我国刑事诉讼法学理论通说认为，“犯罪嫌疑人、被告人供述与辩解”即口供。因此，关于“犯罪嫌疑人、被告人供述与辩解”这一证据种类，有必要反思两方面的问题：第一，在理论上，将其等同于口供是否科学。第二，在立法上，将辩解与供述混同、将犯罪嫌疑人的供述与被告人的供述混同，是否科学。

(一)"口供"词义的辩证

"口供"一词在我国刑事诉讼法中只出现过一次。① 但在刑事司法实践中，口供却是一个普遍接受并频繁使用的习惯用语。在我国刑事诉讼法学理论上，通说认为，口供即"犯罪嫌疑人、被告人供述与辩解"，在外延上，既包括供述，也包括辩解。② 这一解释，很大程度上体现了我国刑事诉讼法对待"口供"的基本态度。1979 年《刑事诉讼法》第 35 条(现第 46 条)规定，"对一切案件的判处都要重证据，重调查研究，不轻信口供。只有被告人供述，没有其他证据的，不能认定被告人有罪和处以刑罚；没有被告人供述……"。很显然，立法者是在不同于"被告人供述"含义上使用"口供"一词的。因此，1979 年刑事诉讼法颁布以来，"口供即被告人供述与辩解"一直是我国刑事诉讼法学者的普遍共识③，而且，这一解释后来被写入各种法学教材沿袭至今④，并广为传布。⑤

那么，将口供等同于"犯罪嫌疑人、被告人供述与辩解"有什么积极意义呢？对此，对此，有学者论证说，"我们认为把口供等同于被告人的供述与辩解是可以的，这不仅符合司法机关的习惯称谓，而且有利于纠正以往单纯把口供理解为被告人承认有罪的交代这种片面认识。在以往司法机关办案时有一种错误倾向，似乎口供就只能是被告人的认罪陈述，把被告人正常的辩解一概斥之为'狡辩'，不把辩解当作证据，这些错误的认识和做法是导致冤假错案的重要原因"⑥。读着如此解释，令人更加困惑。第一，在我国司法实践的习惯表达中，"口供"真的包括辩解吗？答案显然是否定的。在司法实践中，当侦查人员说"突破口供"、"拿下口供"时，首先指的当然是"撬开犯罪嫌疑人嘴巴"(让其开口说话而非沉默)，但是，其意思却绝非止于"开口说话"；相反，其实质上强调的是"被追诉人交代了什么"。因此，如果一个侦查人员获得了被追诉人辩解就宣称"拿下了口供"，非让同行笑掉大牙不可。在此问题上，论者的论证自身就前后矛盾。如果真的如论者所言，"把口供等同于被告人的供述与辩解是可以的，这……符合司法机关的习惯称谓"的话，那么，又何

---

① 即《刑事诉讼法》第 46 条(1979 年《刑事诉讼法》第 35 条)。

② 参见陈光中主编：《刑事诉讼法学》，178 页，北京，中国政法大学出版社，1990；陈一云主编：《证据学》，329 页，北京，中国人民大学出版社，1991。

③ 其间，有学者曾根据被告人供述与辩解的实践表现形式对此提出异议，认为，被告人供述和辩解包括"供"、"述"、"辩"、"解"四个方面，而在实践中，还存在着"检举"、"攀供"等实际情形，因此，不同意将口供与被告人供述与辩解等同起来，而是主张：口供是"承认"之意，仅指口头承认，不应包括辩解的内容。其理由是：第一，从口供的字义看，口供是指被告人所作的口头交代，口头承认。"供"即承认。第二，从古代和近代有关法律规定看，供就是承认，"口供"即口头承认，如"拷满不承，取保放之"、"断罪必取服输供词"等。第三，从我国古代的司法实践看，"供"也是承认之意，如"无供不录案"、"罪从供定"等。第四，从 1959 年的《中华人民共和国刑事诉讼法草案》的有关规定看，口供也仅指被告人的供述(参见刘根菊：《论被告人供述与辩解及其审查判断》，载《政法论坛》，1987(2))。不过，这一异议对传统的学界认识并没有产生多大影响。

④ 参见陈光中主编：《刑事诉讼法学》，146 页，北京，北京大学出版社、高等教育出版社，2002；卞建林主编：《证据法学》，北京，中国政法大学出版社，2000。

⑤ 例如，在《现代汉语词典》中，"口供"亦被解释为"受审者口头陈述的与案情有关的话"。参见中国社会科学院语言研究所词典编辑室编：《现代汉语词典》，5 版，784 页，北京，商务印书馆，2005。

⑥ 樊崇义主编：《刑事诉讼法综述与评价》，286 页，北京，中国政法大学出版社，1991。

来“以往单纯把口供理解为被告人承认有罪的交代这种片面认识”呢？第二，将口供等同于“犯罪嫌疑人、被告人供述与辩解”真的有如此神力，将改变司法实践中重供述轻辩解的传统习惯吗？论者的逻辑很简单：由于过去将口供错误地解释为“只能是被告人的认罪陈述”，所以，造成了“把被告人正常的辩解一概斥之为‘狡辩’，不把辩解当作证据”的后果。然而，二者之间真的具有因果联系吗？——美国不也是将自白等同于有罪供述吗，为什么他们不把被追诉人的辩解斥之为狡辩呢？更何况，我国法律不是已经明确规定“被告人辩解”也是证据吗？即使我们退一步承认二者具有因果关系，那么，对口供作超出传统字面含义的解释使之涵盖“辩解证据”就是对症的良药吗？十年之后的今天，“把正常的辩解一概斥之为‘狡辩’”不依然是我国司法实践中还存在的现象吗？

即使不考虑上述论证的荒谬，单就“口供即犯罪嫌疑人、被告人供述和辩解”这一理解自身而言，同样存在着严重的理论缺陷。在证据法中，供述和辩解是两种性质截然对立的证据形式：二者具有不同的证明方向。其中，前者对被追诉人不利，属于控诉证据，后者则属于辩护证据。因此，将二者笼统地归入口供名下，有什么实际价值呢？

其实，在我国司法传统上，“口供”一直都是特指“承认有罪的供述”。如，“断罪必取服输供词”、“无供不录案”、“罪从供定”等。1979年刑事诉讼法颁布之前，口供即“供述”也是多数学者们的共识。如，匡保之在其1957年发表的论文中指出，被告人口供实质上就是被告人对犯罪事实的承认。1980年上海辞书出版社出版的《法学词典》是新中国成立以来编写的第一部法学词典。该词典对“口供”解释如下：“刑事被告人向司法机关就案件情况所作的口头供述。”[①] 由于该词典的编写始于1978年仲夏，而且，是由中国社会科学院法学研究所组织、邀请北京和各地法学教学、研究等单位部分同志编写完成的，因此，可以说，该解释反映了刑事诉讼法颁布生效前刑事诉讼法学者对待口供的一般观点。[②]

在我国现实司法实践中，口供指的是“供述证据”是众所周知的事实。而且，如果考虑到，我国现在的司法实践人员绝大多数都曾经受过基本的法学教育，那么，我们将不得不承认，我国刑事诉讼法学关于“口供即犯罪嫌疑人、被告人供述与辩解”的谆谆教导是完全失败的；我们也不得不面对现实反思，多年来奉为圭臬的理论解释本身是否就是个错误：一个在理论上有害且不符合司法实践的错误？

为此，我们认为，对于口供的理解，应当以司法实践中的通用语义为准，仅限于“犯罪嫌疑人、被告人供述”。只有如此，才能够客观、真实地反映我国司法实践中存在的“口供问题”。

（二）供述与辩解不宜混同

在现代法治国家，供述与辩解承载着截然不同的宪法要求。其中，就供述证据而言，在现代社会，被追诉人享有不得自证其罪的特权，而不再负有协助国家追查其所涉嫌犯罪的法律义务。因此，在宪法层面上，对于供述证据，实际上内在地暗含着一种法律上的限

---

① 《法学词典》，37页，上海，上海辞书出版社，1980。

② 参见匡保之：《我对刑事诉讼证据理论中几个问题的看法》，载《教学简报》，1957（27）。

制，即不得以物质或精神上的强迫，强制被追诉人做不利于己的陈述。

与供述证据不同，作为辩护证据而存在的被追诉人辩解，在因果关系上，是被追诉人行使辩护权的自然结果。因此，在法律意义上，辩解证据首先表现为一种与被追诉人辩护权密切相关的辩解行为，然后，才是作为证据意义的辩解陈述。辩护权是我国宪法赋予公民的一项宪法性权利。① 尊重、保障被追诉人的辩护权，必然要求重视犯罪嫌疑人、被告人辩解的证据价值；不重视犯罪嫌疑人、被告人辩解的证据价值，保障被追诉人辩护权自然也就成了一句空话。所以，在宪法层面上，与对待供述证据的态度相反，立法对辩护权的强调，实质上包含着鼓励辩解、应当不拘一格听取被追诉人辩解的必然要求。

因此，在法律意义上，现行立法将“供述”与“辩解”混同在一起，不但无助于揭示上述两种宪法意蕴相对立的证据价值，而且遮蔽了“供述不得强制”、“辩解应当鼓励”的实质性区别。

（三）审前供述与法庭供述应予区分

根据供述的时空条件不同，口供可以分为被告人的当庭供述与庭外供述。其中，在诉讼实践中，后者通常表现为审前阶段形成的犯罪嫌疑人供述笔录。②

从各国立法看，当庭供述与庭外供述具有不同的法律地位：前者具有当然的证据资格，后者只有在具备特定条件时才能够取得接受法庭调查的资格。

在现代诉讼制度下，一般认为，被告人的当庭供述具有可以推定的自愿性、任意性，当然具有证据资格。其中，在英美法中，如果被告人在法庭上当庭对指控犯罪供认有罪，即构成有罪答辩。如果法院认为该供认是“自愿、明知且明智”的并予以接受，那么，案件将不再进行审判而直接进入量刑阶段。在大陆法系国家，尽管也承认当庭供述具有较高的证明价值，但基于国家刑罚权必须公正行使的理念，法庭不得仅仅因为被告人自愿供述而认定其有罪。即，只有被告人供述，不得确认被告人有罪。一般认为，对于被告人的当庭供述，必须适用补强规则，即必须在足够的补强证据担保下，才得确定有罪。例如，日本刑事诉讼法第 319 条规定，“不论是否被告人在公审庭上的自白，当该自白是对其本人不利的唯一证据时，不得认定被告人有罪。前两款的自白，包括对起诉的犯罪自认有罪的情形”。③ 对此，日本学者解释说，“现行法的立场是，即使信用性高到光凭口供就能达到100％的有罪心证，如果没有补充强化证据，也不能判决有罪（宪法第 38 条第 3 项、刑事诉讼法第 319 条第 2 项，称之为补充强化证据的形式性要求，或叫做自由心证的例外的补

---

① 《宪法》第 125 条规定，“被告人有权获得辩护”。《刑事诉讼法》第 11 条规定，“被告人有权获得辩护，人民法院有义务保证被告人获得辩护”。

② 《刑事诉讼法》第 46 条规定尽管在字面表述上仅涉及“被告人供述”，但从立法者的本意看，这里的“被告人供述”绝没有区别被告人供述与犯罪嫌疑人供述的意思，而且从大陆法系的传统来看，其范围也应当包括“当庭供述与庭外供述”。究其原因，这种立法表述与 1996 年零打碎敲地修改《刑事诉讼法》有关。1996 年《刑事诉讼法》明确区分了犯罪嫌疑人与被告人，但在原封不动保留原法内容的条文中，却继续延续着以“被告人”笼统地指称二者的旧法规定。

③ 宋英辉：《日本刑事诉讼法》，73 页，北京，中国政法大学出版社，2000。

充强化法则)。这是因为有偏重口供的倾向。基于为防止万一误判应慎之又慎的想法,法律上作了特别的要求,形成了自由心证主义的一种例外”①。

与当庭供述不同,被追诉人的庭外陈述不具有当然的证据资格,相反,却受到证据规则的严格控制。也即,庭外陈述必须经过相应证据规则的检验,才能够获得证据资格,接受法庭的调查。

在英美证据法上,庭外供述尽管往往表现为固化的文字笔录,却并不适用传闻规则。“允许接受一名当事人的承认为证据,是一项重要的传闻规则的例外,因为这一例外不论在民事诉讼还是刑事诉讼中都是最为常见的……在许多刑事案件中,也涉及被告人在审判以前所作的承认。这些承认既可能是在谈话中无意作出的,也可能是在回答警察或控诉机关官员的讯问时作出的。(通过正当方式的讯问取得的供述,对这种传闻例外而言,仅仅是一种可成为证据的特殊类型的承认)”②

在英美国家,判断一项庭外供述是否具有可采性的关键在于其是否具有任意性。任意性规则(又称非任意自白排除规则)的含义是,在刑事案件中,只有基于被追诉人自由意志而作出的自白(即承认有罪的陈述),才具有证据能力;缺乏任意性或者具有非任意性怀疑的口供,不论其原因是什么,均不具可采性。任意性法则是英美证据法上的一项传统证据法则。但是,其理论根据却经历了一个发展演变的过程。在英国,排除非任意性自白最初是基于排除虚假陈述的考虑。在英国诉沃利克沙尔案件(1783 年)中,法院认为,“供认被当作证据而被采证,或者由于不能采证而被驳回,考虑的是这些供认是否值得相信”。随着被追诉人人权问题日益受到重视,任意性法则开始与公民基本权利联系在了一起。在美国,联邦宪法第五修正案规定:“任何人……在刑事案件中,都不得被迫自证其罪。”据此,被追诉人不得被迫供认有罪,缺乏任意性的供述不得采纳为证。20 世纪 40 年代后,联邦最高法院判例中关于排除非任意性自白的依据,已经由强调“供述的任意性”,转向程序的违法性,即如果口供是在非法延长被告拘禁期后取得或侵犯了其律师帮助权,或未遵守沉默权告知义务,不问此项自白的可信性与自愿性如何,均不得采用。近年来,美国联邦最高法院所作的判例对此立场虽有所修正,但仍然保留了必须信守正当程序的观念。

为了消除警察违法逼取口供的诱因,一些传统上的大陆法系国家,通过借鉴英美法系国家的做法,也逐步确立了以保障供述任意性为目的的非法证据排除规则。在日本,如果辩护人能够以“优势证据”证明被告人自白非出于自由意志或怀疑非出于自由意志,对该自白任意性的证明责任即由检察官承担,并且必须以“严格证明”的方式证明到“排除合理怀疑”的程度。

---

① [日]西原春夫主编:《日本刑事法的形成与特色》,李海东等译,306 页,中国北京,法律出版社,日本东京,成文堂,1997。

② [美]乔恩·R·华尔兹:《刑事证据法大全》,何家弘等译,99 页,北京,中国人民公安大学出版社,1993。

此外，值得注意的是，在日本刑事诉讼法上，“被告人在法庭外供述的自白属于传闻证据，在形式上除适用刑事诉讼法第319条外，也适用第322条、第324条第一款的规定”[①]。因此，在日本，庭外供述同时受制于传闻规则与任意性规则；只有通过二者的检验，庭外供述才能被法庭采纳。日本刑事诉讼法第320条在“排除传闻证据的原则”标题下规定：“除第321条至第328条规定的例外，不得以书面材料作为证据代理公审期日的供述，或者将以公审期日外其他人的供述为内容所作供述作为证据。”之后，作为传闻规则的例外，该法第322条规定了“被告人的供述书和供述记录书的证据能力”问题，并在第325条进一步规定了“对供述任意性的调查”。但一般认为，对庭外供述影响最大的还是第319条的规定。

我国立法没有规定自白任意性规则。但无可否认，现行《刑事诉讼法》的规定已包含了自白任意性规则的要求。我国《刑事诉讼法》第43条规定，“审判人员、检察人员、侦查人员必须依照法定程序，收集能够证实犯罪嫌疑人、被告人有罪或者无罪、犯罪情节轻重的各种证据。严禁刑讯逼供和以威胁、引诱、欺骗以及其他非法的方法收集证据”。我国《刑法》第247条将司法工作人员对犯罪嫌疑人、被告人实行刑讯逼供规定为犯罪。这些立法规定都体现了自白任意性规则所要求的“供述自愿”的基本精神。不过，也应当看到，由于我国立法默认了违法取得的供述的证据资格，致使司法实践中为了破案，采用非法手段，甚至是刑讯逼供的行为逼取犯罪嫌疑人供述的事例时有发生，严重破坏了我国刑事司法部门的权威形象。为此，在1996年刑事诉讼法的实施过程中，最高人民检察院和最高人民法院为贯彻刑事诉讼法而作的司法解释，都否定了以非法手段取得的犯罪嫌疑人、被告人供述的证据资格。其中，《高法解释》规定：“严禁以非法的方法收集证据。凡经查证确实属于采用刑讯逼供或者威胁、引诱、欺骗等非法的方法取得的证人证言、被害人陈述、被告人供述，不能作为定案的根据。”据此，可以说，我国已经初步形成了保障犯罪嫌疑人、被告人自由供述的证据规则，尽管该规则在是否非法取得的证明责任等具体问题上还需要进一步细化。

法律的抽象规定不等同于具体的司法实践。因此，当我们转向司法实践时，所看到的情形却不容乐观。第一，庭外供述笔录可以毫无限制地涌入审判阶段。根据我国现行刑事诉讼法规定，犯罪嫌疑人供述与被告人供述一样，都属于法定的证据种类，经过查证属实后，都可以作为定案根据。[②] 因此，在法庭调查中，侦查起诉阶段形成的犯罪嫌疑人供述笔录几乎丝毫不受限制地涌向法庭，致使讯问被告人几乎沦为了对庭外供述笔录的调查核实。于是，在法庭调查阶段，一旦被告人推翻或否认之前的庭外供述，法庭就必须在被告人的当庭陈述与庭外陈述之间作出选择。第二，非法证据规则很少被付诸实践。非法证据规则的立而不用造成了以下两方面的对立发展：一方面，该规则对侦查人员违法逼取供述几乎没有任何实质的遏制作用，刑讯逼供等恶性事件仍时有发生；另一方面，抽象权利的存在，

① 彭勃：《日本刑事诉讼法通论》，282页，北京，中国政法大学出版社，2002。

② 参见《刑事诉讼法》第42条。

却实实在在地激励着那些受到不公正待遇的被告人坚定地以此为由要求排除非法取得的庭外供述。于是，被告人当庭推翻庭外供述[1]的现象迅猛增多，法庭被一次次地逼进了“死胡同”：不得不就庭外供述的真实性作出明确表态，而不能像被告人继续供述的案件那样顺理成章地依靠庭外供述作出裁判。

因此，在我国司法实践中，对于“犯罪嫌疑人、被告人供述与辩解”，真正的问题不在于辩解证据不受重视，不在于被告人的当庭翻供，而在于以下两个不同层面的问题：第一，在制度层面，立法对审前供述笔录的法庭应用毫无限制，致使法庭审理严重依赖审前形成的供述笔录。第二，在制度外层面，审前供述笔录缺乏明显的可信性制度保障，致使法庭对于审前供述笔录的可靠性、真实性，几乎无法进行有效的判断。具体而言，当审前供述与刑讯逼供等非法取证问题纠缠在一起时，法官尽管会按照常规的习惯做法，在外观上确认公诉机关出示的“绝无刑讯”的证明，但是，职业责任和每一个善良人都必然具有的良心却迫使他不得不慎重地考虑：可能发生的非法取证行为究竟会对庭外供述产生什么影响。由于法官已经无法相信侦查人员不会利用其侦查中的优势地位“帮助”犯罪嫌疑人制造出所需要的供述，所以，在审前供述的评价、应用问题上，我们的法官不得不完成一个自己根本没有能力胜任的工作：判断刑讯等违法手段会在多大程度上影响口供的真实性！

三、自白规则

（一）英美证据法上的自白

英美证据法上的自白和大陆法上的被告人供述在概念上并不完全等同。所谓自白，是指“被指控实施犯罪的人对另一人自愿作出的承认自己犯有指控罪行，并披露罪行实施的情况或参与实施的情况的陈述”[2]。也就是说，自白仅指被告人就其被指控的犯罪所作的对自己不利的供述。自白有广义和狭义之分。广义上的自白包括自认（admission），即对所涉嫌的犯罪事实的部分承认或有保留的承认。狭义上的自白则专指对于所涉嫌的犯罪事实的全部供认。自白规则所针对的是狭义上的自白。

英美对抗式审判得以开展的一个必要前提是控辩双方立场的对立，如果控辩双方在被告人的罪责问题上已经达成了某种妥协，那么就失去了对抗式审判赖以进行的基础。为了确保所有进入审判程序的刑事案件具备这一基本条件，英美法在审前特意设置了传讯程序（arraignment）进行分流。被告人在审判前的传讯程序中对指控的犯罪事实进行答辩，如果答辩无罪，则进入审判程序，通过审判解决被告人的罪责问题；如果答辩有罪（plea guilty），则直接进入量刑程序。此时的有罪答辩，就构成英美法上“正式的承认”（formal admission），其效力如同民事诉讼中当事人的“认诺”，在经过简单的聆讯之后，法官就可以根据该项正式承认定罪。可见，正式承认的重要性在于其程序功能，因此，部分英美学者

---

① 习惯上多称之为“翻供”。然而，在笔者看来，这一字眼本身已经包含了一种司法成见，而且充满着对被告人不利的推断。因此，本人更愿意采取一种中性的表述。

② Black, Henry Campbell. Black's Law Dictionary. St. Paul Minn: West Publishing CO. 1979. p. 269.

认为这种正式的承认严格说来不属于英美证据法上所讨论的“自白”的范围。[①]

无论是在英美法还是在大陆法中，刑事诉讼都具有与民事诉讼不同的基础理念，虽然这种不同在程度上是有差异的。民事诉讼关注于在对立的主张之间解决纠纷，而刑事诉讼致力于审查被告人的行为，因此，消除控辩双方的对立并不是刑事诉讼的最终目的。基于此项考虑，即使被告人作出了正式的承认，法官也不是必然接受这种答辩。如果法官没有接受答辩，在进入审判程序之后，被告人先前的有罪答辩即不能用作证明他犯有指控罪行的证据。

在普通法上，被告人作出正式承认的唯一场合是在传讯程序中，除此之外，被告人就指控罪行所作的不利于己的陈述都是非正式的承认（informal admission）。如果被告人在审前的传讯程序中作出无罪答辩，而在审判过程中又改变了他的答辩，那么从理论上来说这只是一个非正式的承认。与正式承认不同的是，非正式的承认是一项证据，属于通常所说的“自白”的范畴。陪审团必须在考虑证据——包括此项非正式的承认——的基础上作出裁决，虽然法官一般情况下都会建议陪审团作出有罪裁断。对此，普通法上的理论是，“刑事审判过程中虽然可以作出有罪答辩，但这种答辩不能成为正式的承认，因为证据法一旦开始发生作用，便不能被放弃”，“追诉犯罪和实施刑法关乎国家利益，除非经过设置有详备的法律保障措施的审判，任何人都不能被定罪。在这个问题上，每个公民都有着切身的利害关系”[②]。

在英美证据法上，被告人自愿作出的“明知、明智和明确的”自白，可以作为被告人有罪的证据，无论是法庭审理中的自白还是审判前阶段的自白。法庭审理中的自白一般是被告人在传讯程序中作了无罪答辩，而在法庭审理过程中又改变答辩这样一种有限的情形。由于在法庭上被告人因外部不当诱因提供自白的可能性较小，因而英美证据法上的自白主要不是指被告人在法庭审判过程中的有罪供述，而是指被告人在审判前阶段——尤其是警察讯问过程中——作出的有罪陈述。这种供述通常是以警察书面记录的方式保存下来，并在审判时由检控方作为控诉证据提交给法庭的。控诉方之所以要将这种证据提交法庭，一般是因为被告人在警察讯问时作出了有罪供述，而在法庭审判过程中又矢口否认自己的罪行。法庭只要对被告人在审判前的警察讯问阶段所作的供述进行审查，认为它符合法定的条件而具有可采性，就可以将它作为对被告人定罪的根据。在英国学者看来，法庭采纳被告人在警察讯问阶段制作的供述作为证据，实际上是传闻证据规则的例外。[③]

(二) 自白规则理论根据的发展演变

早期的英国普通法信奉“无辜者不会用不真实的陈述威胁自己的安全或损害自己的利

---

① See Byrne, D. M., & Heydon, J. D. Cross on Evidence (Third Australian Edition) [M]. Sydney: BUTTERWORTHS. 1986. p.116.

② R v. Lee Kun (1915) 11 Cr App Rep 293 at 300.

③ 转引自中国政法大学刑事法律研究中心：《英国刑事诉讼制度的新发展》，载陈光中、江伟主编：《诉讼法论丛》，第2卷，北京，法律出版社，1998。

益”，因此自白在审判中的可采性不受任何限制，即使是一项用酷刑获得的归罪陈述也不会被排除。[1] 但是，大约在 18 世纪中叶，英国的审判法官开始对自白的可采性施加限制。影响法官判断的因素有时是被告人作出自白时是否存在利益许诺或者损害威胁，而在其他时候法官直接对令被告人开口的情形是否有损于自白的可信性进行调查。逐渐地，法官仅仅过问自白是否具有“任意性”的做法开始变得更为普遍。所谓具有“任意性”，指的是没有特定的不适当的诱因，这包括实际的或威胁的身体伤害、不追诉的许诺、定罪后宽大处理的许诺以及其欺骗性可能导致虚假自白的做法。

美国联邦最高法院关于自白可采性的早期判例依据的是普通法规则。联邦最高法院往往从是否存在不适当诱因的角度陈述该规则。这一情况在 1897 年的一个判例中发生了变化，在该案中，联邦最高法院首次以违反宪法第五修正案反对自我归罪特权为根据对自白进行排除。[2] 虽然最高法院在这次对正当程序条款昙花一现般的引用之后，很快又回到了原来的立场，但该案仍大大影响了联邦最高法院对自白排除规则的解释，它不再是一个自白是否可靠或是否使用了被禁止的手段的问题，而是自白是否“实际上自愿作出的”。这样，普通法标准就与在正当程序条款的基础上的任意性定义结合起来。

在美国的联邦体制之下，联邦最高法院不能禁止仅在各州适用的证据规则，在 1936 年以前，联邦最高法院并不干预在州刑事诉讼中使用的自白。不过，这种情况自 1936 年起发生了变化。在 1936 年的一个判例中，最高法院宣布，讯问是一州借以获得有罪判决的程序的一部分，因而应当服从第十四修正案正当程序条款的要求。[3] 之后的近三十年间，联邦最高法院开始从第十四修正案正当程序条款所要求的公正权（利）出发来处理自白的可采性问题。一般而言，这意味着与自白相关的所有情形，都要进行审查，包括自白人的性格和地位以及警察在取得自白时的行为。但是，如果警察的行为“内在地具有强制性”，那么出于遏制将来此类行为的考虑，可以直接排除自白而不必首先就该行为对特定被告人的影响进行判断。在考虑该被告人的自由选择权是否严重受损时，任何表明他比一般人更易感受到压力的事实都是相关事实。除此之外，被告人是否受到了超期的封闭（incommunicado）讯问也是考虑因素之一。多年来，随着联邦最高法院对讯问程序关注的加强，所谓的“总体情形”的重心不断发生变化。最初，问题仅仅是所采用的方法是否造成自白不可信；其后，联邦最高法院着手遏制非法的警察讯问，即使它们会产生可信的自白；再后来，联邦最高法院关注的是被讯问的被告人是否被实际剥夺开口与否的选择权。因此，总体上看，这一时期任意性标准的目标在于阻止下列自白的可采性：（1）由于获取的方法而使其可信性值得怀疑的自白；（2）通过非法的警察讯问获得的自白，即使自白的可信性不成问题；（3）在被告人的自由选择权受到严重损害的情形下获得的自白，即使警察没有诉诸非法讯问。

① See LaFave, W. R. & Israel, J. H. Criminal Procedure [M]. 2d Ed. West Publishing Co. St. Paul, Minn., 1992. p. 294.

② Bram v. United States [168 U. S. 532, 18 S. Ct. 183, 42 L. Ed. 568 (1897)].

③ Brown v. Mississippi [297 U. S. 278, 56 S. Ct. 461, 80 L. Ed. 682 (1936)].

但是，由于要求对所有与自白相关的事实进行查明并评估，这种建立在笼统的公正权基础上的任意性标准在实践中越来越难以操作。联邦最高法院也注意到这种任意性标准存在的问题。自20世纪40年代起，联邦最高法院判例中排除非任意性自白的依据，开始由强调“供述的自愿性”转向程序的违法性。

从1943年开始，一项由联邦官员或者联邦检察机关提供的自白，可以因其是在把被逮捕人带至司法官员的“不必要迟延”期间获得而被排除。这就是马可奈－马拉里规则(Macnabb-Mallory rule)。该规则要求排除任何在拘禁期间获得的，因没有尊重被告人逮捕后被迅速带至司法官员的权利的自白。马可奈－马拉里规则被许多评论者看作是联邦最高法院为避免“自愿性”的任意性标准所固有的问题而作出的努力，它的显著特点是没有以宪法为依据，而是把排除的根据建立在联邦刑事诉讼规则的基础上。①

马可奈－马拉里规则并没有像设想的那样在州法院系统得到广泛应用，因为其后的一个判例肯定了在审前特定的“关键阶段”被告人享有获得律师的宪法权利，为排除自白提供了一个更好的落脚点。② 人们又普遍预期这种新确立的律师权将会以个案为基础得到扩大适用。然而，这一切并没有发生，在米兰达诉亚里桑那州一案中，联邦最高法院朝着另一个方向前进，求助于第五修正案的反对自我归罪特权，由此形成了著名的米兰达规则。③ 但是近年来，联邦最高法院又把律师权理论作为处理那些不易于通过米兰达规则解决的情况的手段。

现在米兰达规则已成为在排除自白的聆讯中最经常引用的理由，但这并不是说，归罪陈述的可采性问题仅仅根据米兰达规则进行判断。米兰达规则仅适用于拘禁讯问中获得的自白。在某些不能适用米兰达规则的情况下，如被告人不处于拘禁状态或未被以某种严重的方式剥夺行动自由，或者警察并没有进行讯问或“在功能上等同的行为”，宪法第六修正案中的律师权，就是至关重要的。因为有时警察的行为可能不构成米兰达规则中的讯问，但它仍可能违反律师权保障的限制。至于传统的基于“总体情形”的任意性标准，总是值得考虑的。因为有效放弃米兰达权利之后，某些警察行为仍然可能使自白的作出不具有任意性。

（三）英国自白规则的新发展

英国自白排除规则理论根据也有一个发展演变的过程。在英国，自白的排除最初是基于证明力的考虑，目的是排除虚假陈述。在英国诉沃利克沙尔案件（1783年）中，法院认为“供认是被用作证据而被采证，还是由于不能采证而被驳回，取决于这些供认是否值得相信”。随着被追诉人人权问题日益受到重视，自白规则开始与被告人的权利保障，尤其是反对自我归罪特权联系在一起。

---

① 美国《联邦刑事诉讼规则》第5条规定：“持根据控告签发的逮捕令执行逮捕的官员，或者未持逮捕令执行逮捕的其他人员，应当无不必要延误地将被逮捕人解送至最近的联邦治安法官处。”

② Escobedo v. Illinois [378 U. S. 478, 84 S. Ct. 1758, 12 L. Ed. 2d 977 (1964)]. 在该案中，警察在讯问时侵犯了被告人的律师权，自白因此被排除。

③ Miranda v. Arizona [384 U. S. 436, 86 S. Ct. 1602, 16 L. Ed. 2d 694 (1966)].

在1984年《警察与刑事证据法》制定之前，自白规则与《法官规则》一起，是英国法上保护嫌疑人不受警察压力的两种主要措施。任意性规则形成于 Ibrahim v. R. ［(1914) AC 599］一案，该规则被 Ibrahim 案的审理法官表述为："对一个人不利的证据的可采性的一个根本条件是，它应该是自愿提供的，意思是它不是因为担心受到损害，或者是希望得到官方人员提供的利益，或者是受压制而取得的。对于任何人提供的对警察提问的回答以及该人作出的任何陈述也是如此。"①

但是，从实际效果来看，Ibrahim 案并未对被告人的反对自我归罪特权提供有效的保护，由于过于简单、模糊或者其他原因，任意性标准几乎不能给处于警察局中的被告人提供任何帮助。正如皇家刑事程序委员会在其调查报告中所指出的："在这些标准（任意性规则）中，从法律的角度来看，非任意性与不可靠性的联系是明确的，但至少从心理学的角度来看却是不确定的。我们的调查显示，从心理学上看，拘禁本身和拘禁中的讯问对许多嫌疑人的精神施加了如此强大的压力，他们的意志动摇了并且他们开口了，本来换种场合他们会保持沉默。这些力量并不属于法律所定义的那些可能致使自白不具有任意性的因素的范围。换句话说，法律上和心理上的'任意性'并不一致。"在适用 Ibrahim 规则时，法院也往往利用该判例的琐碎细节，并不真正想确立对特权的实质性保障。而且，在缺少独立的对讯问过程本身进行证明的证据的情况下，法官很难测量警察行为对任意性的真正影响，这导致该规则在实际运用中几乎不会发生什么效果。

为了加强对被追诉人的权利保障，1984年《警察与刑事证据法》在自白可采性规则上引入了重要的变化。1984年《警察与刑事证据法》第76条（2）规定："在任何公诉方计划将被告人供述作为本方证据提出的诉讼中，如果有证据证明供述是或者可能是通过以下方式取得的——（a）对被告人采取压迫的手段；或者（b）实施在当时情况下可能导致被告人的供述不可靠的任何语言和行为，则法庭应当不允许将该供述作为对被告人不利的证据提出，除非检察官能向法庭证明该陈述（尽管它可能是真实的）并非以上述方式取得，并且要将此证明到排除任何合理怀疑的程度。"

依照英国普通法，作为一般原则，与待证事实具有关联性的被告人供述均具有可采性，除非该供述不具有自愿性。但是，基于当事人主义，对于不具有可采性的供述，除非辩护方提出，法庭没有自动予以排除的义务。在1984年《警察与刑事证据法》中，这一传统开始发生变化，该法第76条实际上确立了对非法自白的自动排除原则。也就是说，法庭遇有上述规定的任一情况，都必须无条件地将非法自白予以排除，而不享有自由裁量权。具体说来，这种规定在证据法上有以下几方面的效果：（1）排除这种非法所得的自白是法庭的义务，除非控诉一方能够证明他提出的作为指控根据的自白并非采用这种手段所获得；（2）为了确保被告人获得公正的审判，法庭甚至可以在辩护一方没有提出任何请求的情况下，自行要求控诉方证明被告人自白的可采性；（3）对被告人自白可采性的检验标准并非

① Zuchman，A. A. S. The Principles of criminal evidence. Newyork：Oxford University Press. 1989.

它的可靠性，而是获得它的方式，不论自白真实可靠与否，它都必须被排除，除非控诉方能够证明它不是采用正当的手段取得的，至于自白本身是否真实可靠，应由陪审团加以判断，而在陪审团接触到该陈述之前，法庭必须确定它是否具有可采性；（4）在压迫的实施、上述规定涉及的语言或行为的影响与自白的作出之间，必须存在着因果关系，也就是说，自白是采用该规定涉及的方式取得的。另外，根据上述规定，如果辩方提出异议或者法庭自行提出要求，证明被告人自白可采性的责任就在控方，而且证明标准要达到排除合理怀疑的程度。[①]

（四）大陆法中的口供规则

大陆法中的口供与英美证据法上的自白具有不同的意义和功能。由于在刑事诉讼中追求实质真实原则，法院不受诉讼参与人主张的拘束，尤其不受被告自白的拘束。大陆法系传统上实行几乎不受限制的自由心证制度，不仅证据的证明力，而且在许多情况下，证据能否进入法庭，成为法官的判断对象，也属于法官裁量权的范围。因此，大陆法传统上并不实行口供排除规则。

但是，由于受国际上人权保障潮流的影响，各传统的大陆法系国家开始逐渐重视通过排除非法取得的口供而维护人权。尤其是在欧洲人权公约签署以后，成员国公民可以以违反人权或侵犯了基本自由为由，向欧洲人权法院提出申诉，这对各签约国的刑事诉讼产生了重大影响。现在，各传统的大陆法系国家均注重通过排除以非法手段获得的口供来消除警察逼取口供的诱因。在法国，对于刑讯逼供和其他非法手段取得的口供，立法和判例均持否定态度。[②] 德国刑事诉讼法典明确规定，如果违背第 136 条 A 第 1 款、第 2 款的规定，对被告人使用非法、折磨、疲劳战术、妨害身体、服用药品、拷问、诈欺或催眠方法、威胁、许诺以及使用损害被告人记忆力和理解力的方法所得到的陈述，即使被告人同意，也不得采用。意大利刑事诉讼法典以保障被告人的精神自由为目的，要求“不得使用足以影响人的自由决定权或者足以改变对事实的记忆和评价能力的方法或技术，即便关系人同意。”根据该法典第 191 条规定，违背该法律禁令而获取的证据不得加以使用，辩护方在诉讼的任何阶段和审级中都有权要求排除此项证据。

日本传统上属于大陆法系国家，但其刑事诉讼制度在第二次世界大战后实行了诉讼模式的根本性转变，关于自白，深受美国法的影响。日本国宪法第 38 条第 2 款规定，出于强制、拷问或胁迫的自白，在经过不适当的长期扣留或拘禁后的自白，不得作为证据；日本刑事诉讼法第 319 条第 1 款在此基础上增加了“以及其他可以怀疑为并非出于自由意志的自白”，不得作为证据。这是自白排除法则的法律依据。在日本，自白采广义说，包括自认。依照诉讼法理论的解释，之所以确立自白排除法则，是为了防止虚假自白、保障人权和排除违法。关于排除自白的基点，在法学界，违法排除说得到了有力的倡导。不过，在

① 转引自中国政法大学刑事法律研究中心：《英国刑事诉讼制度的新发展》，载陈光中、江伟主编：《诉讼法论丛》，第 2 卷，北京，法律出版社，1998。

② 陈朴生等：《比较刑事证据法各论》，285～287 页，台湾，汉林出版社，1984。

诉讼实务中，自白排除标准的重心却是放在了以虚假排除说或确保任意性为基点的混合说上面。依照判例，否定自白任意性的要件有二：一是自白的获得程序违法或不适当，二是该违法或不适当的程序和自白之间存在因果关系。判例针对夜间讯问、没有取下手铐进行的讯问、在代用监狱中的强迫性讯问以及出于承诺和诡计的自白，阐明了以下观点：(1) 夜间调查的自白。判例认为，夜间调查本身并不一概使自白丧失证据能力，除非夜间调查与自白的非任意性之间有因果关系。(2) 没有取下手铐进行的调查。判例认为，正确的解释是，正在受羁押的被疑人受讯问时，如果是在施加手铐的情况下进行的，推定其身心受到一定的压迫，不能期待任意的供述。只要没有反证，应当对该供述的任意性抱有怀疑。(3) 出于承诺的自白。判例曾否认以下承诺下作出的自白的证据能力：1) 如果自白将不起诉；2) 如果自白即处以罚金；3) 如果自白就不逮捕并以罚金结案；4) 如果自白将尽快释放；5) 若自白将得到恩赦；6) 即使自白也不将其作为证据；7) 若自白将给提供兴奋剂；8) 若自白将允许与亲属联系等。总之，对出于承诺的自白，判例否认其证据能力的较多。(4) 出于诡计的自白。判例确定的标准为，诡计是否使被疑人受到心理强制，从而是否有诱导虚假自白的可能性。如有的判例认为，专卖局官员诈称私人侦探虽然不是希望的方法，但却不会伴随诱发虚假自白的危险，因而确认了自白的证据能力。(5) 当自白笔录是唯一的直接证据时，若该自白是侦查当局将被告人拘禁在代用监狱中强迫取得的，则该自白不具有任意性，因而也不具有证据能力。

对于自白，日本实行补强规则。所谓补强规则，指对于某些证据，认为它们存在弱点，必须与其他证据合并提出才能认定主要待证事实的规则。依照日本刑事诉讼法规定，不问是否被告人在公审庭上的自白，当该自白是对被告人不利的唯一证据时，不得认定被告人有罪。要认定其有罪，在自白之外，还须有其他证据。确立补强法则，一是为了防止误判；二是为了防止偏重自白。成为自白的补强证据的，必须是有证据能力的证据，且必须是本人供述（自白）以外的证据。但是，对于本人记载的日记、笔记、备忘录等，如果并非是预料到侦查、公审而记载的，则可以成为本人自白的补强证据。补强规则无论是对于证据规则的概念，还是对自由心证制度，都构成了一个特殊的例外。英美法上证据规则是用以规范证据能力或证据资格的，补强规则却是对证据证明力的限制或规范。证据的证明力，在现代刑事诉讼中都委诸于法官或陪审团自由判断，因此，补强规则对证明力的限制又构成了自由心证制度的例外。在日本，口供补强规则包括三方面内容：(1) 补强的范围，解决什么样的事实需要补强的问题。对此，存在罪体说和实质说。二者的区别在于补强证据所针对的证明方向不同。罪体说认为补强证据的证明方向应针对客观的犯罪事实，而实质说则认为应针对自白，补强证据只要能够担保自白的事实的真实性即可。日本通说认为，对于法庭外的自白一般采用罪体说，对法庭上的自白一般采用实质说。而判例则始终采取法庭上的口供不需要补强的立场。[①] (2) 补强证据的证据能力。补强证据也是用于认定犯罪

① 参见［日］西原春夫主编：《日本刑事法的形成与特色》，李海东等译，307页，中国北京，法律出版社，日本东京，成文堂，1997。

事实的证据，因而必须具有严格的证明方式所要求的资格。而且，既然是用于补足自白的证据，还必须是独立于被告人口供的证据。（3）共犯口供的补强问题。对于该问题，日本有两种不同的意见。积极说强调单独被告人与共案被告人口供的同质性，认为补强规则的旨趣在于防止偏重自白和避免误判，而在这一点上，单独被告人的自白与共案被告人的自白并无不同。因此，共犯口供也需要补强。消极说强调单独被告人与共案被告人口供的异质性，认为共案被告人的口供具有"第三者陈述"的性质，因此不需要补强。在此问题上，最高法院曾表现出相当的动摇。即一方面认为，"对未受共同审理的共犯的供述，当然应当就各具体案件区别判断自由心证上的证据价值。但是，不存在因共犯而否定其完全独立证据能力的任何实质理由，也不存在应当作出此种解释的任何法律上的根据"，所以，本人的自白不包含非共同被告人共犯的自白；另一方面认为，"受到共同审理的共同被告人的供述，是具有作为各个被告人供述的性格的，仅此不具有完全独立的证据能力。可以说只不过有半个证据能力，因而需要其他补强证据，以达到具有完全独立的证据的能力"，由于作为共同被告人的共犯的自白包含于本人的自白中，因而采取了仅此不能认定有罪的见解。① 在此使用了"半个证据能力"（半个证据）的概念，以混同证据能力与证据价值的形式，否定了在对本人的关系中作为共同被告人的共犯的自白。但不久又改变其立场，在认定补强证据问题是证据价值问题的同时，甚至认为不问是否受到共同审理的人，本人的自白均不包含共犯的自白，不需要补强证据。② 在学术界，支持判例的学者认为，"本人的自白"中包括共犯的自白在文理上是难以成立的，而且补强法则是自由心证主义的限制，对其作扩大解释也是不妥的。反对判例的观点则认为，为防止因虚伪自白导致误判及偏重自白，没有理由将共犯的自白和本人的自白区别对待。如果共犯的自白不需要补强证据，当共犯 A 和 B 之中 A 否认而 B 自白时——只要没有其他补强证据——否认的 A 因 B 的自白而成为有罪，而自白了的 B 却由于没有补强证据而无罪，这种结果是不符合常理的。因此，共犯的自白也需要补强证据。

---

① 参见日本最大判昭 24・5・18 刑集 3・6・734。

② 参见日本最大判昭 33・5・28 刑集 12・8・1718［练马案件判决］，最判昭 51・2・19 刑集 30・1・25。

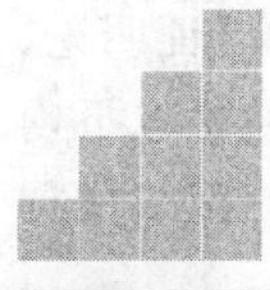

第八章

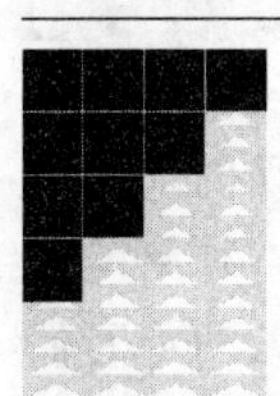

证 明

证明论是我国证据法学的重要内容之一。在陈一云主编的《证据学》教材中——该教材对我国传统证据法学的形成影响深远——证明任务、证明对象、证明责任是第二编“总论”部分的主要内容。[①] 此后，证据法学的研究内容分为四部分：史论、证据论、证明论、（证明）程序论，已成为我国证据法学的基本共识。其中，在证明论部分，一般包括以下内容：证明概念、证明主体的范围、证明对象、证明责任、证明程度或证明标准。至于证据的审查判断，因主要涉及程序问题，一般被归入“（证明）程序论”。

在近年的证据法学研究中，证明论更是备受青睐。[②] 值得一提的是，在相关的研究中，逐渐形成了一种新的证据法学研究思路，即融证据于证明活动之中，在证明活动的动态过程中研究证据。在我国传统证据法学中，证据论与证明论是两个彼此相关但基本独立的研究主题，由此带来的后果是：有关证据的理论研究，几乎完全是一种与证明无关的静态研究；而有关证明的研究，则游离于证据制度之外，丧失了法学研究应有的规范性。因此，在动态过程中研究证据，不仅有助于揭示证据的过程性格，同时也在某种程度上意味着规范证明理论的重建。

与有关证据部分的理论发展一样，在证明问题上，新说与传统学说的分歧也首先表现在证明概念上，并由此波及证明对象、证明责任、证明标准等相关证据制度。需要说明的是，我国传统证据法学理论尽管在历史渊源上属于大陆法系传统，在证明概念的基本定位上，却与德国、日本、我国台湾地区等的证据法学理论不同。在大陆法系传统中，作为证据法学中的专门术语，“证明”一词包含着静态与动态两层含义：与释明（疏明）相对应，证明属于一个静态概念，指称裁判者所应达到或已达到的“主观确信程度”；与自由证明相对应，证明（即严格证明）则是一个动态概念，指的是当事人说服裁判者所应遵循的过程性要件。但是，无论是我国传统证据法学，还是新近关于诉讼证明的研究，关于证明的定位，基本上都是沿袭逻辑学意义上的动态证明观念，将“证明”理解为一个动态的过程。

第一节　证明的概念

在证明的概念上，我国传统证据法学从“证明即认识活动”的基本立场出发，认为所有查明案件事实真相的活动，都属于证明活动，证明活动贯穿于诉讼活动始终。具体到刑事诉讼活动中，证明活动不仅存在于审判阶段，也存在于审前阶段。与此不同，新说认为，证明是一种围绕特定命题而展开的特殊认识活动。[③] 在诉讼领域，证明仅存在于狭义的诉

---

① 参见陈一云主编：《证据学》，北京，中国人民大学出版社，1991。

② 以此为主题的专著有：吴宏耀、魏晓娜：《诉讼证明原理》，北京，法律出版社，2002；卞建林主编：《刑事证明理论》，北京，中国人民公安大学出版社，2004。相关的主要论文可参见：沈德咏主编：《刑事证据制度与理论》，第八章、第九章，北京，法律出版社，2002；罗玉珍、高委主编：《民事证明制度与理论》，北京，法律出版社，2003。

③ 证明概念新说各异。较有代表性的有：第一，区分自向证明与他向证明，认为审判中的证明乃他向证明（参见何家弘、刘品新主编：《证据法学》，194页以下，北京，法律出版社，2004）。第二，证明是指法庭审理中运用证据论证诉讼主张的活动（参见卞建林主编：《证据法学》，264页以下，北京，中国政法大学出版社，2000；卞建林主编：《刑事证明论》，13页以下，北京，中国人民公安大学出版社，2004）。第三，区分作为论证的证明与作为知道的认识，认为证明与认识不同（王敏远：《一个谬误、两句废话、三种学说》，载王敏远主编：《公法》，第4卷，253页以下，北京，法律出版社，2004）。

讼，即审判阶段。因此，新说与传统学说的分歧，直观地表现为证明所存在的诉讼阶段；而这一分歧的现实意义则在于，证明理论所适用的范围是否应当有所限定。

一、传统证据法理论中的证明概念

在我国传统证据法学理论中，证明即查明，证明活动也即查明案件事实的认识活动，“查明案件事实的过程，就是一个证明过程”①。

基于上述立场，我国传统证据法学有关诉讼证明的理论论述，呈现出以下特点：

第一，尽管理论上强调“诉讼证明是由法律所调整的诉讼活动”，但在具体论述中，一方面，缺少法律的规范性内容；另一方面，喜欢结合马克思辩证唯物主义认识论中的“从实践到认识再到实践”来阐释证明活动。

我国传统证据法学也强调诉讼证明的法律规范属性，但在具体论述上，却往往过于粗疏。例如，有论者认为“诉讼中的证明，是由法律所调整的诉讼活动，它的证明主体，证据（证明根据），证明对象，证明任务，证明责任，收集、审查判断证据的规则和程序等，均不同于其他证明活动，而具有诉讼的特定性。诉讼证明将产生法律后果，这种后果关系到当事人的利益，因此，诉讼证明不但会受自然因素的影响，还可能受人为因素的干扰。诉讼证明的对象是已经发生过的具体事件，而非事物的规律性。整个案件是不可能通过科学实验来证明；对案件事实的结论，也不可能通过科学实验来检验。总之，诉讼中的证明较之一般的证明，受到更多的制约”②。在此，论者虽然强调了诉讼证明在证明结果和证明对象两方面的特殊性，但就其论证而言，则着重强调“干扰因素”、“无法检验”等一般特点。

再如，有论者认为，“刑事证明是以法定形式和程序进行的。刑事证明是一种法律行为，它必然要受到法律的制约。在诉讼的每个阶段上，法律对证明的任务及要求，都有其相适应的独特的诉讼形式和诉讼程序之规定，司法人员在证明过程中，都必须严格依照法律规定办事。所以说，刑事证明的过程也是一个执行法律的过程”③。在此，诉讼证明的法律规范属性，被简单地等同于应当遵守“法定的诉讼形式和诉讼程序”。

另一方面，因为证明即查明案件事实的认识活动，在关于诉讼证明的论述中，我国传统证据法学喜欢运用马克思辩证唯物主义认识论加以阐释。例如，有论者认为，刑事证明的特点之一是，刑事证明是一种揭示、认识案情的自觉活动：“马克思主义的唯物论告诉人们，物质是第一性的，认识是第二性的。既然证据是客观存在的，那么人们就可以并能够加以认识。证明是司法实践和逻辑思维的统一。证明要求司法人员依靠群众，深入实际，调查研究，获取各种证据材料，反复进行综合、归纳、推理、判断，进行‘去粗取精、去伪存真，由表及里、由此及彼的制作过程’，逐步得出结论，直至完全证明案情为止。因此，证明案件事实的过程就是反复认识案情的过程，是主观认识和客观存在相统一的过程。

---

①② 陈一云主编：《证据学》，113页，北京，中国人民大学出版社，1991。

③ 崔敏、张文清主编：《刑事证据的理论与实践》，71页，北京，中国人民公安大学出版社，1992。

我们司法人员只要严格按照辩证唯物主义认识论的规律办事，深入实际调查研究，勤于思考，认真取证，案件的真实情况就可以被解释和确认。”①

又如，有论者在论述诉讼证明的认识论特性时认为，“诉讼证明，从立案到结案，往往需要经过收集证据材料，进行推理判断，在收集证据材料进行检验，即从实践到认识，从认识到实践多次反复过程。以刑事诉讼而言，在侦查阶段，侦查人员提出假设、检查假设、就是这样的反复过程……在起诉阶段，检察人员进行证明同样也是经过从实践到认识、再到实践的反复过程……在案件的审判阶段更是如此。审判人员从实践中得到的关于案件事实情况的结论，同样要回到实践中去检验，如果确有问题，二审法院或再审法院要予以纠正”。“总之，在我国诉讼证明中，要层层把关，反复实践，反复认识，反复进行推理判断，反复进行调查验证，坚持真理，有错必纠，务必使案件事实达到证据确实充分，案件事实情况的认识达到客观真实。”②

第二，在内容上，证明活动包括证据的收集、审查判断等诉讼活动，因而存在于整个刑事诉讼过程。

在我国传统证据法学中，由于刑事诉讼法学的显赫地位以及所盛行的“大诉讼观念”，对诉讼证明的理解一直存在着泛化解释的强劲趋势。例如，陈一云主编的《证据学》认为，诉讼证明是“司法机关或当事人依法运用证据确定或阐明案件事实的诉讼活动”。对此，论者进一步解释说，“刑事诉讼中的人民法院、人民检察院和公安机关，民事诉讼和行政诉讼中的人民法院，都必须依法收集和审查证据，并根据证据查明案件事实……诉讼中的证明，是由法律所调整的诉讼活动，它的证明主体，证据（证明根据），证明对象，证明任务，证明责任，收集、审查判断证据的规则和程序等，均不同于其他证明活动，而具有诉讼的特定性”③。这种将收集证据、审查判断证据也纳入诉讼证明过程的泛化解释直接影响了我国后来的证据法学理论。在我国20世纪90年代出版的各种刑事诉讼法学教材中，有关刑事诉讼证明的界定基本上因循了上述将诉讼证明等同于事实认定的思路。即便是新近出版的证据法学教材中，仍有部分教材沿袭了“证明的过程应当包括收集证据阶段、审查判断证据阶段和提出证据阶段”的传统理论。④

在这种宽泛的证明观念下，刑事诉讼中的证明活动当然存在于侦查、审查起诉、审判等多个诉讼阶段。对此，20世纪80年代后期出版的证据法学研究综述总结说，对于刑事诉讼中的证明，“多年来许多学者进行了有益的探讨，在一些基本问题上有着共识，只

① 崔敏、张文清主编：《刑事证据的理论与实践》，71页，北京，中国人民公安大学出版社，1992。

② 刘金友主编：《证据法学》，229～230页，北京，中国政法大学出版社，2001。

③ 陈一云主编：《证据学》，113页、114页，北京，中国人民大学出版社，1991。

④ 参见刘金友主编：《证据法学》，225页以下，北京，中国政法大学出版社，2001；卞建林主编：《证据法学》，271页，北京，中国政法大学出版社，2000。但值得注意的是，在“证明的概念和特点”一节中，论者对诉讼证明的定义却是，“在诉讼领域，证明就是国家公诉机关和诉讼当事人在法庭审理中依照法律规定的程序和要求向审判机关提出证据，运用证据阐明系争事实、论证诉讼主张的活动”。（第264页）并明确指出，“诉讼证明只在审判阶段发生，法庭审理前的收集提取证据只是为在法庭上进行诉讼证明打下基础，创造条件”（第265页）。

是在表述上各有不同而已……它贯穿于立案、侦查、起诉和审判等几个主要诉讼阶段之中。刑事诉讼证明是刑事诉讼的核心和基本环节，它直接关系着诉讼的结局与办案质量。一个刑事案件从立案开始，到收集、审查、判断、运用证据认定案情的全部过程都是在进行证明活动。只有在诉讼各个阶段都充分得到了证明，才能最终完成诉讼的任务”①。

由此，我国证据法学有了侦查机关的证明责任；有了立案的证明标准、逮捕的证明标准、起诉的证明标准等特有内容。

第三，在证明主体上，传统证据法学认为，凡参与证据收集、审查判断的诉讼法律关系主体，都是证明主体。

我国传统证据法学认为，“诉讼中的证明……是指司法机关或当事人依法运用证据确定或查明案件事实的诉讼活动。刑事诉讼中的人民法院、人民检察院和公安机关，民事诉讼和行政诉讼中的人民法院，都必须依法收集和审查证据，并根据证据查明案件事实。刑事诉讼的自诉人、民事诉讼和行政诉讼的当事人则应依法提供证据证实自己的控诉或主张”②。据此，传统证据法学认为，证明主体包括公安司法机关及其办案人员、当事人以及诉讼参与人。“证明的主体是特定的机关和诉讼参与人。根据有关程序法的规定，刑事诉讼中的人民法院、人民检察院和公安机关，民事诉讼中和行政诉讼中的人民法院，都应当依法收集和审查证据，并根据证据查明案件事实。刑事诉讼中的犯罪嫌疑人、被告人、被害人、自诉人、附带民事诉讼原告人和被告人、民事诉讼和行政诉讼中的当事人，以及这些诉讼参与人的辩护人、代理人均需要依法提供证据证明自己的要求和主张……上述机关和诉讼参与人即使程序法律关系的主体，也是诉讼程序中的证明主体。”③

按照通说，我国传统证据法学往往将证明主体分为两类：一类是提供证据的诉讼参与人；一类是代表国家依法负有收集、审查判断证据的国家机关及其工作人员。并理所当然地给予后者更多的关注。所以，20 世纪 90 年代关于“法院是否负有证明责任”的争论是在上述证明主体理论背景下展开的。

二、证明新说：证明即说服

（一）证明

诉讼的目的是为了解决纠纷。因此，在公力救济代替私力救济之后，如何正确地查明纠纷事实是法律制度必须解决的首要问题。从规则效力看，由于规则所包含的假定与处理之间并非客观的因果关系，而是一种法律上的拟制，因此，只有将规则建立在准确查明纠纷真相的基础之上，才能通过规则的适用强化特定事实（假定）与法律效果（处理）之间

---

① 崔敏、张文清主编：《刑事证据的理论与实践》，69～70 页，北京，中国人民公安大学出版社，1992。

② 陈一云主编：《证据学》，113 页，北京，中国人民大学出版社，1991。

③ 刘金友主编：《证据法学》，226 页，北京，中国政法大学出版社，2001。

的因果关系，从而增强规则在社会生活中的规范力和可预测性。对此，美国法学家贝勒斯曾论证说，“查明真相，并不是其自身有何目的，而是为了将规则和原则正确地适用于争执……为指引人们的行为，法院在一定程度上明确阐述了诸多规则，但此时法院须根据其所要处理的情形的确切情况，否则法院有可能指令人们作出不可行的、甚至有害的行为”。① 而另一方面，从纠纷的解决看，尽管形式正确的裁判同样可以依靠国家强制力保证实施，但是，由于以错误事实认定为基础的判决缺乏当事人的真心信服，这种判决不仅无法真正消弭当事人之间的纠纷，而且还会在当事人与裁判组织之间产生新的对抗。而这种对抗在社会生活中的广泛传播，最终将导致公众对规则的不信任。因此，基于正确认定纠纷事实在纠纷解决中所处的基础性地位，为确定纠纷事实而展开的诉讼证明活动常常被视为诉讼活动的中轴和核心。

在我国传统证据法学中，由于刑事诉讼法学的显赫地位以及所盛行的“大诉讼观念”，对诉讼证明的理解一直存在着泛化解释的强劲趋势：即，将证明等同于对事实的认识；将证明等同于认识活动。并由此认为，证明活动贯穿刑事诉讼活动始终。然而，上述理解却存在显而易见的错误。

首先，证明是一种主体间的说服活动。在逻辑形式上，不管证明的目的是什么，证明活动必须包含以下三个部分：论题、证明的根据（论据）、证明的方法（论证）。作为一种特殊的证明类型，诉讼证明也必须具有上述逻辑结构。诉讼证明是证明的下位概念，因此，诉讼证明的内涵不应该在实质意义上偏离其上位概念。换句话说，诉讼证明所具有的个性特征只不过是证明的一般特征在诉讼活动的特定背景下呈现出来的独特色彩，而并非对证明的实质意义的偏离。对于那些固执地强调刑事诉讼证明之特殊性的学者而言，苏联逻辑学家阿斯姆斯的下述论述是很有启迪意义的：“设若证明的逻辑形式完全依赖于各门个别科学的对象的特点，那就不能有一切科学共有的证明形式，就是说：在一门科学中运用的各种证明的体系就完全不能用之于另一门科学中，因而有多少种科学也就会有多少种这样的体系。”②

由于证明活动必须以明确的论题为前提条件，因此，作为诉讼证明背景的“诉讼活动”指的应当是狭义上的诉讼，即提出诉讼之后的审判活动。其中，就刑事诉讼而言，由于起诉之后才存在明确地证明对象，因此，证明只存在于审判阶段；至于侦查、审查起诉阶段，尽管存在查明事实的认识活动，却并非证明活动。换句话说，在诉讼领域，只有某些以主体间说服活动为内容的诉讼活动才属于真正意义上的证明活动。

其次，证明仅仅是认定事实的方法之一。证明的目的是为了事实认定，但是，并非所有事实认定活动都必须采取证明的方式。在刑事诉讼的侦查阶段、审查起诉阶段，公安机关、检察机关对案件事实的认识属于主体对客体的能动性认识活动，而非主体之间依凭证据展开的说服活动。因此，我们必须注意区分作为论证活动而存在的证明与主体对特定客

① ［美］迈克尔·D·贝勒斯：《法律的原则》，22页，北京，中国大百科全书出版社，1996。

② ［苏］阿斯姆斯：《关于证明与反驳的逻辑学说》，12页，北京，三联书店，1955。

体的认识活动。[①] 证明是主体间的说服活动，不具备说服结构的认识活动，尽管与事实认定有关，却并非诉讼证明。换句话说，在诉讼领域，并非所有的事实认定活动都属于诉讼证明。

值得注意的是，1996年以后出版的教材中，有关证据收集、证据审查判断的内容均已明显减少，甚至不再提及。[②] 在新近出版的证据法学教材中，尽管仍有证明的过程应当包括收集证据阶段、审查判断证据阶段和提出证据阶段的主张[③]，更多的学者却放弃了传统证据法学将诉讼证明予以泛化的思路，而更多地强调诉讼证明作为一种逻辑方法的属性和特征。[④]

综上所述，我们认为，诉讼证明是指诉讼当事人说服裁判者作出特定事实认定的论证活动。

（二）诉讼证明的结构

作为一种特殊的证明类型，诉讼证明具有自身的主体结构和逻辑构成。

1. 诉讼证明的主体结构

证明是一种主体间的说服活动，即说服特定主体相信特定的命题为真（证实）或为假（证伪）。因此，任何证明活动都至少存在两方主体，即论证者和被说服者。论证者依凭一定的证据手段力图论证特定的命题真实或虚假，而被说服者则是论证者的说服对象，其对论证者立场的赞同是证明的目的和发展方向。在证明活动中，论证者和被说服者在时空上是可以相互分离的。

诉讼证明同样是一种主体之间的说服活动。但是，作为诉讼活动的一部分，诉讼证明又必然具备诉讼的一般特征。其中，在现代诉讼中，基于程序正义的要求，诉讼证明在主体结构上呈现以下特点：

第一，诉讼证明中，论证者的证明活动必须在被说服者面前进行，即在证明过程中，被说服者必须在场。直接原则是现代诉讼制度的一项基本原则。该原则要求：(1) 在法庭审判时，各诉讼主体必须亲自出席法庭，并且从精神和体力上自始至终参与案件的全部审判活动。即所谓的在场原则。(2) 参与制度，即案件裁判的法官必须亲自参与案件的审理，未亲自参与案件审理的法官无权制作裁判。(3) 法庭审判应尽可能采用原证据，如物证应尽量采用原件，人证应尽量询问亲自感知案件情况的人。(4) 只有法官在直接审理过程中

---

① 参见王敏远：《一个谬误、两句废话、三种学说》，载王敏远主编：《公法》，第4卷，253页以下，北京，法律出版社，2004。

② 参见徐静村主编：《刑事诉讼法学》，北京，法律出版社，1997；陈光中主编：《刑事诉讼法学》，北京，中国政法大学出版社，1999；樊崇义主编：《刑事诉讼法学》，北京，中国政法大学出版社，1999。

③ 参见卞建林主编：《证据法学》，271页，北京，中国政法大学出版社，2000。但值得注意的是，在“证明的概念和特点”一节中，论者对诉讼证明的定义却是，“在诉讼领域，证明就是国家公诉机关和诉讼当事人在法庭审理中依照法律规定的程序和要求向审判机关提出证据，运用证据阐明系争事实、论证诉讼主张的活动”（第264页），并明确指出，“诉讼证明只在审判阶段发生，法庭审理前的收集提取证据只是为在法庭上进行诉讼证明打下基础，创造条件”。（第265页）

④ 参见江伟主编：《证据法学》（第二篇第一章“证明”），44页以下，北京，法律出版社，1999；何家弘主编：《新编证据法学》，261～281页，北京，法律出版社，2000。

直接调查所得的证据才能作为定案根据。[①] 基于直接原则的要求，诉讼证明活动中，被说服者与论证者必须处于同一时空之中，即面对面地展开证明活动。

第二，被说服者必须与论证者、证明结果没有直接利害关系。这是程序正义的基本要求。诉讼是直接关系当事人权利义务的活动，如果负责司法职责的人与审判程序的结果或者与诉讼当事人存在某种利害关系，那么，他的公正性必然受到他人的怀疑。因此，英国上议院大法官休厄特在“国王诉苏塞克斯法官案”中所作的下述评论早已成为人们耳熟能详的名言：“公平的实现本身是不够的。公平必须公开地、在毫无疑问地被人们所能够看见的情况下实现。这一点至关重要。”[②] 为了确保裁判的公正性不受怀疑，诉讼证明对被说服者提出了更高的要求，即必须相对于他所裁判的案件保持必要的中立性。

第三，论证者包括利益对立的两派论证者。在诉讼证明中，特定命题的真伪直接关系着当事人之间权利义务关系的再行分配。因此，作为程序正义的基本要求，必须给予各方当事人充分陈述其理由的机会并有权对他方当事人的论证提出反驳或质疑。由此，在诉讼证明中，对特定命题的证明已经不再是单维的证实或证伪，而是证实与证伪交叠进行的论证活动。与此相应，论证者也可以进一步划分为利益对立的两派：对特定命题进行证实的论证者（证实者）、对特定命题进行证伪的论证者（证伪者）。在此意义上，诉讼证明的主体结构实际上已经发生了实质性变化，即由“论证者→被说服者”的说服活动转变为多主体间的说服与反说服、论证与反证、证实与证伪的复杂活动。

2. 诉讼证明的逻辑构成

作为证明的一种类型，诉讼证明也是运用证据（即已知事实）论证特定命题（即未知事实）成立与否的说服活动。但是，与其他证明活动相比，诉讼证明面临着两个困难：第一，诉讼证明必须在一定期限内对命题成立与否给出一个明确的答案；第二，由于诉讼证明事关当事人的权利义务，命题是否证实不能任由被说服者评判。为了解决第一个问题，现代诉讼制度进行了两方面的努力：其一，为减轻诉讼证明的不必要负担，尽力减少所需证明的对象和要素，由此形成了不同于一般证明论题的证明对象问题；其二，对于证明活动中必然存在的真伪不明状态，设置了证明责任制度，强行责令特定的当事人承担此种状态的法律后果。为了解决第二个问题，产生了有关证明标准的种种制度和学说。

根据上述分析，在逻辑构成上，诉讼证明包括：证明手段、证明标准、证明责任、证明对象。其中，证明对象解决的是“证明什么的问题”（即需要裁判者认定什么；需要当事人证明什么）；证明手段解决的是“用什么证明的问题”；证明标准解决的是“何时视为证明（或证伪）的问题”；证明责任解决的是“证明不能时的分配风险问题”，与此联系的是“由谁负责证明”。

---

① 参见陈永生：《论直接言词原则与公诉案卷的移送及庭前审查》，载《法律科学》，2001（3）。

② “国王诉苏塞克斯法官案”（1924年），转引自［美］彼得·斯坦、约翰·香德：《西方社会的法律价值》，97页，北京，中国人民公安大学出版社，1990。

三、诉讼证明的相关概念

在大陆法系传统中，对证明的界定，往往借助概念之间的比较得以说明。其中，在过程意义上，证明往往被定位于严格证明，与自由证明相对；在结果意义上，证明又与释明（疏明）相对，用以揭示其所应达到的主观确信程度。

兹结合德日及我国台湾地区的相关理论，介绍如下：

（一）证明与释明

证明与释明是大陆法系证据法学中的一对基本概念。据日本学者考证，证明与释明的概念，源自法定证据时代对完全证据与不完全证据的区分。"德国普通法中，原分证据为完全证据与不完全证据之二种，此种区别，系与形式的证据主义相关联，已不行于现代。法国亦就其对于证据目的之事实而为信为真实之程度强弱如何，而分证据为完全证据及不完全证据二种。究竟何谓完全证据、何谓不完全证据，在原则上，则一任审判官之自由判断。德日两国民事诉讼法中所谓证明及释明之区别，即以此种完全证据与不完全证据之区别为渊源，一若证明为完全证据，释明为不完全证据。"①

学界一般认为，"区分证明与释明之标准，即由审判官具确信程度之强弱而定之"。德国著名刑事诉讼法学者罗科信在其《德国刑事诉讼法》第 24 章"证据法之基础"标题下，首先区分了证明与释明（Beweis and Glaubhaftmachung）。"证明乃指，使法官对所指陈之事实产生确信。相对的，释名则使人相信其具可能性即可。例如对法官之回避（刑事诉讼法第 26 条第 2 项）、回复原状之声请中理由之释明（刑事诉讼法第 45 条第 2 项）及对拒绝证言时理由之释明（刑事诉讼法第 56 条）。"② 德国民事诉讼教材亦有类似论述。如奥特马·尧厄尼希在其《民事诉讼法》第八章"证据"部分，在"应当区分证明的不同种类"③ 标题下，对此论述如下："完全证明（狭义的证明）被提出，如果法院对主张的真实性或者不真实性完全确信……疏明（即释明）与完全证明相比，要求较小的可能性。即主张的真实性或者不真实性仅具有占优势的可能性、'充分可能性'就足够了。"④

在移植德国诉讼法制的同时，日本诉讼法学也继承了德国的上述概念区分。日本著名民事诉讼法学家兼子一在其教材中对此阐述如下："要作出裁判，法官必须对认定为判决基础的事项取得确信。这是一个原则。而达到这种确信状态时，就叫做该事项已被证明……不过，在终局性地确定实体权利关系的判决之前，暂且作出的保全处分或在诉讼程序进行中所提出的其他申请是否许可的决定，法律上往往只要求稀明（即释明）就可以……稀明是指当事人对自己所主张的事实虽然没有达到证明的程度，但提出足以使法官推测大体上

---

① ［日］松冈义正：《民事证据论》，张知本译，13 页，北京，中国政法大学出版社，2004。

② ［德］克劳思·罗科信：《德国刑事诉讼法》，吴丽琪译，207 页，北京，法律出版社，2003。

③ 原译文将此处的 Beweis 译为"证据"，但根据上下文，显然译为"证明"更为恰当。故此段引文一律将"完全证据"改为"完全证明"。

④ ［德］奥特马·尧厄尼希：《民事诉讼法》，周翠译，258～259 页，北京，法律出版社，2003。

确实程度的证据就可以。法律承认稀明的目的是为了迅速地处理问题，因而稀明时所使用的证据方法也只限于能够立即进行调查的证据方法。"①

证明与释明这一对概念，同样也为我国民国时期及我国台湾地区诉讼法学所继受。例如，在对我国证据法学影响至深的《刑事证据法》一书中，陈朴生对此论述道："证明，本有广狭两义。前者，包括狭义之证明及释明而言；后者则除释明外之证明。证明与释明，二者在法律上所要求之心证程度并不相同。盖证明，乃裁判官因而就某种事实得有确信之心证；而释明，则以裁判官得从而推定之程度为已足。一般所谓证明，系指狭义之证明而言；且应依证据证明之事实，并不限于实体法上事实，即诉讼上事实亦属之。为释明对象之事实，仅属诉讼程序上之事实。且释明其原因事实时，当事人仅以叙明其证明之方法为已足，毋庸提出证据；而证明，则不特应指出其证明方法，并应提出其证据。"②

我国台湾地区学者林山田亦认为，"提出证据而使法官获得完全之确信者，即为证明；唯提出证据，若仅使法官获得大概可信而形成较为薄弱之心证者，则非证明，而称为释明"。"对于事实之认定，原则上应经证明；唯在程序有关之事实，则以释明，即为已足……"③"当事人提出证据，使法院就其主张之事，得生强固之心证，信其确实如此者，称为证明。"④其中，但就证明而言，"证明，乃使法院确信犯罪事实存在与否的过程，包括经由证据调查，并作证据评价，而获得心证，以作为判决依据之整个过程"。"证明亦可谓依证据而推断认定犯罪事实之过程。法院认定犯罪事实所凭之证据，必须经过法定调查之程序；所下之判断，必须斟酌各方面之情形，且不违背一般人之共同经验；所得结论，除不能有理论上之矛盾外，尚应有证据之存在，断不可凭空推测，仅以理想之词，如'难保'、'自属当然'等字样为结论"⑤。

（二）严格证明与自由证明

严格证明与自由证明这一对概念，由德国法官迪恩茨于1926年首创⑥，后由德国传至日本及我国台湾地区。其间，日本学者小野清一郎结合刑法上的构成要件理论对此理论进行了进一步深化。⑦

一般认为，严格证明与自由证明的差别，表现在证据方法和调查程序两个方面：

第一，证明方法。严格证明必须以法律规定的证据方法进行。该项要求又包括两个层面上的要求：其一，用以严格证明的证据方法在形式上必须合乎法律规定。其二，该证据方法依法必须具有证明能力。自由证明则可以"以一般实务之惯例"选择适当的证明手段，

---

① ［日］兼子一、竹下守夫：《民事诉讼法》，白绿铉译，101页，北京，法律出版社，1995；［日］中村英郎：《新民事诉讼法讲义》，陈刚等译，198页，北京，法律出版社，2001。

② 陈朴生：《刑事证据法》，3版，2156页，台湾，三民书局，1979。

③⑤ 林山田：《刑事程序法》，372～373页，台湾，五南图书出版公司，2000。

④ 陈荣宗、林庆苗《民事诉讼法》，482页，台湾，三民书局，1996，转引自毕玉谦：《证据法要义》，316页，北京，法律出版社，2003。

⑥ 参见［日］松冈正章：《严格证明与自由证明》，载《法学译丛》，1981（5）。

⑦ 参见吴宏耀、魏晓娜：《诉讼证明原理》，56页，北京，法律出版社，2002。

亦即可不拘任何方式来获取可信性（例如以查阅案卷或电话询问之方式）。①

第二，证明过程（即证据调查程序）。严格证明必须以法律规定的法庭调查程序进行。对于自由证明，立法则没有明文规定必须适用的调查程序，而委诸法院根据具体情况裁量决定。在德国刑事诉讼中，自由证明的程序一般按 Beling 及 Ditzen 所倡导的方法进行，但并未形成一套完整的理论。②日本学者则认为，在刑事诉讼中，自由证明的调查程序必须注重被告人辩护权的保障。③

在适用范围上，德国学者认为，严格证明适用于以下事项：对于攸关认定犯罪行为之经过、行为人之责任及刑罚之高度等问题的重要事项。④其他事项，原则上适用自由证明。

日本学者亦认为，成为严格证明对象的事实，是关于刑罚权是否存在及其范围的事实。具体包括：公诉犯罪事实；处罚条件及处罚阻却事由；刑法的加重或减免事由。自由证明的事项具体包括：犯罪的相关情况；诉讼法上的事实。⑤

在我国台湾地区，严格证明仅限于本案犯罪事实及其法律效果问题的认定，并且仅适用于审判程序。除此以外的其他事实，如程序争点事实，则属于自由证明的范围。

第二节 证明的相关理论

一、诉讼证明与认识活动

证明是人类认识世界的重要方式。证明通过论证活动使特定的命题甄于明了，使原本不知道或不相信该命题的人接受其真实性。因此，对于被说服者而言，证明是一种通过命题认识世界的重要手段。从知识来源看，我们有关世界的许多知识都是通过自发或自觉地接受他人证明结论的形式获得的。

作为一种认识手段，证明可以用以认识世界的各个方面。在《知识论》一书中，金岳霖先生根据证明活动认识对象的不同，对证明进行了更为细致的划分。金先生首先将证明区分为证实和证明两类。“证实，照我们这里的说法，是求然的活动，证明是求所以然的活动；前者是求识的确切，后者是求懂的清楚；前者是求所识的实，后者是求所明的理。”⑥在金先生看来，证实和证明尽管有时候可以彼此等同，二者在认识对象上却体现了一种位阶关系，即“知其然”和“知其所以然”的关系。在证实之下，金先生根据所证明命题的不同又区分了对特殊的事实（包括当前的特殊事实和历史的特殊事实）的证实、对限于时地的普通情形的证实、对于固然的理的证实。换言之，证明活动可以被用以认识大到宇宙规律小到生活琐事等方方面面。

---

①②④ 参见［德］克劳思·罗科信：《德国刑事诉讼法》，吴丽琪译，207 页，北京，法律出版社，2003。

③ 参见［日］田口守一：《刑事诉讼法》，刘迪等译，221 页，北京，法律出版社，2000。

⑤ 参见［日］土本武司：《日本刑事诉讼法要义》，董璠舆、宋英辉译，311 页以下，台湾，五南图书出版公司，1997。

⑥ 金岳霖：《知识论》，879 页，北京，商务印书馆，1996。

诉讼证明是以过去事实为对象的认识活动。纠纷事实已经成为不可逆转的过去，因此，在裁判者不再是知情人而是对纠纷事实没有亲身经历的人的制度下，如何在裁判者面前“重现”纠纷事实是裁判的首要问题。诉讼证明的任务即在于：借助证据和论证，在思维层面上恢复纠纷事实并以可知的形式将其展示出来。

具体而言，诉讼证明具有以下特点：

第一，在诉讼证明中，裁判者对纠纷事实的认识是借助命题的形式展开的。即，有关事实的命题的证实，在客观效果上被直接等同于该命题所表述事实的实际存在。由于裁判者直接面对的不是事实本身，而是有关事实的命题（或者说，是命题所表述的事实），所以，对裁判者而言，社会生活层面上是否存在相应的事实只能是证明的结果，而不可能是证明的前提。从裁判者的角度看，纯粹法学派的下述观点似乎不再显得不可理喻：“在法律世界中，没有什么‘本来是’事实的东西，没有什么‘绝对的’事实，有的只是由主管机关在法律所规定的程序中所确定的事实……认为有什么绝对的、立即明白的事实，这是典型的外行人的看法。事实只有在首先通过一个法律程序加以确定后，才能被带入到法律范围中来，或者就可以说，它们才在法律范围中出现。”① 对此，诬告案件的例子是典型的例证。在诬告案件中，社会生活层面上根本不存在所谓的指控事实，但在诉讼证明中，我们却仍然要围绕诬告者提出的事实主张展开证实（或证伪）的论证活动。而且，如果诬告者提出了足够的证据，甚至还会因为事实主张的证实而得出指控事实确实存在的结论。

第二，在诉讼证明过程中，裁判者需要认定的也不是社会生活层面的事实，而是经过命题加工整理过的“事实”。所谓的“加工整理”在此具有以下三方面的含义：其一，证明命题所表述的事实并非必然是社会生活层面上的事实。在民事诉讼中，证明命题与社会生活事实的关系主要取决于当事人的诚信；在刑事诉讼中，由于证明命题的提出本身即属于思维活动（回溯性推理）的产物，其能否正确反映社会生活事实与追诉方的诚信无关，而取决于根据追诉活动所得的认识结论正确与否。在证明命题并非社会生活事实的正确反映时，命题所表述的事实——作为裁判者判断的对象——原本就是不存在的。② 其二，证明命题是法律抽象规定“涵摄”社会生活事实之后的具体化表达。证明命题对事实的表达是在法律规范指导下完成的，只有那些具有法律意义的事实才会以命题的形式出现在诉讼证明过程之中。由于并非所有的社会生活事实都具有法律意义，法律规定涵摄社会生活事实的过程既是一个融合的过程也是剔除无关事实的过程。由此所获得的命题，实质上仅仅是部分社会生活事实的法律化表达。其三，并非所有具有法律意义的事实都会被导入诉讼证明的过程。在社会生活层面意义上，具有法律意义的事实有很多，而纳入诉讼证明的事实却只能是其中的一小部分。现代诉讼中，受不告不理原则的约束，当事人对事实的主张在很

---

① ［奥］凯尔森：《法与国家的一般理论》，153～154页，北京，中国大百科全书出版社，1996。

② 例如，在刑事诉讼中，对于A杀人的指控主张，即使已经证明人是B杀的，法院也只能认定原指控主张的事实不成立，而不能认定B杀人的事实成立，尽管后者正确反映了社会生活事实。因为，法庭裁判的对象只能是指控主张所表述的事实。在此，驳倒指控主张的社会生活事实是在“证据”意义上被使用的。

大程度上决定了裁判者认识的对象和范围。就案件而言，法律一般都赋予了当事人选择就哪些纠纷起诉的权利[①]，当事人运用法律赋予的选择权决定纳入诉讼的案件范围和数量。而另一方面，在具体案件的诉讼证明过程中，当事人可能会为了自身利益的考虑而压制那些不利于己的事实。在此意义上，当事人向裁判者所展示的事实往往是片面的、不完整的。

第三，在诉讼制度下，证明命题的提出是当事人的责任（在日本及我国台湾地区证据法学上，称此种责任为主张责任）。一般而言，在民事诉讼中，证明命题通常是当事人对自己亲身经历事实的表达；在刑事诉讼中，证明命题则是追诉机关借助证据对社会危害性事实回溯性认识的产物。在此意义上，诉讼证明总是以一般人类认识活动（即主体对客体的能动性认识）为基础的。

然而，诉讼证明自身并不属于主体直接感知客体的一般认识活动。在认识结构上，一般人类认识活动由认识主体、认识客体、认识媒介三个环节构成，认识主体对客体的认识是直接的，且能够自主、能动地选择最佳的认识方式和途径；在证明活动中，对事物的认识则是围绕特定的命题展开的，属于围绕特定命题成立与否而展开的说服与被说服的论证活动。在这一说服过程中，至少应当存在两方主体：尽力说服他人相信命题成立的论证者；作为说服对象的被说服者。在认识方式上，被说服者对特定事物的认识是以表述该事物的命题为指向并以主体间交流的方式展开的；被说服者一般需要借助特定的证据手段间接地形成有关客体的认识。因此，尽管被说服者的认识活动中确实包含有主体对客体的能动认识活动（即对证据的认识），此种认识活动却是与其他主体的说服活动作为一个整体认识系统而存在的。在这一整体认识体系中，被说服者的认识活动依赖于其他主体的说服活动，而且，后者在很大程度上决定着被说服者认识的范围以及发展方向。

第四，诉讼证明对过去事实的认识主要依赖于当事人提出的事实主张以及所能提供的证据材料。因此，通过诉讼证明所获得的关于纠纷事实的认识暗含了偏离社会生活事实的可能。而且，诉讼证明的形式有效并不能担保结论必然正确。“一个论证，如果其前提真，其结论必真，则它就是有效的；否则就是无效的。有效的论证就是逻辑上正确的论证，其结论是从前提逻辑地推出来的，因而前提的真能够保证结论的真。这里要注意，论证的有效与否只和前提结论之间的逻辑联系相关，而与前提结论本身的真假没有直接关系：一个前提结论均假的论证可以是有效的，而一个前提结论均真的论证也可以是无效的。”[②] 换句话说，诉讼证明在逻辑上的有效性只能担保一种形式上的正确，而无法保证实质内容的真实。

尽管如此，作为一种认识过去事实的手段，诉讼证明仍然是我们可以依赖的最佳方式。恰如美国学者戴维斯所言，“我们之所以要采用审理模式的程序，是基于以下考虑：在经验的基础上，我们通过受制于交叉盘问与反驳的举证，作出实际判决，这对于解决包括属于

① 在刑事诉讼中，大陆法系国家曾一度实行起诉法定原则。但诉讼实践已经证明，严格执行该原则基本是不现实的。因此，现代各国均赋予了检察官就案件起诉与否的裁量权。

② 陈波：《论证是哲学活动的本性》，载赵汀阳主编：《论证》，79页，沈阳，辽海出版社，1999。

当事人的裁判事实在内的争议而言，是最好的办法”①。

第五，与其他认识手段相比，证明的优势在于其论证过程所包含的可反驳性。“分析哲学特别强调论证的重要性，甚至认为论证的过程比论证的结论更重要，因为正是论证过程使思想具有了可理解性和可批判性。”②

诉讼证明的结论是建立在对方当事人享有可反驳机会的论证过程基础之上的。由于论证过程给予了利益对立方进行检验、反驳的机会，诉讼证明，尤其在审判公开原则的配合下，具有了下述双重作用：对当事人来说，论证的过程迫使他不得不客观地检验、反思自己的原有认识，而且，为了有效地回应利益对立方的种种反驳，该当事人不得不深入、全面地展开论证；而对于裁判者来说，证明过程赋予了他对论证者的主张进行客观检验的机会，从而增强了对该主张的理解。因此，在现代诉讼中，保障当事人享有反驳的机会受到了特别的重视。“公正审理的关键在于提供一种机会，即，使用这些合适的矛盾（反驳证据、交叉盘问及争论）去对付引起法庭注意的不利材料的机会。”③

在审判公开原则下，诉讼过程的可视性与公开性使得这一论证过程不再是一种小范围的讨论，而成为了一种特殊的可接受公众审查、检测的双重说服活动：当事人说服法官作出有利于己的事实认定，而法官的认定又必须能够让公众心悦诚服。由此，所得结论不仅排除了由裁断者武断作出的可能④，而且，在利益对立方当事人的参与下，所得结论成为了一种历经磨砺、锤炼的认识。因此，尽管司法证明活动无法担保结论的必然正确，该结论却是裁判当时不能证伪的。

二、诉讼证明与历史证明

从证明对象上看，诉讼证明属于对历史命题的证明，即金岳霖先生所谓的“对表示历史的特殊命题的证实”。诉讼证明的目的是为了确定具体的历史事实实际上是否真实，而该历史事实已经成为不可再现的过去。因此，诉讼证明面临的问题与历史学家面临的问题非常相似：一方面，诉讼证明的结论正确与否并不取决于证明活动本身，而取决于诉讼证明活动之前已经发生的历史事实。换句话说，判断诉讼证明之结论是否正确的标准是预先给定的。另一方面，诉讼证明对历史事实的认识只能借助于一定的证据；在证据真伪难辨的情况下，诉讼证明过程甄别真伪证据的能力直接影响着证明结论的正确性。如果证明过程甄别真伪证据的能力较强，那么，其结论就能够较大地贴近历史事实真相。

因此，诉讼证明具有历史证明的一般特点。第一，证明的目的主要在于检验和确证某一表述具体历史事实的单独命题，而非探寻普遍命题或规律。第二，由于证明对象是过去

---

① 转引自何家弘、张卫平主编：《外国证据法选译》（下卷），582页，北京，人民法院出版社，2000。

② 陈波：《论证是哲学活动的本性》，载赵汀阳主编：《论证》，79页，沈阳，辽海出版社，1999。

③ 转引自何家弘、张卫平主编：《外国证据法选译》（下卷），583页，北京，人民法院出版社，2000。

④ 贝卡里亚认为审判公开的价值即在于防止审判权的滥用。“审判应当公开，犯罪的证据应当公开，以便使或许是社会唯一制约手段的舆论能够约束强力和欲望……”（［意］贝卡里亚：《论犯罪与刑罚》，20页，北京，中国大百科全书出版社，1993）。

的、偶然的独特事实，而非从过去、现在和未来偶发性事实中探寻普遍的规律，其证明结论不可能像自然科学家那样反复进行实验予以核实。第三，在证明方式上属于回溯性证明，即由结果推知原因。“……要描述的事实乃是过去的事实；而过去的事实是不能再受直接检验的。总之，我们不能简单地看它们是否符合已经独立地为人所知的现实，来检验历史陈述的正确性。”① 因此，对历史特殊命题的证明只能借助于历史事实所遗留的痕迹和证据。而所谓的“证据”总是按照一定的观点收集的，是以特定主体认为该材料对于证明有用为条件的；而且，可资利用的“证据”又总是有限的，甚至可能是不完全的。因此，借助证据进行的回溯性证明，在证明结论上必然包含了一定程度的或然性。

然而，诉讼证明又明显不同于纯粹意义上的历史证明。在历史学中，由于历史事实已经远去，对特定历史事实的证明主要是作为一种智识活动而存在的，此种证明对现实的社会生活一般不存在直接的影响；而诉讼证明却是一种直接影响现实生活的认识活动。很明显，我们可以不关心历史上项羽是否真的烧了阿房宫，却不会忽视是谁在你家放了一把火。由于诉讼证明通过为适用法律提供事实根据的方式直接影响着特定案件当事人的权利义务关系，诉讼证明必须更为严格，并呈现出自身的规律和特征。

与历史学意义上的历史证明相比，诉讼证明具有以下典型特征：

第一，诉讼证明必须在一定期限内完成。在历史学中，由于纯粹的历史事实对现实无关，历史学家无休止地争论一般不会给我们的生活带来什么不便。因此，在历史学上，所有的争论和分歧都可以留待并最终由考古学的发展得到澄清，而在此之前，试图对此作出武断的裁决显然于事无补。

诉讼证明则不然。诉讼是为了解决纠纷，“倘若人们求助法律程序来解决争执，那么争执须在某一阶段上最终解决，否则求助法律程序就毫无意义”②。因此，为了适用法律对纠纷作出最终的解决，诉讼证明不可能无休止地持续下去，而必须在一定期限内对具体历史事实的存在与否作出确定的回答。例如，在贝勒斯归纳的19项程序法原则中，第8项是“及时原则：程序应提供及时的判决”，第9项是“止争原则：法院应作出解决争执的最终决定”③。

在程序正义理论中，及时裁判和终结性原则被视为评价程序正义与否的重要价值尺度。④“法律程序的及时性本身是有价值的。因为及时性一方面反对拖延，另一方面也反对不合理的急速；拖延会导致那些受程序影响的人无理地受到长时间的拖累，而过于急速又会使程序无法达到理性的要求。与此同时，法律程序如果不能产生最终的结果，也会使其运作过程做到不当的拖长。在审判程序中，程序的终结性显得尤为重要，因为它可以确保

---

① ［英］沃尔什：《历史哲学》，转引自袁吉富：《历史认识的客观性问题研究》，11页，北京，北京大学出版社，2000。

② ［美］迈克尔·D·贝勒斯：《法律的原则》，37页，北京，中国大百科全书出版社，1996。

③ ［美］迈克尔·D·贝勒斯：《法律的原则》，36～37页，北京，中国大百科全书出版社，1996。

④ See Robert S. Summers, Evaluation Improving Legal Process: A Plea for “Process Values”, Cornell Law Review, November, 1974, No. 1；陈瑞华：《刑事审判原理论》，71～72页，北京，北京大学出版社，1997。

有关各方及时摆脱诉累，从侵扰中恢复安宁和自由。"[①] 相反，诉讼的迟延不决却可能带来多方面的危害。首先，诉讼迟延将降低判决的法律价值和社会价值。判决的法律价值是法律规定的当事人权利义务关系归属的明确，社会价值是人际关系和社会关系的理顺。然而，由于诉讼的迟延，不仅导致当事人的权利义务关系长期处于不稳定状态，而且，随着时间的消磨，人们对法律的信心也逐渐变得灰冷，从而对诉讼在解决纠纷中的地位和价值产生消极影响。其次，诉讼迟延是对处于弱势当事人的打击。在刑事诉讼中，诉讼的迟延使得被追诉人长期无法进行正常的社会生活，并往往受到种种权利上的限制。在民事诉讼中，诉讼迟延势必影响经济上处于弱者地位的当事人继续诉讼的能力，致使他们不得不放弃利用诉讼手段维护自身利益的权利。再次，诉讼迟延危及正义的实现。就程序正义来说，由于当事人实施的诉讼行为没有及时取得应有的效果，在遥遥无期的等待中，善良的愿望会被点点地销蚀直至破灭，法谚"迟来的正义已非正义"揭示的就是这一道理；就实体正义而言，由于证据的证明价值可能会随着时间的流逝而逐渐削弱，在时过境迁之后，依据此种证据所作的裁判往往存在出错的更大危险。

在及时裁判和终结性原则约束下，诉讼证明必须在一定时间内对争议的历史事实作出确定性结论。然而，此项要求却明显超出了人类的实际能力。一方面，由于证据是否已经穷尽无法在裁判当时知晓，在现在看来已经确证无疑的结论可能会因新证据的出现而变更，甚至被彻底推翻；另一方面，基于人类认识能力的局限，即使这种可能是建立在不完全证据基础上的认识，仍然存在半信半疑的认识状态。面对客观存在的认识局限，现代证明制度在"求真"的大前提下，不得不作出了一系列无奈的妥协性选择。如，默认法庭在不存在合理怀疑状态下作出裁判的正当性，并附以必要的纠错制度[②]；在诉讼证明只能达到半信半疑状态时，借助证明责任制度强行在当事人之间进行利益分配；借助推定等法律手段进行法律上的拟制，人为地确立特定事实间的因果关系；在民事诉讼中，策略性地放弃对纠纷事实原貌的探寻，"除证据之外，尚得以全辩论意旨作为认定事实之基础"[③]；等等。

第二，诉讼证明只要求查明历史事实的特定内容。在历史学上，何种历史事实被选择为证明对象主要取决于特定研究者的个人兴趣。因此，历史学家所证明的历史事实一般是随机的、多样的。而且，就证明的广度而言，由于历史学家的目的是如实地揭示人类曾经历过的社会生活或生活片段，作为证明对象的历史事实是作为社会生活事实的一部分而选取的，因此，对该历史事实的证明往往又是全面的。

在诉讼证明中，作为证明对象的历史事实具有以下典型特征：

1. 作为证明对象的历史事实是以法定的方式预先确定的事实类型。诉讼不是意气用事的争斗，而是为了对发生争议的实体权利义务关系作出评断。因此，从一般意义上，并非任何纠纷都可以求助于诉讼，而在特定国家的法律制度下，哪些纠纷可以求助于诉讼则取

① 陈瑞华：《通过法律实现程序正义》，载《北大法律评论》，191页，北京，法律出版社，1998。

② 在英美国家，陪审团裁定的事实一度被视为"神见的事实"，不允许对其正确性提出怀疑。

③ 黄东熊：《刑事诉讼法论》，363页，台湾，三民书局，1999。

决于该国的现行制度。在法律规定的可诉范围的约束下，诉讼证明的证明对象也必然是法定的。什么类型的事实可以成为诉讼证明的对象，什么类型的事实不能成为诉讼证明的对象，取决于法律而非个人的兴趣。在刑事法领域，罪刑法定原则在诉讼法上的作用首先即表现在对刑事诉讼法适用范围的限定，相应地，在证明对象的范围上，刑事诉讼证明也必须以刑法规定的犯罪行为为限。在民事法领域，由于公民权利的广泛性，民事证明对象在范围上并无明确的限定。即便如此，在特定的时期，民事证明对象也往往是比较明确的，尽管其确定化程度不如刑事法那么高。

2. 作为证明对象的历史事实是具有可重复特征的类型化事实。作为社会生活的一部分，纠纷事实是千姿百态的。在此意义上，纠纷事实是不可能重复出现的，像世界上没有相同的两片树叶一样。然而，“法律的基本作用之一是使人类为数众多、种类纷繁、各不相同的行为与关系达致某种合理程度的秩序，并颁布一些适用于某些应予限制的行动或行为的行为规则或行为标准。为能成功地完成这一任务，法律制度就必须形成一些有助于对社会生活中多种多样的现象与事件进行分类的专门观念和概念。这样，它就为统一地和一致地调整或处理相同或基本相似的现象奠定了基础”①。在法律规范中，具有法律意义的历史事实总是以类型化的一般面目出现的。因此，诉讼证明中，为了产生特定的法律后果，所需要证明的事实已不再是千姿百态的社会事实，而是被剔除了个性特征的类型化事实。此种类型化事实具有很大的涵盖力，众多的社会事实被分门别类地归属到一定类型之中并被赋予相应的法律效果。在此意义上，在诉讼证明视野中的历史事实已经不再是独一无二的偶然事件，而是包含了可重复特征的事实。

3. 作为证明对象的历史事实是一种构成要件事实。在法律规范中，特定的类型化事实总是被分解为一系列的可重复性特征，即法律构成要件。只要社会事实充分满足了法律构成要件，即可产生法定的法律效果。因此，在诉讼证明中，对具体历史事实的证明开始被转化为对该类型化事实中的可重复性特征（即法律构成要件）的证明，只要能够证明法律构成要件所要求的事实，就可以产生证明该具体历史事实同样的法律效果。例如，对一般侵权行为的证明，只需要证明以下法律构成要件成立就可以了：（1）须有某项行为；（2）须该行为致人损害；（3）须该行为违法；（4）须该行为系处于过失或者故意；（5）须行为人有责任能力。换句话说，在诉讼证明中，所证明的已经不再是原始的社会事实，而是经过法律过滤并借助法定构成要件而产生法律效果的构成要件事实。② 恰如谷口安平先生所言：“当然，事实本身是一种存在于法律之外现实生活之内的现象。把这种现象和法联系起来的则是称为‘演绎’的法律技术性操作（所谓三段论也是其中一种）。经过这样的操

---

① ［美］E. 博登海默：《法理学：法律哲学与法律方法》，邓正来译，485页，北京，中国政法大学出版社，1999。

② 在张俊浩教授主编的《民法学原理》一书中，主张区分法律规范层面的法律构成要件和事实层面的构成要件事实（书中称之为“法律事实”），希望以此强调二者的差别，以及社会事实必须经过法律构成要件这一环节才能产生实际的法律效果（参见张俊浩主编：《民法学原理》，56页，北京，中国政法大学出版社，1997）。何秉松教授在其《犯罪构成系统论》一书中，亦主张“在讲到犯罪构成概念时，应把刑法上规定的犯罪构成与社会现实生活中的犯罪构成事实严格加以区分”（何秉松：《犯罪构成系统论》，109页，北京，中国法制出版社，1995）。

作，事实才具有了法的含义。但是，这时的‘事实’就不再是本来形态的事实，而是作为一种失去了许多细节并经过点染润色的思维产物存在于法的世界里。辩论原则中的所谓‘事实’必然是这样的‘法的事实’。”[①]

第三，诉讼证明采取证明与证伪同时进行的形式。作为一种社会活动，诉讼证明是在程序约束下进行的。因此，尽管诉讼证明本质上是一种论证特定命题的认识活动，这一活动却必须遵循诉讼程序的一般价值和要求。在现代诉讼制度下，基于程序公正的要求，诉讼证明普遍采取了证明与证伪同时进行的双重结构。

程序正义是评价程序自身正当性的标准和尺度。作为一种价值观念，程序正义最早产生于英国的“自然正义”观念，其思想谱系可追溯到1216年的《英国大宪章》；在司法程序问题上，普拉特法官在1723年“国王诉剑桥大学案”中最早使用了“自然正义”概念。[②]“自然正义”包含两个基本原则：第一，任何人都不得在与自己有关的案件中担任法官；第二，必须给予诉讼当事人各方充分的机会来陈述其本方的理由。[③] 美国学者戈尔丁认为，“自然正义”实际上包含了九项内容：(1) 与自身有关的人不应该是法官；(2) 结果中不应包含纠纷解决者个人的利益；(3) 纠纷解决者不应有支持或反对某一方的偏见；(4) 对各方当事人的意见均应给予公平的关注；(5) 纠纷解决者应听取另一方意见；(6) 纠纷解决者应只在另一方在场的情况下听取另一方意见；(7) 各方当事人都应得到公平机会来对另一方剔除的论据和证据作出反应；(8) 解决的诸项条件应以理性推演为依据；(9) 推理应论及所剔除的所有论据和证据。[④]“自然正义”观念后为美国继承并以“正当法律程序”的形式规定于宪法之中。根据美国《布莱克法律辞典》的解释，“程序性正当程序的中心含义是指：任何权益受到判决结果影响的当事人都有权获得法庭审判的机会，并且应被告知控诉的性质和理由……合理的告知、获得庭审的机会以及提出主张和辩护等都体现在‘程序性正当程序’之中”[⑤]。

程序正义是对程序自身的要求，但是，该项要求却通过程序直接影响了诉讼证明的结构。基于程序正义的要求，在诉讼证明中，不但被说服者必须符合更严格的条件（如不得与证明结果有利害关系等），而且，论证活动本身也必须符合正义的要求，即对特定命题的论证必须在利益可能受到影响的当事人共同参与下进行，对于一方当事人提出的主张和论据必须同时接受对方当事人的检验和反驳。因此，在证明的结构形式上，诉讼证明已经不再是单纯的证实或证伪，而是同时混杂了证实和证伪、证实证伪交叉重叠的论证活动。换句话说，一方当事人对证明对象的证明是在另一方当事人对该命题证伪的环境中进行的，

---

① ［日］谷口安平：《程序的正义与诉讼》，82页，北京，中国政法大学出版社，1996。

② 参见［美］彼得·斯坦、约翰·香德：《西方社会的法律价值》，97页，北京，中国人民公安大学出版社，1990。

③ 参见［美］彼得·斯坦、约翰·香德：《西方社会的法律价值》，97页，北京，中国人民公安大学出版社，1990；王名扬：《英国行政法》，152页，北京，中国政法大学出版社，1987。

④ 参见［美］戈尔丁：《法律哲学》，240页以下，北京，三联书店，1987。

⑤ 《布莱克法律辞典》，5版，“正当法律程序”条。

该当事人对命题的证明直接受到另一方当事人对其论据、论证的质疑、责难、检验，甚至遭受对方当事人对所证明命题的直接证伪。

诉讼证明采用证明和证伪同时进行的形式，不仅体现了程序正义的要求，同时也包含了对实体价值的追求。诉讼证明的结果直接关系着当事人的权利义务关系，直接影响着现实的社会生活，因此，尽管在一般性质上，诉讼证明结果必然包含出错的可能性，在人类情感上，我们却希望能够尽可能地降低出错的概率。在诉讼证明中，对特定命题的证明同时要面对来自利害相关的对方当事人的反驳或证伪，此种证实与证伪并存的证明活动显然更有助于揭示论证过程中可能存在的错误。而且，在心理上，一个接受对方反驳仍然得以成立的证明结果也更容易为社会公众所接受——尽管该结果可能在后来证明仍然是错的，但是，对方当事人曾经尝试过的种种努力已经表明，这种错误在裁判当时是无法发现和避免的。在此意义上，诉讼证明的特殊论证结构赋予了证明结果一种更坚实的正当性根据，尽管不是必然正确，却是一项其正确性现在无法反驳的结果。

三、诉讼证明与诉讼模式

在我国，刑事诉讼法学最早对诉讼模式问题进行了研究。① 但由于将诉讼理念、诉讼文化等宏观因素亦纳入在诉讼模式概念之下，刑事诉讼法学视野中的诉讼模式很大程度上属于法系比较的产物，因而包容了较多法系方面的特征。② 在此，我们试图在明确区分诉讼的法系特征与形态特征的基础上定义诉讼模式。即，所谓的诉讼模式是根据诉讼主体间关系对诉讼程序进行的理论分类。③ 其中，根据诉讼的主动权在当事人还是在法院，一般将诉讼形态区分为职权主义与当事人主义。“当事者主义与职权主义是决定诉讼形态的重要原则之一，其核心问题在于把诉讼的主动权交给当事者还是交给法院。采取前者的是当事者主义，采取后者的则为职权主义。”④ 由于诉讼模式主要以法庭审理活动为基础，而且也是对主体间关系的研究，诉讼证明与诉讼模式的联系显然更为密切。

在此，首先应予明确的是，在现代法律制度下，无论何种诉讼模式都以控辩式诉讼构

---

① 参见李心鉴：《刑事诉讼构造论》，北京，中国政法大学出版社，1992。

② 如英美刑事诉讼实行对抗制，大陆法系实行法官职权调查；英美刑事诉讼的法官比较消极，大陆法系则积极主动；等等。然而，恰如美国学者达马斯卡教授所言，“如果根据大陆学者的观点，超越刑事程序所固有的程序形态范围，而着眼于民事诉讼模式，那么，大陆程序与英美程序的区别，才会变得明确。也就是说，应当适用当事人对立模式（adversary model）与非当事人对立模式（non-adversary model）的用语，才能辨明大陆程序与英美程序的区别”（转引自李心鉴：《刑事诉讼构造论》，50页，北京，中国政法大学出版社，1992）。其实，对抗制与非对抗制作为两大法系间诉讼的法系特征是多数学者的共识，而此一特征与诉讼采何种诉讼模式并没有直接联系。

③ 在刑事诉讼中，诉讼模式的精神亦贯穿于审前阶段的追诉活动。

④ ［日］谷口安平：《程序的正义与诉讼》，101页，北京，中国政法大学出版社，1996；［日］田口守一：《刑事诉讼法》，刘迪等译，17页，北京，法律出版社，2000。在论及如何建立法官以及被告人地位的新原则时，田口守一认为，“这是当事人主义与职权主义的问题，即在控辩主义的诉讼构造下，谁主导诉讼？法院主导诉讼的原则，称为职权主义，当事人（检察官与被告）主导诉讼的原则称为当事人主义”。

造为前提。如，在主体结构上，均属三方诉讼构造；在控审关系上，均奉行不告不理原则，法院不得自行开始审判程序且不得逾越起诉范围；等等。① 所以，诉讼模式对诉讼证明的影响并非结构性影响，而仅仅关系着诉讼证明的实际形态，或者说，诉讼中各主体在诉讼证明中的地位和作用。

一般认为，当事人主义模式与职权主义模式的区分主要表现在两个方面：即谁在诉讼程序运行中起主导作用；主要由谁来确定审理对象。② 前者主要涉及诉讼程序运行方面的主导权问题，因此，只有后者与诉讼证明具有直接的关联。

就审理对象的确定来讲，当事人主义模式实行辩论主义（·verhandlungsmaxime，又译“当事人主导原则”），即“只有当事人才能把争议的事项导入程序并判断法院是否有必要对此作出决定，同时当事人有权要求法院作出决定；作为程序规范，法院自身则不得考虑当事人双方都未提出的事实，且不得根据自己的判断主动收集或审查任何证据”③。按照日本著名民事诉讼法学家兼子一博士的观点，辩论主义的具体要求有三：第一，直接决定法律效果发生或消灭的必要事实必须在当事人的辩论中出现，法官不能以当事人没有主张的事实作为裁判的依据；第二，法官应将当事人双方之间没有争议的事实作为判决的事实依据；第三，法官对证据事实的调查只限于当事人双方在辩论程序中所提出的事实，对于当事人没有在辩论中所主张的事实，即使法官通过职权调查得到了心证，该事实依然不能作为裁判的依据。④

与辩论主义相反，职权主义模式在此问题上实行的是职权探知主义，“其内容包括：即使是双方当事人都未主张的事实，裁判所也能予以认定；裁判所的行为不受当事人自白的拘束；可以依职权广泛地调查证据”⑤。根据与辩论主义的“事实的提供”、“证据要否的决定”、“证据的提供”三个阶段的对应关系，中村英郎博士将介入诉讼资料收集的职权主义细分为职权探知（探知未主张的事实）、职权调查（调查无争议的证据）、职权调查证据（自行收集证据）三个阶段。⑥

裁判者在两大模式中表现出来的积极与消极之别对诉讼证明各构成要素的实际形态产生了必然的影响。具体言之：

1. 证明对象。在不告不理原则约束下，无论是当事人主义还是职权主义，法院都不得超越起诉主张自行确立证明对象。然而，在证明对象的轮廓之下，仍存在一些促使证明对

① 田口守一博士即认为，“从历史发展来看，现行刑事诉讼法的前提显然是控辩式的诉讼构造。因此我们研究应有的程序构造时的大前提是控辩式的诉讼构造”（［日］田口守一：《刑事诉讼法》，刘迪等译，16～17页，北京，法律出版社，2000）。

② 参见［日］谷口安平：《程序的正义与诉讼》，102页，北京，中国政法大学出版社，1996；张卫平：《民事诉讼基本模式：转换与选择之根据》，载《现代法学》，1996（6）。

③ ［德］K. H. 舒瓦伯：《民事诉讼法教程》，转引自［日］谷口安平：《程序的正义与诉讼》，25页，北京，中国政法大学出版社，1996。

④ 转引自［日］高桥宏志：《论辩论主义》，载《法学教室》，1990年10（121）。

⑤ ［日］谷口安平：《程序的正义与诉讼》，111页，北京，中国政法大学出版社，1996。

⑥ 参见［日］中村英郎：《新民事诉讼法讲义》，179～182页，北京，法律出版社，2001。

象具体化的附带因素，如，在刑事案件中，犯罪构成可能存在从重、从轻等附加性构成要件。对待这些附带性因素，法院能否主动提出使之纳入证明对象的范围，两种诉讼模式却持不同的立场。在职权主义模式下，裁判者可以通过（在起诉主张所确立的证明对象之内）提出新的事实主张积极地推动证明对象的具体化。例如，在大陆法系，刑事起诉书中以记载被告之姓名及犯罪事实，表明起诉范围为已足。其中，所谓起诉事实，只指可以构成犯罪之事实，毋庸具体叙述其具有何种特别构成要件。“因之，起诉事实，为公判之对象，亦即示其审理之范围。实质上或裁判上一罪之案件，检察官虽仅就其犯罪事实之一部起诉，而其效力既及于全部，法院即得就其全部加以审判，固毋庸检察官追加或变更。”[①] 法院在比较宽泛的审判范围下，根据需要可以引入新的事实主张使得证明对象更为具体和明确。在当事人主义下，此类主张则完全依赖于当事人双方。在英美法系国家，刑事诉讼实行诉因制度，起诉状所记载的事实包括社会事实层面上的公诉事实和诉因事实两种。其中，诉因事实为现实审判之对象，公诉事实则限定诉因变更之范围。依诉因对象说，“其事实虽属公诉事实之范围，而非诉因所记载者，仍不得为审判之对象；然在审理诉因之过程中，判明公诉事实与诉因有异时，则得变更诉因，使成为现实审判之对象”[②]。在民事诉讼中，当事人之间对特定事实主张的提出负有主张责任，“在辩论原则下，因当事者未作主张，法院未认定一定事实而带来的不利，只能由对该事实负有主张责任的当事者来承受”[③]。

2. 证明责任。在当事人主义模式中，当事人对所主张的事实负有提出证据的义务，不提出证据则承担相应的风险；在职权主义模式下，法官对特定的事实负有积极调查证据的职责。在日本，对职权探知事项，法院有调查的义务。忽视此义务的判决是不充分的审判，可以以此为上告的理由或再审的理由。[④] 因此，在两种模式中，当事人所承担的证明责任并不完全一样。根据德国证据理论，证明责任分为主观证明责任和客观证明责任。在当事人主义模式中，当事人同时负有两种证明责任，即从证明过程看，当事人负有提出证明的责任；从证明结果看，当事人还负有承担真伪不明之状态的败诉风险。在职权主义模式中，由于对特定的事项法院负有调查取证的义务，当事人并不负担主观证明责任。尽管当事人在感到有败诉危险时，可能会积极地提出必要的证据挽救败局，但此种协同活动仅意味着“事实上的利益”。对此，德国学者汉斯·普维庭在其被誉为现代证明责任理论研究休止符的著作中曾专门就此进行了讨论，并指出，“问题的关键在于对‘责任’一词如何理解。倘若把责任概念理解为当事人的非强制性的作为，但反过来又将当事人的不作为与不利判决牵扯在一起，既然否定了不利后果是当事人不作为的必然后果，那么这样理解责任一词就漫无边际了。其实，在探知主义原则主导的诉讼中，即使当事人在证明方面不作为，也并

---

① 陈朴生：《刑事证据法》，3版，29页，台湾，三民书局，1979。

② 陈朴生：《刑事证据法》，3版，32页，台湾，三民书局，1979。诉因制度下，仍存在公诉事实对象说与诉因对象说之差异。在前一理论下，裁判法院在裁判对象享有更大的自由裁量权。

③ ［日］谷口安平：《程序的正义与诉讼》，122页，北京，中国政法大学出版社，1996。

④ 参见日本民事诉讼法第338条1项9号。

不必然意味着不利判决。相反，民事诉讼法第 139 条虽然规定了法官的指点义务，如果当事人不作为，则不太可能避免不利判决”①。

3. 证明标准。诉讼模式与证明标准的法律选择并无直接关联，但是，不同的诉讼模式却直接决定着根据证明标准所得到的实际结果，即事实意义上的证明结论。证明对事实的探求是以命题的形式进行的，命题成立即视为命题所表述的事实真实，否则则为不真实。因此，在职权主义模式中，与案件无利害关系的裁判者享有根据案情的发展调整证明对象的权力，就特定事项主动收集证据的权利，而且，即使当事人间无争议的事实，仍然可以就此自行调查证据。因此，奉行职权探知主义的职权主义模式为探求社会事实的原貌提供了制度上的契机。② 与此相比，奉行辩论主义的当事人主义模式则以制度的形式承认了诉讼证明结论偏离社会事实原貌的风险。在当事人主义模式中，法院的裁判活动受到来自当事人主张范围、所提证据等多方面的限制，更重要的是，在辩论原则约束下，对当事人双方都没有争议的事实，法院必须照此予以认定。③ 因此，当事人主义模式所确认的事实有可能是根本不反映纠纷事实原貌的形式性事实，而以此事实作出的裁判则同样享有法律所赋予的正当性。

第三节　证明对象

一、证明对象概述

在证明理论中，证明对象是指有待证明的论题或判断。在证据法学中，证明对象是指需要证明主体运用证据予以证明或确认的案件事实及其有关事实。

在诉讼证明结构中，证明对象是证明的最初环节，决定着证明的方向、内容和目标。换句话说，证明对象既是证明的出发点，又是证明的归宿，它决定着诉讼证明活动如何进行，需要提出证据证明的内容，谁负举证责任，如何调查、收集证据等。正因在存在着有待证明的证明对象，才产生诸如证明责任、证明标准等问题。换句话说，证明责任即因证明对象真伪不明而产生的风险分配问题；证明标准即证明对象所应达到的证明程度。在我国，所谓的“证据确实、充分”的“充分”，首先是指证明对象的内容是否都已经得到了证明。

（一）证据概念的三层含义

根据存在形式及其性质，证明对象可以分为以下三个层面：抽象存在的证明对象、诉

① ［德］汉斯·普维庭：《现代证明责任问题》，38 页，北京，法律出版社，2000。

② 在此，我国诉讼法学界常常不假思索地接受法德学者关于职权主义模式更有助于查明事实真相的言论。然而，职权主义模式提供的仅仅是一种可能，其决定性力量则在于法官的基本素质及是否具有必备的正义精神。

③ 在当事人主义模式中，当事人是对立还是妥协直接影响着所查明事实与纠纷事实原貌的贴近程度。因此，英美法系的诉讼制度中包含了剔除掉不具有对抗关系的案件的机制，如刑事诉讼中的“起诉认否程序”、“败诉方承担诉讼费”的收费制度，等等。

讼中具体存在的证明对象、有待证据证明的证明对象。[①]

第一，抽象存在的证明对象。在此层面上，证明对象从宏观上决定了哪些问题可能会成为现实的诉讼实践中的证明对象。其中，与终局裁判相连的实体证明对象具有至关重要的地位，它决定着特定的事实纠纷能否作为一个法律上的案件被引入诉讼的视野。而且，与其他层面上的证明对象相比，终局裁判意义上的证明对象处于基础性地位，其他证明对象问题则是作为就此展开的证明活动的伴生问题而出现的。例如，根据我国《刑法》第18条第1款规定，"精神病人在不能辨认或者不能控制自己行为的时候造成危害结果，经法定程序鉴定确认的，不负刑事责任"。根据该项规定，"被告人是否属于精神病人"这一事实就具有了法律意义。在诉讼实践中，如果双方对此存在争议，那么，该问题就会成为一个具体存在的证明对象，需要证明主体提出证据加以证明。在诉讼实践中，如果就该问题进行鉴定，那么，又可能衍生出鉴定人是否应当回避、鉴定是否合法等枝节问题。但是，后者显然依赖于前者（实体法问题）并服务于前者。

一般而言，哪些问题可以作为终局裁判意义上的证明对象是由实体法决定的。因此，为了明确证明对象的外界边线，应当首先明确实体法规范的有关规定。一般而言，大陆法系因实行法典化，哪些问题可以作为证明对象是相对明确的；而在英美判例法制度下，外界边线则相对比较模糊。在刑事法领域，由于实行罪刑法定原则，基于"法无明文规定不为罪"的现代法精神，对于法定罪名以外的行为不得开启刑事追诉程序，更不得诉诸审判，因此，明确法规范对证明对象的限定作用具有尤其重要的实践价值。

第二，诉讼实践中具体存在的证明对象。在此层面上，证明对象不再是抽象的法律规定，而是根据具体的生活事实被具体化为包含了细节信息的证明对象。例如，在特定的案件中，如果双方就"被告人是否属于精神病人"这一事实存在争议，那么，这一抽象事实就必然转化为包含大量事实内容的具体事实，即"被告人张三是否属于特定种类的精神病"；"张三是否因此而不能辨认或者不能控制自己的行为"；等等。

因此，在诉讼活动中，具体存在的证明对象对当事人的权利义务关系有着更直接、更现实的法律意义。其中，终局裁判意义上的证明对象直接决定着案件的最终结局，并由此影响着当事人的实体权利义务关系；诉讼活动中伴生的证明对象问题，则关系着诉讼程序的进行和充分展开。

在诉讼实践中，证明对象由抽象转为具体，与当事人的诉讼主张密切相关。例如，尽管每一个案件都存在着《刑法》第18条规定的问题，但是，只有诉讼主体对此提出具体的事实主张，"被告人是否属于精神病人"这一事实才会成为诉讼中的证明对象。

第三，有待证据证明的证明对象。诉讼实践中具体存在的证明对象明确了裁判应予认定的事实范围。但是，在诉讼证明中，并非所有的内容都需要运用证据予以证明。因此，在具体的证明活动中，为了明确必须运用证据予以证明的对象范围，还需要明确哪些手段

---

① 详细分析请参见吴宏耀、魏晓娜：《诉讼证明原理》，第三章"证明的论题"，北京，法律出版社，2002。

可以作为证据的替代性手段，也即哪些内容属于毋庸证明的对象。由于只有剔除毋庸证明的内容后，剩下的证明对象才需要提出证据加以证明，所以，我们认为，只有在此层面上的证明对象，才属于证据法学意义上的“要证事实”或待证事实。在此意义上，待证事实专指有待证明主体提出证据，而非通过其他法律替代手段加以确认的内容。也即，待证事实等于诉讼实践中的具体证明对象减去毋庸证明的对象。

就其关系而言，上述三个层面上的证明对象可以被看作是证明对象逐步得以明确的三个发展环节：抽象存在的证明对象圈定了证明对象的外围界限，此外的内容不具有法律上的价值；具体化的证明对象是证明对象的现实范围，只有具体化的证明对象才具有实际的诉讼价值；在诉讼实践中，（狭义上的）待证事实具有证明的现实必要和实际意义，是严格意义上的证明对象。

（二）证明对象的特点

在证据法学中，证明对象一般是指诉讼中具体存在的证明对象。其中，在狭义上，证明对象则专指待证事实。

一般而言，诉讼中的证明对象具有以下特征：

第一，证明对象与当事人的主张密切相联。在诉讼过程中，当事人依其诉讼地位提出自己的诉讼请求或者抗辩请求。为了使这些请求得以实现，当事人就必须提出足以支持其请求的事实依据，即事实主张。在学理上，这一提出事实主张的要求称之为当事人的主张责任。依照主张责任的分配原则，当事人应当针对各自的诉辩请求分别主张相应的事实，这是实现其诉辩请求的第一步。在事实主张基础上，为了使该主张得以法律上的确认，当事人应提出证据对该事实主张加以证明。这一有待证据证明的事实主张，即为证据法学中的证明对象。

第二，证明对象与证明责任密切相关。证明对象在获得确证之前处于真假不明的未决状态，此时，有必要把证据的提供落实在特定的诉讼主体身上，这就是证明责任。因此，证明责任始终是与证明对象联系在一起的。只有对证明对象而言，才有所谓证明责任；谈到证明责任，必定指向证明对象，二者是一致的。

第三，证明对象是法律规定的要件事实。这里所说的法律，包括实体法和程序法。所谓要件事实，就是司法人员合法处理案件必须查明的事实，在刑事诉讼中，就是有关犯罪行为构成要件和量刑情节的事实。除此之外，程序法事实也是司法人员作出合法判决、裁定和决定的必不可少的要件事实。如果说实体法规定的要件事实是实体要件事实，那么，程序法规定的要件事实就是程序要件事实。要件事实，总体上包括实体要件事实和程序要件事实两个方面。

第四，证明对象是指需要证据证明的待证事实。证明对象需要用证据进行论证，证明对象和证据之间存在着目的和手段的关系。就这一关系而言，证明对象是未知的事实或者不确定的事实，证据是已知的、确定的事实。可见，证明对象的概念自身含有需用证据加以论证和探知的期待性，因而又称为待证事实或者要证事实。证明对象需要用证据加以证明，是证据和证明对象关系的常态。在特定情况下，一些证明对象可以通过其他法律手段加以确认，而无须当事人举证证明。在证据法学中，对于无须当事人举证的事实，称之为“毋庸证明的事实”，与此相关的证明对象，称之为“毋庸证明的对象”。

（三）证明对象的功能

证明对象是诉讼证明的前提和基础。在逻辑结构上，证明对象属于诉讼证明的论题，是证明的最初环节。在某种意义上，正是由于证明对象的存在，才产生了证明的必要并引发了相应的证明活动。

根据证明对象，诉讼证明可以被区分为一个个自成一体的证明单元。在每个证明单元中，证明对象的真实性问题构成了证明活动的中心议题，并决定着证明活动的方方面面：哪些材料可以作为证据、诉讼证明应采何种样态、证明应达到的程度、真伪不明时证明责任的分配，等等。在行为层面上，证明对象与证明主体构成了认识活动的两极，各证明主体的证明活动是围绕证明对象的真实性问题展开的。对于作为论证者的各方当事人而言，证明对象既是诉讼活动的出发点还是证明的落脚点，通过诉讼证明活动，当事人意图向裁判者展示该证明对象的实际情况；对于作为被说服者的裁判者而言，证明对象构成了裁判者认识活动的对象，证明活动的意义即在于推动裁判者对证明对象由“不知”到“知之”的认识发展。

在诉讼证明活动中，有关证明对象的真假问题是诉讼证明活动的目标，诉讼证明的唯一目的即对此问题作出肯定或否定的判断。因此，在诉讼证明中，证明对象具有一种“视线凝聚”的作用。由于只有证明对象所要求的内容才具有法律上的价值，人们对纠纷事实的认识开始不再漫无目的，而是凝结在证明对象的具体内容上，只有与证明对象有关的问题才具有认识上的价值，只有与认识对象有关的材料才有资格作为证据。因此，证明对象的法律功能主要表现为限定了证明的范围。

具体而言，证明对象的限定作用表现为四个方面：

第一，明确了当事人收集证据的范围。作为社会生活事实的纠纷是丰富多彩的，但是，在证明对象规范下，当事人关于纠纷事实的证明不再宽泛无边，而是有了明确的界限。当事人为了裁判上的利益，必须集中精力围绕证明对象进行证明的准备。为此，有关证明对象的规定尽管并不禁止当事人收集与证明对象无关的证据，其存在却在很大程度上指引着当事人对证据的收集。

第二，限定了举证的范围。诉讼证明是围绕证明对象展开的。在证明活动中，为了减少不必要的证明成本并防止混淆证明的视线，与证明对象无关的材料必须予以排除。因此，与证明对象的关系是评判特定材料是否具有证据价值的实质性标准，并由此划定了当事人举证、质证的范围界限。

第三，限定了裁判者认识的“视阈”。相对于纷繁复杂的生活事实，证明对象就像舞台上的聚焦灯，诸多与裁判无关的因素被抛弃了。由于裁判者只需关注特定的证明对象的内容是否得到了有效证明，此种被缩小了的视阈有助于认识准确性的提高。

第四，直接约束了裁判者有权作出判断的对象。认识范围决定着裁断范围。在诉讼证明中，裁判者的认识视阈是有限的，因此，“……［法院］只能在起诉声明请求裁判的事实范围内裁判，不得为诉外裁判”[①]。即裁判者不得根据诉讼证明所得的认识对其他问题作出判断。例如，在刑事案件中，经证明活动中，发现犯罪人非被告某甲，而是证人某乙。即便如此，法庭也不得径行裁判某乙有罪。在诉讼法上，对于诉外裁判，对当事人不具法律上的约束力。

二、证明对象的范围

在司法裁判中，由于查明事实是依法裁判的前提和基础，因此，诉讼证明主要围绕纠纷事实而展开。此外，在查明纠纷事实过程中，对于其他具有法律意义的争议事实，如证据是否可采、程序是否合法等相关事实，也需要加以证明。因此，证明对象具体包括两类内容：实体法事实、程序法事实（包括证据法事实）。

其中，在特定的案件中，有关程序法事实、证据法事实的证明活动与有关实体法事实的证明活动之间是一种“枝干关系”。其中，有关实体法事实的证明活动是基础、是主干，正是因为该证明活动的存在和展开，才可能引发有关程序法事实、证据法事实的证明活动。而另一方面，关于实体法事实的证明活动总是在一定程序下借助一个个证据来完成的，因此，有关程序法事实、证据法事实的证明活动又是为实体法事实的证明活动服务的，其目的在于保障后者的正当性与可靠性。

（一）实体法事实

诉讼的目的是解决纠纷，因此，诉讼证明主要围绕纠纷事实而展开。其中，对于直接影响诉讼解决的实体法事实的证明，构成了整个诉讼证明的中心任务。

在刑事案件中，实体法事实具体包括有关犯罪构成要件的事实，作为从重、加重或者从轻、减轻、免除刑事处罚理由的事实，以及犯罪嫌疑人、被告人的个人情况和犯罪后的表现。

《高法解释》第52条规定：“需要运用证据证明的案件事实包括：（一）被告人的身份；（二）被指控的犯罪行为是否存在；（三）被指控的行为是否为被告人所实施；（四）被告人有无罪过，行为的动机、目的；（五）实施行为的时间、地点、手段、后果以及其他情节；（六）被告人的责任以及与其他同案人的关系；（七）被告人的行为是否构成犯罪，有无法定或者酌定从重、从轻、减轻处罚以及免除处罚的情节；（八）其他与定罪量刑有关的事实。”据此，刑事证明中的实体法事实具体包括三类：

第一，有关犯罪构成要件的事实。根据我国刑法规定以及刑法学理论，犯罪构成要件的事实包括四个方面：犯罪客体、犯罪主体、犯罪的客观方面和犯罪的主观方面。这是刑事诉讼基本的、主要的证明对象。具体是指：（1）犯罪事实是否发生；（2）犯罪是否为犯

---

① 周叔厚：《证据法论》，3版，407页，台湾，海天印刷厂有限公司，1995。

罪嫌疑人、被告人所为；（3）犯罪行为的实施过程，包括犯罪的时间、地点、手段、方法等；（4）犯罪造成的危害后果，包括危害后果与犯罪行为之间有无因果关系；（5）被告人是否达到刑事责任年龄、有无刑事责任能力；（6）被告人犯罪的主观罪过，包括故意和过失，以及犯罪的动机和目的；（7）应否追究刑事责任。

在英美法系国家的证据理论中，有的将证明对象概括为“七何”，即何人（who）；何时（when）；何地（where）；为何（why）；如何实施犯罪（how）；侵害何种对象（which）；造成何种后果（what）。在我国刑事司法实践中，也有类似概括，即何人；何时；何地；基于何种动机、目的；采用何种方法、手段；实施何种犯罪行为；造成何种危害后果。在刑事诉讼中，准确查明关于“七何”方面的案件事实，对于正确认定罪与非罪、此罪与彼罪、重罪与轻罪，有着十分重要的意义。

其中，在诉讼实践中，犯罪构成要件事实的证明往往集中于两点：第一，犯罪行为是否已经发生及其具体内容；第二，被追诉人与犯罪人的“同一性”问题；也即，被指认为犯罪嫌疑人、被告人的公民是否“就是”该犯罪案件的责任人。其中，随着现代社会的流动性越来越大，“人的同一性问题”日益成为刑事诉讼证明的难点和焦点。

刑事诉讼的任务是在准确及时惩罚犯罪的同时，保障无罪的人不受刑事追究。因此，在查明犯罪构成要件的事实时，要注意那些排除行为违法性、可罚性和刑事责任的事实。包括：（1）排除刑事责任的事实，如该事实并非其所为或情节显著轻微，危害不大，不认为是犯罪；行为人未达到刑事责任年龄而无刑事责任能力，或行为人因精神病正处在不能辨别、控制自己的行为而依法不负刑事责任的时期；（2）排除行为违法性的事实，如正当防卫和紧急避险行为，虽然造成一定危害后果，但其性质是为了保护国家、集体和公民个人的合法利益，从根本上排除了违法性；（3）排除行为可罚性的事实，这是《刑事诉讼法》第 15 条规定的几种情况，如犯罪已过追诉时效期限的，经特赦令免除刑罚的，被告人死亡的事实。

第二，作为从重、从轻、减轻、免除刑事处罚理由的事实。除犯罪构成必备要件方面的事实外，刑事诉讼中还要查明对正确量刑、罚当其罪具有意义的事实，即查明有无从重、加重或者从轻、减轻、免除处罚的情节。具体包括：法定从重处罚的事实，如主犯，即组织、领导犯罪集团或者在共同犯罪中起主要作用的；教唆不满 18 周岁的人犯罪的；累犯；等等。作为应当或者可以从轻、减轻或者免除处罚理由的事实，如不满 18 岁的人犯罪的；犯罪未遂的；犯罪中止的；从犯、胁从犯；犯罪后自首的；正当防卫、紧急避险超过必要限度的；等等。

但是，需要指出的是，随着我国庭审方式的改革，证据调查主要由控辩双方主导、实施，因此，在具体案件中，上述事实是否成为证明对象，已经更多依赖于当事人的主张，而非法官的能动。

第三，犯罪嫌疑人、被告人的个人情况和犯罪后的表现。犯罪嫌疑人、被告人的个人情况，包括姓名、性别、年龄、籍贯、家庭出身、本人成分、文化程度、民族、职业、住址、工作经历、是否受过刑事处罚和其他处分、政治面貌、一贯表现等。在犯罪嫌疑人，被告人的个人情况中，有些属于犯罪构成要件中与犯罪主体有关的事实，像年龄、职业等，例如不满 14 岁不负刑事责任；不是国家机关工作人员不构成渎职罪等。在刑事诉讼中查明犯罪嫌疑人、被告人个人情况及其犯罪后的表现，同样有重要意义。主要体现在：（1）可以准确确定真正的犯罪人，防止出现张冠李戴的情况，避免错案；（2）犯罪嫌疑人、被告人的个人情况中，除属于犯罪构成必备要件方面的事实外，还有一些与正确量刑有关系，如犯罪时不满 18 岁的人，不适用死刑；怀孕的女性罪犯，不适用死刑等。（3）查明犯罪嫌疑人、被告人犯罪后的表现和态度，如是否有自首、坦白或检举立功等悔改表现，或者是否有逃跑、串供、毁灭证据等情况，可借以判断其主观恶性程度、社会危害性的大小和教育改造的难易，量刑时予以综合考虑。

（二）程序法事实

在实体法事实的证明过程中，可能会出现一些相关的程序性问题。围绕这些争议问题，当然需要调查一定的事实，这些具有程序法意义的事实，即程序法事实。诸如此类的事实很多，如回避的事实、管辖的事实、审判组织组成的事实、期限是否可以延长的事实、采取强制措施的事实、申请财产保全和先予执行的事实等。

在证据法学中，程序法事实是否属于证明对象，学理上有肯定说、否定说①、折中说②三种观点。

对于上述分歧，应当明确的是：作为一种法律活动，特定的事实问题是否属于证明对象的范围，不在于理论上的纷争，而取决于法律的具体规定。如果法律规定，特定的效果必须以相应的要件事实存在为前提，那么，在诉讼中，对该要件事实的证明就成为了产生该法律效果的前提条件。

因此，近年来，程序法事实属于证明对象也逐渐成为学界的通说。理由如下：

第一，上述折中说存在着自相矛盾之处，既然把程序法事实作为证明对象，便不能将其与证明责任的分担相隔离，证明责任的分担在逻辑上当然适用于程序法事实。第二，我国现行诉讼法均明确规定程序违法是撤销第一审判决并且发回重审的理由，这就明确地将程序法事实纳入第二审人民法院必须查明的对象即证明对象的范围。第三，将程序法事实

---

① 否定说认为程序法事实不能成为证明对象，理由是：第一，确定证明对象是为了明确取证、举证、质证和认证等证明活动的方向，以利于案件事实的查明。只有将证明对象限于实体法事实，即为案件的实体处理必不可少的事实，才有利于司法人员分清主次，集中注意力。第二，程序法事实，特别是那些据以作出决定或裁定的事实，虽然也存在着查明的问题，但与证明对象不能混同。许多程序法事实不查自明或者司法人员可以认知，而且，并非每个案件都会遇到程序法事实。如果没有发生某些程序问题，就不需要对有关的事实加以证明。第三，由于程序法事实的证明标准低于盖然性优势的标准，这种证明不是严格的证明，而仅仅是“释明”或者“稀明”。所以，严格意义的证明对象，应当限于实体法事实，不包括程序法事实。

② 折中说认为证明对象包含着程序法事实，但举证责任分配的问题仅与实体法有关，就这一问题而言，程序法事实不是证明对象。其理由有二：一是，尽管程序法事实也存在着举证责任的分配问题，但其相当简单，根据“谁主张，谁举证”的一般原则即可解决。二是，实体法事实是由当事人作为诉讼请求根据事实提出的，直接关系到当事人之间法律关系的产生、变更或消灭。查明这些事实是否存在，是整个民事诉讼的中心环节。总之，程序法事实与证明责任的研究无关。

纳入证明对象的范围，有助于督促司法人员遵守法定程序。因为这实际上是将司法人员的程序行为也纳入证明对象的范围，具有监督的作用。第四，程序法事实的证明，虽然被称为“释明”或者“稀明”，但是，认为这种证明的标准低于盖然性优势的标准，并因此将这种证明排除在证明概念之外，是没有根据的。实际上，对于程序法事实的证明标准，正是一种盖然性优势的标准，因此，程序法事实仍然属于证明对象的范畴。第五，将程序法纳入证明对象的范围，有助于提高对程序法的重视，摆正程序法与实体法的关系。程序法本身不仅是实体法的实施手段，同时也具有独立的价值和地位。

在此需要说明的是，随着我国证据法规范的发展，立法对作为证明手段的证据的要求也必将日益严格。其中，尤其是随着证据资格（即证据能力）方面的规则的逐步建立，特定材料是否具有证据资格已经不再是理所当然的事情，而不得不辅以必要的证明。① 因此，在我国证明活动中，作为证据法事实的一部分，程序法事实也应纳入证明对象的范围。

试以证人能力为例。我国《刑事诉讼法》第 48 条第 2 款规定：“生理上、精神上有缺陷或者年幼，不能辨别是非、不能正确表达的人，不能作为证人。”在此，法律设定了一个前提条件：生理上、精神上有缺陷或者年幼，不能辨别是非、不能正确表达，凡是符合该前提条件的人，将产生证据法上的相应后果，即不能作为证人作证。因此，根据该条法律，对于特定的证人，他是否具备证人能力是一个前提性问题②；只有通过了该问题的检验，才有资格作为证人提供证言证明实体法事实方面的证明对象。因此，在诉讼证明中，尽管该证人是作为证明实体法事实的手段而存在的，但在其成为证明手段之前，仍然可能存在一个围绕其是否具有证人能力的独立证明活动。③

（三）证据事实不属于证明对象

证据事实，即证据本身所记载和反映的事实能否成为证明对象，是一个颇有争议的问题。④ 对此，通说认为，证据事实不属于证明对象。理由如下：

---

① 如最高人民法院《关于民事经济审判方式改革问题的若干规定》（法释［1998］14 号）第 27 条、第 28 条、第 30 条；《高法解释》第 61 条。

② 《高法解释》第 57 条规定：“对于证人能否辨别是非，能否正确表达，必要时可以进行审查或者鉴定。”

③ 在我国司法实践中，对于绝大多数证人而言，其提供证言之前根本没有进行有关证人能力问题的证明活动。主要原因在于：其一，我国法院仍习惯于行政性工作方式，许多问题不是在法庭上而是在法庭外加以解决的。在实践中，当法官认为特定的证人不具有证人能力时，他已预先将其排除在证人范围之外了。其二，这里存在一个司法认知的问题。尽管证人能力问题属于证明对象的范围，但是，是否需要举陈证据予以证明还要看其是否存在证明的必要。因此，没有证明活动并不意味着不属于证明对象。

④ 肯定说认为，证据事实是证明对象，理由是：任何证据的真实性都需要其他证据确证，而当某个证据成为其他证据验证的客体时，便成为证明对象。也就是说，在证据事实与案件事实、证据事实与证据事实之间，存在着手段与目的的因果链条，处于中间环节的证据事实，具有证据事实和证明对象的双重身份，是证明手段和证明对象的统一体。

折中说认为，证据事实依其与案件事实的证明关系，可以表现为直接证据，也可以表现为间接证据。直接证据是直接反映和证明案件主要事实的证据，因而它与案件主要事实重合，所以，尽管它是证明对象，但不必单独列出。相反，间接证据不能单独证明案件的主要事实，而必须与其他的间接证据相联系，方能对案件主要事实起证明作用。因为间接证据需要证明，所以便成为证明对象。

第一，证明对象与证据事实之间是目的与手段之间的关系，不能将二者混同。证明对象是由证据事实来探知、认识和推导的案件事实，是未知事实，而证据事实是阐明或查明案件事实的手段，是已知事实，两者之间的界限十分清楚。如果把证据事实也说成证明对象，则必然会模糊这种界限，使证明理论变得混乱。

第二，证据需要查证属实，但并非需要查明的所有事实都能成为证明对象；查证属实只是证据作为证明手段的资格条件，而不是其作为证明对象的充分条件。证明对象之所以成为证明对象，是因为包含着诸多确定的标准，需要查明的只是其中之一。《刑事诉讼法》第 42 条第 3 款规定：证据必须经过查证属实，才能作为定案的根据。《民事诉讼法》第 63 条第 2 款、《行政诉讼法》第 31 条第 2 款也有相应的规定。这并不意味着处在查证之中或者之前的证据是证明对象，而是说明只有经过查证属实的证据，才能作为定案根据，才能作为证明案件事实的手段，否则，不享有作为定案根据或者手段的资格。因此，“查证属实”没有超出证据事实作为证明手段的范围。证据事实，无论是直接证据或者间接证据，都需要成为证明手段的资格，这种资格就是法律对证据提出的采用标准，即所谓客观性、关联性和合法性（证据能力与证明能力）。任何证据最终要成为有效的证明手段，都必须同时具备这三个属性。当人们对某个证据的合法性、关联性或者客观性发生争议，需要其他证据印证时，在这种印证与被印证的关系中，就存在着目的与手段的关系。这种关系仍然是证明手段范围内的关系，是在本质相同的范围内形成的关系，它们在性质相异的更高层面有一个总的目的，即案件事实。对于后者来说，前二者皆为手段，是诸手段的统一体，区别只是层次和距离而已。

第三，将证据事实排除在证明对象之外，有助于证据法学理论揭示证据和证明对象各自的特殊规则。证据事实实际上是证据概念、采用标准和种类问题，而证明对象实际上是取证、举证、质证和认证等证明活动的目标问题，两者具有不同的规律和规则。将两者区别开来，有助于证据法学的研究，也有助于推动司法实践的科学化。

三、毋庸证明的对象

在证明活动中，具体存在的证明对象并非都有证明的必要。因此，为了明确实际需要举证证明的对象，还必须明确哪些内容不需要证明，即毋庸证明的对象。

毋庸证明是一个很容易被字面意思误导的概念。其实，毋庸证明并非绝对排除了对特定事项的证明活动。毋庸证明仅仅是相对于对该事项负有证明责任的当事人而言的，其实质含义是免除了该当事人的证明责任。因此，毋庸证明的事实又被称之为免证事实。但是，如果对方当事人对该事项的认定存有合理的争议，他仍然可以提出证据证明该项——对对方当事人而言本已毋庸证明的——事实认定是错误的。因此，毋庸证明的事实仅仅是一种初步的事实认定，该项事实认定仍然可能遭受来自对方当事人的反驳性证明。

毋庸证明的对象可以分为两类：第一，一般的毋庸证明对象。在证据法学中，司法认知的事实；推定的事实；有效公证文书所记载的事实。此类事实既适用于刑事诉讼，也适用于民事诉讼。第二，特殊的毋庸证明对象。即只适用于民事诉讼的毋庸证明对象。一般而言，在民事诉讼活动中，当事人自认的事实、拟制自认的事实、先前判决确认的事实等内容亦毋庸证明。

我国立法没有明确规定毋庸证明的对象。基于司法实践的需要，最高人民法院通过司法解释尝试性地确定了民事证明中无须证明的事实。例如，最高人民法院《关于民事诉讼证据的若干规定》第9条规定："下列事实，当事人无需举证证明：（一）众所周知的事实；（二）自然规律及定理；（三）根据法律规定或者已知事实和日常生活经验法则，能推定出的另一事实；（四）已为人民法院发生法律效力的裁判所确认的事实；（五）已为仲裁机构的生效裁决所确认的事实；（六）已为有效公证文书所证明的事实。前款（一）、（三）、（四）、（五）、（六）项，当事人有相反证据足以推翻的除外。"在证据学理论上，第一、二项规定属于司法认知的事实，第三项属于推定事实，第四、五项大体对应于既判力事实，第六项则属于特殊的证明力规则。以下仅就司法认知、推定进行论述。

1. 司法认知的事实

司法认知（justice notice），又称审判上的认知，是指对于某一有待认定的争议事实或法律，法官依申请或依职权认定其为真实的一种事实认定方式。

司法认知是英美证据法上的概念，但作为一种法律现象，司法认知却普遍存在于各种诉讼证明之中。诚如美国证据法学教授戴维斯所言，司法认知的系统是建立在公平与方便的基础上的，每一起案件都涉及成百上千次使用无证据事实的情况。

在英美法系国家，为了方便法官对陪审团进行指示，证据法及法学理论对司法认知颇为重视，并对司法认知的事项进行了归类整理。[①] 传统上，证据法学对司法认知的研究通常是先提出一些一般的类型，如众所周知的事实、能够有效证明的事实等，然后，分别详细论述各种与个人和法庭记录相关的事实等具体论题。此种研究方法直接影响了加利福尼亚证据法典关于司法认知的立法体例。但是，在制定《统一证据规则》时，人们开始将司法认知的事实归纳为几种一般类型，并以概括的语言表达出来。在美国联邦证据规则中，司法认知的事实范围被简洁地表述为，"必须是不会引起合理争议的以下两种事实之一：在审理法院的地域管辖范围内众所周知的事实；能借助于渊源作出正确迅速确认的事实，其渊源的正确性按照情理不容置疑。"

司法认知的对象可能是具体证明对象中的任一特定事项，既可以是法律、法规，也可以是特定的事实。但无论何种事项，必须达到"不可能合理争议"的程度时，才可能成为司法认知的事实。在此意义上，司法认知实质上是一种沟通人类常识性认识的司法手段。借助该项手段，诉讼证明活动总是被置于特定的人类常识性认识基础至上，而不必再纠缠于这些已经有明确答案的问题，从而使得诉讼证明更为经济、更富效率。恰如美国证据法学家摩根所言，"如果法院允许当事人对合理争议无关的、明显真实的事实产生争论，并努力追求相反的结果，或者允许当事人对诉讼当事人都能知晓的、能够通过无争议的材料所

① 有关司法认知在英美证据法中的法典化历程，请参见叶自强：《民事证据研究》（第二章之六"司法认知规则的回顾与前瞻"），44页以下，北京，法律出版社，1999。

直接和准确证明的事实提出质疑，法院就无法调整社会关系，实现创建它的目的。应当承认，这就是司法认知得以确立的原因和政策”。我国司法解释中，“众所周知的事实”和“自然规律及定理”被列为无须证明的事实，其中的道理即在于此。

然而，就我国司法解释的规定看，仍存在两方面的缺陷。第一，关于司法认知范围的规定有限。对此，借鉴西方国家的司法惯例，我们认为可以将下述事实亦纳入司法认知事实的范围：(1) 通过查找准确性无可争议且易于找到权威资料加以确认的事实；(2) 裁判者在职务经验上非常明了的事实。① 第二，司法认知缺乏必要的程序保证。司法认知首先应被理解为一种指向司法认知事实的认识活动。在此项认识活动中，裁判者可以自行对特定的事实是否属于司法认知事实作出决定。但是，如果考虑到有些事实并非真的毫无争议，而且，即使是司空见惯的事情仍可能存在反常的事态，在裁判者就特定事实作司法认知之前或之后，赋予对其不利的当事人进行提出合理异议的机会就实属必要。“采取司法认知并未使事件不可争议，司法认知不过是表面的承认而已，对司法认知的事件提出异议的大门仍然是敞开的……在许多案件中，采取司法认知仅仅意味着假定或者假定某事件是真实的，直到有理由认为应当作出其他认定。”② 因此，我们并不认为司法认知事实是不可反驳的，这里的关键是，受不利影响的当事人能否提出合理的有证据支持的争论。

一般认为，司法认知的事实在民事案件和刑事案件中具有不同的约束力。例如，美国《联邦证据规则》第 201 条 (g) 规定：“在民事诉讼活动或诉讼程序中，法庭应指示陪审团将业经司法认知的任何事实作为终局性事实予以接受。在刑事案件中，应指示陪审团可以、但不一定要求将业经司法认知的任何事实作为终局性事实予以接受。”美国众议院司法委员会的报告对此解释说，作此区分是因为，在刑事案件中，如果将司法认知的事实作为终局性结论，就同宪法第六修正案所包含的选择陪审团审判的法律精神相违背。③ 其实，此种区分来自于人们在刑事裁判中的慎重。刑事裁判是国家刑罚权的具体实现。因此，为了保证刑罚具有正当的事实根据，有必要对其证明过程提出更为严格要求。在我国，由于不采陪审团制度，法官直接通过司法认知认定事实，不存在所谓的拘束力问题。但是，在刑事案件中，强调司法认知事实的非终局性仍然具有一定的积极价值，例如，当司法认知事实与其他证据冲突或不相吻合时，法官不应简单地断定其他证据的不真实。

2. 推定的事实

所谓推定，是指依照法律规定或者按照经验法则，从已知的基础事实推断未知的推论事实并初步确认其真实，并允许对方当事人提出有效反证加以反驳的证据法规则。

---

① 日本学者对法院显著的事实亦属于显著事实，该事实是指从法官的职务经验上说现在明了的事实。如法官自己所作出的其他案件的判决、作为法官职务上应留意公告的破产宣告、除权判决等。

② Thayer，A Preliminary Treatise on Evidence of Common Law，(1898) Note 203，pp. 308－309. 参见美国《联邦证据规则》第 201 条 (e) 项规定。

③ 参见何家弘、张卫平主编：《外国证据法选译》(下)，586 页，北京，人民法院出版社，2000。

推定有法律上的推定①和事实上的推定之分。二者的区别在于基础事实与推论事实之间的推出关系是否由法律规定：由法律规定，即为法律上的推定；非由法律规定而依经验法则进行推论，则为事实上的推定。

推定是一种特殊的认识手段。在构成上，推定一般由两部分组成：基础事实（甲）和推论事实（乙）。推定的思维方式是："如果甲事实存在，那么推知乙事实存在。"因此，在诉讼证明中，负有证明责任的当事人如果已经证明基础事实甲成立，对于推论事实乙就可以不证明了。也就是说，在推定的帮助下，对就此负有证明责任的当事人而言，事实乙属于毋庸证明的事实而不再具有证明的必要。例如，德国民事诉讼法规定："法律上推定的事实，勿用举证。"

但是，推定所免除的仅只是原本就此应负证明责任一方当事人的责任，至于对方当事人，如果对此项推定事实不服，仍可以提出证据予以反驳。因此，推定的事实仅仅是一种暂定的事实，其毋庸证明是相对而言的，其实质意义在于证明责任的转移而非证明的豁免。

第四节　证明标准

一、证明要求与证明标准

证据法学理论一般认为，证明要求是指法律规定的运用证据证明有关事实所要达到的程度；证明标准是指衡量案内证据是否符合法律规定的证明要求的具体尺度。

一般认为，证明要求具有抽象性、指导性；证明标准具有具体性、操作性。二者尽管相互呼应，却有着本质的差别。因此，在证明标准研究中，我们必须注意区分证明标准和证明要求的不同层面，以兼采客观真实说与法律真实说的精华而避免各自的理论缺陷。具体而言，客观真实尽管作为诉讼证明的理想目标具有无可置疑的合理性，却无法作为具体的证明标准；法律真实理论尽管更准确地反映了证明标准的本性，但是，如若离开了客观真实理念的指引，却容易沦为一种恶的理论。"尽管将客观真实观直接作为证明标准具有无法解决的方法论困难，但是，客观真实观的基本观点毫无疑问是正确的。在人类认识中，我们必须承认一个基本的前提，即人类有能力形成一种相对于一定历史条件的确定性认识；在该历史条件下，此种确定性认识尽管还存在继续深化、细化的可能，但就我们当前面对的问题而言，此种认识程度却已经包含了一定的客观内容并足以满足实践的需要。在刑事诉讼中，为了保障无辜者不受错判，追求此种最大限度的确定性理所当然应当成为我们设定证明标准的基本出发点。而且，只有将客观真实的理念作为构建证明标准的重要价值纬度，法律真实观才能建立在实体正义的基础之上以防止自身的蜕变……可以这么说，法律

① 在证据法学理论中，根据能否提出证据予以反驳，有将法律上的推定进一步区分为可反驳的推定和不可反驳的推定。但是，无论英美法系国家还是大陆法系国家，一般均认为，不可反驳的推定构成了一种实体法规范，而不再属于证据法上的推定。

真实观在第一层面（司法层面）上显然是无可非议的，但是，其正当性显然无法从自身中得以保证，而只能来自在其背后的第二层面（立法层面）上的正当性。在此意义上，客观真实作为一个宏观的证明要求无疑又是必要的。”①

在诉讼史上，不同类型的证据制度关于诉讼证明的要求也不相同。在古代神示证据制度中，与当时人们的认识能力相适应，当出现疑难案件时，采取诅誓、水审、火审等证明方法，并将其结果作为认定案件事实的手段和判断是非曲直的标准。可见，当时对诉讼证明的要求，是符合神示的结果，达到“神示真实”。在封建社会的法定证据制度中，法律预先规定了各种证据的证明力和断案规则，强调法官必须严格按照法律预先规定的断案规则求证，必须符合法定的形式，而不允许法官根据案件实际情况判断各项证据的证明力并据此认定案情。因此，法定证据制度下的证明要求是达到“法定真实”或“形式真实”。

现代西方国家的证据制度，实行证据裁判主义和自由心证主义，强调案件事实的认定，必须依据证据；法官应当按照自己的良心和理性来判断证据，并在其内心形成对案件事实的确信。其证明要求，与法定证据制度的“法定真实”或“形式真实”不同，称为“实质真实”或“诉讼上的真实”。这种“实质真实”或“诉讼上的真实”，并非绝对的确实性，不一定是人的主观认识符合客观实际，而是一种排除了合理怀疑的内心确信。J·W·西塞尔·特纳认为：“控诉一方只证明一种有罪的可能性（即使是根据或然性的原则提出的一种很强的可能性）是不够的，而必须将事实证明到道德上的确信程度——能够使人信服、具有充分理由、可以据以作出判断的确信程度。但是，如果法律要求更进一步，即如果要求达到绝对的确实性，那就会将所有的情况证据一并排除出去。”日本证据理论也认为，什么是绝对的真实是不可知的，所以，遵照诉讼法则所取得的，就是诉讼上的真实，在这个意义上，是不会不承认其相对性的。“真正绝对的真实，只有在神的世界才可能存在，在人的世界中，真实毕竟不过是相对的。诉讼领域中的真实当然也不例外。”“设想了只有神才知道的真的‘事实’，在诉讼上尽可能接近它，这就是实体的真实主义，而这可以说只不过是观念性的设想而已。”可以说，现代西方国家刑事诉讼的证明要求，其认识论基础，是以承认人的认识能力的有限性为前提的。这种将人的认识能力的有限性绝对化，从而完全否认在具体案件上可以通过刑事诉讼达到绝对真实的观念，是哲学上不可知论在诉讼中的反映，也是同刑事诉讼的实际不相符合的。

为了判断诉讼证明是否达到法律规定的证明要求，需要切实可行的、作为裁判规范的证明标准。例如，法定证据制度将证据分为完全的和不完全的。如果缺乏完全的证据或案内证据不能形成完全的证据，就达不到“法定真实”的证明要求，也就不能定案；反之，如果有两个彼此无关、具有信用的证人的一致的证言，便达到了“法定真实”的要求，即能定罪。英美证据理论认为，负证明责任的一方提出的证据达到何种标准，才算履行了责任，涉及证明标准问题。

---

① 吴宏耀：《刑事证明标准研究评述》，载《诉讼法学研究》，第1卷，508页，北京，中国检察出版社，2001。

二、证明标准界说

在证明体系中，证明标准与证明对象一起决定了证明活动发展的方向和目标。其中，证明对象规范的是需要证明哪些内容；证明标准规范的是证明到什么程度。证明标准犹如证明活动必须跨越的高栏，证明的结果状态只有超过证明标准的要求，所主张的事实才能作为法律推理的小前提，依据法律的规定产生相应的法律效果。

证明标准总是和证明对象密切相连。对于不同的证明对象，所要求的证明标准可以有所差别。在诉讼过程中，根据证明对象不同，我们可以将诉讼证明活动分成若干个证明单元。这些证明单元，大体可以分为两类：第一，与终局裁判密切相连的证明单元；第二，作为前一证明活动附随现象而存在的证明单元。后者又可以进一步区分为与程序推进相关的证明和与证据采纳相关的证明。在我国证据法学理论中，证明标准通常是指第一类证明单元的证明标准。

在诉讼证明体系中，证明标准解决的问题是裁判者在何种认识程度上可以认定事实存在，或者从当事人角度看，是特定事实主张得以证明的尺度。因此，在法律意义上，所谓的"证明状态"指的就是证明活动的结果状态达致了证明标准的要求。

在诉讼证明中，由于裁判者据此种认识状态所作的判断直接关系着当事人的权利义务关系，因此，从裁判者由神转变为人以后，便产生了这样一种现实的需要，即裁判者依据什么说自己对特定证明对象的认识已经达到了可据此裁判的程度。作为一种法律制度，证明标准是指裁判者认定事实的评价尺度和最低标准，即裁判者作出事实认定时必须达到的最低内心确信程度。

在立法例上，在人之裁判的理性证据制度下，证明标准的规定曾存在两种模式：一种指向证据的数量。此种立法例主要存在于法定证据制度之中。一种指向裁判者的认识程度。在英美法系国家，采陪审团审判以来，形成了一系列的证明标准，如排除合理怀疑、优势盖然性等，这些都是以裁判者的认识程度作为评价尺度的。在大陆法系国家，自法国确立自由心证制度以来，证明标准也已经指向了法官的内心确信状态。

对于证明标准概念，应当明确三方面的内容：第一，证明标准规范的认识主体是谁，即谁的认识应当达到证明标准所要求的程度；第二，证明标准调整的内容是一种什么样的认识；第三，证明标准所要求达到的尺度是什么。

（一）认识主体

在现代法律制度下，证明标准规范的认识主体只能是事实裁判者，如陪审团、法官。在证明的主体系统中，论证双方尽管与认识结果利害攸关，而且，其诉讼证明活动直接影响证明结果的质量，证明标准却与他们没有直接关系。

在我国证据法学理论中，有学者将证明标准和证明责任勾连在一起，并认为，"什么是证明标准？它指的是负担证明责任的人提供证据对案件事实加以证明所要达到的程度，它像一支晴雨表，昭示着当事人的证明责任能否解除……所以，证明标准和证明责任本质上是一物两面的概念，它们是从不同角度就同一个诉讼现象进行考察所得出来的不同概念”①。在此，论者充分注意到了证明标准对当事人证明责任的影响，这无疑是正确的。但是，从证明责任角度来定义证明标准却恰恰弄反了证明标准与证明责任之间的关系。

首先，在范围上，证明责任是针对（狭义上的）待证事实而言的，而证明标准则是就具体存在的证明对象整体而言的。特定证明对象可能因不具证明必要而毋庸证明，但在证明标准评判时，却仍然应当纳入评判的范围之内。

其次，在时序上，证明标准是第一位的。“只有在证明评价结束而且没有结果，亦即存在真伪不明时，这时法官才可能借助客观证明责任对纠纷作出裁判。”② 客观证明责任是对真伪不明状态的补救性（裁判）机制，该机制的存在反过来导致了提出证据的责任。我们认为，在制度上，证明标准与证明责任没有必然的联系。证明标准的高低变化，只波及举证责任方应负担的证明强度，对证明责任制度本身却没有任何影响。在纠问式诉讼中，法官必须依职权查明事实真相，并不存在现代意义上的证明责任，证明标准却依然有存在的必要。

再次，只有到了裁判阶段，裁判者才会对当事人的证明活动是否达到证明标准作出评判，因此，在判决作出之前，证明标准具体化为裁判者的裁判之前几乎无法“昭示”当事人是否已经解除了证明责任。因此，在司法实践中，当事人为了避免败诉的危险往往会导致举证“过量”的实际状态。

（二）内容

在内容上，证明标准指向的是裁判者根据证据等法定证明手段所获得的关于证明对象的认识状态。在此，需要明确三点：第一，证明标准指向的只能是裁判者的主观认识状态。案件客观事实只有借助特定的媒介进入裁判者的认识视野并就此形成主观上的认识，才可能对裁判产生实际的影响。第二，裁判者的认识仅限于对具体证明对象的认识。在范围上，既包括待证事实的内容，也包括没有证明必要的内容。第三，该项认识主要是依靠证据获得的，但也包括其他法律所允许的认识手段，如推定、司法认知等。在证据范围上，既包括来自证实方当事人的证据，也包括证伪方当事人提出的证据。

因此，证明标准指向的认识既不是纯粹的个人意见，也不是哲学上的客观存在，而是一种包含了客观内容的主观认识，“亦即法官有限制的主观的‘视其为真’，是思想、自然和经验的耦合”③。此种认识结果的存在形式是个人的主观判断，但这种主观判断是以法庭所调查的证据为基础的，其中包含了一定的客观内容。需要指出的是，这里的客观内容指的是裁判者对法庭所调查证据的反映，是存在于“裁判者—证据”之间的客观性，而非我

---

① 江伟主编：《证据法学》，121页，北京，法律出版社，1999。该观点已为之后的证据学教材接受。参见卞建林主编：《证据法学》，350页，北京，中国政法大学出版社，2000；樊崇义主编：《证据法学》，215页，北京，法律出版社，2001。

② ［德］汉斯·普维庭：《现代证明责任问题》，89页，北京，法律出版社，2000。

③ ［德］汉斯·普维庭：《现代证明责任问题》，99页，北京，法律出版社，2000。

国证据法学界通常所说的裁判者对（社会意义上的）案件事实的客观反映。

(三) 尺度

证明尺度是证明标准的核心内容。法律规定证明标准的目的在于明确：在何种认识程度上，裁判者才应当宣称特定命题所表述的历史事实确实存在。证明尺度所评判的是裁判者包含了客观内容的认识状态，而且，此种尺度的表述必须以裁判者主观“视其为真”为基础。因此，所谓的证明尺度，实质上指的是裁判者信其为真的确信程度，或者说，是裁判者就自己的认识已经反映客观内容的确信程度。例如，我们可以说，“就是他干的，我有100%的确信”。我们也可以说，“就是他干的，但我只有70%的把握”。显然，我们这里所描述的不是确信不确信的问题，而是此种确信的程度问题。

在此，需要辨明的是，作为事实评判尺度，证明标准与依据证明标准所作的具体判断（或事实认定）截然不同。前者是一种抽象存在的法律规定，后者则存在于事实层面上，是抽象法律的具体化、现实化。德国学者普维庭称前者为证明尺度，称后者为证明评价，并指出，“如果说证明评价仅仅限于检测证明是否成功，即法官可以否认个案中的某个事实已经被证明，那么证明尺度（有时也称证明标准、证明额度或者证明强度）则是一把尺子，衡量什么时候证明成功了；证明尺度也决定对某个具体内容的法官心证，它决定着法官必须凭什么才算得到了心证。与证明评价不同（事实问题）的是，证明尺度必须是由法律规定的（法律问题）。因为这乃是一个一般而抽象的关于那些证明尺度（在某个法律领域算有效）的评价问题”①。

证明标准所表达的是事实裁判时应该达到的证明程度，是一种应然状态。证明评价则是一种事实状态，是实然化了的证明标准。因此，有关证明标准的研究可以分为两个层面：第一，在立法层面上，针对特定的证明对象，应当选择何种认识程度作为证明标准；第二，在司法层面上，如何从制度上保证法律所规定的证明标准得以实际的兑现。

1. 证明标准的立法选择

在立法层面上，选择何种认识尺度作为证明标准既取决于认识所能达到的程度，又受制于特定的价值选择。就前者而言，证明标准所规范的只能是特定历史条件下的个人认识状态，而不可能是终极意义上的客观判断。因此，尽管在诉讼证明结果的理想状态是裁判者的认识如实地反映了客观事实的原貌，我们却不能以如此高的认识程度作为评价的尺度。在证明标准的作用机制中，裁判者评判的对象只能是证据在自己头脑中产生的认识状态。由于裁判者并不知道客观事实的原貌，他对自己认识的评判只能根据“视其为真”的确信程度来作出判断。因此，在证明标准的选择问题上，我们不可能拿客观存在的事实作为评判的标准；即使将客观真实作为证明的标准，在实际判断中，其实质仍然不过是裁判者自认为达到“客观真实”的主观判断罢了。

在此，尤其需要澄清三点：第一，诉讼证明的结果状态确实可以达到所谓的“铁案”、

① ［德］汉斯·普维庭：《现代证明责任问题》，91页，北京，法律出版社，2000。

"百分之百"，但这是整个诉讼制度（包括起诉、一审、二审等）共同作用的结果。第二，在证明标准的尺度选择上，我们关注的重点是裁判正当性的最下限，而非诉讼证明可能达到的最高水平。就证明结果而言，当然是认识的程度越高越好，但在评价标准上，却应当以最低不得低于何种认识程度作为对裁判者的要求。第三，以正当性下限为尺度的证明标准仍然可以产生高得多的证明结果。其中道理十分简单。对于当事人而言，证明标准仅是一种模糊的指导形象，为了尽力获得证明标准所要求的证明结果，往往会在客观上产生比证明标准要求高得多的证明结果。在 60 分及格的制度下，我们为了及格却常常获得更高的分数。

作为一种法律制度，证明标准具体尺度的选择还是价值选择的产物。一般而言，针对证明对象社会价值的不同，立法可能会选择证明尺度高低不同的证明标准。在普通法传统上，刑事案件要求必须达到排除合理怀疑的程度，而民事案件一般则只要求达到优势证据（或优势盖然性）的程度即可。1966 年，美国联邦最高法院在一起驱逐出境案件中，确立了一项新的证明标准，即明确可信的证明（proof by clear and convincing evidence）。一般认为，该证明标准比优势证据的要求更高，但又低于排除合理怀疑的证明标准。对此，美国联邦最高法院阐述了以下立场："由于该案涉及公民的基本权利的严重剥夺，并会给相关公民的生活造成立竿见影的障碍，如果仅适用较低的盖然性优势标准，则显得有失法律的严肃性，并显得轻率，故而应当适用新的证明标准。"① 在大陆法系国家，民事案件和刑事案件的证明标准一般都要求达到"对真相形成全面的心证"。"关于证明标准，大陆法系不区分民事诉讼与刑事诉讼。在两种案件中都要求高度盖然率，即按照一般经验可能达到的那样高的程度，疑问已告排除，接近确实性的可能性。"② 德国学者亦认为，"诚然，普遍认为，民事诉讼第 286 条第 1 款，劳动法院组织法第 46、84 条，刑事诉讼法第 261 条，行政法院组织法第 108 条第 1 款，社会法院组织法第 128 条第 1 款，财政法院组织法第 96 条第 1 款，联邦宪法法院组织法第 30 条以及立法者的意图是要求法官对真相形成全面的心证（这是原则性的证明尺度或者证明尺度之原则规定）"③。但是，随着立法的发展，大陆法系国家的立法中仍然出现了与证明对象的社会价值相匹配的证明标准等级。普维庭教授在对德国法律中所规定的证明标准进行细致考察后谈道："法律告诉我们的是，立法者准确地规定了法官认识的三种尺度，这三种尺度在诉讼中仅仅靠人们的判断就可以把握：相对占优的盖然性（令人信服）；很可能（＝原则性证明标准）；显而易见。"④ 我国三大诉讼实行同样的证明标准，即"事实清楚，证据确实、充分"。但近年来，主张根据诉讼案件的不同性质设置尺度不等的证明标准的学者正日渐增多。⑤ 一般认为，由于民事诉讼主要涉及的是财产权利义务的分配，而且，即使出错也可以获得实质、完整的补救，其证明标准的要求可

① 转引自江伟主编：《证据法学》，121 页，北京，法律出版社，1999。

② 沈达明编著：《英美证据法》，282 页，北京，中信出版社，1996。

③ ［德］汉斯·普维庭：《现代证明责任问题》，117 页，北京，法律出版社，2000。

④ ［德］汉斯·普维庭：《现代证明责任问题》，126 页，北京，法律出版社，2000。

⑤ 参见李浩：《民事举证责任研究》，223～232 页，北京，中国政法大学出版社，1993；高家伟：《行政诉讼证据的理论与实践》，172～174 页，北京，工商出版社，1998。

以比刑事诉讼低一些。

证明标准的具体尺度为诉讼证明刻画了一条人为的终点线，越过它，就意味着进入了“法的真实”空间。在证明标准的规范下，证明不再是无止境的求真过程，而成为了一种有限度的认识活动，并以此适应了诉讼终局性的实际需要。

2. 证明标准的制度保障

在司法实践中，证明标准的实际兑现取决于两个方面：

第一，在主观方面，当裁判者宣称已经达到了证明标准时，其内心状态是否真的达到了证明标准。显然，这完全是一个主观的问题，对此问题的判断只能依赖裁判者的职业道德和个人信念。也正是在此意义上，我们坚持认为，在我国国民整体法律意识还不高的条件下，裁判者的任命是尤其慎重的事情。既然我们只能依赖人的裁判，那么，我们最好选择值得信赖的人来负责裁判。

第二，当裁判者宣称其内心状态已经达到证明标准的要求时，在客观意义上，该案件是否真的达到了证明标准的要求。此项要求构成了对裁判者的有效约束。由此，证明标准问题开始从主观走向客观，并具备了可调控的性质。在现代诉讼制度下，证明标准的客观化是借助一系列程序设置来实现的。举其要者，主要有以下手段：

(1) 合议制裁判。在合议制裁判中，我们所得到的认识已经不再是某个人的判断，而是一种多主体的判断。在彼此都是法律专家的情况下，平等进行的裁判过程既保证了裁判者之间的独立，又形成了相互制约的机制。德国法哲学家拉德布鲁赫认为，合议制裁判在外观上和实质内容上都有助于提高裁判的客观性。“……合议法庭的设置恰恰也是以其判决的非个性为基础的。在非个性中，一方面是其缘由，在合议庭的不记名多数中，法官隐于法庭之后，他们的判决与共同履行职责的官员的偶然个性无关，但始终具有他们的职务所赋予他们的尊严。在非个性中，另一方面是内容：除了多数努力想拒绝的东西，个性中不是总和，而只是予以表明、参与的心理能量的平均，人们以珍贵的中庸之道将这种个性特点的窒息归于合议庭，又可视为一种优点。”①

(2) 审判公开。在公开审判的制度下，裁判者的判断被置于各诉讼参与人以及旁听公众的监督之下，形成了一种所谓的“第三人控制下的认识模式”。“……（公开的法庭调查程序）在这种程序中，由于辩护制度的渗入和发展，使得通过证据认定事实不再单纯是裁判者单方的任务或权力，也就是说，抗辩双方与裁判者一起，共同来发现和认定案件事实。同时，由于这种调查是公开进行的，使得公众也可以对事实的发现和认定进行监督和批判，进而抑制裁判者的主观随意性。”② 伴随着审判公开，裁判者据以裁判的依据也成了公开的内容，对此感兴趣的公众都可以像裁判者一样作出自己的理性判断。③ 裁判不再是裁判者垄

① [德] 拉德布鲁赫：《法学导论》，米健、朱林译，180页，北京，中国大百科全书出版社，1997。

② 樊崇义等：《刑事证据法原理与适用》，64页，北京，中国人民公安大学出版社，2001。

③ 美国辛普森一案后，多数美国人根据自己观看的庭审情况得出了与法庭相反的结论，尽管此种普遍的指责并不足以改变裁判的效力，却给许多法官敲响了警钟。

断的事业。在公众舆论的约束下，裁判者对事实的认定不得不慎重行事，并尽可能地如实反映法庭调查的证据内容。

(3) 裁判理由制度。该制度要求，裁判者必须有条理地述说自己得出心证的逻辑过程。因此，裁判理由的公开使得裁判者的认识不再不可捉摸，而且，由于要凝固为文字，裁判者不得不慎重地面对自己认识过程中存在的漏洞、疑惑。王亚新教授结合日本裁判理由制度具体分析了该制度在推动裁判者主观认识客观化方面的运作机理：明确表示判决理由的主要目的在于通过法官展现自己达到的心证内容和形成心证的根据来保证裁判的客观性。首先，表示判决理由的要求可以促使法官对自己的判断进行再次的审查和反省，看判断过程中有无不合理的地方。其次，判决理由的明示给当事者提供了一个可能进行批判和反论的对象，使当事者能够理解和核查法官的心证结论及心证过程。因此，判决理由一方面具有当事者心服口服的说服作用，另一方面也方便了当事者在发现问题、提起上诉时构成上诉理由（日本上诉制度要求上诉必须根据法定理由）。最后，判决理由的表示使上诉审更容易地明确争点，从而便利上诉审的审查。①

(4) 上诉审的监督。在现代制度下，裁判者的裁判首先必须让对纠纷事实有更真切了解的当事人信服，否则，在上诉审中，裁判中的认识错误将受到当事人的抨击和上诉审法官的审查。在德国，抗告法院的审查范围包括法官自己是否获得心证；心证与思想、自然和经验规则是否统一；法官对法定的证明尺度的度的认识是否正确。② 在日本，一般认为，如果法官的内心确信缺乏客观的基础，据此作出的有罪判决被视为自由心证的滥用，上诉审必须按违反经验法则的理由予以撤销。③

三、我国立法上的证明标准

我国的证据制度，是建立在辩证唯物主义认识论的理论基础之上的。我国立法没有规定自由心证原则，主要是为了避免确认该原则可能带来的负面影响，防止办案中的任意擅断，而并非否认办案人员在认定案情中的主观能动性。相反，作为我国证据制度理论基础的辩证唯物主义认识论承认世界的可知性，认为人具有认识客观世界的能力，并可以使主观认识符合客观实际。据此，我国刑事诉讼法明确规定，公安司法机关进行刑事诉讼，必须“以事实为根据”，必须查明“案件的真实情况”。从认识论的角度讲，就是侦查、检察、审判人员对案件事实的主观认识，应当符合客观存在的案件实际情况。查明案件的真实情况，使主观认识符合客观实际，达到客观真实，这是我国证据制度对刑事诉讼证明的要求。就其认识论基础而言，这是同以往一切证据制度有着根本的区别的。当然，辩证唯物主义认识论在承认人的认识能力具有无限性的同时，也承认其有限性，这就是存在疑难案件的认识论方面的原因。

在我国，刑事诉讼的证明要求是达到客观真实。该项要求具体表现为以下证明标准：

---

①③ 参见王亚新：《刑事诉讼中发现案件真相与抑制主观随意性的问题》，载《比较法研究》，1993 (2)。

② 参见［德］汉斯·普维庭：《现代证明责任问题》，137 页，北京，法律出版社，2000。

认定被告人有罪必须做到犯罪事实清楚，证据确实、充分。

我国刑事诉讼法规定，人民检察院对犯罪嫌疑人提起公诉，人民法院对于被告人作出有罪判决，必须是犯罪事实清楚，证据确实、充分。所谓犯罪事实清楚，是指与定罪量刑有关的事实和情节，都必须查清。至于那些不影响对被告人定罪量刑的细枝末节，则无必要都查清。所谓证据确实、充分，是对作为定案根据的证据质和量总的要求。证据确实，即每个证据都必须真实，具有证明力；证据充分，即证据必须达到一定的量，符合法律对定罪证据的量的要求。

根据法律规定和司法实践经验，犯罪事实清楚，证据确实、充分，具体是指达到以下标准：(1) 据以定案的每个证据都必须查证属实；(2) 每个证据必须和待查证的犯罪事实之间存在客观联系，具有证明力；(3) 属于犯罪构成各要件的事实均有相应的证据加以证明；(4) 所有证据在总体上已足以对所要证明的案件事实得出确定无疑的结论，并排除了其他一切可能性。

犯罪事实清楚，证据确实、充分，是对刑事案件定案时认定有罪的证明的要求，不是在诉讼一开始就能达到的，也不是对认定有关程序法事实的证明的要求。在刑事诉讼的各个阶段，由于诉讼行为的不同，以及实体法事实和程序法事实的差异，证明的具体要求也有所不同。例如，在刑事案件立案时，只要求确定有犯罪事实并且需要追究刑事责任。逮捕犯罪嫌疑人时，要求有证据证明有犯罪事实。自诉案件被害人直接向法院起诉时，要求犯罪事实清楚，有足够证据，否则不予受理。当侦查终结后，无论是人民检察院提起公诉，还是人民法院作出有罪判决，都必须符合犯罪事实清楚，证据确实、充分的证明要求。这说明，不仅对实体法事实和程序法事实的证明要求不同，而且随着诉讼活动的进行，办案人员对案件事实的认识在不断深化，法律对证明的要求也相应提高，直至达到定案时的最高标准。

在司法实践中，由于各种主、客观原因，有些案件不可能查得水落石出，因而形成处断难明的疑难案件。对于疑难案件应当如何处理，不同的诉讼制度做法不一。在封建专制的刑事诉讼中，实行有罪推定，对疑难案件采取“疑罪从有”的处理原则。即尽管没有足够的证据能确定被告人犯罪，却仍然可以将被告人作为罪犯来处罚。这是封建专制社会野蛮、落后、践踏人权在刑事诉讼中的具体反映。按照与有罪推定相对的无罪推定原则，被告人在被法院依法判决有罪以前，应当视为无罪。因此，当被告人罪疑而不能证明时，以无罪处理；当被告人罪重罪轻难以确定时，按罪轻处理。

在我国，原《刑事诉讼法》强调对被告人作出任何最终的法律处理，都必须建立在案件事实清楚，证据确实、充分的基础上。对于事实不清、证据不足的案件，要求继续侦查或补充侦查，直到查清为止。但对经过反复补充侦查仍然事实不清、证据不足的疑难案件应当如何处理，该法并未明确规定，因而导致实践中有些疑难案件久拖不决，被告人被超期羁押。这既不利于及时惩罚犯罪，也不利于保障人权和社会的长治久安。鉴于此，修改后的《刑事诉讼法》对疑难案件的处理作出了明确规定。如，《刑事诉讼法》在基本原则部分确立了“未经人民法院依法判决，对任何人都不得确定有罪”的原则。在相关程序环节规定了疑难案件的具体处理程序。根据我国刑事诉讼法的规定，在审查起诉阶段，经过两次补充侦查，人民检察院仍然认为证据不足，不符合起诉条件的，可以作出不起诉的决定。在审判阶段，经法庭审理对证据不足，不能认定被告人有罪的，应当作出证据不足，指控的犯罪不能成立的无罪判决。就是说，对于疑难案件采取疑罪从无的原则。

疑罪从无，是重视人权保障的必然的价值选择，同时也涉及利益权衡的问题。疑罪从无，可能轻纵犯罪，但可以确保无罪的人不受追究；疑罪从有，可能冤枉无辜，却不能确保惩罚真正的犯罪人。从维护整个社会的稳定与安全的角度看，犯罪本身已造成对社会秩序的侵害，在罪疑而难以确定真正犯罪人的情况下，对被告人定罪处刑，一旦冤枉无辜，便是对法律秩序的再次破坏。由于这种破坏是行使司法权造成的，它给受害人及公众心理造成的副作用，远远超过具体案件疑罪从有处理达到对犯罪人惩罚所追求的利益。因此，疑罪从无利大于弊。疑罪从无，不仅是对犯罪嫌疑人、被告人的特殊保障，而且也是对可能涉讼的每一位社会成员的普遍保障，从而成为整个社会的保障。我国刑事诉讼法确立疑罪从无原则，正是在这种理性基础上作出的选择。

第五节　证明责任

一、证明责任的概念

（一）传统分类

我国传统证据法学理论认为，证明责任是指司法机关应当收集证据证明其所认定的案件事实，某些当事人应当提供证据证明有利于自己的主张，否则，将承担其认定或主张不能成立的危险的责任。[①] 在此概念下，证明责任事实上包含着两层含义：一是国家专门机关的证明职责；二是当事人的举证责任。

与西方证明责任理论相比，我国传统证明责任理论具有以下显著特色：

第一，除当事人外，证明责任的主体还包括法院、检察院和公安机关。

我国传统证明责任理论不仅明确认识到了这一差别，而且给予了特别的强调。例如，在陈一云主编的《证据学》中，论者指出："诉讼史上的传统意义的举证责任，其主体之所以只是当事人，一是当时实行的是控告式诉讼，证据完全由当事人提供，法院不主动收集、调查证据；二是那时的诉讼专指审判，不同于现代诉讼的概念。现代诉讼的范围已有所扩展，侦查、起诉已是刑事诉讼不可分割的部分……我国诉讼中证明责任的主体不仅是某些当事人，在刑事诉讼中，尚有法院、检察机关和公安机关，在民事诉讼中与行政诉讼中还有法院。"[②] 又如，在刘金友主编的《证据法学》中，论者认为，"西方国家采法院中心主义，只认法院为司法机关，而认公诉机关为当事人；而我国采公检法机关分工负责、配合

① 参见陈一云主编：《证据学》，165页以下，北京，中国人民大学出版社，2000；刘金友主编：《证据法学》，261页以下，北京，中国政法大学出版社，2001。

② 陈一云主编：《证据学》，166页，北京，中国人民大学出版社，2000。

制约体制，因而公安机关、检察机关、人民法院在诉讼中均为司法机关，均为证明责任的主体……在西方国家证明责任的后果主要是当事人的责任后果，而在我国除当事人的责任后果外，还有司法机关的责任后果”①。可以看出，上述论者不仅明确认识到我国证明责任理论的特别性，而且对此予以了特别的关注。当然，从其理由来看，这种证明责任理论很大程度上是与“大诉讼”的传统诉讼理论密不可分的。

第二，明确区分当事人的举证责任与司法机关的证明职责。

我国传统证明责任理论认为，证明责任分为司法机关的证明责任和当事人的举证责任。其中，司法机关的证明责任，是指司法机关依法负有的收集、调查证据，并据此对事实作出认定的职责。当事人的举证责任大体相当于西方国家证据法学中的证明责任。因此，可以说，司法机关的证明职责是我国证据法学的特色理论之一。而这一特色，很大程度上与我国传统诉讼制度的强职权主义特色密不可分。

第三，强调司法机关的证明职责。

突出强调司法机关的证明职责是我国法律制度的特色。我国传统证据法学认为，证明责任分为司法机关的证明职责和当事人的证明责任。而且，对于证明活动能否查明事实真相，前者显得尤其重要。“诉讼究其本质来说属于国家活动。我国司法机关在诉讼证明活动中起着主导作用，承担着重要责任。”② 具体而言，在当事人未能圆满履行其举证责任，或者其他司法机关没有能够圆满履行其证明职责时，不能径行认定其主张不能成立；相反，根据其自身证明职责的要求，司法机关应当积极展开必要的证据收集、调查活动。③

对于司法机关的证明职责，传统理论认为，是指司法机关必须就事实认定进行证明，否则将承担其认定不能成立的风险责任。其中，针对这种证明责任的法律后果，我国传统理论进行了专门解释。“司法机关不是当事人，其证明责任的法律后果不能反映为让司法机关承担不利法律决定或裁判的危险后果。但是，司法机关未尽证明责任，却应当承担未尽证明责任的法律后果，即其所作法律决定或裁判，将会以法定程序被予以推翻，甚至要承担错案的法律后果，其中包括错案赔偿责任。”④

此外，我国传统理论还往往根据现行法律规定，罗列了司法机关负有证明职责的具体内容。⑤

---

① 刘金友主编：《证据法学》，259 页，北京，中国政法大学出版社，2001。

② 陈一云主编：《证据学》，167 页，北京，中国人民大学出版社，2000。

③ 为此，我国传统理论认为，“这里的后果之所以说，将‘承担其主张或认定不能成立的风险’，而不是‘其主张或认定不能成立’，这是因为，在民事诉讼、行政诉讼和刑事自诉案件中，当事人如果未能提供足够的证据，其主张可能因法院依法收集、调查证据而得以成立。在刑事公诉案件中，公安机关认定犯罪嫌疑人有罪，将案件移送检察机关起诉，检察机关审查起诉时，如果认为证据不足，可以退回公安机关补充侦查，也可以自行侦查，因此，公安机关的认定可能因检察机关的补充侦查而得以成立。同样，检察机关向人民法院提起公诉的案件，检察机关起诉时的认定可能因法院的调查而得以成立”（陈一云主编：《证据学》，168 页，北京，中国人民大学出版社，2000）。

④ 刘金友主编：《证据法学》，263 页，北京，中国政法大学出版社，2001。

⑤ 参见刘金友主编：《证据法学》（第十章第二节“司法机关的证明职责”），261 页以下，北京，中国政法大学出版社，2001。

（二）现行通说

1. 对传统证明责任理论的批评

随着我国庭审方式改革的不断深入，尤其是随着人们对证明责任制度的功能有了更完整的认识，我国传统证明责任理论开始受到越来越多的挑战。具体而言，新说认为，传统证明责任理论犯了两个致命性错误：一是，误将证明责任等同于查明事实真相的责任，并由此错把负有查明、认定事实的主体都归为证明责任主体；二是，对"举证"望文生义，错把证明责任降格为"提出证据的责任"，而忽视了证明责任在事实真伪不明时的裁判功能。

针对传统理论的上述缺陷，新说提出了种种批评。总体而言，这些批评可以概括为三个方面：

第一，在适用范围上，新说认为，证明责任只与证明活动有关，而非适用于所有诉讼活动。因此，与证明概念的限缩紧密相联，证明责任也主要适用于审判活动。

我国传统理论认为，证明责任贯穿刑事诉讼始终。因此，在刑事诉讼领域，公安机关也负有证明责任；检察机关在审查起诉阶段也负有证明责任。然而，在新的证明理论中，证明责任并非查明事实真相的责任，而是指说服裁判者的责任。因此，证明责任只存在于运用证据进行的说服活动。具体而言，在刑事诉讼领域，证明责任主要适用于狭义的诉讼活动，即法庭审判活动。

第二，在证明责任主体问题上，新说认为，只有提出诉讼主张的诉讼主体，才负有证明责任；法院不负证明责任。

与传统理论相比，新说强调，证明责任与诉讼主张紧密相连。因此，是否负有证明责任与是否负有事实认定的职责无关，也不因是否代表公共利益而有所不同。具体而言，在诉讼领域，法院是裁判者，是被说服的对象，因此，法院不负证明责任。

在公诉案件中，检察机关对于提起的犯罪指控，负有证明责任。与自诉人的证明责任相比，检察机关的证明责任没有丝毫不同。

至于公安机关，其活动尽管包括收集、调查证据的职责，但是，其诉讼活动根本不属于证明活动。因此，公安机关与证明责任无关。在检察机关提起公诉后，侦查人员可能会作为控诉方的证人出现在法庭上，但是，此时，侦查人员仅仅是为检察人员履行证明责任服务。

第三，在证明责任功能上，新说强调，证明责任的重点不在于明确"谁应当提出证据"，而在于"真伪不明时的风险分配"。

对于证明责任的作用，我国传统理论尽管已经认识到具体包括两个方面（即行为意义上的提出证据的责任和结果意义上的说服责任），但是，在理论和实践上，关注的重点一直是"谁应当提出证据"这一要求（即"谁主张、谁举证"）。因此，随着证明责任理论研究的深入，越来越多的学者开始承认，证明责任的真正意义在于：当事实真伪不明时，如何进行风险分配并据此进行裁判。而由此产生反作用力，则间接地解决了"谁应当提出证据"

的问题。

2. 现行通说的内容

现行通说认为，证明责任是指对于当事人提出的特定事实主张，如果不能提出足够证据加以证明而真伪不明时，将负担该主张不能成立的败诉风险。换句话说，证明责任和举证责任只是词语翻译的不同，二者可以相互通用。

具体而言，证明责任具有以下特点：

第一，针对特定事实主张而存在。

证明责任与事实主张密切相连。“同样需要牢记的是：在任何给定的案件中，除非把证明责任和特定的争点事实（a particular issue of fact）联系起来，否则，谈论证明责任将毫无意义。”① 只有对于特定的事实主张，才存在应当由谁承担证明责任的问题。因此，如果尚未形成确定的事实主张，也就根本谈不上证明责任问题。在此意义上，在刑事诉讼活动中，只有提起诉讼后，才产生证明责任问题。换句话说，证明责任主要适用于审判活动。

第二，证明责任具体包括两个层次：结果意义上的说服责任和过程意义上的提出证据的责任。

在现代法律制度下，证明责任的主要功能在于解决事实真伪不明时的裁判问题。因此，证明责任首先是指一种结果责任，即败诉风险的法律预先分配；其次才是指由此衍生的提出证据的责任，即谁应当提出证据进行证明。②

3. 结果责任

就结果责任而言，英美证据一般称之为“法定负担”（the legal burden）③，德国学者则称之为客观责任。之所以称之为“法定”或“客观”，是因为在一个具体案件中，针对特定争议事实，证明责任是由法律预先规定的，是“事实真伪不明时，法律对败诉风险的预先分配”。“牢记以下内容非常重要，即对于任何特定争点，证明责任只能由一方当事人承担。因此，对于同一个争点，不能让一方当事人就争点事实的存在承担证明责任，同时又让对方当事人就其不存在承担证明责任。”④

结果意义上的证明责任不因程序的发展而变化。在此意义上，我国传统证据法学所谓的“证明责任转移”、“证明责任倒置”，其实指的只是提出证据的责任。

结果意义上的证明责任是一把悬在控诉方头上的剑，如果没有足够的证据，这把剑就

---

① Christopher Allen，Practical Guide to Evidence（Sec. Ed.），Cavendish Publishing Limited（2001），p. 99.

② 在最高人民法院司法解释中，基本上确立了“举证责任”与“有责任提供证据”的区分方法。其中，前者专指结果意义上的证明责任，后者则指过程意义上的提出证据的责任。参见最高人民法院《关于民事诉讼证据的若干规定》（法释［2001］33号）第1条至第7条；最高人民法院《关于行政诉讼证据若干问题的规定》（法释［2002］21号）第1条、第5条、第6条。

③ There are several synonyms for “legal burden”，such as “persuasive burden”，“probative burden”，“ultimate burden”，“burden of proof on the pleadings” and “risk of non-persuasion”（See Christopher Allen，Practical Guide to Evidence（Sec. Ed.），Cavendish Publishing Limited（2001），p. 99）.

④ Christopher Allen，Practical Guide to Evidence（Sec. Ed.），Cavendish Publishing Limited（2001），p. 100.

要落下来。因此，结果意义上的证明责任（事实真伪不明的风险分配）犹如诉讼的心脏，它迫使一方当事人必须认真收集证据。由此，证明责任产生了一种反射性效果，即提出证据的责任。

恰如日本学者谷口安平所言，“所谓举证责任并不仅仅是在事实真伪不明的时候才起作用。毫无疑问，这种规则既反映在主张提出责任中，也反映在当事人的具体诉讼活动之中。所以，学说上把事实处于真伪不明时起作用的举证责任称为‘客观的举证责任’，而作为这种作用的反射，在诉讼展开过程中起促进当事人主张和举证作用的规则，被称为‘主观的主张责任’或称‘举证必要’。同时，这种规则还是法官行使释明权的基准”①。

4. 提出证据的责任

提出证据的责任，英美证据法一般称为“提供证据的负担”（the evidential burden），德国学者则称之为“主观责任”。

对提出证据的责任，英美证据法学者认为，“提出证据的责任并非严格意义上的证明责任。最好把它看作是一条通常意义上的证据规则（a rule of common sense）。该规则规定，对于特定的争点事实，必须存在一定的证据，才能将其变成一个适合提交陪审团或其他事实裁判者予以评议的真正的争点（a live one）。有时，人们认为，提出证据的责任是指一方当事人负有‘提出’一定证据以支持特定争点的责任。这其实是一种误解。负有提出证据责任的一方当事人并非必须提出证据。解除该项责任所需的证据，可能来自对对方证人的交叉询问，甚至来自于对该证人的主询问。因此，对于负有提出证据责任的当事人而言，其全部责任只在于，指出本案中已经存在一定证据足以使争点事实成为一个真正的争点”②。

二、刑事证明责任分配的一般原则

（一）分配的根据：无罪推定

无罪推定原则已经成为现代法治社会的一项基本法律原则。一般认为，无罪推定原则是指，在刑事诉讼中任何被怀疑犯罪或者受到刑事指控的人在未经司法程序最终确认有罪之前，在法律上应推定或假定其无罪，或者说，不得被认定为有罪的人。

作为一项宪法性原则，无罪推定原则设立了被追诉公民在刑事诉讼中的原初地位，为了改变这一法律地位，控诉方必须提出足够的证据并经由法院判决确认。也即，在刑事诉讼中，无论何人，即使是现行犯，在未经法院依法审判确认有罪之前，不得对其施以刑罚。由此，在现代社会，惩罚一个人的依据不在于其事实上实施了犯罪，而在于是否有充分的证据和合法的审判。在此意义上，无罪推定犹如一道屏障，杜绝了国家权力对公民施以武断、任意的制裁。

无罪推定是现代刑事诉讼制度的基础性原则之一。在英美普通法上，无罪推定原则被

---

① ［日］谷口安平：《程序的正义与诉讼》，241页，北京，中国政法大学出版社，1996。

② Christopher Allen, Practical Guide to Evidence (Sec. Ed.), Cavendish Publishing Limited (2001), p. 117.

视为贯穿刑事诉讼制度的"一条金线"（a golden thread），并构成了整个现代刑事诉讼制度的基石。恰如 Viscount Sankey LC 所言："Throughout the web of the English criminal law one golden thread is always to be seen, that it is the duty of the prosecution to prove the prisoner's guilt."① 无罪推定的第一要义是"被告不等于罪犯"。因此，为了确定一个公民有罪，必须满足法定的条件。

一般认为，这一法定条件主要包括两方面的内容：证据方面的要求和正当程序的要求。② 其中，就证据制度而言，无罪推定要求，证明有罪的证明责任应当由控方承担。这一要求具体包括以下内容：

1. 提供证据证明被告人有罪的责任由控诉一方承担，不得采用酷刑和其他非法方法收集证据。

2. 控诉一方履行证明责任必须达到案件事实清楚，证据确实、充分或者排除合理怀疑的程度，从而达到一种道德上的确定性。如果控方对被告人有罪的证明存在合理怀疑，应作有利于被告人的解释。

3. 被告人有证明自己无罪的权利，但不负有证明自己无罪的义务；不能因为被告人不能或没有证明自己无罪而认定被告人有罪。

（二）一般原则：由控方承担证明责任

根据无罪推定原则的要求，对于刑事案件，证明责任分配的一般规则是：由控方承担证明被人有罪的证明责任，被告人没有证明自己无罪的责任，但享有证明自己无罪的权利。

有学者认为，被告方不承担证明责任，除无罪推定原则的要求外，还具有以下操作层面的理由：一是，被告人在诉讼中处于被动防守的位置，不便于举证；二是，被告人的诉讼主张是否定公诉方指控的犯罪事实，而否定某事实的存在，往往难以举证。诚然，被告人在审判中可以举出证据证明自己无罪或罪轻。但是，这属于法律赋予被告人的辩护权，是权利，不是义务或责任。被告人可以依法行使辩护权，也可以不行使辩护权，而且不能仅仅因为其不行使辩护权就得到对其不利的事实认定或判决后果。③

（三）例外规定：对于法定事由，辩方承担一定的提出证据的责任

在控方负证明责任的一般原则下，对于法定事由，辩方仍负有一定的提出证据的责任。具体而言，辩方的提出证据的责任具有以下特点：

第一，只针对法律明确规定的积极抗辩（affirmative defence）事由而存在。

在美国证据法中，辩方对实体法事实的举证责任与"积极性抗辩"（affirmative defence）紧密相关。所谓积极性抗辩是在不否定犯罪指控的基本要件的情况下提出的一种抗辩。它不只是简单的否认，而是提出了特别的或新的争点，该争点一旦被证明，可以导致

---

① Woolmington V. DPP [1935] AC 462, p. 481.

② 参见陈光中、[加] 丹尼尔·普瑞方廷主编：《联合国刑事司法准则与中国刑事法制》，102 页，北京，法律出版社，1998。

③ 参见何家弘：《刑事诉讼中举证责任分配之我见》，载《政治与法律》，2002 (1)。

被告的无罪判决或能减轻其刑事责任。[①] 在司法实践中，被承认的积极性抗辩包括：精神失常（insanity）、受胁迫（duress）、必要性（necessity）、正当防卫（self-defence）、醉酒（intoxication）、诱捕（entrapment）、不在犯罪现场（alibi）等。[②]

在英国，辩方只对以下积极抗辩事由承担提出证据的责任：（1）精神失常抗辩。依据但书（proviso）、免责事由（exemption）等例外规定，提出的抗辩。[③]（2）制定法规定的其他抗辩。例如，根据制定法规定，除非有相反事实证明，给予政府官员的任何金钱、礼品，或其他报酬应认为是非法支付、赠与或收受；在故意以卖淫营利为目的的犯罪中，与娼妓同居或控制娼妓的人，应推定为故意以卖淫营利，除非其能提出反证；在谋杀案中，被告负有证明其存在减轻责任情形的法定责任；被告负有证明其不知道或者未怀疑争议中的药品为管制药品的责任等。[④]

第二，如果辩方负有提出证明的责任，解除该项责任的证据标准一般比较低。

在美国，辩方对积极性抗辩负有提供证据责任时，其证明标准因抗辩事由不同而存在一定差异，而且各州规定也有所不同。例如，有的州规定，辩方只要提出较些微证据还多的证据（more than a scintilla of evidence）即可；而有的州则要求，辩方必须提出让一般理性裁判者能合理相信的程度。[⑤]《美国模范刑法典》则建议，恰当的证明标准应当是“有充分的证据可以提出合理的怀疑”[⑥]。

第三，如果辩方履行了其提出证据的责任，那么，辩方的主张将成为裁判者必须予以考虑的抗辩事由（making the issue in question a live one）。此时，一般情况下，抗辩事由是否成立的证明责任将转由控方承担，并必须达到排除合理怀疑的标准。

在美国，一旦辩方完成其提供证据责任，最终由谁完成说服责任，其证明的标准何如，因联邦和各州的规定不同而有所不同。例如，有的州要求由辩方承担说服责任，此时，被告需要证明该抗辩成立达到优势证据的标准；有的州则要求，应当由控方承担说服责任，但应当达到的证明标准因抗辩事由有所不同：有的要求控方证明达到优势证据的标准，有的需要其证明能够排除合理怀疑。[⑦]以精神失常的抗辩为例。联邦证据法规定，

---

①⑦ See Daniel E. Hall. Criminal Law and Procedure, 3rd edition, West Legal Studies, p. 194.

② 有学者认为，真正的积极性抗辩为那些使被告承担说服责任的抗辩，如在联邦刑事程序中的精神失常抗辩。对于不在犯罪现场、正当防卫、受胁迫等抗辩，在联邦刑事诉讼中只是使被告承担提出证据的责任，不是真正的积极性抗辩（参见 Michael H. Graham. Federal Rules of Evidence, 4th edition, West Group, 1999, pp. 64～65）。

③ 该积极抗辩由1980年的治安法院法第101条确立。该条规定：“被告针对某一告发或控告，若援引例外情形（exception）、免责事由（exemption）、但书（proviso）、抗辩原因（excuse）或法定资格（qualification）作为其抗辩，不论其抗辩是否附随有规定犯罪的法律对犯罪的描述或控告所依据的法律对控告事项的描述，证明该例外情形、免责事由、但书、抗辩原因或法定资格的证明责任应由被告负担，即使该告发或控告包含有否认例外情形等的声明。”在司法实践中，该条规定主要适用于一些要求持有一定执照或获得许可的规制性犯罪（regulatory offences）中。

④ 参见齐树洁主编：《英国证据法》，183页，厦门，厦门大学出版社，2002。

⑤ 参见王兆鹏：《刑事举证责任理论》，载《台大法学论丛》，第28卷第4期。

⑥ Michael H. Graham, Federal Rules of Evidence (4th edition, West Group, 1999), p. 66.

提出证据的责任和说服责任均由辩方承担，且应达到清楚而令人信服（clear and convincing）的标准。[①] 但是，对于各州，1977年进行的一项调查表明，22个州规定被告负有精神失常抗辩的说服责任，28个州要求控方承担证明精神失常抗辩不成立的说服责任。[②]

三、我国立法上的证明责任

（一）在公诉案件中，检察机关对指控犯罪事实负有证明责任

在刑事公诉案件中，检察机关代表国家承担控诉职能。因此，在审判阶段，检察机关就所指控的犯罪事实，负有证明责任。

检察机关的证明责任包括提出证据的责任和说服责任两个方面。

1. 提出证据的责任。根据刑事诉讼法的规定，庭审前，公诉机关要将证据目录、证人名单和主要证据复印件或照片提交法院，否则法院不予开庭审理。在开庭审理中，公诉人必须通过讯问被告人，向被害人、附带民事诉讼原告人、被告人发问，申请传唤证人、鉴定人出庭作证，出示证据，宣读、播放未到庭的证人书面证言、鉴定人的鉴定结论等方式，提出自己的相应控诉证据。凡未在法庭提出的证据，因未经庭审质证查证属实，一律不能作为裁判的依据。公诉人举证不足，达不到公诉证明的要求与标准，将承担其控诉主张不能成立的裁判危险。

2. 说服责任。根据我国《刑事诉讼法》第162条规定，检察机关对于指控的犯罪事实，必须证明到“犯罪事实清楚，证据确实、充分”的程度，否则，法院将根据该条第3项规定，作出“证据不足、指控罪名不能成立的无罪判决”。因此，在法庭审理活动活动中，检察机关不仅要提出证据，还要通过法庭调查、法庭辩论，对指控的犯罪事实进行论证、辩驳。

（二）在公诉案件中，被害人也负有一定的证明责任

根据现行刑事诉讼法，公诉案件的被害人是居于控诉一方的当事人。因此，在诉讼活动中，被害人与检察机关共同承担控诉职能，具有相对独立的诉讼地位。

具体而言，如果被害人的控诉主张并未超出检察机关的指控范围，那么，被害人的证明责任，将被检察机关的证明责任所吸收。此时，被害人有权对检察机关的指控活动作出补充，提供新的证据，但不再负有独立的证明责任。

如果被害人的控诉主张与检察机关的犯罪主张不同，或者超出了检察机关的指控范围，那么，就与检察机关不同的犯罪指控，被害人负有独立的证明责任。对该部分犯罪指控，如果被害人不能提出足够的证据，将自行承担指控不能成立的风险。

（三）在自诉案件中，自诉人对于指控的犯罪事实负有证明责任

自诉人是独立提起刑事诉讼的控方当事人。因此，对于他提出的犯罪指控，应当负担

---

① See Michael H. Graham, Federal Rules of Evidence, 4th edition, West Group, 1999, p. 65.

② See Christopher B. Muller and Laird C. Kirkpatrick, Evidence Under the Rules-Text, Cases, and Problems, 4th edition, Citic Publishing House, 2003, p. 807 footnote10.

相应的证明责任。

在自诉案件中，被告人提起反诉时，在反诉案件中，其诉讼地位是自诉人，因此，对于其反诉事实，应当承担证明责任。

（四）附带民事诉讼当事人的证明责任

在本质上，附带民事诉讼案件就是民事案件。因此，就附带民事诉讼部分，附带民事诉讼当事人的证明责任，依据"谁主张，谁举证"的分配原则进行分配。因此，附带民事诉讼原告人、被告人都有可能承担证明责任。

（五）犯罪嫌疑人、被告人原则上不负证明责任

在刑事诉讼中，根据无罪推定的原则，犯罪嫌疑人、被告人有权证明自己无罪，但不负证明自己无罪的证明责任。司法机关不能仅仅因为犯罪嫌疑人、被告人保持沉默、辩解不能成立，或者对于辩解事由无法提出相应的证据，就裁判他有罪。

在此，需特别注意以下法律规定：

1.《刑事诉讼法》第93条规定：犯罪嫌疑人对侦查人员的提问，应当如实回答。一般认为，这一规定同样适用于审判阶段的讯问活动。因此，在法庭审判过程中，被告人尽管不负证明自己无罪的责任，但是，如果就涉嫌犯罪事实进行了有罪陈述或无罪辩解，那么，对于司法人员的提问，同样应当如实回答。

值得注意的是，被告人"应当如实"并不具有法律上的强制性。因此，与证人作伪证要依法追究刑事责任不同，被告人如果不如实回答提问，甚至是做虚假陈述，均不会由此招致法律上的制裁。只不过，对于被宣判有罪的被告人，这一事实有可能会作为悔罪态度不好的具体表现，导致不利的量刑后果。

2.《刑法》第395条规定：国家工作人员的财产或者支出明显超过合法收入，差额巨大的，可以责令说明来源。本人不能说明其来源是合法的，差额部分以非法所得论。这是特定情况下犯罪嫌疑人、被告人负一定程度的证明责任的例外规定。

需要指出的是，对这种案件，首先是由司法机关负证明责任，要以确实、充分的证据证明被追诉者是国家工作人员，他的财产或支出明显超过合法收入，差额巨大。之后，对于来源合法的证明责任，将由被告人承担。但是，被告人对于来源合法的证明责任，证明标准方面的要求较低。通常情况下，只需要达到优势证据的证明标准。被告人对来源合法履行证明责任后，对于来源是否合法这一问题，仍由司法机关负最终的证明责任。

3.《刑法》第282条第2款规定：非法持有属于国家绝密、机密的文件、资料或者其他物品，拒不说明来源与用途的，处3年以下有期徒刑、拘役或者管制。

对于此类非法持有型犯罪，证明责任的分配与前罪相同。即，只要检察机关能够证明被告人持有属于国家绝密、机密的文件、资料、物品，那么，对于合法持有问题的证明责任，将由被告人承担。如果被告人不能以优势证据证明其持有合法，将依法推定为非法持有，而构成非法持有型犯罪。

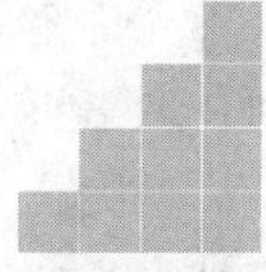

第九章

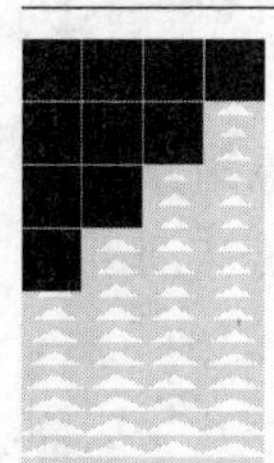

刑事附带民事诉讼制度

第一节　刑事附带民事诉讼制度概述

一、刑事附带民事诉讼制度的概念和模式

刑事附带民事诉讼，简称为附带民事诉讼，是指公安、司法机关在刑事诉讼过程中，在解决被告人刑事责任的同时，附带解决被告人的犯罪行为给被害人所造成的物质损失的赔偿问题而进行的诉讼活动。

从世界范围来看，如何解决由被告人的犯罪行为所引起的民事赔偿问题，各国选择的模式并不相同，归纳起来，大致有三种：（1）刑事诉讼与民事诉讼完全分开，民事诉讼不能附带于刑事诉讼。这一模式以英美法系国家为代表。例如在美国，刑事诉讼中不允许附带民事诉讼，由犯罪行为引起的民事赔偿完全交由民事诉讼程序解决，并且必须在刑事诉讼终结后进行。之所以把刑事诉讼和民事诉讼截然分开，把民事诉讼置于与刑事诉讼完全平行的地位，是从强调刑事诉讼与民事诉讼各自的特殊性为出发点的。（2）允许被害人向刑事法院提起附带民事请求，但不把附带民事请求作为独立的民事诉讼对待。在程序上，附带民事诉讼依附于刑事诉讼，并受到刑事诉讼程序的许多限制。德国、荷兰等国家采用此种立法模式。（3）被害人可以选择提起刑事附带民事诉讼或者独立的民事诉讼。刑事立法在鼓励被害人通过刑事诉讼程序提出民事赔偿诉讼的同时，兼顾了民事诉讼的独立性。采用这种立法模式的国家有瑞典、意大利等，其中尤以法国和前苏联为典型。1808 年法国刑事诉讼法就对此予以比较完整的规范，赋予被害人选择权，其第 3 条规定，民事私诉可以与刑事公诉同时提起，并由同一审判官合并审理。民事私诉也可以与刑事公诉分别提起，分别提起时，不问刑事公诉的提起是在民事私诉起诉前或起诉后，在刑事公诉判决之前，民事诉讼应中止进行。苏联和各加盟共和国刑事诉讼纲要第 25 条和苏俄刑事诉讼法典第 29 条也明确规定，刑事诉讼中可以附带民事诉讼。法律规定，因犯罪行为而受到物质损害的人，在进行刑事诉讼时，有权向被告人或对被告人的行为负有物质赔偿责任的人提出民事诉讼，由法院与刑事案件一并审理。苏联法律中关于刑事附带民事诉讼的立法精神及具体规定，对我国附带民事诉讼制度的建立产生过重要影响。①

我国 1979 年制定的《刑事诉讼法》及 1996 年修改后的《刑事诉讼法》都规定了刑事附带民事诉讼制度。现行《刑事诉讼法》第 77 条规定：被害人由于被告人的犯罪行为而遭受物质损失的，在刑事诉讼过程中，有权提起附带民事诉讼。如果是国家财产、集体财产遭受损失的，人民检察院在提起公诉的时候，可以提起附带民事诉讼。人民法院在必要的时候，可以查封或者扣押被告人的财产。第 78 条规定：附带民事诉讼应当同刑事案件一并审判，只有为了防止刑事案件审判的过分迟延，才可以在刑事案件审判后，由同一审判组织继续审理附带民事诉讼。此外，《高法解释》第 84 条至第 102 条及最高人民法院《关于刑事附带民事诉讼范围问题的规定》也对刑事附带民事诉讼的相关问题作了更为明确、更具可操作性的规定，明确了刑事附带民事诉讼的法律适用，很大程度上便利了审判实践。上述这些规定，共同构成了我国刑事附带民事诉讼制度的法律依据。

二、刑事附带民事诉讼的性质

关于刑事附带民事诉讼的性质，理论界有三种不同的观点。第一种观点是刑事说，认为附带民事诉讼既然规定在刑事诉讼法中，是在刑事诉讼中进行的，因此本质上是刑事诉讼。第二种观点是民事说，认为附带民事诉讼的目的是解决被告人的民事责任问题，所适用的是民事法律。附带民事诉讼只不过是在刑事诉讼期间进行的民事诉讼，所以在本质上

① 参见邵世星、刘选：《刑事附带民事诉讼疑难问题研究》，10～12 页，北京，中国检察出版社，2002。

是民事诉讼。第三种观点是综合说，认为附带民事诉讼是将刑事诉讼和民事诉讼结合在一起的特殊诉讼，它既不完全和刑事诉讼相同，也不完全和民事诉讼相同，是刑事诉讼和民事诉讼结合后形成的一种特殊的诉讼。在这三种观点中，第三种观点目前占据主导地位，并以此为基础，认为附带民事诉讼具有以下几方面特点：

1. 性质的特殊性。附带民事诉讼所要解决的根本问题是物质损失的赔偿问题，因而从本质上来说，其应当属于民事诉讼。只不过这种民事诉讼和一般的民事诉讼产生的前提不同，它不是基于一般的民事侵权行为所引起的，而是被害人由于被告人的犯罪行为所引起的，因而说它是一种特殊的民事诉讼。正是由于这种特殊性，被害人才可以在刑事诉讼过程中就所遭受的物质损失提出赔偿的要求，并在追究被告人刑事责任的同时一并予以解决。

2. 法律依据的复合性。附带民事诉讼是在刑事诉讼中处理民事赔偿问题，通过一次诉讼既解决被告人的犯罪和刑事责任问题，又解决被害人所遭受物质损失的赔偿问题。很显然，对被告人犯罪和刑事责任问题的解决应当依据刑事实体法和刑事程序法的规定，而对物质损失赔偿问题的处理应当依据民事实体法和民事程序法的规定。由此可见，附带民事诉讼案件的处理过程，实际上是刑、民事法律的综合适用过程，离开了任何一个方面，附带民事诉讼问题都不可能得到正确的处理。

3. 处理程序的依附性。附带民事诉讼以刑事案件的成立为前提，必须在刑事诉讼过程中提起，附带民事诉讼的判决不得同刑事部分的判决相抵触，附带民事诉讼的起诉时效、上诉期限、管辖法院等都取决于刑事案件的情况。因此，附带民事诉讼在处理程序上是依附于刑事诉讼的，它必须以刑事诉讼程序为依托，刑事诉讼不存在，附带民事诉讼就无从谈起。

附带民事诉讼，是一项重要的诉讼制度，其意义可以概括为以下几个方面：

首先，有利于正确处理案件。被告人的同一种行为既侵犯了刑法所保护的社会关系，构成了犯罪，又造成了被害人的物质损害，将这样的案件合并审理较分开审理更有利于客观全面地查明案件事实，分清责任，从而正确地处理案件。由于处于前位的刑事诉讼的证明标准更为严格，因此将使附带民事诉讼的审理在认定事实和适用法律上也更为准确。

其次，有利于保护公民、国家和集体的财产。对于被告人的犯罪行为给公民、国家和集体造成的物质损失，附带于刑事诉讼程序进行追究效果更为理想，被害人的权利一般也更能得到保障。特别是对于国家和集体财产所遭受的损失，由于刑事诉讼法中规定了检察机关可以提起附带民事诉讼，在一定程度上填补了民事诉讼法规定的空白和不足，这样更有利于保护国家和集体的财产权利不受侵犯。

再次，有利于提高诉讼的效率和效益。一方面，附带民事诉讼是在刑事诉讼过程中一并解决的，这就极大地避免了公安、司法机关的重复劳动，节省了司法资源；另一方面，对于当事人来说，附带民事诉讼可以减少他们的重复出庭、重复举证等活动，减轻他们的讼累。所以说，附带民事诉讼符合诉讼经济原则，有利于提高诉讼效率和效益，实现司法活动的价值。

最后，有利于保证人民法院审判工作的统一性，避免裁判结果的矛盾和冲突。由于附带民事诉讼是由审理刑事案件的同一审判组织进行审理的，这就保证了对案件事实认定的统一性，避免了因不同审判组织分别进行审判可能对同一案件事实得出不同的结论，从而能够保证法院审判工作的统一性，有助于维护司法的权威。

第二节 我国附带民事诉讼制度的基本内容

一、附带民事诉讼的条件

很显然，附带民事诉讼是一种特殊的民事诉讼，要构成这种特殊的民事诉讼，必须符合一定的条件。根据附带民事诉讼的性质和现行《刑事诉讼法》的规定，附带民事诉讼的条件有：

1. 附带民事诉讼以刑事诉讼的成立为前提。附带民事诉讼是在追究被告人的刑事责任的同时，附带解决被告人的犯罪行为给被害人造成的物质损失的赔偿问题，因此，附带民事诉讼必须以刑事诉讼的成立为前提，如果刑事诉讼不成立，附带民事诉讼就失去了存在的前提和基础。这就是说，刑事案件成立，刑事诉讼程序已经启动，民事诉讼才有附带的可能性。刑事案件成立，包括两种情况：一是公诉案件，因公安机关或人民检察院作出立案决定而开始刑事诉讼；二是自诉案件，因人民法院受理自诉人的自诉请求而开始刑事诉讼。如果刑事案件尚未成立，刑事诉讼程序没有启动，遭受物质损失的人只能提起单独的民事诉讼。

2. 被害人的损失必须是物质损失。所谓物质损失，是相对于精神损失而言的，它是指外在的、有形的、可以被人所感知，能够用货币或其他手段计量的损失。依据我国《刑事诉讼法》第 77 条的规定，只有当被害人所遭受的损失是物质损失时，才可以提起附带民事诉讼。至于被害人因犯罪行为所遭受的精神损害，目前尚不在赔偿的范围之内。

3. 被害人遭受的物质损失是由被告人的犯罪行为直接造成的。也就是说，被告人的犯罪行为与被害人所遭受的物质损失之间必须存在直接的因果关系，存在着内在的联系。最高人民法院《关于刑事附带民事诉讼范围问题的规定》第 2 条规定：“被害人因犯罪行为遭受的物质损失，是指被害人因犯罪行为已经遭受的实际损失和必然遭受的损失。”由此可见，被告人的犯罪行为给被害人直接造成的物质损失可以分为两部分：一是犯罪行为已经给被害人造成的物质损失，这样的损失又称积极损失。例如，犯罪分子作案时破坏的门窗、车辆、物品，被害人的医疗费、营养费等；二是被害人将来必然要遭受的物质损失，这样的损失又称消极损失。例如，在伤害案件中，被害人被打伤后需要继续治疗的医疗费；因受伤不能上班而必然要减少的正常收入等。不是这样的直接损失，不能提起附带民事诉讼要求。至于在犯罪过程中由被害人自己的过错造成的损失，则不应由被告人承担。此外，因民事上的债权债务关系纠纷而引起的刑事犯罪，在刑事诉讼过程中，也不能就刑事犯罪之前的债权债务问题提起附带民事诉讼。

4. 必须在刑事案件立案之后、一审判决作出之前提起。如果刑事案件尚未立案，刑事诉讼程序尚未启动，则民事诉讼无法附带。如果刑事一审判决已经作出，被害人才提出民事赔偿请求，则不论对当事人，还是审判机关，都失去了附带民事诉讼的意义。在这种情况下，可以让被害人向人民法院的民事审判庭另行提起民事诉讼来解决民事赔偿问题。至于在刑事一审判决作出之前被害人没有提出附带民事诉讼，到了第二审阶段被害人才提出赔偿要求的，更不应获得准许。因为如果允许被害人在二审过程中提起附带民事诉讼，则由二审法院直接审理刚刚提起的民事诉讼，必然导致案件的刑事部分是终审判决而附带民事部分是一审判决的矛盾，造成审级上的混乱，与我国的两审终审制度相抵触。如果二审法院作出的附带民事诉讼判决为终审判决，则实际上又剥夺了附带民事诉讼当事人的上诉权。①

二、附带民事诉讼的当事人

附带民事诉讼的当事人是指与附带民事诉讼案件的处理结果具有直接利害关系的诉讼参与人，具体包括附带民事诉讼的原告人和附带民事诉讼的被告人两种。

(一) 附带民事诉讼的原告人

附带民事诉讼的原告人是指以自己的名义就犯罪行为而引起的损失向公安司法机关提起附带民事诉讼请求的人。根据《刑事诉讼法》和有关司法解释的规定，附带民事诉讼原告人具体包括：

1. 被害人。根据《刑事诉讼法》第 77 条第 1 款之规定，被害人由于被告人的犯罪行为而遭受物质损失的，在刑事诉讼过程中，有权提起附带民事诉讼。这里的“被害人”是指遭受犯罪行为侵犯的对象，既包括自然人，也包括法人和其他组织。自然人既包括我国公民，也包括在我国境内遭受犯罪行为侵害的外国人和无国籍人。“其他组织”是指法人以外的具有民事主体资格的组织。《高法解释》第 84 条也规定：人民法院受理刑事案件后，可以告知因犯罪行为遭受物质损失的被害人（公民、法人和其他组织），有权提起附带民事诉讼。

2. 被害人的法定代理人。根据《高法解释》第 84 条之规定，无行为能力或者限制行为能力被害人的法定代理人，有权提起附带民事诉讼。法定代理人，是指被代理人的父母、养父母、监护人和负有保护责任的机关、团体的代表。

3. 被害人的近亲属。根据《高法解释》第 84 条之规定，已死亡被害人的近亲属，有权提起附带民事诉讼。被害人的近亲属是指被害人的夫、妻、父、母、子、女、同胞兄弟姊妹。

4. 人民检察院。根据《刑事诉讼法》第 77 条之规定，如果是国家、集体财产遭受物质损失的，人民检察院在提起公诉时，可以提起附带民事诉讼。也就是说，当国家、集体财产遭受损失，而被害单位没有提起附带民事诉讼时，人民检察院作为国家利益的维护者，

---

① 参见杨连峰：《刑事附带民事诉讼的理论与实践探讨》，载《中国法学》，1991 (5)。

有责任提起附带民事诉讼。当检察机关一并提起附带民事诉讼时，它既是公诉机关，又是附带民事诉讼原告人，享有附带民事诉讼原告人的诉讼权利。

（二）附带民事诉讼的被告人

附带民事诉讼的被告人，是指对犯罪行为造成的物质损失负有赔偿责任的人。在通常情况下，附带民事诉讼的被告人就是刑事诉讼的被告人，但在某些特殊情况下，应当赔偿物质损失的附带民事诉讼被告人，却不是承担刑事责任的被告人。根据《高法解释》第86条的规定，主要是指以下几种情形：

1. 未成年刑事被告人的监护人。监护人承担民事责任是由其特定的监护身份以及没有尽到监护职责的行为决定的，因此由监护人承担赔偿责任不存在罪及他人、株连无辜的问题。

2. 未被追究刑事责任的其他共同致害人。这种情形主要是指数人共同犯罪案件中，有的被告人被追究刑事责任而交付人民法院审判，有的被公安机关作出劳动教养处理或行政拘留处分，有的被人民检察院作出不起诉决定，在这种情况下，被作出其他处理的同案人都可以作为附带民事诉讼的被告人。因为数人共同造成他人物质损失的行为是一个不可分割的整体，造成物质损失结果的原因是共同的加害行为，各加害人都应对物质损失承担民事赔偿责任。

3. 已被执行死刑的罪犯的遗产继承人，共同犯罪案件中案件审结前已死亡的被告人的遗产继承人。因为，在这两种情况下，对被害人的经济赔偿应当看作是已经死亡的刑事被告人生前所负的债务，属于遗产的清偿范围。

4. 其他对刑事被告人的犯罪行为依法应当承担民事赔偿责任的单位和个人。这里的单位应作广义的理解，既可以是法人组织，也可以是非法人单位。

三、附带民事诉讼的提起和审理

（一）附带民事诉讼的提起

1. 提起附带民事诉讼的期间。关于提起附带民事诉讼的期间包括两个问题：一是提起附带民事诉讼的起始时间；二是提起附带民事诉讼的终结时间。《高法解释》第89条对这个问题作出了明确的规定，主要内容如下：

提起附带民事诉讼的起始时间，应当是刑事案件立案以后即可提起附带民事诉讼，包括以下几种情况：被害人是公民个人的，可以直接向人民法院提起附带民事诉讼；公诉案件中，被害人也可以在侦查、起诉阶段通过侦查机关、起诉机关提起；国家、集体财产遭受损失的，遭受损失的法人或其他组织既可以直接向人民法院提起附带民事诉讼，也可以在侦查、起诉阶段通过侦查、起诉机关提起；如果遭受损失的单位未提起诉讼的，人民检察院在提起公诉的时候，可以提起附带民事诉讼。

提起附带民事诉讼的终结时间是一审判决的宣告，即只有在一审判决宣告前才能提起附带民事诉讼，一旦一审刑事判决已经宣告，就不能再提起附带民事诉讼，原告人只有在刑事判决生效以后另行提起正式的民事诉讼，按照《民法通则》和《民事诉讼法》的规定执行，不属于附带民事诉讼的范畴。

2. 提起附带民事诉讼的方式。我国《刑事诉讼法》对于提起附带民事诉讼的方式没有作出明确规定。根据《高法解释》第91条的规定，提起附带民事诉讼一般应当提交附带民事诉状；书写诉状确有困难的，可以口头起诉。审判人员应当对原告人的口头诉讼请求详细询问，并制作笔录，向原告人宣读；原告人确认无误后，应当签名或者盖章。无论以书面方式还是口头方式，都应当说明附带民事诉讼原告人、被告人的姓名、年龄、职业、住址等个人基本情况，控告的犯罪事实以及由于犯罪行为而造成的物质损失及相关证据、具体赔偿请求等。

人民检察院在提起公诉时一并提起附带民事诉讼的，只能以书面方式，即制作附带民事诉状，诉状中应当写明：被告人的基本情况；被告人的犯罪行为给国家、集体财产造成损失的情况；代表国家、集体要求被告人赔偿损失的诉讼请求和适用的法律根据。

(二) 附带民事诉讼的财产保全和先予执行

附带民事诉讼的财产保全，是指人民法院在受理附带民事诉讼之后，为了保证将来发生法律效力的附带民事诉讼判决能够得到执行，而对被告人的财产预先采取的查封和扣押措施。《刑事诉讼法》第77条第3款规定："人民法院在必要的时候，可以查封或者扣押被告人的财产。"这里的查封和扣押，即是附带民事诉讼中的保全措施。

附带民事诉讼财产保全的适用条件是：(1) 确实存在因被告人的行为或者其他原因使将来的附带民事诉讼判决不能或难以执行的可能性；(2) 保全财产的范围，以被告人个人财产为限，不得查封、扣押其他人包括被告人近亲属的财产；(3) 保全财产以诉讼请求所主张的赔偿数额为限。除以上适用条件外，还应当注意附带民事诉讼财产保全的措施只有查封和扣押两种法定形式，不得适用其他民事保全措施。对于查封、扣押的财产，应当妥善保管。

附带民事诉讼的先予执行，是指人民法院在受理附带民事诉讼之后、作出判决之前，根据附带民事诉讼原告人的请求，先行裁定被告人预先给付原告人一定数额金钱或者财物的制度。附带民事诉讼的先予执行必须具备法定的理由。根据最高人民法院《关于审理刑事附带民事诉讼案件有关问题的批复》之规定，附带民事诉讼当事人提出先予执行申请的，人民法院应当依照民事诉讼法的有关规定，裁定先予执行或者驳回申请。

(三) 附带民事诉讼的审判

我国《刑事诉讼法》第78条对附带民事诉讼的审判原则进行了规定，即"附带民事诉讼应当同刑事案件一并审判，只有为了防止刑事案件审判的过分迟延，才可以在刑事案件审判后，由同一审判组织继续审理附带民事诉讼"。根据这一原则，一般情况下，附带民事诉讼应当同刑事诉讼一并审理并作出判决，这样便于全面查清案件事实，也节省人力、物力和时间。但由于刑事案件的审判有严格的时间限制，且时间较短，如果附带民事部分同刑事部分一并审判，会影响刑事部分在法定时间内审结时，也可以先审判刑事部分，后审判附带民事部分。但是在分别审判是要注意：第一，只能先审刑事部分，后审附带民事部分，而不能先审附带民事部分，后审刑事部分；第二，必须由审理刑事案件的同一审判组织继续审理附带民事部分，不得另行组成合议庭；第三，附带民事部分判决对案件事实的认定不得同刑事判决相抵触；第四，附带民事诉讼部分的延期审理，一般不影响刑事判决的生效。

在附带民事诉讼审理过程中，附带民事诉讼的双方当事人可以就赔偿问题进行和解，人民法院也可以主持双方当事人进行调解。调解应当在自愿、合法的基础上进行，经调解达成协议的，调解书送达当事人后立即发生法律效力，当事人不得上诉。调解达成协议并当庭执行完毕的，可以不制作调解书，但应当记入笔录，经双方当事人、审判人员、书记员签名或者盖章即发生法律效力。经调解无法达成协议或者调解书签收前当事人反悔的，应当及时作出判决。

第三节　我国附带民事诉讼制度存在的问题及完善

我国《刑事诉讼法》虽然对附带民事诉讼制度作了规定，最高人民法院近年来的若干司法解释也对附带民事诉讼中的有关问题作了进一步的补充规定和说明，但总体来看这些规定仍然比较原则，条文偏少，内容简洁，涉及的问题不够详尽和具体，加之这些规定与民事法律及相关司法解释之间还存在不够协调甚至矛盾的情况，致使审判实践中处理附带民事诉讼案件时经常会遇到一些疑难问题。因此，对附带民事诉讼问题进行深入地研究，进而对不明确或做法不一致之处予以规范和统一非常必要。

一、附带民事诉讼的诉讼时效

附带民事诉讼的诉讼时效在附带民事诉讼制度中无疑是一个比较重要的问题，它直接关系到被害人的民事权利能否被司法机关所保护。而《刑事诉讼法》在对附带民事诉讼进行规定时，却没有涉及其诉讼时效问题，由此导致实践中认识不统一，在具体确定附带民事诉讼的诉讼时效时做法也不一致。从我国《刑法》第 87 条的规定来看，对犯罪的追诉时效是根据其法定最高刑来确定的，即法定最高刑为不满 5 年有期徒刑的，经过 5 年；法定最高刑为 5 年以上不满 10 年有期徒刑的，经过 10 年；法定最高刑为 10 年以上有期徒刑的，经过 15 年；法定最高刑为无期徒刑、死刑的，经过 20 年。如果 20 年以后认为必须追诉的，须报请最高人民检察院核准。而《民法通则》第 135 条则规定，“向人民法院请求保护民事权利的诉讼时效期间为二年”。该法第 136 条进一步规定，身体受到伤害要求赔偿的，诉讼时效期间为 1 年，从权利人知道或应当知道权利被侵害之日起开始计算。由此可见，刑法与民法对追究行为人法律责任的诉讼时效的规定是不一致的。那么，在附带民事诉讼这种特殊的诉讼中，应当适用哪种诉讼时效？诉讼时效是依照刑法计算，还是应当依照民法计算？

有人认为，附带民事诉讼应适用民法所规定的诉讼时效，其主要理由在于：从本质上看，附带民事诉讼仍属于民事诉讼，不能因为该诉讼是在刑事诉讼过程中提起就否认其本身的性质，故在附带民事诉讼案件中，民事部分的诉讼时效应区别于刑事部分的诉讼时效，民事部分仍应适用《民法通则》的规定。

我们认为，附带民事诉讼的诉讼时效应适用刑事法律的规定。这是因为：(1) 附带民事诉讼，本质上虽然属于民事赔偿的性质，但它的成立是以刑事诉讼的存在为前提的。《刑事诉讼法》第77条规定，"被害人由于被告人的犯罪行为而遭受物质损失的，在刑事诉讼过程中，有权提起附带民事诉讼"。从立法精神上来理解，只要刑事部分没有超过诉讼时效，刑事诉讼能够成立，附带民事诉讼的提起就是顺理成章的。这就在一定程度上意味着，附带民事部分的诉讼时效，是以刑事部分的诉讼时效为"基准"的。(2) "刑事优先"，是法律规范发生冲突时理应遵循的一个规则，这一规则早已为我们所接受和认可。其基本含义是：当刑事法律与民事等其他法律对同一个问题都作出了规范且内容不同时，应优先适用刑事法律。在附带民事诉讼中，刑事诉讼占据主导地位，民事诉讼处于从属地位，因而在附带民事诉讼中，当法律所规定的刑事部分的诉讼时效和民事部分的诉讼时效不一致时，根据"刑事优先"的规则，应适用刑事法律所确定的诉讼时效。(3) 刑事法律所规定的诉讼时效短则5年，长则20年，远远超过民事法律所规定的诉讼时效，因而附带民事诉讼适用刑事法律所规定的诉讼时效，从对被害人的权益保护来说，更为有利。

二、附带民事诉讼的诉讼费用

诉讼费用是指当事人为进行诉讼活动，依照法律规定向人民法院交纳和支付的费用。诉讼费用制度的主要功能在于减少国家在诉讼过程中的支出，避免当事人在诉讼过程中滥用诉权、无理缠讼。从国外的情况来看，关于附带民事诉讼的当事人是否需要交纳诉讼费的问题，法律的规定有所不同。如在法国、德国，法律都明文规定对刑事附带民事诉讼收取诉讼费用。而在苏联，则规定对附带民事诉讼不收取诉讼费。[①] 在我国，按照法律的规定，民事诉讼的当事人是要承担诉讼费用的，《诉讼费用交纳办法》中对各类不同民事案件应交纳的诉讼费用都作了具体的规定。但对于刑事案件，《刑事诉讼法》并未规定当事人要向法院交纳诉讼费用。至于附带民事诉讼这样一种特殊的民事诉讼，当事人应否交纳诉讼费用，《刑事诉讼法》中未予明确，《高法解释》第102条则作了补充规定："人民法院审理刑事附带民事诉讼案件，不收取诉讼费。"尽管有了明确的规定，但对附带民事诉讼究竟应否收取诉讼费用的争论并未结束，尚存在不同的意见。

显而易见，规定附带民事诉讼不收取诉讼费用，主要是基于以下几方面考虑：(1) 附带民事诉讼是在刑事诉讼中提出的附带民事赔偿请求，在诉讼过程中，刑事诉讼占据着主导地位，而民事诉讼则处于从属地位，因而在诉讼费用问题上，应主要考虑刑事诉讼的相关规定，而我国《刑事诉讼法》没有规定诉讼费用制度。(2) 被害人遭受犯罪行为侵害后，

① 参见邵世星、刘选：《刑事附带民事诉讼疑难问题研究》，77页，北京，中国检察出版社，2002。

本身就处于弱势的地位，其提出附带民事诉讼请求，是实现其权利救济的一种方式，如果对附带民事诉讼收取诉讼费用，则不利于被害人进行权利救济。（3）从司法实践中的情况来看，不少被害人遭受犯罪行为侵害后，生活都很困难，经济上处于窘迫境地，难以甚至无力支付诉讼费用。

我们认为，对于附带民事诉讼案件不收取诉讼费用，确实有其积极的一面，但同时我们也要注意到，不收取诉讼费用，其消极的一面也是很明显的，这些消极的方面主要体现在：（1）不利于我国法律体系的有机统一。附带民事诉讼在本质上仍然是民事诉讼，解决的仍然是民事赔偿问题。对于一般的民事诉讼，民事诉讼法规定了诉讼费用制度，当事人需要交纳诉讼费，而对于附带民事诉讼这种特殊的民事诉讼，当事人则可以不交纳诉讼费，法律应有的统一性在诉讼费用问题上难以体现。（2）容易造成当事人滥用诉权。由于附带民事诉讼当事人不需要向法院交纳诉讼费用，容易造成当事人毫无顾忌，在赔偿数额上漫天要价，提出许多既不切合实际又不合理的诉讼请求，其结果是既增加了案件的审理难度，又不利于提高诉讼效率。（3）增加了国家为诉讼而消耗的司法成本。附带民事诉讼解决的是民事赔偿问题，是对当事人私权利的一种救济，当事人对自己私权利进行救济，理应付出一定的成本和代价，而诉讼费用则是所付成本和代价的具体体现。如果附带民事诉讼不收取诉讼费用，则这种成本和代价就会转嫁到国家身上，从而增加国家为诉讼而消耗的司法成本。

两相比较，建立附带民事诉讼的诉讼费用制度无疑利大于弊。当然，这一制度建立后，对于经济确实困难的附带民事诉讼当事人，和一般民事诉讼一样，仍然可以考虑在诉讼费用上对他们进行免、减、缓，以确保他们的附带民事诉讼权利不至于因经济条件不足而受到损害。

三、附带民事诉讼中的反诉

反诉是民事诉讼中的一项制度，它是指在已经开始的诉讼程序中，本诉的被告通过法院向本诉的原告提出的一种独立的反请求，其目的在于抵消或吞并本诉原告的诉讼请求。提出反诉是民事被告的基本权利，我国《民事诉讼法》中进一步对提起反诉的条件作了明确的规定。那么，在附带民事诉讼中，被告能否对原告的请求提出反诉呢？对此，我国《刑事诉讼法》没有作出规定，实践中，有的审判人员允许被告向原告提出反诉，有的审判人员则不允许。即便在诉讼理论界，也未就此问题达成共识。

一种观点认为，在附带民事诉讼中，被告不能提出反诉。这是因为附带民事诉讼是依附于刑事诉讼的，《刑事诉讼法》中没有明确规定附带民事诉讼的反诉问题，因而被告提出反诉缺乏法律依据。况且，目前刑事案件数量急剧上升，刑事审判的任务十分繁重，附带民事诉讼本身已经给法院的刑事审判工作增加了较重的负担，如果再允许附带民事诉讼的被告提起反诉，则会使这种负担更加沉重，从而影响刑事诉讼的效率，导致诉讼拖延。在国外，也有一些国家如苏联，法律就规定附带民事诉讼的被告不享有提起反诉的权利，这种做法值得我们效仿。

另一种观点认为，附带民事诉讼的被告能否提起反诉，要区分公诉案件和自诉案件两种不同的情况。就自诉案件而言，附带民事诉讼的被告可以提出反诉。因为自诉案件的被告人在诉讼中本身就享有反诉的权利，其反诉的本质是指控自诉人犯罪，这样就具备了提起附带民事诉讼的前提。在反诉自诉人也实施了某种犯罪行为时，自诉案件被告人就可以同时提起附带民事诉讼的反诉，要求自诉人赔偿被告人的损失。在公诉案件中，附带民事诉讼的被告不可以提起反诉。因为，附带民事诉讼的前提是被告人实施了犯罪行为，因此，被告人不能也无权向附带民事诉讼原告人提起反诉。即使被害人有某些过错，也只能作为减轻被告人赔偿责任的情节，而不能作为反诉的证据。[①]

我们认为，不论是自诉案件还是公诉案件，均应赋予附带民事诉讼的被告享有反诉权。其主要理由是：(1)《高法解释》第100条规定，人民法院审判附带民事诉讼案件，除适用刑法、刑事诉讼法外，还应当适用民法通则和民事诉讼法的有关规定。由此可见，人民法院审理附带民事诉讼案件，不管是公诉案件还是自诉案件中的附带民事诉讼，适用的法律依据应当是统一的，并不因公诉案件或自诉案件而有所区分。既然承认自诉案件的附带民事诉讼被告有权提起反诉，那么公诉案件附带民事诉讼的被告也应享有同样的权利，否则便违背了我国法律的立法本意。(2) 不管是公诉案件还是自诉案件，在附带民事诉讼阶段，参与诉讼的各方都处于平等的诉讼地位，被告人有权通过诉讼途径维护自己的人身或财产权益，不能因为是刑事被告人就剥夺其诉权。(3) 如果不允许公诉案件的附带民事诉讼被告提起反诉，其只能在刑事案件审结后，另行提起民事诉讼，这从诉讼经济、诉讼效率等方面来考量，均不是妥当的做法，势必造成重复劳动，人为地增加了当事人的讼累，提高了诉讼成本。

基于上述分析，我们认为，为保证执法统一，对附带民事诉讼被告能否反诉的问题应统一认识和做法，允许附带民事诉讼被告在诉讼过程中提起反诉，法院应当对附带民事诉讼的本诉、反诉一并审理和裁判。

四、附带民事诉讼的案件范围

附带民事诉讼的案件范围是指哪些刑事案件伴随有物质损失时可以提起附带民事诉讼。它是人民法院判定被告人承担附带民事赔偿责任时需要考虑的一个因素，只有确定了案件范围，才能准确地判定被告人承担民事赔偿责任的方式及赔偿范围。2000年12月4日，最高人民法院颁布了《关于刑事附带民事诉讼范围问题的规定》。其第1条第1款即开宗明义地规定："因人身权利受到犯罪侵害而遭受物质损失或者财物被犯罪分子毁坏而遭受物质损失的，可以提起附带民事诉讼。"这就意味着，并不是所有的刑事案件都可以提起附带民事诉讼，允许提起附带民事诉讼的只有两类：一是人身权利受到犯罪行为侵犯而致物质损失的；二是财物被犯罪分子毁坏而遭受物质损失的。应当说，最高人民法院的这一司法解释

① 参见甄贞：《刑事诉讼法学研究综述》，188页，北京，法律出版社，2002。

意图对附带民事诉讼的请求范围作适当的限制，其出发点是好的，有助于明确附带民事诉讼的受理标准，避免附带民事诉讼在案件受理范围上的不统一，从而保证附带民事诉讼审判工作的顺利进行。但把附带民事诉讼的范围仅限定于人身权利受到犯罪侵犯和财物被犯罪分子毁坏这两类案件，则又显得过于严格，不利于充分保护被害人的民事权利。

首先，把附带民事诉讼的案件范围仅限于上述两类案件与《刑事诉讼法》的规定明显冲突。《刑事诉讼法》第 77 条第 1 款规定："被害人由于被告人的犯罪行为而遭受物质损失的，在刑事诉讼过程中，有权提起附带民事诉讼。"很显然，此款只是强调提起附带民事诉讼必须以被告人的行为构成犯罪为前提，至于犯罪行为的具体种类及所属案件范围，此款并未加以限制。换句话说，只要被告人的犯罪行为给被害人造成了物质损害，不管该犯罪属何性质，也不管该犯罪案件属于何种类型的案件，被害人都是有权提起附带民事诉讼的，不应也没有必要加以限制。《刑事诉讼法》是全国人大制定并通过的重要的基本法，其法律效力要远远超过最高人民法院的司法解释。在基本法律对附带民事诉讼的案件范围未作限制的情况下，司法解释却对其进行限制，这是不适当的，造成了下位法与上位法的冲突，使得《刑事诉讼法》第 77 条第 1 款的规定被虚置。

其次，把附带民事诉讼的案件范围仅限于上述两类案件将导致对被害人合法权益的保护失衡。从司法实践情况来看，被害人因犯罪行为的侵害而造成物质损失的情形是比较复杂的，因人身权利受到侵犯造成物质损失和财物被犯罪分子毁坏而造成物质损失只是其中的两种情形，在其他一些情形之下（如犯罪行为人盗窃、诈骗得手后已将财物挥霍一空），被害人同样也会遭受物质损失。从理论上讲，只要被害人遭受犯罪行为的侵害并造成了物质损失，不论是因人身权利遭到侵害而受到的物质损失，还是因财物被犯罪分子毁坏而遭受的物质损失，抑或是其他权利被侵害而造成的物质损失，都应该列入赔偿请求范围内，被害人都可以提起附带民事诉讼。不应该再区分什么样的犯罪造成的物质损失可以请求赔偿，什么样的犯罪造成的物质损失不能请求赔偿，否则就会造成法律对被害人有的合法权益予以保护，有的合法权益则不予保护的状况，导致执法的不协调和保护的不平衡。

再次，把附带民事诉讼的案件范围仅限丁上述两类案件并不符合诉讼经济原则的要求，也不利于案件的及时处理。对于被害人遭受犯罪侵害而致物质损失的其他案件不能提起附带民事诉讼，并不意味着人民法院对被害人的这种物质损失可以"坐视不管"，只不过"管"的方式不同而已。最高人民法院《关于刑事附带民事诉讼范围问题的规定》第 5 条即是针对这种情况的，规定："犯罪分子非法占有、处置被害人财产而使其遭受物质损失的，人民法院应当依法予以追缴或者责令退赔。被追缴、退赔的情况，人民法院可以作为量刑情节予以考虑。经过追缴或者退赔仍不能弥补损失，被害人向人民法院民事审判庭另行提起民事诉讼的，人民法院可以受理。"由此可见，对于前述两类案件之外的其他案件，人民法院是通过追缴或者责令退赔的方式来解决被害人的物质损失的。从实践中的情况来看，追缴或责令退赔亦并非易事，尤其是当犯罪分子占有、处置被害人财产数量大、次数多、时间长的情况下，追缴或责令退赔会面临诸多困难，也会消耗法院较多的人力和财力。经过追缴或者退赔如果不能弥补损失，被害人还是要向人民法院民事审判庭另行提起民事诉讼，那样的话，反而大大增加了人民法院的工作量，也给诉讼当事人尤其是被害人带来了讼累，使物质损失赔偿问题的解决更加复杂化，显然不符合诉讼经济原则的要求，也不利于案件的及时处理。

综上所述，对附带民事诉讼的案件范围不应也没有必要进行限制，现行司法解释中把附带民事诉讼的案件范围严格限定于人身权利受到侵犯和财物被犯罪分子毁坏两类案件是不适当的，应予以取消。

五、附带民事诉讼的赔偿范围

附带民事诉讼的赔偿范围，是指被害人对被告人造成的哪些损失可以提起附带民事诉讼，要求被告人进行赔偿。附带民事诉讼的赔偿范围实质上是要确定据以赔偿的损失的外延。对此，《刑事诉讼法》第77条第1款规定："被害人由于被告人的犯罪行为而遭受物质损失的，在刑事诉讼过程中，有权提起附带民事诉讼。"最高人民法院《关于刑事附带民事诉讼范围问题的规定》第1条第2款规定："对于被害人因犯罪行为遭受精神损失而提起附带民事诉讼的，人民法院不予受理。"最高人民法院《关于人民法院是否受理刑事案件被害人提起精神损害赔偿民事诉讼问题的批复》指出，"对于刑事案件被害人由于被告人的犯罪行为而遭受精神损失提起的附带民事诉讼，或者在该刑事案件审结以后，被害人另行提起精神损害赔偿民事诉讼的，人民法院不予受理"。综合这些规定，我们不难看出，在我国，附带民事诉讼的赔偿范围是被严格地限定为物质损失的，精神方面的损失不在赔偿范围之列，即不仅在被害人提起的附带民事诉讼中精神损失不会得到赔偿，即便是在刑事案件审结以后，被害人另行提起精神损害民事诉讼的，其赔偿请求也不会得到支持。

所谓精神损害，是指被害人的精神权益遭受犯罪侵害造成的无形的损害。精神损害是一种内在的损害，一般不为被害人以外的人所感知，难以用货币或其他手段来计量。按照通常的理解，精神损害主要包括以下几个方面：(1) 生命权、健康权、身体权遭受的侵害；(2) 姓名权、肖像权、名誉权、荣誉权遭受的侵害；(3) 人格尊严、人身自由遭受的侵害；(4) 隐私及其他人格权利遭受的侵害。我国刑事诉讼立法及有关司法解释对附带民事诉讼的赔偿范围进行严格限制并排除精神损害，原因是错综复杂的，既有观念方面的原因，又有立法技术方面的原因。从观念方面来看，主要有两个原因：一是认为精神损害赔偿是人格商品化、金钱万能化思想的表现，它是一种资产阶级的法律观念。在资本主义社会，人与人之间的关系是商品关系，因而人格、名誉也属于一种商品，所以精神损害也就被视为财产损失而可以按价赔偿。而在我们社会主义国家，公民的人格与名誉不是商品，不能用金钱估价，也不能用金钱赔偿，资本主义的商品观念与我国的法律观念、道德观念极不相符。所以，对精神损害予以物质赔偿，是有悖于我国社会风气和道德风尚的。[①] 二是认为精神损害赔偿对被害人所起的是精神上的抚慰作用，而犯罪分子接受审判并被处以刑罚，则

① 参见陈卫东：《刑事诉讼法教学参考书》，304页，北京，中国人民大学出版社，2004。

是对被害人最好的精神抚慰，既然被告人被追究刑事责任了，就没有必要再让其承担精神损害赔偿责任。从立法技术方面来看，主要是因为精神损害迥然有别于物质损失，它是一种无形的损害，存在于人的精神世界，看不见、摸不着，除被害人本人外，一般难以为别人所感知。而且损害的程度也难以进行准确的评价和界定，无法进行科学的计量。一旦把精神损害规定为附带民事诉讼的赔偿范围，又不能统一赔偿的具体标准，则会在一定程度上增大案件审理的难度，甚至会出现赔偿数额严重失衡的现象。

上述对附带民事诉讼的赔偿范围进行严格限制并排除精神损失的原因，表面上看似乎有一定的道理，但稍加分析，便可发现它们是很难站得住脚的。第一，不能把精神损害赔偿看作是资本主义特有的东西，精神损害赔偿侧重于对被害人精神上的安抚，对被告人的侵权行为给予惩罚，而不是将被害人的人格或名誉当作商品来交易，这样看待问题是有失偏颇的。精神损害同样不存在“姓资与姓社”的问题。① 第二，被告人承担刑事责任和附带精神损害赔偿责任两者并不矛盾。刑事责任是被告人的犯罪行为对公权力构成破坏所应当承担的代价，附带精神损害赔偿责任则是被告人的犯罪行为对私权利构成侵犯所应当承担的代价，两者针对的对象不同，彼此不应当混淆，公权力的救济不能代替私权利的救济。那种认为承担了刑事责任就可以免除附带精神损害赔偿责任的观点是典型的“打了不罚、罚了不打”思想的翻版。第三，精神损害一般会造成被害人的人格尊严受损、名誉降低，有时还会让其失去生活的信心和勇气，从而导致精神上的极度痛苦。精神损害虽然是一种内在的损害，但并非绝对地不能感知。现代医学和心理学研究表明，人的精神状态是可以通过其外在的行为表现出来的，一个人如果精神上遭受损害，其外在行为上往往有心烦意乱、神志恍惚、记忆衰退、寝食不安、情绪烦躁、血压升高甚至精神失常等表现，而且精神受损越严重，上述表现就越明显。我国《民法通则》早就确立了精神损害赔偿制度，其第 120 条第 1 款规定：“公民的姓名权、肖像权、名誉权、荣誉权受到伤害的，有权要求停止侵害，恢复名誉，消除影响，赔礼道歉，并可以要求赔偿损失。”2001 年 3 月，最高人民法院发布的《关于确定民事侵权精神损害赔偿责任若干问题的解释》，又对《民法通则》的上述规定进一步具体化，明确规定了自然人因民事精神损害向人民法院提起赔偿请求的范围、方法及确定赔偿数额的原则，为人民法院审理精神损害赔偿案件提供了操作性很强的依据。2004 年 5 月 1 日施行的最高人民法院《关于审理人身损害赔偿案件适用法律若干问题的解释》再次重申了对精神损害应予赔偿的原则。该解释第 1 条第 1 款规定：“因生命、健康、身体遭受侵害，赔偿权利人起诉请求赔偿义务人赔偿财产损失和精神损害的，人民法院应予受理。”从实践中的情况来看，近些年来，在民事审判领域，人民法院已经对大量的精神损害赔偿案件作出了生效判决，切实保护了众多精神损害受害人的合法权益，取得了较好的社会效果。同时，人民法院在对精神损害赔偿案件的审理中，通过不断的研究、分析和总结，也逐步积累了丰富的经验。这些无疑将为刑事附带精神损害赔偿案件的审理

---

① 参见陈卫东：《刑事诉讼法教学参考书》，305 页，北京，中国人民大学出版社，2004。

提供有益的参考和借鉴。

通过上述分析，我们认为，我国附带民事诉讼的赔偿范围应当扩大，不仅应包括犯罪行为给被害人造成的物质损失，而且应包括被害人因犯罪侵害而造成的精神损失。将精神损害赔偿纳入附带民事诉讼赔偿范围，除了有利于进一步理顺这一特殊类型案件中刑事诉讼和民事诉讼相互之间的关系，提高诉讼效率，节约司法资源，减少诉讼成本外，还能产生以下几个方面的积极意义：

1. 有利于打击犯罪，保护公民的精神权益，维护社会稳定。将精神损失纳入附带民事诉讼的赔偿范围，在让被告人承担刑事责任的同时，追究被告人犯罪行为对被害人精神损害的赔偿责任，有利于缓和与消除被害人精神上的痛苦，弥合和抚慰被害人心灵上的创伤，消除被害人心理上的阴影，及时恢复被害人的精神状态，对严厉打击犯罪，全面保护公民的合法权益，必然具有十分重要的作用。

2. 有利于我国法律体系的协调与统一。我国《民法通则》已确定了精神损害赔偿制度，但《刑事诉讼法》中的附带民事诉讼，却仅限于被害人的物质损失，这导致了刑事法律与民事法律之间的矛盾，显然不利于我国法律体系的有机统一，也在一定程度上导致了实践中的混乱。确立附带民事诉讼中的精神损害赔偿制度，将精神损害纳入附带民事赔偿范围，有效地解决了我国刑事立法和民事立法关于损害赔偿的范围不一的矛盾与冲突。

3. 有利于顺应世界发展的潮流。保护公民精神方面的合法权益是世界性的潮流，西方国家的立法普遍重视对公民精神权益的保护。在我国，将精神损害纳入附带民事诉讼的赔偿范围，是市场经济不断发展、社会不断进步的标志，不仅有利于保护我国公民的精神权益，也有利于与国际通行的法律规范接轨，树立我国法律良好的国际形象，提高我国的国际声誉。

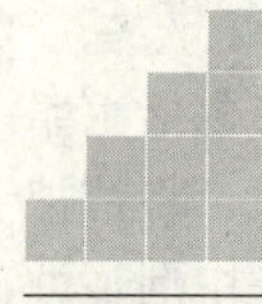

第十章 侦查基础理论

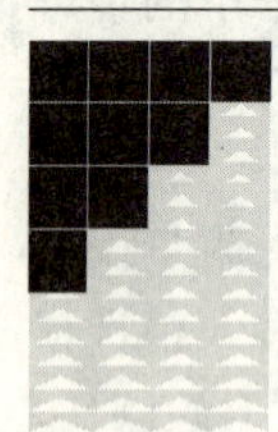

第一节 侦查模式	一、侦查模式的内涵 二、当代主要国家的侦查模式类型及特点 三、我国侦查模式的特点及成因
第二节 侦查程序中的人权保障	一、侦查程序中人权保障概论 二、犯罪嫌疑人的沉默权 三、犯罪嫌疑人的律师辩护权
第三节 侦查程序的正当化	一、侦查程序正当性概述 二、侦查正当程序的原则

第一节　侦查模式

侦查模式是审判前程序中的一个基本理论问题，也是近年来刑事诉讼法学界探讨的一个热点。侦查模式论是在刑事诉讼模式的基础上结合侦查程序自身的特点提出的，侦查模式的设置科学、合理与否直接关系到侦查目的及诉讼价值的实现。无疑，侦查模式的选择和实现对侦查法治化具有标志性作用。因此，通过对侦查模式的研究，可以对理顺侦查程序中的各项法律关系，保障侦查权的正当运作，完善对犯罪嫌疑人诉讼权利的保护等起到指导作用。

一、侦查模式的内涵

语义分析法学大师哈特曾指出，任何一个法律、法学的词语都没有确定的、一成不变的意义，而是依其被使用的语境有着多重意义，只有弄清这些语境，才能确定它们的意义。① 侦查模式一词目前有多种解释，站在不同的角度，处于不同的语境中，侦查模式有着不同的内涵。

目前我国关于侦查模式的研究主要是基于两个视角：一是从侦查学的角度来对侦查模式下定义并具体研究我国侦查模式的不足及改进办法，着重强调的是侦查破案及证据收集的方式和重点②；二是从整个刑事诉讼法的角度来研究侦查模式，并着重从诉讼构造的角度来对侦查模式下定义并研究不同侦查模式的优劣以及对我国侦查模式重新建构的方向进行预测。本专题着重从刑事诉讼法的视角来对侦查模式及其相关的问题进行深入的剖析。

（一）侦查模式研究的侦查学视角

从侦查学的角度来研究侦查模式，主要是指从侦查破案的方法、手段以及在侦破案件过程中侦查人员所采用的侦查思维的角度来对侦查模式下定义、进行分类并对相关的问题进行研究。从此角度对侦查模式进行研究的学者们又依据所研究的不同侧重点、不同的标准对侦查模式进行了不同的分类。

以侦查人员和侦查机关对待物证和口供两种不同种类证据的态度及侦破案件侧重点的不同，可以将侦查模式分为“由供到证式的侦查模式”和“由证到供式的侦查模式”。“由供到证式的侦查模式”，也称为“口供本位”的侦查模式，它是指在侦查破案过程中侦查人员以收集口供、证言等言词证据为主要的侦查突破口，从而带动全案侦破的一种侦查模式。它是目前侦查人员侦查案件的一种典型的思维模式，在我国侦查机关及侦查人员中根深蒂固。此种侦查模式的主要特征是：（1）它强调口供的重要性并往往极端化为口供至上，因此在讯问过程中多发生刑讯逼供等侵犯人权的现象。（2）在这种模式下的侦查活动经常是秘密的，并且缺乏对侦查机关的体制外制约。“由证到供式的侦查模式”是指在侦查过程中把实物证据放在首要位置，注重对实物证据的收集和运用，而把口供等言词证据的收集和运用作为辅助性手段的一种侦查模式。此种侦查模式的主要特征是：（1）它强调实物证据的收集，因此相应地强调收集、保全、运用证据过程中科技手段的运用。（2）它对于口供等言词证据更加注意运用其他实物证据来印证其真实性。可以说这与我国《刑事诉讼法》第46条规定“对一切案件的判处都要重证据，重调查研究，不轻信口供。只有被告人供述，没有其他证据的，不能认定被告人有罪和处以刑罚；没有被告人供述，证据充分确实的，可以认定被告人有罪和处以刑罚”的立法原意是一致的。（3）它强调对于犯罪嫌疑人采取侦查手段和强制措施的前提是必须有一定的确实证据。因此对于强制侦查手段的使用采取更加慎重的态度，在一定程度上能够防止侵犯人权现象的发生。

以侦查案件的着手点及运用侦查手段的不同，可以把侦查模式分为“从案到人的侦查模式”和“从人到案的侦查模式”。“从案到人的侦查模式”是指案件发生后，侦查人员利

① 参见张文显主编：《马克思主义法理学——理论与方法论》，102页，长春，吉林大学出版社，1993。

② 参见樊崇义主编：《刑事诉讼法实施问题与对策研究》，300～307页，北京，中国人民公安大学出版社，2001。

用现场遗留下的相关案件信息，运用多种侦查手段来使案件得以侦破的侦查模式。其特点主要是：(1) 它注重以分析犯罪现场的情况资料和遗留的痕迹作为侦查工作的切入点，从而展开侦查使案件得以告破。(2) 它运用的是演绎的侦查思维，从发案现场进行时间上的回溯推理，从而来确定犯罪嫌疑人。(3) 它以发案现场为中心，分析、判断案件性质，确定侦查方向和范围，制定侦查方案。"从人到案的侦查模式"是指侦查人员综合运用通过侦查基础业务、侦查手段所获取的与已知或未知的犯罪相关联的嫌疑活动和嫌疑信息来分析、判断案件性质，确定侦查方向和范围，确认犯罪嫌疑人，从而使案件得以破获的侦查模式。其主要特点是：(1) 它是以从多方面获取的情报信息中发现的嫌疑人作为侦查过程中的着眼点。(2) 它运用的是归纳的侦查思维，从众多的情报信息中综合分析出犯罪嫌疑人，继而收集证据、破获案件。(3) 它依靠公安基础工作、信息情报工作等多项业务进行侦查活动。

(二) 侦查模式研究的刑事诉讼法学视角

以刑事诉讼法学的视角来研究侦查模式是将侦查程序置于整个刑事诉讼程序之中，从宏观层面来考察侦查程序中追诉方、辩护方、裁判方三者的法律地位及其相互关系，即以侦查程序中诉讼构造为基本研究对象。本专题即是从这一视角来探讨侦查模式问题。

对诉讼模式的研究与诉讼构造的研究紧密相联。20 世纪 60 年代，美国学者帕卡最先从诉讼构造的角度来研究刑事诉讼，其提出的两个刑事诉讼模型——"犯罪控制模式"与"正当程序模式"涉及大量关于侦查程序中追诉方、辩护方、裁判方三者之间的地位及其相互关系的阐述，为我们系统地研究侦查模式进行了有益的理论铺垫。例如：他用两个模式的理论展开的关于逮捕的事实是否有司法审查和正当理由的论述；关于犯罪嫌疑人被逮捕后警察是否可以立即讯问、犯罪嫌疑人能否在侦查阶段聘请律师及逮捕后对于犯罪嫌疑人拘禁期限的决定问题的论述；对于电子窃听等问题的论述，就可以看作是关于两种对立的侦查模式及其特点的阐述。而在此之前，1958 年日本的平野龙一教授在其出版的《刑事诉讼法》一书中就对侦查模式问题进行了分析及相应的分类。"关于侦查的构造，存在着完全对立的看法。一种看法应当称之为'纠问式侦查观'，另一种看法应当称之为'弹劾式侦查观'。前者认为，侦查本来是侦查机关调查犯罪嫌疑人的程序，正因为如此，它认可强制手段。不过，为了避免滥用，由法庭或法官加以抑制。这样，侦查便在一定程度上得到法律化，可以从中发现当事人主义的萌芽。与此相反，弹劾式侦查观认为，侦查不过是侦查机关单方面进行的准备活动，但同时嫌疑人也要独立进行准备。强制手段只能由法院为了将来作出裁判（即为了保全被告人和证据）而采用，当事人只是利用法院强制处分的结果而已。"① 从平野龙一教授关于侦查模式的论述中我们可以看出，他关于侦查模式的研究在当时取得了突破性的进展，并对此问题的进一步展开和深入地研究起到了巨大的推动作用。但是，他关于侦查模式的论述还是过于简单，只涉及侦查模式的几个问题和特点，没有

---

① [日] 平野龙一：《刑事诉讼法》，83～84 页，日本，有斐阁，1958，转引自孙长永：《侦查程序与人权》，10 页，北京，中国方正出版社，2000。

形成体系化的阐释，其研究的进路也只能定义为非“模式”化的研究。

我国学者从诉讼构造的角度来研究刑事诉讼整个程序的，源于李心鉴博士在其《刑事诉讼构造论》一书中的系统阐释。而侦查作为刑事诉讼的重要组成部分在他的研究中也得到了系统化、理论化和模式化的论述。此后我国诉讼法学者关于此问题的论述日益增多，尤其是前几年关于警检关系的讨论、关于侦查程序诉讼化的论述，以及现今关于再次修改侦查程序和赋予犯罪嫌疑人沉默权的立法建议，更是从不同的侧面将侦查模式研究推向深入。

然而，目前有许多研究侦查模式的论著将侦查模式与侦查构造、侦查结构等用语混用。一般的研究也是以诉讼构造论为理论基础，结合侦查程序自身特点，将侦查模式类型化。笔者认为，侦查模式与侦查构造虽然有密切的联系，但是二者在侧重点上有差异，也就造成了它们在内涵上的不完全相同。侦查构造、侦查结构等用语借鉴刑事诉讼构造论进行理论分析，而刑事诉讼构造是指“由一定的诉讼目的所决定的，并由主要诉讼程序和证据规则中的诉讼基本方式所体现的控诉、辩护、裁判三方的法律地位和相互关系”①。由此可见，侦查构造、侦查结构等用语更强调的是在侦查程序中参与主体之间的关系及地位，更倾向于是一种侦查程序中权力与权力、权力与权利的配置和关系的静态体现。而侦查模式中的“模式”一语带有标准、样式之意，侦查模式能够从宏观上直接反映一国的诉讼理念，是从动态的角度来考察基本的侦查程序类型。有学者指出，诉讼模式是指不同制度下的刑事诉讼构造经过简化和抽象所具有的样式。模式尽管可以用来对某一诉讼构造的特征进行概括，但它还不是构造或结构本身。② 因此，相对来说，侦查模式是比侦查构造、侦查结构更为宏观的用语，是对一国侦查程序基本特征的概括和归纳。当然侦查模式的研究重点对象是侦查构造问题，所以将侦查模式与侦查构造、侦查结构等用语混用也具有相对合理性，能够反映出其特定内涵。

二、当代主要国家的侦查模式类型及特点

研究侦查模式必须将其置于比较法的视野之中，有对比才能将侦查模式类型化。一个国家的侦查模式的形成要受到多方面因素的影响，如该国的历史文化传统、法律观念等。要对一国的侦查模式归类，至少应当考虑以下几个方面的内容：(1) 侦查机关行使刑事侦查权的方式；(2) 犯罪嫌疑人的诉讼地位及其辩护律师参与诉讼的程度和范围；(3) 是否有中立的机关对侦查机关及其侦查权的形式进行司法制约及由谁对侦查过程中出现的侦查机关与辩护方的争议进行解决。从以上三个方面所体现出的侦查程序中各主体之间的法律关系和地位、一国侦查程序制度设置的概貌，结合诉讼模式的分类理论，可以归纳出一国侦查模式的具体类型。

由于研究角度的不同，在侦查模式类型化问题上，分类标准也不尽一致，造成了多种

① 李心鉴：《刑事诉讼构造论》，7页，北京，中国政法大学出版社，1992。

② 参见陈瑞华：《刑事诉讼的前沿问题》，129页，北京，中国人民大学出版社，2000。

分类方式。大概有以下几种：对抗制侦查模式与非对抗制侦查模式；单轨制侦查模式与双轨制侦查模式；审问式侦查模式与弹劾式侦查模式；职权式侦查模式与对抗式侦查模式；司法式侦查模式与行政式侦查模式；当事人主义侦查模式、职权主义侦查模式和混合式侦查模式；纠问式侦查模式、弹劾式侦查模式和诉讼式侦查模式等。对于具体名称的确定，各派学者都有其理由，在本专题中笔者将侦查模式分为三类，分别称为：职权主义侦查模式、当事人主义侦查模式和混合式侦查模式。但是这种分类并不具有绝对意义，随着经济全球化步伐的加快，各国在法律制度上相互借鉴与融合的趋势也加速推进，原来明显的划分界限，今天看来已经趋于模糊。然而由于诉讼制度历史类型的影响一时难以消退，对当代国家的侦查模式作相对区分，仍然是可能的。

（一）职权主义侦查模式

职权主义侦查模式主要存在于具有大陆法系传统的德国、法国等国家，这种模式与这些国家的诉讼模式的整体样态相适应。大陆法系传统的职权主义侦查模式的基本特征有以下几点：

1. 大陆法系传统的职权主义侦查模式下侦查权的行使是单方的。在侦查过程中，调查、收集和保全证据等侦查措施的采取都是由负有侦查责任的侦查机关所包揽，并且强调侦查机关在侦查过程中负有客观公正的义务。

2. 大陆法系传统的职权主义侦查模式在侦查过程中追诉方的总体地位相对于被追诉方是处于优势的。如：法国学者也承认“检察机关作为刑事诉讼中的原告，有权就预审法官的任何裁定向上诉法院起诉审查庭提出上诉（抗诉）（《刑事诉讼法典》第185条）。在这一问题上，检察机关的权利比受到追诉的人的权利更为广泛，也比民事当事人的权利更为广泛”[①]。在德国，律师在侦查阶段的权利要受到极大的限制，律师会见犯罪嫌疑人在一定情况下要经过警察机关的同意方能进行。

3. 大陆法系传统的职权主义侦查模式强调侦查目的是为了发现客观真实，因此，为了发现真实可以进行必要的预备裁判。为了保证侦查的有效进行和所得到的证据在法庭上能够被确认，他们认为应当有一个独立于控辩双方之外的主体对侦查所获得的证据进行确认和保全。这种中立的主体也就是在欧洲大陆盛行一时而且现在还在法国发挥作用的预审法官，虽然现在许多国家已经废除了预审法官制度，并且即使是在其发源地法国，民众和学者也极力主张废除此种制度，但作为一种曾经长期存在并发挥重要作用的制度，其反映的正是大陆职权主义侦查模式的重要特征。

4. 大陆法系传统的职权主义侦查模式在侦查权力行使机关的关系上确立了警检一体化的模式。多数国家法律明确规定了检察机关对警察侦查案件的指挥权力和警察向检察机关报告、接受其指挥的义务。如：德国刑事诉讼法典第163条规定，在侦查刑事犯罪行为范围内，警察只负担着辅助检察院的责任，只能作“不允许延误的决定”，对自己的侦查结果

---

① ［法］卡斯东·斯特法尼等：《法国刑事诉讼法精义》（上），罗结珍译，135页，北京，中国政法大学出版社，1999。

应当“不延迟地”送交检察院，由检察院进行进一步侦查。此外法国、我国台湾地区也对此项制度予以明文规定。

（二）当事人主义侦查模式

英美法系当事人主义诉讼模式强调诉讼中控辩双方的平等对抗，在侦查程序中也处处予以体现，由此也形成了独特的当事人主义侦查模式。其主要特征有以下几点：

1. 英美法系当事人主义侦查模式在侦查构造的整体理念上强调双方平等对抗。虽然此种模式并没有像审判中那样全面贯彻“平等武装”的原则，但是由于其根本的理念和法律传统，从总体上来说在侦查过程中仍然侧重于双方对抗的原则。因此，他们赋予了犯罪嫌疑人沉默权、保释权等一系列权利，为追诉方的侦查和起诉设置一道道的障碍，呈现出跨栏式的进程。

2. 英美法系当事人主义侦查模式强调调查的双向性。侦查活动被认为是为了诉讼做准备，因此并不排除犯罪嫌疑人在其律师的帮助下进行一定范围的调查，如雇用私人侦探进行证据的收集和相应的调查活动。但辩护方的调查活动是在不违法的前提下的“任意侦查”，不具有国家侦查机关的强制性，其主要权利是律师在场权、证据排除听证权等。

3. 英美法系当事人主义侦查模式强调侦查为审判服务，即采取“庭审中心主义”，因此侦查过程中所取得的证据必须拿到法庭接受对方的质证。而且法律也没有规定警察机关负有收集有利于犯罪嫌疑人证据的客观义务，因此，警察机关对于所收集到的有利于犯罪嫌疑人的证据往往作为与其进行辩诉交易和让辩护方展示其收集的有利于追诉方的证据的砝码。

4. 英美法系当事人主义侦查模式最先确立犯罪嫌疑人的沉默权，并且美国曾经贯彻得最为彻底——确立了“米兰达规则”。虽然其他侦查模式的国家也都规定了犯罪嫌疑人的沉默权和不得强迫自证其罪的权利，但没有哪个国家贯彻得这样彻底。从中也可以看出英美法系当事人主义侦查模式强调在侦查程序中体现人权保护的特点。

（三）混合式侦查模式

采用混合式侦查模式的国家是一些在历史上曾长期采用大陆法系职权主义侦查模式，由于自身改革的需要（如意大利）或是由于主权不能独立而由他国强加（如日本），从原来的大陆法系职权主义侦查模式向英美法系当事人主义侦查模式转变的过程中建立的侦查模式。由于采用此种侦查模式的国家，没有共同的法律文化传统，并且变革的诱因、强度不同，所以混合式侦查模式各具风格，但是从宏观上概括混合式侦查模式仍然有可能和必要。总体上说，混合式侦查模式的国家都是兼具英美法系当事人主义和大陆法系职权主义侦查模式的特征，其不同之处在于对这两种侦查模式的特征表现的多少有区别。混合式侦查模式的侦查构造表现出不同于单一的大陆法系职权主义侦查模式或英美法系当事人主义侦查模式的特征。下面以日本的侦查模式为例来分析混合式侦查模式的特点。

日本混合式侦查模式中当事人主义的因素主要有以下几个方面：

1. 赋予犯罪嫌疑人不得自证其罪的权利和律师帮助权。日本宪法第38条规定“不得强制任何人对自己作不利的供述”，因此嫌疑人对于检察官、检察事务官以及司法警察职员的讯问调查，有权保持沉默。根据日本刑事诉讼法第39条第1项的规定，身体受到拘禁的被告人或被疑人，可以在没有见证人参加的情况下，与辩护人或由能够选任辩护人的人所委托的辩护人，进行接见，或授受文件或物件。

2. 由于日本审判方式的改革，犯罪嫌疑人在审判前的地位得以提高。如赋予辩护律师的询问在场权，日本刑事诉讼法第113条第1项规定：“检察官、被告人或辩护人，在执行查封票或搜索票时可以在场。”第157条第1项规定：“检察官、被告人或辩护人，可在询问证人时在场。”第170条规定：“检察官及辩护人可以在鉴定时在场。”同时赋予嫌疑人、被告人有权进行准抗告，请求告知羁押理由等权利。

日本混合式侦查模式中职权主义的因素主要有以下几个方面：

1. 赋予嫌疑人及其辩护律师请求法官进行证据保全、查阅控诉方案卷和相关材料的权利。日本刑事诉讼法第179条第1项规定：“被告人、被疑人或辩护人如不预先保全证据就会在使用证据上遇到困难时，在第一次公审期日前为限，可以请求审判官作出扣押、搜索、勘验、询问证人或鉴定等处分。”对于这种处分所形成的笔录或收集到的证据物，辩护人经法官同意可进行阅览。

2. 在警察和检察官的关系上，日本采取的是大陆职权主义侦查模式中的警检一体化的制度。日本刑事诉讼法第192条规定，警察机关和检察机关二者在原则上是协助关系。侦查机关是法律上享有侦查权的主体，即司法警察职员、检察官和检察事务官。强调由侦查机关采取侦查措施和相应调查权力的国家垄断性，不允许私人行使。第193条第1项规定，司法警察职员进行初步侦查，即在发现犯罪时，立即侦查犯罪人和收集证据；检察官进行补充性、补正性的侦查；检察官在认为必要时，可自行侦查。检察官为了保证公诉的提起，有权对警察的侦查活动进行一般性指示，有权通过审判官的批准，对嫌疑人实施逮捕、羁押、搜索、扣押等强制处分；有权不经法院批准，进行勘验、鉴定。

从宏观的角度来说，这三种侦查模式各有其特点，很难绝对地说哪种侦查模式更正当，但是每种侦查模式强调的侧重点不同，因此可以对各种侦查模式的优劣进行宏观的评说。首先，英美法系当事人主义侦查模式更加侧重于对侦查权滥用的防范，注重对犯罪嫌疑人的人权保障，赋予了嫌疑人及其辩护律师广泛的诉讼权利，尽量贯彻当事人主义一贯主张的平等对抗的主张。但从另一个角度来看，英美法系当事人主义侦查模式则相应地付出了侦查的效率低和诉讼成本高的代价——而赋予当事人双方的调查取证权往往造成同一个证据由两方分别来调查的情况，即使是两方调查的侧重点不同也会造成交叉，从而导致了诉讼成本在一定程度上的增加；为保护犯罪嫌疑人诉讼权利规定的各种措施从另外一种角度来看则是对侦查机关的侦查设置的障碍，从而在一定程度上降低了侦查机关打击犯罪活动的效率。其次，大陆法系职权主义侦查模式更加强调的是国家侦查权的有效行使，并关注对犯罪的控制和侦查活动的效率。如法国预审法官在国内被称为“超级警察”，行使所有的侦查权力——虽然这一制度受到学者的指责，但指责的学者也承认这种制度是非常有效率的侦查模式。但大陆法系职权主义侦查模式在犯罪嫌疑人人权保护方面做得不够好，尤其是传统的侦查模式，更是体现出明显的纠问式特点。在侦查阶段对犯罪嫌疑人赋予的沉默权、律师在讯问犯罪嫌疑人时的在场权等保护犯罪嫌疑人人权的做法是近些年来随着两大法系的借鉴和融合才出现的。再次，混合式的侦查模式试图集中英美法系当事人主义侦查模式和大陆法系职权主义侦查模式双方的优点，既注重保障犯罪嫌疑人的人权，又不牺牲侦查的效率。从理论上讲，若能把两大法系侦查模式的优点结合起来，会产生良好的社会效果。但这只是理论预期，还有待实践的检验。

各国之所以会采用不同的侦查模式，与各国的政治、经济、法律文化传统存在差异有着重要的关系。大陆法系职权主义侦查模式的理论基础主要有以下两方面：(1) 大陆法系国家奉行国家本位思想，强调侦查活动是为了维护国家的稳定和人民的安全。遵循的是黑格尔“国家高于市民社会”的思想，并且对于代表国家行使侦查权的警察机关和检察机关权力的行使予以充分的信任，认为国家的权力并不是一种“恶”。而人民对于国家侦查活动有配合和忍受的义务，因此犯罪嫌疑人的地位与国家追诉机关的地位是不平等的。(2) 大陆法系国家的侦查目的偏重于发现实体真实。因为揭露和证实犯罪是对已发生的历史事件的回溯和再现，所以它是一个艰难的过程，解决这一难题的有效途径是赋予侦查机关较少受到限制的、较大的权力，以保证侦查的有效进行，从而发现客观真实，保证社会秩序的稳定。英美法系当事人主义侦查模式的理论基础则是：(1) 英美法系国家强调对公民权利的保障，在侦查过程中强调对犯罪嫌疑人人身权和财产权的保障。他们认为这些权利是天赋的，而国家的权力是一种“恶”，必须进行限制，否则就要侵犯这些天赋的人权。因此遵循洛克式“市民社会先于国家”思想的英美法系当事人主义侦查模式必然限制国家侦查权的行使，并强化犯罪嫌疑人的诉讼权利。(2) 英美法系国家秉承其一贯的法律传统，在诉讼中强调追诉方与被追诉方的平等对抗，因此，在侦查阶段同时赋予当事人双方调查取证权，强调对犯罪嫌疑人辩护权的保护。而混合式的侦查模式主要是由于社会发展、政治、经济的影响而形成，体现出两大法系相互借鉴和融合的趋势。

20 世纪末和 21 世纪初，英美法系当事人主义侦查模式和大陆法系职权主义侦查模式相互融合、借鉴的趋势明显增强，尤其以一些原本是大陆法系职权主义侦查模式向英美法系当事人主义侦查模式的转变过程中形成的混合式侦查模式为典型。而且即使是典型的英美法系当事人主义侦查模式和大陆法系职权主义侦查模式的国家也都在互相借鉴和融合，原本属于各自的特色制度也不再为各自所独有，如德国、法国等大陆法国家对英美法系国家的保释制度也在法律上予以明文规定，而作为把沉默权推向极端的美国也通过判例对沉默权的行使规定了许多特例——尤其在“9·11”事件之后，通过了 Patriot Act，试图来提高侦查机关打击犯罪的能力和效率，最为重要的表现就是在该法典中放宽了对秘密侦查手段运用的限制和限制沉默权的行使。虽然各种侦查模式的本质区别还是存在的，但全球化的发展趋势使各国都确立了符合国际发展趋势的一些侦查制度。各种侦查模式的共同特点主要体现在以下两个方面：(1) 控制侦查机关侦查权的行使，普遍建立了对强制性侦查行为和审前羁押的司法审查机制。各国立法都明文规定了对于侦查过程中所采取的搜查、扣押、冻结等涉及公民人身、财产权利的侦查行为必须由中立的法官签发令状，从而使侦查权的行使受到司法权的控制，防止随意侵犯人权现象的发生。而对于审前羁押虽然规定的时间有所不同，但都规定要将嫌疑人带到法官面前由法官来决定是否予以羁押，并且法官在决定的过程中都要听取警察对于羁押理由的说明和辩护方对于羁押的反驳意见，实行类似于开庭审理的三角形侦查构造。（2）强化犯罪嫌疑人的当事人地位，保障被追诉人的诉讼权利。各国法律普遍规定了犯罪嫌疑人享有不被强迫自证其罪的权利，而且相应地赋予被告人有获得律师帮助的权利。虽然法国、德国仍然没有规定警察讯问犯罪嫌疑人时的律师在场权，但都规定了检察官或预审法官讯问犯罪嫌疑人时的律师在场权、辩护律师与犯罪嫌疑人的秘密会见和通信的权利。

三、我国侦查模式的特点及成因

我国1996年以前的诉讼制度是在借鉴苏联的经验基础上构建的，在诉讼模式上也与苏联基本相同。在诉讼理念上，我国奉行的是国家本位和权力本位，从总体上说我国刑事诉讼具有“流水作业”的特点，并且侦查程序中也不存在控、辩、审三方的诉讼形态。虽然随着诉讼民主化进程的推进和人权保障理念的强调，原来的诉讼模式已经发生了较大变化，但这种变化仍然不是根本性的，可以说只是一些技术细节上的修补。目前我国诉讼体制所确立的侦查模式仍然是一种职权主义的侦查模式。

这种职权性主要表现在以下几个方面：

1. 追诉方与被追诉方在侦查过程中的地位不平等。公安机关、检察机关代表国家行使刑事侦查权，而犯罪嫌疑人则有配合的义务，不具有对抗的权利。如我国《刑事诉讼法》第93条规定：“侦查人员在讯问犯罪嫌疑人的时候，应当首先讯问犯罪嫌疑人是否有犯罪行为，让他陈述有罪的情节或者无罪的辩解，然后向他提出问题。犯罪嫌疑人对侦查人员的提问，应当如实回答。但是对与本案无关的问题，有拒绝回答的权利。”《公安机关办理刑事案件程序规定》第180条也有类似的规定。由此可以看出国外侦查模式中实行的犯罪嫌疑人享有沉默权的制度在我国根本没有予以认可，此种情况明显表现出追诉方与被追诉方地位的不平等，并且在这种规定下，犯罪嫌疑人容易被当成是侦讯的客体，出现刑讯逼供的情形。

2. 追诉方拥有强大的、几乎不受制约的侦查权——即使是涉及犯罪嫌疑人人身、财产等重要人权时，作为中立的法官也没有制约的权力。换句话说，我国侦查模式设计的只是追诉方和被追诉方双方的关系，没有中立的第三方进行司法审查并作出程序性裁判。具体表现为：（1）涉及犯罪嫌疑人人身权、财产权的侦查手段、强制措施的采取由侦查机关自己决定和执行。根据我国《刑事诉讼法》和《公安机关办理刑事案件程序规定》，搜查、扣押、冻结等侦查措施的采用由公安机关的负责人审批，而涉及人身自由的取保候审、监视居住、拘留也是由县级以上公安机关负责人审批。只有逮捕的采取必须由检察机关来批准，但从诉讼的角度来说检察机关也是属于追诉机关，由其审批也难以保证公正性，并且审批的过程也是单方的书面审批，完全排除了犯罪嫌疑人的参与权。（2）犯罪嫌疑人的审前羁押的时间及其延长由追诉机关来决定，而排除了中立的法官进行司法审查的机会。根据我国刑事诉讼法的规定，刑事拘留由公安机关决定，一般情况下可以羁押 7 日，加上检察院审查批准逮捕的时间，最长可以拘留 14 日。对于流窜作案、多次作案、结伙作案的重大嫌疑分子由公安机关决定可以拘留 30 日，加上检察院审查批准逮捕的时间，最长可以拘留 37 日。公安机关按照其在刑事诉讼中的作用应该完全定位于侦查机关，而涉及犯罪嫌疑人人身自由的拘留完全由公安机关决定，足以表明我国是采用职权主义的侦查模式，十分不利于犯罪嫌疑人的人权保护。而对于更加长期的剥夺人身自由的羁押——逮捕来说，其采取的决定权及逮捕后羁押期限的延长则由检察机关来决定。虽然在我国检察机关被定位为法律监督机关，但在刑事诉讼中则更多的是担负刑事追诉与控诉的职能，因此，由其决定逮捕也违背了诉讼公正的理念。总之，缺乏独立于控、辩双方之外的中立的法官对于涉及犯罪嫌疑人人身自由的审前羁押进行司法审查，是我国侦查模式的又一特点。(3) 在侦查过程中，犯罪嫌疑人缺乏律师的有效帮助。1996 年修改后的《刑事诉讼法》把律师介入诉讼的时间提前到了侦查阶段，这的确是我国刑事诉讼的一大进步。但也要看到我国的相关规定与联合国刑事司法准则规定的人权保障最低标准还是有差距的，同时还缺少配套措施。例如，在侦查阶段律师不是以辩护人的身份介入诉讼；律师会见在押的犯罪嫌疑人时，侦查机关根据案件情况和需要可以派员在场，而不是在看得见但听不见的情况下进行；律师不能与犯罪嫌疑人通信；等等。

我国的侦查模式之所以形成以上特点是由我国政治、经济、文化及历史传统等多方面因素决定的。从法学的角度来讲，这种侦查模式主要由以下两个方面决定：(1) 由于我国历史上长期处于中央集权的封建社会，因此民众对于国家权力极其信任，国家权力及行使是具有天然的正当性的，而民众对这种权力的行使（包括刑事侦查权的行使）必须予以配合和顺从。正是基于此种思想传统，造成了我国容忍侦查机关刑事侦查职权行使的任意性。(2) 新中国成立后，我国不论政治模式还是经济、法制模式都学习当时苏联的模式，尤其是我国检察机关的建立更是本着“大检察”的理念，这就造成了我国现在对于侦查活动的监督、制约和审查权力都由承担控诉职能的检察机关来行使的局面，如检察机关对于逮捕的批准权。

我国现行侦查模式在一定时期是适应我国社会政治、经济发展要求的，并且为我国社会的发展和稳定作出了巨大的贡献。无可否认，我国的侦查模式是以强调侦查的效率和维护社会的稳定、打击犯罪活动等方面见长，并且在侦查效率、打击犯罪等方面也确实具有优势。但随着社会的发展，只侧重于强调打击犯罪的侦查目的逐渐满足不了社会利益多元化的需要，当代科学和合理的侦查模式的设置是要做到打击犯罪与保障人权两大诉讼目的的平衡。因此，改变我国现有的侦查模式，吸收和借鉴当事人主义侦查模式的对抗性因素，实现侦查程序诉讼化改造，已成为学者和立法机构的共识，并成为我国刑事诉讼法再次修改的一项重要任务。

关于我国侦查模式的重构，笔者建议应借鉴其他类型侦查模式的长处，并考虑到我国的国情，从以下几个方面进行改革：第一，应改变追诉方与被追诉方地位悬殊的状况，赋予犯罪嫌疑人沉默权，增强其抵御国家权力非法侵犯的能力，遏制刑讯逼供的发生。第二，进行侦查程序诉讼化的改革，应赋予法官对于强制性侦查行为和强制措施的司法审查权力，以改变我国现行的侦查模式，克服超期羁押、非法取证等侵犯人权的现象发生。第三，加大律师介入侦查阶段的力度，加强律师帮助权，使犯罪嫌疑人的律师帮助权具有实质意义。

第二节　侦查程序中的人权保障

人权保障是近年来法学界研究的核心问题，以人权保障理论的研究为契机，推动人权保障的进程，已经成为法学界的共识。目前诉讼法学，特别是刑事诉讼法学的理论研究也大多围绕着人权保障而展开。现在，几乎所有刑事诉讼法学研究者都接受了诸如刑事诉讼既要以惩罚犯罪为目标，又要坚持保障人权的思想，甚至参与刑事诉讼立法和司法的官员，也对加强刑事诉讼中的人权保障问题产生了较为清醒的认识。而侦查程序涉及国家的侦查权与个人权利之间关系的平衡与调整问题，更是与人权保障紧密相关，理应成为刑事诉讼中人权保障研究的重点。

一、侦查程序中人权保障概论

（一）侦查程序中人权保障的意义

"保护人权"、"捍卫人权"等诸如此类的呼声从近代以来就从未停歇过，而且日益强劲，在现代社会中它更成为衡量一个社会或者一个制度是否合理、是否文明的重要标尺。刑事诉讼中的人权保障问题，是一个备受关注的国际性话题。可以肯定地讲，没有哪一个部门法中的人权保障能像刑事诉讼法这样得到如此多的青睐，究其原因在于，刑事诉讼事关公民的生命和自由这两项最基本的权利。生命权和自由权是其他一切权利赖以存在的基础，而肩负保护这两项基本人权的刑事诉讼法在人权保障中的重要地位与作用也就可想而知了。因此，人权保障与现代刑事诉讼制度有着不解之缘，也是刑事诉讼法学研究中一个永恒的中心话题。而刑事诉讼中，侦查程序是对被追诉方权利和自由限制或剥夺相对较多的阶段，也是控制犯罪和保障人权最容易发生冲突的阶段，因此在侦查程序中强调人权保障更具有重要意义。

首先，侦查权的性质决定了应当强调侦查程序中的人权保障。侦查权的性质曾经在理论上有较大争议，行政权说、司法权说、混合权说都从不同的角度展示着侦查权的特点，目前理论界基本对侦查权在性质上归属于行政权有了较为统一的认识。侦查权是一项带有主动性的权力而不具有司法权的消极性和被动性的特征往往被作为侦查权是行政权的论据之一。正是这种主动性要求侦查机关在犯罪发生后，代表国家主动侦查犯罪。侦查机关可以主动发现犯罪事实、主动纠举犯罪，并且在侦查活动中可以享有较大的裁量权，主动作出一些事关侦查程序中参与人的决定。这种主动性并不只体现在对一些已然发生的犯罪中，而且对一些尚未付诸实施或正在实施中的犯罪行为，侦查机关也可采取诱惑侦查、监控等主动性的手段，对犯罪嫌疑人实施侦查。侦查权从另一角度看也是一种扩张性权力，即侦查权的合目的性客观上导致侦查权更注重达到侦查破案的目的，而忽视达到这一目的的过程合法性。这样侦查权在实施过程中就可能为达目的，向一些法无明文规定或者规定模糊的领域主动扩张自身的权力，以此达到侦查犯罪的目的。侦查权的主动性与扩张性使得侦查机关在实施侦查行为的时候具有了更大的裁量权，与此同时也大大增加了侵犯人权的可能性。侵犯人权几率的增加，也就要求对侦查权应有更严格的约束，更加强调对侦查程序中人权的保障。

其次，侦查行为的特点要求对侦查程序中的人权保障特别关注。侦查行为保障侦查目的的实现，没有侦查行为的顺利实施也就难以达到侦查犯罪的目的。而犯罪是一种激烈的社会冲突，往往采取国家追诉的方式来实现刑罚权，达到解决冲突的目的。而为了对抗犯罪，保障侦查行为的顺利实施，国家在赋予侦查机关侦查权的同时，也赋予侦查权以强制性。这种强制性是相对于其他国家权力来说的，使得侦查机关在某些情况下可以强制性地限制或剥夺犯罪嫌疑人权利来侦查犯罪，如采取搜查、扣押、拘留、逮捕等侦查行为。正如丹宁勋爵所言："社会必须有权逮捕、搜查、监禁那些不法分子。只要这种权力运用适当，这些手段都是自由的保卫者。但是这种权力也可能被滥用，而如果它被滥用，那么任何暴政都要甘拜下风。"[①] 侦查权作为一种国家权力，必须有一定的强制手段作为其实施的保证，不论是为了限制犯罪嫌疑人的人身自由，还是为了收集、保全证据，都不可避免地要使用强制方法。而侦查行为越是要求通过强制手段保证其成效，侵犯相对人私生活领域的基本权利的可能性就越大。一切权力皆有滥用的可能，而带有强制性的侦查行为一旦脱离正当程序而实施，则对公民权利的影响更深刻，危害也更大。因此，相对于其他国家权力而言，强调侦查程序中的人权保障具有更为深刻的意义。

再次，侦查程序运行的封闭性和不公开性使得侦查程序中的人权保障具有迫切性。侦查程序中犯罪嫌疑人的人权与国家追诉权力处于激烈的对抗中，而且为了保障国家刑罚权的实现，这种对抗往往是在一个封闭的空间中进行。说侦查程序封闭是因为侦查程序不具有多方参与的性质，且更多是一种侦查权的单方运行，这一点在大陆法系职权主义侦查模式的国家中体现得更为明显。即使是在英美法系当事人主义国家允许双方调查的模式中，辩方虽然可以进行一些调查工作，但这种调查不具有职权性，无法完全地参与到侦查机关的侦查活动中。同时，为了防止犯罪嫌疑人毁灭罪证、逃避侦查机关的缉捕，侦查程序不像审判程序那样具有公开性，而主要体现为一种秘密性。侦查程序的封闭性和秘密性客观上使得侦查权的监督和制约机制较少，使得犯罪嫌疑人的人权处于受侵害的危险之中。美国著名律师德肖微茨指出，越是在危险的时刻，越是能显示出一个社会的人权保障水平。[②] 故而，相对于其他诉讼程序，侦查程序中的人权更加需要得到保障。

（二）侦查程序中人权保障的对象及其权利体系

侦查程序虽然并不具有多方参与性，但是在侦查权的运行与侦查活动中也会涉及许多

① ［英］丹宁：《法律的正当程序》，李克强等译，109页，北京，法律出版社，1999。

② 参见［美］艾伦·德肖威茨：《最好的辩护》，唐交东译，259页，北京，法律出版社，1994。

诉讼参与人的权利，侦查行为不仅指向犯罪嫌疑人，还会关涉到被害人、证人。因此，事实上侦查程序中的人权保障是多元化的。然而，涉及主体的多元化也不能使得人权保障失去重点，而是要衡量受侦查权影响的程度、受侵犯的可能性而区别对待各种人权保障的对象。

1. 犯罪嫌疑人的人权保障体系

犯罪嫌疑人是侦查活动的对象，在面对侦查机关的刑事侦查取证活动时，是作为侦查对象的地位出现的。在侦查活动中，犯罪嫌疑人处于被怀疑有罪的弱势地位，加之人身自由经常受到限制，相对于代表国家行使追诉权力的侦查机关，他们即使有一定对抗侦查的权利，也无法真正在平等的基础上与侦查机关平等对抗。总体上看，犯罪嫌疑人在面对侦查机关职权活动的时候，其人权始终处于一种岌岌可危的状态。正是由于犯罪嫌疑人在侦查职权活动中这种天然的劣势，为平衡这种地位上的不平等，犯罪嫌疑人的人权也就成为整个侦查程序中人权保障的中心问题。同时，侦查程序中对犯罪嫌疑人的人权保障也在某种程度上具有典型的示范意义。侦查中强调犯罪嫌疑人人权保障，间接保护的对象却是社会的每一成员。这是因为，在一个国家中，每一个社会成员都可能犯罪或被犯罪所侵害，一旦某人犯罪而被追诉或因他人犯罪而被卷入侦查程序时，刑事诉讼法所设定的各种人权保障制度就会对他发生作用，因而社会的每一成员都是刑事诉讼的潜在主体。有学者据此指出，“一个政府怎么样对待它的嫌疑人，就必然会怎么样对待其他国民，也可以说，侦查机关与犯罪嫌疑人之间的关系，实际上不过是政府与个人之间法律上与现实中的关系在刑事程序中的延伸和具体表现”①。

尽管各国诉讼模式和诉讼制度可能存在差异，但是还是有一些为大多数国家所公认的侦查程序中犯罪嫌疑人享有的基本人权。按照学界通说，可以将犯罪嫌疑人的权利分为防御性权利、救济性权利和推定性权利三种。

（1）防御性权利

防御性权利是指犯罪嫌疑人为对抗追诉机关的指控，抵消其控诉的效果所享有的权利。犯罪嫌疑人的防御性权利主要包括以下四项：

1）知悉权。知悉权是指犯罪嫌疑人有获得被指控犯罪的内容、性质和理由的权利，这是犯罪嫌疑人进行防御的基础，司法机关有法定义务保障犯罪嫌疑人知悉权的实现。

2）沉默权。沉默权是指犯罪嫌疑人在整个刑事诉讼过程中对讯问官员的提问依法可以保持沉默或拒绝回答，且原则上不因此而受到不利推断的权利。沉默权的设置符合现代刑事诉讼构造理论的目标，有利于实现侦查过程中人权保障的价值取向。面对强大的侦查机关，犯罪嫌疑人的沉默权在消极意义上能使其增加防御能力，同时因为非法自白的排除，也使得刑讯逼供在很大程度上得到了遏制。

3）辩护权。辩护权包括犯罪嫌疑人自行辩护和聘请律师为其辩护的权利。犯罪嫌疑人

① 孙长永：《侦查程序与人权》，8页，北京，中国方正出版社，2000。

受自身的知识、能力、经验、人身自由被限制的状态等主客观因素的影响，大多聘请律师为其辩护。犯罪嫌疑人及时获得律师帮助权利的意义在于：一是使犯罪嫌疑人能够获得必要的法律咨询，对自己的行为和处境的法律意义有一个明确的认识，并了解自己所享有的诉讼权利。二是律师在侦查阶段介入刑事诉讼，能够及时收集犯罪嫌疑人无罪、罪轻的证据，及早提出辩护意见，及时保障犯罪嫌疑人的诉讼权利。三是有助于监督司法人员严格依照法律程序执法，对侵犯犯罪嫌疑人诉讼权利的行为及时制止。犯罪嫌疑人的辩护权具体包括被告享有辩护权，与律师联络、会见权，获得有效辩护的权利及当无力聘请律师辩护而案件又符合法律援助条件之时，有权获得由国家提供的免费法律帮助的权利。在这一系列权利中，尤以侦查讯问时律师在场权为核心，一些国家还建立了值班律师制度来为犯罪嫌疑人提供辩护权保障。

4）被保释权。被保释权是指被羁押的犯罪嫌疑人享有在侦查期间向追诉机关提供担保，并履行必要的手续后，使其人身自由不再受到限制而获得释放的权利。保释制度使得犯罪嫌疑人能够走出羁押场所，在未进行审判之前保障其人身自由。这样就尽最大的可能在不妨碍诉讼的前提下，对保护犯罪嫌疑人的人权起到了重要的作用。

（2）救济性权利

救济性权利是指犯罪嫌疑人对侦查机关所作出的涉及其重大权益的行为、决定，要求中立的司法机关予以审查并撤销该行为、决定的诉讼权利。“无救济即无权利”，在正面规制侦查机关的侦查行为或者赋予诉讼活动参与者防御权利的同时，应当对权利受侵害的犯罪嫌疑人提供救济途径。设置防御性权利的主要目的是增加犯罪嫌疑人对非法侵害的抵制能力，使他能够在没有顾虑的情况下行使这种权利。但在刑事诉讼中，由于众多因素的介入，防御权的运用往往比较被动，因而不能发挥其应有的作用。而救济性权利的设置，又为保障犯罪嫌疑人在侦查程序中的人权保障提供了一道屏障，利于纠正侦查过程中的违法和侵权等现象的发生。救济性权利主要包括：

1）控告权。犯罪嫌疑人对侦查机关的工作人员在侦查活动过程中侵犯其人权的行为，有权向有关机关提出控告。侦查的秘密性是很高的，有些情况和问题只有犯罪嫌疑人深处其中才能感受，而其他相关人员很少能知道。因此，为抵制侦查阶段侦查人员采取非法侦查手段侵犯犯罪嫌疑人的人权，控告权的设置尤为重要。

2）获得刑事赔偿权。国家对追诉机关的刑事司法行为给犯罪嫌疑人造成损害的，应当承担赔偿责任。现代各国不仅在宪法中规定国家对国家机关及其工作人员的职务侵权行为承担赔偿责任，而且专门用具体法律规定了刑事赔偿制度。在刑事侦查阶段，由于案件的复杂性及办案人员主观过错等主客观原因，错误适用法律行为在所难免，而获得刑事赔偿权作为犯罪嫌疑人人权保障在侦查阶段的最后一道程序，赋予犯罪嫌疑人最后一次救济的机会，同时，也是司法程序公正、民主的体现。

（3）推定性权利

推定性权利，是指从刑事诉讼法中推定出来的诉讼权利，是通过赋予执法机关一定的法律义务而在客观上使被追诉者受益的权利形态。这类权利在侦查程序中最为典型的体现就是无罪推定。无罪推定要求在法院依法确定被告人有罪之前，应推定其无罪。侦查机关承担收集犯罪嫌疑人有罪证据的责任，并且建构证明体系，达到定罪的证明标准，侦查机关不能将这种责任转嫁给犯罪嫌疑人。

2. 被害人的权利保障体系

刑事被害人是指其正当权益遭受犯罪行为侵害之人，是受到犯罪行为侵害的实体。被害人在诉讼中的利益相对于国家和社会的利益时，往往显得微不足道，因此，国家追诉机关在追诉犯罪时考虑保护国家和社会利益多，保护被害人个人利益少。在这种情况下，被害人很可能在犯罪行为的侵害下遭受了一次伤害，在诉讼活动中又再度受挫。第二次世界大战以后，随着国际性人权保障运动的广泛开展，社会各界逐渐认识到被害人在诉讼中所遭受的不公平待遇，被害人的诉讼地位重新受到重视，人权运动的发展要求在诉讼中不能只强调对犯罪嫌疑人的人权保障，更要充分地肯定和保护被害人的人权。

联合国大会在1985年通过了《为罪行和滥用权力行为受害者取得公理的基本原则宣言》，确认了被害人具有取得公理和公平待遇的权利、获得赔偿的权利、取得补偿的权利以及获得援助的权利。随着刑事被害人学的兴起和被害人要求程序保障呼声的高涨，尤其是20世纪70年代以来，对被害人权利的保护从关注逐步扩大到对被害人的赔偿、补偿和社会保护进而发展到扩大被害人的诉讼参与权上来。这种变革的总趋势体现为，改变被害人在以往刑事司法中的被动客体地位，让其成为积极的、主动的诉讼参与者，让其从起诉到判决执行整个过程中都能发挥影响或者制约的作用，使被害人受到犯罪行为侵害的合法权益能够通过刑事诉讼程序得以补救。

在侦查程序中，被害人的人权保障至少应当包括以下几个具体方面：第一，控告权。即被害人对侵犯自己权益的犯罪行为及犯罪嫌疑人，有权向侦查机关控告，相应的，侦查机关如无正当理由，不得拒绝受理。第二，知悉权。被害人在侦查程序中的知悉权要求侦查机关应当及时告知被害人侦查工作的进展情况，除非是涉及需要保密的事项。第三，发表意见及异议权。被害人对侦查程序的启动、中止、终结及证据等问题均可以发表自己的意见，还可提起复议和申诉，以达到影响侦查权行使的目的。

3. 证人的权利保障体系

证人以诉讼参与人的身份介入到侦查程序中，是证据的主要来源之一。对证人的人权保障不仅关涉到一国诉讼制度文明与否，而且还关乎证人提供证据的真实与否，关系到刑事诉讼目的能否顺利实现。因为倘若在侵犯证人权利或者在证人受胁迫的情况下收集证言，是难以保障证言真实性的。结合国际刑事司法准则及各国的规定，证人在侦查程序中的权利应当包括以下几个方面：第一，不受威胁、引诱、欺骗以及其他非法的方法提供证言的权利。第二，客观充分提供证据的权利。第三，本人及近亲属的安全得到保护的权利。第四，不受其他人干扰作证的权利。第五，在侦查期间，如不愿公开自己姓名的，有要求侦查机关为其保守秘密的权利。

（三）侦查程序中人权保障的宪法化与国际化趋势

侦查程序中所涉的人权往往是公民存在于社会的基本条件，属重大的人权，同时，这种人权特别是犯罪嫌疑人的人权所对抗的对象是强大的国家公权力，相对而言，侦查程序中的人权受侵害的可能性更大，更值得各国对其予以密切关注。目前随着刑事诉讼中人权保障地位的提升和国际交流的扩展，侦查程序中人权保障开始凸显出宪法化与国际化两种发展趋势。

1. 侦查程序中人权保障的宪法化

“我们的宪法并不都是有关刑事程序的，同时并不都是所有的刑事程序都应当宪法化。”[①] 刑事诉讼的宪法化主要是指，宪法将一些刑事诉讼中的公民基本权利作为宪法基本权利确立下来，以提升这些权利的重要性。侦查程序中人权保障的宪法化也是刑事诉讼宪法化的重要内容，甚至从各国宪法对刑事诉讼中基本权利的确认来看，侦查程序中人权保障的宪法化占据着主要地位。

宪法是人权的守护神，基本人权上升到宪法高度是更有利于人权保障的。与宪法有着密切联系的刑事诉讼法也正是基于其对人权的保障，被称为“应用宪法”。宪法对侦查程序中的人权保障主要是通过限制侦查机关的权力和赋予公民权利两种方式来实现的。宪法限制国家权力的过程也就是保护公民权利的过程，好比是一枚硬币的两面。宪法作为根本大法的地位在一定程度上也是因为宪法的内容主要是关于公民的基本权利。[②] 虽然从表面上看，刑事诉讼只是对特定诉讼参与人的权利保障，但从任何人都有成为涉讼的参与人这一可能性来讲，刑事诉讼中特殊主体的人权保护现状所折射的正是国家对待全体公民权利的真实态度。从这一意义上讲，刑事诉讼法也被称为“人权保护的大宪章”、“实践的人权法”、“宪法的适用法”。

当前世界上大多数拥有成文宪法或宪法性文件的国家都对刑事诉讼中的人权保护进行了规定。美国宪法修正案从原则上对公民，尤其是刑事诉讼中的犯罪嫌疑人和被告人的诉讼权利作出了相对完善且极为具体的宪法规定，从而使刑事诉讼当事人特别是被告人的许多诉讼权利上升为宪法权利，为公民在刑事诉讼中的权利提供宪法保障，这构成美国刑事诉讼程序法的一大特色。美国宪法是刑事诉讼程序的重要渊源，在宪法的前八条修正案指明的23项权利中，12项涉及刑事诉讼程序。其中涉及侦查程序的有第四修正案不受无理搜查和扣押的权利，第五修正案不受强迫自证其罪及不经正当法律程序，不得被剥夺生命、自由或财产的权利，第六修正案得知被控告的性质和理由的权利、获得律师辩护权，第八修正案不得要求过多的保释金的权利等。很明显，侦查程序中人权保障的宪法化是宪法基本权利体系的重要组成部分之一。德国基本法也对侦查程序中的人权保障作出了规定，第13条规定了不受非法搜查的权利，第104条规定了“个人自由非根据正式法律并依其所定程序，不得限制之。被拘禁之人，不应使之受精神上或身体上之虐待。唯法官始得判决可否剥夺自由及剥夺之持续时间。此项剥夺如非根据法官之命令，须实时请求法官判决。

---

① Akhil Reed Amar, The Constitution and Criminal Procedure : First Principle, Yale University Press, 1997, p. ix.

② 参见龚祥瑞：《比较宪法与行政法》，27页，北京，法律出版社，2003。

警察依其本身权力拘留任何人，不得超过逮捕次日之终了。其细则由法律定之。任何人因犯有应受处罚行为之嫌疑，暂时被拘禁者，至迟应于被捕之次日提交法官，法官应告以逮捕理由，加以讯问，并予以提出异议之机会。法官应实时填发逮捕状，叙明逮捕理由，或命令释放。法官命令剥夺自由或延续剥夺期间时，应实时通知被拘禁人之亲属或其信任之人”。这两个国家侦查程序中人权保障的宪法化基本可以代表世界的潮流。

我国2004年将“国家尊重和保障人权”纳入宪法是一种保障人权决心的宣示。通观我国《宪法》，共有4条宪法规范与侦查机关刑事执法中的人权保障问题直接相关。我国《宪法》第37条关于公民的人身自由不受侵犯的规定，第38条关于公民的人格尊严不受侵犯的规定，第39条关于公民的住宅不受侵犯的规定，第40条关于公民的通信自由和通信秘密受法律的保护的规定，都表明了我国宪法对制约侦查机关在刑事司法中的权力、保障公民在刑事诉讼过程中的人权所作出的努力，这也可以认为在一定程度上顺应了人权保障宪法化的趋势。但是目前还有一些不太令人满意之处，刑事诉讼法与宪法的衔接上还存在一些问题，如我国现行刑事诉讼法已经对律师介入侦查阶段有明文许可，而宪法规定律师辩护只限于审判阶段。同时，对侦查程序中侵犯人权的情况还未从宪法上规定救济方式。这些问题都需要在以后刑事诉讼法和宪法的修改、完善时加以考虑。

2. 侦查程序中人权保障的国际化

尊重人权是一项重要的国际法原则，20世纪特别是第二次世界大战以后，人权保障问题成为日益国际化的问题，各国法律及联合国有关法律文件都非常重视犯罪嫌疑人、被告人的人权保障。为确保刑事被追诉人能与其他公民一样切实享受到最基本的人权，联合国规定了一系列国际人权准则。这些法律文件主要有两种：一是联合国大会通过的基本人权公约，如1948年12月10日联合国大会通过并颁布的《世界人权宣言》，1966年12月16日联合国大会通过并颁布的《公民权利和政治权利国际公约》，1984年12月10日联合国大会通过的《禁止酷刑和其他残忍、不人道或有辱人格的待遇或处罚公约》，以及1959年11月20日通过的《儿童权利宣言》等；二是联合国有关机构通过的关于刑事司法的法律文件，如1985年11月29日通过的《关于司法机关独立的基本原则》，1990年通过的《关于律师作用的基本原则》、《联合国非拘禁措施最低限度标准规则》等。这些国际法律文件对侦查程序中人权保障也予以了关注，对无罪推定、反对强迫自证其罪，获得刑事赔偿，禁止酷刑或其他残忍的、不人道的或侮辱性的待遇或刑罚以及应当排除由酷刑逼迫作出的陈述的证据效力，不受任意逮捕、拘禁或放逐，获得律师的帮助等权利都分别予以了确认。这些人权保障的国际法渊源同样也作为国际刑事司法准则为我们总结出了各国在刑事司法运作中的基本准则，并作为普遍性的认识影响着整个世界刑事诉讼运行的规律。

我国政府于1997年签署《经济、社会及文化权利国际公约》之后，2001年递交了批准书；于1998年又签署了《公民权利和政治权利国际公约》。此外，我国还加入了《禁止酷刑和其他残忍、不人道或有辱人格的待遇或处罚公约》等一些涉及侦查程序中人权保障的国际公约。加入这些公约表明了我国刑事司法主动顺应国际化潮流的态度，但是对这些国际公约的践行还需要调整刑事诉讼法的相关规定和侦查机关的主动适应。

二、犯罪嫌疑人的沉默权

沉默权（right to silence）最早萌芽于13世纪的英国，后来在许多国家的刑事诉讼制度中得到确认，目前已经成为国际人权法确认的一项基本人权。随着中国刑事诉讼法学研究的进一步深入，沉默权制度也成为我国法学研究的热点问题之一。

（一）沉默权的内涵

现代法治国家刑事诉讼注重程序的正当与文明，强调尊重和保障受讯问人的人格尊严和意志自由，沉默权就是一个重要体现。在国外立法上，对沉默权的表述并不完全一致，导致了沉默权的内涵也不完全相同。一般认为沉默权有广义的沉默权和狭义的沉默权两种。

广义的沉默权包括一系列具体的权利，主要有六项：其一，任何人有权拒绝回答其他人或机构的提问，不得以处罚为后盾予以强制；其二，任何人有权拒绝回答可能自陷于罪的问题，不得以处罚为后盾予以强制；其三，任何人因受到犯罪嫌疑而被警察或者其他有类似权力的官员讯问时，有权拒绝回答任何问题，不得以处罚为后盾予以强制；其四，任何刑事被告人在接受审判时不得被强制作证或者在被告人席上回答提问；其五，任何人一旦受到刑事指控，警察或者其他有类似权力的官员不得再就被指控犯罪对他进行讯问；其六，被告人（至少在某些特定情形下）不得因在审判前没有回答有关官员的提问或者在审判中没有作证而受到不利评价和推论。其中前两项是针对所有的公民，而后四项是特定公民的豁免权。广义内涵是传统英国普通法的立场，被英国上议院采行。[①] 这种广义的沉默权的享有主体并不仅限于被追诉人，案件的知情人在没有到法院作证以前也享有拒绝就案件陈述的权利。

狭义的沉默权是指犯罪嫌疑人、被告人在整个刑事诉讼过程中对讯问官员的提问依法可以保持沉默或拒绝回答，且原则上不因此而受到不利的推断，讯问官员则有义务告知犯罪嫌疑人享有此项权利，以物理强制或者精神强制等方法侵害这一权利所获得的陈述，不得作为指控陈述人有罪的证据使用。这种定义方式一般在大陆法系国家采用。狭义的沉默权内涵与英美法上广义沉默权的区别在于：它不包括知情人和证人对于官员提问的拒绝回答权，同时其针对的对象是官方的强制讯问行为，侧重于防止以剥夺嫌疑人、被告人意志自由的方法进行讯问。[②] 从以上含义可以直接推导出一项较为完整的沉默权要求：第一，供述必须基于供述人自愿，不得对供述人施加任何物理的或精神的强制；第二，不得从犯罪嫌疑人、被告人沉默或拒绝回答这一事实推导出不利于他的结论；第三，证明被控诉人有罪的责任在控诉一方，被控诉的人不负举证责任；第四，违反沉默权规则而实施的诉讼行为，应为无效。

以上两种沉默权的内涵反映了两大法系国家证据制度上的不同。广义的沉默权往往将

---

① See R v. Director of Serious Fraud Office，Ex p Smith［1993］AC 1 at 30—31；［1992］3 WLR 66 at 74. per Lord Mustill，with whom the other members of the House of Lord agreed.

② 参见孙长永：《沉默权制度研究》，4页，北京，法律出版社，2001。

证人不被强迫自证其罪的权利（privilege against self-incrimination）也囊括其中，认为被告人如果选择在法庭上作证则身份与辩方证人一样，作证前必须宣誓并如实作证，否则可能因藐视法庭罪或伪证罪受到处罚。而狭义的沉默权内涵将证人不被强迫自证其罪权排除在外，认为沉默权的主体仅限于犯罪嫌疑人和被告人。但是从这两种定义方式看出，沉默权的享有主体至少应包括犯罪嫌疑人和被告人，行使的阶段既包括审前程序，也包括审判程序，其中最重要的是侦查讯问程序和审判程序。本专题采用狭义沉默权的概念，侧重从侦查程序探讨沉默权问题。

在各国立法和法学研究中还有一个在含义上与沉默权相近的概念，即反对强迫自证其罪的权利。我国曾有学者对这两个概念不加区分，认为二者在内涵上完全一致，在用语上混用。还有学者认为沉默权以立法模式为标准可分为默示沉默权和明示沉默权，并将反对强迫自证其罪等同于默示沉默权。这种观点认为，默示沉默权并没有在法律中明确使用沉默权的字样，法律也没有要求执法人员事前明确告知被追诉方享有沉默权，目前世界上大多数国家采用此种规定方式；明示沉默权以“米兰达规则”为典型例子，由法律对沉默权作出明确规定，并要求执法人员事前告知。但随着研究的深入，目前认为二者虽然在内涵上有部分交叉，但本质上认为是不同概念的学者居多。学者们认为，二者的区别主要存在于以下几个方面：(1) 权利享有主体的范围不同。反对强迫自证其罪的权利由任何公民享有，而沉默权仅限于被追诉者，即犯罪嫌疑人、被告人。(2) 沉默权是在反对强迫自证其罪权的基础上发展起来的，反对强迫自证其罪权的产生早于沉默权。(3) 反对强迫自证其罪权以有供述义务或作证义务为前提，只有对可能自陷于罪的问题才可行使此权利，而沉默权以否定一切陈述义务为前提，且无须说明理由。(4) 反对强迫自证其罪的权利适用范围更广，适用于一切带有强制性的调查程序，而沉默权仅限于刑事诉讼程序。(5) 反对强迫自证其罪的权利适用范围可包括拒绝提供言词证据以外的实物证据，而沉默权仅适用于言词证据的提供。

沉默权并非是一项孤立的制度，需要相关的配套制度，才能真正形成完善的沉默权制度体系，这些制度主要包括辩护权及律师介入帮助的保障、权利告知制度、自白任意性规则、违反沉默权制度的程序性后果，等等。

(二) 沉默权确立的积极效果

沉默权的确立对侦查机关的权力予以了严格的制约，大多数国家在立法或判例上对它的确认，表明了沉默权制度有其存在的价值。沉默权制度是现代法治国家刑事诉讼制度中的一项重要内容，对沉默权规定的方式与具体内容体现了各国对控制犯罪与保障人权这一对冲突价值的选择与平衡，表明了一国对程序正义理念的重视程度。从总体上看，沉默权制度的确立主要是基于程序正义的需要，其主要目的是要通过正当程序来达到惩罚犯罪的目的，实现追诉犯罪与保障犯罪嫌疑人、被告人人权的价值平衡。具体说来有以下几方面的积极效果：

1. 沉默权增加了犯罪嫌疑人对抗侦查讯问的手段，有利于建立控辩双方平等对抗的刑事诉讼构造。在刑事诉讼中，控辩双方地位悬殊，攻防力量显著不平衡，控诉方拥有国家强制力的后盾，相比之下，被追诉方的防御力量较弱。沉默权限制了警察从犯罪嫌疑人口中获得收集其他证据的线索，否定了把犯罪嫌疑人、被告人口供作为查明事实真相的唯一手段，有利于加强被追诉方的防御能力，使控辩双方力量达到合理的平衡。

2. 沉默权有利于贯彻无罪推定原则。无罪推定是指刑事被追诉者未经法定程序由法院判决有罪以前，在法律上应当被视为无罪的人。它是现代法治国家普遍承认和确立的刑事诉讼基本原则，是沉默权的基石，没有无罪推定原则的保障，沉默权只能是空中楼阁，而沉默权是无罪推定原则逻辑上的必然要求，要贯彻无罪推定原则，就必须确认沉默权。

3. 沉默权制度有助于弱化口供情结，对遏制刑讯逼供具有积极意义。在封建纠问式诉讼制度下，口供被奉为“证据之王”，实行无供不录案，这样极易发生为获取犯罪嫌疑人的口供，侦查机关不择手段侵犯嫌疑人权利的情况。沉默权制度通过否定偏重口供的证据观，为侦查机关获取口供设置障碍，迫使侦查机关树立全面的证据观，破除了对口供的迷信，这对遏制刑讯逼供有一定积极意义。

4. 沉默权制度提升了被追诉方的诉讼主体地位，可以强化对侦查机关权力的制约。沉默权制度强调被追诉方不是诉讼的客体，它将被追诉方的诉讼地位提升到诉讼主体，增强其防御侦查权力滥用的能力。沉默权从犯罪嫌疑人的角度讲是一种权利，对侦查机关而言则是一种义务，即承担不得侵犯犯罪嫌疑人的沉默权并予以保障的义务。在这种情况下，侦查机关要把被追诉方看作是具有平等人格的诉讼主体，并有责任保障其主体地位的实现。

总之，沉默权制度的确立是在利益权衡后作出的正当选择，不仅体现了对个人权利的尊重，也可以限制公共权力对私人权利的随意侵犯。因为是否向外界表白自己的内心世界，是个人的自由，即使面临刑事指控，作为有独立人格的主体仍然有选择权，可以选择协助公共权力机关指控自己有罪，也可以采取沉默的方式对指控不予协助。

（三）沉默权在各国的确立及发展趋势

沉默权制度作为一种控辩平衡机制，从其确立开始就代表着一种价值取向，各国长期以来也一直存在着不同的认识，随着司法实践与客观形势的变化，这种控辩平衡机制可能产生短暂的失衡，此时各国对沉默权的规定也随之发生变化以矫正这种失衡。总体上看，沉默权制度最初是作为反对纠问式诉讼制度而产生的，倾向于对被追诉方的权利保障。而随着社会的发展，犯罪形势日益严峻，更需要考虑的是如何取得有效打击犯罪与保障人权之间的相对平衡，因此，大多数国家也开始对沉默权的适用予以限制。

英国是世界上最早确立沉默权的国家，沉默权在英国的发展在一定程度上反映了沉默权在世界上的发展趋势。英国最早确立沉默权的成文法是1898年的刑事证据法，该法暗含了犯罪嫌疑人不被强迫自证其罪。后来英国法官守则（The Judge's Rule）第1条、第2条、第3条a规定，警察在讯问犯罪嫌疑人时，必须告知其享有沉默权。1984年通过的刑事证据法（PACE）再次重申了犯罪嫌疑人的沉默权。但是，沉默权在英国也争议颇多。英国先是通过判例规定了适用沉默权的例外，后来在1987年刑事审判法中正式从成文法上规定了适用的例外情况，该法第2条规定，在侦查欺诈案件时，接受讯问的嫌疑人如果在没有合理理由的情况下拒绝回答问题，或者作出虚假的陈述，其本身就被作为一项犯罪行为，可能被判处短期监禁刑。1994年英国鉴于日趋严重的刑事犯罪压力，通过了刑事审判与公共秩序法对沉默权的适用进行了较大的改革，增加了一些例外的限制。这些限制主要集中于该法第34、35、36、37条中，主要是涉及从被告人的沉默得出对被告人不利推论的情形。其中第34、36、37条都涉及侦查讯问时沉默权限制的问题，第35条涉及的是审判时保持沉默而作不利推论的情形。第34条规定了被告人在受讯问或指控时没有提供特定事实的法律后果，主要涉及：（1）被告人没有提供的事实是指他在审判中赖以进行辩护的任何事实，而期望这种事实由他提供是合理的；（2）被告人没有提供事实的时间包括他被起诉之前的讯问阶段，这种讯问需要警察事先向他作出警告，以及在被提起公诉或者被正式告知他可能受到起诉后；（3）被告人没有提供上述事实的法律后果是，法庭或陪审团可以在法定的场合下作出适当的推论。第36条规定了被告人对特定情况下的物品、材料或痕迹没有或者拒绝解释即保持沉默的法律后果，根据该条规定，如果警察在被逮捕人的身边、衣物、住处或被捕地发现了任何物品、材料或痕迹，确信这些物品、材料或痕迹系通过参与他被指控的犯罪所得，并告知被捕者他的这种确信以及要求被捕者对此进行解释，而被捕者没有或者拒绝这样做，在这种情况下，法庭或陪审团可以从中作出适当的推论。第37条规定了被告人没有或者拒绝解释他在某一特定地方出现的法律后果。该条规定，被逮捕的人是实施逮捕的警察在被指控的犯罪发生的地点或时间发现的，并且警察合理地相信该被捕者在某一时间出现于某一地方可归因于他参与实施了该罪行，而且警察告知该被捕者他的这种确信并要求被捕者对此作出解释，而被捕者没有或拒绝这样做，在这种情况下，法庭或陪审团可以从中作出适当的推论。[①] 上述规定只是要求犯罪嫌疑人在法定情况下负有一定解释或说明的义务，但没有完全否定其沉默权，也并非强迫其供述。如果在侦查程序中，犯罪嫌疑人在上述三种情况下保持沉默，将会对他的辩护产生不利影响。

在英国法的影响下，1791年美国联邦宪法第五修正案规定任何人享有不得被强迫自证其罪的权利，将反对强迫自证其罪的权利上升为宪法权利。美国通过1966年的Miranda v. Arizona一案确立了米兰达规则，使美国的沉默权制度达到了顶峰。该规则规定：除非被拘禁中的嫌疑人被告知享有沉默权与律师帮助权，警察不得讯问嫌疑人，如果违反，则嫌疑人的口供无效；如果嫌疑人表示沉默时，讯问必须停止，否则所取得的口供不具有证据效力；当嫌疑人要求律师帮助时，在律师到达之前，讯问应当停止；如果讯问时律师不在场，且嫌疑人作了陈述，则政府有责任证明被告人明知且明智地放弃上述权利。米兰达规则更强调保障沉默权的被告知，它的确立旨在更好地保护犯罪嫌疑人的权利，限制国家权力的膨胀。但是，自20世纪70年代以来，美国对待沉默权的态度发生了一些变化，突出表现在一些判例中对沉默权的适用开始限制，这些判例主要是通过放松排除证据的适用来达到

① 参见中国政法大学刑事法律研究中心编译：《英国刑事诉讼法》（选编），556～560页，北京，中国政法大学出版社，2001。

限制沉默权适用的目的，如1971年哈里斯诉纽约州[①]、1984年纽约州诉夸尔斯[②]等案件的判决。

法国现行刑事诉讼法第116条对沉默权予以了规定。为了避免该权利的告知促使被拘留人沉默而对侦查的效率和嫌疑人的权利可能产生不利影响，2002年的法律将被拘留人的沉默权改为“侦查机关应当告知被拘留人可以在作出声明、回答侦查人员提出的问题或保持沉默之间进行选择”。这种技术性变化无疑兼顾了权利保护和侦查效率两个对立的价值目标。[③]

德国于1973年通过批准《公民权利和政治权利国际公约》将沉默权转变为国内法的规定，联邦宪法法院也宣称：公民在对自己不利的刑事诉讼程序中拒绝积极合作的权利，是从基本法的第1条和第2条所保障的人的尊严和自由引申而来的，并且是法治国家概念的组成部分。据此，沉默权已经上升为一项宪法性权利。[④] 现行德国刑事诉讼法第136条规定也是对沉默权的确认。

沉默权不仅在法治国家的国内法上得到广泛确认，而且随着全球化进程的不断推进和各国刑事司法制度的相互借鉴与融合，联合国也在刑事司法领域确立最低限度人权保障标准方面作出了努力，沉默权得到联合国许多国际性文件的确认。《联合国少年司法最低限度标准规则》（即《北京规则》）规定：“少年刑事被告人应享有保持沉默的权利”。1998年7月17日联合国国际刑事法院全权代表外交会议通过的《国际刑事法院罗马规约》第五编第55条第二款第2项规定：“保持沉默，而且这种沉默不作为判定有罪或无罪的考虑因素。”此外，《欧洲人权公约》、《美洲人权公约》等区域性的国际法律文件也对沉默权予以了确认。上述情况表明，沉默权规则已成为国际社会的一种共识。

从上述国际社会关于沉默权的规定可以看出，沉默权制度的发展有两个趋势：一是从强调对被追诉方沉默权保障的单一价值向兼顾惩罚犯罪与保障人权两大价值转变，对沉默权的适用进行限制，由绝对沉默权向相对沉默权转变；二是沉默权已跳出了国内法的范畴，日益走向国际化，成为国际人权法上的一项重要的权利。

---

① 该案中被告人哈里斯被控拥有海洛因，在被捕后至给予米兰达规则前，他对警察说他仅仅是一位便衣侦探和真正的毒品贩之间的中间人。随后该被告在审判中又说他把毒品卖给该便衣侦探以戏弄之。为质疑其证言的可靠性，公诉方提出了他以前有关仅仅是中间人的自相矛盾的陈述，该被告终被判有罪。该判例确立了可以为质疑目的而使用不当获得之陈述的例外（参见［美］乔恩·R·华尔兹：《刑事证据大全》，何家弘等译，168～169页，北京，中国人民公安大学出版社，1993）。

② 该案中被告人夸尔斯作为持枪强奸案的嫌疑人在被抓获时，警方未向他宣读米兰达规则就问他“枪在哪里”，根据他的指点警方找到手枪，在法庭上辩方指责警方违反米兰达规则，要求法庭排除该证据。法官接受了辩方观点。之后在公诉方上诉到最高法院后，最高法院推翻了原裁定，确立了对米兰达规则的“公共安全”例外情况（参见［美］乔恩·R·华尔兹：《刑事证据大全》，何家弘等译，167～168页，北京，中国人民公安大学出版社，1993）。

③ 参见陈卫东、刘计划、程雷：《法国刑事诉讼法改革的新进展——中国人民大学诉讼制度与司法改革研究中心赴欧洲考察报告之一》，载《人民检察》，2004（10）。

④ 参见［德］托马斯·魏根特：《德国刑事诉讼程序》，岳礼玲等译，79页，北京，中国政法大学出版社，2004。

三、犯罪嫌疑人的律师辩护权

侦查程序中人权保障的另一个重要方面就是律师辩护权的确立。侦查阶段的矛盾主要体现在侦查机关与犯罪嫌疑人的对抗中，由于侦查权的特殊性使得这种对抗具有天然的地位不平等性、权利不对等性和机会不均等性，因此对于处于弱势地位的犯罪嫌疑人来说，"对抗这一巨大力量的是辩护律师，被告人视其为唯一的联盟者，一起反对让他受耻和蒙羞的国家指控"①。

辩护权是犯罪嫌疑人、被告人享有的主要诉讼权利，是刑事诉讼的基本职能。现代社会中，犯罪嫌疑人在多大范围内和多大程度上享有辩护权是衡量一国刑事诉讼文明的标志之一。而律师作为法律工作者，具有基本的职业道德和严格的执业纪律，这是律师能够担当辩护人并得到广泛认可的基本前提。与其他辩护人相比，律师有其自身的优势：首先，律师作为法律专家，能够为当事人提供专业的法律知识和全面的法律服务；其次，律师执业要受行业纪律与职业道德的约束，以保证为当事人提供高质量的服务；最后，律师作为一个职业群体，有利于发挥集体智慧，并形成一股社会力量来推动法律进步。因此在刑事诉讼中，律师担当辩护人能够发挥更大的作用，实现更好的效果。

侦查活动是国家职权的体现，侦查权行使的目的旨在通过一系列侦查行为来发现犯罪证据，查获犯罪嫌疑人，从而揭露犯罪，维护社会安定与有序。现代法治观念中打击犯罪与保障人权并重，并且越来越倾向于加强对诉讼权利的保障，因而许多国家都赋予了犯罪嫌疑人、被告人在侦查阶段享有律师辩护的权利，规定律师应当介入到侦查活动中，为受到国家追诉的当事人提供法律上的帮助和权利上的救济。我国在立法中也允许律师有限地介入侦查阶段，为犯罪嫌疑人提供法律帮助。

总之，在侦查阶段，律师为犯罪嫌疑人提供全面的辩护将打破侦查机关的权力真空，为维护犯罪嫌疑人的基本权利提供更有力的保障。在现代诉讼控辩平衡的理念下，辩护权是与国家追诉权相对等的权利，因此以侦查程序为视角，以律师为实施主体，确立辩护权体系，将自由、民主、人权的光芒照向了国家公权最为集中的领域。②

（一）侦查程序中律师辩护权确立的理论基础

侦查程序中确立律师辩护权有其合理性，这不仅是基于人权意识的萌发和人权事业的发展，更是社会走向民主、文明的内在要求。现代法治理念与制度设置为辩护权的扩展提供了多方面的理论与实践基础，对此可以从以下几个角度来认识。

1. 人权事业的推动。人权保障意识的蓬勃发展，一方面要求从法律制度上予以体现，

---

① ［美］爱伦·豪切斯泰勒·斯黛丽、南希·弗兰克：《美国刑事法院诉讼程序》，陈卫东、徐美君译，3页，北京，中国人民大学出版社，2002。

② 审视联合国大会1948年通过的《世界人权宣言》，从序言到正文字里行间透出的是通过法治实现人权的基本价值观。作为人权事业的标志和成果，它要求在法律实施的任何一个阶段都体现对人的尊重，尤其是在充斥着国家强制力的侦查活动中。

另一方面也为司法制度的改革提供了有力的理论基础。这种互为因果的关系使二者相互促进、共同发展。第二次世界大战以后，世界各国反思战争带来的巨大灾难，深刻认识到保障人权的重大意义，纷纷以此为契机开展了政治、经济、文化事业的改革。刑事司法领域突出表现在辩护制度的快速发展，其中确立律师在侦查程序的辩护权成为现代辩护制度的重要发展趋势之一。

2. 正当法律程序的要求。随着法制的进步，人们越来越关注程序性正义，并为实现这种"看得见的正义"设计更为科学、合理、透明的法律制度。侦查程序是代表国家公权力的警察对犯罪嫌疑人采取的调查和控制活动，这种活动是秘密的和强制性的，因此存在对个人权利侵犯的现实可能性。这种现状是与程序正义所要求的公开、平等、对抗相矛盾的。因此，在侦查程序中赋予犯罪嫌疑人律师辩护权将为实现程序性正义和遏制公权力的恣意行使提供保证。

3. 诉讼结构平衡的应有之意。刑事诉讼是三方参与解决纠纷的社会活动，控辩对抗是诉讼建构的基础，居中的审判者则是诉讼目的得以实现的核心。在以无罪推定为原则的现代诉讼模式下，控辩平衡与审判中立这样一种"等腰三角形"的诉讼结构是符合现代法治理念的。侦查程序的特殊性决定了犯罪嫌疑人处于天然的弱势，需要辩护律师来维护他的权利。因此当诉讼结构平衡的理念从审判程序中扩展到整个诉讼程序时，侦查阶段律师辩护权的确立和强化已是不证自明的了。

总之，侦查程序律师辩护权的确立将对刑事诉讼的理念、程序、体制产生巨大的影响，有助于实现刑事诉讼的民主化、科学化、合理化进程，实现刑事诉讼制度作为人权保障法的意义和作用。

（二）侦查程序中律师辩护权在国外的确立及发展趋势

1. 世界主要国家对侦查程序中律师辩护权的规定

作为英美法系的代表国家和自然正义的发源地，英国 1964 年修订的法官守则（The Judges' Rules）序言中申明："……处于预审调查任何阶段的每个人应该能够私下同律师交谈、商量并进行联系。即使他在羁押中也是如此，只要在这种情况下他这样做不会导致不合理地拖延或妨碍调查程序或审判的进行。"这一规定标志着在法律上将律师辩护权确立于侦查程序中。

而将律师辩护制度建立的比较完善的则是英美法系的另一代表国家——美国。美国宪法对刑事诉讼法的建立及其发展起了决定性的作用。美国宪法第六修正案赋予了当事人获得律师辩护的权利。不仅如此，以判例法为传统的美国，通过不断确立新的司法判例来丰富这一制度的内涵与外延。1964 年美国联邦最高法院在马修诉合众国（Messiah v. United States）案件中确认了"被告人在警察讯问过程中有获得律师帮助的权利"，并且这一权利在 1977 年的布鲁尔诉威廉斯（Brewer v. Williams）案件中获得新生并扩大了适用范围。至此，美国司法中已经完全确立了律师可以介入诉讼任何一个阶段为当事人提供服务的原则。

大陆法系国家在职权主义诉讼模式基础上，借鉴了英美法系当事人主义的一些合理因素，逐渐加强了对人权的保障。德国1987年修正公布的现行刑事诉讼法典第137条第1款规定："被指控人可以在程序的任何阶段委托辩护人为自己辩护。"1994年又补充规定，法官在进行讯问、勘验等活动时，允许辩护人在场。法国于1993年修改刑事诉讼法时，在新的刑事诉讼法典中规定："被拘押在警察局的人在被关押20小时后可以会见律师。""此项要求应该以一切方法毫不迟延地通知律师公会会长。"这一规定为律师有效地介入到侦查程序提供了法律依据。

近年来，世界上出现了两大法系融合的趋势，尤其是意大利、俄罗斯和日本等国家将两大法系的诉讼程序统一在一起，重新设计本国的刑事诉讼制度。意大利在近半个多世纪中曾经四次修订自己的刑事诉讼法，在1988年制定的第四部刑事诉讼法典中规定："犯罪嫌疑人在侦查阶段有权委托辩护律师。司法警察在逮捕犯罪嫌疑人后应允许他立即与辩护律师会见和通信。无论是在初步侦查阶段，还是在正式侦查阶段，司法警察、检察官和侦查法官在对犯罪嫌疑人进行讯问时，必须通知辩护律师到场。"20世纪90年代后，随着苏联的解体，俄罗斯对刑事司法制度进行了全方位的改革。2001年批准颁布的俄罗斯联邦刑事诉讼法典，推翻了旧法典中辩护人一般只能在侦查终结时才被准许参加诉讼的规定，新法典第49条规定，在侦查程序中确定为被告人时有权聘请辩护人，被拘捕或受羁押的犯罪嫌疑人也有权聘请辩护人参加诉讼，至于轻罪案件在调查程序和自诉程序中从提起刑事案件起就有权聘请辩护人。日本作为混合式法律体系的代表，1948年颁布的刑事诉讼法第30条第1款也规定："被告人或者被疑人，可以随时选任辩护人。"

2. 联合国对侦查阶段律师辩护权的规定

联合国大会1948年通过并宣布的《世界人权宣言》第11条第1项规定："凡受刑事控告者，在未经获得辩护上所需的一切保证的公开审判而依法证实有罪以前，有权被视为无罪。"这是联合国第一次将被追诉人获得充分的辩护作为一项原则确定下来。在此后的《公民权利和政治权利国际公约》中做了更为具体的规定。公约的第三部分第14条第3项规定："在判定对他提出的任何刑事指控时，人人完全平等地有资格享受以下的最低限度的保证：……（乙）有相当时间和便利准备他的辩护并与他自己选择的律师联络……（丁）出席受审并亲自替自己辩护或经由他自己所选择的法律援助进行辩护；如果他没有法律援助，要通知他享有这种权利，在司法利益有此需要的案件中，为他指定法律援助，而在他没有足够能力偿付法律援助的案件中，不要他自己付费。"1990年第八届联合国预防犯罪和罪犯待遇大会通过的《关于律师作用的基本原则》第1条明确规定："一切个人都有权请求由其选择的一名律师协助保护和确立其权利并在刑事诉讼的各个阶段为其辩护。"第5条进一步规定："各国政府应确保主管当局告知遭到逮捕和拘留，或者被指控为有刑事罪的一切个人，他有权得到自行选定的一名律师提供协助。"

从以上规定可以看出，确立侦查阶段的律师辩护权作为一项重要的人权保障制度，已被载入世界法制史册。这项制度的确立，有利于律师尽早介入刑事诉讼，从而有效防止刑讯逼供等非法行为的发生，及时收集有关证据，切实保障被指控人的合法权益。

然而，遗憾的是，我国1996年《刑事诉讼法》虽然允许律师在一定范围内介入侦查阶段，但并没有真正确立律师在侦查阶段的辩护人地位，没有确立犯罪嫌疑人被讯问时的律师在场权等。总体上看，我国刑事诉讼法规定的律师在侦查阶段的活动空间极其有限，而在司法实践中律师的帮助权更是受到不当限制，难以发挥其积极效能，使得控辩力量对比进一步失衡。立法上对侦查阶段律师辩护权规定的不到位和实务中对律师权利的不当限制都有待于通过法律制度的完善和执法观念的转变来解决。

第三节 侦查程序的正当化

侦查程序正当化问题是近些年来学者们普遍关注和探讨的一个热点问题。而且，由于新闻媒体对于一些涉及侦查过程中非法侵犯人权现象的报道（如对于刑讯逼供、超期羁押问题的报道），社会上一般民众会问："这样的侦查正当吗?"这些现象表明，研究侦查程序正当化的问题在我国具有重要的理论和现实意义，并且对于侦查程序正当化的研究本身就体现出人们对于过去一直认为国家侦查权的行使具有天然正当性理念的一种理性反思；从某种角度来讲这也是人们对于自身权利的逐渐认识和觉醒，是市场经济的产物。

一、侦查程序正当性概述

正当程序（due process）观念来源于西方古老的自然公正观念，而自然公正观一般认为包含两方面的内容，即任何人都不得在自己的案件中充当自己的法官；任何人为自己的辩护应当被公平听取。"正当程序"一词最早出现于1354年英国爱德华三世第28号法令第3章中："未经法律的正当程序进行答辩，对任何财产和身份的拥有者一律不得剥夺其土地或住所，不得逮捕或监禁，不得剥夺继承权和生命。"但是其思想渊源可追溯到1215年英国《自由大宪章》第39章的规定，"凡自由民除经其贵族依法判决或遵照国内法律之规定外，不得加以放逐、伤害、搜索或者逮捕"。美国对"正当法律程序"最早、最完整的规定是1780年的马萨诸塞州宪法："未经正当法律程序，任何人的生命、财产不得剥夺。"1791年美国联邦宪法第五修正案第一次对正当法律程序作出规定，该修正案规定："非经大陪审团提起公诉，人民不应受判处死罪或会因重罪而被剥夺部分公权之审判；唯于战争或社会动乱时期中，正在服役的陆海军或民兵中发生的案件，不在此列；人民不得为同一罪行而两次被置于危及生命或肢体之处境；不得被强迫在任何刑事案件中自证其罪，不得不经过适当法律程序而被剥夺生命，自由或财产；人民私有产业，如无合理赔偿，不得被征为公用。"1868年美国宪法第十四修正案是第二次对正当法律程序作出规定："各州不得制定或施行剥夺合众国公民的特权与豁免的法律，也不得未经正当的法律程序，即进行剥夺任何人的生命、自由或财产。"该条将公民权利的正当法律程序保障联邦化。通过这两条修正案，在美国形成了实体性正当程序与程序性正当程序两个方面的内容，使得正当程序从单纯强调程序性保障过渡到程序性保障与实体性保障并重。在本专题中，笔者主要关注正当程序内涵中的正当性侦查程序这一方面的内容。

自然公正观念及正当程序最早的表述中所体现的正当程序的内容，主要是体现在审判程序中应当遵守正当的法律程序，而对侦查正当法律程序言之较少，这样容易给人一种正当法律程序只存在于审判中的误解。但是，侦查活动中侦查机关以国家公权力为后盾，侦查行为的实施具有主动性和侵犯性，如果法律未就其范围、程序等明文规定，则容易造成侦查权的滥用而侵害人权，难以达到维护公平正义的目的。这样，正当程序的内涵开始扩大，侦查程序的正当法律程序观念也开始得以牢固树立。丹宁勋爵所说的“法律的正当程序”是指：“法律为了保持日常司法工作的纯洁性而认可的各种方法：促使审判和调查公正地进行，逮捕和搜查适当地采用，法律援助顺利地取得，以及消除不必要的延误等等。”① 他对正当程序的看法已经包括了侦查活动应当遵循正当法律程序的内容。美国宪法第五和第十四修正案也给予了侦查活动中公民生命、自由或财产等权利以正当程序的保障。这些正当程序的保障主要包括公民享有未经正当程序不受无理搜查、扣押、羁押的权利，主要通过确认侦查阶段沉默权、非法证据排除规则、被保释等权利予以保障。

虽然目前正当程序理论究竟包含哪些方面的具体内容仍存在争议，传统的观点认为裁判者具有公正性、提供听审机会、告知理由、获得律师帮助权等方面都是判断程序正当与否的重要标志。总体上看，正当程序的理念渗入侦查程序的目的主要是通过程序来控制侦查权的恣意行使，保障侦查阶段诉讼参与人的合法权益，尤其是犯罪嫌疑人的权利。侦查正当程序要求侦查机关在侦查犯罪的活动中必须有正当的目的，运用正当的手段，通过正当的程序来实现其侦查犯罪的任务。具体来说，侦查程序的正当性应当包括两个方面的内容。

（一）侦查目的的正当性

这里指的侦查目的并非基于整个诉讼进程来讨论侦查目的是审判准备观还是公诉准备观，抑或是侦查独立观，而是就侦查程序本身设置的阶段性目的而言的。德国学者耶林曾指出，法律的目的是在个人原则与社会原则之间形成一种平衡，“目的是全部法律的创造者。每条法律规则的产生都源于一种目的，即一种实际的动机”②。目的不正当不仅难以达到制度设计的原初目的，还可能进一步导致其他利益受到侵害。

侦查活动具有合目的性的特征，它是国家机关同刑事犯罪作斗争的重要活动，如果不为侦查设定正当的目的，就难以指导侦查行为的正当行使，侦查权的行使不能秉持正当的理由，进而难以形成对侦查权的自我约束。因此，在重视侦查程序制度构建时，不能忽视侦查目的的正当性。从较为抽象的角度来说，任何公权力行为均应以追求公共利益为目的，如果一个公权力行为不以公共利益为目的，则该行为就失去了正当性基础。侦查目的的正当性是在正当程序理念下对侦查程序设定的一种应然的理想状态，是要平衡侦查活动中多元价值与利益的冲突。侦查活动的直接目的是要查明案件事实、收集证据和查获犯罪嫌疑人，任何侦查行为都不能偏离侦查犯罪的目的，尤其不能通过制造犯罪的方式来侦查。侦

① ［英］丹宁：《法律的正当程序》，李克强等译，1页，北京，法律出版社，1999。

② ［美］E. 博登海默：《法理学：法律哲学与法律方法》，邓正来译，109页，北京，中国政法大学出版社，1999。

查权的行使也不能无目的无理由地滥用，侦查权的启动不能带有无理由的随机性和任意性，侦查决定的作出应当符合必要的逻辑并具有足够的理由。如侦查中的羁押的目的只能是程序保障，不能将其作为获取口供的工具，更不能将其作为对犯罪嫌疑人进行实体性惩罚的手段。

（二）侦查行为的正当性

侦查行为是侦查权运作的具体表现形式。侦查行为往往带有强制性，对犯罪嫌疑人的人身、财产权利进行限制，甚至予以暂时剥夺。同时由于侦查权本质上是一种行政权，为了保障侦查活动的效率性，侦查机关往往被赋予了较大的裁量空间，如若缺乏对侦查权的约束则有侵犯人权之虞。而程序具有“既排除决定者恣意，又保留合理的裁量余地”[①]，通过程序可保障侦查行为的实施具有理论上的合理性。但是有法律程序并不等于有正当法律程序，这种程序还必须进行正当化的改造，以求达到既保障侦查行为的实施又保障人权的目的。如果仅规定侦查行为实施程序，但是这种程序不尽合理，未能给予公民人格尊重，甚至本身就构成了对公民权利的侵犯，那这种程序不但不能达到排除恣意的目的，还可能起到扩张侦查行为恣意的可能性。

侦查行为的正当性要求侦查机关在实施侦查行为时，应当践行正当程序的要求，给予公民的权利和人格尊严以合理的尊重。在实施侦查行为时应告知犯罪嫌疑人享有的权利；存在多种可选择的侦查行为时应尽力选择对公民权利构成较少侵犯的行为；对一些严重限制或剥夺公民权利的侦查行为，应实行决定主体与实施主体分离；在实施侦查行为时应进行全程监督。通过正当程序来抑制侦查行为的滥用，编织一张保障公民权利的紧密的防护网。

二、侦查正当程序的原则

侦查程序的正当化不仅仅是一种停留在抽象层面上的理论探讨，更为重要的是要以正当程序的理念来指导侦查权的运作，规范和约束侦查机关的行为，以实现侦查程序正当目的。侦查正当程序不仅仅要体现在具体规则和程序技术层面，更应体现在指导侦查权运作的侦查活动的原则之中，必须建立成体系的侦查正当程序的原则，以此来指导侦查权的具体行使。侦查正当程序原则不仅具有引导侦查立法和侦查实践的功能，还能在侦查法制体系不完备的现实状况下，弥补成文法的疏漏和不足，以正当程序的理念来引导侦查权的正当行使。结合当代主要法治国家侦查程序的立法，我们认为侦查正当程序的原则应当主要包括以下几项。

（一）任意侦查和强制侦查法定原则

这两个原则是在区分任意侦查行为和强制侦查行为的基础上，用来规范侦查行为的实施，对侵犯公民权益的强制侦查行为进行严格的法律控制。任意侦查原则是指在存在不同

---

① 季卫东：《法治秩序的建构》，36页，北京，中国政法大学出版社，1999。

的多种侦查行为均能达到侦查目的的情况下，应当优先考虑对象自愿或不侵害犯罪嫌疑人实质权益的方式，避免对犯罪嫌疑人造成不必要的侵害。强制侦查法定原则是指对强制侦查行为只能限定在法定领域，作为任意侦查的例外来适用。一般而言，法律对任意侦查行为并未给予过多的限制，在一些没有法律明文规定的情况，原则上也可采用任意侦查行为。而对强制性侦查行为，法律则从适用条件、范围、程序等方面予以严格的规制。任意侦查原则与强制侦查法定原则的实质精神，“在于尽可能减少和抑制侦查程序中强制力的行使，以避免过多或不当地实施强制性处分而导致侵犯人权”①。

任意侦查行为与强制侦查行为的分类主要体现在日本刑事诉讼法中。日本刑事诉讼法第197条第1款规定：“为实现侦查的目的，可以进行必要的调查，但除本法特别规定的情形外，不得采取强制处分。”该规定往往被认为是对任意侦查与强制侦查法定原则的法律确认。对任意侦查行为和强制侦查行为的划分标准在理论界存在争议，大体上有三种学说：一是以实施措施一方的手段为标准的学说。该说认为，如果行使直接强制的有形力，就是强制性侦查行为，反之则为任意侦查行为。二是不限定侵犯法益的受处分人标准说。该说认为，如果被处分者包括隐私权在内的法益受到侵犯，就是强制处分。三是限定侵犯权益的受处分人标准说。该说认为如果被处分者的重要利益受到侵犯时，就是强制处分措施。②其中后两种学说都可以归纳为侵犯权益标准说，即以侦查对象受侵犯的状态为标准，只要权益受侵犯，不论是否采用了有形的强制力，都认为是强制性侦查行为。因为划分标准的不同，所以任意侦查行为与强制侦查行为的范围也不同，二者区分的意义主要在于对侵犯公民权益的强制侦查行为实行严格控制。尤其是随着科技发展所产生的一些新型侦查犯罪的方式，以传统的有形强制力标准来划分二者，则可能会缩小强制侦查行为的范围，而扩大任意侦查行为的适用。如监听手段，并不构成对当事人的有形的强制力，但是这种侦查行为在利用科技手段侦查犯罪的过程中可能给公民的秘密通信自由与隐私权构成侵犯。如果采用第一种学说则会将其排除在对强制侦查行为实施的严格控制体系之外，不利于公民权利的保障。因此，目前日本的通说认为，两者的区别并不在于是否使用有形的物理力，而在于是否违反受处分一方的意思而侵害其重要的权利和利益。③ 其他国家尽管有些可能并没有任意侦查行为与强制侦查行为称谓的学理划分，但是也普遍建立了对侦查中的强制性侦查行为限制适用的原则。如德国刑事诉讼法第113条第1款就规定，对于轻微的刑事犯罪行为，不允许根据调查真相困难之虞而命令逮捕。

任意侦查一词中所谓的“任意”并非不受任何拘束，而仍应当考虑情况的紧急性、必要性及对权益侵害的性质、程度等，才能作出合法的处分。根据日本刑事诉讼法的规定及诉讼实务，任意侦查的方法通常包括以下几种：要求被疑人到场并对他进行调查；要求参

① 王以真主编：《外国刑事诉讼法学》（新编本），441页，北京，北京大学出版社，2004。

② 参见［日］田口守一：《刑事诉讼法》，刘迪等译，30页，北京，法律出版社，2000。

③ 参见［日］加藤克佳：《毒品犯罪的侦查》，载［日］西原春夫主编：《日本刑事法的重要问题》，第2卷，金光旭、冯军、张凌等译，中国北京，法律出版社，日本东京，成文堂，2000。

考人到场并对他进行调查；自愿同行；获得由被疑人或者参考人自愿提出的书面材料；嘱托鉴定、口译或者笔译；照会；留存；现场检查；在符合一定条件下所进行的拍照等；经通话当事人任何一方同意而实施的电话录音。[①] 传统的强制侦查行为主要是一些限制与暂时剥夺人身权利、财产权利的行为，如搜查、扣押等。而随着科技的发展，犯罪手段也日益智能化，为了应对这种犯罪发展的趋势，运用科技手段侦查犯罪具有了迫切的必要性，这些手段主要是监听、强制采样、心理测试等。这些侦查行为的实施虽然并不直接以有形的强制力的形式直接作用于侦查对象，但这些行为限制或剥夺公民权益，如果失去控制而滥用则会构成对公民重大权益的不当侵犯。因此，需要严格控制这些行为的适用，任意侦查原则与强制侦查法定原则正是为达此目的的侦查程序正当原则。

强制侦查法定原则是程序法定原则在侦查程序中的具体适用。这一原则要求强制侦查行为的作出必须要有法律依据，要在法律规定范围内依法定程序作出。德国学者赫尔曼教授指出："德国的法学思想一直认为，允许以强制性侵犯公民的权利时，关键的是一方面必须对国家权力的强制权明确地予以划分与限制，另一方面必须由法院对强制性措施进行审查，使公民由此享受到有效的法律保障。"[②] 就我国立法现状而言，不仅缺乏对强制性侦查行为的司法审查，程序控制不严，而且有些侦查行为在刑事诉讼法上根本就没有得到确认。如心理测试、监听、诱惑侦查等，在刑事诉讼法上完全找不到相关的规定，只是在人民警察法和国家安全法上有模糊的关于技术侦察的一条规定，操作程序也处于缺失状态。技术侦察的规定往往被用作我国有对这些强制性侦查行为授权法律依据的辩解，然而这些规定只是普通的针对行政机关的部门性法律，还必须从基本法律制度上来对此类侦查手段进行规制。因此，引用这些部门法规定还不足作为这些侦查行为授权的依据，这些强制侦查行为的实施只是在打"擦边球"，有违强制侦查法定原则。

（二）司法控制原则

司法控制原则是指，在侦查程序中引入中立的司法官对侦查权的行使实施控制，主要内容包括为强制侦查行为颁发令状、对强制措施实施前和实施过程的司法审查，对侦查程序中产生的争议作出程序性裁判。这一原则要求侦查构造诉讼化。传统的侦查程序是行政程序，侦查权单向行使，侦查行为的决定权与实施权主体合一，缺乏其他权力机关的制约，容易滥用。而侦查程序中司法控制原则的引入，要求有中立的司法官对侦查权的运行进行事前、事中、事后的全程控制，能够编织一张严密的防范权力滥用的网。同时司法控制原则要求侦查程序中引入司法权，有利于对侦查程序进行诉讼化改造，形成控、辩、裁三方构造。具体是由哪些机关承担侦查中司法控制的职责，依各国国情略有不同，如法国的预审法官、英国的治安法官。司法控制原则具体到侦查程序中主要包括两个方面的内容：令状原则及司法审查原则。

---

① 参见宋英辉主编：《刑事诉讼原理》，276～277页，北京，法律出版社，2003。

② ［德］约·阿希姆·赫尔曼：《〈德国刑事诉讼法典〉中译本引言》，载李昌珂译：《德国刑事诉讼法典》，北京，中国政法大学出版社，1995。

令状原则是由强制侦查法定原则引申出来的一项侦查正当程序基本原则，是指在实施强制侦查行为时，对侦查行为是否合法，必须由法院或司法官予以判断并签署许可令状，而且在执行时必须向被处分人出示该令状才可执行。此中的“令状”（warrant）一词是指记载有关强制性处分裁判的裁判书，具体表现为搜查令、逮捕令等。此原则设定的目的是要对强制侦查行为的滥用建立一套事先防范机制，对侦查程序中的人权有效保障。令状本身必须具体指明令状适用的人或物、时间、根据等，即具有特定性，而且在执行令状后仍须受法院或司法官的司法审查。此原则禁止签发一般令状，以防止强制侦查行为的滥用。至于令状性质上是一种命令状还是许可状，则体现了不同的诉讼价值观和诉讼构造观。其后果不仅直接决定着强制性处分权归属的不同，而且也会直接导致强制性处分适用上的差异。若视令状为命令状，则执行机关无更多裁量权，执行逮捕后必须将被逮捕人带到法官面前审查逮捕理由，停止执行或释放被羁押的人也须由法官作出裁判；若视令状为许可状，则执行机关在是否执行方面有较大的裁量权，执行后也可不待法官裁判而释放被羁押人。[①]在一些国家令状原则甚至被写入宪法，如美国联邦宪法修正案第4条规定：“人民有保护其身体、住所、文件与财产的权利，不受无理搜查与扣押，此为不可侵犯的权利。除有可能的理由，以宣誓或郑重声明确保，并详载指定搜查的地点、拘捕之人或押收之物外，不得颁发搜查证、拘捕证或扣押证。”当然，为了保障侦查权的及时性和效率性，也规定了一些令状原则的例外情况，即在情况紧急或其他特殊情况下，可以先执行，再由司法官进行审查。

司法审查原则实际上在法官颁发令状时也应当得以贯彻，法官对侦查机关采取强制侦查行为的理由和必要性进行审查作出是否准许的决定，这里将其从令状原则中分离出来是要强调其在侦查行为实施过程中的司法控制。侦查行为的司法审查方式分为被动型与主动型。被动型的司法审查是指司法审查由有异议或权利受侵害的人提起，或者由侦查机关主动报请才能启动，这种方式与司法权的被动性相适应，也是各国司法审查的常态。如英国规定了申请人身保护令、对保释提起上诉、申请排除非法证据等多种被动型司法审查方式，而侦查机关也可提出延长羁押期限的申请。被动型的司法审查在许多情况下也被视为对侦查中受侵害权益的一种救济方式。主动型的司法审查是指法院或司法官在没有请求的情况下，主动对一些侦查行为进行司法审查，以发现违法或不合理的情形。最为典型的例子当属德国刑事诉讼法第117条关于羁押复查的规定。该法条规定，在待审羁押执行3个月后，如果被指控人没有辩护人，并且被指控人在这期间既未申请复查，也未对羁押提起抗告，法院应当依职权进行复查。主动型司法审查方式中，司法官肩负着主动保障犯罪嫌疑人权利的重任，能够弥补被动型司法审查在侦查机关与辩护方均未提出申请时，无法启动司法审查的缺陷。

我国目前侦查程序中的司法控制原则并未在立法上得到确认，在侦查程序中法官并不

---

① 参见宋英辉、吴宏耀：《刑事审判前程序研究》，41页，北京，中国政法大学出版社，2002。

介入，只是在审判阶段，法官才可通过排除非法言词证据对违法侦查行为确认。有学者据此指出："中国的司法裁判仅仅是法院对被告人是否有罪进行裁判的活动，而不是针对审判前追诉活动的合法性进行裁判的活动。"① 现行法律体系所规定的对侦查行为的控制机制主要源于侦查机关内部和检察机关外部监督，侦查行为的实施基本处于侦查机关自己决定、自己实施、自己监督的状态。这种由追诉机关制约自身行为的控制方式背离了诉讼规律，不能有效地在司法实践中落实。因此，必须借鉴国外立法对侦查程序进行诉讼化改造，确立侦查程序中的司法审查原则。

（三）比例原则

比例原则或称均衡原则，最早作为一项行政法上的基本原则出现于19世纪德国警察法中，其最初目的是要限制警察权的行使，保证其合理行使。后来比例原则逐步扩大到宪法、刑事法等其他法律制度中。其基本内涵是警察行为的手段和目的的关系必须适当，行使国家权力所采取的手段相对于所要达到的目的必须适当、必要、均衡、符合比例，不得过度侵害公民的权益。侦查权作为一种国家公权力，带有强制性与侵犯性，也必须采用比例原则来对其约束。

这里所讲的比例原则是一个广义的概念，包括三个子原则，即适当性原则（又称妥当性原则）、必要性原则、均衡性原则。比例原则在侦查程序中适用时应落实这三个子原则：(1) 适当性原则，就是使侦查权力的行使必须适合于侦查目的的实现，同时要兼顾侦查程序的两种基本的价值取向。可见，这一原则与侦查程序的正当目的紧密相关。(2) 必要性原则，是要求侦查机关为了实现侦查目的在必须采取时才能采取相应的手段，强调的是手段与目的之间关系上的最佳结合。任意侦查行为与强制侦查行为的选择适用必须贯彻必要性原则的要求。如羁押措施与羁押替代性措施在都能达到程序保障的目的时，应当尽量选择不剥夺犯罪嫌疑人人身自由的措施。(3) 均衡性原则，又称相称性，是指侦查过程中手段的运用要同保护的利益之间相称。这往往被作为狭义上的比例原则。如果受侵害的公民利益显然大于侦查机关所保护的公共利益时，则该侦查机关的行为是违反比例原则的。只有在追究比较严重的刑事犯罪时，才能采取强制力度较大的侦查行为，而对那些社会危害性小的犯罪，一般是不宜采取强制力度过大的侦查手段，特别是对人身权利进行限制或剥夺的手段。比例原则的三项子原则是互相关联、相辅相成的，在侦查程序中考量每一个侦查行为的采取是否正当，应当同时考虑是否符合这三项子原则具体内容的要求。

1994年世界刑法学协会第十五届代表大会通过的《关于刑事诉讼法中的人权问题的决议》第3条直接体现了比例性原则。该条提出："在预审阶段，无罪推定要求在与一切强制措施有关的活动中适用比例性原则。根据这一原则，必须使政府干预刑事被告基本权利的严重程度与限制的代替性措施的目的存在合理关系。这一点应推动立法者把规定审前羁押的代替性措施置于首位，审前羁押在任何情况下都应视为例外情况。"比例原则在各国刑事

① 陈瑞华：《刑事审判原理论》，235页，北京，北京大学出版社，1997。

诉讼法及相关的法律中都有明确的规定，如：意大利刑事诉讼法第275条规定："只有当其他防范措施均不宜采用时，才能决定实行预防性羁押。"日本刑事诉讼法第97条第1款规定："为了达到侦查的目的，可以进行必要的侦查。"德国刑事诉讼法第112条规定："若与案件的重大程度和可能的刑罚、矫正及保安处分不相称的，不允许命令羁押。"关于比例原则的有些问题是笔者在任意侦查和强制侦查法定原则涉及的，但在比例原则中更加强调法官和侦查人员对于比例的把握，即在法律上对裁量权的适用原则予以明确规定。比例原则另一个重要的表现就是对侦查人员在案件的侦破过程中使用警械、武器的法律约束。如日本警察官执行职务法第7条规定："警察官为了逮捕人犯或防止其逃跑，或者为了保护自己或他人的安全及制止对执行公务的抗拒，在有相当理由认为有必要时，可以根据当时的情况在合理必要的限度内使用武器……"

各国对于比例原则的确定使侦查过程中对于具体问题的处理所考虑的因素更加合理，更符合程序正当的要求。而我国的刑事诉讼法并没有明确确立比例原则，即使是对于强制措施的规定也有太多模糊的规定。因此在实践中，违反比例原则的现象非常突出，如超期羁押、对于犯罪嫌疑人逮捕的比率过高、违法使用警械等。因此，在我国侦查程序中正式确立比例原则是实践的需要，同时也符合世界人权保护的趋势。

（四）侦查秘密与侦查公开原则

侦查秘密原则是指基于保障侦查权顺利运作的需要，侦查行为决定根据和实施过程、侦查措施的选择、案件证据的收集程度、案件事实的调查情况等都应当避免向社会公开。传统上有两层含义：一是对嫌疑人保密，即侦查部门不得以违反侦查目的的方式把侦查的情况向嫌疑人泄露；二是对于社会成员保密（主要是对新闻媒体），即除法律另有规定或者经过权利人同意或者法官批准外，侦查部门及有关知情人不得对外泄露侦查情况以及侦查过程中了解到的情况。[①] 这个原则在大陆法系受到重视的程度一向比英美法系高。法国1992年12月16日第92—1336号法律明确规定："除法律另有规定外，侦查和预审程序一律秘密进行，并不得损害犯罪嫌疑人的权利。一切参与上述程序的人员，均应依照刑法典第226条所规定的条件，保守职业秘密，违者按上述两条处刑。"日本国家公安委员会制定的犯罪侦查规范第9条规定："实施侦查时，应当在注意严守秘密、不对侦查造成妨碍的同时，努力避免损害嫌疑人、被害人或其他与案件有关人员的名誉。"我国台湾地区"刑事诉讼法"第245条规定："侦查，不公开……检察官、检察事务官、司法警察官、司法警察、辩护人、告诉代理人或其他于侦查程序依法执行职务之人员，除依法令或为维护公共利益或保护法权益有必要外，不得公开揭露侦查中因职务知悉之事项。"但近年来，随着人权保障运动的兴起与司法民主化的提倡，犯罪嫌疑人的诉讼地位有所提高，律师参与侦查程序的程度增大，各国对侦查程序保密性的要求有所松动。

确立侦查秘密原则的目的是为了便利侦查权的行使，防止犯罪嫌疑人逃避罪责、毁灭

① 参见孙长永：《侦查程序与人权》，36页，北京，中国方正出版社，2000。

罪证、逃避侦查机关的缉捕。侦查程序的运行是侦查机关与犯罪嫌疑人激烈对抗的活动，为了有效查明犯罪事实、收集犯罪证据并查获犯罪嫌疑人，侦查活动就需要在一种不为犯罪嫌疑人一方知悉和防备的相对秘密的状况下进行。尤其是对涉及贪污、毒品犯罪、走私和其他重大的共同犯罪和集团犯罪侦查时，侦查活动更应该在秘密的情况下进行，否则会使其他共同犯罪分子逃匿，或使证人受到加害，或使证据遭到灭失。这种保密在客观上虽然可能剥夺犯罪嫌疑人及其亲属的知情权，使得侦查权的监督难以富于成效，但是侦查秘密原则也具有一定的人身保障意义。首先，侦查秘密原则在一定程度上体现了无罪推定的精神。侦查阶段的犯罪嫌疑人，并未被确定为罪犯，侦查部门任意公开与刑事案件相关的消息，经媒体公告周知，易造成司法官员及社会大众对犯罪嫌疑人先入为主的预断。1994年1月20日在马德里制定的《关于新闻媒体与司法独立的关系的基本原则》（又称《马德里原则》）第4条明确规定："本基本原则不排除在犯罪调查期间甚至构成司法程序一部分的调查（侦查）期间保密法的保留使用。在这种情况下的保密原则必须被视为主要是为了犯罪嫌疑人或被告人的利益，并且保护无罪推定原则。"其次，侦查秘密原则可以保障涉案人的隐私权、名誉权。我国台湾地区学者林山田先生认为："因为侦查尚属犯罪嫌疑之查证探索阶段，若予公开，将会造成犯罪嫌疑人名誉上之莫大之损伤；受调查者若属商业公司，公司名誉必然受损，而会造成财务危机，甚至于导致公司倒闭之严重后果。"① 再次，侦查秘密原则可以保障日后的公正审判。媒体关于刑事案件的报道，可能造成法官对于案件的预断，而导致裁判不公。另外，在侦查过程中媒体过于富有激情的报道可能煽动起民众的偏见与仇视，这时对于被追诉人而言，虽然还没上法庭，其实已经被"民意所谋杀"，美国的"谢泼德案"就是典型案例。②

侦查公开原则是程序公开原则在侦查中的具体贯彻，同样也是司法民主化的具体体现，它破除了侦查活动的神秘主义。随着司法民主化的发展，尤其是当代人权保护成为世界各国人民的共同呼声，侦查程序的适度公开已经成为各国侦查程序的基本要求。其一，侦查公开是现代民主政治的必然要求，现代国家的权力最终都来自民众，因而民众自然有权监督侦查活动的权利。其二，侦查公开还可以使犯罪嫌疑人和其他诉讼参与人的权利得以保护，使公众对侦查进行监督，从而实现侦查程序的正当化。第三，侦查过程一定程度的公

---

① 林山田：《论刑事程序原则》，载《台大法学论丛》，28卷第2期。

② Sheppard v. Maxwell，384U. S. 333（1966），谢泼德案是美国一例新闻媒体干扰侦查与审判活动的典型案例，山姆·谢泼德是俄亥俄州的一位著名外科医生，1954年因涉嫌杀害已有身孕之妻而被捕。他自称无辜，其妻是外人入室将他击昏后所杀害。此案公开后，立刻引起全国和地方各媒体的极大关注，有关评论和报道随即铺天盖地而来。在谢泼德被捕前，各报纸就认定他犯有谋杀罪。一篇社论题为"为何警察不侦讯首要嫌疑人"？要求将谢泼德拘押在警察局进行讯问。另一篇社论则质问"为何不把谢泼德投牢入狱"？于是，谢泼德被逮捕并被指控犯有谋杀罪。其后，各种形式的媒体仍继续鼓噪。例如，"邻居揭露谢泼德有'性伴侣'"，"车库发现血迹"，"警方宣称发现谋杀罪新证据"，诸多报道与评论频频出现在有关媒体上。而对于庭审过程，媒体亦紧追不放。此种情形一直持续至有罪判决作出后方才停息。谢泼德以审判过程被严重干扰为由上诉至联邦最高法院，当时最高法院驳回了上诉。直至1966年最高法院推翻了有罪判决，而后俄亥俄州法院重审此案，判其无罪释放。释放4年后谢泼德因病去世。

开还有利于群众举报嫌疑人，从而使案件更快地侦破，也是群众路线在侦查程序中的体现。

侦查秘密与公开相结合原则的要求是：

1. 侦查公开与秘密相结合的原则要把握好公开秘密内容的度。主要考虑的因素有：(1) 是否会妨碍侦查活动的顺利进行。侦查活动的公开必须慎重，防止不应公开的信息为犯罪嫌疑人所掌握，导致其毁灭证据、威胁证人，或犯罪嫌疑人之间订立攻守同盟、共同犯罪嫌疑人逃匿等情况的发生。(2) 是否有利于侦查过程中的人权保护。侦查在一定范围的公开有利于社会的监督，防止刑讯逼供等非法取证的现象出现。但公开的程度又不能给犯罪嫌疑人带来不必要的声誉影响。

2. 侦查公开与秘密相结合的原则依据内容不同可以对不同的对象进行不同程度的公开：(1) 有关侦查中的秘密事项（如案情涉及国家安全的内容）应该完全保密，这些事项的内容由保守国家秘密法等相应的法律予以规定。(2) 有些内容是可以对律师、当事人公开，但未经批准，新闻媒体不得报道。这些内容主要是关于诉讼参与人权利及其行使的情况等。(3) 侦查过程中的少数事项是可以对所有人公开，允许新闻媒体报道的。如关于某些刑事案件的事实、通缉犯罪嫌疑人、发动群众举报等情况可以向社会公开。

我国以前的侦查活动公开得不够，不符合人权保护的要求。修改后的《刑事诉讼法》虽然允许律师介入侦查阶段，并要求对律师及犯罪嫌疑人公开涉嫌的罪名和律师可以会见犯罪嫌疑人，但实践中的执行情况并不理想。此外，侦查活动的进展及相应的情况是否对社会大众和当事人公开及公开何种内容等问题，也没有相应的法律规定，侦查机关往往是随意地行使公开权，有时候不应该公开的侦查活动却允许记者现场报道；相反对于应该公开的内容，当事人及律师却没有知悉的渠道和法律救济的途径。

(五) 侦查效率原则

侦查效率原则是诉讼及时原则在侦查程序中的体现，其具体含义是指侦查活动要讲求效率，侦查机关要及时迅速地进行证据的收集和案件的侦破，对侦查终结的案件要迅速地进行处理。简言之，就是侦查活动要在尽可能短的时间内完成。该原则与以下两个方面的因素有主要关系：(1) 侦查机关侦破案件的迅速程度。从这个方面来讲，侦查机关迅速破获案件是每个社会的共同要求，如果案件不能及时得到侦破，犯罪人将不能被绳之以法，正义将不能被实现，而且社会关系存在着再次被侵害的危险。侦查效率原则同侦查机关破获案件的迅速程度成正比，因此要求侦查机关迅速采取侦查措施破获案件。(2) 所发生案件的重大和复杂程度。侦查效率原则同发生案件的复杂程度成反比，因此，侦查效率原则不能对所有的案件有统一的侦查羁押期限，相应复杂案件的侦查羁押期限应比简单的轻罪案件的期限要长。

侦查效率原则并非单纯强调对犯罪的打击，它是一种打击犯罪与人权保障之间的平衡原则，具有双重价值：(1) 贯彻侦查效率原则有利于实现刑事诉讼控制犯罪的机能，保障社会的稳定和秩序。刑事诉讼法是关于规制国家刑罚惩罚权的法律，防止国家惩罚犯罪时的恣意和妄为。但是刑事诉讼毕竟具有双重目的，在强调程序法治的框架内也应该强调国家对于犯罪的惩罚效率。因此，在侦查过程中要强调效率原则：首先，有利于发现案件的事实真相，保障诉讼的顺利进行。证据的收集是同侦查效率成正比的，及时迅速的侦查能缩短侦查取证与发案时间的距离，从而更有利于案件事实的发现。因为，刑事诉讼是一种回溯性证明过程，证据的收集对犯罪事实的证明具有基础性作用。而犯罪分子在实施犯罪后为逃避刑罚制裁，可能会实施串供、毁灭罪证，威胁、引诱证人改变证言，逃匿等妨害证据收集、阻碍刑事诉讼顺利进行的行为。因此，在侦查活动中必须贯彻侦查效率原则，及时收集证据，打击犯罪。其次，能为其后的起诉、审判提供必要的条件和保障。有效率的侦查活动符合诉讼及时的要求，从而使国家的刑罚权得以迅速、正确地实施，并更好地发挥其威慑作用。(2) 贯彻侦查效率原则有利于实现侦查中的人权保障。对于犯罪嫌疑人来说，在侦查中都或多或少地被限制了一定的权利，并且由于其地位不确定而陷入焦虑和恐惧的心理状态中，早日结束侦查，可使其尽快得到解脱。而且侦查过程中辩护权的行使是不充分的，因此犯罪嫌疑人的人权在侦查过程中容易受到侵犯，而迅速地侦查终结，则能减少这种侵犯的机会。对于无辜者来说，有效率的侦查能使其早日洗脱嫌疑，恢复正常生活；对于被害人来说，案件的发生已经使其受到了侵害，而拖延的侦查会给被害人带来进一步的伤害，有效率的侦查能为其早日申冤。

侦查效率原则对侦查程序中的具体制度提出了几方面的要求：(1) 对于侦查羁押的期限及相关问题进行严格的规定。首先，对于侦查羁押期限及延长进行明确的规定。如：德国刑事诉讼法第 21 条规定，除非由于特别的侦查困难或者其他重要原因导致不能作出决定，并且有必要继续羁押外，判决以前的待审羁押不得超过 6 个月。第 122 条规定，即使依照法定的程序对羁押期限予以延长，审前羁押期限也不得超过一年。而我国关于审前羁押的期限虽有具体的规定，但延长的情况过多并且条件也不够明确，因此不利于侦查效率原则的贯彻。其次，由于犯罪嫌疑人通常不精通法律，因此侦查机关对于侦查过程中涉及的期限和侦查人员违反法定期限犯罪嫌疑人的救济途径负有告知的义务。但我国法律并没有相应告知义务的规定，使侦查机关缺少犯罪嫌疑人对其超期羁押的制约，不利于贯彻侦查效率的原则。再次，确立侦查羁押期间执行的监督机制。对于侦查机关违反法定期间的情况，各国都规定了检察机关或法院有权要求其改正，并对侦查机关无视这种监督的处罚作出了规定，从而能保证侦查羁押期间的遵守。而我国在这方面规定也是很模糊的，虽然规定了由检察机关对侦查活动进行监督，但没有规定公安机关无视这种监督的后果，从而使这种监督流于形式。(2) 建立违反侦查效率原则的制裁制度。对于违反侦查效率原则的机关和人员在程序和实体上规定一定的惩罚后果，才能使侦查效率原则真正地得以贯彻，这些惩罚措施也就从反方向保证了侦查效率的实现。根据各国的立法经验，在侦查活动发生不必要的拖延时，可以采取的程序性制裁手段从轻到重主要有，补偿被告、减轻刑罚、终止诉讼程序，实体上的处罚有惩罚有责任的工作人员等。目前我国法律在这方面的规定还是空白。

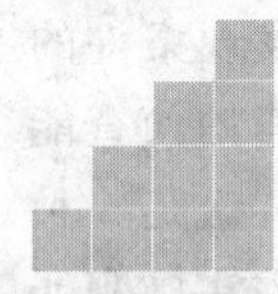

第十一章 侦查行为和未决羁押

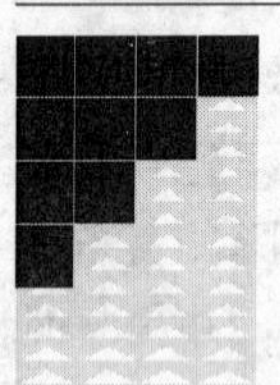

第一节 侦查行为

侦查行为是侦查权行使的最重要的动态表现，是侦查机关侦控犯罪、收集证据、抓获犯罪嫌疑人等履行刑事诉讼法规定职能的主要表现。同时侦查行为也是在侦查程序中直接对公民的权利施加影响的方式，与人权保障密切相关，在侦查程序中侦查权滥用的情况大多是在进行侦查行为的过程中表现出来的。目前，诉讼法学界对一些侦查行为已有研究，但系统性的研究还较为欠缺。本章中主要介绍侦查行为的基本理论，并对几种特殊侦查行为进行论述。

一、侦查行为的概念

侦查行为当属诉讼行为的下位概念，是由侦查机关在刑事诉讼过程中实施的能够引起诉讼法上法律效果的行为。按照诉讼行为基础理论，侦查行为是以获取案件事实为目的的活动，能够影响到案件实体裁判的形成，故而在分类上属于形成实体性结果的诉讼行为。这只是套用了诉讼行为理论对侦查行为进行的界定，除此以外，侦查行为还应有自己独立的内涵。

侦查行为的具体含义在理论上还存在着争议，这种争议主要集中于侦查行为究竟只是一种专门的调查工作还是包括了调查工作与强制措施两个方面的行为。一般认为侦查行为就是侦查机关依法律规定所作的专门调查工作，这种工作是为查明案件事实、收集证据，查获犯罪嫌疑而进行的。这种看法认为，侦查行为只包括讯问、询问、勘验、检查、搜查、扣押物证、扣押书证、鉴定、通缉、监听等，强制措施被排除在外。大多数学者持这种观点。[①] 但也有学者认为侦查行为包括强制到案、羁押、搜查、扣押、勘验、检查、辨认、讯问嫌疑人、询问知情人、鉴定、侦查实验和监听等。[②] 这种看法显然认为侦查行为包括专门调查手段和强制措施两个方面的内容。

对侦查行为概念的争论是伴随着对“侦查”概念的争论而产生的，我国《刑事诉讼法》第 82 条第 1 项规定：“侦查”是指公安机关、人民检察院在办理案件过程中，依照法律进行的专门调查工作和有关的强制性措施。从这一规定可直接推出侦查包括专门调查工作和强制性措施两个方面，但是这一定义本身又具有不合理性。“强制性措施”是一种模糊的用语，并不等于强制措施这一点已为学界达成了共识。其实大多数专门性调查工作都带有一定的强制性，也可界定为强制性措施。立法上对侦查的模糊界定造成了侦查行为概念界定上的困难。

就目前考察的情况来看，许多国家和地区的刑事诉讼法典中几乎没有对侦查行为直接界定，对侦查概念界定的也极少。较为特殊的是我国《澳门刑事诉讼法典》第 245 条规定：“侦查系指为调查犯罪是否存在，确定其行为及行为人之责任，以及收集证据，以便就是否提出控诉作出决定而采取之一切措施之总体。”[③] 从澳门刑事诉讼法典对侦查概念的界定来看，侦查只是进行证据调查的行为，也就是说侦查行为不包括强制措施。德国刑事诉讼法

---

① 参见陈光中、徐静村主编：《刑事诉讼法学》（修订版），287 页，北京，中国政法大学出版社，2000；徐静村主编：《刑事诉讼法学》（修订版）（上），222 页，北京，法律出版社，1999；陈卫东主编：《刑事审前程序研究》，155 页，北京，中国人民大学出版社，2004。

② 参见孙长永：《侦查程序与人权》，74 页，北京，中国方正出版社，2000。

③ 澳门政府法律翻译办公室编：《澳门刑事诉讼法典》，228 页，北京，法律出版社，1997。

典第一编“通则”规定的一些证据调查行为体系相对较完整，涵括了询问证人、鉴定、勘验、扣押、监视电信通讯、扫描侦查、使用技术手段、派遣秘密侦查员、搜查、讯问被指控人等多种手段，基本反映了证据调查方式的全貌，但是并未将这些调查方式与强制措施区分规定，且在这部分穿插规定了一些强制措施（如在第九章就规定了逮捕与暂时逮捕）。从这种规定来看，德国实际上将调查方式与强制措施都看作侦查行为。从法国刑事诉讼法典第一卷整卷内容来看，法国也并未区分证据调查和强制措施，二者被混合规定在一起，主要集中在第一卷“提起公诉和进行预审”之下的第二编“侦讯与监控”、第三编“预审管辖”中。日本刑事诉讼法典中没有对证据调查方式和强制措施予以区分，而是更注重任意侦查行为与强制侦查行为的分类，将规范强制侦查行为作为立法的重点，法律规定的强制侦查行为包括逮捕、羁押、查封、搜查、勘验、鉴定等。意大利刑事诉讼法在第三编“证据”第三章中规定了收集证据的方法，如检查、勘验、搜查、扣押、谈话或通讯窃听，这些手段实际上都是侦查行为。我国台湾地区“刑事诉讼法”也是在总则中规定了被告之传唤和拘提、被告之讯问、被告之羁押、搜索与扣押等强制性行为，这些行为包括了证据调查行为和强制措施两方面的内容。该法在第二编“一审”中专列一节对侦查进行规定，在第十二章“证据”中也涉及对鉴定、勘验等调查方式的规定。从以上具有大陆法系传统的国家和地区的刑事诉讼立法来看，有一个较为明显的特点就是，不严格区分侦查中的证据调查与强制措施。其实在英美法系也有这种趋向，一些暂时剥夺人身自由的强制到案行为如拘留、逮捕等不仅具有强制措施的功效，而且往往可以作为侦查手段使用，但是羁押这种剥夺人身自由的状态则在任何情况下都不能作为侦查手段使用，不能为了获取供述而对嫌疑人羁押。

我国 1996 年《刑事诉讼法》在第二编中专列第二章确认了一些证据调查方法，主要是讯问、询问、勘验、检查、搜查、扣押、鉴定、通缉八种，而将强制措施规定在总则部分。此外，在《人民检察院刑事诉讼规则》和《公安机关办理刑事案件程序规定》中又增加了辨认手段，在《人民警察法》和《国家安全法》中确认了技术侦察手段。从我国立法和司法解释、内部规定的这种体例安排上看明显是要严格区分专门调查行为与强制措施，这种规定也应当是基于强制措施不仅由侦查机关使用也可由法院、检察院等部门使用而考虑的，从这一视角来看，这种体例安排有一定合理性。

根据以上分析，侦查行为事实上在不同的语境中有不同的含义，可以分为广义和狭义两个层面的意思。广义上的侦查行为认为，侦查行为是侦查机关行使侦查权过程中所实施的证据调查的专门方式及强制措施。狭义上的侦查行为专指的是侦查行关所进行的专门的证据调查方式。这一层面上的侦查行为在用语上经常与侦查手段、侦查方法等一些意思相近的语词混用。目前在刑事诉讼法学的研究中，我国学者们大多也是采用狭义上的侦查行为的含义，考虑到我国立法的现实状况，在本章中也使用狭义侦查行为的概念。

二、侦查行为的特点

侦查行为是一种诉讼行为，但除了具有诉讼行为的一般特征外，还由于侦查行为肩负实现侦查权的目的而具有独特的特点。这些特点主要是为保障侦查权的行使，保证实体结果形成目的的实现。结合侦查权行使的特点，侦查行为主要有几方面的特点：

（一）强制性

犯罪是一种激烈的社会冲突，要解决这种冲突需要有区别于解决一般社会纠纷的方式。在犯罪之后及侦查活动中，控辩双方激烈对抗，犯罪嫌疑人为避免可能施加于己身的处罚，往往会千方百计地逃避侦查，毁灭、伪造证据甚至威胁、引诱证人改变证言。鉴于侦查对象即犯罪行为的隐蔽性，为达到目的，往往赋予了侦查行为一定的强制性，当然由于侦查行为类型的不同，侦查行为所具有强制性程度也不尽相同。侦查行为区别于其他普通的证据调查行为之处就在于，侦查行为以国家强制力为后盾，由国家授予合法的强制性权力，可以用强制力对公民的权益进行限制甚至暂时剥夺。

（二）行政性

侦查机关作为行政机关，其实施的行为也具有行政性，享有法定范围内较大的裁量权，侦查行为在本质上是一种行政行为，具有单向性的特征。虽然随着诉讼文明的发展与侦查程序人权保障的强调，在侦查程序中引入了程序性裁判机制，但是侦查程序中的授权与裁判机制只是侦查行为的一种制约机制，不是侦查行为本身，这种程序性裁判行为不会影响到侦查行为的行政性本质。但是目前在行政诉讼理论中备受争议的是侦查行为是否具有可诉性，按照传统的解释，侦查行为是一种刑事司法行为，受侵害人不能提起行政诉讼。随着理论研究的深入，认为侦查行为具有可诉性的观点受到了大多数学者的赞同。认为侦查行为具有可诉性的观点，其理论的基点就是侦查行为是一种行政行为。

（三）职权性

在刑事法发达之前，犯罪仅被认为是私人之间的纠纷，在解决纠纷时证据调查的工作往往由公民个人完成。随着国家权威的增强，犯罪被认为侵犯了公共利益，由国家对犯罪进行追诉。这种追诉是由国家设立追诉机关来完成的，这种追诉活动具有了国家职权性，是代表国家来行使追诉职能。侦查机关承担了其中的证据调查行为，即侦查行为，也就是说，侦查机关是代表国家行使职能，是一种职权性行为。目前虽然在许多国家被追诉方也可进行证据调查，但是这种行为只是为履行辩护职能，而为被追诉方利益而进行的，不具有职权性。

（四）法定性

由于侦查行为大多带有直接的强制性，除涉及公民的人身权利、财产权利外，还可能涉及公民的隐私权、住宅权等方面的权益，如果法律上不对这些侦查行为予以严格控制就可能导致滥用而侵犯公民权益。而且在诉讼行为无效理论中，侦查行为一旦脱离了法制的轨道，则会影响到整个实体事实的最后形成，导致追诉不成功，不能作出正确的裁判。因此，现代各国为保障追诉目标的顺利完成和保障被追诉人的权益，对各种侦查行为都详细规定了法定主体、法定适用条件、法定程序等方面的内容，使得侦查行为的法定性凸显出来。

三、侦查行为的分类

"作为对抗犯罪之回应手段（犯罪现象因地而异并复杂性显著提高），现代刑事诉讼程序越来越需要满足对效能的要求。"① 当前犯罪呈现出了多样化、智能化发展的态势，为适应与犯罪分子斗争的需要，侦查行为的种类日益增多，科技性也日益增强。有学者据此认为："犯罪行为方式的每一次嬗变，都必将引致国家在侦查方式上针锋相对的回应。"② 不同的侦查行为类型，就有着不同的特点，针对这些特点在适用条件与程序上的法律规制也就应当有所区分。虽然各种侦查行为都有区别，但是有些特征是某些侦查行为所共同具有的，按照不同的标准进行类型化研究还是可能的。通过侦查行为的类型化研究能够为区分侦查行为特点在立法上作出科学、合理的安排奠定理论基础。

侦查行为的分类有不同的标准，可以按照侦查行为主体、侦查行为客体、侦查行为的公开程度、强制程度等方面的不同来分，不同的分类标准之间也可能导致类型化的侦查行为有所交叉。以下主要介绍四种分类方式：

（一）任意侦查行为与强制侦查行为

任意侦查行为与强制侦查行为的分类标准虽然主要是在日本刑事诉讼立法及理论研究中使用，但是在各国的侦查行为中仍具有一定的普遍性。这种分类目的主要是对强制侦查行为进行严格规制。此前在侦查程序的正当化一章中，我们已经对两种分类的具体内容进行了阐释，在此不予重复。

（二）对人侦查行为与对物侦查行为

对人侦查行为与对物侦查行为的分类标准是以侦查行为的客体（或对象）为标准来区分的。对人侦查行为是指侦查行为指向的是公民的人身，如讯问犯罪嫌疑人、询问证人、检查等，而对物侦查行为指向的是公民财物、住宅等物质实体，如勘验、搜查、扣押等。对人侦查行为主要涉及公民人身权利，主要获取的是言词证据，而公民人身权利是诉讼人权保障的重点，对人侦查行为也是法律控制的重点。法律对此类侦查行为的控制一般是通过赋予侦查行为对象以防御性权利，如沉默权、讯问时律师在场权等对侦查行为对象的人身权利保障。对人侦查行为失控的典型现象是刑讯逼供。对物侦查行为涉及的是公民的财产权利、住宅权利、隐私权等，目的是获取实物证据，包括物证、书证等，法律对此类行为控制力度相对于对人侦查行为而言稍弱。

（三）常规侦查行为与特殊侦查行为

按照侦查行为在侦查活动中使用的频度可将不同的侦查行为分为常规侦查行为与特殊侦查行为。常规侦查行为是指在侦查活动中使用频率较高，不具有特殊性的侦查行为，主要是讯问犯罪嫌疑人、询问证人和被害人、勘验、检查、搜查、扣押、鉴定和辨认等。常

---

① ［葡］H.S. 加斯帕尔：《〈公民权利与政治权利国际公约〉中的公正程序与澳门刑事诉讼》，载《澳门法律学刊》，11页，1997（1）。

② 谢佑平、万毅：《刑事侦查制度原理》，271页，北京，中国人民公安大学出版社，2003。

规侦查行为一般都是传统上的侦查行为，与新兴的犯罪联系不大，适用案件较为普遍，一般案件都或多或少地用到常规侦查行为。特殊侦查行为是指在侦查活动中使用频率较低，适用案件范围有限的侦查行为，主要包括监听、犯罪心理测试、强制采样、诱惑侦查、卧底侦查等。这些侦查行为大多是对新兴犯罪类型的回应，与科技发展有关。同时特殊侦查行为涉及一些公民重大权益，而且大多又是在秘密状态下实施，侵权的可能性更大，因此这些行为成为了现代刑事诉讼法规范的重要对象，特别是法律对特殊侦查行为适用案件的范围和适用条件进行了严格限制，使得这些侦查行为只有在必要的情况下满足严格的法定条件才可适用，控制了这些侦查行为滥用。

（四）公开侦查行为与秘密侦查行为

公开侦查行为与秘密侦查行为是按照侦查行为是否向当事人公开为标准划分的。前面在谈到侦查程序正当化时已经提及侦查公开原则是针对当事人而言的，侦查行为的公开与秘密进行也是仅针对当事人而言，尤其是犯罪嫌疑人。公开侦查行为是在当事人可以获知的情况下进行的，而秘密侦查行为则是在当事人不知情的情况下进行。公开侦查行为主要是讯问犯罪嫌疑人、询问证人、犯罪心理测试等。而秘密侦查行为主要有监听、诱惑侦查、卧底侦查等。法律控制的重点是秘密侦查行为，因为在公开的状态下进行的侦查行为，犯罪嫌疑人还可公开对抗，侦查行为还有较为有效的监督和约束机制；而秘密侦查行为的进行不为当事人所知，当事人难以有效监督，侵权的机会也越多，所以秘密侦查的限制条件相较于公开侦查行为而言更多。

四、监听

当今世界科技日新月异，通讯业发展尤为迅速，它已经成为我们人类社会生活不可或缺的一种工具。但是我们应当看到，事物总是有其两面性，通讯的发展在为人类带来巨大方便的同时，在某种程度上它也可能为犯罪分子相互之间传播信息提供一种媒介。作为一种应对这一犯罪形势变化而被侦查机关在侦破毒品犯罪、有组织犯罪和恐怖主义犯罪中广泛采用的侦查措施，监听已为各主要法治国家在立法中确立。

（一）监听的概念与性质

所谓监听，是刑事侦查机关在未经通话当事人许可的情况下，对他人正在进行的语音和电码符号通讯，通过自然感官和相关设备以获悉其通讯内容的一种侦查措施。传统的监听是跟踪监听，即利用自然感官在不为通话当事人知情的情况下获取其正在进行的谈话内容。随着科学技术的发展和侦查技术的进步，现代侦查中所运用的监听手段已远非自然感官可比，各种先进的技术手段得到了广泛使用，如电话窃听、电子仪器同步监听等；监听的对象也远远超越了自然对话（面对面的谈话）的范围，而覆盖了以任何通讯手段进行的通话，包括电话、电传以及电子邮件等新兴网络通讯，其中又以电子通讯为重点。

依据不同的标准，监听可以分为不同的种类。从技术上讲，监听可以分为两种，一种是在电话线路上安装监听器的电话监听（wiretapping），一种是不利用电线、只安装监听器的电子监听（bugging）。从法律上讲，分为未经通话双方同意的第三者监听与经一方通话者同意的同意监听。[①] 从监听的对象上来讲，监听还可分为有线通讯监听、无线通讯监听以及言论和谈话监听三种。有线通讯监听指的是对他人间的有线通讯线路予以秘密侵入以探知其通讯内容，典型的是对固定电话的监听；无线通讯监听指的是通过相关设备侵入他人间的无线通讯线路以探知其通讯内容，典型的是对移动电话的监听；言论和谈话监听指的是对当事人自然会话（面对面的言谈）的监听。另外，监听还可以分为电子监听和自然监听。前者指在监听过程中涉及电子仪器的安装和使用，后者指的是利用自然感官秘密获取他人正在进行的言谈的内容。由于自然监听无法留下不可辩驳的记录，可靠性较差，一般只作为查破案件的线索。同时，运用立法对自然监听加以控制的可操作性不强。本章所论及的监听均指电子监听。

关于监听的法律性质，国内外法学界可谓众说纷纭，大体上有以下几种观点：

1．“技术侦查措施说”，认为监听是技术侦查措施的一种，日本学者田中守一也将监听与体液采集、拍照、摄像等一并列入科学的侦查。[②]

2．“搜查、扣押说”，持该观点的学者认为监听是搜查、扣押的一种特殊表现形式，二者具有相通之处，电话监听是搜查、扣押的延伸，即对犯罪嫌疑人通话的搜查与扣押。[③]

3．“任意侦查行为说”，主张该观点的学者认为监听行为本身未侵犯任何权利，也没有压制任何个人意志，不具有强制性，属于任意侦查行为。有的学者即将监听视为刑事诉讼法上规定的勘验、检查。日本有判例支持在提出严格限制条件的基础上，可以根据勘验令状予以监听。

上述有关监听法律性质的定位虽都有一定道理，但仍存在不足之处，值得商榷。

首先，监听不应定位为技术侦查措施。将监听定位为技术侦查措施的学者是以我国《国家安全法》与《人民警察法》的相关规定为依据的。从行为上看，监听的确可称为一种技术侦查方法。但与其他技术侦查措施存在显著的区别：一是监听在实施过程中难以限定犯罪对象，极易侵害无辜公民的基本权利；二是监听对公民通讯自由和通讯秘密权具有天然的侵犯性。因而，理应由刑事诉讼法对监听令状的条件、批准机关、实施范围、期限等作出明确规定，同时这些规定往往涉及侦查机关、检察机关及审判机关相互的权限及制约，因此，由侦查部门自行制定专门规章予以规定是无法赋予其合法依据的。

其次，监听也不宜定位为搜查、扣押。尽管监听与刑事诉讼中的搜查、扣押有相似之处，但其与搜查、扣押对象的有形性、过程公开性、广泛适用性等特征具有明显的差异。从针对的对象看，监听是利用窃听器等设备以截取人们口头发出的声音并予以录音的方式来完成的，它是对无形物的一种强制性处分；搜查、扣押是通过对住宅、犯罪场所的检查、

① 参见［日］田口守一：《刑事诉讼法》，刘迪等译，76页，北京，法律出版社，2000。

② 参见［日］田口守一：《刑事诉讼法》，刘迪等译，71～76页，北京，法律出版社，2000。

③ 参见杨迎泽、李麒：《电话监听证据研析》，载何家弘主编：《证据学论坛》，第1卷，北京，中国检察出版社，2000。

对涉嫌犯罪物品、资料的扣留等方式实施的，是针对具体有形的物体采取的一种强制性处分。从使用的范围及程序来说，搜查、扣押属于常规性侦查措施，一般是在公开情况下实施，运用也较广泛，程序也不如监听那样需要严格规制；而监听属于特殊侦查措施，一般在非公开情况下实施，秘密性明显，运用范围较窄，因此，对监听的程序及条件的要求也更为严格。而且监听形成的证据资料在法律形式上表现为视听资料；搜查、扣押形成的证据资料一般则是物证、书证。

再次，监听更不属于刑事诉讼法上的任意侦查行为。任意侦查行为说忽视了监听行为对公民通讯自由和通讯秘密等宪法赋予的基本权利的侵犯，容易扩大国家权力导致对公民权利的严重压制。

综上所述，本书将监听的法律性质定位为一种强制侦查行为，是与搜查、扣押、勘验、检查相并列的一种独立的侦查行为，是侦查机关为了查明犯罪事实、收集犯罪证据而对涉嫌犯罪之人进行技术侦查的一种行为。

(二) 监听与公民权利的冲突与平衡

监听在发挥其查明犯罪事实、揭露犯罪分子、维护国家安全和社会稳定方面的积极作用的同时，也不可避免地要侵犯公民的隐私权和忽视人的尊严。监听立法的确立也正是各法治国家在自由和秩序两大价值之间权衡的结果。

通讯是人们进行社会交往、传达感情与信息的一种途径。“所谓秘密通讯自由（liberty and secrecy of correspondence），乃指人民有不公开其意见之自由，换言之，即对特定人表示其意见，但有不对第三人公开其意见之自由，故亦可视为广义的意见自由。对人类而言，秘密通讯为表示思想、信仰或营业之隐秘所不可或缺之方式，倘若不予以保护，不仅人民之思想与信仰难以保全，而且可能使商业秘密外泄，铸成巨大财产损失。”[①] 秘密通讯自由权目前已为国际人权公约和世界各国宪法和法律所确认。1948 年《世界人权宣言》第 12 条规定“任何人的私生活、家庭、住宅和通信不得任意干涉，他的荣誉和名誉不得加以攻击。人人有权享受法律保护，以免受这种干涉和攻击”。此后 1966 年《公民权利和政治权利国际公约》第 17 条也对公民的通讯自由和隐私权予以确认。许多国家的宪法也确认了有限度的公民秘密通讯自由权。

这种侦查行为具有侵犯监控对象宪法权利的重大可能性，如果无条件地对公民的言行进行监控，也失去了正当性。但是，就有效收集证据、侦缉犯罪来看，它又是不可避免的侦查方式。因此，如何协调控制犯罪与保障人权的关系，寻找一个平衡的度，便成为至关重要的问题。目前世界各国基于各自的国情在制定监听法律规范时都尽量对国家权力行使与公民个人权利的冲突进行平衡。

这种平衡有可能随客观犯罪形势的变化作出相应的反应以适应变化形势的需要。最为典型的当属美国。美国法学理论界长期以来一直对监听存有争议，在立法上也对监听规定

---

① 蔡墩铭：《通讯监听与证据排除》，载《刑事法杂志》，1983 (1)。

了严格的适用条件与程序，以期达到控制其适用的目的。美国联邦最高法院 1928 年就受理了第一个监听案件，即 Olmstead v. United States，当时法院认为监听除非在物理上构成侵入才违反宪法第四修正案。在 1968 年制定了《综合控制犯罪和街道安全法》，其中 TitleⅢ允许侦查机关对特定的严重犯罪进行监听。在程序要件上的主要限制是监听罪名的限制、申请程序的限制、监听令状、证据排除规则等。设置严格的程序要件，以达成确保个人隐私权与有效执法二者间的平衡。由于该法的规定只限于有线通讯及口头对话的监听，不能适应其他新形态通讯方式发展的需要，国会又于 1986 年通过了《电子通讯隐私法》，将监听范围扩大至有线与电子通讯及口头对话的监听。在“9·11 事件”后，为适应日益严峻的反恐斗争的需要，由国会通过了“The Patriot Act”，在该法案中 Title Ⅱ部分对监听的范围再次进行了扩大，而且在适用程序上也有适当放松。

（三）监听的法律控制机制

监听虽然不完全等同于传统的强制侦查方法，但由于它严重干涉个人的隐私权，各国立法和实务一致把它视为强制侦查，而且要求必须同时受法定原则（令状主义）、比例原则和秘密原则的限制。在具体程序方面对其限制也是相当严格的，否则极易导致刑事侦查权的滥用，造成对隐私权的侵犯。各国立法大都从适用条件和适用程序两个方面对其进行约束，主要涉及以下几个方面：

1. 监听主体的限制。当今世界各国规定可使用监听手段的主体大都是警察机关、检察机关等侦查机关。刑事侦查权代表的是国家的公权力，私人或律师也可进行调查取证，但是不得行使侦查权，私人及律师当然也不得使用监听这一手段，否则就会使得这一手段的使用无法控制。曾经在 20 世纪 70 年代轰动全世界的“水门事件”已经让我们对于非法监听的威力有所见识。对于拥有刑事侦查权的国家机关也并非全部都享有这一侦查手段的适用权。例如，我国目前就只有《国家安全法》和《人民警察法》规定了国家安全机关人员和人民警察对这一手段有使用权，而对某些案件有侦查权的人民检察院并未规定可以适用此侦查手段。

2. 监听对象的限制。依我国台湾地区学者江舜明的说法，监听的对象范围较广，不仅包括被告及犯罪嫌疑人（又包括正犯与共犯、阴谋犯、预备犯与未遂犯），且及于所谓之通讯“传递人”（即为被告传送、传达、收受通讯之人）、“提供人”（即为被告提供通讯器材及处所之人）。[①] 目前各国理论界对于是否能够对公用电话进行监听有一定争议。公用电话是供公众使用，故涉及更多无辜的人之秘密通讯权，但是目前有许多犯罪分子利用公用电话进行犯罪活动，如绑架勒索等，利用公用电话的犯罪较之利用私人电话的更具有侦破难度，所以许多国家也允许对某些犯罪所涉及的公用电话实行监听，但所涉及案件范围更小，程序更为严格。另外理论界对于可否对辩护律师进行监听也颇有争议。笔者认为，如果侦查机关通过监听犯罪嫌疑人与其辩护人的通讯，从而得知辩护策略、其他有罪证据甚至是

① 参见江舜明：《监听界限与证据排除》，载《法学丛刊》，1998（172）。

犯罪嫌疑人自白的犯罪事实，这就有违诉讼中双方手段对等原则，势必造成犯罪嫌疑人辩护权利的受损，而且它也破坏了辩护赖以存在的双方信任关系，动摇了辩护制度的根基，从而严重损害司法公正。但另一方面，我们也不能完全否认对辩护律师实施监听的可能性，如果有证据表明辩护律师与犯罪嫌疑人有可监听案件范围之内的共同犯罪嫌疑或者辩护律师为犯罪嫌疑人提供电话作为通讯的，侦查机关仍可进行监听，因为这两种情况已不在辩护律师的职务范围之内了，在这两种情况下所获取的信息可作为对辩护律师的指控材料。

3. 适用案件范围的限制。由于监听这种侦查手段关乎犯罪嫌疑人宪法上的权利，如果采用这种侵害公民秘密通讯自由权的侦查手段去侦查一些轻微的案件可谓得不偿失。故而各国立法采用较为谨慎的态度，严格限制其适用的案件范围，一般都限于性质严重、情节恶劣、可能判处较长时间刑罚或死刑的重罪及其他利用通讯作为犯罪工具，或不以监听方法侦查难以查获其犯罪者，一般都根据比例原则，或者采用概括、列举的方法对可监听之案件进行规定。通过分析国外关于监听的立法不难发现，有些罪名是共同的，主要有涉及国家安全的犯罪、有组织犯罪等一些具有侦破难度而又危害较大的重罪或一些以电话为犯罪必要条件的罪名。主要是因为这些犯罪侦查难度较大，且大都运用通讯工具，相对来说运用监听能达到较好的侦查效果。

4. 常规侦查手段先用性限制。即监听侦查手段必须是在采用常规侦查手段无法查清案件事实时才能采用。这是基于监听侦查手段是在一种秘密的状态下进行的，而非公开的“看得见的正义”，它难以受到有效的监控，且直接触及公民个人的秘密通讯权，一旦滥用危害较大。而常规侦查手段一般都在公开的状态下进行，对其进行监督和制约相对容易，滥用的可能性也相对较小。根据谦抑原则和必要性原则，各国立法一般都规定只有在使用常规侦查手段难以达到预期目标或者过于危险时才可使用监听手段进行侦查，即只有在必要情况下才能使用此手段对犯罪嫌疑人的秘密通讯自由权进行限制。

5. 监听适用具体程序方面的限制。即使有了对监听这种侦查手段适用条件的限制还不足够，只有在对于这些条件的具体操作的程序上也加以严格的限制，才能使对这种侦查手段的约束得到进一步加强。对于监听侦查手段的适用程序的限制主要包括对申请与审批程序、执行程序、所得信息材料的使用的限制、被监听方的对抗权等几个方面。

另外，通过对监听手段所获资料的证据能力进行规制，排除非法监听所获取的证据材料，也是一种重要的对监听的事后控制机制。

五、诱惑侦查

诱惑侦查作为回应“隐蔽且无被害人犯罪”的一种特殊侦查行为，虽然早已在侦查实践中使用，但是纳入理论研究视野的时间并不长。在英美法系国家主要是通过一些判例表现出了公众及学者对此行为的态度，大陆法系国家目前也大多对此种行为从立法予以了确认。但是时至今日，由于此种行为实施时的复杂性，诱惑侦查在各国理论界都是一个非常具有争议性的话题。

(一) 诱惑侦查的概念及特点

诱惑侦查在学理上最早称为"陷害教唆"，起源于法国大革命18世纪末叶，当时作为抓捕革命分子所应用的一种手段。德国于19世纪下半叶为维护帝国统一也运用此种手段对付社会民主化及无政府主义运动分子。美国则是在20世纪初期的禁酒运动中通过法院判例提及的"陷阱抗辩"而确立的。

诱惑侦查在有的著作中又称为诱饵侦查、侦查陷阱、警察圈套等。一般认为诱惑侦查是指侦查机关针对某些特定犯罪的嫌疑人，以实施某种行为可以获得某种利益为诱饵，暗示或诱使嫌疑人暴露其犯罪意图并实施犯罪行为，待犯罪行为实施时或结果发生后，抓捕犯罪嫌疑人。这种定义是以侦查机关为视角作出的。还有一种从辩护角度的定义方式，这种定义方式倾向于使用侦查陷阱或警察圈套二词，以美国为典型，在美国称为陷阱抗辩（defense of entrapment），是联邦最高法院通过判例所确立的针对诱惑侦查而产生的一项重要的刑法上的抗辩理由，"指警察、司法人员或他们的代理人为了获得对某人提起刑事诉讼的证据，而诱使他实施某种犯罪的行为；被告人则以他的犯罪行为是在警察、司法人员或他们代理人诱使产生为理由，提出免罪辩护"①。从以上分析来看，诱惑侦查与侦查陷阱、警察圈套的含义并不完全一致，观察同一问题的视角不同，侧重点也不同。诱惑侦查只有在无犯意情况下引发犯罪的情况下才可能导致陷阱抗辩，正当的诱惑侦查目前已为大多数国家立法所确认。因此，诱惑侦查内涵较之侦查陷阱和警察圈套更广，涵括了后二者。

此外，在一些论著中，有学者将它与卧底侦查相混同。卧底侦查是指侦查人员或受侦查机关委托的人（线人），隐藏自己身份，打入犯罪组织内部，从中查获有关犯罪信息及犯罪人的侦查行为。虽然卧底侦查行为在某些情况下可能采用诱惑手段使犯罪分子暴露犯罪意图并实施犯罪行为的方式来侦查，此时，可认为也是一种诱惑侦查。但是同时也应考虑到卧底侦查更倾向于收集犯罪信息，诱惑方式并非是必须采用。此外，在适用案件的范围上，卧底侦查多要求侦查人员化装成犯罪组织的成员，因此多适用于有组织犯罪，而诱惑侦查行为不在此限。因此，二者虽然有一定交叉，但仍是两种不同的侦查行为。

传统意义上的侦查行为如讯问、询问、辨认等，基本都是在犯罪行为发生后，为了收集犯罪证据、查获犯罪嫌疑人而进行的，具有被动性，是回应性的侦查行为。随着犯罪行为日趋多样化、隐蔽化和智能化，一些无明显被害人的犯罪如毒品犯罪、制造假币犯罪等开始增多，传统的回应性侦查方式已不能适应与这些犯罪作斗争的需要，诱惑侦查行为正是应这种需求而产生的。相对于传统的回应性侦查行为，诱惑侦查行为主要有以下几个特点：

1. 主动性

诱惑侦查并非对已然犯罪事实的被动反应，而是国家侦查人员或者受雇于国家追诉机

---

① 马跃：《美、日有关诱惑侦查的法律及论争之概观》，载《法学》，1998（11）。

关的人员，在犯罪尚未发生之前，刺激、诱使他人暴露犯罪或实施犯罪而主动采取的各种策略与手段。因此，诱惑侦查这种主动性侦查是针对正在进行或将要实施的犯罪采取监控或诱导的方式进行的侦查活动，其实施常常是先有诱惑，后有犯罪，再有侦查，有时甚至是被诱惑犯罪的实施与侦查同时进行。传统意义上的常规侦查行为的证据调查和查获犯罪嫌疑人的过程主要依靠逻辑推断，这种推断是事后形成的，是逆向思维。而诱惑侦查中侦查人员或受雇人员直接参与到犯罪实施活动中，对犯罪过程实施同步动态监控，对犯罪事实的认识是一种顺向思维。在诱惑侦查中，侦查机关由于其对于案件的参与而能够预先知晓犯罪行为实施的情况，并能够对之加以预先控制，比起常规侦查手段逆向推理式的侦查方式而言具有很大的主动性。

2. 欺骗性

诱惑侦查是国家作为诱惑者使被诱惑者实施犯罪行为，其目的是让被侦查者暴露其犯罪意图，有效获取证据，在实施诱惑时往往会采用一些带有欺骗性的侦查策略。对被诱惑者而言，欺骗性是十分明显的，因为被诱惑者常常并不知道对方是侦查人员并且正在从事侦查行为，更不知道侦查的对象就是自己。甚至在一些案件中，为了达到诱惑的目的，侦查人员或其雇用人员会参与实施一些孤立看来是违法的行为来达到欺骗的目的。

3. 适用的受限性

适用的受限性是指其在秘密状态下实施，又带有一定的欺骗性，容易对公民权益造成侵犯，因此各国均对诱惑侦查在适用的案件范围及适用程序上予以了严格限制。一般而言，诱惑侦查只适用于一些无明显被害人的犯罪，如毒品犯罪、制造假币犯罪等，在一些有明显被害人的犯罪中也可适用，但总体上看其适用范围不如传统的常规侦查行为适用得广泛。而且各国法律一般都对诱惑侦查行为的启动、实施程序及违法实施的后果进行了明确规定来达到维护侦查行为正当性的目的。

（二）诱惑侦查的正当性分析

诱惑侦查行为由于带有一定的欺骗性，具有诱人犯罪的可能性，因此其适用的正当性备受各国理论界争议。对诱惑侦查正当性的论争主要是在以下几个方面：其一，诱惑侦查所采取的诱使他人犯罪并追究其刑事责任的手段与国家侦查机关所承担的镇压、防止犯罪的义务相悖，为主权在民的民主制度所不容；其二，鉴于异性、亲友关系也可能被作为诱惑侦查的诱饵，可能对国民道德观念造成不良影响；其三，如果侦查机关滥用诱惑侦查，可能会造成如美国ABSCAM事件的恶劣影响，危及政治机能，侵犯国民基本人权。[①] 正如日本有学者指出的那样，“一方面国家本来应该防止犯罪却又促使他人实施犯罪；另一方面给不知情的第三者设下了圈套。这种侦查方法的危险是，可能使人们对侦查方法的公正性失去了信赖，可能侵害国民的隐私权和人格权”[②]。然而诱惑侦查行为是追诉无被害人犯罪

① 参见马跃：《美、日有关诱惑侦查的法律及论争之概观》，载《法学》，1998（11）。

② ［日］加藤克佳：《毒品犯罪侦查》，载［日］西原春夫主编：《日本刑事法的重要问题》，第2卷，金光旭、冯军、张凌等译，147页，中国北京，法律出版社，日本东京，成文堂，2000。

及一些有组织犯罪案件的有力武器，甚至在一些情况下是唯一有效的手段，各国都对这种侦查行为予以了法律上的许容性，但也通过程序来对其正当性予以控制。

在确认诱惑侦查行为法律上的正当性的过程中，大陆法系国家和英美法系国家呈现出两种不同的趋势。大陆法系是从严格限制逐步走向放松，而英美法系则是从放任走向严格控制。英美法系国家并未对诱惑侦查适用的案件范围予以严格限制，大陆法系则限定诱惑侦查只适用于个别案件。如德国刑事诉讼法第 110 条 a 就限定其仅限于毒品、武器非法交易，伪造货币、有价证券，有关国家安全方面的犯罪或者是职业性、常业性犯罪，或者是一些有组织犯罪。

诱惑侦查行为正当与否的界限主要是看诱惑行为是激发了犯罪嫌疑人的犯意还是仅促进已生犯意的嫌疑人实施了犯罪行为。据此，在理论上一般将诱惑侦查分为犯意诱发型和机会提供型两种。所谓"犯意诱发型诱惑侦查"是指，诱惑者鼓动被诱惑者，诱发其产生犯罪意图并促使其实施犯罪。其基本特征是：被诱惑者被侦查机关认为是犯罪嫌疑人，但实际上他并无犯罪倾向，而正是诱惑者采取了主动、积极的刺激行为使他在强烈的诱惑下产生犯罪意图，进而实施了犯罪行为。"机会提供型诱惑侦查"是指，诱惑者本来就已经产生了犯罪倾向正准备实施犯罪，而诱惑者仅是向被诱惑者提供有利于实施犯罪的客观条件和机会。其特征是：被诱惑者本来就产生了犯罪倾向，已经开始预备犯罪或实施犯罪，而诱惑者仅仅是提供了有利于实施犯罪的特定条件和环境。各国的立法和判例确认的正当的诱惑侦查行为是机会提供型，而犯意诱发型的诱惑侦查通常认为不具有正当性，是违法侦查行为。

虽然理论上有以上两种分类，但是以上两种理论分类在司法实践中的区分仍是一大难题，各国采用的标准也不尽一致，最具典型的是美国在陷阱抗辩理论上存在的主观说与客观说区分标准。主观说强调的是被诱惑者的心理因素，认为判断犯意诱发型与机会提供型的标准是有没有诱发犯意，关注的焦点是嫌疑人实施犯罪的主观倾向。客观说强调诱惑者的行为因素，认为使用的手段和内容超过正常的范围而强行劝诱或者鼓动时，这种手段本身就会诱发犯意而且严重侵犯人格权，是属于犯意诱发型的诱惑侦查，是违法的。客观说关注的焦点是侦查人员及其雇用人员的诱惑的客观行为。在美国法理论上还出现了主客观双重标准说，该说认为陷阱抗辩的目的是要减少侦查机关使用诱惑侦查行为来刺激犯罪，同时也不能让陷阱抗辩成为真正犯罪人逃避制裁的借口，因此，应采用灵活的双重标准说。双重标准说认为法官或陪审团应首先审查政府的行为是否带有鼓动性或刺激性而导致无辜公民产生犯意，通过审查客观行为如不能达到目的，再对嫌疑人的主观意图进行审查。[①] 美国联邦法院在 United States v. Russell，Sherman v. United States 等案的判例中确认的是主观说，然而在美国学者所推崇的美国模范刑法典中赞成的是客观说。由于陷阱控辩并非来源于美国联邦宪法，各州在适用上有一定自由裁量，绝大多数州法院采主观说，少数州采

① See Marvin Zalman，Criminal Procedure：constitution and Society（third edition），Pearon Education，inc，2002，p. 398.

客观说，还有一些将两种学说的理论综合运用来判断。[①] 然而在实践中要区分犯意诱发型与机会提供型的诱惑侦查远比理论上复杂得多。

六、心理测试

心理测试（polygraph test），俗称测谎（lie detection），作为一项新兴的探知犯罪嫌疑人及其他知情人特殊心理痕迹，从而帮助侦破刑事案件的科技手段，无论在外国还是在我国都引起了较大的争论。

（一）心理测试原理及特点

心理测试技术，就是运用普通心理学、犯罪心理学、实验心理学、神经心理学和电生理学等原理，根据心理痕迹的可测性和案件的调查材料，编制成套测试题目对涉案嫌疑人或知情人提问，再通过心理测试系统软硬件实时同步记录人的多项心理生物指标，通过对图谱的评判和观察分析，将违法犯罪嫌疑人与无辜者，或知情人与不知情人准确地区分开来的心理鉴定技术。它主要根据图谱评判某一特定对象对特殊事件是否存在相应的心理痕迹。心理测试技术测试的主要对象是犯罪嫌疑人，因此在许多情况下又称为犯罪心理测试，但是测试对象不限于嫌疑人，还可扩大到案件的当事人、证人等，在一些民事案件中也有使用的例子。

心理学研究表明：唯有真正经历了或接触到违法犯罪事件的人，才能够在心灵深处留下难以磨灭的印记；没有经历过违法犯罪事件或完全不知情的人，一般不能在心理测试图谱上显现出来相关特异的心理生物反应指标。“通过恰当地编题就会使犯罪嫌疑人对违法犯罪过程的心理痕迹，立刻在其脑记忆区的边缘系统、海马回等区域恢复起来，浮现并唤起违法犯罪嫌疑人经历过的感知记忆、情绪记忆、动作记忆和思维语言记忆等。”[②] 这些题目的刺激将引起一系列的生物指标（主要是皮肤电、呼吸、脉搏波、脑电波等）的变化，通过心理测试仪记录的评判这些指标的变化，就能鉴别是犯罪嫌疑人、知情人还是无辜者。

从以上犯罪心理测试的概念及其应用原理，我们可以看出其有以下特点：

1. 较高的科学技术要求。犯罪心理测试所采用的心理测试仪硬件及应用软件具有较高的精密度，能够在一定程度上确保测试结果的准确性与可靠性，同时也具有一定的客观性。

2. 具有一定的主观性。应当说编题和评判图谱都需要发挥测试人员的主观能动性，只有适当地编题和评图才能保证测试结果的准确性。所以并非任何人都能进行，对测试人员的资格应有严格的要求。

3. 易受干扰的因素较多。正是因为其具有一定的精密度，它对测试环境、测试人员素质、测试软硬件的要求较高；被测试人员的生理心理状态也可能对测试结果造成一定程度的影响；另外被测试人员还可能有一定物理反测试和心理反测试的情况出现。这些因素都

---

① See Marvin Zalman, Criminal Procedure: constitution and Society (3rd edition), Peason Education, inc, 2002, p. 398.

② 崔天绥主编：《公安科技导论》，147 页，北京，中国人民公安大学出版社，2002。

可能影响测试结果的准确性，所以在测试时应当尽量排除无关的干扰性因素。

4. 适用案件范围的有限性。因为犯罪心理测试主要测试的是被测试人员对违法犯罪的特殊的心理痕迹，虽然这种心理痕迹具有一定的稳定性，但对一些作案频率快、对象不明的案件（如扒窃、街头诈骗等）和惯犯等一般效果不明显，对于心理变态或者智能低下的人犯罪案件也不明显。所以必须控制其适用范围，不能将此手段神化，不能作为万能的破案工具。

5. 具有阶段性。犯罪心理测试分为六大阶段的技术主要是：犯罪心理痕迹描绘分析阶段、心理测试题编制阶段、心理测试前访谈阶段、实测操作同步评图阶段、心理测试图谱评判阶段、心理测试后讯问谈话阶段。① 以上六个阶段应是环环相扣的，有一定的顺序性，一个阶段的失误都可能降低测试结论的可靠性。

正是由于犯罪心理测试具有以上特点，使其具有一定程度的准确性，但这种准确性由于受到多种因素的干扰，又增加其结果的不确定性。

（二）心理测试的程序规制

既然这项技术是在刑事诉讼过程中实施的，那么它就必须遵循刑事诉讼中的程序规范。虽然犯罪心理测试技术已经在我国公安司法机关中大量运用，但这种运用由于缺乏法律规则（特别是程序法）的规制，在实践中运用的随意性较大，使得这项技术的合理性和准确度大大降低。“如果不依一定程序进行测试，心理测试技术也有可能成为非法取证乃至刑讯逼供的‘帮凶’。”② 所以必须对犯罪心理测试技术实施的程序进行规范。

应当说这项技术本身是科技发展的产物，从其本身的性质来说为中性事物，正如许多其他的高科技的产物一样，它是一把“双刃剑”。所以有学者说：“在我国，关于刑事诉讼中心理测试的关键，主要不是价值判断的问题，而是如何对其进行规范以避免滥用及如何保证其准确性的问题。”③ 毕竟这项技术在我国的发展和应用时间还不长、还不够成熟，虽说在司法实践中已产生了一定的效果，但由于犯罪心理自身特点决定了其在测试过程中仍会存在一些干扰因素，只有通过一定的法律规范来尽量排除这些干扰性因素的存在，才会提高测试结果的准确度。而且正是由于这项技术是作为以公安司法机关为运用主体的鉴别犯罪嫌疑人、知情人或无辜者的手段运用于刑事司法过程中，而刑事诉讼追求的主要价值之一是程序的公正性，它要求每一项措施的采取都必须遵循一定的程序，如果此项技术在程序上缺少规范，一旦被滥用，势必侵害诉讼程序的公正性。杜培武案件中心理测试结果不准确之所以会出现，重要的原因就是测试人员未能遵循一定的测试程序。

犯罪心理测试技术作为一项专业性要求较高的技术在实施的程序上有自身的特性，但由于其实施于刑事诉讼过程中，因此在程序上它也应当遵循诉讼程序中的一般规则。基于以上对犯罪心理测试基本理论和性质的认识，结合犯罪心理测试的特点和刑事诉讼程序的

① 参见武伯欣：《犯罪心理测试技术及其应用研究》，载《人民公安报》，1999-11-26。

② 何家弘：《测谎结论与证据“有限采用规则”》，载《中国法学》，2002（2）。

③ 宋英辉、吴宏耀：《刑事审判前程序研究》，229页，北京，中国政法大学出版社，2002。

要求，我们认为对犯罪心理测试确立的程序性规范应当包括以下几方面的内容：(1) 限定测试的主体。鉴于目前这项技术对于测试人员依赖性较大，而目前国内的测试人员素质良莠不齐，测试人员必须由国家进行统一的资格认定。(2) 制定心理测试仪器的标准。心理测试仪器必须由国家制定统一的技术规范，并由国家指定厂商生产。(3) 测试的启动。测试必须经被测试对象同意或申请，不得强迫其接受测试。(4) 测试对象。测试对象应包括犯罪嫌疑人、证人和被害人，但对于一些不适于测试的人不得进行心理测试。(5) 制定严密的测试技术规范与步骤。主要应包括测试环境的选取、测前谈话、测试编题、测试图谱的评判、测后谈话等几个方面的内容。

(三) 心理测试结论的证据能力

心理测试结论是否具有证据能力是目前对这项技术争论的焦点。国内学界一些学者以心理测试结论的准确率并非百分之百来否定心理测试结论的证据能力。目前心理测试结论的准确率在大多数国家已经达到了较高水平，甚至远远高于其他目前已被认可的科学证据。事实上其他科学证据，如痕迹证据、DNA 证据等也有一定的误差率，以准确率达不到百分之百作为否定其证据能力的理由不具有合理性。

心理测试结论是否具有可采性在其他国家也颇有争论，但是发展的趋势都是从否定其可采性走向承认其可采性。美国在 1923 年 Frye v. United States 案的判例中，法院也以心理测试结论不具有科学上“普遍的可接受性”为理由拒绝承认心理测试结论的证据能力。在以后很长的一段时间内，虽然理论上对此有争议，但在联邦法院审查的案件中也多是遵循此案确立的判例。但随着心理测试技术日益完善，心理测试结论的准确度提高，在后来的一系列判例中又对心理测试的结论的证据能力进行了确认，如 1962 年 State v. Valdez 案，1972 年 State v. McDavitt 案等。在 1993 年 Daubert v. Merrell Dow Pharmaceuticals, inc 一案中美国联邦最高法院认为“普遍的可接受性”理论过于苛刻且与联邦证据规则第 702 条的规定相冲突，而改采柔性的“综合观察标准说”来承认心理测试结论的可采性。[①] 目前，联邦法院和大多数州法院都开始抛弃或对“普遍的可接受性”说修正，趋向于采用“综合观察标准说”。

此外，还有学者认为心理测试违反了反对强迫自证其罪和传闻证据规则来否定其证据能力。但是以这种理由来否定其证据能力的声音已经微弱。心理测试所记录的实际上是嫌疑人的供述，它不同于声音识别和笔迹鉴定，而且完全可以采用无须被告人用语言回答的方式进行，即仅记录其听到相关问题之后的生理反应参数，并不适用于针对言词证据的反对强迫自证其罪的规则。针对心理测试违反传闻证据规则的意见，美国在 1972 年 United States v. Ridling 一案中驳回了辩护律师针对犯罪心理测试证据提出的传闻异议，并把犯罪心理测试专家与“检验病人并获准就该病人的生理状况在法庭上提供意见的医生”进行了比较，认为二者的性质是一样的，二者在法庭上提供的证言都属于专家意见，“这与传闻毫

---

① 参见张泽涛：《美国测谎制度的发展过程对我国的启示》，载《法商研究》，2003 (6)。

无共同之处”①。

关于心理测试的结果是否可以作为证据使用，我国学术界存在着类似于美国的争论。最高人民检察院1999年对四川省人民检察院《关于CPS多道心理测试鉴定结论能否作为诉讼证据使用的请示》的批复中指出：多道心理测试的测谎结论与刑事诉讼法规定的鉴定结论不同，不属于刑事诉讼法规定的证据种类，因此它只能用来帮助审查、判断证据，但不能作为证据使用。从批复的内容来看，最高人民检察院似乎已经明确否定了测试结论作为证据采信，但是对心理测试技术在诉讼中的运用实际上是一种默认。关于心理测试的结果是否可以作为证据使用，理论界尚在论证中。

第二节　未决羁押及其替代性措施

未决羁押在各国诉讼法律体制中都是最为严厉的一种强制措施，一旦犯罪嫌疑人、被告人受到羁押，其人身自由就被暂时剥夺，同时也会失去其他一些相关权利。各国一般对羁押的适用进行严格的立法限制。近年来，由于刑事诉讼中人权保障理念的强调，我国司法实践中未决羁押中所存在的问题也逐渐得以暴露，如超期羁押、羁押中存在刑讯逼供、羁押的惩罚化等，这些问题也是刑事诉讼中的顽疾，一直为法学界所诟病，对未决羁押问题的研究也成为了诉讼法学研究的一个热点问题。有鉴于此，本专题对未决羁押及其替代性措施问题作一阐释。

一、未决羁押的含义与特点

（一）未决羁押的含义

羁押是对犯罪嫌疑人、被告人或者被判刑人的人身权利予以剥夺的法律制度，可以分为未决羁押和已决羁押。其中已决羁押是对生效监禁刑判决的执行，是刑事实体法的执行行为，不属于本专题所探讨的范围。未决羁押是在生效判决作出之前，为保障刑事诉讼活动的顺利进行而剥夺犯罪嫌疑人、被告人的人身自由，使其能在刑事诉讼中始终在场的一项强制措施。未决羁押的提法在大陆法系国家较为典型，但在不同的国家也有不同的称谓，如法国称为“先行羁押”，德国称为“待审羁押”，意大利称为“预防性羁押”。在一些论著中还有审前羁押（pretrial detention）的提法，这种提法源于英美法系国家，仅指审判开始以前的羁押，未决羁押的范围显然较之为宽，既包括了审前羁押也包括了有罪判决之后的上诉或其他定罪后救济程序中的羁押。

按照诉讼阶段可以将未决羁押进一步分为侦查阶段的羁押、审查起诉阶段的羁押和审判阶段的羁押，其中侦查阶段与审查起诉阶段的羁押是审前羁押。如日本就将羁押分为起诉前羁押（羁押犯罪嫌疑人）与起诉后羁押（羁押被告人），两者羁押理由均相同，只是在

---

① ［美］乔恩·R·华尔兹：《刑事证据大全》，何家弘译，459页，北京，中国人民公安大学出版社，1993。

具体程序上有不同。[①]一般来说，各国审前阶段的羁押都是由预审法官或对审前程序进行司法控制的司法官决定，而审判阶段的羁押则由不参与案件实体审理的法官决定，可以不贯彻拘捕前置原则。

(二) 未决羁押的特点

羁押是一种剥夺犯罪嫌疑人、被告人人身自由权利的强制措施，但它与剥夺人身自由的刑罚及预防犯罪的保安处分又有区别，与其他强制措施相比，羁押也有着自己的特点。根据羁押制度的内容可以看出，未决羁押具有以下特点：

1. 最具有效性

所谓最具有效性是指未决羁押在强制措施体系中能够最有效地起到保证犯罪嫌疑人、被告人到案的功能。因为在执行羁押时会将犯罪嫌疑人、被告人收押于羁押场所，剥夺其人身自由，限制其与外界的联系，使得其无从逃逸。但是由于羁押是对人身自由干涉最深的强制处分，假若用之不当，则侵犯人权也最巨大，因此也不能过分重视羁押之有效性，过度地使用羁押，而要做到追诉的有效性与人权保障两大目的的平衡。[②]

2. 强制性

未决羁押的强制性是指羁押作为一种强制措施，是国家司法权力行使的具体体现，其实施是以强大的国家权力为后盾的，被羁押人只能既定的服从。羁押直接表现为国家公安司法机关对被羁押人的人身自由在一定时期内予以剥夺，对犯罪嫌疑人决定羁押不需取得犯罪嫌疑人、被告人的同意，在羁押期间被羁押人不能按其个人的意思自由活动，原来法律赋予的权利和自由都受到不同程度的限制和剥夺。虽然未决羁押的强制性与刑罚的强制性极为相似，二者都是凭借国家权力剥夺被羁押人的人身自由、迫使他人服从，但是二者在适用目的、主体、对象、条件、法律依据等方面都各不相同。可以说，未决羁押是所有强制措施中强制性最强、最为严厉的一种措施。甚至有学者认为羁押有着较刑罚手段更高的痛苦性与严厉性，因为被羁押人尚处于追诉或审判中，在心理上存在悬浮未定感，而监狱受刑，一切均已定案，主观感受上无羁押严厉。[③]

3. 例外性

未决羁押是侦查与司法机关在不得已的情形下采取的强制措施，羁押作为较长时间剥夺人身自由的措施，对被羁押人享有的各种权利、社会评价、家庭等会产生严重的影响。这种羁押只能是一种例外的程序上的预防性措施，这种例外性对防范政府以个人涉嫌犯罪为由随意侵犯公民人身自由具有重要意义。联合国《公民权利和政治权利国际公约》第9条第3款规定："等待审判的人们被置于羁押状态不应当是一般的原则。"《法国刑事诉讼法》第137条明文规定，先行羁押只是作为例外依法定程序和条件而采取的措施，通常情况下应对被审查人宣布释放或司法管制。《意大利刑事诉讼法》第275条也规定，只有在其

---

① 参见［日］田口守一：《刑事诉讼法》，刘迪等译，53页，北京，法律出版社，2000。

② 参见林山田：《刑事程序法》(增订三版)，291页，台湾，五南图书出版公司，2000。

③ 参见林山田：《刑事程序法》(增订三版)，291～292页，台湾，五南图书出版公司，2000。

他人身强制措施均不宜采用时，才能适用审判前的羁押。从这些规定背后体现的精神来看，是希望通过将羁押设置为一种例外性的措施来避免羁押适用的随意性。

4. 诉讼性

未决羁押的诉讼性一是指它是在刑事诉讼程序中适用的，属于一种典型的诉讼行为；二是指未决羁押在适用的程序上体现诉讼的特性。首先，未决羁押是依附于刑事诉讼的，是刑事诉讼这一制度框架内的活动，它的存在以刑事诉讼的进行为前提，刑事诉讼程序未启动则不得予以羁押。其次，未决羁押不同于刑罚以及行政拘留，不具有惩罚性，只是一种程序性保障行为，只适用于涉嫌犯罪的人，以保证诉讼的顺利进行为目的。再次，由于拘留、逮捕后只能有短期的附随性的羁押，不能自然引起长期羁押的效果，而要经过司法审查，故而未决羁押并不能单方面决定执行，未决羁押的适用程序在构造上呈现出诉讼化形态，羁押申请者与决定者分离，决定者往往由法官或其他司法官员担任，他们处于中立地位，由法官听取双方意见作出决定，这种决定程序与庭审有着类似之处。

5. 期限性

羁押是对嫌疑人人身自由的剥夺，此时嫌疑人是否有罪并未得以确定，没有期限限制的未决羁押可能导致对无罪的人长期羁押，侵害其合法权利；即使嫌疑人是有罪的，无期限的羁押会造成对其不公正的对待。为对未决羁押作出严格的控制，法律必须对羁押的期限作出明确的规定，以防止恣意延长羁押期限的情况出现。但对羁押的期限也难以有一个绝对确定的期限。为避免羁押完全依附于侦查、起诉、审判等办案的需要，大多数国家还将羁押期限与诉讼期限严格加以分离。尤其是侦查期限可能由于具体案情的不同而有较大的灵活性，从立法上对侦查期限明确规定的国家较少见，但一般都对羁押期限有明确规定。同时，从刑罚理论来讲，犯罪的时间与适用刑罚的间隔时间越短，刑罚的威慑力越强，越有助于刑罚一般预防目的的实现。

6. 独立性

未决羁押的这一特点主要是源于其自身在适用条件和程序上与其他刑事诉讼中的强制措施的不同。这种不同使得未决羁押并非是一种依附于强制措施行为的状态，即并非前面所提到的，是拘留、逮捕等强制到案措施之后的持续状态。对嫌疑人、被告人是否决定羁押有着独立的要件与程序。对羁押与拘留、逮捕的关系后文还将有专门论述。

此外，还有学者指出羁押带有惩罚性，与刑罚具有同向性。有学者认为羁押是一种先予性惩罚，刑罚是定罪之后的一种惩罚。认为未决羁押虽然是程序法意义上的措施，但在采用剥夺人身自由的措施上，在刑法中允许用羁押日期去折抵判决后的刑期的实际效果上，羁押与服刑并无本质区别。笔者认为，就羁押是否带有惩罚性这一点来看，从不同的角度可能会得出不同的结论，但从羁押制度设置的目的来看，它仅仅是一项程序性的保障措施，不具有实体惩罚的功能。由于它也是一项剥夺人身自由的措施，很可能将其与具有实体惩罚功能的一些措施（如行政拘留等）的功能相等同。刑事处罚的适用必须满足一些实体要件和程序要件，如果不能满足这些要件，根据罪刑法定原则就不能施以处罚。同时根据无罪推定原则，犯罪行为经法院判决有罪以前，犯罪嫌疑人、被告人被假定无罪，既然无罪就不会受到惩罚，刑期的折抵只是一种不得已的做法，不能由此引申出先予羁押具有惩罚性的结论。[①] 况且未决羁押的执行与监禁刑的执行也并不相同。如果强调未决羁押的惩罚功能，可能使得公安司法机关在难以通过审判施以刑罚来处罚犯罪嫌疑人、被告人的情形下，以此为借口来对一些不构成犯罪或证据不足的犯罪嫌疑人、被告人实施不合理的羁押，甚至将其作为一种获取口供和其他证据的威胁条件，从而强调未决羁押的惩罚功能极有可能导致羁押率过高和羁押手段的滥用。因此，笔者不赞成羁押带有惩罚性的提法。

二、未决羁押的目的与功能

根据无罪推定原则，未决羁押只能是一种例外的程序上的预防性措施，以避免让在法律上无罪的人承受有罪处罚的待遇，从其根本性质上来讲，是程序性的，而非实体性。未决羁押并非一项刑罚，也不是一种变相的刑罚。一般说来，尽管对犯罪嫌疑人不得不采取一些必要的强制措施，但是未决羁押的目的主要是程序性的，而不应当演化为一种积极的实体性的惩罚措施，更不能被视为一种“预期刑罚”[②]。因此，绝不能仅因为犯罪嫌疑人、被告人涉嫌犯罪就对其采取羁押措施，即使是对重大犯罪也是如此。从宏观上来看，未决羁押的目的与刑事诉讼的目的是一致的，即都必须兼顾控制犯罪与保障人权两个方面的要求。但是由于羁押制度本身的特点，其在刑事诉讼中的具体功能主要包括两个方面的内容：

(一) 程序保障功能

未决羁押最为重要也是最根本的功能就在于预防阻碍刑事诉讼进行的行为发生，保障刑事诉讼的顺利进行，这一点也是刑事诉讼中强制措施的重要目的。德国学者罗科信教授甚至指出：“羁押是刑事诉讼程序中为了确保诉讼程序之进行及刑之执行而对被告所施行之自由之剥夺……除此外，羁押并无其他刑事诉讼法上之目的。”[③] 具体来说，未决羁押的这一功能表现在以下几个方面：

1. 确保犯罪嫌疑人、被告人到案，防止其逃避惩罚。在刑事诉讼中，犯罪分子作案后，一般都具有逃避惩罚的心理，总是力图逃避法律的制裁，往往会逃跑、隐匿，甚至以自杀的方式来逃避侦查和审判，使国家刑罚权难以实现。这就需要有一定的强制手段来保障犯罪嫌疑人、被告人在刑事诉讼程序启动后及时到场或到庭接受审查，防止其逃避惩罚。因而各国刑事诉讼法都规定，在嫌疑人逃跑或有逃跑可能时，对其有权适用羁押的强制措施，以保障诉讼得以进行。如根据日本刑事诉讼法第60条及第207条的规定，审前羁押适用的条件之一就是“被疑人有逃亡行为或者有相当理由足以怀疑被疑人有逃亡可能时”。美国1984年联邦保释改革法第3142条第5款也规定：“如果法官认为任何条件均不能合理地确信可使被告人按时到庭和保证社会及他人的安全，则该法官可以裁定在审判前羁押此人。”当然这种确保犯罪嫌疑人、被告人到场或到案的措施，并不一定要在其积极实施逃避诉讼

---

① 参见陈兴良教授为《逮捕论》所做的序，载孙谦：《逮捕论》，5～6页，北京，法律出版社，2001。

② 陈瑞华：《问题与主义之间——刑事诉讼基本问题研究》，169页，北京，中国人民大学出版社，2003。

③ [德] 克劳思·罗科信：《刑事诉讼法》，吴丽琪译，281页，北京，法律出版社，2003。

的行为时才实施，一般认为如果其无固定的居住地也可予以羁押。

2. 保全诉讼证据。作案人实施犯罪行为后为逃避追究，往往会隐藏、转移或毁灭、伪造证据，与同案犯串供，订立攻守同盟，甚至设置各种障碍或制造假象，转移侦查视线，使侦查机关难以获得据以证明嫌疑人有罪的证据，增加刑事追诉及审判工作的困难，导致诉讼延迟或者无法进行。采取未决羁押措施，有助于及时保全各种证据，保障查明案件的真实情况。如日本刑事诉讼法第 60 条第 2 项规定“有相当的理由足以怀疑被告人将隐灭罪证时可以羁押被告人”。德国刑事诉讼法第 112 条第 2 款第 3 项规定：“被指控人的行为，使他具有下列行为重大嫌疑：a）毁灭、变造、隐匿、压制或者伪造证据，或者 b）以不正当方式向共同被指控人、证人或者鉴定人施加影响，或者 c）让其他人去实施这类行为，并且由此将产生难以侦查事实真相的危险（调查真相困难之虞）时。”

3. 为将来可能的刑罚执行活动提供必要的保证。未决羁押所产生的这一功能也可归结到保障诉讼的顺利进行这一功能之中，因为刑事执行活动也可看作是刑事诉讼整个过程的一个组成部分。为了保障刑罚权的实现，在生效判决作出前对一些有逃避刑罚可能的被告人予以羁押实有必要。

虽然各国未决羁押都有程序保障的功能，但具体到世界各国，由于法律传统、诉讼构造等方面的差异，各国在未决羁押程序保障的具体功能上的偏重也有所区别。一般来说，大陆法系国家基于查明案件真实的需要，比较重视羁押对侦查工作的有利作用，羁押的目的不仅在于保全犯罪嫌疑人或被告人，以防止其逃跑或隐匿，更重要的是为了保全证据，防止证据受到毁灭或隐藏，防止同案犯之间串供或对证人及其他知情人施加不当影响等，因此，大陆法系国家在严格限制羁押理由的同时，在对羁押必要性的判断时对侦查的需要考虑较多，在侦查终结以前对嫌疑人的保释适用率较低。而英美法系国家强调程序的正当性与控辩平衡，虽对拘捕的条件规定不严格，甚至出现无证逮捕扩大适用的倾向，在逮捕适用率上较高，但对逮捕之后的进一步羁押则规定了较严格的条件，传统上仅限于为保证被追诉者在审判时到庭，不允许为有利取证的目的而对嫌疑人予以羁押，基于保全证据的功能而予以羁押并不明显。但是英美法系国家的羁押也具有保全证据的功能，在成文法或法官裁量许可的情况下，也允许对犯罪嫌疑人、被告人基于证据保全目的而羁押。

（二）预防发生社会危险行为的功能

承担这种功能的未决羁押被称为“预防性羁押”，是指对确有可能给被害人、证人、社会安全带来危害的犯罪嫌疑人或被告人，如果采取其他措施不能有效地防止其发生社会危害，就可采用未决羁押措施暂时剥夺其人身自由，使其丧失继续危害的能力。预防性羁押有着不同于其他一般形式羁押的功能，既然它是作为预防未来犯罪的安全措施，也就脱离了程序保障的功能，甚至可以说与无罪推定原则存在着一定冲突。但预防性羁押与保安处分又有不同，因为保安处分是对有一定人身危险性、可能危害社会的人实施的带刑罚强制力的预防措施，是一种矫正性的惩罚措施，而预防性羁押本质上仍是程序性的。未决羁押是否应具有预防发生社会危险行为；即预防犯罪嫌疑人、被告人再次实施危害社会行为的功能，在各国理论上一直存在较大争议。赞成者认为预防性羁押对于维护社会公共利益和保障公共安全有重要意义；而反对者则认为预防性羁押是对尚未被证明有罪的嫌疑人预先剥夺人身自由，带有预期惩罚的意味，与无罪推定的精神相背离，个人不得因可能的未然行为承担责任。

许多国家在历史上都曾经存在“预防性羁押”，一些国家至今对此类羁押仍保留。德国1935年纳粹统治时期的刑事诉讼法中就出现了预决羁押，1945年予以废除。在1964年修改刑事诉讼法时开始规定允许对强奸等少数特定犯罪的嫌疑人可以为预防再犯为目的而羁押，在1972年修改该法时进一步扩大了预防性羁押的适用范围，扩张到了暴力犯罪、财产犯罪、烟毒犯罪及公共危险罪等。德国宪法也对羁押的此功能予以确认，但进行了一些限制，即将预防性羁押作为一般羁押的极有限的例外情况进行考虑的。具体而言，对“再犯之虞”的犯罪予以羁押的情形有：一是当被告对特定重大的性犯罪有急迫的嫌疑，并有特定事实足供认定其在受确定判决前，有再犯之虞；二是被告人有急迫的嫌疑再犯或者连续犯某一法定的侵害法秩序的犯罪行为的；三是以有“再犯之虞”作为羁押理由，必须是辅助性的。[①] 即使英美法系国家，也是对预防性羁押从立法或判例中予以承认的。美国自1967年起先后在27个州及华盛顿特区通过了成文法授权适用预防性羁押。1984年保释改革法也规定了对受到正式起诉的被告人，在没有任何条件能够合理地保证其按要求出庭或“不会对其他人和社会构成危险时”，可以经听审程序命令羁押，而不予保释。日本尽管在理论上对预防性羁押存在激烈争论，但在刑事诉讼法第89条中仍规定，“有相当的理由足以怀疑被告人将加害于被害人，或其他被认为于审理案件有必要知识的人，或以上的人的亲属的人身或财产，或者对以上的人实施威吓行为时”不允许保释，继续羁押。当然各国在允许预防性羁押的同时，也严格控制其适用，其目的是为平衡打击犯罪与保障人权两大价值。

未决羁押的功能应当仅限于以上两个方面，且应以第一层面的功能为主。如果将其作为侦查手段，使被羁押人沦为侦查的客体，或者作为报应性地惩罚被羁押人、安抚被害人的手段，或者将其作为对刑罚的预支，抱着先制裁，在判决后再折抵的观念实施羁押，则是对未决羁押功能认识的错误和滥用。

三、未决羁押的原则

未决羁押的原则反映了羁押制度设计的价值取向，指导着未决羁押的司法实践。综观各国的未决羁押制度，一般都规定了以下几个原则：

（一）羁押法定原则

这一原则源于程序法定原则的要求，一方面要求立法对羁押的程序作出明确规定，另一方面则要求执法中必须遵守法定程序。作为剥夺公民自由的一种严厉强制措施，各国的

① 参见［德］克劳思·罗科信：《刑事诉讼法》，吴丽琪译，283～286页，北京，法律出版社，2003。

刑事诉讼法如何设计羁押与执行羁押制度反映出各国如何权衡有效追诉犯罪与限制国家权力的关系，故而未决羁押的适用必须严格依照法律的授权加以实施，在羁押理由、羁押场所、羁押期限、羁押的授权与审查、救济等一系列环节上，都必须贯彻程序法定的精神对羁押进行严格控制。《世界人权宣言》明确规定，任何人不应受到任意的逮捕和羁押，实施逮捕和羁押必须有理由并且按照法律规定的程序进行。《保护所有遭受任何形式拘留或监禁人的原则》进一步指出：羁押不仅要严格按照法律的规定，而且只能由有资格的官员或被授权的人执行。

（二）比例原则

适用未决羁押还要求羁押权的运作应尽可能避免对公民个人权利造成不必要的损害，当为保护公共利益而不得不对公民个人权利进行限制时，这种限制也应保持在最低限度的范围内，也就是说要具备合目的性、必要性和成比例性。广义上的比例性原则有三项基本要素：一是合目的性，也就是羁押的适用不得背离法定的羁押理由，以达到法定目的为限度，不能以达到迫使嫌疑人自白为目的来对嫌疑人进行羁押。二是必要性，亦即在羁押与非羁押性措施的选择上，必须以羁押为例外，尽可能选择非羁押性措施来减少羁押率，在同样有达到目的的有效手段的选择上，应选择对公民权利干预最少的手段。三是适当性，即在适用未决羁押时，必须使羁押的期限与被羁押人涉嫌犯罪的严重程度和预期可能科处的刑罚相适应，或者成正比例。在具体案件中，是否对嫌疑人适用未决羁押，应当充分考虑以下因素：嫌疑人涉嫌犯罪的性质，社会危害的大小；嫌疑人的人身危害性；是否有逃避、妨碍侦查、审判活动或发生意外的可能等。

（三）司法裁判原则

由于未决羁押涉及公民的人身自由权利，在决定剥夺的程序上必须严密，必须由司法官或机构通过裁判加以授权，而不得由侦查、起诉机关径自决定予以羁押。此原则也可解释为法官保留原则，即对诸如羁押此类的严重限制和剥夺公民人身权利的强制措施，必须由中立的法官来决定，才能有效确保决定的公正性并防范权力的滥用。这一原则要得到贯彻的前提是拘留、逮捕与羁押制度分立，某些情况下拘留、逮捕的强制到案行为及附带的短期羁押可以由侦查、起诉机关自行决定实施，但是到案后的进一步羁押则必须由司法官员或机构进行审查裁定，以防止羁押权的滥用。

（四）拘捕前置原则

拘捕前置原则，也称为拘捕先行主义，是指在审判前程序中若未经合法的拘留、逮捕则不得决定予以羁押，羁押的实施对象均为已被拘捕者，即拘捕是羁押的必要前置程序。该原则设置的目的是为了在对拘捕合法性审查的基础上进一步审查羁押是否有必要，作出是否羁押的决定，达到双重审查的作用。该原则并不适用于整个刑事诉讼程序，在审判阶段虽事先并未拘捕，但如有必要可由司法官员径自决定羁押。同时该原则并非是一项世界各国和地区都贯彻的原则，只是在英美法系国家、日本及我国台湾地区等有所体现。

四、未决羁押的要件

未决羁押的适用会给犯罪嫌疑人、被告人带来一系列的消极影响，一旦滥用则会严重侵犯人权，因此各国对羁押的适用进行了严格的控制。这种控制主要是从未决羁押适用的要件上进行限制，这些要件包括未决羁押适用的实质要件和程序要件两个方面。

（一）未决羁押的实质要件

未决羁押的实质要件可分为罪疑要件、羁押理由及羁押的必要性三个要件：

1. 罪疑要件

对于未决羁押的适用往往要求有足够的犯罪嫌疑，也就是要求符合一定程度的证明标准，犯罪嫌疑是否重大应由司法官员依事实而认定。德国刑事诉讼法规定，羁押必须有急迫的犯罪嫌疑，即需有高度的可能性显示被告确曾犯该罪行，并且所有的可罚性及可追诉性之要件均成立时——除告诉乃论罪中告诉提起外。[①] 日本法也规定，相当的理由足以怀疑犯罪（必须比普通逮捕中具有更大的嫌疑性）为羁押的必备要件之一。

2. 具有羁押理由

这里所谓的羁押理由，是指两方面的内容：一是保障诉讼的顺利进行，即有可能发生逃跑或者毁灭、隐匿证据、串供等妨碍刑事诉讼的行为；二是预防发生社会危险性行为。对于第一个理由，如果犯罪嫌疑人保持沉默致使住所、姓名等个人情况不详，也并不能当然地认为属于住所难以判定而易发生逃跑的情况，如果结合其他相关信息能判定其姓名和住所且不具有现实的逃跑危险，则不得认为是具备了正当的羁押理由。这两种羁押理由与前面所述的羁押的功能有所重叠，在此不予赘述。对羁押理由是否具备的判断应当结合犯罪嫌疑人、被告人供述的态度、侦查工作推进状况、案件的性质、嫌疑人的生活状态及是否具有逃跑的前科经历等诸多方面综合判断。同时应当注意的是羁押理由并非是单一的，在很多情况下都存在着羁押理由的竞合问题，应当注意分辨。

3. 有羁押必要性

尽管上述两个要件存在，但如果属于不值得羁押的事情，就没有必要羁押。所谓羁押的必要性是指，犯罪嫌疑人或被告人如果并非予以羁押才能保障诉讼的顺利进行，虽然嫌疑重大并具有羁押理由也不得予以羁押。羁押的必要性很难在法律上用文字积极而明确地表述出来，在很多情况下多是依靠享有羁押决定权的司法官员根据案情进行理性而又动态的判断。一些国家立法规定，对未成年人、正在怀孕或者哺乳子女的妇女、老人等特殊群体的犯罪，除非存在非常必要的防范情况，不得予以羁押。

以上三个未决羁押的实质要件在大陆法系国家认为必须同时具备，而英美法系国家由于实行拘捕前置主义，所以法官在作出羁押的令状时，主要考虑羁押的必要性这一要件。

（二）未决羁押的形式要件

未决羁押的形式要件也称为程序要件。它是指决定未决羁押必须满足一定的程序或形

---

① 参见［德］克劳思·罗科信：《刑事诉讼法》，吴丽琪译，282页，北京，法律出版社，2003。

式，这主要是基于正当程序与羁押法定原则的要求。大多数国家都规定，犯罪嫌疑人、被告人必须已经司法官员或机构的审查后才可羁押。因为只有在经过听证或讯问后，才可确定是否具备羁押的实质要件。如德国刑事诉讼法第 114 条规定，决定羁押时要由法官签发书面羁押命令。立法并对羁押令的记载事项、决定羁押时法官讯问与权利告知作出了规定。日本规定了羁押讯问程序，在该程序中由法官告知犯罪嫌疑人涉嫌的事实，在听取关于此事陈述后，签发羁押证。总体上来说，多数国家都规定了对羁押的司法审查是决定未决羁押的必要的形式要件，同时要求必须形成书面的羁押令才得以执行羁押。在对羁押的讯问程序进行规定的同时配套规定了要履行讯问告知程序，一般要求告知羁押的理由、沉默权、辩护人选聘及被羁押人的一些诉讼权利等。

在英美法系国家、日本、我国台湾地区等一些实行拘捕前置主义的国家和地区除此之外，还要求有合法的拘捕为羁押的前置程序要件，在审前阶段未经拘捕程序则不得予以羁押。同时一些拘捕前置主义的国家还要求羁押应以合法的拘捕为前提，如果先行的拘捕程序不合法，则会影响到后续的羁押程序的合法性。这种做法的目的是要切实维护正当程序的正统性。因为，如果在先前的拘捕行为违法之后允许进一步的羁押，则难免会导致以后在实践中反复出现违反法定程序拘捕的情况。倘若认定拘捕无效，则可视为是对侦控方人员蔑视法律行为的一种间接惩戒，起到类似非法证据排除规则的效果。

五、未决羁押与拘留、逮捕关系的反思与重构

在我国，拘留、逮捕与羁押关系的明确表述最早可溯及至 1963 年最高人民法院给云南省高级人民法院的《关于拘留和羁押问题的批复》，该批复指出，拘留和羁押是有区别的。拘留是在未批准逮捕以前，在法定条件下，对需要进行侦查的人犯采取的一种紧急措施，而且只有公安机关才能行使拘留。羁押则是在人民法院决定逮捕或者人民检察院批准逮捕，并且实施逮捕以后，把人犯羁押起来；执行逮捕的机关，即人民法院、人民检察院和公安机关，都可以在逮捕人犯后实施羁押。从该批复可以看出，当时所说的羁押实际上指的是逮捕后的被逮捕人人身自由受剥夺的持续状态，而批复明确指出拘留与羁押是有区别的，拘留并不能导致长期羁押。与当前的刑事诉讼强制措施体系相比，当时的羁押也非独立的强制措施而是依附于逮捕，但并不依附于拘留。我国现行《刑事诉讼法》第一编第六章规定的强制措施有拘传、取保候审、监视居住、拘留和逮捕五种，羁押并非我国刑事诉讼法所明确规定的强制措施，刑事诉讼法把它作为拘留、逮捕的持续状态，也就是说拘捕与羁押是合二为一的。羁押的适用条件与程序也依附于拘留、逮捕。特别是从侦查中羁押的适用条件上看，拘留、逮捕后羁押的适用条件与拘留、逮捕的条件相等同。在侦查后的审查起诉、审判等程序中羁押更是无独立的适用条件，而是延续了逮捕的条件。尽管我国刑事诉讼法中也多处出现“羁押”这一术语，如第 52 条规定：“被羁押的犯罪嫌疑人、被告人及其法定代理人、近亲属有权申请取保候审。”第 124 条规定：“对犯罪嫌疑人逮捕后的侦查羁押期限不得超过二个月。案情复杂、期限届满不能终结的案件，可以经上一级人民检察院批准延长一个月。”但是“羁押”术语的运用不能表明我国已将羁押规定为独立的强制

措施。对我国刑事诉讼法所提及的“羁押”一词，如若结合上下文不难发现，所谓的“羁押”不过是依附于拘留与逮捕的一种状态，形成了拘捕与羁押一体化的结构。

（一）未决羁押与拘捕的异同关系

在我国，拘留是公安机关、检察机关在紧急情况下对现行犯或重大嫌疑人采取的暂时剥夺其人身自由的强制措施。逮捕是指公安机关、检察机关、法院对有证据证明有犯罪事实，可能被判处有期徒刑以上刑罚，采取其他强制措施不足以防止发生社会危害性的嫌疑人、被告人，决定实施的剥夺其人身自由的强制措施。我国刑事诉讼法并未将羁押规定为一种独立的强制措施，而是将其依附于拘留和逮捕进行规定，使得羁押成为了拘留、逮捕之后的持续状态。羁押与拘留、逮捕虽然就剥夺人身自由这一点来说有相似之处，但是从以下两方面来看，二者仍有着区别：

首先，从语词构成来看，“羁押”是一个状态动词，主要是指一种人身自由被剥夺的状态。而拘留、逮捕则是一个行为动词，侧重的是强制到案的行为。同时，拘留、逮捕往往可以作为一种收集口供和其他证据的侦查手段来运用，但羁押则不得以收集证据为目的。

其次，羁押比拘留、逮捕有更为严格的适用条件。当前世界上大多数国家实行的是拘捕与羁押制度分立设置的体制，羁押作为一种长期性的强制处置措施，适用条件和程序上均比拘留、逮捕这些较短时间剥夺人身自由的措施有更为严格的要求。这些国家一般将拘留、逮捕作为一种强制到案的行为，只能引起短时期的羁押，若需要进一步在较长时期内的羁押则须经过司法审查，由法官颁布令状予以许可，也就是将羁押作为一种强制措施。在这种体制下拘捕往往是羁押的前置程序，而羁押只是拘捕之后程序的一种可能的走向。特别是实行拘捕前置主义的国家和地区，如日本和我国台湾地区等，审判前程序中的逮捕是羁押的必要程序，未经逮捕不得径行羁押。即使是并未实行拘捕前置主义的大陆法系国家和地区，在被审查人到案后也要通过司法审查才能予以羁押，拘捕与羁押之间的这种司法审查程序就区分了拘捕和羁押。这种将拘捕与羁押分立设置的体制使得拘捕之后，若要对犯罪嫌疑人、被告人采取进一步的剥夺人身自由的措施，必须经过法官的司法审查。这些国家和地区一般规定，犯罪嫌疑人、被告人被拘捕后必须在尽量短的时间内（一般为 24 小时或 48 小时内）被带到法官或其他有权决定羁押的司法官员面前，由其审查逮捕是否合法和必要，以及是否有继续羁押的必要，作出对嫌疑人释放、保释或继续羁押等处理决定。同时在一般情况下，在司法官员就羁押问题颁布令状之前，犯罪嫌疑人、被告人被羁押在警察控制下的羁押场所内，而在法官经过审查作出羁押决定之后，则转到不由侦查机关控制的场所内。这种拘捕与羁押的分立体制使得对羁押的司法审查能够实质化。

（二）羁押与拘捕一体化结构的反思

我国当前刑事司法实践中羁押所存在的侵犯人权等弊端一直受到社会公众和学者的关注，对于存在这些问题的根源，一般都是从历史传统、司法人员素质等方面找寻原因，但是往往对羁押体制本身的反思较少。如果从羁押制度本身的制度和结构上的缺陷入手来审视，应该能够发现羁押与拘捕一体化结构的内在缺陷。虽然我国未决羁押中存在的问题不能完全归结于这种羁押与拘留、逮捕一体化的结构，但是这种一体化结构本身的缺陷与它们的产生有很大关系：

首先，这种拘留、逮捕与羁押一体化结构混淆了羁押与拘留、逮捕性质上的区别，降低了羁押的适用条件。世界上许多国家刑事诉讼中的拘留、逮捕只是强制行为，只能引起短时期的羁押，而若要继续进行长期羁押就要满足独立的羁押适用要件，并经过独立的羁押适用程序。而在我国，未决羁押在适用要件和程序上却依附于拘留、逮捕。从侦查中羁押的适用要件上看，拘留、逮捕后羁押的适用要件与拘留、逮捕的条件相等同。在侦查后的审查起诉、审判等程序中羁押更是无独立的适用要件，而是延续了逮捕的条件。在此情况下，拘留、逮捕的必要性就成为办案过程对犯罪嫌疑人、被告人长期羁押的必要性，这就降低了羁押的适用要件。而事实上，羁押作为最严厉的强制措施应当有较之于拘留、逮捕更高的适用条件。现有立法上的依附于逮捕的羁押适用条件实际上是较低的，不能对羁押的适用严格控制，达不到“羁押例外”的目的。

其次，拘留、逮捕与羁押一体化结构使得羁押的适用缺少司法审查机制。拘留、逮捕并非羁押的必要前提，从表面上看甚至可能被误解为可以直接对嫌疑人羁押，这样可能会相对缩短嫌疑人人身权利受到剥夺的时间。[①] 但是在这种拘留、逮捕与羁押一体化结构之下，未决羁押不过是刑事拘留和逮捕实施后必然带来的剥夺犯罪嫌疑人、被告人人身自由的当然状态，犯罪嫌疑人、被告人在被拘留、逮捕后就可以顺理成章地直接被羁押，其间缺乏司法审查机制。这种结构形成羁押决定主体与拘留、逮捕的决定主体合一，羁押决定权力趋于封闭化，容易造成羁押适用的恣意化。羁押作为剥夺人身自由的强制措施，各国都对其适用进行严格控制，一般都是在侦查中逮捕后由法官审查批准才能进行羁押，也就是实行“逮捕前置原则”。而我国的这种一体化结构中羁押是由拘留、逮捕当然引起，只是在对拘留、逮捕时由公安机关内部和检察院批准就可径行采取羁押，此后就不需经审查程序。由于缺乏司法控制的机制，也就未能形成开放的羁押适用权力体系，实践中羁押所存在的问题成为我国刑事司法制度一大顽疾也就不难理解了。

再次，拘留、逮捕与羁押一体化结构压缩了羁押的替代性强制措施存在的空间。羁押由于其严厉性，本身应当是一种例外性的强制措施，而不能常态化，所以，许多国家都扩大拘捕后羁押替代性措施的适用，对羁押的适用进行严格控制。我国目前羁押适用中存在高羁押率和羁押常态化的情况，是因为刑事诉讼法没有把监视居住、取保候审规定为羁押的替代性措施。刑事诉讼法在规定强制措施时，将五种强制措施并列规定，供公安司法机关选择适用，导致公安司法机关可以更多地选择对人身强制力度更大的羁押措施。更为重要的原因是，一旦拘留、逮捕可直接导致羁押状态，没有适用羁押的审查、分流程序，也就缺少了适用监视居住、取保候审的机会。

最后，拘留、逮捕与羁押一体化结构往往使得羁押与拘留、逮捕一同被作为一种侦查

① 参见［日］松尾浩也：《日本刑事诉讼法》（上卷），丁相顺译，金光旭校，118页，北京，中国人民大学出版社，2005。

手段使用，这样既不利于保障人权，也不利于打击犯罪。在许多国家对一些行为性的强制措施，如拘传、拘留、逮捕等，一般可作为侦查手段使用。所以为适应侦查活动的需要，许多国家规定的拘留、逮捕的条件不是很高。但是由于羁押涉及长期剥夺人身自由，所以不能作为侦查取证的工具，应对其适用进行严格控制。而我国目前在拘留、逮捕与羁押一体化的结构中，拘留、逮捕与羁押的适用条件、程序混同，立法者一方面想使得拘留、逮捕便利侦查工作而降低了羁押的适用条件，另一方面为了控制羁押的适用又提高了逮捕的条件，这种迁就性的规定既不能适应侦查活动的需要，可能造成犯罪打击不力，也达不到对羁押严格控制的目的。

（三）当代主要法治国家拘捕与羁押体制的考察

考察世界主要法治国家拘留、逮捕与羁押的体制，不难发现它们均采用拘留、逮捕与羁押分立的体制。下面介绍几个主要法治国家拘捕与羁押体制的规定。

1. 美国的逮捕与羁押体制

美国的逮捕分有证逮捕和无证逮捕两种。有证逮捕是由治安法官根据控告或侦查人员提交的经宣誓的提请签发令状申请书，经审查确认存在合理根据而签发逮捕令，由警察或其他执法人员执行。无证逮捕则是指由于情况紧急，事先未取得治安法官签发的逮捕令而进行的逮捕。无证逮捕既可由警察进行，也可由私人进行，其中私人进行无证逮捕只能针对当场犯有重罪的人。同时警察所执行的无证逮捕的对象除本人当场目睹的犯罪人（包括轻罪）外，还可以是任何有“可能原因”认为犯了重罪的人，并非必须存在紧急情况不可。

根据美国《联邦刑事诉讼规则》第 5 条的规定，无论是有证逮捕还是无证逮捕，在逮捕执行后，应当毫无必要延误地将被捕人解送至最近的联邦治安法官处，在联邦治安法官因正当理由不在的情况下，解送至美国法典第 3041 条所授权的州和地方司法官员处。也就是说，在美国即使逮捕执行后，也需要联邦治安法官或美国法典规定的其他司法官员对逮捕进行审查，从而决定下一步是羁押还是附条件释放。根据美国法典第 3142 条第 5 款规定，“司法官在认定没有什么条件能够合理地保证被捕人按照要求出庭以及任何其他人和社会的安全时，应当命令在审判前将他羁押。”可见美国逮捕和羁押在程序上是分立的，羁押和保释的措施以逮捕为前提，只有对逮捕的合法性进行司法审查之后才有羁押的可能性。

2. 英国的逮捕与羁押体制

英国的逮捕与羁押在法律的体例上是分开规定的，在 1984 年《警察与刑事证据法》中逮捕规定在第三部分，而羁押在第四部分规定。从这种体例上就可以直观地看出，逮捕与羁押在英国是不同的强制措施。英国的逮捕也分为有证逮捕和无证逮捕，但是在 1984 年《警察与刑事证据法》实施后，由于提高侦查效率的需要，实践中很少适用有证逮捕，大部分实施无证逮捕。但是无论是有证逮捕还是无证逮捕，在逮捕后，都有一套司法审查程序来决定是进一步羁押还是释放。

英国法规定的未决羁押分为指控前的羁押和指控后的羁押，二者均以合法的逮捕为前提。警察将嫌疑人逮捕后自行决定的羁押期限不得超过 36 小时。羁押满 36 小时后，警察如果认为还有必要对嫌疑人继续进行羁押的，必须向治安法院申请签发“进一步羁押的令状”。治安法院一般要举行专门的听证程序，这就是指控前的羁押程序。指控前的羁押是为了提出指控而收集证据服务的，实行定期审查，期限最长不得超过 96 小时，本质上相当于逮捕本身所附带的效果。指控后的羁押是为了保证被告人到庭受审，指控后羁押决定的作出是在警察提起指控后，被告人还未曾参加过任何听证活动的情况下，由治安法官在受理指控时举行一次专门的听审，此时可以进行保释分流，如果决定羁押则可较长时间地剥夺其人身自由，这种羁押是与逮捕程序彻底分立的，这才是本文所探讨的羁押。从以上考察可以看出，英国的羁押和保释以逮捕为前提，即以犯罪嫌疑人、被告人的到案为前提，羁押决定是由法官作出的，充分体现了逮捕与羁押的分立。

3. 德国的逮捕与羁押体制

暂时逮捕与羁押是德国刑事诉讼中重要的两种限制人身自由的强制措施。暂时逮捕是一种无证逮捕，目的是拘留嫌疑人以便检察院或警方能够启动对他的侦查。① 德国刑事诉讼法第 127 条规定，对某人现行犯罪时被发觉或者被追捕，如果他有逃跑嫌疑或者身份不能立即确定时，任何人都有权暂时逮捕；如果存在签发逮捕令或者安置令的前提条件，在延误就有危险时，检察院和警察机构官员也有权暂时逮捕。警察暂时逮捕嫌疑人或者收到公民个人逮捕的现行犯后，根据德国刑事诉讼法第 128 条规定，应当不延迟地，至迟是在逮捕后的第二日向逮捕地属地法院法官解交。法官认为逮捕无正当理由或者逮捕理由已经消灭时，要命令释放。由此可见，德国法中暂时逮捕只能引起短期剥夺人身自由的效果，若要继续羁押还需要由法官进行司法审查，暂时逮捕与羁押之间有了形式上的分离。

德国法中的羁押从形式上看并不仅仅是一种剥夺人身自由的状态，还包括了使嫌疑人强制到案的行为的性质。德国法为防止嫌疑人在审前受到不当羁押，规定了审前羁押令状只能由法官签发，即根据德国刑事诉讼法第 125 条的规定，当侦查仍在进行时由侦查法官签发，而当正式的指控已经提起时由审判法院签发。通常是由检察院申请羁押令，但是法官在延迟有危险的情况下也可以依职权自行签发。这充分体现了德国职权主义刑事诉讼模式的特点。这种羁押令不再需要签发专门的逮捕许可令状，即带有逮捕令状的效果。由此可见，这种羁押实际上也不仅仅是羁押的状态，还包含有强制到案的行为，与我国现行的逮捕制度有一定相似之处。实践中羁押令通常并不事先申请，而是由警察依刑事诉讼法第 127 条授权暂时逮捕嫌疑人，随后将其提交给法官，法官在听取检察官和嫌疑人的陈述之后，决定是否签发羁押令。② 第 126 条规定的与待审羁押或延期执行羁押令有关的进一步裁判与措施也基本按第 125 条的规定由法官决定。表面上看，在德国法的羁押中强制措施行为与剥夺人身自由的状态并未分离，但事实上根据德国刑事诉讼法第 115 条的规定，即使

① 参见［德］托马斯·魏根特：《德国刑事诉讼程序》，岳礼玲等译，93 页，北京，中国政法大学出版社，2004。

② 参见［德］托马斯·魏根特：《德国刑事诉讼程序》，岳礼玲等译，101 页，北京，中国政法大学出版社，2004。

是根据法官签发的羁押令而执行的逮捕，也必须不迟延地向管辖案件的法官解交，由法官毫不迟延地进行讯问，并且就是否继续羁押作出决定。经过审查，法官认为羁押理由仍存在就会维持羁押令，若法官发现羁押无正当理由或羁押理由已不再具备，则会撤销羁押令，将嫌疑人释放。可见，这种在执行羁押令后由法官主持的司法审查从实质上将逮捕的行为与继续羁押的状态分开了。

4. 法国的逮捕与羁押体制

法国的逮捕与先行羁押是不同的强制措施。法国的逮捕仅为一种强制到案措施，在法国立法上没有引入无证逮捕的概念，所有逮捕必须依令状进行，除逮捕以外，法国还有拘留和扣留两种暂时剥夺嫌疑人人身自由的法律手段。[①] 法国刑事诉讼法第132条规定，根据逮捕令被逮捕的人应当不迟延地被送交逮捕令所指定的看守所。第133条规定，自拘禁该人起24小时内应由签发逮捕令的预审法官对其进行讯问，如果该人是在距离签发逮捕令的预审法官的驻地200公里以外的地方被捕，则应当立即将他送交逮捕地的共和国检察官。

法国的先行羁押将引起受指控的人在整个侦查期间或其中部分时间受到关押。[②] 逮捕并非为先行羁押的必需的前置措施，在当事人已经回应向其发出的传唤通知书的情况下，当事人即属处于预审法官的“处置”之下。在听取当事人陈述后，如果预审法官认为有必要对其实行羁押，以及如果犯罪包含有轻罪监禁刑或其他更严重刑罚时，预审法官即可作出羁押决定。[③] 据此，在先行羁押中只要受指控人已到案，预审法官就可以应请求而直接授权羁押，而不必经过逮捕。实践中通常是预审法官应检察官的请求，经控辩双方言词辩论后决定是否羁押，预审法官无权在无羁押请求的情况下，依职权直接命令羁押。从以上介绍可以看出，法国的逮捕并不能直接引起羁押，犯罪嫌疑人在被逮捕后还需要经过预审法官的司法审查才能进一步羁押。

5. 日本的逮捕与羁押体制

具有职权主义和当事人主义两种因素的日本刑事诉讼法中剥夺人身自由的方法主要是逮捕和羁押。逮捕是短时间的羁押，分为通常逮捕、现行犯逮捕以及紧急逮捕三种。通常逮捕是依法官签发令状实施的逮捕。在通常逮捕程序中，检察官、司法警察必须向法官提出逮捕的申请，法官审查逮捕理由及必要性后决定是否签发逮捕证。现行犯逮捕是任何人都可以在没有逮捕证的情况下实施的逮捕，这是令状主义的例外。其针对对象是正在犯罪时或刚实行完犯罪的人。个人逮捕现行犯后，必须马上扭送侦查机关，其后的程序与依逮捕证的逮捕相同。[④] 紧急逮捕的依据是日本刑事诉讼法第210条，即检察官、检察事务官或司法警察在有充分理由足以怀疑被疑人已犯有相当于死刑、无期徒役或无期监禁以及最高

---

① 参见宋英辉、吴宏耀：《刑事审判前程序研究》，195页，北京，中国政法大学出版社，2002。

② 参见［法］卡斯东·斯特法尼、乔治·勒瓦索、贝尔纳·布洛克：《法国刑事诉讼法精义》（下册），罗结珍译，603页，北京，中国政法大学出版社，1999。

③ 参见［法］卡斯东·斯特法尼、乔治·勒瓦索、贝尔纳·布洛克：《法国刑事诉讼法精义》（下册），罗结珍译，588页，北京，中国政法大学出版社，1999。

④ 参见［日］田口守一：《刑事诉讼法》，刘迪等译，51页，北京，法律出版社，2000。

刑为 3 年以上的惩役或监禁之罪的场合，由于情况紧急而来不及请求法官签发逮捕证时，可以在告知理由后逮捕被疑人。在紧急逮捕后应当立即办理请求法官签发逮捕证的手续。在不能签发逮捕证时，应当立即释放被疑人。

司法警察、检察官将犯罪嫌疑人逮捕后，应当在法定期限内，将其提交给法官，并提出羁押请求。司法警察实施的逮捕，经检察官审查后，提交法官审查的最长时间为 72 小时。检察官实施的逮捕，提交法官审查的时间最长为 48 小时。日本实行“逮捕前置主义”，逮捕是羁押的程序性要件，为了羁押必须首先履行合法的逮捕程序，羁押适用的对象通常是那些已经被逮捕的人。对被逮捕人实施逮捕后，是否羁押，需要由法官审查决定。按照日本学者的解释，“逮捕前置主义的主要内容，是在逮捕时实施司法抑制，在羁押时也实施司法抑制，即保障双重检查”①。由上可见，在日本，逮捕更倾向于为一种强制到案的行为，而作为到案后进一步处置措施的羁押并非逮捕的必然后果。逮捕执行后必须经过法官的司法审查才能获得进一步羁押的许可。

从以上对国外逮捕和羁押体制的介绍可以看出，逮捕行为只是有的需要经过司法审查，有的则可不需申请逮捕令状，由警察、检察官甚至普通公民直接实施，且只能附带短时间的剥夺人身自由的效果。而且一些国家为适应侦查效率的需求，实践中出现了以无证逮捕为常态的情况。但是羁押作为一种长期性的强制处置措施，适用条件和程序上均提出了比拘留、逮捕这些较短时间剥夺人身自由的措施更为严格的要求。无论是有证逮捕还是无证逮捕，若要继续进行羁押，由法官主持进行司法审查是必经的程序。正是拘留、逮捕与羁押实质上的分立，才使得司法审查有了适用的空间，同时增加了选择适用羁押替代性措施的机会。

（四）改革我国羁押与拘捕一体化结构的必要性

现行的刑事司法体制中，就剥夺犯罪嫌疑人、被告人的人身自由这一点来看，羁押与拘留、逮捕具有相似之处，但羁押与拘留、逮捕在性质上不同。拘留、逮捕指的是一种强制到案行为，只能产生短暂的剥夺人身自由的效果；而羁押指的是强制到案后进一步处置的状态。从以上国外情况的考察可以看出，如果在拘留、逮捕后要进一步羁押，还需要符合羁押的特定要件并经过独立的程序。基于此，我国的羁押与拘捕应当分立。

拘捕与羁押一体化的结构有着诸多制度缺陷，导致羁押适用中存在较多的问题。笔者认为，解决这一问题的有效方案是改变这种一体化的结构，即拘捕与羁押分立。下面就改革羁押与拘捕一体化结构的必要性作以下阐释：

第一，是加强司法权对未决羁押措施有效控制的需要。诉讼法学界普遍认为我国羁押中出现恣意化的最重要原因是司法控制机制的缺失。如果继续保持拘留、逮捕与羁押一体化的体制，司法权无从对羁押启动的合理性、必要性进行裁断。通过改革拘捕与羁押一体化结构使得拘捕后并不必然引起羁押，就为司法审查机制提供了运作空间。一旦拘捕与羁

---

① ［日］田口守一：《逮捕后的人身羁押》，载［日］西原春夫主编：《日本刑事法的形成与特色》，李海东等译，325 页，中国北京，法律出版社，日本东京，成文堂，1997。

押在法律上成为两种不同的强制措施后，对拘捕和羁押的分别审查使得羁押受到双重司法审查。在侦查初期，各种情况尚未明了，可能需要对犯罪嫌疑人人身自由有所约束，对侦查机关采取的拘捕措施需要进行第一次审查。拘捕后如果需要羁押还需再次进行司法审查。即使是在无证逮捕的情况下，对逮捕没有进行司法审查，但是事后“羁押之际应审查包括拘、捕在内的整体拘束之合法性，而不得仅就羁押本身是否合乎法律规定予以判断”。[①] 这种双重审查机制的存在，可以使拘捕和羁押在授权方面受到更加严格的约束，防止羁押权的滥用。

第二，是发挥羁押审查程序分流作用的需要。因为在拘捕与羁押分立的结构下，拘捕是羁押的前提，但是羁押并不必然是拘捕的后果，犯罪嫌疑人、被告人被拘捕后，通过审查认为不符合羁押要件的可以采用羁押替代性强制措施，拘捕后附带的短暂人身强制状态将朝不同方向发展，这一体制起到了程序分流的作用。在改革后的拘捕与羁押体制中，因为羁押条件的提高，羁押的适用率降低，也增加了羁押替代性措施适用的机会，使得羁押例外的原则真正得到实现。

第三，是实现侦查效率与程序正义平衡的需要。羁押与拘捕的分立必然要求拘捕与羁押适用条件的分别设定，其结果是拘捕条件降低，羁押条件提高，这样既可以更好地发挥拘捕作为侦查手段的效能，又可以降低羁押率，有利于保障人权。此外，如今世界上多数国家把拘捕作为侦查活动的一部分，对拘捕适用令状原则有了越来越多的例外，甚至一些国家对侦查阶段中拘捕的司法审查已经作为例外，无证逮捕成为常态。但是，对作为一种长期剥夺人身自由的强制措施的羁押始终予以严格的司法控制。

第四，是实现羁押执行机关独立于侦查机关的需要。我国长期以来在羁押与拘捕一体化的结构下，羁押依附于侦查的需要，因此，羁押场所归侦查机关管理，这样虽有利于侦查工作，但也为羁押过程中侵犯人权提供了机会。随着拘捕与羁押的分立，羁押将不再是侦查的工具，而有了自己独立的功能，这种情况也就迫切地需要羁押场所脱离侦查机关的控制。

（五）分立后的拘捕与羁押及相关制度的构建

改革羁押与拘捕一体化结构，实行羁押与拘捕分立体制需要重新建构我国羁押与拘捕法律体系。本专题对此问题提出以下宏观建议：

1. 关于羁押程序的构建。在拘捕与羁押一体化的结构下，羁押在程序上依附于拘捕程序，二者分立后应当建立独立的不同于拘捕的程序。首先，应当建立对羁押的司法审查制度。这种司法审查应该是在对拘捕的合法性进行审查，确定拘捕是否合法的基础上，再审查羁押是否必要，进而作出是否对犯罪嫌疑人、被告人实施羁押的决定。具体程序可设计为：警察或检察官在实施拘捕后，认为需要继续羁押的，应在设定的法定时间内将犯罪嫌疑人移交法官，向其申请作出羁押决定。法官应通过控辩双方的参与对羁押主张和被拘捕

---

① 林永谋：《论羁押》，载台湾《法令月刊》，49（8），1989。

人的申辩进行听审或者由法官对犯罪嫌疑人单方讯问后就是否羁押及羁押期限作出裁决。对起诉到法院的案件是否需要对被告人进行羁押由法官通过听审作出决定，但不需贯彻拘捕前置原则。其次，应当建立针对羁押的复审、司法救济制度。在作出羁押决定时应告知被羁押者羁押的理由，如果其不服，可允许其就羁押问题提了上诉。被羁押者还可在任何阶段向作出羁押决定的法官提出复查申请，由法官复审。此外法官可以依职权主动提起司法复审。

2. 拘捕制度的重构。一是要调整拘捕适用的条件。可以借鉴英美法系的做法，只要警察或检察官认为存在“可能原因”发生了犯罪，即可对犯罪嫌疑人执行拘留或申请有证逮捕。二是要缩短拘捕后剥夺人身自由的时间。目前公安机关适用的拘留最长可达 37 天，人民检察院侦查部门适用的拘留最长可达 14 天。我国的拘留与国外作为紧急性强制措施的无证逮捕类似，但与国外无证逮捕以后剥夺人身自由的时间相比过长，应予缩短。现行的逮捕与国外有证逮捕相似，但是却直接导致数月的剥夺人身自由状态，而国外无论是有证逮捕还是无证逮捕一般只有极短时间（一般为 24～48 小时）的羁押。所以应借鉴国外制度，大大缩减拘捕后剥夺人身自由的时间。同时，我国目前作为追诉机关的检察院是逮捕的决定机关之一，不能达到对有证逮捕进行司法控制的目的，应当将逮捕令状的颁发权授予法院。

3. 羁押替代性措施体系的构建。应当改变现行体制下将取保候审、监视居住与拘捕并列规定的情况，而将其规定为羁押的替代性措施。同时在羁押与拘捕分立后，通过司法审查所带来的程序分流机制，在审查是否予以羁押时增加其适用羁押替代性措施的机会。此外，由于我国的羁押替代性措施的种类与国外相比还较少，应当在借鉴国外制度基础上，考虑适当引进和扩充缓予羁押、司法管制等羁押替代性措施。

4. 羁押场所脱离侦查机关的控制。羁押场所的控制权涉及被羁押人掌握在谁手中的问题，进而关系到羁押过程中人权保障问题。现行羁押场所归侦查机关管理的体制，使犯罪嫌疑人、被告人被拘留、逮捕后就一直关押在由侦查机关控制的看守所中，容易导致刑讯逼供等侵犯人权情况的发生。在羁押与拘捕分立的体制下，羁押场所应脱离侦查机关，以避免羁押沦为侦查工具。拘留、逮捕之后可将犯罪嫌疑人、被告人短时间内置于侦查机关控制的看守所内，但在正式羁押之后应移交至司法行政机关控制的羁押场所。

六、未决羁押期间被羁押人的权利保障

对犯罪嫌疑人、被告人实施羁押，必须由权利来制约权力，否则有可能造成被羁押人在刑事诉讼中待遇的进一步恶化。在刑事司法领域日益强调人权保障的今天，为防止羁押权的滥用，国际公约及各国对被羁押人的权利保障作出了许多规定，形成了较为完整的权利体系，主要有以下内容：

1. 不受任意和非法羁押的权利。《世界人权宣言》第 9 条规定：“任何人不得加以任意逮捕、羁押或放逐。”《公民权利和政治权利国际公约》第 9 条第 1 项也规定：“任何人不得加以任意逮捕或羁押。除非依照法律所确定的根据和程序，任何人不得被剥夺自由。”在此

规定之下，各国一般还规定了在羁押理由消失后被羁押者还可请求取消羁押或申请采取羁押替代性措施的权利。

2. 被告知羁押理由的权利。如日本宪法第34条的规定，“对任何人无正当理由不得拘禁；如本人提出要求，必须立即将此项理由在有本人及辩护人出席的公开法庭上予以告知”，日本刑事诉讼法还确立了羁押理由的公示制度，即由法院根据犯罪嫌疑人、被告人或者他们的辩护人、法定代理人、保佐人、配偶、直系亲属等的请求在公开的法庭上安排羁押理由的开示。在法庭上，审判长或受命法官应具体告知足以怀疑嫌疑人或被告人犯罪的“相当理由”、命令羁押所依据的法定理由以及羁押的必要性。检察官、嫌疑人或被告人及其辩护人以及其他请求人可以陈述意见，也可在审判长或受命法官认为适当时提供书面意见。经过开示羁押理由并听取利害关系人陈述后，法庭认为羁押不合法或羁押理由不当时应当应请求或依职权撤销羁押。

3. 被及时带到司法机关的权利。《公民权利和政治权利国际公约》第9条第3项规定：“受到刑事指控的被羁押人应当被及时地带到法官面前或其他被授权行使司法权的官员面前。”

4. 羁押期间受到人道待遇的权利。《公民权利和政治权利国际公约》第7条规定：“任何人不得被刑讯或受到残酷的、不人道的或有辱人格的待遇或处罚，特别是，任何人未经本人自愿同意，不得受到医疗或科学上的试验。”《被拘禁者待遇最低限度标准规则》重点规定了禁止刑讯和其他非法待遇。

5. 对羁押决定提出异议和救济的权利。根据《公民权利和政治权利国际公约》第9条第4项规定：“任何被逮捕或羁押被剥夺自由的人，有资格向法庭提起诉讼，以便法庭能不拖延地决定羁押他是否合法以及如果羁押不合法时命令予以释放。”《保护所有遭受任何形式拘留或监禁的人的原则》第32条规定：被羁押人随时都可以提起对拘禁的异议的程序，还应允许律师或家庭成员代表被拘禁者启动这一程序。

对羁押进行司法救济的目的是要使那些被羁押的人有机会将羁押的合法性问题提交给一个中立的法庭进行持续的审查，并在羁押显属不合法或不必要时尽快予以释放。司法机关不仅要审查羁押程序的合法，尤其要审查羁押的实质构成要件及必要性。这一程序应尽可能简单并迅速地进行，应只需极少量花费或者根本不需要任何费用来启动这一程序。这些救济可以通过依国内法和国际法两种方式实现。依国内法的救济主要是通过上诉、准上诉、申请复查等方式。大陆法系国家提供的对羁押的司法救济主要是申请司法复审。此外，对羁押的司法审查除了由被羁押人通过申请而启动外，法院还可依职权主动发起。英美法系有一项较特殊的国内救济方式是“人身保护令”程序，即由法院根据被羁押人或其代理人的请求签发的命令羁押实施人将被羁押人在一定期限内解交法庭审查其羁押理由令状的程序。依国际法的救济是依国际公约向特定国际组织提出申诉或申请，要求予以撤销，最有代表性的是《欧洲人权公约》，其第15条对此作出了规定。

6. 会见交流权。被羁押人不得被断绝与外界的联系，这种联系包括两个方面：一是与家人或在押人信任的人之间的联系，二是与辩护律师之间的会见与通信。其中第二方面也是一种获得律师帮助的权利。律师的帮助可以为在押犯罪嫌疑人、被告人提供法律咨询，帮助其提出对羁押的合法性的质疑，防止羁押期间被羁押人的权利受到侵犯。也就是必须保障被羁押人在羁押期间与律师的会见权与通信权。对于这种会见交流权，国际上的一般做法是：允许会见是原则，限制是例外；对会见交流权，只有法官才能进行限制，并须符合严格的条件和期限要求，侦查机关无权限制会见交流权。

7. 接受公正及时审判的权利。《公民权利和政治权利国际公约》第9条第3项规定，任何被羁押人，有权在合理时间内接受审判或者被释放。该规定意在保障被羁押人尽早从诉讼中解脱出来，免受长时间的未决羁押。未决羁押不能是无限期的。联合国反对自我归罪和保护青少年的委员会则提出所有政府通过立法使羁押者在3个月内接受审判的建议。

8. 因非法羁押获得赔偿的权利。《公民权利和政治权利国际公约》第9条第5项规定任何遭受非法羁押的受害者有权得到赔偿。《欧洲人权公约》第5条也作出了类似规定。一般来说对符合法定程序的被冤枉羁押者，各国都实行无过错责任原则予以赔偿；而对非法羁押则实行过错责任原则。具体做法：一是可通过冤狱赔偿程序赔偿，二是可通过普通民事诉讼程序提出侵权赔偿之诉。但有的国家只能通过普通民事诉讼程序要求赔偿。

9. 请求撤销羁押决定的权利。随着案件证据调查的进行，导致犯罪嫌疑人在审前程序中被羁押的理由及羁押的必要性可能逐步减弱乃至消失，在此种情形下，如果继续羁押则丧失了羁押的正当性。故而，在羁押理由和必要性消失的情况下，应当允许被羁押人主动请求撤销羁押决定，同时侦控方也可以请求撤销，法官也可依职权主动撤销羁押决定。

七、未决羁押的替代性措施

（一）羁押替代性措施的概念

羁押替代性措施是指在犯罪嫌疑人、被告人到案后，或者被羁押一段时间以后，在保证其履行按时到案义务的条件下，对其不再采用羁押措施的一些强制措施。这些措施可以附加一定条件，甚至可以对其部分权利加以一定限制。这些措施多是在欠缺对嫌疑人、被告人羁押的必要性要件的情况下予以适用。虽然羁押替代性措施可能对犯罪嫌疑人、被告人权利构成一定的限制，但与被完全剥夺人身自由的羁押措施相比较而言是对公民权利限制较少的措施。

虽然羁押有其应有的程序作用，但也有其弊端，如羁押可能使未实施犯罪行为的人承受痛苦；羁押期间易发生刑讯逼供；高羁押率导致国家司法资源的大量投入。因此，各国在控制羁押适用的同时，积极采取多种羁押替代性措施。

（二）羁押替代性措施的种类

从目前各国的立法现状来看，羁押替代性措施的种类主要有保释、司法管制、限制居住等。英国在1679年《人身保护法》中就确认了保释制度，美国更是以保释制度为基础发展出了具结释放、附限制自由条件的释放等成体系的附条件释放制度。法国刑事诉讼法中规定了司法管制作为一种羁押替代性措施，在轻罪案件中，只有因预审的必要，当事人履行司法管制义务尚不足够的情况下，或者如当事人故意不履行其应当履行的司法监督义务，预审法官才能命令进行羁押。[①] 德国刑事诉讼法第116条规定了附条件和不附条件的羁押延期执行措施来作为羁押的替代性措施。当有逃亡之虞，而其他较轻的措施亦可满足羁押目的时，可采用报到义务、居留限制、居家监视及提供担保等羁押替代性措施。[②] 青年法院法第71条、第72条允许通过将犯罪嫌疑人置于寄养之家或采用其他教育措施的替代措施。[③] 德国近几年一直在讨论将电子监视居住作为减少审前羁押的一种可能的工具。在黑森州已经进行了一项2年的对住家监禁和电子监视实验。[④] 日本法规定了保释和羁押的停止执行两种羁押替代措施，日本刑事诉讼法第95条规定，法院认为适当时，可以裁定将被羁押的被告人委托于他的亲属、保护团体或其他的人，或者限制被告人的住居，而停止执行羁押。

从立法精神来看，我国目前刑事诉讼法中规定的取保候审与监视居住可归为羁押替代性措施。但是从立法体例来看，我国是将取保候审、监视居住与其他强制措施并列规定的，逻辑上是独立的强制措施种类。这种制度设计上的缺陷，使得旨在替代羁押适用的取保候审、监视居住等措施，反倒成为羁押措施适用上的例外。可见，我国目前立法所规定的羁押替代性措施在立法上存在一定问题，不能起到其作为羁押替代性措施的作用，需要进行改革，改革的方向应当是将取保候审、监视居住等制度改造成羁押替代性措施，并增加其他一些羁押替代性措施。

（三）保释制度

1. 保释制度概述

现代的保释制度起源于英国，是指犯罪嫌疑人、被告人被拘捕或羁押后提供必要的担保获得释放以待侦查和审判的制度。一般认为，其理念基础是源于两个方面：其一是任何公民都享有人身自由权；其二是无罪推定原则。[⑤]

英国早在1679年的《人身保护法》就较为完整地规定了保释制度，又于1976年颁布了《保释法》，形成了保释制度的成文法体系。美国不仅在宪法第八修正案中对保释制度进行规定，而且还于1960年开始对保释制度进行了两次改革和完善。保释制度目前已经不再局限于一个国家立法的范畴，而且已经在世界范围被普遍认可，成为国际刑事司法准则的重要内容之一。《公民权利和政治权利国际公约》第9条第3款规定："等待审判的人们被拘禁不应该是一般的规则，但是释放应保障能出席审判……"《保护所有遭受任何形式拘留或监禁的人的原则》第39条也指出：除了在由法律规定的特殊案件中，由司法或其他机关

---

① 参见［法］卡斯东·斯特法尼、乔治·勒瓦索、贝尔纳·布洛克：《法国刑事诉讼法精义》（下），罗结珍译，593页，北京，中国政法大学出版社，1999。

② 参见［德］克劳思·罗科信：《刑事诉讼法》，吴丽琪译，北京，法律出版社，2003。

③ 参见［德］汉斯—约格·阿尔布莱希特：《审前羁押——实证的情况》，载陈光中、［德］汉斯—约格·阿尔布莱希特主编：《中德强制措施国际研讨会论文集》，136页，北京，中国人民公安大学出版社，2003。

④ 参见［德］汉斯—约格·阿尔布莱希特：《审前羁押——实证的情况》，载陈光中、［德］汉斯—约格·阿尔布莱希特主编：《中德强制措施国际研讨会论文集》，137页，北京，中国人民公安大学出版社，2003。

⑤ 参见陈卫东、刘计划：《英国保释制度及其对我国的借鉴作用》，载《人民检察》，2003（3）。

由于司法利益而决定，被告人应有权被释放等待审判。①

2. 保释与取保候审的联系与区别

我国刑事诉讼法确立了取保候审制度，并未表述为保释，虽然二者在具体内容上有一定相似之处，如都是附一定条件的释放，都可以提供财产作为保证等，但是二者有本质上的区别。

第一，在价值取向上，保释是以保障嫌疑人、被告人的人身自由为主要价值取向，体现的是当事人主义诉讼模式下控辩平衡原则，保释往往被作为嫌疑人、被告人的一项权利规定下来。而取保候审的价值取向是保障刑事诉讼的顺利进行，体现的是职权主义下的追诉犯罪的要求，它并非是嫌疑人、被告人的权利，而是公安司法机关的一项职权。

第二，在适用范围上，保释的适用范围较广，如在英国从理论上说，无论什么性质的案件都可适用保释，案件的性质及严重程度并不构成拒绝保释的唯一理由，当然也有部分国家对保释适用案件范围予以限制，如美国就规定对谋杀、恐怖、有组织犯罪、国际走私犯罪等不予保释，但总体上看适用范围较广。而我国在《刑事诉讼法》第 51 条中规定了适用取保候审的条件，这些条件采取的是可能判处的刑罚与是否发生社会危险性的双重标准，并且《公安机关办理刑事案件程序规定》和《人民检察院刑事诉讼规则》又硬性规定对一些犯罪不能适用取保候审，因此，取保候审适用的范围较窄。

第三，在适用程序上，保释的决定权一般由法官或警官行使，如果不准予保释，要求由法庭及时进行审理，作为控方的检察官或者警方须向法庭陈述不同意保释的理由。律师在保释中发挥的作用较大。取保候审则在不同诉讼阶段有不同的决定主体，侦查阶段由侦查机关决定，审查起诉阶段由检察院决定，审判阶段由法院决定，没有规定对不予保释的司法听证制度和司法审查机制。律师在取保候审中难以发挥作用。同时西方的保释制度还规定了完备的对不予保释的救济程序，而对不予取保候审的决定，我国并无任何救济措施。

正是基于取保候审与保释制度之间的差距和取保候审在实施中存在的问题，许多学者都提出了要借鉴保释制度，对我国取保候审制度进行权利化改造，对取保候审的适用范围、适用程序进行完善。

3. 保释的分类

按保释的性质可以将其分为权利保释和裁量保释。权利保释是指虽诉讼活动还未结束，需要嫌疑人、被告人继续到庭，但只要嫌疑人、被告人提出保释申请，即应给予保释，这种保释是嫌疑人、被告人的一项法定权利。而裁量保释则是指对嫌疑人、被告人提出的保释申请，负责的官员有权裁量决定是否准予保释。英美法系国家一般实行权利保释，而裁量保释则在大陆法系国家较为常见。

按照保释是否附加条件可以将其分为无条件保释和有条件保释，一般情况下被拘捕人或被羁押人应当获得无件保释。如英国 1984 年《警察与刑事证据法》第 34 条规定：羁押

① 参见陈光中、[加] 丹尼尔·普瑞方廷主编：《联合国刑事司法准则与中国刑事法制》，193 页，北京，法律出版社，1998。

警官在任何时候对于处于警察羁押之下的人，获悉将该人羁押的理由已经消失，并且未获悉依法将该人予以继续羁押的任何其他正当理由时，应当将其无条件保释。1994年《刑事审判与公共秩序法》第27条也规定了警察在准予保释时，原则上不应附加条件。但是如果决定保释而不附加条件将导致危险时，也可附加一个或多个条件，而且这种有条件保释在司法实践中有扩大的趋势。在英国法中常用的条件是：在指定的地址居住；宵禁，通常在指定的时间，在住址内；在某一日具体的时间向警察署汇报；直接或间接地不接触控诉方证人；远离指定的地区或位置等。①

4. 保释的保证形式

一般而言，各国确定保释的保证形式主要包括非金钱保证和金钱保证两大类，而这两大类之下又可细分为具结释放、保证人保证、现金保释、财产担保等。

具结释放是最宽松的保释，如果认为嫌疑人、被告人不可能逃跑，并能按时到案，则可允许不提供现金而予以释放，但通常会附一定条件。这种保释是嫌疑人、被告人以自己的信誉来自我担保，一般是限于轻罪，但在美国有一些州也允许法官自由裁量决定具结释放，其中包括严重的重罪。具结释放的一种变异是签名保证，或称无押金保证。签名保证允许被告人不交钱，但同意如果不到庭参加审判就得向法院支付一笔钱而释放被告人。②

现金保释和财产担保是指嫌疑人、被告人可以通过现金或财产对保释进行担保，如果出庭情况满意，保释金和财产将被返还的一种保释方式。现金保释要求提供的是现金，而财产担保则要求提供的是财产，主要是贵重物品。

保证人保证，又称保释担保，是指由第三方，通常是保释保证人向法院签署全额保释金的本票并向被告人收取服务费（通常是全额保释金的10%）。如果被告人不出庭，保释保证人就必须向法院支付全额保释金。③ 这种保释方式在美国较为常见。

---

① 参见［英］David Evans：《保释：英格兰和威尔士现行法和实践概况》，徐美君译，载陈卫东主编：《保释制度与取保候审》，24～25页，北京，中国检察出版社，2003。

② 参见［美］爱伦·豪切斯泰勒·斯黛丽、南希·弗兰克：《美国刑事法院诉讼程序》，陈卫东、徐美君译，341页，北京，中国人民大学出版社，2002。

③ 参见［美］爱伦·豪切斯泰勒·斯黛丽、南希·弗兰克：《美国刑事法院诉讼程序》，陈卫东、徐美君译，340页，北京，中国人民大学出版社，2002。

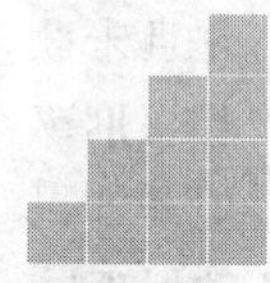

第十二章

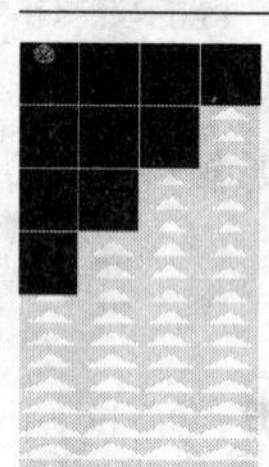

刑事公诉制度研究

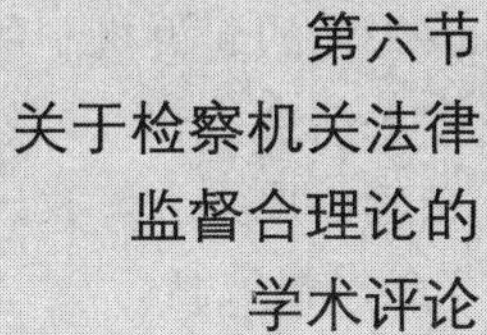

第六节 关于检察机关法律监督合理论的学术评论	一、透视检察机关法律监督合理论的理论根据 二、确立评断检察法律监督制度是否具有合理性的共识性标准 三、检察机关法律监督论缺乏最低限度合理性的实证分析
第七节 我国刑事公诉程序	一、审查起诉 二、提起公诉 三、不起诉

第一节　刑事公诉制度概述

一、刑事公诉制度的概念

刑事公诉制度是现代刑事诉讼程序的重要组成部分。实际上，人类社会最早的起诉方式是自诉，即犯罪发生后，一般由被害人及其近亲属等直接向有管辖权的司法机关控告犯罪人。随着社会的发展和进步，国家统治者逐渐意识到，犯罪行为并不仅仅是对被害人个人利益的侵犯，更重要的是，犯罪的泛滥也从根本上危害了国家和社会的利益，并对整个统治秩序构成了严重威胁。为了有效地维护统治阶级的利益和控制社会秩序，国家在政府部门内开始设立专门的机构和官员来承担起诉职能，这就促使刑事公诉制度逐步形成。

现代各国的刑事公诉制度主要分为两种类型：一种是刑事公诉独占主义，即刑事案件的起诉权被国家垄断，排除被害人自诉；另一种是刑事公诉兼自诉制度，即较为严重的犯罪案件由检察机关代表国家提起刑事公诉，而少数轻微的刑事案件则允许公民自诉。对于符合起诉条件的刑事公诉案件是否必须向审判机关起诉的问题上，也存在两种不同的原则：一是起诉法定主义或起诉合法主义，即只要被告人的行为符合法定起诉条件，公诉机关必须起诉，不论具体情节均不享有自由裁量的权力；另一种是起诉便宜主义或起诉合理主义，即被告人的行为在具备起诉条件时，是否起诉，由检察官根据被告人及其行为的具体情况以及刑事政策等因素自由裁量。现代刑事诉讼普遍强调起诉法定主义与起诉便宜主义的二元并存、相互补充的起诉原则。

我国刑事诉讼实行以公诉为主、自诉为辅的犯罪追诉机制，即在对刑事犯罪实行国家追诉的同时，兼采被害人追诉主义。绝大多数刑事案件由人民检察院代表国家向人民法院提起公诉，只有少部分刑事案件由被害人及其法定代理人、近亲属直接向人民法院提起自诉，由人民法院直接受理。我国实行公诉为主、自诉为辅的起诉机制的目的是在保护国家利益、社会利益的同时，最大限度地保护被害人等个人的合法权益。公诉和自诉两种控诉形式互相补充，构成了我国刑事起诉的完整体系。在起诉原则上，我国采用以起诉法定主义为主，兼采起诉便宜主义，检察官的起诉裁量权受到严格限制。

二、刑事公诉制度的任务

在我国，刑事公诉制度是指行使国家刑事公诉权的检察机关，对公安机关侦查终结移送起诉的案件或者对自行侦查终结的案件，经过全面审查，确认侦查阶段所收集的证据已经确实、充分，犯罪嫌疑人的行为已经构成犯罪，依法应当追究刑事责任而提请人民法院审判的一项诉讼制度。提起公诉是我国刑事诉讼程序中的重要阶段，是人民检察院的重要职权。提起公诉是侦查终结后一个独立的诉讼阶段，是人民检察院单独行使检察权的范畴，与其他诉讼阶段相比，具有下列特定任务：

1. 代表国家对公安机关侦查终结移送起诉的案件和自行侦查终结的案件，进行全面审查。

2. 根据事实和法律，对案件分别决定起诉、不起诉或者撤销案件，并制作相应的法律文书。

3. 通过对公安机关移送案件的审查，实行侦查监督，纠正违法的侦查行为。

4. 对于决定提起公诉交付审判的案件，做好出庭支持公诉的准备工作；对于决定不起诉或者撤销的案件，从综合治理的目的出发做好善后工作。

第二节　关于刑事公诉权性质方面的学术争议

一般认为，民主法治及自由主义思想注入刑事诉讼程序改革，是刑事公诉权赖以产生和存在的价值基础。伴随着审判权在刑事司法中的独立，刑事公诉权也不再完全依附于其他权力，而逐步分立为一种在刑事诉讼中承担控诉职能的独立的执法力量。显然，作为一种国家权力形态的刑事公诉权，是人类社会法制文明发展到一定阶段的产物，深刻地反映了人类社会追求政治民主、社会公平正义、人权保障的奋斗历程以及所取得的巨大成就。在刑事诉讼程序中，相对于侦查程序和审判程序，刑事公诉程序的历史比较短暂，刑事公诉制度的发展也不均衡。因此，人们对刑事公诉权的认识不甚统一，学术争议也一直较大。我国学术界对刑事公诉权性质的解释主要有如下观点：

一、行政权说

这种观点认为，在刑事诉讼制度演变的历史沿革中，检察官的公诉行为自诞生之日起，就一直是国家的行政行为；在国家权力体系中，刑事公诉权也一直隶属于行政权。理由是：

1. 在大多数国家的政治体制及司法体制中，承担公诉职能的检察机关在性质上都定位于行政机关，检察机关在实际上也均隶属于国家行政机关——司法部或法务部，这在世界范围内都是一个不争的事实。

2. 承担公诉职能的检察机关，其组织体制和行动原则具有明显的行政性。检察一体化是检察机关的组织和在行使公诉职能时的一项最基本的原则。这项原则强调国家各级检察机关都是一个不可分割的整体，每个检察机关的活动都是整个检察机关活动的有机组成部分，各级检察机关之间在工作中要相互配合与协作。检察一体化原则具体体现在下列四项制度中：一是"阶层式建构"和上级的"指令权"。各国检察机关普遍实行行政机关的"阶层式建构"，上级检察机关对下级检察机关，上级检察官对下级检察官有指挥监督的"指令权"，而下级则有服从的义务。这种纵向位阶制和上下领导关系，是典型的行政性关系，也是刑事公诉权行政性的最突出的体现。二是职务收取和职务转移制。上级有权亲自处理属于下属检察官承办的案件和事项，同时上级检察官有权将下属检察官承办的案件和事项转交其他下属检察官承办，除非受到法律的特别限制。三是官员代换制。参与诉讼、出席法庭的检察官即使中途替换，对案件在诉讼法上的效果并无影响。四是首长代理制。在德国、俄罗斯等国，各级检察机关所属检察官在对外行使职权时，系检察首长的代理人。① 上述几项制度体现出检察一体化原则具有明显的上命下从的行政属性。

3. 在现代国家权力体系中，刑事公诉权显然既不属于立法权，也不属于承担依法裁判功能并受宪法独立性保障的司法权，检察机关一直受行政部门的领导和监督，属于行政组织系统，故刑事公诉权只能隶属于国家行政权。

4. 行使刑事公诉权的检察机关在刑事诉讼中代表国家追诉犯罪，在国家起诉原则和起诉法定主义之下，检察机关的诉讼活动更具有主动性、积极性，检察机关的这种职业特质与国家行政权的特征是十分吻合的，而与在社会冲突中始终应当保持中立性的司法权迥然不同。②

5. 行使刑事公诉权的检察机关普遍承担侦查职能，有些国家直接将检察机关定性为侦查机关，这是刑事公诉权隶属于行政权的鲜明例证。

二、司法权说

这种观点认为，行使刑事公诉权的检察官虽然与法官在刑事诉讼中承担不同的诉讼职能，但在性质上具有"等同性"，即所谓同质不同职③，检察官虽非法官，但如同法官般地执行司法领域内的重要功能，而且检察官与法官一样都同样受宪法人身及事务独立性的保障，故检察机关也属于司法机关，刑事公诉权应当隶属于司法权。司法权说的主要理论依据，是基于刑事公诉权与审判权的"接近度"以及检察官与法官的"近似性"。持这种观点的学者认为，检察官具有法律守护人的地位，对检察官和法官而言，事实的查明与法律的

---

①③ 参见龙宗智：《论检察权的性质与检察机关的改革》，载《法学》，1999（10）。

② 参见郝银钟：《检察权质疑》，载《中国人民大学学报》，1999（3）。

判断，应依同一目标行事，因而这是两者可以相提并论的有力论证。尤其明显的例证是检察官终结侦查之后所作的处分。检察官侦查终结之后，应当依据侦查结果审查是否有足够的犯罪嫌疑提起公诉，此时所作出的决定，与法官随后的裁判决定极为相似。还有的学者提出，检察官与法官密切契合，犹如牵动的钟表齿轮一般，所以，所谓独立的司法权仅在检察官为司法官并有相应保障的前提下才有可能。① 持刑事公诉权为司法权观点的另外一个理由是防范行政不当干预刑事司法。由于现代检察官制度是资产阶级革命的产物，因此防止检察官成为行政的工具，是创制该制度以来的基本要求。如果检察官系行政官，执行任务时就必须受行政指令原则的制约，服从上级指挥，直至服从最高行政官员的命令，刑事追诉就可能不取决于法律的要求，而难以避免成为当权者达到某种目的的工具。

中国诉讼法学者在给刑事公诉权定位时，往往倾向于司法权说②，主要理由概述如下：一是从国家体制看，我国实行的是人民代表大会制，在“一府两院”的构架下，检察院与政府机关已彻底分离，体制上已不存在刑事公诉权是行政权的问题。③ 再加上检察机关在我国所具有的特殊法律地位，不但承担法律监督职能，而且检察机关在体制上脱离行政系统，成为相对独立的另一类司法权，故将检察机关定位于司法机关为宜。二是从司法权的含义看，司法是司法机关依司法程序就具体事实适用法律的活动，具有间接性特征，而行政执法一般表现为在其法定权限内行使权力，具有直接性特征。检察机关参加司法活动，在办理有关案件中采取强制措施，作出决定，是对个案具体事实适用法律的活动，符合司法权的特征。三是从诉讼程序看，诉讼是行使司法权的基本形式，检察机关是诉讼活动的主要参加者，刑事公诉权较多地采用诉讼的形式进行。检察官在刑事诉讼中行使侦查、起诉等权力，必须依统一的诉讼程序规定进行，是诉讼中行使司法权的重要部分。刑事公诉权的司法性质是由整个诉讼活动的法律性质决定的，而不能以权力行使方式上某些不同的特征为由，作为否定刑事公诉权司法性质的根据。四是从世界范围来看，强调刑事公诉权的司法性并由此强化检察机关的独立性，应当说具有普遍的趋势。五是从总体效应上看利大于弊，尤其有利于保障检察机关独立行使其职权，有利于检察机关严格执法和有效监督。否则，司法的独立和公正确实难以实现。至于检察机关作为司法机关所带来的与审判权的冲突以及控辩平等等问题，可以考虑通过其他方面的制度来调整并予以协调解决。六是检察官在刑事诉讼中以实现法律和维护公共利益为宗旨，是法律的守护人，在查明事实和作出法律判断方面，检察官与法官怀有同样的目标。刑事公诉权的行使不仅是启动司法程序的重大步骤，而且是完成司法程序的重要推动力量，是司法活动的主体之一。

---

① 参见龙宗智：《论检察权的性质与检察机关的改革》，载《法学》，1999（10）。

② 参见龙宗智：《论检察权的性质与检察机关的改革》，载《法学》，1999（10）；龙宗智：《试论检察官的定位》，载《人民检察》，1999（7）；徐益初：《析检察权的性质及其运用》，载《人民检察》，1999（4）；谢鹏程：《论检察权的性质》，载《法学》，2000（2）。

③ 对公诉权本质属性进行定位，是对其应然性的学理探讨，而将现行实然法的规定作为立论依据，实在没有任何说服力，但有些论者似乎非常热衷于这种论证方法。

三、准司法权说或双重属性说

这种观点认为，刑事公诉权和检察官兼具有司法和行政的双重属性。刑事公诉权的所谓司法性主要体现在：一是独立判断和裁决；二是以适用法律为目的。刑事公诉权的所谓行政性主要表现在上命下从的纵向关系，以及追求行为本身的目的，只是把法律当作行为的框架。这种观点强调检察机关上下级之间的领导与被领导的关系，以及检察机关直接组织检察官实施侦查行为，组织结构严密，并有权监督指挥司法警察进行侦查，这些特点都决定了检察官在本质上是行政官。不过，检察机关的诉讼活动具有一定的独立性，检察官不是其长官的附庸，而应当独立地作出诉讼判断并付诸实施。如日本检察官在检察事务方面，是具有自己决定和表示国家意志的独立机关，而不是唯命是从地行使其职权。日本检察机关的这种独任制司法性质，对保障检察机关职权的独立行使及公正性、不受其他势力操纵以及检察官的职务行为必须直接产生确定的效力，都是必不可少的。① 所以，在日本以及深受日本影响的我国台湾地区学界，始终有学者认为，由于检察机关具有执行法律的机能，故其在本质上是行政机关，刑事公诉权隶属于行政权；但另一方面，由于刑事公诉权与审判直接关联，从而又具有与审判权同样的司法性质。正是检察官和检察机关是兼有行政和司法两重性质的机关，所以在组织和机能上也具有行政、司法两方面的特征。

四、法律监督权说

中国检察理论界和刑事诉讼法教科书普遍认为，广义的法律监督权与检察权是同等语义的，作为法律监督机关的人民检察院所拥有的各项职权，都是由法律监督权派生出来的，“诉讼程序成为法律监督的载体系统”②，那么，检察机关的公诉权也理所当然地隶属于国家的法律监督权，或者称公诉权是法律监督权的具体体现之一。其理论依据是：一是以列宁的法律监督理论为基础。列宁指出：社会主义国家的法律应该统一；为了维护法律的统一，必须有专门的法律监督机关；法律监督机关与行政机关、审判机关分立，独立行使职权。并将检察机关确立为专门的法律监督机关，指出检察机关唯一职权和必须做的事情只有一件：监督整个共和国对法律有真正一致的了解，不管任何地方的差别，不受任何地方的影响。列宁的上述法律监督理论对社会主义国家具有重要指导意义。正是在这一理论的指导下，许多国家将检察机关规定为法律监督机关，行使国家的法律监督权。二是在诉讼理论上，不实行当事人主义，而采取职权主义，即检察机关在诉讼中不是一方当事人，而是国家公诉人。作为国家公诉人，检察机关不仅要维护国家、社会公共利益、被害人权利，同时也要保护被告人的合法权利，即负有维护司法公正、保障人权的使命。为了保证法律的正确统一实施，检察机关应当具有法律监督权。这体现了检察机关存在的价值，有利于

---

① 参见［日］法务省刑事局编：《日本检察讲义》，18页，北京，中国检察出版社，1990。

② 王桂五主编：《中华人民共和国检察制度研究》，257页，北京，法律出版社，1991。

强化其法律监督职能，保证司法公正的实现。[①] 中国检察机关法律监督权的运作主要呈现如下特点：

1. 授权的最高性。检察机关的法律监督权是国家公共权力的重要组成部分，是国家最高权力机构授予人民检察院的。因此，检察机关是代表国家行使检察权，是根据宪法对法律的实施进行监督的。

2. 强制性。检察机关每一具体的法律监督行为必然产生具体的法律后果。检察机关的法律监督，不是可接受可不接受，可执行可不执行，而是必须接受和执行。

3. 普遍性。检察机关法律监督不是对一部分人，而是对任何人都有效力的监督活动。[②]

4. 绝对的权威性。在法理上，一权力能够监察督促另一权力的前提条件是该权力拥有对另一权力的主宰命令之权。检察权之所以能够监督其他国家公共权力，是因为检察权本身具有这种权威性。它要求在全国范围内畅通无阻地得到行使，排除任何干扰和阻力。

5. 上下性。在权力位阶中，监督者必定处于上位，被监督者必定处于下位，相互之间的法律地位是不平等的。

6. 单向性。检察权的法律监督是针对被监督行为的违法性而实施的法律行为，监督者可以监督被监督者，而被监督者却不能反监监督者，即被监督者只有无条件地接受这种法律监督的法定义务。

7. 独立性。依据宪法和有关法律规定，检察机关依法独立行使检察权，不受行政机关、社会团体和个人的干预。这也是检察权集中性、专门性的体现。

以上四种观点基本概括了中外学界对刑事公诉权性质定位方面的论争。我们认为，对刑事公诉权的性质进行准确定位，是诉讼法学中一个十分重要的理论课题。上述四种观点，即行政权说、司法权说、双重属性说以及法律监督权说，都存在着这样或那样的理论或逻辑缺陷，难以自圆其说。同时，刑事公诉权的本质属性应当是多层次的，那种贴标签式的简单归并，严重贬抑了本课题所蕴涵的重大理论价值。所以，迄今为止的研究成果仍然没有系统、全面地揭示刑事公诉权的本质属性。

第三节　刑事公诉权的本质属性

一、刑事公诉权的程序性

程序性是刑事公诉权的本质属性之一。[③] 或者说，刑事诉讼中的刑事公诉权只能是一种程序性诉讼权力。刑事公诉权的这一内在属性表明，刑事公诉权是在刑事诉讼程序中承担控诉职能的检察官进行追诉活动所享有的一种程序性权力形态，它主要受程序法调整；同

① 参见张穹主编：《公诉问题研究》，73～74 页，北京，中国人民公安大学出版社，2000。

② 参见孙谦：《检察理论研究综述》，71 页，北京，中国检察出版社，1990。

③ 参见郝银钟：《刑事公诉权原理》，73 页，北京，人民法院出版社，2004。

时，刑事公诉权并不具有最终的实体处置权能，只是启动刑事审判程序的一种程序性权力，但它对国家刑罚权的公正实现和在刑事诉讼中保障人权具有独立的重要意义。刑事公诉权的这种内在属性，必然要求它在刑事诉讼过程中，应当严格依照程序法的规定运作，而不能脱离程序法的规范任意行使，否则就属违法行使刑事公诉权，必须承担相应的否定性法律后果。

虽然刑事公诉权的程序性决定了刑事公诉权不能具有实体上的最终处置权或裁断权，但这并不意味着刑事公诉权在刑事诉讼中无足轻重。实际上，刑事公诉权的行使直接涉及公民的人身权利和其他权利，也关系到国家刑罚权能否公正实现。刑事公诉权的不正当行使，既会严重妨害国家刑罚权的顺利实现，同时也必将带来侵犯人权的恶果。历史已经充分证明，脱离程序的约束而肆意行使刑事公诉权，不仅使得刑事公诉权的应然功能丧失殆尽，而且也将使公民的合法权益始终处于被威胁的危险状态，法治也就理所当然地将为专制所代替。正如季卫东教授所言："程序的实质是管理和决定的非人情化，其一切布置都是为了限制恣意、专断和裁量。"① 所以，以严格的程序规范、控制刑事公诉权，不仅能够保障刑事公诉权的公正行使，有效地防止其被滥用、怠用，而且还有利于维护社会公平正义、克服专权擅断；有利于防止外来势力干预司法，保障司法独立；同时还会成为保证诉讼当事人法律公正信心的重要手段。

二、刑事公诉权的求刑性

刑事公诉权实质上也是一种诉权，又称刑罚请求权，简称求刑权。表现在刑事诉讼结构中，检察官在提起公诉时或提起公诉之后出庭支持公诉时，有权要求对提起公诉的刑事案件依法予以受理，有权把对被告人应当科处的量刑意见，向法院明确表示出来，请求法官予以公正、合法、及时地裁断。刑事公诉权的这一本质属性，决定了检察机关在刑事诉讼中的法律地位，即刑事追诉者而非实体裁判者。或者说，刑事公诉权并不具有对实体性法律关系作出权威性、终结性裁断的资格能力，而只是一种请求权，应由受请求的诉讼主体即法官进行实体性裁断，或旨在为最终的、权威的实体性处置设立前提。这也是控审分离原则在刑事诉讼中最直接的、必然的要求。

明确刑事公诉权的这一本质属性，对国家刑罚权的实现具有十分关键的意义，同时对准确把握检察官在刑事诉讼中的角色定位，正确认识刑事诉讼职能也具有重要的、独立的价值。一方面，刑事公诉主体在刑事诉讼中扮演着诉讼程序启动者的角色，具有主动性，刑罚的确定必须以刑事公诉权的存在和刑事公诉权的正常运作为前提条件。所以，刑事公诉权的这种求刑性质对国家刑罚权的实现具有保障的功能，能够促使法官在检察官求刑范围之内斟酌具体情形对被告人处以适当的刑罚；另一方面，刑事公诉权在客观上起着制约审判权的作用，目的是防范法官专断，这是由审判权的被动性决定的。也就是说，是否启

① 季卫东：《法律程序的意义》，载《中国社会科学》，1993（1）。

动审判程序，由公诉主体独立决定，法院不得“不告而审”，起诉成为审判的前提，即所谓没有公诉就没有审判；同时，法院依法行使审判权，也不得随意超出公诉的范围，即起诉与审判对象的同一性原则。所以，在一定意义上，刑事公诉权的这一本质属性，是用以界定检察机关与审判机关在刑事诉讼中的法定关系的基础，也是刑事公诉权制约审判权法律机制的前提。

在诉讼理论上可以把刑罚请求权分为两种：一是具体求刑权，即检察官在起诉书中或出庭支持公诉时，具体请求法院对被告人应当科处何种刑罚及具体刑期。二是抽象求刑权，即检察官仅仅请求法院为适当的量刑，至于刑罚的种类和刑期，并不具体表示意见。在诉讼实务中，许多国家一般适用具体求刑权。检察机关的这种求刑权，是检察官职务上的一种法定权力，不得随意放弃。同时，法官也有义务保障检察官求刑权的充分实现。否则，即属严重违背诉讼程序的审判行为。刑事公诉权的这种求刑性质，在统一刑事政策的衡量下，基于检察一体原则，能够在总体上形成客观基准，对法官的量刑具有相当大的影响，促使法官在检察官求刑范围内斟酌具体情形对被告人科处适当的刑罚，无疑对全国量刑的平等化起着积极的推动作用，同时也有利于在刑事司法中维护法的稳定性。

三、刑事公诉权的平等性

所谓刑事公诉权的平等性，特指刑事诉讼法意义上的刑事公诉权与辩护防御权的平等性。自诉讼制度近代化以来，刑事公诉权就从没有孤立存在过。在刑事诉讼法中，与刑事公诉权相对应的是被告人的辩护防御权，日本学者称之为“应诉权”①，两者相伴而生，唇齿相依，对立统一，与审判权一起，共同构筑了刑事诉讼的基本格局。所以，刑事公诉权的平等性主要是指刑事公诉权主体与辩护防御权主体的诉讼地位平等和诉讼权利相同或对等。或者说，刑事公诉权的平等性是指控辩双方当事人在刑事诉讼中具有平等的诉讼地位，享有平等或对等的诉讼权利，法官应当平等地保障和便利控辩双方当事人行使诉讼权利，对控辩双方在适用法律上一律平等。

四、刑事公诉权的合法性

刑事公诉权的合法性，即起诉法定主义，亦可称为起诉合法主义或起诉厉行主义，是指专门行使刑事公诉权的国家机关，即检察机关依法负有追诉犯罪的义务，只要认为被告人的犯罪事实已经查清，有足够的证据证明确有犯罪事实，并且具备诉讼条件，依法应当受到刑事处罚的，就必须向有管辖权的法院提起公诉。具有典型意义的职权主义公诉程序结构最早在刑事诉讼法中确立起诉法定主义原则。如德国刑事诉讼法第 152 条规定：除法律另有规定之外，在有足够的事实根据时，检察院负有对所有可予追究的犯罪行为进行追究的义务。在本质意义上，起诉法定主义是刑事公诉权之合法性本质属性的集中表现形式。

---

① ［日］田口守一：《刑事诉讼法》，刘迪等译，114 页，北京，法律出版社，2000。

从法理上分析，起诉法定主义的理论基础主要源于传统刑法的有罪必诉、有罪必罚的报应刑刑罚理念，在价值取向上偏重于刑罚的一般预防之功能，注重法的安定性和权威性。在现代社会中，任何形式的犯罪，都是对社会正义的挑战，对法律价值的漠视；而刑罚则明显具有恢复法律权威和法律秩序的功能。但是，自控审分离原则确立之后，检察官在刑事诉讼中承担公诉职能，法官不得不告而审。这样，刑事公诉权就成为国家刑罚权得以实现的前提，所以在这种情况下，起诉法定主义原则的确立，则成为法治社会的必然要求。

五、刑事公诉权的合目的性

所谓刑事公诉权的合目的性，是指基于刑事追诉的目的性与有效性及诉讼经济原则等方面的考虑，赋予检察官某种程度上的自由裁量权，使其对某些具备起诉要件的刑事案件，依其职权加以权衡，而放弃追诉或作出不起诉处分。刑事公诉权的合目的性主要体现在起诉便宜主义诉讼原则之中。这项诉讼原则要求代表国家行使刑事公诉权的检察官，透过目的性的考虑或利益上的权衡，对存在足够犯罪嫌疑并具备起诉条件的案件，依法有权斟酌犯罪情节、行为人的具体情况以及社会效益等综合性因素，然后选择舍弃侦查或舍弃公诉，以停止刑事诉讼程序。起诉便宜主义的产生有其深刻的历史背景：主要是基于起诉法定主义的刑事司法越来越难以适应社会发展变化的客观需要而逐渐陷入困境之中，19 世纪初期要求变革僵化的刑事司法制度、更新司法价值观念，以寻求解决问题出路已成为一种时代大趋势。

从法理上，起诉便宜主义亦可称之为起诉合理主义，是起诉法定主义的对称，它是基于刑事政策、诉讼经济原则以及刑事追诉的目的等方面的考虑，赋予检察官以较大的自由裁量权，检察官有权对某些已具备起诉要件（包括实体要件和诉讼要件）的刑事案件进行酌情裁量，对犯罪人作出不起诉或缓予起诉的处分。

在刑事诉讼中，检察官运用起诉便宜主义的形式，大致可分为如下几种：

一是微罪不追诉。这种处分主要是针对轻微犯罪的犯罪人，认为行为人的责任轻微，对其追诉并不利于公共利益，没有处罚的必要性，使其尽快从刑事诉讼程序中解脱出来的一种处分。德国即采这种类型。[①]

二是起诉保留。即指以暂时不提起公诉为手段，在法律规定追诉的保留期间内，检察官考察行为人与被害人之间的和解情况，及缓起诉后的生活行为情况，以便决定是否再行起诉的制度。这也是德国刑事诉讼法所确立的检察官行使起诉裁量权的一种类型。[②]

三是起诉犹豫附保护观察。这种类型是指在保留追诉的期间内，检察官为了鼓励犯罪嫌疑人改过自新及预防再犯所为的措施。即将缓起诉的人再交付保护管束，如果他或她违反保护管束的规定，检察官就撤销原来的缓起诉决定，再行起诉。日本即采这种类型。

四是放弃起诉。即指只要符合法律所规定的要件，直接为不起诉处分，除非有重大的

---

① 详见德国刑事诉讼法第 153 条、第 154 条规定的情形。

② 详见德国刑事诉讼法第 153 条之 a 的情形。

情况，例如再犯重罪等情形，原则上不再行起诉，并且检察官对于受不起诉处分者，不再作事后的追踪考察。这一类型主要体现在日本刑事诉讼法第 248 条之中。

五是英美法系的检察官在刑事诉讼中享有广泛的自由裁量权。如在美国，检察官不仅有权决定起诉或不起诉，而且还有降格起诉、撤回起诉和拒绝起诉的权力，甚至有权向法院建议科刑。

六、刑事公诉权的行政性

刑事公诉权的行政性是指刑事公诉权的组织属性。刑事公诉权的组织属性主要表现在刑事公诉权在国家公共权力体系中的归属及定位。综观世界各国的刑事诉讼发展的历史沿革和现实立法，无不体现了刑事公诉权的行政性特质。

其一，从历史上看，刑事公诉权自诞生之时日起，就一直隶属于国家的行政性权力。众所周知，在刑事公诉权独立之前，包括刑事公诉权在内的所有国家权力都被包容在国家行政权之中，并形成“行政国家”、“警察国家”。显而易见，这一时期的刑事公诉权因素隶属于国家行政权是毫无异议的。当资产阶级革命胜利之后，按照三权分立模式对国家公共权力体系进行了科学分工，首先确立了司法独立原则，以便使法官独立行使的司法权从国家权力体系中独立出来，并与立法权、行政权分立制衡。反映在刑事司法领域，控审分离诉讼原则成为刑事诉讼法的一项基本原则，应运而生的刑事公诉权不再依附与司法权而成为一种独立的诉讼权力。这样，作为“革命之子”的检察官，以政府代言人的身份独立行使刑事公诉权。从刑事公诉权产生和发展的历史沿革来看，原始意义上的刑事公诉权是严格区别于司法权而独立存在的，与国家司法权泾渭分明，更不同于国家立法权，只能是作为政府行政权力的派生，在刑事诉讼中由检察官代表政府及公共利益行使的具有行政权性质的刑事追诉权。由此可见，刑事公诉权的行政性是历史的产物，这是不容否认的历史事实。

其二，从检察机关的组织体制和行动原则来分析，刑事公诉权具有明显的行政性。规范检察机关的组织体制和诉讼活动的基本原则是检察一体化原则。所谓检察一体化原则是指各级检察机关是一个不可分割的整体，每个检察机关的诉讼活动都是整个检察机关诉讼活动的有机组成部分，各级检察机关之间在刑事诉讼中要互相配合与协作。这是一项确定检察机关组织结构并指导检察官依法正确行使刑事公诉权的重要原则。检察机关所具有的这些上命下从等行政性制度特征足以证明其行政机关性质。

其三，从检察机关在国家管理体制中的实际所属关系来看，则无可置疑地证明了刑事公诉权在本质上的行政性。从现代各国的管理体制及改革趋向看，检察机关虽然在刑事诉讼中具有一定的独立性，但检察机关一般都归属于政府系统，受行政部门的领导和监督，这是一个不争的客观事实。如澳大利亚的总检察长是内阁成员，也是司法部长，负责政府最高层次的法律事务。[①] 法国检察官接受司法部长的领导，并被分为若干等级，每上一级检

① 参见肖扬主编：《当代司法体制》，87 页，北京，中国政法大学出版社，1998。

察官都可以对其下级检察官下达命令或指示，这些特点使法国检察官的身份显然属于行政官吏。在现行司法体系中，法国检察机构由司法部和各级法院中的检察机构组成。中央检察机构隶属于司法部长，由总检察长、副总检察长及行政官员组成。但检察机关并不受法院控制，而是受司法部领导。在司法部长的指挥下，法国检察机关分成两个系统，即最高法院检察官系统与上诉法院及其以下检察官系统，这两个系统分别独立行使其职权。[①] 德国实行审检合署制，检察官设立在每级刑事审判法院里面。但检察机关并不受法院控制，而是受司法部领导。检察机关的上级部门是司法部，也是政府的执行机构。德国检察院是同级司法部门中下属的一个高于其他下属机构的部门。德国法院组织法明确规定检察官是国家公务员。[②] 荷兰的检察机关是一个全国性组织，按等级制建立，并最终受司法部领导。[③] 瑞士的检察机关的工作也要向司法部负责，司法部可以对检察机关的一般性问题发出指示。日本检察权因为其有执行法律的机能，本质上属于行政权。[④] 美国最高检察机关即是隶属于政府的司法部，司法部长即为美国联邦检察总长，等等。由此可见，西方法制比较发达的国家的检察机关多数隶属于政府。另一方面，纵观世界各国检察官的任命方式，也都足以说明检察官的公务员性质。如法国的检察官的任命程序为，由司法部长推荐，总统任命，并随时根据司法部长的呈报，由总统免除其职务；德国与法国大致相同，联邦检察总长和联邦检察官的任命，也是由司法部长推荐，经联邦上院同意，由联邦总统任命；在美国，联邦检察总长（Attorney General of the United States）是总统的幕僚之一，由总统提名经联邦上议院的同意，而由总统任命。联邦其他检察首长的任命，如副检察总长、助理检察总长等，与检察总长相同。联邦地方检察官也经联邦上议院同意，而由总统任命，等等。世界上多数国家的检察官在法律上明确被界定为国家公务员，这也足以说明检察机关的行政性质。

第四节　检警关系原理

一、检警关系的理论基础

从历史演进的角度分析，当人类社会步入法治文明的时候，如何在刑事诉讼结构中架构检警关系，已经不单单是一个立法上的纯技术性问题。因为这种关系模式蕴涵着深刻的诉讼价值理念：一方面，人们对历史上封建专制主义警察国家的刑事司法梦魇仍然心存余悸，渴望刑事诉讼结构特别是在侦查与起诉阶段能够筑起一道铜墙铁壁，借以钳制住国家公共权力非法滥用，更加有效地防止警察国家的专制主义暴政卷土重来。另一方面，伴随

① 参见刘立宪、谢鹏程主编：《海外司法改革的走向》，6页，北京，中国方正出版社，2000。

② 参见肖扬主编：《当代司法体制》，148页，北京，中国政法大学出版社，1998。

③ 参见肖扬主编：《当代司法体制》，166页，北京，中国政法大学出版社，1998。

④ 参见日本法务省刑事局编：《日本检察讲义》，18页，北京，中国检察出版社，1990。

着人类社会的日益文明进步，人类社会要求对人权的尊重比历史上的任何时期都更加迫切。特别是在刑事诉讼实务中，人们对政府打着控制犯罪的幌子而随意滥用国家公共权力，并肆无忌惮地践踏人权的现象已经深恶痛绝。因此，在对封建社会专制主义纠问式刑事诉讼结构进行历史性变革的过程中，刻意呼吁注入文明、民主与法治思想，要求国家权力自我限制，同时赋予并不断强化公民的防御权利，使国家的刑事诉讼活动不再只是单纯地表现为以赤裸裸的国家暴力打击犯罪，而是同时挥舞保障人权的大旗，通过构建正当的刑事诉讼程序来弘扬程序正义的独立价值并借以巩固厉行法治的革命成果。[①] 所以，以分权制衡的法治理念和相应的制度建构来有效地防范公共权力的滥用与专横，同时突出强调保障自由与人权，则成为当时整个时代发展的主题，当然也历史性地演变为刑事司法体制改革的核心指导思想。正是在这样的时代背景下，人们开始思索、探讨检警关系的未来。

实际上，新型检警关系的形成，与上述价值理念的实现和发展是一脉相承的。而整个刑事诉讼程序演变的历史，也明白无误地展示出上述诉讼价值观念发展转变的过程。在制度层面上，纠问式诉讼结构所表现出来的刑事诉讼法律关系极其简单，整个诉讼过程赤裸裸地表现为强大的国家与弱小的被告人之间以弱肉强食的方式展开；诉讼阶段的划分并不明显，整个程序往往是以由法官体现的国家追究犯罪为基础，侦查、控诉和审判职能往往由同一诉讼主体担当，即侦查、控诉和审判三种诉讼职能被完全同质化了，法官在刑事诉讼中既是警察也是检察官，在封建社会的中国，法官一般还同时担当行政长官，司法与行政历史性地联结为一个超强大的政治同盟或者称之为特殊利益团体；而先天弱小的被告人则只是诉讼客体，在诉讼实务中往往成为刑讯逼供的对象，其辩护职能尚未完全独立存在，刑事诉讼结构呈现所谓的“线性结构”[②]。此时，国家与被告人之间的诉讼关系，完全是猎人与猎物的关系。在这种刑事诉讼结构之下，检警关系完全淹没在控审不分的专制司法体

---

① 参见郝银钟：《论法治视野中的检警关系》，载《中国人民大学学报》，2002（6）。

② 我们认为，这种“线性结构”理论只能用于诠释封建社会专制主义纠问式刑事诉讼结构，而自资产阶级革命胜利以后人类社会就彻底废除了这种反人道、不民主、欠文明、悖科学的刑事诉讼结构形式，现代民主法治社会更是绝对排斥并深刻批判此种类型的刑事诉讼结构，现实法治社会客观上也根本不存在或在制度上根本不容许诸如此类的所谓“线形结构”的刑事诉讼程序继续延续，所以，这种刑事诉讼结构理论既不是客观现实的正确反映，并不具有普遍意义，也经不住时间的长久审视。如若把这种法律观念再次引入立法或司法领域，无疑是司法制度的历史性倒退，必将贻害无穷。可想而知，一旦公、检、法三机关“拧成一股绳”，刑事诉讼结构的分权制衡功能则丧失殆尽，现代法律的所有价值必将在片面打击犯罪的喧嚣中荡然无存。中国历史上具有典型意义的冤假错案，无不重复论证着上述带有常识性的但又是那么深刻的法理的应验性，这也是已经被历史充分证伪的。而有些学者却极力倡导用这种结构理论来解释一切刑事诉讼现象，在笔者看来，这是极不准确的，也是一种学术上的严重讹误；学术上的讹误本身具有一定的积极意义，因为任何学说都是在不断纠正自身缺陷和讹误的基础上进一步发展完善起来的。正如英国哲学家波普尔所言：当一个理论能够被证伪的时候，才能说这个理论有科学性，因为它被证伪的那个领域是它无法发挥作用的领域。但是若将这种极不成熟的学术观点甚至严重讹误武断地作为学术定论，而对不同的学术观点视而不见就匆匆写进了教科书，客观上具有一定的消极误导作用，也是一种极不规范的学术现象（参见龙宗智：《刑事诉讼的两重结构辨析》，载《现代法学》，1991（3）；《相对合理主义》，100～102页，北京，法律出版社，1999；徐静村主编：《刑事诉讼法学》（上），95～98页，北京，法律出版社，1997；以及受其影响的高等法学教育系列同类教材、论著等等）。

制之中，根本没有独立存在的意义。这种明显带有军事镇压色彩的纠问式诉讼模式最直接的结果便是国家公共权力的普遍专横和腐败，最典型的特征表现为侦查中刑讯逼供等非法取证现象泛滥成灾，并形成恶性的司法惯例和反人道的司法传统，同时结伴而生的自然是冤狱遍地，其结果自然是导致社会公众对司法制度感到极度阴森恐怖，进而招致普遍性的强烈不满。此类明显违背诉讼规律且野蛮落后的司法制度，首先遭到了新兴资产阶级的猛烈抨击，进而成为革命爆发的原因①，自然也成为革命的对象。正如德国法学家拉德布鲁赫教授所言：当较为开明和人性的时代从纠问程序中剔除刑讯的时候，整个纠问的大厦也濒临崩溃。② 故法国资产阶级革命，在本质意义上可以说是一场刑事诉讼程序的革命。

资产阶级革命胜利后，彻底废除了与专制主义遥相呼应的纠问式刑事诉讼结构，并以体现分权制衡理念的混合式诉讼结构取而代之。具体表现在：首先在刑事诉讼结构中确立了控审分离原则，使审判与控诉职能分别由不同的诉讼主体担当，并通过审判中心主义来体现法院审判在刑事诉讼结构中的至上地位；同时在宪法中普遍规定无罪推定原则，被告人的诉讼地位由此发生了根本性的转变——从诉讼客体一跃成为能够与控诉一方平等对抗的诉讼主体，从而最终形成了以控、辩、审三种诉讼职能为依托的现代刑事诉讼结构的基本格局，为构筑新型的检警关系奠定了制度基础；另一方面，也是最为关键的一个环节，通过植入检察官制度而对传统的控诉模式进行了具有革命意义的彻底改造，使历来由警察主导的秘密侦查程序在刑事诉讼结构中不再成为一种完全独立的诉讼程序，而是侦查程序与公诉程序以一体化的表现方式共同构筑了刑事诉讼程序所谓三角结构中的控诉一方，且警察的侦查行为只能附属于作为“法的守护者”——检察官的公诉行为，这样侦查与公诉历史性地连接在一起，从而使强大的并且往往是无所不能的警察行为受到检察官的合理限制；检察官不仅担当公诉职能，而且同时被赋予控制侦查程序以防范警察滥权，维护法治秩序的历史重任，从而形成了崭新的检警关系模式。在这种情形下，刑事诉讼的人权保障机制终于能够贯穿于整个刑事诉讼结构的始终，侦查行为的合法性与公诉行为的有效性以及证据的时效性都能够得以保障，为建立良好的法治秩序和完善的宪政体制奠定了坚实的基础，这同样也是检警关系模式赖以存续的具有普遍意义的价值基础和制度前提。

我们将上述检警关系构架在理论上概括为侦检一体化模式。③ 这一理论深刻地反映了法治社会刑事诉讼结构中检警关系之间具有规律性的深刻联系，同时也是我们通过运用比较分析的方法对不同诉讼结构所体现的检警关系之共性作出的高度归纳，更是人类社会对刑事诉讼内在规律的认识逐步迈向深刻的结果。在人类社会历史上，侦检一体化模式是伴随着纠问式诉讼结构的废除和混合式诉讼结构的最终确立而形成、发展起来的，并相继成为世界各国刑事诉讼结构改革完善的目标。无论是大陆法系，还是英美法系，其刑事诉讼结

① 梅利曼教授认为，大陆法系中刑事诉讼制度的革命性变革，在一定程度上反映了革命时代的起因和影响。参见［美］梅利曼：《大陆法系》，顾培东、禄正平译，146页，北京，知识出版社，1984。

② 参见［德］拉德布鲁赫：《法学导论》，米健、朱林译，122页，北京，中国大百科全书出版社，1997。

③ 参见陈卫东、郝银钟：《侦检一体化模式研究》，载《法学研究》，1999（1）。

构在检警关系的设定上都无一例外地体现了侦检一体化模式，并成为法治社会架构检警关系普遍关注的应然法则。我们认为，对检警关系进行一体化改造，应当说是人类社会诉讼制度史上一次最伟大的司法体制变革，已经成为刑事诉讼结构近代化的重要标志，因而完全具有里程碑意义，这是至今仍被史学界和诉讼法学界严重忽略的一个历史事实。

二、侦检一体化模式的基本结构

我们认为，所谓侦检一体化模式是一个复合概念，它一方面是指在刑事诉讼结构中侦查职能与公诉职能全方位、多角度地相互渗透与融合、相互联合与交流而形成的一种有别于审判结构与辩护结构的新型控诉结构关系，共同代表着现代刑事诉讼基本格局的控诉一方。即侦检双方的立案、调查、取证等侦查行为与公诉行为以一体化的协作方式出现在刑事诉讼结构中，作为一方当事人，在审判至上原则的支配下，与辩护一方在平等的基础上进行对抗；另一方面，侦检一体化模式还表明侦查和起诉之间既存在着极强的相关性，同时又各自具有相对独立性，并不表示两者之间完全可以互相取而代之，即检警关系是双方诉讼职能上的一体化，而非有些论者所误解的同质化；最后一点，侦检一体化模式内涵着一个非常重要的制度要素，即对于控诉程序内部结构中的侦检双方诉讼地位的定位，并非表现为一种平起平坐的关系，而是一种上命下从的关系，检察官在控诉结构中应当居于主导地位，承担着双重的历史使命：一是通过侦检双方的共同努力实现打击犯罪和保障人权的双重诉讼目的；二是通过对警察的严密监控使其诉讼行为符合合法性原则，从而达到维持法治秩序的目的。所以，在侦检一体化模式的理念下，警察机构只是检察官的附属性机关，或者说，侦查职能只能附属于公诉职能，侦查程序只是公诉程序的准备阶段，本身并不是一个完全独立的诉讼程序，这也是侦检一体化模式概念的关键性要素之一。至于侦检双方的具体协作形式，由于各国刑事司法的历史传统不同，侦检一体化模式的表现形式也存在较大的差异性，这表明了侦检一体化模式具有丰富多样性的特质，而并非只是一种单一的、绝对的结构模式。

综观世界范围内的现代刑事诉讼立法对检警关系的设计以及刑事诉讼结构的实际运作过程，都以不同方式充分体现了上述侦检一体化模式的精义，这是一个不容否定的客观存在的历史事实。我们完全有理由相信，这一带有规律性的检警关系模式的最终确立到逐步完善，以及在世界范围内发展成为具有普适性的诉讼制度，可以说是人类社会在对法治文明进行生生不息的探索过程中理性选择的一种价值系统和诉讼制度，同时也是对现代刑事诉讼结构中检警关系模式演化过程的内在逻辑和规律的恰当揭示，在一定程度上可称之为是代表了现代刑事诉讼法治文明的具有里程碑意义的起点。失却对检警关系进行这种侦检一体化模式的历史性改造，现代刑事诉讼结构独立存在的基本价值目标体系及其基本格局也就不复存在了。因而，侦检一体化模式作为一种客观存在的历史现象，完全是建立在对纠问式刑事诉讼结构的一次历史性超越的基础之上的制度创新，从其诞生的那一刻起，就已经演变成为现代刑事诉讼结构不可或缺的基础性要素。当然，在更广阔的背景下分析侦检一体化模式，不难发现，这种关系模式已经历史性地成为维系现代法治社会宪政的制度基础，而并非如同某些学者所认为的仅仅是一种可以任意主观虚拟的诉讼规则或者检警关系"解决方案"。所以，否定侦检一体化模式的客观存在及其价值意义，就无疑等同于抹杀了维系现代法治文明的刑事诉讼结构本身赖以存续的价值基础和制度支柱。

侦检一体化模式在长期的历史演化过程中，受诸多因素的掣肘，其表现方式和内部结构也往往呈现出不同的形态。[①] 但是，侦检一体化模式在表现方式上的多样性并不能说明检警关系是一种可以随意主观虚拟的诉讼制度。在现代法治观念的支配下，侦检一体化模式的内部结构具有相对的统一性和稳定性，尽管不同的国家在刑事诉讼立法时会根据本国的实际状况和需要对检警关系的内部结构进行适量的调整，这也正是侦检一体化模式多样性以及不断发展变化的内因所在。

在刑事诉讼结构中，侦检一体化模式主要是通过界定检察官与警察各自的诉讼地位，同时赋予检察官和警察某些权利或义务等形式多方位地调整侦检双方关系的。众所周知，侦检一体化模式起源于大陆法系的法国，所以，这种检警关系模式对传统的大陆法系国家以及与大陆法系法律传统一脉相承国家的刑事诉讼立法影响至深，而对英美法系国家的影响则表现得并不是那么明显。不过，即使在英美法系国家，侦检一体化模式也是客观存在的，虽然检察官一般不能直接指挥警察侦查，但检察官作出的宏观性政策指导对警察侦查具有重要影响，只是这种检警关系呈现得不是十分密切。我们姑且将大陆法系的侦检一体化模式称为紧密型，将英美法系的侦检一体化模式称为松散型。[②] 纵观侦检一体化模式发展演化的历史进程，不难发现下列法律规范在总体上已经成为侦检一体化模式较为稳定的基础性环节和标准性结构元素，尽管各国往往会根据本国的具体情况而在刑事诉讼立法时有所侧重地、也有可能只是片段地显现出来。

1. 警察告知义务和送交义务。创设侦检一体化模式的直接目的，可谓是"一剑两刃"。一方面，通过具有较高法律素养和文化修养的检察官来控制警察的诉讼行为，旨在防止警察在诉讼实务中出现离心趋向而为所欲为、践踏法制，以此确保警察侦查行为的合法性，使侦查程序的运作始终符合法治原则，为法治秩序的构建与巩固提供制度基础；另一方面，侦检一体化模式最原始的动因在于通过检察官对警察行为实施法律监管，以保障警察机关的侦查结果，特别是通过侦查程序获取的证据资料能够符合检察官提起公诉及出庭支持公诉在质和量上的实际需要，使本质上作为公诉准备阶段的侦查程序更加富有效率，并能够从制度上保证警察的行为始终与检察官的公诉行为在对公共利益的追求方面保持高度一致性，而不至于出现互相扯皮现象。所以，为了确保上述目的能够顺利实现，在检警关系的内部结构设计时，革命性地创设了警察对检察官的告知义务和送交义务，借以刻意削弱警察行为的独立性，这已经成为侦检一体化模式内部结构的首要环节。侦检一体化模式的这一显性特征，在紧密型国家的刑事诉讼立法中表现得非常突出。正是这一特征，决定了警察在刑事诉讼程序中的从属性法律地位。

---

① 笔者在上文中将不同法系的检警关系概括为检察官主导型、指导参与型和协助型三种模式，这实际上都是侦检一体化模式多样性的具体表现形式。

② 参见郝银钟：《论法治国视野中的检警关系》，载《中国人民大学学报》，2002（6）。

例如，法国刑事诉讼法第 19 条规定，司法警察官必须将获知的重罪、轻罪和违警罪立即报告共和国检察官。[①] 在行动结束后，应将符合他所进行的取证笔录的正本并副本以及有关的文件送交共和国检察官。该法第 54 条规定，司法警察官知悉有现行重罪案件时，应当立即通知共和国检察官。该法第 74 条第 1 款规定，如果发现尸体，不论是否暴力致死，只要死因不明或者死因可疑，得知情况的司法警官应当立即报告共和国检察官，并且迅速赶到现场进行初步勘验。

德国刑事诉讼法第 163 条第 2 款规定，警察机构部门及官员应当不延迟地将案卷材料、证据送交检察院。该法第 159 条规定，有迹象表明某人是非正常死亡或者发现无名死尸的时候，警察负有立即向检察官报告的义务。埋葬尸体，需经检察院书面同意。

希腊刑事诉讼法第 37 条第 1 款规定：侦查人员不论以任何方式获悉公诉犯罪行为，应当立即通告检察机构。

日本刑事诉讼法第 242 条规定，司法警察在接受告诉或告发时，应当迅速将与之有关的文书及物证送交检察官。

我国澳门特别行政区刑事诉讼法第 226 条规定，如司法当局、刑事警察或其他警察实体目睹任何属义务检举之犯罪，须制作或命令制作实况笔录。实况笔录必须在最短时间内送交检察院。该法第 231 条规定，获悉犯罪消息之刑事警察机关，不论自行获悉或借检举获悉，均须在最短时间内将之转达检察院。

英美法系国家的刑事诉讼立法对此也有所体现。如英国 1985 年犯罪起诉法规定，警察局局长应当将本辖区内的每一起严重犯罪通知检察官。

已经实现当事人主义化的意大利新刑事诉讼法第 347 条第 1 款规定，在获得犯罪消息后的 48 小时内，司法警察以书面形式向公诉人报告有关事实的基本情况和其他当时已获知的情况，说明证据来源和已开展的活动，并移送有关材料。

2. 检察官启动刑事诉讼程序权或刑事立案决定权。侦检一体化模式基于法治原则，特别强调应当由检察官而不是警察来把握开启刑事诉讼程序的决定权。这是因为：一方面为了有效地遏制犯罪黑数即隐案（德语 Dunkelfeld）无节制地增长，特别是为了防止警察有案不报、有案不破、不破不报、自报自批或者擅自撤案而恣意放纵犯罪，进而危害公共安全和公共利益现象的滋生蔓延，故有必要赋予检察官以侦查程序启动的控制权来强制警察的侦查行为富有效率和符合法治原则的精神。另一方面，为了防范警察肆意启动刑事诉讼程序而对公民的自由与民主权利构成威胁，比如警察往往以打击犯罪的名义而对无辜的社会公众进行所谓“拉网式”或宁枉勿纵地展开调查及采取相应的侦查措施，必然会侵害人权，所以，更有必要从制度上限制甚至剥夺警察的侦查程序启动的控制权。如意大利刑事诉讼法规定，检察官在接到发现犯罪案情的司法警察写出的刑事侦查报告后开始侦查。这一制度是法治社会所追求的价值理念能够得以实现的制度保障。正是在这样的历史条件下，侦

---

① 本文所引用的法国刑事诉讼法的条款，均以方蔼如先生的译著《法国刑事诉讼法典》1987 年版为依据，同时参考余叔通先生、谢朝华先生的译著《法国刑事诉讼法典》，北京，中国政法大学出版社，1997。

检一体化模式具有创见性地将启动侦查程序权或刑事立案权转交给了有着“法的守护者”美誉的检察官。当然，也有的国家，如法国，将这一权力赋予给了客观公正的法官。但警察享有独立的刑事诉讼程序启动权，则在法治社会是很难想象的。

3. 检察官完全侦查权。为了提高打击犯罪的力度和检察官公诉职能的实际效能，确保检察官公诉行为的合目的性，同时也为了便利检察官对警察侦查行为进行全程监督，侦检一体化模式特意将完全侦查权赋予了在刑事诉讼结构中承担双重使命的检察官，而不是仅仅为了片面追求侦查效率就使警察享有完全侦查权，尽管司法实践中实际担当侦查职能的往往只是警察机构。在这一点上，侦检一体化模式体现了法治社会对富有理性的司法体制的不懈追求。在法理上，检察官的这种完全侦查权主要是指：在刑事诉讼结构中，检察官是唯一的法定侦查主体，为了及时查清案件事实和抓获犯罪分子，检察官有权随时采取一切法定的侦查措施，调动一切可以调动的法定侦查力量。或者说，其他一切侦查力量都只是处于从属的法律地位，并没有完全的侦查权，无论何时均无权自行展开独立的、与检察官的指令或目的相悖的调查，否则，就属于滥用公共权力。所以，检察机关在刑事诉讼中是法定的侦查机构。基于行政权可以转授的原理，其他机关也有可能行使侦查权，但并不享有完全的侦查权。侦检一体化模式的这一特点，则体现出检察官在刑事诉讼结构中法律地位的基本定位，这是法治社会区别于警察国家的典型标志之一。

例如，法国刑事诉讼法第 41 条规定，共和国检察官自己或使他人采取一切追查违法犯罪的行动。该法第 68 条规定，共和国检察官亲临现场时，司法警察官即丧失对案件的权力。此时，共和国检察官即负责完成本章所规定的司法警察官的一切行动。

德国刑事诉讼法第 161 条规定，检察官自行或通过其他机构进行侦查，即检察官享有完全侦查权。

日本刑事诉讼法第 191 条规定，检察官在认为必要时，可以自行行使侦查权。

我国台湾地区的“刑事诉讼法”第 228 条第 1 项规定，检察官因告诉、告发、自首或者其他情事知有犯罪嫌疑者，应即开始侦查。可见，台湾地区的检察官乃为主要侦查机构。台湾学者认为，刑事诉讼法之所以这样规定，原因在于：其一，检察官为刑事案件的原告；其二，检察官具有较高的法律知识；其三，检察官享有几乎与法官同等的身份保障，能够抗拒来自外部的压力等。

4. 检察官侦查程序主导权。自刑事诉讼结构近代化以来，检察官就历史性地成为侦查程序的主人。虽然警察机关拥有强大的组织体系，且在侦查活动中具有技术、经验、专业知识、人员培训以及仪器设备等方面的优势，实际侦查业务也基本上由警察机构来承担，但是在法律上，只能由检察官主导并负责整个侦查程序。在理念上，这种程序设计仍然秉承了通过检察官来监管警察以达到保障人权目的的法治精神。所以，在法治社会，检察官与警察的关系，并非是一种平起平坐的关系，而始终是一种上命下从的关系，即警察在刑事诉讼中只是检察官的协助机关。侦检一体化模式的这一特点，决定了警察只能是侦查程序的主力，但不可能是侦查程序的主人。侦检之间的这种关系，既可以表现为一种组织上的隶属关系，也可以表现为一种非组织上的而只是侦查业务上的联系形式。所以，那种将侦检一体化模式绝对化地理解为只是组织上的隶属关系的观点，其实是对侦检一体化模式的曲解。

例如，法国刑事诉讼法第 75 条规定，司法警察官和司法警察应当根据共和国检察官的指令或依职权进行初步侦查。该法第 74 条第 4 款规定，共和国检察官可以为查明死亡原因而要求进行正式侦讯。

希腊刑事诉讼法第 243 条第 1 款规定，先行侦查，由检察官先行签发命令书状后，由侦查人员进行之。该法第 246 条第 1 款规定，主要侦查依据检察官先前的命令书状，列明特定与特别之犯罪行为，以及规定的刑事处罚条款，仅由预审法官为之。

意大利刑事诉讼法第 357 条第 4 款和第 5 款规定，关于司法警察活动的记录材料由公诉人掌管；以书面形式提出的报案、申请和告诉、犯罪报告、犯罪物证以及与犯罪有关的物品也交公诉人掌管。

英国检察官与警察虽然不存在表面上的任何组织联系，但检察官与警察的一体化合作则对刑事诉讼制度正常运作显然是至关重要的。① 这种合作主要体现在：其一，与警察一道参加新法律的培训班，使警察与检察官一起讨论共同面临的疑难问题的办法，这样有助于使警察了解检察官在刑事诉讼中的要求。其二，检察机关通过制定“指控标准”（charging standards)，使警察了解如何根据各种犯罪的证据要求对某一犯罪提出适当的指控，这样检察官就不必为修改这些指控而再花费时间和精力。其三，检察机关与警察机关共同制定有关如何准备卷宗的规则，要求警察遵守其中的某些标准。其四，检察机关向警察机构派入检察机关的律师，这些律师不仅能够向警察及时地提出建议，还能够使卷宗的移送更加迅速。最后，当警察与检察官发生分歧时，最终的决定权在检察官手中。由此可见，英国检察官对侦查程序的这种主导性影响是客观存在的。

5. 检察官侦查领导权、指挥权和征用权。在刑事诉讼结构中，侦查程序并非是一个完全独立的诉讼阶段，它赖以存在的价值基础依附于检察官所承担的控诉职能。如若脱离开检察官的监控，主要承担侦查任务的警察就更有可能或更倾向于摆脱法制的束缚而随时为所欲为，侵害人权的恶性案例则往往屡禁不止，这当然是法治社会所不能容忍的。所以，侦检一体化模式为了加强检察官对侦查程序的监控力度，在制度设计上对传统的诉讼结构进行了调整，使侦查程序不再是一个独立的诉讼阶段，而是将侦查程序界定为公诉程序的准备程序，即警察的侦查行为主要功能只是为公诉作准备，并且这项准备活动也不是独立完成的，必须是在检察官的监控之下，即赋予检察官以侦查领导权、指挥权和征用权，使检察官的公诉行为与警察的调查取证能够保持高度统一性，特别是检察官应当从公诉的角度对司法警察职员的侦查行为进行领导、指挥或直接征用警力，从而保障检察官在警察的协助之下顺利完成提起公诉和维持公诉的法定职责。所以，多数国家的刑事诉讼法大都将侦查程序规定为公诉程序的准备程序，同时明确规定检察官对警察的领导权、指挥权和征用权，以突显公诉权对侦查权的限制功能，这是侦检一体化模式的核心特征。

---

① See Garry Patten，The Relationship of the CDS to the Judges and to the Police，British Criminal Justice System and Prosecution System，1999，pp. 159～161.

例如，法国《刑事诉讼法》第12条明确规定：司法警察职权，由本编所指定的官员、公务人员和行政职务人员在共和国检察官的领导下进行。该法第68条第3款规定，共和国检察官可以指派任何司法警察官完成各种行动。该法第35条第2款规定，在执行职务时，检察长有权直接征用警察。该法第41条第2款规定：检察官有权指挥所在法院管辖区内司法警察官和司法警察的活动。该法第42条规定，共和国检察官执行职务时，有权直接征用警察。

德国刑事诉讼法第161条规定，检察院可以要求所有的公共机关部门提供情况，并且要么自行，要么通过警察机构部门及官员进行任何种类的侦查。警察机构部门及官员负有接受检察院的请求、委托的义务。警察机关及其他人必须执行检察官的委托或命令。

泰国刑事诉讼法第141条第3款规定，检察官认为有更进一步侦询之必要时，应命令侦询官继续进行。

希腊刑事诉讼法第35条规定，关于侦查的最高指挥权，属于上诉法院的检察官。

日本刑事诉讼法第108条第1款规定，查封票或搜索票，应当按照检察官的指挥，由检察事务官或司法警察职员执行。该法第193条规定：（1）检察官在其管辖区域内对司法警察职员所进行侦查可以作必要的一般指示。在此情形下的指示，应当根据为了准确侦查或其他为了确保公诉完成而规定的有关必要事项的一般准则进行。（2）检察官在其管辖区域内对司法警察职员为了要求协助侦查可以进行必要的一般指挥。（3）检察官在自行侦查的情形下认为有必要时，可以指挥司法警察职员使之辅助侦查。（4）在前三项的情形下，司法警察职员应当服从检察官的指示或指挥。

意大利刑事诉讼法也赋予了检察官的侦查指挥权。该法明确规定，初期侦查由检察官负责指挥，检察官有权直接调动司法警察；共和国检察署掌管各自的司法警察机构，上诉法院的检察长使用设立在本辖区内的所有司法警察力量。

我国澳门特别行政区刑事诉讼法第42条第2款规定，检察官特别有领导侦查的权限。

6. 检察官对程序的侦查全程监督权。为了保障检察官对侦查程序的全程监控效力，侦检一体化模式还突出强调检察官对侦查程序的全程监督权。即检察官对警察的调查取证行为负有监察、检查、纠正的法定义务。这一诉讼权力并非无关紧要或可有可无，而是一种保障整个审前程序正常运作的具有严格法定效力的诉讼权力。检察官对侦查程序的这种监督权，是与上述各种诉讼权力相辅相成的。缺乏检察官的这种有效侦查监督权，检察官的上述诉讼权力就很难得到保障，检察官在侦查阶段的权威地位也就流于形式。

如法国刑事诉讼法第13条规定，凡司法警察应当受检察长监视。该法第75条第2款规定，凡司法警察的查缉行动应当受检察长监视。韩国刑事诉讼法也明确规定，检察官的职责之一就是在刑事案件侦查中对司法警察进行指导和监督。我国澳门特别行政区刑事诉讼法赋予检察官监察刑事警察机关在程序上的行为[①]，等等类似规定。

但是，这并不意味着检察官在整个刑事诉讼结构中都享有这种权力，更不能由此推断

---

① 参见何超明：《澳门检察制度概况及展望》，载《法学》，2000（6）。

出检察官在整个刑事诉讼中的法律地位应当定位于法律监督者。从检察官制度诞生之日起，检察官的这一诉讼权力的效力范围，就只能局限在侦查程序和裁判的执行程序之中，而不得随意扩张到刑事诉讼的其他阶段。

7. 检察官惩戒权。惩戒的目的在于保证已经确立的法律关系能够得到有效的保护和维持。否则，所有的法律规则等于形同虚设。为了防范警察在刑事诉讼中拒不服从检察官的监控，侦检一体化模式还同时赋予检察官以惩戒权。检察官所享有的这一权力，则成为侦检一体化模式保障机制的重要组成部分。例如，日本刑事诉讼法第 194 条规定：（1）检察总长、高等检察厅长或地方检察厅长，在司法警察职员没有正当理由而不服从检察官的指示或指挥的情况下，认为有必要时，如果是警察官的司法警察职员，可以向国家公安委员会或都道公安委员会，如果是警察官以外的司法警察职员，可以向对他有惩戒或罢免权限的人，分别提出惩戒或罢免的追诉。（2）国家公安委员会、都道公安委员会或对警察官以外的司法警察职员有惩戒或罢免权限的人，认为前项追诉有理由时，应当根据另外法律规定对受追诉的人进行惩戒或罢免。

法国刑事诉讼法也在第 6 条规定，司法警官和司法警察在追究刑事犯罪的过程中，存有违背刑事诉讼法规定的行为，应由检察官提起公诉，并由刑事法院作出最后的裁决，追究其法律责任。

三、侦检一体化模式的价值取向

主要由上述法律规则所构建起来的侦检一体化模式，秉承了民主与法治的思想和科学精神，弘扬了现代法治社会所追求的基本价值理念，因而，侦检一体化模式在世界范围内的确立和不断发展完善，应当说是人类社会实现法治化的历史进程中发生的重要法律事件。针对目前我国法学界及诉讼实务界在侦检一体化模式上存在的种种认识上的误区，实有必要对侦检一体化模式的理论价值作更进一步的系统阐释。我们认为，侦检一体化模式最根本的理论价值在于：

首先，侦检一体化模式在刑事诉讼结构中的正式确立，标志着刑事诉讼结构近代化时期的到来。从刑事诉讼结构演化的历史沿革来分析，在形式上导致侦检一体化模式产生的直接原因是控审分离原则得以在刑事司法领域中最终确立下来。毋庸置疑，控诉职能与审判职能的彻底分离，特别是司法独立原则普遍成为宪法性原则，则是刑事诉讼结构近代化的最为显著的标志。如前所述，侦检一体化模式并不是凭空产生的，它是伴随着资产阶级革命胜利后在混合式刑事诉讼结构中注入分权制衡与民主法治思想，并且通过在刑事诉讼结构中确立控审分离原则而逐步发展起来的。正如德国著名法学家拉德布鲁赫教授所认为的那样，在刑事程序发展过程中，曾有两个因素起着作用：针对犯罪分子而增强的保护国家的要求，导致中世纪刑事程序向纠问主义程序转化；针对国家而增加的保护无辜人的要求，促使纠问主义程序大约从 1848 年开始向现代刑事程序的转变。[①] 所以，在更深层次意

① 参见［德］拉德布鲁赫：《法学导论》，米健、朱林译，121 页，北京，中国大百科全书出版社，1997。

义上，刑事诉讼结构是否具有健全的人权保障功能，显然已经成为刑事诉讼结构近代化的典型标志。而侦检一体化模式的原始功能一方面是为了防止纠问式诉讼结构由于“诉讼权利的不平等以及书面程序的秘密性，往往容易形成专制暴虐制度的危险”①；另一方面，侦检一体化模式通过检察官对侦查程序的法律控制，旨在防范和限制警察权的滥用和扩张，且侦检一体化模式的价值基础之一就在于能够有效防范和限制警察权的肆意滥用和扩张而侵害人权。所以，侦检一体化模式自诞生之日起，就历史性地担当起保障人权的法定重任，并逐步演化成为刑事诉讼结构人权保障机制的一个重要环节。在这层意义上，侦检一体化模式则成为专制与法治社会的分水岭，更集中体现了刑事诉讼结构近代化的时代特征。

其次，侦检一体化模式构筑了法治秩序赖以存续的制度基础和保障机制。人类生活最大公害当属公共权力的专横与腐败，而公权的专横与腐败又往往源于对公权不加约束或约束不力的制度。在一定意义上，法治首先意味着治权或治吏，这已经成为法治社会的一个公理。所以，任何法治国家都希冀在其刑事诉讼结构中构建严密的防范体系和保障机制，以防止国家侦查权、公诉权和审判权被肆意操纵或滥用。这正是侦检一体化模式诞生的价值基础。如若从人类社会厉行法治的历史沿革来分析，法治的原始要义首先在于必须从制度上降服大权在握且往往无所不能的警察，努力使警察权的运作限制在法治原则之内，这可以称之为是刑事诉讼结构近代化的直接原动力。这是因为，警察在刑事诉讼中的主要任务就是镇压犯罪以及搜查、逮捕犯罪嫌疑人，维持公共秩序和安全。但从事这种特殊职业的警察在权力扩张而又失去制度的有效约束下，有些成员会出现专横司法。正是基于对这种极为广泛的人类社会实践所验证的权力公害的防范，人们在架构刑事诉讼结构之时，刻意在审前程序中注入如下理念：一方面，基于公共利益的需要，要求警察在侦查过程中必须充分发挥职能作用，快速有效地收集各类证据，及时抓获犯罪嫌疑人，为检察官提起公诉和支持公诉提供条件，即效率优位法则；另一方面，基于人权保障和法治秩序的考虑，需要从制度上限制警察之侦查权的无限度扩张，消除警察国家卷土重来的社会土壤，保障业已建立的法治秩序能够得以长久延续，从而巩固法治社会的根基，即公权分立制衡和权利保障法则。正是在这种看似矛盾的理念支配下，侦检一体化模式应运而生。如前所述，侦检一体化模式通过检察官对警察行为的监控，体现了知识控制权力、权力相互制衡的原理。在笔者看来，这种模式既能够提高警察活动的实际效能，保障诉讼效率，又能够限制警察行为的随意性，最大限度地保障侦查程序的合法性，防止侦查程序在整个刑事诉讼结构中的分离和自主倾向，防范因警察权的无限度扩张而使警察国家的“复活”；同时能够从制度上消除因警察“暗箱操作”而滋生司法腐败和侵害人权，保证整个审前程序不脱离整个法治社会所追求的价值理念。所以说，侦检一体化模式革命性地废除了警察的侦查程序主体资格，取而代之的是从制度上保障检察官能够成为整个审前程序的主导者，当然也赋予检察官侦查程序的唯一主体资格，实现了使警察成为检察官助手的诉讼角色的历史性转

① ［美］梅利曼：《大陆法系》，顾培东、禄正平译，149 页，北京，知识出版社，1984。

换，应当说这是一次具有里程碑意义的司法体制改革。从这层意义上，侦检一体化模式在维护和保障法治秩序方面的独特功能，是任何一种机制都难以替代的。

再次，侦检一体化模式奠定了现代刑事诉讼结构的基本格局，体现了刑事诉讼规律的客观要求。自近代民主革命铲除封建社会纠问式刑事诉讼结构以来，就创造性地形成了以控诉、辩护和审判三种诉讼职能为基本要素构筑的刑事诉讼基本格局，学界往往形象地称之为三角形结构。在这一格局中，控诉职能一般由检察官和警察共同承担。但如何配置侦检双方的诉讼角色，则直接关系到新型刑事诉讼基本格局的生死存亡。如果将警察作为审前程序的主导力量，那么，反映统治阶级意志的刑事诉讼法必然会片面地，甚至是极端地强调实现打击犯罪的刑事诉讼目的，“宁枉勿纵”的司法观念必然占据上风。如此一来，虽然在个案中会有利于提高刑事诉讼效率，但是警察的普遍性滥权而侵害权利的现象是不可避免的，同时本身就先天不足的辩护职能就会日益萎缩，甚至将遭受毁灭性打击，而有着法治社会“法的守护者”美誉的检察官也就在实质意义上丧失了继续存在下去的必要性，法官审判职能的权威性、终极性将会受到挑战。这一切都必将从根本上彻底动摇整个刑事诉讼结构赖以存在的价值基础和社会政治制度的支撑，从而使刑事诉讼的三角形结构演变成为在警察主导下的所谓线形结构。正是有鉴于此，承继法治社会权力相互制衡原理的侦检一体化模式，通过在刑事诉讼结构中植入检察官制度，使法治社会的中坚力量——检察官来领导、监管警察并主导整个审前程序，最终完成了警察诉讼角色的历史性转换，即由侦查程序的主角转换成为检察官的附属性机关。显然，侦检一体化模式成为维系刑事诉讼基本格局正常运作的前提和制度保障，与其说这是一次伟大的司法制度创新，毋宁说侦检一体化模式充分体现了刑事诉讼规律的客观要求。

最后，侦检一体化模式是检察制度的重要组成部分，也是检察制度健康发展的基础。在所有传统的法律职业中，唯有检察官的历史最为短暂，但自诞生以来一直处于存与废争议的焦点之中。导致这种现象的原因是多方面的，但是我国检察理论界至今没有人对其产生的社会背景和历史使命进行系统全面的研究，从而为“各取所需式”的学术论争提供了便利条件。笔者认为，检察制度是法律近代化的产物，它的诞生，主要是基于如下直接目的：

其一，废除专制的纠问式刑事诉讼结构的需要。众所周知，现代诉讼法意义上的检察制度溯源于欧洲。检察官制度诞生之前，与封建社会专制主义遥相呼应的是纠问式刑事诉讼结构。这时刑事诉讼程序的开始与终结已经不再是取决于被害人，而是取决于拥有国家司法权的官吏，私人控诉渐为国家官吏垄断公诉取而代之。但是这时尚未诞生专门承担控诉职能的国家机关，通常是侦查、起诉和审判集中于同一机关，司法与行政不分，控审合一。这种极度的集权专制主义诉讼模式带来的直接后果便是国家司法权因失去有效的制约而被普遍滥用，司法官吏的群体腐败促进了整个社会结构的癌变。这种集侦控审职能为一体的纠问式诉讼模式不但不能有效地解决社会冲突，反而造成冤狱遍地，给社会带来一系列更加严重的问题，进一步加剧了社会矛盾的激化，并逐步演变成为革命的起因。所以，资产阶级革命取得胜利之后，首先废除了纠问式刑事诉讼结构，而改采以控审分离原则为主要特征的混合式诉讼结构，从而在人类历史上首次实现了审判权与承担控诉职能的公诉权的彻底分离，并最终建立了诉讼制度史上具有里程碑意义的检察官公诉制度。[①] 所以，检察官的公诉行为历史性地成为检察制度的中心职能。

其二，控制警察活动合法性的需要。如前所述，历史经验证明，警察在刑事诉讼中始终具有摆脱法律的束缚而我行我素的行为倾向，而这种状况对法治秩序构成了严重威胁。所以，依靠有着“法治社会栋梁”美誉的检察官对警察诉讼行为进行严格的法律控制，法治秩序才有可能得以巩固。这是侦检一体化模式的核心功能，也是检察制度的应有之义。

其三，保障人权的需要。检察官介入刑事诉讼，不但要追诉犯罪，同时还要收集有利于被告人的证据材料，而且应当时刻关注并切实保障被告人的程序性权利，这同样也是检察官的法定义务。检察官如果只是充当一个追诉狂的角色而不担当保障人权的使者，检察制度也就失去了存续的根基。所以，在制度层面上，检察官永远也不应当演变成为“高级警官”，这正是侦检一体化模式所刻意追求的目标。

其四，防范法官司法专断的需要。但这种防范机制并非是中国主流检察理论界所认为的那样——依靠检察官的法律监督地位进行单向性的监督来实现的，这一目标仍然是通过诉讼机制蕴涵的权力分立制衡原理来达到：一方面，通过确立不告不理原则，赋予检察官的刑事诉讼程序启动权，法官不可不告而理，变积极主动的万能法官为被动消极的、受到诸多限制的法官；另一方面，通过检察官审前程序的严格审查，能够起到“过滤器”作用，使多数错案得到及时纠正，减少法官误判的可能性，同时通过检察官出庭支持公诉，有助于法官查明案件事实真相。正是通过刑事诉讼结构固有的这种国家权力之间的分立制衡机制，能够保障检察官从诉讼制度上最大限度地防范法官的司法专断现象，这也是侦检一体化模式的价值基础。

综上所述，检察制度自创设以来，就历史性地背负着人类社会孜孜以求的上述信念，同时也彪炳着检察制度的灵魂之所在。而检察制度的所有精义，显然都与侦检一体化模式息息相关。自检察制度诞生以来，检警关系就成为检察制度着重研讨的课题之一，而侦检一体化模式的形成和发展，无疑为检察制度注入了新的活力和持续发展的基础，并相继成为世界各国刑事诉讼结构改革完善的目标。反之，检察制度就会从根本上遭到削弱，其发展方向就往往变得不可捉摸。

第五节 中国特色的检察法律监督制度

一、检察权的内涵

在中国，检察权一致被认为是与法律监督权同等语义的概念[②]，检察机关的性质在立法

① 详细论证可参见郝银钟：《论公诉权的制度诱因与价值基础》，载《中国人民大学学报》，2001 (1)。

② 可参见各类有关检察理论方面的著述。

上被确认为国家的法律监督机关，检察权完全是与立法权、行政权及审判权相并立的国家公共权力。[①] 这是中国宪法、刑事诉讼法和人民检察院组织法等赋予检察机关的一项重要且又是十分独立的国家公共权力。由此可见，中国法意义上的检察权具有双重属性，承担着双重职能，即法律监督职能和控诉职能。或者说，检察机关既是国家法律监督机关，又是司法机关，形成了以法律监督权为主，国家控诉权为辅的权力统一体。更有学者进一步阐释为，检察机关实施法律监督的方式有两种：一种是诉讼的方式，包括刑事诉讼、民事诉讼和行政诉讼；另一种是非诉讼的方式，主要是纠正违法的方式。在以诉讼的方式出现的监督活动中，监督法律关系在形式上表现为诉讼法律关系，诉讼程序成为法律监督的载体。[②] 为了确保检察机关充分发挥其职权效能，中国宪法和法律又同时赋予检察机关以侦查权、审查起诉权、提起公诉权、不起诉权、撤案权、抗诉权、采取各种强制措施权、批捕权、对刑事诉讼、民事诉讼、行政诉讼活动、劳动教养等进行全程监督权、司法解释权等项国家权力。但是，作为检察权核心的法律监督权又是一个内涵极为模糊且歧义丛生的概念。因为立法上没有明确规定监督范围、监督效能、监督方式、监督程序等相关的最基本内容，在实践中各级检察机关就各显神通，缺乏一个统一的监督执法标准，同时诉讼理论界对有关的基本问题历来也是见仁见智，至今仍无定论。例如，就监督范围的论争，尽管表述方式略有不同，简要概括起来，可大致归并为以下几种基本观点：

1. 一般监督说。即认为检察机关实施法律监督的范围包括对政府机关、企事业单位、社会团体、国家工作人员和公民执法、守法的情况实行监督。

2. 司法监督说。这种观点认为我国检察机关法律监督的范围是比较窄的，仅限于对适用法律的监督。即检察机关的监督是针对法院、公安、司法行政部门的司法行为的监督。

3. 刑事法律监督说。即检察机关法律监督的范围，应以法律规定的职权为依据，对国家机关和国家工作人员以及公民个人的监督，只限于违反刑法，需要追究刑事责任的案件；对于人民法院的审判活动和公安机关、国家安全机关的侦查活动实行法律监督，也仅限于刑事案件的侦查、审判。

4. 适用法律和遵守法律的监督说。即检察机关的法律监督，不仅包括刑事法律的监督，而且包括民事法律、行政法律、经济法律的监督；不仅对适用法律即司法活动进行监督，而且对国家工作人员的职务活动和公民遵守法律的情况实施监督[③]，等等。这场持久论争总的趋势是，学界一般主张尽量缩小检察机关的监督范围，以便使检察权的运作更富有效率，有利于保障人权；司法实际部门（主要是检察机关）一般主张扩大监督范围，以便使检察权的行使更具有灵活性，有利于打击犯罪。从目前情况来看，后者已经占据主导地位。[④]

---

① 国内有关刑事诉讼法学方面的论文、教材和各类法学词典都普遍采纳这种观点。

② 参见王桂五：《中华人民共和国检察制度研究》，257页，北京，法律出版社，1991。

③ 具体可参见各类有关检察理论方面的著作和论文。

④ 目前司法实践中，检察机关与纪律检查部门密切合作、联合办案，共同打击腐败现象的做法，即是一明显例证。

显而易见，中国法中的检察权，承担着双重的历史使命。既要代表政府和公众，通过发挥其控诉职能的作用，不断增强打击各类犯罪的力度，以实现保障人权和控制犯罪的双重诉讼目的；同时还必须依靠行使法律监督权来保障国家法律的严格遵守和执行，并有效地遏制、预防乃至最终消灭国家公共权力的异化现象，以维护法律的统一和正确实施，保障中国刑事法制建设的顺利进行。①

二、检察权的特点

以上述有关检察权即为法律监督权的逻辑命题为核心，构筑了颇具中国特色的检察权理论体系和运行机制，其本质特征是运用一种权力约束另一种权力。依据现行法的精神和有关的学理诠释，中国检察权的运作主要呈现如下特点：

1. 授权的最高性。检察机关的法律监督权是国家公共权力的重要组成部分，是国家最高权力机构授予人民检察院的。因此，检察机关是代表国家行使检察权，是根据宪法对法律的实施进行监督。

2. 强制性。检察机关每一具体的法律监督行为必然产生具体的法律后果。检察机关的法律监督，不是可接受可不接受，可执行可不执行，而是必须接受和执行。

3. 普遍性。检察机关法律监督不是对一部分人，而是对任何人都有效力的监督活动。②

4. 绝对的权威性。在法理上，一权力能够监察督促另一权力的前提条件是该权力拥有对另一权力的主宰命令之权。检察权之所以能够监督其他国家公共权力，就是因为检察权本身具有这种权威性。它要求在全国范围内畅通无阻地得到行使，排除任何干扰和阻力。

5. 上下性。在权力位阶中，监督者必定处于上位，被监督者必定处于下位，相互之间的法律地位是非平等的。

6. 单向性。检察权的法律监督是针对被监督行为的违法性而实施的法律行为，监督者可以监督被监督者，而被监督者却不能反监监督者，即被监督者只有无条件地接受这种法律监督的法定义务。

7. 独立性。依据宪法和有关法律规定，检察机关依法独立行使检察权，不受行政机关、社会团体和个人的干预。这也是检察权集中性、专门性的体现。

第六节 关于检察机关法律监督合理论的学术评论

围绕中国检察制度改革的价值取向这一核心问题，陆续出现了两种迥然不同的学术观点，相互的价值理念直接冲突，并由此引发了一系列深刻而持久的学术论争。概而言之，学术界一种具有代表性的理论观点认为，检察机关的法律监督地位，虽然是我国宪法和刑事诉讼法、检察院组织法等明确规定的，但由于这一源自苏联的立法模式之正当性理论根

---

① 参见张穹：《刑事法律监督是中国刑事法制建设的重要保障》，载《中国刑事法杂志》，1998（1）。

② 参见孙谦：《检察理论研究综述》，71页，北京，中国检察出版社，1990。

据已经消失，整个制度设计缺乏最低限度的价值合理性，故应当“别立堂构，拆而更筑”①。具体设计思路为：检察机关的法律监督职能应当逐步退出刑事诉讼领域，检察机关的改革目标应当定位于在刑事诉讼结构中承担控诉职能的公诉机关。② 与此相对立的学术观点认为，检察机关的法律监督地位不但是合法的，而且是合理的，由检察机关作为国家的专门法律监督机关是最佳的选择，故检察机关的法律监督职能不但不能削弱，而且应当进一步强化，甚至提出应当恢复检察机关的一般法律监督权，等等。③ 持这种学术观点的学者大都来自检察机关内部。我们认为，健康的学术论争是繁荣社会主义法学的重要途径。就认识真理的方法而言，正当的学术讨论和争鸣恰恰是通向真理的正确道路。所以，检察机关法律监督是否合理这一重要命题的提出，标志着我国检察理论研究本身就意味着学术进步。但是，上述关于中国检察制度改革的学术论争，始终没有建构起具有共识性的研究范式，也没有能够跳出部门利益之见，基本上是从单纯的技术和实务角度来探讨相关的具体问题，或者仍然沿袭旧的学术范式和思维理论范式，研究方法并没有任何实质性突破，故尚处于十分不成熟的初始阶段，检察理论资源相当匮乏，检察理论难以实现体系化。所以，当前检察理论界应当进一步冲破传统思想观念的枷锁，历史性地超越苏联检察理论模式的思想藩篱，就检察制度涉及的一些根本性问题做深入而系统的研讨，这样的研究成果才能够真正有益于我国检察制度的健康发展，中国的检察理论才有可能称得上是具有理性符号的科学理论。对于后一种所谓检察机关法律监督合理论观点，我们认为必须理性对待，有必要进一步商榷，以期为当前的中国检察制度改革及其未来健康发展预设正当的理论基础。

一、透视检察机关法律监督合理论的理论根据

针对当前学术界对中国检察制度及其改革动向提出的种种质疑，以最高人民检察院为主导的检察理论界开始主动进行系统的理论回应，其研究范式也由一贯的贴标签式阶级分析及重复的合法性注释逐步转向注重价值分析和实证分析。其中，关于检察机关法律监督地位之合理性命题的提出，意味着我国检察理论研究的重要突破。但在总体上，这方面的

---

① 郝银钟：《评检察法律监督合理论》，载《环球法律评论》，2004（4）。

② 参见郝银钟：《检察权质疑》，载《中国人民大学学报》，1999（3）；郝银钟：《中国检察权研究》，载陈兴良主编：《刑事法评论》，第5卷，北京，中国政法大学出版社，2000；郝银钟：《论批捕权的优化配置》，载《法学》，1998（6）；郝银钟：《论批捕权的法理与法理化的批捕权》，载《法学》，2000（1）；陈卫东：《我国检察权的反思与重构》，载《法学研究》，2002（2）；夏邦：《中国检察体制应予取消》，载《法学》，1999（7）。

③ 参见张智辉：《法律监督机关设置的价值合理性》，载《法学家》，2002（5）；孙建国：《论我国法律监督的政治基础及其完善》，载《人民检察》，2003（10）；邱学强：《论检察体制改革》，载《中国法学》，2003（5）；孙谦：《中国的检察改革》，载《法学研究》，2003（6）；龙宗智：《检察制度教程》，北京，法律出版社，2002；张穹：《关于研究有中国特色社会主义检察制度几个问题的理性思考》，载《检察日报》，3版，2000-04-24；张穹：《刑事法律监督是中国刑事法制建设的重要保障》，载《中国刑事法杂志》，1998（1）；谢鹏程：《论检察权的结构》，载《人民检察》，1999（5）；王琰：《为检察实践提供坚实的理论基础——全国首届检察理论研究年会综述》，载《人民检察》，2000（2）；龙宗智：《论检察权的性质与检察机关的改革》，载《法学》，1999（10）；刘树选、王雄飞：《法律监督理论和检察监督权》，载《国家检察官学院学报》，1999（4），28页以及最高检察院主办的《检察论丛》所发表的类似文章，等等。

研究成果尽管在数量上相当可观，但并没有提出任何具有实质意义的创新理论。有些论者仍然以教条化的检察理论权威自居，不愿意进行平等的学术对话，连篇累牍的宣言式文章往往缺乏有建设性的理论论证。这种唯我独尊式的认知方式和定式化的机械思维方式，使其思维样式往往沦为僵死的教条，几乎丧失了自我拓展的空间进而导致方法论上的陈旧与贫乏，故整体意义上仍然处于低水平的重复徘徊状态。根据已经发表的文献综合分析，其所谓合理性根据主要包括如下几个方面：

1. 检察权即是法律监督权。检察官自15世纪起就承担了类似于现代的法律监督职能；检察机关的公诉权具有法律监督的性质，检察机关的诉讼职能是实现法律监督职能的不同形式；检察权含有法律监督权、行政权、司法权等方面的内容。①

2. 把检察机关作为法律监督机关具有现实合理性，能够保证法律监督权的有效行使，也是适应保障司法公正的需要建立和发展起来的，并且检察机关在履行法律监督职能方面已经积累了丰富的经验，应当进一步扩大法律监督权的范围，恢复检察机关宪法上的一般监督权。②

3. 中国的特殊国情，决定了由检察机关承担专门的法律监督职能是历史的进步，在国家政治和法律制度的发展史上具有重要的历史意义。单一制的国家需要强化检察机关的地位，强化法律监督，这是一条历史规律③，也是我国政治体制和司法体制的重要特色之一。④

4. 中国检察法律监督制度的理论基础是列宁的法律监督思想、人民代表大会制度理论、民主集中制理论，检察权是国家的第四种权力，而不应当以“三权分立”思想来推定中国检察制度的优劣。⑤

5. 中国检察法律监督制度符合现代法治的发展要求，符合宪政要求和历史发展规律。⑥

上述学术观点基本囊括了检察理论界近几年提出的检察法律监督合理论的主要理论根据。尽管目前在理论上还不成体系，基本论证范式依然相当陈旧，但可以看出，检察理论界学理性探讨之风渐起，这是中国检察理论繁荣的重要前提。透过以上零散而庞杂的论辩，我们依稀可以看出检察理论界的论证思路主要是围绕以下两个方面展开的：一是从发生学

---

① 参见张智辉：《法律监督机关设置的价值合理性》，载《法学家》，2002（5）；徐益初：《司法公正与检察官》，载《法学研究》，2000（6）；孙谦：《中国的检察改革》，载《法学研究》，2003（6）；龙宗智：《检察制度教程》，北京，法律出版社，2002；谢鹏程：《论检察权的性质》，载《法学》，2000（2）；张穹：《关于检察改革中若干理论问题的思考》，载《人民检察》，2003（7）；等等。这是检察理论界的主流观点。

② 参见张智辉：《法律监督机关设置的价值合理性》，载《法学家》，2002（5）；邱学强：《论检察体制改革》，载《中国法学》，2003（5）；孙建国：《论我国法律监督的政治基础及其完善》，载《人民检察》，2003（10）。

③ 参见中国检察理论研究所、中国检察官协会编：《新世纪检察改革展望》，15～17页，北京，中国检察出版社，2000。

④ 参见邱学强：《论检察体制改革》，载《中国法学》，2003（5）。

⑤ 参见张穹：《关于检察改革中若干理论问题的思考》，载《人民检察》，2003（7）。

⑥ 参见袁啸、王仁俊：《论中国特色的检察权》，载孙谦、张智辉主编：《检察论丛》，第6卷，20页，北京，法律出版社，2003；孙建国：《论我国法律监督的政治基础及其完善》，载《人民检察》，2003（10）。

和制度史学的角度，企图说明检察制度从始至今都具有法律监督的性质；二是从政治哲学和宪政学的角度，力图阐释检察法律监督制度无论是在理念上还是实践中都是适合中国特定社会的发展道路的，所以具有相当的合理性。

二、确立评断检察法律监督制度是否具有合理性的共识性标准

众所周知，制度是人创造的一种工具，用以界定人们的自由选择空间和确立人们的行为规范。从制度史学的角度观察，制度自生成和确立之后，特别是在后续发展的历史进程中，往往会产生合理性与不合理性的评价问题。显然，被认为是不合理的制度，制度理性就会削弱以至丧失。在这种情况下，制度变革也就不可避免。检察法律监督制度亦然。

检察法律监督这个原本来自于苏联的法概念进入我们的法律思想和法律体系已经很久，并逐步演变成为一种本不具有中国特色而又往往称之为中国特色的独特法律现象。所以，对重新审视中国检察法律监督制度是否具有合理性这样一个重大的学术命题，实际上是对传统法观念和现行司法体制及其理念基础的最严峻挑战，也是一种凝聚着历史责任感的学术追问，更是对中国传统注释法学的理性超越。对于一项法律制度是否具有合理性，显然不能简单地以赞成或者反对、合法或不合法来评断，而首先应当达成共识性的标准体系。否则，就必然缺乏学术对话的基础，难免会陷入“聋子对话”式的各说各话论争之中。但是，确立共识性的标准体系，又因为检察理论资源的极度匮乏而变得异常艰难，当然也是最容易引发争议的问题。众多检察理论学者之所以一直刻意回避这个话题，原因也概莫能外。不过，构建评断检察制度合理性的标准体系，确实已经成为检察理论研究当务之急最需要厘清的重大问题。实际上，评断法律制度是否具有合理性，并不存在一成不变的绝对标准，同时，这又是不同学科共同面对的课题，所以具有较强的相对性、互涉性、复杂性和多元性。另外，伴随着时代的变迁，制度合理性标准也在不断演化和发展。简而言之，不同的时代背景，制度合理性标准也往往不同。本文所言的法律制度合理性标准概念，均是以民主法治社会为背景的学理分析。

毋庸置疑，被尊称为“欧洲文明之子”的马克斯·韦伯曾经对此作出了突出贡献。① 马克斯·韦伯在阐释法理型统治时，明确提出了形式合理性与实质合理性概念工具。他认为形式合理性具有事实的性质，是用于表述不同事实之间因果关系的概念。所以，形式合理性是一种客观的合理性，可主要界定为手段和程序的可计算性，与工具合理性、责任伦理相联结。现代社会的合理性就体现在现代社会结构和社会心理机制提高了行动及其后果的可计算性。马克斯·韦伯把形式合理性归结为法治社会的一个基本特征。他特别强调形式合理性的法律制度是完全由人的理智控制的制度模式，秩序本身是由法律法规支配的，法律法规与道德伦理分离，程序法与实体法、法律现象与一般事实的分离，人们正是运用形式上的分类，不断完善社会控制技术，促进法律的专业化发展。形式的不合理就是法律活

① 参见［德］马克斯·韦伯：《经济与社会》（上），201页及以下，北京，商务印书馆，1997。

动的形式不符合理性或理智的一般要求。[①] 而实质合理性具有价值的性质，是从某种目的上看的意义合理性、价值、信仰等，是根据从人们的价值观念和思想信仰赋予行动的意义来衡量行动的合理性程度。所以，实质合理性与价值合理性、信念伦理等概念是相通的。实质合理性的法律制度表现为法律原则本身就充满了道德、伦理和政治等因素，法律中的终极伦理关怀凌驾于法律的形式要求之上。马克斯·韦伯认为，实质合理性的法律制度恰恰是前资本主义社会的特征，而现代社会的文明进步与民主法治秩序则是建立在形式合理性法律制度的基础之上的。

我国的法理学家也对此进行了卓有成效的探讨。郑成良教授进一步提出，法律制度的形式合理性优于实质合理性。[②] 因为形式合理性是一种普遍的合理性，主要是借助于规则化、形式化、客观化的公共理性即法律来处理涉法性社会事务，官员的个人理性只是在法律允许的和有限的自由裁量范围内发挥作用。因此，在法治国家中通过法律思维来寻求一个法律结论时，对形式合理性的满足就不能不被放在首要的位置。而实质合理性则轻视形式合理性的价值，实质上是轻视普遍规则和制度在实现社会正义过程中的作用，相反，它把实现社会正义的希望寄托在个人品质之上，试图借助于不受"游戏规则"约束的圣人智者来保证每一个案都能得到实质合理的处理。历史经验证明，这种理想往往沦为幻想，即使获得短暂的成功，也严重依赖于偶然性因素。所以，偏重形式合理性的法律制度总是与法治社会相伴相随，而偏重实质合理性则往往与人治社会形影不离。郑成良教授一直主张上述法律思维应当成为具有普适性的法律思维范式。李龙教授也高度评价法的形式合理性。[③] 他认为，法的形式合理性是人类文明进步的表现，是科学技术不断造福人类的结果，反映了人权保障的时代特色和千百年来人类对正义追求的不断深入和强化。

由此可见，在评价制度合理性的标准体系中，形式合理性与实质合理性已经成为最常见的、具有共识性的、核心的概念工具。对检察法律监督制度是否具有合理性的标准探究，我们不妨借鉴这种分析方法。同时，对检察法律监督合理论的理论根据是否成立的论证和判断，也应当沿袭这种学术研究范式。

另一方面，我们还必须关注制度创新。自中国社会近代以来，无数仁人志士深刻地意识到：中国的落后，并不仅仅是"器物"的落后，还在于"政制"的落后，后者尤甚。可以说，从戊戌变法以来的政治进程，一直到新中国改革开放的大胆尝试，无不体现了中国卓越的政治家勇于制度创新的历史印迹。所以，正是在这层意义上说，制度是否创新足以决定国家兴衰。我们探讨检察法律监督制度是否是合理命题，如果脱离开制度创新这一时代主题，得出的结论则注定是片面的，甚至是近乎荒谬的，也只能沦为无稽的空谈。

---

① 参见葛洪义：《法与实践理性》，36页，北京，中国政法大学出版社，2002。

② 参见郑成良：《法治理念和法律思维论纲》，载西北政法学院法律信息网。

③ 参见李龙主编：《良法论》，214页，武汉，武汉大学出版社，2001。

三、检察机关法律监督论缺乏最低限度合理性的实证分析

在中国，检察权一致被认为是与法律监督权同等语义的概念①，检察机关的性质在立法上被确认为国家的法律监督机关；检察权完全是与立法权、行政权及审判权相并立的国家公共权力。② 为了确保检察机关充分发挥其职权效能，中国宪法和法律又同时赋予检察机关以侦查权、审查起诉权、提起公诉权、不起诉权、撤案权、抗诉权、采取各种强制措施权、批捕权、对刑事诉讼、民事诉讼、行政诉讼活动、劳动教养等进行全程监督权、司法解释权、司法建议权等项国家权力。又因为立法上没有明确规定监督范围、监督效能、监督方式、监督程序、法律责任等相关的最基本内容，在实践中各级检察机关缺乏一个统一的法律监督标准，基本上是各行其是，各取所需，始终处于混乱之中。

我们认为，上述俨然“大口袋”般的法律制度设计和上述检察法律监督合理论的理论根据，不但不符合现代宪政的基本要求和世界各国的宪政实际，直接违背刑事诉讼规律和人类社会的法律文明成果，而且使法律制度形式合理性价值丧失殆尽，实际上是一种典型的制度退步。理由在于：

1. 从发生学和制度史学的角度分析，检察权从诞生到不断丰富发展的历史沿革足以证明，其本身正是诉讼制度近代化和政治制度民主化的产物，其全部价值集中体现在通过行使国家追诉权而保障社会秩序和公民权利，维护公共安全和实现社会正义，同时通过履行公诉职能而防止法官专断，以便优位保障人权。大陆法系首创检察制度时，所赋予检察官的重要任务主要是：（1）在警察协助之下司职侦查，一旦发现充分犯罪嫌疑时，即向法院提起公诉，同时控制警察行为的合法性；（2）在法院审理过程中，检察官与被告人享有平等的程序上的权利和机会，检察官应将所收集的证据在法庭上出示，由法院以公平裁判者的立场严谨审判。法官不得不告而审，以此防止司法专断。故检察官的本来职责即为犯罪之侦查及公诉之事项两项，断无法律监督之性质。所以说，检察权的本质属性与法律监督权之间在历史上并不存在什么必然联系。检察法律监督合理论者在这方面存在一些常识性的知识讹误。

2. 从法学的基本原理分析，检察权与法律监督权本是两种性质迥异的权力形态，相互之间具有非兼容性。在现代刑事诉讼领域，也决然不能容许这种类型的国家公共权力形态的存在。既然是两种完全异质的、不相容的权力形态，怎么能够主观地拟制成同等意义、同等效能的法律概念呢？显然，这样的法律制度在理论上不能自圆其说，与制度科学性原理大相径庭。所以无论是从法理上还是逻辑上，检察法律监督体制都不具有形式合理性，所谓检察法律监督合理论显然也都是站不住脚的。

3. 基于公理性法律原则和宪政学原理观察，检察法律监督权显然找不到合理存在的任何合理性根据。从现代宪政国家权力结构的基本分工来看，法律监督权是为了有效保证国

① 可参见各类有关检察理论方面的所有著述，均持同样观点。

② 国内有关宪法、检察学、刑事诉讼法学方面的论文、教材和各类法学词典都普遍采纳这种观点。

家其他权力在合法的轨道上正常运行而存在的，是一种超然的、完全独立的国家权力，监督的客体对象中就应当包括检察权的主体行为。作为法律监督对象之一的控诉职能，在诉讼过程中既要服从于诉讼目的的内在要求，同时还必须遵从法律监督者的意志。所以，检察法律监督职能与刑事控诉职能之间有着不可调和的矛盾和冲突。这种混合式的权力配置模式一方面严重削弱了法律监督职能的中立性和超然性，使检察法律监督权成为服从自身利益的工具；另一方面也使得检察机关的控诉职能在法律监督职能的误导下直接威胁刑事诉讼结构的平等性和司法裁判的独立性、终结性，最终使得整个刑事诉讼过程丧失最低限度的公正性。显然，中国检察法律监督制度完全背离了程序正义的理念，是一种严重背离宪政价值理念的不合时宜的制度设计。实践中，这种法律制度已经滋生出诸如“严重地影响诉讼程序的科学性与公正性”[①] 等一系列带有根本性的弊端，对法治秩序的形成和发展也构成直接威胁。

4. 从刑事诉讼的规律性要求分析，诉讼机制本身所固有的品格——公正性和科学性，绝不容检察权具有所谓的双重属性。现代刑事诉讼程序的一个典型特征表现为，各诉讼主体在刑事诉讼过程中承担着互不相同的诉讼职能，有着严格的诉讼角色分工，并要求诉讼主体不得承担应该由其他主体承担的法律职能，更不得实施任何与其诉讼职能不相符或有碍其诉讼目标实现的诉讼行为。否则，整个刑事诉讼结构的合理性根据就不复存在了。在现代刑事诉讼结构中，检察官的基本职能就是代表国家行使控诉权，控诉职能是刑事诉讼中最基本的法律职能。如果再将法律监督权赋予检察官，不但与检察官的诉讼角色分工发生矛盾冲突，而且很难保障这一诉讼机制在实践中会产生好的法律结果，程序正义的独立价值就永远无法真正实现，并导致司法稳定性的削弱，也违背真正的对抗制审判的规则和精神。[②] 显而易见，这种权力配置模式直接损害了司法独立，践踏了司法权威，根本不具备最低限度的形式合理性，反而符合实质合理性的某些本质特征。对于如此违背人类理性原则和社会发展方向的法律制度，检察理论界竟然也得出了检察法律监督合理论的结论，显然是非常武断的！

5. 检察法律监督的制度特征比较符合实质合理性要求，是与人治型社会相适应的权力形态，与法治社会的价值目标格格不入。需要进一步强调的是，这种直接脱胎于封建社会的权力形态，由于自身所具有的先天性结构缺陷，在一定条件下极有可能演变成为一种肆意滥用的绝对的国家权力，显然是与法治社会的价值取向格格不入的。它不但会彻底打破国家公权力之间必要的界限和分工，而且它的存在本身就会对现代民主法治社会所追求的价值目标构成巨大的威胁。显然，把整个社会的自由、幸福与安宁完全寄托在捉摸不定的监督者的伦理道德上，这是任何民主法治社会都难以容忍的。

另外，检察法律监督模式也不具有实践合理性。现代社会公共事务不断增多，国家权力的分工更加精细复杂，构建多元化的法律监督权体系已经成为必然的选择。所以，检察

---

① 陈吉生：《论公诉权与法律监督权的独立行使》，载《政法论丛》，1998（1）。

② 参见贺卫方：《司法的理念与制度》，99页，北京，中国政法大学出版社，1998。

法律监督制度已经根本不能适应现代社会的客观需要，实际上是一种制度倒退，应予废止。

第七节　我国刑事公诉程序

我国刑事公诉程序主要包括如下内容：

一、审查起诉

（一）审查起诉的概念

审查起诉，是指人民检察院在提起公诉阶段，为了确定经侦查终结的刑事案件是否应当提起公诉，而对侦查机关确认的犯罪事实和证据、犯罪性质和罪名进行审查核实，并作出处理决定的一项诉讼活动。它是实现人民检察院公诉职能的一项最基本的准备工作，也是人民检察院对侦查活动实行法律监督的一项重要手段。因此，它对保证人民检察院正确地提起公诉，发现和纠正侦查活动中的违法行为，具有重要意义。

（二）移送审查起诉案件的受理

根据我国刑事诉讼法的规定，人民检察院对公安机关移送审查起诉的案件，应当在7日内进行审查，审查的期限计入审查起诉的期限。人民检察院收到公安机关的起诉意见书后，应当指定检察人员审查案件是否属于本院管辖，起诉意见书以及案卷材料是否齐备，案卷装订、移送是否符合有关规定和要求，诉讼文书、技术性鉴定材料是否单独装订成卷，作为证据使用的实物是否随案移送及移送的实物与物品清单是否相符，犯罪嫌疑人是否在案及采取强制措施的情况。经过审查，对具备受理条件的，填写受理审查起诉登记表。对移送的起诉意见书及其他材料不符合有关规定和要求或者有遗漏的，应当要求公安机关按照要求制作后移送或者在3日内补送。对于犯罪嫌疑人在逃的，应当要求公安机关采取措施保证在逃的犯罪嫌疑人到案后另案移送审查起诉，对在案的犯罪嫌疑人的审查起诉应当照常进行。人民检察院审查起诉部门受理本院侦查部门移送审查起诉的案件，应当按照上述程序办理。

（三）审查起诉的内容

根据《刑事诉讼法》第137条的规定，人民检察院审查案件的时候，必须查明以下内容：

1. 犯罪事实、情节是否清楚，证据是否确实、充分，犯罪性质和罪名的认定是否正确。查明犯罪事实、情节，是正确定罪量刑的前提，查明证据是否确实、充分，是正确定罪量刑的依据和基础。

在查明犯罪事实和取得确实、充分证据的基础上，应当对犯罪的性质和罪名的认定是否恰当进行鉴别。犯罪的性质与罪名互相联系，密不可分，如果只认定了犯罪性质，而不认定具体的罪名，性质也难以定准。因为在同一性质的犯罪中，法律又规定了若干罪名。可见，审查犯罪性质与审查具体的罪名，应当同时进行。

2. 有无遗漏罪行和其他应当追究刑事责任的人。人民检察院追诉犯罪应当客观、全面，因此，在审查起诉时要注意审查有无遗漏犯罪嫌疑人的罪行和其他应当追究刑事责任的人。要查清案件的全部犯罪事实，就必须查清犯罪嫌疑人的全部罪行，对共同犯罪案件要查获所有实施犯罪的人。例如，在审查盗窃、诈骗、走私案件时，要注意追查销赃犯和包庇、窝藏犯，对已构成窝赃、销赃罪的，应对窝赃、销赃者一并提起公诉；在审查未成年人犯罪案件时，要注意审查有无教唆犯；审查个人犯罪案件时要注意发现团伙犯罪活动；审查团伙犯罪时更应注意审查有无漏诉其他犯罪成员。对此，最高人民法院、最高人民检察院、公安部于1984年6月15日在《关于当前办理集团犯罪案件中具体应用法律的若干问题的解答》中指出：办理共同犯罪案件特别是集团犯罪案件，除对其中已逃跑的成员可以另案处理外，一定要把全案事实查清，然后对应当追究刑事责任的同案人，全案起诉，全案判处。切不要全案事实还没有查清，就急于杀掉首要分子或主犯，或者把案件拆散，分开处理。这样做，不仅可能造成定罪不准，量刑失当，而且会造成死无对证，很容易漏掉同案成员的罪行，甚至漏掉罪犯，难以做到依法“从重从快、一网打尽”。在共同犯罪案件中，还应审查共同犯罪嫌疑人在共同犯罪活动中责任的认定是否恰当。

3. 是否属于不应追究刑事责任的情形。保障无罪的人不受刑事追究是人民检察院的职责之一，因此，人民检察院在审查案件时，必须查明犯罪嫌疑人有无不应追究刑事责任的情形，《刑事诉讼法》第15条对不应追究刑事责任的情形作了明确的规定。

4. 有无附带民事诉讼。《刑事诉讼法》第77条规定：被害人由于被告人的犯罪行为而遭受物质损失的，在刑事诉讼过程中，有权提起附带民事诉讼。刑事附带民事诉讼制度，对于全面追究被告人的刑事责任和民事责任，保护国家、集体利益和公民的合法权益，具有十分重要的意义。为此，人民检察院在审查起诉时，首先要审查犯罪嫌疑人的犯罪行为是否给被害人造成了经济损失，被害人是否提起了附带民事诉讼。已提起的，要保护被害人的这项权利，没有提起的，应主动告知被害人有权提起。其次，还要查明国家、集体财产是否因犯罪而遭受损失，如果造成了损失，人民检察院可以在提起公诉时一并提起附带民事诉讼。

5. 侦查活动是否合法。人民检察院审查起诉的过程，也是对侦查工作进行法律监督的过程。因此，人民检察院对案件进行审查时，要注意审查侦查人员的侦查活动是否符合法定程序，法律手续是否完备，特别要查明在讯问犯罪嫌疑人和询问证人的过程中是否有刑讯逼供和以威胁、引诱、欺骗以及其他非法方法收集证据的情况。一旦发现侦查活动中有违反法律的行为时，应当及时提出纠正意见，构成犯罪的，应依法追究刑事责任。

在司法实践中，人民检察院在审查起诉过程中，还应当注意审查以下内容：1）案件是否属于本院管辖；按照刑事诉讼法关于管辖的规定，对于不属于自己管辖的案件，就不能提起公诉，而应该将案件移送有管辖权的检察机关审查起诉。2）证据是否随案移送，不宜移送证据的清单、照片或者其他证明文件是否随案移送；人民检察院审查案件，决定是否起诉，需要确实充分的证据，因此，侦查机关或侦查部门移送案件时，应当将案件的所有证据一并移送，对不宜移送的证据，要附有不宜移送的证据的清单、照片或者其他证明文件。3）与犯罪有关的财物及其孳息是否扣押、冻结并妥善保管，以供核查。4）对被害人合法财产的返还和对违禁品或者不宜长期保存的物品的处理是否妥当，移送的证明文件是否完备，等等。

（四）审查起诉的步骤和方法

审查起诉是一项重要的诉讼活动，在整个刑事诉讼过程中，处于承前启后的中间环节。为保证审查起诉得以顺利进行，审查起诉的具体方法和步骤应当符合如下要求：

1. 各级人民检察院审查起诉的案件应与人民法院审判管辖相适应。人民检察院受理同级公安机关移送审查起诉的案件，经审查认为属于上级人民法院管辖的第一审案件时，应当退回同级公安机关，由其按照案件管辖规定交由上级公安机关向同级人民检察院移送审查起诉，必要时也可以写出审查报告，连同案卷材料报送上一级人民检察院。认为属于同级其他人民检察院管辖的第一审案件时，应当退回公安机关，由其按照案件管辖规定向有管辖权的人民检察院移送审查起诉，必要时也可以写出审查报告，连同案卷材料报送共同上级人民检察院指定。上级人民检察院受理同级公安机关移送审查起诉的案件，认为属于下级人民法院管辖时，可以建议同级公安机关按照案件管辖规定，交由下级公安机关向同级人民检察院移送审查起诉，也可以直接交下级人民检察院审查起诉。

人民检察院受理移送审查起诉案件，应当指定检察员或者经检察长批准代行检察员职务的助理检察员办理，也可以由检察长办理。

2. 审阅案卷材料。办案人员接到案件后，应当及时地审查公安机关或刑事侦查部门移送的案件材料是否齐备，有无起诉意见书、证据材料和其他法律文书。例如，如果犯罪嫌疑人被拘留、逮捕或被搜查过，审查有无拘留证、逮捕证或搜查证，然后仔细阅读起诉意见书，了解犯罪嫌疑人的犯罪事实、情节，犯罪性质和罪名以及要求起诉的理由，详细审阅案卷中的证据材料，按照法定程序审查起诉的五项内容，逐项进行审查，发现疑问，可以向侦查人员询问。审阅案卷要认真细致，并应制作阅卷笔录。

3. 讯问犯罪嫌疑人。讯问犯罪嫌疑人是人民检察院审查起诉的必经程序，这是人民检察院核实证据，正确认定案件事实，监督侦查活动是否合法所必需的。讯问犯罪嫌疑人还有助于直接了解犯罪嫌疑人的精神状态和悔罪态度，为其提供辩护的机会，倾听其辩解理由。因此，讯问犯罪嫌疑人意义重大，必须依法进行。根据刑事诉讼法规定，讯问只能由检察人员进行，讯问犯罪嫌疑人时，应当告知其有申请回避的权利。检察人员在讯问时不得少于2人，并且应当首先讯问犯罪嫌疑人是否有犯罪行为，让其陈述有罪的情节或无罪的辩解，然后根据犯罪嫌疑人的陈述情况和阅卷确定的复核证据的重点，向犯罪嫌疑人提出问题让其回答。除对质以外，讯问犯罪嫌疑人应当个别进行，并注意做好笔录。

4. 听取被害人和犯罪嫌疑人、被害人委托的人的意见。人民检察院自收到移送审查起诉的案件材料之日起3日内，应当告知犯罪嫌疑人有权委托辩护人，并应当告知被害人及其法定代理人或者近亲属有权委托诉讼代理人。询问被害人和犯罪嫌疑人、被害人委托的人，并听取他们的意见，这也是人民检察院审查起诉的必经程序。刑事案件中的被害人是犯罪行为的受害者，对案件情况比较了解，因而听取他的意见，既有助于查清案件事实，又有利于保护被害人的合法权益。在司法实践中，有许多被害人、犯罪嫌疑人缺乏法律知识或受其文化水平限制，不能准确地陈述和回答检察人员的问题，需要委托他人代为诉讼。因此，刑事诉讼法规定人民检察院审查案件，应当听取被害人和犯罪嫌疑人、被害人委托的人的意见，这样更有助于检察人员核实证据，查明案件事实。询问被害人和犯罪嫌疑人、被害人委托的人时，应当由两个以上检察人员进行，并须向他们出示人民检察院的证明文件，询问前还要告知他们应当如实提供证据和陈述，询问时应个别进行，同时注意做好笔录。

5. 补充侦查。补充侦查，在提起公诉阶段是指人民检察院对公安机关侦查终结移送起诉的案件，或者对自行侦查终结的案件，在审查起诉中，发现有事实不清、证据不足或者遗漏了罪行或同案人，需要补充进行有关专门调查等工作的一项诉讼活动。补充侦查的目的在于查清有关事实和证据，以决定是否将犯罪嫌疑人交付人民法院审判。根据《刑事诉讼法》第 140 条第 2 款的规定，补充侦查有两种形式：一种是由人民检察院退回公安机关进行。这种方式一般适用于主要犯罪事实不清，证据不足，或者遗漏了重要犯罪事实及应追究刑事责任的同案犯的案件。人民检察院对需要退回补充侦查的案件，应当制作《退回补充侦查决定书》，写明退查的理由和需要补充查明的具体事项及要求；另一种是由人民检察院自行侦查。这种方式一般适用于只有某些次要的犯罪事实、情节不清，证据不足，公安机关侦查活动中有违法情况，在认定事实和证据上与公安机关有较大分歧或者已经退查过但仍未查清的案件。自侦案件需要补充侦查的，人民检察院刑事检察部门应将案件退回本院侦查部门。

人民检察院在补充侦查中，对各种证据有疑问的都要进行重新收集或鉴定。比如人民检察院对鉴定结论有疑问或依照当事人的请求，应当自行对犯罪嫌疑人或被害人进行医学鉴定，必要时可以聘请医学机构或专门鉴定机构有鉴定资格的人员参加。人民检察院对物证、书证、视听资料、勘验、检查笔录存在疑问的，应当要求办案人员提供物证、书证、视听资料、勘验、检查笔录获取、制作的有关情况，必要时应当重新收集和制作，对物证、书证、视听资料可以进行鉴定。对证人证言有疑问的，也应当重新进行询问。

根据《刑事诉讼法》第 140 条第 3 款的规定，对于补充侦查的案件，应当在 1 个月以内补充侦查完毕。补充侦查以两次为限。这一规定是为了防止拖延结案时间，避免对犯罪嫌疑人超期羁押、久押不决的情况，有利于保护犯罪嫌疑人的合法权益，督促侦查机关的侦查工作。

退回补充侦查的案件，如果在主要事实或证据上发生了重大变化，侦查机关就应当重新制作起诉意见书；如果只是在个别情节上补充了有关材料，可以书面意见的形式移送人民检察院；如果认为应当撤销案件的，应将决定通知人民检察院。

6. 作出决定。一般来说，人民检察院的检察人员审查起诉，应当首先全面阅卷，找出疑点、矛盾后，再有的放矢地讯问犯罪嫌疑人，听取被害人和犯罪嫌疑人、被害人委托的人的意见，以解决案卷中存在的问题。如果发现新情况，根据需要作进一步的调查和补充侦查。检察人员对案件经过一系列审查活动，查清全部案件事实以后，应当拟写案件审查意见书，根据审查的具体情况，提出起诉或者不起诉以及是否需要提起附带民事诉讼的意见，报请审查起诉部门负责人审核，审查起诉部门负责人对案件进行审核后，应当提出审核意见，报请检察长或者检察委员会决定起诉或者不起诉。

（五）审查起诉的期限

《刑事诉讼法》第138条规定：人民检察院对于公安机关移送起诉的案件，应当在1个月以内作出决定，重大、复杂的案件，可以延长半个月。人民检察院审查起诉的案件，改变管辖的，从改变后的人民检察院收到案件之日起计算审查起诉期限。该条对审查起诉的期限以及改变管辖后审查起诉期限的计算，都作出了明确的规定。这一规定是长期审查起诉经验的总结，是符合准确、及时办案要求的。根据《刑事诉讼法》第140条第3款的规定，对补充侦查的案件，补充侦查完毕移送人民检察院后，人民检察院也要重新计算审查起诉期限。以上规定的审查起诉期限是针对犯罪嫌疑人被羁押的案件来说的，实践中对犯罪嫌疑人未被羁押的案件，人民检察院不受1个月至1个半月期限的限制，既可以在1个月至1个半月内完成，也可以超过这个期限，但是，必须贯彻迅速、及时原则，不得中断对案件的审查。此外，如果在审查起诉过程中犯罪嫌疑人在逃的，人民检察院应当中止审查，并按照刑事诉讼法的有关规定作出通缉的决定并通知公安机关执行。共同犯罪中的部分犯罪嫌疑人在逃的，对在逃犯罪嫌疑人应当中止审查，对其他犯罪嫌疑人的审查起诉应当照常进行，中止审查应当由审查起诉部门负责人提出意见报请检察长决定。中止审查的时间不计入审查起诉的期限。

人民检察院经过审查，应当根据案件的不同情况，依法作出提起公诉或不起诉的决定。

二、提起公诉

《刑事诉讼法》第141条规定：人民检察院认为犯罪嫌疑人的犯罪事实已经查清，证据确实、充分，依法应当追究刑事责任的，应当作出起诉决定，按照审判管辖的规定，向人民法院提起公诉。这一规定包含以下内容：

（一）提起公诉应向同级人民法院提出

人民检察院决定起诉的时候，应当依法按照审判管辖的规定，向同级人民法院提出，不允许越级起诉。如果人民检察院受理不属于同级人民法院管辖的案件，应当分别情况报送相应的上级或者移送相应的下级人民检察院，由它向其同级人民法院提起公诉。例如，县（市、区）人民检察院受理的属于中级人民法院管辖的案件，应当报送地市级人民检察院审查决定后，由它向其同级的中级人民法院提起公诉。反之，地市级人民检察院受理的属于县级人民法院管辖的案件，应移送县（市、区）人民检察院，由它向其同级的县人民法院提起公诉。

（二）提起公诉的条件

根据《刑事诉讼法》第141条的规定，人民检察院提起公诉时，必须具备以下条件：

1. 犯罪嫌疑人的犯罪事实已经查清。犯罪事实是对犯罪嫌疑人正确定罪和量刑的基础，只有查清犯罪事实，才能正确定罪量刑。因此，人民检察院提起公诉，必须首先查清犯罪嫌疑人的犯罪事实。这里的“犯罪事实”，是指影响定罪量刑的犯罪事实，包括：(1) 确定犯罪嫌疑人实施的行为是犯罪，而不是一般违法行为的事实。(2) 确定犯罪嫌疑人是否负刑事责任或者免除刑事责任的事实，比如犯罪嫌疑人的主观状态（包括故意、过失、动机和目的）、犯罪嫌疑人的年龄、精神状态等。(3) 确定对犯罪嫌疑人应当从轻、减轻或者从重处罚的事实。查清上述各项事实就符合犯罪嫌疑人的犯罪事实已经查清的条件。

实践中，就具体案件来说，具有下列情形之一的，就可以确认犯罪事实已经查清：(1) 属于单一罪行的案件，与定罪量刑有关的事实已经查清，不影响定罪量刑的事实无法查清的；(2) 属于数个罪行的案件，部分罪行已经查清并符合起诉条件，其他罪行无法查清的；(3) 无法查清作案工具、赃物去向，但有其他证据足以对被告人定罪量刑的；(4) 言词证据中主要情节一致，只有个别情节不一致且不影响定罪的。对于符合上述第(2) 种情况的，应当以已经查清的罪行起诉。因此，对那些并不影响定罪量刑的事实，则没有必要查清，司法实践中那种查清案件的一切事实后才提起公诉的做法是不可取的。

2. 证据确实、充分。证据是认定犯罪事实的客观依据。因此，人民检察院指控犯罪嫌疑人实施的犯罪行为，必须要有确实、充分的证据。证据确实，是对证据质的要求，是指用以证明犯罪事实的每一证据必须是客观真实存在的事实，同时又是与犯罪事实有内在联系、能够证明案件的事实真相。证据充分，是对证据量的要求，只要一定数量的证据足够证明犯罪事实，就达到了证据充分性的要求。

证据确实与充分是相互联系、不可分割的两个方面，证据确实必须以证据充分为条件，如果证据不充分，证据确实也无法达到；反之，如果证据不确实，而证据再充分，也不能证明案件真实。因此，证据确实、充分是提起公诉的一个必要条件。

3. 依法应当追究刑事责任。依照法律规定，犯罪嫌疑人实施了某种犯罪，并非一定要负刑事责任。根据刑法、刑事诉讼法的有关规定，有些犯罪行为属于法定不追究刑事责任的情形。因此，决定对犯罪嫌疑人提起公诉，还必须排除法定不追究刑事责任的情形。依法应当追究犯罪嫌疑人的刑事责任，就成为对其提起公诉的又一必要条件。

总之，对犯罪嫌疑人决定提起公诉，必须同时具备上述三项条件，缺少上述三项条件中的任何一项，都不能对犯罪嫌疑人提起公诉。

（三）起诉书的制作和移送

起诉书，是人民检察院依照法定的诉讼程序代表国家对被告人向人民法院提起诉讼的文书。这种文书是检察机关以国家公诉人的名义制作的，因而通常又称之为公诉书。起诉书是人民检察院重要的司法文书，它具有揭露犯罪、证实犯罪的功效，是将被告人交付人民法院审判的书面凭证，是人民法院对被告人得以行使审判权的法律依据，也是宣传法制、教育群众的生动教材。因此，它的制作无疑是一项十分严肃的工作。根据刑事诉讼法和最高人民检察院颁发的《刑事检察文书格式》样本的规定，起诉书由下列部分组成：

1. 首部

(1) 标题。主要写明“××人民检察院起诉书”字样。其右下方注明案号:(年度)×检×字第×号。

(2) 被告人的基本情况。主要写明被告人的姓名、性别、年龄、籍贯、身份证号码、民族、文化程度、职业、住址、主要简历(包括有无前科)、何时被拘留、逮捕、在押被告人的关押处所等。共同犯罪的案件,应当逐个写明被告人的上述情况。

(3) 案由和案件来源。这部分是说明人民检察院对案件所认定的罪名和案件从何处来的。采用何种方式表述,可根据具体情况决定,但必须将“案由”、“案件来源”和“查明的犯罪事实”这三个项目交代清楚。

2. 犯罪事实和证据

犯罪事实和证据是起诉书的主要部分。起诉书要写明被告人的罪名、罪状、罪证以及认罪态度。在记叙被告人的犯罪事实时,一定要写明犯罪的时间、地点、经过、手段、动机、目的、危害后果七大要素。起诉书所写的内容是经过人民检察院严格审查和核实后所认定的,而不是公安机关起诉意见书所写内容的复述、照搬,也不是它的缩写或改写。因此,起诉书的犯罪事实和证据部分与起诉意见书相比有自己的特点:

(1) 在审核事实上,起诉书严于起诉意见书。起诉书产生于起诉意见书之后,是人民检察院代表国家作出的正式文书。起诉书所认定的事实是经过人民检察院严格审查、核实之后作出的结论。因此,起诉书不仅是人民法院审判被告人的根据,而且是被告人及其辩护人在法庭审理中进行辩护的依据。

(2) 在记叙事实上,起诉书简于起诉意见书。起诉意见书在记叙犯罪事实时,一般涉及面较宽,只要无碍于记叙主罪,就无可非议。因为它是提请审查是否起诉的意见,事实摆得详尽些,便于审查决定;而起诉书则要求突出主要犯罪事实,力求明晰而简略地列出犯罪事实。

(3) 在排列事实上,起诉书要有严密的逻辑性和很强的说明力。一般有四种排列方法:一是按犯罪时间先后顺序交代犯罪事实。这样叙述较清楚,也能说明其犯罪的连续性。二是按突出主罪的方法排列。这适用于一人犯数罪的起诉,先叙述主罪,突出重点,再叙述次罪,主次分明。三是按综合归纳方法排列。这适用于被告人作案次数较多,而罪名、情节又大致相同的案件。四是在记叙犯罪事实时,一般可采用罪、证分述,使罪、证分明,一目了然,但在一定条件下,也可以罪、证合并记叙。

3. 结论

这部分即起诉的理由和法律根据,是写人民检察院对被告人犯罪事实的分析、认定,直接反映对被告人所犯罪行追究法律责任的具体意见,因而十分重要。其具体内容主要包括:被告人触犯的刑法条款、犯罪的性质、对社会危害性大小;有从重、从轻或减轻处罚情节的,还应根据被告人认罪态度及其他原因,说明从宽或从严处罚的理由;共同犯罪各被告人应负的罪责;在公诉案件中,如果被告人的罪行给被害人造成了物质损失,有附带民事诉讼情况的,也应写明。

这部分结束时，还应写明：此致××人民法院。并由检察长（员）署名，注明具文的时间，加盖公章。

4. 附项

这部分应写明：被告人的住址或羁押处所；证据目录、主要证据复印件或者照片；证人名单及其住址或单位地址；鉴定人的住址或单位地址；随案移送案卷的册数、页数；随卷移送的赃物、证物。

人民检察院在制作起诉书时，如果被告人真实姓名、住址无法查清的，应当按其绰号或者自报的姓名、自报的年龄制作起诉书，并在起诉书中注明。如果被告人自报的姓名可能造成损害他人名誉、败坏道德风俗等不良影响的，可以对被告人编号并按编号制作起诉书，在起诉书中附具被告人的照片。

人民检察院提起公诉的案件，应当向人民法院移送起诉书、证据目录、证人名单和主要证据复印件或者照片。人民检察院应当按照审判管辖的规定向同级人民法院起诉。

（四）适用简易程序案件的移送

简易程序是指基层人民法院审理某些事实清楚、情节简单、犯罪轻微的刑事案件所适用的比普通程序相对简化的第一审程序。根据《刑事诉讼法》第 174 条的规定，对于依法可能判处 3 年以下有期徒刑、拘役、管制、单处罚金的公诉案件，事实清楚、证据充分，人民检察院有权建议或者同意适用简易程序。属于人民检察院建议适用简易程序的公诉案件，在人民检察院向人民法院提起公诉时，应当同时提出适用简易程序的书面建议，并随案移送全案卷宗和证据。

根据最高人民检察院刑事诉讼规则规定，对下列案件，人民检察院应当不建议或不同意适用简易程序：（1）依法可能判处 3 年以上有期徒刑的；（2）对案件事实、证据存在较大争议的；（3）比较复杂的共同犯罪案件；（4）被告人是否犯罪、犯有何罪存在争议的；（5）被告人要求适用普通程序的；（6）被告人是盲、聋、哑的；（7）辩护人作无罪辩护的；（8）其他不宜适用简易程序的。

三、不起诉

（一）不起诉的概念

不起诉，是指人民检察院对公安机关侦查终结移送起诉的案件或者对自行侦查终结的案件，经过审查后，认为犯罪嫌疑人具有《刑事诉讼法》第 15 条规定的不追究刑事责任的情形，或者犯罪嫌疑人犯罪情节轻微依法不需要判处刑罚或免除刑罚，或者经两次补充侦查仍未达到起诉条件，而作出的不将案件移送人民法院进行审判的决定。不起诉是人民检察院审查案件的结果之一，具有终止诉讼的法律效力。

（二）不起诉的种类

根据《刑事诉讼法》第 140 条第 4 款、第 142 条的规定，不起诉分为法定不起诉、酌定不起诉和存疑不起诉三类。

1. 法定不起诉，又称绝对不起诉，是指犯罪嫌疑人具有《刑事诉讼法》第 15 条规定的不追究刑事责任情形之一的，人民检察院应当作出的不起诉决定。法定不起诉是法律规定的应当不起诉，《刑事诉讼法》第 142 条第 1 款规定：犯罪嫌疑人有本法第 15 条规定的情形之一的，人民检察院应当作出不起诉决定。这里规定的“应当作出不起诉决定”，是指人民检察院遇到刑诉法第 15 条规定的情形之一时，只能依法作出不起诉决定，没有自由裁量的余地。根据《刑事诉讼法》第 15 条的规定，法定不起诉有以下六种情形：犯罪嫌疑人实施的行为情节显著轻微，危害不大，不认为是犯罪的；犯罪嫌疑人的犯罪已过追诉时效期限的；犯罪嫌疑人的犯罪经特赦令免除刑罚的；依照刑法告诉才处理的犯罪，没有告诉或者撤回告诉的；犯罪嫌疑人、被告人死亡的；其他法律规定免予追究刑事责任的。

以上六种情形，有的不认为是犯罪，有的是不应追究刑事责任或无法追究刑事责任，总之都不具备起诉的法定条件。因此，人民检察院在审查起诉中，对于具有上述六种情形之一的，都应当作出不起诉决定，而无须权衡作出这一决定是否适宜，这是法定不起诉不同于酌定不起诉的重要特征。

2. 酌定不起诉，又称相对不起诉，是指人民检察院认为犯罪嫌疑人的犯罪情节轻微，依照刑法规定不需要判处刑罚或者免除刑罚的案件，可以作出的不起诉决定。

我国《刑事诉讼法》第 142 条第 2 款规定：对于犯罪情节轻微，依照刑法规定不需要判处刑罚或者免除刑罚的，人民检察院可以作出不起诉决定。根据这一规定，酌定不起诉必须同时具备两个条件：一是犯罪嫌疑人实施的行为触犯了刑律，符合犯罪构成的要件，已经构成犯罪。二是犯罪行为情节轻微，依照刑法规定不需要判处刑罚或者免除刑罚。《刑法》第 37 条规定：对于犯罪情节轻微不需要判处刑罚的，可以免予刑事处罚，但是可以根据案件的不同情况，予以训诫或责令具结悔过、赔礼道歉、赔偿损失，或者由主管部门予以行政处罚或者行政处分。这是刑法规定的不需要判处刑罚的情形。依照刑法规定不需要判处刑罚或者免除刑罚的情形主要是指：犯罪嫌疑人在中华人民共和国领域外犯罪，依照我国刑法规定应当负刑事责任，但在外国已经受过刑事处罚的；犯罪嫌疑人又聋又哑，或者是盲人犯罪的；犯罪嫌疑人因防卫过当或紧急避险超过必要限度，并造成不应有危害而犯罪的；为犯罪准备工具，制造条件的；在犯罪过程中自动中止或自动有效地防止犯罪结果发生的；在共同犯罪中，起次要或辅助作用的；被胁迫、被诱骗参加犯罪的；犯罪嫌疑人自首或者在自首后有立功表现的。

在司法实践中，人民检察院在确认犯罪嫌疑人具有上述情形之一时，还必须在其犯罪情节轻微的前提条件下才可以作出不起诉决定。人民检察院要根据犯罪嫌疑人的年龄、犯罪动机和目的、手段、危害后果等情节以及一贯表现进行综合考虑，在确实认为作出不起诉的决定更为有利时，才可以作出不起诉决定。

3. 存疑不起诉，又称证据不足的不起诉，是指检察机关对于经过补充侦查的案件，仍然认为证据不足，不符合起诉条件的，可以作出不起诉决定。我国《刑事诉讼法》第 140 条第 4 款规定：对于补充侦查的案件，人民检察院仍然认为证据不足，不符合起诉条件的，可以作出不起诉的决定。根据我国《刑事诉讼法》第 140 条规定的精神，补充侦查的案件应在1个月内补充侦查完毕，补充侦查以两次为限。因此，经过两次补充侦查，对于事实仍未查清、证据不足的案件，人民检察院可以作出不起诉的决定。案件经过两次补充侦查，具有下列情形之一，不能确定犯罪嫌疑人构成犯罪和需要追究刑事责任的，属于证据不足，不符合起诉条件：据以定案的证据存在疑问、无法查证属实的；犯罪构成要件事实缺乏必要的证据予以证明的；证据之间的矛盾不能合理排除的；根据证据得出的结论具有其他可能性而无法排除的。

人民检察院根据上述情形作出不起诉决定后，如果发现了新的证据，证明案件符合起诉条件时，可以撤销不起诉决定，提起公诉。

对于存疑不起诉应当注意的是，案件只有经过两次补充侦查后，人民检察院仍然认为案件事实不清、证据不足时，才可以作出不起诉决定。因此，案件经过两次补充侦查和案件事实不清、证据不足，是刑事诉讼法规定的这种存疑不起诉的必要条件，人民检察院必须严格执行，只有这样，才能既可以防止放纵犯罪分子，又可以防止久侦不决、久押不放的现象，更好地保护公民的合法权益。

（三）不起诉的程序

同起诉决定一样，人民检察院对犯罪嫌疑人作出的不起诉决定，也是对案件处理的一种结果，因而是一项十分严肃的工作。不起诉决定一经作出，即具有法律效力。因此，为了保证人民检察院不起诉决定的质量，及时发现和纠正可能发生的差错，《刑事诉讼法》第142条至146条规定了不起诉的具体程序，其具体内容如下：

1. 制作不起诉决定书。凡是不起诉的案件，人民检察院都应当制作不起诉决定书，这是人民检察院代表国家依法确认不追究犯罪嫌疑人刑事责任的决定性法律文书，具有法律效力。不起诉决定书应当包括以下主要内容：不起诉决定书的名称、编号；犯罪嫌疑人的基本情况，包括犯罪嫌疑人的姓名、出生年月日、出生地、民族、文化程度、职业、住址、身份证号码、是否受过刑事处罚、拘留、逮捕的年月日等；案由和案件来源；案件事实，包括否定或者指控犯罪嫌疑人构成犯罪的事实以及其他作为不起诉决定根据的事实；不起诉的理由和法律根据，写明作出不起诉决定适用的刑事诉讼法条款；检察长署名，制作日期和加盖院印；附注事项。

2. 不起诉决定书的宣布和送达。依照刑事诉讼法的规定，不起诉的决定书应当公开宣布，同时应当将不起诉决定书分别送达下列机关和人员：被不起诉人和他的所在单位。如果被不起诉人在押的，应当立即释放。对于公安机关移送起诉的案件，应当将不起诉决定书送达公安机关。对于有被害人的案件，应当将不起诉决定书送达被害人。

3. 解除扣押、冻结。侦查中对犯罪嫌疑人的财物采取扣押、冻结，是一种强制侦查措施，其目的在于防止犯罪嫌疑人转移财物，保证判决的执行。人民检察院对案件作出不起诉决定后，就终止了刑事诉讼，应当同时对侦查中扣押、冻结的财物解除扣押、冻结。对于公安机关作出的扣押、冻结措施，人民检察院应当以口头或者书面形式通知公安机关或者执行公安机关扣押、冻结决定的机关解除扣押、冻结。

4. 移送有关主管机关处理。根据《刑事诉讼法》第 142 条第 3 款的规定，人民检察院决定不起诉的案件，对被不起诉人需要给予行政处罚、行政处分或者需要没收其违法所得的，人民检察院应当提出检察意见，连同不起诉决定书一并移送有关主管机关处理。有关主管机关应当将处理结果及时通知人民检察院。

5. 对公安机关的意见进行复议、复核。根据《刑事诉讼法》第 144 条的规定，对于公安机关移送起诉的案件，人民检察院决定不起诉的，应当将不起诉决定书送达公安机关。公安机关认为不起诉决定有错误的时候，可以要求复议，人民检察院审查起诉部门应当另行指定检察官进行审查并提出审查意见，经审查起诉部门负责人审核后，报请检察长或检察委员会决定。人民检察院应当在收到要求复议意见书后的 30 日内作出复议决定，通知公安机关。如果公安机关认为复议决定有错误的，还可以向上一级人民检察院申请复核，上一级人民检察院收到公安机关提请复核的意见书后，应当交由审查起诉部门办理。审查起诉部门应当指定检察官进行审查并提出审查意见，经审查起诉部门负责人审核后，报请检察长或者检察委员会决定。上一级人民检察院应当在收到提请复核意见书后的 30 日内作出复核决定，通知下级人民检察院和公安机关。改变下级人民检察院的决定的，应当撤销下级人民检察院作出的不起诉决定，交由下级人民检察院执行。

6. 对被害人、被不起诉人的申诉进行复查。根据《刑事诉讼法》第 145 条和第 146 条的规定，对于有被害人的案件，决定不起诉的，人民检察院应当将不起诉决定书送达被害人。被害人如果不服，可以自收到决定书后 7 日以内向上一级人民检察院申诉、请求提起公诉。人民检察院应当将复查决定告知被害人。对于人民检察院依照本法第 142 条第 2 款规定作出的不起诉决定，被不起诉人如果不服，可以自收到决定书后 7 日以内向人民检察院申诉。人民检察院应当作出复查决定，通知被不起诉的人，同时抄送公安机关。被害人在申诉期限内提出申诉的，由上一级人民检察院审查起诉部门受理。上一级人民检察院作出的复查决定，应当送达被害人和作出不起诉决定的下级人民检察院。如果上一级人民检察院经复查作出起诉决定的，应当撤销下级人民检察院的不起诉决定，交由下级人民检察院提起公诉，并将复查决定抄送移送审查起诉的公安机关。被不起诉人在申诉期限内向人民检察院提出申诉的，由人民检察院的控告申诉部门受理，控告申诉部门复查后提出复查意见，认为应当维持不起诉决定的，报请检察长作出复查决定；认为应当撤销不起诉决定、提起公诉的，报请检察委员会作出复查决定。复查决定书应当送达被不起诉人，撤销不起诉决定的，应当同时抄送移送起诉的公安机关。人民检察院作出撤销不起诉决定、提出公诉的复查决定后、应当将案件交由刑事检察部门提起公诉。

此外，《刑事诉讼法》第 145 条还规定：对人民检察院维持不起诉决定的，被害人可以向人民法院起诉。被害人也可以不经申诉，直接向人民法院起诉。人民法院受理案件后，人民检察院应当将有关案件材料移送人民法院。根据这一规定，人民检察院接到人民法院受理被害人起诉的通知后，人民检察院应当终止复查，将诉讼文书和有关的证据材料移送人民法院。法律的这一规定既体现了对被害人合法权益的充分保护，同时也完善了对人民检察院不起诉决定的制约制度。不起诉决定同样是人民检察院对案件的处理结果，一旦作出，就具有法律约束力，因此保证它的正确性至关重要。如果人民检察院的不起诉决定缺乏一种有效的制约方式，就难以保证错误的不起诉决定得到纠正，从而不利于保护被害人的合法权益。人民检察院的起诉决定能够受到人民法院的制约，不正确的决定就可以通过人民法院的判决予以纠正。

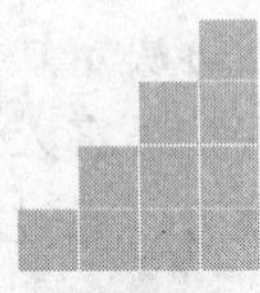

第十三章 刑事庭前审查程序

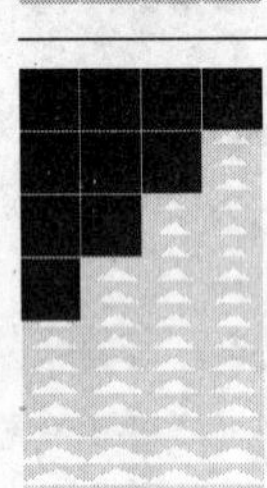

第一节 刑事庭前审查程序的意义

庭前审查程序是衔接公诉与审判的重要环节。从诉讼发展进程看，英、美、法、德、日等国的庭前审查程序较为完善和发达，普遍承载着诸如展示和检验证据、整理和明确讼争要点、提前处理和分流案件等多项功能。庭前审查程序不但为刑事案件开庭做必要的准备，而且在很大程度上影响着庭审进程，对诉讼结局会产生重大影响，对刑事诉讼的顺利进行和维护程序正义都具有极为重要的意义，因而成为刑事诉讼法学研究的重要课题。

首先，通过控诉与审判两种不同诉讼职能之间的相互制约机制，有效地防止国家公共权力的滥用，有利于保障人权目的的实现。从制度史学的角度分析，世界各国刑事庭前审查程序的最终确立，主要原因在于防止对被告人无根据的非法起诉，防范国家公权力的滥用。控审分离原则是刑事诉讼法的基本准则。为了防止国家公共权力的滥用，刑事诉讼程序将国家追诉权与审判权明确区分开来，分别赋予不同的诉讼主体，并采取不告不理原则，法官不得主动追究犯罪，“没有控诉，就没有审判”，法官不得自行启动刑事审判程序，也不得超出控诉范围进行审判，这就使审前程序中的侦控活动在法律上具有了区别于庭审活动的独立性。但是，在刑事庭前程序中，承担控诉职能的检警机关基于发现犯罪事实、查获犯罪责任人和追诉犯罪、维护社会公众利益的需要，往往采取一些专门性措施，这就直接涉及公民的人身自由权、财产权等诸多基本性权利。实际上，检警机关的这种追诉权有着天然的扩张趋势，极易侵犯公民的基本权利。在此情形下，国家公共权力对公民基本权利逐渐形成了实实在在的威胁。因而，为了维护法治秩序和公民的宪法性权利免受非法侵害，防止国家追诉权力的肆意扩张和滥用，刑事庭前审查程序便应运而生且越来越发挥着极为重要的职能作用，并不断地推动着刑事庭前审查程序规则的发展与完善。显然，在刑事庭前审查程序中，法官要对公诉机关指控的事实、证据和强制措施等的合法性予以审查，形成监督制约之势，确保检警机关行为的正当性和合法性，防止无根据非法起诉现象发生，从而达到抑制公诉权力滥用之目的，保障刑事诉讼人权保障目的的实现。

其次，防止“法官预断”（prejudge）和“伏击审判”（ambush trial）现象发生，确保程序公正。程序公正是刑事诉讼法的生命。作为现代刑事诉讼程序的核心原则，控审分离、法官中立和控辩平等已经成为衡量程序是否公正的基本标准。在审前程序中，对程序公正构成直接威胁的，主要是“法官预断”（prejudge）和“伏击审判”（ambush trial）现象。“法官预断”是指在开庭审判之前，法官通过查阅控方卷宗或其他途径已经对案件事实及相应证据有了全面了解，并形成内心确信，开庭审判只是印证审前认识的正确性。法官的这种先入为主的审前预断，极容易导致司法实践中“先判后审”现象发生，法官中立原则遭到冲击，使整个庭审过程流于形式，从而助长司法不公及冤假错案的滋生。实践中，法官对案件的预断主要来自于庭前审查中接触的案卷材料，尤其是控方提交的涉及实体性问题的证据材料。这种现象是典型的程序不公，不但违背诉讼规律，更是有悖于刑事诉讼程序的文明性、民主性和科学性，此乃诉讼制度落后的重要标志。实际上，庭前程序设置的一个基本动机就是防止法官先入为主，产生预断，从而影响裁判的公正性。“伏击审判”是指刑事诉讼中一方当事人握有某一关键性证据，而另一方一无所知，在庭审过程中，掌握关键证据的一方当事人出人意料地出示这一证据，从而使对方当事人不知所措，以此试图达到出奇制胜的目的。这样的程序设计是极度不公正的，既不利于公正审判，也容易导致刑事诉讼所追求的效率价值目标受到严重贬抑，最终使法官的裁判趋向专断。

最后，庭前审查程序能够明确讼争要点，实现程序的简繁分流，有助于提高诉讼效率。庭前审查程序是庭审程序的必要准备阶段。为了最大限度地提高诉讼效率，节省司法资源，庭前审查程序一方面要对案件事实和法律问题进行系统的整理，对不合格的证据进行过滤，使得法官不会被无关或相关性不大的证据材料蛊惑，从而避免了庭审中诉讼拖延，增强了控辩双方讼争的针对性，能够有效地防止司法资源的不必要浪费；另一方面要根据案件的不同情况，对其简繁分流，使一些轻罪或证据不足等不符合开庭条件的案件，被及时分流在正式审判程序之外。另外，所有案件都按同一庭审程序处理显然会造成诉讼资源浪费。对于那些符合开庭条件的案件，还要进行分流筛选，将其输送于不同的审判程序中。显然，庭前审查程序所确立的审前分流机制，使得整个刑事诉讼程序适应了现代诉讼程序设计多元化、合理化和精密化的需要。

第二节　外国刑事庭前审查制度比较

鉴于庭前审查程序在整个刑事诉讼中的重要地位，世界各国都非常重视刑事诉讼庭前审查程序的建构，并逐步形成了特点各异的庭前审查程序模式。[①] 大陆法系国家的庭前审查程序以法国和德国最具有代表性，英美法系国家的庭前审查程序以美国和英国最具有代表性，日本的庭前审查程序颇具特色，我国特别行政区澳门的庭前审查程序也自成一体。

一、法、德等大陆法系国家刑事诉讼法中的庭前审查程序

大陆法系国家庭前审查程序的共同特点是，一般均设置专门的预审程序，但因实行案卷移送制度，实质意义上未排除庭审法官的审前预断，可以说，其庭前程序依然固守职权主义模式。

（一）法国的刑事庭前审查程序

法国的预审法官制度即为庭前审查程序，此乃该国刑事诉讼法的一项重要制度，在刑事诉讼中占有重要地位。根据法国《刑事诉讼法》的规定，法国预审制度主要由以下三部分组成：一是初级预审。初级预审就是预审法官主持的预审。预审法官通常负责领导、指挥对重罪案件的侦查，根据检察官的指控发动侦查程序，在侦查完成后，根据案情决定是否提起诉讼。二是第二级预审。第二级预审是上诉法院审查庭对预审法官所进行预审的审查。第二级预审的目的是审查对被告人的指控是否有充分理由，诉讼程序是否合法。经审查后，审查庭可作出不予起诉裁决、移送管辖至轻罪法庭和违警罪法庭裁决以及起诉裁决，达到分流处理案件之功能。三是审判法庭进行的预审。设在巴黎和各省的重罪法庭负责审判由审查庭裁定起诉移送其审理的案件。审判长有权审阅案卷，通过审查，如果认为预审

---

① 参见范培根：《刑事诉讼庭前审查程序之比较研究》，载《法学论坛》，2001（3）；龙宗智：《刑事庭审制度研究》，北京，中国政法大学出版社，2001。

还不完整，或在预审结束后发现新的情况，可以命令进行他认为需要的任何侦查的行为。

（二）德国的刑事庭前审查程序

德国的庭前审查程序最突出的特点是由庭审法官实施预审，是处于侦查起诉程序和法庭审判程序之间的程序。审理方式主要采取对起诉书和案卷材料作书面审理，主要任务是对检察官提起公诉的案件进行审查，决定是否进入法庭审判程序。① 检察官和警察的侦查完成后，检察官如果提起公诉，将起诉书和案卷材料一并移送管辖法院，法院并非立即命令开庭审判，而是启动一个决定是否开庭的程序，以避免不必要的开庭审理。依据德国刑事诉讼法的有关规定，对于检察官提起公诉的案件，如果认为被告人有足够的犯罪嫌疑，裁定开始审判程序；如果因为事实或法律的原因不同意进入庭审程序，作出否定的结论，就应该决定终止诉讼。对这种决定不服，检察官可以提出异议。然后由上级法院审查，上级法院可以驳回异议，也可以接受异议。接受异议的，上级法院应将案件交回原法庭或另一法庭进行庭审程序。除此之外，法庭因为被告可能在法庭审理时不能出席或暂时处于无法接受审理等情况下，可以决定暂时终止诉讼。

由于德国的预审程序由庭审法官主持，因而其排除预断原则未予贯彻，可以说，德国预审程序是最具有职权主义特征的预审程序。

二、英美法系国家刑事诉讼法中的庭前审查程序

英美法系国家庭前审查程序的共同特点是设置专门的法官预审程序，同时严格排除庭审法官审前预断。

（一）英国的刑事庭前审查程序

英国刑事诉讼法实行治安法官预审制度。② 即对警方和检察官提起控诉的案件，首先由治安法院进行审查，以确定控方是否有充分的指控证据，案件是否有必要移送刑事法院审判。设置这一程序的目的在于，由治安法院对那些按照公诉书起诉的可诉罪案件进行审查，以决定控诉一方是否有充分的指控证据，案件是否有必要移送刑事法院由法院或陪审团进行法庭审判，从而保证被告人免受无根据的起诉和审判。目前，英国绝大多数的可诉罪案件在刑事法院进行审判之前，都要经过由治安法院举行的预审程序。

英国的预审有两种形式，即书面预审和言词预审。书面预审就是预审法官根据书面陈述，无须口头提证或辩论，审查后即决定是否将案件移送刑事法院以正式起诉程序审理。根据 1980 年《治安法院法》的规定，预审法官一般情况下只使用书面预审，只有在以下两种情况下才进行言词预审：(1) 被告人没有律师出庭；(2) 治安法官收到的起诉方提交的书面陈述中，要求把被告人提交正式审判的证据不充分。言词预审的程序是，起诉方先向治安法院说明案由，然后传唤证人进行主询问和交叉询问，被告方应同时作出答辩，并可

---

① 参见［德］约·阿希姆·赫尔曼：《〈德国刑事诉讼法典〉中译本引言》，载李昌珂译：《德国刑事诉讼法典》，北京，中国政法大学出版社，1995。

② 参见程荣斌主编：《外国刑事诉讼法学》，北京，中国人民大学出版社，2000。

申请传唤本方证人出庭作证，若有必要，控辩双方还可进行第二次主询问和交叉询问。但根据1996年《刑事诉讼与侦查法》的规定，预审只允许以书面方式提出证据，因此所谓“言词预审程序”已不复存在了。治安法官预审审理后，如果认为起诉方提供的证据在形式上显示有理由，能够成立案件，就可以决定将被告交付正式审判；如果治安法官认为起诉方指控的证据不充分，而被告人及其辩护律师有充足理由认为控方现有证据将被告人交付审判不合理，就可决定不起诉并将被告人立即释放。

另外，根据1987年刑事审判法，对于重大、复杂，明显没有必要进行审查的欺诈案件以及针对儿童的严重伤害或性侵犯案件，为避免儿童在治安法院的移送审判程序中被迫提供证据，并防止这类案件的拖延，检察官可以不经过治安法院的审查而直接移送刑事法院进行审判。

（二）美国的刑事庭前审查程序

美国的庭前审查程序实行“双轨制”，大陪审团审查和地方法官审查两种方式并存。[①]（1）大陪审团审查程序。美国宪法第六修正案规定，没有大陪审团制作的控告书，不得进行刑事控诉。目前，在联邦和约有一半的州，对重罪案件提起公诉，交付审判由大陪审团审查决定。大陪审团通常由23名通过“随机挑选”出来的公民组成。大陪审团的职能就是审查案件是否必须提起公诉。大陪审团可以根据简单多数投票，决定就任何一项或多项罪行对被告提出起诉。（2）地方法院预审程序。被指控犯有重罪的被告人有权要求法官举行预审。预审对被控以重罪的人而言是一项权利，而不是刑事诉讼的必须程序，被告人可以放弃预审而直接进入法庭审判。预审的主要目的是审查是否存在合理根据以支持对被告人提出的指控，决定是否交付审判，防止轻率地将被告人交付审判。另外，凡经大陪审团审查决定起诉的，一般不再经过预审。

三、日本刑事诉讼法中的庭前审查程序

日本在第二次世界大战以后吸收了英美法系对抗制因素并对传统职权主义刑事诉讼审前程序进行了改革，在起诉方式上实行起诉状一本主义，即起诉书中不附带可能使法官对案件产生先入为主观念的文书及其他物品，也不引用证据内容。同时，为了彻底贯彻排除预断原则，日本取消了法官预审制度，将起诉决定权和审判发动权完全委付给检察官。日本的庭前准备程序主要包括如下内容：（1）控辩双方应尽快向对方提供阅览依法应当阅览的证据文书或物证的机会；（2）对传闻证据和证据调查的请求表示意见；（3）请求保全证据；（4）控辩双方就有关事项如为明确诉因或为明确争点等进行协商；（5）采取确保被告人到庭的措施；（6）法院就变更公审日期等征求控辩双方意见。

因此可以看出，日本的庭前准备程序主要具备如下特点：一是注重排除法官预断，实行起诉状一本主义，排除了法院作实体性预断的可能；二是取消法官预审程序，对检察官

---

① 参见宋冰编：《读本：美国与德国的司法制度及司法程序》，北京，中国政法大学出版社，1998。

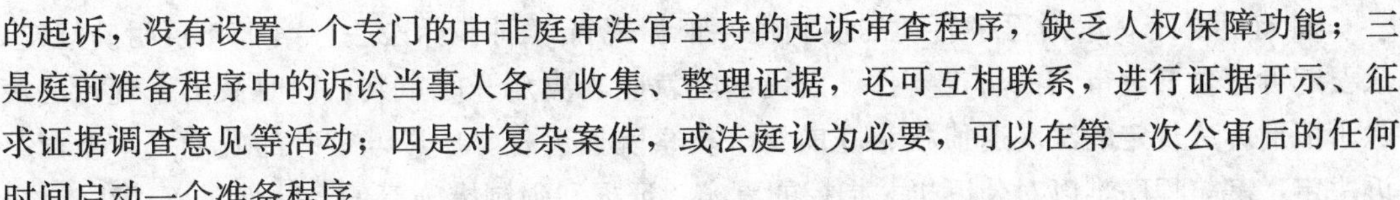

的起诉，没有设置一个专门的由非庭审法官主持的起诉审查程序，缺乏人权保障功能；三是庭前准备程序中的诉讼当事人各自收集、整理证据，还可互相联系，进行证据开示、征求证据调查意见等活动；四是对复杂案件，或法庭认为必要，可以在第一次公审后的任何时间启动一个准备程序。

第三节　中国刑事庭前程序的特点及存在的问题

一、中国刑事庭前程序的特点

严格意义上，中国现行刑事诉讼法中并不存在独立的庭前审查程序，相关内容被混合规定在起诉程序和审查程序中。这种混合式的庭前程序主要具有如下特点：

1. 以程序性审查为主，不排除实体性审查。现行《刑事诉讼法》在保留对公诉案件进行审查这一程序的同时，将原来的实体审查改为程序性审查，即第 150 条规定："人民法院对提起公诉的案件进行审查后，对于起诉书有明确的指控犯罪事实并且附有证据目录、证人名单和主要证据复印件或者照片的，应当决定开庭审判。"据此，开庭审判的法定要件是：具备明确的指控犯罪事实的起诉书；据以认定犯罪的证据目录、证人名单；主要证据复印件或者照片。这种形式上的审查禁止法官在开庭前就被告人犯罪事实是否清楚、证据是否充分等实体问题进行审查，从而废止了原刑事诉讼法赋予法官的庭审前的司法调查权，法官在开庭前不得再进行勘验、检查、搜查、扣押、鉴定等司法调查活动。但由于开庭前法官仍然审查有关案件实体的"主要证据复印件或者照片"，这些书面资料对法官的影响与原件并没有太大区别，所以此类庭前审查程序并没有彻底排除实体性审查。

2. 功能的单一性。一般认为，庭前审查程序具有三大功能：一是保障功能，即通过对检察机关移送起诉的案件进行审查，保障被告人免受无根据的起诉和审判；二是制约功能，即通过对检察机关移送起诉的案件进行审查，体现审判权对起诉权的制约，防止检察机关滥用诉权；三是过滤功能，即过滤不合格起诉，避免司法资源浪费。中国的庭前审查程序功能比较单一，只为庭审的开展做一些简单的程序性准备工作，主要目的是为了保证法庭审判的顺利进行。根据《刑事诉讼法》第 151 条和《高法解释》的规定，人民法院开庭前应当进行下列各项准备工作：确定合议庭的组成人员；将人民检察院的起诉书副本至迟在开庭 10 日以前送达被告人；通知被告人、辩护人于开庭 5 日前提供出庭作证的身份、住址、通讯处明确的证人、鉴定人名单及不出庭作证的证人、鉴定人名单和拟当庭宣读、出示的证据复印件、照片；将开庭的时间、地点在开庭 3 日以前通知人民检察院；将传唤当事人和通知辩护人、诉讼代理人、证人、鉴定人和勘验、检查笔录制作人、翻译人员的传票和通知书，至迟在开庭 3 日以前送达。对于不满 18 岁的未成年人犯罪的案件，在必要的时候，通知被告人的法定代理人到庭；公开审判的案件，在开庭 3 日以前先期公布案由、被告人姓名、开庭时间和地点等。显然，上述规定只是为庭审的开展做一些简单的程序性准备工作而已，仅对保证庭审的顺利进行富有意义。

3. 有诉必审，审判程序启动的便利性。根据现行《刑事诉讼法》第 150 条明确规定，只要起诉符合开庭审判的法定要件，人民法院就应当决定开庭审判，同时又由于现行法废除了旧刑诉法规定的法院退侦权和庭前要求检察院撤诉权。所以，审判的发动基本上由公诉决定，审前程序难以对公诉机关指控的事实、证据和强制措施等的合法性予以司法审查。司法实践中，法院对检察机关的指控无权驳回或改变指控、退回补充侦查，而只能要求其继续补充材料，不得拒绝开启审判程序。这是我国庭前程序的一个重要特点。

二、中国刑事庭前程序存在的问题

由于中国刑事诉讼法中并不存在独立的庭前审查程序，仅有的庭前程序规定内容也只是庭审准备的工作要求，致使控诉职能与审判职能之间的相互制衡功能严重削弱，导致整个诉讼结构不尽合理，司法实践中也是弊端重重，主要表现在：

1. 排除法官审前预断的立法意图没有实现。设置庭前审查的目的之一就是为了排除审判法官审前接触案件事实和证据，使法官保持客观、中立的心态，防止法官先入为主，产生预断，从而确保程序公正。但新庭审方式并没有达到这一目的。虽然中国现行《刑事诉讼法》第 150 条所确立的所谓程序性审查制度，相对于旧《刑事诉讼法》第 108 条所规定的实体性审查来说，对防止法官“先判后审”也许能够起到一定的作用，但由于这项制度仍然要求控方需向法官提交所收集的涉及定罪量刑的所谓“主要证据”的复印件或照片，并且未实行庭前审查法官与庭审法官相分离的制度，一般情况下仍然由主审法官直接接触案卷材料，实质意义上并没有完全摆脱实体性审查的消极影响，故尚不足以从根本上彻底防止法官审前形成预断或偏见的倾向。司法实践中，庭审法官根据所谓程序性审查制度能够充分了解到控方所提供了被告人有罪的主要证据，而由于检察机关移送的主要证据通常仅仅是对被告人不利的有罪证据，往往故意隐瞒了对被告人有利的证据，因此法官在对案件进行审查时，看到的只是这些对被告人不利的证据，更加容易产生对被告人不利的预断。这种状况甚至不如刑事诉讼法修改前，按照旧《刑事诉讼法》的规定，检察机关需要移送案件的全部卷宗和证据材料，法官通过阅卷，既可以看到对被告人不利的证据，也可以看到对被告人有利的证据。因此，在刑事诉讼法修改后反而更容易使法官产生对被告人不利的预断。再加上目前我国法官水平还比较低，难以在毫无准备的情况下有效地主持控诉式对抗激烈的庭审，同时错案追诉机制的存在，促使庭审法官总要千方百计地在庭前对案件事实有一个事先的准备，而主要证据复印件正好适应了法官的这种要求，庭审法官会在庭前审查中仔细去研究这些证据，这就为法官庭前形成预断提供极大可能性。在这样不全面的、有失公正的认识基础上所产生的审前预断，其危害性甚大，这也是冤假错案产生的主要原因之一。

2. 伏击审判现象愈加严重。由于中国刑事诉讼法没有规定严格的证据展示制度，在审前程序中只要求控方向法庭移送部分所谓主要证据的复印件或照片，且现行立法并未对这种“主要证据”的范围作出严格限定，司法实践中只能完全取决于控方的主观随意性，这就显然增大了检察机关“伏击审判”的可能性。[①] 同时，鉴于辩护律师在庭前只能获取一些主要证据的复印件，而对于检察机关未向人民法院移送的有关证据材料则无从得知，一方面会由于辩护一方的措手不及而人为地削弱了辩护一方的防御对抗能力，既不利于保障人权，更不利于法院及时查明案件事实真相，也造成了审判成本的上升和诉讼效率的低下；另一方面，这种“突然袭击”式的控辩对抗同样会使得双方在法庭审理中都有可能处于被动状态，因为辩护一方也有可能拥有决定诉讼进程的“杀手锏”般的证据材料，如辩护一方有可能在庭审过程中突然提出能够证明被告人不在犯罪现场或者患有精神疾病等方面的证据材料，在这种情况下，控诉一方也会感到措手不及，不但法庭审理的效率难以得到保证，也在一定程度上损害了检察机关的诉讼利益。由此可见，我国现行的庭前程序，在立法上存在着严重的结构性缺陷，对控、辩、审三方都是不公正的，特别是对辩护一方形成直接威胁，完全与现代刑事诉讼机制所追求的价值目标相背离，由此在司法实践中所必然诱发的各种弊端则直接侵蚀着整个刑事诉讼机制存在的价值基础。因此，我国刑事庭前审查程序是不科学的，应当予以完善。

3. 缺失防范公诉权滥用的控制机制。在刑事诉讼审前程序中，对公民权利构成最大威胁的，恰恰是公诉机关的无根据非法起诉。世界各国普遍重视庭前审查程序的设计，其原始动因也主要是通过这一审查机制达到阻止公诉权滥用之目的，禁止一些不符合起诉条件的案件进入审判程序，避免对无辜公民或被告人造成重大不利。但由于中国庭前审查程序的规定过于简单，仅仅作为依附于庭审的一项程序性准备工作，只审查移送的有关材料是否齐备，并不审查案件事实和证据，原则上也不决定是否驳回起诉以及更正或补充起诉，实质上就等于只要检察机关提起公诉，法院就必须开庭审理，而不论这种公诉是否适当。在此情形下，防范公诉权滥用的控制机制几乎不存在。尽管《刑事诉讼法》和《高法解释》对公诉审查程序做了相关规定，但法院对检察机关的提起公诉行为依然无法驳回或改变指控，又由于新刑诉法取消了法院的退侦权和要求人民检察院撤回起诉的权力，从而使得法院难以拒绝开启审判程序。这种有诉必审的公诉审查方式实质上造成了庭前审查程序的虚无化，国家司法权对追诉权的监督和制约难以发挥作用，不能从根本上防止错诉、滥诉现象发生，危害性甚大。

4. 被告人的辩护职能受到严重削弱，对被告人诉讼权利保护不力，刑事诉讼控辩平等这一核心原则在审前程序中几乎形同虚设。控辩平等是刑事诉讼的核心原则的[②]，主要包括以下两方面的基本内容：（1）控辩双方在刑事诉讼中的法律地位完全平等。即控诉方和被告人都是诉讼主体，都平等地享有刑事诉讼法所赋予的诉讼权利，承担相应的诉讼义务，控辩双方在刑事诉讼中的诉讼攻击和防御完全是平等的，而非一方为诉讼主体，另一方为诉讼客体。在法官看来，控诉方与被告人一方都是诉讼当事人，彼此完全平等，不存在控诉方地位高于被告人一方或者相反的情况。如果控、辩一方在法律地位上明显优于另一方，

---

① 参见陈卫东、郝银钟：《论我国公诉方式的结构性缺陷及其矫正》，载《法学研究》，2000（4）。

② 参见郝银钟：《刑事公诉权原理》，117页，北京，人民法院出版社，2004。

处于劣势地位一方的权利就无法保障，案件的处理就难以在充分听取双方意见的基础上进行，程序公正就无从谈起，查明真相就难以保障，进而也就不利于刑事诉讼目的的实现。当然，在刑事诉讼中，控诉职能处于主动地位，有国家强制力保障，被告人则处于防御地位，其实际力量悬殊显而易见。但是，诉讼的科学程序应当是控诉与辩护双方至少在形式上平等对抗格局，这是保证客观、公正审判所必需的。[①] 因此，从程序的角度看，刑事诉讼与民事私诉并没有大的差别。[②]（2）控、辩双方的权利相同或对应，即实现平等武装。既然控辩双方在诉讼中的法律地位平等，其诉讼权利自然应当相同或对应。相同是指双方完全享有同样的诉讼权利。对应则是指一方有权行使与他方行为相对应的权利。控辩双方在刑事诉讼中"都应当得到公平机会来对另一方提出的论据和证据作出反响"[③]，都没有高于或多于对方的权利，更不允许一方凌驾于另一方之上。法官有法定义务平等地对待控辩双方，绝不能因自己的价值取向和情感等因素对一方产生偏异倾向。如在法庭审判中，双方都有提出和论证自己主张、证据的权利，也都可以反驳他方主张，攻击他方证据，法官必须给予双方同等的机会或条件行使权利，不得加以限制。

但是，中国现行刑事诉讼法在审前程序中，首先削弱了辩护一方的取证和获知控方证据的能力，导致控辩严重失衡。知悉权是辩护方一项重要的权利，也是被告人及其律师有效进行辩护的前提。《刑事诉讼法》第 150 条以及《刑事诉讼法》其他条文的规定，使得辩护方在一定程度上无法全面了解案情，辩护方的知悉权受到极大限制。在刑事诉讼中，检察官代表国家，有庞大的国家机器作为后盾，具有充分的司法资源收集或获取证据；但辩护一方既没有司法资源上的优势，而且调查取证行为在法律上受到重重限制，再加上证据展示制度的立法空白，辩护人在开庭前只能阅看对被告人不利的"主要证据的复印件"，只能事先掌握检察机关全部材料中的一小部分，使得辩护律师的阅卷权明显被缩小，先悉权更无法得到保障，致使辩护一方在整个刑事诉讼中始终处于被动地位，控辩双方"平等武装"原则难以还原为客观现实，刑事诉讼的辩护职能对整个诉讼结局的影响也只具有形式意义，根本不可能发挥实质性作用。

5. 严重浪费国家司法资源。由于中国庭前程序缺乏对公诉权的制约，从而导致几乎所有提起公诉的案件只要在形式上符合《刑事诉讼法》第 150 条的要求，即使指控事实不清、证据不足，也能够畅通无阻地进入审判程序，这势必造成国家司法资源不必要的浪费。另外，由于庭前程序功能单一，难以达到分流、过滤案件之目的，从而使大量的本来可以通过预审程序过滤出去的案件进入审判程序，加大了诉讼成本，造成了大量案件的积压，增加了审判压力，导致诉讼拖延，严重浪费了国家有限的司法资源。在司法实践中，基于《刑事诉讼法》第 150 条规定，还需要对大量证据进行复印，更进一步加大了诉讼成本。一些经济欠发达地区由于经济能力有限，而复印的成本又较高，没有能力移送主要证据的复

---

① 参见陈光中：《刑事审判结构研究》，载《法学家》，1993（4）。

② 参见徐静村主编：《刑事诉讼法学》（上），92 页，北京，法律出版社，1997。

③ ［美］戈尔丁：《法律哲学》，240 页，北京，三联书店，1987。

印件，只能将全案卷宗一并移送，导致《刑事诉讼法》第150条的规定形同虚设，实际又回归到旧刑事诉讼法所规定的老路上去了，“新瓶装老酒”，国家法律权威受到严重挑战。

6. 审前程序的诉讼构造缺乏最低限度的合理性，导致司法实践中各种冲突迭起，严重损害国家司法权威。在司法实践中，法官在审查“主要证据复印件或照片”时，由于刑事诉讼法及相应的司法解释并未对所谓“主要证据”的范围作出严格的、协调一致的限定，往往与检察机关在主观认识上产生较大分歧。具体案件中，检察机关移送的主要证据复印件或照片，经常与法院的要求和理解大相径庭，所谓检、法冲突接连不断；同时检察机关也时常把一些关键证据并不完全移送到法院，而是在法庭审理过程中突然出示，令法官与辩护一方措手不及，检、法、辩之间的冲突难以有效避免。同时，由于庭前审查程序一般由主审法官就检察院提交的案卷材料进行审查，被告方很难介入这一程序并表达自己意见，而主审法官的审查一般仅限于书面审，未贯彻直接言词审理原则和平等对抗原则，形同控方与法院对案件的惯例性的“日常交接仪式”。这种缺乏基本诉讼构造的庭前审查方式，必然对被追诉人一方不利，检、法、辩三方冲突严重，既不利于人权保障目的的实现，同时也严重损害了国家司法权威。

第四节　中国刑事庭前审查程序的完善

通过前述分析可以看出，我国现行立法对公诉案件庭前审查程序的规定相当简单，且在司法实践中弊端很多，难以充分发挥庭前程序在整个刑事诉讼中的应有作用。因而，完善这一程序便显得十分必要，但在如何完善庭前程序的问题上，理论界的观点难以达成一致。我们认为，由于中国刑事诉讼庭前程序存在结构性缺陷，必须进行大刀阔斧式的改革，才能从根本上解决司法实践中出现的种种问题。

一、建构独立的刑事庭前审查程序

目前，我国刑事诉讼法中尚无独立的庭前审查程序，有关内容只散见于提起公诉和对公诉案件的审查制度当中。实际上，整个庭前程序都是在公安机关和检察机关的主导下进行的，法官及辩护一方的影响力微乎其微。这样的程序设计在诉讼效率方面是卓有成效的，但非常不利于刑事诉讼人权保障目的的实现，也必然导致整个刑事诉讼结构扭曲变形。因此，在我国刑事诉讼法中建构独立的庭前审查程序势在必行。独立的庭前审查程序应当重点解决如下几个方面的问题：

1. 庭前审查程序的主体。无论在英美法系国家，还是在大陆法系国家，庭前审查程序的主体几乎无一例外地由法官担当。在诉讼理论上，也并不主张将承当控诉职能的检察官作为庭前审查程序的主体。如果庭前审查程序的主体是检察官，则必然导致刑事诉讼核心机制——控辩平等原则形同虚设，犯罪嫌疑人、被告人的权利保障机制在庭前审查程序中几乎荡然无存。因此，根据程序正义最低限度的要求，我国庭前审查程序的主体只能是居中公断的法官，相应的机构也只能设在人民法院。

当然，为了防止“法官预断”、“先判后审”的现象发生，主持庭前审查程序的法官一定要与本案的庭审法官严格分离，禁止法院行政领导在审前法官与庭审法官之间进行协调沟通，否则就属于重大程序违法。

2. 庭前审查程序的启动。基于审判权的被动性，庭前审查程序启动权应当赋予检察机关，即只有经人民检察院提出申请，才能对案件进行庭前审查，法官在任何情况下都不得依职权主动启动庭前审查程序。但是，如果是犯罪嫌疑人、被告人及其辩护人对已采取的强制措施有异议，请求法院予以撤销或变更，在这种情形下，庭前审查程序启动权只能赋予犯罪嫌疑人、被告人及其辩护人等。

3. 庭前审查程序的任务、范围与内容。庭前审查程序作为连接起诉与审判的中间环节，主要任务是解决是否将被告人交付法庭审判以及案件是否符合开庭审判的条件，而并不是确定被告人是否有罪。由于国家侦控权具有天然扩张性，极易侵害普通公民的合法权益，因而通过庭前审查对其形成制约之势便成为庭前审查程序的主要任务。刑事案件经侦查终结，控方提起公诉后，应当通过庭前审查程序重点审查检察机关对被告人的指控是否存在合法的理由或者合理的根据。在审查的范围上，只适用于重罪案件，即重点审查案情复杂、性质恶劣或者社会影响力大的刑事案件，对于案情较为简单或者情节较轻的案件，可赋予检察官以自由裁量权以决定是否进行庭前审查，这是符合国际惯例的通行做法的。在审查内容上，一方面要实现过滤、分流案件的目的，过滤不合格起诉，进行简繁分流，避免司法资源浪费；另一方面要充分发挥法院的司法控制机能，防止公安机关滥用强制措施决定权和检察机关滥用诉权，以更好地保障犯罪嫌疑人、被告人免受非法侵犯。所以，庭前审查程序应当全面审查与检察机关提起公诉相关的所有事实、证据及法律等实体性问题，并不仅限于审查案件的起诉书、证人名单、证据目录等程序性问题。除此之外，还应当事先或事后审查公安机关和检察机关对犯罪嫌疑人、被告人的强制措施决定是否合理、合法。在侦查和起诉阶段，公安机关和检察机关无论是对人身采取强制措施，包括刑事拘留、逮捕、羁押等，还是对物强制措施，包括扣押、搜查、查封等，以及秘密侦查行为和技术性侦查措施等，都必须得到法官的许可或授权。

二、确立完善的证据展示制度

证据展示是指刑事诉讼中的控辩双方当事人在庭审调查前，依据法律或判例的要求，相互展示并获取有关案件证据材料方面的信息，也即证据展示是指一方当事人向另一方展示并提供即将在庭审中待采用的特殊证据（specific evidence）。[①] 美国学者认为，证据展示制度通过向被告人一方展示用以反对他或她的事实材料而减弱了刑事案件程序中的纯粹对抗性质，但是这一制度通过确保被告人一方能够得到充分的防御而促进了对抗制诉讼进程，并促使强大的国家与被告人之间利用有限的资源展开一场公正且平等的争斗（a fair and e-

① 参见陈卫东、郝银钟：《我国公诉方式的结构性缺陷及其矫正》，载《法学研究》，2000（4）。

qual fight)[1]。英国人也普遍认为，获得真相的最好的方法是让各方寻找能够证实真相的各种事实，然后双方展示他们所获得的所有材料。[2] 实际上，证据展示制度主要有利于被告人一方，这是因为检察官必须出示足够的证据以证明将被告人推向法庭是正当合法的。通过这种证据展示，辩护一方能够获取足够的信息进行充分的防御。一般认为，设置证据展示制度的目的有以下三点：一是确认对立当事人之间的争议点；二是得到与案件有关且为诉讼准备所必要的证据信息；三是获取在正式审理中可能难以取得的相关信息。[3] 当然，从上述目的中还可以当然地延伸出其他目的，即防止伏击审判以及案件的解决建立在真实事实的基础之上，而不是依靠律师的辩护技巧。在英美当事人主义抗辩制的刑事诉讼中，证据展示是一项重要的诉讼行为。英国法官认为："不展示证据是不正义的巨大源泉"[4]。美国法官也认为：真实最可能发现在诉讼一方合理地了解另一方时，而不是在突袭中。[5] 如果没有广泛的证据展示，审判简直就成了漫无目的的游戏。[6] 由此可见，在对抗制的刑事诉讼结构中，证据展示制度具有独立价值。这种独立价值主要体现在：（1）在实体法上有利于促进案件真实的发现。刑事诉讼程序终究是查明案件事实的过程，而证据展示制度能够保障真相的发现是由案件事实本身但不是由突袭或技巧决定的。这是由于，证据展示制度使控辩双方在庭审之前就充分地了解了有关案件事实方面的信息，减少了阻碍法官在法庭审理过程中发现实体真实的主客观因素，更有利于防止将法庭演变成为与查明案件事实真相毫不相干的纯粹的司法竞技场。在这种情况下，证据展示制度无疑使法官及陪审团及时发现案件事实真相的可能性增大了。（2）在程序法上有利于促进司法公正、节省司法资源和提高诉讼效率。对任何诉讼机制而言，公正性都带有根本性。在刑事诉讼中，公平竞争原则（principle of fair play）成为司法公正的基础。在强大的国家权力面前，辩护一方无论在哪一方面，特别是获取证据的能力上，呈明显的弱势，这样控辩双方的诉讼地位也就不可能平等。人类社会的司法实践证明，控辩双方法律地位上的实际不平等，是导致司法不公的主要源泉之一。而证据展示制度能够使控辩双方在庭审前充分交换证据材料方面的信息，并特别强调检察官充分展示的法定义务，使其完全丧失信息独占的可能性，显然随之相应地增强了辩护一方的防御及抗辩的能力，控辩平等在这一诉讼环节上得以真正实现，那么在庭审过程中控辩双方才能平等对抗。显而易见，证据展示制度在保障司法公正方面的价值是有目共睹的。同时，证据展示制度使伏击审判现象遭到禁止，控辩双方对案件争执的焦点很明确，庭审质证有极强的针对性，避免了在审判阶段导致案件中断拖延的各种因素的滋生，保证审判活动公正、准确、及时地进行，从而节省了有限的司法资源，并相应提高了诉讼效率。总而言之，证据展示制度是公诉权的平等性最深刻的体现，这一诉讼制度

---

① Josl Samaha，Criminal Procedure，2nd. P. 491. 1993 by West Publishing Company.

② 参见英国迈克·麦考韦利法官在英国法律周上的讲话。

③④ 孙长永：《英国刑事证据开示制度的改革》，载《四川大学学报》，1999。

⑤ See Roger J. Traynor，Ground Lost in Criminal Discovery，39 N. Y. U. L. Rrw 228、249，1964.

⑥ See Brennan. The Criminal Prosecution：Sporting Event or Quest for Truth? Wash. U. L. Q. 1963，pp. 290～292.

的确立标志着控辩平等原则在刑事诉讼结构中真正起到了核心机制的功能性作用。

综观英美法系各个国家的证据展示制度，其程序主要涉及证据展示的主体、范围及例外、时间、方式、地点、法官的作用以及违反法定证据展示规则或法院展示命令应承担的法律后果等。这里只重点说明证据展示的范围和法官在证据展示中的作用两个最基本的问题。证据展示的范围主要涉及两个方面的问题，一是指控方证据展示的范围；二是辩护方证据展示的范围。由于各国的实际情况有异，法律所规定的证据展示的范围也略有不同。就前者而言，如美国《联邦刑事诉讼规则》第16条（a）规定，根据被告人的请求，由政府方透露的证据包括：（1）被告人陈述，即任何由政府掌握、保管或控制的有关被告人书面陈述或口头陈述的书面记录及其副本；（2）被告人的前科记录，即被告人先前的犯罪记录；（3）文件和有形物品，即政府应当允许被告人对有关的书籍、纸张、文件、照片、有形物体、建筑或场所，或者其复制品或其中某部分进行检查、复制或照相；（4）检查、试验报告，即有关身体或精神检查的结果或报告，科学测验或实验的结果或报告，或者其复制件进行检查、复制或照相。对后者而言，该法条（b）规定，由被告人透露的证据范围有：（1）文件和有形物品，即如果被告人请求政府方透露其上述文件和有形物品证据时，则相应地依照政府方的请求，被告人应当允许政府对由被告人掌握、保管或控制并且被告人意图在审判中作为证据出示的书籍、纸张、文件、照片、有形物品，或者其复制件或其中某一部分进行检查、复制或照相；（2）检查、试验报告，即如果被告人请求政府方透露其检查、试验报告证据时，则相应地依照政府方的请求，被告人应当允许政府对被告人掌握、保管或控制的与案件有关的身体或精神检查的结果或报告，或者科学测验或实验的结果，或者其复制件进行检查、复制或照相。英国现行的证据展示制度明确规定了控辩双方的展示义务，主要内容包括：（1）侦查犯罪的警察官在成文法上有义务记录并保存侦查过程中收集或制成的资料。（2）控方必须向辩方首先展示控方不打算在审判中使用的某些资料，即控方首次展示。检察官依法应当将以前没有向被告人展示的证据材料向辩护一方予以展示，只要检察官认为证据可能会“削弱”控诉一方的指控。而且，证据展示官为检察官准备的列明不予采用的证据材料目录也应向辩护一方展示。（3）控方履行了首次展示义务之后，辩护一方有义务向控诉一方展示辩护一方准备在审判中提出的辩护和所依赖的根据。当案件被移送到刑事法院后和法庭审判前，辩护一方有义务将自己的辩护陈述（defense statement）提交给检察官和法庭。辩护一方的辩护陈述必须包括以下内容：辩护一方提出的辩护的一般性质；辩护一方与控诉一方发生分歧的事项；辩护一方与检察官发生分歧的理由。如果辩护一方准备提出不在犯罪现场的辩护，那么辩护陈述还必须载明这一证据的细节，包括证明被告人不在犯罪现场的证人的姓名和住址，以及可用来发现姓名和住址不明的这种证人的信息等。[①]（4）经辩护一方展示之后，控诉一方必须再次向辩护一方展示其他材料，即第二次展示。控诉一方第二次展示的是“可以合理地期待会有助于被告人

① 详细内容可参见陈瑞华：《英美证据展示制度之比较》，载《政法论坛》，1998（6）。

进行辩护意见书所预定的辩护”的资料。[①] 关于法官在证据展示中的作用。在英国，法官在证据展示程序中的作用主要是监督控辩双方依法履行展示义务，并对双方有争议的事项及时作出相应的裁决。控辩双方都有权将证据展示申请提交到法院，由法官予以裁决。在美国，法院基于诉讼指挥权和裁决权，可以作出一系列限制和保护控辩双方当事人展示权利的决定，对诉讼双方是否依法履行各自的展示义务，具有重要的监督作用。[②] 主要体现在：(1) 对审判前证据展示的内容和时间加以限制。这种情况只适用于在特殊情况下，控方或辩方不能或不愿直接展示证据的时候，不得不寻求法院的帮助。(2) 对审判过程中的证据展示申请作出适当处理。(3) 对违反法定展示规则或法院展示命令的行为，给予制裁，并给予受害方以适当的救济。(4) 责令检察官提交罪状详细书 (bill of particulars)。

在我国刑事诉讼结构中确立证据展示制度，显然有助于控辩双方在审判前实现案件信息资源的合理配置，能够避免庭审过程中无故拖延诉讼而造成司法资源的浪费，确保诉讼效率和司法公正目的的顺利实现，同时对我国刑事诉讼结构的完善具有重要意义。同时，考虑刑事诉讼法本身的延续性和稳定性，在立法技术上可将《刑事诉讼法》第 150 条改造成为证据展示制度，要重点解决以下几个方面的问题：

1. 检察机关证据展示的义务和范围。首先应当明确检察机关的证据展示义务。这是因为，代表国家的检察机关，拥有强大的司法资源和强制性权力，在刑事诉讼中占据绝对优势地位，虽然承担举证责任，但其拥有足够的诉讼权力和手段取得所需的证据，而在强大的国家权力面前，辩护一方无论在哪个方面都是弱小的，并且在调查取证时受到的限制也比较多。所以，在证据展示诉讼活动中，检察机关首先应当承担法定的展示义务，并且应当承担更多的法定义务。对检察机关来说，需要向辩护一方展示的证据应当包括两大部分：一是不利于被告人的所有证据材料。主要是指检察机关在法庭审理中准备用以支持其公诉的，可能影响被告人定罪量刑的所有证据。凡是在庭审之前没有展示的这类证据，均不得在法庭上使用。二是有利于被告人的证据材料。我国《刑事诉讼法》第 43 条规定，检察人员必须依照法定程序，收集能够证实犯罪嫌疑人、被告人有罪或者无罪、犯罪情节轻重的各种证据。正是由于我国检察机关在刑事诉讼中的这种客观公正的法律地位，那么检察机关收集的有利于被告人的一切证据材料都应该展示给辩护一方。所以，对检察机关来说，证据展示的范围不仅包括检察官将在法庭上提出的证据，而且还包括不准备在法庭上使用的证据或对被告人有利的证据等。

2. 辩护一方证据展示的义务和范围。由于辩护一方在刑事诉讼中不承担举证责任，所以，辩护一方没有义务向检察机关展示不利于被告人的证据材料，但有义务展示准备在法庭上使用的有利于被告人的证据材料。这是控辩平等原则的基本要求。不过应当强调指出，辩护一方的证据展示范围，只包括有利于被告人的证据材料，而不能强制辩护一方展示不

---

① 参见孙长永：《英国刑事证据开示制度的改革》，载《四川大学学报》，120～122 页，1999。

② 参见孙长永：《美国刑事诉讼中的证据开示》，载《诉讼法论丛》，第 3 卷，239 页，北京，法律出版社，1999。

利于被告人的证据。

3. 证据展示的时间与地点。证据展示的时间与地点可参考现行刑事诉讼法的有关证据展示方面的规定进行确定，即根据《刑事诉讼法》第 36 条和第 150 条有关规定，证据展示可分为两个阶段进行：第一次为起诉阶段，证据展示的地点应当确立在检察机关，当双方发生争议时，由审判机关进行监督和审查；第二次在庭前审查程序中，在审判机关的直接监督之下进行。另外，在审判过程中，控辩双方都有可能发现或提出新的证据，在这种情况下，只要控辩双方中的任何一方提出申请，就应该重新开启证据展示程序。但是否有必要重新进行证据展示，应当由法官审查决定。

4. 人民法院在证据展示中的地位和作用。作为客观中立的第三者，人民法院在证据展示诉讼活动中主要起着审查监督的作用，同时也是控辩双方就证据展示有关问题发生争议时的仲裁者。在我国刑事诉讼中，这种职能作用主要体现在：对审查起诉阶段发生的证据展示争议问题进行仲裁；对审判前证据展示的内容和时间加以限制；对审判过程中的证据展示申请作出适当处理；对违反法定证据展示义务或人民法院证据展示命令的行为给予制裁等。另一方面，也必须突出强调一点，绝对禁止庭审法官事先受到未经质证的任何一方的证据材料的影响，防止在诉讼实务中为法官假借证据展示制度进行片面的实体性审查大开方便之门，以免滋生新的司法不公。

5. 对违反法定义务的制裁。制裁问题直接关系到法律的功效。制定制裁的目的在于保证法律命令的遵守与执行、强迫行为符合业已确立的秩序。① 对违反上述法定证据展示义务的任何一方，都应当承担相应的不利法律后果。否则，就无法有效地约束控辩双方正当地履行展示义务，证据展示制度就有可能流于形式。根据不同情况，制裁的措施至少应当包括：强制违反证据展示义务的一方在法定时间内履行法定展示义务；禁止并排除违反证据展示义务的一方在法庭上出示任何未经展示的证据；由法官宣布延期审理；宣布审判无效；驳回起诉；承担一定的经济责任等。

三、采取严格的起诉书一本主义

自刑事诉讼近代化以来，法官审前预断一直对程序公正构成了直接威胁和冲击②。西方国家在其刑事司法制度现代化过程中也同样遇到了上述难题。在大陆法系国家，由于法官在开庭审判之前就先入为主地接受了控方的案卷材料，所以法官在开庭审判之前形成“预断”是在所难免的。在英美法系国家，公诉方式采用严格的起诉书一本主义，禁止在起诉书中记载可能使法官对案件的认定产生先入为主的材料。因此，英美法系国家在庭前程序中采用严格的起诉书一本主义，是防范法官审前预断的最有力的措施。

所谓起诉书一本主义，具体是指检察官在提起公诉的时候，只能依法向有管辖权的法院提交具有法定格式的起诉书，表明控诉一方的诉讼主张，而不得同时移送有可能使法官

---

① 参见［美］E. 博登海默：《法理学——法哲学及其方法》，330 页，北京，华夏出版社，1986。

② 参见陈卫东、郝银钟：《我国公诉方式的结构性缺陷及其矫正》，载《法学研究》，2000（4）。

对案件产生预断和偏见的其他文书和控诉证据，也不得引用这些文书和证据的内容。所谓有可能使法官对案件产生预断和偏见的其他文书和控诉证据，是指有可能对法官关于公诉事实形成心证产生影响的资料和证据材料，如在侦查阶段收集的犯罪嫌疑人的供述、辩解笔录、勘验笔录、鉴定书等，也包括涉及公诉事实的有关诉讼文书，如侦查机关制作的案件移送书、检察官制作的逮捕证请求书或羁押证请求书、被害人的控告书等。即凡是可能使法官产生预断和偏见的所有事项，均不得在起诉书中予以记载。从整个刑事诉讼结构的角度来考察，起诉书一本主义彻底割断了侦查与审判之间的继承关系，防止法官仅仅根据控诉一方的抢先举证而形成不利于被告人的预断和偏见，从而使法庭审判真正成为公平地判断被告人刑事责任的关键阶段；同时，起诉书一本主义可以使法官尽可能地避开在法律上不具有证据能力的证据，防止法官受不能作为证据的材料的影响而作出违法的或错误的判断，从而确保裁判结果正确无误。由此可见，起诉书一本主义，能够将控诉内容与举出证据严格区别开来，使法官在开庭审判前对案件的认识还处于空白状态，避免仅仅根据当事人一方的材料对案件形成偏见，有利于法官排除预先判断。依各国判例，违反起诉书一本主义提起公诉的，属于对公诉方式的重大违法，将受到驳回公诉的判决；而因违反起诉书一本主义而被驳回公诉的，不得再行起诉。英美法系的这种公诉方式模式，在世界范围内产生了广泛的影响，原属于大陆法系的日本及意大利等国的公诉方式，也完全废弃了卷证移送制度而改采起诉书一本主义。

从法理上分析，起诉书一本主义显然与抗辩制庭审形式所追求的诉讼理念是相互一致的。当事人主义诉讼模式的司法实践证明，起诉书一本主义能够有效地保障法官在庭审之前不受侦查、起诉阶段有罪证据的影响，法官只能在庭审过程中知悉控辩双方的进攻与防御的主张及相应证据。这就从诉讼制度上保障了法官排除预断和偏见，克服先入为主的有罪成见，使其在充分听取了控辩双方的陈述和激烈对抗之后才形成公平的心证。所以，起诉书一本主义的价值主要体现在能够平等地保护控辩双方的诉讼权利，使公诉权的平等性深深地根植于刑事诉讼结构之中，并通过排除法官预断和偏见而实现公正审判。

针对我国“流水线式”的刑事诉讼结构以及司法实践中法官审前预断现象突出的客观现实，我们认为，应当在我国刑事诉讼审前程序中确立起诉书一本主义。理由是：

其一，能够有效地防止法官单方面受到侦查、公诉机关的影响而形成不利于被告人一方的预断与偏见，有利于促进我国刑事司法愈加公正。尽管《刑事诉讼法》第 150 条并非要求移送控方的整个卷宗，但将决定被告人命运的所谓主要证据的复印件及照片在审判前就直接移送给庭审法官，同样能影响到法官的心证而容易使之形成预断和偏见。由于我国庭审形式改革不成熟，各项配套措施远远没有跟上，一些必不可少的保障机制还没有建立起来，同时法官的思维方式、价值观念及业务素质等基本因素仍难以适应新的审判职能的客观需要，所以法官更容易倾向于用传统的方式解决当前的新问题。故从法官心理上分析，为了准确地查明案件事实真相，法官往往更加重视或充分利用涉及案件实体的所有信息。再加上中国的法官与检察官都属于司法机关的工作人员，双方本来就具有一种先天的信赖感，所以法官往往偏重对侦查卷宗材料和公诉一方意见的采纳。一旦法官利用这种制度上的漏洞在审判前就形成了对被告人不利的成见，即使被告人及其辩护人提出多么合理、正确的辩护意见，或者出示极有利于被告人的证据材料，也难免被法官视为狡辩而不予采信。这样，整个审判程序就有可能演变成为庭审法官努力验证自己预先形成的心证准确性的过程。而严格的起诉书一本主义，使庭审法官无法接触到有关公诉一方所收集到的任何不利于被告人一方的证据材料，致使侦查、公诉阶段所形成的有关案件实体的所有信息不能事先直接进入法官的视野，即使起诉书中的诉因及公诉事实的描述因缺乏证据的支持不但不会影响法官心证的形成，反而有可能使法官对其真实性顿生疑窦，至少能够保证法官不致受公诉一方的意见影响过深而滋生弊端。

其二，改采起诉书一本主义，能够使法官彻底断绝接触根本就不具有证明力的无效证据，防止法官事先被误导的可能。在复印件主义之下，法官仍能够接触到没有经过控辩双方质证的证据，这些所谓的主要证据里面，鱼龙混杂，一旦混有根本没有证明能力的无效证据，就有可能被误导而形成错误的判断，不但使法官有可能漠视有证明能力的证据之价值，且容易使整个庭审程序走过场，所有的证据规则和庭审原则与规则都会难以起到应有的作用，无罪推定原则也会遭到破坏，法官查明案件事实真相的能力被严重削弱。而起诉书一本主义，使检察官的起诉行为，只具有主张其起诉事实的意义，而不具有通过证据事实影响法官心证的效力，从而保障我国新的抗辩制庭审形式能够顺利实现其预期目的和价值。

总而言之，起诉书一本主义充分体现了抗辩制庭审形式的理念，能够彻底根除由复印件主义所带来的各种弊端，在诉讼实务中确能有效地保障整个诉讼结构的运作具有合法性、正当性及合理性，故完善我国刑事诉讼公诉方式，首先应当废除《刑事诉讼法》第150条的规定内容，确立严格的起诉书一本主义。

第十四章

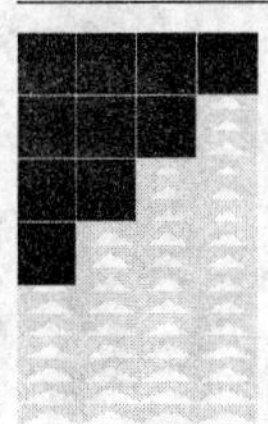

刑事审判程序原理

第一节 刑事审判程序的独立价值

刑事审判程序的独立价值是一个法哲学概念，主要反映了诉讼主体与刑事审判程序之间需要与满足的关系范畴。这一研究课题主要是从应然的角度揭示刑事审判程序独立存在的必要性，旨在为立法机关进行程序设计、审判制度改革、法官从事刑事审判和当事人进行刑事诉讼提供必要的且具有前瞻性的价值指引和理论指导。显然，诉讼主体诉讼需要与满足关系的多样性，必然构成多元的刑事审判程序价值目标。所以，刑事审判程序的独立价值是一个复杂的、多层次的体系，主要通过一系列稳定的诉讼原则和诉讼规则体现出来。

一、公正性

此乃刑事审判程序的首要价值。因为刑事审判程序的公正性是法的正义的直接和具体的体现，它代表了法律的基本价值，也代表着所有诉讼程序的基本价值和生命。离开公正性，刑事审判程序也就失去了继续存在的必要性。一般认为，刑事审判程序的公正性具体包含两个方面：即刑事诉讼的过程公正和结果公正。也有学者认为，诉讼公正性应当包含程序的安定性和公开性[①]，这是从不同角度揭示了刑事诉讼程序公正性的丰富内涵。

二、正当性

在法治社会中，法律制度的正当性，应当成为法律制度本身真正永恒的生命基础，更应当是所有法律制度都应当具备的优良品质。古往今来的思想家们历来将法律制度的正当性视为人类社会的美德和崇高理想，并为此进行了生生不息的探索。但人类对正当性的价值判断犹如“普洛透斯”的脸，变幻不定，相关的理论模式设计也森罗万象，如古代先贤

① 参见刘荣军：《程序保障的理论视角》，145～146页，北京，法律出版社，1999。

柏拉图的“和谐论”、亚里士多德的“平等论”、托马斯·霍布斯的“安全论”等都曾对正当性这一经久不衰的论题进行过精心的诠释，当代一些著名的思想家们也为此作出了卓越贡献，如谷口安平教授认为：所谓正当性就是正确性，一是结果的正确，另一则是实现结果的过程本身所具有的正确性。所谓结果的正确，主要是指判决结果能够正确地实现实体法的内容，而过程的正确是指获取结果的过程本身是否得到充分的保障。丹宁勋爵在谈到程序的正当性时指出：这一概念系指为了保持日常司法工作的纯洁性而认可的各种方法；美国学者乔治·F·科尔教授认为：正当程序的概念是指，为了与刑事诉讼程序的两造对抗性相一致，刑事案件的被告人必须享有一定的受保护的权利，并按照同样程序对他进行侦讯，政府当局只有遵守这些程序从而保障被告人的权利，才可以采取反对被告人的行为；以及哈特的“最低限度的自然法”、富勒的八大法制原则和马克斯·韦伯关于合法性问题的研究等均是对正当性研究的成果，可谓精彩纷呈。但这一历史现象并不意味着正当性完全是主观的，不存在判断正当性的客观标准。当然，给所有的法律制度提供一个万能的正当性客观标准也许是不可能的，这是因为正当性本身就是一个历史的、相对的概念。但是，我们完全有可能从中发现人类社会对正当性的同一的及某些带有共同性的要求及某些普遍接受的正当性观念，这些要求和观念在一定程度上蕴涵着法律制度的内在精神和实质，体现出人类社会的理性健全的程度，从而为我们正确认识具体法律制度的正当性奠定坚实的基础。①

我们认为，刑事审判程序的正当性具体内涵应当包括两个方面：一是通过刑事诉讼程序必须保证能够发现案件真实，即实现刑事审判判决结果的正当；二是上述实现刑事审判判决结果的正当，必须是建立在正当的刑事诉讼程序基础之上进行，即刑事审判程序本身应当具有正当性的优秀品质。两者的有机结合，才能够构成刑事诉讼程序的正当性。

三、中心性

在现代社会中，刑事审判程序在刑事诉讼结构中均具有中心性，即在刑事诉讼法中普遍确立审判中心原则。具体是指，在刑事审判过程中，只有法官才能够对整个诉讼进程具有权威性作用和决定性影响，法官不但有权决定控辩双方的最终命运，而且主持和控制着整个刑事审判的过程，控辩双方在法庭上的所有诉讼行为只有得到法官的认可之后才具有法律效力；整个刑事诉讼过程必须以审判为中心环节，审判前的侦查与起诉程序不过是为审判作准备而已，侦查、起诉阶段所得出的结论及所依据的证据材料，只有在法庭上接受辩护一方的质疑，最终由法官来裁断其合法性和正确性；法官有权审查和判断警察和检察官在刑事诉讼中是否具有不法行为，并裁决是否应当受到惩罚；法官的裁决对所有诉讼主体乃至整个社会都具有法律约束力，一旦生效就必须遵守，并按照法定程序迅速执行。

---

① 参见郝银钟：《检察权研究》，载《中国刑事法评论》，第5卷，北京，中国政法大学出版社，1999。

四、公信性

在现代法治社会，法院是最具公信力的国家机关，法官也是最受社会尊崇的官员。人们普遍认为，法院是社会正义的捍卫者，是公民权利的最后防线。法官裁判案件，也裁判社会的道德与良心。因此，他应当是正义的化身，是崇高的法律人格与丰富的法律智慧的统一体。法官位高权重，需要有高尚的风范、谨言慎行和较高的文化素养，为民众普遍尊崇和爱戴。所谓刑事审判程序的公信性，主要是指法官的裁判应当得到民众的普遍尊重和认同，审判机构应当成为全社会充分信任和广泛支持的场所。刑事审判程序的这种公信性，来自于主权在民的宪法性原则。法官是代表人民行使国家司法权，是人民利益和社会正义的忠实捍卫者。所以，法治社会中的法官不应当是高高在上的老爷，法院也不应当成为令人厌恶和恐怖的封建衙门，而应当使民众普遍感到亲切和心理上的充分认同。正如澳大利亚法官马丁先生所言：在一个秩序良好的社会中，司法部门应当得到人民的信任和支持。从这个意义出发，公信力的丧失就意味着司法权的丧失。[①] 因此，刑事审判程序的公信力价值，要求人民法院应当时刻接受民众的民主监督，法官在日常的行为准则中更应当彻底消除欺压百姓、衙门作风等封建社会遗留下来的司法痼疾，真正树立起亲民、爱民形象。

五、独立性

一般认为，宪政主义在司法中最重要的具体应用是法官独立及对法律负责。[②] 德国著名法学家拉德布鲁赫教授认为：法官就是法律由精神王国进入现实王国控制社会生活关系的大门。法律借助于法官而降临尘世。为使法官绝对服从法律，法律将法官从所有国家权力影响中解脱出来。“只在仅仅服从法律的法院中，才能实现司法权的独立”[③]。所以，法官司法权的独立性原则成为现代法治国家普遍承认和确立的一项基本法律准则，主要由以下三个规则构成：其一，审判权的专属性规则。即国家的司法审判权只能由国家审判机关的法官行使，其他任何机关和个人都不得行使国家的审判权。其二，行使司法审判权的独立自主性规则。即法官依法独立行使审判权，不受外界任何机关、团体和个人的干扰、影响和控制。其三，行使司法审判权的合法性规则。即法官在行使司法审判权时，应当服从宪法和法律。上述三个规则的有机结合，构成了司法权独立性原则的核心内容。刑事审判程序内涵的上述独立性价值体现了审判机关的地位独立、审判活动独立和法官的职务独立，这项原则已经成为司法公正的前提，也是法治社会的基本要求。法官制度和法院体制的构建，应当充分体现刑事审判程序的这一重要价值。

显而易见，要实现法官判断的公正和准确，只能通过机构设置及其法律地位的独立性才能得以确保。司法权只服从法律而不服从指挥，对司法权只能实施监督而不能进行领导。

---

① 参见上海一中院研究室：《21世纪司法制度面临的基本问题》，载《法学》，1998（12）。

② 参见［德］英戈·穆勒：《恐怖的法官》，王勇译，65页，北京，中国政法大学出版社，2000。

③ ［德］拉德布鲁赫：《法学导论》，米健、朱林译，100～110页，北京，中国大百科全书出版社，1997。

对行使司法权的法官来说，唯一能够使他服从的，只能是法律，而绝不能是什么人的意图或命令。如果司法权没有这种独立性，其权威性也就荡然无存了。因此，各级司法机关在行使司法权的过程中，都必须体现独立精神，即使上下级法院之间也不能相互影响。

六、终局性

在实质意义上，司法权就是一种裁判权，其职责内容主要是针对纠纷与归属、是非曲直等问题，根据事实与法律进行裁断。那么，司法权的终局性就表示司法权是国家对任何社会冲突所作出的一种最终的、最权威的裁判权，是法治的最后一道防波堤。司法权的终局性还体现于它对各种制度的最终保障上，如果司法不能遏制违法，则这个国家就不再有秩序可言了。正是司法权的上述特征构成了现代诉讼程序的公正、合理的一项必要条件。众所周知，人民法院的基本功能在于定纷止争。行使司法权的法院，在裁判任何案件时，都必须作出一个最终的裁判方案，并使该方案在法律效力上具有稳定性。即法院作出生效裁判之后，就意味着该项诉讼的终结，非依法律明确规定，不得随意启动对该项诉讼的再审程序。任何一个法治国家都绝对禁止法官如同烙馅饼似的将案件随意翻来覆去地审理。根据这项司法原则，所有涉及个人自由、财产、隐私甚至生命的事项，不论是属于实体性的还是程序性的，都必须由人民法院通过庭审作出裁决，而且这种程序性裁决和实体性裁决具有最终的权威性。

在大陆法系国家，刑事审判程序的终局性价值体现在“一事不再理”原则之中，而在英美法系国家，则主要蕴涵在“禁止就同一行为实施双重追诉”的诉讼原则之中。“一事不再理”原则要求法官和检察官对于已经裁判终结、产生法律效力的刑事案件，一般不得再重新启动追诉或裁判程序，刑事案件的再审只是受到法律严格限制的例外。刑事审判程序的这一独立价值，明显具有维护和保障法律及法治秩序安定性的功能，能够防止因为随意再审而破坏法律实施的稳定性和安全性。“禁止就同一行为实施双重追诉”的诉讼原则要求一旦对个人的刑事追诉进行完毕，不论裁判结果如何，都不能使被追诉人重新陷入被追诉的境地，否则个人就有可能因为同一行为反复承受国家的追诉或审判，使被追诉人的合法权益反复处于不确定、待审查的状态，这种情形显然是对个人合法权益及人格尊严的侵害。所以，刑事审判程序的终局性价值在英美法系主要体现了对被追诉人合法权益的特殊保护。当然，刑事审判程序的终局性价值也同时要求必须建立合理的审级制度及科学的司法体制。

七、消极性或被动性

审判权或司法权一贯坚持“不告不理”的原则，只有当发生了讼争或某种事件申诉到司法机关之后，法官才会依据法律在当事人诉求的范围内作出裁判。审判权或司法权的裁断职能决定了司法权具有消极性和被动性。所以，审判权或司法权只能被动行使而不可主动行使，所谓法官“提前介入”、“主动服务”、“送法上门”、“内部上请”等都是违背其自身的价值基础的。审判权或司法权的这种消极性和被动性，与行政权在推动行政管理的运作过程中所表现出的积极主动性和自发性形成了强烈的反差。在刑事诉讼中，由于普遍采用国家起诉原则和起诉法定主义，检察机关代表国家追诉犯罪更具有主动性和积极性，这种职业特质使检察官根本不可能在社会冲突中保持中立性，所以积极主动地行使公诉权是检察官的天职，而消极地行使公诉权是严重违背公诉权的法定性的。故与审判权或司法权相比，公诉权明显具有主动性。

八、中立性

当社会冲突发生之后，如果双方当事人自己无力解决，则往往通过诉诸能够充当公正第三方的法院作出权威裁断。所以，刑事审判程序应当具有中立性价值。审判权或司法权的中立性主要表现在，司法权主体本身与待决的社会冲突事实和利益之间必须具有非关联性，司法者的个人价值取向、情感等因素对冲突双方没有任何偏异倾向，并在裁断的过程中不受任何来自外部因素的干扰或影响。在刑事诉讼中，审判权或司法权的这种中立性则主要表现在：一是司法权不能依附于公诉权，绝不允许公诉权对司法权施加不正当影响；二是司法权能够裁决公诉权是否具有合法性；三是行使司法权的法院不能命令行使公诉权的检察机关；四是法官对控辩双方的主张和诉讼利益给予同样的关注，不能有所偏向。在这种情况下，司法权只能判断"是"或"不是"，而不去证明"是"或"不是"[①]。法官如果被要求去证实犯罪，那么他的身份就由法官变成了检察官，司法权的中立性也就不复存在了。审判权或司法权的这种中立性是保障司法公正的前提条件之一。在深层次意义上，没有司法中立，也便没有法治，司法中立是法治的基础性构件之一。[②] 而检察官是代表国家和公共利益参与刑事诉讼的，作为一方当事人，检察官在其面临的各种社会矛盾面前具有鲜明的倾向性，所以公诉权并不具备这种中立性。

九、稳定性

刑事审判程序具有稳定性价值。司法权的这种稳定性是由法律本身所应当具有的稳定性决定的。在刑事审判领域，司法权的本质决定了这种国家权力应当保持相对稳定的刑事司法政策、刑事司法态度、刑事司法标准、刑事司法体制和司法人员等。而不像检察官行使的公诉权一样，在发展与变化的社会情势中具有应变性。公诉权应当及时适应各个时期的社会变迁情势，不断调整执法政策，以实现诉讼目的，提高诉讼效率。但司法权常常是以不变应万变，始终理性地保持其稳定性价值。在西方国家，通常采用判例法或判例制度等形式来巩固司法权的这种稳定性，并形成了严格的遵守先例的司法传统，绝对禁止刑事审判反复无常、出尔反尔、朝令夕改等不稳定现象。

十、权威性

刑事审判程序应当具有权威性。这种权威性是法律的权威性价值的自然延续。司法权

① 谢晖：《规范选择与价值重建》，3页，济南，山东人民出版社，1999。
② 参见齐延平：《论司法中立的基础》，载《法律科学》，1999（3）。

是国家统治社会的重要的公共权力，随着社会的不断进步与发展，其权威性应当愈加得到加强和巩固。正如耶林所指出的那样："法不只是单纯的思想，而是有生命力的力量。因此，正义之神一手提着天秤，用它衡量法；另一只手握着剑，用它维护法。剑如果不带着天秤，就是赤裸裸的暴力；天秤如果不带着剑，就意味着软弱无力。两者是相辅相成的，只有在正义之神操剑的力量和掌秤的技巧并驾齐驱的时候，一种完美的法治状态才能占统治地位。"[①] 由于法官是代表国家行使司法权，具有国家强制性，为维护司法权的尊严，在刑事审判过程中，无论是对当事人来说，还是对国家的其他机关、社会团体及个人来说，都必须充分尊重人民法院的法律地位和司法权的行使，自觉服从法官的组织和管理，自觉履行生效的裁判，全面维护司法权的权威性和人民法院刑事审判权的尊严与威信；同时应当通过建立健全相应的保障机制，严厉禁止对法官施加不正当的非法干预而妨碍司法独立和司法公正，更不允许以任何形式随意贬损人民法院的社会形象或贬低法官的尊严。

第二节　刑事审判原则

刑事诉讼的原则，是关于刑事诉讼自身内在规律的科学总结，是刑事诉讼立法精神的充分体现。它反映了当代人类对刑事诉讼目的和刑事诉讼价值的理解和追求，反映了诉讼法制对刑事诉讼程序方面的基本要求，从而在侧面反映了特定历史时期该国诉讼民主与文明程度，也反映了立法者在追求实体公正、程序公正以及诉讼效率等几个方面作出的权衡与选择。故刑事诉讼原则是指贯穿于刑事诉讼全过程或主要诉讼阶段，体现刑事诉讼目的和价值，对刑事诉讼的进行有普遍指导意义，为国家专门机关和诉讼参与人进行或参与刑事诉讼必须遵循的基本行为准则。

一、大陆法系刑事审判原则体系

大陆法系国家在百余年的刑事诉讼立法和司法改革中确立了一系列的刑事诉讼原则，它们对刑事程序起着主导作用。这些刑事诉讼法原则所体现的法律政治价值与对基本权利的保障一起，构成了程序的标准化结构元素和指导原则。[②] 在这些原则中，那些居于刑事审判程序规范的核心并对刑事审判活动具有普遍指导作用的基本原则构成了一个完整的原则体系。

赫尔曼教授将德国刑事诉讼原则分为三大部分：一是指导整个刑事程序的刑事诉讼法原则；二是涉及检察院、警察地位的基本原则；三是涉及开庭审判的基本原则。[③] 其实，指

---

① ［德］鲁道尔夫·封·耶林：《权利斗争论》，载《法学译丛》，1985（2）。

② 参见［德］约·阿希姆·赫尔曼：《〈德国刑事诉讼法典〉中译本引言》，载李昌珂译：《德国刑事诉讼法典》，北京，中国政法大学出版社，1995。

③ 参见［德］约·阿希姆·赫尔曼：《〈德国刑事诉讼法典〉中译本引言》，载李昌珂译：《德国刑事诉讼法典》，北京，中国政法大学出版社，1995。

导整个刑事程序的刑事诉讼法原则由于贯彻诉讼始终，如果与刑事审判紧密相联，并对其有指导意义的，也同时构成了审判原则。这些原则有：(1) 法治国家程序原则。其要求包括一方面要公正地实施程序的规定，禁止国家滥用权利，同时给予公民防御权利以抵御国家权力的侵犯；另一方面要求建立伸张正义的刑事司法系统。(2)"法定法官"原则。该原则要求，必须依据法律规定普遍地和事前地对每一个法院程序确定出有管辖权的法院，禁止有目的的任命法官去审决特定的案件。(3) 手段同等原则。该原则要求，对被告人，在原则上应当如同对刑事追究机关一样予以平等地对待。(4) 诉讼关照义务。该原则要求法院、刑事追究机关有义务帮助不熟悉刑事程序的被告人行使自己的权利。(5) 听取陈述原则。该原则要求法官只能对检察院、被告人对作了陈述的事实、证据作出裁决。法官不仅要听取陈述，而且要在裁决时注意到这些程序。(6) 相应性原则。该原则是指刑事追究措施，特别是侵犯基本权利的措施在其种类轻重上，都必须要与所追究的罪行性质相适应。(7) 无罪推定原则。依据此原则，要未经确定有罪判决之前，任何人都不允许被视为有罪。在判断证据时，该原则体现在"疑义有利于被告人"原则之中。(8) 快速原则。本着被告人利益和为查明真相，该原则要求尽可能快速地实施刑事程序。(9) 任何人不必自我归罪原则。即任何人都没有协助证明自己实施了犯罪行为的义务。具体表现为被告人享有沉默权以及必须告诉被告人享有沉默权。(10) 一事不再理原则。即不论是有罪还是无罪判决，作出产生法律效力的判决后不允许对同一行为再启动新的程序。涉及开庭审判的基本原则有：(1) 法官的启蒙义务，调查原则，查明实体法事实真相原则。按照此原则，法院应当自主地，也就是说独立于诉讼参加人所作声明，所作证据申请而全面查清事实真相。法院不受被告人供认之约束，而其必须致力于调查实体法事实真相。(2) 口证原则。法院只能依据在开庭审理时经口头陈述、口头辩论的事实而作判决。对侦查案卷记载的内容，原则上不允许作为法院判决的基础。(3) 直接原则。该原则有两方面的要求：一方面，它要求法院直接审查证据；另一方面，它要求法院必须使用"最接近行为"的证据。(4) 证据申请原则。此原则指检察院、辩护人有权在特定前提条件下强迫法院收集证据。对于证据申请，法院只能在法定情况中才能予以拒绝。(5) 集中原则。即要求不间断地进行开庭审理。(6) 审理公开原则。该原则要求，对于法庭审理一般必须公开进行，以便刑事司法受到公众监督。(7) 自由心证原则。该原则要求法官根据其个人的自由确信而确定证据。(8)"疑义有利于被告人"原则。即调查证据后，法院未确信被告人有罪时，必须宣告其无罪。

另一种得到大陆法系国家比较普遍接受的原则划分理论是将刑事审判原则分为组织性原则和运作性原则两部分。所谓组织性原则，是指指导司法制度的组织和结构的基本原则，它们通过规范和指导法院的组织体系及其审判组成方式，对刑事审判活动起着间接的指导作用。这些原则包括裁判合议原则、非职业审判员参与裁判原则以及法官独立原则。所谓"运作性原则"，是指那些指导和规范着刑事审判活动实际运作过程的基本原则。它们决定着审判的基本方式，故被视为最重要的审判原则。这些原则包括：职权原则、无罪推定原则、保障公民个人自由和权利原则、告知各方参与者诉讼权利和义务的原则、发现真实的原则、自由心证原则、直接和言词审理原则、公开审判原则。[①] 上述两种划分方法虽然标准不同，但其实质内容相差不大，都能概括出大陆法系各国刑事审判原则的范围。

日本在第二次世界大战以前，深受大陆法系的德、法国家影响，其刑事诉讼的结构属于职权主义，其刑事审判原则与大陆法系其他国家，特别是德国，相差无几。第二次世界大战以后，日本引入了英美法原理，各部门法经历了根本性的变革。但与此同时，日本亦保留了一部分体现职权主义色彩的法律，其刑事诉讼亦不例外。如日本实行起诉状一本主义，采用起诉裁量主义，法庭辩论采用交叉询问方式等。但与此同时，日本刑事诉讼法又保留了法院对诉讼的主导权、利用职权调查证据权等。这些因素使得日本刑事诉讼呈现"混合型"结构——既不属于大陆法系，也有别于英美法系。但是，日本刑事审判原则与大陆法系国家并无太大差异。其刑事审判原则主要有以下几个：（1）公开主义。该原则是指在特殊情况下，审理一般向公民公开，允许旁听。另外，公开主义的内容要求公开诉讼记录，即被指控的案件审理终结以后，任何人都可以阅览诉讼记录。（2）口头主义和辩论主义。口头主义是指法院根据口头提供的诉讼资料进行审理。辩论主义是指根据当事人的主张、提出的证据、陈述的意见等进行审判。但由于日本刑诉法又规定了法院依照职权调查证据和诉因变更命令，因此是不彻底的辩论主义。（3）持续审理主义。该原则是指法院必须持续集中地审理案件。[②]

二、英美法系刑事审判原则体系

在英美法系，调整审判活动的最高准则是"正当程序"，而并不存在"原则"或"基本原则"这种概念来概括和分析其规范性法律原理。而"正当程序"这种理念又表现为一系列程序规范或判例法所确定的规则。这在美国表现得尤为明显。美国联邦宪法中规定了"正当法律程序"条款："未经正当程序，不得剥夺任何人的生命、自由或财产。"为了保障"正当程序"得以实现，立法将一些直接涉及公民人权和自由的诉讼行为上升到宪法高度，为公民在刑事诉讼中的权利提供宪法保障。这些保障集中体现在宪法前十条修正案（即"权利法案"）中，概括起来有：人身、住宅、文件和财产不受无理搜查和扣押的权利；由犯罪行为发生地的公正陪审团予以迅速和公开审理的权利；不得因同一犯罪行为而受两次生命或身体危险的权利；不得在任何刑事案件中被迫自证其罪的权利；获得律师为其帮助辩护的权利；被告知控告性质和理由的权利；以强制手段取得于被告人有利证据的权利；与对方证人对质的权利；不得被课以过多保释金和过重罚金的权利；不得被课以残酷和非常刑罚的权利；获得法律平等保护的权利；等等。最初，"权利法案"被认为只适用于联邦政府，各州诉讼受州宪法和法律调整。1868 年宪法第十四修正案被通过，规定"各州不得制定或施行剥夺合众国公民的特权与豁免的法律。也不得未经正当的法律程序，即行剥夺任何人的生命、自由或财产。并在其管辖境内，也不得否认任何人应享有法律上的同等保

---

① 参见陈瑞华：《刑事审判原理论》，134 页，北京，北京大学出版社，1997。

② 参见［日］田口守一：《刑事诉讼法》，刘迪等译，159～161 页，北京，法律出版社，2000。

护”。最高法院通过判例确认，根据第十四修正案“正当法律程序”的要求，“权利法案”中关于基本人权的保障，除了经大陪审团提起公诉和禁止课以过多保释金和罚金的权利外，同样适用于在州司法系统进行的刑事诉讼。

“权利法案”对个人权利的保障集中体现在审判阶段，并且在长期的司法实践中得到充分发展。如果违反了其中的条款，法院或控方就要承担相应的违反程序的法律后果。例如，如果在审判阶段，或者在被告人对指控作答辩时，或者在课刑时，没有给予或保障被告人获得律师帮助辩护的权利，则构成对被告人权利的重大侵犯，其后果是自动撤销对被告人定罪的判决。如果被告人获得迅速审判的权利遭到侵犯，唯一的补救就是撤销指控，而且此后对同一罪行不能再次提出指控。如果在审判前或审判期间对某些案件的过度宣传可能对陪审团产生不良影响，或者导致陪审员错误地考虑并非在法庭上出示的资讯，而法庭没有控制或消除不当宣传的影响，就侵犯了被告人获得公正、公平审判的权利，有关定罪将被撤销。

当然，被告人这些权利只在正式的对抗或刑事审判中适用，而且被告人的自治性和处分权得到充分体现和高度尊重，即被告人可以要求行使这些权利，也可以放弃这些权利。另外，由于正当法律程序所体现的“只有经过正当的法律程序才能对被告人予以定罪”的思想与无罪推定的要求基本相同，两者均要求法官通过法定程序制作裁判，定罪结果应从正当的法律程序中直接产生，故而无罪推定是美国刑事司法制度的基石。

三、联合国有关文件确立的刑事审判原则体系

尽管大陆法系国家刑事审判原则与英美法系的“正当法律程序”及其相应的保障体系在性质和功能上有较大的差异，但是二者仍然有许多相类似之处。如无罪推定原则，两大法系中都有证明被告人有罪的责任在于控方，被告人并无证明自己有罪的责任，“疑义有利于被告”等内容。而法官独立原则、公开审判原则在两大法系其含义更是接近。这就使得联合国及其他国际组织通过许多国际性人权公约为缔约国设立一些旨在确保被告人获得公正审判的最低限度保障成为可能。这些国际组织通过国际法律文书确认的在刑事诉讼中应当遵循的准则被称为刑事诉讼国际准则，有的法律文书称为“基本原则”或“最低限度标准规则”。其核心要求和侧重点就是保障司法公正和维护人权。在这些刑事诉讼国际准则或“基本原则”中，一些对刑事审判活动有普遍指导意义的基本法律规则得到确立，它们实际构成了缔约国甚至是各国都应遵守的刑事审判原则。这些刑事审判原则主要体现在《世界人权宣言》、《公民权利和政治权利国际公约》以及一些区域性人权公约之中。《欧洲人权公约》、《美洲人权公约》、《非洲人权和民族权宪章》等区域性公约所涉及的审判原则内容基本与《世界人权公约》、《公民权利和政治权利国际公约》大体相同。

这些刑事审判原则的内容有：（1）司法独立原则。《公民权利和政治权利国际公约》第14条第1项规定：在判定对任何人提出的任何刑事指控或确定他在一件诉讼案中的权利与义务时，人人有资格由一个“独立的”法庭进行审讯。《关于司法机关独立的基本原则》、

《关于检察官作用的准则》等联合国文件都作了相应的规定。(2) 中立、公正和公开的审判原则。《世界人权宣言》第10条和《公民权利和政治权利国际公约》第14条第1项规定，判定对任何人提出的任何刑事指控或确定他在一件诉讼案中的权利和义务时，人人有资格由一个无偏倚的、公正和公开的法庭进行审讯。(3) 无罪推定原则。该原则明载于《世界人权宣言》第11条1项："凡受刑事控告者，在未经获得辩护上所需的一切保证的公开审判而依法证实有罪之前，有权被视为无罪。"《公民权利和政治权利国际公约》第14条第2项规定："凡受刑事控告者，在未依法证实有罪之前，应有权被视为无罪。"(4) 辩护权和司法援助权利。《世界人权宣言》第11条强调，受刑事控告者享有辩护权。《公民权利和政治权利国际公约》除此内容之外，还规定：如果他（受审人）没有选择法律援助，要通知他享有此权利；在司法利益有些必要时，为他指定法律援助，而在他没有足够能力偿付法律援助的案件中，不要他自己付费。《关于律师作用的基本原则》亦体现了此内容。(5) 反对强迫自证其罪。《公民权利和政治权利国际公约》第14条第3项规定："任何人不被强迫作不利于他自己的证言或强迫承认犯罪。"《联合国少年司法最低限度标准规则》(《北京规则》) 也体现了此内容。(6) 一事不再理原则。《公民权利和政治权利国际公约》第14条第7项规定："任何人已依一国的法律及刑事程序被最后定罪或宣告无罪者，不得就同一罪名再予审判或惩罚。"除规定上述原则外，联合国制定的文件还规定了其他一些与审判有关的原则，如司法补救原则，生命权和程序保障原则，禁止酷刑或施以残忍的、不人道的或侮辱性的待遇或刑罚，人身自由和安全程序保障原则、复审原则、被错误定罪人有获刑事赔偿原则等。有些虽然不能直接称之为"刑事审判原则"，但它们是刑事审判原则实施的有力保障，也应属于刑事审判原则的有机组成部分。

四、我国刑事审判原则

根据我国《刑事诉讼法》第一编第一章的规定，我国刑事诉讼的基本原则包括：侦查权、检察权、审判权由专门机关行使；严格遵守法律程序；人民法院、人民检察院依法独立行使职权；依靠群众；以事实为根据，以法律为准绳；对一切公民在适用法律上一律平等；公检法分工负责、互相配合、互相制约；人民检察院依法对刑事诉讼实行法律监督；使用民族语言文字进行诉讼；审判公开；犯罪嫌疑人、被告人有权获得辩护；未经人民法院依法判决不能确定有罪；保障诉讼参与人的诉讼权利；具有法定情形不予追究刑事责任；追究外国人刑事责任适用我国刑事诉讼法。至于我国《刑事诉讼法》第10条所规定的"人民法院审判案件，实行两审终审制"，从内容上看，其规定的是人民法院的审判制度，或者是一项只适用于人民法院审判活动的基本制度，而不是刑事审判原则。

对于上述十余项刑事诉讼程序规范都为刑事诉讼原则是值得质疑的。如前述，作为一项原则，它必须具有指导立法的活动、规范司法机关和诉讼参与人的行为，协调各项诉讼价值等功能。而上述的如"要求诉讼参与人使用本民族语言文字参与诉讼活动"，此规范尽管在刑事诉讼全过程中使用，却只能是具体的程序规则，而不能充当指导性的法律原理而居于基本原则层次上。另外，有些规范本身的含义十分抽象或模糊，它们很难具体化为若干项具体原则或程序规则，从而不具有法律规范的效力。如“依靠群众”、“以事实为根据，以法律为准绳”只是一种非常抽象的、带有政策性或纲领性特征的宣言，并不具备刑事诉讼基本原则的性质和功能。因此，根据我国《宪法》、《刑事诉讼法》第一章的有关规定，以及《刑事诉讼法》的有关审判具体规定所体现的精神，我国审判原则有：检察权、审判权由专门机关行使原则；严格遵守法定程序原则；人民法院，人民检察院依法独立行使职权原则；公检法分工负责、互相配合、互相制约原则；人民检察院依法对刑事诉讼进行监督；审判公开原则；被告人有权获得辩护原则；未经人民法院依法判决不得确定有罪原则；保障诉讼参与人的诉讼权利原则、直接言词原则、集中原则、一事不再理原则、参审原则。对于上述原则，有的不仅适用于审判程序，而且还适用于整个刑事诉讼程序，如检察权、审判权由专门机关行使原则，严格遵守法定程序原则等；而有的原则突出表现为适用在审判阶段，如直接言词原则、集中原则、司法独立原则、辩论原则、参审原则、审判公开原则等。

但是，我国刑事审判原则体系仍存在着不完善与不合理之处。首先，在刑事诉讼立法领域，一些刑事审判原则并没有得到相应的刑事诉讼具体规范的体现和支撑。如审判独立原则，在我国，法官的外部独立与内部独立都没有有效的保障。而直接言词原则虽然要求证人出庭作证，以保证法官直接接触证据和当事人对证人的质证权，但由于刑事诉讼法并没有规定证人不出庭作证的法律后果以及对证人出庭作证的有效保护、补偿措施，而使得这项原则很难得到切实实现。其次，刑事审判原则并没有在司法实践中得到充分实施和贯彻。如司法实践中仍然存在着法官提前介入到起诉甚至侦查之中，对案件逐级“汇报”、“请示”等做法。当然，这一方面是上述所述的刑事审判原则没有相应的诉讼具体规范支撑所致，另外在很大程度上可归因为审判独立、直接言词原则、一事不再理等原则在我国尚未完全确立而致。更深层次的原因可归咎于人们，特别是一些立法、执法人员对程序的漠视。要想发挥刑事审判原则的功能从而实现其应有的价值，除了要澄清程序法的价值，提高人们对程序法的认识以外，当务之急就是将一些已为世界各国普遍承认的基本原则，以及我国政府已签署或承认的国际法律文件中确立的基本原则吸收并确立在我国刑事审判中，从而在立法上完善我国刑事审判原则体系。完善我国刑事审判体系应确立或完善以下几部分原则：一是作为现代刑事诉讼制度基础的无罪推定原则和程序法制原则。此二原则对整个刑事诉讼程序都有指导意义甚至可以说是刑事诉讼的基石，在刑事审判活动中仍应是最基本的法律准则。我国修改后的《刑事诉讼法》确立了无罪推定原则的一部分内容。这主要表现在《刑事诉讼法》第 12 条以及确立“疑罪从无”等相关制度上。我国刑诉法的相关条款也体现了“法制原则”，如《刑事诉讼法》第 3 条第 2 款规定：“人民法院，人民检察院和公安机关进行刑事诉讼，必须严格遵守本法和其他法律的有关规定。”二是指导和规范法院组织和结构的基本原则。这主要包括司法独立原则、参审原则、合议原则。三是运用性原则，即规范刑事审判活动启动、进行和终结全过程的原则。它包括直接言词原则、审判公开原则、辩护原则和一事不再理原则。

五、我国刑事诉讼法中应当确立的刑事审判原则体系

(一) 无罪推定原则

1. 无罪推定的法律渊源

无罪推定是资产阶级在反封建斗争中，针对封建专制野蛮的有罪推定的刑事诉讼制度提出来的。被认为最早比较完整地阐述无罪推定原则是意大利的启蒙法学家贝卡里亚。他在其传世之作《论犯罪与刑罚》(1764年) 中是这样表述无罪推定：在没有作出有罪判决之前，任何人都不能称为罪犯，而且社会就不能不对他进行保护。如果犯罪行为没有得到证明，那么就不应折磨无罪的人。但此时，仅是对无罪推定进行理论说明与宣传。资产阶级革命胜利后，确立了以无罪推定精神为核心的一系列与有罪推定相对立的制度。如追究被告人的刑事责任应经过公正的司法程序；禁止刑讯逼供；不得对被告人任意采取强制措施；否定以非法方式或手段而获得的证据，等等。有的国家宪法或其他法律文件明确规定了此原则。著名1789年的法国《人权宣言》在第9条规定：任何人在其未被宣告为有罪以前，应推定为无罪。意大利1947年宪法第27条规定：被告人在最终定罪之前，不得认为有罪。我国香港《特别行政区基本法》第86条规定：任何人在被合法拘捕后，享有尽早接受司法机关公正审判的权利，未经司法机关判罪之前均推定为无罪。《苏联和各加盟共和国刑事诉讼纲要》中亦规定："非经法院判决，任何人不能被认定为犯罪人并受到刑事处罚。"另外，埃及宪法、菲律宾宪法、加拿大《权利和自由宪章》等许多国家的宪法或其他相关法律文件都规定了无罪推定原则，使其成为本国刑事司法的一条重要原则，成为公民宪法性权利的重要组成部分。美国联邦宪法虽然没有明确规定无罪推定原则，但根据正当法律程序原则的要求，无罪推定已成为美国对抗式刑事审判制度的基石和正常运作的保障。

无罪推定是现代各国刑事司法通行的一条重要原则，也必然成为国际公约所确认和保护的一项基本人权，是联合国在刑事司法领域制定和推行的最低限度标准之一。1948年《世界人权宣言》首次在联合国文件中确立了无罪推定原则，为在世界范围内确立和贯彻这一原则提供了法律依据。该原则第11条第1款规定："凡受刑事控告者，在未经获得辩护上所需要的一切保证的公开审判而依法证实有罪以前，有权被视为无罪。"随后，《欧洲人权公约》、《公民权利和政治权利国际公约》、《联合国少年司法最低限度标准规则》、《禁止酷刑和其他残忍、不人道或有辱人格的待遇或处罚公约》等等，均将无罪推定作为刑事司法领域国际公认的法律标准之一。

2. 无罪推定原则的含义

无罪推定是指在刑事诉讼中，任何被怀疑犯罪或受到刑事控告的人在未经司法程序最终确认为有罪之前，在法律上应推定其无罪。建立无罪推定原则的基本出发点在于确定被告人在刑事诉讼中的地位，并据此设定被告人的诉讼权利和义务，设立控辩对抗的现代诉讼机制。"被告不等于罪犯"，这是无罪推定的首要含义。只有确立无罪推定原则，被告人才能成为诉讼主体，享有与控方对等的诉讼地位，享有以辩护权为核心的一系列诉讼权利。

其基本含义有两条：一是由控诉方提供确实充分的证据来证明被告人犯被指控的事实；二是由审判机关依照法律程序对被告人是否犯有被控犯罪行为作最后认定。①

具体而言，第一条要求包含的内容有：提供证据证明被告人有罪责任由控方承担；控诉一方证明被告方有罪必须要达到法定的证明标准，否则，应作出有利于被告的判决，即“疑罪从无”或“疑义有利于被告”；被告人享有以辩护权为核心的一系列权利，且没有证明自己无罪的义务，不能因为被告人不能或没有证明自己无罪而认定被告人有罪。第二条所包含的内容有：最终认定被告人有罪的机关只能是审判机关，即定罪权只能由审判机关行使，其他任何机关包括检察机关都无权行使；对被告人定罪必须经过公正、公开的审判程序；为保证审判的公正性，保障被告人利益，审判时应给予被告人为辩护所需的保障，包括被告人有保持沉默的权利，获得律师有效帮助的权利，与不利于己方的证人对质的权利，上诉的权利，等等。

3. 无罪推定的诉讼价值

首先，无罪推定原则有助于实体公正实现。根据无罪推定的要求，控诉方要证明被告人有罪，就必须要提出充分的证据推翻法律上“被告人在定罪之前应视为无罪”的拟制。而且各国都为推翻此拟制提出了很高的要求，如在英美法系要达到“排除合理怀疑”，在大陆法系则要使法官或陪审员达到“内心确信”程度，而在我国需要达到“案件事实清楚，证据确实、充分”的程度。否则，就要作出被告人无罪的判决。与此同时，该原则还要求赋予被告人以辩护权为核心的一系列的诉讼权利，如被告人有权知道被控的罪名，有权获得律师的帮助等，这就使得被告人为自己进行无罪、罪轻辩护提供了可能和手段，并使控诉方的刑事追诉活动面临一系列的障碍。因此，无罪推定原则通过为控方的追诉活动设置各种障碍，来防止无根据的公诉和定罪，这有助于保护被告人的权益，减少无罪者受到定罪或判刑的危险性，从而最大限度地避免冤枉无辜。

其次，无罪推定原则是实现程序公正的基石。无罪推定是在特定的历史条件下针对有罪推定提出来的。有罪推定将被告人等同为罪犯，从而使其成为控告方证明自己有罪的工具，对被告人刑讯逼供成为其应有义务，结果是被告人沦为诉讼客体。而无罪推定的首要要求就是不能将被告人视为罪犯，更不能对其进行刑讯逼供而使之成为控方证明其有罪的工具。无罪推定将被告人推到诉讼主体的地位，并赋予其作为主体应享有的一系列诉讼权利，体现了对人的尊严与人格权的理解和尊重。同时，无罪推定原则保障被告人享有一系列诉讼权利，以确保他与国家追诉机关相抗衡成为可能，从而使二者不平等的诉讼地位得到纠正和平衡，同时法官保持中立、无偏倚的诉讼地位，确保了被告人能在审判中受到公正的对待，并能充分和富有意义地影响裁判结果的内容，从而确保审判程序具有自治性和符合理性的要求。

---

① 参见陈光中、[加] 丹尼尔·普瑞方廷主编：《联合国刑事司法准则与中国刑事法制》，102 页，北京，法律出版社，1998。

4. 无罪推定与我国的刑事诉讼

我国是否应在刑事诉讼中确立无罪推定原则，长期以来观点不一致，争论激烈。20 世纪 50 年代和 80 年代都曾对无罪推定进行过激烈的争论，其结果都是作为资产阶级自由化倾向、精神污染而受到批判。直到 90 年代初期酝酿刑事诉讼法的修订，由于无罪推定在刑事诉讼中的重要地位而再次成为研究热点，并为刑事诉讼法的修改发挥了积极的作用。

我国修正后的《刑事诉讼法》第 12 条规定：未经人民法院依法判决，对任何人都不得确定有罪。与此相联系，在法律上首次将犯罪嫌疑人和被告人进行了区分，取消了“人犯”称谓，并取消了检察机关长期实行的免予起诉制度；并且规定人民检察院对于补充侦查后证据仍然不足不符合起诉条件的案件不予起诉；人民法院经过审理，对于证据不足、不能认定被告人有罪的，应当作出证据不足，指控犯罪不能成立的判决。这种修改充分体现了加强诉讼民主、健全诉讼法制的倾向，有利于保障犯罪嫌疑人、被告人的合法权益，使刑事案件得到正确处理。

有的学者认为，在我国已经确立了无罪推定原则，《刑事诉讼法》第 12 条及相关的制度就体现了无罪推定的要求。但是，这只是一种曲解。首先，从确立我国《刑事诉讼法》第 12 条的立法意图来看，该条含义是确定被告人有罪只能由人民法院来统一行使，其他任何机关、团体和个人都无权行使。因此，立法相应地废除了检察机关的免予起诉权。因为免予起诉权有定罪之嫌，侵犯了人民法院专有的审判权。其次，从立法部门权威人士的代表意见来看，也未确立无罪推定。“封建社会采取有罪推定的原则，资产阶级针对有罪推定提出无罪推定，我们坚决反对有罪推定，但也不是西方国家那样无罪推定，而是以客观事实为根据”①。再次，修正后的《刑事诉讼法》第 93 条仍然规定：“犯罪嫌疑人对侦查人员的提问，应当如实回答。”这与无罪推定所包含的反对自证其罪的要求是明显对立的。因此，客观地说，根据《刑事诉讼法》第 12 条规定并结合其他相关制度，只能说我国立法只是体现了无罪推定的基本精神，吸收了其中的一部分内容。

在我国，特别是司法实务部门，仍然对无罪推定存在一定的曲解，认为无罪推定原则与“实事求是”的指导思想以及与“以事实为根据，以法律为准绳”的法律制度基石相矛盾。“实事求是”是指导法官对案件的认识要符合案件客观实际的客观原则，而“以事实为根据，以法律为准绳”则要求法院将裁判建立在客观事实基础上并准确适用法律。毋庸置疑，作为指导人们认识活动的思想准则，“实事求是”和“以事实为根据，以法律为准绳”是非常正确的，有助于案件审判结果的客观性和公正性。但是，无罪推定原则与这二者作用的领域不同，并不是指导人们认识活动的准则。它要求的是司法机关在审判过程中须给予被告人以公正和人道的待遇，尊重其作为主体人的尊严与人格，同时在证据不足时对其作出有利的解释，以防误判。同时，无罪推定也只是一种法律上的拟制，并不等同于宣告被告人无罪。而且我们还应注意到审判活动不仅仅是一种认识过程，而且也是多元价值得

① 《法制日报》，2 版，1996-02-03。

以实现的过程。因此这一原则体现的是一种对人的内在价值和主体性高度尊重的价值观念，它发挥作用的领域主要是审判全过程，它发挥作用的方式主要是指导司法机关进行价值选择和实现法律价值目标。改变立法和执法上的传统观念，摆脱旧司法习惯的不良影响，走出"客观真实论"的樊篱的道路是艰难、曲折的，但历史文明、民主的潮流必将使我国在刑事诉讼立法上确立无罪推定原则。

（二）程序法制原则

在刑事诉讼中，程序法制原则的基本含义，一是指为惩罚犯罪，伸张正义，国家要建立能够发挥作用的刑事司法系统和刑事诉讼程序；二是要公正地实施程序的规定，禁止国家滥用权力，赋予公民防御权力，以抵御国家权力的侵犯。① 程序法制原则的意义是将刑事诉讼活动纳入法制的轨道，以防止诉讼主体，特别是权力主体的恣意妄为，保证刑事诉讼的科学性和民主性，从而有效地实现刑事诉讼法的目的和任务。我国《刑事诉讼法》第3条第2款规定："人民法院、人民检察院和公安机关进行刑事诉讼，必须严格遵守本法和其他法律的有关规定。"所谓"其他法律的有关规定"，应当理解为其他法律中关于刑事司法制度和刑事诉讼程序的规定，而不宜扩大范围或作其他解释。

确立严格遵守程序法制原则在我国现阶段具有特殊的意义。从我国的历史经验和现实情况来看，长期存在"重实体、轻程序"的错误倾向，依照法定程序进行刑事诉讼的观念薄弱，司法实践中也存在一些有法不依的现象。就刑事审判阶段而言，一些审判组织还存在"上报"、"请示"、"超限审案"，甚至是"提前介入"、"联合办案"等违法问题。其实，在审判阶段，不仅审判机关和审判人员要遵守刑事诉讼法及其相关的法律所设定的程序，而且还要对侦查机关和公诉机关的行为是否符合法定程序进行审查。如果侦诉机关的行为不符合法定的程序，审判机关则要裁定其承担相应的程序违法后果。最为典型的就是审判机关利用证据排除规则将侦查行为纳入法庭审查的范围。因此，确立并强调严格遵守法律程序，实现依法办案，对贯彻"依法治国，建立社会主义法治国家的基本治国方略"，实现刑事诉讼的科学化、民主化，具有十分重要的意义。

在刑事诉讼领域贯彻法制原则的要求是：

1. 国家应当确立刑事诉讼的程序化和法制化。以严密的法律程序，构建刑事诉讼的结构，规范专门机关的职权，设置刑事诉讼的程序，明确诉讼主体的权利和义务。这种程序法的规定应是精确和严密的。既能保证国家专门机关有效地追究犯罪、惩罚犯罪，又能保障公民个人在诉讼中的基本权益；既不能因法律条文过于粗疏而在适用时产生歧义或留有较大的随意性，也不能留有未受法律调整的空间。同时，为了保证诉讼的公开性、透明度，加强诉讼监督，这些程序法的规定应当是公开的。具体到审判程序而言，法制原则要求以缜密的法律程序规范审判机关以及公诉机关的权力和职责，明确当事人和其他诉讼参与人的权利和义务，构建合理的诉讼结构，以保证审判的公开、公正。其宗旨是保证审判机关

① 参见陈光中、徐静村主编：《刑事诉讼法学》，84页，北京，法律出版社，2000。

既能有效地行使审判权，同时又能确实地保障诉讼参与人行使自己的权利。

2. 程序法制原则要求公安司法机关进行刑事诉讼必须严格遵守法律程序。对侦、检、审机关而言，在刑事诉讼中依法办案，应包括执行刑事实体法和刑事程序法。在执行程序法和探求案件的实体真实发生冲突的时候，应当坚持合法性优先，决不能借口追究和惩罚犯罪的需要而违反法律，如非法搜查、刑讯逼供、超期羁押等。合法性优先的实质根据是国家对某些基本价值如公民的人格尊严和人身自由不可侵犯等的理解和尊重。另外，这些程序的设置是长期司法实践经验的积累，在某种程度上是惩罚犯罪和保护人权这两种诉讼目的的平衡点，具有严密的科学体系。严格依照法律规定和程序办案，就能保证案件质量，反之就有可能出现冤假错案，冤及无辜。同时，严格遵守法律程序，还关系到公民的人身自由、民主权利，是衡量一个国家是否真正实行法治的标志。严格遵守法律程序，就要求公安司法人员必须做到有法必依，公正司法，严格执法。其基础就是诉讼观念的更新，改变“重实体、轻程序”，重结果、轻过程的错误认识，重视程序正义的独立价值，树立正当法律程序观念，纠正一切不依法办案的现象。特别是审判机关，作为中立的仲裁者，具有中立性、被动性、裁判的终局性和权威性等性质。其审判活动必须严格依照程序法，不能以惩罚犯罪为借口而逾越分工的权限而刻意地与控诉机关亲近，或者任意地剥夺诉讼参与人特别是被告人合法的诉讼权利。审判阶段是被告人和其他诉讼参与人集中行使诉讼权利的阶段，亦是判定被告人和其他当事人实体权利和义务的阶段。审判机关遵守法定程序是保障当事人和其他诉讼参与人能得到公正审判和实现诉讼权利的基础和保障。

3. 程序法制原则要求确立违法制裁。法律的效力体现在它的强制性和责任机制上，即违反任何法律都应承担相应的法律后果。刑事诉讼中法制原则的贯彻，必须以违法制裁作为后盾。如侦查、检察和审判人员违法办案应负的渎职责任，证人不出庭作证和作伪证须承受的法律制裁，辩护律师制造伪证要追究刑事责任等。然而，作为法制保障措施的违法制裁还有另一个重要方面：程序性法律后果。[①] 程序性法律后果，是指违反诉讼程序的行为及其结果，在诉讼程序上不予认可，或应予否定或予以补正。[②] 例如，在犯罪嫌疑人，被告人享有沉默权的国家一般都规定，以侵犯沉默权而获得口供在法律上是无效的；采用威胁、引诱、暴力等方式取得的言词证据不据有可采性等等。但确立程序性制裁的具体内容和条件，取决于各国占主导地位的诉讼价值观和刑事诉讼程序的特点。例如对以非法手段取得的言词证据而派生的其他物证是否具有可采性，各国做法不一。我国《刑事诉讼法》也规定了一些违反诉讼程序而产生的程序性违法后果。如第 19 条规定第二审人民法院发现第一审人民法院的审理有违反有关公开审判、回避制度、审判组织的组成不合法等情形的，应当裁定撤销原判，发回重审。但是，我国刑诉法在此方面的规定并不完备，如对违反《刑事诉讼法》的行为，有些法律只规定了实体性后果或者虽然规定了一些程序法意义上的后果，但这类规定只是针对案件实体问题的处理，而并不针对违反诉讼程序的行为。如上述

---

① 参见徐静村主编：《刑事诉讼法学》，110 页，北京，法律出版社，1997。

② 参见王敏远：《刑事司法理论与实践探讨》，52 页，北京，中国政法大学出版社，1999。

第191条第3款和第5款规定：第二审人民法院发现第一审人民法院剥夺或者限制了当事人的法定诉讼权利或者其他违反法律规定的诉讼程序，可能影响公开审判的，发回原审人民法院重新审判。如何构建和完善我国刑事诉讼法中程序性法律后果，也是当前亟待研究的课题。

（三）司法独立原则

1. 司法独立原则之含义及意义

司法独立原则源于立法、司法、行政三权分立的国家学说。18世纪法国启蒙思想家孟德斯鸠在其名著《论法的精神》中指出："如果司法权不与立法权和行政权分立，自由也就不存在了。如果司法权与立法权合二为一，则将对公民的生命和自由施行专断的权力。因为法官就是立法者。如果司法权与行政权合二为一，法官便拥有压迫者的力量。"[①] 这段名言精辟地说明了立法、行政、司法三权分立的必要性及其重大意义，尤其是强调司法独立是对公民生命、自由的重大保障。孟德斯鸠提出的三权分立学说为西方国家确立司法独立原则奠定了理论基础。资产阶级革命胜利后，司法独立原则被许多国家的宪法普遍确认。1789年美国宪法规定，司法权只属于各级法院。1919年、1949年的法国基本法都规定，司法权赋予法官，司法权由法院行使，法官具有独立性，只服从法律。1946年日本国宪法规定，法官依良心独立行使职权，只受宪法和法律的约束。1947年意大利宪法规定，法官只服从法律。其他一些国家的宪法也有类似规定，联合国也将其作为联合国系统人权活动的基本原则之一在国际文书中予以规定。如《世界人权宣言》、《公民权利和政治权利国际公约》、《关于司法独立最低标准的规则》、《关于司法独立的基本原则》等国际性文件中都规定了此原则，并规定了相应的保障体系。

根据各国法律、司法实践以及国际法律文件的规定，审判独立应包括以下几个方面的内容：（1）实质独立。作为审判案件的法官，应当有独立的法律人格，法官应该有在事实和法律基础上独立作出决定的权力，只服从法律的要求和良心的命令，而不受各方面意见的干扰和影响。只有在控诉方提交的证据达到法律规定的证明标准的条件下，才能裁判有罪；在没有证据足以证明有罪之前，应遵循无罪推定原则。法官只有具备了这方面的独立要求，才能在审判过程中不管遇到来自何方的外在压力，都能保持中立和公正的地位。（2）身份独立。法官在执行审判职务期间和任职条件具有独立性，不受其他机关尤其是行政机关的控制，应当得到充分保障。如采取专职制、高薪制等措施保障法官地位的稳定。（3）集体独立。即在物质上保障审判机构能独立行使审判权，扩大司法审判机关参与其自身司法行政事务管理的范围，以防其他机关对司法机关执行其司法职能产生经济或财务方面的干涉或限制。集体独立表现为法院监督和控制其自身的人事管理，进行法院财务的预算，维持法院基础设施建设等。（4）内部独立。法官在履行职务时，以防止来自法院系统内部的影响和压力。[②] 也有学者从另外角度出发，认为司法独立原则主要由以下三个规则构

---

① ［法］孟德斯鸠：《论法的精神》（上册），张雁深译，156页，北京，商务印书馆，1982。

② 参见蒋炳仁：《刑事审判前沿问题》，288页，北京，中国民主法制出版社，1999。

成：第一，审判权的专属性规则；第二，行使审判权的独立自主性规则；第三，行使审判权的合法性规则。[①] 其实，这两种分类并无实质性差异，二者的内容基本上相对应。

审判独立原则能够确保法官公正无私地进行审判，排除各种非法干涉和各种压力，确保程序公正和最大限度的实体公正的实现。审判权的独立性是审判权主体自身存在价值的基础，如果没有审判权的独立，就谈不上审判权的主体资格，也就失去了其存在的必要性和价值。在诸多干扰司法独立的因素中，莫过于行政权对司法权的干扰和侵犯。特别是在政治体制尚存在较多缺陷下，行政权对审判权的冲击就更为明显，如果审判权失去其根本属性——独立性，审判活动也就失去了公正性和客观性。同时，只有法官真正享有对案件的审理权和裁判权，才能使裁判真正的建立在庭审过程中，从而使审判程序的内在价值得到充分体现。也只有如此，社会大众才会对正义的最后一道屏障——司法机构有信心，法治精神才能维持，公民的权利和人权才能得到保障。

2. 司法独立原则的保障体系

要使司法独立原则的意义得到充分体现，必须完善司法独立所要求的执法环境和条件。否则，这一原则将会成为空洞的口号或宣言，难以发挥其应有的作用。从各国的立法和司法实践以及联合国有关文件来看，这些保障机制主要包括以下几个方面。

第一，保证法官独立行使职权的原则。为确保法官在从事审理和制作司法裁判方面拥有独立自主的能力，避免法官的审判活动受到外界的不当干扰、影响和控制，许多国家对法官的薪俸、任期、豁免、惩戒、免职等事项作出了规定。其主要内容有：（1）法官的任用制。各国一般要求法官不仅要具备较深的法律素养，还要具备良好的道德品质。有的国家规定，在取得任期资格后，还要取得具体的职位，法官资格和职位的取得由专门机关和部门批准任命。如英国的高等法院法官、巡回法官、记录法官，均由上议院的大法官提名，英王委派或任命；美国联邦法院系统的法官均由总统任命，参议院批准。（2）法官任职的长期制或终身制。法官任期有的国家实行终身制，也有的实行任期制，但期限一般较长。在法官的任职期间，只有法定的理由并经法定的程序，才能对其予以弹劾、撤职或调离。如日本宪法第78条规定：“法官除依审判决定因其身心故障不能执行职务外，非正式弹劾不得罢免。”（3）法官实行高薪制。从世界范围来看，法官一般在国家公职人员中处于较高的地位，薪酬一般较公务员高。其目的是使法官生活在一个较安全、宽裕的环境，在非法物质利益面前，不为金钱所惑，以保证法官行使职权的独立性。当然，这与法官所履行的神圣职责、崇高的社会地位也分不开。（4）对法官的惩戒应当依公正程序进行。对不称职或行为不端的法官应当停职、撤职或给予纪律处分，这是各国通行做法。但是，对法官的惩戒应当依照法定的标准或程序进行。否则，可能出现任意撤换、制裁法官的不正常现象，对法官独立行使审判权出现严重威胁。

第二，确保法院集体独立的规则。法院要真正做到独立从事司法审判活动而不受行政

---

① 参见陈光中、徐静村主编：《刑事诉讼法学》，84页，北京，法律出版社，2000。

机关或其他机关的干扰，不仅要从机构设置上将它们分开，而且还要保证法院在处理司法行政事务上的相对独立性。它应包括以下规则：(1) 对法院司法行政的控制主要由司法机构进行；(2) 国家应为法院执行司法职务提供充足的资源；(3) 法院的经费预算应由一个有资格的机构与法院共同编列，司法机关应向该机构提出预算要求的草案①。

第三，保障内部司法独立的规则。对法官审判活动独立性的威胁不仅来自法院外部的干预，而且也有来自法院系统内部的影响和压力。主要表现为三方面：一是法官所在法院的同事；二是所属法院内部的司法行政领导；三是上级法院的法官或司法行政领导。针对这三方面的压力和影响，保证内部司法独立包括几个方面：法官在制作司法裁定、判决方面免受其同事或上级法院的干预，法官的任职条件的改变及其升职、调转、惩戒和免职等事项应由专门机构依公正的程序进行，免受法院内部行政领导或上级法院直接控制和操纵。

第四，法官的司法行为准则。一方面，由于审判活动决定，法官在任或离任的一段时间不得从事某类活动，如不得参与政治活动，不能担任执业律师或从事商业活动等；另一方面，为使法官能不受任何外界影响其独立行使审判权，对其在执行司法审判职能过程中所实施的行为和发表的言论享有不受法律追究的权利，并就其因行使审判职能而得知的有关事项享有免负出庭作证义务的特权，即享有“司法豁免权”。

3. 司法独立原则在中国的适用

在我国，司法独立原则又称为司法机关依法独立行使审判权原则，是人民司法工作的一项重要原则。早在民主革命时期，在革命根据地某些地区便开始实行法院独立审判。我国1954年《宪法》和1982年的《宪法》中亦规定了司法独立原则。1954年《宪法》第78条规定：“人民法院独立审判，只服从法律。”现行《宪法》第126条规定：“人民法院依照法律规定独立行使审判权，不受行政机关、社会团体和个人的干涉。”现行《刑事诉讼法》第5条规定：“人民法院依照法律规定独立行使审判权，人民检察院依照法律规定独立行使检察权，不受行政机关、社会团体和个人的干涉。”上述规定表明，在中国，司法独立原则既是一项宪法原则，也是一项司法组织原则，同时还是一项诉讼活动原则。

中国实行的司法独立原则，与国际通行的司法独立原则相比，在含义上存在明显的差异。这主要体现在以下三个方面：(1) 西方国家司法独立的政治基础是“三权分立”，即立法权、行政权、司法权相互分离、相互制约；而我国的司法独立是建立在人民代表大会制度之上。人民代表大会制度是我国的政治组织形式，是我国的基本政治制度。国家的审判权、行政权和立法权都是国家权力组成部分。我国的审判机关、检察机关由同级人民代表大会产生，对其负责，受其监督。(2) 国际通行的司法独立原则指的是审判独立。而中国的司法独立不仅包括人民法院独立行使审判权，而且包括人民检察院独立行使检察权。这与上述的司法独立所建立的政治基础不同紧密相联。在中国检察机关和审判机关，统称为司法机关，是与国家行政机关相并列的机构。人民检察院是国家专门的法律监督机关，代

① 参见锁正杰：《法官开庭审判实务》，11页，北京，中国民主法制出版社，1998。

表国家行使检察权。(3) 国际通行的司法独立原则指的是法官个人独立，而中国的司法独立则是指法院、检察院作为一个整体独立行使职权。法院审判案件的组织形式一般有独任制和合议庭两种形式，但重大、疑难的案件还是必须通过审判委员会的讨论决定。而且在司法实践中法官对案件作出处理必须经过法院院长批准，而且要以人民法院的名义发布才能发生法律效力。

我国现行体制将检察机关界定为司法机关，是由我国的政治基础和特定的历史条件所决定的。但不容回避的事实是检察权并不具有司法权的性质，如亲历性、中立性、非自助性、终局性、权威性等。同时检察机关作为法律监督机关或司法机关，难以在刑事诉讼特别是刑事审判中构筑一个公正的诉讼构造和审判模式。另外，从司法实践看，检察机关对审判机关的法律监督作用非常弱小，同时亦扰乱正常、合理的诉讼秩序。从诉讼行为的性质分析，我们不难得出检察机关本质上是行政机关，或至多是准司法机关。由于检察机关的行为模式和性质与司法独立之原则相去甚远，故不纳入该原则讨论之列。

中国的审判独立强调的是人民法院作为一个统一整体根据民主集中制原则从事司法审判活动，不受行政机关、社会团体和个人的干涉。这突出地表现为审判委员会的存在。审判委员会虽然在一定程度上发挥了集体的力量与智慧，弥补了法官素质偏低、独立执法能力差的缺陷，同时在法制环境较差，对法官的法律保护不充分、外部干扰较多的情况下，发挥了以整体的力量抵御外部对审判活动的压力和干扰。但是，审判委员会讨论案件是采取间接原则，使审理权与判决权相脱节，同时也使法官个人的职务责任难以执行，法官对案件审理的“实质独立”荡然无存。虽然修改后的《刑事诉讼法》对审判委员会的职责和对提交其讨论的案件范围有些改变，但与司法独立的国际通行标准和做法仍有较大距离。随着法官素质的提高和执法环境的改善，审判委员会制度改革也势在必行。如一方面应减少审判委员会讨论案件的数量；另一方面，审判委员会可以通过阅卷，在讯问被告人和听取其他诉讼当事人或参与人意见的基础上再讨论，从而避免完全的书面审理。

另外，中国将法院独立作为法院组织制度的基础，在观念上过分强调法院的整体独立而忽视法官的个体独立，导致司法实践中出现院长、庭长审批案件，下级法院对正在进行审判的案件进行“上报”或上级法院主动“提前介入”下级法院的案件审理等观念产生。如果只强调法院整体的独立，而忽视法官个人的独立，那么审理者将会失去最终的裁判权，裁判者也难以直接从事法庭审判；审理与裁决作为审判权的统一组成部分将在现实中不可避免出现分离。在中国，法官个人独立审判的观念有待加强。另外，在现实生活中，审判机关在人、财、物等诸多方面受制于行政机关，使得集体独立在一定程度上也受到损害。而权力机关、检察机关、政党以及新闻媒体对审判机关的监督应该规范化。否则，真正意义上的司法独立很难实现。

(四) 陪审原则

1. 陪审原则的起源与理论基础

陪审是在古代审判制度的基础上发展起来的具有民主性的一项司法制度。它起源于古代奴隶制国家的雅典与罗马时期。尽管当时国家处在奴隶主阶级的统治下，但由于民主共和制的建立，司法领域的民主气氛也随之高涨起来。为了防止法官的专断，一个反映民意的陪审制度应运而生。当时，在雅典设置了被称作“赫里埃”的公民陪审法庭。他们由执政官以抽签的方式选出 500 名陪审员参加法庭审理。罗马共和国末期也设置了类似的陪审法院，专门处理刑事案件。陪审法庭既是当时司法民主的体现，也是维护国家民主制的重要保证。然而，当历史发展到封建时代以后，由于它与封建社会所推行的纠问式诉讼，特别是与神明裁判和决斗裁判相抵触，陪审制度遭到扼制和摒弃。

但是，由于推行纠问式诉讼，法官独断专行，当事人处于诉讼客体地位，特别是神明裁判与决斗本身所具有的不科学性，往往使裁判结果背离事实真相。在中世纪法兰克王国想出了一种较为可靠的澄清案情的办法。即由行政长官或法官在当事人的邻人中选择熟悉案情且可信赖的若干人，令其宣誓后，向法院提供他们所知道的情况，以此作为裁决的依据。1066 年，“诺曼征服”以后，这种方法也传到英国并被执著地接受下来，而且还建立了相应的组织形式并得到发展。从亨利二世起，以若干名地方议员或地方上有法律知识的人组成名叫“大陪审团”的陪审组织，就当地发生的重大刑事案件向法官提供情况，并裁决“表面上证据确实的案件”。13 世纪，英国除大陪审团外又出现小陪审团，从而形成大、小陪审团并存的状况。

大陆法系国家陪审制度确立的背景，是反对封建司法的专横，是近现代民主政治的当然要求和具体体现。普通公民参与刑事审判，本质上是公民行使国家管理权的一种直接、有效的民主形式。对英美法系国家而言，陪审制度设立的背景，主要在于防止国家权力的滥用。正如梅利曼教授所言，在英国产生的刑事案件陪审团作为诉讼的必要参加者，在其创始阶段就是为了防止任何像大陆法系纠问式那样采取过分强硬行为。①

2. 陪审原则在两大法系和我国立法中的体现

西方国家的陪审制，从表现形式上看大致有陪审团制（一般称为陪审制）和混合陪审制（一般称为参审制）两种。陪审团制主要为英美法系国家采用；参审制主要施行于大陆法系，包括苏联等社会主义国家。这两种陪审制在诉讼目的方面基本相同，但有下列区别：(1) 参加陪审的形式不同。陪审团式以陪审员组成的集体进行审判活动；而参审式则以陪审员个人参加到以法官为首的审判组织中去。(2) 行使的职权不同。陪审团式的陪审员在诉讼中只解决被控事实是否成立，法律问题以及量刑由法官决定；而参审式的陪审员则以审判组织成员的身份，与法官共同解决认定事实问题和适用法律问题，并且与法官享有平等的表决权。除此之外，这两种方式所要求陪审员的人数、通过决定时的表决也不一样。而且在英美法系还存在大陪审团与小陪审团之分。大陪审团的任务主要是对重罪提起起诉，但英国早在 1933 年就基本放弃了此种形式，美国也只有部分州和联邦系统要求重罪必须由大陪审团提起公诉。

① 参见［美］梅利曼：《大陆法系》，顾培东、禄正平译，150 页，北京，知识出版社，1984。

我国采取的是参审式陪审制度。近年来，由于审判结构及其他方面的原因，人民陪审员陪审制有逐渐萎缩之势，这主要表现在这一制度对刑事案件适用范围的变化上。另外，审判实践中较少采用陪审员参与审判也使得陪审制在我国诉讼中所发挥的作用并不明显。根据1979年《法院组织法》，人民法院审理第一审案件，除简单的民事案件、轻微的刑事案件和法律另有规定的案件外，都由审判员和陪审员组成的合议庭进行。但1983全国人大将法院组织法中有关陪审的规定修改为“人民法院审判第一审案件，由审判员组成合议庭或由审判员和人民陪审员组成合议庭进行；简单的民事案件、轻微的刑事案件和法律另有规定的案件，可以由审判员一人独任审判。”我国修改后的《刑事诉讼法》亦体现了这一点。

3. 关于人民陪审员制度的完善

2004年8月28日，第十届全国人民代表大会常务委员会第十一次会议通过《关于完善人民陪审员制度的决定》，自2005年5月1日起施行。该《决定》进一步完善了人民陪审员制度，有利于保障公民依法参加审判活动，促进司法公正。其主要内容包括：(1) 陪审的案件范围。人民法院审判下列第一审案件，由人民陪审员和法官组成合议庭进行，适用简易程序审理的案件和法律另有规定的案件除外：社会影响较大的刑事、民事、行政案件；刑事案件被告人、民事案件原告或者被告、行政案件原告申请由人民陪审员参加合议庭审判的案件。(2) 人民陪审员的条件。公民担任人民陪审员，应当具备下列条件：拥护中华人民共和国宪法；年满23周岁；品行良好、公道正派；身体健康。担任人民陪审员，一般应当具有大学专科以上文化程度。(3) 不得担任人民陪审员的情形。人民代表大会常务委员会的组成人员，人民法院、人民检察院、公安机关、国家安全机关、司法行政机关的工作人员和执业律师等人员，不得担任人民陪审员。下列人员不得担任人民陪审员：因犯罪受过刑事处罚的；被开除公职的。(4) 人民陪审员的产生与任期。符合担任人民陪审员条件的公民，可以由其所在单位或者户籍所在地的基层组织向基层人民法院推荐，或者本人提出申请，由基层人民法院会同同级人民政府司法行政机关进行审查，并由基层人民法院院长提出人民陪审员人选，提请同级人民代表大会常务委员会任命。人民陪审员的任期为五年。(5) 人民陪审员的职务保障。依法参加审判活动是人民陪审员的权利和义务。人民陪审员依法参加审判活动，受法律保护。人民法院应当依法保障人民陪审员参加审判活动。人民陪审员所在单位或者户籍所在地的基层组织应当保障人民陪审员依法参加审判活动。(6) 人民陪审员在合议庭中的比例。人民陪审员和法官组成合议庭审判案件时，合议庭中人民陪审员所占人数比例应当不少于1/3。(7) 人民陪审员的权利。人民陪审员依法参加人民法院的审判活动，除不得担任审判长外，同法官有同等权利。人民陪审员参加合议庭审判案件，对事实认定、法律适用独立行使表决权。合议庭评议案件时，实行少数服从多数的原则。人民陪审员同合议庭其他组成人员意见分歧的，应当将其意见写入笔录，必要时，人民陪审员可以要求合议庭将案件提请院长决定是否提交审判委员会讨论决定。(8) 人民陪审员的回避与职务要求。人民陪审员的回避，参照有关法官回避的法律规定执行。人民陪审员参加审判活动，应当遵守法官履行职责的规定，保守审判秘密、注重司法礼仪、维护司法形象。(9) 人民陪审员的抽选。基层人民法院审判案件依法应当由人民陪审员参加合议庭审判的，应当在人民陪审员名单中随机抽取确定。中级人民法院、高级人民法院审判案件依法应当由人民陪审员参加合议庭审判的，在其所在城市的基层人民法院的人民陪审员名单中随机抽取确定。(10) 人民陪审员的培训。基层人民法院会同同级人民政府司法行政机关对人民陪审员进行培训，提高人民陪审员的素质。另外，全国人民代表大会常务委员会《关于完善人民陪审员制度的决定》还就人民陪审员的奖励与免除、人民陪审员的费用与补助等作了详细规定。

(五) 直接言词原则

1. 直接言词原则的含义

直接言词原则是直接原则和言词原则的并称，由于二者均以有关诉讼主体在场为先决条件及内容上的关联，故学界通常将两者视为一项原则。这一原则的基本含义是，法官必须在法庭上亲自听取被告人、证人及其他诉讼参与人的陈述，案件事实和证据应以口头方式向法庭提出，调查证据以口头辩论、质证、辨认方式进行。

直接原则又分为直接审理原则和直接采证原则。直接审理原则又称为在场原则，是指法庭开庭审判时，除法律有特别规定以外，控辩双方以及其他诉讼参与人必须亲自到庭参加审判，否则法庭不得进行审理，或者审理活动无效。直接采证原则是指刑事程序中证据的调查与采取，应由法官亲自进行，只有以直接调查并经权衡、评判后采信的证据，方能作为判决的依据。这一原则包含有两层意思：法官对证据的调查与认定，必须亲自进行，不得委托他人进行；作为判决依据的证据必须是法官亲自直接听证或查证取得的。在审理中未经法官本人听证并查证属实的证据，不得作为认定犯罪事实的证据。言词原则的含义是指法庭审理中如无法律特别规定的情况，应以口头陈述的方式进行。即要求被告人、被害人以口头方式陈述，证人、鉴定人以口头方式作证，控诉机关与被告人及其辩护人以口头方式进行辩论，凡未在法庭上以口头方式调查的证据不得为法院采信，更不得用作判决依据。

直接言词原则作为基本的法律准则在刑事审判程序中包括下面几项规则：法庭审判必须在控辩双方都亲自在场的情况下进行，即“在场原则”。在法庭审判过程中，提供证据的证人、鉴定人、被害人等必须出庭作证，向法庭提供证言。控辩双方在法庭外制作的证人证言、鉴定结论、被告人供述、被害人陈述等书面笔录不能作为法官采证的根据。对证据的调查和采纳法官必须亲自进行，审判法官不能委托其他法官进行调查活动，否则审判法官无法形成内心确信。法庭审判要持续地不间断进行，该项规则也称集中原则。法庭开庭审理案件，应在不更换法官的条件下连续进行，不得中断审理。因为法庭一旦中断审理，法官与证据之间的直接联系就会中断，法官对证据的直接印象就会减弱。因此各国均要求审判除因特殊情况必须中断外，必须持续不断地进行。即使法庭因故中断，也必须在较短的时间内迅速恢复。如德国刑事诉讼法典第 229 条规定：“中断审判期间总计不超过十日的，可以恢复审判的进行；中断期间超过十日的，法庭应重新开始审判程序”；从事法庭审判的法官须自始至终地参加审判，不得中途更换。这是为了保证法官与所有证据保持直接的联系。只有法官亲自出庭并听取了诉讼各方的举证、质证和辩论以及陈述以后，并在必要时直接询问证人、鉴定人等，才有可能保证法官与所有的证据保持直接的联系。如德国刑事诉讼法第226条规定："进行审判的时候，负责审判的审判官及检察官和法院书记处的书记官应当始终出席，不得中途退换。"为了防止因更换法官而使审判程序重新进行，有些国家还设立了"候补法官"。他们亦参加旁听庭审，如果审判法官因故不能参加，候补法官将顶替审判法官。

英美法系并没有确立直接言词原则，但却有与之相关的"传闻证据规则"。"传闻"是陈述人将非亲自感知所得的事实以证明争议问题的陈述。这种传闻证据一般不允许在法庭上提出，更不能成为法庭对被告人定罪的根据。直接言词原则与传闻证据规则性质并不相同。因为传闻证据规则强调的是传闻证据不能保证当事人对证人交叉询问，其着眼点是当事人的权利；而直接言词原则强调的是法官与证据的联系，其着眼点是法官的职权。但尽管如此，两者都有相似的要求和功能。如均不承认证人在法庭之外就案件事实所作的言词证言具有证据能力。

直接言词原则在审判阶段的适用也受到一定的限制，表现如下：第一，该原则只适用于普通第一程序，一般不适用于第二审程序；第二，该原则只适用于普通程序，不适用于简易程序；第三，直接言词原则适用于一般情况下的法庭审判，但允许有特殊情况下的例外。

2. 直接言词原则的意义

直接言词原则要求各方的证据均以原始的形式向法庭提交，如证人、鉴定人、被害人须亲自出庭提供证言，实物证据应以原始的形式向法庭展示，这都有利于法官对原始证据产生直接联系，从而能对证据的证明力作出客观的判断。同时，该原则切断了控诉方卷案材料与法庭裁判之间的必然联系，可以避免只反映单方面意见的控方主张对法官的影响，从而使法官独立地评定证据和认定事实成为可能。另外，直接言词原则还能保证控辩双方都有向不利于己的证据进行质证的机会，是揭露伪证、强化证据证明力的有效手段。这些都能最大限度地保证法官对案件事实获得清晰的印象，进而查明事实，作出公正的判决。除此之外，直接言词原则通过法官减少预断和偏见的方式，使得控辩双方受到平等对待，而且双方通过实质意义上的攻击、防御活动，从而能富有意义地参与法庭审判并影响裁判的内容，这都有利于程序公正的实现。

但是，毫无疑问，直接言词原则在一定程度上使诉讼效率受到影响，而且会使诉讼费用增加。但是，在刑事诉讼中，程序公正和实体公正应放在首要位置，而效率只能是第二层次的诉讼价值。而且诉讼效率实现的前提条件是实体公正、程序公正得到实现，否则就无从谈起诉讼效率。故而，直接言词原则在刑事审判中地位只能加强而不能动摇。

3. 直接言词原则在我国的适用与完善

我国《刑事诉讼法》在一定程度上体现了直接言词原则的内容。该法第47条规定："证人证言必须在法庭上经过公诉人、被害人和被告人、辩护人双方讯问、质证，听取各方证人的证言并且经过查实以后，才能作为定案的根据。……”第155条规定：“……公诉人可以讯问被告人。被害人、附带民事诉讼的原告人和辩护人、诉讼代理人，经审判长许可，可以向被告人发问。审判人员可以讯问被告人。”第156条规定：“……公诉人、当事人和辩护人、诉讼代理人经审判长许可，可以对证人、鉴定人发问。审判长认为发问的内容与案件无关的时候，应当制止。审判人员可以询问证人、鉴定人。”第157条规定：“公诉人、辩护人应当向法庭出示物证，让当事人辨认，对未到庭的证人的证言笔录、鉴定人的鉴定结论、勘验笔录和其他作为证据的文书，应当当庭宣读。”但是，修改后的刑事诉讼法仍然没有确立保障直接言词原则实现的有效制度。如没有明确证人、鉴定人作证的保障措施、集中审理原则、法官不得中途更换原则、交叉询问规则、传闻证据规则、侦查人员出庭作证规则等等。其中，证人出庭作证制度不完善是实现直接言词原则的最大障碍。

证人出庭作证制度不仅关系直接言词是否得以实现，其完善与否也标志着一个国家刑事司法形式化的进步程度。然而在我国司法实践中，证人不出庭作证已成为较普遍的现象。证人不出庭作证不仅使当事人的质证权无法实现，同时使法官无法直接辨认证据的真伪从而排除证据之间的矛盾，难以作出公正的判决，有碍程序公正和实体公正的实现。就我国当前而言，证人不出庭作证有以下原因：第一，立法上的缺陷。如我国刑诉法第47条规定证人证言必须经过公诉人、被害人和被告人、辩护人的双方讯问、质证，经过查证属实以后，才能作为定案的根据。但该法第157条又规定“对未到庭的证人证言笔录，应当当庭宣读”，这就形成证人出庭作证在法律规范上具有选择性。该法第48条规定，凡是知道案件情况的人，都有作证的义务。但是，却没有规定证人违反此规定所要承担的法律责任。同时，我国刑事诉讼法对证人的权利保护也不完善，如没有明确证人应得到经济补偿，人身保护只限于身体保护，且是事后保护。第二，司法人员方面原因。司法实践中，证人不愿出庭作证，在一定程度上与公安司法机关各个诉讼阶段重复调查取证，部分办案人员业务素质差，对证人不尊重引起证人反感有很大关系。另外，有些司法人员认为证人出庭作证涉及诸多方面问题，而宣读证人证言简便易行，也不愿意证人出庭作证。第三，观念方面原因。在我国传统观念中，“和为贵”思想根深蒂固。有许多证人认为出庭作证，特别是作为反对与自己有利害关系方或熟人一方的证人，有损自己与他人的关系，故而不出庭作证。这些原因的存在直接导致质证制度和直接言词原则在实践中只能徒有其名。为了完善我国证人作证制度，至少应采取以下措施完善此制度：（1）法律应明确必须原始证人出庭提供证言、接受质证；对于确实不能出庭作证的情况，法律应明确规定例外。这些例外如证人死亡或病重、失踪等原因确无法出庭等情况。（2）建立强制证人出庭作证制度。对不履行作证义务的证人，可以借鉴国外有关证人不出庭作证的条款规定相应的处罚。如按不出庭作证行为的原因和性质，可对其处以罚款、拘传、拘留甚至以“藐视法庭罪”追究刑事责任。（3）完善对作证的证人经济补偿和保护措施。对于证人的误工费、食宿交通等费用应由国家予以补偿，如德国和日本就有专门的《证人作证补偿法》。当然，也可以考虑是哪方证人的因素，由传证方适当分担证人费用；另外，证人所在单位对证人出庭作证也可以给予适当的补偿。法律应明确规定证人的人身保护措施，确保出庭作证人员及其家属的人身安全，并严惩报复作证证人的行为。（4）被害人、鉴定人、侦查人员也应出庭作证。被害人、鉴定人从广义的角度出发，也应处于证人的地位。这主要是因为所提供的陈述、鉴定结论也只有经过质证、查明真伪以后才能分辨真假。另外，由于搜查、扣押、勘验、检查等行为是由侦查人员进行并负责制作清单、勘验检查笔录等，而这些材料同样是证据材料，它们是否具有证明力和证明能力，同样要经过质证审查。故侦查人员也应该处于证人的地位。根据修改后的《刑事诉讼法》的规定和最高检察院实施规则的要求，开庭前向法院移交证人名单中应当包括侦查人员，搜查、勘验、检查等侦查活动的见证人等，亦体现了这一点。

（六）审判公开原则

审判公开原则是现代刑事诉讼的重要特征，突出反映了刑事诉讼民主化要求。反之，刑事诉讼越封闭，就越具有专制主义特征。如中世纪的宗教裁判所，就是依靠秘密举报和秘密审讯实现判决，以便大规模地镇压异端，从而维护教会“在政治生活和国家生活百川朝宗的地位”，并使自己的财富剧增。可见，实行诉讼封闭的目的就在于使专横和擅断在封闭状态的诉讼中得以实现。在近代资产阶级革命中，审判公开与审判独立被置于相同的地位而得到倡导和推崇。贝卡里亚在 1764 年《论犯罪与刑罚》一书中指出：“审判应当公开，犯罪的证据应当公开，以使得或许是社会唯一手段的舆论能够约束强力和欲望。”审判公开作为一项诉讼原则已先后被现代各国予以确认，并在一些重要国际法律文件中得到认可，成为具有普遍意义的司法原则。

审判公开原则是指法庭审判时允许诉讼参与人及其以外的人参加旁听，并公开裁判结果。另外，在不损害审判公正和其他合法利益的前提下，允许记者采访和报道。审判公开的形式要求是产生法律裁决的法庭审判行为应在一定场合公开进行；其实质要求是作为司法裁判基础的事实证据，裁判的法律根据和理由及裁判过程（除休庭评议以外）应向诉讼主体和社会公开。另外，审判公开服务于公正审判目的，其适用也限于公正审判的需要。为此，审判公开原则一般有限制：其一，涉及公民个人隐私或可能有害于社会善良风俗和道德的案件，不公开审理。其二，涉及国家重大利益的案件不应该公开审理。

审判公开原则是对秘密审判的摒弃，根植于司法民主并体现了民众对审判的监督。为了防止权力异化为满足私欲、侵犯公民权益的工具，人民必须监督其运行，而监督的前提条件则是权力运作过程的公开。尤其对司法审判而言，它通过举证、辩论等程序达成裁判结果，这种运作方式就含有程序公开的内在要求。其具体意义表现如下：

首先，有利于人民大众对审判活动的监督，增加审判工作的透明度，增加审判人员的责任感。“正义不仅要实现，而且要以人们看得见的方式得到实现”。实行公开审判原则，对案件进行当庭举证、质证和认证，控方证据是否达到法定的证明标准，审判程序是否合法，都展示在公众面前，接受大众及其舆论的监督。这不仅有利于司法工作人员增强审判责任心，提高自身的业务素质，而且也使公民了解了国家权力的运作，有助于增强公众对司法的信心，从而增强对刑事司法制度的认同感，为司法制度提供必要的社会支持。

其次，公开审判原则有利于防止司法专横。侦查机关在侦查过程中享有很大的权力，这些权力往往容易导致对公民权利的侵犯。现代审判制度，一般都将侦查活动的合法性纳入审判审查的范围，这就为公民提供了一个了解和审查侦查行为的机会。审判机关的审理程序和结果更要在公开审判过程接受公众的审查。这种社会监督会在一定程度上扼制司法专横。

再次，审判公开是进行法制宣传教育的有效手段。通过公开审判，展示案件处理的过程与结果，使大众能进一步理解自己的权利与义务，提高他们的法律意识，增强法治观念。这对预防和减少犯罪，强化法律秩序具有积极意义。

我国《宪法》第 125 条规定："人民法院审理案件，除法律规定的特别情况外，一律公开进行。"我国《刑事诉讼法》第 11 条规定："人民法院审判案件，除本法另有规定的以外，一律公开进行。"同时，《刑事诉讼法》第 152 条规定了几类案件不能公开审理：有关国家秘密的案件、有关个人隐私的案件、14 岁以上不满 16 岁未成年人犯罪的案件。依法不公开审理的案件，开庭时应当当庭宣布不公开审理的理由。不论是否公开审理，宣告判决一律公开进行。

我国关于审判公开原则的立法和司法实践的执行基本符合该原则的精神，并发挥了其应有的作用，但在一些方面仍然存在一些问题，突出体现为判决书的理由过于简略。审判公开要求过程公开、结果公开，其中内容之一是裁判理由要公开，即采纳哪些证据，不采纳哪些证据，其理由和依据是什么以及适用的法律具体条文都应该详明。这也是审判公开的内核。如果用过于概括、抽象的话来搪塞、遮掩，就违背了公开审判原则。

（七）辩护原则

刑事诉讼中的辩护，是指被告人及其辩护人为维护被告人的合法权益，从事实和法律方面反驳控诉，提出有利于被告人的证据和理由，证明被告人无罪、罪轻或者减轻、免除其刑事责任的诉讼活动。

辩护作为一种制度早在古罗马共和国后半期就已经确立。当时虽然还处在萌芽状态，但它是古代司法民主产生和发展的必然产物，并且为以后辩护制度的进一步发展和完善提供了可贵的历史雏形。在封建制的"纠问式"诉讼程序中，国家司法机关集侦、控、审职能于一身，实行"有罪推定"原则，并广泛采用刑讯逼供，被告仅仅是控诉方获取口供的工具，处于诉讼客体的地位，根本不享有辩护的权利。随着刑事诉讼民主化的发展，被告人的诉讼主体地位逐步得到确立，其辩护权利也才得以确立。近现代辩护制度，是资产阶级革命和民主制度的产物。在 17、18 世纪，资产阶级思想家提出了"民主"、"自由"、"平等"、"人权"等一系列反对封建专制的口号。他们从"天赋人权"学说出发，提出了"法律面前人人平等"的主张。在诉讼方面也相应地提出了实行"陪审团原则"、"审判公开原则"、"辩论原则"。资产阶级启蒙思想家洛克、伏尔泰和狄德罗等人主张用辩论式诉讼代替纠问式诉讼。一些国家相应的以法律的形式正式建立了辩护制度。例如英国 1679 年的《人身保护法》、1793 年法国《雅各宾宪法》、1808 年《拿破仑刑事诉讼法典》等对辩护原则作了明确规定。

确立辩护原则，是维系刑事诉讼合理结构的需要。在审判阶段，形成以控、辩、审三方组合的审判结构，其中法官居中裁判，而辩护职能与控诉职能则成为诉讼结构的支撑点。辩论原则的确立，能在一定程度上实现控辩平衡。国家追诉机关不仅拥有强大的司法资源，且其行为具有强制力，而被告人又处于天然的弱者地位。辩论原则赋予被告人一系列以辩护为核心的权利，这有利于使其能与控诉机关相抗衡从而达到保护被告人权利的目的。同时，控、辩双方各自以有利于己方的方式竭力问证、质证，并相互指责对方的弱点，揭示对方提供证据的不实、矛盾或疑问，把案件置于正反两种意见之间，这为法官查明案件真相提供了可能。

贯彻辩护原则的基本要求是：(1) 确立听取陈述原则。即在作出每个重要司法决定之前，司法机关应听取并审查指控和被告人双方的陈述。(2) 应当保证被告人有获得律师帮助的权利。由于被告人所处的地位和条件以及知识结构上的欠缺，往往不能有效行使其辩护权利，因此需要强化其辩护手段，确认其所委托的辩护人的诉讼地位和诉讼权利。辩护人制度，实际上是平衡双方力量的一种必要设置。由于律师具有较高的法律素养、技能，并有职业道德的约束以及享有一系列的诉讼权利，这都使其成为"最佳辩护人"。但是辩护人应具有独立的诉讼地位，依据事实和法律为当事人辩护，不受被告人意志的左右。(3) 司法机关应当保护被告人获得辩护。其一，公安司法机关应当为辩护权的有效行使提供必要的条件。如保证律师与被告人的会见权和秘密通信权，承认并保证律师的调查取证权以及在诉讼制度上保证法官能充分听取辩护意见。其二，司法机关不仅应当允许被告人有辩护权，而且在司法利益需要时，司法机关有义务为其指定辩护人。如当被告人是未成年人或有可能被判处死刑的人没有聘请辩护人时，法院有义务为其聘请辩护人。

贯彻辩护原则，必须要处理好辩护权与控诉权二者之间的关系。辩护权与控诉权之间在诉讼上是对立统一的关系，共同服务于公正审判的目的。但是，二者又是相互冲突的。因为辩护权对控诉权有一种抵抗作用，辩护权同样可以成为抵御犯罪追究、逃避被告人应负责任的手段。故而诉讼制度在设计辩护原则时必须要考虑到二者之间的矛盾，将其限制在合理范围之内。至于辩护原则及其保障体系具体如何设计，则要取决于国家的司法传统、现实需要以及占主导地位的诉讼价值等。在英美法系国家，辩护原则在刑事诉讼中得到了充分的体现。因为当事人主义的刑事审判模式本质上就是以控、辩双方的对抗性活动为主展开的，法官处于消极地位，居中公断。大陆法系国家以"安全"为基点，突出职权在诉讼活动中的重要性，控、辩双方处于协助、配合的地位。故而控、辩双方辩论的阶段方式、范围及时间长短往往要受到较大程序的限制。我国修改后的刑事诉讼法对辩护原则进行了一定程度的修改，如辩论不仅在法庭辩论阶段，而且在法庭调查阶段，控、辩双方都可以就证据和案件情况进行辩论，但这种辩论仍须在法官的主持下进行。故而，我国的辩护原则仍有较强的职权主义色彩。

(八) 一事不再理原则

1. 一事不再理原则的含义

一事不再理原则是一项为现代各国所普遍确立的刑事审判原则。这一原则是指除法律有特别规定的以外，对已发生法律效力的裁决所评判的同一行为，法律不得再行审理，被告人亦不能请求对自己的同一行为再行审理。

一事不再理原则渊源于古罗马法。其最初含义是法院对一个案件不能作两次以上的审判。即法院按既有“程式”对案件作出判决之后，该判决即产生“即判力”，不论正确与否，任何法院都不能将其推翻。这是罗马法极度强调严格法律形式主义的程式诉讼制度的一种体现。大陆法系国家继承了“一事不再理”原则，并赋予了一些新的含义。即该原则只适用于法院所作的实体裁判，而不适用于程序裁判。在英美法系中与“一事不再理”原则含义相近的是“不受双重危险”原则。根据这一原则，被告人不得因同一罪行而受到两次起诉、审判和科刑。如美国联邦宪法第 5 条修正案规定：“任何人均不得因同一罪行而两次受到生命或身体上的危险。”这一原则包含三项具体的内容：对同一罪行审理宣告无罪后不得再次起诉；保证对同一罪行在判罪以后不得再次起诉；保证对同一罪行不得两次处罚①。“不受双重危险”与“一事不再理原则”的内容或要求基本相同，但由于这两个原则分处于两个不同的法律原则体系，故二者的出发点还是有区别的：“不受双重危险”原则是当事人主义诉讼结构下的审判原则，从为避免被告人受两次苛刑或审判出发的；而“一事不再理”原则体现的是职权主义诉讼的特征，其出发点是为了维护判决的稳定和权威。但二者均强调就某一刑事案件而开启的审判程序一旦终结，法院一般不得对该案件再次开启刑事审判程序，故二者有共同的要求和适用范围。一些国际人权保障公约也吸收了一些体现这两项原则的共同要求。如《公民权利和政治权利国际公约》第 14 条第 7 项就规定：“任何人已依一国的法律及刑事程序被最后定罪或宣告无罪者，不得就同一罪名再予审判。”

2. 一事不再理原则的理论依据

首先，一事不再理原则是维护法律尊严和法院裁判权威性的需要。法院对某一犯罪行为依法律进行审理、裁判以后，即获得了对该犯罪行为最具权威的法律评价和处理决定，这一评价及结果除非法律另有规定之外，任何个人、组织及其他社会力量包括作出该评价的原法官亦不得变更或撤销。如果法院作出一项生效裁判之后，可以就同一刑事案件再次开启审判程序，或者诉讼各方对此裁决的上诉、申诉可以无休止地进行下去，或者同一事项在另一审判过程中又无休止地提出来并处于诉讼客体的地位，这不仅使案件事实上没有得到解决，而且有可能出现就同一案件作出相互矛盾的判决，其裁判理由也有可能不一致，这都使得法律的尊严和法院裁判的权威性遭到极大的损害。

其次，一事不再理原则是防止被告人受任意重复追诉和审判、保护被告人权利的有效手段。同一人实施的同一行为不受第二次追诉与审判是近、现代法治国家公民享有的一项

① 参见季卫东：《程序比较论》，载《比较法研究》，1993 (1)。

重要权利。如果对同一行为可以重复追诉，就有可能使被告人陷入沉重的讼累，其社会地位以及应享有的一系列权利处于不稳定状态。“之所以禁止这样做，对法院来说，是基于公正和方便这两种想法。审判制度毕竟应当尊重自己本身的法庭判决，不管罪行性质而使一个人受到无休止的追诉是不合适的。”①

再次，一事不再理原则也是诉讼效率的要求。该原则不仅有利于判决的稳定和保护被告人的权利，而且可以防止审判活动的拖延和刑事司法资源的浪费。对一个案件审判的启动、进行，需要投放大量的人力、物力和财力。案件数量急剧上升与司法资源的有限性是当前各国在审判中面临的一个急需解决的矛盾。一事不再理原则有效地防止同一案件再次启动审判，确保刑事审判程序的及时终结，是提高诉讼效率，保护司法资源的一种有效手段。

3. 一事不再理原则在我国的适用

我国《刑事诉讼法》没有明确规定“一事不再理”或“禁止双重归罪”原则。相反，由于长期在刑事诉讼中以“实事求是”为最高准则，本着“有错必纠”的精神，对发生法律效力的确定判决，只要发现原判确有错误，均可通过审判监督程序对原判决提出挑战。我国对再审的理由规定得比较原则，只笼统地规定“原判决确有错误”，包括认定事实、适用法律以及严重违反诉讼程序三个方面的错误，均可提起再审。而且对于提起主体“确有错误”的判断，再审法院无权审查而必须重新再审。② 这种情况不仅破坏了原判决的权威性和稳定性，而且导致了再审的任意性和随机性。而且在我国，再审并不限于为被告人的利益而进行再审，也不实行“再审不加刑”原则，与再审的任意性和随机性相结合，极不利于对被告人合法权益的保护和公民法律地位的稳定性。针对这种情况，建议我国吸收“一事不再理”原则，逐步改革我国的再审制度。具体步骤包括：首先限定启动审判监督程序的法定理由，严格再审请求的审查程序，杜绝再审启动上的任意性和随机性。然后严格限制“不利益再审”的情况，逐步实现再审不加刑。就我国目前情况来看，完全取消“不利益再审”，尚不具备社会条件。在这种情况下，为了维护公民法律地位的稳定性，应当对公民不利的再审和对公民有利的再审区别对待。对公民不利的再审，在实体上不仅要具备法定的理由，而且不能超出一定的时效限制；在程序上，管辖法院对再审请求的审查，要以诉讼的方式进行，而且适用“有疑问时倾向原裁判”的原则。而对公民有利的再审，则不受时效期限的限制。从世界刑事诉讼的发展趋势来看，许多国家都规定了与“上诉不加刑”相类似的再审不加刑。即为了被告人利益提出的或由被告人提出的再审不得加刑。如日本、德国、法国。这不仅有利于实现再审“纠错”的目的，同时也是上诉不加刑原则的延伸和保证，只有规定再审不加刑，才能杜绝司法实践中种种变相加刑的做法。

---

① ［美］小查尔斯·F·亨普希尔：《美国刑事诉讼——司法审判》中译本，北京，中国政法大学研究生院印。

② 参见我国《刑事诉讼法》第205条的有关规定。

我国适用“一事不再理”原则的另一个障碍是关于证据不足的无罪判决的稳定性问题。在西方国家，无论是“排除合理怀疑”还是“内心确信”的证明标准，都是对作出有罪判决的要求。由于无罪推定的作用，凡是达不到定罪要求的刑事案件，一律都要作出无罪判决。因此，在西方国家既不存在无罪判决的证明标准，一般也不存在证据不足的第三类判决。[①] 我国刑事诉讼法在修改时，吸收了“无罪推定”原则的合理因素，在《刑事诉讼法》第162条增加规定，证据不足，不能认定被告人有罪的，应当作出证据不足、指控的犯罪不能成立的无罪判决。这便是我国刑事诉讼中的第三类判决，与一般意义上的有罪判决和无罪判决相区别。这种区别不仅仅是语词上的。我国《高法解释》第117条第3项规定：“对于根据刑事诉讼法第一百六十二条第（三）项规定宣告被告人无罪，人民检察院依据新的事实、证据材料重新起诉的，人民法院应当受理。”可见，对于证据不足的无罪判决，我国并没有奉行“一事不再理”的原则，而是待遗留问题解决后，随时起诉，随时审判。笔者认为，关于证据不足的无罪判决之变更，应持慎重态度，不能用检察机关的起诉书来否定生效判决的效力。这种无罪判决生效以后，发现了新的事实、新的证据，其变更与纠正措施，只能按照普通生效裁判的审判监督程序办理。

（九）诉判同一原则

诉判同一的渊源可追溯到古罗马时代没有控诉就没有审判的诉讼原则，目前已发展为一项在现代各国刑事诉讼立法中得到普遍遵循的、具有普适性的诉讼原则，它实际上是不告不理原则在审判过程中的具体体现。所谓诉判同一，指的是在刑事审判程序中，审判机关审理及裁判的对象必须与控诉机关起诉指控的对象保持同一，审判机关不能脱离控诉机关起诉指控的对象而另行审理和裁判。根据这一原则的要求，即使审判机关在审判过程中发现控诉机关起诉指控的对象有错误，也不能自行变更审判对象和对起诉指控中的错误进行矫正，而必须维持审判对象与起诉对象的同一性。作为近现代刑事诉讼的一项普适性原则，诉判同一原则的基本价值取向有两个方面：第一，通过控诉职能与审判职能间的分权与制衡，制约法官的裁判权，避免法官任意确认事实和定罪，防止控审不分的司法集权现象的产生，从而促进刑事司法的公正性、民主化和科学化。第二，保证辩护权的有效行使，防止突袭裁判情况的发生。诉判同一，限制了审判的对象和范围，同时也使得辩护方的防御有了明确的对象和目标，辩护方可以紧紧围绕起诉指控进行充分的举证和辩论，以维护被告人的合法权益。法院只有根据起诉和辩护的主张以及支持这些主张的证据来进行裁判，才可能使辩护功能得到承认，使全部审判程序发挥其保障实体裁判正确的功能。否则，超出起诉范围审判，因丧失攻击防御对象，被告人和辩护人无法组织和实施有效的辩护，就形成了“突袭性裁判”。

（十）集中审理原则

集中审理原则又称为“不间断审理原则”或“不中断审理原则”，是与审理间隔主义相

---

① 这里以苏格兰为例外，但在苏格兰，未获证明的无罪裁决，除在民事方面无即判力外，其他方面与一般的无罪判决并无不同。

对立的一项原则。就其基本含义而言，虽然也包括审理主体的集中和审理方式的集中两个方面[①]，但更主要的是指审理时间的集中，即法庭对刑事案件的审判，应持续地进行，不得中断，并应在审理后即行作出判决。回溯集中审理原则的发展历史，“早在十七、十八世纪诉讼大变革时期，英国的普通法和判例制度便确立了这一原则。在大陆法系，作为近代刑事诉讼成文法典楷模的 1808 年《法国刑事诉讼法典》第 358 条也率先对此作出明确规定”[②]。时至今日，“尽管各国关于集中审理的法律规定不尽相同，英美法系和大陆法系之间也有较大差异”[③]，但作为一项具有较强普适性的诉讼原则，集中审理在许多国家的立法中已经得到确立。

集中审理原则之所以广泛地受到西方国家及部分地区立法者的青睐，并普遍地在其刑事诉讼法典或规则中加以规定，除了现代立法理念的影响外，主要的原因在于集中审理原则具有独特的“魅力”，即其在刑事审判程序中具有独特的诉讼价值。其独特的诉讼价值主要体现在以下几个方面：

首先，可以避免审判拖延，使案件及早审结，以提高刑事审判的效率。在现代社会，考量一个国家刑事诉讼效率的高低，可以反映出该国刑事司法制度在实现民主、公正途径中的科学化程度或进步性程度。鉴于此，世界各国无不将效率作为刑事诉讼中的一项重要价值目标而积极地追寻。刑事诉讼效率大致可以分为审前程序效率和审判程序效率两个层面，而审判作为刑事诉讼活动的中心环节，决定了审判效率在诉讼效率中的主导地位，决定了审判效率具有超乎寻常的价值。毫无疑问，审判效率一旦低下，即便审前程序的效率再高，也不会具有多少实质意义。集中审理原则恰恰“迎合”了对审判效率的追求，它通过对案件连续不间断的审理，减少了案件在审判过程中所消耗的时间，有效地避免了审判的延宕。

其次，可以防止来自庭外的不正当干扰，为法官从实体上正确处理案件奠定基础，以保证公正裁判的实现。裁判的公正至关重要，因为“一次不公正的裁判，其恶果甚至超过十次犯罪，因为犯罪是无视法律，它好比污染了水流，而不公正的裁判则是毁坏法律，它好比污染了水源。”[④] 所谓裁判公正，是指法官对审理的案件，能够准确地认定案件事实，正确地适用法律，依法作出客观、独立、不偏不倚的裁决。裁判的公正并非易事，绝非法官注重衡平观念、把持职业操守、内化法律修养就能做到，因为现代社会诸多复杂的因素会对法庭的审判形成干扰，并在一定程度上左右裁判的结果。这种干扰和左右当然需要把握时机，注意“火候”，而案件业已开审但裁判结果尚未作出之时显然是个微妙且极为重要的时机，一旦裁判结果作出，便意味着“尘埃落定”。集中审理原则通过审判的不间断，把

---

① 宋英辉教授认为，审理主体的集中即应当由同一的审判主体参与诉讼的全过程，不得更换。由于集中审理是实体形成（形成法官心证）的要求，所以，不得中途更换法官是其应有之义；审理方式的集中即法官必须在公开的法庭上并在当事人参加的情况下审理案件。审理方式的集中性要求与直接、言词原则一起，构成了现代文明审理的基本标准（参见宋英辉：《刑事诉讼原理》，292 页，北京，法律出版社，2003）。

②③ 卞建林：《刑事诉讼的现代化》，331 页，北京，中国法制出版社，2003。

④ ［英］培根：《论司法》，载水天同译：《培根论说文集》，193 页，北京，商务印书馆，1983。

审理和裁判的过程紧密地衔接起来，最大限度地缩短或缩小了外界干扰的时间与空间，有助于公正裁判的实现。

再次，有助于维护被告人的合法权益。拖延的审判，必然造成裁判结果的“姗姗来迟”，而这又会使得被告人究竟是否有罪的问题一直处于游移不定的未确定状态，从而给其身心健康带来一定的影响，尤其是在被告人被采取羁押措施的情况下，拖延审判，将使这种影响更为严重。综观世界许多国家的法律，都明确规定被告人享有迅速获得审判的权利，这是维护被告人利益的需要，是人权保障理念高度发展的体现。迅速获得审判的权利包括两个方面的含义：其一，在审判开始之前，被告人有权要求尽早启动审判程序，不能久拖不审；其二，在审判开始之后，被告人有权要求尽早作出裁判结果，不能久审不决。集中审理原则和被告人迅速获得审判的权利在及时审判并及早作出裁判结果方面可谓殊途同归，对维护被告人的合法权益显有功效。

最后，可以节省诉讼资源，降低审判成本，减轻司法人员、当事人和其他诉讼参与人的讼累。集中审理原则通过持续不间断的审判，迅速完整地解决了案件中的实体性问题，完成了刑事审判的任务，避免了间隔审判所必然会带来的弊端，如浪费诉讼资源、提高审判成本、增加讼累等。

(十一) 证据裁判原则

证据裁判原则又称证据裁判主义，是指裁判者对案件事实的认定，应当根据证据作出，没有证据，不能认定事实。从历史发展的角度讲，证据裁判是否定神判的产物，是人类从非理性裁判走向理性裁判的一个重要标志。时至今日，证据裁判已经成为规范各类审判活动的一项基本原则，而依据证据对案件事实进行裁判也已成为一种司空见惯的法律现象。我国台湾地区学者林钰雄甚至认为，证据裁判原则是证据法中的“帝王条款”，它支配着所有犯罪事实的认定。作为近、现代刑事审判的普遍原则，证据裁判原则的基本含义有三个方面：第一，对案件事实的裁判必须依靠证据，不得以证据以外的其他客观现象认定事实，也不得仅凭法官个人的主观推测和印象来认定案件事实。无证据就无认定事实的根据，也丧失了自由判断的基础。这可以说是证据裁判原则的最基本含义。第二，裁判所依据的必须是具有证据资格的证据。无论是依据法律规则作出判断，还是任由法官裁量，证据裁判原则所依据的证据都必须是实质上具有证据资格的证据。第三，裁判所依据的必须是经过法庭调查的证据。这是证据裁判原则对裁判者认识方式的要求。在现代诉讼制度下，证据裁判原则要求裁判者对证据的认识必须以法庭为时空条件，以证据调查为其认识方式，只有这样，才能让人相信裁判者对案件事实的认定来自证据而不是其他途径。

在实行职权主义的大陆法系国家，普遍奉行证据裁判原则。大陆法系国家在强调法官依职权调查证据的同时，一般都规定了严格的证据调查程序，一方面要求裁判必须依靠证据，同时严格规范法官调查证据的程序，以规范法官权力的行使，并最终达到发现事实真相的要求。因此，在大陆法系国家，法律大都明文规定了证据裁判原则。例如，法国刑事诉讼法第427条明确规定，在轻罪案件的审判中，“除法律另有规定外，罪行可通过各种证据予以确定，法官根据其内心确信判决案件。法官只能以提交审理并经双方辩论的证据为依据作出判决。”第537条规定，违警罪或由笔录或报告证明，或在无报告和笔录时由证人证明，或由其他事实证明。德国刑事诉讼法第244条第2款规定，为了查明事实真相，法院应当依照职权将证据调查延伸到对裁判有意义的所有事实和证据。第261条规定：“对证据调查的结果，由法庭根据在审理的全过程中建立起来的内心确信而决定。”日本刑事诉讼法第317条也规定：“认定事实应当根据证据。”在英美法系国家，其当事人主义的诉讼构造决定了法官在诉讼中相对消极的诉讼地位。因此，英美法系国家更加强调当事人的主体地位和主动作用，法官一般不会主动调查证据，也就无须关于约束法官调查证据的规定。虽然在英美法系国家的法律和诉讼理论中没有直接明确证据裁判原则，但其刑事诉讼中大量存在的规范证据关联性、可采性的规则以及刑事程序中关于证据出示、认定等规定，都是证据裁判原则精神的具体体现。①

（十二）依法裁判原则

依法裁判是国家法制原则在审判活动中的体现，是实现国家法制化尤其是刑事法制统一性的必然要求，也是公民权利的重要保障。依法裁判要求法官在裁判活动中适用实体法和程序法规范，根据法律的要求作出裁判，反对任何枉法的、违法以及无法律根据的任意性裁判。② 作为现代法治国家司法程序中的一项普遍原则，依法裁判原则主要包括三个方面的内容：一是裁判活动必须根据国家现存的法律进行。国家现存的法律是司法裁判的前提和基础，要求法官依据现存的法律进行裁判，是为了便于控辩双方对裁判的结果作出预测，同时也有助于对司法擅断起到约束作用。二是裁判活动必须客观地适用法律，包括实体法和程序法。审判活动的任务是确定被告人的罪、责、刑问题，即确定国家刑罚权在具体案件中的有无及大小。因此，依法作出判决是依法裁判的核心，也是整个刑事诉讼活动的归结点。这就要依照实体法的规定来确定被告人的行为是否构成犯罪、构成何种犯罪，应否处以刑罚以及处以何种刑罚。同时，对审判中所涉及的一系列程序性问题，如管辖、回避、证据调查的必要性及调查方式的妥当性等，必须根据程序法确定的标准和规范进行裁决。三是裁判活动本身必须合法。裁判活动不是一蹴而就的，它需要经历一个过程才能完成，在这一过程中，裁判活动本身（包括裁判主体、裁判组织、裁判形式等）不能违法，否则便可能导致裁判结果的错误。裁判活动本身违法的，当然应当及时予以纠正。

第三节　审级制度原理

审级制度是指法律规定的审判机关在组织体系上设置的等级，当事人可以上诉几次或

① 参见宋英辉：《刑事诉讼原理》，301～302页，北京，法律出版社，2003。

② 参见龙宗智：《刑事庭审制度研究》，65页，北京，中国政法大学出版社，2001。

者检察机关可以抗诉几次，一个案件经过多少级法院审判后，判决、裁定即发生法律效力的一种诉讼法律制度。其基本内容：一是法院的设置问题，主要是上下级法院的纵向设置；二是当事人的上诉权与检察机关的抗诉权问题以及与此紧密相关的案件可经历的审级次数问题；三是上诉审法院的审理范围与审理方式问题。其中，第二项内容是审级制度的核心内容，因为任何一级的上诉审程序的启动都依赖于当事人上诉权的合法行使，案件经过几级法院审理，判决或裁定才确定，也取决于法律允许当事人上诉的次数。所以，怎样对待当事人的上诉权、如何赋予和保障当事人的上诉权不能不成为一国在设计审级制度和法院实际审判过程中应当首先考虑和始终关注的问题。第一项和第三项内容特别是第三项内容对于第二项内容的实现程度和状况能产生十分重大的影响，上诉审的范围与方式的设定是否科学不仅关系到法院审判效率问题，而且直接关系到当事人的上诉能否实效化，从而从根本上关系到审级制度能否得到切实贯彻的问题。

科学的审级制度可以使诉讼案件经过不同级别的审判机关审理，有利于查明案件真实，纠正下级法院判决、裁定中可能发生的错误，保证正确适用法律。同时，可以满足当事人的合理要求，缓解其不满情绪，使正确的判决、裁定得以顺利执行，是诉讼程序民主化的体现。[①] 不仅如此，审级制度还可以蕴涵和体现程序公正的诉讼价值理念，反映了一国对当事人特别是遭受不利裁判的当事人诉讼主体地位的尊重。正因为如此，所以各国在设计和选择审级制度时都持慎重、严谨的态度，而研究这一制度的理论意义和实践意义也是不言自明的。然而，长期以来，审级制度的问题并未得到我国诉讼法学界足够的重视，学界关注的焦点多集中于一些具体的技术性问题。事实上，正如有的学者指出的，具体技术性问题的研究“应在一些基本的理论问题得到清理、基本的司法制度得到合理构建之后，才有较大的研究价值”。[②] 本文就旨在从刑事诉讼制度角度，通过对国外审级制度的宏观考察和对我国审级制度的审视，对我国现行审级制度作一番对策性思考。

一、国外审级制度之立法状况

法院审级可分为单一审级制与多重审级制。单一审级制实行一审终审，不允许上诉，它可以及时终结审判程序，但不利于保证审判质量，特别是使被告人受损的合法权益得不到及时、有效的救济。因此，现代各国一般采用多重审级制，在法院级别上一般设置为上下三级或四级法院，当事人不服下级法院作出的尚未生效的判决、裁定，可以提起上诉。多重审级制因当事人上诉机会不同又基本上可以分为两审终审制与三审终审制两类情况。在实行两审终审制的国家，当事人不服第一审法院的判决，只有一次上诉的机会，案件经上诉审法院审判后即告终结。例如，俄罗斯除联邦最高法院的刑事判决不得依上诉程序提起上诉和抗诉外，对于法院的刑事判决，检察长有权依上诉程序提出抗诉，受审人及其辩护人、法定代理人、被害人及其代理人都有权提出上诉，民事原告人、民事被告人及其代

① 参见樊崇义主编：《刑事诉讼法学》，1版，385页，北京，中国政法大学出版社，1996。

② 陈瑞华：《对两审终审制的反思》，载《法学》，1999（12）。

理人可就刑事判决中有关民事诉讼的部分提起上诉。[①] 上诉审法院的裁决是最终裁决。[②]刑事诉讼法典规定，在提出的上诉、抗诉没有被撤销的情况下，刑事判决经上级法院审理后即发生法律效力。[③]

实行三审终审制的国家，当事人享有两次上诉的机会，因而上诉审分为第二审和第三审，前者是当事人不服第一审法院的判决而提出上诉后，由上一级法院进行审判，后者则是当事人不服第二审法院的判决再向上一级法院提出上诉并由该法院进行的审理。日本、英国、法国、德国、奥地利等基本上采用三审终审制。以日本为例，当事人不服地方法院、家庭法院或简易法院所作的第一审判决，可以向高等法院提出上诉，由高等法院进行审理(称为控诉审)，不服高等法院的判决，当事人还可以上诉到最高法院。又如，在英国，被告人不服治安法院的第一审判决，可以向刑事法院提出上诉，对刑事法院的判决仍然不服，既可以直接上诉至上诉法院，也可以要求以报核的方式上诉到高等法院；对于刑事法院的第一审判决，被告人首先可上诉到上诉法院，仍不服上诉法院的第二审判决，则可上诉到上议院，从而进入第三审。此外，如果被告人是以要求“报核”的方式，就治安法院的第一审判决上诉到高等法院的，如果不服高等法院的第二审判决，也可再向上议院提出上诉。

除上述两种类型外，在审级制度上还有一种特殊情形，即兼采两审终审制与三审终审制，但以两审终审为原则，三审终审为例外或补充。最为典型的是美国和前南斯拉夫。美国法院实行双轨制，联邦法院系统和州法院系统原则上实行两审终审制，当事人可以上诉一次，上诉审法院限于审查第一审判决适用法律有无错误。二次上诉是例外，只有少数涉及联邦法律问题案件并且经过严格的批准手续以后，才能经二次上诉，将案件提交联邦最高法院审理。[④] 以联邦法院系统为例，被告人不服联邦地区法院的判决，有权向联邦上诉法院提出上诉，一般情况下，上诉法院的判决就是终审判决，只有极少数案件经过严格的审查手续后，才可以再提交联邦最高法院审判。前南斯拉夫也是兼采上述两种审级制度，不过，两审终审具有广泛适用性，三审终审制的适用范围则有严格的限制。只有下列案件，才允许被告人提起二次上诉，从而使案件进入第三审程序：判处死刑或20年徒刑的案件；二审判决采用了不同于一审判决所认定事实的新事实；二审法院将一审法院的无罪判决改判为有罪判决的案件。

通过考察世界各主要国家和审级制度，不难得出以下几个规律性的结论：

1. 采用何种形式的审级制度，与一国的法系归属并无必然联系。属于同一法系的不同国家可能采用不同的审级制度，如英、美两国；属于不同的法系的国家也可能采用相同或基本相同的审级制度，如德国、法国与英国均实行三审终审制。一国如何设计和选择审级制度取决于该国的诉讼传统、刑事诉讼的基本价值理念和刑事诉讼实践需要。其中，平衡诉讼效率与诉讼公正（包括程序公正与实体公正）的关系是任何一个国家设置审级制度都

---

①②③　分别参见苏方遒等译：《俄罗斯联邦刑事诉讼法典》，1版，325、354、356条，北京，中国政法大学出版社，1999-08。

④　参见陈光中主编：《外国刑事诉讼程序比较研究》，1版，259页，北京，法律出版社，1998。

不可不考虑的基本因素。美国实行对抗制诉讼，强调对当事人特别是被告人权利的保障，接受法院迅速的审判既是被告人的一项诉讼权利，又是一项宪法权利。美国法院诉讼周期长，效率不高，如果普遍实行三审终审制，显然将对被告人上述权利和程序公正的价值理念构成威胁。与之不同的是，采用职权主义诉讼的法国、德国等国家强调诉讼效率和对案件实质真实的追求，在重视惩治犯罪的同时，也并不忽视对被告人权益的保护，实行三审终审制，则既可以保障法律统一实施，纠正第一、二审判决的错误，又能维护被告人合法权益。

2. 设置审级制度可以坚持原则性与灵活性相结合的原则。同一个国家可以根据本国的实际情况，以采用一种审级制度为主，同时兼采其他类型的审级制度，明确界定不同审级制度的适用范围或者适用条件。美国、前南斯拉夫就是较好的范例。

3. 无论是实行两审终审制的国家还是实行三审终审制的国家，启动第二审程序的实质原因即上诉理由一般没有十分严格的限制。上诉人只要在上诉书中表明不服原判决即可，至于是否写明上诉理由，则一般不作为是否准许上诉和是否进行第二审的条件。未写明上诉理由的，视为对原审判决全部内容不服。例如，德国刑事诉讼法典第 318 条规定："对上告可以限制在一定的上告事项上。没有予以限制或者根本没有说明上告理由的时候，视为原判决的全部内容被要求撤销、变更。"

但是，实行三审终审制的国家对于当事人的第二次上诉从而对于第三审程序的开启，一般实行必要的限制。限制的方式包括以下几种：一是法律要求说明上诉理由或法律明确限定上诉的理由，凡是没有说明上诉理由或者不符合法定理由的二次上诉，将不被受理。例如，德国刑事诉讼法典第 344 条要求"（a）上诉人应当说明他在何范围内对原判决不服，在何范围内申请撤销、变更原判决（上诉申请），并要说明申请理由。（b）说明理由时，必须表明是因为违反程序方面的法律规范情况，还是因为违反其他方面的法律规范情况而对原判决声明不服。在第一种情况中，必须提出表明瑕疵的事实"。根据该法第 346 条的规定，上诉如果不符合第 345 条的要求（包括提出上诉理由），上诉将被作出原判决的法院裁定驳回。日本刑事诉讼法典将不服第二审判决的上诉理由规定为：违反宪法或者对宪法的解释有错误；作出与最高法院的判例相反的判断；在没有最高法院的判例时，作出与大审院或作为上告法院的高等法院的判例或刑事诉讼法施行后作为控诉法院的高等法院的判例相反的判断的。上告法院认为上告明显无理由时，可不经辩论而直接作出上告不受理的判决。二是法律明确限定第三审适用的案件范围，上述前南斯拉夫的立法例即属于此种情形。相对于前一种形式的限制，这种限制更大幅度地减少了进入第三审程序的案件流量。三是二次上诉必须履经较为严格的审批手续方被许可。在英国，不服上诉法院的判决，被告人虽然可以再上诉到上议院，但必须经上诉法院证明上诉内容涉及有普遍重大意义的法律问题并且必须经上诉法院或上议院的批准。[①] 而在美国，"联邦最高法院可以以并非'实质性

① 参见王以真主编：《外国刑事诉讼法学》，178 页，北京，北京大学出版社，1990。

的联邦问题'，或缺乏'特别和重要的理由'为根据，拒绝受理上诉案件和调卷复审"，[①] 实际上是向联邦最高法院的上诉必须经过其审查和同意后才有效。

4. 就审理范围而言，基本上有三种类型。一是上诉审不受上诉理由和范围的限制，对原审判决在认定事实和适用法律上进行全面审查。《俄罗斯刑事诉讼法典》第 332 条就规定上诉审法院"不受上诉或抗诉理由的拘束"，"应当根据案卷中现有的和补充提出的材料，检查刑事判决是否合法和有无根据"。在实行两审终审制的国家，上诉审法院进行全面审查，有可能发现和纠正一审判决在认定事实或适用法律方面的错误。然而，遭受错误的不利判决的当事人毕竟只有一次获得普通程序救济的机会，如果当事人欠缺发动再审这样的特殊救济程序的能力，则原一审判决或二审判决中可能存在的错误仍难得到及时纠正。二是在三审终审制下，上诉审一般以上诉理由为限。例如，关于第二审、第三审的范围，德国刑事诉讼法典第 327 条、第 352 条分别规定"上告法院只能对原判决的被要求撤销、变更的那部分进行审查"，"上诉法院只是根据所提出的上诉申请进行审查，如果上诉是依据程序上的错误时，只审查提出上诉申请时所说明的事实"。不过，该法并不要求初次上诉必须说明理由，根据第 318 条的要求，上告理由未予说明时，原判全部内容视为被要求撤销、变更，因而上告法院此时审查范围就是原判决的全部内容。三是上诉审法院原则上根据上诉理由进行审查，但也可以依职权调查、审理其他相关事项。日本刑事诉讼法第 392 条关于控诉法院的审查范围、第 411 条关于上告法院的审查范围都有类似规定。第 411 条规定，即使不具有第 405 条规定的上告理由，但如果有下列事由，上告法院认为如果不撤销原判决显然违反正义时，也可以判决撤销原判决：有足以影响判决的违反法令的事项的；量刑甚为不当的；有错误认定足以影响判决的重大事实的；具有相当于可以提出再审请求的事由的；判决后刑罚已经废止或变更，或者已经大赦的。

此外，在三审终审制中，第二审法院与第三审法院审查内容的性质有所不同。第二审法院一般或侧重于"事实审"。第三审法院则限于"法律审"，即审查判决在实体方面和程序方面是否违反了法律，而不再就案件事实进行调查，其主要目的在于维护法律的统一的实施，一些国家的三审还明显地带有保护被告人免受不当判决之趋向。这种区分明确了二、三审法院的审判职责，确定了各自的审查重点，有利于防止两个审级的法院职责交叉或混淆，防止不必要的重复审理，同时也标识了当事人前后两次上诉的范围和目的指向。但是，不问具体案件，绝对采用这种界分制，又确实因截然分割事实问题与法律问题的内在联系而最终仍可能影响审判质量。

二、我国审级制度的立法状况与理论研究现状

我国在 1951 年 9 月通过的《人民法院暂行组织条例》的第 5 条规定："人民法院基本上实行三级两审制，以县级人民法院为基本的第一审法院，省级人民法院为基本的第二审

---

① 肖扬主编：《当代司法体制》，1 版，41～42 页，北京，中国政法大学出版社，1998。

法院，一般的以二审为终审，但在特殊情况下，得以三审或一审为终审。”可见，当时是以两审终审为原则，三审终审为例外。1954 年 9 月通过的《人民法院组织法》明确规定“人民法院审判案件，实行两审终审制”，废除了三审终审的例外情形。此后，两审终审制就被沿用下来。《人民法院组织法》和《刑事诉讼法》被先后修改，但这一制度基本未被触动。根据刑事诉讼法的规定，被告人等依法享有上诉权的人不服地方各级人民法院的第一审判决、裁定可以向上一级人民法院提出上诉，人民检察院也有权提出抗诉。案件经第二审法院审理后即告终结，当事人不得再就第二审判决、裁定上诉，人民检察院也不得再按上诉程序抗诉。占主流的传统观点认为两审终审制是最适合于我国刑事诉讼需要的审级制度。其理由归纳起来，主要有以下几点：

1. 两审终审制适合我国实际状况，“便于群众诉讼，有利于及时、正确处理案件。由于我国地区辽阔，许多地区交通还不方便，如果审级过多，当事人势必要到较远的地方去上诉，既浪费时间、耽误生产，又浪费人力、财力。同时，审级过多诉讼必然要拖长，既不利于及时、有力地惩罚犯罪，又不利于有效地保障公民的合法权益”①。

2. “实行两审终审制，既保障了当事人的上诉权利，又简化了诉讼程序，减少重复审理”②。“两审终审制足以保证案件质量和当事人的诉讼权利。除了由于我国的二审程序是实行全面审查的原则外，主要是我国的刑事诉讼法还有一系列诉讼制度加以保证”，即对终审判决实行审判监督程序、死刑案件实行复核程序、检察机关实行法律监督。③

3. 还有人认为，“我国目前两审终审在有些地方尚且名不副实，再搞第三审，可能只是一种摆设”④。

有的学者对两审终审制进行了深入反思，认为该制度存在着许多缺陷，主要有：

1. 实践中，大量上诉案件不开庭审理，控辩双方无法同时参与审理活动，与案件结局有利害关系者参与裁判制作的机会被剥夺；合议庭的审理很可能流于任意化和随机性，甚至出现严重的“暗箱操作”；二审合议庭成员还会失去对一审判决审查的独立自主性，不可能得出与一审法院完全不同的结论；二审法院对上诉和抗诉案件采取不同的审理方式，会使控辩双方受到不平等对待，影响二审程序的公正性。

2. 二审法院的“全面审查原则”不符合诉讼救济活动的基本规律，极其简易的审理方式、繁重的审查任务等使二审法院难以审查和纠正一审法院的错误。

3. 二审程序的流于形式和死刑复核程序的名存实亡，导致大多数案件实际上实行的是“一审终审”。

4. 上下级法院之间存在的严重行政依附趋向，使得上级法院对下级法院裁判的独立审查甚至“两审终审制”都构成严重威胁。

5. 在两审终审制下，最高人民法院和高级人民法院都无法发挥维护国家宪法和法律统一适用的作用。

---

①④ 吴磊主编：《刑事诉讼的理论与实践》，408 页，哈尔滨，哈尔滨船舶工程学院出版社，1989。

②③ 参见陈光中主编：《中国刑事诉讼程序研究》，408 页，北京，法律出版社，1993。

鉴于上述状况，我国应当实行三审终审制。可以首先在死刑案件中试行三审终审制，条件成熟时，逐步推广到所有刑事案件。最关键的改革措施是将普通救济程序分为事实审和法律审，第二审法院就第一审裁判涉及的事实问题，也对有关法律适用问题进行审查，第三审法院则仅进行法律审；第二步是废除"全面审查原则"，将第二、三审范围限制在上诉、抗诉理由上；第三步是重新设计第二、三审法院的审理方式，必须采用开庭方式进行审理；第四步是重新规范高级人民法院和最高人民法院的活动方式，作为第三审法院，必须开庭审理，同时这两级法院应担负起维护国家宪法和法律统一实施的使命，通过第三审活动来撤销一、二审中违法的行为、决定和裁判；最后，要建立中国式判例制度，最高人民法院应通过开庭、审理具体案件来发布司法解释。①

还有一种观点认为，两审终审制，有利有弊，应实行弹性上诉制度，即基本上实行两审终审制，有条件的可实行三审终审制。理由是：我国民主革命时期和解放初期，曾规定在特殊情况下可实行三审终审制；国际上特别是资产阶级国家一般都实行三审终审；两审终审曾经符合我国一定历史阶段情况，效果好，但在新形势下，那种"一审不够，三审不必要，两审终审正好"的观念应当更新，有条件的实行三审终审，是加强社会主义民主与法制的需要。下列情况可实行三审终审：一是一审和二审法院在重要情节方面认定事实，适用法律不同的二审判决，允许当事人上诉、检察院抗诉；二是辩护律师认为二审判决确有错误，经律师事务所或主管司法行政机关领导的同意，可独立上诉；三是检察院认为二审判决确有错误，不论在一审判决后是否抗诉，都可抗诉，引起三审程序。②

三、对我国两审终审制的理论评价与对策性思考

上述三种理论观点给两审终审制提出了两个极为现实的问题：应否改革两审终审制、如何改革两审终审制。怎样认识和解决这两个问题，将对我国审级制度的立法和实际运作带来十分重大的影响。

我们认为，我国的两审终审制不仅应当改革，而且应当尽快改革。理由如下：

1. 两审终审制本身的缺陷决定了对其改革的必要性和紧迫性。任何一项诉讼制度与程序的创设都要服务于解决社会冲突的需要。包括审级制度在内的刑事诉讼制度则要适应解决被告人与国家之间的冲突的需要，并应从实体与程序方面体现社会正义。"如果创设或发展诉讼程序的努力脱离解决社会冲突的实际需要，那么由此而形成的程序至多只有学理上的审美价值。诉讼程序完善的功利评价，只能依据于该程序在解决社会冲突方面的实际效果"③。不可否认，两审终审制曾在保障人民法院正确审判刑事案件方面发挥了一定的积极作用。然而，其本身的缺陷也随着诉讼实践的发展而日益突显并严重制约着诉讼中实体公正与程序公正的实现。两审终审制的缺陷除上述有关学者所言的方面外，还有以下一些表

---

① 参见陈瑞华：《对两审终审制的反思》，载《法学》，1999（12）。

② 参见吴磊主编：《刑事诉讼的理论与实践》，407～408页，哈尔滨，哈尔滨船舶工程学院出版社，1989。

③ 柴发邦主编：《体制改革与完善诉讼制度》，35页，北京，中国人民公安大学出版社，1991。

现：第一，两审终审制人为地抑制了遭受不利判决的当事人再次寻求救济的合理期待。如果第二审法院作出与第一审裁判内容无异的裁判或第二审法院虽然变更第一审裁判的内容，但仍未改变当事人遭受的不当裁决结果的处境，那么继续上诉，寻求公平的裁决就自然成为有关当事人的一种普遍而正常的愿望。在我国的两审终审制下，上下级法院事实上的行政领导色彩、下级法院判前请示上级法院的做法、第二审法院事实上的书面审理等因素使第二审法院很难改变第一审法院的判决、裁定，而被告人却不能再行上诉。这在抑制了被告人再次寻求公平救济的正当期待的同时，必然导致其上诉权的虚化与非实效化，并使两审终审制成为一种摆设。尽管法律规定两审终审的错误裁判可以通过审判监督程序去纠正，但是被告人申请再审并不具有上诉权利那种发动审判程序的功能，是否再审仍要由法院决定，而检察机关囿于其诉讼角色定位又不会专为被告人的利益提出抗诉，这又使得被告人寻求特殊程序救济的行为期待被人为窒息，实际救济机会微乎其微。第二，两审终审制与公民维护权利意识不断强化的现实不相适应。随着社会主义民主与法制的不断完善和普法教育的深入开展，我国公民的法律意识特别是要求运用法律来维护自己正当权益的愿望与意识已经大大增强。在刑事诉讼中，被告人的诉讼地位得到了改善，诉讼主体与权利意识也有所加强，真正对人民法院的判决、裁定逆来顺受的被告人极少。一旦遭受不公裁判，被告人一般愿意上诉而不在乎时间和物力的花费。认为两审终审制方便群众诉讼，节省物力、时间等的观点并未考虑到保障被告人合法权益的需要，也不能掩盖这一制度与被告人维权意识相脱节这一现实。第三，两审终审制并不能减少讼累，在很大程度还可能增加讼累。如上所述，被告人由于只有一次上诉机会，又不易获得审判监督程序的救济，如果第二审法院仍未作出于其公正的判决，就会造成被告人或其近亲属反复、多次申诉的情形，既增加了当事人的讼累，也加重了法院的工作负担。第四，两审终审制不仅不能避免重复审理，反而导致重复审理。因为二审法院对任何上诉案件都实行全面审查，混淆了上下两级法院的审判职责，加上第二审法院审理方式不科学以及上下级法院审判监督关系的扭曲，其结果就极有可能是真正的错误并未得到纠正，使重复审理无效益；无错误或控辩双方无争议的部分被重新审理，使重复审理不必要。第五，刑事诉讼法规定第二审法院对抗诉案件都开庭审理，而对上诉案件则可以不开庭。其严重性首先在于体现出对控辩双方的不平等对待，在某种意义上讲，这也是重惩罚、轻保护和重国家利益、轻个人利益观念的一种反映。其次，不开庭审理的上诉案件，第二审法院所接触的是一审卷宗或仍然主要是控方材料，被告人及其辩护人不能充分参与，程序之不公正以及由此带来的实体不公正就不可避免。再次，有些上诉案件不开庭审理，甚至在事实上异化为书面审理，更谈不上控辩双方参与什么法庭审理，二审合议庭也不能同时听取控辩双方的意见，从而直接损害了二审本有的诉讼结构形态，导致诉讼行为（审判行为）的“非诉讼形态”化运转。

2. 改革两审终审制是平衡公平与效率关系的客观需要。两审终审制虽然有利于防止诉讼拖延，但这主要是从便于人民法院办案和提高审判效率角度而言的，而并未充分考虑到由此可能对诉讼公正带来的负面影响。刑事诉讼法修改以后，作为控诉职能承担者的公安机关、人民检察院仍然保持着针对被告人的超优势诉讼主体地位与职权态势。被告人诉讼地位尽管有所改善，但因辩护律师调查权受很大限制等因素而仍然处于相对于控诉主体的不平衡的弱势地位。审判人员仍然能在开庭前接触检察院移送的主要证据复印件的内容，拥有一定的调查权，并可以在休庭后阅览检察院移送的其他证据材料。这些都极容易导致一审裁判之不公。而二审合议庭成员在开庭前对一审卷宗材料的大量接触，加上事先可能已就第一审法院的“请示”加以“指导”以及大量上诉案件采用不开庭审理方式，又使之难以超脱在对第一审法院加以“指导”时业已形成的意见或一审裁判内容的限制，从而导致第二审程序及其裁判之不公。如果实行三审终审制，当事人就可以再次提出上诉，使二审裁判及其程序本身经受更高一级法院的严格审查，防止可能存在的错误长期存续。如果对第二、三审法院的审查范围、三审期限等加以科学的规范，那么审判效率不但不会受消极影响，还有可能较好地兼顾公平与效率的关系。

3. 改革审级制度，采用三审终审制，有利于增强判决、裁定的说服力和当事人对它们的信服度。目前，第二审法院多为中、高级人民法院。第二审法院对第一审法院业务上的直接指导关系、事实上存在的行政领导与被领导式关系，使得当事人对第二审法院的裁判特别是维持一审裁判的二审裁定抱有很大疑虑。如果案件能因当事人的上诉而经第三审，只要审判程序本身公正、合法，那么即使第三审法院仍然维持原判，也有可能消除或减轻当事人的疑虑和不满情绪。

两审终审制存在的诸多问题，不可能通过对该制度本身某个或某些环节的简单修补就可以得到解决，最佳的选择是以三审终审制来取而代之。在人民群众对司法公正的呼声日益高涨的形势下，人民法院应当也愿意在社会上树立和维护其公正司法的形象。审判人员特别是高级人民法院、最高人民法院的审判人员的政治、业务等素质不断提高，而且整个法院的人员队伍还在不断地得到规范化、科学化的建设和管理。这说明，实行三审终审制已经具备了基本的主观条件。同时，可以预料，实行三审终审制以后，各地高级法院将作为主要的第三审法院承担第三审任务。随着经济的发展，各地的交通、通讯等也已有了较大改观，这就使得三审终审制一般不会因交通等客观条件的限制而无法贯彻实行。

实行三审终审制，应当考虑和解决好以下几个问题：

1. 三审终审制是仅适用于死刑案件等少部分案件，还是适用于所有的刑事案件？是先适用于部分案件，再逐步推及全部案件，还是一步到位？我们认为，三审终审应当一步到位地适用于所有刑事案件。理由在于，两审终审制所暴露出来的上述缺陷带有普遍性，既存在于死刑案件的二审之中，也大量地表现于其他案件的二审之中。如果三审终审制只适用于或先适用于死刑案件等少部分案件，就必然使两审终审制的弊端仍将大量而经常地或长期地出现于其他大部分案件的第二审活动之中。不仅如此，非死刑案件的被告人与死刑案件的被告人都有可能在第一、二审过程中遭受不公正的待遇和裁判，两类案件的审判活动也同样会发生违法情形，都有必要借助于第三审程序予以救济。正因为如此，还不如将三审终审制一步到位地适用于所有刑事案件，这样也可以促使各地人民法院更加注意不断提高审判人员的素质，尽快适应新的审级制度，更为自觉、严格地公正司法和遵守法定程序。

2. 三审终审制必须以切实保障当事人的上诉权作为基点。对于当事人的上诉权不得以任何非法形式和理由加以限制。刑事诉讼法应当赋予辩护律师以独立的上诉权，以增强被告人的救济能力。第三审程序也必须贯彻上诉不加刑原则，对于被告人或其近亲属、辩护律师提出的上诉，第三审法院不得以任何形式加重被告人的刑罚。

此外，在法国，总检察长可以为了法律利益而按非常上诉程序向最高法院提起“要求撤销之诉”，旨在维护法律的统一实施。最高法院只能作出撤销原裁判的裁决或者在撤销原裁判后，将案件发送与最初作出裁判的法院性质相同的另一法院重审，但无论如何都不能损害被告人的诉讼地位和诉讼利益，其目的是为了警醒下级法院今后慎重地适用法律。在条件成熟时，我们可以借鉴这种做法，规定检察机关只能为了维护法律利益而就第二审裁判提出抗诉，除犯罪性质严重而第二审法院判决无罪或维持第一审无罪判决或者依法应处刑罚与原判实处刑罚相差过大而不予改判将严重损害社会公共利益，第三审法院可以直接改判外，对于适用法律有错误的其他第二审判决，第三审法院应当作出撤销原判的裁定，并且不得恶化被告人的诉讼地位和损害其诉讼利益，以警示下级法院正确适用法律。

3. 对上诉理由应否给予限制的问题。对于初次上诉的理由不宜加以限制，当事人在上诉中未指明具体理由的，应视为就第一审判决、裁定的全部内容提出上诉，第二审法院应当就原审法院认定事实、适用法律和诉讼程序有无错误进行全面审查。但是，考虑到第三审法院将担负着与第一、二审法院不同的审判职责即通过法律审来保证法律适用的统一性，防止因当事人无具体理由的上诉而冲淡第三审法院的审判职责，便于第三审法院有针对性地开展审判活动，有必要对二次上诉的理由作必要限制，即只限于对原审法院适用法律和诉讼程序问题提出上诉。具体理由可设定为：定性不正确；量刑不当；违反公开审判制度；违反回避制度；剥夺或严重限制辩护权或其他重要诉讼权利；未经开庭审理而直接作出判决、裁定；作为判决依据的证据未经法庭出示和质证等。对于二次上诉，应当先由第二审法院或第三审法院的立案部门作形式审查，发现上诉未提出具体理由或者所提理由不符合上述情形的，可以限期上诉人补充，逾期未能补充理由的，应直接裁定上诉不受理。

4. 正确处理上下级法院的关系问题。这涉及两方面的问题。一方面，立法应当进一步明确上下级法院之间审判监督关系的具体内容，使之具有较强的实际操作性，特别是要明确禁止下级法院在判决前就具体案件请示上级法院，并规定上级法院不得以任何形式（包括就下级法院审判的具体案件提出处理意见）介入下级法院对具体案件的审判活动。另一方面，应当明确区分第二审法院与第三审法院的审判职责。对于第一审判决、裁定，当事人既可以就事实认定问题上诉，也可以就法律适用问题上诉。相应地，第二审法院既可以就事实问题进行审查，也可以审查第一审判决、裁定适用法律有无错误和诉讼程序是否违法。但是，第三审法院的职责应当是通过审判，维护法律的统一施行。因此，当事人的二次上诉只能针对原判在适用法律和诉讼程序上的错误而提出，第三审法院也只就此进行法律审。

5. 必须重新界定上诉审的审查范围。无论是第二审法院还是第三审法院，审查范围一般应以当事人上诉请求和理由为限。因为诉讼的直接功能和原初功能就在于解决社会冲突，冲突解决的标志应当是诉讼双方对判决认定事实、适用法律均不存在争议。如果当事人或检察机关仅就法律问题提出上诉或抗诉，诉讼对方也未就事实问题抗诉或上诉，就应认为原判决认定的事实已经成为控辩双方都予以依赖的事实，双方就事实问题的争议已经解决。同样，当事人仅就事实问题向第二审法院上诉，可以认为法律争议问题已获解决，第二审法院一般不再审查。但是，如果因认定事实有重大出入而明显导致第一审判决对被告人适用法律不公的，如因事实认定有误而导致无罪判有罪，第二审法院应当予以纠正。此外，对于原审法院诉讼程序是否合法的问题，无论上诉理由中是否提及，第二审法院和第三审法院都应予以审查。

6. 上诉审的审判方式问题。我们赞成一些学者的主张，即第二审法院和第三审法院都必须实行开庭审理，应当通知控辩双方到庭，合议庭也必须在双方同时在场的情况下，就原判对事实的认定和有关证据材料、适用法律和诉讼程序问题进行审查。第三审法院的审判，至少应当有被告人的辩护人和检察人员同时到庭参与。因为不开庭审理本身就是导致两审终审制流于形式的重要原因之一，如果采用三审终审制以后，仍然不彻底改变这种现状，三审终审制也将有流于形式的危险。

第四节　审判组织

一、英国的审判组织

审判组织是指为行使审判权而由审判人员依照法律规定组成的审判案件的组织形式。根据刑事诉讼职能分离原则，世界各国都以法院作为审判职能的承担者，但是就具体案件的审理而言，法院不可作为一个整体共同行使对某一案件的审判权，因此各国在刑事诉讼法或者法院组织法中均规定了一定形式的审判组织，由其行使对具体案件的审判权。由于各国的诉讼模式、诉讼制度不尽相同，在审判组织的设置上也呈现出多样化趋势。从总体上来说，审判组织的设置与审级的设置相适应，不同审级下的审判组织其组成不同。

英国的审级基本上有四级，即治安法院、刑事法院、高等法院和上诉法院、上议院。治安法院审理大多数普通刑事案件，一般至少由两名治安法官组成合议庭进行，但领薪治安法官可以独任。判决以治安法官的多数票通过，如果票数相等，则另组合议庭重新审理。刑事法院负责对可诉罪进行一审以及不服治安法院判决的上诉审，对可诉罪的一审必须召集陪审团进行，庭审由高等法院法官、巡回法官、记录法官或治安法官主持，上诉审则由1名巡回法官或纪录法官与2至4名非原审的治安法官组成合议庭。评议时，以多数票通过判决，如果票数相等，主持庭审的法官有权再投一票，以作出最后决定。高等法院王座庭负责审理有关治安法院和刑事法院以原审法院报核方式提出的上诉，但其审查只限于法律和程序问题，一般由3名法官组成合议庭对案件进行审理。上诉法院刑事庭只受理不服刑事法院裁决的上诉案件，由3名上诉法官组成合议庭进行审理。上议院是英国的最高审级，受理来自上诉法院、高等法院、军事上诉法院提出的有重大法律问题或普遍意义的上诉案件，审理时由 5 名上诉法院的常设议员在大法官的主持下进行。[①]

二、美国的审判组织

美国法院系统分为两部分，即联邦法院系统和州法院系统。由于各州法院在审级和审判组织的设置上各有不同，情况非常复杂，这里仅就联邦法院系统作以考察。联邦法院分为三级，即地区法院、上诉法院、联邦最高法院。地区法院审理案件一般由法官独任，重大案件由 3 名法官组成合议庭并召集陪审团进行，陪审团负责对事实问题作出裁断，法官组成的合议庭负责解决有关的法律问题，如指导陪审团、对被陪审团认定有罪的人量刑等。联邦上诉法院主要受理来自地区法院的上诉案件以及联邦系统专门法院的上诉案件，审理时一般由 3 名法官组成合议庭进行，重大案件由全体法官合议审理。联邦最高法院的法官人数由国会确定，从 1869 年到现在固定为 9 名，审理案件时，9 名大法官共同对案件进行讨论，作出裁决。判决以多数票通过，判决的多数意见可以作为判例，对联邦和各州法院均具有约束力，如果双方意见的票数相等，则维持原判，这种判决不能成为判例。[②]

三、法国的审判组织

法国法院审级分为五级，即违警法院、轻罪法院、重罪法院、上诉法院、最高法院。从违警法院、轻罪法院、重罪法院的管辖上来说，它们均为一审普通法院，因此在审级上实际是同级。违警法院负责违警罪案件的初审，由一名法官独任审理。轻罪法院负责轻罪案件的初审，通常由 3 名法官组成合议庭进行审理，对某些案件经被告人同意，可由法官独任审理。重罪法院的法庭由 3 名法官和 9 名陪审员组成，其所作判决一般为终审判决。上诉法院负责受理除重罪案件之外的上诉案件，由 3 名法官组成合议庭进行。最高法院刑事庭由职业法官组成，案件通常由 9 名法官组成的合议庭进行审理。[③]

四、德国的审判组织

德国的普通法院包括地方法院、州法院、州高级法院和联邦法院四级。地方法院审理轻微案件通常由地方法官独任审理，其他案件由 1 名地区法官和 2 名陪审员组成的陪审法庭审理。州法院即是一审法院又是地方法院的初次上诉法院。对一审案件进行审理的审判组织是大刑事庭，由 3 名州法院法官和 2 名陪审员组成；对不服地方法院独任审判判决的上诉案件由小刑事法庭受理，由 1 名州法院法官和 2 名陪审员组成；对不服的方法院陪审法庭的上诉由大刑事法庭受理，即由 3 名州法院法官和 2 名陪审员组成。州高等法院审理初审案件由 5 名州高级法院法官组成合议庭进行；审理不服州法院的判决而提出的二次上诉案件则由 3 名职业法官组成合议庭进行。联邦法院是刑事案件的最高审级，主要受理不

---

① 参见程味秋：《外国刑事诉讼法概论》，9～13 页，北京，中国政法大学出版社，1994。

② 参见程味秋：《外国刑事诉讼法概论》，43～45 页，北京，中国政法大学出版社，1994。

③ 参见程味秋：《外国刑事诉讼法概论》，104～105 页，北京，中国政法大学出版社，1994。

服州法院和州高级法院的上诉案件，其审判组织由 5 名联邦法官组成合议庭。联邦法院各有 5 个民事、刑事审判合议庭，分设在全国的五个地区，联邦法院的本部设在卡尔斯鲁厄市，本部内分别设有一个由 9 名联邦法官组成的刑事大合议庭和民事大合议庭，两个大合议庭又组成大合议庭联席会议，作为德国普通刑、民事案件的最高审判组织形式。值得提出的是，在德国，刑事审判组织是固定的。法院中设有一定数目的固定的审判庭，它不因受理案件的不同而重新组合，法官的称呼也固定，如地方法官、州法官、州高级法官和联邦法官。审判庭的领导者为首席法官。①

五、两大法系审判组织的比较

通过以上对英、美、法、德四国审判组织的考察可以看出英美法系与大陆法系国家的审判组织存在相同之处：

1. 审理简单案件的审判组织往往比较简单，甚至采用独任庭审理的方式；审理重大、复杂案件的审判组织则采用较为复杂的合议形式，从合议庭的组成人数来看，审级越高，其组成人数越多，从合议庭的组成人员来看，审级越高，法官的级别也越高。这是因为重大、复杂案件需要由高素质法官进行审理，采用合议形式一方面可以防止法官专断，另一方面则可以发挥法官的集体智慧，保证案件得以正确处理。

2. 审判组织在亲自参加庭审的基础上对案件的事实问题或法律问题作出裁决。大陆法系国家与英美法系国家在刑事审判中均贯彻直接原则，要求法官或陪审员的心证直接来自于庭审。如有法官因病或其他原因不能参加整个审判过程，也不能另找其他法官代替，而应重新开始法庭审判程序。

两大法系的审判组织在组成和职能上呈现出很大差别，这体现在以下两个方面：

1. 由于英美法系国家在审理一审案件时往往采用陪审团审理的方式，在有陪审团审理的案件中，案件的事实问题由陪审团作出裁断，由法官组成的合议庭只对法律问题（其中主要是量刑问题）负责；大陆法系国家则采取参审制，由职业法官和陪审员共同组成的审判庭对案件进行审理，审判庭既对事实问题也对法律问题作出裁断。

2. 英美法系国家的合议庭组成人员即各个法官在对案件作出裁断时享有平等的投票权，如美国联邦法院的首席大法官虽负责全院的审判工作和行政工作，但在判决时，像其他大法官一样，只有一票的权利。② 而在大陆法系国家的审判组织中，审判长（法国）或首席法官（德国）在庭审和裁决时起着主导性作用。如法国刑事诉讼法典第 310 条规定："审判长享有自由裁量权，可以凭自己的荣誉和良心，采取自己认为有助于查明真相的任何措施。如果需要，他可以代表法庭裁决第三百一十六条规定的事项（即一切有争议的事项，在听取检察院、当事人或他们的律师的意见后作出裁决。不过此项裁决不得对案件实质作

---

① 参见程味秋：《外国刑事诉讼法概论》，135～137 页，北京，中国政法大学出版社，1994。

② 参见程味秋：《外国刑事诉讼法概论》，44 页，北京，中国政法大学出版社，1994。

预断——笔者注)。"[①] 德国的首席法官在法庭审理时对实体与程序两个方面都起着决定性的作用。[②]

六、中国的审判组织

根据我国《刑事诉讼法》的规定，我国的法院审级分为四级：基层人民法院、中级人民法院、高级人民法院和最高人民法院。基层人民法院的审判组织有两种形式：适用简易程序的案件可由审判员一人独任审判，其他案件由审判员三人或者由审判员和人民陪审员共三人组成合议庭进行审理；中级人民法院审判一审案件的审判组织由审判员三人或由审判员和人民陪审员共三人组成，审理上诉或抗诉案件的审判组织为审判员三人到五人组成的合议庭；高级人民法院、最高人民法院审理一审刑事案件由审判员三人、五人或七人组成合议庭或者由审判员与人民陪审员三人、五人或七人组成合议庭，审理上诉或抗诉案件由审判员三人或五人组成合议庭，死刑复核程序的合议庭由审判员三人组成。另外，《刑事诉讼法》第149条规定："对于疑难、复杂、重大的案件，合议庭认为难以作出决定的，由合议庭提请院长决定提交审判委员会讨论决定。审判委员会的决定，合议庭应当执行。"根据这一规定和审判实践，各级人民法院的审判委员会也是我国的审判组织形式之一。

我国法律规定的审判组织呈现出以下几个特点：

1. 合议庭的组成人数并未随案件的严重性质和审级的增加而增加。法律除了将基层法院、中级法院的一审审判组织与高级法院、最高法院的一审审判组织分别加以规定外，对基层法院与中级法院之间、高级法院与最高法院之间的一审合议庭未加区分，对各级法院的上诉或抗诉审的合议庭未加区分。即便对高级法院和最高法院的一审合议庭规定了较多的人数，但这种规定也具有很大弹性，其下限仍与下级法院的合议庭人数相同（三人）。这种合议庭人数的配置方式不利于对一些大案、要案的正确审理和裁断，如果在实践中能保证审判人员的素质与审级之间总能呈现正比关系，这种配置方式的弊端也能在一定程度上得以避免。

2. 在有陪审员参加的合议庭组成上，法律并未对陪审员的人数比例加以明确规定，而且根据法律的规定，陪审员对于合议庭的组成来说并非必要。这种规定在形式上限制了陪审制度作用的发挥，容易导致陪审制度名存实亡。

3. 在由审判委员会对案件作出决定的情况下，会出现审理权与裁判权分离的情况，这种情况在其他国家是不存在的。

审判委员会对具体案件的讨论决定直接导致了合议庭"审而不判"、审判委员会"判而不审"的现象，并因此而受到我国学者的广泛批评。[③] 现行《刑事诉讼法》将审判委员会审

---

① 余叔通、谢朝华译：《法国刑事诉讼法典》，124页，北京，中国政法大学出版社，1997。

② 参见程味秋：《外国刑事诉讼法概论》，137页，北京，中国政法大学出版社，1994。

③ 参见贺卫方：《关于审判委员会的几点评论》，陈瑞华：《正义的误区》，均载《北大法律评论》，1998年第1卷第2辑。

理的案件限制在“疑难、复杂、重大案件”范围内，且由合议庭决定是否需要将案件提请院长交审判委员会讨论决定，扩大了合议庭的权限，这较之以前刑事诉讼法的规定是一个极大的进步。但目前这种审理权与裁判权的分离至少存在着理论层面和实践层面两方面弊端：其一从理论上来说，诉讼的公正性难以保证。（1）直接言词原则是现代刑事诉讼的一项旨在保障审判公正的基本原则。它要求从事法庭审判的法官必须亲自出席庭审，在经过法庭调查、法庭辩论，听取有关诉讼参与人的言词陈述之后，在此基础上作出判决。但在审理权与裁判权分离的情况下，审判委员会对案件的裁断建立在承办人员的口头或书面汇报的基础上，这就根本违反了直接言词原则的要求。（2）审、判分离使被告人的辩护权行使流于形式，使被告人不能充分而有效地参与裁判的形成过程。在审、判合一的应然模式下，被告人充分参与法庭审理过程也就等于充分参与了裁判的形成过程，此时被告人辩护权能否得到充分行使直接影响到裁决的结果。但是在审、判分离的情况下，被告人在庭审过程中是否充分行使辩护权与其得到什么样的裁决之间没有直接联系，即使法律赋予被告人的辩护权十分完美，即使实践中对被告人的辩护权保护得十分严密，这种辩护权也因不具有实质意义而毫无用处。（3）审、判分离使审判公开原则、回避制度、陪审制度等体现程序公正的基本原则和制度变得毫无意义。以回避制度为例，其意义体现在排除与案件有利害关系的人参加该案的审理活动，以保证案件处理过程的公正性，但在审、判分离的情况下，当事人可以要求回避的庭审法官无权作出最终裁决，而真正有权作出裁决的审判委员会的组成人员又不属于法律规定的回避对象，当事人无法要求他们回避。其二从实践层面来看，审、判分离在我国的审判实践中存在以下几个问题：（1）审、判分离为合议庭规避责任提供了一条捷径。根据《刑事诉讼法》第 149 条的规定，对于疑难、重大、复杂的案件，合议庭认为难以作出决定的，由合议庭提请院长决定提交审判委员会讨论决定。“合议庭认为难以作出决定”的法律规定虽将选择的权利赋予了合议庭，有效防止了审判委员会主动介入具体案件的审理而侵犯合议庭的裁判权，但在我国审判人员素质普遍不高的前提下，这一规定也容易导致合议庭将自己能够作出决定的案件提交审判委员会以逃避自己应当承担的责任，从而使审、判分离愈演愈烈，使审判委员会的裁判权远远超出法律规定的范围。（2）目前我国审判委员会的组成人员基本上是由法院内部有一定行政职务的人员组成，如院长、副院长、各庭庭长等人。这种人员组成方式缺乏专业性，对于一些复杂案件的判断能力未必高于合议庭，因此难以起到审判委员会应当起到的作用。（3）在实践中，与法院同级的检察机关的检察长或检查委员会的委员有权列席审判委员会的会议，有权对案件发表意见，但在审判委员会表决时不具有表决权。允许检察机关的代表列席会议，是基于检察机关是国家的法律监督机关的考虑，检察机关的代表监督审判委员会对案件的讨论对于审判委员会依法履行职责具有积极意义。但检察机关毕竟承担着公诉职能，其代表列席审判委员会的会议时，公诉职能与监督职能的双重身份会导致其在发表意见时不可避免带有追究犯罪的倾向性，这对无权参加审判委员会会议的被告方来说无疑是不公平的。

考虑到审判委员会在我国仍有其存在的必要性（特别是审判人员素质普遍不高的现实情况），目前还不宜取消审判委员会制度，但针对该制度存在的上述一系列弊端，我们也应不断改善这一制度，以适应司法改革的整体需要。随着我国审判人员素质的逐渐提高，司法环境的不断改善，在时机成熟的时候，再逐步取消审判委员会的裁判权。目前，改革审判委员会制度应从以下几个方面进行：

第一，尽量缩小审判委员会讨论的案件的范围，尽可能将其限制在法律规定的范围之内。因此，有权机关应将“疑难、重大、复杂的案件”进一步细化，同时采取相应措施防止合议庭为逃避责任而将自己能够决定的案件也提交审判委员会讨论，如明确规定法官每年可提交审判委员会讨论的案件限额（当然这一方法也具有机械性的缺点）。

第二，改革审判委员会的人员组成方式。首先，审判委员会应由那些在本院具有较高专业水平和丰富实践经验的资深法官组成，并考虑其专业性。其次，在具体案件的讨论过程中，审判委员会的组成人员也应实行回避制度。在案件提交审判委员会讨论前，合议庭应通知有关当事人将案件提交审判委员会讨论决定的原因以及本院审判委员会的组成人员名单，并告知当事人对审判委员会的组成人员有申请回避的权利。

第三，完善审判委员会的工作程序。首先，应考虑建立审判委员会委员参与旁听庭审的制度。目前审判委员会制度存在的最突出的问题就是该制度违反直接、言辞原则。实行审判委员会委员参与旁听庭审制度既可以保证委员们对案件的认识直接来自于庭审，同时也有利于总结审判经验，跟庭考察法官的业绩。其次，审判委员会对案件的讨论过程实质上是案件评议过程，这一过程无论是在国外还是在国内（由合议庭进行评议的情况下）都是在秘密的状态下进行的，控辩双方和其他任何人都无权旁听。因此，目前检察长等检察机关的代表列席审判委员会是不适当的，检察机关对审判的监督应只限于庭审过程（以及对法院的最终裁判进行监督），而不应当将其延伸至评议过程，故建议予以取消。

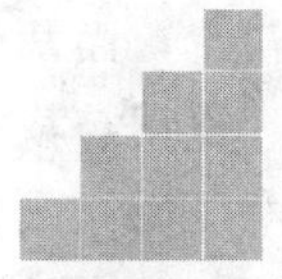

第十五章 第一审程序原理

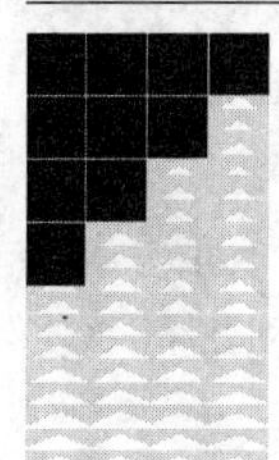

第一节 刑事审判概述

一、刑事审判的含义与特征

刑事审判，是指法院在控辩双方及其他诉讼参与人的参加下，依照法定的程序，对刑事案件进行审理和裁判的诉讼活动。显而易见，刑事审判是由审理和裁判两部分内容构成的，其中审理主要是对案件的有关事实进行调查、接受举证、组织质证、听取辩论；而裁判则是在审理的基础上，依法就案件的实体问题或某些程序问题作出处理决定。审理与裁判是刑事审判不可分割的两个部分，两者之间具有互动性，审理是裁判的前提和基础，裁判是审理活动的自然延伸，是审理的目的和结果，两者共同构成刑事审判活动的基本内容。

在刑事诉讼程序中，审判居于非常重要的地位，起着非常关键的作用，如西方国家的“审判中心主义”就鲜明地体现出审判在整个刑事诉讼程序中的中心地位。只有经过审判，被追诉者是否构成犯罪、构成何种犯罪，应否处以刑罚、处以何种刑罚等一系列问题才能最终得以解决，作为审判前置环节的侦查、起诉活动只不过是审判活动得以顺利进行的必要前提。根据现代诉讼理论，刑事审判具有以下几个特征：

（一）中立性

刑事审判的中立性，是指法官在控、辩、裁三方组成的刑事诉讼结构中，处于居中的地位，应在控辩双方之间保持一种不偏不倚的超然态度和立场，并在此基础上对案件作出裁判。审判中立是司法公正的基本前提和现代刑事审判的基本要求，也是现代刑事诉讼的显著特征。联合国大会批准的《关于司法机关独立的基本原则》第 2 条要求：“司法机关应不偏不倚，以事实为根据并依法律规定来裁决其所受理的案件。”审判中立原则要求裁判者对案件事实的认定应当建立在控辩双方举证、质证及互相辩论的基础上，并对双方出示的证据和提出的意见予以同等考虑，不应存有支持或反对任何一方的褊狭之见。其基本含义包括三个方面：(1) 与案件有牵连的人不得成为该案的法官；(2) 法官不得与案件结果或争议各方有任何利益上或其他方面的关系；(3) 法官不应存有支持或反对某一方诉讼参与者的偏见。

（二）被动性

刑事审判的被动性，是指法官在刑事案件的审理中，充当的是消极的“仲裁者”角色，不应积极主动地追诉犯罪。其首先表现在审判程序的启动必须基于国家公诉机关或者公民个人合法有效的起诉，不告不理，即没有对犯罪的有效控诉，法官不能主动地启动审判程序。这是司法权与行政权运作的重要区别，也有别于侦查、检察部门依职权主动追究犯罪。正如国外有的学者指出的那样：“从性质上讲，司法权自身不是主动的。要想使它行动，就得推动它。向它告发一个犯罪案件，它就惩罚犯罪的人；请它纠正一个非法行为，它就加以纠正；让它审查一项法案，它就予以解释。”[①] 其次，刑事审判的被动性还表现在上级法院要对下级法院初审案件进行复审，必须基于被告或控诉一方的申请；法庭在审理过程中要对某项程序问题作出裁定，通常也须根据诉讼各方提出的申请进行。

（三）独立性

刑事审判的独立性，是指法官在刑事案件的审理过程中，独立地行使审判权，只服从法律，在审判活动中不受任何其他机关、团体和个人的干涉。“每一法官只应……服从法

---

① [法] 托克维尔：《论美国的民主》（上卷），110 页，北京，商务印书馆，1991。

律，并按照法律规定作出判决，就是在皇帝颁布了命令或者事务上的措施使诉讼沿着一定轨道进行判决的时候，法官也只应服从法律。因为我们的意愿是：法律的意愿必须有效”①。当今世界，法官在审判中的独立，已经成为一项基本的刑事审判准则。坚持法官独立，其基本意义在于，它为程序的公正和裁判的理性奠定了基础。首先，法官不受其理性的支配和程序的制约而服从于外来的干涉和压力，庭审程序就会“虚置”，公正也将无法实现。其次，坚持法官独立，才能实现法官的中立。再次，法官独立才能明确法官的责任，从而促使法官加强责任感，保证司法裁决的严肃和慎重。法官独立在刑事审判中主要体现为：法官能够独立地决定审判中应由法官裁决的程序性事项，并最终独立地对案件作出实体判决。

（四）终结性

刑事审判的终结性，是指刑事案件一旦被提交法院审判，法院必须对被告人是否有罪的问题作出裁判，而且这一裁判对被告人刑事责任的确定必须具有最终的约束力。判决一旦生效，控辩双方不得就同一案件再向法院提出重新审判的要求，任何其他机关也不得再受理这一案件。

二、刑事审判的基本模式

由于法律传统的差异，现代西方国家的刑事审判模式基本上可分为大陆法系的职权主义和英美法系的当事人主义两大模式。当然，伴随着现代刑事诉讼制度的发展，上述两种刑事审判模式正逐渐呈现出融合互补的趋势。

职权主义刑事审判模式是一种由法官主导进行、控辩双方仅起辅助作用，由法官直接负责查明案件事实真相的审判模式。职权主义刑事审判模式的主要特点在于，突出审判主体在审判中的独特作用，法官主导和控制着证据的提出和调查程序，控辩双方处于消极、被动地位。法官在庭审中是唯一主角，审判活动以法官对案情的调查为主线展开，案件事实的认定和证据的取舍，均由法官依职权决断。检察官仅处于配角地位，其只在法官调查事实之后，必要时才对法官忽略或遗漏的事实进行补充性调查。并且在提出证据方面，检察官也不能发挥主要作用，尽管理论上认为控方须提出证据以支持公诉主张，但证据主要是由法官提出并由其组织调查的，因而使诉、审职权不能彻底分离。此外，被告人及其辩护人的活动也受到很大限制。庭审中，辩方只有经法官许可才能提出证据或者反驳控方证据，而且一般只能在法官调查后才能进行。法律虽然规定被告人有权反驳控诉，并提出自己无罪、罪轻的辩解，但关于保障被告人辩护权行使的程序设置往往缺乏刚性，从而使辩护难以收到预期的效果。

当事人主义刑事审判模式则是一种由控辩双方主导进行，法官作为消极的裁判者对控辩双方关于被告人刑事责任问题的争议作出公正裁决的审判模式。当事人主义刑事审判模式，注重控诉与辩护力量的平衡，审判活动主要围绕控诉方的举证和被告方的反驳而进行，

---

① ［德］沃尔夫甘·许茨：《司法独立——一个过去和现在的问题》，载《法学译丛》，1981（4）。

法官（包括陪审团）处于居中公断的地位。这种模式比较彻底地实行控、辩、审职权的分离，因而有利于调动控辩双方的诉讼积极性，使双方主体能在同一时空条件下充分陈述意见，实行有效对抗，使一切证据、事实和理由的真伪都能在法庭上予以揭示和澄清。法官及陪审团的基本任务是听取双方对证人的交叉询问和辩论，根据庭审查明的事实来作出裁判。法官并不亲自调查取证，也不主动干预控辩双方审查证据的活动，而是以独立的“仲裁人”身份来解决控辩双方的冲突，他与双方保持相等的司法距离，而不偏向任何一方。这种中立性和被动性是实现公正审判的重要条件。但当事人主义刑事审判模式过分强调正当程序，因而往往导致重保护而轻惩罚的现象，进而使刑事审判不能很好地发挥控制犯罪的功能。

职权主义和当事人主义两种审判模式，是在不同社会条件和文化背景下产生的，各自有其深刻的理论基础，而这两种审判模式构建的理论基石，则是彼此不同的价值取向。职权主义刑事审判模式以有效控制犯罪和维护公共权利为目标；当事人主义刑事审判模式则以保护个人权利、限制国家权力为价值取向，强调恪守正当程序。因此，这两种刑事审判模式在建构上必然存在很大的差异，在运作中每一步骤的利益取向也有显著不同。正由于存在着这种差异，使它们在各自的司法实践中，既表现出各自的优点，也表现出各自的不足。职权主义刑事审判模式虽能做到高效率地惩治犯罪，但这是以在一定程度上牺牲当事人权益为代价的；当事人主义刑事审判模式虽能恪守正当程序，但却往往使一些真正的罪犯逃脱法网，从而弱化了刑事审判保护公共利益的作用。

当事人主义刑事审判模式的优势在于：其一，有利于调动当事人举证和调查证据的积极性。控辩双方为维护己方利益，对于犯罪是否成立都十分关心，在举证和调查证据上，都力求使之对本方有利。其二，控辩双方对同一证据的交叉询问，有助于对证据进行全面、深入的考察。其三，法官不主动干涉当事人调查证据的活动，从而使其中立性更具有保障，避免因过于主动而在调查中逐渐偏向某一方，损害审判的公正性。但在此审判结构下，由于法官对控辩双方的活动持消极态度，案件的审理主要依赖并局限于双方在法庭上的调查和辩论，证据调查的基本方式是主询问和反询问，技术性很强，非职业的陪审团易受双方辩驳策略、技巧和情绪的影响从而左右案件处理结果，加之有的当事人基于种种目的，故意隐瞒某些证据，也易导致诉讼的拖延，不符合迅速审判的原则，且为当事人收买、贿赂证人、隐匿罪证提供了更多机会，易使陪审团精力分散，犯罪人借此求得胜诉，故轻纵罪犯的可能性较大。职权主义的审判结构注意充分发挥法官的主动性和职权作用。由于法官的任务在于寻求公正判决，且职业法官整体上具有充分的司法经验和广泛的司法手段，具有较强的查明真相的能力。故发挥其主动性、积极性，可以有效地避免在案情证据枝节问题上的纠缠，保证审判效率，在一定程度也可以防止被告人的命运靠能力、机敏、辩论技巧等来决定，但此种审判模式也有其不足：一是法官是在研究了公诉机关移送材料的基础上审判，易受有利于控方的不当影响，造成先入为主，又因法官主持法庭审判的进行，而被告人不能按自己的意愿提出和调查证据，可能出现限制被告人及其辩护人在庭审中发挥积极性的情况，不利于保障被告人的辩护权；二是法官依职权亲自询问，调查证据，主要是主询问性质的，易忽视从另外的角度对同一证据进行审查。

正是由于两大法系的刑事审判模式各有利弊，因而自第二次世界大战结束以来，两大法系的刑事审判制度出现了取长补短并相互融合的发展趋势，上述两种刑事审判模式之间的差异也日益缩小。具体表现在：奉行当事人主义刑事审判模式的国家，为了提高审判的效率和求得实体的真实而适当借鉴了职权主义的某些做法，法官在法庭上查明案件事实的积极性有所增强；而奉行职权主义刑事审判模式的国家，为追求审判的客观公正，更注意对当事人主义的借鉴，较为强调发挥当事人在审判中的能动作用，而弱化了法官的积极性。尤其值得注意的是，一些传统的大陆法系国家通过刑事司法改革，移植了当事人主义刑事审判模式的一些内容，从而创立了一种新的审判模式——混合式刑事审判模式，其中以日本、意大利最为典型。日本在第二次世界大战中战败后，在当时的美国占领军的主导下，于 1948 年颁布了新的刑事诉讼法，吸收了美国当事人主义刑事审判模式，取消了庭前审查，采取了起诉书一本主义，即只向法院提交起诉书而不移送任何证据材料；庭审时由法官主持，但主要由控辩双方当事人进行交叉式询问，控辩双方的意见对庭审调查通常起决定作用，法官的积极主导作用被大大地削弱。40 年之后，意大利于 1988 年颁布新刑事诉讼法典，对其传统的职权主义模式进行类似日本式的改革。欧洲和亚洲大陆法系的其他国家，如葡萄牙、韩国等，也进行了类似日本、意大利式的改革。

第二节 我国公诉案件的第一审程序

我国公诉案件的第一审程序，是指人民法院审判第一审刑事公诉案件所适用的程序，是人民法院审判刑事案件的基本程序。通过适用公诉案件的第一审程序，人民法院对案件进行实体审理，对事实作出认定，并依照有关法律规定对被告人的罪责问题作出裁判。毫无疑问，通过公诉案件第一审程序作出的裁判是第二审程序、死刑复核程序以及审判监督程序的基础。在刑事诉讼法所规定的各种审判程序中，公诉案件第一审程序是最为完备的，凡其他审判程序没有规定的，均适用公诉案件第一审程序之规定。我国公诉案件的第一审程序主要包括庭前审查、庭前准备、法庭审判、评议和宣判等诉讼环节。

一、庭前审查

对公诉案件的庭前审查，是指人民法院在开庭之前对人民检察院提起公诉的案件依法审查，以决定是否开庭审判的诉讼活动。《刑事诉讼法》第 150 条规定："人民法院对提起公诉的案件进行审查后，对于起诉书中有明确的指控犯罪事实并且附有证据目录、证人名单和主要证据复印件或者照片的，应当决定开庭审判。"由此可见，庭前审查是我国公诉案件第一审程序的必经阶段。

从世界范围来看，除了日本在第二次世界大战后废除了庭前审查程序外，其他主要资本主义国家的刑事诉讼中大都规定有公诉案件的庭前审查程序。在英美法系国家，庭前审查又叫预审，主要审查证据是否符合起诉条件，而不是确定被告人是否有罪。在英国，对按照公诉书起诉的可诉罪案件，实行由治安法官预审的制度，即对警方和检察官提起控诉的案件，首先由治安法院进行审查，以确定控方是否有充分的指控证据、案件是否有必要移送刑事法院审判，从而保证被告人免受无根据之起诉和审判。在美国，被控重罪的被告人也要接受预审。预审一般由法官主持，检察官应当提出证据证明被告人犯有重罪，如果法官认为怀疑被告人有罪的理由可以成立，则会通过一定程序将被告人送交正式审判。在法国，对重罪案件实行双重预审制度，上诉法院起诉庭进行的二级预审就具有公诉审查职能，其最重要的职能是对起诉意见和证据进行审查，确定对被告人的指控有无充分理由，诉讼程序是否合法，并最终决定是否将被告人交付审判。德国法律将庭前审查称为“中间程序”，检察官提起公诉的案件，经法院业务部门登记处理后分配到审判庭，由首席法官指定一名职业法官担任阅卷人，以决定案件是否应进入法庭审判程序。意大利 1988 年对其传统的刑事诉讼程序进行了重大改革，但其预审程序并未被取消。在预审过程中，预审法官要审查有无充分的理由将被告人移送法官审判，以防止对被告人无根据的起诉，同时对即将移送法院审判的案件做好审前的准备工作。[①]

上述诸国之所以将庭前审查作为一个不可或缺的程序加以规定，是和该程序的功能密不可分的。实际上，庭前审查程序的功能是多方面的，但其主要的功能表现在以下两个方面：第一，决定是否启动正式审判程序的功能。对公诉案件的庭前审查，具有对案件进行“过滤”的作用，其目的在于确定法院收到的公诉案件是否确实符合法定的起诉条件，是否能正式开始法庭审判，因而它不涉及被告人能否定罪以及如何量刑的实体问题。通过对公诉案件进行庭前审查，有利于避免不当审判的出现，保障被告人的合法权益，减少法院将不应该交付审判的公民进行审判的可能，从而提高法院审判工作的质量。第二，分流处理案件的功能。刑事案件千差万别，具体案情各不相同。因此，根据不同案件的具体情况，采用相应的处理方式，才显得科学而合理，也才符合诉讼的客观规律，否则便会造成诉讼资源的不必要浪费。而通过庭前审查的“过滤”环节，可以将一部分轻罪或证据不足等不符合开庭条件的案件排除于正式审判程序之外。同时，对即将进入审判程序的案件，法院还应根据法律对不同审判程序设置的不同条件进行筛选，将其输送于不同的审判程序中，这样就实现了对案件的分流处理。

正是基于对庭前审查程序上述功能的充分认识，在我国，不管是 1979 年制定的《刑事诉讼法》还是 1996 年修改后的《刑事诉讼法》，都有关于庭前审查程序的规定。但值得注意的是，1979 年《刑事诉讼法》确立的庭前审查基本上是一种实体性的审查，即通过审查不仅要确定应否启动正式的庭审程序，而且还要确定案件中的犯罪事实是否清楚、证据是否确实充分。这就混淆了庭前审查和正式庭审的界限，把正式庭审所要解决的任务提前到了庭前审查阶段，从而在一定程度上弱化了庭审的重要作用，甚至使庭审成为走过场。为了改变这种局面，1996 年修改《刑事诉讼法》时，对庭前的实体性审查作了修正，突出了

① 参见王以真：《外国刑事诉讼法学参考资料》，177 页，北京，北京大学出版社，1995。

其程序性审查的地位，并对相关内容作了以下修改：(1) 不再要求人民检察院移送全部案卷材料，而只要求移送有明确的指控犯罪事实的起诉书、证人名单、证据目录、主要证据的复印件或者照片。(2) 开庭审判的条件由“犯罪事实清楚，证据确实、充分”改为起诉书中有明确的指控犯罪事实并且附有证据目录、证人名单和主要证据的复印件或者照片。(3) 取消了关于人民法院可以退回补充侦查或者要求人民检察院撤回起诉的规定，仅规定了对符合开庭条件的，应当开庭审判。这样就理顺了庭前审查和庭审程序的关系，有助于审判人员准确地把握庭前审查和开庭审判阶段的不同任务，从而对案件作出适当的处理。

至于庭前审查的内容，现行《刑事诉讼法》第150条只是作了原则性的规定，《高法解释》第116条则作了进一步的细化，具体包括以下10个方面：(1) 案件是否属于本院管辖；(2) 起诉书指控的被告人的身份、实施犯罪的时间、地点、手段、犯罪事实、危害后果和罪名以及其他可能影响定罪量刑的情节等是否明确；(3) 起诉书中是否载明被告人被采取强制措施的种类、羁押地点、是否在案以及有无扣押、冻结在案的被告人的财物及存放地点；是否列明被害人的姓名、住址、通讯处，为保护被害人而不宜列明的，应当单独移送被害人名单；(4) 是否附有起诉前收集的证据的目录；(5) 是否附有能够证明指控犯罪行为性质、情节等内容的主要证据复印件或者照片；(6) 是否附有起诉前提供了证言的证人名单；证人名单应当分别列明出庭作证和拟不出庭作证的证人的姓名、性别、年龄、职业、住址和通讯处；(7) 已委托辩护人、代理人的，是否附有辩护人、代理人的姓名、住址、通讯处明确的名单；(8) 提起附带民事诉讼的，是否附有相关证据材料；(9) 侦查、起诉程序的各种法律手续和诉讼文书复印件是否完备；(10) 有无《刑事诉讼法》第15条第 (2) 至 (6) 项规定的不追究刑事责任的情形。

人民法院收到人民检察院的起诉书后，应当指定审判人员对上述内容进行审查。审查的方法以书面审查为主，通过阅读起诉书，将起诉书指控的犯罪事实、情节与人民检察院移送的主要证据复印件或者照片对照分析，判断是否符合开庭条件。由于刑事诉讼法规定的庭前审查的性质是以程序性审查为主，因此人民法院在庭前审查时一般不应当提审被告人、询问证人、被害人和鉴定人，也不能适用勘验、检查、扣押、鉴定、查询、冻结等调查方法核实证据。经过审查，应当根据案件不同情况分别处理：

1. 决定开庭审判。对于起诉书中有明确的指控犯罪事实且附有证据目录、证人名单和主要证据复印件或者照片，并符合管辖规定的，人民法院应当决定开庭审判。此外，对于曾根据《刑事诉讼法》第162条第3项规定宣告被告人无罪，人民检察院依据新的事实、证据材料重新起诉的，以及对于被告人真实身份不明，但符合《刑事诉讼法》第128条第2款和第150条规定，人民检察院提起公诉的，人民法院均应当决定开庭审判。

2. 决定退回人民检察院。对不属于本院管辖或者被告人不在案的，应当决定退回人民检察院。

3. 裁定终止审理或者不予受理。对符合《刑事诉讼法》第15条第2项至第6项规定的情形的，以及人民法院裁定准予人民检察院撤诉的案件，没有新的事实、证据，人民检察院重新起诉的，人民法院应当裁定终止审理或者不予受理。

4. 需要补送材料的，应当通知人民检察院在 3 日内补送，人民法院不得以移送材料不足为由决定不开庭审判。

二、庭前准备

公诉案件经庭前审查后，如果符合开庭审判的条件，法院便会决定开庭审判。为了保证庭审活动能够有条不紊地顺利进行，在正式开庭之前，还应做好庭审的准备工作。在国外尤其是英美法系国家，由于法官在庭审中处于消极的裁判地位，庭审活动主要依靠控辩双方的当庭对抗来推进，因此庭前准备主要在控辩双方之间进行，其中一项比较重要的准备活动便是证据展示。

所谓证据展示（evidence disclosure）又称证据开示、证据披露，作为一项诉讼制度，其基本含义是指在刑事诉讼中，控辩双方在法庭对案件进行正式审理前，依法相互展示各自所掌握的与案件事实有关联的证据的活动。证据展示制度是英美法系国家诉讼制度和当事人主义平等对抗诉讼制度的产物，也是在司法公正和保护人权等现代司法理念的推动下产生和发展起来的。早在 20 世纪初，美国的法律界就出现了一些关于证据展示问题的争论，但当时讨论的主要是刑事案件的公诉方应否向辩护方展示证据的问题。当时有少数人认为，美国联邦宪法中所规定的无罪推定和反对强迫自我归罪等诉讼原则已经能够很好地保护被告人的权利了，法律没有必要再赋予被告人提前了解指控证据的权利。他们担心，辩护方在审判之前了解指控证据之后，可能会采取各种手段威胁、恐吓、利诱证人，从而阻碍司法活动的正常进行。当然，更多的人对证据展示持赞同态度，认为利大于弊。1935 年，美国联邦最高法院通过“穆尼诉郝罗汉”案件最早肯定了公诉方应当向辩护方展示证据。1946 年美国《联邦刑事诉讼规则》第 16 条首次就公诉方的证据展示问题作出了明确的规定，但是当时规定展示的证据范围是非常狭窄的。至于辩护方向公诉方的证据展示问题，美国直到 20 世纪 70 年代才通过一系列判例加以确认。① 在英国，20 世纪 90 年代，对证据展示问题进行了系统的改革，1996 年，在皇家刑事司法委员会的努力下，通过了《刑事诉讼与侦查法》(Criminal Procedure and Investigation Act)，该法对证据展示问题进行了全面的规定。目前，证据展示已经在英美法系国家的刑事诉讼制度中得到了普遍的规定。不仅如此，一些传统上采用大陆法系职权主义诉讼模式的国家，如意大利、日本等，在刑事诉讼模式由纠问式转向对抗式的过程中，在摒弃卷宗移送主义的同时，也建立起了证据展示制度。

庭前的证据展示有其独特的诉讼价值：第一，有助于控辩双方的“平等武装”。证据展示弥补了辩护方在获取证据能力上的不足，有利于辩护方与控诉方在证据信息持有和把握上的对等，促进控辩双方力量的平衡。第二，有助于避免“伏击审判”。通过证据展示，控辩双方能够做到知己知彼，从而形成名副其实的平等对抗，消除相互之间的“埋伏”，确保

---

① 参见何家弘、龙宗智：《证据展示的“蛋糕”应该怎么切?》，载《证据学论坛》，第 5 卷，131 页，北京，中国检察出版社，2002。

审判的公正。第三，有助于提高审判效率。证据展示后，在庭审过程中，控辩双方只需就有分歧的证据重点进行举证、质证和辩论，而对无分歧的证据则可进行简单出示和说明，双方应着重就争议的焦点问题进行法庭调查和辩论，案件中的细枝末节则可简化处理，这样就提高了审判效率。

在我国，长期以来证据展示问题并未受到应有的关注，一个最突出的表现就是1996年修改《刑事诉讼法》时没有规定证据展示制度的任何条款。只是在近年来的司法改革过程中，司法机关才对证据展示的相关问题进行了一些探索和尝试，这种探索和尝试由于缺乏宏观和权威的指导，因而各地在具体实施过程中做法不一，在展示主体、展示时间、展示地点、展示范围、保障措施、展示责任等方面至今尚存在不少分歧。总体说来，证据展示目前在我国远未达到通过立法加以规制的地步，因而还没有成为一项法定的庭前准备活动。根据《刑事诉讼法》第151条和《高法解释》的有关规定，目前我国的庭前准备工作主要有以下几个方面：

1. 确定合议庭的组成人员。人民法院适用普通程序审理的案件，由院长或者庭长指定审判长并确定合议庭组成人员。合议庭组成人员确定之后，即应着手进行开庭审判前的准备工作，拟定法庭审理提纲，具体包括以下内容：(1) 合议庭成员在庭审中的具体分工；(2) 起诉书指控的犯罪事实的重点和认定案件性质方面的要点；(3) 讯问被告人时需要了解的案情要点；(4) 控辩双方拟出庭作证的证人、鉴定人和勘验、检查笔录制作人员名单；(5) 控辩双方拟当庭宣读、出示的证人证言、物证和其他证据的目录；(6) 庭审中可能出现的以及拟采取的措施。

2. 将人民检察院的起诉书副本至迟在开庭10日以前送达被告人。对被告人未委托辩护人的，告知被告人可以委托辩护人，或者在必要的时候指定承担法律援助义务的律师为其提供辩护。同时，人民法院还要通知被告人、辩护人于开庭5日前提供身份、住址、通讯处等明确的出庭作证的证人、鉴定人名单及不出庭作证的证人、鉴定人名单和拟当庭宣读、出示的证据复印件、照片。

3. 将开庭的时间、地点在开庭3日以前通知人民检察院。《刑事诉讼法》第153条规定，人民法院审判公诉案件，除适用简易程序审理的案件可以不派员出席法庭之外，人民检察院都应当派员出庭支持公诉。因此，将开庭时间、地点在开庭3日以前通知人民检察院，有利于公诉人做好出庭准备工作。

4. 传唤当事人，通知辩护人、诉讼代理人、证人、鉴定人和翻译人员，传票和通知书至迟在开庭3日以前送达，以便这些诉讼参与人有时间做好各自的出庭准备工作。

5. 公开审判的案件，在开庭3日以前，应以公告形式先期公告案由、被告人姓名、开庭时间和地点，以便人民群众到庭旁听。

三、法庭审判

法庭审判，是指人民法院采取开庭的方式，在公诉人、当事人和其他诉讼参与人的参加下，在控辩双方对证据、案件事实和适用法律开展辩论的情况下，依法确定被告人是否有罪、应否处刑、给予何种刑事处罚的活动。根据《刑事诉讼法》的规定，法庭审判大体分为开庭、法庭调查、法庭辩论、被告人最后陈述、评议和宣判五个阶段，每一阶段又有其相应的内容。

（一）开庭

开庭是法庭审判的开始，是为事实调查做准备的阶段。依据《刑事诉讼法》和《高法解释》的有关规定，开庭的具体程序和内容包括：

1. 宣告开庭之前，书记员应先查对公诉人、当事人、证人及其他诉讼参与人是否到庭，向诉讼参与人及旁听群众宣读法庭规则，请审判长、审判员入席，并向审判长报告开庭前的准备工作已经就绪。

2. 由审判长宣布开庭，传唤当事人到庭，查明当事人的姓名、年龄、民族、籍贯、出生地、文化程度、职业、住址等，收到人民检察院起诉书副本的日期以及收到附带民事诉讼诉状的日期等。

3. 审判长宣布案件来源、起诉的案由、附带民事诉讼原告人和被告人的姓名或名称以及是否公开审理，对不公开审理的案件宣布不公开审理的理由。

4. 审判长宣布合议庭组成人员、书记员、公诉人、辩护人、诉讼代理人、鉴定人和翻译人员名单，告知当事人、法定代理人、辩护人、诉讼代理人在法庭审理过程中依法享有的诉讼权利。具体包括：当事人和法定代理人有权对合议庭组成人员、书记员、公诉人、鉴定人和翻译人员申请回避；被告人有权自行辩护和依法委托他人辩护；当事人、辩护人可以申请审判长对证人、鉴定人发问或者经审判长许可直接发问；当事人和辩护人在法庭审理的过程中，提出证明被告人无罪、罪轻、或者减轻、免除刑事责任的证据，申请通知新的证人到庭，调取新的物证，申请重新鉴定或者勘验，经审判长许可，当事人和辩护人、诉讼代理人可以对案件事实和有关证据发表意见，并同对方互相辩论；被告人在法庭辩论终结后有最后陈述的权利等。

5. 审判长应分别询问当事人及其法定代理人是否申请回避。如果当事人及其法定代理人申请审判人员、出庭支持公诉的检察人员回避，合议庭认为符合法定情形的，应当依照《刑事诉讼法》有关回避的规定处理；认为不符合法定情形的，应当当庭驳回，继续法庭审理。如果申请回避人当庭申请复议，合议庭应当宣布休庭，待作出复议决定后，决定是否继续法庭审理。同意或者驳回回避申请的决定及复议决定，由审判长宣布，并说明理由。必要时，也可以由院长到庭宣布。

（二）法庭调查

法庭调查，是指在审判人员主持下，在控辩双方和其他诉讼参与人的参加下，当庭审查核实案件事实和证据的诉讼活动。法庭调查是法庭审判的中心环节之一，其任务是查明案件事实，核实证据。依据《刑事诉讼法》的有关规定，所有证据都必须在法庭上调查核实才能作为定案的根据，因此法庭调查的结果直接关系到诉讼结局。法庭调查的基本步骤如下：

1. 公诉人宣读起诉书。审判长宣布法庭调查开始后，首先由公诉人宣读起诉书，有附带民事诉讼的，由附带民事诉讼的原告人或者其诉讼代理人宣读附带民事诉状。通过宣读起诉书，一方面向法庭阐明公诉犯罪事实也即法庭调查的范围和被告人应负刑事责任的事实根据和法律依据；另一方面也可以使旁听者了解案情，接受深刻、现实的法制教育。

2. 被告人、被害人陈述。公诉人宣读起诉书后，被告人、被害人可以就起诉书指控的犯罪事实进行陈述、发表意见，目的在于使合议庭了解当事人对指控的基本意见，为下一步深入查明案件事实做好必要的准备。

3. 讯问被告人。被告人、被害人就指控的犯罪事实发表意见后，由公诉人讯问被告人，这是实质性法庭调查的开始，对查明案件真相具有十分重要的意义。公诉人通过讯问被告人，可以揭露和证实犯罪，反驳被告人的辩解。讯问时，如果被告人已经承认或者部分承认了起诉书所指控的犯罪事实，公诉人应先让他供述实施犯罪的全部事实和过程，然后就犯罪的时间、地点、手段，参与犯罪者的人数，受害对象，造成的后果，赃款、赃物的去向，犯罪的目的、动机，犯罪的思想根源，犯罪后的表现等一一进行讯问。讯问越详细，被告人回答得越具体，其陈述的真实性就越高。被告人犯有一罪的，应当要求他按案件发生发展的自然过程一一陈述；被告人犯有数罪的，应当根据各自的罪行轻重、作案时间先后逐个讯问。

如果被告人否认被指控的犯罪事实，或者其庭上的供述与预审、审查起诉时不一致，公诉人应当有针对性地提出问题，以充分暴露被告人辩解的矛盾、澄清案件事实。

4. 向被告人发问。公诉人讯问被告人后，被害人、附带民事诉讼的原告人和辩护人、诉讼代理人经审判长许可，可以向被告人发问。被害人和附带民事诉讼的原告人及其诉讼代理人发问的目的，一方面是证实起诉书的指控，另一方面是对公诉人未能抓住的要害问题甚至遗漏了的重要事实、情节进行补充，防止被告人逃脱罪责。辩护人的发问是为辩护作准备，重点在于问清能够证明被告人无罪、罪轻或者减轻、免除其刑事责任的事实和情节。对起诉书中指控不清的事实，辩护人也可以发问，以便让被告人澄清事实。

在公诉人讯问被告人以及其他诉讼参与人对被告人发问后，审判人员根据需要也可以讯问被告人。

5. 询问证人、鉴定人。刑事诉讼法为了贯彻直接言词原则，规定了对证人的证言和鉴定人的鉴定结论要在法庭上经过控辩双方询问质证方可作为定案根据。因此，证人、鉴定人应当出庭作证。但证人符合下列情形且经人民法院准许的，可以不出庭作证：(1) 未成年人；(2) 庭审期间身患严重疾病或者行动极为不便的；(3) 证言对案件审判不起直接决定作用的；(4) 有其他原因的。鉴定人事先获得人民法院许可的，也可以不出庭作证。

证人、鉴定人到庭后，审判人员应当核实证人、鉴定人的身份，与当事人以及案件的关系，并告知证人、鉴定人应当如实提供证言、鉴定结论和故意作伪证、隐匿罪证或者有意做虚假鉴定应负的法律责任。证人、鉴定人作证或者说明鉴定结论之前，应当在如实作证或者如实说明鉴定结论的保证书上签字。

公诉人、当事人和辩护人、诉讼代理人经审判长许可，可以对证人、鉴定人发问。向证人、鉴定人发问时，应当先由提请或者要求传唤的一方进行，发问完毕后，对方经审判长准许，也可以发问。审判人员认为必要时，可以询问证人、鉴定人。

为避免证人、鉴定人之间相互影响，向证人、鉴定人发问应当分别进行。证人、鉴定人经控辩双方发问或者审判人员询问后，审判长应当告知其退庭。同时，为了防止庭审对证人和鉴定人作证的影响，证人、鉴定人不得旁听案件的审理。

审判长对于向证人、鉴定人发问的内容与本案无关或者发问的方式不当的，应当予以制止；对于控辩双方认为对方发问的内容与本案无关或者发问的方式不当并提出异议的，审判长应当判明情况并予以支持或者驳回。

6. 出示物证、宣读鉴定结论和有关笔录。公诉人、辩护人应当向法庭出示物证，让当事人辨认，对未到庭的证人证言笔录、鉴定人的鉴定结论、勘验笔录和其他作为证据的文书，应当当庭宣读。当庭出示的物证、书证、视听资料等证据，应当先由出示证据的一方就所出示的证据的来源、特征等作必要的说明，然后由另一方进行辨认并发表意见，控辩双方可以相互质问、辩论。

7. 调取新证据。法庭审理过程中，当事人和辩护人、诉讼代理人有权申请通知新的证人到庭，调取新的物证，申请重新鉴定或勘验。当事人和辩护人、诉讼代理人申请通知新的证人到庭，调取新的物证，申请重新鉴定或勘验的，应当提供证人的姓名、证据的存放地点，说明所要证明的案件事实，要求重新鉴定或者勘验的理由。审判人员根据具体情况，认为可能影响案件事实认定的，应当同意申请，并宣布延期审理；不同意申请的，应当告知理由并继续审理。

8. 法庭调查核实证据。法庭审理过程中，合议庭对证据有疑问的，可以宣布休庭，对证据进行调查核实。人民法院调查核实证据时，可以进行勘验、检查、扣押、鉴定和查询、冻结。必要时，人民法院可以通知检察官、辩护人到场。如果控辩双方对合议庭在调查核实证据过程中收集到的证据材料有异议时，应当由控辩双方对其进行质证、辩论之后，方可作为定案的根据。

9. 补充侦查。在庭审过程中，公诉人发现案件需要补充侦查，提出延期审理建议的，合议庭应当同意。但是，建议延期审理的次数不得超过 2 次，法庭延期审理后，人民检察院在延期审理期限内没有提请人民法院恢复法庭审理的，人民法院应当决定按人民检察院撤诉处理。

10. 附带民事诉讼部分的调查，一般在刑事诉讼部分调查结束之后进行，具体程序依照《民事诉讼法》的有关规定进行。

（三）法庭辩论

法庭辩论，是指控辩双方在审判长的主持下就案件事实、有关证据和法律的适用等问题，发表意见，进行论证，互相辩驳。控辩双方辩论的目的，都在于说服审判人员采纳自己的意见，促使审判人员做到兼听则明，公正裁判。在法庭辩论中，审判长的作用是主持辩论。审判人员必须对法庭调查中的案件事实有准确的把握，确定控辩双方的争点事项，使法庭辩论的内容集中于与定罪量刑有关的争点事项之上。对于控辩双方与案件无关、重复或者互相指责的发言应当制止。法庭辩论的顺序和主要内容如下：

1. 公诉人发表公诉词。公诉词是公诉人代表人民检察院，在总结法庭调查的事实、证据和适用法律的基础上，集中阐明人民检察院对追究被告人刑事责任的意见，其重点在于说明指控被告人犯罪的根据和理由，查明犯罪的危害后果，指出犯罪的根源，提出有建设性的预防措施和意见，以达到支持公诉、宣传法制、教育公众的目的。

2. 被害人及其诉讼代理人发言。公诉人发表公诉词之后，被害人有权控诉和证明被告人的犯罪行为，请求法庭处罚被告人。被害人的诉讼代理人在被害人发言之后，为维护被害人的合法权益，可以发表代理意见。

3. 被告人自行辩护。被告人是公诉案件的主要当事人，被告人在辩论中的发言既是被告人行使辩护权的基本形式，也是合议庭了解案件事实和被告人主观恶性的一个主要渠道。自行辩护仅仅是被告人的辩护手段之一，被告人也可以放弃辩论中的发言权，由辩护人代为辩护。

4. 辩护人发表辩护词。辩护词是辩护人以法庭调查所查明的案件事实和证据为基础，阐明被告人应当无罪、从轻、减轻或者免除刑事责任的意见。发表辩护词，意在提出对被告人有利的理由和意见，以维护被告人的合法权益。

5. 互相辩论。在上述辩论进行一轮后，在审判长主持下，控辩双方还可以进行多轮辩论，直至双方意见阐述完毕。

经过辩论，当合议庭认为控辩双方的意见已经阐述清楚时，审判长应及时宣布辩论终结。

（四）被告人最后陈述

被告人最后陈述，既是法庭审判的必经程序，也是被告人的一项重要权利。《刑事诉讼法》第160条规定："……审判长在宣布辩论终结后，被告人有最后陈述的权利。"根据这一规定，被告人最后陈述是法庭审判的一个独立的阶段，不能与法庭辩论混同进行。在合议庭评议和判决之前，给被告人以最后陈述的权利，使其还有一次为自己充分辩解的机会，把自己要讲的话讲完，可以使合议庭进一步听取被告人的意见，有利于作出正确的判决，防止发生错判。对于被告人的最后陈述，审判人员应当认真听取，而不应随便制止。被告人在最后陈述中如果提出了新的事实、证据，合议庭认为可能影响正确裁判的，应当恢复法庭调查；如果被告人提出的辩解理由，合议庭认为确有必要的，可以恢复法庭辩论。

（五）评议和宣判

被告人最后陈述完毕后，由审判长宣布休庭，合议庭进行评议，法庭审判进入评议和宣判阶段。

1. 评议。评议是合议庭在庭审基础上对案件事实进行分析判断和作出处理决定的诉讼活动。评议是在审判长主持下秘密进行的，评议时如果有意见分歧，应按少数服从多数原则作出决定，但少数人的意见应当写入笔录，评议笔录由合议庭组成人员签名。一般情况下，合议庭经过开庭审理并且评议后，应当作出判决，但对于重大、疑难、复杂的案件，合议庭成员意见分歧较大，难以对案件作出决定的，由合议庭提请院长决定提交审判委员会讨论决定。审判委员会的决定，合议庭应当执行。

2. 宣判。宣判是人民法院将判决书的内容向当事人和社会公开宣告，使当事人和一般民众获知人民法院对案件的处理结果的诉讼活动。宣判分为当庭宣判和定期宣判两种。当庭宣判，是指在合议庭经过评议并作出决定后，立即复庭由审判长宣告判决结果。当庭宣告判决的，应当在5日以内将判决书送达当事人、法定代理人、诉讼代理人、提起公诉的人民检察院、辩护人和被告人的近亲属。定期宣判，是指合议庭另行确定日期宣告判决的活动。定期宣告判决的，合议庭应当在宣判前，先期公告宣判的时间和地点，传唤当事人并通知公诉人、法定代理人、诉讼代理人和辩护人；判决宣告后应当立即将判决书送达当事人，法定代理人、诉讼代理人、提起公诉的人民检察院和被告人的近亲属。判决生效后还应当送达被告人的所在单位或者原户籍所在地的公安派出所。被告人是单位的，应当送达被告人注册登记的工商行政管理机关。

地方各级人民法院在宣告第一审判决时，应当告知被告人享有上诉权以及上诉期限和上诉法院。案件不论是否公开审理，宣告判决，一律公开进行。

四、法庭审判的其他问题

（一）庭审笔录

庭审笔录是由书记员制作的记载全部法庭审判活动的诉讼文书。它不仅是合议庭讨论、评议和对案件作出处理决定的重要依据，而且是第二审人民法院和再审人民法院审查一审庭审活动是否合法的重要依据。因此，庭审笔录必须认真、细致地制作，做到记载清楚、准确，能够如实反映审判活动的全部情况。

庭审笔录一般按照庭审活动的顺序进行记录。同时，根据《刑事诉讼法》第167条及《高法解释》的规定，庭审笔录还应符合下列要求：(1) 书记员将开庭审理的全部活动制作成笔录，交由审判长审阅后，由审判长和书记员签名；(2) 庭审笔录中的出庭证人的证言部分，应当当庭交由证人阅读或者向其宣读，证人确认无误后，应当签名或者盖章；(3) 庭审笔录应当在庭审后交由当事人阅读或者向其宣读。当事人认为记录有遗漏或者差错的，可以请求补充或者改正。当事人确认无误后，应当签名或者盖章。

（二）法庭秩序

法庭秩序，是指人民法院开庭审理案件时，所有的诉讼参与人和旁听人员都必须遵守的秩序和纪律。法庭审判是人民法院代表国家行使审判权的严肃法律行为，任何诉讼参与人、旁听人员或者采访的记者都必须维护法庭尊严，不得有妨碍法庭秩序的行为。

依据《刑事诉讼法》第161条和《高法解释》的有关规定，在法庭审理过程中，如果诉讼参与人或者旁听人员违反法庭秩序，合议庭应当按照下列情形分别处理：(1) 对于违反法庭秩序情节较轻的，应当当庭警告制止并进行训诫；(2) 对于不听警告制止的，可以指令法警强行带出法庭；(3) 对于违反法庭秩序情节严重的，经报请院长批准后，对行为人处 1 000 元以下的罚款或者 15 日以下的拘留；(4) 对聚众哄闹、冲击法庭或者侮辱、诽谤、威胁、殴打司法工作人员或者诉讼参与人，严重扰乱法庭秩序，构成犯罪的，应当依法追究刑事责任。

当事人对人民法院罚款、拘留的决定不服，可以向上一级人民法院申请复议。复议申请可以直接向上一级人民法院提出，也可以通过作出罚款、拘留决定的人民法院提出。通过作出罚款、拘留决定的人民法院向上一级人民法院申请复议的，该人民法院应当自收到复议申请之日起 3 日内，将申请人的复议申请、罚款或者拘留决定书和有关事实、证据材料一并报上一级人民法院复议。上一级人民法院复议期间，不停止决定的执行。

(三) 延期审理

延期审理，是指在法庭审理过程中，由于遇到了影响审判继续进行的情况，法庭决定将案件的审理推迟，待影响审理进行的原因消失后，再继续开庭审理。根据《刑事诉讼法》第 165 条和《高法解释》的有关规定，延期审理主要有以下几种情况：(1) 需要通知新的证人到庭，调取新的物证，重新鉴定或者勘验的；(2) 检察人员发现提起公诉的案件需要补充侦查，提出建议的；(3) 由于当事人申请回避而不能进行审判的；(4) 辩护人依照有关规定当庭拒绝继续为被告人进行辩护或者被告人当庭拒绝辩护人为其辩护，而被告人要求另行委托辩护人或者要求人民法院另行指定辩护律师，合议庭同意的。

(四) 审理期限

《刑事诉讼法》第 168 条规定：人民法院审理公诉案件，应当在受理后 1 个月以内宣判，至迟不得超过 1 个半月。对于交通十分不便的边远地区的重大复杂案件，重大的犯罪集团案件，流窜作案的重大复杂案件，犯罪涉及面广、取证困难的重大复杂案件，在上述期限届满不能审结的，经省、自治区、直辖市高级人民法院批准或者决定，可以再延长一个月。

对于人民法院改变管辖的案件，从改变后的人民法院收到案件之日起计算审理期限。对于人民检察院补充侦查的案件，补充侦查完毕移送人民法院后，人民法院重新计算审理期限。

第三节 我国自诉案件的第一审程序

自诉案件的第一审程序，是指人民法院对自诉人起诉的案件进行第一次审理所适用的程序。自诉案件的第一审程序，与公诉案件的第一审程序基本相同，但由于自诉案件主要是侵害公民个人合法权益的轻微刑事案件，因而其第一审程序也有其自身的特点。

一、自诉案件的受理

自诉人提起自诉后，人民法院要对起诉的案件进行审查，以确定是否符合受理和进行审判的条件。人民法院经过审查，认为符合受理条件的，应当作出立案决定，并书面通知自诉人。若发现有下列情形之一的，应当说服自诉人撤回起诉，或者裁定驳回起诉：(1) 不符合法律规定的提起自诉条件的；(2) 证据不充分的；(3) 犯罪已过追诉时效期限的；(4) 被告人死亡的；(5) 被告人下落不明的；(6) 除因证据不足撤诉的以外，自诉人撤诉后，就同一事实又告诉的；(7) 经人民法院调解结案后，自诉人反悔，就同一事实再行告诉的。

对自诉案件的受理有以下几点需予以注意：

1. 在我国，自诉案件的受理即自诉案件的立案，是由人民法院经过审查后依法作出的，审查的期限为人民法院收到自诉状或者口头起诉后 15 日以内。无论立案与否，人民法院都应当书面通知自诉人。

2. 对于已经立案，经审查缺乏罪证的自诉案件，如果自诉人提不出补充证据，应当说服自诉人撤回起诉或者裁定驳回起诉；自诉人经说服撤回起诉或者被驳回起诉后，又提出了新的足以证明被告人有罪的证据，再次提起自诉的，人民法院应当受理。

3. 如果自诉人明知有其他共同侵害人，但只对部分侵害人提起自诉的，人民法院应当受理，并视为自诉人对其他侵害人放弃告诉权利。判决宣告后自诉人又对其他共同侵害人就同一事实提起自诉的，人民法院不再受理。共同被害人中，只有部分人告诉的，人民法院应当通知其他被害人参与诉讼。被通知人接到通知后表示不参加诉讼或者不出庭的，即视为放弃告诉权利。第一审宣判后，被通知人就同一事实提起自诉的，人民法院不予受理。

4. 被告人实施的两个以上的犯罪行为，分别属于公诉案件和自诉案件的，人民法院可以在审理公诉案件时，对自诉案件一并审理。

二、自诉案件的审理特点

人民法院对于决定受理的自诉案件，应当开庭审判。根据《刑事诉讼法》第 171 条至第 174 条以及《高法解释》的有关规定，自诉案件的第一审程序有以下特征：

1. 对告诉才处理的案件、被害人起诉的有证据证明的轻微刑事案件，可以适用简易程序，由审判员一人独任审判。

2. 对告诉才处理的案件、被害人起诉的有证据证明的轻微刑事案件，人民法院可以进行调解，调解达成协议后应制作调解书，调解书送达双方当事人后即发生法律效力。但对被害人有证据证明对被告人侵犯自己人身、财产权利的行为应当依法追究刑事责任，而侦查机关或者人民检察院不予追究被告人刑事责任的案件，不适用调解。

3. 自诉案件在审理过程中，宣告判决前，自诉人可以同被告人自行和解，或者撤回自诉。对当事人自行和解的应记录在案，对自诉人申请撤诉的一般应予准许。自诉人撤诉后除有正当理由外，不得就同一案件再行起诉。

4. 自诉案件的被告人在诉讼过程中可以对自诉人提起反诉，反诉适用自诉的规定。所谓反诉，是指在自诉案件审理过程中，自诉案件的被告人作为反诉案件的被害人向受理自诉案件的人民法院起诉自诉人犯有与本案有关联的犯罪行为，请求人民法院追究其刑事责任的诉讼。提起反诉必须具备下列条件：(1) 反诉的对象必须是本案的自诉人；(2) 反诉的内容必须是与本案有关联的犯罪行为；(3) 反诉的案件必须属于告诉才处理的案件或被害人有证据证明的轻微刑事案件；(4) 反诉必须向受理自诉案件的人民法院提出。反诉案件应当与自诉一并审理，自诉人撤诉的，不影响反诉案件的继续审理。如果对双方当事人都必须判处刑罚，应根据各自应负的罪责分别判处，不能互相抵消刑罚。

自诉案件适用简易程序审理的，应当在受理后20日内审结；参照公诉案件普通程序审理的，应当在公诉案件普通程序的审理期限内审结。

第四节 我国的刑事裁判文书及其改革

人民法院审理刑事案件，不管是公诉案件还是自诉案件，在审理终结后，都应当及时作出裁判，而裁判结果则是通过人民法院的刑事裁判文书来体现的。目前在我国，刑事裁判文书虽然历经多次改革，但仍不乏问题的存在，尚有待进一步完善。

一、刑事裁判文书概述

刑事裁判文书是人民法院常用的司法文书之一，它是指人民法院就案件的实体问题和程序问题，依法制作的具有法律效力的司法文书。由于刑事裁判文书在性质上属于适用法律的专用文书，因而其与一般的行政公文不同，具有以下几个基本特征：

第一，合法性。人民法院制作的刑事裁判文书，都是适用法律的结果。因此，必须根据具体的案件事实，依照法律的具体规定制作。这里讲的法律，就是1996年3月经第八届全国人民代表大会第四次会议修正的《中华人民共和国刑事诉讼法》和1997年3月经第八届全国人民代表大会第五次会议修订的《中华人民共和国刑法》以及最高人民法院作出的有关执行刑事诉讼法、刑法的司法解释。刑事裁判文书离开了法律规定，就失去了前提和基础。

第二，强制性。刑事裁判文书的强制性，是指刑事裁判文书一经发生法律效力，就要按照它所确定的内容强制执行。它具有普遍的约束力，不仅当事人应当遵守，而且任何其他机关、团体、企事业单位和公民个人都必须遵守。刑事裁判文书是以国家的强制力作为后盾的，必须得到坚决执行，只有这样，才能维护国家法律的严肃性和人民法院的权威性。

第三，规范性。刑事裁判文书是一种高度程式化的文书，其格式、结构都有严格的规范化要求，内容也极为严谨，必须按要求制作，不能随心所欲。

第四，稳定性。刑事裁判文书的稳定性，是指裁判文书发生法律效力后，任何机关、团体和个人都不能随意变更和撤销。只有发现原裁判在认定事实上或者适用法律上确有错误，才能由人民法院按照《刑事诉讼法》规定的审判监督程序予以变更或者撤销。

刑事裁判文书是具有法律效力的法律文件，是司法公正的最终载体。刑事裁判文书的制作是人民法院刑事审判工作的重要组成部分，是人民法院行使国家审判权的体现，也是刑事审判人员的一项重要任务。它关系到国家法律的正确实施，关系到当事人诉讼权利和合法权益的保护，也关系到人民法院实事求是、依法办案、秉公执法、刚正不阿的公正形象。显而易见，刑事裁判文书的制作具有非常重要的意义：

1. 衡量办案质量的重要标志

公正是人民法院审判工作的生命线，也是 21 世纪人民法院司法工作的主题之一。法院审判活动能否做到公正，归根结底反映在对案件的处理上，案件的处理最终则是通过裁判文书反映出来的，因此可以说，裁判文书制作质量的高低在相当程度上彰显着案件处理的质量。而提高裁判文书的质量，正是规范审判工作、提高办案质量的重要内容。所以，刑事裁判文书是衡量人民法院在刑事审判活动中，是否坚持原则，认真执行国家的法律政策，严格依法办案，正确处理刑事案件的重要标志。

2. 考察法官素质的重要尺度

法官是依法行使国家审判权的审判人员，其职责是审判案件。法官素质和司法水平的高低，直接关系到人民法院审判权的正确行使，关系到当事人合法权益的维护，关系到国家经济秩序和社会秩序的稳定。法官的这一职业特点，决定了法官必须具有较高的政治素质和业务素质。《中华人民共和国法官法》把“有良好的政治、业务素质和良好的品行”作为担任法官必须具备的重要条件之一。最高人民法院也一再强调，要努力培养一批高水平、高层次、高素质的专家型法官。而人民法院制作的刑事裁判文书是一个法官政治和业务素质的综合反映，也能从一个侧面反映刑事审判人员的法律专业知识、审判业务水平的高低，因而也是考察法律素质的重要尺度。①

3. 制定和修改法律的重要参考资料

立法机关制定和修改法律，除了要进行广泛的调研和充分的理论论证外，往往需要司法机关提供许多实证材料及案例。《刑法》和《刑事诉讼法》的许多主要条款，都是长期司法实践经验的总结，都有大量典型案例作为例证。因此，人民法院作出的已经发生法律效力的刑事裁判文书，不仅为指导审判工作，而且为立法机关制定和修改法律提供了宝贵素材。

4. 宣传法制的生动教材

刑事裁判文书是教育公民自觉遵守法律，宣传社会主义法制的良好形式。通过刑事裁判文书，阐明国家的法律政策，不仅可以使被告人明确什么是违法，什么是犯罪，以及违法犯罪应当承担的法律后果，促使被告人认罪服判，自觉接受刑罚处罚和教育改造，而且可以使广大群众能够从中受到现实生动的法制教育，从而增强法制观念，提高群众同违法犯罪行为作斗争的自觉性，预防和减少犯罪的发生，促进社会主义物质文明和精神文明建设。

正是基于对刑事裁判文书重要性的认识，长期以来，各级人民法院从总体上都非常重视刑事裁判文书的制作问题。早在 1951 年，当时的中央人民政府司法部就制定了一套包括

① 参见周道鸾：《中国法院刑事诉讼文书的改革与完善》，2 页，北京，法律出版社，2002。

刑事裁判文书在内的《诉讼文书格式》，各级人民法院基本上按照这一格式的要求制作刑事裁判文书。1979年，我国第一部《刑事诉讼法》经第五届全国人民代表大会第二次会议审议通过并正式颁布，为了配合该法的实施，有关部门于1980年6月及时颁发了《诉讼文书样式》，这对初步统一人民法院刑事诉讼文书包括刑事裁判文书的格式起到了一定的促进作用。1987年6月，最高人民法院又成立了专门小组，着手研究拟订一整套法院诉讼文书样式。经过5年的调查研究和反复修改，经最高人民法院审判委员会讨论通过，于1992年6月2日下发了包括刑事裁判文书在内的《法院诉讼文书样式（试行）》，并于1993年1月1日起施行。1996年3月17日，第八届全国人民代表大会第四次会议通过了全国人民代表大会《关于修改〈中华人民共和国刑事诉讼法〉的决定》。随后的几个月，最高人民法院开始酝酿刑事裁判文书的改革。从1996年10月起，最高人民法院刑事诉讼文书修改小组花了两年半的时间对原先发布的刑事裁判文书样式进行了修改，并于1999年4月6日印发了《法院刑事诉讼文书样式》。2001年6月，最高人民法院先后印发了《关于实施法院刑事诉讼文书样式若干问题的通知》和《一审未成年人刑事案件适用法律程序的刑事判决书等4份补充样式的通知》。2003年3月14日，最高人民法院又印发了《一审公诉案件"被告人认罪案件"刑事判决书样式》和《一审公诉案件适用简易程序刑事判决书样式》。经过上述多次修订和补充，刑事裁判文书已经形成了一个较为严密的体系，刑事裁判文书的规范化、统一化问题也得到了基本解决。

二、刑事裁判文书目前存在的问题

刑事裁判文书规范化、统一化以后，取得了显著的功效，具体表现在：刑事裁判文书的质量有了明显的提升，广大法官撰写刑事裁判文书的水平也有了明显的提高，一大批优秀的刑事裁判文书脱颖而出。但与此同时，我们也要看到，在刑事裁判文书制作方面，目前依然存在不少问题，有待于进一步采取相关措施加以解决。这些问题主要有：

（一）少数审判人员对刑事裁判文书重要性的认识尚有不足

刑事裁判文书的重要性不言而喻，绝大多数审判人员对此都有比较清醒的认识，也能自觉地投身到刑事裁判文书改革活动中来。但与此形成鲜明对比的是，仍有少数审判人员对裁判文书的重要性存在模糊甚至错误的认识：他们认为裁判文书只是个形式问题，而案件的处理结果才是实质问题；只要案件的处理结果正确了，案件质量没有问题，裁判文书如何制作就无所谓了。思想支配行为，在这种错误认识的指导下，少数审判人员在刑事裁判文书的制作中不思进取，马虎应付，更谈不上改革和创新，因而直接影响到刑事裁判文书的质量。

（二）有关案件处理的程序事项明显偏少

刑事裁判文书的内容应当既包括案件的实体处理方面，也包括程序方面。程序正当是保证实体问题处理正确的前提。刑事裁判文书中有关程序事项的交代，在一定程度上能够反映法院审理案件时是否严格地遵守了法定程序，是否有违法之处。从目前刑事裁判文书制作的情况来看，在正文部分，比较侧重于案件实体内容的叙述，而对程序性事项的叙述则明显简略。在不少刑事裁判文书中，对起诉、受理、合议庭组成、回避、当事人的诉讼权利、诉讼文书送达、开庭和延期审理等内容的叙述过于简单，甚至没有必要的说明，不能反映案件审理过程中程序是否合法的问题，致使法院审判的合法性和公正性受到置疑。

（三）对证据进行具体分析、论证不够

证据是认定案件事实的基础，也是人民法院进行刑事裁判的依据。在刑事裁判文书中，只有对控辩双方提交的证据的客观性、关联性、合法性等进行具体的分析和论证，才能使人直观地感受到法院对某一个证据加以采信或排除的合理性。但长期以来，在刑事裁判文书中，对认定案件事实的证据的写法，公式化现象比较严重，非常笼统，如“上述犯罪事实，有证人证言、书证、鉴定结论证实，被告人也供认不讳”等，对具体证据的内容却不作交代，对所列证据如何证实案件事实缺乏具体分析，庭审举证、质证和认证的过程在裁判文书中反映不出来，对法院为何采信这种证据而不采信其他证据更无说明，造成认证不实，证明过程不清。这种现象过去即普遍存在，目前仍没有根本性的改变。

（四）刑事裁判文书说理性差

理由是裁判的灵魂。“在现代司法中，说明裁判理由已经成为诉讼制度的一项重要内容。其主要意义表现在四个方面：（1）它是现代理性、公正的裁判制度的一个根本特征；（2）它是对法官自由裁量权的必要制约；（3）它是实现裁判正当化的有效措施；（4）它是培养造就优秀法官的重要途径。”① 正是基于此，无论是英美法系国家还是大陆法系国家，都极为重视刑事裁判文书的说理，在刑事裁判文书中，必须将法院作出裁判的理由写得清楚明白，以确保其公正性不致受到怀疑。例如，“《德国刑事诉讼法典》第267条规定了判决的理由，即被告人被有罪判决的时候，判决理由必须写明已经查明的、具有犯罪行为法定特征的事实。证据如果是根据其他事实推断出来的时候，也要写明这些事实。在审理中如果有程序参加人主张刑法特别规定的排除、减轻或者提高可罚性的情节的，对这些情节是否已经确定或者没有确定，判决理由必须对此说明。此外，判决理由必须写明所适用的刑法和对量刑起了决定性作用的情节。被告人被判无罪时，判决理由必须明确是否被告人没有实施被指控的罪行，或者是否以及因何原因认为已经查明的行为并不构成犯罪的事实。”② 但我国的刑事裁判文书则在此方面存在很大的缺陷，其典型表现就是不说理或说理不充分，牵强附会，以致形成所谓的“霸王文书”。在刑事裁判文书制作实践中，一些法官往往只注重裁判结果，对裁判理由的写作则“惜墨如金”，三言两语，草草了事，由此造成裁判理由写得十分简单、笼统，说理缺乏针对性，论述不透彻，缺乏对法条中所蕴涵的精神和法理的阐释，不是从个案的实际情况出发，而是讲一些空洞的套话。千人一面，千篇一律，只有共性，没有个性，缺乏针对案件具体情况所作的入情、入理的分析，或者在说理中逻辑性不强，论证力不够，使人难以信服。

---

① 龙宗智：《刑事庭审制度研究》，422～423页，北京，中国政法大学出版社，2001。

② 徐鹤喃、刘林呐：《刑事程序公开论》，263～264页，北京，法律出版社，2002。

上述问题的存在，直接影响了刑事裁判文书的质量，甚至在一定程度上损害了人民法院的公正形象，降低了司法的权威性，因而有必要采取有效措施，完善刑事裁判文书的制作。

三、刑事裁判文书的进一步完善

当前，刑事审判方式的改革正在不断深入，伴随这一进程，提高刑事裁判文书质量、消除现行刑事裁判文书的弊端势在必行，并已成为加强刑事审判业务建设的重要内容之一。进一步完善刑事裁判文书，需要做好以下几个方面的工作：

（一）提高认识

“思想是行为的先导”。要进一步完善刑事裁判文书，提升刑事裁判文书的制作质量，首要的方面在于转变观念，提高认识，彻底摒除长期以来少数审判人员头脑中所固有的那种“只要把案子办好就行了，裁判文书写得好不好没关系”的思想，引导他们牢固树立“裁判文书是司法公正的最终载体”的观念，促使他们对刑事裁判文书的重要性有更深刻的认识。

（二）提高综合素质

刑事裁判文书的制作，是对刑事审判人员综合素质的检验。它不仅要求审判人员具备较高的文字表达能力，而且还要有较高的政治素质、深厚的法律理论知识以及丰富的审判经验；不仅要求审判人员能熟练掌握相关法律知识处理案件，而且还要善于总结归纳，通过充分论证和说理来体现裁判的正确性。由此可见，提高审判人员的综合素质也是提升刑事裁判文书制作质量不可或缺的一环。

（三）增强裁判文书的说理性

“理性的裁判，最基本的要求是裁判应当有合理的根据，这种根据就是判决的理由。”① 目前，“不讲理”是刑事裁判文书的症结所在，在裁判文书的进一步完善中，尤其要突出强调裁判文书的说理性，在总体上应达到论理透彻、逻辑严密、说服力强的要求。所谓“论理透彻”，是指论证、论理要完整、充分且深入，既要有足够的广度，又要达到一定深度。论证必须清楚，说理必须彻底，力求高度透明。对案件处理的各个方面要进行全方位的论证、说理，不能有遗漏。同时，针对性要明确，重点放在控辩双方的论辩焦点上，有主有次地展开。阐述理由要遵循以事实为基准点的原则，根据事实来进行分析和评判。所谓“逻辑严密”有两层含义：一是论证、论理必须遵从逻辑基本规律；二是必须遵守演绎推理的基本原则。所谓“说服力强”，就是通过对案件证据的分析、判断与确认，在正确认定案件事实的基础上，经过严密的司法推理，推导出无懈可击、令人信服的结论，从而使得整体论证、论理极具感染力和说服力。只有这样，法官认证和采信证据以及裁判的理由、依据才能明明白白地体现出来，使人可以清楚地了解法官办案的逻辑过程，特别是据以作出

---

① 龙宗智：《刑事庭审制度研究》，418页，北京，中国政法大学出版社，2001。

裁判的理由。

(四) 注意吸纳外国经验

虽然世界各国在法律制度、法律文化和刑事裁判文书的风格等方面存在差异，但在刑事裁判文书的功能上则有相似之处。总体来看，西方法治发达国家的刑事裁判文书经过长期的发展，已经达到了非常完善的程度，程式化、规范性要求极高，同时也极具严密性、说理性。尤其是在奉行判例法的国家，不少刑事裁判文书的主文犹如一篇内容具体、论证严密的学术论文，几乎达到了无懈可击的地步。这些有益的方面，值得我们认真地加以分析和借鉴。

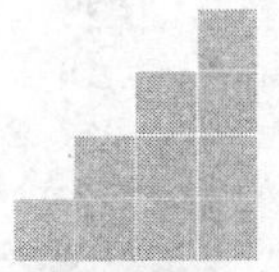

第十六章

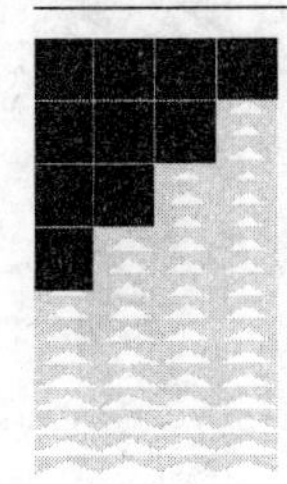

刑事简易程序

刑事简易程序，是指基层人民法院审理某些事实清楚、情节简单、犯罪轻微的刑事案件时所适用的比普通程序相对简化的程序。简易程序是1996年《刑事诉讼法》修改时所增设的一种审判程序，它对于实现程序分流、提高审判效率、减少案件积压发挥了积极作用。但是，由于简易程序的立法条文不多，内容粗疏，因而在实施过程中也存在一定的问题，需要进一步加以改革和完善。

第一节　刑事简易程序的理论基础

一、刑事简易程序是追求公正与效率的必然要求

公正和效率是现代刑事诉讼的两大价值目标，这两大价值目标不仅应在侦查和起诉程序中体现出来，更应在刑事审判程序中得以充分体现，而刑事简易程序则是在审判阶段充分体现公正和效率目标的重要“载体”。简易程序对公正价值的体现主要表现在两个方面：一是简易程序对普通程序的辅助功能。显而易见，对部分刑事案件适用简易程序处理，可使有限的司法资源更多地用于普通程序的审判，有助于普通程序所追求的公正目标的实现。二是简易程序有利于保护当事人的利益。任何受犯罪指控的公民都有依法获得及时审判的权利，若对所有刑事案件不分繁简，统一适用普通程序审理，就会导致一些简单轻微的刑事案件不能及时审结，拖延诉讼，犯罪嫌疑人、被告人被羁押的期限甚至超过应处刑罚的期限，造成对公民合法权益的侵犯。简易程序则在保障当事人基本诉讼权利的基础上，通过简化程序，缩短审理期限，使案件得以及时处理，使得犯罪嫌疑人、被告人早日摆脱了缠讼之苦，满足了他们的心理要求，有助于维护他们的合法权益。

刑事简易程序同样体现了对效率价值的追求。在刑事案件数量大幅增长，而刑事司法资源相对有限的情况下，效率已经成为现代各国刑事审判程序设计追求的重要价值目标。正如我国台湾地区著名刑事诉讼法学家蔡墩铭教授所言：“无论对于国家或被告之利益，迅速裁判对于刑事司法而言至关重要——如何使迅速裁判之目的与其他刑事诉讼目的相配合，

不失为今日刑事司法最迫切之课题。”[①] 在对效率价值的追求中，运用程序分流原理，针对不同类型案件而设计繁简不同的程序当属提高审判效率的题中应有之义。刑事简易程序通过庭审准备工作、庭审过程、庭审内容以及证人、鉴定人出庭作证方面的简化，大大缩短了法庭处理案件所耗费的时间，快速“消化”了案件，从而在整体上提高了诉讼效率。

二、刑事简易程序符合诉讼经济原则的要求

诉讼经济，是指以最少的司法投入，获取最大的诉讼效益。诉讼经济这个提法来源于西方的经济效益主义程序理论，该理论是由西方经济分析法学派提出的。其核心思想是，所有司法活动和全部法律制度都以有效利用自然资源，最大限度地增加社会财富为目的。刑事诉讼是一项耗费国家巨大经济资源的活动，国家为了进行刑事诉讼活动，必须投入一定人力、物力和财力，这就要求必须考虑投入和产出的关系，遵循诉讼经济原则。“刑事诉讼之机能，在维护公共福祉，保障基本人权，不计程序之繁琐，进行之迟缓，亦属于个人无益，于国家、社会有损。故诉讼经济于诉讼制度之建立实不可忽视。”[②] 具体到刑事审判中，如何以尽量少的人力、物力和财力的消耗来实现公正与效率的价值目标，就成为我们必须要思考的一个问题。毫无疑问，对那些案情简单、证据充分、罪刑轻微、控辩双方争议不大甚至没有争议的案件，设立专门的刑事简易程序来进行审理，能够达到省略相关的诉讼环节，降低诉讼中人力、物力和财力的消耗，节约诉讼成本，减少诉讼支出，提高诉讼经济效益的明显效果。

三、刑事简易程序是实现刑事诉讼科学化的有效途径

对刑事案件作具体分析，可以发现它们既具有共性，又具有个性。所谓共性，是指它们都由犯罪所引起，并都需经过人民法院依法审理才能对被告人的行为是否构成犯罪、构成何罪、应否处罚等作出最终的裁决。所谓个性，是指刑事案件纷繁复杂，各种案件不尽相同，每个案件都有其特殊性。基于此，对不同种类的案件采用不同的审判程序，即根据案件的不同性质、难易程度等特点，确定不同的审判程序，实行繁简分流，才能使审判更为科学、合理。如果不分案件性质和难易程度，一律机械地适用普通程序，平均配置审判力量，显然不合理，更谈不上科学。通过刑事简易程序来处理那些事实清楚、证据充分、罪刑轻微、争议不大的案件无疑能促进刑事审判程序的科学化、合理化。

四、刑事简易程序乃当今国际刑事诉讼立法之趋势

刑事诉讼中适用简易程序对案件进行审判，早在16世纪的英国便已出现，后被许多国家效仿。第二次世界大战之后，西方各国普遍面临着严重的犯罪率不断上升的问题，而刑事诉讼的程序过于烦琐，使案件大量积压。为了摆脱这种困境，西方国家不得不广泛、大

---

① 蔡墩铭：《刑事诉讼法论》，22页，台湾，五南图书出版公司，1993。

② 陈朴生：《刑事经济学》，327页，台湾，正中书局，1975。

量地采用简易程序。现在，英、美、法、德、日等国家都普遍采用了简易程序，很多国家和地区都在刑事诉讼法典中专章设置“简易程序”。不仅如此，当今世界简易程序还呈形式多样化的趋势。据统计，英国按简易程序审理的案件占全部刑事案件的97%，美国适用辩诉交易审理的刑事案件也高达90%以上。1988年《意大利刑事诉讼法典》增设了直接审判、迅速审判等有别于传统形式的简易程序。之后，西班牙、丹麦创立了书面审理的简易程序。德国、法国虽未在立法上有所突破，但实践中也开始了类似的尝试。可以说，刑事简易程序乃当今国际刑事诉讼立法之趋势。

第二节　外国刑事简易程序的基本模式

当今世界各国由于刑事诉讼模式各异，因而有关刑事简易程序的规定也不尽相同。综观国外刑事简易程序的法律规定，具有代表性的主要有辩诉交易程序、处刑命令程序以及混合简易审判程序三种。现分述如下：

一、辩诉交易模式（plea bargaining）

辩诉交易又称辩诉谈判（plea negotiation）或辩诉协议（plea agreement），按照理论上的阐释，是指在法院开庭审理刑事案件前，控诉方为了换取被告人作有罪答辩，以作出比原来罪行更轻或较少罪名的指控，或者允诺向法官提出有利于被告人的量刑建议为条件，与被告人（一般通过其辩护律师）就有利于其的最佳条件在法庭外所进行的协商与交易。在诉讼过程中，检察官为使被告人认罪，便以减少控诉罪行、减轻控诉罪名或刑罚为条件，与被告人在法庭外进行谈判。由于双方都争取有利于己的最佳条件，在谈判过程中就会出现讨价还价的局面，因此谓之辩诉交易。如果法院接受控辩双方就此达成的协议，依据双方商定的罪名和刑罚判决，该起刑事案件便可不经过正式审判程序而告结束。应当说，辩诉交易的本质特征是控辩双方通过互惠的交易行为对自己的实体权利进行处分。

辩诉交易最初产生于20世纪中叶的美国。当时美国资本主义经济进入高速发展时期，城市化进程加快，人口流动频繁，与此同时，社会治安形势逐渐恶化，犯罪率亦呈上升趋势，刑事案件骤然增多，法院不堪重负，难以在法定的期限内审结案件，于是出现了案件的大量积压现象。因此，如何利用有限的司法资源，迅速处理这些积压的案件，提高诉讼效率，就成为司法机关所面临的一大难题。基于此，一些大城市的检察官开始尝试采用与被告人协商和交易的方式结案，即以减少对被告人的指控，或允诺向法官提出降低处刑幅度为条件，与被告人进行交易，从而促使被告人作出有罪答辩。这种结案方式最明显的优点是简捷、灵活，能够在一定程度上降低诉讼成本，有效地提高诉讼效率，因而很受青睐，并在美国联邦和绝大部分州得到广泛采用。1970年，美国联邦最高法院在“布朗迪诉美国”一案的判决中正式确认了辩诉交易的合法性。在第二年 Santobell V. New York 案的判决中，联邦最高法院再一次强调了辩诉交易的合理性：“如果每一项刑事指控均要接受完整的司法审判，那么州政府和联邦政府需要将其法官的数量和法庭设施增加许多倍。”“即使将使用辩诉交易的案件比例从目前的90%降到80%，用于正式审判的人力、物力等司法资源的投入也要增加一倍。”[①] 联邦最高法院还明确指出，辩诉交易是美国刑事司法制度的基本组成部分，如果运用得当，它应当受到鼓励。美国1974年修订施行的《联邦刑事诉讼规则》明确地将辩诉交易作为一项诉讼制度确立下来，从而使该种程序制度化和法典化。目前，辩诉交易已经占据美国刑事诉讼的主要舞台。根据美国联邦司法部公布的有关资料，美国只有不到10%的被告人经历了正式的审判程序，而90%以上的刑事案件是通过辩诉交易的方式解决的。以纽约市2000年的刑事案件为例，在118 000人次的重罪案件中，只有4 000人是按正式程序开庭审判的，仅占全部案件的7.41%，其他案件都是以辩诉交易的方式结案的。在美国著名的“水门事件”中，检察官就曾与涉案的总统之外的其他人员达成了辩诉交易协议。可以说，辩诉交易是美国刑事司法制度得以正常运行的基本保障，没有它，美国刑事司法制度就会面临崩溃的危险。

从辩诉交易的类型来看，大致有以下三种：（1）减少罪行的交易，即对被告人犯有数罪的案件，检察官以减少控诉罪行为条件，与被告人达成协议，促使被告人作有罪答辩；（2）减轻罪名的交易，即对被告人犯有重罪的案件，检察官以减轻指控的罪名为条件，与被告人达成协议，促使被告人作有罪答辩；（3）减轻刑罚的交易，即检察官以承诺在量刑上让步，并向法官提出降低处刑幅度为条件，与被告人达成协议，促使被告人作有罪答辩。控辩双方达成协议之后，法官便不再对该案进行实质性审判，而仅在形式上确认双方协议的内容。只有当法官认为辩诉交易的内容违反了自愿和公正的原则时，才可以拒绝接受辩诉交易。这种拒绝在它们的司法实践中是极为罕见的。从法理上讲，检察官在辩诉交易时向被告方作出的量刑承诺对法官没有约束力，但一般来说，法官都会尊重检察官作出的承诺，因为这是刑事司法活动中“诚信原则”的要求。

辩诉交易使得对案件的处理不需再经过复杂的诉讼程序，大大减少了控、辩、裁三方在案件的处理过程中所消耗的工作量，节省了进行诉讼活动所花费的时间，相应地缩短了结案周期，便于对案件作出迅速及时的处理，提高了办案效率；同时，辩诉交易在相当程度上节约了司法资源，降低了诉讼成本，有助于对刑事案件进行及时的消化，减少案件的积压；此外，辩诉交易还有利于保护当事人的权利，对犯罪嫌疑人、被告人而言，辩诉交易程序可以使他们早日摆脱压抑的心境，防止被超期羁押和刑讯逼供，对被害人而言，也正是辩诉交易的高效便捷，能使被害人因犯罪行为而遭受的损失早日得到补偿。

辩诉交易虽然具有一定的积极作用，但作为一项诉讼制度，其并非是完美无缺的。事实上，自辩诉交易产生以来，有关该制度的争论就一直没有停止过，至今已持续了50多年。对辩诉交易既有溢美之词，也有鄙夷之语，甚至有人对其大加责难。这些人认为，在辩诉交易中，对被告人犯有数罪的案件，允许检察官以减少控诉罪行为条件，与被告人达成协议；对被告人犯有重罪的案件，允许检察官以减轻指控的罪名为条件，与被告

---

① 陈瑞华：《刑事审判原理论》，381页，北京，北京大学出版社，1997。

人达成协议，这种交易实际上已偏离了法律的轨道，使得罪刑法定原则成了毫无意义的摆设；辩诉交易允许检察官承诺在量刑上让步，并向法官提出降低处刑幅度为条件，与被告人达成协议，这又使得罪刑相适应原则受到了排斥；辩诉交易所达成的协议虽然要经过法官的审查，但具体的交易过程则是控辩双方在缺乏第三方监督的秘密状态下进行的，透明度极低，因而可以说是一种“暗箱操作”。这种操作方式，极易导致控辩双方在幕后进行一些不正当的交易，如被告人向检察官行贿、送礼等，或检察官以强制的方式，对被告人施加压力，迫使被告人让步，这样必然会对案件的客观公正处理产生一定的消极影响。

无论存在怎样的争论，辩诉交易的采用的确弥补了正式陪审团审判过于烦琐、拖延带来的效率低下的不足，减小了公诉方的工作量和败诉风险，也使被告人可以避开较重的刑罚并尽快摆脱讼累，节约了司法资源。正是基于这样的优越性，辩诉交易近年来开始为大陆法系国家所接受，甚至一些传统的大陆法系国家也已进行辩诉交易的实践。

二、处刑命令程序模式（the penal order)

处刑命令程序是大陆法系国家在一些简单、轻微案件中所适用的简易审判程序。在这种程序中，法院或法官只对检察官提出的书面申请和案件进行审查即可对被告人处以罚金等轻微刑罚，而不再进行正式的法庭审判程序。在这种模式下，控辩双方能够根据自己的自由意志决定是否适用简易程序，但他们选择的罪刑范围受到限制，控方亦不能自由处分所指控的刑罚。目前，德国、法国、日本等传统大陆法系国家基本采用此种模式。

在德国，根据1994年12月1日修订施行的刑事诉讼法典第407条的规定，对被告人判处罚金、1年以下自由刑、拘役等刑罚的轻微案件，检察官可以向地方法院直接提出适用处刑命令的申请。法官对检察官的书面申请及其案卷材料进行审查后，确认经被告人同意，且案情事实清楚，适用法律正确，不经庭审法官就可以按照检察官申请中要求的刑罚发布处刑命令。对法官的处刑命令，被告人既可以接受，也可以拒绝。被告人如果接受，处刑命令就与法院正式判决一样，具有法律效力。被告人如果拒绝，就应将案件移交法庭正式审判，由此被告人可能被判处比原处刑命令更严厉的刑罚。但是，被告人也可以在最初拒绝接受处刑命令之后重新提出接受处刑命令的要求，从而避免被科处更严厉的刑罚。处刑命令程序是一种迅速而又简便的审判程序。在这个程序中，“检察院可以舍弃提起公诉，进而舍弃开庭审理程序，而是申请由法官签发处刑命令予以处理。法官在处刑命令中认定被告人有罪，确定对他的处罚，被告人没有在法官面前就对他的指控作陈述的机会”[①]。处刑命令程序在德国的司法实践中扮演着重要的角色。有资料显示，近年来，德国采用上述程序处理的案件占总案件数的15.6%。

在日本，处刑命令程序又被称为略式程序。日本刑事诉讼法第461条规定：“简易法

---

① 李昌珂译：《德国刑事诉讼法典》，10页，北京，中国政法大学出版社，1995。

院，依据检察官的请求，可以对其管辖的案件，在公审前，以简易命令处以 50 万元以下的罚金或罚款。在此场合，可以作出缓刑、没收或其他附加处分。”[①] 按此规定，日本的略式程序，是指简易法院根据检察官的请求对所管辖的轻微案件（即可能判处 50 万日元以下罚金或宣告缓刑、附加没收刑的案件），可以不开庭审理，而只是根据检察官提出的材料进行书面审理并作出判决的程序。在略式程序中，检察官要事先向被告人说明有关略式程序的必要事项，并判定被告人对适用略式程序是否有异议，如果没有异议将没有异议的内容记入案卷，在申请略式命令时将该案卷连同必要的物证、书证一起提交法院。法院在接到检察官的申请后，要进行必要的审查，认为请求不合法或该案件不能或不应作出略式命令时，则按普通程序审理。如果没有上述情况，法院就按略式程序进行书面审理，作出判决。总之，被告人同意这一点很重要，如果被告人对略式命令没有提出正式审判的请求，则按略式程序审理作出的判决与按普通程序审理所作出的判决具有同等法律效力。

在法国的一般简易程序中，审判官不需事先进行审理，而是直接根据检察院的起诉签字和公诉书作出刑事裁定，或是释放被告人，或是判处罚金。意大利刑事诉讼法典第 459 条规定，在公诉案件中，当公诉人认为只应当适用财产刑时，可以要求负责初期侦查的法官发布刑事处罚令，并预先向法官移送卷宗材料，指出处罚的程序和可能判处的附加刑。

大陆法系国家的处刑命令程序在一定程度上吸收了辩诉交易制度的精神，给予被告人自行处分实体利益和诉讼权利的自由，但与辩诉交易程序相比则要“刻板”得多：一是适用案件范围多为轻微案件；二是检察官与被告人也不进行有关罪名和量刑方面的协商与交易，检察官无权为吸引被告人接受处刑命令而故意降低控罪严重程度、减少指控罪名或故意降低刑罚幅度。被告人一旦接受处刑命令，就意味着必然要受到定罪和处刑的结果，他实际上放弃了通过正式审判而可能被判无罪的机会。法官要对案件进行审查，并进行书面审判。大陆法系国家也给予选择处刑命令程序的被告人一定的优惠，如法官一般不追究检察官未指控的可能更为严重的罪行，或在法律中明文规定给予一定的减刑，但在认定事实上并没有向被告人作出让步。

三、混合简易程序模式

混合简易程序模式是在传统审问式程序中注入辩诉交易程序的因素而形成的一种简易程序模式，意大利是该种简易程序模式的代表国家。1988 年，意大利在刑事司法改革中，为了彻底解决长期以来刑事案件审判中所存在的案件积压、诉讼拖延、程序烦琐等问题，通过吸纳英美的辩诉交易程序，构建起了极具特色的混合式简易程序模式。这种模式突破了那种仅以罪行轻重作为划分普通程序和简易程序标准的传统做法，第一次将控辩双方的主动选择以及双方协商的结果作为适用简易程序的前提条件。根据适用情况的不同，混合模式又可分为两种不同的具体简易程序：一是“基于当事人请求而适用刑罚的程序”；二是

---

① 宋英辉译：《日本刑事诉讼法》，82 页，北京，中国政法大学出版社，2000。

"简易审判程序"。

(一) 基于当事人请求而适用刑罚的程序

基于当事人请求而适用刑罚的程序又被称为意大利式辩诉交易程序。这种程序是在检察官已掌握充分的有罪证据、控辩双方就被告人有罪这一结论不存在争议的前提下进行的。双方只是就被告人实际所受到的刑罚达成协议，法官所要审查的只是双方协议的内容和过程是否合法和适当，而不再举行任何形式的审判。1989 年 10 月修订实施的《意大利刑事诉讼法典》对适用该种简易程序的案件范围作了规定，主要包括两类案件：(1) 对被告人适用罚金的案件；(2) 根据案件的减刑情节、控辩双方的协商情况以及对被告人所判处的法定刑罚可降低三分之一幅度等因素，被告人实际所受刑罚最终不超过两年监禁的案件。对上述两类案件，控辩双方在审判前的任何时间里均可以就被告人的量刑问题进行协商和交易，并向法官提出协议的内容。被告人甚至可以越过检察官而单独向预审法官提出对其直接适用刑罚的要求。预审法官应当对控辩双方或被告人单独提出的请求进行全面的审查，法官根据控方的卷宗材料及双方的陈述，确定被告人的有罪答辩是否出于自愿以及双方协商而定的刑罚是否适当。法官还要确保被告人的罪名与其犯罪事实相符合。法官一旦接受了双方达成的协议，即应以此协议的内容为根据作出有罪裁判，并立即宣布。在检察官拒绝对被告人适用辩诉交易的情况下，法官可要求他陈述理由。法官如果认为这种拒绝是不合理的，可以直接对被告人作出适用刑罚的判决。①

不过，由于受多方面因素的影响，意大利在移植英美的辩诉交易制度的过程中，在很大程度上对"基于当事人请求而适用刑罚的程序"的适用进行了适当的限制。主要表现在以下几个方面：(1) 检察官和被告方不得就被告人的犯罪性质进行交易，如果检察官原来对被告人指控的罪名与案件事实是相符的，那么他就不能为了降低被告人的刑罚幅度而将其改变为较轻的罪名；(2) 适用的案件只能是轻微刑事案件，最终量刑不得超过两年，而且最高减刑幅度为法定刑的三分之一；(3) 法官对控辩双方协商和交易的情况进行审查和监督，以确保定罪量刑的正确性和适当性。

(二) 简易审判程序

简易审判程序，是指法官不举行公开、言词的正式审判，而仅通过审查检察官呈送的卷宗材料即对被告人作出迅速判决的特别程序。这一程序一般要由被告人或其辩护律师直接向预审法官提出要求，但须取得检察官的同意。在预审过程中，被告人和检察官也可以联合向法官提出这种要求。法官一旦接受了举行简易审判的要求，即以检察官卷宗中所载的证据为依据进行全面的书面审理，如果判决被告人有罪，即根据被告人的罪行所确定的刑罚减少三分之一的幅度。简易审判程序的适用范围颇为广泛，除那些可对被告人判处终身监禁刑的最严重犯罪案件外，其他的案件均可适用。

简易审判程序为检察官和被告方提供了一个协商的机会。对被告人而言，选择简易审

① 参见陈瑞华：《刑事审判原理论》，386 页，北京，北京大学出版社，1997。

判程序意味着他放弃了获得正式法庭审判的机会，在很多情况下也等于选择了一种“有罪答辩”。在简易审判过程中，法官通常只以检察官的卷宗为根据进行书面审查，证人、鉴定人等均不出庭作证，法官一般会得出与检察官相近的结论——被告人有罪。当然，被告人也会获得相应的利益：（1）可获得自动减轻法定刑罚三分之一的优惠；（2）可避免由正式审判带来的羁押和干扰；（3）可避免使自己的罪行暴露于大庭广众之下；（4）可节省大量的律师费用及诉讼费用。

在简易审判程序中，检察官的自由裁量权受到很大限制：首先，即使检察官和被告人均同意举行简易审判，预审法官仍有权拒绝采纳这一程序；其次，在简易审判过程中，被告人是否有罪问题（至少在形式上）仍须由法官通过书面审查作出判决。这样，简易审判的举行和案件的结局事实上均要由法官——而不是检察官作出最终决定。①

第三节 我国刑事简易程序的基本内容

我国1979年《刑事诉讼法》虽然规定了对一些轻微刑事案件可由法官独任审判，但没有设立专门的简易程序。20世纪80年代初期开展“严打”过程中，我国曾对一些严重危害社会治安的犯罪适用过从重从快的“速决程序”②，这一程序本身及其在实践中的效果都表明是不符合程序公正性要求的，但也从反面说明了确有对案件进行区别对待、实行分流的必要。1996年修改《刑事诉讼法》时，为了顺应国际刑事诉讼发展的潮流，实现繁简分流、合理配置司法资源的目标，我国正式设立了简易审判程序，取代了全国人民代表大会常务委员会《关于迅速审判严重危害社会治安的犯罪分子的程序的决定》所规定的“速决程序”，将提高诉讼效率作为中国刑事司法改革的一个重要目标，同时也体现出普通程序的公正性与简易程序的简便化的有机结合。2003年3月14日，最高人民法院、最高人民检察院、司法部根据《刑事诉讼法》的立法精神，又联合发布了《关于适用简易程序审理公诉案件的若干意见》，对适用简易程序审理公诉案件作了进一步规范。

一、我国刑事简易程序的适用范围

（一）适用简易程序的法院

根据《刑事诉讼法》第147条的规定，简易程序只能由基层人民法院适用。虽然根据《刑事诉讼法》第20～22条关于级别管辖的规定，中级、高级乃至最高人民法院均可管辖第一审刑事案件，但并非所有的第一审刑事案件均可适用简易程序。因为《刑事诉讼法》对各级人民法院第一审刑事案件管辖分工的划分主要是根据案件性质的严重程度、社会影响及审判人员的素质来确定的。中级以上人民法院管辖的一审刑事案件一般均是性质严重、

---

① 参见陈瑞华：《刑事审判原理论》，387～388页，北京，北京大学出版社，1997。

② 该速决程序源于全国人民代表大会常务委员会1983年9月通过的《关于迅速审判严重危害社会治安的犯罪分子的程序的决定》。

社会影响较大的案件，对这类案件必须严肃而谨慎地处理，不能简化程序。

（二）适用简易程序的诉讼阶段

刑事简易程序在诉讼阶段上仅适用于第一审程序。这是因为，第一审程序以外的其他程序，诸如第二审程序、死刑复核程序、审判监督程序等，都是为了纠正第一审程序中可能存在的错误而设立的，这些程序的法律性质和任务决定了其不能适用简易程序。

（三）适用刑事简易程序的案件

根据《刑事诉讼法》第 174 条的规定，可以适用简易程序审判的案件包括以下三种：

1. 简单轻微的公诉案件。所谓简单轻微的公诉案件，是指依法可能判处 3 年以下有期徒刑、拘役、管制、单处罚金的公诉案件，事实清楚、证据充分，人民检察院建议或者同意适用简易程序的。《关于适用简易程序审理公诉案件的若干意见》第 1 条则规定对于同时具有下列情形的公诉案件，可以适用简易程序审理：（1）事实清楚、证据充分；（2）被告人及辩护人对所指控的基本犯罪事实没有异议；（3）依法可能判处 3 年以下有期徒刑、拘役、管制或者单处罚金。综合上述规定，简单轻微的公诉案件要适用刑事简易程序，必须同时具备以下几个条件：一是对被告人依法判处的刑罚可能是 3 年以下有期徒刑、拘役、管制、单处罚金的。这里的刑罚是指具体案件的被告人可能被判处的刑罚，而不是指法定最高刑。二是事实清楚、证据充分，即无须人民法院或者人民检察院再行收集证据就能够查明事实的。三是被告人及辩护人对所指控的基本犯罪事实没有异议。四是需人民检察院建议或者同意。这实际上赋予检察院在适用简易程序问题上具有一定的许可权和否决权。也就是说，有关简易程序的适用要么由检察院直接提出建议，要么由法院提出意向，但必须征得检察院的同意。

哪些公诉案件不能适用简易程序进行审理?《关于适用简易程序审理公诉案件的若干意见》第 2 条对此予以明确规定：具有下列情形之一的公诉案件，不适用简易程序审理：（1）比较复杂的共同犯罪案件；（2）被告人、辩护人作无罪辩护的；（3）被告人系盲、聋、哑人的；（4）其他不宜适用简易程序审理的情形。

2. 告诉才处理的案件。告诉才处理的案件属于自诉案件，相对而言，它在情节、后果、处理上都较公诉案件有所区别。因此，《刑事诉讼法》规定这类案件可适用简易程序。根据我国《刑法》规定，这类案件包括 5 种，分别是侮辱罪、诽谤罪、暴力干涉他人婚姻自由罪、虐待罪和侵占罪。

3. 被害人起诉的有证据证明的轻微刑事案件。这类案件要适用简易程序来审理，必须符合两个条件：（1）必须是轻微的刑事案件。是否轻微可以从罪质和情节两个方面来考量。罪质轻微，是指案件中的行为触犯的罪名较轻，如果触犯的罪名是罪质重的罪名，不论情节如何，危害都是很严重的。情节轻微，主要是指案件的情节形成的社会危害性小，虽然行为触犯的罪名是罪质较轻的罪名，但情节严重或者恶劣，其危害性必然也大，也不属于该类案件。（2）被害人必须有相应的证据证明被告人有罪。被害人处于控告者地位，应承担证明责任，提出证据证明其诉讼主张。根据《六部委规定》，这类案件具体包括：故意伤害（轻伤）案；重婚案；遗弃案；妨害通信自由案；非法侵入他人住宅案；生产、销售伪劣商品案（严重危害社会秩序和国家利益的除外）；侵犯知识产权案（严重危害社会秩序和国家利益的除外）；属于《刑法》分则第四、五章规定的，对被告人可以判处 3 年有期徒刑以下刑罚的其他轻微刑事案件。

二、我国刑事简易程序的特点

相对于刑事普通程序而言，我国的刑事简易程序具有以下特点：

（一）审判组织简化

根据《刑事诉讼法》第 174 条规定，按简易程序审理的刑事案件由审判员一人独任审判，而不必像普通程序那样组成合议庭。国外按简易程序审理的案件，一般也都是采用这种组织形式。需要注意的是，根据《刑事诉讼法》第 147 条的规定，适用简易程序的案件只是可以由审判员一人独任审判，而并非都不能组成合议庭审判。至于何时适用独任制，何时采用合议庭，尚需根据案件具体情况来确定。此外，独任审判不等于审判员一人自问、自记、自审，而需由审判员和书记员共同完成，即由审判员独任审判，书记员担任记录，不能将二者的工作相混淆或者合并。

（二）公诉人可以不出庭支持公诉

《刑事诉讼法》第 175 条规定："适用简易程序审理公诉案件，人民检察院可以不派员出席法庭……"《关于适用简易程序审理公诉案件的若干意见》第 6 条规定："适用简易程序审理公诉案件，除人民检察院监督公安机关立案侦查的案件，以及其他人民检察院认为有必要派员出庭的案件外，人民检察院可以不派员出庭。"这意味着，人民法院适用简易程序审理公诉案件，人民检察院一般不派员出席法庭支持公诉，这是由简易程序重在从简的特点决定的。由于适用简易程序的案件案情简单，如何定罪量刑起诉书中都已载明，检察院可以不另行发表公诉意见，法院可以在没有公诉人出庭的情况下进行审判。不过应当明确：公诉人作为刑事诉讼的提起者，享有出庭支持公诉的权利，如果其主张这一诉讼权利，人民法院则必须予以尊重。对于检察院不派员出庭的，由审判员代为宣读起诉书，然后进入审理程序。

（三）法庭调查、法庭辩论程序大大简化

《刑事诉讼法》第 177 条规定："适用简易程序审理案件，不受本章第一节关于讯问被告人、询问证人、鉴定人、出示证据、法庭辩论程序规定的限制……"这些诉讼环节的简化能够提高法庭审判效率，尽快解决被告人的定罪量刑问题。当然，不受限制并不等于完全可以省略这些程序，而是说适用简易程序应根据案件的具体情况，灵活掌握审理程序，能简化的尽量简化。但是根据《刑事诉讼法》第 175～177 条的规定，简易程序中仍然保留了法庭审理中的法庭辩论和被告人最后陈述两个阶段。这是因为，辩护权和陈述权是被告人在刑事诉讼中最基本的也是最重要的诉讼权利，司法机关必须切实予以保障，而且这也是人民法院正确定罪量刑不可缺少的步骤。

（四）可以变更为一审普通程序

《刑事诉讼法》第179条规定："人民法院在审理过程中，发现不宜适用简易程序的，应当按照本章第一节或者第二节的规定重新审理。"因此，人民法院在适用简易程序审理的过程中，发现不得或不宜以简易程序审判的情形，即应变更为第一审普通程序进行审判。简易程序应当重新改为普通程序的有下列情形：（1）公诉案件的被告人的行为不构成犯罪的；（2）公诉案件的被告人应当判处3年以上有期徒刑的；（3）公诉案件的被告人当庭翻供，对起诉指控的犯罪事实予以否认的；（4）事实不清或者证据不充分的；（5）其他依法不应当或者不宜适用简易程序的。

三、简易程序的审理期限

由于适用简易程序审理的案件均为简单轻微的刑事案件，不需花费大量的人力和时间去查证核实即可对案件作出正确的裁判，所以《刑事诉讼法》将适用简易程序审理案件的期限规定为20日。这样，既能保证办案的质量，又符合诉讼经济、效率的原则。关于适用简易程序审理案件的期限，法律没有可以延长的规定。因此，从法律关系上讲，如果审判人员在20日内抓紧审理仍不能结案的，那么只能说明该案件原本就不属于适用简易程序的案件，解决的办法应该是变更为普通程序重新审理。

第四节　我国刑事简易程序存在的问题

我国《刑事诉讼法》确立了简易程序后，在一定程度上起到了程序分流的作用，提高了审判效率，也使一部分轻微犯罪的被告人尽快摆脱了涉讼之苦，但由于简易程序在进行制度设计时考虑不尽周全，条文偏少，内容粗疏，因而在简易程序实施过程中也暴露出一些问题。这些问题主要有：

一、没有赋予被告人选择权及程序变更权

简易程序是对普通程序的简化，简化的结果必然是对被告人诉讼权利一定程度的限制和剥夺，这一限制和剥夺只有经被告人主观认可才是公正的。国外的各种简易程序中，被告人都享有充分的选择权和程序变更权。而在我国，按照《刑事诉讼法》的规定，决定适用简易程序的主动权在人民法院，并要求这一程序的适用以人民检察院建议或同意为前提，而不考虑被告人是否同意或自行主动选择适用简易程序。《关于适用简易程序审理公诉案件的若干意见》虽然有所改变，规定了适用简易程序审理公诉案件必须征得被告人、辩护人同意，但仍然没有赋予被告人自行主动选择的权利。被告人作为与案件裁判结果有着直接利害关系的当事人，对于自己将要按照什么样的程序接受审判，没有任何的选择权，而只能被动地接受法院和检察机关为自己安排的程序模式，消极地放弃自己本应享有的诉讼权利。与此同时，为确保公正，国外简易程序中都规定了诉讼双方乃至法官的程序变更权，

即无论是控方、辩方或者是法官，一旦发现适用简易程序可能会导致不公正，就可以建议或决定变更为普通程序。我国的现行简易程序中，这一权利只为法院所享有，即法院在审理过程中如果发现不宜适用简易程序，可以自行决定放弃适用简易程序，按照普通程序重新审理，然而被告人在审判中如果认为适用简易程序会使其受到不公正待遇，却没有权利要求变更。这两方面都“体现了一种由裁判机构自行为被告人安排命运的‘家长式’的诉讼观念，显示出简易审判的高度职权主义特征。”①

二、缺乏为被告人指定辩护人的保障性规定

简易程序的特殊性决定了各国在进行程序设计时都特别注意对被告人权利的保障，尤其是被告人获得律师帮助的保障。正因为如此，各国简易程序中都有关于辩护律师参与的相关规定。例如，德国刑事诉讼法典第 408 条就规定，法官考虑同意检察院的处刑命令申请时，要对尚无辩护人的被诉人指定辩护人。② 而目前在我国，指定辩护只适用于十分狭窄的范围，适用简易程序审理的轻微案件不属于强制性指定辩护的范围。在对简易程序的适用没有自主权利的前提下，如果被告人因贫穷或其他原因无力聘请律师，通过自行辩护是很难维护自己的合法权益的。简易程序的适用会使被告人的诉讼权利受到较大的限制，被告人也很难再获得无罪判决的机会，不能获得律师帮助的被告人在简易审判中，很可能在不了解自己行为的后果、不知晓简易程序性质的情况下，作出一些实际对自己不利的选择。这显然又构成一个导致被告人受到不公正对待的因素。③

三、简易程序为控审不分留下隐患

控审分离是现代刑事诉讼普遍遵循的一项原则，它要求刑事审判权与控诉权分别由不同的国家司法机关行使。根据我国《刑事诉讼法》的规定，法院适用简易程序审理案件，人民检察院通常情况下可以不派员出席法庭，这无疑使主持简易审判的法官既承担审判职能，又在一定程度上承担了控诉职能，简易审判往往变成了裁判者单独“审判”被告人的纠问式活动，这严重违背了控审分离和法官中立的原则，不符合最基本的程序公正要求。此外，在法官单独面对被告人的诉讼格局下，也形成了对法官的审判无人进行监督的局面。权力一旦没有了制约的机制必然导致权力的泛滥，法院的审判没有检察院的监督也容易背离程序公正，容易造成审判的任意性和随机性。

四、简易程序的适用比例较低

《刑事诉讼法》对简易程序的规定过于原则，立法粗疏，缺乏可操作性。由此造成了实践部门在适用简易程序的法定条件、简易程序的适用范围等方面尚存在很多分歧，加上当前许多审判人员并未真正领会简易程序的精髓，而是仅仅将其视为解决积案的权宜之计，

---

①③ 参见陈瑞华：《刑事诉讼的前沿问题》，433 页，北京，中国人民大学出版社，2000。

② 参见李昌珂译：《德国刑事诉讼法典》，154 页，北京，中国政法大学出版社，1995。

这在一定程度上影响和制约了简易程序的适用，导致简易程序适用的比例不高。

第五节　我国刑事简易程序的进一步扩大

《刑事诉讼法》虽然确立了简易程序，但并没有能够充分发挥其功能，并且在实践中表现出一定的局限性。尤其是公诉案件要适用简易程序处理，必须符合可能判处3年以下有期徒刑、拘役、管制、单处罚金这一刑罚条件，由此使得为数不少的犯罪事实清楚，证据确实、充分但可能判处的刑罚在3年以上的案件被挡在了简易程序之外。如何挖掘程序资源，在确保公正处理案件的基础上，充分提高办案效率，成为司法机关所面临的一个问题。

最早在这方面进行探索的是北京市海淀区人民检察院和海淀区人民法院。海淀区地处北京市的西北角，辖区面积较大，而且情况复杂，既有为数众多的高新技术产业企业和高等院校及科研院所，又有较多的城乡结合地带，因而犯罪的情况也很复杂，发案数较高。自1997年以来，年受案数一直保持在1 500件以上，到了1999年首次突破2 000件，是1983年“严打”时的两倍。而与此形成鲜明对比的是，海淀区司法机关人力、财力、物力均较为匮乏，司法资源的有限与案件数量的上升呈现出很大的矛盾。为提高诉讼效率，保证案件质量，节约司法资源，突出打击重点，加快案件审理工作，维护被告人的合法权益，海淀区检、法两院经研究协商，确定在不违背现行法律制度的前提下，自1999年下半年开始试行刑事案件普通程序简易化审理方式，即在刑事诉讼法律的框架内，对某些适用普通程序的刑事案件，在被告人作有罪答辩的前提下，在事实清楚、证据充分的基础上，采取简化部分审理程序，快速审结案件的一种新的庭审方式。截至2000年10月，适用此种方式审结的案件有六十余件，主要涉及贪污、诈骗、合同诈骗、票据诈骗、挪用资金、贩毒、销售赃物、出售购买假币、盗窃、抢劫等罪名。检、法两院对上列适用普通程序简易化审理方式审结的案件，在认定事实、证据及适用法律方面基本一致，法院及时作出有罪判决，涉案被告人和被害人均未提起上诉和抗诉申请，取得了控、辩、审三方均满意的良好法律效果。①

海淀区检察院、法院尝试的普通程序简易化审理方式改革得到了最高人民检察院公诉厅的肯定和认可，并被纳入2001年全国公诉工作七项改革之一。2002年，北京市检察院公诉处又在全市公诉工作会议上，介绍了这项改革的动因和理论依据、试行方案和操作要求以及初步成效和尚存问题，得到了检察系统同行们的好评，并开始在全市检察机关公诉部门推广。随后，该项试点又在全国各地得到了普遍推广，并逐步取得了丰富的经验。从实践中的情况看，适用普通程序简易审后，成效显著，主要表现在庭审时间大大减少，办案效率大大提高。例如在天津，以往少则一两个小时、多则一两天的开庭时间，适用简化审之后，大部分缩短至一小时以内。在北京市海淀区法院，过去需要用两三个小时才能完成

① 参见李玲、黄晓文、吴祥义、林静：《刑事案件普通程序简易化审理探索》，载《人民检察》，2000（10）。

的庭审，现在基本上都能在一个小时以内结束，当庭宣判率达到70%左右。[①] 由于被告人对司法机关认定的犯罪事实没有异议，判决后上诉的明显减少，基本没有抗诉和改判、发回重审的情况，实现了司法公正与办案效率的有机统一。

普通程序简易化审理方式尽管成效显著，但由于缺乏明确的规范，因而各地在试点过程中也存在一定的差异。如何在程序简化的同时充分保障被告人的权利，保证办案质量；如何处理公诉人、辩护人和法官在审理此类案件中的相互关系，需要统一规范，正确处理。为了统一规范全国司法机关的诉讼活动，推动庭审方式改革不断深化，在总结改革实践经验的基础上，2003年3月14日，最高人民法院、最高人民检察院、司法部联合发布了《关于适用普通程序审理“被告人认罪案件”的若干意见（试行）》（以下简称《若干意见（试行）》），对普通程序简易审进行了初步的规范。该《若干意见（试行）》共12条，其主要内容包括以下几个方面：

一、明确了适用的案件范围

《若干意见（试行）》规定：被告人对被指控的基本犯罪事实无异议，并自愿认罪的第一审公诉案件，以及指控被告人犯数罪的案件，对被告人认罪的部分，一般适用该意见确定的简化程序进行审理。同时规定，下列案件不适用本意见审理：（1）被告人系盲、聋、哑人的；（2）可能判处死刑的；（3）外国人犯罪的；（4）有重大社会影响的；（5）被告人认罪但经审查认为可能不构成犯罪的；（6）共同犯罪案件中，有的被告人不认罪或者不同意适用本意见审理的；（7）其他不宜适用本意见审理的案件。

二、明确了适用的前提

程序的简化意味着权利的受限。普通程序简易审中，被告人回答和辩解的权利以及对控方证据进行质证的权利将有一定程度的丧失。因此，普通程序简易审的适用不能强加给被告人，必须保证被告人对适用简易化审理方式表示同意，只有被告人同意适用，才能确认其对相关诉讼权利的放弃是自主自愿的。这就是说，被告人同意，是普通程序简易审的前提。基于此，《若干意见（试行）》明确：人民法院在决定适用本意见审理案件前，应当向被告人讲明有关法律规定、认罪和适用本意见审理可能导致的法律后果，确认被告人自愿同意适用本意见审理。人民检察院认为符合适用本意见审理的案件，可以在提起公诉时书面建议人民法院适用本意见审理。对于人民检察院没有建议适用本意见审理的公诉案件，人民法院经审查认为可以适用本意见审理的，应当征求人民检察院、被告人及辩护人的意见。人民检察院、被告人及辩护人同意的，适用本意见审理。对适用本意见开庭审理的案件，合议庭应当在公诉人宣读起诉书后，询问被告人对被指控的犯罪事实及罪名的意见，核实其是否自愿认罪和同意适用本意见进行审理，是否知悉认罪可能导致的法律后果。

---

① 参见《检察日报》，2001-09-24。

三、明确了简化的内容

普通程序简易化审理的目的是要简化审理程序，提高审判的效率。为此，《若干意见（试行）》规定：对于被告人自愿认罪并同意适用本意见进行审理的，可以对具体审理方式作如下简化：（1）被告人可以不再就起诉书指控的犯罪事实进行供述。（2）公诉人、辩护人、审判人员对被告人的讯问、发问可以简化或者省略。（3）控辩双方对无异议的证据，可以仅就证据的名称及所证明的事项作出说明。合议庭经确认公诉人、被告人、辩护人无异议的，可以当庭予以认证。对于合议庭认为有必要调查核实的证据，控辩双方有异议的证据，或者控方、辩方要求出示、宣读的证据，应当出示、宣读，并进行质证。（4）控辩双方主要围绕确定罪名、量刑及其他有争议的问题进行辩论。

四、明确了其他相关的方面

除了上述对适用的案件、适用的前提、简化的内容等方面的规定外，《若干意见（试行）》还规定：对于决定适用本意见审理的案件，人民法院在开庭前可以阅卷；人民法院对自愿认罪的被告人，酌情予以从轻处罚；对适用该意见审理的案件，人民法院一般当庭宣判；适用该意见审理案件的过程中，发现有不符合该意见规定情形的，人民法院应当决定不再适用该意见审理。

普通程序简易化审理方式有针对性地解决了庭审重点不突出，庭审质量和效率不高等问题，有利于在保证公平、公正的前提下促进庭审制度的完善，其积极意义具体表现在：

第一，强化庭审功能、确保司法公正。在诉讼活动中，居中裁判的地位要求法官不偏不倚地主持引导庭审，充分发挥庭审的功能。《若干意见（试行）》进一步强调了庭审的作用，强化了法官居中裁判的地位，体现了庭审重点围绕有争议的问题进行，对没有争议的则进行简化审理的要求。对提高庭审质量，确保裁判公正无疑是十分重要的。

第二，节约司法资源、提高诉讼效率。采用简易化审理方式审理被告人认罪案件，可以有效地简化庭审环节，减少重复劳动，缩短庭审时间，提高诉讼效率。使司法机关能够集中精力和司法资源办理重大、疑难、复杂的案件，从根本上缓解办案压力。

第三，充分尊重被告人的选择权，减少诉累。在刑事诉讼中，无论采取何种审理方法和技巧，都不能剥夺或限制被告人法定的诉讼权利，也不能要求被告人放弃任何诉讼权利，这是必须把握的基本原则。《若干意见（试行）》规定人民法院应当征求被告人对适用简易化审理方式审理案件的意见，在被告人同意适用的前提下才能适用；对于控辩双方没有异议的事实和证据可以不再质证，等等。而且，当庭审中出现了不宜再适用简易化审理方式的情形时，人民法院应当决定按照普通程序重新审理。这样规定，充分保障了被告人行使诉讼权利的选择权，有利于减轻当事人的诉累。

第四，有利于促进审判人员的素质的提高。采用普通程序简易化审理方式审理案件，一般都要求当庭认证证据和当庭宣判，有利于司法公开、公正，对审判人员的业务素质也提出了更高的要求。可以说这是在近年来实行控辩式庭审方式基础上的又一次深化和完善，对实现司法公正与效率具有十分重要的意义。简化审案件一般要求当庭宣判，必然促使审判人员在庭审中提高注意力，锻炼并提高其驾驭庭审的能力、当庭认证的能力，丰富了审判经验，有利于法官的素质不断提高。

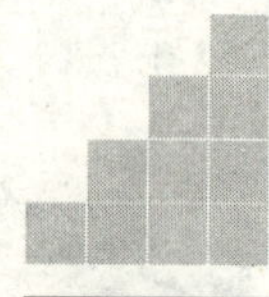

第十七章 刑事救济程序基本原理

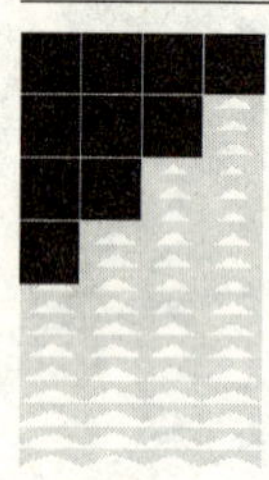

第一节 刑事救济程序的基本理念	一、刑事救济程序的概念及特征 二、刑事救济程序的理念
第二节 救济程序的理论基础	一、刑事程序的本性使然 二、程序主体的本性使然
第三节 救济程序的功能	一、防错和纠错功能 二、疏导功能 三、法律统一功能
第四节 救济程序的建构原则	一、救济程序的一般原则 二、我国救济程序的建构原则
第五节 审级制度原理	一、审级制度的功能分析 二、审级制度的建构原则 三、我国审级制度分析

第一节　刑事救济程序的基本理念

一、刑事救济程序的概念及特征

适用司法程序解决刑事案件，存在理想与现实的矛盾。这种矛盾本质上可以说是一种悖论。刑事司法所存在的这种悖论决定了刑事司法具体运作的结果，总体上必然有违刑事司法程序设定的宗旨。为了调和这种理想和现实之间的矛盾，尽可能减少刑事司法现实运作的不足，各国都在刑事审判初审程序的基础上，设立多种救济程序，以弥补刑事初审程序运作过程及其结果的不足。

就国内外学界对刑事审判程序研究的成果看，少有就刑事救济程序总体上进行研究的。由徐静村教授主编的《刑事诉讼法学》（第三版），第一次从总体上对刑事救济程序进行研究。该教材将救济程序称为再审判程序，即刑事再审判所适用的程序。按照该教材的观点，刑事再审判是指法院对已生效或未生效之刑事法律评判的被告人进行重新或者继续审理；同时，再审判程序包括上诉审程序、第三审程序乃至第四审程序及生效判决的再审。[①] 不过，该教材所下的定义，本书认为至少存在如下不足：一是只从一个案件审判的次数的角度概括这类审判程序的性质，没有反映出该类程序的法律本质。这类审判程序的意义不是审判程序展开在次数上的增加，而是为了给那些利益受国家司法权力影响的公民提供一个救济的机会。二是用“继续”这一词，也没有准确表达出一个案件已经经过初审那种独立而完整意义的审判的意蕴。据此，刑事救济程序是指司法机关对于已经适用刑事初审程序审判并已作出判决的案件，为给诉讼各方一种弥补错误的机会，依法再次对该案进行审判所适用的程序。[②] 刑事救济程序具有如下特征：

1. 程序价值目标的差异性

刑事普通审判程序的展开主要是为当事人因受犯罪行为侵害提供救济。程序价值的实体公正、程序公正和程序效益内容都受到关注。三者中如有一个内容未能够充分实现，就意味着刑事普通审判程序的程序价值目标没有完全实现。如下一些因素对上述程序价值三方面的内容的实现从总体上构成了难以跨越的障碍：人类智慧的历史性局限；人性的弱点；具体审判案件的办案人员的个人素质、专业修养；制度缺陷等。正由于这些因素的影响，刑事普通审判程序在给当事人提供救济过程中，可能给当事人带来新的损害。为此，各国专设救济程序在当事人受到国家司法权损害时给予救济。由于程序公正具体内容实现的特殊性，该类救济程序在具体给当事人提供救济的现实性方面存在差异。这可从各国设置的救济程序的特点上表现出来。有的国家放弃了积极给予实体救济的努力；有的国家将二审定位于积极的实体救济，而将三审定位于法律救济。换言之，有的救济程序强调实体公正价值的实现；有的救济程序强调程序公正价值的实现。正是从救济程序这一总体着眼观察，救济程序在实现程序价值目标方面存在差异。

2. 程序启动主体的广泛性

刑事普通审判程序的启动一般主要由控方完成。由于当代社会国家干预的增强，控方

---

① 参见徐静村主编：《刑事诉讼法学》，3版，上，307页，北京，法律出版社，2004。

② 救济程序就是给公民在利益受损失时，提供的一种挽救受损利益的渠道。损害公民利益的主体不同，挽救受损利益的难度不同。受损公民对解决问题的办法及损害主体的心态也有差别。就古今中外的救济程序设置观察，公民受到公民的行为损害时，国家设立普通的诉讼程序予以解决。公民受到国家权力损害时，一般是设置特别的救济程序。因此，这里的救济程序特指后一种。

主要是由国家检察机关充当。从这一意义上讲，刑事普通审判程序的展开主要是由国家检察机关的行为引起，公民个人起诉引起刑事普通审判程序的展开是少数情形。而刑事救济程序的启动则不限于控方，甚至不限于当事人。当事人的近亲属也可以依法启动刑事救济程序。可见，相对刑事普通审判程序启动的主体而言，刑事救济程序的启动主体具有广泛性。

3. 程序审判范围的特指性

普通审判程序的审判范围一般是限定在起诉方主张所涉及的事实及法律范围内。从起诉主张设定审判范围这一意义上讲，普通审判程序的审判范围具有特定性，即法院不能超越起诉主张审判起诉书指控的事实以外的事实。不过，我们如果对这一范围内的审判内容再进一步划分，则会发现，普通审判程序的审判范围和救济性审判程序的审判范围具有不同特点。详言之，普通审判程序的审判范围包括事实问题、实体法问题和程序法问题。而救济性审判程序的审判范围在总体上只是侧重其中的内容之一。比如，大陆法系国家的刑事二审程序一般侧重就实体问题进行救济，到了第三审才侧重救济程序问题；而英美法系国家刑事二审和三审都侧重就程序问题进行救济。我国刑事救济程序则与上诉模式存在差异，在刑事二审程序、死刑复核程序及再审程序中，既有对实体问题和程序问题同等重视的一面，但也有更为强调实体的救济的一面。即便如此，在具体的审判内容上也具有程序审判范围的特指性这一特点。

4. 程序立法特征的非系统性

为了实现立法的经济性，一般将刑事普通审判程序制定得更完善一些。在制定刑事救济程序时，一般只将不同救济程序的不同特点体现出来即可，而将那些与刑事普通审判程序相同的规范省略掉，在具体适用时参照刑事普通审判程序即可。鉴于此，从总体立法特征观察，刑事救济程序在立法上具有非系统性特征。

二、刑事救济程序的理念

（一）救济程序的目的理念

从为当事人提供救济而言，传统的救济程序只是机械地给当事人提供了一种重新审查初审程序结果——判决的机会，没有真正达到扫除当事人遭受司法权损害的目的。文艺复兴以后，特别是当代人权运动的强势影响，各国执政理念发生了深刻的变化。反映到刑事救济程序的目的理念上就是机会型审查发展为恢复型审查。

（二）救济程序的价值理念

刑事司法程序的设置初衷是为公民提供受私权侵害的一种救济。其具体手段是通过证据的运用搞清楚过去发生的犯罪事实的内容，从而通过对该犯罪事实进行法律评价达到救济受害公民的目的。由于主客观方面的原因，证据手段的运用难以绝对搞清楚过去发生的犯罪事实的内容。这一方面可能使受害的公民的利益不能得到更为全面和深入的救济；另一方面可能在救济过程中，伤害到无辜公民的利益。为了弥补由于人的智慧、人性的弱点等方面原因所造成的实现刑事司法的实体公正和程序公正的局限，各国都在普通刑事审判程序的基础上设立救济程序，以尽可能减少误差。鉴于此，从程序价值角度分析，救济程序主要追求实体公正和程序公正，对于程序效益而言总体上是难以顾及的。而刑事初审程序则不同，很多国家都在普通初审程序之外，增设刑事简易程序。从实际运作状况看，刑事简易程序在刑事普通审判程序中起着主要作用。这说明，刑事普通程序在实现程序价值三个内容方面兼顾得比较好。而在救济程序中要兼顾程序价值三方面内容的实现则更为困难，各国刑事救济程序的立法现状实际上为此提供了极好的明证。

（三）救济程序的运作理念

救济程序的运作模式主要有行政方式和诉讼方式两种。总体上看，传统上的救济程序主要采用行政方式，现代的救济程序较为重视诉讼方式的运用。具体观察，现代诉讼中的救济程序的运作方式一般基于救济内容和救济法院的层级不同而存在差异。对裁定的救济一般以行政式的运作方式为主，而对裁判的救济则以诉讼方式为主。就实施救济程序的法院之层级看，一般在初次复审中主要采用诉讼方式，而在二次复审和再审中则重要采用行政方式。

第二节 救济程序的理论基础

司法程序本来是为公民在权利受到侵害后提供救济而设计的。可在对公民进行救济过程中又常常出现救济私权的公权侵害公民合法权益的情况。换言之，司法程序在初始设计时虽然仅仅是一种救济程序，但是在运转过程中，它又会成为一种侵犯公民权益的程序。为了防止、纠正及减少司法程序的运转带来的错误，立法机关不得不在普通的司法程序之外设置救济程序。深入认识针对普通的司法程序而设置的救济程序存在的根基，无疑会提高人们遵守救济程序规律性的自觉性。

一、刑事程序的本性使然

（一）程序本质的非完善性

相对于程序要实现的目标而言，程序仅仅是一种手段。不同性质的程序对不同目标的实现无疑具有不同的作用。根据程序对预期结果的不同作用，罗尔斯将程序分为三种：即纯粹的程序、完善的程序和不完善的程序。[①] 纯粹的程序主要适用于像赌博这类没有独立判断标准的结果而言。完善的程序能够保证实现外在目标。可人类迄今为止设计的刑事程序并未能总是达到正确裁判的目标，因而可以断言刑事程序不是一种完善的程序。[②] 罗尔斯在诠释不完善的程序正义时正是以刑事程序为例的。按照他的论述，就刑事程序而言，按照

① 参见［美］约翰·罗尔斯：《正义论》，何怀宏等译，80～81页，北京，中国社会科学出版社，1988。

② 刑事程序的这种非完善性从有关错案的研究中可以得到一定的证实。详见［法］勒内·弗洛里奥：《错案》，北京，法律出版社，1984；李建明：《冤假错案》，北京，法律出版社，1991。

期望的结果，"只要被告犯有被控告的罪行，他就应当被宣判为有罪。审判程序是为探求和确定这方面的真实情况设计的，但看来不可能把法规设计得使它们总是达到正确的结果。审判的理论考察哪一些程序和证据规则预期能最好地达到与法的其他目的相一致的这一目的。我们也许可以合理地预期：一些不同的听证安排能在一些不同的情况里（虽不是一贯如此，但至少在大部分时间里），产生正确的结果。那么，一种审判就是不完善的程序正义的一例。即便法律被仔细地遵循，过程被公正恰当地引导，还是有可能达到错误的结果。一个无罪的可能被判作有罪，一个有罪的人却可能逍遥法外。在这类案件中我们看到了这样一种误判：不正义并非来自人的过错，而是因为某些情况的偶然结合挫败了法律规范的目的"①。从罗尔斯上述精彩的论述可知，刑事司法程序本质上是一种非完善的程序。这种不完善的程序的基本特征就是不能完全实现其程序目标。申言之，为刑事程序设定救济程序是由刑事程序内在的缺陷决定的。

（二）程序决策过程的规律性

有史以来，人们一直在作出各种决策。通过长期的经验积累，人们认识到，任何正确的决策的作出一般都需要经过两个阶段：决策作出阶段和决策验证阶段。正是基于这一认识，工厂为了保证产品的合格，在生产程序外，一般都设计了产品的检验程序。刑事程序中的裁判代表一个社会对某一刑事纠纷的权威性解决。这类裁判的正确性无疑是至关重要的。为了尽可能保证刑事裁判的正确性，古今中外的刑事程序的决策过程都遵循了上述决策的验证规律。由于刑事裁判决策过程的特殊复杂性，当代社会的刑事程序不仅在刑事裁判初步形成阶段强调程序的独特空间和程序的对话性，而且在刑事裁判的验证程序中更为强调程序的独特空间和程序的交涉性。验证程序中的独特空间不仅要求程序决策过程独立于社会，还要求程序决策过程与刑事裁判初步形成阶段的程序空间完全隔绝。有些学者将这一要求概括为"审级之间的阻断"原则。② 此外，在验证方式上，生活中一般问题的检验只需要检验员的简单审验即可。刑事裁判因其对象的复杂性和主体的特殊需要而在方式上有特殊要求。刑事裁判的验证要求法官不仅要进行单向个别化的自我认识，而且要通过多重主体的双向认识的相互交流完成对裁判的验证。只有通过这样的验证，刑事裁判的可靠性才能得到最大的保障。可见，救济程序的设置与刑事裁判本身的决策机制密切关联。

（三）程序使命的超越性

刑事程序的理想目标是搞清一切发生的案件事实，使处理案件的机关依据法律作出相应结论，从而能够使有罪者受到制裁，无罪者洗清冤屈。果真如此，刑事实体法律的引导和规制作用将发挥得淋漓尽致。那些基于侥幸逃脱法律制裁心理而实施犯罪行为的人会因为刑罚的现实性放弃犯罪恶念。这部分案件的防止本身就直接消除了潜在犯罪被害人的痛

---

① ［美］约翰·罗尔斯：《正义论》，何怀宏等译，81页，北京，中国社会科学出版社，1988。

② 参见周士敏：《刑事被告人的请求复审权》，载陈光中主编：《〈公民权利和政治权利国际公约〉批准与实施问题研究》，322页，北京，中国法制出版社，2002。

苦。加之，因此而节约下来的刑事司法资源无疑会增进社会的福利。刑事司法公正的彻底实现，无疑会从整体上推动社会的进步。可是，这都是一种理想，是可望而不可即的。前述罗尔斯的论述就提示我们，许多偶然的巧合，会挫败国家和社会为此而作出的艰辛和努力。当然，我们也不能因为绝对意义上的刑事司法公正难以企及就丧失信心。恰恰相反，刑事司法所创造的神话就是在人们的不懈努力下实现的。可以看出，本质上难以实现超越的刑事程序，在使命上又要尽可能超越自身的局限，以尽可能满足社会对刑事司法公正的需求。换言之，完全实现刑事司法公正本质上乃神从事的事业。但在具体的过程中，刑事司法公正又是由人来完成的。这就使得人们不得不通过神话刑事司法公正实现的过程来达到目的。不过，这种人为塑造的权威不能仅仅通过形式上的塑造完成。它需要更为厚实的基础支撑。刑事司法的神话除了形式上的塑造外，还需要相当数量的实体公正的实现来佐证和说服。在普通刑事司法程序外增设救济程序，一方面它可以保证在更宏观意义上实现实体公正，以增强这种人为权威的说服力；另一方面通过救济程序中验证普通刑事裁判所用的知识背景的通用性——大众所具有的生活常识或者专业知识，增强公众对刑事司法公正实现的内在认可度。这种集传统权威和现代权威于一体的刑事救济程序在使命意义上实现了它本质上所无法实现的超越。正是基于这样的认识，刑事救济程序的设置是刑事司法程序在使命意义上实现超越其本质意义上无法实现的超越的需要。

（四）程序对象展现的特殊性

程序的设计是着眼于多数案件处理的需要。这就意味着少数案件的事实真相会在法律所设定的普通审判程序结束后才显现出来。就这部分案件事实而言，既有的刑事司法程序、既定的司法人员素质及职业道德、诉讼手段的先进程度等都不足以暴露其真相。换言之，这类案件事实真相的发现全赖其自身的自然暴露。普通的刑事司法程序之外再设刑事救济程序也是处理该种类案件的需要。

二、程序主体的本性使然

（一）智慧限制

程序主体的外延较宽。这里主要指处理刑事案件的法官、检察官、侦查人员等。各国尽管在刑事司法人员的选拔上大都制定了相应的规则，但是各国司法人员在处理案件过程中均会受到智识限制的困扰。即使这些处理案件的程序主体是各国社会公众中的最优者，他们在处理案件过程中仍然存在如下几方面的智识限制：第一，他们对案件事实的认识难以超出一般认识规律的限制。这种认识规律反映在刑事司法程序的设计中，就是在普通审判程序之外再设救济程序。第二，他们认识案件事实所凭借的手段——常识和科学都不是绝对可靠的。这种不可靠必然波及据此获得的认识结论的可靠性。设置救济程序就是为了处理这种认识结论的不可靠性。第三，他们即使利用科学的手段——证据，严格遵循认识的规律，也难免会被各种巧合所挫败。从诉讼各方共同认可的证据出发，也可以得出合乎逻辑的错误结论。难怪弗洛里奥感叹：“公正的审判是不容易的事情。许多外界因素会欺骗那些最认真、最审慎的法官。”[①] 可见，世俗智慧难以一次性完成刑事司法的任务，通过救济程序来弥补不足是无奈但又较为现实的选择。

(二) 恶性限制

这里的恶性主要指人性恶。人性善恶之争至今虽仍未得出明确统一的结论，但是从刑事司法角度审视，采人性恶的观点理由更为充足。从事实角度观察，古今中外司法史上均曾出现过法官颠倒黑白、枉法裁判的现象。枉法裁判的法官尽管不会每个案件都这样做，但是只要有一件案件如此裁判，其对整个司法制度的影响都将是灾难性的。正如丹宁法官说：犯罪不过是污染了水流，而法官枉法裁判却是把水源给败坏了。为了在制度上解决这一难题，古往今来的司法制度都在法官之上设法官，以纠正上述现象。这种法官之上设法官的做法实质上就是在普通审判程序之外再设救济程序以之救济。从价值角度观察，正是人性恶的假设，为救济程序的设置提供了深刻的理论根据。救济程序的设置一方面对普通审判程序中的法官而言无疑是一种监督力量，时刻约束着法官身上的恶性；另一方面为普通审判程序中的法官暴露其人性中丑陋的一面时提供解决问题的渠道。这种针对人性恶而作出的制度安排为刑事司法制度整体上的正当性提供了坚实的基础。

上述两方面的内容主要着眼于救济程序的宏观角度的观察。如果仅仅局限于我国刑事救济程序，救济程序的理论基础则可以概括为实事求是。其内容主要包括两方面：其一，要求刑事司法要实现绝对公正。据此，法院的裁判应该以案件本身的真相为根据进行法律评价。任何时候发现案件事实真相都应该重新启动审判程序以纠正错误判决。其二，要遵循辩证唯物主义认识论要求。按照辩证唯物主义认识论原理，正确认识的形成，要经过感性认识到理性认识、经过否定之否定才能完成。诉讼认识也不例外。基于上述实事求是两方面要求，审判程序的设计除了应该有普通救济程序外，还需要设置特别救济程序。为了纠正错误的裁判，救济程序的启动没有次数的限制，以达到绝对的实事求是的目的。

第三节　救济程序的功能

所谓功能是指事物的整体或者部分基于自身结构属性在动态过程中所蕴涵的对外部事物发生特殊影响的属性。功能的展现既与事物的内部结构相关，也与事物的运作环境密切相联。对救济程序功能的认识既有助于我们科学的设计救济程序的内部结构，也有利于我们改善救济程序的运行环境。

一、防错和纠错功能

这里的防错和纠错功能指救济程序具有防止和纠正普通审判程序中出现的错误裁判的

① ［法］勒内・弗洛里奥：《错案》，1～2页，北京，法律出版社，1984。

属性。普通审判程序出现错误的原因前面已略有揭示，这里主要说明救济程序何以具有这样的功能。就纠错功能而言，法律方面的错误的纠正主要在于救济程序的操作者是处于上位的法院。上位法院在刑事政策的制定中居主导地位，自然能够更为准确地把握法律的精神。事实方面错误的纠正可以从如下几方面解释：辩证唯物主义认识论说明，上位法院处于认识环节中更容易发现错误的阶段，因而更容易发现普通审判程序中的错误裁判；同时，上位法院所处的优势地位决定了该法院中法官元认识能力的不同。所谓元认识是指法官本身的认识能力。由于视阈的差异，普通刑事审判程序中的法官相对于处于上位法院中的法官而言，其认识能力宏观上看自然存在差别。此外，救济程序的滞后性自然有利于案件事实真相的自然暴露。刑事司法关乎公民的生命和自由，百分之一的司法错误对公民而言都是百分之百的灾难。只要纠正一起错判，都是救济程序的制度性胜利。因此，纠错功能位列各种功能之首。除了人为枉法裁判外，司法错判对任何法官而言同样是灾难性的。有了救济程序的事后否定功能，任何普通审判程序中的法官自然会恪尽职守，减少疏忽，提高案件处理的质量。这就是救济程序所以具有防错功能的原因。

二、疏导功能

疏导功能是指救济程序在发挥说服当事人从内心接受经由普通审判程序作出的裁判的作用。我国传统文化中追求实体公正比追求程序公正更受重视。这导致了立法和司法中过于强调实体公正，以致程序公正长期受到不公正对待。这种情况反映到救济程序的功能上就出现了对救济程序疏导功能的严重忽视。实践中将那些实体部分没有错误的上诉和申诉贬斥为无理缠讼就是明证。实际上，救济程序的疏导功能对刑事裁判的权威性具有极为重要的作用。即使经过普通审判程序作出的裁判没有实体错误，救济程序仍然能够发挥如下几方面的疏导作用：第一，救济程序设置本身就说明，任何经由普通审判程序作出的裁判均能够经受任何救济程序的检验。这种制度装置本身就为那些不满经由普通审判程序作出的裁判的当事人提供了制度性的发泄渠道，避免了他们在制度外寻求问题的解决。第二，对于那些不理解经由普通审判程序作出的裁判所根据的事实和法律的当事人而言，救济程序发挥了解释性作用。第三，对于那些纯粹想验证经由普通审判程序作出的裁判的当事人而言，救济程序为他们提供了实现法定权利的机会。第四，对于那些在普通审判程序中受到不公正对待的当事人而言，救济程序为他们实现个人尊严提供了相应的机会。第五，救济程序的重新展开，裁判理由的详细论说，在某种意义上起到了安抚当事人的作用。这些作用最终都服务于最大限度实现刑事司法的程序公正，增强经由普通审判程序作出的裁判的内在说服力。因为救济程序所实现的程序公正“从心理上甚至可以让败诉方满意，并使他们乐意服从一个不利的判决。①

① 参见宋冰编：《程序、正义与现代化——外国法学家在华讲演录》，378页，北京，中国政法大学出版社，1988。

三、法律统一功能

自古以来，社会秩序的形成依赖人们行为标准的统一。行为标准不统一，人们相互之间的侵害事件会不断发生，社会的所谓秩序也就无从形成。因而即使在没有法律的原始社会，行为标准的统一都是整个社会得以为继的基础。自有法律以来，法律在确定社会公众的行为标准方面发挥了主导作用，特别是在协调影响人们重大利益的行为方面尤其发挥着决定性作用。刑事司法所调整的行为是对社会和公众有重大影响的行为。对涉讼的每一个公民的这类行为的评价是否恰当，既关乎公众的生活预期，也是被评价公民的生命和自由所系。刑事司法中适用法律的不统一，长期审视会危及社会秩序的根基，短期来看，会造成人与人之间的严重不平等现象。可见，对刑事司法过程中所涉及法律精神的意蕴的理解和把握是刑事司法活动中极为重要的内容之一。大凡进行刑事司法裁判的法官均会努力考究立法原意，以求对刑事司法所运用的评价标准的准确把握和运用。但是，由于法官个人素质、修养、偏好、思维方式、法律产生的背景、案件情况的错综复杂等主客观方面的原因，承办案件的法官在适用法律上的尺度无疑会存在或大或小的差异。救济程序的设置，在更多的情况下起到了促使法官努力把握法律精神的作用，也在少数情况下起到了纠正法律适用出现过大差异的作用。缘于此，无论是强调法官服从法律的大陆法系国家还是重视法官造法的英美法系国家都很重视救济程序的法律统一功能。

第四节　救济程序的建构原则

原则是一定思想和精神的具体化，同时也是指导具体制度建构的抽象规范。因此，明确救济程序的建构原则对建立科学的救济程序具有指导意义。

一、救济程序的一般原则

如果着眼于各国救济程序建构的共性，救济程序的建构原则可以概括为如下三个：司法权谦抑原则、控辩平衡原则、禁止不利变更原则。

（一）司法权谦抑原则

国家对犯罪的追诉拥有雄厚的物质基础和强大的暴力机器作为后盾，总体上看应该能够保证对犯罪的追诉。但由于主客观方面条件的限制，国家追诉部门虽尽力而为，也还是有漏网之鱼。缘于犯罪对社会的负面影响较大，公众对国家基于国家应负的责任而重新追诉犯罪的行为不仅给予理解、宽容，而且给予支持。认识因有功利主义提供理论支撑，长期未被质疑。到了近代西欧中世纪启蒙运动后，在人权思想的影响下，人们才开始反思国家不受限制地发动对犯罪的追诉的正当性。人们违反社会规则理应受到社会严厉的否定评价。但是，国家对社会规则的破坏者不是纯粹意义上的惩罚者，国家对受追诉的公民还有关爱的义务。国家对犯罪惩罚的目的最终是为了关爱在其管辖下的每一个公民。可见，宽容国家反复发动对公民的同一犯罪行为的追诉有违近代以来形成的国家理论的精神。国家因为自身的责任未能一次性完成对犯罪的追诉，则应该为此承担相应的责任。正是基于上述认识，各国在对待那些“漏网之鱼”的问题上，始终坚持一个原则：即司法权谦抑原则。该原则的基本含义是司法权的行使要有节制。它要求国家在追诉犯罪时应该掌握一个“度”。既不能不尽职守，惰于对犯罪的追究；也不能毫无节制地行使司法追诉权，不能反复发动对公民的追诉。从司法权本身的属性角度讲，司法权的行使如果没有一定的时间和条件方面的限制，则司法权可能从保护性手段堕落为侵害公民权益的手段。从公民角度看，作为世俗的凡人，任何人都不能保证一生中不触犯刑事法律。若公民一旦触犯刑事法律就永世不得翻身，这对公民而言是否过于残忍。在彰显人文关怀精神的今天，放纵司法追诉权的过度行使，也缺乏法律应有的时代精神。因而在救济程序建构时，多数国家都在救济制度中贯彻了司法权谦抑原则。如美国刑事初审裁判判决被告人无罪，则检察机关无权上诉；更多的国家在申诉程序中彻底坚持一事不再理原则，放弃对已经追诉过但未能将真正的罪犯绳之以法的犯罪的追诉。

（二）控辩平衡原则

控辩平衡原则是指刑事诉讼中的控辩双方保持一种大体上能够抗衡的状态，主要表现是诉讼地位的平等和诉讼权利的对等。

现代刑事诉讼将追诉犯罪的活动演变成了一种裁判方主导下的控辩双方的对抗活动。不管被告人实际上是否犯罪，只要控方的主张得到裁判方的认可，被告人就可能被定罪并获刑。考虑到诉讼实际上成了一种竞技化的作业，而且控辩双方的力量并非大体上处于平衡状态，各国都给被告人一方设定了一些特殊的保护措施。例如，被告人享有不受强迫自证其罪的特权；证明被告人有罪的责任由检察官承担；被告人享有知悉权；被告人享有法律帮助权、质证权、提出调查证据请求权等。可以看出，这些措施贯穿刑事诉讼全过程。由此也可以将控辩平衡原则视为整个刑事诉讼的原则。但是，多数教材及专著均没有在总则中的原则部分系统阐述该原则，而只是将该原则中的部分内容抽取出来单独作为一个原则进行阐述。这种结构安排虽然说明了该原则的主要内容，但没有将该原则中适用于救济程序的某些特定精神阐述出来。因此，这里有特别声明的必要。

各国立法虽然为被告人一方制定了某些积极的对抗控方的诉讼措施，但囿于被告人一方诉讼地位与控方天然存在的悬殊差距，这种立法努力在消除两者的力量差距方面仍然是未尽人意的。为减少辩方因诉讼技术原因而承担过多的诉讼风险，各国立法还从限制控方权力行使的限度和效度方面给被告人一方提供某种消极的支持。正是这种消极支持为救济程序中建立有利于被告人一方的制度提供了最深刻的理论基础。

（三）禁止不利变更原则

禁止不利变更原则是指在救济程序中，凡是诉讼程序的展开是为了被告人利益而发动的，法院不得作出比原裁判更为不利于被告人的判决。

传统上认为该原则的理论根据是保障被告人人权。其理由在于：被告人一方在刑事诉讼中处于弱势地位，仅仅依靠立法为被告人一方所设定的积极性防御措施，被告人一方仍然难以抵抗强大的公诉人的进攻。这种局面容易导致被告人一方因现代诉讼活动的竞技化倾向而获罪。为防止这种不公正事件的发生，各国都在不同程度上坚持了救济程序中的禁止不利变更原则，以保障被告人的合法权益。现在看来，该原则的理论根据除了上述内容外，还应该包括维护司法权威的需要。司法权威一是来自于判决的正确性，一是来自于判决的确定性。禁止不利变更原则首先通过减少被告人一方上诉或者申诉顾虑，促使当事人行使上诉权或者申诉权，从而达到通过救济程序作用的发挥、总体上保障司法裁判的正确性的目的。毕竟，刑事司法活动与被告人的利益关系最为密切。启动复审程序或者生效裁判的救济程序的最大动力来自被告人一方。消除被告人一方在启动救济程序上的心理障碍，对救济程序的启动具有重要意义。对此，德国学者表示了如下相同的看法："禁止不利变更原则的目的在于，使得被告消除其可能在下一审级中被处以更严厉的刑罚的恐惧。"[①] 同时，禁止不利变更原则通过维护裁判的稳定性，达到人为树立裁判威信的目的。不过，禁止不利变更原则又是通过复审程序的上诉不加刑原则和生效裁判救济程序中的禁止双重危险或者一事不再理原则实现的，因而有些国家的学者将上诉不加刑原则也称为禁止不利变更原则。

二、我国救济程序的建构原则

(一) 有错必纠原则

有错必纠原则是指刑事法律程序以实现不枉不纵为目的，凡是经由普通审判程序作出的裁判存在实体或者重大程序错误的，均应该在救济程序中得到更正或者弥补的立法精神。

该原则的理论基础是辩证唯物主义认识论。正是在这一认识论的指导下，认为世界是可知的，因而在刑事司法中完全可以实现不枉不纵的理想目标。该原则植根于重实体轻程序的传统司法文化的土壤中，得到了官方的认可和民间的拥护，在司法实践中得到了较好的贯彻。其诉讼立法上的表现就是上诉不加刑原则实施不彻底，再审程序中一事不再理原则的缺失。

(二) 公正和效率兼顾原则

公正和效率兼顾原则是指刑事程序在实现公正价值的同时，也要考虑效率价值的要求。这一思想在普通审判程序中是通过设置不同性质的程序来实现的，而在救济程序中则是通过分解案件的审判任务来实现的。本来公正是司法的永恒主题，普通审判程序中的不足更应该通过救济程序来弥补。但是，囿于司法资源的匮乏，立法机关在设计救济程序时不得不坚持公正和效率兼顾原则，赋予原审法院以再审判的权力。只有当一个案件经由原审判法院的审判仍然达不到救济目的后才将案件转移到更高审级的法院审判。这实际上是一种低效率的做法。原审法院自己纠正自己的错误虽然不是不可能，但心理学的研究表明，在

---

① ［德］克劳思·罗科信：《德国刑事诉讼法》，吴丽琪译，567页，北京，法律出版社，2003。

原审法院初次难以实现公正的情况下，再寄望它自身纠正错误以实现公正是十分困难的。加之社会不良风气和队伍素质的影响，不少案件都是在原审法院难以完成申诉案件的再审判任务后，再由上级法院承担救济任务的。司法实践中的情况本身就证明了公正和效率兼顾原则在救济程序未能得到很好地贯彻。

第五节　审级制度原理

所谓审级制度是指“法律规定的审判机关在组织体系上设置的等级，当事人可以上诉或检察机关可以抗诉几次，一个案件经过多少级法院审判后，判决、裁定即发生法律效力的一种诉讼法律制度。”[①] 对审级制度的研究一般是放在上诉审程序中考察。实际上，审级制度不仅是上诉程序的载体，而且还是生效裁判再审判程序的载体。准确说来，审级制度是救济程序的载体，无论是上诉程序还是申诉程序都以审级制度为其存在的制度基础。因此，审级制度原理属于救济程序基本原理中十分重要的组成部分。

救济程序的基础理论主要是从思想性角度为救济程序的存在提供了解释，而审级制度原理主要是从制度建构的规律性角度为救济程序的设置提供物质性基石。这里主要介绍有关审级制度构建的技术性问题。

一、审级制度的功能分析

（一）司法统一功能

无论是制定法传统的大陆法系国家还是判例法传统的英美法系国家，其法律精神在立法上应该是一致的。不过静态的法律精神要在动态的运用中保持它的一致性却并非容易。为此各国通过金字塔式的审判权的等级划分，建立各具特色的审级制度实现司法统一。

（二）权威塑造功能

司法权的威信根本上不在于它的暴力而在于它的内在说服力。审级制度通过司法权行使方式上的等级式划分，从内容和形式上增强了司法权的内在说服力。从内容方面，它通过司法权的等级式形式，延缓了作出生效裁判的时间，使最后的生效裁判更有利于实现实体公正。从形式方面，它通过司法权的等级式形式，增加了当事人发表看法的机会，增多了当事人的合理意见被裁判吸纳的可能性，使裁判建立在更多人参与发表意见的民主性的基础上。这些形式本身也增加了司法裁判的权威性。

（三）权利救济功能

证据裁判原则说明司法裁判本质上是建立在对既有证据的解释的基础上。这种解释的可靠性又依赖于人们对生活常识和科学认识所达成的共识。同时，当事人的实体和程序权利的实现都依赖司法权的正确行使。审级制度通过司法权行使方式上的等级式划分，一方

---

① 程荣斌、邓云：《审级制度研究》，载《湖南省政法管理干部学院学报》，第17卷第5期。

面为当事人因司法机关错误解释证据造成实体权利的损害而提供补救的机会；另一方面为司法机关侵害当事人的程序权利而提供抚慰的机会。总之，为当事人权利免受司法权的侵害提供了保障措施。

（四）权力制衡功能

不受制约的权力必然走向腐败，这是万古不变的规律。司法权本质上是一种国家权力，无疑具有同样的性质。司法权在一定意义上可以说是社会公正之源。因而对司法权的制约不仅需要横向控制，而且还需要纵向控制。由于司法权的特殊性，这种纵向控制不能像行政权的纵向控制那样采用单纯的命令式进行。审级制度正是通过上下独立的决策方式，实现了司法权所需要的纵向权力制衡功能。

（五）层级定位功能

一个国家或者社会欲通过审判权的行使达到权威性解决社会纠纷的目的，通常会通过审级制度的设置从宏观上实现这一目标。审级制度一方面通过合理确定不同层级的法院在解决初审案件方面的职责，以达到一次性最大限度公正解决刑事案件的目的，如一般将大量的初审案件交给基层法院审判，而将更复杂一些的案件交给上级法院审判；另一方面通过上级法院对下级法院裁判可能存在的错误的纠正，达到从整体上实现公正解决刑事案件的目的。对审级制度传统功能的这一认识，反映了人们对程序的不完善及人性的不可靠的双重无奈。认识到这一点固然必要，但也要警惕这一认识所带来的负面影响。审级制度的层级定位功能有两点预设：其一，上级法院的法官的水平和人性都比下级法院法官的水平和人性更可靠；其二，认识规律决定司法裁判经过复审更能够保证裁判的正确和公正。由于前一预设没有充足的理由，导致后一预设不能说就当然成立。美国学者庞德的话语表达了上述怀疑的合理性。他说："虽然有了这些查核的规定和对不存在合理怀疑的证据的要求，但是数量惊人的对无罪者的千真万确的判决仍然存在。"① 这里无意推翻审级制度的层级定位功能，而是欲努力防止这一功能所带来的审级心理的负面影响。其基本思路就是努力提高初审程序在解决刑事案件方面的公信力和权威性，使纠纷尽可能在初审程序中解决，这样可以尽量避免当事人乃至社会将案件的公正解决均寄望于救济程序，使得救济程序真正成为社会的无奈选择。②

二、审级制度的建构原则

（一）有效追求公正原则

公正是司法的生命，因而是司法的永恒主题。审级制度的建立就是要尽可能避免或者减少司法过程中的误差，从整体上实现司法公正的最大化。然而司法公正的实现又有赖于司法资源的支撑。传统以来，即使最富有的国家投入到司法中的资源都是既定的因而是有

① 参见转引自陈卫东主编：《刑事诉讼法》，370页，北京，中国人民大学出版社，2004。

② 在德国学者和社会都过于崇拜上诉审程序的救济功能也同样存在。参见张卫平主编：《民事程序法研究》，10页，北京，中国法制出版社，2004。

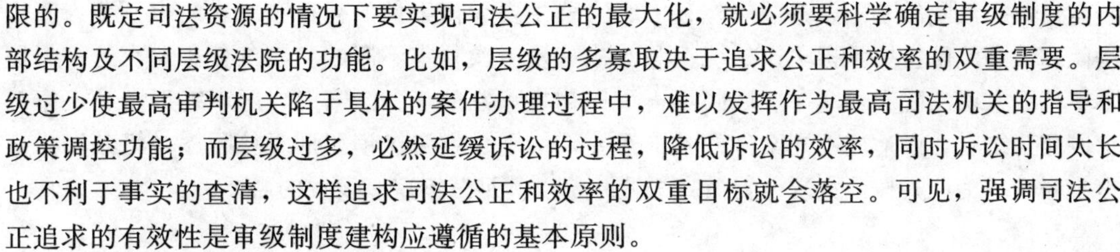

限的。既定司法资源的情况下要实现司法公正的最大化，就必须要科学确定审级制度的内部结构及不同层级法院的功能。比如，层级的多寡取决于追求公正和效率的双重需要。层级过少使最高审判机关陷于具体的案件办理过程中，难以发挥作为最高司法机关的指导和政策调控功能；而层级过多，必然延缓诉讼的过程，降低诉讼的效率，同时诉讼时间太长也不利于事实的查清，这样追求司法公正和效率的双重目标就会落空。可见，强调司法公正追求的有效性是审级制度建构应遵循的基本原则。

（二）适应诉讼规律原则

诉讼认识本身是在各种条件制约下的具有相当变数的认识，而司法的内在权威性又来自所谓正确的确定性认识。因此，审级制度要有效地追求司法公正，既需要根据案件的复杂难易程度的差异设定不同的层级制度，满足实现实体公正和程序公正的需要，又要避免审级心理带来的副作用，避免既定的审级制度在运作过程中出现膨胀现象。

（三）适应诉讼环境原则

怎样的审级制度才能完成司法权的使命，不是纯粹的抽象分析就可以得出科学结论的。一个国家或者社会对司法权的观念的内涵不同，其经济承载能力不同，对审级制度的设定必然产生不可忽视的影响。因此，在建立审级制度的时候，遵循适应诉讼环境原则是一个很重要的原则。建立审级制度时，应该将该国的政治制度、司法观念、经济能力等诉讼环境因素考虑进去。

（四）审级独立原则

审级制度正是通过上下审级的独立运作来利用不同审级法官的独立判断进而形成的多重主体认识，以保障诉讼公正的实现。如果上下审级不能相互保持一种独立关系，则审级制度所建构的多重主体认识就自然变成了单一主体的认识。显然，具有狭隘性的个人认识难以形成获得大众认可的权威性认识。可见，审级独立原则维系着审级制度的生命。

三、我国审级制度分析

（一）我国审级制度的现状

我国立法者将我国刑事审级制度设定为以死刑复核和再审程序为补充的四级两审终审制。按照设定审级制度的初衷，这种设计应该能够满足实现实体公正和程序公正的需要。然而二十余年的实践表明，我国现行审级制度存在如下缺陷：第一，上下审级不独立，使审级制度的作用受到极大限制；第二，二审法院难以担负起终审法院所应当承担的树立司法权威和统一司法的大任；第三，死刑复核程序的立法宗旨未能实现；第四，再审程序演变为普通的二次复审程序；第五，各层级法院的功能定位不科学；第六，程序外寻求救济的现象大量存在。

（二）我国审级制度改革的理论探讨

针对实践中我国审级制度的弊端，理论界提出了如下主张：第一，维持现行的四个审级法院建构模式不变，但是法院辖区与行政区划分离，避免法院的行政化倾向。第二，重新定位各级法院的功能，基层法院和中级法院主要承担案件的初审和一次复审任务，高级法院和最高法院主要承担法律的统一和对初审及一次复审不服的救济的任务。在这一思路下，高级人民法院和最高人民法院不再承担初审审判的任务。第三，两审终审制和三审终审制相互结合，以适应不同案件的救济需要，特别是主张撤销死刑复核程序，将其纳入三审程序中。为此，按照大区设置最高法院分院以满足三审审级设置的需要。

第十八章

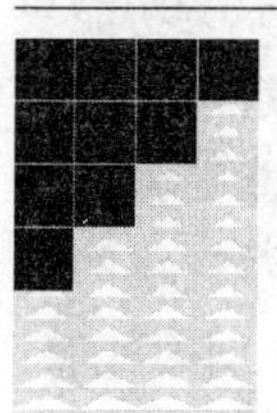

普通救济程序

受制于有限的诉讼资源，各国除了设置简易程序外，都尽力将其他刑事案件控制在初审解决，将问题解决在基层。不少国家实行上诉审查制就是这种思路的证明。但是，无论初审程序在实现实体公正和程序公正方面如何努力，始终有部分刑事案件无法完全在初审解决。这样设置复审程序解决部分已经经过初审审判仍然需要复审的案件的问题就成了司法活动中的十分自然的事情。而复审程序的层级又会因为案件事实的复杂性及国情的差异而各显特色。一般而言，复审程序设置一至二层为限，少数国家也设有第三层。这里仅就一次复审和二次复审为例进行说明。

第一节　二审程序

一、二审程序概述

所谓二审程序是指初审法院的上一级法院，根据享有启动程序的诉讼主体的审判请求，审判初审法院作出的未生效的裁判或者其他决定的程序。这里的其他决定主要指影响当事人权利的程序性决定，主要是那些司法对侦查和起诉阶段有权进行程序控制的国家的法院作出的。我国的审判机关对纯粹发生在侦查和起诉阶段的程序事项没有确定意义的裁决权，因此立法也就没有设定针对这类决定由上一级法院进行救济的程序。由于历史传统、法律理念、司法制度等方面的原因，不同的国家对二审程序的功能定位存在差异。大体说来，基于诉讼的竞技化认识和偏向程序公正的追求，英美法系国家将初审功能定位于实现实体公正，而将上诉审的功能定位于程序公正和司法统一，因而其二审程序的吸纳不满功能更为得到强调，救济功能则未受重视；而基于侧重追求实体公正之缘由，大陆法系国家将初审和二审的功能均定位于实体公正和程序公正，因而其二审程序的吸纳不满功能和救济功能都得到强调。基于上述，关于二审程序的性质有复审说和事后审查说。需要对初审的事实和证据进行全面审理的二审程序可以称之为复审性的二审程序，这以前联邦德国为代表；而只从法律角度进行审理的则称为事后审查性的二审程序，这以英国为代表。我国的二审程序与大陆法系国家关于二审程序的功能定位更为接近，但在程序公正上与这些国家强调二审程序应该具有更多吸纳不满的功能存在差距。

二、二审程序的启动

（一）二审程序的启动原则

1. 上诉法定原则

该原则是指二审程序的启动应该遵循由法定主体根据法律规定的启动条件、启动方式和启动程序予以实施的精神。上诉法定原则对立法设计刑事二审程序的启动具有指导意义，为人们解释或者理解二审程序开启的性质具有基础性的指导作用。该原则的理论基础在于保护涉讼公民的合法权益，减少司法权行使的任意性。上诉是公民的一种诉讼权利，只要法律没有明令禁止，就可依照当事人自己的意愿行使，而司法权作为国家权力的一种，基于权力的扩张性，司法权的行使只有严格在法律划定的范围内行使才具有合法性。换言之，立法如果不明确二审程序的启动条件、启动方式和启动程序，则当事人应该享有的二审程序的启动权就可能落空。依据这样的逻辑，那种认为上诉法定原则的理论基础在于实现国家权力与公民权利相对均衡的观点就值得商榷。①

上诉法定原则要求司法机关必须按照法律规定的条件和程序行使司法权，这就有效防止了司法权的滥用。同时，当事人也不能在权利的行使上存在过多的随意性，否则其诉讼权利难以得到切实的保障。二审程序启动后，对于当事人在二审程序中的诉讼权利自有作为一级程序的完整性可以起到保障作用。而这其中最为困难的是程序的启动。换言之，当事人的程序启动权——上诉权容易因为有一审的全面审理被忽视因而受到司法权的打压。这里将上诉法定原则限制在程序启动范围内，意在强调当事人的上诉权是保障当事人在二审程序中的权利的重点和难点。

2. 上诉自由原则

西人有法谚曰："无救济即无权利"。这说明，公民的权利受到犯罪行为侵害后尽管国

① 参见徐静村主编：《刑事诉讼法学》（上），313页，北京，法律出版社，1999。

家已经设计了司法程序为其提供救济，但是这种救济因为程序和人性的双重原因还不能保障完全能够落到实处，于是对司法权可能造成的侵害提供救济就成了涉讼公民的一项十分自然的权利。这一权利的天然正当性不仅有古今中外的法律规定可资证明（如法国，传统上禁止就重罪案件的判决行使上诉权，但最近的司法改革还是打破了这一传统上的禁令），还可以从当代具有法律意义的国际性法律文件将上诉权行使的自由度确定为衡量一个国家司法是否满足最低限度公正标准的尺度得到印证。该原则的理论基础是从制度性权威的角度为树立司法权威提供技术支撑。[①] 立法者虽然从宏观的层面设计了审级制度以从整体上保障司法的公正，但是它并不希望每一个案件均经过法定的所有审级，而是希望初审就能够实现大部分案件的实体公正和程序公正。鉴于案件是否得到公正处理，最有发言权的是当事人，特别是裁判于其利益不利的一方当事人，如果当事人在初审裁判宣告后自动放弃了上诉，这虽然不排除初审有不公正之处，但只要当事人不是被迫放弃，就说明公正目标已经基本实现。允许当事人享有自由行使上诉权的权利，在当事人放弃这一权利的情况下，二审程序被弃用一方面说明一审程序已然实现了公正，另一方面二审程序的存在也表明立法机关为司法公正的实现而设计的制度具有可信度。

（二）二审程序的启动理由

鉴于二审程序主要承担救济功能和发泄不满功能，为落实上诉自由的精神，各国对涉讼公民的上诉理由均无十分严格的限制。但因检察官主要负客观义务，不能像涉讼公民那样可以随便发泄不满，部分国家对于检察官的上诉理由进行了一定的限制，要求检察官必须在其认为初审裁判存在实体公正或者程序公正方面的瑕疵的情况下才能启动二审程序。我国就如此，对当事人（除公诉案件被害人外）上诉理由没有特殊要求，只要当事人（除公诉案件被害人外）在宣告裁判后的法定期间内声明对初审裁判不服即可，而对检察官的抗诉则提出了严格的要求。

（三）二审程序的启动主体

二审程序的启动主体是指享有启动二审程序的公民或者机关。启动二审程序主要是为了纠正一审错误的裁判或者为了发泄不满，因而只有那些利益受到一审裁判影响的公民或者基于诉讼职能的要求而对一审裁判有特殊关注义务的机关才有此动力。基于此，各国主要赋予如下公民或者机关以二审程序的启动权：被告人、自诉人、附带民事诉讼的原告人和被告人及他们的法定代理人、检察机关。这些主体的上诉权是独立的。至于辩护人的上诉权则有不同模式：一种是规定经过被告人的同意，如我国；一种是规定不能违背被告人的明示意思，如德国；再一种是在某些情况下直接赋予辩护人上诉权，如意大利、日本。被害人的上诉权自从公诉制度建立后就受到严重的打压，目前只有少数国家明确规定。随

---

① 有学者将该原则的理论基础归为便捷、高效。这样理解可能推导出限制当事人的上诉理由的逻辑结论。而各国对当事人的上诉理由一般没有特别限制（特别是大陆法系国家），如果从制度性权威的角度为树立司法权威提供技术支撑来解释上诉自由，则更为合理，而便捷、高效则只是上诉自由带来的作用或者效果（参见徐静村主编：《刑事诉讼法学》（上），313 页，北京，法律出版社，1999）。

着国际范围内对被害人权利保障的加强，一些国家开始赋予被害人通过检察机关上诉的权利，如意大利和我国。但是，这种通过检察机关启动二审程序的方式也不能称为被害人的上诉权。在国内对于是否赋予被害人上诉权意见还不统一，主要有三种观点：第一种是完全否定。其理由主要认为公诉人已经代表了被害人利益，赋予被害人上诉权不仅在检察官不抗诉的情况下会改变案件的性质，使控辩双方的力量失去平衡，还会因为被害人发泄不满从而造成上诉案件的激增，既增加上诉法院的负担，也影响上诉不加刑原则的有效性。第二种是完全肯定。其理由主要是基于平等保护当事人利益的需要，检察官不仅在物质利益上不能完全代表被害人，而且在精神利益上则无法代替被害人，在加强被害人利益保护的国际环境下，赋予被害人上诉权符合世界潮流。第三种观点主张在赋予被害人上诉权的同时，给予一定的限制。有的主张只有在检察官不抗诉的情况下被害人才能行使，有的主张应该要求被害人上诉具有一定的理由。我们认为第三种观点更合理。理由在于：其一，无论是从救济角度还是从发泄不满角度，都不应该否定被害人的利益，不应该轻视二审程序由被害人启动的必要性。其二，被害人拥有上诉权虽然加强了控方的力量，但是这种加强是有限的。在赋予被害人上诉权的同时设定相应的限制条件就可起到平衡作用，避免被害人行使上诉权造成对上诉不加刑原则的冲击。其三，发泄不满是二审程序所承担的主要功能之一，因此不能强行限制二审程序的启动，二审程序启动频率的降低应该通过当事人认可初审裁判来实现。其四，案件性质由初审案件的性质决定。在上诉审中，没有抗诉一方，也不能影响案件的性质。考虑到被告人囿于条件限制不能很好地维护自己的利益，我国立法还赋予被告人的近亲属以相对上诉权。详言之，被告人的近亲属上诉，应该得到被告人的同意。

对于我国法律赋予被告人的辩护人和近亲属经过被告人同意可以上诉的规定，在适用时应注意两点：一是被告人是未成年人时，该规定不适用；二是这两种身份的人上诉只能针对刑事部分，民事部分贯彻当事人意思自治原则，完全由当事人自己决定。

(四) 二审程序的启动程序

二审程序的启动程序包括二审程序的启动方式、对二审程序启动请求的受理、二审程序启动请求的期限。

1. 二审程序的启动方式

为了保障当事人的权利，同时也为了体现诉讼的严肃性，各国一般都要求当事人用书面的方式向法院表达上诉的意愿。不过为了便于当事人表达上诉意愿，也为了体现上诉自由的精神，不少国家的法律也同时规定，当事人如因书写困难时，也可以口头表达上诉意愿。检察机关作为国家机关不应该存在难于用书面表达的情况，也就不存在口头表达问题。

就上诉途径而言，总体上存在三种模式：一是直接向二审法院提出，如意大利；二是向原审法院提出，如法国；三是兼采这两种模式的做法，如，英国、印度等。我国属于最后这一类。不过要求检察机关的抗诉只能通过原审法院提出，与此相联系的是案卷的移送。总体上虽然存在通过原审法院及通过检察机关或者检察官移送这两种方式，但多数国家还是采用前者。

2. 对二审程序启动请求的受理

启动二审程序的请求提出后，一般还会经过形式的审查方能够被二审法院受理。这种任务一般是交由原审法院完成，如德国、奥地利等。我国的规定也如此。按照我国刑事诉讼法的规定，当事人即使直接向二审法院提出上诉，原审法院也要在收到二审法院交来上诉书后进行审查。因上一级检察院要参加二审的审判活动，检察机关提出抗诉的，应该在向第一审法院递交抗诉书时，将该文书抄送上一级检察院，该上级检察院经过审查，如果认为不必抗诉的，可以向同级法院撤回抗诉，并通知下一级检察院。当然，有的国家为了从实质上控制二审程序的启动，要求当事人的上诉必须事前获得法院的同意，如英国。

鉴于上诉自由原则的精神，一般允许当事人提出上诉后又撤回。这一撤回行为如是在上诉期内，则法院不会干预；如是在上诉期后撤回，则上诉法院会经过审查再决定是否同意撤回。一般说来，法院对检察机关撤回上诉或者抗诉干预较少，而对当事人撤回上诉则干预较多。

3. 二审程序启动请求的期限

各国一般都基于诉讼效率和维护当事人合法权益考虑确定二审程序启动请求的期限。一个国家的国情不同，对上述两要素的具体要求也不同。有的国家规定的时间较长，如英国 1 个月；而有的国家则规定较短，如法国只有 10 天。我国法律规定的上诉期，对判决不服是 10 天，对裁定不服是 5 天。就计算方法而言，有两种：一是从裁判宣告之日起算，如日本；一是从裁判文书送达之日起算，如意大利。我国采用后者。

三、二审程序的审判

(一) 二审程序的审判原则

1. 审查原则

审查原则是指确定二审法院审判案件范围的指导精神。总揽各国二审程序中的审查原则可以归为两类：一是有限审查原则，一是全面审查原则。前者是基于诉讼程序的安定性和诉讼效率的考虑而确定的，后者则是根据“实事求是、有错必纠”的思想确定的。比较而言，前者较为符合诉讼内在规律的要求，因而为大多数国家所采纳，后者与诉讼规律存在某种程度的紧张关系，因而只有苏联和我国采用。

我国采用的全面审查原则，其内在逻辑就要求既然是全面审查，固然就需要同时处理。根据法律的这一要求，我国二审法院在审判过程中，不仅要对一审裁判涉及的事实和法律问题、实体和程序问题、已上诉部分和未上诉部分、已抗诉的部分和未抗诉的部分、刑事部分和民事部分、有利于被告人的部分和不利于被告人的部分进行审查，而且还要在审查后进行相应的处理。

2. 上诉不加刑原则

作为禁止不利变更原则在二审程序中的体现，上诉不加刑原则是各国普通救济程序中通用的一项原则。大陆法系的德国和法国采用较早，英美法系的英美采用较晚，只不过各国根据自己的不同情况在具体内容的规定上存在差别。《法国刑事诉讼法》就只规定向上诉法院上诉才受上诉不加刑原则的限制，而对缺席判决声明不服则不受上诉不加刑原则的约束。同时，法律未就最高法院受理的非常上诉是否应受该原则的限制作出规定，只是该国法院的判例将上诉不加刑原则的效力扩及这类上诉。德国法律没有采用上诉不加刑原则这一称谓，而仍然称禁止不利变更原则。德国的禁止不利变更原则适用的案件范围是为被告人利益而提起的救济程序的案件，适用的程序包括二审程序和三审程序。这里限制变更的只是刑罚，不包括罪责。英美诉讼法理论上没有明确禁止不利变更这一概念，但法律上体现了这一原则的精神。在英国的刑事救济程序中，不禁止不利变更基于案件性质和程序的不同而存在差别。在简易罪的上诉案件中，法官的量刑不受该原则限制；而在可诉罪的上诉案件中，在就法律问题向上议院上诉的案件中则受该原则的约束。在美国，通过 north carolina v. peaarce 一案确立了禁止上诉法院法官对成功上诉的被告人判处比原裁判更重刑罚的原则。[①] 总体说来，以这四国为代表的两大法系的国家虽然在具体的程序设置上存在差别，但都在救济程序中贯彻了保护弱势的被告人一方的精神。表面上看，英美两国在二审程序中没有形成较为系统的上诉不加刑规定，但是鉴于其严格控制控诉一方上诉的程序设计，被告人在救济程序中的利益得到了有效维护。

我国的上诉不加刑原则是指二审法院审判只有被告人一方上诉的案件，不得加重被告人刑罚的一项法律规范。理解该规范着重抓住三个问题：(1) 该规范只适用于第二审程序。(2) 该规范只适用于被告人一方上诉的案件，对自诉人上诉和检察机关抗诉的案件则不适用。根据《高法解释》第 257 条规定，共同犯罪案件中，只有部分被告人上诉的，二审法院也不得加重其他未提出上诉的同案被告人的刑罚。同时，检察机关只对部分被告人提出抗诉的共同犯罪案件，二审法院也不得加重未被抗诉的同案被告人的刑罚。(3) 该规范中的"不加刑"指如下六个方面的含义：第一，不得变更为更重的刑种；第二，不得在同刑种中增加刑罚的数量；第三，不得变更刑罚的执行方法，如不得将缓刑改为实刑；第四，数罪并罚的情况下，不得变更决定执行的刑罚，也不得在决定执行刑罚不变的情况下改变其中某些个别罪行的刑罚；第五，不得在主刑之外增加附加刑；第六，在一审量刑畸轻的情况下也不得加重刑罚。根据司法解释，对于这最后两种情况，如果必须改判，应当在二审裁判生效后，按照审判监督程序改判。此外，如果只是罪名不当，可以在不加重刑罚的情况下，改变罪名。

学界对于上诉不加刑原则适用中的改变罪名、通过改变管辖加刑、控方为被告人利益上诉或者抗诉能否加刑等问题进行了探讨，意见尚不统一。我们认为，如果能够认识到该原则是禁止不利变更原则在二审程序的体现，则更为容易得出统一认识。

---

① 参见［美］爱伦·豪切斯泰勒·斯黛丽、南希·弗兰克：《美国刑事法院诉讼程序》，陈卫东、徐美君译，610 页，北京，中国人民大学出版社，2002。

3. 开庭审理原则

开庭审理是指法官主持下诉讼各方到场参与的一种审判方法。这是与法官只阅读案件的卷宗材料便作出裁判的审判方法相对应的一种。而开庭审理原则则是指二审法院审判案件，一般采用法官主持到场的各方进行的一项调整开庭方式的规范性精神。基于二审承载的救济功能和发泄不满功能的充分考虑，具有代表性的一些国家大都采用开庭审判方式，如日本、德国、法国、俄罗斯等就如此。美国在刑事二审的审判方式上虽然采用书面审判方式，但是，有 1/3 至 2/3 的案件采取口头辩论方式。①

二审程序中贯彻开庭原则，其理论基础主要是实现诉讼的公正价值。在三审终审制下采用开庭方式符合三审制中不同等级审级的功能定位要求，在两审终审制下，两审的设计本身就考虑了诉讼效率的要求，因而在这样的二审程序中追求公正价值就自然具有正当性。对于这一点，我国的立法部门、司法部门和学界的认识都还存在不足，常常在二审审判方式问题上不自觉地坚持效率双重优先的做法。这里的“双重”指一重是立法；一重是司法。我国的诉讼实践说明，名义上的公正优先，实质上的效率优先是违背诉讼规律的。其结果使我国的刑事二审程序的实际作用被大打折扣。因而明确开庭审判原则是调整二审审判方式的重要原则对于建立科学的二审制度具有基础性意义。

开庭审理原则至少具有如下积极意义：

(1) 能够促进二审程序功能的实现。

救济程序诸多的功能中，需要二审程序实现的最主要的功能是救济功能和吸纳不满功能。这两种功能的实现都需要二审法院在当事人各方的参加下才能更好地完成。当事人参与审判的过程能够向法官更加详细和清楚地展示初审裁判在事实和法律两方面存在的不足，从而更深刻地影响裁判的内容。口头表达方式较书面表达方式更能够影响法官的认识，这已为司法实践所证明。美国联邦最高法院大法官威廉·J·布伦南曾写道：口头争论是上诉辩护绝对必要的组成，我对案件的全部认识经常在口头争论时明确。即使我在口头争论前已阅读过辩护状，也会发生这种情况；确实，这是现在所有最高法院成员的体验，我对案件如何发生的想法经常被口头争论改变，口头争论是大法官和律师之间苏格拉底式的对话。②口头方式所以比书面方式优越，部分原因不仅是表达的内容丰富程度不同，而且表达的感染力也完全不同。这不仅是当事人方面影响法院的程度不同的原因，也是法官通过诉讼空间影响当事人对公正的看法不同的原因。换言之，二审程序在实现发泄不满功能方面会由于二审程序展开的方式不同而有很大差异。可见，开庭审理原则在二审程序功能实现方面能够发挥极大的促进作用。

(2) 能够从整体上增强司法的权威。

二审程序中实行开庭审理原则能够从静态和动态意义上增强司法的权威。司法的形成主要包括两方面：一是司法权公正行使的整体形象；二是司法权公正行使在个案中的体现。

---

①② 参见［美］爱伦·豪切斯泰勒·斯黛丽、南希·弗兰克：《美国刑事法院诉讼程序》，陈卫东、徐美君译，607 页，北京，中国人民大学出版社，2002。

司法权公正行使的整体形象又主要来源于司法专横的空间的最小化。二审程序中实行开庭审理原则能够从静态意义上极大地压缩司法专横的空间。因为公开是制约权力的最有效武器，大凡腐败都发生在暗箱操作中。边沁曾经说过，在审判程序完全保密时，法官将是既懒惰又专横，更没有公开性，其他一切制约都无能为力。和公开性相比，其他各种制约都是小巫见大巫。[①] 司法权公正行使在个案中的体现则主要通过两条途径：一是规则的公正适用；一是充分展示个案裁判结论所依赖的信息背景，使公众对个案公正获得感性的认识。首先，二审程序中实行开庭审理原则能够以动态的方式保障规则的公正适用。公众对规则的理解尽管可能出现千差万别的个性化认识，但是现代法治的基本精神能够保证公众获得对规则的大致一致的认识。公正的规则如果被不当适用，则法治社会中的公众自然会将自己的意见表达出来，从而形成一种强大的力量。这种力量一旦形成，个案的非公正便很难维持。所以贝勒斯说："如果公正的规则没有得到公正地适用，那么公众的压力常能纠正这种非正义。"[②] 其次，二审程序中实行开庭审理原则能够以动态的方式充分展示个案裁判结论所依赖的信息背景，使公众对个案公正获得感性的认识。现代社会权威的树立不是仅仅依靠国家暴力的压制，更根本的是依赖于理性的交涉，司法权威的树立尤其如此。在这种理性交涉中，信息的充分性和信息的感受性相对较为关键。信息不充分，双方无法交流。同样，司法权与公众之间的交流也主要依赖于信息的充分性。没有足够的信息，公众无法理解司法权运作的结果。而书面审理方式不仅不能全方位提供信息，而且还无法让当事人更充分地理解。更糟糕的是当事人无法面对法官倾诉自己的"不幸"，也就无法充分发泄自己的不满。显然，这种审理方式难以达到理想的交涉效果。此外，理性交涉还涉及人们对信息的信任度。"耳听为虚，眼见为实"说明公众常常更为信任自己亲眼目睹的事实信息。这种常识用在司法上就验证了英国的一句古老法律格言："正义不仅要实现，而且还要亲眼目睹它的实现"。可以想象，当事人如果能够通过充分的理性交涉，获得对裁判过程及结果的充分理解，无疑能够增进对裁判的接纳程度，从而促进司法的权威。

（二）二审程序的审判方式

正是基于开庭审理原则是二审程序中的一项普遍原则，两大法系具有代表性的国家的刑事二审程序都采用开庭审理的方式审判二审案件。美国虽是其中的例外，但它并没有采用单纯阅读书面材料就完成二审的审理过程，而是在相当部分案件中采用口头辩论方式处理案件，由双方委托的职业律师当面向上诉法官陈述意见。对这一规律我国立法机关应当说已经有相当的认识。因此，在立法时除明确抗诉案件采用开庭方式外，还对上诉案件规定，"应当组成合议庭，开庭审理"。不过，我国立法机关也没有能够彻底地坚持二审审理方式的规律性要求。其理由如下：

其一，二审审理方式本质上是反映二审程序的性质及其功能实现的要求。前述上诉自由原则已经道出了二审审理方式确定的基础是保障当事人的权利而非重在保障二审司法权

---

① 参见转引自王名扬：《美国行政法》，433页，北京，中国法制出版社，1995。

② Michael d bayles，procedure justice，by kluwer publishing company，1990，p. 42.

的实现。而我国立法上的文字表述却是优先考虑抗诉权的实现。这种以二审程序启动主体所代表的利益为界限区分二审开庭审理方式适用的范围的做法是违背诉讼规律的。

其二，我国立法机关对于二审程序的开庭审理方式采取总体上肯定具体否定的做法。二审案件包括抗诉案件和上诉案件。法律虽然规定抗诉案件一律开庭审理，但是在具体的二审案件的比例中，抗诉案件实际上只占其中的一少部分，大部分是上诉案件。就上诉案件而言，法律虽然规定"应当组成合议庭，开庭审理"。但是，它随后的规定又从思维逻辑和操作步骤上给予了否定。我国《刑事诉讼法》第187条规定："合议庭经过阅卷，讯问被告人、听取其他当事人、辩护人、诉讼代理人的意见，对事实清楚的，可以不开庭审理。"该内容从实证的角度足以否定"应当组成合议庭，开庭审理"的内容。很明显，从办案步骤上，二审法官是先了解事实再作出相关的决定。而法官一旦对事实有了总体认识后，很难再执行"应当组成合议庭，开庭审理"的规定。再者，从我国及外国二审裁判来看，从事实角度否定一审裁判也是少数。可见，"对事实清楚的，可以不开庭审理"这一规定就意味着二审开庭审理从一般性变成了特殊性。最后，"事实清楚"这一概念本身就是模糊不清的。这种立法表述容易给法官留下过大的空间。在实务过于强调诉讼效率的情况下，法官自由裁量的倾向就会自动地倒向效率一边，从而使二审审理方式从原则上的开庭审理方式实际上转变为原则上的不开庭审理方式。

（三）二审程序的审判内容和范围

二审程序的审判内容基于二审程序的模式不同而不同。而二审程序的救济模式又因为一审程序的正当程序保障程度的不同和是否偏重追求事实真相区别为事实及法律救济模式或者单纯的法律救济模式。在强调正当程序和不偏重追求真相的国家，基于诉讼资源和事实认定模式考虑，对那些经过陪审团认定事实的案件，二审程序就不再对"认定事实"给予救济，如美国；而在偏重追求真相的国家，二审程序不仅对正当程序保障程度不够的一审程序进行事实救济，而且对正当程序保障程度很充分的一审程序也进行事实救济，如日本、德国、法国、俄罗斯。当然，这主要指两审终审制下的二审程序或者三审终审制度下作为中间程序的二审程序。三审终审制下作为终审程序的二审程序的审判内容呈现出与上述不同的特点。我国不仅因为一审程序的正当性不够，而且整个诉讼还偏重追求事实真相，也就确立了对事实及法律均给予救济的二审程序模式。

二审程序的审判范围问题主要涉及二审程序的审判是否受上诉主张限制。该问题与二审程序实行的审查原则密切相关。实行全面审查原则的国家，二审程序的审判范围不受上诉主张限制。其理在于追求案件的真相及维护被指控人的合法权益。实行有限审查原则的国家，二审程序的审判范围就受上诉主张限制。其理在于不告不理原则、既判力原则、禁止不利变更原则对二审程序的要求，我国台湾地区就是如此。我国大陆因为实行全面审查原则，二审程序的审判范围就不受上诉主张限制。作为上述原则的例外，各国对于共同犯罪的案件，只有部分被告人上诉的情况下，一般仍然要求二审法院对整个案件进行审查。这是由共同犯罪案件各被告人之间行为的关联性决定的。

(四) 二审程序的裁判

按照内容划分，有实体和程序裁判；按照一审裁判是否受到肯定划分，有维持裁判及撤销裁判。

从内容角度看，二审程序的裁判如果涉及具体内容不同，则二审程序裁判在理由阐述上所表现出的详略程度不同或者在裁判的方式上可能有所不同。但从影响当事人的利益角度看，后一类划分则更有意义，故分别叙述如下：

1. 维持型裁判

从实体上看，国际通行的做法是：维持型裁判一般是建立在初审裁判的结论总体上不会出现严重侵害当事人利益的基础上的。有的国家对维持型裁判作出的理由有科学的规定，有的则不然。前者如美国，它规定了无害过错原则，即初审裁判虽然在事实认定、法律适用、处理程序方面存在瑕疵，但这些错误不会在根本上动摇初审裁判结论的正确性因而维持初审裁判的原则。后者如我国，法律虽然规定维持型裁判应该建立在初审裁判在事实认定、法律适用、处理程序等方面均正确的基础上，但实践证明，维持型裁判有时也有必要在不改变初审结论而在部分改变初审理由的情况下作出。而从程序上看，维持型裁判一般是基于两种原因作出的：一是上诉存在程序瑕疵，致使上诉没有发生相应效力；二是初审程序存在的错误不足以导致初审裁判失效。

2. 撤销型裁判

根据处理的类别不同，撤销型裁判可分为撤销改判型裁判和撤销发回型裁判。不过，总的看来，撤销型裁判的共同之处在于：初审裁判在事实认定、法律适用或者处理程序等方面存在的错误已经影响到该裁判结论的稳定性。

撤销发回型裁判的理由既有实体方面也有程序方面。基于初审裁判程序违法而发回的裁判主要是为了维护程序公正。承担重审任务的法院主要是原审法院及与原审法院同级的其他法院。基于初审裁判实体不当而发回的裁判主要是追求事实真相。从诉讼原理看，这类发回的裁判应当受到无罪推定所派生的罪疑从无精神限制，即发回次数应受到严格限制。

第二节　三审程序

一、国外三审程序概述

所谓三审程序是指审判不服第二审法院作出的裁判而提出上诉或者抗诉的案件所采用的方式、方法的总称。实施第三审程序的法院由于级别较高、管辖辐射面广，因而决定了第三审程序在功能、管辖案件范围等方面与第二审程序存在差别。

(一) 第三审程序之功能

诉讼案件的处理主要涉及两方面：事实的认定和法律的适用。从具有代表性的国家的法律看，对事实认定所提供的程序保障一般依赖于一审程序的正当性及建构具有复审性质的二审程序。而对法律适用的保障则是依赖于高级别的法院所提供的审判来保障。从这些具有代表性的国家的法律看，不是所有的国家的法律均只限于提供法律救济，如俄罗斯、日本就允许在第三审程序中审理事实问题。但是，总体上看，第三审程序的功能主要还是为了实现法律统一。这一是由于事实问题一般认为有距离事实发生地较近的基层法院和第二审法院把握较符合诉讼认识规律，二是基层法院的视阈不如高级法院甚至最高法院的视阈宽阔，在适用法律上不如高级别法院更有统一法律的条件。

（二）第三审程序之性质

普通救济程序的性质一般主要有复审型和事后审查型。受第三审程序功能的限制，第三审程序一般不会就第二审案件进行全面的审理。因此，第三审程序不具有复审性质而只具有事后审查性质。

（三）第三审程序之启动

在一定意义上讲，诉讼救济的充分性是支撑诉讼渠道解决案件具有公正性的基础。第三审程序自身的特点决定，第三审程序不可能对所有案件低条件开放。否则，实施该程序的法院将不堪重负。但是，对于第三审程序的启动的限制过于严格，又可能损及诉讼的公正性。总体上看，具有代表性的国家采取了启动的法定性和裁量性结合的方法。

（四）第三审程序之范围

从具有代表性的国家的法律看，多数国家刑事诉讼法中第三审程序都只限于审判法律问题。如：英国 1968 年刑事上诉法第 33 条及 1981 年最高法院法第 18 条都规定，向上议院上诉必须是具有普遍重要意义的法律问题。而在美国申请联邦最高法院调卷审查，只限于与联邦宪法、法院或判例有关的法律问题。在日本，向最高法院提出上告，也主要是违反宪法及联邦最高法院的判例的问题。在德国，州高等法院及联邦最高法院也只是审查原判在法律适用方面是否存在上诉理由所述的问题。在法国，向最高法院提出的非常上诉也主要是审查原判是否违反了刑事实体法和刑事程序法而不就事实问题进行审理。

（五）第三审程序之审判方式

在法国，从法律看，法国最高法院审判应该采用开庭形式。但是，从司法实务看，法国最高法院审判主要是采用书面形式，只有在极少的情况下采用了言词辩论的形式。在德国，第三审上诉法院对实体问题的审理，除了上诉审合议庭一致认为对被告人有利的上诉理由成立，也可以直接裁定撤销原判，无须对案件进行实体审理。而在其他情况下，对案件会进行开庭审理。被告人能够到庭的都可以参加法庭的审理，但如果被告人不能到庭的，可以由辩护人到庭为其利益服务。在英国，上议院审理上诉案件，通常由 5 名常设上诉议员在大法官主持下进行，审理时不阅卷，只听取双方律师的口头辩论。在美国，联邦最高法院一般采用书面审查和言词辩论相结合的形式进行审判。在日本，对属于第三审程序的上告审也都是采用开庭方式进行审理。只是不需要被告人到庭，由检察官和律师担任的辩护人出庭。可以看出，除了法国外，对第三审程序的审判方式，一般仍然开庭进行，只是比较二审程序的开庭方式稍简单。

二、我国三审程序的构建

(一) 我国三审程序的功能定位

1. 具体个案的救济功能

作为普通救济程序的第三审程序，其对个案的具体救济功能无疑是建构该程序时所应考虑的。这主要是基于如下考虑：其一，是进一步发现事实的需要。诉讼手段解决刑事纠纷的权威性来自于该种手段解决纠纷的有效性。而在我国特定司法传统影响下的公民对于这里“有效性”的理解偏重于案件事实的澄清。案件事实暴露呈现渐进性特点。这一规律性表明，诉讼活动需要一个递进性的事实发现程序机制，才能适应发现案件事实的需要。发现事实需要尽管不是国际社会建立第三审程序的主要考虑，但是却体现了中国的特点。其二，是弥补两审终审制不足的需要。现行的两审终审制不能解决诉讼中一些应该解决的问题，使得当事人频繁发动审判监督程序来达到救济目的。三审终审制明显拓宽了诉讼的空间，增强了解决诉讼的能力，可以最大限度地解决两审终审制下不能解决的一些应该解决又能够解决的问题。其三，是提高司法公信力的需要。当下的申诉、上访问题有部分是因为司法渠道该解决、能解决而没有解决的问题引发的。设立三审终审制是为了更尽可能地提高司法解决纠纷的能力，避免司法问题社会化。其四，是进一步吸纳诉讼不满的需要。吸纳诉讼不满是个案救济的重要方面。在整个社会处于转型期背景下，两审终审制下的诉讼程序在这方面的功能受到了相当的影响。因此，第三审程序的设置需要在这方面发挥更多的作用。

2. 法律统一功能

立法的引导功能是通过法律的平等适用实现的。法律如果不能平等适用既会损害对当事人合法权益的维护也会危及法律本身的权威。而法律权威受到影响势必威胁人们的法律信仰。法律信仰是法治社会运转的基础，法律信仰受到影响就会对当今社会的治理模式的效果产生负面作用。足见法律统一适用的极端重要性。两审终审下，承担终审任务的最低审级是中级人民法院。显然，该层级法院难以完成统一法律适用的任务。三审终审制下的终审法院最低一级法院都是高级人民法院。这就有利于诉讼程序所承担的法律统一功能的实现。

(二) 我国三审程序的建构模式

学界对三审程序的建构模式进行了探讨，但尚未取得一致意见。总体分析可以归纳为三种意见：一是对所有刑事案件均提供第三审救济；二是只对量刑在 15 年以上有期、无期或者死刑案件，二审改变一审无罪判决的案件及二审程序严重违法的案件提供第三审救济；三是只对死刑案件提供第三审救济。笔者认为第一种最理想，但难以付诸实施；第二种划分太绝对，灵活性不够，难以适应程序救济需要；第三种范围太窄，既不符合普通救济程序的性质要求，也有过于重视实体问题之嫌。而建立裁量上诉和权利上诉相结合的第三审程序模式可以在很大程度上避免上述诸种观点的局限。具体可以将 10 年以上有期徒刑、无期徒刑或者死刑案件，二审改变一审无罪判决的案件以及某些程序性违法案件纳入第三审的权利性上诉范围，而将其他的刑事案件和程序性问题均纳入裁量性上诉的范围。在策略上可以将死刑案件的第三审上诉先行一步，待经过5年左右的准备阶段完成后，再落实全部到位的问题。这主要基于以下考虑：一是有利于实现三审程序的法律统一功能和个案救济功能。这两个功能的实现有赖于三审程序审查案件范围尽可能覆盖所有的刑事案件。这一主张的范围很宽，有利于各高级人民法院和最高人民法院在全国范围内最大限度实现上述功能。因有裁量上诉这一缓冲制度，各高级人民法院和最高人民法院能够承担这么宽范围的案件的审查任务。二是有利于为当事人提供平等充分的司法保护，增强司法渠道解决纠纷的能力。将所有的案件均纳入第三审上诉审查的范围，无疑就为所有的当事人提供了寻求救济的渠道。有些案件虽然可能在上诉过程中被驳回，但第三审上诉法院对于上诉的批准也必须事先经过审查。因此，即使上诉未获批准也经过了较二审程序更多的程序审查，对当事人而言仍然具有积极意义。

（三）裁量性上诉模式的建构

1. 裁量性上诉审程序的案件范围

从定罪角度看，错误定性所涉及的案件属于罪行较轻的案件；从刑罚角度看，这类案件属于10年以下的有期徒刑、拘役、管制或者附加剥夺政治权利的案件；从内容性质看，这类案件属于一般违反程序法规定的案件。

2. 裁量性上诉审程序的启动方式

经过裁量性上诉审程序启动阶段的审查，有些案件可能不会进入第三审程序。因此，对第三审上诉的审查应当经过两级人民法院的程序审查方显得慎重。详言之，这类案件中的检察官或者当事人对二审法院的裁判不服，首先应当向第二审法院提出抗诉书或者上诉状，该二审法院同意的，可以直接引起第三审程序的启动。如果该二审法院驳回抗诉或者上诉的，该二审法院同意应当在5日内将案件的抗诉书或者上诉书送达第三审法院，第三审法院如果仍然驳回抗诉或者上诉的，该抗诉或者上诉则不能引起第三审程序的启动。

3. 裁量性上诉审程序的启动理由

裁量性上诉审程序以法律审为原则，以事实审为例外。因此，除了涉及二审裁判的定罪可能被撤销或者有期徒刑可能该为拘役或者管制或者独立附加剥夺政治权利等情况涉及事实外，一般应该仅仅限制为法律方面的理由。例如：定性不准、量刑失当、程序违法。

4. 裁量性上诉审程序的审判方式

为了在总体上实现公正和效率价值，对裁量性上诉审程序采用书面审查和开庭审判相结合的审判方式。对涉及事实问题的上诉采用开庭方式进行，而且原则上可以仅仅是辩护人参加。对仅仅涉及法律问题的上诉则采用书面审查方式进行。

5. 裁量性上诉审程序的裁判方式

（1）二审裁判事实不清或者证据不足的，尽量在三审查清后改判，确属无法查清的案件，应该贯彻无罪推定原则的精神，宣告无罪。即使发回重新审判，也应该严格限制发回的次数。

(2) 二审裁判适用法律正确，量刑适当的，裁定驳回上诉或者抗诉，维持原判。

(3) 二审裁判适用法律错误或者量刑不当的，撤销原判予以改判。适用法律错误主要指定性不准或者法律引用等不正确。量刑不当则指在法定幅度范围内量刑明显不公或者明显偏颇。对于这类法律错误则用判决改判。

(4) 二审裁判程序违法的，如果导致了诉讼相对较重的不公，则应该撤销原判，将案件发回与原审同级同性质的法院重新审判。

(四) 权利性上诉模式的建构

1. 权利性上诉审程序的案件范围

从定罪角度看，这类案件属于罪行较重的案件以及无罪被判有罪的案件；从刑罚角度看，这类案件属于10年以上的有期徒刑、无期徒刑或者死刑的案件；从内容性质看，这类案件属于严重违反程序法规定的案件。

2. 权利性上诉审程序的启动方式

所谓权利性上诉是指对于不服二审法院的裁判向第三审人民法院提出上诉是当事人的权利而非国家的权力。这就意味着：一是国家司法机关不能随意限制或者剥夺当事人的第三审上诉权；二是司法机关应当尽可能为当事人提供便利；三是检察机关不能享有优越于当事人的上诉权。由于死刑案件的特殊性，在检察机关不抗诉的情况下，如果死刑案件的被告人对二审裁判不上诉，则被告人的辩护人有义务提出上诉，以使死刑案件获得第三审程序的审查。

3. 权利性上诉审程序的启动理由

权利性上诉审程序既可以审查法律问题，也可以审查事实问题。这主要基于如下考虑：一是我国初审和二审程序的正当性不够，历史证明这一因素在相当程度上影响了司法机关对案件事实的认定。尤其是重罪案件因其社会影响大，这些案件的诉讼程序更容易受到非诉讼因素的影响。二是案件事实暴露的渐进性表明，如果禁止第三审对事实问题进行审查，有违诉讼的规律性。外国虽然限制对事实问题进行审查，但是其法律所指的法律问题的有些内容是我国诉讼实务中所指向的事实问题。三是我国死刑案件的审判实践表明，最高法院在事实审查方面仍然要承担大量繁重的任务。正是最高法院对事实问题的审查，发现了死刑案件由于事实方面出现差错而出现的误判并因此取得了防止进一步发生错案的良好效果。

4. 权利性上诉审程序的审判方式

为了在总体上实现公正和效率价值，对权利性上诉审程序采用书面审查、简单开庭方式和复杂开庭方式相结合的审判方式。对二审判处无期徒刑以下的案件，如果控辩双方均没有对事实问题提出异议，则可以采用书面审查的方式进行。对控辩双方均没有对事实问题提出异议的死刑案件，则可以采用简单开庭方式进行，即法官在控方检察官和辩护人在场的情况下，以言词方式对案件进行审查。而对控辩双方或者一方对事实问题提出异议的死刑案件，则可以采用复杂开庭方式进行，即法官在控方检察官和辩护人、被告人在场的情况下，全面调查二审法院认定的事实，以言词方式对案件进行审查。当然，从策略上考虑，分阶段实施较为稳妥。

5. 权利性上诉审程序的裁判方式

(1) 二审裁判事实不清或者证据不足的，尽量在三审查清后改判，确属无法查清的案件，应该贯彻无罪推定原则的精神，宣告无罪。即使发回重新审判，也应该严格限制发回的次数。

(2) 二审裁判适用法律正确，量刑适当的（包括确属应该判处死刑立即执行的死刑案件），裁定驳回上诉或者抗诉，维持原判。

(3) 对于原判在事实认定、定性及法律程序方面均没有错误，但是并不是必须判处死刑立即执行的案件，改判为死刑缓期二年执行。

(4) 二审裁判适用法律错误或者量刑不当的，撤销原判予以改判。适用法律错误主要指定性不准或者法律引用等不正确。量刑不当则指在法定幅度范围内量刑明显不公或者明显偏颇。对于这类法律错误则用判决改判。

(5) 二审裁判存在严重的程序违法，则应该撤销原判，将案件发回与原审同级同性质的法院重新审判。

第十九章 特别救济程序

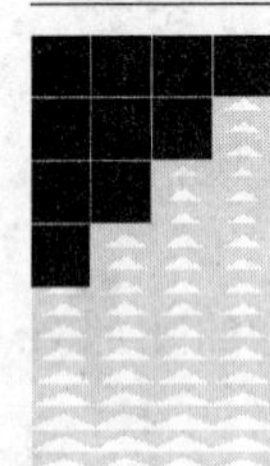

第一节 死刑复核程序

一、死刑复核程序的性质

死刑复核程序的性质涉及两个问题：即死刑复核程序是否是必经程序及死刑复核程序是否是司法程序。

对于死刑复核程序是否是必经程序存在肯定论与否定论两种认识。肯定论基于认识论和死刑复核程序的统一性及保障死刑案件质量的需要，肯定死刑复核程序是一切死刑案件的必经程序；而否定论基于核准权的归属及法院上下级之间的监督关系认为，对于最高人民法院初审和终审判处的死刑立即执行和死刑缓期二年执行案件及各高级人民法院初审判处死刑缓期二年执行生效的案件和终审判处的死刑缓期二年执行案件，或因不存在监督的上级法院，或因核准权的分配没有监督的必要，法律将它们排除在核准的范围之外。可以看出，从立法上分析，某些死刑案件可以不经过死刑复核程序。而就诉讼原理论，案件事实的暴露规律、司法人员认识的可错性等决定，所有死刑案件都必须经过死刑复核程序才能于保证死刑案件的质量。

对于死刑复核程序是否是司法程序也存在肯定论与否定论两种认识。否定论认为：从死刑复核程序的启动、运作来看，它不具有司法程序应该具有的一些特性。如死刑复核程序的启动不是基于控辩双方或者其中一方的行为引起、死刑复核程序的运作没有控辩双方参加、死刑复核程序的运作没有公开性、死刑复核程序的运作没有期限限制等。肯定论认为：死刑复核程序是一种审判机关用来解决案件实体问题和程序问题的审判程序。既然是审判程序就应该属于司法程序。从定罪必须经过司法程序这一现代法理看，从应然角度分析死刑复核程序的性质，其结论是没有争议的。而上述观点均从实然角度分析，各持一端，表面看，似乎难分高下。但是如我们从死刑复核程序实施的组织形式、裁判方式等看就能够得出关于定性的认识。死刑复核程序尽管从定量角度看缺乏司法程序的很多重要因素，特别是涉及权利救济的一些重要因素，但仍然具有司法程序的本质。死刑复核程序不具有司法性的很多要素，只能说明该程序的正当性有欠缺。但是，否定论从定量方面认识死刑复核程序有意义。这有利于死刑复核程序的完善。

二、死刑核准权的归属

第十届全国人大常委会 2006 年 10 月 31 日通过了《关于修改〈中华人民共和国人民法院组织法〉的决定》，并明确自 2007 年 1 月 1 日起施行。该决定将《人民法院组织法》第 13 条修改为："死刑除依法由最高人民法院判决的以外，应当报请最高人民法院核准。" 2007 年 1 月 1 日前，最高人民法院依照修改前的《人民法院组织法》第 13 条的规定授权各高级人民法院对部分死刑案件进行核准。实际上，大部分死刑案件的核准权是由各高级人民法院行使。鉴于我国死刑案件的核准权在当时条件下的实际状况较为混乱，因此，产生了死刑核准权的归属问题。为使死刑核准权得到高度重视，这里有必要在回顾死刑核准权演变基础上强调死刑核准权归属最高人民法院掌握的理由。

死刑复核权在新中国成立初期基于巩固政权的需要，1954 年的《人民法院组织法》将死刑案件的核准权赋予高级人民法院和最高人民法院。最高人民法院对各高级人民法院终审判处的死刑案件进行复核；高级人民法院对中级人民法院终审判处的死刑案件及当事人未上诉的基层人民法院和中级人民法院的判处的死刑案件进行复核。1957 年 7 月 15 日，第一届全国人民代表大会第四次会议决议：将死刑案件的核准权全部授予最高人民法院。1958 年 5 月 29 日，最高人民法院将死刑缓期二年执行的案件的核准权交给各高级人民法院行使。1979 年《刑事诉讼法》提高死刑案件初审管辖法院的级别，同时维持 1958 年时期死刑立即执行和死刑缓期二年执行的核准权状况。1980 年因为社会治安状况恶化，最先由全国人大常委会授权各高级人民法院行使部分死刑立即执行案件的核准权，其后全国人大常委会修改人民法院组织法，授权最高人民法院在必要的时候将部分死刑立即执行案件的核准权委托各高级人民法院行使。这种状况一直延续到 1996 年。《刑事诉讼法》和《刑法》先后于 1996 年和 1997 年修改。这两部法律仍然将死刑立即案件的核准权赋予最高人民法院。但是，最高人民法院 1997 年仍然按照 1983 年修改的《人民法院组织法》的规定，授权各高级人民法院行使部分死刑立即执行案件的核准权。这一授权不仅造成死刑复核程序的立法宗旨部分落空，而且破坏了协调新旧法律关系的规则。这种做法虽然有观点支持，但与学界绝大多数的意见相左。所以，认为死刑核准权应该归属于最高人民法院，其理由主要在于：一是新法优于旧法的原则决定了最高人民法院 1997 年的授权缺乏法律根据；二是这种做法造成了程序混乱，使相当部分死刑立即执行的案件未经复核即被交付执行；三是不利于防止错杀，因为对死刑案件防患于未然比事后救济更有意义；四是误导对刑罚效果的认识，因为刑罚的效果在于它的不可避免性而非其及时性；五是与国际社会限制甚至废除死刑的趋势相悖。

三、死刑复核程序中的报请程序问题

该问题主要涉及共同犯罪和一被告犯数罪的报请程序问题。就共同犯罪的报请程序存在两种认识：一种持分案报送观，认为共同犯罪中未被判处死刑的被告人的案件材料没有必要报送。理由在于：死刑复核程序的对象是死刑犯，全案报送会增加最高人民法院的负担。另一种持全案报送观，基于执行时间上的分歧又分为全案报送分别处理和全案报送，审结后一并执行两种主张。全面报送的理由在于案件事实的相互联系性决定，共同犯罪的事实需要在全面把握的基础上更有利于对事实的审查。基于死刑和非死刑判决经过不同的程序才能发生法律效力，前一主张虽然是全案报送，但应该分别处理。而基于死刑复核程序与二审程序应该适用同样的审查原则及案件的整体性，后一主张要全案报送，审结后一并执行。从节约资源和提高效率看，后一主张颇有道理。但是，这一主张付诸实施难免损及同案中未被判处死刑的被告人的利益。特别是处罚很轻的被告人，长期处于诉讼中无法从事有利于自己的其他事务。这一问题实质是涉及这些被告人的公正待遇问题。诉讼公正高于诉讼效率已形成了社会的共识。鉴于此，采用前一主张更具有合理性。但是，对在外地服刑的被告人而言，其实际送交执行时间可延缓至死刑复核程序结束。

就一被告犯数罪的报请程序问题而言，同样存在不同看法。有的学者基于减轻最高人民法院的工作量及报请最高人民法院没有实际意义（因为一被告人完全可能因为其所犯的高级人民法院有权核准的死刑犯罪而被处决）认为应该分案报送，即属于高级人民法院核准的罪行不必向最高人民法院报送。向最高人民法院报送的罪行均是只能由最高人民法院核准的死刑犯罪。而有的学者则从案件事实的整体性和法律执行的统一性角度认为，一被告犯数罪的情况下，应该全案向最高人民法院报送。无论从保证案件质量，还是基于废除死刑的国际趋势需要采用程序限制死刑的策略看，全案报送的主张都值得肯定。

四、完善死刑复核程序的若干探讨

（一）死刑复核程序的启动

程序的启动表面看是形式问题，但是它关涉死刑复核程序的性质、被告人的诉讼地位是否进一步恶化等问题。因此，它是死刑复核程序中首要解决的问题。我国现行的死刑复核程序是由法院主动开启。为了禁止因为法院主动开启而给被告人带来加刑的不利后果，最高人民法院、最高人民检察院、公安部、国家安全部、司法部、全国人大常委会法制工作委员会于1998年1月19日发布的《关于刑事诉讼法实施中若干问题的规定》第47条规定："高级人民法院核准死刑缓期二年执行的案件，应当作出核准或者不核准的决定，不能加重被告人的刑罚。"此外，《高法解释》第278条第3款规定："高级人民法院核准死刑缓期二年执行的案件，不得以提高审级等方式加重被告人的刑罚。"最高法院的这一解释虽然禁止提审以外的方式加刑，但毕竟没有将"发回重新审判"这一方式单列出来，从而造成了对被告人的潜在威胁。换言之，这包含着法院在复核后认为判处死刑缓期二年执行仍然过轻了，可以通过发回原审法院重新审判的方式加刑。鉴于我国死刑复核程序的这一弊端，我国死刑复核程序的启动方式宜改为"由控辩双方或者其中一方申请复核的做法，如果被告人一方不主动申请复核，则检察机关应该主动申请"。其理由主要有：第一，现行的法院主动启动方式不利于维护被告人的利益及维持诉讼的平衡结构。对于被告人被判处死刑缓期二年执行的案件而言，采用法院主动启动方式，存在加重被告人处罚的危险。一审处刑如果确实过轻，也应该由检察机关提出申请的方式由上一级法院在复核中加刑。法院主动启动复核程序后加刑，则与其中立性不符。第二，法院主动启动方式容易导致法院在检察机关为被告人的利益而提出意见的情况下仍然加重被告人的刑罚。这可从目前二审法院在贯彻上诉不加刑原则方面的不当做法得到证实。第三，完全采用被告人自愿申请的方式，虽然符合司法的被动性，但不利于死刑的准确适用和死刑的控制适用。目前反对法院主动启动死刑复核程序的理由主要是"不符合司法的被动性"[①]。该种观点的主张者之一虽然以死刑案件二审程序启动的强制性弥补死刑复核程序申请的自愿性带来的风险，但笔者认为这仍然是十分危险的。[②] 首先，我国的二审程序目前甚至在一定的时期内难以满足程序正当性的要求。即使我国刑事诉讼中的第二审程序能够在审判方式、上诉不加刑方面予以完善，其他方面的缺陷也难以在相当的历史时期内有实质性的改变。其次，我国的初审程序正当性较差，建立在这样的初审基础之上的二审审判，也难以保证死刑案件的质量。再次，以筛选案件达到减轻最高人民法院的工作压力为理由采用死刑复核程序启动方式的申请自愿性，容易误导人们的价值观念。在案件涉及生命权的时候，工作压力、经济成本都应该让步，毕竟效率价值低于公正价值。最后，死刑的现实正当性很大程度上建立在救济途径的穷尽性上。基于死刑误判难免的认识，国家不仅要充分利用现有的救济途径以通过救济的充分性在一定程度上弥补死刑正当性之不足，而且要创造更多的救济途径，以为死刑的适用提供进一步的根据。完全实行以被告人自愿申请的方式显然与此思路不符，因而笔者认为应该以公诉方申请作为补充。

---

① 樊崇义主编：《刑事诉讼法实施问题与对策研究》，582页，北京，中国人民公安大学出版社，2001；陈瑞华：《刑事诉讼的前沿问题》，468页，北京，中国人民大学出版社，2000。

② 参见樊崇义主编：《刑事诉讼法实施问题与对策研究》，585页，北京，中国人民公安大学出版社，2001。

律师在被告人一方自愿申请复核的情况下可以接受被告人一方的委托介入到死刑复核程序中来。被告人一方如果不愿申请复核，则在检察机关申请复核后，律师也可以接受被告人一方的委托介入到死刑复核程序中来。如果被告人没有委托律师，法院应该为他提供承担法律援助义务的律师为其提供援助。律师在诉讼中有权按照法律的规定享有阅卷、调查、参加开庭等诉讼活动，有权得到反映复核结果的裁判文书。

检察机关应该参与死刑复核程序。理由主要有：首先，一个案件没有审结就表明检察机关控诉犯罪的任务没有完成。因此，死刑复核程序尽管只是一个特别程序，只要它对一、二审裁判有否定的可能性，就不能说检察机关的公诉任务已经完成。其次，作为法律监督机关，检察机关对法律的统一执行负有监督职责，因而参与死刑复核程序是该机关的性质所决定的。既有的经验或者教训表明，检察机关如果不参与到具体的死刑复核程序的各环节中去，就难以对死刑复核程序的各环节进行有效监督。已经暴露出来的对死刑案件的错判说明检察机关在死刑复核阶段的监督没有到位。由此可见，一个案件即使到了复核阶段，也不能说明检察机关的任务只是揭露犯罪。检察机关在死刑复核阶段的表现才是对其双重身份的考验。

（二）死刑复核程序的审判范围

对于死刑复核程序，法院审理的范围应该如何确定，目前意见不统一。代表性的观点主要有：一种观点认为，只审理法律问题，不审理事实问题①；一种观点认为，审理法律问题为原则，审理事实问题为例外。② 这种观点也可以表述为："在当事人或者检察机关的上诉或者抗诉的请求范围内进行审理。"③ 这两种观点基于诉讼效率和不同审级建构的原理不同提出如上死刑复核程序审理范围的主张，虽然有相当的理由，但是笔者认为尚不充分。死刑由于极端严厉，公众对剥夺生命所造成的不可挽回性格外重视。就死刑案件而言，程序的任务就在于尽力将这种错误降到最低点。就我国刑事诉讼程序的整体特点看，避免死刑误判的努力还远远不够。第一，我国的审判程序在整体上对侦查阶段获得的证据材料的审查难以满足诉讼实际的需要。换言之，我国法院对侦查阶段获得的证据材料的独立性评价不够。其明显的表现就是：即使侦查中存在违法取证的情况，法院也很难将这些材料从定案根据中排除。这就增大了死刑案件误判的可能性。第二，我国第二审程序的正当性不够，致使某些本可以在复审程序中发现的错误，轻易通过了二审法院的审查。如二审调查讯问式的审判方式的盛行，不仅使当事人难以有效地发表辩护意见，而且特别重要的证人也不能到庭作证。这种违背诉讼规律的做法，大大降低了死刑案件审判程序的正当性。经过这样的二审程序审判后的死刑案件存在错误的可能性相当大，死刑复核程序如果限制复核法院的审判范围，实质上就会减少避免误判发生的重要环节。第三，国外最高司法机关

---

① 参见陈瑞华：《刑事诉讼的前沿问题》，476页，北京，中国人民大学出版社，2000。

② 参见陈卫东、刘计划：《死刑案件实行三审终审制改造的构想》，2页，湖南湘潭"死刑的正当程序学术研讨会"交流论文，2004-05-29。

③ 樊崇义主编：《刑事诉讼法实施问题与对策研究》，585页，北京，中国人民公安大学出版社，2001。

即使对死刑案件提供救济也会限制审判的范围，是由于这些国家整体的法治环境较好。这些国家死刑案件的刑事诉讼程序的构建更严密，司法机构对侦查中的非法证据评价的独立性更强。因此，将我国死刑案件复核程序中的审判范围简单与国外最高司法机关对死刑案件提供救济的审判范围作对比是不科学的。第四，除了个案处理的准确性需要外，给死刑"判处死刑"也需要程序作出实际的贡献。审判范围的扩大，意味着死刑是在更为全面的考察基础上适用的。随着时间的推移，这种建立在全面考察基础上适用死刑的可能性将越来越小。这种程序对死刑适用的影响有利于减少尽量不适用死刑的阻力。基于此，核准死刑的法院应该既要审理事实问题也要审理法律问题。笔者之所以不同意承担死刑复核的法院仅仅就有争议的问题进行审理，主要考虑到刑事诉权是属于公权范畴。以私权的处理方式处理这种公权难免损及刑事法律在人们行为安排方面的导向性作用，从而有可能从根本上危及刑事法律的预防犯罪功能。

（三）死刑复核程序的审判方式

长期以来，书面审理方式在死刑复核程序中占有重要地位。鉴于这一方式固有的缺陷，最高人民法院采用的是在听取被告人、辩护人、检察机关意见的基础上的审核案卷材料的方式，简称为调查讯问式。对于我国死刑复核程序应该采用何种审判方式，学界一直存在争议。有的主张一律采用开庭审理方式，有的则主张根据内容确定审判方式。[①] 笔者赞同分步实现就所有死刑立即执行案件的复核采用开庭审判的方式。第一步，在死刑核准权收回后的2年～3年内，控辩双方对案件事实没争议的，核准法院可以在只有辩方律师及控方检察官在场的情况下听取双方意见，然后作出相应的核准决定。而对控辩双方在事实问题上有分歧的案件，核准法院应该在包括被告人在内的控辩双方在场的情况下，逐一调查各种证据，然后作出相应的复核决定。第二步，在死刑核准权收回后的3年后，对所有案件都实行全面开庭审判。理由主要有：第一，如一步到位，对所有的死刑复核案件都立即全部实行开庭审理，可能会使效率下降到公众难以容忍的程度，从而激起公众对死刑案件处理的亚理性和非理性。真正到了这种程度，法院难免会受到来自权力核心部门的影响，致使立法所确立的死刑复核程序难以发挥积极作用。第二，事实问题的审理需要开庭审判。事实问题实际是证据问题。对证据的调查，如果不采用开庭方式进行，既难以发现证据的虚假性，也难以使当事人从内心接受裁判的正当性。第三，允许根据审判的内容确定审判方式，则可能导致死刑复核程序中的审判方式书面化。从司法实践看，追求效率始终是我国司法部门的一个惯性。这可以从我国近二十年来的实践得到证明。第四，死刑案件的审判不仅仅是个案本身的准确性问题，司法还承担着通过个案处理引导中国几千年形成的死刑观念的任务。就死刑观念的改变而言，首先就是被害人一方的死刑观念需要改变。死刑复

---

① 代表性的观点可参见陈卫东、刘计划：《死刑案件实行三审终审制改造的构想》，2页，赵秉志、时延安：《慎用死刑的程序保障——对我国现行死刑复核制度的检讨及完善建言》，8页，湖南湘潭"死刑的正当程序学术研讨会"交流论文，2004-05-29；樊崇义主编：《刑事诉讼法实施问题与对策研究》，585页，北京，中国人民公安大学出版社，2001。

核程序通过开庭审判的方式可以从案件本身的事实问题和法律问题等方面引导被害人一方对法院是否适用死刑的认识。特别向被害人一方传递“死刑适用所需要的谨慎性”意识。当然，这种开庭方式无疑会带来诉讼效率低下，经济成本增加。可这正是死刑案件的逻辑结果。因为生命至重，不能因为效率和经济成本就草率地对待死刑案件。直到社会因为效率和经济成本的原因难以承担死刑程序的负担时，人们才会转过来考虑死刑的正当性，人们的死刑观念才会有所改变。

（四）死刑复核程序的合议庭的组成及决策问题

在以往的学术讨论中，少有就死刑案件的合议庭组成问题进行讨论。从我国审判实践看，合议庭主要起着证据审查和事实汇报作用，因为死刑案件均要经过审判委员会讨论才能最后作出裁判。审判委员会只判不审的做法，违背了审判的规律性。为此，1996 年修订《刑事诉讼法》时加强了合议庭的作用。但是，这一努力对死刑案件而言不具有实质意义。审判委员会虽然在现阶段有一定的合理性，但对其存在的缺陷也不应该迁就。这对死刑案件来说尤为重要，已经引起学界相当的重视。[①] 笔者认为，死刑案件的审判组织，不仅要在第一审程序和第二审程序中体现其特殊要求，还应该在死刑复核程序中贯彻同样的精神。现行《刑事诉讼法》第 202 条规定：“最高人民法院复核死刑案件，高级人民法院复核死刑缓期执行的案件，应当由审判员三人组成合议庭进行。”根据这一规定，死刑复核中合议庭的审判员只有 3 人。为了使死刑案件真正得到切实的审查，保证合议庭一定数量规模是必要的。笔者认为，对此可以采用两种方案。一种是再增加 2 名专业审判人员；另一种是在这 3 名审判人员的基础上增加 6 名陪审员。鉴于目前法院的审判力量仍然不强，比较而言，前一方案的困难更大。当然，这一方案更有利于对死刑的审查。毕竟，陪审员的专业性难以与法官相比。不过，就近期更具有现实性这一点看，增加 6 名陪审员更为可行。增加陪审员复核死刑案件还有两方面的积极意义：一是有利于发挥公众或者专家在事实判断问题上的优势。在死刑复核阶段，让普通公众对事实的判断发挥重要作用，这不仅是由事实判断属于常识范畴决定，也体现了公众审判的权威性。事实如果涉及科学性，则相应领域的专家对科学渗透过的事实的判断同样体现了公众审判的权威性。二是有利于改变普通公众的死刑观念。陪审员在死刑复核中如果占了相当大的比例，则经过他们的复核所作出的对死刑的严格适用结论更有利于影响普通公众对死刑的观念。数量上占绝对优势的陪审员有利于向公众证明，死刑的减少适用不是高层领导的权力影响所致。不管是哪一种方案，死刑的最后适用，都应该是建立在合议庭一致同意及审判委员会的一致同意的基础上。只有这样的裁判机制才能显示判处被告人死刑的慎重性，才能显示出国家对生命价值的崇尚。

（五）死刑复核程序的证明标准

对证明标准的界定学界虽然还存在广泛的争议，但是希望证明标准能够发挥相应的作用，却是国内外理论与实务界大多数人的认识。国际社会在最先没有将死刑案件的证明标

① 代表性观点请参见陈卫东、刘计划：《死刑案件实行三审终审制改造的构想》，7 页，卞建林、韩阳：《死刑的正当程序与死刑的控制》，8 页，湖南湘潭“死刑的正当程序学术研讨会”交流论文，2004-05-29。

准与一般案件的证明标准区别开来。如：联合国人权委员会在1984年通过的关于《公民权利和政治权利国际公约》第14条的一般性意见中指出："有罪不能被推定，除非指控得到排除合理疑问的证明。"这种意见未能反映死刑案件证明标准的特殊性。因此，联合国经济与社会理事会1984年5月25日第1984/50号决议中的《关于保证面临死刑者权利的保护的保障措施》第4项指出："只有当被指控的人的罪行是基于没有对事实留有选择性的解释的明确与令人信服的证据时，才能判处死刑。"基于上述认识，国内学界也有对两种证明标准分别予以规定的主张。但是，这些主张未能够很好地协调惩罚犯罪和保障人权的冲突。鉴于此，有学者主张将死刑案件的定案标准与量刑标准分别规定，即定案证据必须达到证据确实充分的要求，而对于量刑则要求达到没有对事实留有选择性的解释的明确与令人信服的证据的要求。

（六）死刑复核程序中的非法证据排除规则适用问题

我国不仅在《刑事诉讼法》第43条明确规定禁止非法取证，同时还于1988年参加了《禁止酷刑和其他残忍、不人道或有辱人格的待遇或处罚公约》。为落实禁止非法取证的法律规定，最高人民法院和最高人民检察院在司法解释中规定：以刑讯逼供或者威胁、引诱、欺骗等非法方法收集的犯罪嫌疑人（被告人）供述、被害人陈述、证人证言，不能作为指控犯罪（定案）的根据。既然一般案件都能做到，有可能判处死刑的案件更应该坚持这一精神。不过基于惩罚犯罪和保障人权的平衡，对于非法搜查和扣押的物证，适于采取两步走战略，即全部采纳作为第一步，待死刑案件的总数再降三分之一后，则对非法搜查和扣押的物证采用全面排除规则。对"毒树之果"，即以非法证据为线索获得的证据，采用裁量规则。凡采用严重侵犯人身权利的方法获得证据线索的，根据这种线索获得的证据不可采纳，其余则可以采纳。所以采纳上述立场，是因为死刑刑罚在现阶段的正当性在于死刑适用程序的公正性。此外，对于证据的合法性应该由控方承担举证责任。一般情况下，证据的合法性采用推定具备的原则。但是，只要控方对证据的合法性持有怀疑态度，控方就应该承担相应的证明责任。

（七）死刑复核程序的期限

有学者认为，应当明确规定死刑复核程序的审限。其理由主要是：确立审判期限有利于避免诉讼的拖延，提升诉讼效率；有利于及时打击严重犯罪，实现刑罚的威慑作用；有利于减轻被告人在羁押中承受的精神痛苦，保护其合法权益。① 笔者认为，就死刑案件的特殊性而言，规定审判期限弊大于利。其理由主要有：第一，冷处理是死刑案件的特殊需要。德国法学家耶林曾经指出：概括地说，刑罚的历史就是刑罚的不断废止。② 根据死刑在当今

① 参见赵秉志、时延安：《慎用死刑的程序保障——对我国现行死刑复核制度的检讨及完善建言》，8页，湖南湘潭"死刑的正当程序学术研讨会"交流论文，2004-05-29；樊崇义主编：《刑事诉讼法实施问题与对策研究》，584页，北京，中国人民公安大学出版社，2001。

② 转引自卞建林、韩阳：《死刑的正当程序与死刑的控制》，12页，湖南湘潭"死刑的正当程序学术研讨会"交流论文，2004-05-29。

国际社会的走势看，废止的命运已经降临到死刑这一刑罚的头上了。就我国来说，废止死刑虽然还有很长的路要走，但是现在进行相应的准备却是应该的。废止死刑的关键是改变决策者和普通公众的死刑观念。而要改变他们的观念首先又必须从案件的处理开始着手。对于决策者而言，他们的死刑观念主要是受社会治安形势影响。现实发生的案件虽然按照以往的观念应该判处死刑立即执行，但是按照废止的观念如果不判死刑立即执行，社会治安同样没有出现问题，就会说明死刑的非必要性。对于被告人一方和普通公众而言，他们的死刑观念既受案件发生时的情绪的影响，也受国家司法引导的影响。抑制情绪的最好办法是时间。时间越长，人们对死刑造成的恶劣影响就越容易淡忘。因此，死刑复核时间越长，越有利于减少死刑立即执行的适用。① 第二，从提升诉讼效率、有利于及时打击严重犯罪、有利于减轻被告人在羁押中承受的精神痛苦角度进行论证既与价值判断的公理不符，也与求生之常理相悖。就我国的死刑审判实践暴露出来的问题看，错误适用死刑的案件一般都只有在真凶被抓获后才被纠正。有的案件是终审宣判后几年内发现了真相，有的却是十几年后才发生真相。这说明必要的拖延是纠正死刑错判不得已的办法。我们在强调打击时，是要求做到“稳、准、狠”。可见，准确适用死刑是打击犯罪的首要要求。打得不准，刑罚越狠，负面影响越大。如果因为效率和打击的需要置被告人的生命不顾，显然是将司法的公正追求摆在了第二位。这与公正优先，兼顾效率的公理性价值选择不符。此外，从我国司法实际看，被判处死刑立即执行在死刑复核程序中被最高人民法院改判的至少可达三分之一。当然，死刑核准权下放后，通过死刑复核程序改判的数量可能远没有达到这一程度，因为死刑核准权下放后的复核程序基本上被取消。正因为是最高人民法院的复核有上述效果，人们才呼吁要最高人民法院收回核准权。正是从这一意义上讲，对被告人来说，等待减刑的希望使得他更愿意承受长时间羁押带来的痛苦。死刑复核效率越高，意味着死刑复核工作越粗糙，被告人被执行的可能性越大。因此，以减轻等候执行的痛苦为名，论证死刑复核程序审判时限的正当性显然有违人之常理。基于普通诉讼程序的严肃性考虑，如果一定要规定死刑复核期限，这一期限也应该比普通审判程序的期限适当长一些。如一般复核期限可在6个月内到一年，特别重大复杂的可在2年以内。如在这一期限内仍然不能完成的，可以经过最高人民法院院长批准根据需要延长。

（八）死刑复核程序的裁判方式

法律对死刑复核程序的裁判方式没有规定。我们认为，死刑复核程序既然是一种独立的审判程序，裁判方式既要体现该程序的特点，又不宜无视核准过程中发现的问题。这便于发挥该程序的价值。2007年2月28日起施行的最高人民法院《关于复核死刑案件若干问题的规定》第1条规定：“最高人民法院复核死刑案件，应当作出核准的裁定、判决，或者作出不予核准的裁定”。从此处对于两种裁判方式具体适用情况的规定可看出，该规定体现了如上主张。为此，最高人民法院经过复核，可根据不同情形作出相应裁判：

---

① 这一观点有不少学者都已认识到。参见钊作俊：《中国死刑复核程序的十大缺陷及其改进》，9页注释，湖南湘潭“死刑的正当程序学术研讨会”交流论文，2004-05-29。

1. 核准类裁定、判决的适用。核准类裁定或者判决的适用主要包括如下情形：

（1）原判认定事实和适用法律正确、量刑适当、诉讼程序合法的，裁定予以核准。

（2）原判判处被告人死刑并无不当，但具体认定的某一事实或者引用的法律条款等不完全准确、规范的，可以在纠正后作出核准死刑的判决或者裁定。

（3）数罪并罚案件，一人有两罪以上被判处死刑，最高人民法院复核后，认为其中部分犯罪的死刑裁判认定事实正确，但依法不应当判处死刑的，可以改判并对其他应当判处死刑的犯罪作出核准死刑的判决。

（4）一案中两名以上被告人被判处死刑，最高人民法院复核后，认为其中部分被告人的死刑裁判认定事实正确，但依法不应当判处死刑的，可以改判并对其他应当判处死刑的被告人作出核准死刑的判决。

2. 不予核准的裁定的适用。不予核准的裁定的适用主要包括如下情形：

（1）最高人民法院复核后认为原判认定事实不清、证据不足的，裁定不予核准，并撤销原判，发回重新审判。

（2）最高人民法院复核后认为原判认定事实正确，但依法不应当判处死刑的，裁定不予核准，并撤销原判，发回重新审判。

（3）最高人民法院复核后认为原审人民法院违反法定诉讼程序，可能影响公正审判的，裁定不予核准，并撤销原判，发回重新审判。

（4）数罪并罚案件，一人有两罪以上被判处死刑，最高人民法院复核后，认为其中部分犯罪的死刑裁判认定事实不清、证据不足的，对全案裁定不予核准，并撤销原判，发回重新审判。

（5）一案中两名以上被告人被判处死刑，最高人民法院复核后，认为其中部分被告人的死刑裁判认定事实不清、证据不足的，对全案裁定不予核准，并撤销原判，发回重新审判。

最高人民法院裁定不予核准死刑的，根据案件具体情形可以发回第二审人民法院或者第一审人民法院重新审判。高级人民法院依照复核程序审理后报请最高人民法院核准死刑的案件，最高人民法院裁定不予核准死刑，发回高级人民法院重新审判的，高级人民法院可以提审或者发回第一审人民法院重新审判。

发回第二审人民法院重新审判的案件，第二审人民法院可以直接改判；必须通过开庭审理查清事实、核实证据的，或者必须通过开庭审理纠正原审程序违法的，应当开庭审理。发回第一审人民法院重新审判的案件，第一审人民法院应当开庭审理。对于因为事实不清、证据不足或者违反法定诉讼程序发回重新审判的，原审人民法院应当另行组成合议庭进行审理。

我们认为，对于因为事实不清、证据不足而不予核准的，还可以进一步完善。具体方案为：原裁判事实不清或者证据不足的，可先发回与原审同级法院重新审判，经过发回重新审判，仍然不能查清的，应该贯彻无罪推定原则的精神，宣告无罪。对于发回重新审判的裁判，应该严格限制发回的次数。

第二节 生效裁判救济程序

一、生效裁判救济程序的性质

从法国、德国、日本、俄罗斯等国家的情况看，区分生效裁判救济程序的性质是为了对不同的裁判错误设立不同的纠错程序，如对法律错误设立监督程序，而对事实错误则设立再审程序。两种程序的审判范围和承担法院有一定的差异。这种意义上的区分对我国而言似乎意义不大。我国生效裁判救济程序的性质的区分主要是为了给当事人提供更充分的救济渠道。我国传统上一直视审判监督程序是整个诉讼活动追求真相的最后一道程序。因此，只注重审判监督程序的查明真相功能，对该程序的权利救济功能和权力制约功能则有所忽视。历史证明，只注重生效裁判救济程序的纠错性质，是不符合诉讼原理的。因为诉讼中错误地放纵犯罪或者从轻处罚犯罪，只要不是由于被告人的原因造成的，就不能将这一结果让在与国家对抗中处于弱势的被告人承担。因此，一味追求纠错，通过反复发动追诉程序实现对犯罪的处罚对被告人是不公正的。正是认识到强调纠错的极端性会出现上述不合理性，司法实践中出现了限制纠错的倾向。但是，这种纠错的限制性又走向了另一个极端。基于诉讼的错误难免性，被告人也可能受到不应有的处罚。不顾诉讼的这一特性，人为限制纠正对被告人施加的不应有处罚的时间，也是不公正的。基于上述，对生效裁判救济程序的性质的理解更多地应注重为了被告人利益的纠错性。所以，在基于权力监督而发动该程序时，也要注意对被告人产生负面影响。

（一）权利救济性

基于司法人员个体认识能力的差异、整体认识能力的限制、人为因素对证据的破坏、价值判断标准对已获证据的舍弃等主观因素以及收集证据的时间、技术、案件事实暴露的过程性、控辩双方力量对比的悬殊等客观因素的限制，诉讼过程中出现错误处理被告人的情况难以避免。鉴于此，诉讼只有提供给被告人充分的救济手段才能证明它自身的正当性。可见，权利救济性是生效裁判救济程序最重要的特性。

（二）权力制约性

司法权在诉讼中处于支配地位，对诉讼中的当事人的命运具有决定性作用。司法权的权力属性具有膨胀性，没有性质相同的权力监督，难以遏止司法权的这一属性。同时，操纵这一权力的司法人员并非圣贤，同样具有普通公众具有的人性弱点。这两重属性限制，决定了设定监督程序的必要。所以，权力制约性是生效裁判救济程序的又一重要属性。

二、生效裁判救济程序设置的理念和原则

（一）生效裁判救济程序设置的理念

1. 公正性和安定性的调和理念

追求公正是司法的永恒目标。而历史和现实均说明，司法公正的追求是有限度的。换

言之，无论是实体公正还是程序公正的追求都不可能绝对实现。诉讼的特性决定：对实体公正的追求只能做到最大限度惩罚犯罪，而尽可能地不冤枉无辜；对程序公正的追求要求最大限度地维护当事人的诉讼利益及为实现不冤枉无辜提供充分的程序空间。只有如此，才能较好地解决刑事案件处理的理想和现实的矛盾。正是为了实现公正，人类经过长时期的探索，发现要完成由人来进行的本该由神完成的事业，就必须树立司法的权威性。这就要求即使司法放纵了犯罪，也不应该动摇其判决的有效性。然而如果为了维护司法的权威性置司法给予被告人不应该的处罚于不顾，则会从根本上损害司法的权威性。因此，安定性在这一情况下应该让步。

2. 国家司法权谦抑理念

所谓国家司法权谦抑理念是指司法权的行使应该有所节制。这一观念已经在基本原理部分从救济程序建构的原则的角度对该理念进行了阐述。这里需要强调的是：司法权节制的理念对特别程序的建构尤其重要。其原因在于刑事诉讼本质上是国家对被追诉的个体发动的一场战争。在这场战争中，被追诉的个体无法与强大的国家对抗，始终处于弱势地位。我们虽然是以追诉犯罪的名义发动对公民个体进行追诉活动的，但是实际存在的刑事诉讼现象却不全然如此。古今中外都曾经出现无辜者被追诉或者被追诉的公民受到不应有的处罚。这一后果的出现就是缘于公民没有足够的力量与国家抗衡。国家司法权谦抑理念实际上就是要求国家在出现司法权放纵犯罪的情况下，不应该无休止地追诉犯罪，以从总体上减少公民因刑事诉讼活动的频繁发动带来的高风险。

3. 救济充分性理念（含便利性）

按照刑事司法的本质，任何人犯罪都应受到依法追诉和惩罚。换言之，任何没有犯罪的公民不仅不应该受到追诉，而且更不应该受到惩罚。这一要求由承担司法任务的普通人来完成。从个体而言，他们的智慧有限，且素质各不相同。他们本身的能力和司法条件决定了以追诉犯罪名义发动的刑事诉讼活动难免伤及无辜。这一无奈所产生的消极后果不能由公民来承担。否则，人间就难以有整个人类历史以来就为之奋斗的公正。为此，尽可能提供救济手段以减少公民所面临的受到错误追诉的风险是我们几千年来所发展至今的人类智慧所能想到的唯一办法。这就是生效裁判救济程序设置所应该体现的救济充分性理念。

（二）生效裁判救济程序设置的原则

1. 一事不再理原则（禁止双重危险原则）①

一事不再理原则即一个国家对已经经过生效裁判确定的行为不得再行追诉和惩罚的基本精神。大陆法系确立该原则的根据是维护判决的既判力；英美法系确立该原则的根据是减少公民被错误定罪的风险；不过德国学者却认为是刑罚权已经耗尽；而从刑事诉讼活动的性质观察，这里将其根据视为减少公民被错误定罪的风险更为科学合理。当然，该原则

---

① 笔者赞成在设定刑事再审程序时不区分一事不再理原则和禁止双重危险原则的意义。但是，从梳理两者的源流看，这两个原则还是在使用的法系、适用的程序法范围、价值侧重点、适用前提、对复审制度的影响几方面存在差异。

一旦确立，能够在减少公民被错误定罪的风险、维护判决既判力、减少公民在诉讼中的痛苦、促进侦查和起诉的效率等方面发挥作用。基于在再审程序中保障被告人的人权的价值共识，目前一事不再理原则在国际范围内得到了相当高的认可。联合国《公民权利和政治权利国际公约》第14条第7款规定："任何人已依一国法律及刑事程序被最后定罪或者宣告无罪者，不得就同一罪名再予审判或惩罚。"我国政府已经签署加入了该公约。在修改《刑事诉讼法》时，立法机关应该考虑落实该原则的精神，不过可以选择适合我国国情的模式。国外的情况可供立法机关参考：法国、日本不允许提起对被告人不利的再审，而德国、英国、俄罗斯等则允许提起对被告人不利的再审。

2. 维护既判力原则

所谓既判力是指法院的生效裁判对当事人和法院的约束力。一个裁判生效后就对国家和被告人之间的争执作出了最权威的判断。当事人不能再提出新的主张，法院不得对该裁判指向的案件事实再行判断。在再审程序中，应该研究既判力理论主要在于：一是重新审判已经生效的裁判，必须要考虑该裁判的确定力。而既判力是与此关系最为密切的理论，也就无法回避。二是一事不再理原则虽然对保障人权具有重要意义，但是仅仅侧重生效裁判的消极意义，对维护裁判的权威性这一积极性方面的作用不够。既判力理论对于维护国家司法权的权威、及时消解纠纷、节约有限的司法资源及维护当事人的人权均能够发挥重要的作用。按照既判力理论的要求，裁判一旦生效，就不能针对该裁判启动新的审判程序。而再审程序正是为了纠错而设计的，因此设计再审程序时就必须要考虑为了公正纠正裁判错误和维护裁判既判力所产生的冲突。

三、生效裁判救济程序的设置

(一) 申诉概述

1. 申诉权的性质

申诉权的性质可以从以下几方面来理解：首先，它是一项涉及公民生存的权利，因此属于基本权的范畴。对于申诉权最广义的理解是其民主性。表面看，民主权与公民的生存没有密切的联系。但是，我们从土地承包经营权最初发端的安徽最先探索这一权利的当时看，当地农民冒着极大风险集体签署一个决议就是明证。申诉权的本质是对调整其利益的决定不具有公正性时的一种反应。如果剥夺了这一权利，公民就难免面临生存的压力。正是从这一意义上观察，除了从最广义的民主权看外，从涉及公民生命、自由等权利内容的狭义的申诉权——刑事申诉权看，它也对公民的生存具有重要影响。鉴于申诉权对公民所具有的根本意义，一般我国宪法第41条将其规定为公民的基本权。其次，它是一项具有绝对性的救济权。对于该权利的绝对性可以从两方面理解：其一，诉讼本质上是国家和被指控犯罪的公民个人之间的对抗。被指控犯罪的公民即使被错误认定了犯罪，由于其资源及能力的原因，难以通过一次性的对抗从被追诉的状态中解脱出来。国家尽管出于良好的愿望，想达到不纵不枉的目标，但是历史证明国家不可能超越追诉犯罪这种对抗机制的内在的缺陷，因而国家上述理想目标不可能绝对达到。其二，在确定被追诉公民的罪状及决定相应的刑罚内容时，法官的裁判本质上是一种认识活动。诉讼认识发生错误的不可避免性，决定了国家在追诉犯罪时会冤及无辜的风险性。如果减少这类风险的机制不存在，司法神话则难以摆脱覆灭的命运。为了降低国家追诉犯罪给公民带来的风险，国家在塑造司法神话，形成法网恢恢、疏而不漏的社会印象的同时，也就不得不设计减少风险的机制。换言之，既然国家将公民置于危险的境地，也有义务将公民从这一危险境地中解放出来。可见，申诉权不仅仅是公民主动想要的，而且更是国家希望能够产生实际效用的一种权利。正是这一意义理解，申诉权具有绝对性。再次，它是一项具有诉权性质的权利。诉权是关于诉讼开始的理论。根据现代国家理论，公民有获得国家司法权救济的权利。为了让公民具有行使这一权利的便利，在国际范围内产生了接近司法运动。在这一运动背景下，我们对于传统诉权理论的变化可以有更好的理解。因为传统上的诉权理论是依赖于实体而存在的，而现在则有了很大的变化。如在法国，没有实体权利的公民也不得剥夺其向法院提起诉讼的权利。那么，这里的申诉权也形同诉权，即使当事人没有实体权利，也不能剥夺他提出申诉的权利。①

2. 申诉主体及申诉期限和次数

申诉主体的确定一般是贯彻利益相关性原则，即其利益受到裁判影响的公民或者法人。我国《刑事诉讼法》第203条授予当事人及其法定代理人或者近亲属以申诉权。应该说这一规定考虑到了刑事申诉的大多数情况。从理论上讲，该规定至少存在两点不足：一是范围有遗漏；二是权利行使的先后没有限制。在被告人被判处死刑而又没有近亲属的情况下，案件一旦错判，即使律师发现了该案的错误，也不能申诉。法律如果赋予办理该案的律师以申诉权，则增加了纠正错误的机会。法律不明确现行申诉主体行使权利的先后顺序，则不利于限制公民的不必要的申诉。

由于刑事诉讼涉及公民的生命、自由、声誉和财产权利，在诉讼产生错误的情况下，仍然坚持不纠正错误，则不利于维护公民的合法权益。毕竟，涉嫌进入刑事诉讼的公民不是都实施了犯罪行为。一旦受到不应有的处罚，公民自身是无能为力的。国家既不应该增加公民受到无理制裁的风险，也不应该推卸自己应该承担的责任。可见，对有利于被告人的申诉，国家不应该限制提出的时间。而对不利于被告人的申诉，则应该根据不利的程度作出不同的规定。为了使展开的再审程序起到纠正错误的作用，应该限制每一层级法院启动再审程序的次数。同一级法院，在决策人员保持不变的情况下，思维很难在短期有所改变。因此，对每一层级法院受理申诉的次数，原则上限制一次较为适宜。

3. 申诉理由

再审程序毕竟不是普通程序，频繁启动这样的程序有悖于法的安定性。各国立法对于普通上诉程序和再审程序启动理由方面的差异性规定就说明了这一点。我国二审程序的上

---

① 参见张卫平、陈刚编著：《法国民事诉讼法导论》，57页，北京，中国政法大学出版社，1997。

诉理由是对一审法院的裁判不服，而再审程序的启动却要求申诉者提出原判确有错误的理由。这种区分应该说是必要的。但是，目前有学者却以我国当前申诉泛滥之故，要求法律明确规定较为严格的申诉理由。这不仅与申诉权的性质不符，而且，党的执政理念也不允许过于严格限制公民的申诉权。针对这一情况，既要给公民以表达对裁判不满的程序空间，又要保障再审程序启动的有效性。可行的办法是区别申诉的理由和启动再审程序的理由。为了便于公民提出申诉，申诉的理由以原裁判可能存在错误即可。只要公民提出的申诉理由符合法律规定的条件，法院就启动申诉审查程序，以满足公民申诉的要求，让公民表达对生效裁判的不满。考虑到落实一事不再理原则的精神和维护生效裁判既判力的需要，申诉理由应该区分有利于被告人的理由和不利于被告人的理由。

总结我国的经验，借鉴法国、俄罗斯等国法律规定的合理内容可以对我国的申诉理由作如下列举。关于有利于被告人的申诉的理由主要包括：(1) 发现新证据证明原裁判的可靠性发生严重动摇的；(2) 有证据表明原裁判的定案根据中的实物证据系虚假、言词证据的收集程序违法的；(3) 原裁判的定案根据之间存在矛盾的；(4) 原裁判的定案根据总体上不能达到证明案件事实成立的要求的；(5) 原裁判在定罪或者量刑方面存在错误可能的；(6) 原裁判严重违反程序法，当事人经说服无效反复申诉的；(7) 诉讼过程中的办案人员存在违法或者犯罪行为与当事人申诉的案件有关的；(8) 存在动摇原判可靠性的其他情况的。所以将程序违法列入申诉理由，不仅是考虑到程序公正的独立价值的张扬，而且更重要的是给当事人以发泄不满的程序空间。关于不利于被告人的申诉的理由主要包括：(1) 对因为司法人员和客观情况未对被告人进行有效追诉的，目前的追诉控制在可能判处5年以上有期徒刑的案件。这主要是考虑到我国公民追求实体公正的国民心态和文化传统。同时，也要考虑到诉讼风险不能毫无限制地加于被告人身上。5年有期徒刑是严重犯罪和一般犯罪的界限，以此为标准更容易为公民和政府接受。随着时间的推移，这一标准可逐渐提高。(2) 基于被告人自己的原因，未对被告人进行有效追诉的，应该保持对被告人展开追诉的可能性。上述申诉理由的把握应该由申诉主体的认识为准。否则，申诉程序的启动就难以成为现实。

4. 申诉审查程序

我国法律未对申诉审查程序予以规范，导致实际启动的申诉程序未能够产生救济当事人的作用。按照申诉权的性质，法律应该提供更广阔的空间以便申诉人能够通过这一程序空间实现对自己权利的救济。即使不是所有的申诉都进入再审程序，也能够使申诉审查程序产生救济的作用。从受理阶段看，法院宜由立案庭进行形式审查（检察机关对申诉的审查也应该采取这样的方式，由两个机构分别进行实体和程序审查），即审查申诉人的申诉在主体、理由等方面是否符合法律规定的条件。符合法律规定条件的，即转入审判监督庭进行实体审查。从审查阶段看，宜采用开庭方式进行。除了不宜公开的外，宜将与案件有关系的诉讼各方及媒体作为该程序的参加主体，以发挥公众监督作用，同时也便于发挥该程序环节的法律宣传作用。在正式通过庭审程序审查之前，应该整理诉讼各方争执的焦点，庭上的审查主要围绕该焦点进行。审查过程中，应该要全面维护当事人的程序权利。这既涉及当事人的切身利益，也涉及审查的实效性。审查结束后，应该以裁定的方式作出结论，以便于当事人寻求上级司法机关的进一步救济。

（二）生效裁判救济程序启动的主体

我国现行《刑事诉讼法》只赋予法院和检察机关启动再审程序的权利。就我国目前的法律框架而言，这一规定是合理的。有一种意见从检察机关是对抗中的一方论证检察机关享有该权利的非合理性。司法实践证明，检察机关控制再审程序启动权能够把握好再审程序启动的“度”，不会导致权力的滥用。相反，否定检察机关再审程序的启动权，则会使检察机关的监督作用落空。法院作为中立的裁判者，主动启动再审程序难以维持其中立立场。这可以说是学术界的共识。不过从诉讼难以避免错误这一角度考虑，彻底否定法院对再审程序的启动权，不利于纠正那些不应由当事人负责的错误。不过，受理再审案件的法院应该有所调整。从心理学和认识论分析，原生效裁判的制作法院管辖该案件的再审，不利于错误的纠正。从我国的实际情况看，地方政府对于法院的影响太大，由原生效裁判的制作法院管辖该案件的再审，更不利于错误的纠正。鉴于此，可以将再审案件的管辖法院提高一个审级。

（三）生效裁判救济程序启动的理由

与申诉程序的展开不同，生效裁判救济程序一旦启动就极可能动摇原判的稳定性和权威性。因此，生效裁判救济程序的启动理由比申诉程序的启动理由更为严格。抽象看，申诉理由仅仅是原判“可能”存在法定理由所指向的错误，而生效裁判救济程序启动的理由则是原判“确实”存在法定理由所指向的错误。从程序控制角度看，这里所指的“原判确实存在法定理由所指向的错误”应该以申诉的审查主体——法院或者检察院的认识为准。值得注意的是：申诉审查主体的认识只是初步的意见。这种意见还要经过再审程序中的裁判者来检验，即使后来被推翻，也不能说明申诉审查主体的认识没有合理性。不管申诉审查主体的认识是否得到了最后裁判结果的肯定，都是符合诉讼认识规律和诉讼逻辑的。

对生效裁判救济程序启动的理由仅仅作抽象规定，既不利于申诉主体理解、也不利于检察机关监督，更不利于申诉审查主体执行。为此，我国《刑事诉讼法》第 204 条将这类错误概括为如下四种情形：第一，有新的证据证明原判决、裁定认定的事实确有错误的；第二，据以定罪量刑的证据不确实、不充分或者证明案件事实的主要证据之间存在矛盾的；第三，原判决、裁定适用法律确有错误的；第四，审判人员在审理该案件的时候，有贪污受贿，徇私舞弊，枉法裁判的行为的。这一规定至少存在如下缺陷：一是没有体现国际公约中一事不再理原则的精神；二是偏重刑事裁判的实体内容，而对程序错误没有反映。这不仅不利于纠正“重实体、轻程序”的偏向，而且也不利于维护当事人的申诉权，还可能导致当事人寻求诉讼途径以外的方法以救济其申诉权。其实，在有些情况下，即使没有纠正实体错误，程序救济在很多情况下也能够产生解决纠纷的实际效果。鉴于此，将“存在程序错误，当事人反复申诉的”理由增加到生效裁判救济程序启动的法定理由中是十分必要的。基于上述考虑，生效裁判救济程序启动的理由仍然采用申诉理由规定的模式：即从有利于和不利于两方面规定。表述方式大致相同，但是程度和认识主体不同。关于有利于被告人的生效裁判救济程序启动的理由主要包括：（1）发现新证据证明原裁判的可靠性发生动摇的；（2）有证据表明原裁判的定案根据中的实物证据系虚假、言词证据的收集程序违法的；（3）原裁判的定案根据之间存在矛盾的；（4）原裁判的定案根据总体上不能达到证明案件事实成立的要求的；（5）原裁判在定罪或者量刑方面存在错误的；（6）原裁判严重违反程序法，当事人经说服无效反复申诉的；（7）诉讼过程中的办案人员存在违法或者犯罪行为与当事人申诉的案件有关的；（8）存在动摇原判可靠性的其他情况的。关于不利于被告人的申诉的理由主要包括：（1）对因为司法人员和客观情况未对被告人进行有效追诉的，目前的追诉控制在可能判处5年以上有期徒刑的案件。同样，随着时间的推移，这一标准可逐渐提高。（2）基于被告人自己的原因，未对被告人进行有效追诉的，应该保持对被告人展开追诉的可能性。上述生效裁判救济程序启动的理由的把握应该由申诉审查主体的认识为准。否则，生效裁判救济程序的启动就难以成为现实。

（四）生效裁判救济程序运作的内容

该程序的具体运作主要涉及如下几方面：其一，是否有必要先行撤销原生效裁判。对此，最高人民法院《关于刑事再审案件开庭审理程序的具体规定》比较科学：即只要有相应的法律文书作为启动生效裁判救济程序的根据，以解决对一个已经审判的案件再行开启程序的合理性问题。原生效裁判如果勉强撤销，一旦最后的裁判正确，则会使诉讼活动的严肃性受到不应有的动摇。其二，是否采用开庭方式审判再审案件。案件的情况是复杂多样的，仅仅采用单一的方式处理再审案件，既不利于纠正错误，也不利于节约资源。根据案件的自身情况，视有无必要性而定更为科学。最高人民法院《关于刑事再审案件开庭审理程序的具体规定》就采用了这一立场。该规定第5条和第6条就区分了开庭或者不开庭的几种情形。第三，检察院对一审生效裁判的抗诉的审判程序问题。这主要是考虑到上一级法院的地位来判定。详言之，接受抗诉的法院如果指令下级人民法院审判，就应采用一审程序；接受抗诉的法院如果自己审理该抗诉案件，则应该采用第二审程序。这种考虑实质上兼顾了公正和效率的平衡。其四，再审是采纳一审终审制，还是应该允许上诉？这同样应该考虑到案件的具体情况，一审终审制度适合于争议不大的案件、仅仅是程序公正没有满足的案件。案件情况需要上一级法院救济的时候，如果阻断了这一途径，可能引发新一轮上访。因此，对不同的案件采用不同的规范模式较为妥当。这虽然有统一之嫌，但只要符合实际，最关键是使当事人能够接受对纠纷的最后的解决。其五，裁判问题。除了明显的新证据证明原裁判的可靠性难以成立的，一般应该贯彻疑罪从无的原则。不应该把再审程序变为普通救济程序，反复改变原判的内容。只要不是明显的事实错误，就不应该反复发动再审，避免威胁到公民的生命和自由权利。

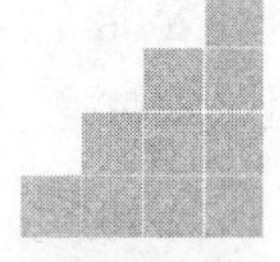

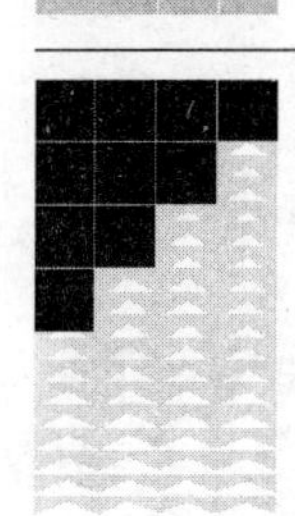

参考书目

一、著作类

1. 陈光中主编. 刑事诉讼法. 北京：中国政法大学出版社，1990
2. 陈光中，徐静村主编. 刑事诉讼法. 北京：中国政法大学出版社，2000
3. 陈光中主编. 21世纪域外刑事诉讼立法最新发展. 北京：中国政法大学出版社，2004
4. 陈光中，严端主编. 中华人民共和国刑事诉讼法修改建议稿与论证. 北京：中国方正出版社，1995
5. 陈光中，[德] 汉斯—约格·阿尔布莱希特主编. 中德不起诉制度比较研究. 北京：中国检察出版社，2002
6. 樊崇义主编. 诉讼原理. 北京：法律出版社，2003
7. 樊崇义主编. 迈向理性刑事诉讼法学. 北京：中国人民公安大学出版社，2006
8. 樊崇义主编. 刑事诉讼法修改专题研究报告. 北京：中国人民公安大学出版社，2004
9. 樊崇义主编. 刑事证据法原理与适用. 北京：中国人民公安大学出版社，2001
10. 程荣斌主编. 刑事诉讼法. 北京：中国人民大学出版社，2005
11. 崔敏主编. 刑事诉讼法教程. 北京：中国人民公安大学出版社，2002
12. 卞建林主编. 证据法学. 北京：中国政法大学出版社，2000
13. 陈卫东主编. 刑事诉讼法实施问题调研报告. 北京：中国方正出版社，2001
14. 陈卫东主编. 司法公正与律师辩护. 北京：中国检察出版社，2002
15. 陈卫东主编. 刑事审前程序研究. 北京：中国人民大学出版社，2004
16. 陈卫东主编. 模范刑事诉讼法典. 北京：中国人民大学出版社，2005

17. 汪建成. 理想与现实——刑事证据理论的新探索. 北京：北京大学出版社，2006
18. 汪建成. 冲突与平衡——刑事程序理论的新视角. 北京：北京大学出版社，2006
19. 宋英辉主编. 刑事诉讼原理. 北京：法律出版社，2003
20. 宋英辉，吴宏耀. 刑事审前程序研究. 北京：中国政法大学出版社，2000
21. 宋英辉. 刑事诉讼目的论. 北京：中国人民公安大学出版社，1995
22. 李心鉴. 刑事诉讼构造论. 北京：中国政法大学出版社，1991
23. 陈瑞华. 刑事审判原理论. 修订2版. 北京：北京大学出版社，2003
24. 陈瑞华. 问题与主义之间——刑事诉讼基本问题研究. 北京：中国人民大学出版社，2003
25. 熊秋红. 刑事辩护论. 北京：法律出版社，1998
26. 王以真主编. 外国刑事诉讼法. 北京：北京大学出版社，2004
27. 张丽卿. 刑事诉讼法理论与运用. 台湾：五南图书出版公司，2001
28. 齐树洁主编. 英国证据法. 厦门：厦门大学出版社，2002
29. [日] 土本武司. 日本刑事诉讼法要义. 董璠舆，宋英辉译. 台湾：五南图书出版公司，1997
30. 孙长永. 侦查程序与人权——比较法考察. 北京：中国方正出版社，2000
31. 李学军主编. 美国刑事诉讼规则. 北京：中国检察出版社，2003
32. 林钰雄. 刑事诉讼法. 北京：中国人民大学出版社，2005
33. 蔡墩铭. 刑事证据法论. 台湾：五南图书出版公司，1997
34. 陈朴生. 刑事证据法. 3版. 台湾：三民书局，1979
35. [日] 田口守一. 刑事诉讼法. 刘迪等译. 北京：法律出版社，2000
36. [德] 克劳思·罗科信. 德国刑事诉讼法. 吴丽琪译. 北京：法律出版社，2003
37. [美] E. 博登海默. 法理学：法律哲学与法律方法. 邓正来译. 北京：中国政法大学出版社，1999
38. 陈一云主编. 证据学. 北京：中国人民大学出版社，1991
39. [德] 拉德布鲁赫. 法学导论. 米健、朱林译. 北京：中国大百科全书出版社，1997
40. [意] 贝卡里亚. 论犯罪与刑罚. 黄风译. 北京：中国大百科全书出版社，1993
41. [美] 罗尔斯. 正义论. 何怀宏译. 北京：中国社会科学出版社，1988
42. [法] 卡斯东·斯特法尼等. 法国刑事诉讼精义. 罗结珍译. 北京：中国政法大学出版社，1999

二、论文类

1. 陈卫东. 论刑事证据法的基本原则. 中外法学，2004 (5)
2. 陈卫东. 公正和效率——我国刑事审判程序改革的两个目标. 中国人民大学学报，2001 (5)

3. 陈卫东，李奋飞. 论侦查权的司法控制. 诉讼法学·司法制度，2001（4）
4. 田文昌. 欧洲六国证据立法和司法制度考察随笔. 法制日报，2001-03-04
5. 樊崇义，张中. 论我国刑事诉讼原则体系的构建. 中国司法，2004（11）
6. 宋英辉，李哲. 直接、言词原则与传闻证据规则之比较. 比较法研究，2003（5）
7. 宋英辉. 关于非法搜查、扣押的证据物的排除之比较. 政法论坛，1997（1）
8. 宋英辉，吴宏耀. 外国证据规则的立法及发展. 人民检察，2001（3）
9. 李文健. 刑事诉讼原则论. 法学研究，1997（1）
10. 龙宗智. 侦查程序中的人权保障. 中外法学，2001（4）
11. 田正恒. 刑事被告人之沉默权. 台湾法令月刊，第39卷第3期
12. 田国宝. 刑事质证程序的模式选择. 检察日报，2001-02-01
13. 张传亚. 证人出庭率低症结. 光明日报，2000-12-16
14. 张建伟. 关于刑事庭审中诱导性询问和证据证明力问题的一点思考. 法学，1999（11）
15. 李蓉. 应在刑事证据制度中确立诚信原则. 检察日报，2004-02-12
16. 雷建昌. 论我国刑事证据分类模式的缺陷及其完善. 法律科学，2004（3）
17. 左卫民，刘涛. 取向与框架：两大法系刑事证据法之比较. 中国法学，2001（5）
18. 陈卫东，邹涛. 我国刑事诉讼法基本原则的探讨. 社会科学，1986（1）
19. 申君贵. 对建立我国刑事诉讼管辖异议制度的构想. 贵州民族学院学报，2002（5）
20. 房保国. 刑事诉讼应确立管辖权异议制度. 人民法院报，2003-07-04
21. 王亚新. 刑事诉讼中发现案件真相与抑制主观随意性的问题. 比较法研究，1993（2）
22. 陈永生. 论直接言词原则与公诉案卷的移送及庭前审查. 法律科学，2001（3）
23. 何家弘. 刑事诉讼中举证责任分配之我见. 政治与法律，2002（1）
24. 王兆鹏. 刑事举证责任理论. 台大法学论丛，第28卷第4期
25. 陈卫东，刘计划，程雷. 法国刑事诉讼法改革的新进展——中国人民大学诉讼制度与司法改革研究中心赴欧洲考察报告之一. 人民检察，2004（10）
26. 蔡墩铭. 通讯监听与证据排除. 刑事法杂志，1983（1）
27. 江舜明. 监听界限与证据排除. 法学丛刊，1998（172）
28. 马跃. 美、日有关诱惑侦查的法律及论争之概观. 法学，1998（11）
29. 何家弘. 测谎结论与证据"有限采用规则". 中国法学，2002（2）
30. 张泽涛. 美国测谎制度的发展过程对我国的启示. 法商研究，2003（6）
31. 林永谋. 论羁押. 法令月刊，第49卷第8期
32. 陈卫东，刘计划. 英国保释制度及其对我国的借鉴作用. 人民检察，2003（3）
33. 龙宗智. 论检察权的性质与检察机关的改革. 法学，1999（10）

图书在版编目（CIP）数据

刑事诉讼法学研究/陈卫东主编.
北京：中国人民大学出版社，2008.10
（21世纪法学系列教材·法学研究生用书/曾宪义，王利明总主编）
ISBN 978-7-300-09739-8

Ⅰ.刑…
Ⅱ.陈…
Ⅲ.刑事诉讼法-法的理论-中国-研究生-教材
Ⅳ.D925.201

中国版本图书馆 CIP 数据核字（2008）第 151160 号

21世纪法学系列教材·法学研究生用书
总主编　曾宪义　王利明
刑事诉讼法学研究
主编　陈卫东

出版发行	中国人民大学出版社		
社　　址	北京中关村大街31号	**邮政编码**	100080
电　　话	010－62511242（总编室）		010－62511398（质管部）
	010－82501766（邮购部）		010－62514148（门市部）
	010－62515195（发行公司）		010－62515275（盗版举报）
网　　址	http://www.crup.com.cn		
	http://www.ttrnet.com(人大教研网)		
经　　销	新华书店		
印　　刷	北京东君印刷有限公司		
规　　格	185 mm×240 mm　16开本	**版　　次**	2008年10月第1版
印　　张	40.25 插页1	**印　　次**	2008年10月第1次印刷
字　　数	871 000	**定　　价**	65.00元